Y0-ASX-548

INDOGERMANISCHE BIBLIOTHEK

—

Zweite Reihe

WÖRTERBÜCHER

RUSSISCHES ETYMOLOGISCHES

WÖRTERBUCH

VON

MAX VASMER

Dritter Band

Sta—Ÿ

HEIDELBERG 1958

CARL WINTER · UNIVERSITÄTSVERLAG

Alle Rechte vorbehalten. © *1958.*

Carl Winter, Universitätsverlag, gegr. 1822, GmbH., Heidelberg.

Imprimé en Allemagne. Printed in Germany. Archiv-Nr. 3101

Satz und Druck: Wiesbadener Graphische Betriebe GmbH

INHALTSVERZEICHNIS
von Band 3

Wörterbuch von -sta bis ȳ	1—503
Nachwort	505
Nachtrag zum Abkürzungsverzeichnis	508
Berichtigungen und Nachträge	511
Wortregister von R. Siegmann-Greve und R. Richhardt	523
I. Baltisch	523
a. Litauisch	523
b. Altpreußisch	543
c. Lettisch	546
II. Indisch	558
a. Altindisch	558
b. Prakrit und Neuindisch	570
III. Iranisch	570
a. Altiranisch	570
b. Soghdisch	575
c. Mittel- und Neupersisch	575
d. Afghanisch	577
e. Ossetisch	577
f. Andere iranische Sprachen	578
IV. Armenisch	578
V. Tocharisch	580
VI. Hettitisch	581
VII. Venetisch	581
VIII. Illyrisch	581
IX. Thrakisch-Phrygisch	581
X. Lydisch	581
XI. Lykisch	581
XII. Albanisch	582
XIII. Griechisch	584
a. Altgriechisch	584
b. Mittel- und Neugriechisch	599

Inhaltsverzeichnis

XIV. Makedonisch 600

XV. Italisch 600
    a. Lateinisch 600
    b. Oskisch-Umbrisch und Verwandtes 612

XVI. Romanisch 612
    a. Französisch 612
    b. Provençalisch 614
    c. Italienisch 614
    d. Rätoromanisch 616
    e. Rumänisch 616
    f. Spanisch 617
    g. Portugiesisch 617

XVII. Keltisch 617
    a. Altkeltisch 617
    b. Gallisch 617
    c. Irisch 618
    d. Britannische Sprachen (Kymrisch, Kornisch, Bretonisch) 621

XVIII. Germanisch 622
    a. Gotisch (mit Krimgotisch) 622
    b. Altnordisch 627
    c. Schwedisch 632
    d. Norwegisch 633
    e. Dänisch 634
    f. Isländisch 635
    g. Althochdeutsch 635
    h. Langobardisch 642
    i. Mittelhochdeutsch 642
    k. Neuhochdeutsch 646
    l. Altsächsisch 652
    m. Mittelniederdeutsch 653
    n. Niederdeutsch 655
    o. Niederländisch 655
    p. Angelsächsisch (Altenglisch) 657
    q. Mittelenglisch 659
    r. Englisch 659
    s. Friesisch 660
    t. Jiddisch-deutsch 661

XIX.	Finnisch-Ugrisch	661
	a. Ostseefinnisch	661
	b. Lappisch	669
	c. Mordwinisch	671
	d. Tscheremissisch	671
	e. Permisch (Syrjänisch und Wotjakisch)	672
	f. Ugrische Sprachen	674
XX.	Samojedisch	676
XXI.	Turkotatarisch (ohne Tschuwassisch)	676
XXII.	Tschuwassisch	691
XXIII.	Mongolisch	692
XXIV.	Tungusisch	694
XXV.	Chinesisch	694
XXVI.	Semitisch	695
	a. Assyrisch-Babylonisch	695
	b. Westsemitisch	695
XXVII.	Hamitisch (Ägyptisch)	696
XXVIII.	Kaukasisch	696
	a. Nordkaukasisch	696
	b. Südkaukasisch	696
XXIX.	Indonesisch	697
XXX.	Dravidisch	697
XXXI.	Sumerisch	697
XXXII.	Arktisch	697

-ста 'verstärkende Partikel', *пожáлуйста* 'bitte'; bei Puškin Istor. sela Gorj.: '*все ли-ста здесь?*' *повторил староста,* '*все ста*', *отвечали граждане*. Andere Belege bei Chalanskij IORJ. 4, 267 ff., Šljakov RFV. 40, 125 ff. ‖ Die Deutung ist schwierig wegen der nur jungen Belege. Man sieht darin meist eine Verstümmelung von *сýдарь, госудáрь* 'Herr', s. Sobolevskij Lekcii 149, ŽMNPr. 1897, Nov., S. 67, Korsch Bull. de l'Acad. Sc. Pbourg 1907 S. 761. Sonst käme ernstlich in Frage Herkunft au. Aor. 3 s. *sta* 'es ist geworden', vgl. dial. *стáло* für *стáло быть* (ss Vetuchov RFV. 43, 34 ff., Jagić u. Chalanskij Archiv 23, 541 ff.), kaum Kürzung von **sta* aus 2. sing. Imperat. *stani* (Chalanskij IORJ. 4, 267 ff., RFV. 45, 339, Preobr. 2, 369 ff.). Weniger wahrscheinlich ist die Annahme eines Wurzel-Imperativs **sta* 'halt!' (Iljinskij Drinov-Festschr. 244 ff., RFV. 61, 242 ff.) oder gar pronominale Herkunft aus **sъ ta* (angeblich wie *покá, потá, посѧ́*) nach Šljakov Archiv 23, 541, der auch in *стáни* ein **ni* gleich griech. *ναί* 'fürwahr' entdecken wollte, dagegen s. Vetuchov c. l., Jagić Archiv 23, 541. Daneben begegnendes *-сте* kann auf 2 pl. *jeste* zurückgehen oder durch dieses beeinflußt sein (s. Potebnja bei Chalanskij IORJ. 4, 276, Iljinskij Drinov-Festschr. 244 ff.). Wegen der Bed. zweifelhaft ist die Deutung von *ста* aus *стáроста* (gegen MiEW. 318 ff., Havránek Mnema f. Zubatý 378, Mikucki bei Jagić Archiv 5, 471). Vgl. *-сте*.

стáв, *-а* 1. 'Zufrieren der Flüsse', 2. 'Pumpenwerk', 3. 'Schicht, Reihe, Scheitholz im Kohlenhaufen', 4. 'Sägerahmen, Sägegatter', *стáвец, -еца* 1. 'hölzerne Schüssel, Schale', 2. 'Gestell', ukr. *стáв, -ву* 'Teich', wruss. *stav* 'Wehr, Staudamm', ksl. *stavъ* 'Stand, Gefüge', bulg. *stáva* 'Garbenhaufen, Gelenk', sloven. *stâva* 'Garbenhaufen, Getreideschober', čech. *stav* 'Stand, Zustand, Lage', slk. *stav* dass., poln. *staw* 'Gelenk, Teich', osorb. nsorb. *staw* 'Stand, Beruf'. ‖ Man vergleicht **stavъ* 'Stand' als urverw.: lit. *stovà* 'Stelle', *stõvis* 'Stand', lett. *stāvs* m. 'Wuchs, Gestalt', ags. *stów* f. 'Ort, Stelle, Platz', got. *staua* 'Gericht', griech. στοά, aeol. στωΐα 'Säule, Säulenhalle', s. Specht 182, Trautmann BSl. 283, Uhlenbeck Aind. Wb. 347, Holthausen Aengl. Wb. 324, Torp 493. Vgl. das folg.

стáвить, *стáвлю* 'stelle, setze', ukr. *stávyty*, aruss. *staviti*, abulg. *staviti, stavljǫ* ἱστάναι, κωλύειν, στέλλειν (Supr.), bulg. *stáva*, skr. *stàviti, stâvîm*, sloven. *stáviti, stâvim*, čech. *staviti*, slk. *staviť*, poln. *stawić*, osorb. *stawić*, nsorb. *stawiś*. ‖ Wurzelverw. ist *став* (s. d.). Vgl. als urverw.: lit. *stovė́ti, stóviu* 'stehen', lett. *stāvêt*, got. *stojan* 'richten', ags. *stówian* 'zurückhalten', mnd. *stouwen*, nhd. *stauen*, griech. στόω 'steife, richte empor', s. Kluge-Götze EW. 588, M.-Endz. 3, 1053, Holthausen Aengl. Wb. 324, Trautmann BSl. 283ff., Germ. Lautg. 27. Dazu lat. *restaurāre* 'wiederherstellen', *instaurāre* 'erneuern', griech. σταυρός 'Pfahl', s. Meillet-Ernout 1155ff. Weiter zu *стать*.

ставры́ мочи́ть 'schwatzen, unnützes Zeug reden'. Wohl zu griech. σταυρός 'Pfahl, Kreuz'. Zur Bed. vgl. *лясы мочить*, s. Sobolevskij Živ. Star. 1, 2, 100.

Ста́врополь 1. 'Stadt NW von Tiflis', 2. 'Stadt im G. Samara'. Nicht Ableitungen vom PN *Ставр* der von griech. Σταυρός stammt, sondern von griech. σταυρός 'Kreuz', vgl. darüber Unbegaun RES. 16, 216.

стагане́ц, стогане́ц 'Ameise', Kašin (Sm.). Etwa als 'geschäftiges Tier' zu *сто* '100' u. *гонец* 'Eilbote'?

ста́до 'Herde', ukr. *stádo*, aruss. *stado*, abulg. *stado* ἀγέλη, ποίμνη (Zogr., Mar., Supr.), bulg. *stádo*, skr. *stȁdo*, čech. slk. *stádo*, poln. *stado*, osorb., nsorb. *stadło*. ‖ Urverw. mit anord. *stóð* n. 'Gestüt, Herde', ags. *stód* f. 'Gestüt', ahd. *stuot* dass., nhd. *Stute*, dazu lit. *stodas* 'Pflanze', lett. *stàds* 'Setzling, Pflanze', *stādît*, *stādu* 'setze, pflanze', skr. *stâd* m. 'Stand', weiter zu **stā-* 'stehen' (s. *стать*), vgl. Trautmann BSl. 230ff., Brückner EW. 512, KZ. 48, 194, Archiv 29, 119, Holthausen Awn. Wb. 283, Aengl. Wb. 323, Pogodin RFV. 33, 329. Entlehnung der slav. Wörter aus dem Germ. ist (gegen Torp 479) nicht zu vertreten, s. Kluge-Götze EW. 604ff., Trautmann c. l.

стаж, -а 'Dienstalter, Probedienst, Probezeit'. Aus frz. *stage* dass.

стака́н, -а 'Trinkglas, Glas', nordgrr. *стока́н*, aruss. *dostokanъ* Urk. 1356, auch Testam. Ivan Kalitas († 1340) u. a., s. Korsch Archiv 9, 676, Sobolevskij Lekcii 81, 112, Srezn. Wb. 1, 715. Das von Korsch c. l. dazu gestellte *досканец* 'Dose, Kästchen' (Deržavin) erklärt Sobolevskij c. l., ŽMNPr. 1886, Sept. S. 156ff. als Ableitung von *dъska (s. *доска́*). Das aruss. Wort wird angesehen als Entlehnung aus d. Turkotatar.; dschagat. *tostakan* 'kl. Holzschüssel', kirg. *tustayan* 'Trinkglas, Napf, Schöpfkelle' (Radloff Wb. 3, 1211, 1501), s. Korsch Archiv 9, 675ff., IORJ. 8, 4, 44, MiTEl. 2, 180, Nachtr. 1, 59; schwerlich berechtigt ist die Herleitung der turkotatar. Wörter aus dem Russ. (gegen Preobr. 2, 371) oder aus lett. *stakans* (gegen Zubatý Wurzeln 18). Auch besteht keine Verwandtschaft mit *стекло́* 'Glas' (gegen Uhlenbeck PBrBtr. 22, 191), vgl. Kiparsky 209ff.

стаке́т, -а 'Stakett', über nhd. *Stakett* aus ital. *stacchetta* 'Palisade', *stacca* 'Pfahl', das germ. Herkunft ist (s. Meyer-Lübke Rom. Wb. 678, Kluge-Götze EW. 585), s. Matzenauer 335.

ста́ксель 'Stagsegel', auch *штаксель*. Aus ndl. *stagzeil* dass., s. Meulen 396 (mit vielen Ableitungen), Matzenauer 312, Croiset v. d. Kop IORJ. 15, 4, 16.

сталь f. -*и* 'Stahl', als *сталь Гданская* 'Danziger Stahl', Ust. Morsk. 1724, s. Smirnov 281, ukr. *staľ*. Über poln. *stal* (seit 15. Jhdt., s. Brückner EW. 512) oder wie dieses aus nhd. *Stahl*, ndd., ndl. *staal*, s. MiEW. 320, Preobr. 2, 371.

стамбу́лка 'türkischer Pfeifenkopf', Ableitung von *Стамбу́л*

'Konstantinopel', schon aruss. *Stanbolъ* (Munechin 1493, S. 217), *Stambulъ* (Chož. Kotova (1625), IORJ. 12, 1, 72), früher *Dorija Stembolьskaja* 'Schwarzes Meer' (Afan. Nikitin, Tr. Hs. 9) mit pers. *daryā* 'Meer', von osman. krimtat. *Ystambul, Stambul* (Radloff Wb. 1, 1394) aus ngriech. *Στημπόλι* von *εἰς τὴν Πόλιν*, s. G. Meyer Türk. Stud. 1, 14, 89, Kretschmer Jagić-Festschr. 554, Glotta 16, 184 ff., Thumb IFAnz. 1, 45, Hesseling Revue des ét. gr. 3, 189 ff., MiTEl 1, 313, Nachtr. 2, 130 ff., EW. 320.

стаме́д 'Art Wollstoff', auch *астаме́д* (18. Jhdt., s. Mel'nikov 2, 134). Über nhd. *Stamet*, bzw. ndl. *stamet* oder direkt von ital. *stametto* (woher afrz. *estamet* 'grober Wollstoff'). Aus gleicher Quelle poln. *stamet, sztamet*, s. Brückner EW. 555, Matzenauer 312, Preobr. 2, 371 ff. Die Quelle ist lat. *stāmen* 'Kette e. Gewebes' (s. Meyer-Lübke Rom. Wb. 678, Gamillscheg EW. 386, Falk-Torp 1176).

стаме́ска, стаме́зка 'Stemmeisen'. Entlehnt aus ndd. *stemmîzṇ* (Sass Sprache des ndd. Zimmermanns 21) oder nhd. *Stemmeisen*, s. MiEW. 320, Preobr. 2, 372.

стаме́ть 'starr, verdutzt werden' (Mel'nikov). Zu *стамо́й*.

стами́к, -ика́ 'Stützbalken', Nördl., Östl. (D.). 'steiler Felsen', Olon. (Kulik.), auch 'große Eisscholle', Arch. (Podv.). Zu *стамо́й*.

стамна 'Krug', kirchl., Azbukovn., ksl. *stamьna*, s.-ksl. *stamьna*. Entlehnt aus mgr., ngr. *στάμνα* dass., agriech. *στάμνος* 'Weinkrug', s. Verf. IORJ. 12, 2. 278, GrslEt. 190 ff.

стамо́й 'beständig' (Eis, das nicht schmilzt), Arch. (D.), 'eigensinnig, starrköpfig', Šenk. (Podv.), Čerep. (Gerasim.), *ста́мая гора́* 'steiler Berg' (Barsov Pričit.). Dazu *стами́къ* 'Stützbalken', *стамико́м* adv. 'stehend, aufrecht'. ‖ Urspr. **stamъ* urverw. mit lit. *stomuõ, -eñs*, Acc. *stómenį* m. 'Statur, Leibeslänge', neben *stuomuõ* dass. (Buga), lett. *stāmenis* 'Rumpf', ksl. *ustameniti* 'constituere', aind. *sthāma* n. 'Standort', griech. *στήμεναι* 'stehen', *στήμων, -ονος* 'Aufzug am Webstuhl', lat. *stāmen* dass., got. *stōma* 'Grundlage', auch ahd. *stam* 'Baumstamm', ir. *tamun* dass., tochar. A *ṣtām*, B *stām* 'Baum', griech. *στάμνος* 'Weinkrug'. Weiter zu *стать, стоя́ть*, s. Trautmann BSl. 282, M.-Endz. 3, 1051, Lidén Tochar. Stud. 35, Uhlenbeck Aind. Wb. 347, Specht 182, Pogodin RFV. 50, 229 ff., Walde-Hofmann 2, 586.

стан, -а 1. 'Statur, Wuchs, Taille'. 2. 'Standort, Lagerplatz', *стано́к* 'Werkbank', ukr. *stán, -ú* 'Zustand, Lage, Wuchs, Mieder, Lager', r.-ksl. *stanъ παρεμβολή*, castra, bulg. *stan(ёt)* 'Lager, Webstuhl, Rumpf, Wuchs', skr. *stân* G. *stâna*, L. *stánu* 'Wohnung, Webstuhl, Leib', sloven. *stân, stâna, stanû* 'Gebäude, Wohnung, Hürde, Rumpf, Stand', čech., slk. *stan* 'Zelt', poln. *stan* 'Zustand, Standort, Wuchs', osorb. nsorb. *stan* 'Zelt'. ‖ Alter slav. *u*-Stamm, urverw. mit lit. *stónas* 'Stand' (entlehnt?), aind. *sthánam* n. 'Standort, Aufenthalt', avest. apers. *stāna-* 'Stand, Stelle, Stall', npers. *sitān* (daher osman. *Türkistan, Türkmenistan*), griech. *δύστηνος*, dor. *δύστανος* (**δύσστᾱνος* 'in schlechtem Zustand befindlich'), griech. *ἄστηνος* 'unglücklich',

weiter zu *стать* (s. d.), ahd. *stân, stĕn* 'stehen', s. Trautmann
BSl. 282, M.-Endz. 2, 1052, Meillet Ét. 454, RFV. 48, 194,
Uhlenbeck Aind. Wb. 347, Bartholomae Air. Wb. 1605, Hofmann Gr. Wb. 65.

ста́ндить 'stehlen, stibitzen', Pskov, Tveŕ (D.). Vgl. *спа́ндерить*.

станс m. 'Stanze, achtzeilige Strophe, Oktave'. Über frz. *stance*
dass. aus ital. *stanza* 'Strophe, Zimmer', das als Lehnübersetzung aus arab. *bait* 'Vers, Zimmer', angesehen wird, s.
Littmann 78 ff., Kluge-Götze EW. 586, Gamillscheg EW. 816.

ста́ну Infin. *стать* 'werde, werde mich hinstellen' (s. d.), abulg.
stati, stanǫ ἵστασϑαι, γίγνεσϑαι (Supr.), bulg. *стáнъ* 'werde',
skr. *stȁti, stȁnêm* 'stehen bleiben, entstehen, beginnen', sloven.
státi, stȃnem 'treten, ankommen', čech. *stanouti, stanu* 'stehen
bleiben, sich stellen', poln. *stać, stanę* 'zureichen, dauern', *stanąć*
'stehen bleiben', osorb. *stanyć, stanu* 'sich stellen', nsorb. *stanuś,
stanu*. Siehe *стать*. Zur Bildung vgl. apreuß. *postānimai* 'wir
werden', *postānai* Opt. 'werde', s. Fraenkel Balt. Spr. 34, 88,
Trautmann Apr. Sprd. 406.

ста́нция 'Station', seit Peter d. Gr., s. Smirnov 211, ukr. *stáncija*
u. *stácija*, poln. *stancja* (17. Jhdt., s. Brückner EW. 513). Die
Form mit *n* kann auf ital. *stanza* 'Stube, Wohnung', vlat.
*stantia zurückgehen (so Matzenauer 312, Smirnov 281). Denkbar wäre aber auch Entlehnung von *ста́нция* aus poln. *stacja*
von lat. *statiō* 'Station' und sekundäre Nasalierung von *станцио́нный* Adj. aus. Siehe *стацея*.

ста́пель m. 'Stapel', seew. Aus ndl. ndd. *stapel* dass., s. Meulen
199. Nicht aus engl. *stáple* (*steipl*) dass., gegen B. de Courtenay
bei Dal' 4, 508.

стара́ться, стара́юсь 'bemühe mich', ukr. *staráty śa*, bulg.
starájъ se dass., skr. *stàrati se, stàrâm se* 'besorgt sein',
sloven. *stȃrati se* 'sich bekümmern, abplagen', čech. *starati se*
dass., slk. *starat' sa*, poln. *starać się*, osorb. *starać so*, nsorb. *staraś
se*. || Man vergleicht lett. *starīgs* 'strebsam', lit. *starìnti, starinù*
'schwer ziehen', apreuss. *stūrnawiskan* f. Instr. s. 'Ernst', ags.
stierne 'ernst, streng', lat. *sternāx* 'störrisch', *consternō*, *-āre* 'bestürzen', *strēnuus* 'betriebsam', griech. στρηνής 'hart, scharf',
στρῆνος 'Kraft', kymr. *trîn* 'pugna, labor' (*strēnā, s. Stokes
137), s. J. Schmidt Vok. 2, 352, Persson 429 ff., Trautmann Apr.
Sprd. 440, Walde-Hofmann 2, 601, Holthausen Aengl. Wb. 322.
Man denkt an Verwandtschaft mit *starъ (s. *ста́рый*), vgl.
Pedersen Kelt. Gr. 1, 79, Brückner EW. 513, Holthausen Aengl.
Wb. 322. Vgl. *страда́*.

ста́рборд 'Steuerbord'. Aus engl. *starboard* dass. (rechte Seite
des Schiffes), s. Matzenauer 312.

стари́ца 'altes, ausgetrocknetes Flußbett', Arch. (Podv.), Sibirien (D.), *ста́рица* dass. Orel, Rjazań, Tula (D.). Weiterbildung
eines femin. *starī (vgl. *волчи́ца*) zu *ста́рый*. Sehr oft in russ.
Fl. Namen.

старнова́ть 'dreschen', s. *сторнова́ть*.

ста́роста 'Ältester, Vorsteher, Dorfschulze', ukr. wruss. *stárosta*, aruss. *starosta* 'Greis, Ältester, Vorsteher, Aufseher, Oberhaupt', in der Übersetzungslit. auch für 'Eunuch' (s. Srezn. Wb. 3, 497), čech. *starosta* 'Vorsteher, Obmann', slk. *starosta* 'Gemeindevorsteher', poln. osorb. *starosta* dass. Zu *ста́рость* 'Alter', weiteres s. v. *ста́рый*, vgl. Brückner EW. 514

ста́рый 'alt', *стар, стара́, ста́ро* (u. *старо́*), ukr. *starýj*, aruss. abulg. *starъ* γέρων, πρεσβύτερος (Supr., Ostrom.), bulg. *star*, skr. *star̀, stȁra, stȁro; stârî, stârâ*. sloven. *stàr, stára*, čech. slk. *starý*, poln. osorb. nsorb. *stary*. ‖ Urverw. mit lit. *stóras* 'dick, stark, schwer', anord. *stórr* 'groß, gewaltig, wichtig, mutig', Ablaut in aind. *sthirás* 'fest, stark', s. Meillet Ét. 404, Fortunatov KZ. 36, 45, Trautmann BSl. 282, Wiedemann BB. 27, 223, Holthausen Awn. Wb. 284. Die Heranziehung von ahd. *starên* 'starren', nhd. *starr* (Uhlenbeck Aind. Wb. 347) wird angefochten von Torp 479, 485 ff. Vgl. auch *стара́ться*.

стасе́йка 'vulva', Smol. (Dobrov.). Dunkel.

стати́р 'Silbermünze', kirchl., r.-ksl. abulg. *statirъ* στατήρ (Chož. Igum. Daniila, Zogr., Mar.). Aus griech. στατήρ dass.

ста́тный 'stattlich', abgeleitet von *стать* (s. d.).

ста́ток, -тка 'Vermögen, Hab u. Gut', dial. 'Herde', Westl. (D.), *доста́ток* 'Vermögen, Überfluß', *оста́ток* 'Rest'. Zu *стать*, s. MiEW. 319.

ста́тский 'Zivilist', Adj. 'zivil-, staats-', neben *шта́тский* dass., *ста́тский сове́тник* 'Staatsrat', Ableitungen von älter. *стат* 'Staat' (Kotošichin 46 ff.). Entlehnt aus nhd. *Staat* 'res publica', bzw. ndl. *staat* von lat. *status* 'Stand', s. Preobr. 2, 374, Kluge-Götze EW. 583.

стату́ра 'Statur', schon Kurakin, s. Smirnov 281. Aus ital. *statura* 'Wuchs, Statur' von lat. *statūra*. Nicht wahrscheinlich ist Vermittlung durch poln. *statura* (Christiani 46).

стату́т 'Statut, Satzung', schon Peter d. Gr., s. Smirnov 281 ff., wohl über nhd. *Statut* von lat. *statūtum* 'das Festgesetzte'.

ста́туя 'Statue, Bildsäule', schon Kantemir 1717, s. Christiani 46, seltener *статуя́, статуй, остатуй* 'Idol' (s. Korsch IORJ. 8, 4, 5). Gelehrte Entlehnung evtl. über nhd. *Statue* aus lat. *statua*. Genuswechsel nach *и́дол, куми́р, болва́н*, s. Preobr. 2, 374.

стать I. ста́ну 'werden, anfangen, beginnen, sich stellen', ukr. *státy, stánu*, aruss. *stati, stanu*, abulg. *stati, stanǫ* ἵστασθαι, γίγνεσθαι (Supr.), skr. *stȁti, stȁnem*, sloven. *státi, stânem* 'treten, ankommen', čech. *státi se* 'werden, geschehen', slk. *stať* 'stehen bleiben, aufstehen, beginnen'. ‖ Urverw. mit lit. *stóti, stóju* 'sich stellen', lett. *stât* 'sich stellen', apreuss. *postāt* 'werden', aind. *asthāt* Aor. 'hat sich hingestellt'. *tiṣṭhati* 'steht', avest. *hištaiti* dass., lat. *stō* 'stehe' (*stāi̯ō*), griech. ἵστημι, homer. στῆ. ahd. *stân, stên* 'stehen', lat. *sistō*, ir. *táu, at-táu* 'bin' (aus *stāi̯ō*), s. Trautmann BSl. 281, Meillet-Vaillant 29, Uhlenbeck Aind. Wb. 346 ff., Torp 477 ff., M.-Endz. 3, 1052. Siehe *ста́ну, стоя́ть*.

стать II. G. -*и* 1. ʽKörperbau, Statur'. 2. ʽGrund, Ursache, Art u. Weise', dial. ʽMöglichkeit, Gelegenheit', Olon. (Kulik.), ʽCharakter, Sitte, Art', Arch. (Podv.), s.-ksl. *postatь μέρος, τρόπος*, skr. *pòstât* ʽReihe (bei der Ernte)', ačech. *podstat'* ʽsubstantia'.|| Urverw.: lett. *stātis* ʽStand', avest. *stāiti-* f. ʽStehen, Stand, Aufstellung', anord. *stóð* f. ʽStelle, Standort', Ablaut in aind. *sthítiṣ, sthitíṣ* f. ʽStehen, Verweilen, Standort', griech. *στάσις* f. ʽFestigkeit, Stellung, Stand, Aufstand', got. *staps* m., ahd. *stat* f. ʽStätte, Ort, Stelle', nhd. *Stadt, Statt*, lat. *statiō* f. ʽStandort', *statim* ʽstehend, auf der Stelle', s. Trautmann BSl. 283, M.-Endz. 3, 1052, Uhlenbeck Aind. Wb. 347, Torp 478. Hierher auch *кстáти* ʽzur rechten Zeit, recht, gelegen', *статья́* ʽAufsatz, Artikel' (Kotošichin 74 ff.), aruss. *statije* n. ʽdas Stehen, Belagerung'. Wurzelverw. mit *стать* I. und *стоять*.

стафи́ды pl. ʽKorinthe, Rosine', kirchl. Aus mgr. ngr. *σταφίδα* dass. (Ducange), agriech. *σταφίς, -ίδος*, s. Verf. GrslEt. 191.

стафи́ль f. ʽWeintraube', nur aruss. ksl. *stafilь stafilije*, n. (Dan. Zatočn. 70). Aus griech. *σταφυλή* dass., mgr. *σταφύλιον*, s. Verf. GrslEt. 191, Srezn. Wb. 3, 509.

стаха́новец, *-вца* ʽRekordarbeiter, Musterarbeiter'. Vom Namen des Arbeiters *А. Г. Стаха́нов*, geb. 1905.

стаце́я ʽStation, Poststation', veralt. Über poln. *stacja* dass. von lat. *statiō, -ōnis*. Vgl. *ста́нция*.

ста́чить ʽausreichen', Westl., Südl. (D.). Aus *statъčiti* zu *statъkъ* (siehe *ста́ток*). Vgl. apoln. *statczyć* ʽgenügen, ausreichen' (s. Brückner EW. 514), čech. *stačiti*, slk. *stačit'*, vgl. Brückner c. l., Holub-Kopečný 348.

ста́чка 1. ʽStreik, Ausstand, Verabredung, Bedingung' (Krestovskij IORJ. 4, 1083). Viell. zu *ста́кать* ʽbeschließen, vereinbaren' (s. *та́кать* ʽbeistimmen'), vgl. Dal' 4, 549 ff. Kaum zu *стать* (Mladenov 607). Bulg. *stáčka* wohl entlehnt aus d. Russ. Zu beachten ist aber ndl. *staken* ʽstreiken', *staking* ʽAusstand, Streik'.

ста́я ʽSchar, Rudel', dial. ʽViehhof, Schuppen, Hürde', Arch. (Podv.), Orenb. (D.), ʽmehrere Gebäude unter einem Dach' Tveŕ (D.), ʽSchutzdach', Vjatka, Perm, Olon. (D.), ukr. *stája* ʽSennhütte, Hürde, Reihe von Heuhaufen', aruss. *staja* ʽViehstall, Lager(stätte), Zelt, Schutzdach' (Srezn. Wb. 3, 509), ksl. *staja ἔπαυλις* ʽGehöft', bulg. *stája* ʽZimmer', skr. *stȁja* ʽStall, Hürde', sloven. *stája* ʽHerberge, Sennhütte', čech. *stáj* m. f. ʽViehstall', auch *stáje*. || Urspr. ʽViehstall, Standort' zu *стать, стоять*. Vgl. lit. *be-párstojo* ʽunaufhörlich' (*беспрестáнно*), s. Buga RFV. 75, 146, MiEW. 319.

ствол, -*á* 1. ʽStiel, Röhre, Schaft'. 2. ʽStamm, Stengel', dial. *цвол* Sevsk, ksl. *stvolije* ʽNessel', bulg. *cvol* ʽSchaft', *stvol* ʽStamm, Röhre', skr. *cvòlika* ʽLauchstengel', sloven. *cmȏlje* n. ʽRiedgras', *cvolina* ʽWasserschierling', čech. *stvol* ʽSchaft', osorb. *stwolk*, nsorb. *stwól* ʽHundepetersilie'. || Wohl aus *stьbolъ* ʽStengel' zu *стéбель* (s. d.), vgl. Štrekelj Archiv 28, 497, MiEW. 327, Preobr. 2, 377, Mladenov 608.

створ, *-a* 'Türflügel, Fensterladen, Verschluß', Arch., Novgor., Sibir. (Podv., D.). Aus **sъtvorъ*. Vgl. *затвóр, -творúть* 'schließen'.

-сте 'Höflichkeitspartikel', ähnlich *-cma* (s. d.). Wird aus 2. pl. *jeste* erklärt (Potebnja bei Vetuchov RFV. 43, 37 ff., Chalanskij IORJ. 4, 276), kann aber auch aus *-cma* durch Einfluß der 2. pl. *-me* (vgl. *noйдёмте*) entstanden sein, s. Iljinskij Drinov-Festschr. 244 ff., Šljakov RFV. 40, 125 ff.

стеарúн 'Stearin'. Über nhd. *Stearin* oder direkt aus frz. *stéarine* 'Talgfett' von griech. στέαρ G. στέατος 'Talg' (s. Gamillscheg EW. 817).

стебáть, *-áю* 'nähen, steppen, peitschen', Kursk, Orel, 'Schnaps trinken, hüpfend laufen', Kursk (D.), Don-G. (Mirtov), dazu vgl. *хлестáть* 'peitschen u. trinken', *стёбка* 'Rute', ukr. *stibáty*, *stibnúty* 'peitschen', *postibáty* 'anheften', *stebnúty, stebnuváty* 'steppen', wruss. *scebác, scebnúc* 'peitschen, trinken', *scob* 'Rutenschlag', auch 'Interj. des Schlagens', poln. *naściebać* 'auffädeln'. ‖ Man glaubt an Verwandtschaft mit *стéбель* 'Stiel' (s. d.), vgl. Zubatý Wurzeln 14, Preobr. 2, 377 ff. Anderseits wird Herkunft aus *стегáть* 'knüpfen, peitschen' und Einfluß von *стébель* angenommen (so Zelenin Fil. Zap. 43, 7). Gegen diese Vorschläge wendet sich Iljinskij IORJ. 23, 1, 176 ff. Sein eigener Vergleich mit nhd. *steppen, Stift* und lat. *stipō, āre* 'zusammenpressen, -häufen' rechnet nicht mit dem *e*-Vokalismus im Slav. Sonst wird die Sippe verglichen mit lit. *stembti, stembiù* 'sich festigen', *stabýti, stabaū* 'aufhalten', *stabdýti, stabdaū* 'zum Stehen bringen', aind. *stabhnāti, stabhnóti, stabhūyáti* 'stützt, hemmt', avest. *stэmbana-* 'Stütze' (Uhlenbeck Aind. Wb. 343). Die Bed. 'nähen' und 'peitschen' können aus 'stechen' entstanden sein wie bei *стегáть*, s. Grünenthal IORJ. 18, 4, 136.

стébель G. *стéбля* 'Stengel', *стеблó* 'Griff, Stiel, Schaft', ukr. *stébeľ, stebló* 'Stengel, Griff, Rohr', wruss. *scebló*, aruss. *stьblo, stьblь* 'Stengel', s.-ksl. *stьblь, stьblo* καυλός, *στέλεχος* *stьbľje* n. καλάμη, bulg. *stebló, stъblo* 'Stengel, Schaft', skr. *stáblo*, *stábljika* 'Stengel', sloven. *stebəl, stéblo* 'Stengel, Baumstamm', *stáblo*, čech. slk. *steblo* 'Halm', poln. *ździebło, ździebło* dass., osorb. *stwjelco, spjelco*, nsorb. *spło*, polab. *ståblü*. ‖ Ursl. **stьblь, *stьblo* urverw. mit lit. *stìbis* 'membrum virile', lett. *stiba* 'Stab, Rute', aind. *stíbhiṣ* m. 'Rispe, Büschel', ablaut. lit. *stiebas* 'Säule, Stamm, Stengel', *stibýna* 'Schienbein', *stáibiai* m. pl. 'Schienbeine', lat. *tibia* 'Schienbein, Pfeife, Röhre', griech. στιφρός 'fest', neben στιβαρός 'fest', s. J. Schmidt Vok. 1, 129, Zubatý Wurzeln 19, Trautmann BSl. 287, Apr. Sprd. 429, Meillet Ét. 419, M.-Endz. 3, 1064, Buga RFV. 75, 148, Charpentier MO. 13, 10. Daneben mit idg. *p*: lat. *stipula* 'Strohhalm', s. Meillet-Ernout 1148, Walde-Hofmann 2, 594, 680. Vgl. auch *стибáк*.

стебенúть 1. 'langsam nähen, woran flicken'. 2. 'plappern'. 3. 'eigensinnig sein'. Vologda, Sibirien (D.). Zu *стебáть*.

стега́ 'Fußpfad', Pskov, Kursk, Westl. (D.). Siehe *стезя́*.

стега́ть 'steppen, nähen, peitschen, schlagen' auch 'gierig schlürfen, laufen' (zur Bed. vgl. *стеба́ть*), Perf. *застегну́ть* 'zuknöpfen', *застёжка* 'Schnalle', ukr. *zastížka* 'Schnalle', kslav. *ostegnǫti* 'knüpfen, Fesseln anlegen', *ostežь* 'chlamys', *ostegъ* 'Kleid', r.-ksl. *zastoga* 'Fibel', čech. *přistehnouti* 'anheften', poln. *ścieg* 'Stich (beim Nähen)', s. MiEW. 320 (wo auch Nichtzugehöriges). || Ursl. **steg-*, **stog-*, urverw. mit got. *stakins* Acc. pl. στίγματα, ahd. *stahhula* m. 'Stachel', ahd. *stechen* 'stechen', mhd. *stekken* 'stechend befestigen', s. Schade Wb. 868, Trautmann BSl 285, Preobr. 2, 379. Weniger überzeugt der Vergleich mit lit. *stìgti*, *stingù* 'ruhig am Platz bleiben (stecken bleiben)', lett. *stigt* 'einsinken', aind. *tíjatē* 'ist scharf, schärft', *tḗjas* n. 'Schärfe, Schneide', *tigmás* 'spitzig, scharf', avest. *tiγri-* 'Pfeil' (FIN. *Tίγρις*), ahd. *stih* 'Stich', lat. *īnstīgō, -āre* 'stachele an', griech. στίγμα 'Stich, Mal', στίζω 'steche, tätowiere', στικτός 'gestickt' (Zupitza GG. 168, Torp 490, Uhlenbeck Aind. Wb. 116, Grünenthal IORJ. 18, 4, 136, Iljinskij RFV. 65, 219, der auch *зга* heranzieht).

стегно́ 'Hüfte, Lende, Oberschenkel', ukr. *stehnó*, abulg. *stegno* μηρός (Supr.), skr. *stègno* pl. *stègna* 'Schenkel', sloven. *stégno*, čech. slk. *stehno*, poln. *ściegno*, *ścięgno* (sekundäre Nasalierung durch folg. *n*), osorb. *sćehno*, nsorb. *sćogno* 'Schenkel, Schinken'. || Ursl. **stegno* (s. Ułaszyn Symb. Rozwadowski 1, 405); nicht gesichert ist der Ansatz **stьgno*, der von den Etymologen meist vorgenommen wird. Unsicher daher der Vergleich mit lit. *stìgti* 'ruhig werden', *stýgoti* 'ruhig werden', lett. *stīga* 'Stengel, Ranke, Draht, Saite' (Zubatý Wurzeln 20), auch die Zusammenstellung mit lit. *steigara* 'Glied, Gelenk', armen. *tʿekn* G. *tʿikan* 'Schulter, Achsel, Arm' (**thoigno-*), air. *tóeb*, *tóib* n. 'Seite', kymr. korn. bret. *tu* 'Seite' (Lidén Armen. Stud. 31). Besser ist die Annahme einer Verwandtschaft mit lat. *tignum* 'Balken, Bauholz' (Mikkola Ursl. Gr. 2, 163); das lat. Wort aus **tegnom* wird mit der Sippe von *стожа́р*, *стежер* verbunden (s. Walde-Hofmann 2, 681). Schwer vereinbar ist auch **stegno* mit aind. *sákthi* G. *sakthnás* n. 'Schenkel', avest. *haχti-*, armen. *azdr*, griech. ἰσχίον 'Hüftgelenk' (Meillet Ét. 446). Vgl. auch *стяг*.

сте́жер 'Schoberstange', nur r.-ksl. *stežerъ* ἑδραίωμα (Supr.), bulg. *stéžer* 'Tennenpfosten zum Anbinden der Pferde, Schoberstange', skr. *stèžēr* 'Stamm', sloven. *stežér* 'Türangel, Haspelstock', čech. *stežeje* 'Türangel, Haspe', *stežen*, *stežeń* 'Mastbaum', osorb. *sćežor* 'Heumast', nsorb. *sćažor* dass. Zu *стожа́р*, *стог*. Vgl. lit. *stegerỹs* 'dürrer Krautstengel', lett. *stęga* 'membrum virile', *stḕgs* m., *stḕga* f. 'lange Stange, langer Stock', s. Meillet Ét. 410, MSL. 14, 343, Trautmann BSl. 285, Hujer Festschr. Pastrnek 51.

стежи́ть 'schlagen', Arch. (Podv.). Zu *стега́ть*.

стезя́ 'Pfad', dial. *стегя́* dass., Westl., Südl., ukr. *stézka*, aruss. *stьza*, *stьzja*, abulg. *stьza* τρίβος, semita (Euch. Sin., Ostrom.), skr. *stàza* 'Fußsteig', sloven. *stezà* 'Fußweg', čech. *steze*, *stezka*, slk. *stezka*, apoln. *śćdza* (Flor. Ps.), *ścieżka* (Puław. Ps.), poln. *ścieżka*, osorb. *sćeżka*, nsorb. *sćażka*, polab. *stadza*. ‖ Ursl. **stьga*, Ablaut in -*стигáть* (s. d.). Vgl. auch *зга*. Es besteht Urverwandtschaft mit lett. *stiga* ʽPfad, Fußsteig', ahd. *stëg* ʽSteg' (**stigaz*, woher finn. *tikas* ʽLeiter', s. aber Setälä FUF. 13, 117), griech. στίχος m. ʽReihe, Linie', Ablaut in got. *staiga* ʽSteig, Weg', ahd. *steiga*, alb. *štek* ʽPfad', s. Trautmann BSl. 286, M.-Endz. 3, 1065 ff., Uhlenbeck Aind. Wb. 344, Torp 492, Mikkola Ursl. Gr. 2, 171.

стеќлинь f. ʽLeine aus drei Duchten von je zwei Garnen', seew., schon Ust. Morsk. 1720, s. Smirnov 282. Aus ndl. *steeklijn* dass., s. Meulen 200, Falk-Torp 1163.

стеклó ʽGlas', dial. *скло* Jarosl. Vologda, Nižn., Westl., Südl. (D.), (s. *склянка*), ukr. *skló*, wruss. *šklo*, aruss. *stьklo* ʽGlas, Gefäß', s.-ksl. *stьkló κρύσταλλος*, abulg. *stьklěnica ἀλάβαστρος* (Supr.), bulg. *stьkló*, *ckló* (Mladenov 615), skr. *stàklo*, *sklö*, *cklö* ʽGlas', sloven. *stəklo*, ačech. *stklo*, čech. *sklo*, slk. *sklo*, poln. *szkło*, osorb. nsorb. *škla* ʽSchüssel', osorb. *škleńca* ʽGlasscheibe', nsorb. *šklanica*. ‖ Ursl. **stьklo* entlehnt aus got. *stikls* ʽBecher', ahd. *stechal* calix, s. MiEW. 328, Trautmann BSl. 286, Hirt PBrBtr. 23, 336, Brückner Archiv 23, 536, EW. 549, Stender-Petersen 397 ff., Kiparsky 209 ff. Lit. *stìklas* ʽGlas, Trinkglas', lett. *stikls* ʽGlas, Glasscheibe', apreuss. *stiklo* ʽGlas' können ebenfalls aus d. Germ., werden aber eher aus dem Slav. stammen (s. M.-Endz. 3, 1067). Unwahrscheinlich ist balt.-slav. Alter (gegen Trautmann c. l., Apr. Sprd. 439). Ausgeschlossen ist slav. Herkunft der germ. Wörter (gegen Jagić Archiv 23, 536, Uhlenbeck PBrBtr. 22, 191), s. Kiparsky c. l. Vom spitzen Trinkhorn ist das Wort auf andere Gefäßformen und auf das Material übertragen worden (Miklosich).

стеклярус m. Koll. ʽgeschnittene Glasperlen, Schmelz'. Wird gewöhnlich als ʽReihe von Glas(perlen)' aus *стекло* u. *ярус* erklärt, s. Sobolevskij RFV. 66, 334, Preobr. 2, 380.

Стекóльна, Стекóльня ʽälterer Name für Stockholm', oft im 16.—17. Jhdt., s. Sobolevskij Lekcii 145, aruss. *iz Stekolna* 2. Soph. Chron. a. 1497, S. 241. Durch Einfluß von *стекóльня* ʽGlaserwerkstatt' aus schwed. *Stockholm*, urspr. ʽInsel (*holm*) am Stocksund', s. Sahlgren bei Hellqvist 1030, GrotFil. Raz. 2, 369, Sobolevskij c. l. Davon in Volksliedern *Стекóльное Государство* ʽSchweden' (Blagoj 51).

стель f. ʽZimmerdecke', *стéлька* ʽSchuheinlage', zu *стелю́*, *стлать* ʽeinlegen, ausbreiten'. In der Redensart *пьян как стéлька* ʽsehr betrunken' sieht Preobr. 2, 381 einen Ausdruck für ʽSchuster'.

стéльный: *стéльная корóва* ʽträchtige Kuh', osorb. *sućelna*, *sćelna* dass., nsorb. *sćelna*, čech. *telná*, pol. *cielna*. Zu *съ-* ʽmit' und *telę* ʽKalb' (s. *телëнок*). Vgl. poln. *źrebna* (von Pferden), *szczenna* (von Hunden) u. a. Das *s* ist (gegen Iljinskij RFV. 60, 424) kein Beweis für etymol. Verwandtschaft von *телëнок* mit nhd. *still*.

стелю́, стлать ῾ausbreiten᾽ (Teppich, Tischtuch), ῾betten, decken᾽ (Dach), ukr. *stelýty*, *stel'ú*, wruss. *slać*, *sćel'ú*, aruss. *stelju*, *stьlati*, abulg. *postelją*, *postьlati* στρωννύειν (Supr.), bulg. *stél'a* (Mladenov 608), sloven. *stéljem*, *stláti* ῾ausstreuen᾽, ačech. *stelu*, *stláti* ῾bette᾽, čech. *stláti*, slk. *stlat'*, poln. *ścielę*, *slać*, osorb. *sćelu*, *slać* ῾streuen, betten᾽, nsorb. *sćelu*, *słaś*, *stłaś*. ‖ Ursl. *stelją, *stьlati urverw. mit lett. *slāju*, *slāt* ῾laden, packen᾽, griech. στέλλω ῾mache fertig, stelle, bestelle, schicke᾽, alat. *stlatta* ῾genus navigii latum᾽, lat. *latus* ῾breit᾽, s. M.-Endz. 3, 924, Rozwadowski Mat.iPr. 2, 352, Trautmann BSl. 286, Fick 1, 570, Debrunner IF. 52, 67, Mikkola Ursl. Gr. 3, 90. Neben **stel-* findet sich **ster-*: lat. *sternō*, *-ere*, *strātum* ῾breite aus, bestreue᾽, griech. στόρνῡμι, στορέννῡμι ῾bestreue, breite aus᾽ (s. *сторона́*), vgl. Meillet-Vaillant 37. Siehe noch *стол*, *тло*.

стеля́шить ῾stehlen᾽, Kašin (Smirnov), auch *стелеля́шить* dass. Arch. (D.), *стелебе́сить*, *стелипа́ть* Sibir., *стеля́вать* Pskov (D.). Unklar.

стем ῾Vordersteven᾽, seew. (D.). Aus engl. *stem* dass., s. Matzenauer 312.

стена́ ῾Wand᾽, Acc. s. *сте́ну*, ukr. *stiná*, aruss. abulg. *stěna* τεῖχος, κρημνός (Supr.), bulg. *sténá*, skr. *stijèna* ῾Felswand, Stein᾽, Acc. s. *stȉjenu*, sloven. *sténa*, čech. *stěna*, slk. *stena*, poln. *ściana*, osorb. nsorb. *sćěna*. ‖ Urverw. mit got. *stains* ῾Stein᾽, anord. *steinn*, weiter vergleicht man griech. στία, στῖον ῾Kiesel᾽, aind. *styāyatē* ῾gerinnt, wird hart᾽, s. Meillet Ét. 446, W. Schulze KZ. 27, 427, Holthausen Awn. Wb. 280. Trautmann BSl. 281, Kluge-Götze EW. 590. Eine Entlehnung aus dem Altgerm. läßt sich nicht beweisen (gegen Schrader-Nehring 2, 50, Hirt PBrBtr. 23, 336, Sobolevskij Archiv 33, 480, ŽMNPr. 1911, Mai, S. 165. Zelenin Živ. Star. 22, 435), s. Kiparsky 85ff., Brückner EW. 529, Zeitschr. 4, 217. Des letzteren Vergleich mit griech. σκηνή ῾Zelt᾽ ist bedenklich. Auch seine Heranziehung von lit. *síena* ῾Wand᾽ (ähnlich Kalima Festschr. Suolahti 552).

стена́ть, *-а́ю* ῾stöhne᾽, aruss. *stenati*, *stenju*, abulg. *stenati*, *stenją* στένειν, στενάζειν (Supr.), bulg. *sténa*, skr. *stènjati*, *stènjēm*, sloven. *stenjáti*, *stenjâm*, čech. *stenati*, slk. *stenat'*. Ablaut in *стон*, *стона́ть* (s. d.). ‖ Urverw. lit. *stenéti*, *stenù* ῾stöhne᾽, lett. *stenêt*, *-ēju*, apreuss. *stint, *stīnons* Part. Perf. Act. ῾gelitten᾽, ags. *stenan* ῾stöhnen᾽, anord. *stynja*, aind. *stánati* ῾donnert, dröhnt᾽, griech. στένει ῾seufzt, jammert᾽, s. Trautmann BSl. 286, Apr. Sprd. 439, M.-Endz. 3, 1061, Uhlenbeck Aind. Wb. 342, Torp 481.

сте́нга, сте́ньга ῾Mastverlängerung᾽, älter *стенг* seit 1714, s. Smirnov 282. Aus ndl. *steng*, kaum nhd. *Stänge* dass., s. Meulen 201. Davon viele Ableitungen entlehnt: *гротстеньга*, ndl. *groote steng*, *брамстеньга*, ndl. *bramsteng* u. a., s. Meulen c. l.

стенгва́нт, стеньва́нт ῾das eine Marsstänge nach den Seiten stützende Want᾽, aus ndl. *stengewant* dass., s. Meulen 234, Matzenauer 312. Letzterer dachte an nhd. *Stängewant*.

стень f. ʻSchatten', Vjatka (Vasn.), *стинь* Perm, wruss. *sćeń*, aruss. *stěnь* ʻschattiger Ort, Schatten, Phantasiegebilde', abulg. *stěnь* σκιά (Cloz., Supr.), čech. *stin* ʻSchatten', slk. *stieň* dass. ‖ Man vergleicht griech. σκιά ʻSchatten', aind. *chāyā́* ʻGlanz' unter Voraussetzung eines **skoini-* neben **sk̑oini-* (siehe *сень*), doch müßte dann im Glag. Cloz. slav. **scěnь* vorliegen (s. Vondrák BB. 29, 174, Pedersson 700, gegen MiEW. 411, Mladenov 626). Daher wohl nur sekundär an **sěnь* angenähert, am wahrscheinlichsten durch Kontamination von **sěnь* und **těnь* (s. *тень*), vgl. Vondrák c. l., Endzelin SlBEt. 46, Rozwadowski Jagić-Festschr. 306 ff.

стеньга s. *стенга*.

сте́пень f. *-u* ʻStufe', alt auch masc., aruss. *stepenь* ʻStufe, Schwelle, Leiter, Würde, Amt, Rang', abulg. *stepenь* βαθμός (Supr.), bulg. *stépen* (Mladenov 608), ablaut.: wruss. *stópeń*, poln. *stopień* ʻStufe, Rang', osorb. *stopjeń* dass., *stopjeno* ʻTritt, Fußtritt, Spurgang'. Weiteres s. u. *стопа́*. ‖ Urverw. mit: lit *stẽpas* ʻSchlagfluß', lett. *stepis* ʻKnirps', ferner stehen ahd. *stuof(f)a* ʻStufe', mhd. *stuofe*, ndl. *stoep* ʻFreitreppe' sowie ahd. *stapfo* ʻStapfen, Fußspur', ndl. *stap* ʻTritt', engl. *step* ʻTritt' mit idg. *b*, s. Mikkola Ursl. Gr. 3, 45, M.-Endz. 3, 1062. Beziehungen zu aind. *sthāpayati* ʻstellt' u. *стать*, *стоя́ть* sucht Uhlenbeck Aind. Wb. 347. Die Annahme einer Entlehnung von *сте́пень* aus d. Germ. (Kluge-Götze EW. 603) entbehrt jeder Grundlage.

степь I. f. *-u* ʻSteppe', auch masc. (Gogol'), aruss. *stepь* f. ʻNiederung' (Chož. Kotova, 17. Jhdt., IORJ. 15, 4, 290 ff.), ukr. *step* m. ‖ Der Ansatz bereitet Schwierigkeiten. Ukr. müßte altes *ь* vorliegen (*stьpь*) weil nicht **stip*, es könnte sich aber auch um ein groß-russ. Lehnwort handeln. Man könnte denken an **sъtep-* ʻausgehauene Stelle' zu *тять*. Nach Brandt RFV. 24, 182 ff. wäre **sъtepь* zu *мо́лот*, *молоти́ть* als ʻausgetretene Stelle' zu stellen (dagegen Preobr. 2, 382). Unsicher ist der Vergleich von **stьpь* mit lit. *stiẽpti*, *stiepiù* ʻrecken', lett. *stìept* ʻrecken, strecken, dehnen', Iter. lit. *staipýti*, *staipaũ*, lett. *stàipît*, *stàipu* dass. (Iljinskij RFV. 63, 336 ff.). Aus dem Russ. entlehnt nhd. *Steppe* (Baudouin de. C. RFV. 2, 170). Vgl. aber das folg.

степь, степ II. ʻKamm am Pferdehalse', Kolyma (Bogor.), auch bei Dal'. Daneben *стень* ʻwaldlose Anhöhe, Wasserscheide', Arch., Mez. (Podv., D.). Gehört wohl zu *сте́пень*, *стопа́*. Viell. etymologisch identisch mit *степь* I., wenn dieses urspr. ʻHochplateau'.

стерба́ть, стербану́ть ʻschlürfen, ein Getränk herunterstürzen (Schnaps)'. Nach Preobr. 2, 276 zu *серба́ть* ʻschlürfen'. Unklar das *t*.

сте́рбнуть ʻfest, hart werden, erstarren, absterben', ukr. *ostérbaty*, *ostérbnuty* ʻgesund werden, erstarren', aruss. *ustorobiti sja* ʻgesund werden', *ustrebe* 3. s. Aor. ἡδρύνθη, abulg. *strabiti*, *ustrabiti* ʻgesund machen', (Euch. Sin., Supr.), ksl. *strъblъ*, *strъbъkъ* ʻgesund, fest', *ustraba* ʻGenesung', skr. *ostrabiti* ʻheilen', čech. *strboul* ʻKnolle', poln. *postrobić* ʻstärken'. ‖ Alter Ablaut:

*stьrb-: *storb-, urverwandt mit ahd. *stërban* 'sterben', eigtl. 'erstarren', griech. στέρφος 'harte Rückenhaut der Tiere, Leder, Haut', στέρφνιον· σκληρόν, στερεόν Hesych, s. J. Schmidt Vok. 2, 138, Trautmann BSl. 284 ff., Persson 436 ff., Kluge-Götze EW. 591. Weiter wird dazu gestellt lit. *tar̃pti, tarpstù* 'gedeihe, nehme zu' (Machek Recherches 39). Vgl. *усторобиться*.

стéрва f. 'Aas, Tierleichnam', auch *стéрво* (D.), ukr. *stérvo,* wruss. *séérva,* aruss. *stьrva* f., *stьrvь* f. 'Leiche', r.-ksl. *stьrvъ νεκρός* (Srezn. Wb. 3, 586), bulg. *strъ́v,* skr. *stȓv* m., sloven. *stȓv, -î* f. 'Schoberstock', ostȓv 'dürrer Stamm zum Aufstecken von Garben', poln. *ścierw, ścierwo* 'Aas', osorb. nsorb. *śćerb* dass.|| Man vergleicht die Wörter mit *стéрбнуть* mhd. *sterben,* griech. στερεός 'starr' (Potebnja RFV. 4, 212, Preobr. 2, 383). Andere gehen von der Bed. 'verwesen, faulen' aus und verknüpfen damit lett. *stḕrdêt* 'trocknen, faulen' (M.-Endz. 3, 1063), norw. dial. *stor* n. 'Faulen, Modern, Verwesen', *stora, storna* 'faulen, modern', lat. *stercus, -oris* n. 'Exkrement, Kot, Dünger', avest. *star-* 'sich beflecken, sündigen', apers. *strav-* 'sich beflecken' (s. Persson 458, Petersson BS. 72 ff., Holthausen PBrBtr. 66, 266, Mladenov 613). Nicht wahrscheinlich ist die Verbindung von *stьrvo mit der Wz. von *sterti (s. *простерéть*), lat. *sternō, -ere* 'ausbreiten', aind. *strṇ̥óti* 'bestreut', unter Annahme eines wurzelhaften *v* wie lat. *struō, -ere* 'schichte, baue', got. *straujan* 'streuen' (Meillet Ét. 373). Unbegründet die Annahme einer Entlehnung aus d. Germ., ahd. *sterbo* 'pestis' (gegen Uhlenbeck PBrBtr. 20, 329).

стерегý, стерéчь 'bewache', ukr. *sterehú, sterečý,* wruss. *sćerehú, sćerehći,* aruss. *steregu, stereči,* abulg. *strěgǫ, strěšti φυλάττειν, φρουρεῖν* (Supr.), sloven. *strẹ́či, strẹ́žem* 'lauern, aufpassen', ačech. *střehu, střieci,* čech. *střehu, říci,* poln. *strzegę, strzec.* Ursl. **stergti,* *stergǫ wird als Kontamination zweier Sippen: griech. στέργω 'liebe', Perf. ἔστοργα und alit. *sérgmi* 'bewache', lit. *sérgiu, sérgėti* 'behüte, bewache', *sárgas* 'Wächter', lett. *saȓgs* dass., *saȓgât, -u* 'hüte' aufgefaßt von Pedersen KZ. 38, 319, Brückner KZ. 42, 47, EW. 522, M.-Endz. 3, 716, Mladenov 611. Andere trennen das griech. Wort und vergleichen nur die balt. Wörter (Torbiörnsson 2, 66, Solmsen Archiv 24, 577, Trautmann Apr. Sprd. 315, BSl. 257 ff.). Wiederum nehmen Hujer LF. 41, 430 ff., Noha Zeitschr. 5, 212 Kontamination von **serg-* (lit. *sérgiu*) und *stegǫ (griech. στέγω 'decke, schütze', aind. *sthágati* 'verhüllt, verbirgt') an. Mikkola IF. 6, 351 vermutet Kreuzung von **serg-* und einem zweifelhaften **strāg-* (nach ihm in *стрáжа, стрехá,* s. aber diese), Šachmatov IORJ. 7, 2, 304 Kreuzung von **serg-* und der Sippe *острóг.* Lit. *sérgėti* wird weiter mit lat. *servō, -āre* 'erhalte', avest. *haraiti, haurvati* 'schützt' verglichen, s. Trautmann c. l., J. Schmidt Vok. 2, 76. Ablaut zu *стерегý* liegt vor in *стóрож, сторожить* (s. d.).

-стерéть 'ausbreiten', s. *простерéть, простóр.*

стéржень, *-жня* m. 'Achse, Stiel, Stange, Kern, Eiterstock', älter russ. *стрежень* Paleja a. 1406, s. Sobolevskij Lekcii 54 ff., ŽMNPr. 1900, Januar, S. 188, ukr. *strýžeń* G. *strýžnja* 'Mark im Baum', wruss. *strýżeń* ʽEiterstockʼ, r.-ksl. *strьženь* ʽMarkʼ, kslav. *strъžьnь* ʽMarkʼ (Jo. Exarch., s. Srezn. Wb. 3, 562), skr. *str̂ž* ʽMarkʼ, sloven. *strẑen* m. ʽBaummark, Eiterstock, Stromstrichʼ, ačech. čech. *stržeň* ʽEiterstockʼ, slk. *stržeň* ʽBaummark, Honigwabeʼ, poln. *zdrzeń*. ‖ Ursl. *strьženь bzw. *strъžьnь ʽMitte, Markʼ, zu apreuß. *strigeno* f. ʽGehirnʼ, weiter urverw. schwed. *streke* ʽStromstrichʼ (*strikan-), s. Torbiörnsson SSUF. 1916 bis 1917, S. 9, Trautmann BSl. 290, Apr. Sprd. 440, Meillet Ét. 432; die urspr. Bed. ist wohl ʽMitte, Kern, Herzʼ. Unsicher ist die Heranziehung von lit. *strìgti*, *stringù* ʽbleibe steckenʼ, lett. *strigt* dass., *straigns* ʽMorastʼ (Zubatý Wurzeln 29, M.-Endz. 3, 1081). Die Bed. ʽAchseʼ will Kalima Festschr. Suolahti 549ff. von den andern Bed. trennen und vergleicht *стéржень* ʽAchseʼ, mit poln. *sierdzeń* ʽSperrnagel, Bolzenʼ, čech. *srdeň*, skr. *srčanica* dass., russ. *сердéчник* dass. (zur Sippe s. Nitsch RS. 8, 133ff., anders Preobr. 2, 384). Dieses *sьrd- könnte die Metathese von *strьženь* zu *стéржень* verursacht haben. Siehe *стреж*, *стрежень*.

стерк ʽweißer Kranichʼ, Tobolʼsk (Živ. Star. 1899, Nr. 4, S. 511), *стерх*, *стéрех* dass., Astrachań (D.), *стёрха* dass., Kolyma (Bogor.), aruss. *stьrkъ* ʽStorchʼ (Srezn. Wb. 3, 587), abulg. *strъkъ* *κύκνος* (Supr.), bulg. *strъk*, *štrъk* (Mladenov 698), skr. *št̂rk*, sloven. *štŕk*. ‖ Wohl urverw. mit lett. *stirka* ʽlangbeiniges Wesen, Mädchen mit kurzem Rock u. langen, nackten Beinenʼ, *stirkle* ʽlangbeiniges Schafʼ, s. M.-Endz. 3, 1073. Weiter mit -*g*-Erweiterung: ahd. *storah* ʽStorchʼ, anord. *storkr*, ablaut. anord. *starkr* ʽstark, gesundʼ. Man knüpft weiter an die Sippe von *торчáть*, *сторчáть* an, s. Zubatý Wurzeln 23, Kiparsky 162, Štrekelj bei Peisker 62. Bei Annahme einer german. Entlehnung entstehen lautliche Schwierigkeiten (gegen Uhlenbeck Archiv 15, 491, Sobolevskij Arch. 33, 480, Kluge-Götze EW. 597, Suolahti Vogeln. 368). Unklar bliebe -*ьr*- (-*er*-). Umgekehrte Entlehnungsrichtung: slav. → german. ist unbegründet (Sobolevskij ŽMNPr. 1911, Mai, S. 165). Die Annahme einer Entlehnung der russ. -*ch*-Formen aus dem Wolgadeutschen (Kiparsky 162) wird durch die weite Verbreitung derselben ausgeschlossen. Lit. *staŕkus*, *steŕkus*, *štarkus* ʽStorchʼ sind entlehnt aus mnd. *stork* (s. Alminauskis 119), nicht damit urverw. (gegen Zubatý c. l.).

стéрлядь m. ʽSterlet, Acipenser ruthenusʼ, älter russ. *sterljagi* pl. Domostr. Zabel. 150, Verf. Byz.-russ. Gesprächbuch 891, aber auch *sterljadь* Urk. a. 1460, s. Srezn. Wb. 3, 513, Avvakum 111. Aus nhd. *Störling* ʽkleiner Störʼ (Grimm DWb. 10, 420, u. a. Olearius), s. Verf. Zeitschr. 2, 133, aber nicht altgerm. wie Rozov Sborník Prací 1. Sjezdu Bd. 2, S. 676 mir zuschreibt. Nach Falk-Torp 1200 aus österr.-d. *Stierl* entlehnt. Unnötig ist die Annahme einer Kontamination von nhd. *Stör* und *сельдь*. (gegen Preobr. 2, 385).

стернá ʽZisterneʼ begegnet aruss. öfters bei Agrefen. 12, 18, für älteres *isterna* dass. (s. *истернa*) aus mgr. γιστέρνα.

стернó ʽSteuer, Steuerruderʼ, Südl., dial. *стярнó* Brjansk (RFV. 71, 360), ukr. *sternó* dass., älter russ. *strъnъ* (Barlaam u.

Joasaph, 15. Jhdt., s. Preobr. 2, 385). Entlehnt aus poln. *ster*
ʽSteuer', das auf md. *stiure* dass., zurückgeht, s. Verf. Festschr.
Suolahti 302, Brückner EW. 515. Vgl. *смырь*.

стернь f., *стерня́* f. ʽStoppelfeld', Südl. (D., Šolochov), ukr.
sterńá, wruss. *śerńá*, kslav. *strъnь*, slav. *strъnь калáμη*, bulg. *strъn* ʽStoppel',
skr. *sȓn* ʽStroh, Stoppel', sloven. *sȓn* f. Koll. ʽaufgewachsene
Halmsaat', *stŕn* Adj. ʽdazu gehörig', čech. *strní* n. ʽStoppel',
slk. *strnisko* ʽStoppelfeld', poln. *ścierń, ściernie*, osorb. *śćerń,
śćernje*, nsorb. dial. *śćerń*. ‖ Wird gewöhnlich zu **tьrnъ* ʽDorn'
gestellt, s. MiEW. 322, Mladenov 616, Preobr. 2, 385. Letzterer
denkt auch an die Sippe von griech. στερεός ʽhart', *стáрый*
(s. d.) u. a. Vgl. auch *сторнóвка*.

стерх s. *стерк*.

стибáк ʽlang aufgeschossener Bursche', Arch. (Podv.), Ablautend zu **stьblъ* ʽStengel' (s. *стéбель*). Vgl. lit. *stíebas* m.
ʽStock, Pfeiler, Mast', *stáibiai* pl. ʽSchienbeine', apreuss. *stibinis*
ʽSchlittenrunge', lett. *stiba* ʽRute, Stock', s. Zubatý Wurzeln 19,
Trautmann BSl. 287, Iljinskij RFV. 63, 337. Vgl. auch ukr.
týbel ʽHolzpflock'.

стúбрить ʽstibitzen' auch ʽaufessen' (D.), *стибанýть* dass.,
Kaluga (RFV. 49, 334), daneben *стúгосить* ʽstibitzen', Tveŕ,
Vjatka, *стúгусить* dass., Moskau, Kazań, Tveŕ (D.). Unklar.

стивие ʽschwarze Schminke, Spießglanzerz', ksl. *stivije* dass.
Aus griech. στίβι, στίμμι, das aus d. Ägypt. stammt, s. MiEW.
323, Preobr. 2, 386, Hofmann Gr. Wb. 337.

-**стигáть** ʽerreichen, erlangen', *достигáть* dass., *достúчь, постигáть, постúчь* ʽerfassen, begreifen', ukr. *postyháty* ʽerlangen,
greifen', aruss. *dostignuti,dostizati*,abulg. *postignѫti καταλαμβάνειν,
φθάνειν* (Supr.), bulg. *stigna, stiga*, skr. *stìgnuti, stȉći, st'gnȇm*
ʽerreiche, komme an', sloven. *stigniti, stȋgnem*, čech. *stihnouti*
ʽankommen, eintreffen', *stihati* ʽverfolgen', slk. *stihať*, poln.
ścignąć, ścigać. ‖ Urslav. **-stignǫti, *-stigti*, ablautend mit *стезя́,
стóгна* (s. d.), urverw.: lit. *steīgtis, steigiúos* ʽbeeile mich, bemühe mich', lett. *stèigt, -dzu* ʽeile', aind. *stighnoti* ʽsteigt', griech.
στείχω ʽgehe, steige', got. *steigan* ʽsteigen', ir. *tíagaim* ʽschreite,
gehe', ablaut. lit. *staigà* Adv. ʽeilend, plötzlich', griech. στοῖχος
ʽReihe', alb. *šteg* ʽWeg', s. Uhlenbeck Aind. Wb. 344, Trautmann BSl. 285 ff., Zubatý Wurzeln 5, Meillet MSL. 14, 352,
M.-Endz. 3, 1059, Kluge-Götze EW. 590, Torp 491, Meillet-Vaillant 25, G. Meyer Alb. Wb. 415.

стúгосить ʽstibitzen', Tveŕ, Vjatka (Vasn.). Etwa als ʽerreichen' zum vorigen? Vgl. *стúбрить*.

стилибáть ʽheftig schlagen, schnell laufen', Olon. (Kulik.).
Vgl. *стибáть* dass. Viell. Streckform.

стилигáть ʽheftig schlagen', Olon. (Kulik.). Vgl. *стегáть*
dass. u. das vorige.

стилúст ʽStilist', wohl über frz. *styliste* dass. von lat. *stīlus*
ʽGriffel, Schreibart, Stil' + *-ista*.

стилúстика ʽStilistik', von mlat. *stylistica* bzw. frz. *stylistique*.

стиль m., G. -я ʽStil', seit Peter d. Gr., wo schwankend *стилъ*
штилъ, auch *штылъ* Dolgorukov 1703, s. Christiani 44. Letzteres
entlehnt über poln. *styl* (wegen *y*), die *š*-Form (Lomonosov)
evtl. über nhd. *Stil*, dagegen *стиль* wohl aus frz. *style*, s. Preobr.
2, 386.

стипе́ндия ʽStipendium', über nhd. *Stipendium* oder als ge-
lehrt direkt aus lat. *stīpendium* ʽLohn, Sold', s. Preobr. 2, 386 ff.

стира́ть ʽabwischen, Wäsche waschen', zu *мира́ть* Iter. von
тере́ть ʽreiben'. Vgl. čech. *stírati* ʽabwischen', slk. *stierat'*, poln.
ścierać dass.

сти́сло adv. ʽökonomisch, berechnend', Smol. (RFV. 62, 215).
Entlehnt aus poln. *ścisły*, Adv. *ściśle* ʽgenau, sparsam', das zu
ти́скать (s. d.) gehört, s. Brückner EW. 530.

стих, -á ʽVers', aruss. *stichъ* ʽVers, Reihe, Zeile', abulg. *stichъ*
στίχος. Entlehnt aus griech. στίχος dass., s. Verf. IORJ. 12, 2,
279, GrslEt. 192, MiEW. 323.

стиха́рь -аря́ ʽUnterkleid der Priester u. Oberkleid der Dia-
kone', aruss. kslav. *sticharь* dass. (Kyrill v. Turov, Novgor.
Kormčaja 1280 u. a., s. Srezn. Wb. 3, 514). Aus mgriech. στι-
χάριον dass., s. Verf. IORJ. 12, 2, 279, GrslEt. 192.

стихе́р siehe *стихи́ра*.

стихи́ра ʽkirchliche Lobgesänge für die Frühmette und Vesper
in d. orthodoxen Kirche', volkst. *стихе́р* (Mel'nikov 2, 102),
r.-ksl. *stichira* (Menaeum 1095 oft), abulg. *stichera* (Euch. Sin.).
Aus griech. στιχηρόν, pl. -*á* ʽversus ecclesiasticus' (Ducange),
s. Verf. GrslEt. 192.

стихира́рь ʽgottesdienstliches Buch mit den Sticherá, Lob-
gesängen' (s. das vorige), r.-ksl. *stichirarь* (Stichir. d. 12. Jhdt.,
s. Srezn. Wb. 3, 514). Aus mgriech. στιχηράριον ʽliber ecclesia-
sticus' (Ducange), s. Verf. IORJ. 12, 2, 279, GrslEt. 192.

стихи́я ʽElement, Grundstoff', aruss. *stichija* f. und *stichije* n.
dass., abulg. *stychija* στοιχεῖον (Supr.). Aus griech. στοιχεῖον
pl. -*a*, s. MiEW. 327, Verf. GrslEt. 192, IORJ. 12, 2, 279.

-стичь *дости́чь* ʽerreichen', *пости́чь* ʽerfassen', aruss. *stiči*,
skr. *stȉći*, s. *-стига́ть*.

стла́нец, -нца ʽSchiefer', siehe *сла́нец*.

стла́ть ʽausbreiten', s. *стелю́*.

стли́ще ʽBleichplatz für Wäsche', aus **stьlišče*, zu *стелю́*.

стлязь ʽArt Münze', r.-ksl., siehe *склязь*, *щляг*.

сто G. *cтa* ʽhundert', G. pl. *com*, ukr. wruss. *sto* G. pl. *sot*,
aruss. *sъto* 1. ʽhundert'. 2. ʽHundertschaft, Teil der städtischen
Bevölkerung', abulg. *sъto* ἑκατόν (Supr.), bulg. *sto*, skr. *stô*,
čech. slk. *sto*, poln. *sto* G. pl. *set*, osorb. nsorb. *sto*. Alte Ent-
lehnung aus **sъto* ist rumän. *sutā* ʽ100' (s. Meillet-Vaillant 55,
MiEW. 335). ‖ Ursl. **sъto* gehört zu lit. *šim̃tas* ʽ100', lett. *sìmts*,
aind. *çatám*, avest. *satəm*, griech. ἑκατόν (hier *ἑ-* urspr. ʽein'),
lat. *centum*, ir. *cét*, got. *hund*, tochar. *känt*. Die Mehrzahl der
Forscher nimmt echt-slav. Herkunft aus idg. **kṃtom* an, s.

Meillet Ét. 108ff., MSL. 8, 236; 9, 49; 10, 140, BSL. 20, 46, Trautmann BSl. 305, Archiv 38, 130, Pedersen Kelt. Gr. 1, 46, KZ. 38, 386ff., M.-Endz. 3, 841ff., Rozwadowski ROr. 1, 110. Für echt-slav. Herkunft spricht *сторица* (s. d.). Man erwartet slav. ę für idg. ṃ. Andere suchten das slav. Wort als iranische Entlehnung zu erweisen (so Mikkola RS. 1, 15, Ursl. Gr. 1, 69; 3, 57, Osten-Sacken IFAnz. 28, 37, Jacobsohn Arier 205, Sobolevskij Archiv 27, 240, RFV. 64, 149, Mserianc RFV. 65, 169, Uhlenbeck Aind. Wb. 302, Kořínek LF. 67, 289, Hirt IF. 6, 348, Altheim Zeitschr. Ind. Iran. 3, 40ff.). Man beruft sich bei der Entlehnungstheorie auf die iran. Vokaltheorie von Andreas-Wackernagel Nachrichten d. Gött. Ges. d. Wiss. 1911, S. 8, die eine altiranische Grundform *sutəm ansetzten, und auf das Verhältnis *Dъněprъ : Δάναπρις. Gegen diese Versuche s. Meillet c. l., Jagić Archiv 37, 202. Nach Šachmatov könnte das ъ in Allegroformen wie *dъvě sъtě ʿ200' aufgekommen sein. Nicht geleugnet werden kann die Häufigkeit von Entlehnungen der Zahlwörter für 100 u. 1000. Aus dem Iran. stammen finn. *sata* ʿ100', krimgot. *sada* dass., s. bes. Wackernagel Nachr. d. Gött. Ges. d. Wiss. 1904, Geschäftl. Mitt. 102ff., Verf. RS. 4, 161; 6, 176. Nicht überzeugend will Kieckers Acta Univ. Dorpat. 30, 7 *sъto aus *sęsęto = griech. ἑκατόν als urspr. ʿeinhundert' erklären. Unglaubhaft auch die Erklärung des ъ durch angeblichen Einfluß einer slav. Entsprechung von lit. *sutis* ʿHaufen Steine' (Iljinskij IORJ. 23, 2, 182ff.).

*стобор ʿSäule' in aruss., r.-ksl. *stoborije* n. Koll. ʿSäulenreihe' (Vita Nifont., Svjatosl. Sbornik 1076 u. a., s. Srezn. Wb. 3, 515), s.-ksl. *stoborъ* ʿSäule', bulg. *stóbór* ʿGitter, Lattenzaun', skr. *stòbór* ʿHof', sloven. *stəbə̀r, -brà* ʿSäule' (*stъbъrъ = lit. *stùburas* ʿStumpf'). || Urverw.: lit. *stāburas* ʿtrockener Baumast', ablaut. lett. *stebere* f. ʿSchwanzstumpf', lit. *stābas* ʿPfosten, Säule', lett. *stabs* dass. weiter zu anord. *stọpull* ʿPfahl, Säule' oder zu schwed. dial. *staver*, dän. *staver* ʿZaunpfahl', got. *stafs*, anord. *stafr* ʿStab, Stock', aind. *stabhnā́ti* ʿstützt, stemmt', *stabhnṓti* dass., *stámbhas* m. ʿPfosten', s. Uhlenbeck Aind. Wb. 343, Trautmann BSl. 280, Buga RFV. 75, 147, M.-Endz. 3, 1036, Holthausen Awn. Wb. 288, Hellqvist 1069, Torp 483.

стóг, *-a* ʿSchober, Heuhaufen', ukr. *stih* G. *stóhu*, wruss. *stoh*, r.-ksl. s.-ksl. *stogъ ϑημών*, bulg. *stog* (Mladenov 609), skr. štok., čak. *stôg* G. *stôga*, aber auch čak. *stȍg* G. *stòga* (v. Wijk Archiv 36, 340), sloven. *stòg* G. *stóga* ʿSchober, Getreideharfe', čech. slk. *stoh*, poln. *stóg*, G. *stogu*, osorb. *stóh*, nsorb. *stog*.|| Urverw.: altnord. *stakkr* ʿHeuschober', *staki* ʿStange, Spieß', weiter zu *стожáр* (s. d.), s. Zupitza GG. 167ff., Mladenov 609, Hujer Festschr.-Pastrnek 48ff., Holthausen Awn. Wb. 278, Terras Zeitschr. 19, 122ff., Torp 480. Verbreitet ist die Anknüpfung an lit. *stógas* ʿDach', apreuss. *steege* ʿScheuer', aind. *sthágati* ʿverbirgt', kausat. *sthagayati*, griech. στέγω ʿdecke', στέγος, τέγος n., στέγη, τέγη f. ʿDach', lat. *tegō, -ere* ʿbedecke', *toga* ʿToga', *tectum* ʿDach', anord. *þak* n. ʿDach', s. Trautmann BSl. 288, Apr. Sprd. 439, Zubatý Wurzeln 17, 20, dagegen Hujer c. l., Terras c. l.

стóгна 'Marktplatz, Straße', pl. -ы (Lomonosov u. a.), aruss. *stьgna* (bis Ende 14. Jhdts., s. Sobolevskij ŽMNPr. 1894, Mai, S. 218), abulg. *stьgna ῥύμη, ἀγορά* (Supr.), bul*g*. *stъgdá* 'Marktplatz' (Mladenov 614), sloven. *stəgnè* pl., Gen. *stəgə̀n* 'Triebweg für das Vieh, gew. zwischen 2 Zäunen', dial. *stəgnà* dass., apoln. *ściegna* 'Scheideweg' (PrFil. 4, 585), poln. dial. *ściegna* 'Weideplatz', slovinz. *stḙi̯gna* (Jagić Archiv 1, 27). ‖ Urslav. *stьgna*, verwandt mit *stьga 'Pfad', wurde durch Vokalassimilation früh zu russ. *stьgna* (s. *стезя́*). Ablautend -*стигáть*, vgl. Sobolevskij c. l., Meillet Ét. 446, Trautmann BSl. 286, Pedersen KZ. 38, 322, Brückner Archiv 12, 498, EW. 529.

стóгнуть, *стóгну* 'stöhne, weine, schreie unangenehm', Südl., Sevsk (Pr.), ukr. *stohnáty, stohnú,* wruss. *stohnáć.* Jedenfalls zu *стонáть, стон, стенáть.* Das *g* ist unklar, s. Preobr. 2, 381.

стод, -*а* 'Idol, Götzenbild', Vladimir (D.). In der ofenischen Geheimsprache auch 'Gott'. Aus anord. *stođ* f. 'Pfeiler, Säule'. s. MiEW. 323, Rożniecki Archiv 23, 485, Thomsen SA. 1, 387.

стодóла 'Schuppen, Wetterdach', Westl. (D.), ukr. *stodóła, stodóľa*, wruss. *stodóla.* Über poln. *stodoła*, čech. *stodola* aus ahd. *stadal* 'Stall, Stadel', s. MiEW. 323, Uhlenbeck Archiv 15, 491, Schwarz Archiv 41, 127, Brückner EW. 516. Unrichtig Karskij RFV 49, 21.

стожá, стожарá, стожерá 'Stützpfahl eines Heuschobers', Olon. (Kulik.), *стожсáр, стожсáрь* 'Schoberstange', Nördl., 'Umzäunung eines Heuschobers', Rjazaň (D.), aruss. *stožarъ* 'Heuschober', *stožarьnъ* 'Art Abgabe vom Heuschober' (s. Srezn. Wb. 3, 516), bulg. *stóžar, stóžer* 'Tennenpfahl', skr. *stòžer* dass., sloven. *stožẹ̑r* 'Schoberstange', čech. *stožár* 'Mastbaum', slk. *stožiar* dass. ‖ Gehört zu *стежер, стог* (s. d.). Vgl. lit. *stāgaras* 'dürrer langer Pflanzenstengel', lett. *stagars* dass., Ablaut in lit. *stegerȳs* 'dürrer Krautstengel', s. J. Schmidt Pluralb. 197, Trautmann BSl. 285, M.-Endz. 3, 1038, Hujer Festschr.-Pastrnek 51, Zubatý Wurzeln 17, Zupitza GG. 167.

стожáры pl. 'Plejaden, Großer Bär, Gestirn', Südl. (D.), auch Meľnikov 3, 271; 6, 178, dial. *сожсáр, сажсáр* dass., Tula (Kalima Zeitschr. 13, 80 ff.). Wird mit *стожсáр* 'Umzäunung eines Heuschobers' (s. das vorige) gleichgesetzt.

стóйло 'Pferdestand, Stall', ukr. *stíjło.* Zu *стоя́ть, стою́.* Sobolevskij Lekcii 99 will die russ. Form auf *stojadlo zurückführen, s. auch MiEW. 320.

стокóлос 'Roggen-, Gerstentrespe, Bromus secalinus', ukr. *stokółos*, skr. *stòklasa*, sloven. *stóklas* m., *stǫ́klasa* f., čech. *stoklas*, slk. *stoklas*, poln. *stokłos.* Zu *сто* '100' u. *кóлос* 'Ähre', s. Marzell 1, 676 ff., MiEW. 335.

стол, -*á* 'Tisch, Mahl, Kanzlei, Thron', ukr. *stił* G. *stołá* 'Tisch', aruss. *stolъ* 'Tisch, Sitz, Thron', abulg. *stolъ σκαμνίον, θρόνος* (Ostrom., Supr.), bulg. *stol* 'Stuhl, Thron, Sessel, Wagenstuhl', skr. *stô* G. *stòla* 'Stuhl, Sessel, Tisch', sloven. *stòl* G. *stóla* 'Stuhl, Sessel, Dachstuhl, Tisch', čech. *stůl* G. *stolu* 'Tisch', slk. *stôl*

'Tisch', poln. *stół* G. *stołu* 'Tisch', osorb. nsorb. *stoł* 'Stuhl, Tisch, Thron'. ‖ Man vergleicht lit. *stãlas* 'Tisch', apreuß. *stalis*, Acc. *stallan*, lit. *ùžstalis* m. 'Platz hinter dem Tische', *pastõlai* pl. 'Gerüst', apreuß. *stallit* 'stehen', got. *stōls* m. 'Stuhl', anord. *borþstóll* 'Gestell unter der Tischplatte', weiter zu *stati, **stoj*ǫ 'stehe'. Andererseits liegt die Auffassung als Ablautform zu *steljǫ, stъlati* (s. *стелю*) nahe, sowie der Vergleich mit aind. *sthálam* n., *sthalī* f. 'Erhebung, Anhöhe, Festland', s. Meillet Études 420, Trautmann BSl. 284, Apr. Sprd. 435, Uhlenbeck Aind. Wb. 346, Torp 488, Rozwadowski Mat. i Pr. 2, 353.

столб, -á 'Säule, Pfeiler', volkst. *столо́б* G. *столба́*, ukr. *stołb*, wruss. *stołb*, aruss. *stъlbъ*, PN: *Stolbovičь* Novgor. Chron. s. a. 1308, *Stolbovъ* PN Novgor. Grundb. a. 1495 (s. Sobolevskij Lekcii 120), kslav. *stlъba κλῖμαξ*, bulg. *stъlb, stlъb* 'Pfeiler', *stъlba* 'Leiter', skr. *stúba* 'Baumleiter', sloven. *stólb* 'Pfeiler', *stólba* 'Stufe, Staffel', poln. ON *Słubica* (Brückner Archiv 42, 140). Ursl. *stъlbъ neben *stъlpъ, urverw. lit. *stulbas* 'Pfeiler, Pfosten, Säule', lett. *stulbs* 'Schienbein, Wade, Stiefelschaft', *stulbs* 'Haus ohne Dach', ablaut. lett. *stilbs* 'Vorderarm, Wadenbein', lit. *stalbúotis* 'stehen bleiben', dazu weiter anord. *stolpi* m. 'Säule', s. Zubatý Wurzeln 21 ff., Trautmann BSl. 290 ff., M.-Endz. 3, 1068; 1102, Torp 489, Specht 260, KZ. 68, 123, Persson 427. Entlehnung des anord. *stolpi* aus dem Balt. oder Slav. ist nicht anzunehmen (gegen Zubatý c. l.). Vgl. auch *столп*.

столбо́вая доро́га 'Land-, Poststraße', von *столб* als 'der mit Pfählen versehene Weg'.

столп, -á 'Pfeiler, Säule', ukr. wruss. *stołp*, aruss. *stъlpъ*, abulg. *stlъpъ πύργος, κιών, στήλη* (Ostrom., Euch. Sin., Supr.), bulg. *stъlp* 'Säule', skr. *stûp* G. *stúpa*, sloven. *stólp*, čech. *sloup*, slk. *stĺp*, poln. *slup*, osorb. *stołp*, nsorb. *slup*, polab. *staup* 'Altar' (Trubeckoj Zeitschr. 1, 153). ‖ Ursl. *stъlpъ neben *stъlbъ (siehe *столб*), lit. *stuĺpas* 'Pfeiler', lett. *stùlps* 'Pfosten, Schienbein, Wade', *stulpe* 'mittlerer Beinknochen', s. Trautmann BSl. 290 ff., M.-Endz. 3, 1102, Specht 260, KZ. 68, 123. Anord. *stolpi* 'Säule' ist nicht entlehnt aus d. Balt. oder Slav. (gegen Zubatý Wurzeln 21 ff., vgl. Stender-Petersen unten). Auch darf die Sippe *stъlpъ nicht wegen des *p* als aus dem German. entlehnt angesehen werden (gegen Meringer WS. 1, 200, Stender-Petersen 280 ff.), s. Brückner Archiv 42, 139 ff., Kiparsky 86 ff., Torp 489, Holthausen Awn. Wb. 283.

сто́лпник 'Säulenheiliger' von *столп* 'Säule' gebildet nach griech. *Στυλίτης* dass. von *στῦλος* 'Säule', s. Radčenko Archiv 24, 593 ff.

столыкну́ть 'herunterstoßen'; iterat. Neubildung zu *столкну́ть* 'stoßen', s. *толка́ть*.

столыпа́ться 'in Haufen dahinziehen' (D.). Neue Iterativbildung zu *толпи́ться, толпа́* 'Menge', s. Potebnja RFV. 4, 211.

сто́лько 'soviel', dial. *э́столько* Jarosl. (Volockij). Aus aruss. *toliko* 'so viel' mit Präfix *с* 'ungefähr'. Vgl. *ско́лько* 'wieviel' aus aruss. *koliko*. Siehe *то́лько* (s. d.).

столя́р, -á 'Tischler', ukr. stól'ar. Aus poln. stolarz dass. Ableitung von stół (s. стол). Das poln. Wort übersetzt nhd. Tischler, älter ostd. Tischer (Kluge-Götze EW. 619), s. Korbut 363.

стомах 'Magen', nur r.-ksl. stomachъ. Entlehnt aus griech. στόμαχος dass., s. MiEW. 324, Verf. GrslEt. 192.

стоми́к s. стами́к.

стон, -a 'Seufzer, Stöhnen', bulg. ston, čech. slk. ston, davon стонáть 'stöhnen' (s. стенáть), aruss. stonati, čech. stonati, slk. stonat', osorb. stonać. Ablaut in стенáть (s. d.). Vgl. griech. στόνος m. 'Stöhnen', aind. *stanas in abhiṣṭanás m. 'Getöse', ir. son 'Ton, Laut', s. Uhlenbeck Aind. Wb. 342, Trautmann BSl. 286, Hofmann Gr. Wb. 335ff. Daneben ohne s-: lat. tonō, -āre 'donnere', aind. tányati 'rauscht, tönt, donnert', ags. þunian 'donnern', s. Walde-Hofmann 2, 690ff., Hofmann Gr. Wb. 335ff.

стоп! Interj. 'halt!', auch стоп машúна. Aus dem engl. Kommandoausdruck stop! von stop 'aufhalten', woher auch nhd. stopp, s. Kluge-Götze EW. 597, Preobr. 2, 392.

стопá I 'Fuß, Fußstapfen, Fußspur, Versmaß, Ries Papier', ukr. stopá dass., aruss. stopa, abulg. stopa διάβημα (Euch. Sin., Ps. Sin.), skr. stòpa 'Tritt, Länge e. Fußes', sloven. stópa 'Schritt, Fußspur', čech. slk. poln. osorb. nsorb. stopa. || Ablaut in степень 'Stufe' (s. d.), vgl. Meillet Études 258, MSL 14, 334. Urverw. ist lit. stapýtis 'stehen bleiben', pāstapas 'Pfeiler', stẽpinti 'fest machen, befestigen', stapìnti 'penem erigere', evtl. auch aind. sthāpayati 'stellt', s. M.-Endz. 3, 1044, Uhlenbeck Aind. Wb. 347. Neben idg. *step- liegt *steb-: *stob- (oder *stopn-?) in mhd. stapfe m. f. 'Fußspur', stapf 'Schritt', s. Torp 482.

стопá II 'ordentlich aufgeschichtete Haufen, das für ein Bauernhaus notwendige Gebälk', Arch. (Podv.). Wird verglichen mit lett. stapis 'Korn-, Roggenhaufen' (M.-Endz. 3, 1045). Wohl etymologisch identisch mit стопá I als 'Portion, Menge'.

стопи́н, штопи́н 'Werglunte, Zündschnur', Adj. стопи́нный (D.). Aus ital. stoppino dass. von stoppa 'Werg', s. Matzenauer 313. Das š evtl. über nhd. Stoppine f. (Heyse).

стóпка 'Holznagel an der Wand', Olon. (D.), 'Streichholz', Moskau, Tula (D.), 'Splitter, Span', Rjazań (RFV. 28, 55). Wohl als *stъръka zu спи́ца (*stърica), s. oben s. v. Vgl. lett. stupe 'Ende von etw. Zerbrochenem, verbrauchter Besen', lit. stupérgalis 'Endwirbel (d. Rückgrats), Bürzel', lett. stupērklis 'Kreuz (Körperteil)', griech. στύπος 'Stiel, Stock', s. Buga RFV. 75, 147ff., M.-Endz. 3, 1107ff.

стоплáт 'Stoßlappen (am Marssegel)', seew. (D.). Mit Anlehnung an сто u. плат aus ndl. stootlap dass., s. Meulen 203.

стóпор 'Vorrichtung zum Abstoppen der Ankerkette', seew., auch 'Sperrbolzen' (D.), auch стопарь dass., zuerst стоперс Ust. Morsk. a. 1720, s. Smirnov 283. Aus ndl. ndd. stopper dass., s. Meulen 204, Matzenauer 313.

стор 'zerbröckeltes Treibeis', Tula (D.). Aus *sъ-torъ zu терéть, тру 'reibe'.

стóра 'Rollvorhang' (Turgenev u. a.), auch *шторы*. Aus engl. *store* oder frz. *store* von ital. dial. *stora*, lat. *storea* 'Matte' (s. Gamillscheg EW. 818, Dauzat 685).

сторица 'das Hundertfache', aruss. abulg. *sъtorica* ἑκατονταπλασίων (Mar., Zogr.). Gebildet zu *sъto* (s. *сто*), vgl. Diels Aksl. Gr. 220ff., Brugmann Grdr. 2, 2. 77. Zum Formans vgl. lit. *šimteriópas* 'hundertartig', *šimtérgis* 'hundertjährig', ahd. *huntari* n. 'Hundertschaft, Gau', lat. *centuria* 'Hundertschaft', s. Walde-Hofmann 1, 201, Trautmann BSl. 305.

сторновáть, торновáть, старновáть 'dreschen ohne die Garben zu lösen', *сторнóвка* 'gedroschenes Stroh von Roggengarben', Rjazań (RFV. 28, 64). Zu *стернь* 'Stroh, Stoppel', s. Preobr. 2, 385.

сторов 'gesund', nur aruss. *storovъ* (Novgor. 1. Chron. Synod. Hs., s. Ljapunov 239ff.). Wird gewöhnlich durch progressive Assimilation aus **sъdorvъ* (s. *здорóвый*) erklärt, s. Trautmann Zeitschr. 8, 442. Vgl. auch apoln. *strowy* (Gnes. Pred.), osorb. nsorb. *strowy* 'gesund, heilsam', s. Petrovskij IORJ. 25, 370ff. Es könnte hier eine Kontamination vorliegen von russ. **sъdorovъ* und **storobъ*, zu aruss. *ustorobiti sja* 'gesund werden', s. Šachmatov Očerk 151 und oben *стéрбнуть*. Vgl. auch Iljinskij Slav. Occid. 9, 139ff., der die *st*-Formen ganz von *здорóвый* trennen will.

стóрож, -a 'Wächter', ukr. *stórož*, aruss. *storožь*, abulg. *stražь* φύλαξ (Supr.), bulg. *straž*, sloven. *strážec*, -*žca*, poln. *stróż*. || Urslav. **storžь*, ablaut. zu *стерегу́*. Man vergleicht, unter Annahme eines Anlauts *ts*-, lit. *sárgas* m. 'Hüter, Wächter', lett. *saȓgs* 'Wächter', s. Endzelin SlBEt. 43ff., Kalima FUF. 21, 133ff., Trautmann BSl. 257ff. Dazu *сторóжа* 'Wache', ukr. *storóža*, wruss. *storóža*, aruss. *storoža*, abulg. *straža* φυλακή, κουστωδία (Ostrom., Supr.), bulg. *stráža*, skr. sloven. *stráža*, čech. slk. *stráž*, poln. *stróża*, osorb. *stróža*, nsorb. *stroža* 'Warte', s. Hujer LF. 41, 430, Torbiörnsson 2, 69, van Wijk Archiv 36, 345. Hierher auch: *сторожу́*, *сторожи́ть* 'bewachen', ukr. *storožýty*, skr. *strážiti*, *strážîm* 'wache', sloven. *strážiti*, *strážȋm*, čech. *strážiti*, slk. *strážiť*, poln. *stróżyć*, osorb. *stróžić*, nsorb. *strožyś*. Entlehnt aus d. Kslav. sind *страж*, *стрáжа*.

сторонá 'Seite, Gegend', ukr. wruss. *storoná*, aruss. *storona*, abulg. *strana* χώρα, περίχωρος (Ostrom., Supr.), bulg. *straná*, skr. *strána* Acc. *strânu*, sloven. *strána*, čech. slk. *strana*, poln. *strona*, osorb. nsorb. *strona*, polab. *stárna*. || Ursl. **storna* zu *простóр*, *простерéть*. Urverw. mit lett. *stara* 'Strich, Strecke', aind. *stṛṇā́ti*, *str̥ṇóti* 'streut, bestreut', Partiz. *stṛtás*, *stīrṇás* 'ausgebreitet', *stárīman*- n. 'Ausbreitung, Ausstreuung', griech. στόρνῡμι 'bestreue, breite aus', lat. *sternō*, *strāvī*, *strātum*, -*ere* 'streue hin, breite hin', griech. στέρνον 'Brust, Fläche', ahd. *stirna* 'Stirn', kymr. *sarn* 'stratum, pavimentum', s. Trautmann BSl. 288, Persson 449, Uhlenbeck Aind. Wb. 344, Torp 485, Meillet-Ernout 1142ff. Neben **storna* auch **stornь* in aruss. *storonь* 'neben', *vъ storonь* 'zur Seite' (s. Srezn. Wb. 3, 525).

сторчь adv. ʽstehend, aufrecht’, auch *сторчако́м*, *сторчнико́м* dass., ukr. *storč* ʽkopfüber, senkrecht’, *storčýty* ʽaufrecht hinstellen’, bulg. *stъrčá* ʽrage heraus’, sloven. *stŕčati* ʽhervorragen’, *stŕčiti* ʽstechen’, čech. *trčeti* ʽhervorragen’, slk. *strčiť* ʽstoßen, hineinstecken’, poln. *stark* ʽAnstoß, Pfahl, Stachel’, osorb. *storkać* ʽstoßen’, nsorb. *starcaś* ʽstoßen’, *starcyś* ʽstoßen’, *starkaś* dass. ‖ Gehört zu *стерк*, *то́ркать* ʽstoßen’, *торча́ть* ʽstecken, ragen’, s. Zubatý Wurzeln 23, Šachmatov IORJ. 7, 2, 338.

стоса́ться, стосова́ться ʽsich am Ostertage küssen’, Novg. Tver, Pskov (D.), *сто́ситься* dass., auch ʽschwören’, Smol. (D.). Aus *христо́ситься*, *христо́соваться* ʽden Osterkuß austauschen’ von *Христо́с* ʽChristus’.

стото́н, штоту́н ʽBrustwurz, Angelica silvestris’ (D.). Unklar.

Стохо́дь ʽr. Nbfl. des Pripet’, Wolhynien (Semenov Slov. 4, 766). Wohl von der Veränderlichkeit des Flußlaufes als ʽviele (*сто*) Gänge habend’ zu *ход* ʽGang’.

сточерте́ть ʽlangweilig, eklig werden’, gew. *осточерте́ть*. Ableitung von *сто черте́й* ʽhundert Teufel’, zu *чорт* als ʽeklig werden wie 100 Teufel’.

сто́чный ʽgewebt’ (Gürtel), *сто́чник* ʽBauernhandtuch’, Arch. (Podv.). Aus **съ-тъčьnъ* ʽgewebt’, zu *ткать* ʽweben’.

стою́, стоя́ть ʽstehen’, ’ukr. *stojátу*, *stojú*, abulg. *stojati*, *stojǫ* ἵστασθαι (Supr.), bulg. *stojá*, skr. *stòjîm*, *stàjati* ʽstehen bleiben’, sloven. *stojím*, *státi* ʽstehen’, čech. *stojím*, *státi*, slk. *stojím*, *stáť*, poln. *stoję*, *stać*, osorb. *stejeć* (aus älter. *stojać*), nsorb. *stojaś*, *stojm*. ‖ Ursl. **stojati*, **stojǫ* im Ablaut zu *stati* (s. *стать*), entspricht: osk. *stait* ʽstat’, *stahint*, *staie(n)t* ʽstant’, umbr. *stahu* ʽsto’ (**staịō*), aind. *sthitás* ʽstehend’, griech. στατός dass., lat. *status* zu *stō* (**stāịō*), *stāre* ʽstehe’, ferner: lit. *stóti*, *stóju* ʽsich stellen, treten’, apreuß. *postāt* ʽwerden’, aind. *tiṣṭhati* ʽbleibt stehen, steht’, avest. *hištaiti* ʽsteht’, griech. ἵστημι ʽstelle’, lat. *sistō* ʽstelle’, ahd. *stân, stên* ʽstehen’, ir. *táu* ʽbin’ (**stāịō*), s. Fraenkel Balt. Spr. 34, Zeitschr. 20, 242, Trautmann BSl. 281, Meillet-Vaillant 50, Uhlenbeck Aind. Wb. 347, M.-Endz. 3, 1052, Walde-Hofmann 2, 596 ff.

стою́, сто́ить ʽkoste’, ukr. *stójity*, *stóju* ʽkoste’, wohl entlehnt aus poln. *stać*, *stoi* 3 s. ʽkostet’, čech. *státi*, *stojí* dass. Im Westslav. ähnlich wie mhd. *stân* ʽkosten, zu stehen kommen’ nach lat. *constāre* ʽzu stehen kommen’, woher nhd. *kosten* (s. Kluge-Götze EW. 323, Falk-Torp 569, Brückner EW. 512).

стра́ва ʽSpeise, Essen’, Westl., auch *стро́ва* dass. Sevsk (Pr.), ukr. wruss. *stráva*, aruss. *strava* (Polock. Urk. 1478, s. Srezn. Wb. 3, 530), čech. slk. *strava*, poln. *strawa*, *potrawa*. Aus **sъtrava* zu *трава́*, *трави́ть*, s. MiEW. 325, Preobr. 2, 392.

страда́ ʽschwere Arbeit, Erntearbeit’, Arch. (Podv.), Vologda, Vladim., Pskov (D.), *страда́ть*, *-а́ю* ʽleide’, auch *стра́жду* dass. (ksl.), dial. *страда́ть* ʽernten’, Arch. (Podv.), aruss. *stradati* ʽsich bemühen um’, *stradalъ za totъ mirъ* ʽer bemühte sich um den Frieden’ Smol. Urk. 1229 G (Nap. 444), abulg.

stradati, strażdǫ pásχω (Supr.), bulg. *stradáǰъ, strádam* 'leide an', skr. *strádati, strâdâm* 'leide', sloven. *strádati, strádam* 'darbe', čech. *strádati* 'leiden', slk. *strádať*, poln. *stradać*, osorb. *tradać*, *-am*, nsorb. *tšadaś* 'darben'. Zu beachten *постráда* 'Ende der Erntezeit, Beginn der Dreschzeit', Pskov, Tveŕ (D.). ‖ Man vergleicht als urverw. lat. *strēnuus* 'betriebsam, unternehmend, kräftig', griech. στρηνής, στρηνός 'scharf, rauh', στρηνές· σαφές, ἰσχυρόν, τραχύ, ἀνατεταμένον Hesych., στρηνύζω 'schreie rauh u. scharf (v. Elefanten)', στρῆνος n. 'Übermut', norw. *sterra* 'eifrig streben', *sterren* 'hartnäckig', s. Persson 429, 435, Walde-Hofmann 2, 601 ff. Andererseits sucht Machek Recherches 38 Verwandtschaft mit *радéть* (s. d.) zu erweisen unter Ansatz einer Nebenform mit beweglichem *s*. Wie dieser, so ist auch der Vergleich mit anord. *strit* 'schwere Arbeit' (J. Schmidt Vok. 2, 121) kaum vorzuziehen. Man beachte aruss. *stradomaja zemlja* 'Ackerland' (öfter im 15. Jhdt., s. Srezn. Wb. 3, 532). Siehe auch *страсть*.

стрáжа 'Wache', kslav. Lehnwort für echt-russ. *сторóжа* (s. d.). Noch r.-ksl. *strážá* Čudov. NT a. 1383, s. Durnovo Očerk 284, abulg. *straža* φυλακή (Ostrom., Supr.). Unrichtig ist der Ansatz ursl. *strōg-* und Verknüpfung mit *стрóгий* (gegen Mikkola IF. 6, 350).

страз m., auch *стрáза* f. 'imitierter Brilliant' (D., Turgenev). Aus nhd. *Strass* 'schweres Bleiglas für künstliche Edelsteine' benannt nach dem Erfinder Joseph Strasser in Wien (1810), anders Preobr. 2, 393.

стрáльки pl. 'alte ausgetretene Schuhe', Kola (Podv.). Unklar.

странá 'Land, Gebiet, Staat', ksl. Lehnwort, zu *сторонá* (s. d.). Dazu: *стрáнник* 'Pilger, Wanderer', aruss. *storonьnikъ* 'Wanderer', abulg. *stranьnikъ* ξένος (Supr.).

стрáнный 'wunderlich, merkwürdig', abulg. *stranьnъ* ξένος (Supr.). Zum vorigen.

стрáсть f. *-u* I. 'Leidenschaft', ukr. *strasť*, wruss. *strasć*, aruss. abulg. *strastь* πάθος, ὀδύνη (Supr.), česh. *strast* 'Trübsal, Plage, Jammer, Elend', slk. *strasť* 'Trübsal, Leid'. Auf jeden Fall zu *страдáть* (s. d.), aus **strad-tь*. Es besteht keine Verwandtschaft mit **tręsǫ* (s. *мрясý* 'schüttle') gegen Jokl Archiv 28, 7.

стрáсть II. 'Schreck', *острáстка* 'Drohung', *стращáть* 'bange machen'. Gehört zu *страх* 'Schreck', s. MiEW. 324, Preobr. 2, 394. Man vergleicht damit lett. *struõstît, struõstêt* 'bedrohen, scharf verwarnen, prügeln', s. Endzelin KZ. 44, 65 ff., M.-Endz. 3, 1099.

стратиг 'Feldherr', kirchl.; aruss. abulg. *stratigъ* στρατηγός (Zogr., Mar., Supr.). Aus griech. στρατηγός dass., s. Verf. GrslEt. 192, IORJ. 12, 2, 279.

стратилáт 'Feldherr', kirchl., noch Povesť o prestavl. M. Skopina-Šujskogo (1620), ksl. *stratilatъ* στρατηλάτης. Aus griech. στρατηλάτης dass., s. Verf. GrslEt. 192 ff.

стратим 'sagenhafter Vogel' (Golub. Kniga). Wird gewöhnlich als Verballhornung von *струфокамил* (s. d.) angesehen, s. Preobr. 2, 393, Batalin Fil. Zap. 1873, Nr. 5, S. 64. Eine sichere Verstümmelung von *струфокамил* ist *страфил* dass. in den Azbukovniki (s. Batalin c. l.).

страус, -а 'Vogel Strauß, Struthocamelus', poln. *struś*. Über nhd. *Strauss*, mnd. *strûs* aus mlat. *strūtiō*, *strūthiō* von griech. στρουθίων, στροῦθος 'Vogel', s. Brückner EW. 521. Vgl. *струс*, *струфокамил*.

страфил(ь) I. *естрафиль* 'Mutter aller Vögel' in d. Golub. Kniga, auch *истрофиль*, *страхиль*, *стрихиль*, *вострихиль*, *страхвирь*, *страфель*. Man hält die Formen für graphische Verstümmelungen von griech. στρουθοκάμηλος 'Vogel Strauß', s. Močulskij RFV. 18, 50, Savinov RFV. 21, 47. Nach Jagić Archiv 1, 88 Kontamination von στροῦθος und στρατηλάτης, was wenig einleuchtet. Siehe *стратим*.

страфил II. 'Art Tuch', nur aruss. *strafilь* Invent. Boris Godunovs (a. 1589), s. Srezn. Wb. 3, 544. Siehe *настрафиль*.

страх, -а 'Furcht, Angst', auch Adv. 'sehr', ukr. *strach*, -*ú*, aruss. *strachъ*, abulg. *strachъ* φόβος (Supr.), bulg. *strach*, skr. *strâh* G. *strȁha*, sloven. *strâh*, *strȃha*, *strahû*, čech. *strach*, slk. *strach*, poln. *strach*, osorb. *trach*, nsorb. *tšach*, polab. *stroch*. ǁ Als 'Erstarren' wird die Sippe gestellt zu lit. *stregti*, *stregiù* 'erstarren, zu Eis frieren', lett. *strēģele* 'Eiszapfen', mhd. *strac* 'straff', nhd. *strecken*, ahd. *stracken* 'ausgestreckt sein' (s. Persson 432, 450, Iljinskij IORJ. 20, 3, 117), ferner ohne *s*- ags. *ondrecan* 'sich fürchten' (nach Zupitza GG. 169). Der Vergleich mit lat. *strāgēs* 'Verwüstung, Niederlage' (Pedersen IF. 5, 49) wird von Persson 450 ff., Walde-Hofmann 2, 600 beanstandet. Endzelin KZ. 44, 66, SlBEt. 70 vergleicht lett. *struõstêt*, *struõstît* 'bedrohen, scharf verwarnen' (s. auch *страсть*). Die Form mit *ch* müßte nach der obigen aus -*gs*- bzw. -*ks*- entstanden sein. Dagegen will Brückner KZ. 43, 309 in **strachъ* eine slavische Neubildung auf -*ch*- gegenüber **strastь* sehen. Ganz verfehlt ist die Zusammenstellung mit *стража* (s. d., gegen Mikkola IF. 6, 351) oder mit **tręso* (s. *трясу*, gegen Jokl Archiv 28, 7). Jokls Ansatz **sъtrachъ* ist unhaltbar. Siehe *страшить*.

страховать 'versichern', volkst. *штрафовать* (s. Grot Fil. Raz. 2, 369). Ableitung von *страх*.

страшить, **страшу** 'schrecke, bedrohe', ukr. *strašýty*, aruss. *strašiti*, abulg. *strašiti*, *strašǫ* φοβεῖν (Supr.), bulg. *strašá* 'erschrecke, versetze in Furcht', skr. *strȁšiti*, *strȃšîm*, sloven. *strášiti*, *strâšim*, čech. *strašiti*, slk. *strašiť*, poln. *straszyć*, osorb. *trašić*. Ableitung von **strachъ* (s. *страх*).

стредь f. -*u* 'Honig', nur aruss. *strъdь*, *stredь*, s.-ksl. *strъdь*, sloven. *strd̑*, -*î̑* f., ačech. *stred*, čech. *strdi* n. 'Honigseim', slk. *stred'*, poln. *stredź*. ǁ Man vergleicht ahd. *stredan* 'brausen, strudeln, kochen', nhd. *Strudel*, griech. ῥόθος m. 'Wogenrauschen', ῥοθέω 'rausche, lärme', s. J. Schmidt Vok. 2, 282 ff., MiEW. 327, Boisacq 843, Hofmann Gr. Wb. 299, Pedersen Kelt. Gr. 1, 82.

стреж m. 'tiefste Stelle eines Flusses, Mitte der Strömung', Arch., Perm, Vjatka, auch *стрежá* f. dass., Onega, Arch. (D.), *стрежь* f. Sibirien, *стрéжен, стрéжень* dass. (D.), ukr. *strýžeń, -žńa*, wruss. *strýžeń*, r.-ksl. *strъženь, strъženь* (Srezn. Wb. 3, 565), sloven. *stržên* m. 'Stromstrich, Talweg', ačech. *strziess* 'charybdis'. Vgl. auch *стéржень*. ‖ Urverw. mit schwed. *streke* m. 'Stromstrich' (**strikan*), ahd. *strîhhan*, mhd. *strîchen* 'streichen, sich rasch bewegen', s. Torbiörnsson SSUF. 1916—1918, S. 7 ff., Trautmann BSl. 290, Iljinskij IORJ. 22, 1, 197. Nach Sobolevskij RFV. 64, 116 ist von **strъžь* auszugehen und Ablaut zu *стрýга* anzunehmen. Dann müßte **strъžь* durch sehr alte Vokalassimilation entstanden sein. Sobolevskij ŽMNPr. 1886, Sept., S. 155 wollte **strь-* annehmen und an *стремглáв* anknüpfen. Zubatý Wurzeln 29 versuchte *strъžь* mit lit. *strìgti, stringù* 'bleibe stecken' zu verbinden. Kein Zusammenhang dürfte bestehen zwischen dieser slav. Wortsippe und derjenigen von bulg. *skrež* 'Reif, Rauhreif', sloven. *srệž* 'Reif, Treibeis', čech. *stříž* 'erstes dünnes Eis', poln. *śreż* 'erstes Eis, Reif', osorb. *srěž*, nsorb. *sŕěš* 'Grundeis' (s. Preobr. 2, 394, Zubatý Archiv 15, 480, Trautmann c. l., Walde-Hofmann 1, 547). Über *Ναστρεζῇ* 'e. Stromschnelle des Dniepr' (Konst. Porph. Admin. Imper.), s. K. O. Falk Dneprforsarnas namn 217 ff. Hierher auch *стрезь* 'Mitte des Flusses', Kolyma (Bogor.).

стрёк, *-a* 'Bremse, Tabanus', kslav. *strъkъ*, skr. *štȓk*, čech. *střeček*, slk. *streček* dass. Aus **strъkъ* zu *стрекáть*, s. MiEW. 325. Dazu: *стрекáстный* 'bunt gefleckt', wruss. *strekástyj* dass., zu dessen Bed. vgl. nhd. *bunt* aus lat. *punctus* urspr. 'punktiert', s. Kluge-Götze EW. 86 ff., Petersson ArArmSt. 35.

стрекáть I. *-áю* 'anstacheln, stechen, anstiften', *стрёк* 'Bremse', *стрекýчий* 'stechend, brennend (von Nesseln)', ukr. *strikáty*, wruss. *strikáć*, aruss. *strěkati, strěču* 'steche', abulg. *strěkalo κέντρον* (Supr.), ksl. *strěkati, strěčǫ, strъknǫti* 'stechen', bulg. *strákam* 'klappere, klopfe', skr. *strijèka* 'Riß, Streifen', ablautend *строкá*, s. Meillet MSL. 14, 340, Trautmann BSl. 289. Unsicher ist der Vergleich mit lit. *strakùs* 'hurtig, trotzig' (J. Schmidt Vok. 2, 73). Vgl. *стрёк*.

стрекáть 'springen, eilen, huschen' (Mel'nikov, Leskov), *стречóк, стрекáч* 'Sprung', skr. *stȓcati* 'spritzen', wohl zum vorigen, s. Iljinskij IORJ. 16, 4, 23.

стрекозá 'Libelle, Wasserjungfer'. Zu *стрекáть* 'springen', bzw. 'stechen', s. MiEW. 325, Brückner KZ. 45, 31, Preobr. 2, 395. Nach Iljinskij IORJ. 16, 4, 23 soll es zu *стрекотáть* 'einen schrillen, zirpenden Ton von sich geben' gehören. Zur Bed. 'stechen' vgl. tar. *jivnäčük* 'Libelle' und *jivnä* 'Nadel' (Radloff Wb. 3, 512).

стрекотáть, *стрекочý* 'zirpe'; zugrunde liegt wohl eine Lautnachahmung. Vgl. lat *strīdeō, strīdō, -ere* 'zische, schwirre, pfeife, sause', griech. *τρίζω, τέτρῑγα* 'zirpe, schwirre', *στρίγξ, -γγός* 'e. Nachtvogel', s. Walde-Hofmann 2, 603, Preobr. 2, 395, Hofmann Gr. Wb. 374.

стрела́ 'Pfeil', ukr. *strilá*, wruss. *strelá*, aruss. *strěla* 'Pfeil, Schlag, Blitz', abulg. *strěla* βέλος (Supr.), bulg. *strěla* 'Pfeil, Nadel', skr. *strijèla* pl. *strȉjele*, sloven. *strẹ́la* 'Pfeil, Blitzstrahl', čech. *střela* 'Pfeil, Blitz', slk. *strela* 'Geschoß', poln. *strzala*, osorb. *třěla* 'Geschoß', nsorb. *stśěla*, slowinz. *střåula* 'Strahl'. ∥ Urverw. mit lett. *strẹ̄la* 'Pfeil, Geschoß, Streifen, Windstoß, Wasserstrahl', lit. *strėlà* 'Pfeil' (wegen lett. Bed. und lit *ė* nicht entlehnt), ahd. *strâla* 'Strahl', s. Trautmann BSl. 289, M.-Endz. 3, 1088, Brandt RFV. 24, 183, Torp 500. Entlehnung von *strěla* aus d. German. (Peisker 72) ist nicht anzunehmen, s. Trautmann c. l., Stender-Petersen 218, Kiparsky 86. Dazu *стрéльна* 'Befestigungsturm', auch ON., aruss. *strělьna* dass. (s. Duvernoy Aruss. Wb. 202), sowie das folg.

стреля́ть, -я́ю 'schieße', ukr. *striľáty*, aruss. *strěljati*, r.-ksl. s.-ksl. *strěljati* τοξεύειν, bulg. *strěľa*, skr. *strijèljati*, *strȉjeljâm*, sloven. *strẹ́ljati*, *strẹ́liti*, čech. *střeliti*, slk. *streliť*, *strielať*, poln. *strzelać*, *strzelić*, osorb. *třelić*, nsorb. *stśěliś*, *stśelaś*. ∥ Urspr. 'mit Pfeilen schießen', zu *стрелá*. Slav. Lehnwort ist lett. *strelêt* dass. (schon 17.—18. Jhdt., s. Sehwers Zeitschr. 5, 314).

стремгла́в 'kopfüber', ksl. Lehnwort, volkst.: *стрёмый*, *стрёмный*, *стрёмкий* 'behend, schnell, dreist', Vladim., Moskau (D.), 'steil, abschüssig', *стремнúна* 'Steile', ukr. *strimholov* 'kopfüber', *strímko* 'ragend, steil', *strimkýj* dass., r.-ksl. *strьmo* 'gerade, völlig, vollständig', *strьmъ glavoju* 'kopfüber' (Jefr. Kormč.), *strьmъglavъ*, *strьmoglavъ* dass., *strьmъ* 'gegen, entgegen' (Srezn. Wb. 3, 565 ff., u. Nachtr. 249), abulg. *strъmь κυρίως*, *strъmoglavъ κατὰ κεφαλῆς* (Supr.), bulg. *strъ́men*, *-mna* 'steil, abschüssig', skr. *str̃m*, *-a* 'steil', sloven. *str̃m*, čech. slk. *strmý*, ablaut. poln. *stromy* 'steil'. ∥ Man vergleicht als urverw.: ndl. *stram* 'steif', ndd. *stram(m)* 'straff, steif', griech. στερέμνιος 'hart, fest', s. Persson 430, J. Schmidt Kritik 39, Kluge-Götze EW. 598 ff. Andererseits wurde *strьmъ*, *stromъ* zusammengestellt mit lett. *stramenes* 'morastige, ebene Wiese' (M.-Endz. 3, 1081) und ostlit. *pastramēno* 'erschrak ein wenig' (Buga bei Trautmann BSl. 290). Das ostlit. Wort wird von Machek Recherches 44 besser mit lit. *trìmti*, *trimù* 'zittere vor Frost' in Verbindung gebracht. Die slav. Wörter will Machek Recherches 45, LF. 68, 100 zu lit. *rem̃ti*, *remiù* 'stütze' stellen. Vgl. *стре́мя* I. u. das folg.

стреми́ть, *стремлю́* 'bewege, treibe, reiße mit Gewalt fort', *стреми́ться* 'streben, drängen', aruss. *strьmljenije* 'Drang, Vorwärtsbewegung', sloven. *strmẹ́ti* 'emporragen', čech. *strmět*i 'ragen', slk. *strmieť* dass., poln. *trzmić* 'ragen'. Gehört zu ursl. *strьmъ* 'steil', s. Trautmann BSl. 290, Zubatý Wurzeln 24 ff., Sobolevskij RFV. 71, 432. Letzterer will von ursl. *strъm-* ausgehen und Vokalassimilation in *strьmь*, *strьmьnъ* annehmen. Er hält die Wörter für verwandt mit *Струмень*, *струя́*, *стру́га*, ebenso Preobr. 2, 396 ff.

стре́мя I. G. *стре́мени* 'Strömung, Strombahn' (Šolochov), Don-G. (Mirtov), ukr. *strémja* 'Abhang, starke Strömung', wruss. *stremína* 'schnelle Strömung'. Zu ursl. *strьmъ* 'steil' (s. *стрем-*

гла́съ), vgl. MiEW. 325, Torbiörnsson SSUF. 1916—1918, S. 9, Preobr. 2, 396. Dazu auch ukr. dial. *stérmo* 'Abgrund' (Žel.).

стре́мя II. G. *стре́мени* 'Steigbügel', ukr. *streméno, strémin,* aruss. *stremenь, strъmenь,* bulg. *stréme* (Mladenov 612), skr. *str̃mȇn, -ena,* sloven. *stréme, -mę́na; strémen, -mę́na* dass., čech. *střmen,* slk. *strmeň,* poln. *strzemię,* osorb. *třmjeń,* nsorb. *tśḿeń.* Wird gewöhnlich mit *постро́мка* (s. d.) und mit *strъmъ* 'steil, straff' zusammengestellt, s. Zubatý Wurzeln 25, Brückner EW. 522, Preobr. 2, 397.

стрена́тка 'Goldammer', ukr. *strenádka,* skr. *strnàdica,* sloven. *strnȃd* m., *strnȃda* f., čech. *strnad, strnádka,* slk. *strnádka,* poln. *trznadl, trzynadl, strdnal, styrnadl, sternal,* osorb. *stnadź, sknadź, knadź,* nsorb. *tśnarl, śnarl.* ‖ Urslav. **strъnadь.* Man dachte an onomatopoetische Herkunft vom Rufe des Vogels: *cirr! crk!,* s. Boranić bei Bulachovskij IANOtdLit. 7, 105 ff., Brückner EW. 582.

стре́нга, стре́нда 'Strang, Ducht eines Taues', seew. (D.). Aus ndl. *streng* 'Strang eines Taues', s. Meulen 206 ff. Die Form mit *d* nach Meulen über engl. *strand* 'Litze' von afrz. *estran* aus ahd. *streno* 'Strähne' (Holthausen 103).

стре́ньбрень f., *стре́нькибре́ньки, стрыньбрынь* 'alter Kram, Gerümpel'. Vgl. lett. *strebeņķis* 'Stück (Ende) eines Strickes' (M.-Endz. 3, 1085).

стре́пет, -a 1. 'schrillendes Geräusch', 2. 'Zwergtrappe, Otis tetrax' (S. Aksakov, Gogol'), ukr. *strépet* 'Otis tetrax'. ‖ Zugrunde liegt eine schallnachahmende Wurzel wie bei lat. *strepō, -ere* 'lärme, tose, rausche, dröhne', *strepitus, -ūs* u. *-ī* 'Lärm' (dazu Walde-Hofmann 2, 602 ohne die russ. Wörter). Nach Preobr. 2, 397 gehört Bed. 1. zu *mpénem* (s. d.). Gorjajev sucht zu Unrecht Anknüpfung an nhd. *Trappe* (dagegen Preobr. c. l.).

стреха́ 'Dach, Strohdach', Südl., Westl., Vjatka (D.), ukr. *strichá,* wruss. *strechá,* aruss. abulg. *strěcha* (Supr.), bulg. *strécha* (Mladenov 614), skr. *strȅha* 'Dachvorsprung', sloven. *strȇha* 'Dach, Kummetdecke', čech. *střecha* 'Dach', slk. *strecha,* poln. *strzecha,* osorb. *třecha,* nsorb. *tśecha, stśěcha* 'Vordach, Wetterdach'. ‖ Man nimmt Verwandtschaft mit **strojь* 'Bau' (s. *строй*) an, vgl. Brückner EW. 522, Holub-Kopečný 356. Vgl. auch lit. *striégti* 'e. Dach decken' (Fraenkel IF. 69, 295). Der Ansatz **strěcha* allein ist fürs Ursl. berechtigt, nicht **stersā* (gegen Mladenov 614), dadurch wird der Vergleich mit **ster-* 'ausbreiten' (*простереть*) fraglich (gegen Koštiál Archiv 37, 397, Machek LF. 68, 99). Ganz bedenklich sind andere Deutungsversuche: als **krēdsā* zu griech. *κρησφύγετον* 'Zufluchtsort', got. *hrōt* 'Dach, Dachraum', npers. *sarāj* 'Palast' (gegen Oštir Archiv 36, 441), ferner zu *страх, стра́жа* (gegen Mikkola IF. 6, 351), sowie zu lat. *terra* 'Erde', *torreō, -ēre* 'dörre' (gegen Schrader-Nehring 1, 179 ff., wo unmöglicher slav. Ansatz **stersā*). Ganz hypothetisch ist auch die Anknüpfung an apreuss. *craysi* 'Halm', anord. *hrís* 'Reis' (gegen Petersson u. Agrell Zur bsl. Lautg. 30).

стриба́ть 'springen, hüpfen', Westl., Südl. (D.), ukr. *postrybáty* 'davonspringen'. Unklar. Vgl. das folg.

Стрибог 'Gott der Winde', nur aruss. *Stribogъ* (Nestor-Chron. a. 980, Igorlied), ON *Strobožь* G. Novgorod (Pogodin Zeitschr. 11, 35), poln. *Strzyboga* ON bei Skierniewice (Brückner ZONF. 11, 231, Archiv 40, 6, 10). Wohl entlehnt aus altiran. *Srībaya-* 'erhabener Gott', vgl. hephthalit. *Śribaya-* (Junker Sitzber. Preuss. Akad. 1930, S. 647 ff.), s. Verf. bei Volz Ostd. Volksboden 126, Pirchegger Zeitschr. 19, 311 ff., Korsch Sumcov-Festschr. 53, Sobolevskij Slavia 7, 178. Vgl. aind. *Çrīsōmadēvas* 'erhabener S.'. Als echt-slav. wurde der Name aufgefaßt und als 'Walter des Guten' zu **strojiti* (s. *стро́итъ*) gestellt von Berneker Kuhn-Festschr. 176 ff., Meillet RS. 6, 168, Fraenkel Balt. Spr. 106. Von einem **striti* wäre aber **striibogъ* zu erwarten. Zweifelhaft auch die Verknüpfung mit *стриба́ть* 'springen' u. nhd. *streben* (gegen Brückner KZ. 50, 195, s. Jagić Archiv 37, 504). Unsicher der Vergleich mit lit. *styrė́ti, styrù* 'steif sein', *styŕti, styrstù* 'steif werden' (Jagić Archiv 5, 4), unbegründet die Annahme german. Entlehnung (aus ahd. *strît* 'Streit' nach Pogodin Živ. Star. 18, 1, 106 als 'Kriegsgott') oder Herleitung von **sъtьri-* als 'vernichtender Gott' (Zelenin IORJ. 8, 4, 268) bzw. von **ster-* (*простере́тъ*) als 'säender, streuender Gott' (Preobr. 2, 398).

стриго́льник 'Anhänger einer relig. Richtung in Novgorod i. d. 2. Hälfte des 14. Jhdts.', aruss. *strigolьnikъ* (1. Soph. Chron. a. 1375, Stef. Jepiskop a. 1386, s. Srezn. Wb. 3, 548). Zu *стригу́* 'schere, rasiere' (s. d.), weil der Begründer dieser Richtung Karp die Bekehrten schor (Srezn. c. l.). Vgl. *стригу́льник* 'Rasiermesser', Olon. (Kulik.).

стригу́, стричь 'schere', ukr. *stryhú, stryžú, strýhty*, aruss. *strigu, striči*, abulg. *strigǫ, strišti* κείρειν (Supr.), bulg. *strigá*, skr. *strížêm, strìči*, sloven. *strížem, striči*, ačech. *stříhu, stříci*, čech. *stříhati*, slk. *strihat'*, poln. *strzydz* (*strzyc*), *strzygę*, osorb. *třihać*, nsorb. *stśigaś*. ‖ Ursl. **strigti*, **strigǫ* ablaut. mit r.-ksl. *strěgъ kovrá, strěžьcь* 'Scherer' urverw. mit apreuss. *strigli* f. 'Distel', ags. *strican* 'streichen', ahd. *strîhhan*, got. *striks* 'Strich', lat. *stringō, strīnxī, strictum, -ere* 'streife, streife ab', *striga* 'Strich, Streifen', *strigilis* 'Schabeisen', mnd. *strêk*, mhd. *streich* m. 'Streich' (**straika-*), s. Kluge-Götze EW. 600, Trautmann BSl. 289, Meillet MSL. 14, 350, Meillet-Ernout 1159, Persson 866 ff., Zupitza GG. 94, Meillet-Vaillant 219, Torp 500, Walde-Hofmann 2, 604 ff., Mikkola Ursl. Gr. 3, 77, Lorentz Archiv 18, 86. Gegen die Verbindung der slav. Wörter mit den germ. ist Machek Recherches 38 ff., der lit. *riẽkti, riekiù* 'schneide', *riekė̃* 'Brotschnitte' vergleicht, unter Annahme eines beweglichen *s-*.

стригу́н, -á 'einjähriger Hengst, dessen Mähne beschnitten wird', Perm (D.), *страгу́н* dass., Rjazań (RFV. 68, 17), ukr. *stryhún* dass. Zu *стригу́* 'schere'.

стриж, -á 'Uferschwalbe, hirundo riparia', kslav. *strižь* 'Regulus,

Goldhähnchen', sloven. *strêžič* ʽZaunkönig', *strżək̀, -žkà* dass., čech. *stříž*, apoln. *strzeż*, poln. *strzyż*, osorb. *strěž*, nsorb. *stśěž*. ‖ Die Formen weisen auf *strěžь und auf *strižь. Es könnte Ablaut vorliegen. Man glaubt an schallnachahmende Herkunft wie bei griech. στρίγξ G. στριγγός ʽe. Nachtvogel', lat. *strix* G. *strigis*, s. Bulachovskij IANOtdLit. 7, 119, Preobr. 2, 398. Die Form *strižь nach Bulachovskij aus *strežь durch Einfluß von *čižь, was nicht selbstverständlich ist.

стри́жник ʽGeistlicher', akslav. *strižьnikъ τοῦ κλήρου* (Ustjužsk. Kormčaja, Vita Methodii u. a., s. H. F. Schmid Nomokanon 9, 119). Wohl eine Lehnübersetzung für lat. *tonsurātus* und Merkmal der ksl. Texte pannonisch-mährischer Herkunft, s. Sobolevskij RFV. 43, 166, Schmid c. l.

стри́зовый ʽgrellrot', Olon. (Kulik.). Aus *сризовый von frz. *cerise* ʽKirsche' nach Kulikovskij 114.

стрик ʽWindstrich, Kompaßstrich', Arch. (Podv.). Aus ndl. *streek* dass., s. Meulen 205 ff. Auch *стрык* dass.

стрикус ʽArt Waffe', nur einmal im Igorlied. Man nimmt vielfach Entlehnung aus einer Entsprechung von nhd. *Streitaxt*, anord. *stridǫx, schwed. *strîdyxa*, mhd. *strîtackes*, ndd. *strîdackes* an, doch gibt es dabei lautliche Schwierigkeiten, s. dagegen Brückner Archiv 41, 57, R. Jakobson Igorlied 68, Woltner Zeitschr. 21, 191 ff. Unklar.

строга́ль, -я́ 1. ʽZimmermann'. 2. ʽFant, Geck, lasterhafter Mensch', Arch. (Podv.). Zum folg.

строга́ть, стружи́ть *-жу́, стругáть, -жу́* ʽhobeln, schaben', aruss. *strъgati, strugati, stružu* dass., *strugъ* ʽHobel', abulg. *strъgati, stružǫ ξεῖν* (Supr.), bulg. *strъgá, strъžá* ʽschabe, glätte', skr. *strúgati, strûžêm* ʽschabe', sloven. *stŕgati, stȓgam, strúgati, -gam, -žem* dass., ačech. *sestrhal* ʽschabte ab', čech. *strouhati*, slk. *strúhat'*, poln. *strugać*, osorb. *truhać*, nsorb. *tšugaś*. ‖ Urspr. *strъgati, *stružǫ urverw.: lett. *strūgaíns* ʽstreifig' (*strūga ʽStreifen'), anord. *striúka* ʽstreichen, wischen, glätten', griech. στρεύγομαι ʽwerde entkräftet, schmachte hin', ostfries. *strôk* ʽStreifen', s. J. Schmidt Vok. 1, 161, Bechtel Lexil. 303, Trautmann BSl. 288 ff., M.-Endz. 3, 1097, Torp 503, Hofmann Gr. Wb. 340, Holthausen Awn. Wb. 285, Zupitza GG. 168.

стро́гий ʽstreng', *строг, строгá, стрóго*, ukr. *stróhyj*, bulg. *strog* ʽstreng, genau', skr. *strôg*, sloven. *strôg*, čech. *strohý* ʽstreng, grimmig, scharf', poln. *srogi* ʽstreng'. ‖ Das russ. Wort wird meist als poln. Lehnwort angesehen, die Sippe zu *стерегу́, стóрож* gestellt, s. Šachmatov Očerk 155, Preobr. 2, 384, 399; in diesem Falle müßten bulg. skr. sloven. čech. Entlehnungen aus dem Russ. vorliegen, s. Maretić Rad 108, 95, Mladenov 612, Torbiörnsson 1, 30, Holub-Kopečný 355. Andererseits vergleicht man (weniger wahrscheinlich) *strogъ als urverw. mit mnd. *strak* (*strack*) ʽsteif, straff', norw. *strak, strakk* ʽstraff, gespannt, gerade' (Torbiörnsson), lit. *stregti, stregiu* ʽerstarre', lett. *streģele* ʽEiszapfen', *stragns* ʽeinschießend, morastig' (Zubatý Wurzeln 29, M.-Endz. 3, 1080).

строй I. G. *стро́я* 'Ordnung', ukr. *strij* G. *stróju* 'Tracht, Kleidung', aruss. *strojь* 'Ordnung, Verwaltung', abulg. *strojь* οἰϰονομία (Supr.), bulg. *stroj*, sloven. *strôj* 'Maschine, Gefüge', čech. *stroj* 'Maschine, Werk', slk. *stroj*, poln. *strój* G. *stroju* 'Anordnung, Kleidung'. Dazu: *стро́итъ*, *стро́ю* 'baue, errichte', ukr. *strójity* 'kleiden, schmücken, einrichten', wruss. *stróić*, aruss. *strojiti* 'bauen, errichten, anfertigen', abulg. *strojiti*, *strojǫ* οἰϰονομεῖν (Supr.), bulg. *strojṍ* 'errichte, baue', skr. *stròjiti*, *-jı̑m*, *štròjiti* 'verschneide, gerbe', sloven. *strójiti*, *strójim* 'mache zurecht, gerbe, schlage zu', čech. *strojiti* 'bereiten, rüsten', poln. *stroić*, osorb. *trojić*, nsorb. *tšojś* 'zubereiten, zurüsten'. ǁ Urverw. mit lit. *strãja* 'mit Stroh belegter Stall', avest. *urvarō-straya-* 'das Abschneiden der Pflanzen, prostratio plantarum', lat. *stria* 'Furche, Falte', *striātus* 'gerippt', s. J. Schmidt Vok. 2, 258, Persson 787, Mladenov 612. Hierher stellen wollte MiEW. 326 auch lit. *strainùs* 'widerspenstig'.

строй II. 'Onkel, Vaterbruder', dial. 'Krüppel, Bettler', Vologda (D.), ukr. wruss. *strýj* G. *strýja*, aruss. *stryjь*, auch *strъjь* (so Uspensk. Sborn., Žitije Savvy Osv., Rjazansk. Kormč. 1284, Nestor-Chron. u. a., s. Sobolevskij Lekcii 231 ff.), s.-ksl. *stryjь* θεῖος, bulg. *strika*, *striko*, skr. *striko*, *strı̑c* G. *strı́ca*, sloven. *stric*, čech. *stryc* 'Onkel, Vetter', slk. *stryc* 'Onkel', poln. *stryj*, osorb. *tryk* 'Vaterbruder'. ǁ Ursl. *stryjь* urverw. mit lit. *strūjus* 'Greis' (Daukša), air. *sruith* 'alt, ehrwürdig', akymr. *strutiu*, s. Bezzenberger bei Stokes 314, Buga RFV. 75, 147, W. Foy IF. 6, 318, Specht 195, Trautmann BSl. 290, Pedersen Kelt. Gr. 1, 81, Persson 446. Weiter vergleicht man aind. *pitṛvyas* 'Vaterbruder', avest. *tūirya-* (Bartholomae Air. Wb. 657), lat. *patruus* 'Vaterbruder', griech. πάτρως dass., ahd. *fatureo* dass., *fetiro*, nhd. *Vetter*, s. Mikkola IF. 23, 124 ff., Meillet Ét. 393, Vey BSL. 32, 65 ff., Walde-Hofmann 2, 263 ff., Lehr-Spławiński JP. 24, 44, Uhlenbeck Aind. Wb. 165 ff. Dazu gehört auch aruss. PN. *Stroj*, woher Fam.N. *Strojev*, s. Brückner ZONF. 11, 225.

строка́ I. 'Zeile, Naht, Streif', ukr. *stroká*, r.-ksl. *stroka* ϰέντρον, στίγμα 'Zeichen, Punkt, Reihe, Vers, Regel, Moment', dazu *строчи́ть*, *-чу́* 'steppe, schreibe schnell, schelte', aruss. *stročiti* 'steppen' (Inv. Bor. Godunov 1599, s. Srezn. Wb. 3, 557 ff.). ǁ Ablaut zu *стрека́тъ* 'stechen', urspr. 'Stich', s. MiEW. 325, Trautmann BSl. 289. Man vergleicht lett. *stracis* 'Augenblick' (M.-Endz. 3, 1080). Zu beachten *строка́тый* 'bunt', Westl., Südl. (D.), urspr. 'gesprenkelt'.

строка́ II. 'Viehbremse, Tabanus' (Mel'nikov 3, 265), nordr. (Barsov). Zu *стрека́тъ* 'stechen', s. Preobr. 2, 394 ff., Vs. Miller Etn. Obozr. 25, 132.

стром 'Dachsparren, Geländer' (D.), 'Art Leiter aus einem Baum', Olon. (Kulik.), ukr. dial. *strom* 'Baum', *stromá* 'Steile', sloven. *stròm* G. *stróma* 'Dach, Laube', čech. *strom* 'Baum', slk. poln. *strom* 'Baum'. Ablaut zu *стръмъ* (s. *стремгла́въ* u. das folg.), vgl. MiEW. 326.

стро́мкий 'hoch, steil', ukr. *strimký́j* dass., wruss. *strómkij* 'hoch', poln. *stromy* 'steil'. Vgl. auch *стромкóй* 'unruhig', Čerep. (Geras.). Zu *стром, стремглáв* (s. d.), vgl. Zubatý Wurzeln 24, Machek Recherches 45, Iljinskij IORJ. 23, 1, 138ff. Ganz fraglich ist Verwandtschaft mit *тéрем* (gegen Iljinskij Sumcov-Festschr. 372).

строп I. 'Zimmerdecke, Dach, Dachboden', Pskov, Westl. (D.), *стропúло* 'Dachsparren', ukr. *strip*, wruss. *strop*, aruss. abulg. *stropъ στέγη* (Supr.), bulg. *strop* 'Dachboden, Stockwerk', sloven. *stròp* G. *strópa* 'Zimmerdecke, Dachstuhl, Dachgiebel', čech. poln. *strop*. ‖ Ursl. **stropъ* evtl. aus **sropъ*, wird verglichen mit anord. *hróf* n. 'Dach, Schuppen, Boothaus', ags. *hróf*, engl. *roof*, ir. *cro* 'Gehege, Verschlag, Stall, Hütte' (**crapo-*), s. Zupitza IF. 13, 51, Pedersen Kelt. Gr. 1, 92, v. Wijk IF. 28, 122 ff., Trautmann BSl. 309, Specht 93, Holthausen Awn. Wb. 128. Andererseits wird **stropъ* gestellt zu lett. *straps* 'stramm, gerade' (dieses eher Lehnwort aus nhd. *straff*, mhd. *straf*), lit. *parstrapinti* 'heimtorkeln', mhd. *straf* 'straff', lit. *stripìnis*, *strỹpas* 'Knüttel', griech. *τράπηξ, τράφηξ* 'Pfahl, Schiffsbord', lit. *stir̃pti, stirpstù* 'heranwachsen' (Zubatý Wurzeln 23 ff., M.-Endz. 3, 1081, Persson 436, Mladenov 613). Dieses kaum vorzuziehen wie auch der Vergleich von **stropъ* mit griech. *ἐρέφω* 'überdache', *ὀροφή* 'Bedachung' (Machek LF. 68, 94 ff., Slavia 16, 190).

строп II. 'Ring oder Schlinge aus Tauwerk oder Kette', seew. (D.), auch *стрóпка* dass. Entlehnt aus ndl. *strop*, ndd. *stropp* dass., s. Meulen 207. Schwerlich richtig von Štrekelj Archiv 28, 496 zu *струнá* 'Saite', ahd. *strûben* 'sträuben' gestellt.

стропóта 'Krümmung, Lügenhaftigkeit', *строптúвый* 'widerspenstig, störrisch', kslav. *strъpъtъ* 'Rauheit, Unebenheit, Härte', *strъpъtьnъ τραχύς*, bulg. *strъ́poten* 'steil'. ‖ Ablaut zu *струп* 'Schorf' (s. d.), vgl. ahd. *strûbên* 'starren, starr stehen', *strûben* 'sträuben', lett. *strupulis* 'Klotz, kurzer dicker Mensch', ferner griech. *στρυφνός* 'herb, mürrisch, fest, steif', s. Mladenov Archiv 36, 128, Persson 445, Kluge-Götze EW. 599, Hofmann Gr. Wb. 342. Siehe *струп, струнá*.

стрóю, стрóить 'bauen', s. *строй* I.

струбáль 1. 'Klotz, Baumstumpf'. 2. 'unbeweglicher Mensch', Smol. (Dobrov.). Aus **sъrǫbalь* zu *рубúть* 'hauen'. Zum Suff. vgl. MiVgl.Gr. 2, 107 ff.

струбцы́нка 'Schraubenzwinge zum Festklemmen geleimter Bretter'. Aus nhd. *Schraubenzwinge*, ndd. *Schrûwzwinge* (Sass Sprache d. ndd. Zimmermanns 40), s. Dal' 4, 585, Savinov RFV. 21, 49.

стру́г I. *-a* 'Hobel', ukr. wruss. *struh*, aruss. *strugъ*, s.-ksl. *strug*, bulg. *strug* 'Drechselbank', skr. sloven. *strûg*, čech. *struh* 'Schabeisen', poln. *strug*. Ablaut zu **strъgati* 'hobeln', s. *строгáть*.

стру́г II. *-a* 'Art flaches Flußfahrzeug, Barke', Sibirien (D.), auch *стру́га* dass., ukr. wruss. *struh*, aruss. *strugъ* (oft; auch Azovsk. Vzjat., s. RFV. 56, 138, Polock. Urk. a. 1407, s. Nap. 138 ff. u. a.), aus d. Russ. entlehnt lett. *strūga* dass., *strūdzenieks* 'Strusenkerl', balt.-d. *Struse, Strusenkerl*, aus aruss. Loc. s. *na* *struže* oder aus einem dial. *stružь, vgl. *струж*ь Kolyma (Bogor.), s. M.-Endz. 3, 1097. ‖ Gehört wie *струг* I. zu *строгáть* ʽhobelnʼ, s. Sobolevskij ŽMNPr. 1886, Sept., S. 155. Kaum zu idg. **sreu-* ʽfließenʼ (*óстров*, *струя́*) gegen Preobr. 2, 402, MiLP. 891.

стрýга ʽtiefe Stelle, Lache eines im Sommer fast ausgetrockneten Flüßchensʼ, Nordrußl., Novgorod, Kursk, ukr. *strúha*, aruss. *struga* ʽStrömungʼ, abulg. *struga* ῥεῦμα (Ps. Sin.), sloven. *strúga* ʽStrombett, Flußarmʼ, čech. *strouha* ʽRinne, Grabenʼ, slk. *struha*, poln. *struga* ʽStrömungʼ, osorb. *truha* ʽBachʼ, nsorb. *tšuga* ʽFließʼ. ‖ Zu idg. **sreu-* ʽfließenʼ, *óстров*, *струя́*, *стрýмень* mit *-g-* Formans, s. Meillet Ét. 354. Vgl. lett. *straũga* ʽniedrige Stelle, wo man einsinktʼ, *struga* ʽSumpfʼ, *strūga* ʽWasserstrahlʼ, lett. *strũgla* dass., s. Endzelin RS. 10, 221, M.-Endz. 3, 1097, Trautmann BSl. 280, Specht 212, 221.

стругáть ʽhobelnʼ, s. *строгáть*.

стрýжа ʽSchabmesserʼ, Arch. (Podv.). Zu *струг* I.

стрýжие ʽArt Waffeʼ, nur aruss. *stružije* (Chož. Igum. Dan. 242, Venevit., Igorlied), ukr. *strúže* ʽSchaftʼ. Wohl zu *струг* I., *строгáть* (s. d.). Schwerlich entlehnt aus anord. *strangi* m. ʽBaumstammʼ (gegen Preobr. 2, 401).

стружи́ть ʽhobelnʼ, стрýжка ʽHobelspanʼ, zu *струг* I., *строгáть*.

струк, стручóк ʽSchote, Hülseʼ, Koll. *стрýчья*, ukr. *struk*, bulg. *strъk*, skr. *strûk* ʽStengelʼ, sloven. *strȍk* G. *stróka* dass., čech. slk. *struk*, poln. *strąk* G. *strąka*, osorb. *truk*, nsorb. *tšuk*. ‖ Nur unsichere Vergleiche: nach Brückner EW. 518 nasalinfigierte Nebenform von *stroka (s. *строкá* I.). Auch der Vergleich mit nhd. *Strunk*, mhd. *strunc*, lit. *strungas* ʽgestütztʼ, mhd. *strûch* ʽStrauchʼ (Gorjajev EW. 350) befriedigt nicht (s. Preobr. 2, 402, Potebnja RFV. 2, 16).

стрýмень m. ʽBachʼ, ukr. *strúmiń* G. *strúmeńu*, *strumók*, *-mká*, sloven. *strúmen* G. *struména* ʽWasserstrom, Flußarmʼ, ačech. *strumeń*, čech. *strumen*, poln. *strumień* ʽBach, Gießbachʼ, *strumyk* dass., osorb. *truḿeń*, nsorb. *tšuḿeń*, polab. *sträumen*. ‖ Ursl. *strumy, *-ene* urverw. mit lit. dial. *straumuo* ʽStrom, Bachʼ, *sriaumė* dass., lett. *stràume* ʽStromʼ, griech. ῥεῦμα, *-ατος* n. ʽStrömen, Flußʼ, thrak. Στρυμών, *-όνος*, air. *srúaim* ʽStromʼ, anord. *straumr* ʽStrom, Flußʼ, ahd. *stroum*, weiter zu aind. *srávati* ʽfließtʼ, griech. ῥέω ʽfließeʼ, lit. *sraveʼti* ʽgelinde fließenʼ, s. Trautmann BSl. 279 ff., Pedersen Kelt. Gr. 1, 82, M.-Endz. 3, 1082, Much IF. 8, 288, Buga RFV. 75, 147, Torp 502, Holthausen Awn. Wb. 284. Siehe *óстров*, *стрýга*, *струя́*.

струнá ʽSaiteʼ, *стрýнить* ʽzusammenbinden, knebelnʼ, ukr. *struná*, aruss. *struna* ʽSehne, Saiteʼ, abulg. *struna* dass. (Ps. Sin., s. Meillet Ét. 446), bulg. *strúná* ʽSaiteʼ, skr. *strȕna* ʽRoßhaar, Saiteʼ, sloven. *strúna* dass., čech. slk. poln. *struna*, osorb. *truna* ʽBogensehneʼ, nsorb. *tšuna* ʽSehneʼ. Vgl. auch sloven. *strúmən*, *-mna* ʽstraffʼ. ‖ Am nächsten steht ahd. *stroum*, *strom* ʽSeilʼ, mhd. *strieme* ʽStriemeʼ, ferner lat. *struō*, *strūxī*, *strūctum*, *struere* ʽschichte, lege, baueʼ, s. Persson 788, 891 ff., J. Schmidt Vok. 2,

286, Mladenov 613, Brandt RFV. 24, 183. Letzterer geht von *streugnā aus. Wenn ein Guttural vorlag, müßte *strougsnā angenommen werden, weil sonst *g* erhalten geblieben wäre. Möglich wäre aber auch Herleitung von *struna aus *strumna. Nicht vorzuziehen ist der Ansatz *stroupnā und Vergleich mit ahd. *strûbên* ʽstarr stehen, sich sträubenʼ, mhd. *strûp* ʽrauh emporstehendʼ, *strobelëht* ʽstruppigʼ (Štrekelj Archiv 28, 498 ff., dagegen Persson c. l.), abzulehnen auch die Zusammenstellung mit aind. *çṛnóti* ʽhörtʼ (gegen MiEW. 326, s. слыть, слышу). Eigenartig ist r.-ksl. *strunьnikъ* ʽKilikierʼ (Sin. Pater. 11. Jhdt., s. Srezn. Wb. 3, 559), wohl mißverständlich auf κιλίκιον ʽDecke von Ziegenhaarenʼ bezogen (s. Preobr. 2, 402).

струп, -а ʽSchorf, Grind, Kruste einer Wundeʼ, *струпѣть* ʽsich mit Schorf, mit e. Kruste überziehenʼ, ukr. *strup*, aruss. *strupъ* ʽWunde, Leiche, Sündeʼ, abulg. *strupъ* τραῦμα (Ostrom., Zogr., Assem., Supr., s. Brandt RFV. 24, 184), bulg. *strup* ʽGrind, Schorf, Krusteʼ, skr. *strûp* ʽKinderausschlagʼ, sloven. *strûp* ʽGiftʼ, čech. *strup* ʽGrind, Schorf, Krusteʼ, poln. *strup*, osorb. *trup*, nsorb. *tšup*. ‖ Ursl. *strupъ ablautend mit ksl. *strъpъtъ* ʽRauheit, Härteʼ, *strъpъtьnъ τραχύς*, s. *стропти́вый* ʽwiderspenstigʼ. Man vergleicht ahd. *strûben* ʽstarren, sträubenʼ, mhd. *strûben*, mnd. *strûf* ʽrauhʼ, asächs. *strûf* ʽstruppigʼ, griech. στρῡφνός ʽherb, mürrischʼ, s. Persson 445, Hofmann Gr. Wb. 342, Torp 504, Iljinskij RFV. 69, 18. Anderseits wird *s(t)rupъ gestellt zu griech. ῥύπος m. ῥύπον n. ʽSchmutz ‚Unreinlichkeitʼ, ῥυπάω ʽbin schmutzigʼ, s. Solmsen KZ. 37, 600 ff., Specht Sprache 1, 45, KZ. 68, 123, Hofmann Gr. Wb. 301. Unter Annahme eines beweglichen *s* wird neuerdings *srupъ auch verbunden mit lit. *raũpas* ʽPockeʼ, *raũpsas* ʽAussatzʼ, lett. *raupa* ʽGänsehautʼ, s. Machek Recherches 40 ff., Slavia 16, 190, LF. 68, 100, Otrębski Idg. Forschungen 202. Schwer glaubhaft ist Verwandtschaft von *strupъ mit anord. *hriúfr* ʽrauh, uneben, aussätzigʼ, *hrufa* f. ʽSchorfʼ, ahd. *hruf* ʽSchorfʼ, die mit lit. *kraupùs* ʽrauhʼ, lett. *kraũpa* ʽGrindʼ und *крупá* zusammengehören (s. d., gegen Uhlenbeck PBrBtr. 26, 307, Agrell Zur bsl. Lautg. 29). Verfehlt ist der Ansatz *sъtrъpъ und Vergleich mit *тря́пка* als *tręp- (Brandt RFV. 18, 7, von ihm selbst berichtigt RFV. 24, 184 mit Hinweis auf abulg. *strupъ*). Vgl. auch *труп*.

струс ʽStrauß (Vogel)ʼ, ukr. poln. *struś*. Geht übers Poln. auf mhd. ahd. *strûz* dass. von lat. *strūthiō*, griech. στρουθίων zurück, s. Brückner EW. 521, Uhlenbeck Archiv 15, 491, Schrader-Nehring 2, 498. Vgl. das folg. u. *стра́ус*.

струфока́мил ʽVogel Straußʼ, Zeit Peters d. Gr., s. Smirnov 283, r.-ksl. *strufokamilъ* 1. Soph. Chron. a. 1476, auch *strofokamilъ* Prosk. Arsen. Such. 34, Trif. Korob. (1584), S. 108 ff. Aus mgriech. στρουθοκάμηλος, s. Verf. GrslEt. 193 ff., Preobr. 2, 393. Vgl. *страус*, *струс*, *девякуш*.

струя́ ʽWasserstrahl, Strömungʼ, aruss. *struja* ʽWelle, Wasserstrahl, Strom, Feuchtigkeitʼ, abulg. *struja* ῥόος (Supr.), bulg. *strujá*, skr. *strúja*, sloven. *strúja* ʽFlußarm, Kanal, Strom, Strömungʼ. Urverw. mit lit. *sraujà* ʽStromʼ, lett. *strauja* ʽStrömungʼ,

стрый — студа

lit. *sraũjas* ʽschnellʼ, lett. *stràujš*, f. *stràuja* ʽreißendʼ, thrak. *Στραῦος* ʽFluß im Bistonenlandeʼ, ahd. *Stroua, Streua*, nhd. *Streu* ʽNbfl. der Fränk. Saaleʼ, weiter zu *óстров, стру́мень, стру́га*, s. Trautmann BSl 279 ff., M.-Endz. 3, 1081, Much IF. 8, 288, Buga RFV. 75, 147.

стрый ʽOnkelʼ, s. *строй*.

стрюк I. *-ка́* ʽTaugenichts, verächtlicher Menschʼ. Gekürzt aus *бастрю́к* ʽBastard, unehelicher Sohnʼ (s. oben 1, 60), vgl. Sobolevskij RFV. 66, 345, Preobr. 2, 405. Davon *стрю́цкие лю́ди* ʽnichtswürdige Menschenʼ (Dostojevskij Dnevn. pisat.), *стрю́цкий, стрюцко́й* ʽverächtlich, niederträchtigʼ (D.).

стрюк II. ʽQuelleʼ, Kostr. (D.) in *стрюко́м течь*. Wohl zu idg. **sreṷ-* ʽfließenʼ, s. *о́стров, струя́, стру́га*.

стря́пать, *-аю* ʽkochen, Speisen bereitenʼ, dial. ʽVieh fütternʼ, Arch. (Podv.), ukr. *stŕápaty* ʽzögernʼ, aruss. *strjapati, strjapaju, strjapru* ʽzögere, arbeite, ordneʼ (Srezn. Wb. 3, 573). Unsicher ist der Vergleich von lit. *stropùs* ʽfleißigʼ (MiEW. 326, Preobr.2, 405 ff.) sowie mit mhd. *strëben* ʽragen, sich strecken, strebenʼ (Preobr. c. l.). Zu *стря́пать* gehört: *стря́пчий* 1. ʽSachwalter, Anwalt, Staatsanwaltʼ. 2. ʽKochʼ, Tambov. Don-G. (D.), aruss. *strjapčii* ʽHofwürdeʼ (Sof. Vremenn., Kotošichin 9). Herkunft unklar. Vgl. *застря́ть*.

-стрять in *застря́ть, -стря́ну* ʽstecken bleibenʼ, ukr. *zastŕáty* dass., wruss. *zastŕáć*. Siehe oben 1, 444.

Сту́бель ʽli. Nbfl. d. Goryńʼ, Wolhynien, *Сту́бла* ʽre. Nbfl. d. Styŕʼ, ebda., gehört zu s.-ksl. *stublь* ʽQuelleʼ, bulg. *stúbel* ʽhohler Baum, Quelleneinfassungʼ, *stública* ʽhölzerner Trog, Viehtränkeʼ, skr. *stùblina* ʽhohler Baumʼ, sloven. *stúblo* ʽaus einem Baumstamm verfertigte Röhreʼ, ačech. *stbel* ʽQuelle, Brunnenʼ. ‖ Urspr. wohl ʽBrunneneinfassung, Trogʼ, urverw. mit anord. *stubbr* m. ʽBaumstammʼ, *stubbi* m. ʽBaumstumpfʼ, mhd. *stubbe* ʽStubbenʼ, griech. *στύφω* ʽmache festʼ, s. Kiparsky 40.

стуга ʽBand, Verbindungʼ, aruss. *sъtuga* ʽVerbindung, Querbalkenʼ, čech. slk. *stuha* ʽBand, Nestelʼ, poln. *wstęga, wstążka* ʽBandʼ, nsorb. *stuga*. Aus **sъtǫga* zu *туго́й, тя́га, тяну́ть*, s. Brückner EW. 635, Holub-Kopečný 359. Siehe *растуга, сустуга*.

Сту́гна ʽNbfl. d. Dnieprʼ, G. Kiew, aruss. *Stugna* (Nestor-Chron. a. 988 u. öfter, Igorlied). Zu *сту́гнуть* ʽfrierenʼ, *сты́гнуть* dass.

сту́гнуть ʽfrierenʼ, dial. Pskov (D.), s. *сты́гнуть*.

сту́да ʽKälteʼ, Arch. *студь* f. dass. Nördl. (D.), *сту́дель* f. Pskov (D.), *стыдь* dass., Mosk., Rjaz., Voron.,Tambov (D.), *студ* ʽSchimpf, Schandeʼ, kirchl. (D.), auch *просту́да* ʽErkältungʼ, kslav. *studъ, studь* f. ʽKälteʼ, abulg. *studъ αἰσχύνη* (Ostrom., Supr.), bulg. *stud* ʽFrostʼ, skr. *stûd* dass., sloven. *stûd* ʽEkel, Abscheuʼ, čech. slk. *stud* ʽSchamʼ, poln. *ostuda* ʽErkältungʼ. Dazu: *студи́ть, стужу́* ʽkalt werden lassen, abkühlenʼ, ukr. *studýty*, wruss. *studźić*, skr. *stúditi, stúdjeti* ʽkalt seinʼ, sloven.

stúditi, *-im* 'verabscheuen', čech. *studiti* 'kühlen', slk. *studiť*, poln. *studzić*, osorb. *studźić*, nsorb. *stuźiś* 'kühlen'. Zur Bed. 'Scham, Ekel' vgl. oben *мороз*, *мёрзкий*. ‖ Man vergleicht als urverw.: aind. *tudáti*, *tundatē* 'stößt, sticht, stachelt', *tōdás* m. 'Stachler', *tōdas* m. 'Stich', lat. *tundō*, *tutudī*, *tū(n)sum, tundere* 'stoße, zerstampfe, schlage', griech. *Τυδεύς*, *Τυνδάρεως*, got. *stautan* 'stoßen', alb. *štüń* (**studni̯ō*) 'stoße', s. Torp 495, Berneker IF. 10, 154. Andererseits gehen Mladenov 614, Hofmann Gr. Wb. 342 u. Zubatý Wurzeln 25 von einem idg. **stou-*, **stū-* aus und verbinden **stud-* mit der Sippe von *стыгнуть* (s. d.) unter Annahme verschiedener Wurzelerweiterungen. Vgl. griech. *στύω* 'steife' u. *стыть* (s. d.). Das von Uhlenbeck PBrBtr. 26, 309 verglichene ahd. *stûda* 'Staude' hat nach Kluge PBrBtr. 34, 556 altes *þ*. Siehe das folg.

студенéц, *-нцá* 'Quelle, Brunnen', ukr. *studenýca* 'Quelle', wruss. *studźeń*, abulg. *studenьcь φρέαρ, πηγή* (Ostrom., Assem.), bulg. *studenéc*, skr. *studénac*, sloven. *studénɔc*, čech. *studně*, slk. *studňa*, poln. *studnia*, osorb. *studnja*, nsorb. *studńa*. Zum vorigen als 'kalte Quelle'.

студéнт, *-a* 'Student', zuerst Duch. Regl., s. Smirnov 283, volkst. *скудéнт* (nach *скýдный* 'armselig'), *скубéнт* (nach *скубý* 'rupfe'), s. Savinov RFV. 21, 34, R. Smal'-Stoćkyj PrFil. 12, 425. Wohl über poln. *student* oder nhd. *Student* von lat. *studens*, *-entis*, s. Preobr. 2, 406.

стýдень m. *-дня* 'Sülze'. Als 'Abgekühltes' zu ukr. *stúdiń* f. 'Kälte' u. *студ*, *студúть*.

стýжа 'große Kälte' aus **studi̯a* zu *студ*.

стук, *-a* 'Klopfen, Rasseln, Rollen', *стýкать, -аю* 'klopfen', *стучáть, -чý* dass., ukr. *stuk*, *stúkaty*, wruss. *stúkać*, aruss. *stukъ*, *stuknuti*, s.-ksl. *stukъ* 'sonus', poln. *stuk*, *stukać*. Lautnachahmender Herkunft. Vgl. lett. *stukāt* 'mit kleinen Schritten gehen' (von Kindern, die eben zu gehen anfangen), *stuknît* 'stoßen, schlagend vorwärtsstoßen', *stukme* 'ausgetretene Stelle auf einer Wiese', *stucināt* 'klopfen, poltern' (s. M.-Endz. 3, 1100, 1102), vgl. Brückner EW. 523, Preobr. 2, 407 ff., Otrębski LPosn. 1, 147. Ähnlich: čech. *ťukati* 'sanft klopfen' (s. Holub-Kopečný 396), frz. *toc* 'Klopfen', ital. *tocco* (Meyer-Lübke Rom. Wb. 727), osman., krimtat. *taka tuka* 'klopfendes Geräusch (e. Axt oder e. Hammers)', s. Radloff Wb. 3, 781. Siehe *ткать*, *тýкать*.

стул, *-a* 'Stuhl', dial. *стýло* (nach *кресло*), aruss. *stulъ* (Urk. Ivans IV. a. 1578, s. Srezn. Wb. 3, 577, auch Soph. 1. Chron. a. 1319), viell. aus anord. *stóll* 'Stuhl', s. Thomsen Ursprung 135, Wanstrat 46, oder aus ndd. *stuhl* (nhd. wäre *štul), s. Thörnqvist 155 ff., Christiani 50. Zu beachten ist *стул* 'Gestell, Pfeiler', Arch. (Podv.), das Thörnqvist 156 ff. als Sonderentlehnung aus aͦschwed. *stol* 'Gestell' auffassen will. Poln. Vermittlung (Preobr. 2, 408) ist nicht zu erweisen.

стýпа I. 'Mörserkeule', ukr. wruss. *stúpa*, aruss. *stupa*, ksl. (14. Jhdt.) *stǫpa*, bulg. *stýpa*, skr. *stȕpa*, sloven. *stópa*, čech. *stoupa*, poln. *stępa*, osorb. nsorb. *stupa*. ‖ Ursl. *stǫpa entlehnt aus d. Altgerm.; mnd. *stampe* 'Stampfe', ags. *stampe* f., ahd. *stampf*, s. Meringer WS. 1, 8 ff., 19 ff., Geramb WS. 12, 39 ff., Schrader-Nehring 2, 80, Uhlenbeck Archiv 15, 491, Kiparsky 266, MiEW. 324. Nicht wahrscheinlich ist die Annahme echtslav. Herkunft (gegen Zubatý Wurzeln 17, Mladenov 616, Preobr. 2, 408).

ступа II. 'Falle, Grube', nur aruss. *stupa*. Wohl zum folg.

ступа́ть, -а́ю 'schreite, trete', *ступи́ть*, -плю́ dass., ukr. *stupáty*, *stupýty*, aruss. *stupiti*, abulg. *stǫpiti* πατεῖν (Supr.), bulg. *stŭp'am*, skr. *stúpati*, *stûpâm*, *stúpiti*, *stûpîm*, sloven. *stǫ́pati*, *stǫ́pam*, *stǫ́piti*, *stǫ́pim*, čech. *stoupati*, *stoupiti*, slk. *stúpat'*, *stúpit'*, poln. *stąpać*, *stąpić*, osorb. *stupać*, *stupić*, nsorb. *stupaś*, *stupiś*. || Urverw. (mit *p*-Erweiterung) mit griech. στέμβω 'stampfe, mißhandle, schmähe', στεμβάζειν · λοιδορεῖν, χλευάζειν, Hesych., anord. *stappa* 'stampfen, niederstoßen', ahd. *stampfōn* 'stampfen' (mit idg. *b*), griech. ἀστεμφής 'unerschütterlich' (idg. *bh*), s. Torp 484, Matzenauer 78, MiEW. 324. Vgl. das folg.

ступе́нь f. -е́ни 'Stufe, Grad', ukr. *stúpiń*, -*pńa* 'Schritt', wruss. *stupéń*, bulg. *stŭpen* 'Stufe', skr. *stûpanj*, -*pnja*, sloven. *stǫ́pənj*, -*pnja*, čech. *stupeň*, slk. *stupeń* 'Grad', osorb. *stupjeń*, nsorb. *stupeń* 'Filzschuh'. Urspr. *stǫpenь zum vorigen. Man rechnet mit einer Umgestaltung von *stepenь nach *stǫpiti zu *stǫpenь.

стуча́ть 'klopfen', s. *стук*.

сты́гнуть, -ну 'abkühlen, kalt werden', wruss. *stýhnuć*, dial. auch *стýгнуть* dass., Pskov, poln. *stygnąć* 'kühl werden'. || Lautlich schwierig ist die Zurückführung auf *stydnǫti (apoln. *stydnąć* dass., s. Łoś Gram. Polska 1, 193), die MiEW. 327, Sobolevskij RFV. 62, 234 vertreten. Es könnte Verwandtschaft bestehen, mit *стуга* s. d., sowie mit lit. *stúkti*, *stúkstu* 'in die Höhe stehen, steif werden', griech. στυγέω Aor. ἐστύγησα, ἔστυγον 'hasse, verabscheue, fürchte', στύγος n. 'Haß, Abscheu', στύξ G. στυγός f. 'das Verhaßte, Frost', FlN Στύξ, s. J. Schmidt Vok. 1, 178, MiEW. 328, Torp 494, Preobr. 2, 406 ff. Weiteres bei Torp c. l., L. Bloomfield Germanica f. Sievers 93. Zur Bed. vgl. *стýда*, *моро́з*, *мёрзкий*. Vgl. *сты́ну*.

стыд G. *стыда́* 'Schande, Scham', ukr. wruss. *styd*, abulg. *stydъkъ* αἰσχρός, ἀναιδής (Supr.), skr. *stîd* 'Scham', *stîdak* 'letztes Stück in der Schüssel, das jeder sich schämt zu nehmen', čech. *styděti se* 'sich schämen', *stydký* 'schändlich', slk. *stydiet'* sa, poln. *wstyd* 'Schande'. Ablaut in *стýда*. Die Bed. 'sich schämen' und 'kalt werden' sind verwandt, s. Uhlenbeck PBrBtr. 26, 309 u. oben *сты́гнуть*.

сты́лый 'ekelhaft, widerwärtig'. Zu *стыть*, *сты́ну*.

сты́нка 'Stint, Osmerus eperlanus', Westl., wruss. *stýnka* (Vitebsk, Vilna). Über poln. *stynta* aus nhd. *Stint*, s. Smirnov RFV. 14, 179, Brückner EW. 524.

сты́ну, стыть 'abkühlen, kalt werden'. Wohl Neubildung von *stydnǫti, *сты́нуть*, s.-ksl. *ustynuti*, 3 s. *ustyde*, čech. *stydnouti*, slk. *stydnút'* 'kalt werden', apoln. *stydnąć* (Łoś Gram. polska 1,

3*

193), ukr. *stýnuty*, weiter zu *стыд, стýда* (s. d.), vgl. MiEW. 327, Zubatý Wurzeln 25, Sobolevskij RFV. 62. 234.

сты́рить, сты́рю 'streiten, necken, grob sein, sich widersetzen', Olon., Vologda, Perm, Tambov, Sibir. (D.), *стыра* 'zänkischer Mensch', Vologda, Perm, 'schläfrige Frau' (D.). ‖ Unklar. Vergleiche mit mnd. *stûr* 'widerspenstig' (woher lett. *stūrs* dass.) sind unsicher. Preobr. 2, 410 sieht in d. russ. Wörtern Neubildungen zu *стылый* 'ekelhaft', *стыть* u. dgl.

стырь 1. 'Steuer, Steuerruder', 2. 'Steuervorrichtung einer Windmühle' (D.), 3. 'Achse am Wagen', Čerepovec (Živ. Star. 1893, Nr. 3 S. 385), 4. 'Pfahl', Livland (Bobrov Jagić-Festschr. 395). Wohl entlehnt aus anord. *stýri* n. 'Steuer, Ruder', mnd. *stûre* dass., s. Verf. Festschr. Suolahti 302. Zur Sippe s. Holthausen Awn. Wb. 287, Falk-Torp 1194. Vgl. das folg.

Стырь 'r. Nbfl. des Pripet'. Nach Pogodin IORJ. 7, 4, 353 zu aind. *sthūrás* 'groß, wuchtig', avest. *stūra*- dass., ahd. *stûri* 'stark, stattlich', ähnlich Iljinskij IORJ. 25, 435, der unglaubhaft auch *стырь* 'Steuer' dazu stellen will.

стю́рить, стю́хтерить 'stehlen, stibitzen', Kaluga, Pskov (D.). Wohl expressiv.

стю́шиться 1. 'verrückt werden', 2. 'krepieren' (Mel'nikov), auch Tula, Tambov (D.). Vgl. die Interj. *тютю́!* 'pfutsch, weg'.

стя́брить 'stibitzen', Tambov (D.). Vgl. *стúбрить* dass. und *стянýть* 'stehlen'.

стяг I 'lange Stange zum Heben von Lasten', Arch. (Podv.), Olon. (Kulik.), Kargopol' (Živ. Star. 1892, Nr. 3 S. 164), 'lange Stange', Kolyma (Bogor.), Amur-G. (Karpov), ukr. *sťah* 'Fahne', wruss. *śćah*, aruss. *stjagъ* 'Feldzeichen' (Laurent. Chron. 1096, Igorl. u. a., s. Srezn. Wb. 3, 590). Entlehnt als *stęgъ aus anord. *stǫng* f. 'Stange', aschwed. *stang* dass., s. Thomsen Urspr. 135, Uhlenbeck Archiv 15, 491, Wanstrat 46, Thörnqvist 83 ff., 138. Davon zu trennen ist echt-slav. *stěgъ* in skr. *stìjeg* 'Fahne', aserb. *stegъ* 'vexillum', das zu *стежер, стожар* gehört, s. Zubatý Wurzeln 17, Thörnqvist 84. Die nasalierte Form *stęgъ für urslav. zu halten, geht nicht an wegen ihrer Beschränkung auf das Ostslav. (gegen Jagić Archiv 5, 665, Mladenov 616, vgl. auch Kiparsky 160).

стяг II 'Rumpf eines geschlachteten Rindes', Arch. (Podv.), (auch Mel'nikov 3, 55: *стяг свежины* 'Rumpf ohne Haut u. ohne Kopf'), aruss. *stjagъ* dass. (Urk. a. 1497, s. Srezn. Wb. 3, 591). Am ehesten zu *съ*- 'ab-' u. *tęgnǫti 'ziehen', vgl. Sobolevskij IORJ. 30, 442. Kaum zu *стегнó* 'Hüfte, Lende, Oberschenkel' (Mikkola Ursl. Gr. 1, 163).

стя́узить 'stibitzen', neben *стя́пать* dass., auch *стя́шить* dass., Čerepov. (Gerasim.). Unklar.

су- I Präfix in alten Nominalkomposita, abulg. *sǫ-*: es bezeichnet 1. die Zusammengehörigkeit, bzw. Verbindung mit etw. wie in *супрýг, сусéд*, abulg. *sǫprǫgъ, sǫsědъ*, auch *сýягна* 'trächtiges Schaf', *сýпороса* 'trächtiges Schwein', Jarosl. (Živ. Star. 1900,

Nr. 1—2, S. 250), 2. die Unvollständigkeit: *súdoroga* ꞌKrampfꞌ, *súmrak* ꞌDämmerungꞌ (ksl.), abulg. *sǫmrakъ* (s. Srezn. Wb. 3, 592). Ursl. *sǫ- in der Nominalkomposition entspricht *sъ- im Verbalkompositum. Beim Nomen war die Verbindung fest, beim Verbum konnte das Präfix getrennt werden, daher die verschiedene lautliche Behandlung, s. Meillet Ét. 45, MSL. 9, 49, Jagić Archiv 18, 267, Trautmann BSl. 249 ff. Urverw. mit apreuß. *san*- Präfix, *sen*- ꞌmitꞌ als Präpos., lit. *sán-, sǫ́-*, lett. *suo-* als Präfix beim Nomen, daneben alit. *sa-* ꞌmitꞌ, *sù-* ꞌmitꞌ, aind. *sam-, sa-* ꞌzusammenꞌ, avest. *ham-, ha-*, griech. ὁμοῦ, ἅμα ꞌzusammen mitꞌ, griech. *ά-*, lat. *semel* ꞌeinmalꞌ, s. Trautmann c. l., Brugmann Grdr. 2, 2, 896 ff., Rozwadowski RS. 2, 113, Wackernagel Aind. Gr. 2, 1, 73, Kretschmer KZ. 31, 416. Daneben *cy*- als Entsprechung von abulg. *su- (sugubъ)*, das man auf idg. **sou-* neben *su-* zurückführen wollte, vgl. Meillet Ét. 161 ff., IFAnz. 21, 85. Über abulg. *su-* s. Diels Aksl. Gr. 116 u. v. Wijk Gesch. d. aksl. Spr. 142. Sekundäre Verbindung von **sǫ* mit **sъ* zeigt aruss. *sъsъ* ꞌzusammen, gegenseitigꞌ, wovon *sъsьnъ* ꞌgegenseitigꞌ (s. Srezn. Wb. 3, 628). Vgl. c I.

су II Anrede von Männern u. Frauen, oft bei Avvakum. Gekürzt aus *súdarь* ꞌHerrꞌ, *sudárynja* ꞌGebieterinꞌ, s. Sobolevskij Lekcii 149 u. oben *c* III.

суарэфи́кс ꞌAbendgesellschaft an e. bestimmten Tage im Monatꞌ (Čechov). Aus frz. *soirée fixe*.

суббо́та ꞌSonnabend, Samstagꞌ, ukr. wruss. *subóta*, aruss. *subota*, abulg. *sǫbota* (Zogr., Assem., Savv., Supr.), bulg. *sъ́bota*, skr. *sùbota*. Daneben abulg. *sobota* (Mar., Ps. Sin., s. Vondrák Aksl. Gr. ²13), čech. slk. poln. nsorb. *sobota*, polab. *sübüta*. Die Formen mit **so-* stammen aus mlat. *sabbatum* (s. Melich Jagić-Festschr. 213 ff.), diejenigen mit *sǫ-* dagegen aus mgriech. **σάμβατον* pl. *-a* (vgl. tsakon. *samba*, otranto-gr. *sámba*) oder aus einem balkanlat. **sambata* (rumän. *sâmbătă*, engad. *samda*, frz. *samedi*). Der sekundäre Nasal ist im Spätgriech. belegt, vgl. W. Schulze Kl. Schriften 295 ff., KZ. 33, 384, G. Meyer IF. 4, 326. Daher auch ahd. *sambaztag* ꞌSamstagꞌ. Für griech. Herkunft von **sǫbota* traten ein Verf. IORJ. 11, 2, 388; 12, 2, 280, GrslEt. 196, Kiparsky 130 ff., Schwarz Archiv 41, 124 ff., Hujer LF. 35, 221 ff., Sobolevskij Zaimstv. 14, Durnovo RES. 6, 108, Mladenov 626. Die balkanlat. Theorie vertritt bes. Skok RES. 5, 19. Dafür könnte auch *cepedá* sprechen (s. d.). Gegen die Annahme german. Vermittlung spricht das ausschließliche Vorkommen von **sobota* bei allen Westslaven, daher ist sowohl got. (Stender-Petersen 432 ff.) wie ahd. (MiEW. 314 ff., Uhlenbeck Archiv 15, 491) als Verbindungsglied nicht in Betracht zu ziehen, s. Hujer, Kiparsky c. l., Sergijevskij IRJ. 2, 358. Die lat. u. griech. Formen gehen über griech. σάββατα pl. auf aram. *šabbətā* bzw. hebr. *šabbāt* zurück, s. Schwyzer KZ. 62, 1 ff., Littmann 29 ff. Russ. *bb* ist durch die Schreibung *bb* in westeurop. Sprachen beeinflußt.

субо́р ꞌvom Acker aufgelesene u. in Haufen gelegte Feldsteineꞌ, Pskov (D.). Aus **sǫ- (cy- I)* und **-borъ*, zu *berú*.

субордина́ция 'Subordination', seit 1705 militär., s. Christiani 21. Über poln. *subordynacja* aus lat. *subordinātiō*.

субре́тка 'Kammermädchen, verschmitztes Zimmermädchen in der Komödie'. Aus frz. *soubrette* dass. von provenç. *soubret* 'geziert': lat. *superāre* 'übersteigen' (Gamillscheg EW. 810).

субси́дия 'Unterstützung', seit 1703, s. Christiani 20. Über poln. *subsydjum* pl. *-a* oder nhd. *Subsidium* aus lat. *subsidium*.

субти́льный 'fein, zart, scharfsinnig', zuerst: *сунтѣльный* Zeit Peters d. Gr., s. Smirnov 284. Letzteres über poln. *subtelny*, ersteres evtl. über nhd. *subtil* aus lat. *subtīlis* 'fein, dünn, zart'.

су́валка 'Achel, Schäbe (von Flachs, Hanf)', *сувылык* (*sǫvalьkъ) 'Hede, Werg'. Zu *sǫ- u. *валить* 'werfen, zusammenballen (von Wolle, Haar u. dgl.)'.

су́водь f. 'Wasserwirbel', aruss. *suvodivyj* 'mit Strudeln, Wirbeln' (Srezn. Wb. 3, 593). Zu *sǫ- u. *vodá* 'Wasser'.

суво́й m., *-о́я* 1. 'Rolle, Bündel', Nižn., 2. 'Maser im Holze', 3. 'durch zusammengewehte Schneehaufen entstandene Unebenheiten', Ostrussl. (D.), 4. 'Aufwallen des Meeres beim Zusammenprall von Ebbe u. Flut', Arch. (Podv.). Zu *sǫ (су I) u. *vojь (*вить* 'drehen').

су́волока 1. 'Volk, Gesindel, Pack', Kursk (D.), 2. 'Unkraut, zurückgelassener schlechter Hanf auf d. Felde', Kursk, Orel, Perm (D.). Zu *cy*- I u. *волоку́*.

сугло́бый, сугло́ба 'finsterer, mürrischer Mensch', Smol. (D.). Zu *cy*- I u. *глоба́* I 'Balken', wie 'Holz ~ Mensch'.

сугон 'Verfolgung', Olon. (Kulik.), Pečora (Ončukov). Zu *cy*- I u. *гон, гнать*.

суго́рок, *-рка* 'Hügel, kl. Anhöhe', Vjatka (Vasn.), Pskov, Tveŕ (D.), auch *сугорь* Vologda, *су́горок* Pskov, Perm (D.). Zu *cy*- I u. *гора́*.

сугу́бый 'doppelt', *сугу́б, -а, -о*, aruss. *sugubъ, sugubь*, abulg. *sugubь* διττός, διπλοῦς; (Cloz., Supr., Euch. Sin.). Wohl aus *sǫ- (*cy* I) u. Wz. *gub- 'biegen', vgl. *ги́бкий, губи́ть, гнуть*. Das abulg. *su-* st. *sǫ- könnte durch Vokalassimilation erklärt werden. Unwahrscheinlich der Ansatz idg. *sou- (gegen Meillet Ét. 162 ff.). Vgl. apreuß. *dwigubbus* 'zwiefach', lit. *dvìgubas*, s. J. Schmidt Jenaer Liter. Zeit. 1874, 507, Meillet IF. 15, 333, Trautmann BSl. 100 ff.

суд I G. *судá* 'Gericht, Urteil, gerichtl. Untersuchung', ukr. wruss. *sud* G. *sudá*, aruss. *sudъ* 'Gericht, Urteil, Gesetz' (Russk. Pravda, s. Karskij RP. 90 u. a.), abulg. *sǫdъ* κρίσις, κρίμα (Ostrom., Cloz., Supr.), bulg. *sъdét* (Mladenov 627), skr. *sûd* G. *súda*, čakav. *súd, sudà*, sloven. *sǫ́d* 'Urteil, Gericht', čech. *soud*, slk. *súd*, poln. *sąd* G. *sądu*, osorb. nsorb. *sud*. ‖ Aus *som- und idg. Wz. *dhē- (*деть, де́ло*), vgl. aind. *samdhiṣ, samdhā* 'Vertrag, Verbindung, Vereinigung', lit. *samdà* 'Miete, Pacht', *samdýti, samdaũ* 'miete', s. Pott bei MiLP. 977, Meillet Ét. 162, 234, RES. 6, 169, Bezzenberger BB. 5, 319, Trautmann BSl. 48,

суд — сударь

Specht KZ. 57, 278, Śmieszek RS. 2, 122, Solmsen Beitr. 182. Vgl. griech. *συνθήκη* 'Übereinkunft, Vertrag', *σύνθημα* 'Verabredung'. Vgl. *cyд* II.

суд II 'Gefäß', öfter *сосуд* dass., *посуда* 'Geschirr', ukr. wruss. *sud*, aruss. *судъ*, abulg. *sǫdъ σκεῦος* vas (Supr.), bulg. *sъd*, skr. *sȗd* pl. *sȗdi, sȗdovi*, sloven. *sǫ́d* 'Faß', čech. slk. *sud*, poln. *sąd* G. *sędu*, osorb. nsorb. *sud* 'Faß, Tonne, Bottich'. ‖ Verwandt mit dem vorigen, nur durch die ursl. Intonation von ihm verschieden. Zu **som-* u. **dhē-*, vgl. lit. *indas* 'Gefäß', s. Meillet c. l. Vgl. griech. *θήκη* 'Behältnis'.

суд III 'Meeresbucht, Goldenes Horn bei Konstantinopel', nur aruss. *судъ* (Laur. Chron. a. 866, Novgor. 1. Chron. a. 854, 920, 922, Georg. Monach., s. Istrin ŽMNPr. 1916, Dez. S. 191 ff.). Entlehnt aus anord. *sundr* 'Meerenge, Furt', zu nhd. *schwimmen*, als 'Stelle, die durchschwommen werden kann', s. Thomsen Ursprung 135, MiEW. 328, Sobolevskij ŽMNPr. 1886, Sept. S. 151, Šachmatov Očerk 165. Abzulehnen ist die Herleitung aus mgriech. *σοῦδα* 'mit Pfählen befestigter Graben', das auf lat. *sudis* 'Pfahl' zurückgeführt wird (s. G. Meyer Ngr. Stud. 3, 62, gegen Istrin c. l., u. Durnovo Slavia 2, 445). Vgl. aruss. *uzmenь glagolemyj sudъ* (*τὸ Στενόν*, Georg. Mon., s. Srezn. Wb. 3, 607 ff.) oder *sudъ ježe limenь* (Ustjužsk. Letop. 22).

судак, -а 'Zander, Lucioperca sandra', aruss. *sudokъ* (Urk. a. 1460, s. Srezn. Wb. 3, 601), *sudočina* (Urk. 1547, c. l.), ukr. *sudák*, poln. *sandacz*. ‖ Das nhd. *Zander* gilt als slav. Lehnwort (s. Kluge-Götze EW. 702 ff., Beke IF. 52, 138), während nhd. *Sandart, Sander*, mnd. *sandat(e)*, auch *sandan* (Schiller-Lübben 4, 23) als Ableitungen von nhd. *Sand*, ahd. *sant* 'Sand' mit Suff. *-art* wie *Bastard* gedeutet werden, da der Fisch sandigen Grund liebt (s. Falk-Torp 951, Preobr. 2, 412). Nach Brückner EW. 481 ist das poln. Wort deutsches Lehnwort. Verfehlt ist der Vergleich der slav. Wörter als einheimisch mit ags. *hentan* 'verfolgen', *hunta* 'Jäger', thrak. *Σάνδανος* 'Flußname', russ. *Suda* 'Nbfl. der Šeksna' (Loewenthal PBrBtr. 54, 317; 55, 317, ZONF. 6, 80).

Судак 'Stadt an der Südküste der Krim', dafür aruss. *Surožь* (s. *Сурожс*), arab. *Sūdāk* (13. Jahrhdt., Ibn al Athīr), *Surdāk* (s. Marquart Kumanen 140, 157), griech. *Σουγδαία* (gegründet 212 n. Chr.). Aus osset. *suγdäg* 'heilig', s. Vs. Miller Osset. Et. 3, 77 ff., ŽMNPr. 1886, Okt., S. 240, Verf. Iranier 71. Zum osset. Wort vgl. Bartholomae Air. Wb. 1548 ff. Auf ital. Karten (14.—15. Jhdt.) volksetymologisch umgestaltet in *Soldaia, Soldadia* (s. Verf. c. l.). Schwerlich als Gründung soghdischer Kaufleute zu erklären (gegen Gordlevskij IANOtdLit. 6, 321), vgl. zur Geschichte der Stadt Bruun Černomorje 2, 121 ff., Vasiljevskij Trudy 3, S. CLVI ff. Siehe *Сурожь*.

судакать, судачить 'e. Urteil fällen über etw., klatschen' (Čechov, Mel'nikov). Nach Preobr. 2, 413 von *судак* 'schlechter Richter', zu *cyд* 'Gericht' (s. d.).

сударь I 'Schweißtuch', kirchl., r.-ksl. *sudarь* dass. Über mgriech. *σουδάριον* dass. entlehnt aus lat. *sūdārium* von *sūdor* 'Schweiß',

s. G. Meyer Ngr. Stud. 3, 62, MiEW. 328, Verf. IORJ. 12, 2, 280, Grsl. Et. 194.

сударь II 'Art Gefäß', nur aruss. *sudarь* (Srezn. Wb. 3, 596). Wird von Srezn. zu *cocýд, cyд* II gestellt.

су́дарь III 'Herr, gnädiger Herr', *судáрыня* 'gnädige Frau'. Gekürzt aus *государь, государыня*, s. Sobolevskij Lekcii 125, 216, Preobr. 2, 413.

суда́чить 'klatschen'. Siehe *судáкать*.

су́джать, суджа́ть 'im Stande sein, ausharren', Arch. (D.). Aus syrjän. *sudźni* 'ausreichen' oder mit Präpos. *sъ-* aus syrjän. *udžọni̯* 'arbeiten', s. Kalima FUF. 18, 37 ff.

суди́ть, *сужý* 'richte, urteile', ukr. *sudýty*, *sudžú*, wruss. *sudźić*, *sudžú*, aruss. *suditi*, abulg. *sǫditi*, *sǫ̂ždǫ κρίνειν* (Ostrom., Cloz., Supr.), bulg. *sъ̀dʼa*, skr. *súditi*, *sûdîm*, sloven. *sóditi*, *sódim*, čech. *souditi*, slk. *súdiť*, poln. *sądzić*, osorb. *sudzić*, nsorb. *suźiś*. || Ableitung von **sǫdъ* (s. *cyд* I).

су́дно 'Gefäß, Geschirr', auch *судно́* Pskov, Tveŕ (D.), *су́дно* 'Art Boot', pl. *судá*, aruss. *sudьno* 1. 'Gefäß'. 2. 'Boot, Schiff' (Afan. Nikit., Urk. a. 1460, s. Srezn. Wb. 3, 609). Zu *cyд* II, *cocýд* 'Gefäß', *посýда* 'Geschirr', dial. auch 'Boot', Tobol'sk (Živ. Star. 1899 Nr. 4 S. 506), s. Mikkola RFV. 48, 276, MiEW. 315ff., Preobr. 2, 361. Zur Bed. 'Boot' vgl. frz. *vaisseau* 'Schiff' von lat. *vascellum* 'kl. Gefäß'.

судомо́йка 'Scheuermagd' (zum Reinigen des Küchengeschirrs). Zu *cyд* II 'Gefäß' u. *мыть* 'waschen'.

су́дорога 'Krampf', dial. *су́дорѕа* dass. (Pr.), ukr. *súdorha*. Zu **sǫ-* (s. *cy*) u. *дёрать* 'reißen'. Vgl. lit. *sudìrgti* 'zornig werden', s. MiEW. 42, Brückner KZ. 48, 216, Pedersen Kelt. Gr. 1, 105, Preobr. 1, 179; 2, 2; 413.

судоро́жица 'Weglosigkeit, schlechter Weg (bei regnerischer Jahreszeit)'. Zu *sǫ-* (*cy-*) u. *доро́ѕa* wie *надорога* (s. d.). Gewöhnlich vergleicht man lit. *dargà* 'regnerisches Wetter', *dárgana* 'schlechtes Wetter', *dérgia*, *dérgti* 'es ist schlechtes Wetter', apreuß. *dergē* 'sie hassen', lat. *furvus* 'kohlschwarz, rabenschwarz, finster', ags. *deorc*, engl. *dark* 'finster' (Preobr. 2, 413), anders über das lat. Wort Walde-Hofmann 1, 572. Die erste Deutung ist vorzuziehen.

су́дра 'Sturm, Schneesturm in der Tundra', *су́дриться* 'sich bewölken, verfinstern', Arch. (Podv.). Zu **sǫ-* (*cy-*) und **dъra* (*драть, дерý* 'reiße').

судья́ m. 'Richter', ukr. *sudʼdʼá*, wruss. *sudʼźá*, aruss. *sudi*, *sudii*, *sudьja*, abulg. *sǫdi* (Mar., Zogr., Cloz., Savv.), *sǫdii δικαστής*, *κριτής* (Mar., Zogr.), bulg. *sъdijá*, skr. *sùdija*, sloven. *sọ́dij*, čech. *sudí*, apoln. *sędziá*, Acc. *sędzią* (Loś Jagić-Festschr. 335). || Ursl. **sǫdi* aus *-īs*, zu **sǫdъ* 'Gericht' (s. *cyд* I). Bildung wie aind. *rathī̀s* m. 'Wagenlenker', von *ráthas* m. 'Wagen', s. Lohmann Genus und Sexus 56 ff., Specht 339 ff., Fraenkel IF. 53, 52, Zeitschr. 20, 63, Meillet BSL. 33, 20. Fraglich ist die Grundform **samdii̯ēs*, angeblich zu *дéну, деть* (Mikkola Ursl. Gr. 3, 38).

сýе — сук 41

сýе Adv. ʽumsonst, vergebens', kirchl., oft in Komposita: *суевéр* ʽabergläubischer Mensch', *суевéрие* ʽAberglaube', *суеглáзить* ʽgaffen', *суеглáзый* ʽGaffer'; *суемá* ʽEitelkeit, Nichtigkeit', aruss. *sujь* ʽleer', abulg. *sujь* μάταιος, *vъsuje* μάτην (Supr., Mar., Zogr., Cloz.), bulg. *suetá* ʽEitelkeit'. ‖ Man vergleicht als urverw. aind. *çūnam* n. ʽLeere', *çūnyás* ʽleer', avest. *a-sūna-* ʽohne Mangel', lat. *cavus* ʽhohl, leer', griech. κόοι · τὰ χάσματα τῆς γῆς καὶ τὰ κοιλώματα Hesych., s. Meillet Ét. 380, MSL. 9, 139, Uhlenbeck Aind. Wb. 314, MiEW. 328. Nach Bezzenberger BB. 2, 157; 23, 305 soll *sujь zu lit *sáuja* ʽeine Handvoll, Maß', lett. *saūja* ʽhohle Hand, innere Hand' gehören (s. aber M.-Endz. 3, 771). Nicht vorzuziehen. Vgl. *scýe*.

суём G. *сýйма* ʽVersammlung', Olon. (Kulik.), aruss. *na suj*(ь)*mě* (1. Soph. Chr. a. 1372). Aus *sǫ-* (s. *cy* I) und *jьmъ zu *возьмý*. Dazu olon. *sujoma* dass. (s. Kalima RS. 6, 93). Hierher auch *сýйма* ʽGemeindeversammlung', Kola (Podv.), sowie aruss. *suimъ* ʽHandgemenge' (Novgor. 4. Chron. u. a., s. Srezn. Wb. 3, 614). Siehe *сонм*.

суетá ʽEitelkeit, Leere, Nichtigkeit', s. *сýе*.

̄суждáть in *рассуждáть* ʽurteilen, überlegen, raisonieren', *осуждáть* ʽverurteilen'. Ksl. Lehnwörter. Zu *судúть*, *суд* I.

сужи́ть ʽGemahlin', r.-ksl. *sužitь* dass., *sužitije* ʽEhe', zu *sǫ-* ʽzusammen' u. *žiti* ʽleben' (s. *жить*).

сýзав ʽkl. Süßwasserfisch', Onega (Podv.). Dunkel.

сузгá ʽNasenbluten, Blutwasser', Terek-G. (RFV. 44, 108). Unklar.

Сýздаль f. ʽStadt im G. Vladimir', aruss. *Suždalь* (Laurent. Chron., Novgor. 1. Chron., Novgor. Urk. 13.—14. Jhdt., s. Šachmatov Novgor. Gr. 171 ff.). Das *z* aus *ž* durch Fernassimilation an das *s*-. Die Herleitung aus einem mir unbekannten finn. *susudal (Šachmatov) ist zweifelhaft. Der Verknüpfung mit wruss. *súzdali* ʽvon fern' stehen die alten Belege mit *ž* im Wege.

суз́ём I ʽSchwarzerde mit Beimischung von Sand', Olon. (Kulik.), Arch. (Podv.). Aus **sǫ-* u. *zem-* (zu *земля́*), s. Kalima 212 ff. Vgl. *чернозём*.

суз́ём II pl. *сузёмы* ʽausgedehnter, unwegsamer Wald', Novg., Olon., Arch., Vologda, Sibir. (D.), auch *сюзём* dass. Vologda (D.). Wird als Entlehnung aus finn. *sysmä* ʽwaldige Einöde' angesehen, s. Kalima 221, Wichmann FUF. 11, 263.

сýйма s. *суём*.

сук G. *сукá* ʽAst, Knorren', ukr. *suk*, aruss. abulg. *sǫkъ* κάρφος (Euch. Sin., Supr.), bulg. *sъk*, skr. *sûk*, sloven. *sộk* G. *sǫ́ka*, *sǫkâ*, čech. slk. *suk*, poln. *sęk*, osorb. nsorb. *suk*, slowinz. *sąk*. ‖ Ursl. *sǫkъ wird gestellt zu lit. *at-šankẽ* ʽWiderhaken, hakenartiger Vorsprung an e. Baum, Stock', aind. *çaŋkúṣ* m. ʽspitzer Pflock, Holznagel, Pfahl', kymr. *cainc* ʽAst' (aus *kankī), anord. *hár* m. ʽRuderpflock' (**hanha-*, woher finn. *hanka* ʽRudernagel', s. Setälä FUF. 13, 363), s. Lidén Uppsalastudier 89 ff., Pedersen

Kelt. Gr. 1, 162; 372, IF. 5, 48, Trautmann Apr. Sprd. 417,
BSl. 298ff., Specht 92, Torp 70, Bezzenberger BB. 16, 241,
Stokes 69, Uhlenbeck Aind. Wb. 301, Zupitza GG. 132.

сука́ 'Hündin', ukr. *suká*, aruss. *suka*, poln. *suka*, polab. *saukó*
'Hure', vgl. russ. *су́чка* 'Hure'. ‖ Man vergleicht den alten idg.
Hundenamen: lit. *šuõ* G. *šuns*, *šunès*, ostlit. *šunis*, lett. *suns*,
apreuß. *sunis*, aind. *çúvā*, *çvā* G. *çúnas*, avest. *spā* G. *sunō*,
armen. *šun*, griech. *κύων* G. *κυνός*, lat. *canis*, got. *hunds*,
tochar. *ku*, vgl. Osthoff Parerga 1, 199, 256ff., Trautmann BSl.
310, M.-Endz. 3, 1123, Jokl WZKM. 34, 30. Fraglich ist der
Ansatz *pk̑eukā und Anknüpfung an aind. *paçukā* f. 'Kleinvieh',
avest. *pasuka-* (Osthoff c. l.). Ebenso urslav. *sǫka (Petersson
Archiv 36, 139ff.) mit Voraussetzung einer ostslav. Entlehnung
in poln. *suka*. Zweifelhaft die Annahme einer Übernahme der
slav. Wörter aus iran. dial. *svaka- 'Hund' (npers. *sag*), gegen
Korsch Bull. de l'Acad. Sc. de Pétersbourg 1907 S. 758. Vgl.
собáка aus altiran. *spaka-*.

сукале́н 'Sumpfwasserläufer, Scolopax totanus'. Zu *кал* 'Kot',
wegen der großen runden schwarzen Flecke am Rücken u. Mantel
und ebensolcher kleiner länglicher Flecke an Kopf u. Hals
(Brehm).

сука́ть 'zwirnen, drillen, spinnen', *сучи́ть* 'drehen, umkrämpeln',
ukr. *sukáty*, bulg. *súkam*, *súčь* 'zusammendrehen, zwirnen, aufwickeln', skr. *súkati*, *sûčêm* 'drehe', sloven. *súkati*, *súkam* 'drehe',
čech. *soukati*, slk. *súkaťʼ*, poln. osorb. *sukać*, nsorb. *sukaś*
'Stricke, Zwirn drehen, zwirnen'. ‖ Ablaut zu *sъkati (s. *скать*).
Siehe *сукно́*.

сукма́н 'Kaftan, Rock oder Sarafan aus Tuch', ukr. *sukmán* m.,
sukmána f., aruss. *sukmanъ* 'Tuch' (Urk. 1671, s. Korsch Archiv
9, 495), bulg. *sukmán* 'wollener Frauenrock', poln. *sukmana*. ‖
Man vergleicht die Sippe von *скать*, *сука́ть* 'drehen, zwirnen',
сукно́ 'Tuch' und beruft sich auf die Bildungen wie *дурма́н*,
poln. *łochman* u. ä., s. Sobolevskij Archiv 33, 610, MiEW. 333,
Mladenov 617, Preobr. 2, 415ff. Andererseits wird Entlehnung
über tschuwass. *səkman*, *səχman* 'Art Rock' aus einer verbreiteten turkotatar. Wortsippe angenommen, die vertreten ist
durch tobol. *sükmän* neben *čikmän* 'langer Rock, Tuch', kasantat. *čikmän*, alt. *čekmen*, dschagat. *čekmen* 'weites Winterkleid',
(Radloff Wb. 4, 799, vgl. auch *чекме́нь*), s. Gauthiot MSL. 16,
87, MiTEl. 1, 22, Räsänen FUF. 29, 198ff., Zeitschr. 20, 448,
Mikkola-Festschrift 275, Wichmann-Uotila 241, Wichmann
Tschuw. LW. 95ff., Kalima RLS 133.. Korsch c. l. Die Verfechter echt-slav. Herkunft von *sukmanъ* sind genötigt, die
turkotat. Wörter mit *s*- als slav. Lehnwörter anzusehen, was
zweifellos bedenklich ist, vgl. zur turkotat. Sippe auch noch
Paasonen Cz. Sz. 119, Mordw. Chrest. 131, FUF. 2, 130,
Kannisto FUF. 17, 167ff. Aus dem Slav. entlehnt ist rumän.
sucmán (Tiktin Wb. 3, 1524).

сукно́ 'Tuch', *суко́нный* 'aus Tuch', ukr. *suknó*, aruss. *sukъno*
(oft, s. Srezn. Wb. 3, 615, Obnorskij IORJ. 30, 487), abulg.

sukno ΰφασμα τρίχινον (Supr.), bulg. *sukno̍*, skr. *su̍kno* 'Tuch', sloven. *sukno̍*, čech. slk. poln. *sukno*, osorb. nsorb. *sukno*, polab. *sáuknö*. Dazu *су́кня* 'Kleid', Westl., Südl. (D.), ukr. wruss. *su̍kńa*, skr. *su̍knja*, sloven. *su̍knja*, čech. *sukně*, slk. *sukńa*, poln. *suknia*, osorb. *suknja*, nsorb. *sukńa*. Zu *сука́ть* 'zwirnen', *сучи́ть* 'drehen', *скать* 'zwirnen', s. MiEW. 333, Meillet Ét. 446, Jokl IF. 27, 309 ff.

суку́нборок 'starkes Seil eines Haifischnetzes', Arch. (Podv.). Unklar.

сула́ I 'Knüppel, von Kindern zum Schleudern auf dem Eise benutzt', N.-Novgor. (D.), *сула́-юла́* 'unruhiger Mensch', Östl. (D.). Von Potebnja RFV. 7, 66 zu *сую́, сова́ть* gestellt. Vgl. *су́лица* 'Speer'.

сула́ II 'Zander, Lucioperca sandra', Don-G. (s. Berg Ryby 3, 1020, Sovetsk. Etnogr. 1948 Nr. 2 S. 70, Šolochov). Nach Berg c. l. S. 70 soll das Wort turkotatar. Herkunft sein. Er zitiert als Quelle kasantat. *sula*, karakalpak. *sula*, magy. *süllő* 'Zander'.

Сула III 1. 'l. Nbfl. des Dniepr, G. Charkov u. Poltava'. 2. 'r. Nbfl. d. Niemen, G. Minsk u. Wilna'. 3. 'Nbfl. des Mezeń'. 4. 'Fl. im Kr. Rostov G. Jarosl'. 5. 'Fl. nahe der Kazanka, G. Kazań', aruss. *Sula* in Bed. 1 (Laur. Chron., Igorlied). Wegen der Verbreitung anscheinend echt-slav. Vgl. got. *bi-sauljan* 'beschmutzen, verunreinigen', norw. *søyla* 'Schlamm, Morast', schwed. *saula* 'Schmutz' (zur Sippe ohne slav. s. Holthausen Awn. Wb. 241), ablautend viell. lit. *sulà* 'Baumsaft', griech. *ὕλη* 'Schlamm' (dazu s. Potebnja RFV. 64, 182). Kaum zu abg. *sulěi* 'besser' (gegen Pogodin Belićev Zbornik 170).

сула́га 'hölzerner Schraubstock', Vladim. (D.). Zu *sǫ- (*су* I) u. *ложи́ть* 'legen'.

сулей 'besser', kirchl., nur aruss. *sulěi*, abulg. *sulěi βελτίων, κρείττων* (Supr., Assem., Ostrom.), *sule jestъ συμφέρει* (Supr.), ksl. *sulěti sę, suliti sę φυσιοῦσϑαι*, dazu poln. *sowity* 'reichlich'. || Wohl urverw. mit lit. *šulnas* 'stattlich, vortrefflich', ferner aind. *çūras* 'stark, tapfer', *çávīras* 'stark, mächtig', griech. *κῦρος* n. 'Macht, Kraft', *ἄκυρος* 'ohne Kraft', *κύριος* 'herrschend, Herr', kymr. *cawr* 'Riese', s. Meillet Ét. 413, Zupitza BB. 25, 93, Vaillant RES. 9, 6. Griech. *σαῦλος* 'zärtlich, weichlich', *σαννός* dass. bleibt fern (gegen Zupitza). Nicht vorzuziehen ist der Vergleich von *sulěi mit lat. *sōlor, -ārī* 'tröste, ermutige', got. *sēls* 'gut', ahd. *sâlig* 'glücklich, selig', lat. *salvus* 'gesund, heil', griech. *ὅλος* 'ganz', aind. *sárvas* 'unversehrt, ganz' (Torp 436, Gorjajev EW. 353). Vgl. *сули́ть*.

сулема́ 'Sublimat', ukr. *sulemá*. Geht zurück auf mlat. *sublimātum* 'Sublimat', eigtl. 'das Emporgetriebene, was in Dampf verwandelt u. in fester Form wiedergewonnen wird', *sublimāre* 'emportreiben', *sublimis* 'erhaben, hoch'. Unklar ist der Entlehnungsweg; am ehesten westlicher Herkunft (Karłowicz Archiv 3, 663); weniger wahrscheinlich ist Vermittlung durch ngriech. *σουλιμᾶς* aus osman. *sülimen* (Korsch Archiv 9, 669, Preobr. 2, 416). Nach Matzenauer 315 aus dem Osten.

сулея́ 'flache Flasche für Wein oder Öl mit breitem Hals', ukr. *sulijá*. ǀǀ Am ehesten aus **sǫ- (су I)* u. **-lěja* zu *лить* 'gießen' (s. d.). Lautlich unmöglich ist Gorjajevs Herleitung aus **sudeja* von *sǫdъ* 'Gefäß' *(суд* II, *сосу́д),* dagegen Preobr. 2, 416.

сули́ть, *сулю́* 'verspreche, verheiße', *посули́ть* dass., *посу́л* 'Versprechen', ukr. *suĺýty*, wruss. *sulić* dass., *nasulić* 'e. höheren Preis bieten, steigern'. ǀǀ Wohl zu **sulěi* 'besser' (s. *сулей),* vgl. Petr BB. 25, 145 (wo viel Zweifelhaftes). Abzulehnen ist der Vergleich mit aind. *çulkám* 'Preis einer Ware, Kaufgeld' (gegen Schrader-Nehring 1, 163, Petersson ArArmSt. 33 ff.). Lit. *súlyti, súlau, siúlyti, siúlau* 'anbieten', *pasūlà* 'Anerbieten' sind ostslav. Entlehnungen (so schon Schleicher, s. Brückner FW. 139, Petersson c. l.). daher bedenklich der Vergleich bei J. Schmidt KSchlBeitr. 6, 148. Nicht wahrscheinlich ist auch die Zurückführung der slav. u. balt. Wörter auf ein altgerm. **suljan* neben got. *saljan* 'darbringen', ahd. *sellen* 'übergeben' (gegen Rozwadowski Mat. i Pr. 2, 354). Nach Brandt RFV. 24, 188 u. Sobolevskij bei Gorjajev EW. 353 soll **suliti* zu **sъlati* 'schicken, senden' gehören.

су́лица 'Wurfspieß, Speer', veralt. (D.), aruss. *sulica* (Nestor; Smol. Urk. a. 1229 u. a., s. Srezn. Wb. 3, 616 ff.), s.-ksl. *sulica* λόγχη, sloven. *sûlica* 'Spieß', čech. *sudlice* 'Wurfspieß'. ǀǀ Ursl. **sudlica* zu *совáть, сую́* 'stoße, schiebe', *су́нуть* dass., s. Pedersen IF. 5, 71, M.-Endz. 4, 9, Uhlenbeck Aind. Wb. 354, Charpentier MO. 13, 20 ff. Nach Potebnja RFV. 7, 66 ist weiter an aind. *çúlas* m. 'Speer', *çūlā* 'Pfahl' anzuknüpfen, nach Lidén Armen. St. 78 ff. an aind. *çūkas* 'Nadel', avest. *sūkā* f. 'Nadel'.

суло́жь 'Gemahlin', nur r.-ksl. *suložь* σύνευνος, σύγκοιτος, neben *съложь* dass. Zu ș.-ksl. *sulogъ* σύγκοιτος, čech. *souloh* 'Beischlaf'. Zu *су* II u. *ло́же* 'Lager, Bett', bzw. *ложи́ть* 'legen'. Vgl. griech. ἄλοχος f. 'Gattin' *(*sm̥loghos),* s. Trautmann BSl. 158.

суло́й G. *-о́я* 1. 'Mehlbrühe', Olon. (Kulik.). 2. 'Lake', Arch. (Podv.). 3. 'Wasserwirbel', Arch. (Podv.). Zu **sǫ-* 'zusammen' u. *лить* 'gießen' (vgl. *бить : бой).*

суло́к, суло́г 'kleines Frauentuch, Halstuch', Vologda (D.). Wird als Entlehnung aus tschuwass. *šuləк* 'Tuch' angesehen, das zu osman. *jaglyk* 'Umhängetuch', kasantat. baschkir. *jaulyk,* kirg. *žauluk* 'Kopftuch' gehört, s. Räsänen FUF. 29, 199, Wichmann Tschuw. LW. 100.

султа́н 'Sultan, asiatischer Herrscher', schon aruss. *sultanъ* (Afan. Nikit.). Aus arab.-osman. *sulṭân* dass., s. Lokotsch 154. Spuren davon in mgriech. Quellen s. bei Moravcsik 2, 243 ff. Vgl. auch *салта́н.*

сулю́ s. *сули́ть.*

сума́ 'Tasche, Quersack', *су́мка* dass., ukr. *sumá,* aruss. *suma* dass. (Domostr. K. 29), *сумъка* (a. 1551, s. Srezn. Wb. 3, 619). Über poln. *suma, sumka* 'Satteltasche' aus ahd. mhd. *soum* 'Last eines Saumtieres', urspr. 'so viel wie ein Saumtier tragen kann', nhd. *Saum* 'Last' von vlat. *sauma, sagma* 'Packsattel', dieses aus griech. σάγμα dass., σάττω 'bepacke', s. Korsch Archiv 9, 667, Matzenauer 315, Kluge-Götze EW. 501, Brückner EW. 526. Zu beachten: aruss. *sumьnъ* in *konę sumьnuję* 'Lastpferde' Acc. pl. (Hypat. Chron., s. Srezn. c. l.). Hierher nach Potebnja RFV. 3, 177 auch der ukr. ON *Súmy* nach den Saumlasten der Kosaken.

сумáк 'Genosse, Freund', Voronež (Živ. Star. 15, 1, 123). Viell. Ableitung von *sumá* 'Beutel'.

суматóха 'Verwirrung'. Gehört wohl zu *sǫ- (*cy* I) und *mатошúть* 'verwirren'. Gewöhnlich wird es aber verglichen mit *сумятица* 'Verwirrung', wruss. *sumáćica*, ukr. *sumját'ťa* n. dass., s. Preobr. 1, 584, Želtov Fil Zap. 1876 Nr. 4 S. 40. In letzterem Falle wird eine Entpalatisierung von -*ḿa*- angenommen, für die hier ein Grund nicht ersichtlich ist.

сумáх, сумáк 'Gerberbaum, Färberbaum, Rhus coriaria'. Wegen des -*ch* über nhd. *Sumach* dass., ital. *sommaco* aus arab. *summâq* dass., s. Littmann 84, Lokotsch 154. Schwerlich direkt aus dem Osten über osman. *sumak* (Radloff Wb. 4, 792), wofür MiTEl. 2, 161, Kraelitz 50, Kowalski Symbolae Rozwadowski 2, 353 eintreten.

сумбýр, -ýра 'Unsinn, Wirrwarr', dial. auch *сомбýл* dass., Rjazań, *сумбурá* Vologda, *сунбýр* Sibirien (D.). Unklar. Vgl. *сундýр*.

сýмерки pl. 'Dämmerung', ablautend: aruss. *sumorokъ* dass., ksl. *sǫmrakъ*, skr. *sȕmrâk*, sloven. *sǫ́mrak*, čech. *soumrak*, slk. *súmrak*. Mit *sǫ- zu *mъrknǫti, *morkъ. Siehe *смеркáть, мéркнуть, мерцáть, мóрок, мрак*.

сýмма 'Summe', volkst. auch *сýйма* Vjatka (Vasn.), durch Einfluß von *ýйма* 'Unmenge', aruss. *suma* 'Summe' (Urk. d. Mold. Vojevoden Petr. a. 1388, s. Srezn. Wb. 3, 618). Viell. über čech. poln. *suma* aus lat. *summa* 'das Höchste, Gesamtzahl' von *summus* 'höchster', s. Gorjajev EW. 354.

сýмрак 'Dämmerung', ksl. Lehnw. aus ksl. *sǫmrakъ* gegenüber echt-russ. *sumorokъ*. Siehe *сýмерки*.

*сумýн 'roter Sarafan' bei Pavlovskij ist ein Druckfehler für richtiges *сушýн*, s. Kulik. 116. Bei Dal' 4, 635 nicht deutlich genug gesagt. Das Wort hat aus den Wörterbüchern zu verschwinden.

Сумь f. Koll. 'altrussischer Name der Finnen u. Finnlands', aus finn. *Suomi* 'Finnland', estn. *Soome Maa*, liv. *Sùǫm* (s. Kettunen Liv. Wb. 386), verwandt mit lapp. *Sabme* 'Lappe', pl. *Samek*, s. Wiklund Entwurf 12 ff., Thomsen SA. 4, 480 ff., Ursprung 101. Davon lett. *sāms* 'Finne', *sāmenis* 'Nordwestwind', lett. *Sāmsala* 'Ösel', *Sāmu zeme* dass. (s. M.-Endz. 3, 803). Der Zusammenhang mit finn. *suo* 'Sumpf' (Thomas 44) wird bestritten, auch die german. Herkunft von *Suomi* (gegen Hammarström ZONF. 12, 190).

сун 'Turm', nur r.-ksl. *sunъ* (oft Gennad. Bibel 1499 u. sonst, s. Srezn. Wb. 3, 620). Vgl. *сын* 'Turm' (s. d.).

сундалá: *éхать сундалá* bzw. *сундалóй* 'zu zweien auf e. Pferde reiten, hinter dem im Sattel Reitenden sitzen', Sibir. (D.). Aus mong. *sundala-*, kalmück. *sundvlχv* dass. (s. Ramstedt K Wb. 337).

сундудýй 'unbeweglicher Mensch', Tver̓ (D.). Dunkel.

сундýк, *-á* 'großer Koffer, Truhe', ukr. *sundúk*, älter russ. *sundukъ* (Domostr. K. 14, Chož. Kotova 94, Kotošichin 36). Entlehnung aus dem Turkotat.; vgl. tschuwass. *sundəχ* 'Kasten, Schrein, Schachtel', kuman. *sunduq*, *synduq* (K. Grönbech Kuman. Wb. 225), dschagat. tar. *sanduk*, osman. krimtat. kasant. kirg. *sandyk* 'Kasten' (Radloff Wb. 4, 306ff., 308), deren Quelle arab. *ṣandûk*, *ṣundûḳ* auf griech. συνδοχεῖον bzw. συνδοκεῖον zurückgeführt wurde, s. MiTEl. 2, 152, EW. 288, Kraelitz 48, Verf. GrslEt. 194ff., Räsänen TschL. 196. An der griech. Herkunft zweifeln Lokotsch 145, Maidhof Glotta 10, 17 ff.

сундýрить 'Unsinn reden', *сундýр* 'Unsinn', Sibir. Vgl. *сумбýр*.

сýни pl. 'Schlittenkufen, Schlittschuhe aus Holz', Terek-G. (RFV. 44, 108). Vgl. tschuwass. *śuna* 'Schlitten', kasantat. *čana* dass. (Paasonen Cs.Sz. 141). Siehe *цýни*, *чýни*.

суни́ца I, *суни́ка* 'Walderdbeere', Südl., Westl. (D.), ukr. *sunýća*, wruss. *sunica*, bulg. *sunica* 'Gartenerdbeere', auch dial. *zúnica* dass. Thrakien, skr. *sȕnica* 'Himbeere', apoln. *sunica*, *sumnica* (15. Jhdt., s. Brückner IFAnz. 26, 45, EW. 526), polab. *saunéitsa* 'Erdbeere'. ‖ Man dachte an Urverwandtschaft mit aind. *çóṇas* 'rot, hochrot', *çóṇitam* n. 'Blut, Harz'; dann wäre das *ṇ* dieser Wörter mittelindisch, s. Potebnja-Bulič IORJ. 10, 2, 427 ff., Rozwadowski ROr. 1, 94, Petersson BSl. 13, PBrBtr. 40, 87. Sonst suchte man **sǫ-* u. *nicь, *niknǫti darin zu finden (Brückner KZ. 45, 38 ff., EW. 526, Bernard RES. 27, 36). Wiederum anders Endzelin RS. 10, 221, der lett. *sūna(s)* 'Moos', *sûnûkslis* 'kleines Geschwür, Bläschen' vergleicht. Nicht überzeugend ist die Auffassung als 'Hundsbeere' (zu *сукá*, griech. κύων usw.), vertreten von Pogodin Sledy 274ff., Schrader-Nehring 1, 85, (dagegen Bulič c.l., Aleksandrov RFV. 54, 411). Iljinskij Pr. Fil. 13, 503 ff. vergleicht wenig glücklich lit. *šaũnas* 'tüchtig, brav', *šunùs* dass., ved. *çunám* 'Wachstum, Gedeihen'. Lautlich bedenklich ist die Herleitung aus *samonika (zu *сам* u. *(воз)ни́кнуть*) bei Preobr. 1, 607.

суни́ца II. 'Schrank, als Bank eingerichtet im Bauernhause', Tver̓ (RFV. 71, 345). Zu *совáть*, *сую́* 'stecken'? Vgl. das folg.

сýнуть, *сýну* 'stecke', ukr. *súnuty*, wruss. *súnuć*, aruss. *sunuti*, *sunu* 'werfen', ksl. *sunǫti*, *isunǫti* ἐκχέειν, skr. *súnuti*, *sȗnêm* 'gießen, schütten', sloven. *súniti*, *sȗnem* 'stoße', čech. *sunouti* 'schieben, rücken', slk. *sunúť*, poln. *sunąć* 'fortbewegen, schieben', osorb. *sunyć*, nsorb. *sunuś*. Zu *совáть*, *сую́*, s. Trautmann BSl. 300. Vgl. auch *сýлица*.

сýп I. *-a* 'Suppe'. Aus frz. *soupe* dass., woher auch engl. *soup*, ndl. *soep*, nhd. *Suppe*. Die Quelle von galloroman. *suppa* sucht

суп — Cypá

man im Germ., got. *supôn* ʻwürzen', s. Meyer-Lübke Rom. Wb. 697, Gamillscheg EW. 812.

суп II. ʻGeier, Vultur percnopterus', ukr. *sup* ʻGeier, Art Adler', ksl. *sǫpъ* γύψ, skr. *sȗp* ʻGeier', čech. slk. *sup*, poln. *sęp*, kaschub. *sąp*, osorb. ON *Supow*, nsorb. *sup*. Vgl. *насу́питься*, s. Bulachovskij IANOtdLit. 7, 119, 279. Zu beachten ist čech. *posupný* ʻfinster', poln. *posępny* dass. Nach Holub-Kopečný 361 nasalinfigierte Nebenform zu **sop-* (*сопе́ть*). ʻDer Blick des Geiers erscheint finster wie derjenige der Eule' (MiEW. 315).

су́песь f. ʻsandige Erde, sandiger Lehm'. Zu **sǫ-* (*су* I.) u. *песо́к* ʻSand', s. Preobr. 2, 49.

су́пить, *су́плю* ʻdie (Augenbrauen) zusammenziehen'. Zu *суп* ʻGeier' (s. d.).

супо́нь f., auch *супо́ня* ʻKummetriemen', Arch. (Podv.), auch Mel'nikov. Aus *sǫ-ponь, zu *рьnǫ, *pęti ʻspanne', *опо́на*, *запо́на*, s. Preobr. 2, 167.

супороток ʻSchleuder', P. Berynda. Zu *праща́* (*portia) und *perǫ* ʻschlage', s. Lang LF. 43, 229 ff.

супоста́т, *-a* ʻWidersacher, Feind', ukr. *supostát*, aruss. *supostatъ* ʻGegner, Teufel', abulg. *sǫpostatъ* πολέμιος, ἀντίπαλος, σύμμαχος, ὑπεναντίος (Supr.). Zu **sǫ-* und *po-statъ, zu lit. *stótas* ʻgestellt', avest. *stāta-* ʻstehend', lat. *praestātus*, s. Brugmann Grdr. 2, 1, 398, Meillet Ét. 302, Trautmann BSl. 283. Vgl. zur Bed. lat. *antistes*, *-stitis* ʻVorsteher', griech. ἀντιστάτης ʻGegner' (Meillet).

Су́прасль f. ʻr. Nbfl. des Narew bei Białystok u. ON.' (s. Słown. Polski Geogr. 11, 590), poln. *Sprząśla*, wruss. *Suprasl'*. Aus *Sǫpręslь von **pręd-*: **-prǫd* als ʻZusammenfluß'. Weiter zu *пря́дать* ʻhüpfen, springen', *пряду́н* ʻWasserfall', *Непря́два*, s. Jaszuński Pr. Fil. 12, 155 ff.

супроти́в ʻgegenüber, gegen', Adv. u. Praepos., aruss. *suprotivь*, abulg. *sǫprotivь* ἐκ τοῦ ἐναντίον (Supr.). Weiter zu **sǫ-* u. *про́тив*.

супру́г, *-a* ʻGatte', *супру́га* ʻEhegattin', aruss. *suprugъ* 1. ʻGatte'. 2. ʻPaar, Ehegatten'. 3. ʻGespann', *supruga* ʻGattin', daneben *sъprugъ* ʻGatte', abulg. *sǫprǫgъ* ζεῦγος (Ostrom.), ablautend: *sъpręžьnica* ʻGemahlin', aruss. *sъprjažetьsja* ʻverkehrt geschlechtlich' (Physiol., s. Gudzij Chrest. 56). Zu *pręgǫ (*пряту́*) ʻspanne' wie lat. *coniux*, griech. σύζυγος, s. Trautmann BSl. 278 ff., Bulič RFV. 15, 361, Srezn. Wb. 3, 624 ff., 807.

супру́н ʻmürrischer Mensch', Novgor. (D.). Zu **sǫ-* u. *perti ʻdrängen, streiten' als ʻstreitsüchtiger Mensch', vgl. *сопе́рник* ʻGegner'. Vgl. das folg.

су́пря ʻStreit', kirchl. Aus **sǫ-* u. *pьrja* ʻStreit'. Siehe das vorige u. *пря*.

супы́рь m. ʻaufgeblasener, unzugänglicher Mensch' (D.). Von **sǫ-* u. **pyr-* in *пы́рить* ʻspreizen' (s. d.).

Cypá häufiger Flußname: 1. ʻNbfl. der Pinega', G. Arch. 2. ʻMehrere Nebenflüsse des Dniepr', G. Jekaterinoslav. 3. ʽFluß im Kr. Gorochovec', G. Vladimir. 4. ʽFluß im Vjatka-Bassin'. 5. ʽgroßer r. Nbfl. der Wolga'. Der letztere heißt tscherem. *Šur* (Wichmann TT. 99), Emordw. *Suro, Sura*, Mmordw. *Surä* (Paasonen Mordw. Chrest. 131). Dieser Fluß (5.) könnte einen fremden Namen haben. Eine gemeinsame Etymologie für die FlN. 1—4 könnte kaum aufgestellt werden, es sei denn mit idg. Mitteln. Vgl. *суро́вый, сыро́й*.

сура́жий ʽansehnlich, gut aussehend, hübsch', Pskov, Tveŕ (D.). Zu *sǫ- und *ра́жий* (s. oben 2, 483).

сура́зный ʽansehnlich, stattlich', *сура́зина* ʽErfolg, guter Fortgang', *сура́зица* ʽÄhnlichkeit, Seitenstück', *сура́з* ʽuneheliches Kind', Perm, Sibir., ʽUnglück' Sibir. (D.). Aus *sǫ- und *разъ* ʽSchlag, Schnitt', *rězati* ʽschneiden' (s. *раз, ре́зать*), vgl. Brückner IF. 23, 211, Potebnja bei Gorjajev EW. 354. Zu trennen sind lat. *regō, -ere* ʽrichte, lenke, herrsche', *rēgula* ʽLatte, Richtschnur, Lineal' (gegen Charpentier Archiv 29, 8), auch besteht kein Zusammenhang mit *ряд* (gegen Jokl Archiv 28, 6).

сургу́ч, -á ʽSiegellack'. Fremd. Vgl. kasantat. *sǝrγǝč* dass., das Radloff Wb. 4, 591 als russ. Lehnwort ansieht. An turkotat. Herkunft, unter Heranziehung von (Kāšγarī) mtürk. *surgač* ʽFarbstoff zur Befestigung einer Schneide am Messergriff', denkt Menges Language 20, 70. Bedenklich ist die Herleitung von frz. *cire* ʽWachs' (lat. *cēra*) und *cachet* ʽPetschaft, Siegel', als *cire à cacheter* (so Gorjajev EW. 354, wo auch noch andere unsichere Vergleiche).

сурди́на ʽDämpfer an Saiteninstrumenten'. Über nhd. *Surdine* oder wie dieses aus frz. *sourdine* von ital. *sordino* dass. zu lat. *surdus* ʽtaub'.

су́ржанка, су́ржанец, *су́ржик* ʽunreiner Weizen mit Roggen vermischt', Orel (D.), poln. *sąrżyca, sążyca* dass., čech. *souržice, sourež*. Aus *sǫ- und *rъžь ʽRoggen' (s. *рожь*). Der Anklang an *Сурожь* ist zufällig, s. Preobr. 2, 211.

су́рик ʽMennig, rotes Bleioxyd' (17. Jhdt.), kslav. *sÿrikъ, surikъ* ʽroter Farbstoff' von griech. συρικόν ʽpigmentum syricum' (Duc.), zu Συρία ʽSyrien', s. Verf. GrslEt. 195, Matzenauer 316, Gorjajev EW. 354.

су́рла ʽGesicht', Orel (RFV. 71, 351). Vgl. *сурна́*.

сурма́ s. *сурьма́*.

сурна́ ʽArt Flöte', ukr. *surmá*, aruss. *surna* (Nikon. Chron., Devgenijevo Dejanije 15. Jhdt., Domostr. Zabel. 186, Voskres. Chron. a. 1552, Chož. Kotova 85, Kotošichin 14). Aus osman. kasantat. *surna* ʽFlöte, Hoboe' von pers. *surnâj* ʽFestflöte', s. MiTEl. 2, 161, 190, Radloff Wb. 4, 771, 919, Paasonen Cs. Sz. 120 ff., G. Meyer Alb. Wb. 487, Räsänen Tat. L. 61. Siehe *зурна́*. Hierher gehört auch *сурна́* ʽFresse', Rjazań (Živ. Star. 1898, Nr. 2, S. 223, RFV. 28, 65), *сурно́* Penza (D.).

сурначе́й ʽFlötenspieler' (Zap. Željabužskijs nach Korsch

суро́вская — суро́к 49

Archiv 9, 669). Aus kasantat. *surnačy* dass. von *surna* ʽFlöte'
(Radloff Wb. 4, 771), s. Korsch c. l. Vgl. *зурначе́й* (oben 1, 464).

суро́вская ʽManufakturladen' (scil. *ла́вка*), *сурѫвский*, *суровско́й това́р* ʽStoffe aus Seide, Wolle, Baumwolle', älter russ. *suroskoj rjadъ* ʽReihe von Verkaufsläden' (Chož. Kotova (1625), S. 93). Geht zurück auf aruss. *surožьskъjь* Adj. zu *Surožь* ʽStadt Sudak am Südufer der Krim', s. A. Veselovskij Archiv 3, 571 ff., Sobolevskij Lekcii 145. Davon die Bylinenhelden *Суровец-Суздалец*, *Пленко Сурожанин* (Veselovskij). Siehe *Су́рожь*.

суро́вый ʽrauh, roh', dial. *суровóй* Östl. (D.), ukr. *suróvyj* ʽungebleicht', wruss. *suróvyj* ʽroh', aruss. *surovъ* ʽroh, ungekocht, wild', abulg. *surovъ* ὠμός (Supr.), bulg. *súrov* ʽroh, rauh, hart, frisch, saftig', čech., slk. *surový* ʽroh, grausam', poln. *surowy* ʽroh', osorb. nsorb. *surowy* ʽroh, unzubereitet, rauh, streng'. ||
Ablaut zu *сыро́й* ʽroh' (s. d.). Vgl. anord. *saurr* m. ʽfeuchte Erde', *súrr* ʽsauer', alb. *hīrë* ʽMolken', s. Trautmann BSl. 294, M.-Endz. 3, 1134. Andere vertreten die Verknüpfung von **surovъ* mit ursl. **sěverъ* ʽNorden', ostlit. *šiaurùs vėjas* ʽrauher Wind', *šiáurė* ʽNorden', *atšiaurùs* ʽrauh', lat *caurus* ʽNordostwind' (Buga RFV. 67, 245).

Су́рожь ʽaruss. Name der Stadt Sudak an der Südküste der Krim' (s. *Суда́к*), aruss. *Surožь* (Igorlied). Die Einwohner hießen *Surožane* (PSRL. 6, 99. Mamaj Skazanije 27) später *Moskovskije gosti surožane* (Skaz. Mam. 2. u. 3. Red., s. Šambinago PM. 51 u. sonst). || Der alte Name der berühmten Handelsstadt war griech. *Σουγδαία* (seit 212 p. Chr., s. oben 3, 39) aus osset. *suγdäg* ʽheilig', daraus mit protobulg. Wandel von *đ* zu *r* die aruss. Form, s. Marquart Ungar. Jahrbücher 9, 80 ff., Kumanen 143, Veselovskij Archiv 3, 570 ff. Ableitung: aruss. *Surožьskoje More* ʽAsowsches Meer' (1. Soph. Chron. a. 1319, S. 210 u. sonst). Im Mgriech. heißt die Stadt auch *Σουγδία* (Tzetzes Chiliad. 13, 90 ff., s. Marquart Kel. Sz. 11, 13), woher abulg. *Sugъdi Σουγδαία* (Vita Cyrilli, DWA. 19, 227). Nach diesem *Surožь* benannt ist *Су́рож* 1. ʽOrt im Kr. Vitebsk'. 2. ʽOrt am Narew', bekannt seit d. 13. Jhdt., 3. ʽOrt im G. Černigov'. Vgl. *суро́вская*.

суро́к I. G. *-рка́* ʽMurmeltier, Arctomys marmota'. Wird als Entlehnung aus dem Turkotatar. angesehen; vgl. kirg. *suur* ʽMurmeltier', tschuwass. *sәvәr* dass. (Paasonen Cs. Sz. 121), s. Mikkola JSFOugr. 30, Nr. 33, S. 15. Das früher als Quelle angesehene kasantat. *sәrkw* dass. ist nach Korsch Archiv 9, 668 russ. Lehnwort (unschlüssig MiTEl. 2, 159, Radloff Wb. 4, 591). Sicher aus dem Russ. stammt mordw. E *surka* dass. (s. Paasonen Mordw. Chrest. 131). Es ist aber auch lautnachahmende Herkunft nach dem für das Tier bezeichnenden Pfiff denkbar. Dann wäre zu vergleichen: lat. *sōrex* ʽSpitzmaus', griech. ὄραξ, -ακος dass., aind. *svárati* ʽtönt, erschallt', anord. *svara* ʽerschallen'. Über eine ähnliche Schallsippe vgl. unter *свире́ль*. Zur Bed. vgl. čech. slk. *svišť* ʽMurmeltier', poln. *świszcz*, zu *свиста́ть*.

суро́к II. ʽböser Blick', Smol. (D.), auch *изуро́к*. Zu **sǫ-* u. *rokъ* (*рок*, *реку́*).

Vasmer, Russ. etymol. Wörterbuch 4

sýром 'Lärm, Tumult', Tveŕ (D.). Vgl. *помода́* 'Lärm' oben 2, 534.

сýрошка 'feuchte, bewaldete Gegend', Kem (Podv.). Dunkel.

сýрпа I. 'korbartiges Fischgerät', Arch. (Podv.), Jenisej-G. (Živ. Star. 1903, Nr. 3, S. 304). Unklar. Vgl. *сырп*.

сýрпа II. auch *сýрба* 'Vorrichtung zum Seihen des Dünnbieres', auch *сýрьпа*, Arch. (Podv.), Olon. (Kulik.). Unklar. Viell. zu *сýрпа* I.

сýрус 'Krümchen, Körnchen', Olon., *суруска* dass., *сýружка* idem, *сýрусной* 'klein, abgemagert, schlecht, unansehnlich', Olon. (Kulik.). Aus olon. *suurus*, St. *suurukse-* 'Mehlbrühe zur Suppe, Krümel', finn. *suurus, -uksen*, s. Kalima 222, Leskov Živ. Star. 1892, Nr. 4, S. 102.

сýрустать 'ein wenig essen', Olon. (Kulik.). Ostseefinn. Lehnwort; vgl. finn. *suurustaa* 'frühstücken, e. Imbiß zu sich nehmen', estn. *suurustama* dass., s. Kalima 222.

суры́к Interj. für plötzliches Stoßen, *сурыхнýть* 'plötzlich stoßen, unerwartet schlagen', Novgor. (D.), auch *сурукнýть*, *сурыкнýть* dass. Pskov, Tveŕ (D.). Lautnachahmend. Vgl. *рык* (oben 2, 555).

сурьма́, сурма́ 'Antimon, Schminke für die Augenbrauen', älter: *подсурмила брови* 'hat sich die Augenbrauen gefärbt', Avvakum 259. Aus osman. krimtat. *sürmä* 'Schminke' von *sür-*'färben', kasantat. *sǝrmä* 'Antimon' (Radloff Wb. 4, 829 ff.), s. MiTEl. 2, 161, Räsänen Nphil. Mitt. 1946, S. 114, Zajączkowski JP. 19, 36, Lokotsch 154.

суса́ла 'Schnauze', s. *сыса́ла*.

суса́ль f. 'Blattgold, Flittergold', *суса́льное зóлото* (Gogoľ), älter russ. *susanъ*: Makarij befahl: ukrašati zlatom i srebrom listvennym, ježe jest *susan* (Voskres. Chron., PSRL. 6, 285 a. 1528). Dunkel. Wenn *susalь* durch Assimilation aus **sušalь*, dann nach Grünenthal (IORJ. 18, 4, 141) aus **suchělь* (zu *сухóй*). Abzulehnen ist Potebnja's (RFV. 4, 203) Vergleich mit aind. *çvásiti* 'zischt, schnaubt', trotz *шуми́ха* 'Rauschgold, Knistergold'. Eher fremd.

сýсара 'langsam und undeutlich sprechender Mensch', Mezeń (Podv.). Lautnachahmender Herkunft wie ksl. *sysati* 'pfeifen', ahd. *sûsón, sûsan* 'sausen' (vgl. Trautmann BSl. 294, Kluge-Götze EW. 501).

сусéк m. 'Scheune, Futterkasten', Rjazań, Sibir. (D.), 'Bottich, Kufe', Rjazań, aruss. *susěkъ*, r.-ksl. *sǫsěkъ κρήνη*. Aus **sǫ-* u. *sěkъ* (s. *секý*).

сýслик 'Zieselmaus, Spermophilus', aruss. *susolь* dass. (Nestor-Chron.), bulg. *sъ́sel* 'Zieselmaus, Hausratte', čech. slk. *sysel*, poln. *susel*. Die Vokalschwankungen in der ersten Silbe scheinen auf altem Ablaut zu beruhen. ‖ Gehört wohl zur lautnachahmenden Wz. von kslav. *sysati* 'zischen', bulg. *sъ́skam* 'zische' (s. *сыса́ла*). Vgl. lett. *susuris* 'graue oder schwarze Spitzmaus', *susers* 'Haselmaus', ahd. *súsón, súsan* 'sausen', s. Štrekelj Archiv 28, 516, M.-Endz. 3, 1126 ff., Brückner EW. 526, Holub-Kopečný 366. Andere denken an Zusammenhang mit *sъsati* 'saugen' unter Hinweis auf wruss. *süslik* 'saugendes Kind', *suslič* 'saugen', s. Iljinskij Jagić-Festschr. 293, Mladenov 617. Lautlich ferner steht die turkotatar. Sippe: kuman. *sausar* 'Marder', dschagat. kirg. kasantat. *susar* 'mustela sibirica', alt. *suzar*, mong. *suusar, sausar*, kalm. *sūsr̥* (Radloff Wb. 4, 782, 784, 786, Paasonen FUF. 2, 131, Cs. Sz. 121, Ramstedt KWb. 339). Gegen Entlehnung daraus s. MiTEl. 2, 160. Zweifelhaft ist der Vergleich von **sъsъlъ* mit aind. *çvásiti* 'pfeift, zischt, schnaubt' (gegen Potebnja RFV. 4, 203). Fraglich auch die Heranziehung des pagus *Siusli* an d. Elbe (Ann. Fuld. 67 ff.) bei Perwolf Archiv 8, 5 ff. Slav. Lehnwort ist mhd. *Zieselmaus*.

сýслить 'langsam trinken, schlürfen', *сýсля* 'Schlürfer', Novgor. (D.), *сусляй* dass. Wird zu *сýсло* gestellt. Vgl. aber *сусóла*.

сýсло 'Bierwürze', zuerst aruss. *suslo* 1419 nach Vostokov bei Żeltov Fil. Zap. 1876, Nr. 6, S. 50. Man versuchte Urverwandtschaft zu erweisen mit lit. *sùsti, šuntù* 'schmore, brühe', lett. *sust* 'schmoren', *sautêt* 'bähen, brühen', s. Mikkola Ursl. Gr. 1, 160, Mél. Pedersen 412. Besser wegen *брáга* ist die Annahme eines Verbalnomens alttschuwass. **suslak*, tschuwass. *səla* zu tel. schor. *sus-* 'schöpfen, löffeln', s. Räsänen Toivonen-Festschr. 126 ff. Fraglicher ist die Verbindung mit **sъrо, *suti* 'schütte' (s. *сýпать*) bei Żeltov Fil. Zap. 1876, Nr. 1, S. 51, oder gar mit *сóлод, слáдкий* (Gorjajev EW. 355).

сýслóн 'Getreidehocke', Arch., Novgor. (D., Podv.). Aus **sǫ-* u. **slonъ* (s. *слонúть*). eigtl. 'Aneinandergelehntes'.

сусóла 'unordentlicher, schmieriger Mensch', Terek-G. (RFV. 44, 108), *сусóля* 'Schlürfer', Novgor., Tver, *сусóлить* 'schlürfen'. Man vergleicht *сосáть* 'saugen' (s. Gorjajev EW. 355). Siehe auch *сýслить*.

сýспица 'Afterkorn, Spreu (beim Worfeln)', Südl. (D.). Aus **sǫ-* u. **sъpa*, zu *сýпать* 'schütten'.

сустáв, -а 'Gelenk', ksl. *sǫstavъ* zu *стать*.

сустрекáть 'treffen', nur aruss. *sustrěkati* (Pskov, öfter, s. Srezn. Wb. 3, 627). Wohl Neubildung von 1 s. *sustrěču* aus. Dieses zu abulg. *sъrěsti, sъręštǫ ὑπαντᾶν* (Supr.). Vgl. weiteres s. v. *встрéтить* (oben 1, 236).

сустýга 'metallene Brustspange, Verschluß', nur aruss. *sustuga* f., *sustugъ*, auch *vъstugъ* m., *vъstuga* f. (Srezn. Wb. 3, 628). Vgl. *стугá, растугá*. Aus dem Russ. entlehnt ist mordw. *sustuka* 'große Spange', s. Sobolevskij IORJ. 30, 441.

сýтерепь, сýтерпь adv. 'erträglich', Nördl., Östl. (D.), *сутéрпь* Südl. Aus *sǫ-* u. **tьrpь* zu *терпéть*, s. MiEW. 355.

сýтки f. pl. 'Volltag, Tag u. Nacht', ukr. *sútky* dass., aus **sǫ-* u. **tъka* zu *тыкать* 'stoßen', als 'Zusammenstoß von Nacht u. Tag', s. Schrader-Nehring 2, 505, Potebnja Fil. Zap. 1888, Nr. 1,

S. 47, Gorjajev EW. 355. Vgl. dial. *súmκú* pl. ʽEcke im Bauernhaus', Novgor. (D.), ukr. *sutký* pl. ʽenger Durchgang'.

сýто adv. ʽviel, gedrängt, sehr', ukr. *súto* ʽvollständig', *sútyj* ʽreichlich', wruss. *suto* ʽviel, dicht, sehr'. Altes Partic. Praeter. Pass. *sutъ von *sъpǫ, *suti (s. *cы́пать*). Urspr. ʽgerüttelt voll'.

сýток ʽZusammenfluß zweier Ströme', aruss. *sutokъ* dass. Aus **sǫ-* ʽzusammen' u. *tokъ ʽStrömung'. Vgl. nhd. *Zantoch* ON. in der Neumark.

сýтолка ʽVerwirrung, Unruhe', Vlad. (D.), auch *сýмолока* dass. Östl., Tula (D.). Aus **sǫ-* u. **tъlk-*, **tolk-* in *толкáть* ʽstoßen'. Daraus *смýмолока* dass. Novgor., Tveŕ, durch Einfluß von *смýта* ʽVerwirrung', s. Brandt RFV. 22, 255, Sobolevskij Lekcii 99.

сýтоломня ʽLärm, Tumult, Schlägerei', Pskov (D.). Wird erklärt aus **sǫ-* (*cy-* I.) u. **tъlm-* in poln. *tłum* ʽHaufen, Menge', s. Šachmatov IORJ. 7, 1, 304. Siehe *малматá*.

сýторить ʽUnsinn reden', Vologda (D.), auch Meľnikov. Von *sǫtoŕъ aus **sǫ-* u. **tor-*, vgl. lit. *tarýti, taraũ* ʽsagen', *taŕti, tariù* dass., *tarmẽ* ʽAusspruch', griech. τορός ʽdeutlich, verständlich, durchdringend', aind. *tārás* ʽdurchdringend, laut, gellend', s. Trautmann BSl. 314 (ohne russ.). Siehe *сýтырь*.

сутýга ʽEisendraht', Arch. (Podv.), Jarosl. (Volockij), Vlad., Kaluga, Tula (D.). Aus **sǫ-* u. *tǫg-* (*тугóй, тя́га, тянýть*). Ablaut in *сутя́га* ʽDraht' Jarosl. (D.).

сутýлый ʽgebückt, geduckt'. Aus **sǫ-* u. **tul-* in *тýловище*, ablaut. mit *тыл* (s. d.), s. MiEW. 365, Gorjajev EW. 355.

сутýнок, *-нка* ʽaus Klötzen zusammengesetzter Pfeiler, angesetzter Stumpf, Klotz', Östl., Sibir. (D.). Daneben auch *сутúнок* ʽStumpf'; dieses zu *tъnǫ, *tęti ʽschneiden'. Die Form mit *u* vieII. zu **tǫp-* (*тупóй* ʽstumpf').

сутурмá ʽVerwirrung, Unruhe', Kolyma (Bogor.), neben *сутьрьмá* Voron., *сýторма* Östl. (D.). Zu **sǫ-* u. *toŕьma zu *toriti (s. *сýторить* ʽUnsinn reden, durcheinander reden'). Vgl. auch das folg.

сýтырь f. ʽStreit, Unruhe', *суты́рить* ʽstreiten, intrigieren, Händel suchen' (Meľnikov). Aus **sǫ-* u. *torь, s. *сýторить*.

суть I. 3. pl. von *бы́ть* ʽsie sind, befinden sich, existieren' gelehrt, aruss. *sutь*, abulg. *sǫtъ εἰσίν*, bulg. *sa*, skr. *su, jèsu*, sloven. *so*, čech. *jsou* (hier *j* von *jsem*), ačech. slk. *sú*, poln. *są*, osorb. nsorb. *su*. ǁ Ursl. *sǫtь entspricht lat. *sunt* und könnte auf idg. *sonti weisen, aber auch Neubildung nach den themat. Verba sein (s. Sommer Handbuch ²528, v. Wijk IF. 18, 52, Brugmann Grdr. 2, 3, 626 ff.), daneben muß idg. *senti 3 pl. angesetzt werden, wegen griech. εἰσί, dor. ἐντί [aind. *sánti*] umbr. *sent*, osk. *set*, got. *sind*, nhd. *sind*, ir. *it*. Dessen Entsprechung liegt vor in mazed. *set*, slk. *sa*, ksl. *sętъ* Jo. Exarch Šestodn., s. Sobolevskij ŽMNPr. 1894, Juni, S. 429, Weingart Baudouin de C.-Festschr. 29, Polívka LF. 34, 30, IORJ. 12, 3, 355, Noha Zeitschr. 5, 210. Ursl. *sǫtь hat Schwundstufe der Wz. **es-* (s. *есмь*, *есть*). Ebenso Part. Praes. Act. *sonts, abulg. *sy*, f. s*ǫ*šti, zu lat. *prae-sēns* 'anwesend', *ab-sēns* 'abwesend', *sōns* 'schuldig', *sonticus* 'triftig', griech. ὤν G. ὄντος 'seiend', anord. *sannr*, *saðr* m. 'Wahrheit, Treue, Meinung', ags. *sóð* 'wahr, wirklich, recht', got. *sunja* 'Wahrheit', aind. *sant-* 'seiend', s. Brugmann Grundriß 2, 3, 626, Meillet-Ernout 1123, Walde-Hofmann 2, 560, Torp 429, Holthausen Awn. Wb. 237. Dazu gehört *súть* f. *-u* 'Wesen, Kern (einer Sache)', *присýтствие* 'Anwesenheit', *отсýтствие* 'Abwesenheit'. Eine Umbildung eines kons. Stammes liegt wohl vor in ukr. *sútyj* 'gegenwärtig'. Siehe *сýщий*.

суть II. 1 s. *сnу* 'schütte', nur aruss. *suti*, *s(ъ)pu*, abulg. *suti*, *sъpǫ*, skr. *sà-sȕti*, *sà-spȇm* 'hineingießen, schütten', sloven. *súti*, *spȇm* 'schütte', čech. *souti*, slk. *suť*, poln. *suć*. Weiteres unter *сы́пать*.

сутя́га I. 'Draht', s. *сутýга*.

сутя́га II. 'Ränkemacher, prozeßsüchtiger Mensch', zu *тя́га*, *тя́жба* 'Rechtsstreit'. Hierher: *сутя́жить* 'schikanieren, prozessieren', vgl. čech. *soutěž* 'Konkurrenz', *soutěžiti* 'konkurrieren', slk. *súťaž* 'Wettbewerb', *súťažiť* 'wetteifern'.

суфлёр, *-а* 'Souffleur (im Theater)'. Aus frz. *souffleur* dass., *souffler* 'hauchen, blasen, vorsagen'.

суха́рь, *-я́* 'Zwieback', čech. *suchár*, slk. *suchár* dass., auch *сухáра* 'verdorrter Baum', Nižn., Kostr. (D.). Zu *suchъ* 'trocken' (s. *сухо́й*). Entlehnung aus einem türk. *suchari* 'Zwieback' (MiTEl. 2, 160) kommt nicht in Betracht. Dieses letztere ist vielmehr russ. Lehnwort, s. Korsch Archiv 9, 669, MiEW. 333, Kraelitz 50.

Сухма́н, Сухма́нтий 'e. Bylinenheld' mit dem Vatersnamen *Долмантьевич*, *Одихмантьевич*. Nach Vs. Miller Živ. Star. 22, 330 liegt dem Namen derjenige des Pskover Fürsten *Dovmont* (lit. *Daugmantas*) zugrunde (1266—1299), s. Solovjev Ist. Ross. 1, 845. Die Lieder sind kontaminiert mit e. Sage von e. Fluß *Сухмáн*, der versiegt. Cf. *сухмéнь* 'trockener, sandiger Boden', zu *сухо́й*. Verfehlt ist die Annahme eines Zusammenhanges von *Сухмáн* mit dem Fluß *Сýхона* (gegen Dumézil Mél. Boyer 280).

сухо́вря 'trockene Speise, Fastenspeise', Kursk (D.). Zu *сухо́й* 'trocken' u. Partic. Praes. *vьrę* 'siedend, kochend', s. *вретh* (oben 1, 235).

суходýном adv. 'zu Fuß', Olon. (Kulik.). Durch Haplologie aus *сухоходуном, s. Šachmatov bei Kulik. 116.

Сухозга́р 'e. Nebenfluß der Zolotonoša', heißt auch *Зга́р*. Den letzteren Namen führen mehrere andere Flüsse im Geb. des Dniepr u. Südl. Bug (s. Maštakov Dnepr 57, 167, DB. 34). Gehört als 'austrocknender Fluß' zu *сухо́й* u. *горéть* 'brennen', *sъgarъ*. Schwerlich aus d. Iran. (avest. γžāra- 'fließen' neben žgara- dass.: aind. *kṣárati* 'fließt') gegen Rozwadowski NW. 230ff.

сухо́й 'trocken', *сух*, *сухá*, *сýхо*, ukr. *suchýj*, wruss. *suchýj*, aruss. *suchъ*, abulg. *suchъ* ξηρός (Supr.), bulg. *such*, skr. *sȕh*, f. *súha*, sloven. *sȗh*, *súha*, slk. čech. *suchý*, poln. *suchy*, osorb. *suchi*, nsorb. *suchy*, polab. *sáuche*. ‖ Ursl. **suchъ* urverw. mit lit. *saũsas* 'trocken', lett. *sàuss*, apreuss. *sausai* adv., griech. αὖος 'trocken', ags. *séar* 'trocken, verwelkt', mnd. *sôr* 'dürr, trocken', aind. *çoṣas* m. 'Trockenheit', *çōṣas* 'trocken machend', alb. *ðañ* 'dörre, trockne' (**sausnįō*, s. G. Meyer Alb. Wb. 88), Ablaut in *сóхнуть* (s. d.), aind. *çuṣkas, çuṣkás* 'trocken, dürr', avest *huška-*, aind. *çúṣyati* 'trocknet, welkt hin', s. Trautmann BSl. 250 ff., M.-Endz. 3, 776 ff., Uhlenbeck Aind. Wb. 314, 317, Hofmann Gr. Wb. 28 ff.

Су́хона 'e. großer Quellfluß der N. Dvina'. Wurde von mir (Mikkola-Festschr. 339 ff.) gedeutet aus **Suchodъna*, vgl. *Cyxoдóн* 'Fluß im Kr. Кем G. Arch.'. Möglich wäre direkte Bildung von **suchъ* wie aruss. *suchona* 'Trockenheit, Dürre' (Paleja 14. Jhdt., s. Srezn. Wb. 3, 631), vgl. kslav. *suchonavъ, suchonjavъ ξηρός* (MiLP. 905). Letzteres begrifflich weniger ansprechend wegen der Größe des Flusses.

сухопа́рный 'trocken (vom Stil)'. Gebildet nach *высокопáрный* zu *высоко́ пáрить* 'hoch fliegen', s. Malinowski Pr. Fil. 3, 751.

сухоща́вый 'hager, mager', wie *худоща́вый* von *сýхощь* 'Trockenheit', *сýхость* dass., s. Želtov Fil. Zap. 1875, Nr. 3, S. 4.

сучи́ть I. 'trocknen, kochen', nur aruss. *sučiti sja* 'kochen, gekocht werden', ksl. *sǫčiti, prěsǫčiti* 'trocknen'. Ablaut in *ся́кнуть* (s. d.). Wird für urverw. angesehen mit anord. *sangr* 'verbrannt, versengt', mhd. nhd. *sengen*, s. Torp 429. Über das von Torp verglichene apr. *soanxtis* 'Funke' vgl. besser Trautmann Apr. Sprd. 433.

сучи́ть II. 'drehen, zwirnen', *засучи́ть* 'aufkrempeln'. Zu *скать* (s. d.), *сукáть*.

сýша 'trockenes Land, Festland', *сушь* f. 'Reisig, trockene Erde, getrocknete Fische', ukr. *súša*, kslav. *suša ξηρά*, bulg. *súša* 'Festland, Regenlosigkeit', skr. *sûša* 'Dürre', sloven. *súša* 'Dürre', auch *sûš* f. G. *-î*, čech. *souše* f. *souš* f. 'trockenes Land', slk. *súš* f., poln. *susza, susz* f., osorb. nsorb. *suš* 'Dürre'. ‖ Aus **suchi̯a*, bzw. **suchь* zu *сухóй* (s. d.).

сушýн 'roter Sarafan', Arch. (Podv.), Olon. (Kulik.). Siehe *шушýн*.

сýщий 'wahr, wahrhaft, echt, existierend', kslav. Lehnwort, zu abulg. *sy, sǫšti ὤν*, οὖσα (Supr.). Davon abgeleitet *существо́* 'Wesen'. Ursl. **sont-*, lit. alt *sañt* Gerund. 'seiend', s. Meillet-Vaillant 206, weiteres unter *суть* I.

сую́ 'stecke, schiebe', s. *совáть*.

сфéра 'Sphaere', zuerst: *армилярная сфера* 'Armillarsphäre, Ringkugel' seit 17. Jhdt. (s. Ohijenko RFV. 66, 368). Über poln. *sfera* oder nhd. *Sphaere* aus lat. *sphaera* von griech. σφαῖρα 'Ball, Kugel'.

сфинкс m. 'Sphinx' über nhd. *Sphinx* aus lat. *Sphinx* (Plautus, Ovid, Seneca) von griech. Σφίγξ G. Σφιγγός 'zusammenschnü-

сфу́рить — сца́ть 55

render Todesgeist', σφίγγω 'schnüre ein' (s. Boisacq 926 ff., Hofmann Gr. Wb. 346).

сфу́рить 'abschreiben, stehlen', Schülerspr. Saratov (D.), s. Zelenin RFV. 54, 112. Viell. von фу́ра 'Fuhre' nach скама́ть 'abschreiben', ката́ть 'fahren'. Kaum seminar. Bildung von lat. *fūr* 'Dieb' (Cicero, Vergil).

схаб 'Rippenstück', ukr. wruss. *schab*, aruss. *schaby bělu̯ʼьji* (Domostr. Zabel. 151), poln. *schъb* dass. Viell. zu poln. *chaby* pl., 'Knochen, die unter der Haut hervorstehen', s. Brückner EW. 483, Berneker EW. 1, 380.

схе́ма 'Schema, Muster, Vorbild', über poln. *schema* aus lat. *schema* von griech. σχῆμα 'Miene, Haltung, Gestalt'.

схи́ма 'strengste Ordensregel (im Mönchtum), Bußkleid', *схи́мник* 'Mönch strengster Regel, Asket', aruss. r.-ksl. *skima*, *schima* 'Bußkleid der Mönche strengster Regel' (1. Novgor. Chron., Nestor. Žit Feodos., Kypr. a. 1390, s. Srezn. Wb. 3. 373 ff.). Aus mgriech. σχῆμα 'habitus monachicus', s. Matzenauer LF. 19, 252, Verf. IORJ. 12, 2, 274, GrslEt. 195 ff.

схи́мзить 'stehlen, stibitzen', Pskov, *схи́мостить* dass., Novgor., Tveŕ, Perm, Vologda (D.), *схими́ть* dass., Moskau (D.). Vgl. хи́мостить.

схо́дцы pl. 'russische Kolinisten in Ostrußl.'. Zu *сходи́ться* 'zusammenkommen', weil sie aus verschiedenen Teilen des Landes zusammenströmten, s. Mel'nikov 3, 382.

схола́стика 'Scholastik'. Auf gelehrtem Wege aus lat. *scholastica*, dagegen *схола́стик* 'Scholastiker' schon kslav., abulg. *scholastikъ* (Supr.) aus griech. σχολαστικός.

сцаку́н, -а́ 'Bezeichnung eines Teils der Bewohner des G. Kursk'. (Chalanskij). Nach Sobolevskij RFV. 54, 38 identisch mit *цука́н* (s. d.). Er vergleicht den aruss. PN *Čakunъ* 'e. Donkosak' (bei Tupikov Wb. 421: Urk. a. 1677). Unsicher. Spöttisch etwa zu *сца́ть*?

сца́ть, *сцу́, сци́шь* 'mingere', auch 3 s. *ссыт* (Avvakum 145), ukr. *ścáty, ści*, 2 s. *scyś*, wruss. *scać*, s.-ksl. *sьcati, sьčǫ, sьčiši* (MiPL. 969), sloven. *scáti, ščim*, čech. *scáti*, poln. *szczać, szczę*, osorb. *šćeć*, nsorb. *šćaś*. || Urslav. *sьcati, *sьčǫ, *sьčiši aus *sьkati (Baudouin de C. IF. 4, 48), dazu kslav. *sьčь* 'Urin' (Brandt RFV. 24, 192), skr. *sáč*, sloven. *sə̀č* Gen. *sə̀ča* dass., aruss. *sьcь* m. 'Harn' (Srezn. Wb. 3, 885), ukr. *sýkati* 'spritzen', wruss. *síki* pl. 'Harn', sloven. *síkati, síkam* 'spritze', poln. *sikać, -am* 'spritzen, hervorsprudeln'. Urverw. mit aind. *siñcáti, sécatē* 'gießt aus', Pass. *sicyátē*, avest. *hiñcaiti, hičaiti* 'gießt aus', *hiχra-* n. 'flüssiges Exkrement', ahd. *sīhan* 'seihen, tröpfelnd fließen', *sīgan* 'niederfallen, sinken, tröpfeln', norw. *sige* 'sickern, langsam rinnen' neben ahd. *seichen* 'mingere', norw. *síka* 'seihen', griech. ἰξαι· διηθῆσαι Hesych, ἰκμάς, -άδος f. 'Feuchtigkeit', lat. *siat ourei*, *sissiat* dass., s. Trautmann BSl. 260, Meillet-Ernout 1098, Zupitza GG. 68, Zubatý LF. 28, 32, Kluge-Götze EW. 557, Meillet-Vaillant 29, Torp 439ff., Walde-Hofmann 2, 531. Vgl. *ся́кнуть*.

сце́на 'Bühne, Szene'. Über nhd. *Szene* aus lat. *scaena* 'Bühne, Szene' durch etrusk. Vermittlung von griech. σκηνή, s. W. Schulze KZ. 51, 242, Kl. Schriften 638ff., Walde-Hofmann 2, 485.

сча́стье 'Glück', ukr. *ščásťa* n. kslav. *sъčęstьnъ* 'teilhaftig', ačech. *ščěstie*, čech. *štěstí* 'Glück', *šťastný* 'glücklich', slk. *šťastie*, *šťastný*, poln. *szczęście*. ‖ Ursl. **sъčęstьje* 'Glück' führt man zurück auf **sъ-*: aind. *su-* 'gut' u. **čęstь* 'Teil' als 'guter Teil', s. Baudouin de C., Festschr.-Brückner 220ff., Hujer LF. 46, 188ff., Fraenkel Mél. Pedersen 444, Machek Zeitschr. 7, 378. Nach Berneker EW. 1, 155 ist *ча́стье* 'Anteil' (*sъ* 'mit'). Diese Deutung gilt sicher für das spätksl. *sъčęstьnъ* 'teilhaftig', s. auch Brückner EW. 544.

сы 'seiend', kirchl., s. *су́щий*, *суть*.

сы́вары-не́вары 'Wirrwarr', Kolyma (Bogor.). Dunkel.

сы́воротка 'Molke, Milchwasser', ukr. *syróvatka*, wruss. *sýrovodka*, bulg. *surovátka* 'Käsemolke', skr. *sŭrutka*, sloven. *sirotka*, čech. *syrovátka*, slk. *srvátka*, poln. *serwatka*, osorb. *syrowatka*, *syrwatka*, nsorb. *serowatka*, *srowatka*, auch *serowizń* f. *srowizń* dass. ‖ Urspr. **syrovatъ* 'käsig' zu **syrъ* 'Käse' (siehe *сыр*), vgl. MiEW. 335ff., Brückner EW. 485, Mladenov 618ff., Grot Fil. Raz. 2, 513. Dial. hat eine volksetymologische Anlehnung an *вода́* (**syrovodъka*) stattgefunden. Abzulehnen ist der Ansatz **sǫvortь* 'was durch Quirlen entsteht', sowie die Annahme einer Entlehnung aus d. German. **sûrs* 'sauer' u. got. *watō* 'Wasser' (gegen Zelenin IORJ. 8, 4, 267).

сы́змала 'von klein auf', aus **sъ izmala*, *сызмале́тства* 'von Kindheit an', Kazań (D.). Durch Haplologie aus *с измалоле́тства*.

Сызра́нь f. *-и* 'Stadt im G. Simbirsk'. Wohl Ableitung von einem PN **Syzranъ*. Vgl. karač., balkar. *Sosran* 'Mannsname' (Kel. Sz. 10, 132; 15, 253).

сый 'seiend', kirchl.; bestimmte Form von abulg. *sy ǫ̋n*, s. *су́щий*, *сы*, *суть*.

сы́кать I. *-аю* 'zische', *сы́кнуть* dass., sloven. *síkati*, *-am* 'zische', *síkniti*, *síknem* dass., čech. *sykati*, slk. *sykať*, poln. *sykać*, *syczeć*, *syknąć* dass., osorb. *sykać*, nsorb. *sykaś* dass. ‖ Lautnachahmender Herkunft wie *сика́ть*, s. Brückner EW. 529, MiEW. 335. Vgl. auch skr. *cíćati* 'quieken', bulg. *sъ́skam* 'zische'.

сыка́ть II. 'zwirnen, drehen', Iterat. zu *ска́ть* (s. d.).

сыле́ Interj. zum Scheuchen von Kühen, 'weg!' Perm (D.). Wohl Lautgebärde.

сым 'Reh', Sibir. (D.). Wohl turkotatarisch. K. Menges (mündlich) vergleicht schor. sag. koib. *sȳn* 'Maralhirsch', alt. tel. leb. *syγyn* dass., uigur. *syγun* dass. (Radloff Wb. 4, 617, 621, 629).

сыма́ 'Schnur an Fallen', Kolyma (Bogor.). Zu *сима́*.

сымáк — сы́пать 57

сымáк, -á 'dicke Sahne, Rahm', Tamb. Voron. (D.). Zu *сымáть* 'herunternehmen' (*sъ-, *jьtǫ, s. *возьму́*). Vgl. dial. *съёмки* 'Sahne'.

сы́мка 'Hund', Mologa (RFV. 67, 225). Dunkel.

сы́н I. G. -a 'Sohn', pl. *сыновья́* (aus *synove nach dem Typus *bratrьja, s. Durnovo Očerk 285, kaum aus *synova nach Sobolevskij Lekcii 218, 220), ukr. wruss. *syn*, aruss. abulg. *synъ víós* (Ostrom., Supr.), bulg. *sinét*, skr. *sȋn*, G. *sȋna*, N. pl. *sȋnovi*, sloven. *sȋn* G. *sȋna*, *sinû*, čech. slk. poln. osorb. nsorb. *syn*. Alter *u*-Stamm, zur Betonung s. Meillet RFV. 48, 194, Bulachovskij IANOtdLit. 5, 470. ‖ Urverw. mit lit. *sūnùs* 'Sohn', apreuss. *souns*, Acc. s. *sunun*, aind. *sūnúṣ*, avest. *hūnu-*, got. *sunus*, ahd. *sunu* 'Sohn', griech. homer. lakon. kret. arkad. altatt. *υἱύς* G. *υἱέος* 'Sohn', tochar. A *se*, B *soyä* 'Sohn', weiter zu aind. *sū́tē* (*sā́uti*), *sūyatē* (*sū́yati*), *savati* 'zeugt, gebärt', avest. *hunāmi* 'gebäre', ir. *suth* 'Geburt, Frucht', aind. *sū́tiṣ* f. 'Geburt', *sū́tuṣ* f. 'Schwangerschaft', s. Trautmann BSl. 292, Apr. Sprd. 433, Gött. Gel. Anz. 1911, 249, Specht 89, Fraenkel Balt. Spr. 45, Meillet MSL. 20, 101, Meillet-Vaillant 29, Uhlenbeck Aind. Wb. 339, Torp 441. Zum Verhältnis idg. *ū* : *u* s. Pedersen Ét. lit. 54 ff.

сы́н II. 'Turm', nur r.-ksl. *synъ*, abulg. *synъ πύργος* (Supr.), daneben auch aruss. *sunъ* dass. (s. *сун*). Aus donaubulg. *syn, alttürk. *syn* 'Statue, Grabdenkmal', s. Melioranskij IORJ. 7, 4, 431 ff., Arnim Ungar. Jahrb. 15, 385 ff. Menges Language 20, 66 ff. Nicht glücklich ist die Annahme einer Entlehnung aus ahd. *zûn* 'Zaun' (Vaillant RS. 14, 197) oder Urverwandtschaft mit *сы́пать* 'schütten' (Gorjajev EW. 356, MiEW. 335).

сы́нга 'Anas nigra, ganz schwarze, krummschnabelige Ente', Sibir. (D.). Aus ostjak. *siŋk* (Karjalainen Ostjak. Wb. 849), s. Kálmán Acta Ling. Hung. 1, 263.

сы́ндрик 'Blutwurz, Convallaria polygonatum', Tambov (D.). Unklar.

-сыпáть I. *засыпáть* 'einschlafen', *просыпáться* 'aufwachen', s. *спать*, *сон*.

сы́пать II. *сы́плю* 'schütte', ukr. *sýpaty*, *sýpľu*, ksl. *sypati* 'schütten', bulg. *sípvam* 'streue, gieße', skr. *sȉpati*, *sȉpȃm* 'schütte, gieße', sloven. *sípati*, *sȋpam*, *sȋpljem*, čech. *sypati* 'streuen, schütten', slk. *sypať*, poln. osorb. *sypać*, nsorb. *sypaś*. Ablaut in aruss. *suti*, *sъpu* 'schütte', abulg. *suti*, *sъpǫ* (s. *суть* II.), ksl. *svepiti sę* 'agitari', *sъpъ* 'Haufe'. ‖ Urverw. mit lit. *sùpti*, *supù* 'wiege, schaukle', Iterat. *sũpoti*, *sũpoju*, apreuss. *suppis* 'Damm', lett. *supata* 'Wollabfälle, allerlei unnützer Kram' (urspr. 'Ausgeschüttetes'), lat. *supō*, *-āre* 'werfen', *dis-sipō*, *-āre* 'zerstreue, breite aus, verschleudere' (aus *sup-), *ob-sipō*, *-āre* 'sprenge entgegen, werfe vor', s. Meillet MSL. 14, 361, Trautmann BSl. 293, M.-Endz. 3, 1124, Zupitza BB. 25, 93, Walde-Hofmann 1, 356 ff. Weiter vergleicht man aind. *vápati* 'wirft', s. Zupitza c. l., Pedersen Kelt. Gr. 1, 185. Zu *сы́плю* gehört *сыпь!* 'los!' als Aufforderung zu einer Prügelei, Schülerspr. u. *сыпь* f. 'Hautkrankheit'. Vgl. auch *со́пка*.

сы́пса pl. *сы́псы* 'an der Sonne tauender Schnee', Kolyma (Bogor.). Siehe *шӱпса*.

сыр, *-a* 'Käse', ukr. wruss. *syr*, aruss. *syrъ* 'Käse, Quark', abulg. *syrъ τυρίον* (Supr.), bulg. *sírene* 'Käse' (Mladenov 581), skr. *sȉr* G. *sȉra*, sloven. *sȉr* G. *síra*, čech. *sýr*, slk. *syr*, poln. *ser*, osorb. *sura* 'Biestmilch', nsorb. *sera* dass. ‖ Urverw. mit lit. *sū́ras* 'salzig', *sū́ris* 'großer, runder, gepreßter Käse', apreuss. *suris* 'Käse', lett. *sũrs* 'roh, feucht', anord. *súrr* m. 'Sauerteig', ahd. *sûr* 'sauer', anord. *sýra* 'saure Milch', alb. *hĩrĕ* f. 'Molke', s. Trautmann BSl. 293 ff., Apr. Sprd. 442, Bugɔ RFV. 75, 148, M.-Endz. 3, 859 ff., 1134, Janko WS. 1, 97, Schrader-Nehring 2, 65, Torp 446, G. Meyer Alb. Wb. 152. Anders über das alb. Wort Pedersen IF. 5, 45, KZ. 36, 277, Lidén KZ. 61, 9 ff., Barić Alb. St. 1, 28. Siehe auch *сыро́й, сы́воротка, суро́вый*.

Сыр-Дарья́ 'großer Fluß in Turkestan, mündet in den Aralsee', dschag. *Sir* (Radloff Wb. 4, 700), alttürk. *Jänčü* 'Perlen-' (s. Gabain Alttürk. Gr. 355, Radloff Wb. 3, 334). Der zweite Teil von *Syr-Daŕja* ist npers. *daryā* 'großer Fluß, See'. Den ersten Teil bringt E. Kuhn KZ. 28, 215 in Zusammenhang mit skyth. *Silis* 'Jaxartes' (Plin. Nat. Hist. 6, 16, 18), aind. *Sidā*. Im Altertum hieß der Fl. *'Ιαξάρτης* (Strabo, Arrian, Ptolem.).

сыроѐжка 'Täubling, Art Pilz, Agaricus integer', auch *сыроѐза* (D.). Die letztere Form ist wohl Neubildung von *сыроѐжка* aus, für urspr. **syrojěža*. Dieses für **syrojědia*. Zu *сыро́й* 'roh' und *еда́* 'Speise', eigtl. 'roh eßbarer Pilz', zum Unterschied von den bitteren *горькушки* pl. 'Bitterlinge', die vor dem Genuß gekocht werden müssen.

сыро́й 'roh, feucht, sauer', ukr. *syrýj* 'ungekocht, feucht', wruss. *syrýi*, aruss. *syrъ* 'feucht, roh, ungekocht', kslav. *syrъ ὑγρός*, sloven. *sirȍv*, f. *-ǫ́va* 'roh, ungekocht, grob, ungebildet', čech. *syrý* 'roh', osorb. nsorb. *syry*. ‖ Verwandt mit **syrъ* 'Käse' (s. *сыр*), ferner mit: lit. *súras* 'salzig', lett. *sũrs* 'salzig, bitter, herb', anord. *súrr* 'sauer, unangenehm', adän. auch 'feucht, halb verfault', schwed. *sur ved* 'feuchtes, rohes Holz', ahd. *sûr* 'sauer', s. Trautmann BSl. 293 ff., Holthausen Awn. Wb. 289. Dazu gestellt wird als alter idg. Name *Συράκουσαι* pl. 'Syrakus', jon. *Συρήκουσαι*, eine *-nt*-Ableitung von **Συρακώ* 'Name eines Sumpfes', s. Kretschmer Glotta 14, 98. Weiteres s. v. *суровый*. Dem obigen Vergleich nicht vorzuziehen ist die Zusammenstellung von **syrъ* mit lit. *šiū̃rùs vė́jas* 'scharfer, rauher Wind', *šiurkštus* 'uneben, rauh', *šiáurė* 'Norden' (Buga RFV. 67, 245; 75, 148).

сыро́к *-ка́* 'Art Lachs, Coregonus vimba', Tomsk, Berezov (D.). Aus ostjak. *sɑ̄rəχ* dass., s. Karjalainen Wb. 871, Paasonen Ostj. Wb. 209, MSFOugr. 41, 52, Kalima 221, Kálmán Acta Ling. Hungar. 1, 263 ff. Siehe *сыртъ*.

сырп 'Fischnetz in Sackform', Perm (D.). Aus wogul. *sirp* 'Art Fischnetz', s. Kálmán Acta Ling. Hungar. 1, 264.

сырт 'Wasserscheide, Bergrücken'. Aus osman. krimtat. kasant. kirg. alt. *syrt* 'Erhöhung, Hügel, Bergrücken', tschuwass. *sərt* 'Hügel, Berg' (Gombocz 124, Paasonen Cs. Sz. 121).

сырть f. 'Art Lachs' (D.). Vgl. *сырóк*.

сырянин auch *серянин*, *сурянин* 'Syrjäne', dial. neben *зырянин* (s. d.), vgl. oben 1, 465.

сысáла, сусáла 'Schnauze', auch 'Lippe', Sibir. (D.). Gehört wohl zu den lautnachahmenden Wörtern unter *сýслик* 'Zieselmaus', kslav. *sysati* 'zischen, pfeifen', bulg. *sə́skam* 'zische', ahd. *sûsôn*, *sûsan*, 'sausen', schwed. *susa* 'sausen'. Idg. Alter kommt wegen der Erhaltung des *s* nach *u* im Slav. kaum in Betracht, s. Torp 446, Trautmann BSl. 294, Charpentier IF. 25, 250.

Сысóла 'linker Nbfl. der Vyčegda', G. Vologda, davon der ON *Усть-Сысóльск*. Der Fl. heißt syrjän. *Siktil*, *Siktiv*, die Stadt *Siktivkar*, worin syrjän. *kar* 'Stadt' (s. Wichmann-Uotila 235). Der russ. Name könnte durch Fernassimilation entstanden sein.

сытá 'Honigwasser', *сытúть*, *-чý* 'mit Honig versüßen', ukr. *sytá* dass., *sytýty*, *-čú* 'versüßen', aruss. *syta* 'Honigwasser' (Srezn. Wb. 3, 877). || Wird wegen poln. *woda miodem nasycona* zu **sytъ* 'satt' gestellt, s. Gorjajev EW. 356, dagegen MiEW. 336. Andererseits vergleicht man *sytá* als urverw. mit apreuss. *sutristio* 'Molke', lit. *sutrė̃*, *sùtros* 'Spülwasser, trübe, schmutzige Flüssigkeit, Bodensatz', lett. *sutra* 'Mistjauche', air. *suth* 'Saft, Milch' (M.-Endz. 3, 1128). An Zusammenhang mit *com* 'Honigwabe' (**sъtъ*) denken Brandt RFV. 24, 189, Iljinskij RFV. 62, 239 ff. Des letzteren Gelehrten weitere Anknüpfung an aind. *bhasalas*, *bhasanas* 'Biene', griech. *ψήν* G. *ψηνός* 'Art Wespe', aind. *bábhasti* 'zermalmt' und Ansatz eines slav. **bsyta* fördert die Frage nicht.

сы́тый 'satt', dial. *сытóй*, unbest. *сыт*, *сытá*, *сы́то*, ukr. *sýtyj* 'satt, fett, harzig (von Bäumen)', abulg. *sytъ ἀρκούμενος*, *do syti εἰς κόρον* (Supr.), bulg. *sit* 'satt', skr. *sȉt*, f. *sȉta*, n. *sȉto*, sloven. *sìt*, f. *sita*, čech. *syt*, *sytý*, slk. *sýty*, poln. osorb. nsorb. *syty*. | Nahe liegt der Vergleich mit lit. *sotùs*, n. *sōtu*, ostlit. *sótus* 'satt, sättigend, reichlich', *sótis* f. 'Sättigung, Sattheit', *sótinti* 'sättigen', lett. *sāts* 'sättigend', apreuss. *sātuinei* 'du sättigest', got. *sōþ* n. 'Sättigung', *saps* 'satt', griech. *ἄατος* 'unersättlich', *ἅδην* 'genug', lat. *satis* 'genug', *satur* 'satt', ir. *sathach* 'satur', s. Trautmann BSl. 250, M.-Endz. 3, 809, Walde-Hofmann 2, 481 ff., Pedersen Kelt. Gr. 1, 71. Das in die Ablautreihe nicht passende slav. *y* glaubte man durch Einfluß einer anderen Wortsippe erklären zu müssen (Trautmann). Mikkola Ursl. Gr. 1, 113 sucht Ablaut zu poln. *suty*, *sowity* 'reichlich'. Andere trennen **sytъ* von den oben aufgeführten Wörtern für 'satt' und verbinden es mit aind. *çávas* 'Kraft', avest. *sava-*, aind. *çúras* 'stark, mächtig', *çáviṣṭhas* 'stärkster', avest. *sūra-* 'stark, mächtig', *səvišta-*, griech. *κῦρος* n. 'Macht, Kraft', *κύριος* 'Herr', s. Zubatý LF. 28, 89, Fraenkel IF. 50, 7 ff. Abzulehnen ist der Ansatz idg. **svāt-*, **svōt-* für die obigen Wörter für *satt* (gegen Wiedemann BB. 30,

219), ebenso idg. *sōut- (gegen Hirt Ablaut 39 ff., vgl. aber Meillet-Ernout 1052, Kiparsky 87 ff.). Nicht genügend gesichert ist slav. *sъt- neben *sytъ durch sloven. dósta, dósti ʻgenug' (gegen Brandt RFV. 24, 189). Nicht wahrscheinlich ist Entlehnung aus got. sōps (gegen Uhlenbeck Archiv 15, 491, Peisker 95, Loewe KZ. 39, 323), woraus auch *sutъ geworden wäre. Aus dem Slav. entlehnt sind lit. suitis ʻreichlich', lett. suits ʻüberflüssig', apreuß. zuit ʻgenug', s. M.-Endz. 3, 1116.

сыч, -á ʻKauz, Zwergohreule, Scops', ukr. syč ʻKauz', čech. sýc, sýček ʻKauz'. Wird mit сы́кать ʻzischen' (s. d.) in Verbindung gebracht. Vgl. auch čech. sýčeti dass., slk. syčať, poln. syczeć, osorb. syczeć, nsorb. sycaś, s. Holub-Kopečný 365. Der Schrei dieses Vogels erinnert an das Weinen eines Kindes (Meľnikov 3, 257). Vgl. auch wruss. ćić ʻKauz', nhd. zischen. Hohes Alter ist fraglich. Daher zweifelhaft, ob verwandt mit coeá, lit. šáukti ʻlaut rufen, schreien', lett. sàukt ʻrufen, nennen' (M.-Endz. 3, 771 ff., Petersson KZ. 47, 241 ff.). Letzterer vergleicht auch noch aind. çúkas ʻPapagei'.

сычу́г, -á ʻFett-, Käse-, Labmagen der Wiederkäuer (wovon eine Art Wurst verfertigt wird)'. Turkotatar. Lehnwort; vgl. kuman. suzug ʻDarm, Eingeweide', kypčak. sučuk ʻWurst', dschagat. sučuk ʻgefüllte Därme', osman. sudžuk ʻWurst', s. Räsänen Zeitschr. 22, 128, Gorjajev EW. 357, Lokotsch 153.

сы́щик ʻHäscher, Spitzel', zu сыска́ть ʻfinden'. Aus *sъ u. isk- (s. иска́ть), vgl. Brückner EW. 193.

сюбти́льный ʻfein, zart, subtil'. Aus frz. subtil von lat. subtīlis ʻfein, feinfühlig'.

сювá ʻFriedhof der Nichtrussen', Kazań (D.). Aus tschuwass. śǝ̂va ʻFriedhof', uigur. joγi̯ ʻTrauer', s. Räsänen FUF. 29, 199.

сюдá ʻhierher', volkst. сюды́ ʻhierher', auch cyдá, cyды́, dass. отсю́да ʻvon hier', volkst. отсýда, gebildet wie кудá, тудá, откýда, оттýда, ukr. sudá, sudý, sudóju ʻauf diesem Wege, in dieser Richtung', ksl. sǫda ʻhierher', abulg. otъsǫdu ἐντεῦθεν, ἔνθεν, αὐτόθεν (Supr.), sǫdu, aserb. sudu, otъsudu, bulg. sъda, otsъda (17. Jhdt., s. Vondrák Vgl. Gr. 1, 335 ff.), sloven. sǫ̂d ʻauf diesem Wege', odsǫ̂d ʻvon hier', čech. odsud ʻvon hier'. Ableitungen vom ursl. Pronomen *sь (s. ceй). Aus *otъsǫdu usw. wurde *otsuda. Die Formen mit *-śu- zeigen Einfluß von G. cегó D. cемý usw., s. Berneker RFV. 48, 224 ff.

сюже́т, -а ʻInhalt, Gegenstand, Sujet'. Aus franz. su)et von lat. subiectum, s. Gorjajev EW. 358.

сюзгá ʻArt Sack zum Fischfang', Astrach. (RFV. 70, 132). Vgl. mong. sülžige ʻFlechtwerk, Korb', kalmück. süldže dass. (Ramstedt KWb. 340).

сюзём s. сузём.

сюзере́н, -а ʻOberlehensherr', aus frz. suzerain dass., Ableitung von sus ʻoberhalb' nach souverain (Gamillscheg EW. 825, Dauzat 693).

сюзьма́ 'Speise aus geseihter, saurer Milch', Don-G. (Mirtov).
Aus osman. *syzma* 'Durchsickertes' zu *syzmak* 'durchsickern'.

сю́кать 'sich naß machen, urinieren' (D.). Zu *сца́ть, сю́сить*.

сю́кур, -*а* 'mordwinische Plinsen mit Grütze u. Quark', Simbirsk,
'Brot', Kasań (D.). Aus E mordw. *śukoro, śukur* 'Kuchen', bzw.
tschuwass. *śəgər, śə̂kkər* 'Brot', s. Räsänen FUF. 29, 119,
Paasonen Mordw. Chrest. 130.

сюлга́м 'Brustspange der mordw. Frauentracht', Simb. (D.). Aus
Emordw. *śulgamo* dass., Mmordw. *śulgam*, zu finn. *solki*
'Schnalle', s. Paasonen Mordw. Chrest. 130, MSFOugr. 41, 58,
Räsänen TschL. 265.

сю́ма 'Mütze aus Renntierfell mit Ohrenlappen', Mezeń (Podv.).
Aus samojed. *śavo, somu* dass. (dazu K. Donner MSFOugr. 64, 42).

сю́ра 'Gerstenbrot mit Roggenkruste', Arch., Mez., Pinega (Podv.).
Viell. aus syrjän. *śura-rok* 'Art gedörrte Fladen', s. Kalima
FUF. 18, 38.

сюркуп, -*а* 'Überstechen (beim Kartenspiel)'. Aus frz. *surcoupe*
dass.

сюрпри́з, -*а* 'Überraschung', volkst. *сурприз*. Aus frz. *surprise*
dass.

сюртук, -á 'Gehrock, Überrock', volkst. auch *сертук*, ukr. *sertúk*,
aber poln. *surdut*. Entlehnt aus franz. *surtout* 'Überzieher', das *k*
durch Dissimilation von *t-t* zu *t-k*, s. Fraenkel IF. 52, 298, KZ.
50, 210, Štrekelj 63, Korsch IORJ. 8, 4, 42. Vgl. auch das *k* in
skr. *sùrtuka*, alb. *surtuke*, ngriech. dial. σουρτούκο, s. G. Meyer
Ngr. Stud. 4, 35, Skok Zeitschr. rom. Phil. 36, 654.

сюряка́ 'Kopfbinde getaufter Tatarinnen', Kazań (D.). Unklar.

сю́сить 'unter sich machen', Smol. (Dobr.). Vgl. *сю́кать, сца́ть*.

сюсю́ка 'lispelnder Mensch', Rjazań (Živ. Star. 1898 Nr. 2 S. 223),
сюсю́кать 'undeutlich, lispelnd sprechen', Olon. (Kulik.). *сю́ська*
'undeutlich sprechender Mensch', Olon. (Kulik.). Lautnach-
ahmend.

ся I 'sich', Pronomen reflexivum zu den Personalpronomina aller
drei Personen u. Numeri, ksl. alter Acc. sing., ukr. *śa* 'sich',
aruss. *sja*, abulg. *sę*, bulg. *se*, skr. *se*, sloven *se*, ačech. *sě*, čech. *se*,
slk. *sa*, poln. *się*, osorb. *so*, nsorb. *se*. || Ursl. *sę urverw. mit
apreuß. *sien* 'sich', gehört zum idg. Reflexivstamm *sve- *se-,
vgl. *себя́, себе́*, lat. *sē, sibī*, got. *si-k* 'sich', s. Brugmann Grdr. 2,
2, 396, Meillet Introd. 336 ff., Trautmann BSl. 251, Apr. Sprd.
443. Siehe auch *свой*.

ся II 'Schwester', Tveŕ (D.). Kurzform von *сестра́* (s. d.).

сябёр, G. сябра́ 1. 'Nachbar, Genosse, Freund, Teilhaber',
Rjazań, Pskov (D.). 2. 'stimmberechtigtes Gemeindemitglied',
Kursk (D.), ukr. *śáber, -bra, śabró, -á* 'Teilhaber, Teilbauer',
wruss. *śabr* 'Verwandter, Bruder, Genosse' (Nosov.), aruss.
sjabrъ 'Nachbar, Genosse', oft (s. Srezn. Wb. 3, 907 ff.), aserb.
sebrь 'Teilhaber, Hälftner, Gesellschafter' (s. Jireček Archiv 22,
211, Novaković Archiv 9, 522), skr. *sȅbar* G. *sȅbra* 'Ackermann'

(Dubrovnik), sloven. *srebǝr* G. *srebra* 'Bauer'. Aus dem slav. entlehnt sind: alb.-tosk. *sɛmbɛr* 'Teilbauer, Teilnehmer am Vieh' (Jokl Slavia 13, 302, Festschr.-Miletič 121 ff.), ngriech. σέμπρος, σεμπρός 'Teilbauer', Patras (Miklosich Archiv 11, 633, G. Meyer Ngriech. Stud. 2, 56 ff.), magy. *cimbora* 'Kamerad, Genosse', rumän. *sîmbră* f. 'Gemeinschaft' (Tiktin Wb. 3, 1425). Wegen dieser letzteren zwei Lehnwörter ist ursl. *sębrъ gesichert. ǁ Umstritten ist die vorslav. Form. Man nahm Urverwandtschaft an mit dem Namen der germanischen Κίμβροι (Ptolem.), *Cimbri* (Monum. Ancyr., Plinius NH. 4, 14), altdän. *HimbersyssÆl*, dän. *Himmerland* und vermutete Ablaut zu got. *haims* 'Heim', lit. *šeimà* (s. семьá), s. Rozwadowski Festschr.-Sobolevskij 361. Andere gehen von *sēmros (zu семьá) aus und vergleichen apreuß. *Sambi* 'e. balt. Stamm in Samland', s. Sobolevskij Ljapunov-Festschr. 61 ff., Ljapunov Festschr.-Sobolevskij 257 ff., Kalima Zeitschr. 17, 343. Unter Ansatz eines sl. *simbros (Ljapunov c. l.) ließe sich diese Auffassung mit derjenigen Rozwadowski's vereinigen. Weniger wahrscheinlich wäre die Annahme eines *soimbros (Vaillant Slavia 11, 38 ff.). Abzulehnen ist die Anknüpfung an den hunnischen Stammesnamen Σάβειροι (MiEW. 289, siehe *Сибирь*), auch finnischer Ursprung (MiEW. 297) kommt schwerlich in Betracht. Unglaubhaft ist auch Entlehnung aus einem ostgerman. *sēmbura-* (zu got. *gabaúr* 'Kollekte') als slav. *sēmbъrъ 'halben Ertrag, halben Zins liefernd' (so Jokl Festschr.-Miletič 131). Schwierig ist die Beurteilung von lit. *sėbras* 'Hälftner, Genosse', das man oft als slav. Lehnwort aufgefaßt hat (Solmsen KZ. 37, 596 ff., Iljinskij RFV. 69, 20 ff.). Siehe *себёр, шабёр*.

сяврóнина, сярлáнина 'Fisch, Clupea alosa, Alse'. Entlehnt aus tschuwass. *śavǝrlan* 'toller Fisch', *śarlan* 'Art Hering, Alse', zu *śavǝr-* 'drehen, rollen', osman. *čävirmäk* 'drehen, wenden', s. Räsänen Tschuw.L. 186, FUF. 29, 199.

сяг 'Entfernung, Reichweite', *сяжóк* dass., auch 'Fühler der Insekten'. Zum folg. (*сягáть*). Schwerlich mit Recht sucht Ljapunov Festschr.-Sobolevskij 263 es aus *шаг* 'Schritt' zu erklären. Vgl. čech. *sáh* 'Klafter', slk. *siaha* dass. Hierher auch dial. *сяг* 'Strick am Lachsnetz', Arch. (Podv. mit Beschreibung).

сягáть, *-áю* 'greifen nach etw., berühren, erreichen', *сягнýть* dass., *досягáть* 'erreichen, erlangen', *посягáть* 'einen Anschlag verüben, im Sinne haben', *присягáть* 'e. Eid leisten', ukr. *sahátý, sahnúty* 'erreichen, greifen', r.-ksl. *dosjači, dosjašti* ἅπτεσθαι, abulg. *prisęgǫ, prisęšti, prisęgnǫti* ἅπτεσθαι (Supr.), *dosęgnǫti* φθάνειν (Supr.), bulg. *sígam, ségna* 'strecke die Hand aus', skr. *sȅgnuti se, sȅgnem se* 'lange nach etw.', sloven. *séči, séžem* 'strecke den Arm aus, lange nach etw.', *ségniti, sêgnem* dass., ačech. *dosieci* 'erreichen, erlangen', *přisieci, přisahu* 'schwöre', *osieci* 'umfassen', čech. *sahati, sáhnouti* 'reichen, langen', *dosíci* 'wohin reichen, langen, erreichen', slk. *dosah* 'Erlangung', *dosahovat'* 'erreichen, erlangen', *siahať*, poln. *sięgać, sięgnąć* 'reichen', osorb. *sahać, dosahnyć*, nsorb. *segaś, segnuś*. ǁ Ursl. *sęgti, *sęgati wird als urverw. verglichen mit lit.

сядéи — ся́кнуть

sègti, *segù*, *segiaũ* 'hefte', *sagà* 'Klammer, Schnalle', *sãgas* m.
'Schleife', lett. *segt*, *sedzu* 'decke', aind. *sájati* 'hängt an, heftet',
kaus. *sañjayati* 'heftet an, bringt in Verbindung', *saktás* 'an-
hängend, anhaftend', apers. *frahan ati* 'er henkt', ir. *suanem*
'Seil, Tau' (**sogn*-), s. Brugmann Grdr. 2, 3, 294, Trautmann
BSl. 252, Uhlenbeck Aind. Wb. 325, Torp 428.

сядéи pl. 'samojedische Idole, gew. auf Anhöhen', Mezeń (Podv.).
Aus samojed. J. *śadej* 'Idol'.

сядра 'geronnene Flüssigkeit', nur r.-ksl. *sędra* dass., s.-ksl. *sędra*
dass., skr. *sȅdra* 'Kalksinter', čech. *sádra* 'Gips', slk. *sadra* dass. ||
Man vergleicht als urverw. anord. *sindr* 'Sinter, Schlacke', ahd.
sintar, mhd. *sinter* 'Sinter', mnd. ags. *sinder*, s. Kluge-Götze
EW. 565, Trautmann BSl. 256, Holthausen Awn. Wb. 244,
MiEW. 291.

ся́ду 'werde mich setzen', Infin. *сéсть* 'sich setzen', aruss. *sjadu*,
sěsti, abulg. *sędǫ*, *sěsti*, καϑίζειν, ἀναπίπτειν (Supr.), skr.
sȅdnuti, *sȅdnêm*, sloven. *sédem*, *sésti*, poln. *siądę*, *siąść*. || Nasal-
infigierte Variante der Wz. **sēd*- (vgl. *ля́гу*, *бу́ду*), entspricht
apreuß. *sindats* 'sitzend', *sindens* dass., aind. *āsandī* 'Sessel'.
Weiteres unter *сидѣть*, *сад*, *садимь*, s. Meillet Ét. 21, MSL. 14,
337, Trautmann BSl. 258ff., Apr. Sprd. 426ff., Uhlenbeck Aind.
Wb. 23, Stang NTSpr. 11, 94.

ся́жный 'passend, vertraut', *ся́жно* dass. Olon. (D.), *ся́жный*
'Liebhaber, Freund', Kaluga (RFV. 49, 335). Zu *сягáть*, *досу́г*,
s. Ljapunov IANOtdLit. 5, 65.

сяжóк, -*жкá* 'Fühler der Insekten', s. *сяг*, *сягáть*.

-**сязáть** s. *осязáть*, *слгáть*.

сяк 'so', in *и так и сяк* 'so und so; bald so, bald anders', ukr.
śak 'so', wruss. *śakij* 'ein solcher', aruss. *sjako* 'so'. Gebildet
zum Pronomen **sь* wie *так* zu **tъ* (s. *сей*, *тот*). Nicht urslav.,
weil *sj* sonst zu *ś* führen mußte, s. MiEW. 297, Šachmatov
Očerk 119. Vgl. *сям*.

ся́кнуть 'versiegen, verdorren, verarmen, arm werden', ukr. *śakáty*
'schnauben, schneuzen', -*śa* dass., r.-ksl. *prěsjaknutъ* 3 pl. 'sie
werden versiegen', abulg. *isęknǫti* ξηραίνεσϑαι (Ostrom.),
kslav. *isęcati* dass., *prěsęcati*, bulg. *sékvam*, *sékna* 'versiegen',
prěséknuvam 'vertrockne, versiege', skr. *presèkati*, -*kâm* 'aus-
schöpfen', čech. *sáknouti* 'sickern, netzen', slk. *siakać*, *siaknuť*
'schnauben, schneuzen', poln. *siąkać*, *siąknąć*, *sięknąć* 'ver-
siegen, schneuzen', osorb. *sakać*, *saknyć* 'versiegen, trocknen'. ||
Ursl. **sęknǫti* im Ablaut mit **sǫčiti*, ksl. *isǫčiti* ξηραίνειν (s.
сучи́ть). Nasallose Nebenform in skr. *òsjeka* 'Ebbe', *òsjeći*
'abnehmen vom Wasser', ikav. *sȉka* 'Untiefe'. Urverw. mit lit.
senkù, *sèkti* 'sich senken', *seklùs* 'seicht, nicht tief', lett. *sîku*,
sîkt 'eintrocknen, versiegen', aind. *ásakras* 'nicht versiegend',
asaççát- dass., lit. *suñkti*, *sunkiù* 'absickern lassen', mhd. *sîchte*
'seicht', ags. *sîhte* 'sumpfig' (aus **siŋhti*-), weiter zu ir. *sesc*
'trocken, unfruchtbar, ohne Milch', kymr. *hysp* 'trocken', s.
J. Schmidt Kritik 62ff., Zupitza GG. 138, Trautmann BSl.

256 ff., Uhlenbeck Aind. Wb. 18, Torp 428 ff. Anders Machek Studie 54, der *сякнуть* zu *сок* ʽSaftʼ stellen will.

сям in *там и сям* ʽhier und dort, hie und daʼ, aruss. *sěmo, sjamo, samo, sěmь* ʽhierherʼ, abulg. *sěmo ἐνταῦθα, ὧδε* (Supr.), bulg. *samo* ʽhierʼ (Mladenov 568), sloven. *sèm* ʽher, hierherʼ, čech. slk. osorb. nsorb. *sem* ʽhierherʼ, polab. *sem*. ‖ Ableitung vom Pron. *sь (s. *сей*), ursl. *sěmo, vgl. abulg. *tamo* (*там*), das zu *tъ (*тот*) gehört. Das *a* von *сям* kann durch *там* beeinflußt sein, s. Berneker RFV. 48, 224 ff., Šachmatov Očerk 119, Hujer LF. 29, 395, Stang NTSpr. 13, 286.

сяматъ I. ʽverstehenʼ, Vologda (D.). Aus syrjän. *šammini* ʽsich an etwas gewöhnen, verstehen, könnenʼ, s. Kalima FUF. 18, 38.

сяматъ II. ʽunentschlossen sein, zögernʼ, Vologda, *сёматъ* dass., Vologda, Olon., Kostr. Nach Kalima FUF. 18, 38 zu trennen von dem vorigen. Doch könnte man beide vereinigen unter der Voraussetzung, daß die Bed. bei *сяматъ* II urspr. ʽüberlegenʼ war. Vgl. *сёматъ*.

сямба ʽReif am Bastkorbʼ, Arch. (Podv., D.). Die Annahme einer Entlehnung aus finn. *sompa* ʽrunde Scheibe am Stockende des Skiläufersʼ (zweifelnd Kalima 222; zur Etymologie des finn. Wortes s. Setälä FUF. 2, 258) stößt auf lautliche Schwierigkeiten.

сян ʽZügel des Renntiergespannsʼ, Arch. (Podv.). Unklar.

сярланина, сявронина ʽAlse, Maifisch, Clupea Alosaʼ, Kazań (D.). Aus tschuwass. *šarlan* dass., auch *šavran pol* ʽsich drehender, toller Fischʼ zu *šavyr-* ʽdrehenʼ, s. Räsänen TschL. 186.

сярьгатъ ʽzittern, sich ängstigenʼ, Olon. (Kulik.). Aus weps. *säregata* ʽzitternʼ, s. Kalima 223.

сяряндатъ ʽzittern (vor Kälte), Angst haben, den Mut verlierenʼ, Olon. (Kulik.). Aus weps. *särą̈dan* dass., s. Kalima 223.

сят ʽer sagt, man sagtʼ, nur r.-ksl. *sjatъ* (Pand. Antioch., 11. Jhdt., s. Srezn. Wb. 3, 909), abulg. *sętъ φησίν* (Supr., Ps. Sin., Cloz.). Wird gewöhnlich als urverw. verglichen mit aind. *çáṁsati* ʽrezitiert, sagt auf, lobtʼ, *çaṁsáyati* ʽläßt aufsagen, kündet anʼ, avest. *saŋhaiti* ʽer tut kundʼ, apers. *ϑātiy* ʽsagt, sprichtʼ, lat. *cēnseō, -ēre* ʽbegutachte, meine, stimme abʼ, alb. *ϑom* ʽsageʼ (**k̑ēnsmi*), tochar. B *çānmaya* ʽil a été proclaméʼ, s. Brugmann IF. 1, 177, Grdr. 2, 3. 409, Walde-Hofmann 1, 198 ff., Uhlenbeck Aind. Wb. 300, G. Meyer Alb. Wb. 91, Torp 86, Osthoff BB. 24, 172 ff. Bedenken dagegen bei Vaillant RES. 20, 148 ff., Stang Verbum 72 ff. Lautlich besser ist der Vergleich von *sętъ* mit got. *siggwan*, nhd. *singen*, griech. *ὀμφή* ʽStimmeʼ (so v. Wijk IF. 43, 287 ff., Brandt RFV. 24, 147, Stang c. l.). Noch anders Machek Recherches 30 ff., der lit. *žandù žõdį* ʽspreche e. Wort ausʼ vergleicht.

T

т Zwanzigster Buchstabe des altruss. Alphabets, heißt aruss. *tvьrdo* (s. *твёрдый*). Zahlenwert = 300. Manchmal in griech. Wörtern für griech. *ϑ* gebraucht, vgl. Srezn. Wb. 3, 909, MiLP. 981.

та — та́бель 65

та Konj. ʽund, sowie, ferner', auch *та́же* dass., alt; ukr. *ta*, aruss. *ta, taže, дѣ, καί*, abulg. *ta καί* (Supr.), bulg. *ta* ʽund, und so, also' (Mladenov 627), skr. *tä — ta* ʽsowohl — als auch', *tä* ʽdoch', sloven. *tà* ʽja, doch'. ‖ Jedenfalls verwandt mit dem Pron. **tъ* (s. *тот*). Man vergleicht lit. *tuojaũ* ʽim selben Augenblick, sogleich' (lit. *jaũ* zu *уже́*, s. d.), homer. τῶ ʽdann', weiter auch aind. *tāt* ʽinfolge davon', als ablativische Partikel, s. Brugmann Grdr. 2, 3, 998, Trautmann BSl. 311 ff., Vondrák Vgl. Gr. 2, 462, Mladenov 627.

таба́к, -у́ ʽTabak', dial. *таба́ка* f. dass., Smol. (Dobr.), ukr. *tabák* m., *tabáka* f., wruss. *tabáka* f., älter *пиют табак* (Gagara a. 1634 S. 75), aber auch: *табаку испил* (Avvakum 124). Das Masc. über nhd. *Tabak* oder frz. *tabac*, das über span. *tabaco* auf arawak. *tobako* (Haiti) zurückgeht, s. Palmer Neuweltw. 127 ff., Einfluß 135 ff., Lokotsch Amer. W. 60, Loewe KZ. 61, 65 ff., Kluge-Götze EW. 608. Arab. Herkunft (Gamillscheg EW. 826) wird bestritten von Littmann 149. Die Form *таба́ка* erklärt sich durch poln. *tabaka* (Brückner EW. 562).

табаке́рка ʽTabaksdose', schon Ust. Morsk. a. 1724, s. Smirnov 286, sogar 1715, s. Christiani 51. Auch poln. *tabakierka*, čech. *tabatěrka*. Entlehnt aus frz. *tabatière* dass., mit *k* von *таба́к*, s. Gorjajev EW. 359.

табалу́ бить ʽmüßig umherschlendern, mutwillig sein', *табалы́га* ʽMüßiggänger', *табалы́жить* ʽsich müßig umhertreiben'. Vgl. lit. *tabalóti, -óju* ʽwackeln, verwirren', *tabalùs mùsti* ʽPurzelbäume schlagen', s. Fraenkel Zeitschr. 11, 41 ff. Die balt. Wörter sollen nach Brückner FW. 144 slav. Lehnwörter sein.

табани́ pl. ʽArt dicke Plinsen', Vjatka (D.). Wohl urspr. ʽSohlen', entlehnt aus osman. kasant. krimtat. kuman. *taban* ʽSohle', osttürk. *tapan* (s. Radloff Wb. 3, 963, 949), s. MiEW. 346, TEl. 2, 167. Zur Bed. vgl. russ. *подо́шва* ʽArt Gebäck'.

табани́ть, тава́нить ʽrückwärts rudern; das Boot wenden, indem man nur auf einer Seite rudert', Arch. (Podv.), Kolyma (Bogor.). Die Verbreitung des Wortes macht die Herleitung aus wogul. *touam, touantam* ʽrudern' (so Kalima MSFOugr. 52, 96, Äimä Mikkola-Festschr. 414, Kálmán Acta Ling. Hungar. 1, 264) zweifelhaft.

табарга́ ʽturanisches Moschustier'. Entlehnt aus tel. schor. sag. *tabyrya* dass. (Radloff Wb. 3, 971). Daraus durch Fernassimilation *кабарга́* (s. oben 1, 495).

таба́рить ʽschwatzen', Nižn., *растаба́рывать* (Meľnikov). Wohl zu hebr. *dibber* ʽsprechen', *dāβār* ʽWort, Erkundigung'. Zu *раздоба́р* ʽGeschwätzigkeit', *раздоба́ривать* ʽschwatzen', s. oben 2, 485 s.v. *раздоба́р*.

та́бель f. ʽListe', *табель о рангах* ʽRangliste', seit Peter d. Gr., s. Blagoj 22, Smirnov 286 ff. Aus ndl. *tabel* ʽTabelle', von lat. *tabula* ʽBrett, Tafel'. Siehe *табли́ца*. Kaum über poln. *tabela* (Christiani 50). Die Form *таблия* (17. Jhdt., s. Ohijenko RFV. 66, 368) ist wohl durch die unter *тавлея́* behandelte Wortsippe beeinflußt.

Vasmer, Russ. etymol. Wörterbuch 5

табенек ‛Art Seidenstoff’, *полутабенек* ‛Stoff’ (Gogol’), ukr. *połutabénok*, *-nka*. Über poln. *tabin* ‛Seidenstoff’, bzw. nhd. *Tabin* von frz. *tabis* (14. Jhdt. *atabis*) aus d. Arab. (s. Brückner EW. 563, Gamillscheg EW. 827). Vgl. *тафтá*.

таби́н ‛oriental. Diener’, nur aruss. *tabinъ*, *tabinikъ* (14. Jhdt., s. Srezn. Wb. 3, 911). Aus dschagat. *tabin* ‛Diener’, das für arabisch gehalten wird, s. Radloff Wb. 3, 976.

табли́ца ‛Liste’, Azbukovn., Dict. triling., Ust. Morskoj 1720. Über poln. *tablica* aus vlat. *tabla* von lat. *tabula*, woher auch nhd. *Tafel*. Vgl. *тáвла*, *тавлея́*.

Табола ‛l. Nbfl. des Don’ (Maštakov Don 1). Wohl etymologisch identisch mit *Тобóл* (s. d.).

тáбор, *-a* ‛Feldlager, Zigeunerlager’, dial. *тáбырь* ‛Herde (Renntiere)’, Arch. (D.), älter *мáбар* ‛Türkenlager’ (Azovsk. Vz. 17. Jhdt., s. RFV. 56, 158), ukr. *tábor* ‛Feldlager, Troß’; entlehnt aus d. Turkotat., vgl. osman. krimtat. *tabur* ‛Wagenburg’, dschagat. *tapkur* ‛Befestigung’, *tabyur* ‛Gürtel, Zaun’ (s. Radloff Wb. 3, 953, 978, 980), vgl. MiTEl. 2, 167ff., EW. 346, Melioranskij IORJ. 10, 4, 130, Korsch Archiv 9, 672, Pais Ungar. Jahrb. 15, 601ff., Kořínek Zeitschr. 15, 417ff., Melich Ungar. Jahrb. 15, 533, Németh Ungar. Jahrb. 15, 541ff. Wegen der Anfangsbetonung wohl vermittelt durch poln. *tabor*, magy. *tábor* (s. Brückner EW. 563). Siehe *товáр* II.

таборнáть ‛brüllen, schreien’, Arch. (Podv.). Vgl. *табáритъ*.

табу́н, *-á* ‛Pferdeherde’, schon Kotošichin 103, ukr. *tabún*. Entlehnt aus dschagat. kasantat. *tabun* dass., osman. krimtat. *tabum* ‛Herde, Schar’, balkar. *tabyn* (Radloff Wb. 3, 975, 978), s. MiTEl. 2, 168, EW. 346, Kraelitz 52, Lokotsch 156, Gorjajev EW. 359. Zur Sippe vgl. Joki MSFOugr. 103, S. 301ff.

табурéт, *-a* ‛Fußbank, Schemel’, auch ‛Sessel ohne Lehne’ (Leskov). Entlehnt über nhd. *Taburett* aus frz. *tabouret*, afrz. *tabour* (s. Kluge-Götze EW. 608, Littmann 89, Gamillscheg EW. 827).

тавáкать, тавы́кать ‛schwatzen, Unsinn reden’, Olon. (Kulik.). Unklar.

тавáнить ‛rückwärts rudern’, s. *табáнитъ*.

тавги́йцы pl. ‛samojedischer Stamm vom Jenisej bis zur Chatanga-Bucht’. Aus Jur. samojed. *tawgy* dass., s. Hajdú 76ff., der es mit Vorbehalt zu Jur. samoj. *tab* ‛Sand’ stellt.

тáвель, тавль m. ‛Brett, Tafel’, auch *тáвла* dass., kirchl. aruss. *tavla* Bibel 1499 (Srezn. Wb. 3, 911). Aus mgriech. *τάβλα* ‛Brett’, von lat. *tabula*, s. Verf. IORJ. 12, 2, 280, GrslEt. 196, G. Meyer Ngr. Stud. 3, 64ff.

тавлея́ ‛Damespiel, Schachspiel’, aruss. *tavlija*, *tavleja* (Pčela nach Srezn. Wb. 3, 911, auch Domostr. Zab. 80), s.-ksl. *tavlija* ‛Brett’. Aus mgriech. *ταβλί(ον)*, pl. *-ιά* von *τάβλα* ‛Brett’, s. Verf. GrslEt. 196, MiEW. 347, und das vorige.

тавлйнка ʽTabaksdose', Pskov, Tverʹ (D.), auch bei Gogolʹ. Kaum aus ital. *tavolino* ʽkl. Brett'. Etwa zu *таволи́новой*, s. das folg.

таволга́ ʽSpiraea, Spierstaude', Dniepr-G., Don-G. (Mirtov), Sibirien (D.), auch *та́волга* (Šachmatov IORJ. 7, 1, 304), *та́влага́* (Mirtov). Adj.: *таволи́новой* Solʹvyčeg. (Živ. Star. 1896, Nr. 1, S. 103), aruss. *tuvolžanъ* ʽaus d. Holz d. Spiraea' (Boris Godunov a. 1589, s. Srezn. Wb. 3, 1031). Entlehnt aus d. Turkotat.; vgl. kasantat. baschkir. *tubylуу* ʽSpiraea, Geißblatt', kkirg. *tabyłya* ʽSpiraea', dschagat. *tabulyu*, koib. tel. alt. *tabylyy*, osman. *dapyłya* (Radloff Wb. 3, 972, 979, 1642), s. zu dieser Sippe Bang Kel. Sz. 17, 123, Ramstedt K. Wb. 388, Wichmann TT. 104, Räsänen Tat. L. 70. Fälschlich wird ein echt-slav. *tavъlga angenommen von Šachmatov c. l.; richtig Gorjajev EW. 444. Von *таволга́* gebildet wurde *таволжа́нка*, daraus nach *Во́лга* volksetymologisch umgestaltet *волжа́нка* ʽSpiraea', s. oben 1, 217 ff.

та́воры, то́вары pl. ʽWagenburg, Lager' (nach Dalʹ 4, 709 als ʽalt', mir unbekannt). Etymologisch zu *та́бор*.

тавранчу́к ʽe. Fischspeise' (Melʹnikov 3, 361, D.), aruss. *tavrančikъ* (Domostr. Zab. 145 bis). Sicher fremd. Vgl. *тара́нь* I.

Таври́ческий ʽzur Krim-Halbinsel gehörig', ukr. *Távrija* ʽKrim-Halbinselʹ. Künstlich im 18. Jhdt. in Rußland eingeführt nach mlat. *Tauria, Taurica* von griech. *Ταυρική* (*Χερσόνησος*), dieses vom skythischen Stamm der *Ταῦροι* (Herodot 4, 99, 100).

тавро́ ʽeingebranntes Zeichen an Pferden, Kühen usw.', Don-G. (Mirtov), pl. *тавра́*, davon *таври́ть* ʽeinbrennen, mit dem Gestützeichen versehen'. Aus *tovró, dieses entlehnt aus d. Turkotat., vgl. osman. *tuγra* ʽMonogramm des Sultans' (Radloff Wb. 3, 1432 ff.), s. Korsch Archiv 9, 675, Melioranskij Zap. Vost. Otd. 17, 134 ff. Über die Verbreitung des osman. Wortes s. auch Hübschmann 277. Zum *v* vgl. d. folg.

Таврул ʽtatarischer Gegner des Peresvet in d. Schlacht am Don (1380)', s. Šambinago Skaz. o Mamaj. Poboišče 61. Dazu *Товру́л* ʽSchwager des Batyj', wovon der Vatersname des *Азя́к Таврулье́вич* ʽepischer Held', s. Vs. Miller Živ. Star. 22, 330. Die Quelle des russ. PN. ist turkotatarisch, vgl. dschagat. osman. *toyrul* ʽFalke', auch PN. nach Rasonyi Arch.ECO. 1, 236, Radloff Wb. 3, 1167.

тага́н ʽeiserner Dreifuß, Feuerbock', schon Domostr. K. 47, Dict. triling. Über kasantat. *tagan* ʽStänder, Feuerbock', osman. krimtat. *tygan* ʽRostpfanne' (Radloff Wb. 3, 795, 1305) aus neugriech. *τηγάνι(ον)*, griech. *τήγανον* ʽBratpfanne, Tiegel', s. G. Meyer Türk. Stud. 1, 51, Alb. Wb. 69, Verf. IORJ. 11, 2, 391, GrslEt. 197, RS. 4, 184 ff., Durnovo Očerk 283. Vgl. *тига́н*.

таганро́г ʽEinhorn', Smol. (Dobr.). Enthält jedenfalls *рог* ʽHorn'. Erster Teil mir unklar.

Таганро́г, -a ʽStadt im Kr. Rostov a. Don', liegt auf hoher, felsiger Landzunge. Viell. von *тага́н* ʽFeuerbock' u. *рог* ʽLandzunge'. Vgl. aber turkotatar. *toγan* 'Falke', auch alttürk. PN. *Tuγan Xan*, s. Le Coq Garbe-Festgabe 2.

таганское сукно 'Art Stoff', stammt vom Anfertigungsort *Таганча* Kr. Kaniv, G. Kiew, s. Mel'nikov 7, 235.

тагар 'runde, geflochtene Matte, Fußwisch', Tobol'sk (D.). Entlehnt aus dschagat., tar. *taγar* 'Sack, Beutel', osman. *daγar* 'Sack', mong. *tagar* 'Sacktuch', kalm. *taγpr* dass. (Radloff Wb. 3, 796, 1611), s. MiTEl. 2, 168, EW. 346, Gorjajev EW. 359, Ramstedt K Wb. 374, Lokotsch 156. Verfehlt ist die griech. Herleitung bei Verf. GrslEt. 197 ff.

тагас 'großes Fischnetz', Beloozero (D.), schon Urk. 1674, s. Duvernoy Aruss. Wb. 208. Unklar.

тагаш 'blau', nur r.-kslav. *tagašь*, *tagašеvъ*, *tagašinъ*, auch *tugaševъ* (s. MiLP. 981, Srezn. Wb. 3, 911, 1032). Vgl. kirg. *taγan* 'Taube'.

тагун 'Knieholz, Balken', Arch. (D.), 'Rippe eines Bootes', Šenkursk (Podv.), Don-G. (Mirtov). Unklar.

таджик 'iranischer Einwohner von Turkestan', über osman. dschagat. *tadžik* dass. (Radloff Wb. 3, 913 ff.). aus mpers. *tāčīk* 'Araber, auch muhammed. Perser' von arab. *Tāy* 'e. arab. Stamm im Norden', s. Hübschmann 86 ff., Horn Npers. Et. 81 ff., Barthold bei Vladimircov Zap. Koll. Vost. 5, 80. Hierher auch aruss. *tezikъ* dass. (Chož. Kotova 1625, S. 82 ff., 92, Afan. Nikit. 10).

тадибей 'Zauberer, Schamane', Mezeń (Podv.). Aus Jur. samoj. *tadebä* dass., zu *tadebtevggo(ś)* 'zaubern', s. Podvysockij 171.

таёвка 'Art große Bastmatte', *таёвочная рогожа* dass. (Mel'-nikov). Abgeleitet von *тай* 'Warenballen' (s. d.), weil Waren in diese Matten eingeschlagen wurden.

таз 'Becken, offenes Metallgefäß', aruss. *tazъ* 2. Soph. Chr. a. 1534, S. 268, Domostr. Zabel. 174 ff., aber 4 *ptaza mědnych* Invent. Hetman Samojlovič a. 1690, s. Šachmatov Očerk 284, der es auf *pьtazъ zurückführen will. Als Quelle wird gewöhnlich osman. krimtat. *tas* 'Schale, Tasse, Becken' (Radloff Wb. 3, 914 ff.) angesehen, das aus d. Arab. hergeleitet wird, woher auch ital. *tazza*, frz. *tasse*, nhd. *Tasse* (zu diesen s. Littmann 92, Hübschmann 266, Meyer-Lübke Roman. Wb. 710), vgl. Korsch Archiv 9, 672, MiTEl. 2, 171, EW. 347, Kraelitz 53, Lokotsch 160 ff.

тазан 'eiserner Ofen zum Schwelen von Teer, Teerofen', Vjatka (Vasn.). Dunkel.

тазать, -аю 'schelte, erteile einen Verweis', Orel, Voron. (D.), auch bei Mel'nikov. Der Vergleich mit čech. *tázati* 'fragen' (Gorjajev EW. 359) führt nicht zum Ziel, weil hier *a* auf ę zurückgeht. Zu *мазать* vgl. *мазить* 'suchen', Kaluga (RFV. 49, 335). Auch die Anknüpfung an idg. *ten-, griech. τείνω 'spanne, dehne aus', aind. *tanóti* 'dehnt, spannt', lat. *tendō, -ere* 'spanne', *teneō, -ēre* 'halte', ahd. *denen* 'dehnen' (Jokl Archiv 28,2) ist lautlich unmöglich. Dunkel.

таить 'verbergen', s. *тайна*.

тай I. m., *тáйка* f., *тáя* f. ʽWarenballen bes. Seide, Baumwolle', Astrachań (D.). Urspr. ʽStück'. Entlehnt über osman. krimtat. *tai* ʽBallen (Baumwolle)' aus npers. *tāi* ʽStück', s. Radloff Wb. 3, 766, MiTEl. 2, 168, Horn Npers. Et. 84.

тай II. ʽdichter, undurchdringlicher Wald', Sibir. (D.). Soll aus einem mongol. **taji* ʽWald' stammen, das erschlossen wird aus mong. *tajigan* ʽJagdhund', woher dschagat. *taiɣan* ʽWindhund', urspr.ʽWaldhund', s. Räsänen Toivonen-Festschr.131.Vgl.*маигá*.

тай III. ʽheimlich', s. *тáйный*.

тáйбола ʽdichter, nur im Winter passierbarer Urwald', Arch. Pinega, Mezeń (Podv.), ʽWaldweg', Kola (Podv.). Entlehnt aus karel. *taibale-* (N. s. *taival*), finn. *taival, taipale*, G. *taipaleen* ʽLandenge, Strecke zwischen zwei Seen', s. Kalima 223. Dazu will Pogodin IORJ. 12, 3, 338 auch *тáйбола* ʽTölpel, Ignorant' stellen. Siehe *тáйпола*.

тайгá ʽundurchdringlicher Urwald, oft sumpfig', Sibir., Amur-G. (Karpov), Adj. *таежный*. Nach Räsänen Toivonen-Festschr. 131 entlehnt aus alt. tel. leb. schor. sag. *taiγa* ʽFelsengebirge', oir. *taika* (Radloff Wb. 3, 497, 767). Er hält die Quelle für mongolisch u. urverw. mit osman. *daγ* ʽBerg', kasant. *tau*. Mit *маигá* verknüpft man den Namen *тайги, тайгинцы* für die Taigi-Samojeden, s. Hajdú 93.

тáйка ʽoberer Winkel eines Segels', Arch. (Podv.). Unklar.

тайлагáн ʽOpferfest der schamanischen Burjäten' (D.). Aus mongol. *tajilgan* dass., kalmück. *tälɣvn* (Ramstedt K.Wb. 388).

тáймéнь m. ʽsibirischer Lachs, Salmo trutta', Olon. (Kulik.), auch *таймин, тамешка* ʽArt Lachs', Ostsee-G., *тальмень* Kr. Verchotuŕje, G. Perm u. Sibir., älter *таймень* (Avvakum 111 bis). Entlehnt aus finn. *taimen* G. *taimenen* ʽSalmforelle', estn. *taim* G. *taime*, s. Kalima 223, Thomsen SA. 4, 486. Das finn.-ugr. Wort ist auch entlehnt ins lett. *taims* (M.-Endz. 4, 123).

тáйна ʽGeheimnis', *тáйный* ʽheimlich', *тайкóм* dass., ukr. *tájna, tájnyj*, aruss. *tajь* ʽheimlich', *tajь* ʽGeheimnis', *tajьna* ʽGeheimnis', *tajьnъ* ʽgeheim, verborgen', *tajiti, taju* ʽverberge', abulg. *tajь* λάθρα (Supr.), *tajьnъ* ἀπόκρυφος, κρυπτόμενος (Supr.), *tajьna* μυστήριον (Supr.), bulg. *tájna* ʽGeheimnis', *tájno* ʽgeheim', skr. *tájati* ʽgeheim halten', *tâjna* ʽGeheimnis', sloven. *tâj* m. ʽdas Leugnen', *tájən* m., *tájna* f. ʽgeheim, heimlich', čech. *pod tajem* ʽinsgeheim', *tajmo* dass., *tajný* ʽverborgen, heimlich', slk. *tajný, tajiť, tajomný*, poln. *tajny, tajemny*, osorb. *tajić* ʽverbergen'. *tajny* ʽheimlich', nsorb. *tawiś* ʽverbergen'. ‖ Urverw. mit aind. *tāyúṣ* m. ʽDieb', avest. *tāyu-* dass., *tāya-* ʽDiebstahl, heimlich', ferner griech. τητάω ʽberaube', hettit. *tajezzi, tajazzi* ʽstiehlt', griech. τηύσιος ʽtrügerisch, eitel, vergeblich', dor. τᾱύσιος dass. (**tāju-tio-*), s. Uhlenbeck Aind. Wb. 111, Trautmann BSl. 313, Hofmann Gr. Wb. 365, Bartholomae Air. Wb. 647.

тáйпола ʽWaldung', Kola, Arch. (Podv.). Aus finn. *taipale* G. *taipaleen* ʽLandenge', s. Kalima 223 u. oben *тáйбола*. Zu trennen von *тай, маигá*.

та́йстра 'Tornister, großer Sack', Smol. (D.), ukr. wruss. *tájstra*, poln. *tajstra* (16.—17. Jhdt., s. Brückner EW. 564).∥ Wird gewöhnlich aus mgriech. τάγιστρον 'Futterbeutel' (s. G. Meyer IF. 2, 441ff., Verf. GrslEt. 198ff., Meyer-Lübke Rom. Wb. 703) gedeutet. Auffallend ist aber das Fehlen des Wortes bei den Südslaven u. Großrussen. Schwerlich zu trennen auch von *кáйстра* (s. oben 1, 505). Besser ist wohl die alte Herleitung von *tajstra* durch Fernassimilation aus *kajstra* u. dieses aus lat. *canistrum*, s. MiEW. 109, Brückner EW. 564. Vgl. čech. *tanystra* 'Ranzen, Tornister'. Vgl. *mрáйста*.

тайфу́н 'Wirbelsturm, Taifun'. Über nhd. *Taifun* oder engl. *typhoon* aus chines. *taifung* oder arab. *tūfān* 'Flut', dieses evtl. aus griech. τυφών, woher direkt russ. *mифóн* 'Wirbelwind', s. Gorjajev EW. 368, Littmann 133ff., Holthausen 212.

тайша́ 'kalmückischer Edelmann', schon Kotošichin 41; daneben *taišči*, *taiši* pl. dass. Azovsk. Vzjat. (RFV. 56, 148ff.). Aus mongol. *tajiži* dass., kalmück. *tädži*, die chines. Ursprungs sein sollen, s. Ramstedt K.Wb. 388.

так 'so', ukr. *tak*, *táko*, aruss. *tako*, auch *takъ* 'so' (zuerst Prolog a. 1356, s. Sobolevskij Lekcii 96), abulg. *tako* οὕτως (Ostrom., Supr.), bulg. *táko*, skr. *tàko*, *tâk*, sloven. *takọ̑*, *tàk*, čech. slk. poln. *tak*, osorb. nsorb. *tak*. ∥ Urslav. **tako* 'so', zu **takъ* 'e. solcher', urverwandt mit Pron. *tъ* (s. *mom*), vgl. lit. *tõks* m. *tokià* f. 'ein solcher', ostlit. *tókias*, f. *tókia*, weiter dazu lat. *tālis* 'ein solcher', s. Trautmann BSl. 312, Mladenov 628, Walde-Hofmann 2, 644.

та́кать, I. -аю 'ja sagen, nach dem Mund reden', ukr. *tákaty* dass., aruss. *takati*, *takaju* 'stimme zu'. Gebildet von aruss. *tako* 'so, ja' (s. *так*). Vgl. *дáкать*.

та́кать II., -аю 'treibe, treibe an', r.-ksl. *takati*, auch *tačati* dass., auch *utakati* 'im Schnellauf wetteifern, rennen' (Jo. Exarch.), abulg. *takanije* 'Lauf' (Supr.), sloven. *tâkati*, *-am* 'rollen machen, schaukeln, wiegen'. Zu *točiti* 'laufen lassen, fließen lassen' (s. *мочúть*) und *tekọ̑* (*текý*).

такела́ж, *-a* 'Takelwerk', älter *такалаж* Ust. Morsk. a. 1720, s. Smirnov 287. Aus ndl. *takelage* dass., s. Meulen 208ff. Auch: *такелажмéйстер* 'Takelmeister' aus ndl. *takelagemeester*, s. Meulen c. l.

та́кель m. 'Tauwerk u. Hebezeug eines Schiffes', aus ndl. *takel* bzw. ndd. *takel*, s. Meulen 208, Croiset v. d. Kop IORJ. 15, 4, 16.

таки́ 'dennoch, dessen ungeachtet', auch in *всéтаки* 'doch, trotzdem', ukr. *taký* dass., aruss. *taky* 'auch, ebenfalls, trotzdem, doch, immer, ständig', zu *так*, *такóй*. Zur Endung vgl. Brugmann Grdr. 2, 2, 720.

таков 'ein solcher', f. *таковá*, auch *взял шáпку и был такóв* (Čechov) '... und weg war er', ukr. *takóvyj* 'ein solcher', *takívśkyj* dass., wruss. *takóvskij*, abulg. *takovyjь* τοιοῦτος, τοσοῦτος (Supr.), bulg. *takə́v*, *takáva*, skr. *tàkav*, *-kva*, *-kvo*, *tàkovî*, sloven. *tákov*, čech. *takový*, poln. nsorb. *takowy*. Zu *так*, *такóй*, vgl. *каковóй*.

такóй, -áя 'ein solcher', ukr. *takýj*, aruss. abulg. *takъ* τοιοῦτος, ὅμοιος (Cloz., Supr.), skr. *tȁkī*, čech. slk. *taký*, poln. *taki*, osorb. *tajki*, *taki*, nsorb. *taki*. ‖ Aus **takъjь* zu **takъ*, s. *так*. Vgl. lit. *tõks* 'e. solcher', f. *tokià*, ostlit. *tókias*, f. *tokià*, s. Trautmann BSl. 312, Endzelin SlBEt. 199, Stang NTSpr. 13, 286. Zur Bildung vgl. *какóй*.

такс 'Dachshund', *тáкса* f. 'Dachs'. Aus nhd. *Dachs* dass.; das *t* erscheint auch in nhd. *Teckel*.

тáкса 'Taxe', seit Peter d. Gr., s. Smirnov 287, volkst. *тáкция* (Mel'nikov). Über nhd. *Taxe* 'Anschlag, Schätzung' aus mlat. *taxa* dass., *taxāre* 'einschätzen', s. Gorjajev EW. 360, Kluge-Götze EW. 615 ff. Nach Smirnov c. l. angeblich über poln. *taksa*.

тáкт I. *-a* 'Feingefühl, Sicherheit des Benehmens'. Über nhd. *Takt* oder direkt aus frz. *tact* 'Tastsinn, Feingefühl' von lat. *tāctus* 'Berührung, Tastsinn' (vgl. Gamillscheg EW. 828).

тáкт II. *-a* 'Takt in der Musik'. Wohl aus nhd. *Takt*, etymologisch zum vorigen, s. Kluge-Götze EW. 609.

тáктика 'Taktik, Kampfweise, Gefechtslehre'. Über nhd. *Taktik* oder frz. *tactique* dass. von lat. *tactica* (*ars*), griech. τακτικός, -ή (τέχνη),zu τάξις 'Schlachtordnung'.

такья́ 'wotjakische Frauenmütze' (D.). Über wotjak. *takja* 'mit Perlen geschmücktes Mädchenkäppchen' aus kasantat. osman. *takja* 'Frauenmütze' (Munkácsi Wotjak. Wb. 339, Radloff Wb. 3, 789). Zur Sippe vgl. Ramstedt K.Wb. 374, Paasonen CsSz. 171, Kraelitz 52. Siehe *тафья́*.

тал 'Sahlweide, Salix arenaria', auch *талúна*, *тальнúк* dass. Entlehnt aus dschagat. uigur. alt. kirg. kkirg. kasantat. balkar. karaim. *tal* 'Weide, Weidengestrüpp', dial. 'junger Baum, Rute' (Radloff Wb. 3, 875), s. MiEW. 346, TEl. 2, 169. Davon zu trennen ist kslav. *talii* m., *talija* f. 'junger Zweig', Koll. *talije* n., das entlehnt ist aus griech. θαλλίον, θαλλός n. 'junger Sproß' (s. Leskien IF. 19, 207, MiLP. 983, weniger einleuchtend urverw. mit lat. *tālea* nach Uhlenbeck IF. 13, 218). Abzulehnen ist die Annahme echt-slav. Herkunft von *тал* und Urverwandtschaft mit lit. *atólas* 'Grummet', *talōkas* 'erwachsen, mannbar', aind. *tālī* 'e. bestimmter Baum', *tālas* 'Weinpalme', lat. *tālea* 'Setzling, Setzreis', griech. τῆλις, -εως f. 'Hülsengewächs, Bockshorn' (zur Sippe s. Hofmann Gr. Wb. 351, Torp 184, Uhlenbeck Aind. Wb. 112).

талабóлка 'Waschbecken aus Ton', Onega (Podv.). Unklar.

талавúрка s. *маловúрка*.

талагáй I. 'mordwinisches Frauenhemd', Simbirsk (D.). Wohl turkotat. Herkunft. Vgl. kirg. *dalaγai* 'ohne Gurt, mit offenem Rock' (Radloff Wb. 3, 1634) sowie die unerklärten: skr. *talàgan* 'Oberkleid der Männer', alb. *talagan* 'Mantel mit Kapuze' (G. Meyer Alb. Wb. 428).

талагáй II. 1. 'Spottbezeichnung für die alten Voronežer bei den Neusiedlern', 2. 'Einhöfer d. G. Voronež', 3. 'Bez. für die Bewohner von Chvorostán', G. Voronež, 4. 'Tölpel' (Mel'nikov).

Wohl nach der Tracht *талагáй* I. (s. d.), vgl. Putincev Živ. Star. 15, Nr. 1, S. 94ff., FUFAnz. 15, 164. Vgl. *саян*. Weniger wahrscheinlich ist die Auffassung als 'undeutlich sprechend' (von *талалáкать*), die Zelenin Živ. Star. 1904, Nr. 1, S. 61, vertritt, noch anders Zelenin Etnogr. Obozr. 71, 341.

талалá 'Lispelnder'. *талалáкать*, *талáкать* 'schwatzen', Nižn., Vjatka (Vasn.), *мололáкать* 'Unsinn reden', Pskov (D.), *талалы́кать* dass., auch *талалы́-балалы́* 'Unsinn', Pskov, Tveŕ, *телелякать* 'schwatzen', Penza (D.), *талалáхать* 'erzählen', Smol. (Dobr.). Lautnachahmender Herkunft. Šachmatov IORJ. 7, 2, 356 u. 379 will an *толковáть*, *толочи́ть* anknüpfen. Zum *б* vgl. *балáкать*. Hierher auch *талалу́й* 'Sprache' (scherzh.), Smol. (Dobr.).

талáн, -а 1. 'Glück, Erfolg', 2. 'Beute, Gewinn', Vjatka, Perm (D.), *талáнить* 'gelingen', Sibir. (D.), ukr. *tałán* 'Glück', wruss. *talán* dass., auch *бесталáнный* 'unglücklich'. Entlehnt aus dschagat., osman. *talan* 'Raub, Beute', kirg. sag. *talan* 'Glück' (Radloff Wb. 3, 881), s. MiTEl. 2, 169, Gorjajev EW. 360, Lokotsch 158, Räsänen Tat. L. 66. Dagegen *бесталáнный* 'talentlos' zum folg.

талáнт I. G. -a 'das anvertraute Pfund' im NT., Matth. 25, 15ff. (bei Leskov u. a.), r.-ksl., abulg. *talanъtъ* τάλαντον (Zogr., Mar., Ostrom.), aus griech. τάλαντον dass., urspr. 'Gewicht, Geldsumme, Waage' zu ταλαντ- 'tragend', s. Verf. GrslEt. 199, IORJ. 12, 2, 280, Solmsen IFAnz. 32, 87, Kretschmer Glotta 3, 266ff.

талáнт II. 'Talent, Fähigkeit', wohl unter dem Einfluß von *талáнт* I. über frz. *talent* von lat. *talentum* aus griech. τάλαντον, s. Gorjajev EW. 360, Kluge-Götze EW. 609ff.

талатá 'undeutlich, unverständlich Sprechender', Vjatka (Vasn.). Zu *талалá*.

талачáнка 'Hagebutte', Smol. (Dobr.). Unklar.

талáшиться 'unruhig sein, sich hin- und herbewegen', Tamb. (D.). Dunkel.

тáли pl. (selten *таль* f.) 'Schiffswinde aus zwei Blöcken, zwischen denen e. Seil läuft', schon Ust. Morsk. a. 1720, s. Smirnov 287. Aus ndl. *talie* dass., bzw. nhd. *Talje*, mnd. *tallige* von ital. *taglia* 'Flaschenzug' aus lat. *tālea* 'abgeschnittenes Stück', s. Meulen 207ff., Matzenauer 342. Siehe *мáлька*.

талисмáн 'Zauber-, Schutzmittel'. Über nhd. *Talisman* oder eher direkt aus frz. *talisman* von ital. *talismano* 'magischer Buchstabe', das auf arab. *tilsamân* pl. von *tilsam* dass. aus griech. τέλεσμα 'Weihe, Bezauberung, Zauberformel' zurückgeführt wird, s. Littmann 92, Kluge-Götze EW. 610, Gamillscheg EW. 830, Falk-Torp 1244, Matzenauer 342, Meyer-Lübke Rom. Wb. 713.

тáлия, тáлья 'Taille (am Körper, Kleid)'. Aus frz. *taille* evtl. über nhd. *Taille*, s. Gorjajev EW. 360, Meyer-Lübke Rom. Wb. 704ff., Kluge-Götze EW. 609.

талмата́ 'unnützer Lärm, Aufregung', Smol. (Dobr.). Etwa zu poln. *tłum* 'Haufen', das Brückner EW. 572 zu *mołná* stellt und Suff. *-otá*. In diesem Falle urspr. *tъlmota. Vgl. *су́толомня*.

тало́ба́ 'Gegend, wo ständig Wild ist, das Spuren im Schnee hinterläßt', Smol. (Dobr.). Wohl Ableitung von *talъ* 'geschmolzen, aufgetaut', zu *та́ю*, *та́ятъ* 'schmelzen'.

талова́ть 'stehlen', Kostr. (D.). Aus kasantat. *talamak* 'rauben' nach MiTEl. 2, 169.

талови́рка 'kleiner Brachsen, Abramis brama, der unausgewachsen unterm Eis gefangen wird', Azowsches Meer (Enc. Slovať 75, 357 ff.), Kubań-G. (RFV. 68, 404). Wohl Ableitung von *talъ 'geschmolzen' u. *virъ ' Quelle, Wasserwirbel', eigentl. 'aus einem geschmolzenen Gewässer stammend'.

тало́вый (*язы́к*) 'schwerfällig', Terek-G. (RFV. 44, 108). Dunkel.

тало́н 'Abschnitt, Kupon'. Aus frz. *talon* evtl. über nhd. *Talon*, deren Quelle lat. *tālus* 'Ferse' ist (s. Gamillscheg EW. 820, Meyer-Lübke Rom. Wb. 705, Dauzat 698).

та́лреп 'Taljereep, Hißtau', seew. (D.), dial. *тарлена́* Arch. (Podv.). Aus ndl. *talreep, taljereep* dass., s. Meulen 210, Matzenauer 413.

та́лы pl. 'Augen', spöttisch, Vjatka (D.), Kr. Kerensk (RFV. 61, 35). Zu *та́лый* 'schmelzend', *та́ятъ* 'schmelzen'.

талы́зина 'dicke Keule, Schlägel', Pskov (D.), wruss. *talyzác* 'schlagen, zerren', *talýskać, potalýskać* 'zertrampeln', Smol. (Dobr.). || Etymologie und Zusammengehörigkeit dieser Wörter ist unklar. Nach Kalima 224 (ohne die wruss. Wörter) ist die Entlehnung aus estn. *tala* G. *tala* 'Tragbalken', finn. *tala* 'Stange, Gerüst', bzw. estn. *talas* pl. *talasid* 'Gerüst, Stellage' schwerlich möglich. Nicht annehmbar ist auch die Herleitung aus lit. *talãžyti* 'schwatzen', *tālažuoti* dass. (Karskij RFV. 49, 17). Eher echt-slav. zu der unter *мал* besprochenen idg. Wortsippe. Vgl. auch *таль*.

таль m. 'Geisel, Leibbürge', ukr. *taľ*, aruss. *talь* dass. (oft, s. Srezn. Wb. 3, 922), skr. *tȁlac* G. *tȁoca* 'Geisel', sloven. *tȃləc* G. *tȃłca*. || Nach R. Much WS. 1,47 soll Verwandtschaft bestehen mit lat. *tālea* 'Setzling, Setzreis', griech. τᾱλις, -ιδος 'junges mannbares Mädchen', τῆλις, -εως f. 'Hülsengewächs, Bockshorn', aind. *tālī* 'e. bestimmter Baum', *tālas* 'Weinpalme'. Über das von ihm verglichene ksl. *talii* 'ramus virens' siehe oben s. v. *мал*.

тальк 'Talk, e. Mineral'. Entlehnt über nhd. *Talk* aus ital. *talco*, span. *talco* von arab. *ṭalḳ* dass., s. Littmann 90, Meyer-Lübke Rom. Wb. 705, Matzenauer 342.

та́лька 1. 'Garnwinde, Haspel', 2. 'Strähne (Garn)', Čerep. (Gerasim.). Entweder russ. Neubildung zu *таль* (s. *та́ли* pl.) oder entlehnt aus mnd. *tallige* 'Talje'.

тальма́ 'Oberkleid der Frauen', Tobol'sk (Živ. Star. 1899 Nr. 4 S. 517). Wohl turkotatarisches Lehnwort aus der Sippe von osman. *dolama* 'Oberkleid' (s. oben 1, 360).

тальмень 'Salmforelle, Salmo trutta', Verchotuŕje G. Perm, Sibirien. Davon *Тальменское Озеро* im Kr. Barnaul. Gehört zu *таймень* (s. d.).

тáльреп s. *тáлреп*.

тáлья 'Taille, Schnitt, Wuchs'. Siehe *тáлия*.

талья́н 'Wehr zum Fischfang', Krim (D.). Aus osman. *taljan*, *daljan* dass. (Radloff Wb. 3, 892, 1636), woher auch ngriech. ταλιάνι, s. MiTEl. Nachtr. 1, 26.

талья́нка 'Harmonika', Nordgrr., *талья́нчики* pl., auch *талья́шки* 'Ziersteine, billiger Schmuck', Ural-G. Von *италья́нка* 'Italienerin', *италья́нец* 'Italiener', s. Bulič IORJ 1, 328ff., Etnogr. Obozr. 33, 100ff.

там 'dort', dial. *тáмка, тамокá* Arch., Kostr., Perm (D.), *тáмотко* Novgor. Vologda, *тáмотка* Pskov, Tveŕ, *тáмóй* Kostr. Nižn. (D.), ukr. *tam, táma*, aruss. abulg. *tamo ἐκεῖ* (Ostrom. Supr.), bulg. *tam, támo* 'dort, dorthin', skr. *tȁmo* 'dort, dorthin', sloven. *tȁm, támo*, čech. *tam, tamo*, slk. *tam*, poln. *tam*, osorb. nsorb. *tam*. Urslav. *tamo mit postposit. Partikeln im Russ.; man vergleicht damit: lett. *tām* in *nuo tām* 'daher', griech. τῆμος 'da, dann', dor. τᾶμος, weiter verwandt mit dem *to*-Pronomen (s. *тот*), s. Kozlovskij Archiv 10, 657, Hujer Dekl. 14, 25ff., Hofmann Gr. Wb. 364ff., M.-Endz. 4, 147, Stang NTSpr. 13, 286. Zweifel am Vergleich mit den griech. Wörtern bei Meillet-Vaillant 469. Zur Bildung vgl. abulg. *jamo, kamo*.

тамадáн 'Silberdraht, mit dem die Dolchscheide geziert ist', Terek-G. (RFV. 44, 108). Unklar.

тамáк 'Fischbauch', Ural-G. (D.), 'Fett vom Fischkopf', Terek-G. (RFV. 44, 108). Vgl. dschagat. kasantat. kuman. alt. kirg. *tamak* 'Rachen, Kehle' (s. Grönbech Kuman. Wb. 233, Radloff Wb. 3, 993).

Тамáнь f. 'Stadt u. Landzunge NW des Kaukasus'. Altruss. Ableitung auf *jo-* von einem PN *Таманъ (vgl. *Ярослáвль* zu *Ярослáв*), dieser aus alttürk. *taman* 'eine Würde' (Radloff Wb. 3, 996), s. Verf. OON 13ff. Siehe auch *Тмутаракáнь*. Eine iran. Deutung im Zusammenhang mit dem skythischen Namen *Temarundam matrem maris* (für die Maeotis) bei Plinius Nat. Hist. 6, 7, 7 versucht Sobolevskij IORJ. 26, 39. Unwahrscheinlich, da *Тамáнь* nur spät überliefert ist.

тамбýр 1. 'Vorbau an Türen zum Schutz gegen den Wind'. 2. 'Näh-, Stickrahmen, Sticktrommel'. Aus frz. *tambour* 'Trommel, Stickrahmen', afrz. *tabour*, das aus d. Arab. hergeleitet wurde, s. Littmann 90ff., Gamillscheg EW. 827, Meyer-Lübke Roman. Wb. 701, Lokotsch 159.

тамбури́н 'Tamburin, Schellentrommel'. Über nhd. *Tamburin* aus frz. *tambourin*, ital. *tamburino*, weiter zum vorigen.

тамгá 'Eigentumszeichen an Renntieren bei den Samojeden', Mezeń (Podv.), aruss. *tamъga* 1. 'Stempel, Siegel'. 2. 'Art Abgabe an die Tataren' (Novgor. 1. Chron. a. 1257, Polock. Urk. a. 1405, s. Nap. 120, Srezn. Wb. 3, 924). Entlehnt aus dschagat. uigur.

kasantat. *tamүa* 'Eigentumszeichen, Siegel, Abgabe, Zollgebühr', osman. *damүa* 'Siegel, Stempel' (s. Radloff Wb. 3, 1003 ff., 1652), s. MiEW. 39, TEl. 1, 281, Gorjajev EW. 360, Berneker EW. 1, 178, Lokotsch 38.

та́мка 'Art Rucksack, Sack', Čerep. (Gerasim.). Unklar.

тамо́жня 'Zollamt,' schon Kotošichin 124. Ableitung von aruss. *tamъga* 'Stempel, Siegel' (s. *тамга́*). Dazu auch aruss. *tamožьnikъ* 'Steuereinnehmer der Tataren' (Jarlyk a. 1267), 'Zollbeamter' (Smol. Urk. a. 1284, s. Srezn. Wb. 3, 923 ff.), s. auch Berneker EW. 1, 178.

тамо́йники 'Spottname der Leute von Kostroma', weil sie *тамо́й* 'dort' für *там* sagen, s. Zelenin Živ. Star. 1904 Nr. 1—2 S. 57.

тамта́м 'Trommel der Eingeborenen in Vorder- und Hinterindien'. Über franz. *tamtam*, engl. *tomtom* aus dem Malayischen, s. Littmann 131, Kluge-Götze EW. 610, Lokotsch 158 ff.

та́мошний 'dortiger', s.-ksl. *tamošьnь* ὁ ἐκεῖ. Ableitung von aruss. *tamo*, s. *там*. Vgl. *дома́шний*.

тамы́р 'Genosse, Freund', Irtyš-G. (D.). Turkotatar. Lehnwort; vgl. kirg. *tamyr* 'Freund', kasantat. *tamyr* 'Verwandter' (Radloff Wb. 3, 999).

тана́к s. *таны́к*.

тангу́ты pl. 'ostmongolischer Volksstamm'. Aus alttürk. uigur. dschagat. *tavut* 'Tangute' (Radloff Wb. 3, 808).

танди́та, танде́та 'Trödelmarkt', Adj. *танди́тный*, ukr. *tandýta* dass., wruss. *tandet*. Aus poln. *tandeta* dass., das zurückgeführt wird auf nhd. *Tandelmarkt, Tand*, mit *-eta* von *wendeta* 'Trödelmarkt', s. Brückner EW. 564 ff. Auf dieses Wort wurde der Name *Тенте́тников* (Gogol') zurückgeführt, s. RFV. 61, 225 ff.

та́нец G. *та́нца* 'Tanz', schon Kotošichin (s. Christiani 50), dial. *тано́к* G. *-ка́* 'Dorfreigen', Südl., Westl., Moskau (D.), Kursk, Orel, Tula, Kaluga (RFV. 49, 335, IORJ. 3, 891), ukr. *táneć*, wruss. *tánec*. Über poln. *taniec, -ńca* aus mhd. *tanz* 'Tanz' mit volksetymologischer Einführung des Suffixes *-ец*. Zu *-ок* vgl. poln. dial. *tan, tanek*, s. Brandt RFV. 24, 194, Kluge-Götze EW. 611, Brückner EW. 565.

тани́к 'Haube der estnischen Bäuerinnen' (D.). Aus estn. *tanu* G. *tanu* 'Haube, Netzmagen der Wiederkäuer', finn. *tanu* 'Haube', s. Kalima 224.

тани́н 'Gerbersäure', aus nhd. *Tannin*, gelehrte Bildung von frz. *tanner* 'gerben'.

танк I. 'Behälter für Flüssigkeiten (bes. auf Schiffen, Wagen)'. Über nhd. *Tank* oder direkt aus engl. *tank* 'Behälter, Zisterne', zu mengl. *stanc* 'Wasserbassin, Teich', weiteres s. Kluge-Götze EW. 611, Falk-Torp 1246, Holthausen 200. Anders Lokotsch 159.

танк II. 'gepanzerter Kampfwagen'. Entlehnt aus engl. *tank* dass. während des 1. Weltkrieges. Dort benannt nach dem Erfinder *Tank*, s. Kluge-Götze EW. 611, Lokotsch 159.

та́нный 'billig, wohlfeil', Westl. (D.). Aus poln. *tani* dass., das als hyperkorrekte Form auf *tunjь dass. zurückgeführt wird, vgl. Stieber Zeitschr. 9, 381 ff. Siehe *туне*.

танцкла́сс 'Tanzstunde'. Aus nhd. *Tanzklasse*.

танцме́йстер 'Tanzmeister', zuerst Kurakin, s. Smirnov 287. Aus nhd. *Tanzmeister*.

танцо́р 'Tänzer'. Viell. aus frz. *danseur* dass., angelehnt an *та́нец*. Dagegen poln. *tancerz* aus nhd. *Tänzer*, s. Korbut 487.

таны́к, auch *таны́ка* m., *тана́к* 'Kenner, gelehrter Mann, gerissener Geschäftsmann', Perm (D.). Entlehnt aus osman. kasantat. kuman. kirg. *tanyk* 'Zeuge, Kenner', zu osman. *tanymak* 'kennen', dschagat. *tanuk* 'Zeuge' (Radloff Wb. 3, 826, 830).

тапе́шка 'Art Fladen', Kursk (D.), schon Domostr. Zab. 160 ff. Aus *topežka zu *топи́ть*.

та́пир 'Tapir, Tapirus americanus'. Entlehnt über nhd. *Tapir* oder frz. *tapir* aus Tupi (Brasilien) *tapira* urspr. 'Säugetier', s. Loewe KZ. 60, 173 ff., Lokotsch Amer. Wörter 61, Palmer Einfluß 138, Neuweltw. 130.

тапта́ 'Zapfenstreich', *бить тапту́* 'den Zapfen schlagen'. Entlehnt aus ndl. *taptoe* 'Zapfenstreich', weniger in Frage kommen als Quelle engl. *taptoo*, ndd. *taptō*, s. Meulen 210, Matzenauer 343, Kluge-Götze EW 703.

та́пуса 'schmaler Viehweg im Dickicht', Olon. (Kulik.). Unklar.

та́ра 'das reine Gewicht der Waren ohne das Verpackungsmaterial'. Über nhd. *Tara* aus ital. *tara* von arab. *ṭarḥ* 'Abzug', s. Littmann 99, Kluge-Götze EW. 612. Nicht wahrscheinlich ist Entlehnung über osman. *tara* wegen der Anfangsbetonung (gegen MiTEl. 2, 170).

тараба́н, -*а* 'Trommel', Westl. Südl. (D.), ukr. *tarabán*, poln. *taraban*. Als Quelle gilt kasantat. *daraban* 'Trommel', woher durch Fernassimilation *бараба́н*, s. MiEW. 347, Preobr. 1, 16 u. oben 1, 53. Vgl. *гума́га* für *бума́га*. Hierher auch *тараба́нить* 'trommeln, klopfen, schlagen', Vjatka (Vasn.).

тараба́нить 'schwer schleppen, schleifen', Arch. (Podv.), Olon. (Kulik.), Kolyma (Bogor.). Unklar. Šachmatov IORJ. 7, 2, 359 vergleicht *та́рабить* 'schleppen' (woher?).

тараба́р I. 'Schwätzer', *тараба́ры* pl. 'Geschwätz', Pskov, Tvef (D.), *тараба́рить* 'schwatzen', auch *тараба́рская гра́мота* 'Art Geheimschrift' (s. Grot Fil. Raz. 2, 513 ff., Mel'nikov 5, 25 ff.), *тараба́рское наре́чие* 'Geheimsprache jüdischer Händler' (Gogol'). ‖ Man vergleicht **tor-* in *торото́рить* 'Unsinn reden' (s. d.), vgl. Gorjajev EW. 360 ff., Petersson BSl. 90. Vgl. *тара́кать* u. *таба́рить*.

тараба́р II. m., *тара́бра* f. 'Güster, Plötze, Abramis blicca', Olon. (Kulik.). Unklar.

тараба́рка 1. 'Querleiste an den Wänden eines Wagens', 2. 'Untersatz für e. Kessel aus drei Stöcken', Don-G. (Mirtov). Dunkel.

та́райдать, та́рандать 'knarren, unnütz u. viel reden', Olon. (Kulik.). Vgl. *тараба́р* I., *таранта́*.

тара́к 'Stange zum Trocknen der Netze, Stück, Bruchstück', Olon. (Kulik.). Unklar.

тарака́н, -а 'Schabe, Blatta orientalis', schon Avvakum 81, aruss. auch *torokanъ* Domostr. K. 36 (weiteres IORJ. 11, 4, 85), ukr. *tarakán, torhán*, wruss. *tarkán*. Aus dem Ostslav. entlehnt ist poln. *tarakan* (s. Brückner EW. 565). Vgl. kasantat. tob. *tarakan* 'Schabe' (Radloff Wb. 3, 839), das manche für die Quelle der ostslav. Wörter halten, s. Lokotsch 159, Karłowicz 254. Nach Räsänen Zeitschr. 20, 448 soll das Wort aus tschuwass. *tar-aqan* 'Entflieher, Flüchtling' stammen u. zu turkotat. *täz-* 'entfliehen' gehören. Andere vermuten Verwandtschaft mit poln. *karaczan* 'Schabe', auch *karakan, karaluch* (MiEW. 347, Brückner EW. 565, Mikkola Berühr. 168). Nach Mikkola c. l. sollen die *k*-Formen mit *кара́ковый* 'dunkelbraun' auf turkotat. *kara* 'schwarz' zurückgehen. Noch anders Karłowicz 254, der poln. *karaluch* aus nhd. *Kackerlack* herleitet und die andern Formen aus d. turkotat. *tarakan*.

Тарака́нчик Кора́бликов 'Eidam des Batyga in den Bylinen von Vasilij Pjanica'. Aus d. Turkotat.: osman. dschagat. *tarχan* 'e. Würde' und *kara beg* 'schwarzer Beg', s. Verf. Zeitschr. 1, 168 ff.

тара́кать 'schwatzen', Tula, Orel (D.), auch *тарара́кать* dass. (Šachm. IORJ. 7, 2, 379). Lautnachahmend.

тарамбу́чить 'stark ziehen, reißen, schleppen', Olon. (Kulik.). Cf. frz. *tarabuster* 'belästigen'. Unklar. Vgl. das folg.

тара́мкаться 'sich schleppen', Kolyma (Bogor.). Unklar, s. Šachmatov IORJ. 7, 2, 356.

тарамы́шек 'Bryonia, Zaunrübe'. Vgl. kasantat. *taramyš* 'Sehne', alt. tel. *taram*, bar. *taramys*, dschagat. *taramγu* 'Tamarinde' (Radloff Wb. 3, 845 ff.).

тара́н 'Belagerungsmaschine, Mauerbrecher', ukr. *tarán*, wruss. *tarán*, aruss. *taranъ* (Hypat. Chron. a. 1234, 1. Soph. Chron. a. 1239, s. Srezn. Wb. 3, 925). Über poln. *taran* dass. aus mhd. *tarant* 'Belagerungswerkzeug, Skorpion, Drache' von ital. *taranto*, mlat. *tarantula* (s. Lexer s.v.), vgl. Matzenauer 343, Schapiro Fil. Zap. 1873 Nr. 3 S. 6. Unglaubhaft zu *тру*, *тере́ть* 'reibe' (gegen Brückner EW. 565, Gorjajev EW. 360). Vgl. *та́рас*.

таранта́ 'Schwätzer, unruhiger Mensch', Arch., Moskau, Vologda (D.), *таранти́ть* 'schwatzen' (Mel'nikov), *тарандать, тыран-дать, турандать* 'lärmen, tönen', Olon. (Kulik.). Lautnachahmend wie *тарапа́*. Entlehnung aus karel. *täristä* 'dröhnen' (Leskov Živ. Star. 1892 Nr. 4 S. 102) ist wegen der Verbreitung unwahrscheinlich.

таранта́с 'Reisewagen', dial. *каранда́с* Vjatka (Vasn.). Man dachte an Entlehnung aus kasantat. *taryntas* dass. (Gorjajev EW. 444), daneben wurde sicher zu Unrecht Urverwandtschaft mit aind. *tarạni-* 'schnell', *tarasā́* dass. (Gorjajev Dop. 1,48) oder Zusammenhang mit *таранти́ть, тарато́рить* (Gorjajev EW.

360) angenommen. Alles ganz unsicher. Tscherem. *karandas* ist russ. Lehnwort (s. Wichmann TT. 57). Zu beachten ist auch *таратáйка* 'Reisewagen', *тарантáйка* auch 'Schwätzerin', Arch. (Podv.), poln. *taratatka, taradajka, taradejka* 'Art Wagen' (Brückner EW. 565).

тарантѝть 'schwatzen, schnattern'. Siehe *таранта́* u. *таратáйка*.

тара́нтул 'Tarantel', viell. über nhd. *Tarantel* oder direkt aus ital. *tarantola*, das von der Stadt *Taranto*, lat. *Tarentum* hergeleitet wird (s. Meyer-Lübke Roman. Wb. 708, Kluge-Götze EW. 612, Rosenqvist 239). Hierher auch *тарантýх* 'giftige Spinne', Voron. (Živ. Star. 15, 1, 123).

таранчѝ, таранчѝнцы pl. 'turkotatar. Volksstamm in Chinesisch-Turkestan', s. Korsch Etnogr. Obozr. 84, 116. Aus tar. dschagat. *taranči* 'Ackerbauer', alt. tel. kalmück. *tarān* 'Saat, Getreide, Acker' (Radloff Wb. 3, 841 ff., Ramstedt KWb. 380), s. Németh Symbolae Rozwadowski 2, 221.

тара́нь I. f. 'Fisch, Rutilus rutilus Heckeli', Don-G. (Mirtov), Kubań-G. (RFV. 68, 404), ukr. *tarań*, s. auch Berg Ryby 2, 500, Sov. Etnogr. 1948 Nr. 2 S. 71. Nach Sobolevskij IORJ. 2, 346 östliches Lehnwort. Unklar. Vgl. *тавранчу́к*.

тара́нь II. f. 'Grenzfurche', *тáранить* 'mit dem Pflug die Furche ziehen', Arch. Šenk. (Podv.). Dunkel.

тара́нь III. f. 'Pack, Gesindel'. Unklar. Etwa zu *тарапá*?

тарапáн 'steinerner Trog, hölzerner Kasten zum Keltern von Weintrauben', Neurußl. (D.). Dunkel.

тарара́, тарары́ 'Geschwätz', *тарарýса, торорýса, тарарыка* 'Schwätzer', *тарарýй* dass., *тарара́кать* 'schwatzen, dasselbe wiederholen', ukr. *tararákaty* 'schwatzen'. Lautnachahmend, vgl. *торотóрить*, s. Šachmatov IORJ. 7, 2, 379, Petersson BSl. 90.

тарара́хать, тарара́хнуть 'heftig schlagen, zerschmettern', Pskov, Tveŕ (D.), auch *тарара́хнуться, тара́хнуться* 'hinfallen', *тарара́х* Interj. 'krach!'. Lautnachahmend, s. Šachmatov c. l.

Тара́с, Тара́сий 'Mannesname'. Aus griech. Τεράσιος.

та́рас 'Brückenpfeiler', Novgor. (D.), *тара́са* 'bewegliche Belagerungsvorrichtung', aruss. *tarasъ* dass. (Sof. Vrem., Voskres. Letop. a. 1552 (PSRL. 6, 307), s. auch Srezn. Wb. 3, 925). Unklar. Bedenklich ist Dal's (4, 726) Verknüpfung mit nhd. *Terrasse*, frz. *terrasse* (vlat. *terrācea), ebenso die Verbindung mit *турýсы* (Gorjajev EW. 380).

таратáйка 'Bauernwagen', ukr. poln. *taradajka*, woher rumän. *daradaică* dass., (s. Brüske JIRSpr 26, 22). Vgl. *тарантáс*. Matzenauer 344 vermutet oriental. Herkunft.

таратóрить 'schwatzen', siehe *торотóрить*.

тараты́ in *на во́нтараты* 'umgekehrt, verkehrt', siehe *во́нтараты* (oben 1, 225).

тара́хнуться 'hinstürzen', ukr. *taráchkaty* 'klopfen, schlagen', *tarachtáty* 'dröhnen'. Lautnachahmend zu *тарара́х!* 'bautz!'. Vgl. Šachmatov IORJ. 7, 2, 379 sowie s.v. *тарара́хать* u. *торо́хнуть*.

тара́щить in *вы́таращить (глаза́)* '(die Augen) aufsperren'. Bisher nicht einleuchtend erklärt. Die Vergleiche mit *моро́щиться* 'viel Wesens machen', poln. *troska* 'Kummer, Sorge', *troszczyć się* 'sich bekümmern, sorgen' (Torbiörnsson 2, 86) oder poln. *wytrzeszczyć oczy* 'stieren', čech. *vytřeštiti oči* dass. (von MiEW. 361 zu *třesk*- gestellt) sind ganz unsicher. Nicht besser ist der Vergleich mit nhd. *starren*, *Star* 'Augenkrankheit' (Gorjajev EW. 361). Vielleicht gehört das russ. Wort zu *торо́хнуть* 'schlagen', ukr. *torochtíty* 'klopfen, dröhnen' (s. d.), vgl. MiEW. 359, Brandt RFV. 25, 30.

тарбага́н 'Moschustier, arctomys bobac', Südl., Ostsibir. auch *табарга́н* dass. (D.). Entlehnt aus d. Turkotat., vgl. tel. *tarbayan* dass. (Radloff Wb. 3, 872), kalmück. *tarwayan* dass., s. Ramstedt KW. 381.

тарбази́н 'schwarzer Adler', Baikal-G. (D.). Aus dem Mongol., vgl. kalmück. *tarwadzi* 'kleiner schwarzer Adler', mong. *tarbaži*, s. Ramstedt KW. 381.

тарбува́ть 'die Pferde von der Weide treiben', Smol. (Dobr.). Unklar.

таре́лка 'Teller', älter *торелка* (Kotošichin 10, bis), aruss. *tarělь* dass. (Testam. Dmitr. Ivan. a. 1509, s. Srezn. Wb. 3, 925), ukr. *talír, taríl'* 'Schüssel, Teller', wruss. *talérka*. Wohl über poln. *talerz*, čech. *talíř* aus mhd. *talier* 'Teller', bair. *taller*, ital. *tagliere* dass. von *tagliare* 'schneiden', lat. *taliāre* dass., s. Štrekelj Archiv 28, 531 ff., Schrader-Nehring 2, 515, Brückner EW. 564, MiEW. 346, Kluge-Götze EW. 617, Suolahti Franz. Einfl. 2, 250 ff., Sehwers KZ. 54, 23. Aus d. Ital. auch ngriech. ταλέρι (G. Meyer Ngr. Stud. 4, 88, Alb. Wb. 423).

тари́ф 'Tarif, Zollregister', schon Ust. Morsk. a. 1724, s. Smirnov 288. Über nhd. *Tarif* oder frz. *tarif* aus ital. *tariffa* von arab. *taʿrîf(a)* 'Bekanntmachung der Gebühren', s. Littmann 99, Kluge-Götze EW. 612, Gorjajev EW. 361, Lokotsch 160.

та́рка 'Art Gebäck', Kolyma (Bogor.) Sibir. (D.). Vgl. kasant. kuman. kirg. *tary* 'Hirse' (s. Radloff Wb. 3, 846).

тарки́ч 'Kopftuch', Don-G. (Mirtov). Unklar. MiTEl. 2, 171 leitet es her von kasantat. *tartmak* 'ziehen, wägen', was nicht befriedigt.

тарлата́н 'feiner, leichter Stoff für Ballkleider', Adj. *тарлата́новый* (Turgenev). Aus nhd. *Tarlatan* bzw. frz. *tarlatane* dass., älter *tarnatane* (1723, s. Dauzat 701). Indischen Ursprungs nach Brückner EW 566.

тарлепа́ s. *тáлреп*.

тармалама́ 'festes Seiden- u. Halbseidenzeug' (Mel'nikov, Herzen), auch *термалама́*. Wird von Dal' 4, 727 für türkisch gehalten.

тармасить s. *тормошить*.

тармать 'reißen, sausen', s. *тормошить*.

тарна́ 'Rogen bestimmter Fische (Zander, Karpfen)', Don-G. (Mirtov). Dunkel.

тарнаба́ 'Art Balalajka mit 8 metallenen Saiten', Perm (D.). Unsicher ist die Herleitung aus ostjak. *tarni-ār* 'Überlieferung' (Kálmán Acta Ling. Hung. 1, 264).

тарова́тый 'freigebig', s. *моровáтый*.

тарпа́н 'wildes Pferd', Don-G. (Mirtov), Kirgis. (D.). Aus kirg. *tarpan* dass. (Radloff Wb. 3, 871).

тарта́к, -á 'Sägemühle', Südl., ukr. *tarták*, davon Fam.N. *Тарма-ков*, poln. *tartak* 'Sägemühle'. Nach MiEW. 353 aus *tьrtakъ zu *теретъ* 'reiben'. In diesem Falle müßten die ostslav. Wörter aus d. Poln. entlehnt sein. Dagegen denkt Melioranskij IORJ. 10, 4, 131 ff. an Entlehnung aus d. Turkotatar. und erinnert an turko-tat. *tart-* 'mahlen'. Zum alttürk. *-ay* vgl. Gabain Alttürk. Gramm. 70.

та́ртар 'Hölle, Unterwelt', aruss. *tar(ъ)tarъ* (Kyrill v. Turov, Georg. Monach., s. Srezn. Wb. 3, 925), s.-ksl. *tarъtarъ* dass. Aus griech. τάρταρος. Daraus mit expressiver 'Streckung': *тартарары*: *провались он сквозь тартарары*, entsprechend dem N. pl. τὰ Τάρταρα, s. Sobolevskij RFV 66, 347, Mel'nikov 6, 125; 7, 34, Dal' 4, 727. Hier Anlehnung an *марапá, марары*.

тарти́нка 'Butterbrot' (Puškin). Aus frz. *tartine* dass. zu *tarte* 'Torte' (s. Dauzat 701, Gamillscheg EW. 835).

тару́са 'Unsinn, dummes Zeug', Novgor. (D.). Etwa zu *маратó-рить, моротóрить*?

тарха́н 1. 'von Abgaben befreiter Stand'. 2. 'Aufkäufer von Flachs, Hanf, Borsten, Häuten (auf Dörfern)'. Aus osman. dschagat. *tarχan* 'privilegierter Stand', alttürk. *tarkan* 'e. Würde', uigur. *tarχan* (s. Radloff Wb. 3, 851 ff., 854, Vámbéry Uigur. Spr. 233). Zur weiten Verbreitung des turkotat. Titels vgl. noch Paasonen Cs. Sz. 174, Zeuss Die Deutschen 726, Vasiljevskij Trudy 2 S. CCLXVII ff., Hübschmann Arm. Gr. 1, 516.

тарч, торч 'Tartsch, kleiner runder Schild'. Über poln. *tarcz, tarcza* dass., mhd. *tartsche, tarsche* aus frz. *targe* von fränk. *targa, ahd. *zarge*, s. MiEW. 347, Brückner EW. 565, Kluge-Götze EW. 612.

та́ры-ба́ры, *тары́-бары́* 'heiteres, oberflächliches Gespräch', Tveŕ (Sm.) u. sonst. Vgl. *марабáр* u. *мабáрить*.

тары́га 'Zins, Profit', Rjazań (Živ. Star. 1898 Nr. 2 S. 223), *тары́жка* dass. Penza, *тары́жничать* 'mit alten Sachen handeln', Kaluga. Neubildungen zu *торг* 'Handel', s. Šachmatov Očerk 159.

тарья́ 'Wehrschirm, Wehr im Fluß', Arch. (Podv.). Aus karel. *tarja* dass., estn. *tari* G. *tarja* 'Geflecht, Flechtwerk, Gitter-werk', s. Kalima 224, FUF 21, 135, RFV. 65, 180.

таска — татарин

таска 'das Ziehen', *тащúть, тащý* 'ziehe', ukr. *taščýty, taskáty*, čech. *tasiti* dass., poln. *taskać, taszczyć*. Unklar. Eine Verbindung mit idg. **ten-* 'ziehen' ist (gegen Jokl Archiv 28, 2) nicht zu empfehlen, s. Charpentier Archiv 29,6 u. *тазáть*. Auch Verknüpfung mit *тесáть* (Holub-Kopečný 380) ist unsicher. Nach J. Schmidt Verw. 49, Uhlenbeck Aind. Wb. 111 urverw. mit aind. *taskaras* 'Räuber, Dieb'.

таскúл 'schneebedeckter Berggipfel', Bajkal-G. (D.). Aus schor. sag. *taskyl* 'Bergkegel', zu kirg. sag. *tas* 'Stein' und *kyr* 'Feld' (s. Radloff Wb. 3, 920).

тасма 'Gurt am Renntiergeschirr', Arch. (Podv.). Über syrjän. *tasma* 'Riemen, Ledergurt' aus kasantat., osman. *tasma* 'Band' (weiteres unter *тесьмá*), vgl. Wichmann Tschuw. LW. 105 ff.

тасовáть, тасýю '(Karten) mischen', poln. *tasować* dass. Entlehnt aus frz. *tasser* 'aufhäufen' von *tas* 'Haufe', das fränkischer Herkunft sein soll (Gamillscheg EW. 835, Dauzat 701), s. Matzenauer 413 ff., Gorjajev EW. 361.

тат pl. *тáты* 'iranischer Volksstamm in Azerbeidžan u. Daghestan'. Aus alttürk. *tat* 'Fremdstämmiger, Iranier' (Gabain Alttürk. Gramm. 338), s. Brockelmann Kel. Sz. 17, 185, Malov IANOtdLit. 5, 133, Korsch Živ. Star. 18, Nr. 2—3 S. 159. Letzterer sucht die Quelle des türk. Wortes im Namen *taŋgut*.

тáта m. 'Vater', Arch., Pskov, Westl., Südl. (D.), bulg. *táto* (Mladenov 630), skr. *täta, táta*, sloven. *táta*, čech. *táta*, slk. *tata*, poln. osorb. nsorb. *tata*. ǁ Lallwort der Kindersprache. vgl. aind. *tatás* 'Vater', *tátas* 'Vater, Sohn, Lieber', lit. *tètis, tėtýtis* 'Vater', ostlit. *tėtė*, lett. *tēta*, apreuß. *thetis* 'Großvater', griech. τέττα (Ilias 4, 412), τατᾶ Voc. sing., lat. *tata* 'Vater, Ernährer', korn. *tat* 'Vater', alb. *tatɛ*. Ähnliche Lallnamen in allen Sprachen der Welt, s. Kretschmer Einl. 348 ff., Trautmann BSl. 320, Hofmann Gr. Wb. 362. Uhlenbeck Aind. Wb. 107, Torp 154, M.-Endz. 4, 176, 178. Walde-Hofmann 2, 650. Dazu stellt man auch lit. *tẽvas* 'Vater', lett. *tẽvs*, apreuß. *thevis* 'Väterchen'. Vgl. auch *тётя*, *тя́тя, тя́той*.

татáкать 'schwatzen, Unwichtiges reden', Pskov, Tveŕ (D.). Lautnachahmenden Ursprungs.

таталýй 'Speise aus Kartoffeln', Smol. (Dobr.). Dunkel.

татáрин, *-a* 'Tatare', ukr. *tatár, tatáryn*, Koll. *tatarvá*, aruss. *tatary* pl. (Laur. Chron. a. 1223, Smol. Urk. a. 1229, DE, s. Nap. 445 u. a.), bulg. *tatárin*, skr. *tàtar, tàtarin*, čech. poln. *tatar*. Entlehnt aus kasantat. dschagat. osman. *tatar*, alttürk. *tatar* 'Bewohner der Gegend im Norden von China', tschuwass. *todar, tudar* 'Tatare', vgl. mongol. *tatari*, kalmück. *tat̰r* 'Stotterer', s. Radloff Wb. 3, 902, Ramstedt KWb. 384, MiTEl. 1, 171, EW. 347, Paasonen CsSz. 175, Kannisto FUF. 17, 209 ff. Davon abgeleitet: *татáрка* 'Buchweizen', ukr. *tatárka*, čech. poln. *tatarka* dass. Aus dem Poln. entlehnt ist mhd. *tattelkorn, tatterkorn*, nhd. *Tatterkorn*, auch dän. schwed. Der Buchweizen ist zu Beginn des 15. Jahrh. aus Mittelasien nach Deutschland gekommen, s.

Kluge-Götze EW. 83, Brückner EW. 566, Falk-Torp 1240, Lokotsch 161.

татау́р 'breiter Gürtel', dial. (D.), Don-G. (Mirtov), aruss. *tataurъ* 'Riemengürtel' (Testam. Dmitr. Donsk. a. 1389, s. Srezn. Wb. s.v.). Entlehnt aus mongol. *tatagur*, kalmück. *tatūr* 'Bauchriemen, Zugriemen', s. Ramstedt KWb. 384.

та́той 'Vater', Olon. (Kulik.). Aus weps. *tatoi̯*, karel. *toatto* 'Vater', finn. wotisch *taatto* dass., s. Kalima 224. Wegen der Endung entlehnt. Vgl. aber *máma*.

татраны pl. 'e. turkotat. Stammesname', nur 1 mal aruss. *tatrany* Igorlied. Man vergleicht mgriech. Τατράνης 'e. pečenegischer Flüchtling' (Anna Komnena, s. Moravcsik 2, 255). Zur turkotatar. Deutung s. Menges Orient. Elements 49 ff., Rásonyi Semin. Kondakov. 6, 224 ff. Unmöglich ist die Herleitung des aruss. Namens vom Gebirge *Tatra* (gegen Potebnja Fil. Zap. 1878 Nr. 1 S. 102 ff.), da diese Form urspr. nur poln. ist (s. *Tátpы*).

Та́тры pl. 'Tatragebirge'. Neue Entlehnung aus poln. *Tatry* dass., das aus *Tartry* dissimiliert, auf urspr. *Tъrtr-* zurückgeht, vgl. ukr. *Tółtry*, *Tółtry*, mlat. *Tritri montes* (Kosmas v. Prag 60, 1; 138, 10), ukr. *tołtry* pl. 'Steine, Geröll', s. Sobolevskij RFV. 64, 168, RS. 4, 276. Aus dem Poln. stammt magy. *Tátra* (zuerst 1808), lat. *Tatra* (erst 18. Jhdt.), s. Melich FUF. 13, 171 ff. Der ältere mlat. Name war *Turtur mons* (Ungar. Anonymus, mehrfach, s. Melich c. l., Archiv 34, 545 ff.). || Der Gebirgsname wird mit skr. *Trtra* 'Berg in der Hercegovina', auch *Trtla* verglichen (s. Asboth RS. 7, 178) und als thrakisch mit griech. τέρϑρον 'Ende, Spitze' zusammengestellt, s. Rozwadowski JP. 2, 12 ff.; 3, 17, Pamiętnik Tatrzański 1914, Sprawozdania Akad. Umiej. 13 (1908), Nr. 9, S. 3, RS. 2, 295; 4, 276, Brückner EW. 567, Sobolevskij c. l.

татуи́ровать, татуи́рую 'tätowieren', aus frz. *tatouer* dass. aus polynes. tahiti. *tatau* 'Zeichen. Malerei', woher auch engl. *tattoo* 'tätowieren', s. Littmann 136, Kluge-Götze EW. 613, Gamillscheg EW. 836 Lokotsch 161.

та́тули-ма́мули 'Schreckensruf eines Juden', Smol. (Dobr.). Aus poln. *tatulu*, *mamulo* von *tata* 'Vater' u. *mama* 'Mutter'.

та́турь m. 'Baumklotz, Baumstumpf', Mez. (Podv.). Dunkel.

та́ты pl. 'Volksstamm', s. *mam*.

тать m., G. *тáтя* 'Räuber, Dieb', augment. *татище*, wovon Fam.N. *Татищев*, aruss. *tatь*, abulg. *tatь* κλέπτης (Ostrom., Supr.), skr. *tât* G. *tȁta*, sloven. *tât*, *tâla*, *tatû*. || Urslav. *i*-Stamm urverw. mit air. *tāid* m. 'Dieb' (*tātis), griech. τητάω 'beraube', dor. τᾱτάω dass. Weiter zu *та́йный*, *таю́*, *таи́ть*, s. Fick KZ. 22, 374, Meillet-Ernout 226, Trautmann BSl. 313, Uhlenbeck Aind. Wb. 111, 344 ff., Stokes 122, W. Schulze KZ. 49, 252. Für eine Entlehnung des slav. Wortes aus d. Kelt. (Šachmatov Archiv 33, 92) gibt es keine Beweise.

Таусе́нь 'Silvesterabend', auch *Авсе́нь-Таусе́нь* 'Refrain von Weihnachtsliedern', davon *таусе́нить* 'Weihnachtslieder singen'. Vgl. *Авсе́нь* 'erster März, erster Frühlingstag', das oben (1, 3 ff.) aus **oveseнь* erklärt u. zu *весна́* 'Frühling' gestellt wurde. Das *t* könnte aus **ta* 'so' bzw. *ty* + *ovesenь* stammen. Anders Vladimirov bei Markov Etnogr. Obozr. 63, 52, der an **tai̯ Usenь* denkt.

таусйн(н)ый 'dunkelblau'. Die Herleitung aus *темноси́ний* 'dunkelblau' ist lautlich nicht möglich. Viell. Ableitung von **tausъ* 'Pfau' aus griech. *ταώς, ταῶς* 'Pfau', das entlehnt wurde in arab. *tāūs*, osman. *tawus*, krimtat. kuman. *taus* dass. (Radloff Wb. 3, 774, 985, 987), mong. *togus*, kalmück. *toyos* (Ramstedt KWb. 397).

тафта́ 'leichter Seidenstoff', aruss. *tafta* (2. Soph. Chronik a. 1534, Trifon Korob. (1584) S. 32, Domostr. K. 28, Chož. Kotova (ca. 1625) S. 101), poln. *tafta*. Über ital. *taffetà* 'Taffet' aus npers. *tāftä* 'das Gesponnene', *tāften* 'weben, spinnen', s. Horn Npers. Et. 83, Brückner EW. 563, Meyer-Lübke Rom. Wb. 703, Gorjajev EW. 361, Christiani 50, Lokotsch 156.

тафту́й, тахту́й 'Köcher', auch 'Sack, unbeweglicher Mensch' (D.). Wohl turkotatar. Lehnwort, vgl. dschagat. *taktuk*, *taχtuk* 'Köcherfutteral' (Radloff Wb. 3, 793, 803), s. Brückner EW. 563. Nicht vorzuziehen ist die Verbindung mit dem vorigen (gegen Lokotsch 156).

тафья́ 'Art Käppchen, Mütze der opričniki', belegt Stoglav u. Inventar Boris Godunovs, s. Srezn. Wb. 3, 928. Über **tachja* aus osman. kasantat. *takja* 'Kappe, Mütze', tschuwass. *toχja* von arab. *ṭāḳija* dass. (Radloff Wb. 3, 789), s. Korsch Archiv 9, 672, IORJ. 8, 4, 13, Lokotsch 157. Vgl. *макья́*.

таха́н 'flache Seite eines Spielknöchels', Terek-G. (RFV. 44, 108). Dunkel.

тацéта 'Art Narzisse' (Mel'nikov). Über nhd. *Tazette* oder wie dieses aus ital. *tazzetta* eigtl. 'Täßchen', 'weil die Blumen ein glockenförmiges, abgestumpftes Honigbehältnis haben' (Heyse).

та́ча 'Einschlagfaden, Leinwand auf d. Webstuhl', Čerep. (Gerasim.). Zu *точи́ть* 'laufen lassen', *тача́ть* dass. Vgl. *уто́к* 'Einschlagfaden'.

тача́ть 'steppen, nähen', kslav. *tačati* 'laufen lassen', čech. *táčeti* 'drehen, wälzen', poln. *taczać* dass. Zu *точи́ть* 'laufen lassen, fließen lassen', *ток*, *теку́*, s. MiEW. 348 ff. Kaum zu *ткнуть* (gegen Gorjajev EW. 346).

та́че, nur aruss. *tače* 'so, und, aber, ferner, jedoch', abulg. *tače* εἶτα, ἵνα, δέ (Supr.). Zu *ma* 'so' und *-че* 'und', vgl. aruss. *ta*, *taže* 'und, dann, so' (Srezn. Wb. 3, 929 ff.).

та́чить 'verwöhnen', Arch. (Podv.), zu *ма́кать* 'ja sagen', *так* 'so'.

та́чка 'Schiebkarren', zu *тача́ть* 'wälzen', s. Želtov Fil. Zap. 1876 Nr. 1 S. 18, MiEW. 361, Gorjajev EW. 361.

та́шка 'Tasche, Beutel', Mologa (RFV. 67, 255), 'Vorratstasche der Lappen', Kola (Podv.), ukr. *táška*, sloven. *tâška*, čech. *taška*, apoln. *taszka* 'Behälter' (Brückner Pr.Fil. 5, 48). Entlehnt aus mhd. *tasche* 'Tasche', ahd. *tasca*, das für roman. gehalten wird, s. Kluge-Götze EW. 612. Die Herleitung der deutschen Wörter aus dem Slav. (Jokl Archiv 29, 36 ff.) wird durch die geograph. Verbreitung des Wortes im Slav. sehr zweifelhaft. Aus dem Russ. entlehnt ist lett. *taška* (M.-Endz. 4, 135).

ташкéм 'Waldwiese', Vjatka (Vasn.). Nach Vasnecov 314 tscheremissisch.

Ташкéнт 'ehem. Hauptstadt von Turkestan'. Turkotatar. 'Steinort', vgl. dschagat. osman. kasantat. kuman. alttürk. *taš* 'Stein', (Radloff Wb. 3, 931 ff., 939) und aderb., uigur., kipčak. *känt* 'Stadt, Dorf', kuman. *kent* 'civitas' (s. Radloff Wb. 2, 1080). Das letztere aus soghd. *känd* 'Stadt', yaghnobi *känt*, aind. *kantham* 'Stadt', s. Bang Kel. Sz. 18, 121 ff., Grønbech Kuman. Wb. 138, Charpentier MO. 18,7 ff.

ташкýль 'Wollüstling', auch Spitzname, Čerep. (Gerasim.). Etwa zu *таскáться* als expressives Wort?

Ташлы́к häufiger Flußname: 1. 'l. Nbfl. d. Südl. Bug, G. Cherson', 2. 'l. Nbfl. d. Tjasmin, Dniepr-Bass'. Als 'Steinfluß' zu turkotatar. *taš* 'Stein' (s. *Ташкéнт*). Vgl. osman. kasantat. *tašlyk* 'steinig, steiniges Land' (Radloff Wb. 3, 941).

тащи́ть, тащý s. *мáска, маскáть*.

тáю I., *мáять* 'schmelzen, tauen', ukr. *tájaty*, aruss. *tajati, taju*, s.-ksl. *tajetъ* τήκεται, bulg. *tája* 'schmelze', skr. *tȁjati, tȁje*, sloven. *tájati, tȃje*, čech. *táti, taje*, poln. *tajać, taję*, osorb. *tać*, nsorb. *tajaś*. Dazu: čech. *taviti* 'schmelzen, flüssig machen', slk. *tavit'*. ‖ Urverw.: griech. τήκω 'schmelze, verzehre', dor. τάκω dass., τακερός 'geschmolzen', osset. *t'ayun* 'tauen, schmelzen' (Hübschmann Osset. Et. 58), lat. *tābēs* f. 'Schmelzen, Auflösung, Fäulnis', *tābum* n. 'verwesende Flüssigkeit', tabeō, -ēre 'schmelze', armen. *t'anam* 'benetze, befeuchte', ahd. *douwen, dewen* 'tauen', air. *tām* 'Tod, Pest', kymr. *toddi* 'liquēscere', auch aind. *tóyam* n. 'Wasser', s. Meillet MSL. 9, 154 ff.; 23, 50 ff., BSL. 26,2 , Glotta 14, 221, Meillet-Ernout 1186, Pedersen KZ. 39, 371, Kelt. Gr. 1, 68, Walde-Hofmann 2, 639 ff., Persson 462 ff., 709, Trautmann BSl. 313, Uhlenbeck Aind. Wb. 117, Torp 175, Mikkola Streitberg-Festgabe 271, Adjarian MSL. 20, 160 ff.

таю́ II., *тайть* 'verbergen', ukr. *tajíty, tajú*, abulg. *tajiti, tajǫ* κρύπτω (Supr.), bulg. *tajá* (Mladenov 630), skr. *tájiti, tȃjīm* 'geheim halten', sloven. *tajíti, tajím* 'leugne', čech. *tajiti*, slk. *tajit'*, poln. *taić*, osorb. *tajić*, nsorb. *tawiś*. ‖ Zu abulg. *tajь* 'heimlich' (s. *тáйный*), urverw. mit aind. *tāyúṣ* 'Dieb', avest. *tāyu-*, hettit. *tāy-* 'stehlen', neben aind. *stāyúṣ* 'Dieb', *stāyáti* 'ist verstohlen', npers. *sitādan* 'wegnehmen', s. Trautmann BSL. 313, Uhlenbeck Aind. Wb. 111, Meillet-Ernout 226. Siehe auch *тать* I.

тáя 'Warenballen', s. *тай* I.

твань f. 'Morast, sumpfige Stelle', Südl., Westl., Smol. (Dobr.), Kursk, Putivl', Don-G. (Mirtov), *квань* Kaluga, *тва́нья* Tambov (D.), ukr. *tvań* 'Schlamm', wruss. *tvań* dass. ‖ Entlehnt aus lit. *tvãnas* 'Überschwemmung, Flut', lett. *tvans* 'Dampf', zu lit. *tvìnti* 'schwellen (von Wasser)', s. Sobolevskij Bull. de l'Acad. Sc. de Pbourg 1911, S. 1051 ff., M.-Endz. 4, 288 ff., Leskien Bildung 169.

тваргожи́на 'Schimpfwort', Olon. (Kulik.). Dunkel.

тваро́г 'Quark'; nordgrr. *твѣрогъ*, ukr. *tvaríh*, wruss. *tvóroh*, bulg. *tvaróg*, čech. slk. *tvaroh*, poln. *twaróg*, osorb. *twaroh*, nsorb. *twarog*. ‖ Man stellt **tvarogъ* meist zu ksl. *tvorъ* 'forma' (s. *творъ, твори́ть, тварь*) und beruft sich auf vlat. *formaticum*, frz. *fromage*, ital. *formaggio* 'Käse', s. Jagić Archiv 31, 592, Mladenov 630, RES. 4, 195, Trautmann BSl. 334, Brückner EW. 586, Niederle RES. 2, 24, Pintar Archiv 36, 586. Weiter wird verglichen: lit. *tvérti, tveriù* 'fasse, greife, fasse ein', griech. τυρός 'Käse', avest. *tūiri-* 'käsig gewordene Milch, Molke', auch griech. σώρακος m. 'Kiste, Holztrage' (dieses unsicher), vgl. Janko WS. 1, 96 ff., Hujer LF. 36, 58 ff., Fortunatov BB. 3, 69 ff., Machek Slavia 16, 199. Vgl. russ. dial. *утвор* 'Sauerteig'. Nicht vorzuziehen ist der Vergleich mit griech. τορύνη 'Rührkelle', ahd. *dweran, thweran* 'herumdrehen', *thwiril* 'Quirl', anord. *þvara* 'Rührlöffel, Quirl' (Torp 196). Nicht berechtigt wegen des Ablautes **tvarogъ:* griech. τυρός (wozu vgl. *квас: ки́слый*) ist die Annahme einer turkotatar. Entlehnung aus dschagat. *turak* 'Käse' (gegen MiEW. 366, Räsänen FUF. 29, 199, Zeitschr. 20, 448, Peisker 122, Vámbéry Et. Wb. 185 ff.), s. Janko c. l. Vgl. das folg.

тва́рь f. *-и* 'Geschöpf', ukr. *tvar* 'Geschöpf, Gesicht', wruss. *tvar* 'Gesicht', aruss. *tvarь* 'Erzeugnis, Gegenstand, Schöpfung', altbulg. *tvarь* κτίσις, ποίημα, φύσις (Cloz., Supr.), bulg. *tvar* f. 'Geschöpf', skr. *tvâr* 'Geschöpf', sloven. *tvâr* 'Stoff, Materie', čech. *tvář* 'Geschöpf, Gestalt, Gesicht', slk. *tvár* dass., poln. *twarz* 'Gesicht', osorb. nsorb. *twaŕ* 'Bauholz, Bau, Gebäude'. Ablaut in *твор, твори́ть*. Urverw.: lit. *tvorà* 'Zaun', *tvérti* 'einfassen', unsicher ist Zugehörigkeit von lat. *paries* 'Wand', s. Meillet Ét. 265, BSL. 28, 46, Trautmann BSL. 334, Walde-Hofmann 2, 254. Verhältnis von **tvarь* zu lit. *tvorà* wie **žalь* zu lit. *gelà* 'heftiger Schmerz'.

твёрдый 'hart, fest', *твёрд, тверда́, твёрдо*, ukr. *tverdýj*, wruss. *ćvióŕdyj*, aruss. *tvьrdъ*, abulg. *tvrьdъ* βέβαιος, ἀσφαλής (Cloz., Supr., Ps. Sin., Euch.), bulg. *tvŕd, -a* 'hart, fest', skr. *tvȑd* m., *tvŕda* f., sloven. *tȓd* m., *tŕda*, čech. slk. *tvrdý*, poln. *twardy*, osorb. *twjerdy*, nsorb. *twardy*. ‖ Urslav. **tvьrdъ* urverw. mit lit. *tvìrtas* 'fest, beständig', lett. *tvirts* 'drall, fest', weiter zu *твор, твори́ть, тварь*. Der Wechsel von *d* und *t* wird aus einem urspr. kons. Stamm erklärt, s. Meillet Ét. 319, 321, BSL. 29, 31, J. Schmidt Vok. 2, 31, Trautmann BSl. 334, M.-Endz. 4, 292, Pedersen Kelt. Gr. 1, 54. Hierher auch aruss. *tvьrdь* f. 'Himmelsgewölbe, Befestigung, Gefängnis' (s. Srezn. Wb. 3, 942 ff.) sowie *твереди́ть, твере́дить* 'überbürden', Pskov, Tveŕ (D.). Siehe *тверёжа*.

тверёзый 'nüchtern', dial. (D.), *тверёзной* dass., Arch. (Podv.). Kontamination von *тере́звый* und *твёрдый*, s. Brandt RFV.

25, 27, Iljinskij IORJ. 23, 1, 136, Malinowski Pr. Fil. 3, 753. Siehe *терёзвый, трёзвый, твёрдый*.

твéржа 'Festung, Befestigung', čech. *tvrz* f. 'Feste, Zitadelle', slk. *tvrdz*, apoln. *ćwirdza*, poln. *twierdza*. Wohl Lehnübersetzung von mhd. *vestenunge* f. 'Befestigung, Festung' oder wie dieses aus vlat. *firmitās* 'Festung'.

Тверь f. -*и*, Loc. *в Твери́* 'Stadt an der oberen Wolga', heute *Кали́нин* nach dem Politiker u. Staatsmann M. I. Kalinin (1875—1946), dort Fluß *Тверцá*, aruss. *Тьchvěrь* 'Fluß u. Ort' (Novgor. 1. Chronik Synodalhs. (oft), Urk. a. 1361—1365, s. Šachmatov Očerk 169, Novg. Gram. 151, Sobolevskij RFV. 64, 100). Vgl. den ON. *Тухвера* Kr. Olonec, auch See daselbst und den finn. ON. *Tihverä* (Kr. Viipuri), s. Verf. Sitzber. Preuss. Akad. 1934, S. 398. Man verbindet den Namen schon lange mit *Τύχσιν* ON., s. Sobolevskij Lekcii 128, Šachmatov-Korsch IORJ. 8, 4, 13. Vgl. aber zu letzterem unter *тúхвинка*.

твирь f. 'die Hälfte des zusammenlegbaren Deckbrettchens der Furche von Waldbienenstöcken', Rjazań (D.). Auch *створка* dass. Wohl zu -*творить* 'schließen' (s. d.).

твой 'dein', *твоя́, твоё*, ukr. *tvij* m., *tvojá* f., *tvojé* n., aruss. *tvojь*, abulg. *tvojь σός* (Cloz., Supr., Mar., Zogr.), bulg. *tvoj, tvója, tvóje*, skr. *tvôj, tvòja, tvòje*, sloven. *tvój, tvója*, čech. *tvůj, tvoje*, slk. *tvoj*, poln. *twój, twoja, twoje*, osorb. *twój, twoja, twoje*, nsorb. *twój, twója, twóje*. ‖ Verwandt mit apreuss. *twais* 'dein', f. *twaia*, alte Ableitung von idg. Loc. sing. **tvoi*, griech. *σοί*, dor. *τοί*, aind. *tvē* Loc. sing., s. Brugmann Grdr. 2, 1, 164; 2, 2, 404, 407, Trautmann BSl. 333, Apr. Sprd. 452ff. Vgl. ferner: aind. *tvas* 'dein', avest. *ϑwa-*, griech. *σός* (**tvos*), alat. *tovos*, lat. *tuus*, lit. *tāvas* 'dein', homer. lesb. dor. *τεός* (**tevos*), s. Hofmann Gr. Wb. 343.

тволага 'junge Kuh', nur r.-ksl. *tvolaga δάμαλις* (Silv. u. Ant. 16. Jhdt., s. Srezn. Wb. 3, 933). Dunkel.

твор I. 'Geschöpf, Form, Gestalt', nur aruss. *tvorъ* 'Aussehen' (Srezn. Wb. 3, 935), *творéц* G. -*рцá* 'Schöpfer', ukr. *tvir* G. *tvóru* 'Schöpfung', skr. *tvórac, -rca* 'Schöpfer', sloven. *tvôr* 'Gebilde', čech. slk. *tvor* 'Geschöpf', poln. *twór* G. *tworu* dass., *tworzec* 'Schöpfer', osorb. *twórc*, nsorb. *tworc* dass. ‖ Urverw. mit lit. *ap-tvāras* 'Gehege, Verzäunung', *tvérti* 'umfassen, umzäunen', *tvártas* 'Einzäunung, Hürde', griech. *σορός* 'Urne, Sarg, Aschenbehälter', ablaut. lit. *turḗti* 'halten, haben', s. Mikkola Ursl. Gr. 167, W. Schulze KZ. 28, 280, Bezzenberger BB. 12, 240, Trautmann BSl. 333ff., Osthoff BB. 24, 137ff. Siehe auch *творить*.

-твор II. in *затвóр* 'Verschluß', *притвóр* 'Verschluß, Klappe, Vorhalle', abulg. *zatvorъ κατοχή, κλεῖθρον, pritvorъ στοά* (Supr.), bulg. *zatvór* 'Kerker, Gefängnis', skr. *zátvor* 'Haft', sloven. *otvòr* G. *otvóra* 'Öffnung', čech. slk. *otvor* 'Öffnung', poln. *otwór* 'Öffnung', *zatwór* 'Riegel', nsorb. *wótwor* dass. ‖ Aus **ot(ъ)-vorъ* entstand durch Dekomposition **o-tvorъ* worauf **tvor-* auf andere Zusammensetzungen übertragen wurde. Die Wörter gehören zu idg. **vor-* : **ver-* : lit. *veriù, vérti* 'öffne, schließe', *àtveriu* 'öffne die Tür', *užveriu* 'schließe die Tür', lat. *aperiō* 'öffne' (*ap-veriō), *operiō* 'schließe' (*op-veriō). Weiteres unter *верéть*, *затворúть*, *верея́*, *вор* II.

творúть I. *творю́* 'schaffe, tue, baue, errichte', ukr. *tvorýty*, wruss. *tvorýć*, aruss. abulg. *tvoriti* ἐπιτελεῖν, πράττειν, ποιεῖν (Supr.), bulg. *tvorá* 'mache, schaffe', skr. *tvòriti*, sloven. *storíti*, *storím* 'tun', čech. *tvořiti*, slk. *tvoriť*, poln. *tworzyć*, *tworzę*, osorb. *tworić*, nsorb. *tworiś*. Siehe auch *твор* I. Vgl. lit. *tvérti* 'fassen', lett. *tveŕt* 'greifen, halten, fassen', lit. *tvarstýti* 'mehrfach einfassen', lett. *tvaŕstît, -u* 'greife, hasche, fange', lit. *turė́ti* 'halten', lett. *turêt*, apreuss. *turīt* 'haben', s. Trautmann BSl. 333, M.-Endz. 4, 269 ff., 289 ff.

-творúть II.: отворúть 'öffnen', *затворúть* 'schließen', abulg. *otvoriti*, *zatvoriti* dass., (Supr.), skr. *otvòriti*, *zatvòriti*, sloven. *otvoríti*, *-im*, *zatvóriti*, čech. *otvořiti*, *zatvořiti*, *otvírati*, *otevříti*, slk. *otvor̂iť*, *zatvoriť*, poln. *otworzyć*, osorb. *wotworić*, *wotewrić*, nsorb. *wótworiś*. Zu *твор* II. Vgl. lit. *atvérti*, *àtveriu* 'öffne', *užvérti*, *ùžveriu* 'schließe', lat. *aperiō*, *operiō*, s. *верéть*, *верея́*, *вор* II. Vgl. (zum Teil anders) Meillet-Ernout 68, Uhlenbeck Aind. Wb. 283, Walde-Hofmann 1, 56 ff.

творóг 'Quark' s. *тварóг*.

творотúть 'abwenden', Smol. (Dobr.). Durch Dekomposition aus *от-воротúть*. Zu *воротúть*.

те I. 'dir' in der Volkssprache: *я те дам* 'ich gebe dir was', *вот те раз*, *вот те на* 'da haben wir es!' Eher Kürzung aus *тебé* als alter Dativ sing. aruss. abulg. *ti* 'dir' (letzteres nach Gorjajev EW. 362 ff., Durnovo Očerk 293).

-те II. Endung der 1. pl. Imperativi: *ся́демте* 'wollen wir uns setzen', *пойдёмте* 'wollen wir gehen'. Auch *нáте* 'da habt ihr es', *нýте* 'nun los', *пóлноте* 'genug!' (zu *на*, *ну*, *пóлно*). Aus der Endung *-te* der 2. pl. der Verba. Näheres in den Grammatiken. Kaum gleich lit. *tè* 'da!, da hast (du)!' (gegen Gorjajev EW. 362 ff.).

теáтр, *-а* 'Theater', seit Peter d. Gr., s. Smirnov 288, auch *феатр* Radiščev 169, volkst. heute *киáмр*. Über frz. *théâtre* von lat. *theātrum* aus griech. θέατρον bzw. direkt aus diesem. Auch *театрáльный* adj. 'theatralisch' aus frz. *théâtral*.

тебé D. Loc. sing. 'dir', ukr. *tobí*, wruss. *tabě'*, aruss. *tobě*, abulg. *tebě*, bulg. *tébe*, skr. *tèbi*, sloven. *tebi*, čech. *tobĕ*, slk. *tebe*, poln. *tobie*, osorb. *tebi*, nsorb. *teb'e*. ‖ Urverw. mit apreuss. *tebbei* D. sing. 'dir', aind. *túbhyam* D. s., avest. *taibyā*, umbr. *tefe*, lat. *tibī*, osk. *tfei*, s. Brugmann Grdr. 2, 2, 388, Trautmann BSl. 315, Apr. Sprd. 451, Walde-Hofmann 2, 712, Vondrák Vgl. Gr. 2, 71. Siehe *ты*, *тебя́*.

тебéка 'Kürbis', s. *кебéка*, *кабáк*.

тебеневáть, *-ню́ю* 'den Winter über weiden, sich das Futter selbst suchen', *тебенёвка* 'Winterweide' Orenb., Sibirien. Zum folg., s. Potebnja RFV. 5, 239.

тебенёк 'Sattelflügel, -klappe', pl. *-ньки́* Don-G., belegt seit

1589, Test. Bor. Godunov, s. Srezn. Wb. 3, 944, Unbegaun 441.
Auch PN. *Тебеньков*, s. Potebnja RFV. 5, 239, ukr. *tybeńky* pl.
dass., poln. *tebienki, tebinki, tybinki*. Entlehnt aus kirg. *tebängi*
dass. (s. Radloff Wb. 3, 1119), s. MiTEl. 2, 172, Nachtr. 1, 52,
EW. 347, Brückner EW. 567, Potebnja RFV. 5, 239, Gorjajev
EW. 363.

тебеня́к 'Kappe, Kapuze'. Siehe *кебеня́к* (oben 1, 548).

тебя́ G. Acc. 'deiner, dich', ukr. *tebé*, wruss. *ćebé*, aruss. abulg. *tebe*,
skr. *tȅbe*, sloven. *tebe*, čech. *tebe*, poln. *ciebie*, osorb. *tebje*. ‖
Ursl. Gen. sing. *tebe aus *teve, aind. avest. *tava*, Gen. s., lit.
G. s. *tavęs*, dial. *tèvęs*. Das slav. *b* stammt vom Dat. sing. *tebě
(s. *тебе́*), s. Brugmann Grdr. 2, 2, 415ff., Trautmann BSl. 315,
Vondrák Vgl. Gram. 2, 70ff.

теви́г 'Riemen am Pferdegeschirr', nur aruss. *tevigъ* ζεύγλη
(Silv. u. Ant. 16. Jhdt., s. Srezn. Wb. 3, 944). Unklar.

тевя́к 'Bartrobbe, Phoca barbata', Arch. (Podv.). Aus lapp.
Norw. *dævok* dass., s. Itkonen 58.

тегиля́й 'Art Kaftan mit kurzen Ärmeln und hohem Steh-
kragen', nur aruss. *tegiljaj* Invent. Ivan IV. (1582—83), s.
Srezn. Wb. 3, 944. Vgl. osman. *tägäl* 'große Stiche beim Heften,
Steppen' (Radloff Wb. 3, 1032).

тего́ра 'Renntierweide', Kola, s. *ке́гора*.

тегу́льчик 'Lemming, Wühlmaus', Sibir., Nov. Zemlja (D.).
Unklar.

тежь 'Stiel des Dreschflegels', siehe *кежь*.

тёза m. n. 'Namensvetter', Novg., Vologda, Perm, *тёзка* dass.,
auch *тезь* m., *тёзя* Arch. (D.), r.-ksl. *tъzъ ἐπώνυμος, tъzica* f·
dass., *tъzьno* 'gleich' (s. Srezn. Wb. 3, 1076ff.), wruss. *ćózka*, da-
zu *тезоимени́тый* 'gleichnamig', *тезоимени́тство* 'Namens-
tag'. Gehört wohl zum Pronomen **to-* (s. *тот*), mit urspr. Par-
tikel, vgl. etwa bulg. *-zi* in *onzi* 'jener, er', aind. *hi* 'denn', avest.
zī, griech. *-χι* in *ναίχι* 'aber ja', *οὐχί* 'nicht' (dazu s. Brugmann
Grdr. 2, 3, 999ff., Gorjajev EW. 363), vgl. MiEW. 367. Vgl. bes.
kslav. *tъzoimenitъ* mit abulg. *toždeimenitъ ὁμώνυμος* (Supr.).
Anders Pedersen KZ. 38, 421, der das **tъ-* der slav. Wörter zu
griech. *ἔτι* 'ferner, noch', aind. *áti* 'über — hinaus' stellt.
Wiederum anders Vaillant RES. 27, 290ff., der die Wörter auf
mähr.-ksl. *tъzъ* für *tъze, angeblich verwandt mit abulg. *tъžde,
tožde* zurückführen will. Zweifelhaft wegen des russ. *z*. Nicht
überzeugend ist auch der Vergleich von *tъzъ mit lit. *tižùs*
'glatt, schlüpfrig' unter Annahme eines Bedeutungswandels:
glatt~eben~gleich (Brandt RFV. 25, 33).

тéзвины pl. 'Gegeneinladung des Hauswirts durch den Ein-
geladenen', Vjatka (D.). Zu ksl. *tъzъ ἐπώνυμος (s. *тёза*) und
звать 'rufen, laden', s. Pedersen KZ. 38, 421.

тезёк, тезя́к 'trockener Mist in Ziegeln zum Heizen', auch
кизя́к (s. d. oben 1, 555). Aus kirg. kkirg. *tezäk*, osman. krimtat.
täzäk dass.

тези́к 'Tadschik', s. *таджи́к*.

тёзка s. *mëza*.

тезоимени́тый s. *mëza*.

тёк m., *mëka* f. ʽdas Fließenʼ. Siehe *meký*.

тека́вый ʽneugierigʼ, Südl. Westl., auch *чекáвый* dass. (D.). Aus poln. *ciekawy* dass., čech. *těkavý* ʽflatterhaft, unbeständig, gerne laufendʼ, zu *meký*, s. zum poln. Wort MiEW. 348, Brückner EW. 61.

текеме́ть f. ʽTeppich aus bunten Lappenʼ, Ural-Kos. (D.). Aus kirg. *tekämät* ʽverzierte Filzdeckeʼ, tob. *täkämät* ʽFußteppich, verzierter Gürtelʼ, bar. *tägäimät* ʽTeppichʼ (Radloff Wb. 3, 1019 ff., 1029 ff.).

текль ʽPech, Harzʼ, nur aruss. *teklь* (Srezn. Wb. 3, 944). Zu *meký* eigtl. ʽdas Fließendeʼ.

текст, -а ʽTextʼ, über nhd. *Text* oder direkt aus lat. *textus* ʽGewebe, Wortgefügeʼ von *texō, -ere* ʽwebenʼ.

тексти́льный ʽtextilʼ, über nhd. *textil* bzw. frz. *textile* ʽspinnbarʼ, lat. *textīlis* ʽgewebtʼ, *texō* ʽwebeʼ.

тектон ʽZimmermannʼ nur aruss. ksl. *tektonъ* (Evang. a. 1383, s. Srezn. Wb. 3, 945). Aus griech. τέκτων dass., s. Verf. GrslEt. 200.

теку́, тече́шь, течь ʽfließenʼ, ukr. *tikáty, -áju* ʽlaufenʼ, aruss. *teku, teči* ʽfließen, laufen, schnell gehen, sich ausbreitenʼ, *teča* m. ʽSchnelläuferʼ, abulg. *tekǫ, tešti* τρέχω (Ostrom., Supr.), Aor. *těsę* (Zogr., Supr.), bulg. *teká* ʽlaufe, fließeʼ, skr. *tèčêm, tèći* ʽfließenʼ, sloven. *téči, téčem* ʽlaufen, fließenʼ, čech. *teku, téci*, slk. *tiecť, tečiem*, poln. *ciekę, ciec*, osorb. *ćec, ćeku*, nsorb. *śac, śeku*. ‖ Ursl. *tekǫ, *tekti urverw. mit lit. *tekù, tekėti* ʽlaufen, fließenʼ, lett. *teku, tecêt* dass., aind. *tákti, tákati* ʽeilt, stürztʼ, *taktás* ʽeilendʼ, avest. *tačaiti* ʽläuft, fließtʼ, *taχti-* f. ʽFließenʼ, ir. *techim* ʽflieheʼ, got. *þius* ʽDienerʼ, alb. *ndjek* ʽverfolge, jageʼ, s. Trautmann BSl. 316, Apr. Sprd. 444, Pedersen Kelt. Gr. 1, 128, 367, Uhlenbeck Aind. Wb. 106, M.-Endz. 4, 152 ff., Bezzenberger BB. 16, 241, Fraenkel Zeitschr. 20, 247, Machek Zeitschr. 18, 72, Meillet-Vaillant 217, Osten-Sacken IF. 33, 230. Hiernach auch *mëk* m. ʽAusflußʼ, vgl. tochar. B. *cake* ʽFlußʼ, lit. *tekmė̃* f. ʽQuelleʼ, *iš-teka* ʽFlußmündungʼ, lett. *teks* m., *teka* f. ʽFußsteigʼ, s. Lidén Tochar. Stud. 35. Siehe *точи́ть*.

те́ла ʽRollholz (Querholz zum Ziehen e. Bootes)ʼ, Notoz. Aus finn. *tela* dass. oder lapp. Patsj. *teälla* G. *teäla*, s. Itkonen 64.

тёлгас, тёлдас ʽVerkleidung einer Barkasseʼ, Arch. Mez. (Podv.). Aus karel. *teľľo*, lüd. *ťeľľ* ʽRuderbankʼ, finn. *teljo* dass., s. Kalima 225, FUF. 13, 457, RFV. 65, 175 ff.

теле́га ʽBauernwagen, Leiterwagenʼ, ukr. *teliha*, aruss. *telěga* (Igorl.), ksl. *telěga*, bulg. *taliga*, skr. *tàljigê* pl. ʽeinspänniger Wagenʼ, sloven. *toliga, taliga* ʽeinrädriger Karrenʼ. ‖ Die alte Ansicht von der Herkunft aus osman. *talika* dass. (MiTEl. 2, 169, s. auch Mladenov 628) ist bedenklich, da dieses letztere nach Kraelitz 53 als Entlehnung aus slav. *telěga anzusehen ist.

Nach Menges Orient. Elem. 50ff. sollen die slav. Wörter aus der Sippe von alt. tel. *täyäräk* 'Kreis, Ring', leb. *tägäläk*, kasantat. *tägärämäk* 'rollen' (Radloff Wb. 3, 1031 ff.), osman. krimtat. *täkär* 'Wagenrad' (Radloff 3, 1017) stammen. Bedenklich ist der Versuch echt-slav. Deutung unter Annahme eines Ablautes **tel-* : **tol-* und Verknüpfung mit *стелю́* 'breite aus' (gegen Iljinskij IORJ. 24, 1, 117 ff.).

телелю́й 'Tölpel, dummer Mensch', Kursk (D.), *телеля́кать* 'schwatzen'. Lautnachahmend wie *талала́*.

телеля́хнуть 'schnell laufen', Saratov, *телеля́шить* 'weit zu Fuß wandern'. Nach Šachmatov IORJ. 7, 2, 379 zu ukr. *telechnuty* 'stoßen, stark schlagen'. Unklar.

телёнок, -нка 'Kalb', *телéц* G. *-льца́* 'junger Ochse', *телúца* 'junge Kuh, die noch nicht gekalbt hat', ukr. *tel'á, -áty* n., aruss. *telja* n. 'Kalb', *telьcь, telica*, s.-ksl. *telę μόσχος*, abulg. *telьcь μόσχος* (Supr.), bulg. *telé* n. 'Kalb', skr. *tèle* G. *-eta*, sloven. *tę́le, -ę́ta* n., čech. *tele*, skl. *tel'a*, poln. *cielę, -ęcia*, osorb. *ćelo*, nsorb. *sele*. || Ursl. *telę G. *telęte urverwandt mit ostlit. *telias* 'Kalb', lett. *telš̀, telēns* dass., s. Trautmann BSl. 317, M.-Endz. 4, 161, Specht 35. Weiter vergleicht man armen. *t'alun* 'thick' (Petersson ArArmStud. 29), ferner wird Verwandtschaft gesucht mit lat. *tollō, tulī, tollere* 'hebe empor', griech. *τλῆναι, ταλάσσαι* 'ertragen', got. *þulan*, ahd. *dolēn* 'ertragen, dulden', nhd. *dulden* (Śmieszek MatiPr. 4, 399 ff.). Nicht besser vergleicht Iljinskij RFV. 60, 422 ff. die Sippe von lat. *stolidus, stultus*, ahd. *stillī* 'still', lit. *tylùs* 'schweigsam', *tìlti, tįlù* 'schweigend werden'. Bezzenberger BB. 27, 176 will *telę mit griech. *πτέλας* 'Eber', *πτελέα · σῦς ὑπὸ Λακώνων* Hesych zusammenbringen. Mikkola BB. 22, 245 vergleicht es mit lit. *talókas* 'erwachsen', *lokȳs* 'Bär', apreuss. *clokies* dass. Beides nicht überzeugend. Jedenfalls ist aind. *tárunas* 'jung, zart' von *telę zu trennen, da es zu griech. *τέρην* 'zart', *τέρυς* 'schwach' gehört (gegen MiEW. 348, s. Hofmann Gr. Wb. 359, Boisacq 956, Petersson c. l. 28 ff.).

телепа́ться 'bammeln, herabhängen', Südl., Westl. (D.), Don-G. (Mirtov), *тилипа́ться* dass., *мéлепень* 1. 'Wurfkugel, Kugel a. e. Kette', 2. 'Tölpel', 3. 'plumpes Kind' (D.), Kašin (Sm.), Jarosl. (Volockij), *тиля́пень* 'ungeschickter Mensch', Smol. (Dobr.), *меле́на* 'der letzte in e. Reihe von Mistfahrern, der verlacht wird', Smol. (Dobr.), *утилипа́ть* 'weggehen', Pskov (Bulič IORJ. 1, 329). || Beruhen wohl auf einer Lautgebärde, vgl. *шлёп*. Es besteht keine Verwandtschaft von *мéлепень* mit griech. *τρέφω* 'nähre' (gegen Gorjajev EW. 363). Vgl. *тельпе́нь*.

теле́пки s. *тéльпа*.

телеса́й, телесо́й 'Robbenjunges', Arch. (Podv.). Wohl zu *тéло* (s. d.).

телеу́ты pl. 'turkotatar. Stamm im G. Tomsk', auch *теленгéты* (s. Korsch Etnogr. Obozr. 84, 116). Aus tel. *täläŋät* 'Teleute', alt. tel. *täläŋit* dass. (Radloff Wb. 3, 1082, 1083).

телеу́х 'dummer Mensch', Perm (D.). Dunkel.

телешо́м Adv. 'nackt', Don-G. (Mirtov). Zu *тѣло*; zur Bildung vgl. *нагишо́м* 'nackt' (*нагуѣь*).

тѣ́ло 'Körper, Leib', ukr. *tílo*, aruss. *tĕlo* G. *telese* 'Leib, Idol, Alter, Aussehen', *tĕlesьnъ* adj., abulg. *tĕlo* G. *tĕlese* σῶμα (Ostrom., Cloz., Supr.), zur Deklin. s. Meillet Ét. 359, bulg. *tĕló*, skr. *tȋjelo* 'Leib, Körper, membrum gentile', sloven. *telȏ*, -*ȇsa*, čech. *tĕlo*, slk. *telo*, poln. *cialo*, osorb. *ćĕlo*, nsorb. *śĕlo*. ‖ Man vergleicht lett. *tẹ̄ls*, *tẹ̄le* 'Bild, Schatten, Bildsäule, Gerippe', *tẹ̄luôt* 'gestalten' (urverw. nach Trautmann BSl. 317, Zubatý BB. 17, 326, Mikkola Ursl. Gr. 1, 46), das nach M.-Endz. 4, 171 slav. Lehnwort ist, weil idg. *ē* eher Akut, slav. Steigton, ergeben hätte. Nicht überzeugend sind sonstige Vergleiche: mit apreuss. *stallit* 'stehen', aind. *sthálati* 'steht', *sthálā* 'Erdaufschüttung' (Zubatý Wurzeln 13, Iljinskij RFV. 63, 334), mit der Sippe von *тло* (Lewy PBrBtr. 32, 137), mit *тень* 'Schatten' (MiEW. 356, Vondrák BB. 29, 178, Mladenov 646), mit *тесла́* 'Hohlbeil' (Meringer IF. 18, 280). Petersson KZ. 47, 281 vergleicht got. *stains* 'Stein', griech. στία, στίον 'Steinchen', στίφος 'Haufe', armen. *ťin* G. *ťnoy* 'grape-stone'. Oštir WS. 3, 206 stellt *tĕlo* als *tĕn-lo* (m. E. bedenklich) zu aind. *tanū́ṣ*, *tanúṣ* 'Leib, Körper'. Wäre *tẹlo*. Dial. *тело́: взять в тело́* 'etwas in Pacht (Miete) nehmen', Kolyma (Bogor.) ist von der obigen Sippe zu trennen und gehört zu *тягло́* 'Zins' (s. d.).

тельми́ть 'pauken, büffeln, wiederholen, erklären' (D.). Unklar.

тѣ́льпа pl. -*ы* 'Rodelschlitten aus zwei Kufen u. einem Querbrett', Olon. (Kulik.), Demin. *теле́нки* pl. 'Schlitten ohne Kufen', Olon. (Kulik.). Vgl. *тельпе́нь*.

тельпа́ш 'einjähriges Kalb', Šenkursk, Onega (Podv.). Zu *телёнок* oder zum folg.

тел(ь)пе́нь, *тельпе́ш* 'kräftiges Kind', Pskov, Tveŕ. Zu *телепе́нь* nach Šachmatov IORJ. 7, 2, 340. Dazu auch *тельпу́х* 'Baumstumpf', Smol. (Dobr.). Vgl. *тѣ́льпа*.

тельцо́ 'Spitze eines Eies, Keim im Ei'. Zu *тѣло*.

тѣ́ма 'Thema', älter *фе́ма* a. 1665, s. Ohijenko RFV. 66, 368. Über nhd. *Thema* bzw. lat. *thema* aus griech. θέμα 'das Gesetzte, aufgestellte Behauptung, Satz', s. Smirnov 288. Die Aussprache mit *f* direkt aus griech. ϑ.

тѣ́менная земля́ 'hochgelegenes Ackerland', Cholmog. (Podv.). Zu *тѣ́мя* 'Scheitel', *тѣ́мя горы́* 'Gipfel e. Berges'.

темля́к 'Degengehenk, -troddel, -quaste' (Gogol'), 'Flintenriemen' (Invent. Bor. Godunov a. 1589, s. Srezn. Wb. 3, 947), ukr. *temľák* 'Reitzaum', poln. *temblak* 'Degenriemen'. Aus kasantat. *tämlik* dass., s. MiEW. 349, TEl. Nachtr. 1, 52, Brückner EW. 568, Mladenov 631, Grot Fil. Raz. 2, 514, Lokotsch 162. Hierher viell. *темля́шить, стемля́шить* 'stehlen', Arch. (Podv.). Urspr. wohl: 'den Riemen einer Fuhre lockern' (*темля́к*). Vgl. *томлы́га*.

тѣ́мник 'Anführer eines großen Heeres', woher ON. *Тѣ́мников*.

Ableitung *тьтьnikъ 'Befehlshaber von 10000 Mann' zu *tьma 10000. Siehe тьма.

темни́ца 'Gefängnis', aruss. abulg. *tьtьnica φυλακή* (Ostrom., Supr.) zu *тьмá*. Daraus entlehnt mnd. *temenitze* 'Gefängnis' (Schiller-Lübben 4, 526 ff.).

тёмный 'dunkel, finster, unkultiviert', *тёмен, темна́, темно́*, ukr. *témnyj*, aruss. abulg. *tьmьnъ σκοτεινός, ζοφερός* (Ostrom., Supr.), bulg. *tĕmen, tĕmna*, skr. *tâman, táman, -mna, -mno* dass., sloven. *təmə̀n, təmnà* f. 'finster, dunkel, blind', čech. slk. *temný*, poln. *ciemny*, osorb. *ćemny*, nsorb. *śamny*. Aus *tьtьnъ, zu *tьma (s. тьмá). Vgl. ir. *temen* 'dunkel' aus *temenos, s. Stokes 129.

темп, -a 'Tempo', zuerst Peter d. Gr., s. Smirnov 289. Über nhd. *Tempo* oder direkt ital. *tempo* von lat. *tempus, -oris*.

темри́во 'Dunkelheit, Finsternis', Kursk, *темре́й* dass. Orel, Kursk (D.), ukr. *témŕava* dass. Von *tьtьr-, zu тьмá. Vgl. aind. *tamrás* 'verdunkelnd', ahd. *dëmar* n. 'Finsternis', s. J. Schmidt Pluralbild. 206 ff., Rudnicki MatiPr. 5, 227 ff., MiEW. 349.

тёмшить 'gierig essen', Čerep. (Gerasim.). Unklar.

темья́н 'Weihrauch', kirchl.; aruss. *temьjanъ θυμίαμα* (Chož. Igum. Dan. 9, Ilarion), abulg. *temьjanъ* dass., bulg. *timján*, skr. *tàmjan* 'Weihrauch'. Aus griech. *θυμίαμα* 'Räucherwerk', s. Verf. IORJ. 12, 2, 283, GrslEt. 202. Daneben auch *фимиáм* (s. d.).

те́мя, -ени n. 'Scheitel', ukr. *tim'ja*, aruss. *tĕmja, -eni*, s.-ksl. *tĕmę κρανίον*, bulg. *tĕme*, skr. *tjȅme* G. *tjȅmena*, sloven. *tế̆me* G. *tẹ̆mena* 'Scheitel, Firste im Bergbau', čech. *témě, temeno* 'Scheitel, Gipfel', slk. *temä*, poln. *ciemię*, nsorb. *tyṕne*. ‖ Wird zu abulg. *tьnǫ, tęti* 'schneide, haue', griech. *τέμνω* 'schneide' gestellt, wie nhd. *Scheitel* zu *scheiden*, s. Schrader-Nehring 1, 639, Gorjajev EW. 364. Weniger einleuchtend ist Verknüpfung mit *стоя́ть*, die sich auf Verwandtschaft von nhd. *Stirn* mit *простóр* beruft (Mladenov 631) oder Annahme einer Urverwandtschaft mit avest. *staēra-, taēra-* 'Bergspitze' (Petersson Archiv 36, 135 ff.).

темя́шить, темя́сить 'jemd. mit den Fäusten schlagen', *-ся* 'in den Kopf springen' (Mel'nikov), ukr. *teḿjažýty* 'unterdrücken', poln. *ciemiężyć* 'belästigen'. Wird zum vorigen und zu *тя́мить* (s. d.) gestellt von MiEW. 356, Brückner EW. 62. Unklar.

тена́ль f. 'Zangenschanze, Schere im Festungsbau', älter: *теналия* Peter d. Gr., s. Smirnov 289. Ersteres aus frz. *tenaille* dass., die Form auf *-ия* aus ital. *tanaglia* von lat. *tenācula, -lum* 'Werkzeug zum Halten' (s. Gamillscheg EW. 838), vgl. Matzenauer 346.

те́ньги pl. 'kurze, warme Stiefel', Perm (D.), s. *ке́ньги*.

те́ндер 1. 'Tender, einmastiges Kriegsschiff, Begleitschiff'. 2. 'Kohlenwagen (hinter der Lokomotive)'. Aus engl. *tender* dass. von *attender* 'Begleiter', *attend* 'begleiten', bzw. über nhd.

тендéря — тéнь 93

Tender, s. Kluge-Götze EW. 617, Holthausen 201, Gamillscheg EW. 838.

тендéря m. ʻunentschlossener Mensch', *тендéрить* ʻhinziehen, zögern' Novgor., Perm, Tveŕ (D.). Unklar.

тендúтный ʻzart' (Gogol'), ukr. *tendítnyj* dass. Vgl. frz. *tendre* ʻzart' aus lat. *tener*.

тенёто ʻNetz, Vogelnetz, Jägergarn', dial. *теиемó* dass. Perm, ukr. *tenéto*, r.-ksl. *teneto, tonoto* ʻNetz, Falle', sloven. *tenêt* m., *tenêtvo* ʻhintere, großmaschige Wand am Zugnetz', čech. slk. *teneto* ʻNetz, Jägergarn'. ‖ Urverw. mit lit. *tiñklas* ʻNetz', lett. *tĩkls* ʻNetz', apreuss. *sasintinklo* ʻHasengarn', lett. *tina, tine* ʻArt Netz', aind. *tántuṣ* ʻSchnur', *tántram* ʻAufzug am Webstuhl', lat. *tenus* n. ʻStrick, Schnur (beim Vogelfang)', ir. *tēt* ʻSeite', aind. *tanóti* ʻdehnt (sich), spannt', npers. *tanīdan* ʻdrehen, spinnen', griech. τείνω (*τενίω) ʻspanne', τένος n. ʻSehne', τόνος m. ʻSpannung, Anspannung, Hebung der Stimme, Ton', alb. *ndeń* ʻbreite aus', lat. *tendō, -ere* ʻspanne, dehne', *teneō, -ēre* ʻhalte', got. *uf-þanjan* ʻausdehnen', nhd. *dehnen*, s. Meillet Ét. 299, Lidén IF. 19, 332, Trautmann BSl. 323 ff., Apr. Sprd. 420, M.-Endz. 4, 192, 200, 205 ff., Hofmann Gr. Wb. 355 ff. Vgl. *тетивá*.

тенжúть, теншúть ʻbelästigen, durch Bitten langweilen', Novg. (D.). Vgl. poln. *tążyć, tężyć* ʻsich nach jemd. ängstlich sehnen'. Siehe *тугá, тужúть*.

тензýй ʻaus China importiertes Niespulver' (P.). Dunkel.

тенúга m. ʻabgezehrt, abgemagert', Rjazań. Kaum zu *тень*.

тéннис ʻTennisspiel'. Aus engl. *tennis* dass.

тéнор ʻTenor(stimme, -sänger)', seit Peter d. Gr., s. Smirnov 289. Über poln. *tenor*, bzw. nhd. *Tenor*, frz. *ténor* oder direkt aus ital. *tenore*, weil die hohe Männerstimme die Melodie hält, s. Kluge-Götze EW. 617, Gorjajev EW. 364.

тент ʻSonnendecke, -zelt (auf Schiffen)', aus eŋgl. *tent* dass., dagegen *тента* ʻZelt', nur r.-ksl. *tenta* (Zlatostr. 12. Jhdt., s. Srezn. Wb. 3, 948); über mgriech. τέντα dass. aus vlat. *tenda* ʻZelt' zu *tendō, -ere* ʻspanne', s. Verf. IORJ. 12, 2, 281, GrslEt. 200, G. Meyer Ngr. Stud. 3, 65.

тентере ʻArt Kartenspiel' (18. Jhdt., s. Mel'nikov 2, 269). Unklar.

тéнь, *-u* f. ʻSchatten', ukr. *tiń*, ksl. *těnja*, sloven. *tę́nja*, ʻbestimmt begrenzter Schatten, Schattenbild', poln. *cień* ʻSchatten', nsorb. *šěń* m. ʻSchattenstreif, Schatten, Finsternis'. ‖ Wird gewöhnlich aus *tēmnь erklärt und zu *tьma, *tьmьnъ gestellt (s. *тьма*), vgl. lit. *témti, témsta* ʻes wird dunkel, finster', s. Rozwadowski Jagić-Festschr. 307, Mikkola Ursl. Gr. 66, Vondrák BB. 29, 173 ff., dagegen Jagić Archiv 37, 201, Brückner Archiv 29, 111. Andere suchen gemeinsame Herkunft mit *стень* (s. d.) zu erweisen (s. Iljinskij Archiv 28, 160), bzw. mit *стень* und *сень* (so Brückner EW. 62, auch Specht bei Havers 124, der das Schwanken durch Sprachtabu erklären will). Gegen Verbindung mit *сень* ist Persson 700. Auffallend ist das Fehlen alter Belege für *тень*.

теньзёть 'eifrig bei einer Arbeit sein', Čerep. (Gerasim.). Unklar.

тенька 'zentralasiat. Silbermünze', nur Afan. Nikit., s. Srezn. Wb. 3, 948. Aus dschagat. *täŋkä* dass. (siehe oben 1, 339 ff. unter *деньга́*).

тéнькать 'klingeln, klirren', *тéнькаться* 'störrisch sein' Olon. (Kulik.), auch *теньтéнь* 'Schellenläuten' (D.). Lautnachahmend wie *динь*, *ди́нь*.

теорéма 'Lehrsatz', über frz. *théorème* von lat. *theorēma*, griech. *θεώρημα* urspr. 'das Angeschaute, Schauspiel'.

теоретический 'theoretisch', seit Peter d. Gr., s. Smirnov 289. Über nhd. *theoretisch* bzw. frz. *théorétique* von lat. *theorēticus*, griech. *θεωρητός* 'sichtbar'.

теóрия 'Theorie', älter dafür auch *феóрия* Ust. Morsk. a. 1720, s. Smirnov 289. Aus poln. *teorja* bzw. direkt lat. *theōria* von griech. *θεωρία* mit *f* von letzterem, s. Gorjajev EW. 364.

тéпа 'Schmierfink', *мéнать* 'beschmieren', Olon. (Kulik.). Lautgebärde?

тепéнка 'Kwas mit zerstampftem Hafer', Vologda (D.). Zu *мену́*.

тепéрь 'jetzt', auch *тепéре*, *тепéря*, *тепéрича* Arch., *тепéрика*, *топéрва*, *топéрячу* Olon. (Kulik.), *монéре*, *топéрьво*, *топéрьче* Arch. (Podv.), ukr. *tepér*, *tepéra*, aruss. *topere* (Urk. 16—17. Jhdt., Brief Aleks. Mich. a. 1652, *tepereči* Luther. Katech. 1562, s. Sobelevskij Lekcii 91, 149), *topьrvo* 'jetzt, soeben' (Chož. Igum. Dan., Laur. Chron., Hypat. Chron., s. Sobelevskij c. l. 91), abulg. *toprьvo* (Supr.), čech. *teprv*, poln. *dopiero* 'nunc primum' (mit *d-* wohl von *do*, s. Malinowski PrFil. 3, 778). Zu *mom* u. *пéрвый*, s. Sobolevskij c. l., MiEW. 367, Gorjajev EW. 364, Fraenkel IF. 56, 125 ff. Abzulehnen ist der Vergleich mit tochar. *tāpark* 'jetzt' (gegen Lewy KZ. 45, 368).

теплич 'Tempelherr, Ordensritter', nur aruss. *tepličь* (Hypat. Chron. a. 1235). Aus mhd. *templies* 'Tempelherr, Ritter' von afrz. *templois* aus vlat. *templensis* zu *templum* (s. Grimm D. Wb. 11, 1, 246, Lexer Wb. s. v.). Angelehnt an das echt-russ. Suff. *-ičь*, s. Verf. Zeitschr. 23, 321.

тёплый 'warm', *тёпл*, *теплá*, *тепло́*, ukr. *tépľyj*, wruss. *ćópľyj*, aruss. *teplь* 'warm, heiß, eifrig, ergeben', abulg. *teplostь* *θερμότης* (Supr.), *toplь* *θερμός* (Supr.), bulg. *tópъl* (Mladenov 636), skr. *tȍpao*, *tȍpla*, *tȍplo*, sloven. *tópəl*, *tópla*, čech. slk. *teplý*, poln. *ciepły*, osorb. *ćopły*, nsorb. *šopły*. ‖ Ursl. **teplъ* älter als **toplъ*; letzteres hat *o* nach **topiti* (s. *мону́ть*), so Meillet Ét. 413. Urverw. mit: apreuss. ON. *Tappelauken* 'Warmfelt' (Trautmann Archiv 34, 593, BSl. 319), aind. *tápati*, *tápyati* 'erhitzt, ist warm', *taptás* 'erhitzt, heiß', *taptám* n. 'Glut', avest. *tāpayeiti* 'macht heiß', *tafta-* 'jähzornig', npers. *tāftan* 'brennen, wärmen, leuchten', lat. *tepeō*, *-ēre* 'lauwarm sein', *tepidus* 'warm', *Tepula aqua* 'e. Wasserleitung in Rom', ir. *ten* 'Feuer' (**tepnos*, s. Stokes 125), té ῾heiß᾽ (*tepent-), alb. *f-toh* ῾mache kalt᾽, tochar. B. *tsatsāpau* ῾chauffé᾽, s. Trautmann BSl. 319, Pedersen Kelt. Gr. 1, 92ff., Uhlenbeck Aind. Wb. 108, Meillet c. l., Meillet-Vaillant 22, Walde-Hofmann 2, 667.

тептери́, тептя́ри pl. ῾zum Islam bekehrte Neusiedler im Baschkirenlande (Wotjaken, Mordwinen, Tscheremissen), die e. turkotat. Mundart angenommen haben᾽ (Enc. Slov. 64, 941ff., Katanov Kel. Sz. 3, 77). Nach dem Verzeichnis, in das sie eingetragen wurden: kasantat. *täptär* ῾e. Teptäre᾽ (Radloff Wb. 3, 1114), uigur. *täptär* ῾Buch᾽, osman. *täftär* ῾Büchlein, Schrift᾽, osman. aderb. *däftär* ῾Register, Heft᾽, s. Achmarov Živ. Star. 17, 3, 379ff., Etnogr. Obozr. 77, 221, Izv. Obsč. Arch. Kazansk. Univ. 23 (1908) 340ff. (dieses nach FUFAnz. 23, 46).

тепу́ I. *menmú* ῾schlagen᾽, *ymenmú* ῾totschlagen᾽, Iter. *ymenámь* Pskov (D.), ukr. *tepú, teptý*, aruss. *tepu, teti*, abulg. *tepǫ, teti μαστιγοῦν, τύπτειν* (Ostr.), bulg. *tépam* ῾walke, stampfe, schlage᾽, skr. *tèpêm, tèpsti* ῾schlagen᾽, -*se* ῾herumschweifen᾽, sloven. *tèpem, tépsti* ῾schlagen, prügeln᾽, čech. *tepu, tepati*, slk. *tepat᾽*, osorb. *ćepać* ῾schlagen᾽, nsorb. *šepaś, šepju*. ‖ Ursl. *tepǫ *te(p)ti* nach MiLP. 988 ablautend mit *mónom* ῾Gestampfe᾽, *monmámь* ῾stampfen᾽. Sonst vergleicht man als urverwandt: lit. *tepù, tèpti* ῾schmieren᾽, lett. *tepju, tept* ῾schmieren, bestreichen᾽, lit. *tapýti, tapaũ* ῾fingere aliquid ex luto, nive᾽, *tap(š)noti* ῾langsam mit der Handfläche schlagen᾽, vgl. zur Bedeutung nhd. *auswischen*, čech. *mazati* ῾schmieren, prügeln᾽, s. Jagić Archiv 2, 398, M.-Endz. 4, 165, Buga RFV. 65, 307, Trautmann BSl. 319. Eine ähnliche Wz. *tap-* ῾schlagen᾽ ist auch im Uralischen weit verbreitet: mordw. *taḃa-*, finn. *tappa-*, magy. *tap-, top-* ῾treten᾽, Jur. samoj. *tapa-* ῾stoßen, schlagen᾽, s. Paasonen Kel. Sz. 14, 69. Lautnachahmend. Siehe *mónamь*.

тепу́ II., *menmú*, auch *menámь* ῾straff anziehen, mit Mühe ziehen, sich langsam vorwärtsschleppen᾽, Vologda (D.). Nach Lidén Armen. Stud. 44 urverw. mit *memusá* (*tę̄tiva*), lit. *tem̃pti, tempiù* ῾spannen, dehnen᾽, *temptýva* ῾Bogensehne᾽, *tampýti, tampaũ* ῾dehnen᾽.

терáса s. *meppáca*.

тера́ск ῾Riemen᾽, nur r.-ksl. *teraskъ* Jesaia 5, 18 (Upyŕ), *terěskъ* dass. Svjatosl. Sborn. 1073 (Srezn. Wb. 3, 950). Unklar. Vgl. *mepecиа, тяреzа*.

тéреб ῾von Gestrüpp entblößte, gerodete Stelle᾽, Arch. (Podv.), *теребá* pl. ῾Wiesen, Felder᾽, Olon. (Kulik.) ῾sumpfige, von Wald umgebene Stelle᾽, Arch. (Podv.). Dazu: *теребúть* ῾roden, reinigen᾽, ukr. *terebýty*, *terebľú* ῾reinigen, enthülsen᾽, wruss. *ćerebić* ῾roden᾽, aruss. *terebiti, terebľju* ῾roden᾽ (Hypat. Chron.), ksl. *trěbiti* ῾reinigen, roden᾽, bulg. *tréb'a* ῾reinige, rode᾽ (Mladenov 641), skr. *trijèbiti, trȉjebîm* ῾säubere᾽, sloven. *trébiti, -bim* ῾reinige, rode, baggere᾽, čech. *třibiti* ῾sichten, sieben, läutern᾽, poln. *trzebić* ῾reinigen, roden᾽, osorb. *trjebić* ῾kastrieren᾽, nsorb. *trebiś* ῾reinigen, roden, kastrieren᾽. Ferner wird dazu gestellt: aruss. *tereba* ῾Opfer᾽, abulg. *trěba θυσία, trěbьnikъ βωμός, ναός, θυσιαστήριον*, εὐχολόγιον (Supr.), *trěbište ϑυσιαστήριον* (Supr.), sloven. *tréba* 'Säuberung', ačech. *třeba* 'Opfer', s. Torbiörnsson 2, 83. ‖ Man vergleicht lett. *terbt, -bju* 'bis zum Überdruß und wiederholt sprechen, hartnäckig mahnen, vorwerfen, fordern' (M.-Endz. 4, 165) und sieht in **terbiti* eine Weiterbildung von **ter-* 'reiben' (*терéть, тру*), vgl. griech. τρίβω 'reibe', lat. *tribulum* 'Dreschbrett, unten mit Eisenstückchen versehen, von Ochsen über die zu entkörnenden Ähren geschleift', *tribulō, -āre* 'presse', *trīvī* 'habe zerrieben', s. Meillet MSL. 14, 379, Persson 776, Gorjajev EW. 364ff., Hofmann Gr. Wb. 374, Walde-Hofmann 2, 672ff. (mit andern Möglichkeiten). Nicht klar ist die Verwandtschaft mit lat. *trabs* 'Balken, Baumstamm', got. *paúrp* 'Landgut', ahd. *dorf* 'Dorf', lit. *trobà* 'Gebäude', griech. τέρεμνον 'Haus, Wohnung' (Meringer IF. 18, 215 ff.). Siehe auch *истребúть* и. *тéрем*.

тéрево 'Runkelrübenbrei'. Zu *терéть, тру* 'reibe', s. Persson 463, Specht 161.

тередóрить 'drucken', *тередóрщик* 'Drucker'; Ableitungen von **тередóр* aus ital. *tiratore* 'Drucker', zu *tirare* 'ziehen', z. B. *t. un foglio di stampa* 'e. Druckbogen abziehen', s. Matzenauer 346.

терезá pl. *-ы́* 'große Waage für Lastfuhren', Don-G. (Mirtov), ukr. *terezý* pl., aruss. *tereza* 'Waage' (Urk. a. 1651, s. Korsch Archiv 9, 673). Aus d. Turkotatar.; vgl. osman. *tärazy* 'Waage', kuman. *tarazu*, tel. *täräzi* (Radloff Wb. 3, 1060 ff., 1064), s. MiEW. 354, TEl. 1, 53; 2, 175, Korsch c. l., Paasonen Cs. Sz. 157, Lokotsch 159. Das türk. Wort soll persisch sein (Lokotsch). Vgl. *черезá*.

терёзвый 'nüchtern', auch *тверёзый* dass., kslav. Lehnwort ist *трéзвый*, ukr. *tverézyj*. dial. *terézvyj*, wruss. *cérézvyj*, aruss. *terezvъ* dass. (Vopr. Kirika, s. Šachmatov Očerk 151), *tverezъ* (Luther. Katechism. a. 1562, s. Sobolevskij Lekcii 145), abulg. *trězvъ νήφων* 'nüchtern' (Supr.), bulg. *trézven* 'nüchtern, mäßig', skr. *trijèzan, -zna* 'nüchtern', sloven. *trézǝk, trézǝn, trézǝv* dass., čech. *střízlivý, střizvý*, slk. *triezvy*, poln. *trzeźwy*, osorb. *strózby*. ‖ Urslav. **terzvъ*, nicht **tverzъ* (gegen Torbiörnsson 2, 88). Lautlich schwierig ist der Vergleich mit aind. *tŕ̥ṣyati* 'dürstet', *tr̥ṣṭás* 'dürr', *tr̥ṣúṣ* 'gierig, lechzend', anord. *þorsti* 'Durst', ahd. *thurst*, got. *paúrstei* 'Durst', *paúrsjan* 'durstig sein', griech. ταρσός, att. ταρρός 'Darre', τέρσομαι 'werde trocken', lat. *torreō* 'dörre' (Potebnja bei Gorjajev EW. 375), es sei denn, daß das *z* durch Einfluß etwa von *rězvъ* erklärt wird. Unsicher ist der Vergleich mit griech. ταρχύω 'bestatte', ταρχάνιον · ἐντάφιον Hesych (Petersson Vgl. sl. Wortst. 51 ff.) oder mit *стерегý, стóрож* (gegen Iljinskij IORJ. 23, 1, 136). Die Form *тверёзый* erklärt Brandt RFV. 25, 27 durch Einfluß von *твёрдый*.

Тéрек 'Fluß in Nordkaukasien, mündet ins Kasp. Meer', urspr. dekliniert: *Тéрек* G. *Тéрка* (Chož. Kotova 78ff., Kotošichin u. a.). Aus balkar. *Terk* 'Terek', auch *terk* 'geschwind, rasch, heftig' (Pröhle Kel. Sz. 15, 259).

те́рем 'hohes Gemach, Halle', ukr. *térem*, aruss. *téremъ* 1. 'hohes Gemach, Palast', 2. 'Kuppel', s.-ksl. *trěmъ* 'turris', bulg. *trěm* 'Schutzdach, offenes Zimmer, Vorhalle', skr. *trȕjem* G. *trijèma* 'Halle', sloven. *trêm* 'Schutzdach'. || Wird gewöhnlich für eine frühe Entlehnung aus griech. τέρεμνον, τέραμνον 'Haus, Wohnung' gehalten, s. J. Schmidt Vok. 2, 66, Kritik 142, MiEW. 345, Pedersen KZ. 38, 353, Verf. IORJ. 12, 2, 283, GrslEt. 200 ff., RS. 4, 164, bes. auch Sobolevskij ŽMNPr. 1914, August, S. 365, G. Meyer Alb. Wb. 436, Murko WS. 2, 131. Andere nehmen Urverwandtschaft von **termъ* mit dem griech. Wort **τέραβνον* sowie mit lat. *trabs*, *trabēs* 'Balken', akymr. *treb* 'Wohnung', got. *þaúrp* 'Feld', ahd. *dorf* 'Dorf' an, s. Kretschmer Glotta 24, 9 ff., Hofmann Gr. Wb. 359, Fick BB. 1, 171, Iljinskij Sumcov-Festschr. 371 ff., IORJ 23, 1, 141 ff. (letzterer bringt viel Zweifelhaftes). Nicht begründet ist die Ansicht von byz. Herkunft (Romanski RES 2, 52). Zu beachten ist kuman. *tärmä* 'Frauengemach', mongol. *terme*, kalmück. *termə* 'Wand, Wandgitter' (Ramstedt KWb. 393).

тересна́ 'Franse', nur aruss. *teresna* (Georg. Monach., s. Srezn. Wb. 951), r.-ksl. *trěsna* 'Quaste, Franse, Kette', *trěsnъ* dass. (Srezn. Wb. 3, 1027 ff.), čech. *třisně* 'Franse'. Vgl. *тераск, мярега*.

тере́ть I, *mpý* 'reibe', ukr. *térty*, *tru*, wruss. *cerć*, *tru*, s.-ksl. *trěti*, *tъrǫ* τρίβειν, bulg. *trija* 'reibe, wjsche', skr. *tȑti*, *trȇm*, *tȁrēm*, sloven. *tréti*, *trèm*, *tárem*, čech. *tříti*, *tru*, ačech. *třieti*, slk. *trieť*, poln. *trzeć*, *trę*, osorb. *tréć*, *tru*, nsorb. *tréš*, *tru*. || Ursl. **terti*, **tъrǫ* urverw. mit lat. *terō*, *-ere*, *trīvī*, *trītum* 'reibe', *terebra* 'Bohrer', griech. τείρω (**teri̯ō*) 'reibe, reibe auf, quäle', lit. *trinù*, *trìnti* 'reibe', *tiriù*, *tìrti* 'erforsche', lett. *trinu*, *trīt* 'reibe, schleife', armen. *t'rem* 'knete (Teig)', s. Trautmann BSl. 324 ff., M.-Endz. 4, 242, Hofmann Gr. Wb. 356, Walde-Hofmann 2, 672 ff. Nicht besser über lit. *tìrti* Machek Recherches 7, der es zu lit. *dyrė́ti*, *dyriù* 'spähe, lauere' stellt. Ablaut zu **terti* in *тор* (s. d.).

тере́ть II 'laufen', Olon. (Kulik.). Itkonen 58 vergleicht lapp. Notoz. *tierrvd* dass., doch wäre etymologische Identität mit dem vorigen denkbar. Vgl. *удира́ть*, *удра́ть*.

терза́ть, *-áю* 'zerre, rupfe', ukr. *terzáty*, abulg. *trězati*, *trěžǫ* σπαράττειν, 'zerren' (Supr.), *trъzati* τίλλειν, 'rupfen' (Supr.), s.-ksl. *istrъzati ἐκσπᾶν*, bulg. *tъ́rzam* 'reiße', skr. *tȑzati*, *tȓ.êm*, sloven. *tŕzati*, *tȓzam* 'reiße, zucke, grase', ablaut. mit *торга́ть* (s. d.). || Man vergleicht aind. *stŗháti* 'zermalmt', *tŗṇḗdhi* 'zerschmettert, zermalmt', Perf. *tatarhá*, Part. Perf. Pass. *tŗḍhás*, s. J. Schmidt Vok. 2, 31; 352, Fick 1, 225, Uhlenbeck Äind. Wb. 115, 345. Zweifelhaft ist die Zugehörigkeit von lat. *trahō* 'ziehe' (Fick) und got. *þairkō* 'Loch' (J. Schmidt).

терия́к 'Theriak, Gegengift', über nhd. *Theriak*, dieses von lat. *thēriacum* aus griech. θηριακὸν (ἀντίδοτον) 'Gegenmittel gegen tierisches Gift'. Nicht über osman. *tyriak* (gegen MiEW. 354).

терли́к 'Art langer Kaftan mit Taille u. kurzen Ärmeln', schon aruss. *terlikъ* (Domostr. K. 29, Zab. 89, Urk. a. 1486, oft 16.

Jhdt., s. Srezn. Wb. 3, 952). Entlehnt aus d. Turkotat., vgl. osman. *tärlik* ʻArt Westeʼ, kirg. *terlik* ʻFilzdecke unter der Schabrackeʼ (Radloff Wb. 3, 1059, 1072), s. Korsch Archiv 9, 674, Kraelitz 55, MiTEl. 1, 54; 175, Ramstedt KWb. 393.

терлы́ч ʻGentiana cruciata, Engelwurz, Kreuzwurzʼ, Don-G. (Mirtov). Unklar. Gilt als Schutzkraut gegen Verfolgungen seitens der Regierung.

термалама ʻe. Stoffʼ (Melʼnikov 7, 187). Unklar. Siehe *тармалама́*.

те́рмин ʻAusdruck, Terminusʼ, schon 1705, s. Christiani 21. Über poln. *termin* aus lat. *terminus* ʻGrenzzeichenʼ, s. Christiani c. l., Kluge-Götze EW. 617, Smirnov 289.

тёрн, volkst. *те́рен*, G. *тёрна* ʻPrunus spinosa, Schlehen-, Hecken-, Schwarzdornʼ, ukr. *téren* G. *térnu*, aruss. *тьрнъ* ʻDornstrauchʼ, Dorn, Stachelʼ, abulg. *trьnъ* ἄκανθα (Supr.), bulg. *trŭn*, skr. *tȑn* G. *tȓna* ʻDorn, Schlehdornʼ, sloven. *tŕn*, čech. *trn* ʻDornʼ, *trní* n. ʻDorngestrüppʼ, slk. *tŕň* m. ʻDornʼ, *tŕnie* n. ʻDornbuschʼ, poln. *tarn*, *cierń*, apoln. *tarn*, *cirznie*, osorb. *ćerń* m., nsorb. *śerń*. || Urslav. *tьrnъ, Koll. *tьrnĕje urverw. mit aind. *tŕ̥ṇam* n. ʻGrashalm, Gras, Krautʼ, got. *þaúrnus* m. ʻDornʼ, s. Meillet Ét. 447, Trautmann BSl. 324, Uhlenbeck Aind. Wb. 115, Torp 182, Šachmatov IORJ. 7, 1, 305.

тернёф ʻNeufundländer, Hundeartʼ (Dostoj.). Aus frz. *un terreneuve* dass. von *Terre Neuve* ʻNeufundlandʼ.

терно́ ʻfeines Gewebe aus Ziegen-, Kaschmirwolle, Shawlgewebeʼ. Nach dem frz. Schafzüchter *Ternaux*, wie nhd. *Ternauxwolle*.

терпенти́н ʻTerpentinʼ, öfter *скипида́р* (s. d.). Aus nhd. *Terpentin*, aus mlat. *terebinthina* (*rēsina*) ʻHarz der Terebintheʼ von lat. *terebinthus*, griech. τερέβινθος ʻTerebintheʼ, s. Kluge-Götze EW. 617, Gorjajev EW. 444.

терпе́ть, **терплю́** ʻleiden, duldenʼ, *терпну́ть* ʻerstarren (vor Furcht); ukr. *terpíty*, *terplʼú* ʻleidenʼ, *poterpáty* ʻerstarren (vor Furcht)ʼ, abulg. *trьpĕti* φέρειν, ὑπομένειν (Supr.), bulg. *trŭpna*, *tŭrpá* ʻleideʼ (Mladenov 641), skr. *tȑpljeti*, *tȓpȋm* ʻleidenʼ, *tŕnuti*, *tŕnêm* ʻerstarreʼ, sloven. *trpéti*, *trpím* ʻleiden, dauernʼ, *otŕpniti*, *otŕpnem* ʻerstarreʼ, čech. *trpěti* ʻdulden, ertragenʼ, *trpnouti* ʻherb werdenʼ, slk. *trpieťʼ* ʻleidenʼ, *tŕpnuť* ʻherb werden, erstarrenʼ, poln. *cierpieć*, *cierpię* ʻleideʼ, *cierpnąć* ʻerstarrenʼ, osorb. *ćerpjeć* ʻleidenʼ, *sćerpnyć* ʻerstarrenʼ, nsorb. *śerpeś* ʻleidenʼ, *sćerpnuś* ʻerstarrenʼ. Die Wörter für ʻleidenʼ werden mitunter von denen für ʻerstarrenʼ getrennt (s. MiEW. 355). || Als urverw. wird verglichen: lit. *tirpti*, *tirpstù* ʻeinschlafen, erstarrenʼ, lett. *tirpt*, *tirpstu* dass., lat. *torpeō*, *-ēre* ʻwerde steifʼ, *torpidus* ʻbetäubt, erstarrt, gefühllosʼ, viell. auch anord. *þjarfr* ʻflau, geschmackreichʼ, s. Persson 437 ff., Trautmann BSl. 325, Mladenov Archiv 36, 130, Brückner EW. 63, M.-Endz. 4, 197, Specht KZ. 62, 33. Vgl. das folg.

тёрпкий ʻherb, sauerʼ, *те́рпко*, ukr. *terpkýj*, s.-ksl. *trъpъkъ* acerbus, bulg. *trъ́pъk*, sloven. *tŕpək*, *tŕpka* ʻherbʼ, čech. slk.

trpký, poln. *cierpki*. Zum vorigen. Persson 437 ff. vergleicht anord. *þjarfr* 'flau', npers. *turuš* 'sauer' (***t̯r̥*šа-).

терпу́г 'Feile, Raspel', dial. auch 'Seebarsch, Labrax'. Aus turkotat. **törpüγ*, **türpüγ*, osman. *törpü*, *dörpü* 'Feile, Raspel' (Radloff Wb. 3, 1259, 1738), s. MiTEl. Nachtr. 1, 31, Korsch IORJ. 8, 4, 42, Archiv 9, 499. Überholt ist die Verknüpfung mit *тере́ть*, *тру* 'reibe' (MiEW. 353), die die Bildung nicht erklärt.

терра́са 'Terrasse', über nhd. *Terrasse* oder direkt von frz. *terrasse* aus vlat. **terracea*, zu *terra* 'Erde'.

Те́рский I. *Те́рский бе́рег* 'Südufer der Kola-Halbinsel', aus aruss. **Тьрьskъ* von **Tьrě* 'Terisches Ufer' oft in Novgor. Urk. 14. Jhdt., auch 1264—65, s. Šachmatov Novg. Gr. 151, 237. Aus finn. *Turja*, *Turjamaa* dass., bzw. karel. *Tyrjä*, s. Verf. Engl. Stud. 56, 169 ff., Sitzber. Preuß. Akad. 1936 S. 177 ff., 186, Kiparsky Toivonen-Festschr. 73 ff. Ags. *Terfinnas* (König Ælfred, s. Mezger Ungar. Jahrb. 2, 224), aus lapp. *Tarje Närg*, 'Terisches Ufer', s. Sjögren Ges. Schriften 1, 349. Mit dem Volke *Deremela* (Igorl.) hat dieser Name nichts zu tun (gegen Vs. Miller IORJ. 19, 1, 116).

Те́рский II. 'vom Terek-Fluß im Kaukasus', *Те́рские Казаки́* = *Гре́бенские Казаки́* (s. d.), Ableitung von *Те́рек*.

тертю́шка 'Schwimmer aus Birkenrinde', Kargop. (Kulik.). Nach Kalima 229 'deskriptiv'. Vgl. *турутю́шка*.

теря́ть, -*я́ю* 'verliere', Perf. *потеря́ть*, ukt. *teŕáty*, aruss. *terjati* 'zugrunde richten, ruinieren' (Dan. Zatočn., Novgor. 1. Chron., s. Srezn. Wb. 3, 952), *poterjati* 'umbringen' (Salomosage, Pam. Star. Lit. 3, 63), *pereterjati* dass. (2. Soph. Chron. a. 1485), s.-ksl. *tĕrjati διώκειν* (Brandt RFV. 24, 197), bulg. *téram* 'treibe (an)', skr. *tjërati*, -*râm* 'rammeln, coire', auch 'verfolgen (mit Prozessen)', sloven. *terati*, -*am* 'foltere', čech. *tĕr* 'Reiben'. Die Zusammengehörigkeit dieser Wörter ist nicht sicher, die ostslavischen werden zu *тере́ть*, *тру* 'reibe' gestellt, s. Ljapunov RFV. 76, 260, Gorjajev EW. 365.

тёс, -*a* 'gesägte Bretter', dial. 'mit der Axt behauene Bretter zum Dachdecken', Arch. (Podv.), ukr. *tes*, aruss. *tesъ* 'Span, dünnes Brett, Markierung an Bäumen', čech. *tes* 'Zimmerholz', poln. *cios* 'Zimmerholz', auch *теса́ть*, *тешу́* 'behaue, zimmere', ukr. *tesáty*, *tešú*, aruss. *tesati*, *tešu*, abulg. *tesati*, *tešǫ* (Supr.), bulg. *tésam*, skr. *tèsati*, *tḕšēm* 'behaue', sloven. *tésati*, *tę́šem*, čech. *tesati*, slk. *tesať*, poln. *ciosać*, osorb. *ćesać*. ‖ Ursl. **tesati*, **tešǫ* urverw. (idg. **tekp-*) mit lit. *tašýti*, *tašaũ* 'behaue', aind. *takṣati*, *takṣṇóti*, *tā́ṣṭi* 'behaut, bearbeitet, zimmert', *tákṣā* m. 'Zimmermann', avest. *tašaiti* 'schafft', *tašan-* 'Bildner', npers. *tāšītan* 'zimmern', griech. τέκτων 'Zimmermann', τέχνη 'Handwerk, Kunst', lat. *texō*, -*ere* 'webe, flechte, baue', ahd. *dehsala* 'Beil, Axt', mhd. *dehsen* 'Flachs brechen', ir. *tāl* 'Zimmeraxt' (**tōkslo-*), nhd. *Dachs* (eigtl. 'Zimmerer'), s. Trautmann BSl. 320, Pedersen Kelt. Gr. 1, 85, IF. 5, 58, Torp 177, Uhlenbeck Aind. Wb. 107, M.-Endz. 4, 175, Hofmann Gr. Wb. 357, Walde-Hofmann 2, 678. Vgl. das folg.

теслá ʽHohlbeil, Zimmeraxt', ukr. *tesló*, r.-ksl. *tesla σκέπαρνον* (12. Jhdt.), bulg. *teslá* (Mladenov 632), skr. *tȅsla* ʽHacke (der Trogmacher)', sloven. *tésla* f., *téslo* n. ʽZimmeraxt', čech. *tesla*, poln. *ciosła, cieślica*, osorb. *ćesl* m. Zu *месáть* ʽbehauen' (s. d.), vgl. ahd. *dehsala* ʽBeil', anord. *þexla* f. ʽQueraxt', lat. *tēlum* ʽWurfgeschoß' (**tecslom*), s. Holthausen Awn. Wb. 314, Torp 178, Kluge-Götze EW. 99.

тéсный ʽeng, gedrängt', *тéсен, теснá, тéсно*, ukr. *tı́snyj, tı́sno*, aruss. *tě̆snъ* ʽeng, unbequem', abulg. *tě̆snъ στενός* (Zogr., Mar., Supr., s. Vondrák Aksl. Gr. 186), bulg. *tésen*, skr. *tijèsan, -sna, tȉjesnī* ʽeng, knapp', ON *Tïjesno*, sloven. *tě̀sən, tě̑sna*, čech. *těsný*, slk. *tesný*, poln. *ciasny*, osorb. *ćěsny*, nsorb. *śěsny*. Aus **těskъnъ* zu *мúскать* ʽdrücken', evtl. *мéсто* ʽTeig', s. Brandt RFV. 25, 28, Vondrák c. l., Brückner EW. 60.

тéсто ʽTeig', ukr. *tisto*, aruss. ksl. *tě̆sto*, bulg. *těstó* (Mladenov 646), skr. *tȉjesto*, sloven. *testȏ*, čech. *těsto*, slk. *cesto*, poln. *ciasto*, osorb. *ćěsto*, nsorb. *śěsto*. ‖ Ursl. **těsto* zu *мúскать* ʽdrücken, kneten', *тéсный* ʽeng', nach MiEW. 356, Brandt RFV. 25, 28. Vgl. aber air. *tóis-renn, táis* ʽTeig', ahd. *theismo, deismo* ʽSauerteig', ags. *þǽsma* dass., griech. *σταίς* G. *σταιτός* ʽWeizenmehl mit Wasser zum Teig angerührt' (aus **taist-*), s. Pedersen Kelt. Gr. 1, 56, Lidén IF. 19, 353 ff., Armen. Stud. 108, Rozwadowski Qu. Gr. 1, 422, IFAnz. 8, 138, Meillet Ét. 297, Trautmann BSl. 321. Schwerlich zu *стенá* (gegen Holthausen KZ. 47, 307). Auch nicht keltisches Lehnwort (gegen Šachmatov Archiv 33, 92).

тесть, m. G. -*я* ʽSchwiegervater, Vater der Frau', ukr. *test'*, wruss. *ćeść*, aruss. *tьstь* G. -*ti*, daraus G. *cti, ctja* (Šachmatov Očerk 219), abulg. *tьstь πενθερός* (Ostrom.), bulg. *tъst* (Mladenov 646), skr. *tâst* G. *lȁsta*, sloven. *tȃst*, čech. *test*, slk. *test'*, poln. *teść*, apoln. *cieść* (s. Łoś Gram. hist. 1, 172), osorb. *ćest*. Dazu čech. *tchán* dass., *tchyně* ʽSchwiegermutter'. ‖ Urverw.: apreuß. *tisties* ʽSchwiegervater', s. Endzelin Archiv 32, 285 ff., SlBEt. 196. Abweichend davon will Trautmann Apr. Sprd. 449 das apreuß. Wort als slav. Lehnwort ansprechen. Man sieht in dem Wort gewöhnlich eine Koseform, teils zu *тётя* (Mladenov 646, Iljinskij Archiv 34, 14), teils zu griech. *τέττα* ʽVater' (Ilias 4, 412), s. Schrader-Nehring 2, 375. Zum letzteren s. *тáма*; Zu *тесть* gehört *тёща* (s. d.).

тесьмá ʽZwirn-, Wollenband, Borte', aruss. *tjasma* (Urk. a. 1472, oft 16. Jhdt., s. Korsch Archiv 9, 672 ff.). Siehe auch *тáсма* (oben). Entlehnt aus osman. kasantat. dschagat. *tasma* ʽBand, Riemen' (Radloff Wb. 3, 924), s. Korsch c. l., MiTEl. 2, 171, Lokotsch 160. Die Herkunft der turkotatar. Wörter aus griech. *δεσμός*, bzw. pl. *δεσμά* (Gorjajev EW. 367) ist nicht erwiesen, s. MiEW. Zur Sippe vgl. Wichmann Tschuw. LW. 105 ff., Ramstedt KWb. 382.

тетдепóн ʽBrückenkopf' (D.). Aus frz. *tête de pont* dass.

тéтерев, -*a* ʽBirkhahn, Tetrao tetrix', *тетéря, тетéрька* ʽBirkhuhn', dial. *тетёра, тетёрка*, Arch. (Podv.), Ural-G. (D.), ukr. *tetervák, tetéra, tetéŕa*, wruss. *ćećéŕa*, aruss. *teterevь* ʽBirkhahn,

тетéря — тетрáдь 101

Fasan', aruss. *i*-Stamm (s. Sobolevskij Lekcii 198), r.-ksl. *tetrěvь*
φασιανός (12. Jahrh.), bulg. *tetrev* (Mladenov 633), skr. *lètrijeb,
lètrēb* 'Auerhahn', sloven. *tetrêv* 'Fasan', ačech. *tetŕev*, čech. *tetŕev*
'Auerhahn', slk. *tetrov*, poln. *cietrzew, -wia, cieciorka* f. ‖ Urslav.
*tetervь urverw. mit apreuß. *tatarwis* 'Birkhuhn', lit. *tetervas,*
lett. *teteris*, lit. *tetervà* f. (Buga RFV. 75, 149), weiter zu npers.
tederv 'Fasan', med. *τέταρος* (Athenäus), anord. *þiđurr* 'Auer-
hahn', schwed. *tjäder*, ir. *tethra*, griech. *τέτραξ, -αγος* u. *-ακος*
m. f. 'Perlhuhn', *τετράζω* 'gackere', *τετράων* m. 'Auerhahn',
auch aind. *tittiras, tittiriṣ* 'Rebhuhn', lat. *tetrinniō, tetrissitō*
'schnattere (von Enten)', s. Trautmann BSl. 320ff., Apr. Sprd.
446, Uhlenbeck Aind. Wb. 112, Specht 48, Pedersen Kelt. Gr.
2, 107, M.-Endz. 4, 169, Torp 184. Lautnachahmender Herkunft;
vgl. lett. *tiri, tiru* 'Interj. für das Kollern, Falzen des Birkhahns',
tirinât 'kollern, falzen' (M.-Endz. 4, 195). Eine Entlehnung der
slav. Wörter aus dem Iranischen (MiTEl. 2, 172) kommt nicht in
Betracht.

тетéря I. 'Birkhuhn', s. *тéтерев*.

тетéря II. 1. 'Suppe mit eingebröckeltem Brot', Kostroma,
2. 'Fladen aus Gerste', Vjatka, Vologda (D.). Die Verbindung mit
терéть, тру 'reibe' (Gorjajev EW. 367, 383) befriedigt nicht.
Unklar.

тетивá, тятивá 'Bogensehne', auch 'oberer Rand eines Fischer-
netzes', Arch. (Podv.), ukr. *t'atyvá* 'Bogensehne', wruss. *cecivá,*
aruss. *tjativa* dass. (Georg. Mon. 14. Jhdt., s. Sobolevskij Lekcii
82), abulg. *tętiva nevrá* (Supr.), bulg. *tetivá*, skr. *tetiva* 'Sehne,
Saite', sloven. *tetíva*, čech. *tětiva*, slk. *tetiva*, poln. *cięciwa*. Das lit.
temptýva 'Sehne' kann slav. Lehnwort sein, angelehnt an lit.
tem̃pti 'dehnen' (Meillet Ét. 371, Leskien Bildung 353, Skardžius
221) oder damit urverw. (Endzelin SlBEt. 197, Meillet-Vaillant
60). ‖ Ursl. **tętiva* wird verglichen mit lit. *tiñklas* 'Netz', aind.
tántuṣ 'Schnur', *tántram* 'Aufzug am Webstuhl', *tanóti* 'dehnt,
spannt an', griech. *τείνω* 'spanne', *τόνος* m. 'Spannung, An-
spannung', lat. *tendō, -ere* 'spanne, dehne', s. Trautmann BSl.
323ff., Meillet-Vaillant 60, Pedersen KZ. 40, 206. In diesem Fall
gehören dazu die unter *менéмо* (s. d.) besprochenen Wörter.
Andererseits vergleicht man **tętiva* mit lit. *tem̃pti, tempiù*
'spannen, dehnen', *tampýti, tampaũ* dass., *tìmpa* 'Sehne', anord.
þǫmb f. 'Bogensehne, dicker Bauch', lat. *tempus, -oris* 'Zeit' (als
'Spanne'); s. Lidén Armen. Stud. 44ff., IF. 19, 331ff., Pedersen
Kelt. Gr. 1, 138, Gorjajev EW. 367, Torp 181. Der zweite
Vergleich scheint den Vorzug zu verdienen.

тётка 'Fieber'. Tabubezeichnung, zu *тётка, тётя* 'Tante', s.
Zelenin Tabu 2, 76. Vgl. *кумá*.

тетр s. *тетраевáнгелие*.

тетрáдь f. 'Heft', volkst. auch *матрáдь*, r.-ksl. *tetradь* (Pandektes
d. Antioch., 11. Jhdt. u. a., s. Srezn. Wb. 3, 954), *totradь* auch
(Ustjuž. Kormč. 13. Jhdt., s. Srezn. Wb. 3, 982), *tatratь* (wruss.
Sbornik a. 1490, s. Sobolevskij Lekcii 90ff.). Aus mgriech.

τετράδι(ον) von τετράς, -άδος 'vierter Teil eines Bogens', s. Verf. IORJ. 12, 2, 281, GrslEt. 201.

тетроевангѣліе 'die vier Evangelien', r.-ksl. *tetrajevangelije* (a. 1400, s. Srezn. Wb. 3, 954), auch abgekürzt aruss. *tetrъ, jevangelije tetro* (Voskres. Chron. a. 1533, s. PSRL. 6, 290). Aus griech. τετραευαγγέλιον dass. (Ducange), s. Verf. Grsl.Et 201.

тётя, тётка 'Tante', ukr. *titka*, wruss. *ćótka*, r.-ksl., abulg. *tetъka* ϑεία (Supr.), bulg. *téta, tétka*, skr. *tȅtka, téta*, sloven. *téta, têtka*, čech. slk. *teta*, poln. *ciotka*, osorb. *ćeta*, nsorb. *śota*, polab. *teta*. ‖ Lallwort wie *máma, мямя*. Vgl. lit. *tetà* dass., žem. *tìtis* 'Vater', griech. τέττα, τατᾶ 'Vater', s. Trautmann BSl. 320, Kretschmer Einl. 348 ff., Hofmann Gr. Wb. 362, Torp 154.

-теха in *noméxa* 'Spaß', *ytéxa* 'Trost', ukr. *poticha* 'Freude', abulg. *utěcha* παράκλησις, παραίνεσις (Supr.), bulg. *utécha* 'Trost', skr. *ùtjeha, ùćeha*, sloven. *utẹ́ha*, čech. *těcha, útěcha*, slk. *techa, útecha*, poln. *pociecha, uciecha*. Zu *тѣшить* (s. d.), *мѣхий*.

тéхника 'Technik', über nhd. *Technik* f. entlehnt aus lat. *technica* von griech. τεχνική zu τέχνη 'Kunst'.

течь s. *текý*.

тёша 'Fischbauch', auch *тешка* (Meľnikov), aruss. *teša* Domostr. Zabel. 151 (bis). Fraglich ist die Herleitung aus *težьka* zu *tezevo, *kezevo* 'Bauch', weil das letztere nicht gedeutet ist (gegen Daľ 4, 763, Gorjajev EW. 367).

тѣшить 'trösten, beruhigen', auch dial. 'hätscheln, verwöhnen', Kolyma (D.), ukr. *tišyty* 'erfreuen', aruss. *těšiti, těšu* 'beruhigen, aufmuntern', abulg. *utěšiti* παρακαλεῖν (Supr.), bulg. *těšá* (Mladenov 633), skr. *tjèšiti*, sloven. *tẹ́šiti, têšim*, čech. *těšiti*, slk. *tešiť*, poln. *cieszyć*, osorb. *ćěšić*, nsorb. *śěšyś*. ‖ Ablaut zu *мѣхий* (s. d.). Vgl. lit. *taisýti* 'bereiten', lett. *tàisît* 'machen, verfertigen', *tàisns* 'eben, gleich', ablautend mit lit. *tiesà* 'Wahrheit', *tiesùs* 'gerade', lett. *tiesa* 'Recht, Urteil', *tlešs* 'gerade, direkt, unmittelbar', s. M.-Endz. 4, 215. Hierher auch *тѣшить* 'melken', das Zelenin Tabu 2, 55 als Tabuausdruck ansieht.

тёща 'Schwiegermutter, Mutter der Frau', ukr. *tésča*, aruss. *tъsča*, abulg. *tъsta* πενθερά (Ostrom.), bulg. *tъstá* (Mladenov 646), skr. *tȁšta*, sloven. *tášča*, čech. *testice*, slk. *testina*. Zu *тесть* (s. d.) als *tъstja*, wird weiter zu *мѣтя* gestellt, s. Gorjajev EW. 366, Mladenov c. l., Iljinskij Archiv 34, 14.

ти I. hervorhebende Partikel in der russ. Volksdichtung: *у насъ ти, въ Ростовѣ ти лýку ти, чеснокý ти* (Daľ), aruss. *ti, tь* 'doch' (oft), čech. *ať mlčí* 'er soll schweigen', *neboť* 'denn' (*nebo* 'oder'), *vždyť* 'freilich, allerdings', apoln. *ci, ć* (Brückner EW. 60). Aus dem Dat. s. *ti* 'dir', aruss. *ti*, abulg. *ti*, bulg. *ti*, skr. *tî, ti*, sloven. *ti*, čech. slk. *ti*, poln. *ci*, osorb. *ći*, nsorb. *śi*. Der Dat. s. *ti* gehört als urverw. zu aind. *tē* 'dir', avest. *tē*, dor. *τοί*, s. Brugmann Grdr. 2, 2, 383, Vondrák Vgl. Gr. 2, 71. Die Bed. 'doch' erklärt sich aus dem Dat. ethicus. Siehe *мŷкалка*.

ти II. 'und, ja, aber', nur aruss. *ti* (s. Srezn. Wb. 3, 956 ff.), abulg. *ti καί, εἶτα, οὖν* (Supr.), skr. *ti* in *nȉti ~ nȉti* 'weder ~ noch', sloven. *nìti* ʽauch nicht, nicht einmal'. Urverw. lit. *teĩ ∼ teĩ* ʽsowohl ∼ als auch', *teĩ-p* ʽso', got. *þei* ʽdaß, damit', weiter zu *tъ (s. *mom*), als Loc. s. *tei, vgl. Brugmann Grdr. 2, 3, 998, Trautmann BSl. 311 ff., Vondrák Vgl. Gr. 2, 462. Nicht immer leicht zu trennen von *mu* I. ʽdoch'.

тиа́ра 1. ʽTiara', 2. ʽPäpstliche Krone', aruss.-ksl. *tiara тіа́ρα* (schon Svjatosl. Sborn. a. 1073). Aus griech. τιάρα ʽTiara', teilweise über lat. *tiāra*, s. Verf. GrslEt. 201 ff.

тибе́ка, тебе́ка ʽKürbis, Cucurbita Melo', Ostrußl. (D.). Siehe *кебе́ка* (1, 548).

тибите́йка ʽKappe, Käppchen', Ural (D.). Unklar.

ти́брить ʽstibitzen', siehe *сти́брить* dass. Unrichtig ist die Annahme einer Verwandtschaft mit got. *þiufs* ʽDieb' (Gorjajev Dop. 1, 48). Dunkel.

Тиве́рци pl. ʽostslav. Stamm am Dniestr' (s. Barsov Očerki 98 ff.), nur aruss. *Tiverьci* Laurent. Chron. (oft). Sobolevskij IRJ. 2, 165, Zeitschr. 2, 51 ff. vergleicht aruss. *Tivrovъ* ON in Podolien (14. Jhdt.). Wohl Ableitung von einem Fl. N. *Tivrъ, der e. iran. Entsprechung zu aind. *tīvrás* ʽschnell, scharf, intensiv', *Tīvrā* FlN. sein könnte, s. Verf. Iranier 62. Eine ähnliche Bed. hat der Name Τύρας, Τύρης für ʽDniestr.', s. oben 1, 355. Zur Bildung vgl. aruss. *Dunajьci* (Laurent. Chron.). Sobolevskij RFV. 64, 183 hält die *Tiverci* für einen nicht-slav. Stamm.

ти́га-ти́га ʽLockruf für Gänse oder Schwäne' (Melnikov', D.), auch *те́ва*, *те́жа*, *те́жи* dass., Südl., Rjaz., Voron. (D.). Lautnachahmend.

тига́н ʽTiegel', nur r.-ksl. *tiganъ* (Srezn. Wb. 3, 958). Aus griech. τήγανον ʽBratpfanne', s. Verf. GrslEt. 197. Vgl. *тага́н*.

тигачи́, тигаци́ pl. ʽMücken, Mückenschwarm', Olon., *кига́чи́*, *чига́чи́* dass. Olon. (Kulik.). Aus karel., olon. *t'ihi*, weps. *t'ih'i* ʽkleine Mücke', s. Kalima 225.

ти́гель m. ʽSchmelztiegel', über nhd. *Tiegel* von lat. *tēganum* aus griech. τήγανον (Meyer-Lübke Rom. Wb. 712, Kluge-Götze EW. 618).

ти́гр, *-a* ʽTiger', r.-ksl., abulg. *tigrъ* (Supr., Svjatosl. Sborn. a. 1073, s. Srezn. Wb. 3, 958). Aus griech. τίγρις dass. von avest. *tiγri-* ʽPfeil', *tiγra-* ʽspitzig'. Das moderne Wort ist in neuerer Zeit unabhängig vom alten durch frz. *tigre* bzw. nhd. *Tiger* von lat. *tigris* vermittelt.

ти́гусить, ти́госить ʽquälen, bedrücken' (D.), auch ʽkneifen', Kašin (Sm.). Unklar.

ти́да ʽjunger Lachs', Arch. (D.). Aus norw. dial. *tita* ʽkleiner Fisch' (Kalima 19), doch wohl über lapp. *tidda*, (s. Itkonen 58, Thörnqvist 204 ff.). Siehe *ми́нда*.

тизя́к ʽgetrockneter Kuhmist', s. *кизя́к*.

тик I. ʽZwillich, Art Gewebe', schon Ust. Morsk. a. 1724 s. Smirnov 289. Adj. *ти́ковый* (Leskov). Aus ndl. *tijk* dass., mndl. *tīke*, nhd. *zieche*, s. Matzenauer 347.

тик II. ʽTeakbaum, indischer Eichenbaum' (e. sehr festes u. dauerhaftes Schiffsbauholz). Über nhd. *Teak* oder engl. *teak* dass. aus port. *teca* von malabar. (dravid.) *tēkka* dass., s. Holthausen 200, Heyse s. v.

тик III. ʽneuralgischer Gesichtsschmerz, Mienenzucken'. Aus engl. *tic* ʽZucken', frz. *tic* von ital. *ticchio* (s. Holthausen 204, Gamillscheg EW. 842ff.).

тӣкалка ʽSpottbezeichnung für die Leute aus Žizdra (Kaluga) bei denen aus Bolchov (Orel)', weil die ersteren oft die Partikel *mu* gebrauchen, s. Zelenin Živ. Star. 1904, Nr. 1, S. 65.

тӣкать I. -*аю* ʽticken (von der Uhr)', bei I. Tolstoj u. a. Das Ticken der Uhr wird wiedergegeben mit: *któ ty, čtó ty, któ ty, čtó ty* (I. Tolstoj, Vospominanija 20). Vgl. nhd. *ticken*, frz. *tic tac* ʽtick tack'.

тӣкать II. ʽpiepen', Vor. (D.). Lautnachahmend wie das vorige.

тӣкаться ʽauflauern', Westl. Vgl. lit. *týkoti* ʽlauern', lett. *tikát* ʽlauern' (M.-Endz. 4, 200). Zu trennen ist *muk(o)p* ʽSpiegel' (gegen M.-Endz. c. l.), siehe unten.

тикáч, -*á* ʽSpecht', Olon. (Kulik.). Aus karel. olon. *t'ikku*, weps. lüd. *t'ikk* ʽSpecht', finn. *tikka*, G. *tikan*, estn. *tikk* G. *tika* dass., s. Kalima 225.

тикень ʽDickicht' nur aruss. *tikenь debrь zla* (Afan. Nikit. (Und.) 49). Aus dschagat. kirg. tar. *tikän* ʽDorn, Strauch mit Dornen' (Radloff Wb. 3, 1349).

Тикӣч: *Górskij T.* u. *Gnilój T.* heißen 2 Nebenflüsse der Sinjucha (zum S. Bug), s. Maštakov DB. 37. Unklar.

тӣковый s. *muk* I.

тикр ʽSpiegel', nur r.-ksl. *tikъrъ*, *tikьrь* (oft) neben *tykъrъ*, *tykьrь* dass. (Gregor. v. Nazianz, Method. v. Patara, s. Srezn. Wb. 3, 958ff., 1072), abulg. *tikъ ěsoptron* (Supr.). ǁ Protobulg. Lehnwort, vgl. tschuwass. *tögör*, *təgər* ʽSpiegel', krimtat. *tögäräk*, kirg. *tögürök* ʽrund, Kreis', mongol. *tögürük* ʽrund', kalmück. *tögrkɛ* ʽrund' (s. Paasonen CsSz. 160ff., Räsänen TschL. 219ff.), vgl. MiEW. 356. Aus gleicher Quelle stammt magy. *tükör* ʽSpiegel' (Gombocz 134). Abzulehnen ist die Annahme echt-slav. Herkunft (Iljinskij), dagegen Bulič IORJ. 9, 3, 429).

тикулярный мастер ʽTischler', Novgor. (D.). Unklar.

тӣкшуй, *níkša*, -*šuj* ʽein zur Gattung der Dorsche gehöriger Fisch, Gadus aeglefinus', Arch. Aus lapp. Patsj. *teχša* dass., s. Itkonen 58.

Тилигýл ʽFluß zw. Südl. Bug u. Dniestr', auch *Teligol, Deligiol* auf ital. Karten (s. Maštakov DB. 32). Aus kuman. karaim. *täli* ʽdumm, töricht, närrisch', osman. dschagat. *däli* dass. und *göl* ʽSee' (s. Radloff Wb. 3, 1083, 1678ff.), kasantat. *tili* ʽdumm, albern' (Radloff Wb. 3, 1384). Als ʽwilder Strom' weil im Frühjahr bewegt u. sonst ruhig (s. Enc. Slov. 65, 172).

тилилиснуть ʽschlagen', Kašin (Sm.), Olon. (Kulik.), neben *tilísnutь* dass. Tveŕ, Kaluga (D.), s. Šachmatov IORJ. 7, 2,

379. Unsicher ist die Herleitung aus *тиснуть* (I. Smirnov Kašin-Wb. 172), oder Zusammenstellung mit ukr. *tyleseń* ʽstumpfe Seite eines Messers' (MiEW. 370). Wohl ein expressives Wort.

тилипа́ть ʽschweigend verzehren, schnell essen', Peterhof (IORJ. 1, 329), auch *тилискать* dass. Pskov, Tveŕ (D.). Wohl expressiv.

тили́скать, тили́снуть ʽrupfen, zerren, schlagen, stehlen', Tveŕ, Kaluga (D.), Vjatka (Vasn.). Vgl. *милили́снуть*.

тилла́ ʽbucharische Münze' = 3 Rubel 90 Kop. (Meľnikov 7, 187). Aus tar. *tilla* ʽkokandische Goldmünze' (Radloff Wb. 3, 1386).

тильбюри́ ʽunbedeckter zweirädriger Wagen' (Leskov). Über frz. *tilbury* dass. von engl. *tilbury* nach dem Fam.N. des Erfinders *Tilbury* (s. Gamillscheg EW. 843, Chambers ED. 520).

Тим ʽr. Nbfl. der Sosna (zum Don)', s. Maštakov Don 2. Wohl zu *тимено*.

ти́маны pl. ʽBauernstiefel aus Rohleder', Čerep. Vom Orte *Тима́нское*, wo sie angefertigt wurden, s. Gerasimov Sbornik 87, 87.

ти́мберсы pl. ʽSchiffsrippen, Spanten', seew. Aus engl. *timber* pl. *-s* ʽBauholz', s. Matzenauer 347, Karłowicz 89.

тиме́ние ʽSumpf', kirchl., aruss. *timěno, timěnije* ʽSumpf, Schlamm', abulg. *timěno, timěnije* ἰλύς (Euch. Sin., Ps. Sin.), osorb. *tymjo* G. *tymjenja* ʽSumpf', nsorb. *tyḿe, -ḿeńa* dass. ‖ Urspr. wohl Stoffadjektiv *timěnъ zu *timy *timene, s. Pedersen KZ. 38, 351. Weiter zu *тина* oder *тя́ять* ʽschmelzen, tauen'. Man vergleicht außerdem: griech. τῖλος ʽflüssiger Stuhlgang', ags. *đínan* ʽnaß werden', anord. *þíða* ʽauftauen, schmelzen', *þíðr* ʽaufgetaut', ahd. *theisk deisk* ʽstercus, fimus, rudera', s. J. Schmidt Kritik 109, Lidén IF. 19, 356 ff., Armen. Stud. 109, Trautmann BSl. 323, Holthausen Awn. Wb. 315, PBrBtr. 66, 268, Persson 463 ff., Specht 21, Charpentier MO. 13, 14. Nicht besser stellt Iljinskij RFV. 69, 22 ff. *timěno zu aind. *stīmás* ʽunbeweglich', *stimitas, timitas* dass., *stiyā́* ʽstehendes Wasser', *styā́yatē* ʽfriert, wird fest'. Bedenklich ist auch die Verknüpfung mit *ти́миться* ʽträumen, schwanen' (gegen Zubatý Wurzeln 26).

ти́мерман ʽoberster Schiffszimmermann' (D.), seit Peter d. Gr., s. Smirnov 290. Aus ndl. *timmermann*, s. Meulen 212, Karłowicz 89.

ти́миться ʽsich plagen, unruhig sein', Olon., ʽhöhnen', Novgor., ʽträumen, schwanen' (D.). Nicht zu *тимение* (s. d.), gegen Zubatý Wurzeln 26, der die Bed. des russ. Wortes falsch angibt. Vgl. *утимиться*.

тимпа́н ʽTrommel, Pauke', aruss. *тимпанъ* (Psalter a. 1280, s. Srezn. Wb. 3, 1037), *tumbanъ* (Nestor Iskander 9), *timpanъ* (Prosk. Arsen. Such. 245). Aus griech. τύμπανον ʽHandtrommel', bzw. volkst. ngr. τούμπανο (wo μπ=mb), s. Verf. IORJ. 12, 2, 283, GrslEt. 207.

тимья́н s. *темья́н*.

тин 'Rubel', aruss. *tinъ* eigtl. 'Schnitt, Kerbe' (vgl. *полти́на*), s. Bauer bei Schroetter 575. Vgl. 2,399.

ти́на 'Schlamm(boden), Wassermoos, Kartoffelkraut', ukr. *týna*, aruss. *tina* 'Sumpf, Schlamm', abulg. *tina* βόρβορος (Supr.), bulg. *tińa* 'Schlamm, Kot' (Mladenov 633), ačesh. *tina* 'Morast, Kot'. ‖ Als *tīmnā oder *tī-nā verwandt mit *тимено, тимение* (s. d.), vgl. J. Schmidt Kritik 109, 119, Meillet Ét. 447, Trautmann BSl. 323, M.-Endz. 4, 203, Lidén IF. 19, 356, Armen. Stud. 109, Pedersen KZ. 38, 351, Torp 184, Persson 463 ff., Iljinskij RFV. 63, 333; 69, 23. Anknüpfung an *тлѣть* (*tьlěti*) sucht Solmsen KZ. 35, 478.

тина́ть 'schneiden', aruss. *tinati*, Iterat. zu *tьnǫ, *tęti dass., s. *тну, тять*.

ти́нда '4—5 Pfund wiegender kleiner Lachs', Arch. (Podv.), auch *múda* (s. d.), aruss. *tinda* (Urk. Solovki a. 1591, s. Srezn. Wb. 3, 960). Aus lapp. Ter. *tindta* dass., finn. *tinttu*, s. Itkonen 58, anders Kalima 19.

тинёк G. *-нька́* 'Hauer des Wallrosses', Arch. (Podv.). Evtl. entlehnt aus einer ndd. Entsprechung von nhd. *Zinke*, das zu *Zinne, Zahn* gehört. Oder zu *тну, тять* 'schneiden'?

тинкту́ра 'Tinktur', schon Ust. Morsk. a. 1720, s. Smirnov 290. Über nhd. *Tinktur* f. aus lat. *tinctūra* 'Färben, Färbwasser', zu *tingō, -ere* 'färbe'.

ти́нтовый *чёрно-ти́нтово вино́* 'dunkler spanischer Wein' (Deržavin). Aus span. *vino tinto* 'dunkler span. Wein', wie der *Tinto* von *Alicante*, *Tinto di Rota* u. a. Zum vorigen, eigtl. '(dunkel) gefärbt'.

тинь f. 'Riemen, Peitsche', nur aruss. *tinь* (Žitije Kodrata, 11. Jhdt., s. Srezn. Wb. 3, 960), abulg. *tinь* ἱμάς (Supr.). Zu *tьnǫ, *tęti, s. *тну, тять*. Nicht zu *тяну́ть* (gegen MiEW. 351).

тип, *-а* 'Typus', zuerst als 'Abbildung' bei F. Prokopovič, s. Smirnov 290. Über frz. *type* 'Abdruck, Urbild' aus lat. *typus* von griech. τύπος m. 'Schlag, Eindruck', τύπτω 'schlage'.

ти́пать, ти́пнуть 'leicht schlagen, beißen, packen, kneifen', *ти́пки* pl. 'e. Fangspiel', Olon. (D.). Wohl von einer Lautgebärde.

ти́пик 'Kirchenordnung'. Aus griech. τυπικόν dass., zu τύπος (s. *тип*).

типогра́фия 'Druckerei', seit Sturm (1709), s. Smirnov 290. Über nhd. *Typographie* oder frz. *typographie* von griech. τύπος 'Abdruck' u. γράφω 'schreibe'.

типу́н 'Pips, Vogelkrankheit', dial. auch 'Beule, Pickel', Kašin (Sm.). In ersterer Bed. wurde es mit nhd. *Pips* aus lat. *pītuīta* 'zähe Flüssigkeit, Schleim' verglichen (Gorjajev EW. 367), was nicht befriedigt. MiEW. 247 vergleicht ukr. *pýpot'* G. *pýpt'a* 'Pips', bulg. *pipka* dass.; *типу́н* 'Beule' könnte mit *ти́пать* 'kneifen, beißen' in Verbindung stehen.

тир 'Teer', schon Peter d. Gr., s. Smirnov 290, auch *тировáть* 'teeren' (D.). Aus ndl. *teer* 'Teer', bzw. *teeren* 'teeren', s. Meulen 211, Ljapunov RFV. 76, 258. Siehe *nek*.

тирáда 'Tirade', über nhd. *Tirade* oder frz. *tirade* von ital. *tirata*, Ableitung von *tirare* 'ziehen' (Gamillscheg EW. 845).

тирáж 1. 'Ziehung', 2. 'Auflage'. Aus frz. *tirage*.

тирáн 'Tyrann', schon Kotošichin 1, oft Peter d. Gr. (s. Smirnov 290). Wohl über nhd. *Tyrann* aus lat. *tyrannus* von griech. *τύραννος* 'unumschränkter, revolutionärer Herrscher'. Davon *тирáнский* 'tyrannisch' (Peter d. Gr.) viell. über poln. *tyrański*.

Тирáсполь 'Stadt am l. Ufer d. Dniestr', gegründet 1795 (s. Semenov Slov. 5, 119). Künstlich-archaisierende Bildung von lat. *Tyras*, griech. *Τύρας* 'Dniestr' (s. oben 1, 355) und *-поль* nach griech. *πόλις*, s. Unbegaun RES. 16, 231.

тирé, терé 'Bindestrich', aus frz. *tiret* dass.

тирза 'Frühlings- und Herbstschmutz auf der Straße', Olon. (Kulik.). Zu *кúрза* (s. 1, 560).

тирлúч, тырлы́ч 'Himmelstengel, Gentiana amarella' (D., Mel'nikov). Dunkel.

тúрло s. *тырло*.

тирну́ть 'schlagen', Pskov, Tveŕ (D.). Zu *терéть*, *тру* 'reibe'?

тирну́ться 1. 'sich umherdrücken', 2. 'sich irgendwo aufhalten', Smol. (Dobr.). Zu *терéть*, *тру*, s. Ljapunov RFV. 76, 255 ff. Vgl. *терéться* 'sich umherdrücken'. Siehe *тировáть* II.

тировáть I. 'teeren', siehe *тир*.

тировáть II. 'leben, sich aufhalten', aruss. *tirovati* (Novgor. 1. Chron. Synod. Hs., Pskover Urk. 14. Jhdt., s. Sobolevskij ŽMNPr. 1900, Januar, S. 193), dazu *тирну́ться* (s. d.). Wird zu *терéть*, *тру* 'reiben', *терéться* 'sich umherdrücken' gestellt, s. Ljapunov RFV. 76, 255 ff., Sobolevskij c. l. Verfehlt ist der Vergleich mit lit. *stýroti*, *stýrau* 'steif dastehen', *stýrsti*, *styriù* 'erstarren', lat. *stīria* 'Tropfen' (gegen Iljinskij IORJ. 24, 1, 113 ff.).

тирю́ха 'Fieber', Maloarchang. Nach Zelenin Tabu 2, 77 zu *терять* 'vernichten'.

тис, -a 'Eibe, Taxus baccata', ukr. *tys* dass., r.-ksl. *tisa* 'Zeder, Föhre', *tisije* n. dass. (Srezn. Wb. 3, 960), bulg. *tis*, skr. *tȉs* G. *tȉsa* 'Eibe, Lärche', sloven. *tȋs* m., *tísa* f. 'Eibe', čech. slk. *tis* dass., poln. *cis*, osorb. *ćis*, nsorb. *śis* 'Eibe, Wachholder'. || Nahe liegt der Vergleich mit lat. *taxus*, griech. *τόξον* 'Bogen', pl. 'Pfeile'. Man versuchte die ungewohnten Vokalentsprechungen unter Annahme eines Langdiphthongs zu deuten (s. Trautmann BSl. 325, Specht 63, Walde-Hofmann 2, 653), doch ist alte Entlehnung aus einer unbekannten Sprache denkbar; griech. *τόξον* wird als Entlehnung aus iran. *taxša-*, npers. *taxš* 'Bogen', zu aind. *takṣakas* 'Baumname' aufgefaßt von Hofmann Gr. Wb. 369. Nicht bewiesen ist thrak. Entlehnung (Rostafiński Sprawozdania Akad. Umiej. w Krakowie 1908, S. 20, dagegen s. Šachmatov Festschrift V. Thomsen 195 ff.). Unsicher ist Verwandtschaft von *tisъ und poln. *cigiędź* 'Dickicht' (Brückner KZ. 48, 222, EW. 65).

ти́ска 'gekochte Birkenrinde zum Decken von Zelten benutzt', Sibir., Obdorsk. Kalima FUF. 18, 38 ff. vergleicht syrjän. *tiska, tisa* dass., das aber auch fremd sein kann (fehlt bei Wichmann-Uotila). Nach Dal' 4, 767 soll es ostjak. sein. Kálmán bringt es nicht.

ти́скать, ти́снуть 'drücken, pressen', ukr. *týskaty, týsnuty*, ksl. *tiskati, tisnǫti*, bulg. *stískam, stísna* (Mladenov 609), skr. *tı̏skati, tı̏snuti*, sloven. *tískati, tískam* 'drücke, drucke', čech. *tisknouti*, slk. *tisknút'*, poln. *ciskać, cisnąć*, osorb. *ćiskać*, nsorb. *śiskaś* 'schieben, drücken'. ‖ Ablaut zu *те́сный*, s. Brückner EW. 60, Brandt RFV. 25, 28.

Тит, -а 'Mannesname', über griech. *Τίτος* entlehnt aus lat. *Titus*.

ти́тар 'Kirchenvorsteher', Südl., Westl. (D., auch Gogol'). Siehe *кти́тор* (1, 676).

ти́тинька 'Kosewort für das Huhn', Vladim. (D.). Vom Lockruf: *ти-ти-ти* (für Hühner), Rjazań (D.), auch *тун-тун*, *цып-цып* dass.

ти́тла f., *ти́тло* n. 'Abkürzungszeichen in der kslav. Schrift', kirchl.; *титла* 'Titel' bei F. Prokopovič, aruss. *titьla* f., *titьlo* n. 'Aufschrift, Abschnitt, Kapitel' (Srezn. Wb. 3, 960), abulg. *titъlъ τίτλος* (Zogr.), *titьlъ* (Ostrom., Cloz.). Entlehnt über mgriech. *τίτλος, τίτλον* 'Titel, Überschrift' aus lat. *titulus*, s. Verf. GrslEt. 202 ff., IORJ. 12, 2, 281, G. Meyer Ngr. Stud. 3, 65.

ти́тул 'Titel', auch 'Überschrift', seit 17. Jhdt., s. Sobolevskij bei Smirnov 290 ff. Wohl über poln. *tytuł* aus lat. *titulus* unter Einfluß des älteren *ти́тла* 'Titel (des Moskauer Zaren)' Kotošichin, s. Gorjajev EW. 368, Smirnov c. l. Auch *титуловáться* 'sich betiteln', seit Peter d. Gr., s. Smirnov c. l. aus poln. *tytułować się*.

ти́тька, ти́та 'Zitze, Brustwarze', urspr. durch Polygenese entstandenes Lallwort der Kindersprache. Vgl. griech. *τιτθός* 'Brustwarze, Mutterbrust', *τίτθη* 'Zitze, Amme', armen. *tit* 'weibliche Brust', ags. *titt* 'Zitze', mnd. *titte*, mhd. *Zitze*, norw. *titta*, s. Hübschmann 498, Zelenin IORJ. 8, 4, 263, Holthausen Aengl. Wb. 350, Torp 163 ff., M. L. Wagner Zeitschr. rom. Phil. 64, 405 (mit rom. Beispielen); Toivonen FUF. 19, 183 bringt finn.-ugr. Lallwörter bei. Ein Lallwort ist wohl auch *тутá* 'Freund', Kolyma (Bogor.).

тиу́н 'Verwalter, Richter', veralt., aruss. *tiunъ* 1. 'Verwalter, Schatzmeister e. Fürsten' (Russk. Pravda Jarosl., s. Karskij RP. 91), 'Beamter am Volok' (Smol. Urk. 1229 A, B, C, s. Nap. 430), *tivunъ* (Urk. Novgor. 1264, s. Šachm. Novgor. Gr. 237), ukr. *tyvon* 'Aufseher', wruss. *ćivún* 'Amtmann, Gutsverwalter', woher poln. *ciwun, ciun* 'Kammerherr', s. MiEW. 356, Karłowicz 103. ‖ Alte Entlehnung aus anord. *þjónn* 'Diener', s. Thomsen

Urspr. 136, SA. 1, 387, Wanstrat 46, Thörnqvist 87 ff., Brückner FW. 145, EW. 65.

тиф, -*а* 'Typhus', volkst. *mun* (Malinowski Pr. Fil. 2, 459). Aus nhd. *Typhus* von lat. *typhus*, griech. *τῦφος* 'Dampf, Nebel, Benommenheit, Nervenfieber', s. Gorjajev EW. 368.

Тифлис, -*а* 'Stadt Tiflis', heute *Тбилиси*, aus georg. *Tᵉpilisi* dass. zu *tᵉpili* 'warm', s. Deeters Caucasica 3, 52, Lidén KZ. 56, 225, Trombetti Caucasica 1, 105, Gorjajev EW. 364.

тифон 'Wirbelwind', s. *тайфун*.

тифтик 'Stiefelstift', etwa aus **штифтик* von nhd. *Stift*?

тихвинка 'Art Flußfahrzeug auf den Kanälen des Mariensystems' (D., Mel'nikov), vom ON *Тихвин* G. Novgorod. Letzteres urspr. Flußname, vgl. aruss. *na Tichvinu* (bis) PSRL. 6, 283 (a. 1527). Wohl zu *тихий* 'still'. Vgl. aber *Тверь*.

тихий 'still, leise, ruhig', *тих*, *тиха*, *тихо*, ukr. *týchyj*, aruss. *tichъ*, abulg. *tichъ γαληνός* (Supr.), bulg. *tich*, skr. *tȋh*, *tȋha*, sloven. *tȋh*, *tiha* f., čech. slk. *tichý*, poln. *cichy*, osorb. *ćichi*, nsorb. *śichy*, polab. *taiche*. ‖ Ursl. **tichъ* ablaut. zu -*těcha*, *těšíti* (s. -*мѣха*, *мѣшить*), wohl urverw. mit lit. *teisùs* 'gerecht', *tiesà* 'Wahrheit', *tiẽsti*, *tiesiù* 'richten, gerade machen', *ištisas* 'lang gestreckt', apreuss. *teisi* 'Ehre', *teisingi* 'wert', *teisiskan* 'Ehrbarkeit', s. Brandt RFV. 25, 28, Pedersen IF. 5,41, (dort zur Bed.), M.-Endz. 4, 124, Brückner EW. 61. Vgl. auch ital. *piano* 'gleich, leise'. Mladenov Archiv 34, 400 ff. vergleicht ir. *toisc* 'Bedürfnis, Wunsch'. Lautlich unmöglich ist der Vergleich mit aind. *tuṣṇīm* adv. 'still' (Zubatý BB. 17, 326). Auch Zubatý's Annahme einer Kontamination von **tych-* und **tik-* (lit. *tỹkas* 'still', *tykùs* dass.) ist abzulehnen, weil die lit. Wörter entlehnt sind aus **tichъ* (s. Brückner FW. 145).

Тихий Океан 'Stiller Ozean' ist Lehnübersetzung aus nhd. *Stiller Ozean*; dieses geht zurück auf span. *Oceano Pacifico* (1520), nlat. *Oceanus Pacificus*, s. Egli 683.

Тихон 'Mannsname', Demin. *Тишка* aus griech. *Τύχων*.

ткать, *тку* 'webe, wirke', ukr. *tkáty*, *tču*, aruss. *tъkati*, *tъku*, abulg. *tъkati*, *tъkǫ ὑφαίνειν* (Supr.), bulg. *tъká*, skr. *tkȁti*, *tčȇm*, sloven. *tkáti*, *tčȇm*, *tkȃm*, čech. *tkáti*, *tku*, slk. *tkať*, poln. *tkać*, *tkę*, osorb. *tkać*, nsorb. *tkaś*. Gehört zu *ткнуть*, *ткну* 'stecke, stoße', *тыкать* Iter. dass., ukr. *tknúty* 'stechen', r.-ksl. *istъknǫti* 'effodere', sloven. *təkniti*, *táknem* 'berühren', čech. *tknouti* 'stecken, stechen', poln. *tkać*, *tkam* 'pfropfe, stopfe', nsorb. *tkaś* 'stecken, pfropfen'. Ablaut in *тыкать* (s. d.). ‖ Ursl. **tъkati* urverw. mit lett. *tukstêt*, -*u*, -*ēju* 'pochen, klopfen', *taucêt*, -*ēju* 'in e. Mörser stoßen, stampfen', griech. *τύκος* m. 'Hammer, Meißel', *τυκίζω* 'bearbeite Steine', air. *toll* 'hohl' (**tukslo-*, s. Stokes 134), ags. *ðýn*, *ðýan* 'drücken, pressen, stoßen', ahd. *dûhen* 'niederdrücken', s. Trautmann BSl. 331, Holthausen Aengl. Wb. 374, Zupitza GG. 141, Hofmann Gr. Wb. 377, M.-Endz. 4, 135, 255. Nach MiEW. 367 ff. sind die Sippen 'weben' und 'stechen' voneinander zu trennen. Vgl. auch *поток* II.

-тко Partikel: *ты берú-тко* (Sobol.), *нýтка* (Gribojedov), schon *посмотрú-тко, прочтú-тко, полно-тко* bei Avvakum. Nach Sobolevskij ŽMNPr. 1901, Okt., S. 408ff., RFV. 64, 146ff. aus **ty* 'du' und *-ko* Partikel. Weniger empfiehlt sich der Vergleich von *-tko* mit *tókmo* 'nur' (gegen Iljinskij RFV. 48, 426ff.).

ткý, s. *ткать*.

тлѣть, тлѣю 'faulen, modern, vergehen, hinfällig werden', ukr. *tlíty, tlíju* 'glimmen, faulen', aruss. *tьlěti, -ěju* 'faulen', *tьliti, tьlju* 'verderbe' (trans.), *tьlja* 'Fäulnis', abulg. *tьlěti φϑείρεσϑαι* (Supr.), bulg. *tléja* 'verwese, vermodere, glimme', sloven. *tléti, tlím* 'glimme', čech. *tlíti*, slk. *tlieť*, poln. *leć, tleję*, osorb. *tłać*, nsorb. *tłaś*. ‖ Urverw. mit lett. *tilt* 'weich werden, verwittern (vom Flachs)', s. M.-Endz. 4, 189. Man vergleicht auch lit. *tilù, tìlti* 'zu reden aufhören, schweigend werden', *tyliù, tylė́ti* 'schweigen', *tìldyti* 'schweigen machen', *tylùs* 'schweigsam' (s. Trautmann BSl. 321), ferner griech. *τέλμα* n. 'Sumpf, Pfütze', *τελμίς, -ῖνος* m. 'Moder, Schlamm', armen. *telm, tilm* 'Schlamm, Kot' (Persson BB. 19, 263, Bugge KZ. 32, 67ff.). Weniger überzeugt der Vergleich von **tьlěti* mit lit. *dùlti, dulė́ti, dūlù, dùlstu* 'morsch werden' (Machek Recherches 34ff.). Siehe auch *толúть, ýтлый, тля*.

ТЛИ́ВОЙ, ТЛИ́ВКОЙ 'empfindlich, reizbar', Arch. (Podv.). Etwa aus **tъklivъ* zu *ткнýть* (so Dal' 4, 772)?

ТЛО 'Grund, Boden', *до тла́* 'bis auf den Grund' (niedergebrannt), ukr. *tlo*, aruss. *tъlo* dass., *tъlja* f. dass., skr. *tlȅ* pl., Gen. pl. *tálā* 'Boden', sloven. *tlà* G. pl. *tál*, čech. *tla* f. 'Zimmerdecke', poln. osorb. nsorb. *tło*. ‖ Ursl. **tъlo* verwandt mit lit. *tìlės* f. pl. 'Bodenbretter im Kahn', apreuss. *talus* 'Zimmerboden', lit. *pātalas* 'Brett', lett. *tals, tale* 'Bleiche (für Flachs)', aind. *talam* n. 'Fläche, Ebene', griech. *τηλία* 'Würfelbrett', lat. *tellūs, -ūris* f. 'Erde', anord. *þel* n. 'Grund, Boden', ahd. *dilla, dili* 'Diele', air. *talam* 'Erde', s. Pedersen Kelt. Gr. 1, 132, 380, KZ. 39, 373ff., Trautmann BSl. 321, Apr. Sprd. 445, M.-Endz. 4, 127, 189, Meillet-Vaillant 78, Meillet-Ernout 1199, Uhlenbeck Aind. Wb. 110, Walde-Hofmann 2, 655ff., Zubatý Archiv 16, 417, Torp 183ff. Weiter dazu: lit. *tìltas* 'Brücke', lett. *tìlts*, vgl. auch *стелю́, стлать*.

тля 'Motte', Jarosl. (Volockij). Man vergleicht als urverw.: lat. *tinea* 'Motte', griech. *τῖλος* 'dünner Stuhlgang', *τιλάω* 'dünnen Stuhlgang haben', lit. *týras, týrė* 'Brei', lett. *tīrelis* 'Morast', ferner *тúна, млеть*, s. Persson 462ff., Hofmann Gr. Wb. 366, 462.

ТМИ́ЛО 'auf den Mühlen als Mahllohn gesammeltes Getreide', Tambov (D.). Dunkel.

ТМИН, -а 'Kümmel, Carum carvi', ukr. *tmyn*, wruss. *kmin*, sloven. *kmȋn, kumȋn*, čech. *kmín*, slk. *kmín*, poln. *kmin*. Über das Poln. u. Čech. entlehnt als **kъminъ* aus ahd. *kumîn* dass. von lat. *cumīnum* aus griech. *κύμῑνον*, das für semitisch gehalten wird, s. Hofmann Gr. Wb. 165, A. Müller BB. 1, 277, Brückner EW. 239, Kluge-Götze EW. 335. Aruss. *kÿminъ, kimenъ* dass. (seit

12. Jhdt., s. Srezn. Wb. 3, Nachtr. 139) stammt direkt aus d. Griech., s. Verf. GrslEt. 108, Kohen IORJ. 19, 2, 294.

Тмутороканъ ′Stadt u. Fürstentum an Stelle des alten Phanagoreia′, heute *Таманъ*, aruss. *Tъmutorokanь* (Inschrift v. Tm. a. 1068, s. Obnorskij-Barchudarov 1, 16), auch *T(ь)mutorokanь* (Laur. Chron. oft), mgr. *Ταμάταρχα* (Const. Porph. Adm. Imp. c. 42), tscherkess. *Tamatarkanu* (Marquart Ung. Jahrb. 4, 270 ff.). Ebenso wie *Таманъ* (s. d.), *Tъmǫtorkanь von turkotatar. *tamantarkan* ′e. Würde′ (Radloff Wb. 3, 851 ff.), alttürk. *taman* ′e. Würde′ (Radloff). Es ist eine aruss. possessive *io*-Bildung, s. Verf. Acta Univ. Dorpatensis Serie B, Bd. 1, Nr. 3, S. 13 ff., Zeitschr. 1, 169, Rásonyj Arch.ECO. 1, 238., Menges Orient. Elements 54 ff. (wo weitere Lit. über den turkot. Titel). Nicht vorzuziehen ist die Herleitung aus alttürk. *Tamγantarkan* (gegen Marquart c. l., Kumanen 178, Streifzüge 163), weil dann ein *g* vorhanden sein müßte (vgl. *тамгá*, *тамóжня*), schwankend Moravcsik 2, 251. Lautlich bedenklich ist der Ansatz turkotat. *Temirtarkan (Korsch Igorl. XXVIII). Ganz unwahrscheinlich die Annahme arabischer Herkunft (arab. *maṭraḥ*, gegen Mošin IORJ. 32, 289). Den mitunter mit *Tmutorokanь* identifizierten ON *Samkrz* in orient. Quellen bezieht Mošin Semin. Kondak. 3, 325 auf *Kerč*.

тну, тять ′schlagen′, alt; ukr. *tnu*, *t′áty* ′schneide, haue, mähe, schlage, beiße′, wruss. *tnu*, *ćać*, aruss. *tьnu*, *tjati* ′schlagen′, *potjati* ′erschlagen′ (*tьmetь* bei MiLP. 1027 ist Druckfehler, s. Vondrák Aksl. Gr. 365, Trautmann BSl. 324), sloven. *téti*, *tnèm*. ačech. *tieti*, *tnu*, čech. *títi*, *tnu*, slk. *t′at′*, poln. *ciąć*, *tnę*, osorb. *ćeć*, nsorb. *śéś*. ‖ Ursl. *tьnǫ, *tęti urverw. mit lit. *tinù*, *tìnti* ′dengeln′, *tìntuvai* pl. ′zum Dengeln der Sense wichtige Instrumente′, weiter zu griech. *τέμνω* ′schneide′, jon. dor. *τάμνω*, griech. *τόμος* m. ′Schnitt, Abschnitt′, *τομός* ′schneidend′, ir. *tamnaim* ′verstümmele′, viell. auch lat. *aestimō* ′schätze′ von *ais-temos ′Kupferbarren schneidend′, aber kaum lat. *temnō--ere* ′verachte, schmähe′, s. Ebel KSchl. Beitr. 1, 271, J. Schmidt Kritik 138, Trautmann BSl. 324, Buga RFV. 66, 250, de Saus, sure Mél. Havet 468, Walde-Hofmann 1, 20, Zubatý Archiv 16, 418. Ablaut in nsorb. *ton* m., *toń* f. ′Aushau im Walde, Wildbahn′.

то I. ′jenes′, s. *тот*.

то II. ′doch, nun, also′, aruss. *tъ* ′doch, nun, also′ (Srezn. Wb. 3, 966 ff.), wohl zu aind. *tu*, *tū* ′doch′, avest. *tū* ′doch′, got. *þauh*, *þau* ′doch, wohl, etwa′, ahd. *doh*, s. Brugmann Grdr. 2, 3, 998 (ohne russ.).

тобáндать ′laufen u. mit den Füßen stampfen′, Olon. (Kulik.). Vgl. *тóпать*.

тобóки pl., auch *тóпаки*, *тóборы*, *тóбуры*, *тáбуры* pl. ′Oberstiefel aus Renntierfell′, Mezeń (Podv., D.). Wie syrjän. *ṭebek*, *ṭebek* dass. aus Jur. samoj. *tōbak* ′Strumpf, Stiefel′, s. Wichmann FUF. 2, 181, Wichmann-Uotila 273 ff.

Тобóл ′l. Nbfl. des Irtyš′, W-Sibir., davon *Тобóльск* ′alte Gouvern.-Stadt′. Vgl. auch *Табола* ′l. Nbfl. des Don′ (Maštakov

Don 1). Wogul. *Viš Oas* 'Tobol' bedeutet 'kleiner Irtyš' (siehe *Обь*), vgl. Ahlqvist WW. 35, Kannisto Festschr. Wichmann 426, aber auch wogul. *Tōpəl* 'Tobol', *Tōpəloš* 'Tobol'sk' (Kannisto FUF. 17, 203). Der letztere Name ist wohl turkotatarisch (s. Kannisto c. l. 203), kirg. *Tobul* 'Tobol', tel. *Tobol* 'Tobol'sk' (Radloff Wb. 3, 1232 ff.), kalmück. *Towļ* 'Tobol' (Ramstedt K.-Wb. 404).

тобо́лец, *-льца* 'Tasche, Sack', *тобо́лка* dass., auch 'Pastete mit Füllsel', Ostrußl. (Mel'nikov), ukr. *tobívka* 'Ledertasche, Ranzen', aruss. *toboľьсь* 'Sack' (Paleja, 14. Jhdt., s. Srezn. Wb. 3, 968), skr. *tòbolac*, *-bôlca* 'Lederbeutel', sloven. *tobólǝc*, *-lca* 'Köcher e. Mähers, Beutel, Tornister', čech. *tobola* 'Tasche', poln. *tobola*, osorb. nsorb. *toboła*. ‖ Wird für echt-slav. gehalten (s. Brückner EW. 572, Mladenov 635), jedoch ohne gute Deutung, denn lit. *tobelis* 'Klingsäckel in der Kirche' ist nach Brückner FW. 146 slav. Lehnwort. Auch Mladenovs (c. l.) Vergleich mit griech. τόπος m. 'Ort, Stelle', lit. *tàpti*, *tampù* 'werden', *pri-tàpti* 'antreffen, erfahren' überzeugt nicht. Vgl. aber kasantat., tobol. *tubal* 'Korb aus Baumrinde' u. a. bei Kannisto FUF. 17, 203. Abzulehnen ist die Herleitung aus lat. *tabula* 'Tafel', mhd. *tavele* 'Tafel' (gegen Matzenauer 348).

тóборы pl. s. *тóбоки*.

това́р I. *-a* 'Ware, Last', ukr. *továr* 'Vieh, Hornvieh, Ware', aruss. *tovarъ* 'Ware, Besitz' (Poučen. Vlad. Mon., Smol. Urk. a. 1229 (oft), s. Nap. 424 ff.), bulg. *továr* 'Last', skr. *tòvar*, sloven. *tóvor*, Gen. *tovóra* 'Saumlast', čech. slk. *tovar* 'Ware', poln. *towar*. ‖ Wird als Entlehnung aufgefaßt aus uigur. *tavar* 'Habe, Güter, Vieh' (Bang-Gabain Preuss. Sitzber. 1931, S. 501, Vámbéry Uigur. Spr. 230), osman. dschagat. *tavar* 'Ware, Habe, Vieh' (Radloff Wb. 3, 966 ff., 985), balkar. krimtat. *tu'ar* (Radloff Wb. 3, 1423), mongol. *tawar*, kalmück. *tawr* 'Waren, Eigentum' (Ramstedt KWb. 385), diese Wörter evtl. aus armen. *tvar* 'Schaf, Schafherde' (Lidén Armen. Stud. 8 ff.), s. MiTEl. 2, 179, Nachtr. 1, 57, Melioranskij IORJ. 10, 4, 129 ff. Abzulehnen ist echt-slav. Herkunft und Verwandtschaft mit *тыть*, *тыл* (gegen Iljinskij IORJ. 23, 2, 192).

това́р II. 'Feldlager, Wagenburg', alt; aruss. *tovarъ* dass. (Laurent., Hypat. Chron., s. Srezn. Wb. 3, 971). Aus der turkotatar. Sippe von osman. krimtat. *tabur* (s. *та́бор*, *та́воры*).

това́р III. 'Kuheuter', Arch. (Podv.), *това́ристая коро́ва*. Unklar.

това́рищ, *-a* 'Genosse, Kamerad, Gefährte', ukr. wruss. *továryš*, aruss. *tovariščь* (Sborn. Kirillo-Beloz. (15. Jhdt.), s. MiLP. 994, auch Afan. Nikit. 10, Domostr. K. 70), *tovaryšč* (Kotcšichin, oft), sloven. *tovâriš*, čech. *tovaryš* 'Geselle', slk. *tovariš*, poln. *towarzysz*, osorb. *towarš*, nsorb. *towariš*. ‖ Wird gewöhnlich aus d. Turkotatar. erklärt; osman. dschagat. *tavar* 'Habe, Vieh, Ware' (s. *това́р*) und *eš*, *iš* 'Genosse', s. Korsch Archiv 9, 674 ff., MiTEl. Nachtr. 1, 57, EW. 359. Eine andere turkotat. Deutung bietet Räsänen Zeitschr. 20, 448 (tschuwass. *tavra* 'im Kreise',

товкáч — тóк 113

iš 'Gefährte'). Zum Suffix *-iš, -yš* s. Brandt RFV. 25, 31. Abzulehnen ist der Versuch von Iljinskij IORJ. 23, 2, 192, echtslav. Herkunft zu erweisen.

товкáч 'Holzwurm, weißer Wurm unter der Baumrinde', Olon. (Kulik.). Aus finn. *toukka*, G. *toukan* 'Wurm, Larve, Raupe', estn. *tõuk* G. *tõuga* 'Wurm', s. Kalima 225.

товóнотка etwa 'gelt, halt', Vjatka (Vasn.). Aus *тоѓó* (G. sing.), *но*, 'aber' (**nъ*) und Partikel *-tko*. Vgl. auch *товóвоно, товóвонко* (zu *вон*), *товóсетко* dass. Arch. (Podv.) aus *togo, se* u. *tko*, neben *мoѓóсe*, *мoѓóвосе* dass., Kargopol (D.), *тоѓовáсетко* Arch. (Podv.), aus *togo, va, se, tko*.

тогдá 'dann, damals', volkst. *моѓды́*, ukr. *tohdí, todí*, aruss. *togda, togdy*, abulg. *togda* τότε (Assem., Savv., Cloz., Euch. Sin., s., Diels Aksl. Gramm. 93), *tъgda* (Supr., genauer s. Diels c. l.), bulg. *togá*, čech. *tehda, tehdy*, slk. *tehda, tehdy*, apoln. *tegdy*, poln. *tedy*, osorb. *tehdy*, nsorb. *tegdy, tedy*. Daneben: skr. *tàdâ*, sloven. *táda, tədàj*. ‖ Bildungsgleich mit *когдá, ведá, всегдá* u. a. Im ersten Teil steckt pronomin. *to-* (s. *mom*). Nahe liegt der Vergleich mit lit. *tadà, tad* 'dann, alsdann', ostlit. *tadù*, aind. *tadắ* 'dann', ved. *tadā́nīm* 'damals', avest. *taδa*, s. Trautmann BSl. 312, Brugmann Grdr. 2, 2, 733, Zubatý Archiv 15, 505, Uhlenbeck Aind. Wb. 107. Doch bleibt die Schwierigkeit, dass die alte Überlieferung *-gda, -gdy* aufweist. Wegen lett. *tagad* 'jetzt' (aus **tagadi*), ukr. *tohíd* 'im vorigen Jahre' dachte man an einen Kasus von **godъ*, s. M.-Endz. 4, 122 ff., Endzelin RS. 11, 35, Zubatý LF. 13, 366. Die Annahme eines G. sing. **goda* (J. Schmidt KZ. 32, 398, Fraenkel IF. 41, 410, Meillet MSL. 13, 29) ist wegen der slav. Endbetonung zweifelhaft. Der Ansatz **tō godō* als alter Instr. sing. (Mahlow AEO. 87 ff., Wiedemann BB. 30, 220) erklärt nicht den kurzen Vokal der ersten Silbe, die Meillet MSL. 20, 90 mit lat. *tum*, avest. *təm* vergleicht, während Zubatý LF. 36, 336 darin eine Partikel *to* sehen will. Nicht befriedigend ist auch die Annahme einer Kontamination **toga + *toda*, bzw. **tъga + tъda* (Pedersen KZ. 38, 419, Iljinskij RFV. 60, 430). Die Annahme eines **to-kъda* mit früher Kürzung (s. aber *когдá*) wird bekämpft von Ljapunov 48 ff.

тоѓó 'dingsda', verstärkt: *растовó*: *я было-товó, да женá не товó, ну уж и я растовó* (D.). Urspr. identisch mit Gen. sing. *моѓó* von *mom* (s. d.). Vgl. *товóнотка* (s. d.). Nach J. Schmidt KZ. 23, 292 ist *togo* urspr. N Acc. sing. eines von *to-* abgeleiteten possessiven Adjektivs wie **inogъ*, **četvьrgъ*. Er vergleicht aind. *asmā́kam*, G. pl. und Possessivpronomen.

тогóл 'Holznagel an der Wand zum Aufhängen von Mützen', Nižn., Makarjev (D.). Unklar.

тóждество, тóжество 'Identität', r.-ksl. *toždьstvo, požьstvo*. Nach lat. *identitās* (:*idem*) gebildet von ksl. abulg. *tožde, tože* n., zu *tъžde ὁ αὐτός* (Cloz., Supr.). Siehe *mo*.

ток I. 'Interj. des Klopfens': *ток-ток*. Lautnachahmend. Vgl. *стук*.

тóк II. *-a* 'Lauf, Strömung', ukr. *tik* G. *tóku*, aruss. abulg. *tokъ*

(Ostrom.), bulg. *tok*, sloven. *tòk* G. *tǫ́ka* 'Fluß, Strom, Strömung',
čech. slk. *tok* 'Strom, Lauf', poln. nsorb. *tok*. ‖ Ablaut zu *mekú*.
Vgl. lit. *tākas* 'Fußsteig', lett. *taks* dass. 'Pfad', avest. *taka-* m.
'Lauf', npers. *tak* dass., auch lit. *tėkė̃* 'tiefe, von der Strömung
nicht bewegte Stelle im Fluß', lett. *tèce* 'Rinnsal, morastiger
Bach', *tece* 'Flußkrümmung', s. Trautmann BSl. 319ff., M.-
Endz. 4, 169, Leskien Bildg. 169, Bartholomae Air. Wb. 626.
Hierher stellt Brandt RFV. 25, 29ff. auch *ток* 'Balzstelle des
Birkhahns' als 'Ort des Zusammenlaufs'. Vgl. *потóк* 'Bach',
истóк 'Quelle', *токовáть*.

ток III. 'Tenne, Dreschboden', ukr. *tik* G. *tóku*, aruss. abulg. *tokъ*
ἅλως (Supr.), bulg. *tok*, poln. *tok*. Urspr. 'Lauf' als 'Tenne zum
Dreschen mit Pferden', etymologisch identisch mit *ток* II.,
s. Potebnja bei Gorjajev EW. 370.

ток IV. 'Frauenkopfputz, Faltenmütze'. Aus frz. *toque* 'Art
Damenkopfputz', auch 'schmalkrempiger, oben flacher Hut',
dazu Gamillscheg EW. 849.

токáрь, *-pя́* 'Drechsler', ukr. *tókaŕ*, poln. *tokarz*. Zu *мочúть*,
s. MiEW. 347, Brückner EW. 573.

токмáк, токмáрь 'kleine Keule', ersteres aus osman.,
dschagat. tar. *tokmak* 'hölzerner Hammer, Schlegel' (Radloff
Wb. 3, 1156ff.), s. MiTEl. 2, 178, EW. 358, Lokotsch 163. Das
Wort *токмáрь* könnte Kontamination von *tokmak* mit dschagat. *čokmar* 'Keule, Knüppel' sein, s. *чекмáрь*.

тóкмо 'nur', kirchl., ukr. *tokmá* 'Entscheidung, Schluß', *tókma*
'um so mehr, schon', abulg. *tъkъmo* μόνον (Assem., Supr.), auch
tъkъma dass. (Supr.), bulg. *tókmo* 'gerade, genau', skr. *tàkmen*
'gleich', sloven. *təkmà* 'gleich'. Wird zu *móчка*, *mкнýmь* gestellt,
s. MiEW. 368, Mladenov 644, Mikkola Ursl. Gr. 3, 62. Der
Vergleich mit lit. *tinkù*, *tìkti* 'tauge, passe', *tìkt*, *tiktaĩ* 'nur, doch'
(Mi. c. l.) stößt auf lautliche Schwierigkeiten.

токовáть 'balzen, schnalzen, kollern', *ток* 'Ort, wo der Birkhahn
balzt' (D.), poln. *tokować* dass., osorb. *tok* 'Balz', *tokować*
'balzen'. ‖ Nach MiEW. 358 onomatopoetisch. Andere suchen
Verwandtschaft mit *tekǫ* 'fließe, laufe', *tokъ* 'Fluß' (so Brandt
RFV. 25, 29ff., Brückner EW. 573). Vgl. oben *ток* II.

тóкуш 'einjähriges Elentier', Tobol'sk, Živ. Star. 1899 Nr. 4
S. 513. Unklar.

тóлай 'Art Hase', Baikal-G. (D.). Aus mongol. *taulai* 'Hase' oder
dem daraus entlehnten koib. sag. *tolai* dass. (s. Radloff Wb.
3, 1192, Ramstedt KWb. 413). Siehe auch *молýй*.

толи 1. 'danach', 2. 'und', nur aruss. ksl. *toli* 'danach, und', *toli-oli*
'solange — bis', *oli-toli* 'wenn — dann', abulg. *toli καί* (Supr.).
Zu *то*, *том* und *-ли*, s. Srezn. Wb. 3, 973, MiLP. 995.

толи́ть, толю́ 'besänftigen, stillen (Durst)', *утолúть* dass., ukr.
utolýty śa 'sich begnügen', abulg. *utoliti* ἀναστέλλειν, πείθειν
(Supr.), bulg. *toľávam*, *utoľá* (Mladenov 657), skr. *utòliti*,
utolȋm 'still werden', sloven. *tóliti*, *tǫ́lim* 'beruhigen, stillen'. ‖
Urverw.: lit. *tìlti*, *tylù*, *tilaũ* 'schweigend werden, zu reden auf-

тóлк — толмáч

hören', *tĭldyti* ʽschweigen machen', *tylė́ti*, *tyliù* ʽschweigen', *tylà* ʽSchweigen', lett. *tilinât* ʽ(e. Kind) verzärteln, verwöhnen', air. *tuilim* ʽschlafe', armen. *ťolum* ʽlasse', ferner viell. ahd., asächs. *stilli* ʽstill', s. Persson 424, BB. 19, 261 ff., Pedersen KZ. 39, 371, Meillet MSL. 9, 154, M.-Endz. 4, 187, Trautmann BSl. 321, Bezzenberger bei Stokes 134, Solmsen PBrBtr. 27, 367, Torp 488, Uhlenbeck PBrBtr. 30, 316.

тóлк, -*у* ʽSinn, Begriff, Meinung, Lehre', *толковáть*, -*ую* ʽdeute, interpretiere', ukr. *tolk*, *tolkuváty*, aruss. *tъlkъ* 1. ʽDeutung, Auslegung'. 2. ʽDolmetscher,' abulg. *tlъkъ ἑρμηνεύς* (Supr.), ksl. *tlъkovati*, bulg. *tъlkúvam* (Mladenov 644). Aus dem Russ. entlehnt sind: lit. *tùlkas* ʽDolmetscher', lett. *tulks*, estn. *tulk*, mnd. *tolk*, anord. *tulkr* dass., ndl. *tolk*, s. M.-Endz. 4, 259, E. Schwarz Archiv 41, 41, Holthausen Awn. Wb. 308, Falk-Torp 1269. ‖ Man vergleicht **tъlkъ* als urverw. mit ir. *ad-tluch* ʽdanken', *totluch* ʽbitten', lat. *loquor*, *locūtus sum*, *loquī* ʽspreche, sage, nenne', ferner mit aind. *tarkas* m. ʽVermutung', *tarkáyati* ʽvermutet, sinnt nach', s. Pedersen Kelt. Gr. 1, 43, Uhlenbeck Aind. Wb. 109, Mladenov 644, Matzenauer 347. Bedenken bei Meillet-Ernout 652, Walde-Hofmann 1, 821, Muller 230. Über das von Blankenstein IF. 23, 134 verglichene anord. *þulr* ʽRedner, Dichter, Weiser' vgl. Holthausen Awn. Wb. 321. Es besteht kein Grund, die slav. Sippe aus dem Keltischen herzuleiten (gegen Šachmatov Archiv 33, 93).

толкáть, -*áю* ʽstoße', siehe *молóчь*.

толковины pl., nur aruss. *tolkoviny* ʽheidnischer Nomadenstamm in Südrußland' (Laurent. Chron. a. 907, Igorlied). Wird als eine Übersetzung des pečeneg. Stammesnamens *Τουλμάτζοι* (Konst. Porphyr. De Cer. s. Moravcsik Byz. Turc. 2, 267 ff.), der von turkotat. *Tolmač* ʽDolmetscher' als Würdename erklärt wird, aufgefaßt, s. Németh Ung. Jahrb. 10, 28, Sobolevskij Viz. Vrem. 1, 460 ff., Brückner Zeitschr. 14, 51, Rasovskij Semin. Kondak. 8, 311 ff., Menges Orient. Elements 52 ff. (wo auch ein Versuch, sie mit den *Tiverci* zu verbinden). Weniger empfiehlt sich die Anknüpfung an *молокá* als ʽHilfstruppen' (gegen Grigorovič, Hruševskyj u. a.). Vgl. *толмáч*.

толкýн pl. -*уны́* ʽMückenschwarm' (an warmen Sommerabenden), auch *толкáч* (Mel'nikov 5, 203). Viell. als ʽGedränge' zu *толкáть*. ʽstoßen'.

толмáч, -*á* ʽDolmetscher, Übersetzer', *толмáчить* ʽübersetzen', ukr. *toṷkmáčyty* dass. (nach *tolk*), aruss. *tъlmačь* ʽDolmetscher', *tolmáč* oft 16.—17. Jhdt. (Skaz. M. II, s. Šambinago PM. 9, Gagara 78, Kotcšichin u. a.), kr.-glagol. *tlьmačь*, bulg. *tъlmáč*, skr. *túmāč* G. *tumáča*, *tumáčiti*, 1 s. *tùmāčîm*, sloven. *tolmáč*, *tolmáčiti*, 1 s. *tolmáčim*, čech. *tlumač*, *tlumočiti*, slk. *tlmač*, *tlmočiť*, poln. *tłumacz*, *tłumaczyć*, osorb. *tołmač*, *tołmačić*. ‖ Alte Entlehnung **tъlmačь* aus dem Turkotatar. Vgl. kuman. *tylmač*, kirg. *tilmäš*, tel. alt. *tilmäč*, osman. *dilmač*, uigur. *tilmäži* (s. Radloff Wb. 3, 1091, 1390, 1770), vgl. Jyrkänkallio Studia Orientalia (Helsinki 1952) 17, 1 ff., MiEW. 369, TEl. 2, 177,

Mladenov 644. Die Quelle der Sippe sucht man in Mitanni *talami*
ʽDolmetscherʼ, s. Kluge-Götze 109, Jyrkänkallio c. l. An turkotat.
Herkunft des obigen Namens denkt Menges Orient. Elem. 52. Aus
einer westslav. Sprache oder magy. *tolmács* entlehnt ist mhd.
tolmetsche, nhd. *Dolmetsch*, s. Kluge-Götze c. l., Lokotsch 162. Der
ON. ukr. *Tolmač*, poln. *Tłumacz* in Galizien (Barsov M. 199)
stammt offenbar vom turkotat. Stammesnamen *Tolmač*, s. oben
толковины.

ТОЛМИ́ТЬ, ТО́ЛЬМИТЬ ʽeinpauken, eintrichternʼ, Vologda, Penza,
Vjatka, Sibiriens, auch ʽbeharrenʼ (IORJ. 1, 329). Wird von
Šachmatov IORJ. 7, 1, 304 zu *сутоломня* (s. d.), sowie zu poln.
tłum ʽHaufen, Mengeʼ gestellt, was nicht überzeugt. Aus d.
Russ. stammt lett. *tolmêt* ʽ(über etw.) nachdenken, klügeln,
denken, ziehenʼ (s. M.-Endz. 4, 216). Siehe *толпа́*.

ТОЛОБО́ЛКА ʽRoggenpastete mit Erbsenʼ, Olon. (Kulik.). Unklar.

ТО́ЛОК ʽStampfeʼ, ukr. *tółok* dass., sloven. *tlàk* G. *tláka* ʽStraßen-
pflasterʼ, čech. *tlak* ʽDruckʼ, slk. *tlak* ʽDruck, Drangʼ, poln. *tłok*
ʽGedrängeʼ. Ablaut zu *толо́чь* ʽstampfenʼ, s. Torbiörnsson 1, 101.
Vgl. lett. *tulcis* ʽArt Fisch, kleiner Alantʼ (M.-Endz. 4, 258).

ТОЛОКА́ ʽgemeinsame Arbeit der Bauern; Tenne, Viehweideʼ, ukr.
tołoká, Acc. *tółoku* ʽBrachfeld, Triftʼ, wruss. *toloká*, bulg. *tlaká*
ʽFrohn, freiwillige Arbeit zu gegenseitiger Aushilfe, Arbeit gegen
Bewirtungʼ, skr. *tláka*, sloven. *tláka*, poln. *tłoka* dass., auch
ʽMenge, Gedrängeʼ. ‖ Urverw.: lit. *talkà* Acc. *talką* ʽzusammen-
gebetene Arbeitsgesellschaftʼ, lett. *tàlka* dass., kymr. *talch*
ʽgranum contritumʼ, ablautend mit lit. *telkiù, telkiaũ, telkti* ʽeine
talkà zusammenbittenʼ, *aptìlkęs žmogùs* ʽdurchtriebener Menschʼ,
auch *толо́чь* (s. d.), vgl. Meillet Ét. 256, Trautmann BSl. 322,
Apr. Sprd. 445, M.-Endz. 4, 127 ff., Endzelin SlBEt. 198, Buga
RFV. 75, 150, Torbiörnsson 1, 101. Zur Bed. verweist Mikkola
WS. 3, 86 auf schwed. *träde* ʽBrachfeldʼ, *träda* ʽtretenʼ. Siehe auch
das folg.

ТОЛОКНО́ ʽgestoßenes Hafermehl, Haferbreiʼ (dazu Zelenin Živ.
Star. 1904, Nr. 1 S. 57), poln. *tłokno* ʽSpeise aus Hafermehl,
heißem Wasser u. Milchʼ. Aus ostslav. *tolkъno entlehnt ist finn.
talkkuna. ‖ Gehört mit kymr. *talch* ʽgranum contritumʼ (**talko-*)
zu *толо́чь*, *толка́ть*, s. MiEW. 349, Torbiörnsson 1, 101,
Trautmann BSl. 321 ff., Moszyński RS. 11, 51, Stokes 124,
Pedersen Kelt. Gr. 1, 126, 180, Brückner EW. 571 ff. Zur Bildung
vgl. *волокно́* (s. o.). Zu beachten ist *толку́та* ʽSpeise aus
gestampftem Fisch mit Beerenʼ, Kolyma (Bogor.). Aus dem
Südslav. entlehnt sein muß mhd. *talken* (Heinr. Frauenlob),
kärnt. *talken*. Abzulehnen ist die Annahme einer Entlehnung aus
mong. *talχan* ʽBuchweizenmehlʼ, dschagat. *talγan* (gegen
Mikkola WS. 3, 84 ff., ÄB. 79 ff., Ramstedt FUF. 7, 53. Šachma-
tov Bull. Acad. des Sc. de Pétersbourg 1911, S. 812, Seliščev
IORJ. 32, 307), s. Verf. RS. 6, 181, Zeitschr. 15, 454. Auch die
Bed. der mongol. u. turkotatar. Sippe (wozu Radloff Wb. 3, 889,
891 ff., Ramstedt KWb. 378) weicht ab.

ТОЛО́ЧЬ, *толку́* ʽstoße, stampfeʼ, ukr. *tołoktý, tołčý,* wruss. *tołkcí,*

ТОЛПА́—ТО́ЛЬКО 117

tolči, aruss. *tъlku, toloči* 'schlage, stoße, stampfe' (Srezn. Wb. 3, 1048), abulg. *tlъkǫ, tlěští χρούω* (Ostrom., Supr.), bulg. *tlъ́ča* 'zerstampfe', skr. *tú̀čêm, tú̀ći*, sloven. *tôlčem, tléči*, auch *tòlči* 'schlage', čech. *tluku, tlouci*, slk. *tlčiem, tlcť*, poln. *tłukę, tłuc*, osorb. *tolku, tolc*, nsorb. *tłuku, tłuc*, polab. *tauct*. ‖ Urslav. **tъlkǫ, *telkti* urverw. mit lit. *tìlkstu, tìlkti* 'zahm sein', *aptìlkęs* 'durchgetrieben' (vgl. russ. *молочный парень, обтолкавшийся*), lett. *nuo-talcît* 'durchprügeln', s. Fortunatov Lekcii 160, Archiv 11, 571, Leskien Ablaut 87, Trautmann BSl. 322, M.-Endz. 2, 871; 4, 127, Buga RFV. 66, 251, Porzeziński RS. 4, 9. Vgl. auch *толка́ть, то́лок, толокно́*.

ТОЛПА́ 'Volksmenge', *толпи́ться* 'sich drängen, häufen', ukr. *tóɫpytyśa* 'sich drängen', wruss. *tolpá*, aruss. *tъlpa*, abulg. *tlъpa χορός* (Supr.), bulg. *tъlpá*, čech. *tlupa* 'Schar', slk. *tlupa*, dazu: čech. *tlum* 'Haufe', poln. *tłum* dass. ‖ Urslav. **tъlpa* bzw. **tьlpa* urverw. mit lit. *talpà* 'ausreichender Raum', lett. *talpa* 'Raum', lit. *telpù, tilpaũ, tìlpti* 'Raum worin haben, hineingehen', lett. *tìlpt, tęlpu, tilpstu, tilpu* 'Raum haben, eingehen, reichen', lit. *tùlpinti* 'Raum schaffen', aind. *tálpas* m. *talpā́* f. 'Lager, Bett, Ruhesitz', ir. *tallaim* 'finde Platz', s. J. Schmidt Vok. 2, 32, Meillet Ét. 256, M.-Endz. 4, 128, 160, 189; 260, Buga RFV. 67, 246, Fick BB. 7, 94, GGAnz. 1894 S. 247, Specht KZ. 69, 134. Hierher auch *толпéга* 'dickes Frauenzimmer' (Gogol'), *мулпeга* dass., Moskau, ukr. *toupýha* 'dicker, plumper Mensch' (s. Sobolevskij RFV. 71, 23).

ТО́ЛСТЫЙ 'dick', dial. *молстóй* 'dicht', Arch. (Podv.), *молст, молстá, мóлсто*, ukr. *toustýj* 'dick, fett, grob', wruss. *tóustyj*, aruss. *tъlstъ* 'dick, grob, rauh, fest, reichlich', ksl. *tlъstъ παχύς*, bulg. *tlъ́st*, skr. *tȕst*, sloven. *tôlst, tôlsta*, čech. *tlustý*, slk. *tlstý*, poln. *tłusty*, osorb. *tołsty*, nsorb. *tłusty*, polab. *tä̀uste*. ‖ Ursl. **tъlstъ* urverw. mit lit. *tulžti, tulštù, tulžaũ* 'anschwellen, weich werden', lett. *tùlzt, -stu, -zu* 'schwellen', *tulzums* 'Geschwulst', *tulzis* m., *tùlzna* f. 'Brandblase, Blase', lit. *ištilžti, ištilštù, ištilžaũ* 'im Wasser aufweichen; durchweicht, wässerig werden', *įtelžti, įtelžiù* 'einweichen', s. Fortunatov Lekcii 160, Torbiörnsson SSUF. 1916—1918 S. 2, Trautmann BSl. 332, M.-Endz. 4, 260, Buga RFV. 66, 251, Porzeziński RS. 4, 9.

ТО́ЛУЙ, ТОЛО́Й, ТУЛА́Й, ТАЛА́Й 'Art Steppenhase', Bajkal-G., Altaj (D.) Entlehnt aus mong. *taulai, tōlai* dass., ostmong. *tōlē, tōlö*, burjat. *tūlaj* 'bläulicher u. grauer Steppenhase', s. Gombocz KSz. 13, 16, Ramstedt KW. 413. Es könnte auch Vermittlung von tel. *tulai*, koib. sag. *tolai* dass. vorliegen (s. Gombocz c. l.).

ТОЛЧЁК, -чка́ 'Stoß', aus **tъlčъ* zu *толка́ть, толо́чь* (s. d.).

ТО́ЛЬКО 'nur', ukr. *tíľko* 'nur, soviel', aruss. *toliko* 'soviel, nur', abulg. *tolikъ τοσοῦτος* (Cloz., Supr.), bulg. *tólko* 'so viel, so sehr', skr. *tòliko* 'so viel', sloven. *tólik* 'so groß', čech. *tolikо* 'soviel', čech. *tolik* 'soviel', slk. *toliký* 'der sovielte'. ‖ Gebildet vom Pronomen **to-* (s. *mom*) mit Partikel *li*, vgl. abulg. *toli* 'in dem Grade', *tolь* 'soviel, so sehr', *tolьmi, tolьma* dass., mit Suff. -*ko*-, ähnlich griech. τηλίκος 'so groß', lat. *tālis* 'so beschaffen, solcher', s.

Meillet Ét. 418, J. Schmidt Vok. 1, 91, Walde-Hofmann 1, 644,
Trautmann BSl. 312, Stang NTSpr. 13, 289. Siehe *стόлько,
скόлько.*

тόм, -*a* 'Band (eines Buches, Werkes)', aus frz. *tome* dass. von lat.
tomus aus griech. τόμος 'Teil, Abschnitt, Band', zu τέμνω
'schneide'.

том Loc. s. von *mom* 'jener', aruss. abulg. *tomь* dass. Wird aus idg.
*tom + Postposition *en 'in' erklärt, wie lit. *tamè* dass., s.
Specht Lit. Mundarten 2, 102, KZ. 62, 248. Vorbehalte bei
v. Wijk Arch. Phil. 4, 52.

томáн, тумáн '10000', dial. (D.), auch 'Goldmünze in Persien'
(Mel'nikov 7, 187). Aus turkotatar. *tuman* dass., s. Lokotsch 164.
Vgl. *тумáн.*

томáр 'Pfeil', Olon. (Kulik.), Sibir. (D.), aruss. *tomara* dass. (Inv.
B. Godunov a. 1589, s. Srezn. Wb. 3, 976). Unklar. Die Herleitung
aus ostjak. *tamàr* 'stumpfer Pfeil zur Eichhörnchenjagd'
(Kálmán Acta Ling. Hung. 1, 264 ff.) erklärt nicht das Vorkommen
des Wortes in Olonec.

томáт, -*a* 'Tomate', gew. dafür *помидóр* (s. d.). Entlehnt über frz.
tomate, span. *tomate* aus mexikan. (Nahuatl) *tomatl*, s. Loewe
KZ. 61. 95 ff., Kluge-Götze EW. 621, Palmer Einfl. 141 ff.,
Neuweltw. 133, Gamillscheg EW. 847, Lokotsch Amer. Wörter
62.

томашá 'Auflauf, Gedränge, Verwirrung, Schlägerei', *томашúться*
'drängen' (D.), älter *tamaša* 'Ringkampf, Schauspiel' (Chož.
Kotova (1625) S. 88, 104). Aus kasantat. kuman. baschkir.
tamaša 'Auflauf, Gedränge, Schauspiel', das man aus d. Arab.
herleitet, s. Wichmann Tschuw. LW. 110.

томбýй I 'Ankerboje, Tonnenboje' (D.). Aus ndl. *tonneboei* dass.,
s. Meulen 212.

томбýй II 'Hündin', Wolga-G. (D.). Vgl. osman. *tombai* 'Seekuh',
tunbai 'wilde Antilope' (Radloff Wb. 3, 1240, 1442). Die Bed.
macht Schwierigkeiten.

томúть, -*млю́* 'quäle', *утомúть* 'ermüden', ukr. *tomýty*, *tomľú*,
wruss. *tomíć* 'ermüden', aruss. *tomiti*, *tomlju* dass., *tomlь* f. 'Qual,
Leiden', abulg. *tomiti*, *tomljǫ* βασανίζειν (Supr.) skr. *potòmiti*
'unterdrücken', sloven. *tomljáti*, *tomljâm* 'herumtreiben'. ||
Urverw. mit aind. *tamáyati* 'ersticken machen, der Luft berauben',
tãmyati 'wird betäubt, ohnmächtig, ermattet', lat.
tēmulentus 'trunken', *tēmētum* 'berauschendes Getränk, Met,
Wein', *abs-tēmius* 'nüchtern', air. *tām* 'Tod', *tamaim* 'ruhe',
nhd. *dämisch, dämlich*, bair. *damisch* 'betäubt, benommen', s.
Fick 1, 224, Trautmann BSl. 313, Uhlenbeck Aind. Wb. 111,
Walde-Hofmann 2, 657, Stokes 122, Petersson BSl Wortst. 32 ff.

томлы́га 'Pferdezaum,' nur r.-ksl. *tomьlyga* (Joann. Klimak, 14.
Jhdt., auch *tьmьlyga* ibid., s. Srezn. Wb. 3, 1083). Wohl fremd.
Vgl. oben *темля́к.*

томпáк 'Gelbkupfer, rotes Messing. Mischmetall von rötlich-gelber
Farbe', *томпáковый самовáр* (Mel'nikov). Über franz. *tombac,*

ital. *tombacco* aus malay. *tombāga* ʽKupfer', s. Loewe KZ. 61, 130ff., G. Meyer Alb. Wb. 451, Gamillscheg EW. 847.

Томск, -а ʽStadt im westl. Sibirien'. Ableitung von *Томь* ʽFlußname', letzterer aus alt. tel. *Tom* dass., *Tomtura* ʽTomsk', wo *tura* ʽHaus, Wohnort, Stadt' (Radloff Wb. 3, 1446). Der Name gehört weiter zu samoj. J. *to* ʽBinnensee', samoj. O. *tu, to* ʽSee, Fluß Tom', *tūje-kuače* ʽStadt Tomsk', verwandt mit magy. *tó, tava* ʽSee', wohl auch samoj. O. *tāma, tême, tūm* ʽAbfluß, Nebenarm', s. Setälä Castrén-Festschr. 38ff., FUFAnz. 12, 18. Syrjänische Herkunft wird abgelehnt von Kalima FUF. 18, 54.

тон, -а ʽTon, als musikalischer Ton' seit Peter d. Gr., s. Smirnov 291. Entlehnt über nhd. *Ton* oder frz. *ton* aus lat. *tonus* von griech. τόνος ʽSpannung' zu τείνω ʽspanne'.

то́нга ʽLabmagen, worin Renntierfett aufbewahrt wird', Notoz. (Itk.). Aus lapp. Kild. *tovᵍke* dass., s. Itkonen 58.

то́нкий ʽdünn, fein, schlank', ukr. *tónkyj*, aruss. *тьнъкъ* ʽdünn, hager, fein, scharf' (Svjatosl. Sb. 1073, Žitije Nifonta, s. Sobolevskij Lekcii 90), abulg. *тьнъкъ λεπτός* (Supr.), kslav. *тьnostь λεπτότης*, *istьniti λεπτῦναι*, bulg. *tъnъk* (Mladenov 644), skr. *tänak, -nka*, sloven. *tenə̀k, -nkà* ʽdünn, knapp, genau', *təǹiti* ʽdünn machen', *təǹéti* ʽdünn werden', čech. slk. *tenký* ʽdünn', poln. *cienki*, osorb. *ćeńki*, nsorb. *śańki*. ‖ Urslav. **tьnъkъ*, urspr. **tьnъ* u-Stamm, urverw. mit lit. *tę́vas* ʽdünn, schlank', lett. *tiêvs*, aind. *tanúṣ* m., *tanvī́* f. ʽdünn, flach, fein, schmächtig', *tánukas* dass., pamird. *tanúk*, osset. *tˊänäg*, griech. τανύς ʽlang', τανᾱός ʽlanggestreckt' (**ταναϜός*). lat. *tenuis* ʽdünn, fein, zart', anord. *þunnr* ʽdünn', ahd. *dunni*, korn. *tanow*, kymr. *teneu* ʽdünn', s. Uhlenbeck Aind. Wb. 108, Trautmann BSl. 319, M.-Endz. 4, 215ff., Stokes 128, Walde-Hofmann 2, 666, Torp 178. Die ostslav. Form beruht auf alter Assimilation **tьnъkъ* zu **tъnъkъ* (s. Sobolevskij c. l., Durnovo Očerk 171), unbegründet dagegen ist Iljinskij IORJ. 22, 1, 190 ff.

то́нна, то́на ʽTonne (Maß, Gewicht)', älter *тон* seit Peter d. Gr., s. Smirnov 291. Eher aus ndl. *ton* ʽTonne' als aus engl. *ton* (*tɒn*), die Form mit -*a* aus nhd. *Tonne*. Die Quelle der Wörter ist keltisch, s. Meyer-Lübke Rom. Wb. 748, Kluge-Götze EW. 621, Gamillscheg EW. 848, Meulen 212.

тонне́ль ʽTunnel', öfter *туннель* (s. d.). Mit o entlehnt aus engl. *tunnel* (*tʌnl*), evtl. beeinflußt durch die Endbetonung von frz. *tunnel*, s. Ušakov 4, 827, Gorjajev EW. 371. Die Quelle ist afrz. *tonnel* ʽTonnengewölbe', s. Gamillscheg EW. 873.

тону́ть, *тону́, то́нешь* ʽertrinken', ukr. *tonúty*, wruss. *tonúć*, aruss. *tonuti, tonu*, ksl. *tonǫti*, bulg. *tъ́na* ʽsinke ein' (Mladenov 644), skr. *tònuti, tònêm* ʽzugrunde gehen, versinken', sloven. *tóniti, tónem* dass., čech. *tonouti*, slk. *tonúťˊ*, poln. *tonąć*, nsorb. *toniś*. Ursl. **topnǫti* zu *топить* ʽertränken'.

тончи́вый ʽstattlich, hochgewachsen', Čerep. (Gerasim.), *тончи́вый* dass. Tveŕ, Olon. (D.). Ableitungen von aruss. **tъnъkъ* ʽschlank', s. *то́нкий*.

то́ня 'Ort, wo Fischernetze ausgeworfen werden', Nordgr. (D.), ukr. *то́ня* dass., auch 'gefährliche, tiefe Stelle', aruss. *tonja* 'Stelle, wo Fische gefangen werden' (Srezn. Wb. 3, 979), sloven. *tônja* 'tiefe Stelle, Tümpel, Wasserlache, Sumpf', čech. *tůně* dass., poln. *toń, tonia*, nsorb. *toń* 'grundlose Stelle im Wasser, Morast, Sumpf'. ‖ Aus *topnь* bzw. *topnja, zu *топи́ть* 'ertränken' (s. d.), s. MiEW. 358, Brückner EW. 573, Holub-Kopečný 396. Kaum mit Recht wird davon getrennt *то́ня* 'Fischernetz', das man gern zu *менёто* 'Netz' (s. d.) stellt, vgl. Zubatý Archiv 16, 415, Trautmann BSl. 323.

топ 'oberes Ende eines Mastes'. Aus ndl. *top*, bzw. engl. ndd. *top* dass., nhd. *Topp*, s. Meulen 213, Kluge-Götze EW. 622. Vgl. *топить*.

топа́з, *-a* 'Topas', aruss. *tumpazija* dass. (Pov. o Ind. Carstve 459, oft). Die altruss. Form aus mgriech. τοπάζιον, das auf älteres τόπαζος, wohl östlicher Herkunft, zurückgeht, s. Littmann 120 ff., Kluge-Götze EW. 622. Die heutige russ. Form wohl über frz. *topaze*, mlat. *topazius* aus derselben Quelle. Vgl. den Namen der Insel *Topazus* im Roten Meer, die man als Fundort der *Topase* betrachtete (Plinius NH. 6, 29, 169; 37, 8, 108).

то́пать, *-аю* 'stampfe', skr. *tòpôt* 'Stampfen', *topòtati* 'stampfen', sloven. *topòt* G. *topóta* 'Getrampel, Stampfen'. Ablaut in *mený* (s. d.), bulg. *tépam* 'stampfe, schlage'. ‖ Lautnachahmend. Vgl. lit. *tapšt* 'Interj. zur Bezeichnung eines leichten Schlages',' *tàpštereti* 'leicht schlagen', lett. *tapa, tapu* Interj. 'Bez. von Schritten', *tapât* 'schreiten', lit. *tapuoti* 'treten', s. M.-Endz. 4, 130, Iljinskij Archiv 28, 457. Ähnliches im Finn.-Ugr. *tap-*, samojed. *tap-* 'schlagen, stoßen' (s. Paasonen Kel. Sz. 14, 69), sowie Turkotat.: kuman., kasantat. kirg. *taptamak* 'stampfen', *tap, tap!* Interj. (Radloff Wb. 3, 945 ff.). Siehe auch *монтáть*, *мónom*.

топена́нт 'Tau, das vom Nock einer Rahe nach dem Masttopp führt', zuerst Ust. Morsk. a. 1720, s. Smirnov 291 ff., heute volkst. auch *мунонáнта* Arch. (Podv., nach *мунóй*). Aus ndl., ndd. *toppenant* dass., s. Meulen 213 ff., Matzenauer 349.

топи́ть, *топлю́* I. 'heizen, schmelzen', ukr. *topýty, topl'ú*, aruss. *topiti, toplju* 'heize', bulg. *topá* 'schmelze' (Mladenov 636), skr. *tòpiti, tòpîm*, sloven. *topíti, topím* 'wärme, schmelze', čech. *topiti*, slk. *topit'*, poln. *topić, topię*, nsorb. *topiś* 'heizen, Rauch u. Staub verursachen'. ‖ Ablaut in *тёплый* (s. d.), urverw.: aind. *tápati, tápyati* 'erhitzt, quält, ist warm, brennt', *tāpáyati* 'erhitzt, versengt', avest. *tāpayeiti* dass., lett. *patape* 'Eiszapfen, Traufe', s. Meillet MSL. 9, 144, Trautmann BSl. 319, M.-Endz. 3, 118, Uhlenbeck Aind. Wb. 111.

топи́ть, *топлю́* II 'ertränke', *топь* 'sumpfige Stelle', ukr. *topýty*, aruss. *topiti, toplju*, s.-ksl. *topiti*, bulg. *topá* 'tauche ein, weiche ein', skr. *tòpiti, tòpîm* 'überschwemmen', sloven. *topíti, -ím* 'eintauchen, senken', čech. *topiti* 'ins Wasser tauchen', slk. *topit'*, poln. *topić*, osorb. *topić*, nsorb. *topiś*. ‖ Man vergleicht armen. *t'at'avem* 'eintauchen' (z. B. e. Rock in Blut), s. Hübschmann

448, vgl. aber Meillet MSL. 9, 154. Nach Mladenov 636, 644 zu
*top- 'schlagen' (s. *mónatь*). Alles unsicher. Abzulehnen ist der
Vergleich mit griech. *ϑάπτω* 'bestatte', *τάφος* m. 'Grab', *τάφρος* f.
'Graben' (gegen Gorjajev EW. 372), in denen anlaut. idg. *dh*-
vorliegen muß (s. Hofmann Gr. Wb. 111, Boisacq 334). Geht
man von *topь 'Sumpf' und der Bed. 'geschmolzene Stelle' aus,
dann könnte *monútь* II etymologisch mit *monútь* I vereinigt
werden.

топить, -плю 'die Nock einer Raa oder eines Ladebaums in die
Höhe ziehen, daß die Raa senkrecht hängt' (D.), auch *om-
mónutь*. Aus ndl. *toppen, optoppen* dass., s. Meulen 213. Weniger
wahrscheinlich ist die Herleitung aus engl. *to top* dass. (Matze-
nauer LF. 12, 178).

тóплый 'durchnäßt (*mовáр*)', D. Zu *monítь* II, *monýtь*, s. MiEW.
358.

тóполь m., -я 'Pappel, populus', ukr. *topól'a*, aruss. *topolь* m.,
Koll. *topoléje* n., ksl. *topolь* f. *λεύκη*, bulg. *topóla*, skr. *topòla*,
sloven. *topóla*, čech. *topol* m., slk. *topoľ* m., poln. *topola, topol* f.,
osorb., nsorb. *topoł*. ‖ Es wird Zusammenhang mit lat. *pōpulus* f.
'Pappel' und Dissimilation von *p-p* zu *t-p* (s. Niedermann IF.
26, 59) angenommen, weiter Verwandtschaft mit griech. *πτελέα*
f. 'Ulme, Rüster', epidaur. *πελέα* dass., gr. *ἀπελλόν · αἴγειρος*,
s. Walde-Hofmann 2, 340, Meillet-Ernout 924. Entlehnung aus
d. Lat. wäre möglich, wenn von mlat. *papulus* wie bei ahd.
papilboum, mhd. *papel* 'Pappel' ausgegangen würde (s. Kluge-
Götze EW. 431, Walde-Hofmann, Meillet-Ernout c. l.) so
Brückner EW. 573; doch hat die östliche Romania **plŏp(u)lus*:
rumän. *plop*, alb. *pl'ep*, ital. *pioppo* (s. Meyer-Lübke Rom. Wb.
552ff.), vgl. MiEW. 358, LP. 997, Mladenov 636. Holub-
Kopečný 387.

топóр, -á 'Axt', ukr. *topír* G. *toporá*, r.-ksl. *toporъ*, bulg. *topór*,
sloven. *tópor* G. *topóra*, čech. slk. *topor*, poln. *topór* G. *-ora*,
osorb. *toporo*, nsorb. *toporišćo* 'Stiel, Griff der Axt'. ‖ Es könnte
e. urslav. Bildung vorliegen, ablautend mit abulg. *tepǫ, teti*
'schlagen'; zum Suffix vgl. *kosorъ, *stoborъ, s. Mladenov 636,
RES. 4, 194, Slavia 10, 248, Iljinskij IORJ. 31, 352, Matzenauer
84. Auch Zubatý Wurzeln 15 betrachtet es als urslav. und ver-
gleicht kühn *mónatь, monmátь* (s. d.), sowie ukr. *teporyty* 'mit
Mühe schleppen'. Die Sippe kann aber nicht getrennt werden
von altiran. **tapara-* 'Beil', mpers. *tabrak*, npers. *teber*, kurd.
tefer, baluč. *tapar*, woraus armen. *tapar* dass. entlehnt ist, sowie
tscherem. *taβar* dass. (s. Hübschmann 252, Lidén Tochar. Stud.
19, Wichmann Stud. K. Tallqvist 371, TT. 100, Ung. Jahrb.
7, 256). Daher hat man im Slav. ein altiran. Lehnwort an-
genommen, s. Meillet RS. 2, 67; 6, 173, BSL. 24, 142; 26, 46,
MSL. 10, 140, Rozwadowski ROr. 1, 110, Hujer Úvod 77, Verf.
RS. 6, 176, Kořínek LF. 67, 189, Seliščev IORJ. 32, 308,
Mikkola Ursl. Gr. 11, Osten-Sacken IFAnz. 28, 37. Wegen slav. *p*
kommt Vermittlung durch turkotat. *täbär* dass. nicht in Frage
(gegen MiEW. 359, TEl. 1, 239; 2, 167, Brückner EW. 573,
G. Meyer Alb. Wb. 432, Lokotsch 155). Aus dem Ostslav. ent-

lehnt sind: finn. *tappara* dass. (s. Mikkola Berühr. 170), anord. *tapar-øx* 'Streitaxt' (Holthausen Awn. Wb. 300), aus letzterem auch ags. *taperÆx* 'kl. Axt' (Holthausen Aengl. Wb. 343). Nicht aus dem Slav. (gegen Jacobsohn Arier u. Ugrf. 304) stammt das tscherem. Wort (s. Wichmann c. l.).

топо́риться 'spreizen (Finger), sträuben (Federn)', auch *моно́рщить* dass., Olon. (Kulik.). Zu *топы́рить*.

то́пот G. *то́пота* 'Stampfen', *топта́ть, топчу́* 'stampfe', ukr. *tópit* G. *tópotu* 'Trab', *toptáty, topčú* 'stampfen, treten', r.-ksl. *търъть ѱόφος, търъtati, търъ́чи πατεῖν*, auch *тъpati, тъpaju* 'pochen (Herz)', bulg. *тъpt'á, tъ́pča* 'trample, stampfe, zertrete, knete' (Mladenov 644 ff.), sloven. *təptáti, -âm, təpətáti* 'stampfen', osorb. *teptać*, nsorb. *teptaś*, daneben čech. *deptati*, slk. *deptať*, poln. *deptać*. || Am ehesten urverw. mit aind. *tôpati, tupáti, túmpati, tumpáti, pra-stumpati* 'stößt', lett. *staupe* 'Pferdefußstapfen', griech. τύπτω Aor. ἔτυπον, Aor. pass. ἐτύπην 'schlage, haue', τύπος m. 'Schlag, Eindruck', τύμπανον 'Handtrommel', στύπος 'Stock, Stiel', armen. *t'mbrim* 'bin erstarrt', s. Uhlenbeck Aind. Wb. 344, Meillet-Ernout 1163, Hofmann Gr. Wb. 378 ff., Iljinskij Archiv 28, 457. Die slav. Formen mit *d-* vergleicht man mit čech. *dupati* 'stampfen' (Holub-Kopečný 99). Siehe auch *то́пать*.

то́псель 'Toppsegel' (D., Mel'n.), älter: *топ зейль раа* 'Toppsegelraa', Ust. Morsk. a. 1720, s. Smirnov 292. Aus ndl. *topzejl* 'Toppsegel', bzw. engl. *topsail*, s. Meulen 214 ff.

Топты́гин : *Михаи́л Ива́н. Топты́гин* 'Name des Bären', auch *боя́рин Т.* (Mel'nikov). Als 'Stampfer' zu *топта́ть*.

топча́к 'e. turkotatar. Stamm' (Černigov), nur aruss. *topčaki* (Igorlied). Gehört zu dschagat. *topčak* 'schönes Pferd', uigur. *tobyčak* 'großes Pferd' (Radloff Wb. 3, 1230, 1233), s. Melioranskij IORJ. 7, 2, 286 ff., Korsch IORJ. 8, 4, 39, Gordlevskij IANOtdLit. 6, 326, Menges Orient. Elements 51 ff., Rásonyi Semin. Kondak. 8 294 ff. Letzterer verweist auf die Verwendung von Tiernamen als Pers.N. und Sippennamen im Turkotat. Vgl. auch turkmen. *Täkä Türkmän* (Radloff Wb. 3, 1016), wo *täkä* 'Bock'. Nicht vorzuziehen ist die Verknüpfung mit turkotat. *topču* 'Artillerist' (gegen Malov IANOtdLit. 5, 135 ff.).

топы́рить, *-рю* 'spreize', auch *топо́рщить* 'spreizen'. Ein schwieriges Wort. Vgl. *растопы́рить*. Die bisherigen Erklärungsversuche sind meist willkürlich: zu *монóп* 'Beil' und lit. *stėpinti* 'ausrecken, groß machen', *steptis* 'sich auf die Fußspitzen stellen, groß tun' (Zubatý Wurzeln 15), oder aus *popъr-* zu lit. *purė* 'Quaste', armen. *her* 'hair' (Petersson Ar. Arm. St. 99). Besser ist der Vergleich mit *пы́рить* 'sträuben' (Preobr. 2, 160). Vgl. auch *чо́порный* (s. d.), čech. *čepýřiti* '(sich) sträuben' und *шепери́ться* (Gorjajev EW. 372).

тор, *-а* I. 'gebahnter Weg; belebter, stark besuchter Platz', *то́рный* 'gebahnt' (D.), *тори́ть* 'ebnen, glätten, bahnen (den Weg), feststampfen', ukr. *tor, -u* 'Wagenspur', ukr. *torýty, toruváty* 'bahnen', kslav. *istorъ* 'damnum', *protorъ* 'Aufwand', bulg. *tor* 'Dünger, Mist', skr. *tôr* G. *tòra* 'Hürde', čakav. *tȍr* G. *tóra* 'Spur, Hürde', sloven. *tòr* G. *tóra* 'Reibung', mähr. *tor* 'Bahn' (*utřená cesta*), poln. *tór* G. *toru* 'gebahnter Weg' (*droga utarta*), nsorb. ON *Tory*. ‖ Urslav. *torъ, Ablaut zu *terti (s. *теретъ* 'reiben, bahnen'). Vgl. lett. *nuotars* 'Rasenplatz, mit Gebüsch bewachsener Weideplatz', viell. griech. τορός 'durchdringend, laut, schnell', aind. *tarás* 'durchdringend', *tăras* dass., s. Trautmann BSl. 324, M.-Endz. 2, 872, Rozwadowski JP. 1, 112, Ljapunov RFV. 76, 259, Hofmann Gr. Wb. 370. Dazu auch *Тор* 'Nbfl. des Donec', *Торец* dass. (Sobolevskij Archiv 27, 244, RFV. 64, 169.). Vgl. unten S. 126 ff.

тор II 'Messer', Saratov (D.). Aus E mordw. *tor* dass., s. Baudouin de C. bei Dal' 4, 810.

торáк -*á* 'gekochte, saure Milch', Sibir. (D.). Entlehnt aus dschagat. *torak* 'Käse' (Radloff Wb. 3, 1180), wozu mong. *tarag*, kalmück. *tarvg* 'dicke, gesäuerte Milch, Käsemilch' (Ramstedt KWb. 380).

тóрба 'Sack, Tasche', Westl., Südl. (D.), dial. 'Futtersack f. Pferde', auch 'Schnauze eines Fischotters', Olon. (Kulik.), ukr. *tórba* 'Sack, Bauch, lasterhafte Frau'. Über poln. *torba* 'Tasche, Sack' oder direkt aus osman. krimtat. aderb. *torba* 'Sack, Ranzen' (Radloff Wb. 3, 1189), s. MiEW. 359, TEl. 2, 178, Nachtr. 1, 57, Lokotsch 163, Sköld Chronol. 58 ff.

торбáн 'e. Musikinstrument' (Mel'nikov), ukr. *torbán* dass. Unklar, ob der Gegenstand eine Verbindung mit *тóрба* 'Sack' gestattet.

тóрбас 'Stiefel aus Renntierleder', pl. *торбасá*, *тóрбасы*, Kamčatka, Ostsibir. (D., Bogoraz). Entlehnt.

тóрбать 'Fische mit der Störstange treiben', *торбовáть* dass., Onega-See (Podv.), Olon. (Kulik.), *тóрбало* 'Störstange', altruss. *torobnaja lovlja* 'Fischfang mit der Störstange'. Aus karel. *tarbo-* 'Fische aufstören', *tarboin* G. *tarboimen* 'Störstange', olon. *tarbo-* dass., finn. *tarpoa*, *tarvon* 'Fische aufstören', s. Kalima 225 ff., Šachmatov IORJ. 7, 2, 359, FUFAnz. 8, 47, Leskov Živ. Starina 1892, Nr. 4, S. 102.,

тóрг, -*а* 'Markt, Handel, Marktplatz', *торгóвый* 'handels-', *торговáть* 'Handel treiben', ukr. *tórh*, -*u*, aruss. *tъrgъ* dass., abulg. *trъgъ* ἀγορά (Supr.), *trъgovьnъ*, *trъgovište*, bulg. *tŭrg*, skr. *tȓg* 'Ware', sloven. *tȓg* 'Markt', čech. slk. *trh*, poln. *targ*, osorb. *torhošćo*. ‖ Ursl. *tъrgъ (u-Stamm, s. Meillet Ét. 239) urverw. mit lit. *tuȓgus* 'Markt', lett. *tìrgus* dass., venet. Τεργέστε 'Triest' (Strabo S. 314), *Opitergium* ON in Venetien ('Getreidemarkt' oder 'Warenmarkt'), illyr. *tergitio* 'negotiator', alb. *trege* 'Markt', s. G. Meyer IF. 1, 323 ff., Kretschmer Glotta 22, 102; 30, 140 ff., M.-Endz. 4, 194 ff., Endzelin SlBEt. 198, Lagercrantz IF. 25, 370, Krahe IF. 58, 220. Aus dem Ostslav. entlehnt ist anord. *torg* 'Markt', schwed. *torg*, dän. *torv*, finn. *turku* (s. Hellqvist 1205, Thomsen SA. 4, 404, Mikkola Ber. 170 ff., ÄB 80). Germanische Herkunft der nord. Wörter (so Hesselmann bei Hellqvist c. l.) ist zweifelhaft. German. Einfluß aufs Slavische (Karsten Mikkola-Festschr. 92 ff., Unbegaun 95 ff.) ist nicht zu erweisen und bedenklich wegen der venet.-illyr. Wörter. Das lit. *turgus* hält Skardžius 226 für ein slav. Lehnwort.

торга́ть 'reißen, raufen, zupfen', *восто́ргъ, -а* 'Begeisterung', ukr. *tórhaty* dass., aruss. *tъrgati*, abulg. *istrъgnǫti ἀναρπάζειν* (Supr.), ksl. *trъgnǫti σπᾶν*, bulg. *tъrgam* (Mladenov 640), skr. *tȑgati, tȑgâm*, sloven. *tȓgati, tȓgam*, čech. *trhati*, slk. *trhat'*, poln. *targać*, osorb. *torhać*, nsorb. *tergaś*. ‖ Ursl. **tъrgati* ablaut. zu **tьrg-* (s. *мерза́ть*). Vgl. aind. *tr̥ṇéḍhi* 'zerschmettert, zermalmt', Perf. *tatarha*, Part. Perf. Pass. *tr̥ḍhas*, s. J. Schmidt Vok. 2, 352, Potebnja RFV. 1, 259, Uhlenbeck Aind. Wb. 115, Mikkola Ursl. Gr. 3, 92.

торжество́ 'Triumph, Fest', abulg. *trъžьstvo πανήγυρις* (Supr.). Wird als Ableitung von abulg. *trъgъ* aufgefaßt. Übersetzung von griech. *πανήγυρις* 'Festversammlung', das zu *ἀγορά* 'Markt' gehört, s. Mladenov 645, Gorjajev EW. 372, Želtov Fil. Zap. 1876, Nr. 1, S. 11.

тори́ть I. 'unterweisen, eingeben, einflößen', Arch. (Podv.), zu lit. *tarýti, taraũ* 'sagen', *tar̃ti, tariù* dass., weiter s. unter *су́морить, моротори́ть*.

тори́ть II. 'bahnen', s. *тор* I.

то́рица 'Spreu, Kaff', zu *тор* I.

то́ркать, -*аю*, *то́ркнуть* 'stoßen, reißen', *торк* 'Stoßen, Klopfen', *по́торок* 'Schlag', Ostaškov, Pskov, *вы́торкать, вы́торкнуть* 'herausreißen', Tichvin, Petersburg (IORJ. 1, 299), ukr. *torkáty* 'berühren, stoßen', wruss. *torkáć* 'stecken, stoßen', bulg. *tъ́rkam, tъ́rkna* 'reibe, wische ab, rühre um', skr. *tȑkati, tȓčêm* 'laufe umher', sloven. *tŕkati, tŕkam* 'klopfen, pochen, stoßen', čech. *trkati, strkati* 'stoßen', slk. *strkat'*, poln. *stark* 'Anstoß', osorb. *storkać, storčić* 'stoßen', nsorb. *starkaś, starcyś* 'stoßen'. ‖ Ursl. **tъrk-*, **stъrk-* wohl lautnachahmender Herkunft. Vgl. lit. *tùrk-terėti* 'stoßen', s. Buga RFV. 75, 151, der einen Ablaut dazu in *туры́ть* 'jagen' vermutet; s. auch Šachmatov IORJ. 7, 1, 305; 7, 2, 338. Entlehnung aus karel. *turkaita* 'stoßen' (Leskov Živ. Star. 1892, Nr. 4, S. 102) kommt nicht in Betracht.

то́рки pl. 'e. im Zusammenhang mit den Kumanen auftretender turkotatar. Stamm', nur aruss. *tъrci*, Acc. *tъrky* (Nestor-Chron. a. 1096). Ältere Entlehnung aus alttürk. *türk*, das 'Turkotatare' und 'Macht' bedeutet, s. Le Coq Festschr. V. Thomsen 151 ff., Németh Ung. Jahrb. 10, 28, Marquart Kumanen 28, Golubovskij 44 ff., Sobolevskij RFV. 64, 173. Ein späteres Lehnwort aus der gleichen Quelle ist *тю́рок, тю́рки*.

торло́п 'Pelz der Frauen' (D.), aruss. *torlopъ* (oft im 16. Jhdt., s. Sreznevskij Wb. 3, 982, Duvernoy Aruss. Wb. 212, Unbegaun 338), poln. *torłop* (15. Jhdt., s. Brückner EW. 574). Erinnert an *тулу́п*.

то́рмаз, то́рмоз 'Hemmschuh, Bremse, Hindernis', dial. 'Eisenstreifen an der Schlittenkufe', Arch. (Podv.), *тормози́ть* 'bremsen'. Wird gewöhnlich als Entlehnung aufgefaßt aus griech. *τόρμος* 'alles Eingebohrte; Loch, worin ein Zapfen steckt, Nagel, Pflock', s. MiEW. 359, Verf. GrslEt. 203, Matzenauer

414, Gorjajev EW. 372. Nicht vorzuziehen ist die Annahme echt-slav. Herkunft und Verbindung mit *стремиться, стром, стремглав* (gegen Iljinskij IORJ. 23, 1, 138 ff.).

тормоши́ть 'zerren, zupfen, necken, stören', *та́рмать* 'reißen, verwirren' (Šachmatov IORJ. 7, 2, 334), ukr. *termósyty, -óšu*, dial. auch *тармаси́ть* 'in Bewegung setzen', *тармаса́* f. 'oberflächliche Person', *тармасу́н* 'ebensolcher Mann', Smol. (Dobr.), poln. *tarmosić, termosić* 'raufen, zausen', čech. *trmáceti (se)* '(sich) strapazieren, abmühen, erschöpfen', *trmati* dass. stellt Brückner EW. 566 zusammen. Weiteres unklar. Fraglich ist Verwandtschaft mit griech. τρέμω 'zittere, bebe', lat. *tremō, -ere*, tochar. A *träm-* 'zittern', B. *tremem* 'das Zittern', alb. tosk. *tremp*, geg. *trem* 'erschrecke', lit. *trìmti, trimù* 'zittere vor Frost' (Gorjajev EW. 372).

торно́вка 'Dreschen der zusammengebundenen Garben'. Zu *сторно́вка, сторнова́ть*, s. Preobr. 2, 385.

торова́тый, тарова́тый 'freigebig, geschickt, flink'. Zu *тор* 'gebahnter Weg', *тере́ть* 'reiben', s. Gorjajev EW. 373.

торо́к I. 'gebahnter Weg', Perm (D.). Zu *тор* I.

торо́к II. 'kleines Floß aus Längsbalken', Dniepr-G. (D.), ukr. *tórok* dass. Wohl zu *тор.* I. Fälschlich gibt Zubatý Wurzeln 23 die Bed. 'Lattenzaun' (*плот* bei D.) an und vergleicht es mit *стерк* 'Storch', *торча́ть* 'ragen'.

торо́к III., *торох* 'Sturm, Windstoß', Arch. (Podv.), Olon. (Kulik.). Aus lapp. Not. *toarak* 'Sturm', nach Itkonen 58. Nicht leicht zu trennen von *то́ркать*, s. oben und MiEW. 359.

торо́к IV. 'Sattelriemen', pl. *торока́*, ukr. *tórok*, aruss. *torokъ*, bulg. *trak*, skr. *trâk* 'Band, Binde, Streifen', sloven. *trâk, trâka, trakû*, čech. slk. *trak*, poln. *troki* pl. 'Riemen, Stricke, Bande', osorb., nsorb *trok*. 'Band, Flechtstrick, Tragseil'. || Urslav. *torkъ urverw. mit apreuss. *tarkue* 'Riemen am Pferdegeschirr', lett. *tẽrka* 'Schnur zum Befestigen von Bojen am Fischnetz', aind. *tarkúṣ* m. 'Spindel', lat. *torqueō, -ēre* 'drehe, winde', *torquēs, -is* f. 'Halskette', griech. ἄτρακτος m. f., 'Spindel', ἀτρεκής 'unverhohlen' (aus 'unumwunden'), ahd. *drâhsil* 'Drechsler', alb. *tjer* 'spinne', ir. *torc* 'Flechte', kymr. *torch* 'Halskette', s. Uhlenbeck Aind. Wb. 110, Bezzenberger bei Stokes 134, M.-Endz. 4, 173, Trautmann BSl. 314, Apr. Sprd. 446, Walde-Hofmann 2, 692 ff., Brandt RFV. 18, 9, Torp 189.

торо́н 'Stoß, Angriff', aruss. *toronъ* dass., *toronom(ь)* 'plötzlich' (Pskover 2. Chron. a. 1368), auch *toronъ* 'Angriff' (Novgor. 1. Chron., Pskover 1. Chron.), *toronь* 'unerwartet' (Pskover 1. Chron.). Wohl aus *torpnь zu *торп, торопи́ть(ся)*.

то́роп 'Eile, Hast', auch *то́роп* m., *торо́па* m., *торопы́га* m. 'hastiger Mensch', *в торопа́х* 'eilig' (umgestaltet aus *vъ toropěchъ 'in Eile', s. Sobolevskij Lekcii 178), *торопи́ть* 'beeilen, beschleunigen', *торопе́ть* 'eilen', *торопли́вый* 'eilig'. || Urslav. *torp-* wird als 'wendig, gewandt' verglichen mit griech. τρέπω 'wende', Aor. ἔτραπον, Aor. Pass. ἐτράπην, lat. *trepit* 'vertit', aind. *trápatē* ʽschämt sich, wird verlegen', urspr. ʽwendet sich ab', *tṛprás* ʽunruhig' (s. Štrekelj Archiv 28, 503, Walde-Hofmann 2, 702, Persson 954). Geht man von der Bed. ʽKraft, Energie' aus, dann könnte viell. Verwandtschaft bestehen mit lit. *tarpà* ʽGedeihen, Wachstum', lett. *tārpa* ʽVermögen, Festigkeit', *tārps* ʽtüchtig', lit. *tarp̃ti, tarpstù* ʽgedeihen, zunehmen', aind. *tṛ́pyati, tṛpṇōti, tárpati* ʽsättigt sich, wird befriedigt', apreuss. *enterpo* ʽnützt', *enterpon, enterpen* ʽnützlich', griech. τέρπω ʽsättige, erfreue' (zur Sippe ohne Slav. s. Trautmann BSl. 314, M.-Endz. 4, 149ff.). Siehe aber *моронить*.

торопе́ть I. ʽerschrecken, bestürzt werden', *оторопе́ть* ʽstutzig werden', *моро́на* ʽunbeweglicher Mensch', ukr. *toрópa* ʽunbeweglicher Mensch', *toropýty śa* ʽerschrecken, verlegen werden', kslav. *utrapъ ἔκστασις*, bulg. *istrъ́pna, istrъ́pvam* ʽerstarre', sloven. *tràp* G. *trápa* ʽDummkopf, Tölpel', *trápiti, trûpim* ʽquäle, martere', čech. *trápiti* ʽquälen', apoln. *tropić* ʽplagen', poln. *stropić się* ʽsich entsetzen'. Urslav. **torp-* ablautend zu **tъrpěti* ʽleiden, erstarren', s. Mladenov Archiv 36, 130ff., MiEW. 355, Štrekelj Archiv 28, 502. Vgl. lett. *tērpinât* ʽquälen, ausfragen, durchprügeln' (s. M.-Endz. 4, 174).

торопе́ть II. ʽeilen', s. *моропъ*.

торопи́ть, *-плю́* ʽantreiben', s. *моропъ*. Einige Gelehrte verbinden das russ. Wort mit den s. v. *моронить* aufgeführten Wörtern, s. Torbiörnsson 2, 85ff., Trautmann BSl. 325, Potebnja RFV. 4, 211. Nach Persson 438 besteht Verwandtschaft mit anord. *starf* ʽharte Arbeit, Mühe', lit. *stroχùs* ʽemsig', *stropti, stropstu* ʽbin emsig', vgl. aber Holthausen Awn. Wb. 279.

торору́шка ʽSchwimmer aus Bast', Arch. (Podv.). Nach Kalima 229 viell. ʽdeskriptiv'. Vgl. *турумýшка*.

то́рос ʽsich türmende Eisschollen am Meeresufer', Arch. (Podv.), Sibir. (Bogor.), Olon. (Kulik.), pl. *мо́росы, моросá*, davon: *мо́росить* ʽsenkrecht aufstellen' (D.). Wohl entlehnt aus lapp. Notoz. *tōras* G. *torraz*, Kild. *tōras* ʽEishügel am Meeresufer'; das Wort hat sogen. Stufenwechsel, s. Itkonen 59. Nach Kalima FUF. 28, 124 soll das russ. Wort echt-slav. sein und zu *мо́ры* (s. d.) gehören; morphologisch schwierig (vgl. aber das folg.). Abzulehnen ist die Herleitung aus ital. *torso* (gegen Gorjajev EW. 373).

тороси́ть ʽjucken', Kolyma (Bogor.). Wohl zu *мор, мере́ть*.

торото́рить, тарато́рить ʽplappern, schwatzen, schnattern', *маратóра* m. ʽPlapperer', wruss. *taratóryć*, kslav. *trъtorъ* ʽsonus', skr. *tr̀tositi* ʽschnell daherplappern', sloven. *trtráti, trtrâm* ʽrummeln, lärmen, stark murmeln', čech. *trátɷřiti* ʽviel schwatzen', slk. *trátoriť*, s. Torbiörnsson 2, 86ff. ‖ Urslav. **tortoriti* reduplizierte Bildung zu lit. *tar̃ti, tariù* ʽsage', auch *tarýti, taraũ* dass., apreuss. *tārin* Acc. s. ʽStimme', lett. *târlât* ʽschwatzen, faseln', *terêt, teř̃telêt* ʽschwatzen' (**teř̃terêt*), griech. τορός ʽdurchdringend, laut', τετορήσω ʽwerde laut und deutlich sagen', aind. *tārás* ʽgellend, durchdringend', ir. *torann* ʽDonner', s. Bezzenberger bei Stokes 133, Trautmann BSl. 314, Apr. Sprd. 446,

Jagić Archiv 2, 398, M.-Endz. 4, 149, 167, Petersson ArArm.St. 100, Pogodin RFV. 32, 272ff.; 39, 1ff. Vgl. die Schallnachahmungen bei Gogol': *mapa, mapa*! *mapama mamama*, auch russ. *mapapýй* 'Schwätzer', *mapapýca, mapaшá* dass., ferner: ukr. *terkotáty* 'rasseln', *terlýkaty* 'zwitschern, trillern'. Vgl. *mop.* I.

торóхнуть 'zerschmettern', ukr. *tóroch* 'Rasseln, Rollen', *toróchnuty* 'brüllen, brausen', *toróch-toróch* Interj. des Rasselns. ǁ Lautnachahmend wie *mapáхнуть* (s. d.). Vgl. lit. *tar̃kšti, tár̃šku* 'klappere', *tarškéti, tarškiù* 'klappere fortgesetzt', s. Torbiörnsson 2, 84.

торóщиться 'sich beunruhigen, bemühen', Novg., Tichvin, Tver̃, auch 'unnütze Umstände machen' (D.), viell. zu skr. *trȁskati, trȁskȃm* 'ungereimtes Zeug reden' (s. Torbiörnsson 2, 86, der aber bestimmt falsch auch poln. *troska* 'Sorge', *troskać, troszczyć się* 'sorgen', dazu stellen will; über diese siehe Brückner EW. 577). Falsch ist auch der Vergleich mit griech. att. ταράττω 'verwirre', jon. ταράσσω (Gorjajev EW. 373), die mit att. θράττω, sonst θράσσω dass. verglichen werden und ein idg. *dh-* gehabt haben müssen (s. Hofmann Gr. Wb. 117, Boisacq 350).

тóрпа I. 'Zwischenraum, Fach eines Heuschobers, Abstand zwischen 2 Pfählen', Westl. (D.). Aus lit. *tárpas* 'Zwischenraum', *tar̃p* 'zwischen', s. Rozwadowski RS. 5, 19, Karskij RFV. 49, 21.

тóрпа II., *tópnuцa* 'gemeine Forelle, Salmo fario', Olon. (Kulik.), auch *mopnáч* dass. Entlehnt aus finn. *torppu* G. *torpun* 'Forelle', s. Kalima 226.

торпу́ши pl. 'gestrickte Fausthandschuhe', Čerep. (Gerasimov). Unklar.

торс 'Rumpf einer Statue, Torso'. Aus frz. *torse* bzw. ital. *torso*, das auf griech. θύρσος 'Schößling' zurückgeführt wird.

тóрт, -*a* 'Torte'. Wohl über nhd. *Torte* von ital. *torta* zu lat. *tortus* 'gedreht', als 'rundes Backwerk' (s. Kluge-Götze EW. 623, Gamillscheg EW. 854).

торта́к 'Art Abgabe', nur aruss. *търтакъ* Hypat. Chron. a. 1195. Aus turkotat. *tartnak* 'Art Steuer', woher dschagat. *tartnakči* 'Steuererheber' (Radloff Wb. 3, 867), s. Melioranskij IORJ. 10, 4, 130.

тóрф, -*a* 'Torf', zuerst a. 1700 Peter d. Gr. s. Smirnov 292, *торфя-нистый* 'Torf-' (Leskov). Aus nhd. *Torf*, s. Christiani 50.

торц, торец G. *тóрцá* 'sechseckiger Würfel des hölzernen Straßenpflasters', *торцевóй* Adj. Aus ital. *torso* mit Einführung von -*ец*, vgl. Gorjajev EW. 373. Siehe *mopc*.

торча́ть, *торчý* 'hervorstehen, ragen', ukr. *torč* f. G. *tórči* 'Art Zaun aus Stöcken u. Reisig', *storčáty* 'ragen', bulg. *стърчá* 'rage hervor, sträube mich', sloven. *str̃čati, str̃čim*, čech. *trčeti* 'ragen', *str̃čiti* 'stoßen', slk. *trčať* 'stecken', *str̃čiť* 'stoßen, hineinstecken', poln. *stark* 'Pfahl, Stachel'. ǁ Gehört zu *сторчь* (s. d.) und evtl. zu *стерк* 'Storch', s. Zubatý Wurzeln 23, Kiparsky 162. Weitere Beziehung zu lett. *terglis* 'eigensinniger Mensch', ahd. *strach*, mhd. *strac* ʽausgestreckt, straff', mnd. *strack* (Persson 432) könnte nur durch verschiedene Wurzelerweiterungen erklärt werden.

тóры pl. ʽSchollen von Treibeis', Arch. (Podv.). Zu *терéть*, *тор*. Vgl. aber s. v. *мóрос* (Itkonen 59).

торыкáть ʽstoßen, schlagen', Tveŕ, Tambov (D.). Neue Iterativstufe zu *тóркать* ʽstoßen' (s. d.), vgl. Potebnja RFV. 4, 211.

тоскá ʽKummer, Gram, Sehnsucht', ukr. *tóskno* ʽgramvoll', wruss. *tosknić* ʽ(mir) ist traurig zu Mute', aruss. *tъska* 1. ʽKummer, Gram'. 2. ʽUnruhe, Aufregung' (s. Srezn. Wb. 3, 1057), kslav. *sъtъsnǫti ἀγανακτεῖν*, čech. *teskný* ʽangstvoll', *tesklivý* ʽängstlich, sehnsüchtig', slk. *tesklivý*, apoln. *teskny*, *teskliwy*, neben *ckny*, *ckliwy*, poln. *tęskny* mit sekundärer Nasalierung (s. Łoś Gr. polska 1, 27). ‖ Urslav. ist **tъska*; ein Nasalvokal darf nicht aus den jungen poln. Formen erschlossen werden (gegen Mikkola Berühr. 171, BB. 22, 254, Vondrák BB. 29, 211, Pedersen KZ. 38, 395), s. Łoś c. l. 1, 60. Viell. zu *тóщий*, s. Brückner EW. 570, Holub-Kopečný 383 ff.

Тóсна ʽlinker Nbfl. der Neva', G. Novgor. u. Leningrad. Etymologisch identisch mit *Цна* (s. d.). Beides entstand aus **Tъsna*, vgl. apreuss. *tusnan* ʽstille', avest. *tušna-*, *tušni-* ʽruhig, still', s. Buga RS. 6, 35. Zum Lautlichen vgl. *доскá* und *цкa*.

тóст, -*a* ʽTrinkspruch'. Über nhd. *Toast* oder franz. *toste*, bzw. direkt aus engl. *toast* von lat. *panis tostus* ʽgeröstetes Brot', weil in England dem in Aussicht genommenen Redner ein Glas mit einer gerösteten Brotschnitte vorgesetzt wurde, s. Kluge-Götze EW. 620, Matzenauer 349.

тот m., *ma* f., *mo* n. ʽjener, derjenige', *тóтже* ʽderselbe', ukr. *tot*, *totá*, *toté*, *totó*, aruss. *тъ*, *ta*, *to*, auch verdoppelt *tъtъ* (oft seit 12.—13. Jhdt., s. Sobolevskij RFV. 64, 158, ŽMNPr. 1897, Nov., S. 65 ff.), *tъjь*, *taja*, *toje* (Srezn. Wb. 3, 1067 ff.), abulg. *tъ*, *ta*, *to* ἐκεῖνος,, αὐτός, οὗτος (Zogr., Mar., Cloz., Supr.), bulg. *tъj* ʽso, ja, das', skr. *tâj*, *tâ*, *tô*, ʽder da', sloven. *tâ*, *tâ*, *tô* ʽdieser', čech. *ten*, *ta*, *to* (-*n* von **onъ*) ʽder, die, das', slk. *ten*, *tа*, *to* ʽdieser', poln. *ten*, *ta*, *to* ʽdieser', osorb. *tón*, *ta*, *to* ʽdieser, der', nsorb. *ten*, *ta*, *to* dass. ‖ Ursl. **tъ*, **ta*, **to* urverw. mit lit. *tàs* m., *tà* f. ʽderselbe, der', lett. *tas*, *tā* ʽder, die', aind. *ta-*, *tā-* ʽdieser, der', avest. *ta-* ʽdieser', griech. *τόν*, *τήν* (dor. *τάν*), *τό*, lat. *is-tum*, *is-tam*, *is-tud*, tochar. A *täm* ʽdieses' (Sieg-Siegling 191), got. *pana* ʽdiesen', *pata* ʽdieses', alb. *te* ʽdaß, damit' (G. Meyer Alb. Wb. 425), armen. -*d*, s. Uhlenbeck Aind. Wb. 106, Trautmann BSl. 311 ff., Meillet-Ernout 578 ff., M.-Endz. 4, 134, Brugmann Grdr. 2, 2, 313 ff. Das idg. Paradigma **so*, **sā*, **tod* wurde durch Verallgemeinerung der *to-*, *tā-*Formen umgestaltet, s. Mikkola Ursl. Gr. 3, 14. Damit verwandt ist r.-ksl. *tě* ʽso' (zur Einleitung eines Hauptsatzes), lit. *taĩ* ʽso' (s. Trautmann KZ. 49, 251, BSl. 312), sowie abulg. r.-ksl. *ti καί*, alit. *teĩ-teĩ* ʽsowohl ∼ als auch' (s. Trautmann c. l.). Als Tabuersatz ist *тот*, *móм-mo* ʽTeufel', ukr. *toj* dass. anzusehen, s. Zelenin Tabu 2, 91 ff.

Тóтьма ʽStadt im G. Vologda'. Wird von syrjän. *tod* ʽtrockenes Moor, sumpfige Stelle' (Wichmann-Uotila 279) und syrjän. *mu*

ʿLand' (finn. *maa* dass.) abgeleitet, s. Nikoľskij Fil.Zap. 1892 Nr. 5 S. 9ff. Sonst ist auch *тутéмь* f. ʿBrachfeld' verglichen worden (Daľ 4, 876).

тóхлый ʿabgestanden', *тóхнуть* ʿabstehen (vom Fisch)', aus **tъch-*, das im Ablaut steht mit *тýхлый* ʿangefault', *тýхнуть* ʿfaulen', s. Buga RFV. 66, 252, Iljinskij IORJ. 20, 3, 93. Andererseits will Jokl Archiv 29, 39 darin eine Kontamination von *тхнуть* (**dъchnǫti*) und *дóхлый* (s. d.) sehen.

тохтýй ʿHammel, bei dem soeben erst die Hörner wachsen' Altaj (D.). Vgl. kirg. kkirg. *toktu* ʿLamm am Ende des 1. Lebensjahres' (Radloff Wb. 3, 1155), dschagat. *tokli* ʿLamm von 2 Monaten', osman. *toklu* dass. (Radloff c. l. 1153).

тохья́ ʿMädchenkappe, mit kleinen Münzen verziert', Wolga-G. Aus tschuwass. *toxja* dass., s. Räsänen FUF. 29, 199.

точи́ть, *почý* ʿdrechseln, schleifen, fließen lassen', ukr. *točýty* dass., abulg. *točiti ἐλαύνειν* (Supr.), bulg. *tóča* ʿschleife', skr. *tòčiti*, *tòčı̂m* ʿschenke, schütte, wetze, schleife', sloven. *tóčiti*, *tǫ́čim* ʿmache fließen, vergieße, wälze, drehe', čech. *točiti* ʿdrehen, winden, zapfen', slk. *točiť*, poln. *toczyć*, *toczę* ʿwälzen, zapfen, vergießen, drechseln, schleifen', osorb. *točić*, nsorb. *tocyś*. ‖ Urslav. *točiti* ʿlaufen lassen, fließen lassen', Kausat. zu *tekǫ*, **tekti*, lit. *tekė́ti* ʿlaufen, fließen', aind. *tákti* ʿeilt', avest. *tačaiti* ʿläuft, fließt', s. Trautmann BSl. 316, M.-Endz. 4, 153, Fraenkel Zeitschr. 20, 261, Mladenov 636. Schwerlich richtig trennt Scheftelowitz WZKM. 34, 219 die slav. Wörter mit der Bed. ʿdrechseln, schleifen' von denen für ʿlaufen lassen, fließen lassen' und stellt die ersteren zu armen. *tʿekʿem* ʿdrehe, flechte, wickle', lat. *texō, -ere* ʿwebe, flechte', vgl. zu letzterem Walde-Hofmann 2, 678ff. und oben *mëc*, *мecáть*.

тóчка ʿPunkt', ukr. *tóčka*, s.-ksl. *тъčька*, čech. *tečka* dass. Gehört zu **tъknǫti* ʿstechen', s. *ткать*, *ткнýть*, wie lat. *punctum* zu *pungō* ʿsteche', s. MiEW. 368, Gorjajev EW. 373, Holub-Kopečný 381. Der Ausdruck *тóчка зрéния* ʿStandpunkt' übersetzt frz. *point de vue*, lat. *punctum visūs*, woher nhd. *Standpunkt*, engl. *point of view* (Kluge-Götze EW. 586). Vgl. das folg.

тóчный ʿgenau', ukr. *tóčnyj*, abulg. *тъčьnъ ὅμοιος, ἴσος* (Supr.). Wohl wie nhd. *pünktlich*: *Punkt* zu *тóчка*, *ты́кать*, *ткнýть* s. Mladenov 636. Dazu auch *точь в точь* ʿganz genau', verglichen mit abulg. *tъčiti* ʿputare', *tъčьniti* ʿcomparare' (MiEW. 368). Miklosich c. l. will *tъknǫti* ʿstechen' von **tъčiti* ʿmeinen' trennen. Vgl. aber poln. *badać* ʿforschen' und *bodǫ, bosti* ʿstechen, durchdringen'.

тóша ʿZelttuch, Presenning' (Ertel, RFV. 21, 239). Dunkel.

тóшно Adv. ʿübel, widerwärtig, zum Erbrechen', *тошни́ть* ʿÜbelkeit verursachen, widerwärtig sein', ukr. *tóšno* ʿschwer, kummervoll', apoln. *teszno* ʿsehnsuchtsvoll', *tesznić* ʿsich sehnen' (Rej), osorb. *tešny*, *tyśny* ʿbange, ängstlich', nsorb. *tešny* dass. Aus **tъščьnъ*, **tъščьniti*, zu *тоскá* ʿKummer, Sehnsucht', s. Sobolevskij Lekcii 137, MiEW. 369, Durnovo Očerk 168, Mikkola RS. 1, 16, Gorjajev EW. 373.

тóщий 'hager, mager, leer', dial. auch 'hohl', Kolyma (Bogor.), ukr. *tóščyj* 'leer', wruss. *tščyj*, aruss. *tъščь* 'leer, öde, geringfügig', abulg. *tъštь* κενός (Supr.), skr. *tȁšt, -a, -o* 'leer', sloven. *tə̀šč, təščà* f. 'leer, frei von etw.', ačech. *tští* 'leer', apoln. *tszczy, czczy* 'leer, eitel', poln. *czczy* 'leer, nüchtern, eitel'. ‖ Man vergleicht lit. *tùsčias* 'leer', lett. *tukšs* 'leer, ledig, arm, nüchtern', aind. *tucchyás* 'leer, öde, nichtig', *tucchás* dass., afghan. *taš* 'leer', avest. *tusən* 'verlieren die Fassung', Kausat. *taošayeiti* 'macht los, läßt los' (Morgenstierne PV. 84, Bartholomae Air. Wb. 624), s. Meillet Ét. 380, MSL. 9, 375, Trautmann BSl. 333, M.-Endz. 4, 257 ff., Endzelin Zeitschr. 16, 107 ff., Šachmatov IORJ. 17, 1, 287, Uhlenbeck Aind. Wb. 113. Dazu stellt man auch lat. *tesqua* pl. *-ōrum* 'Einöden, düstere Gegenden', s. Walde [2]776, Persson 470, Brugmann Grdr. 2, 1, 475, wogegen Meillet-Ernout 1215. Bestimmt zu trennen ist ahd. *thwesben* 'auslöschen, vertilgen' (gegen Petersson IF. 20, 367), s. Torp 566, Walde-Hofmann 2, 675. Vgl. noch *тще, тщéтный, тоскá*.

тояга 'Knüppel, Stock', nur aruss. *tojaga* f. (Žit. Nifonta, Uspensk. Sborn. 12. Jhdt.), kslav. *tojagъ* m., *tojaga* f. dass., bulg. *tojága* (Mladenov 636), skr. *tòjaga*, montenegr. *tòljaga*. ‖ Ältere Entlehnung aus d. Turkotat., uigur. kasantat. *tajak* 'Stock', tschuwass. *tuja, toja* dass., osman. *dajak*, mongol. *tajag, tajaga* dass., s. Mladenov RES. 1, 51, Bulg. Wb. c. l. Zur Sippe s. Paasonen CsSz. 171, Ramstedt KWb. 375, Räsänen Tsch. L. 221. Ganz verfehlt hält Iljinskij Ljapunov-Festschr. 3 ff. *tojaga* für urverw. mit griech. στίζω (*στίγι̯ω) 'steche', στίγμα n. 'Stich', lat. *īnstīgō* 'stachle an', got. *stiks* 'Stich', aind. *téjate* 'ist scharf, schärft'.

тоя́рымка 'Brautwerberin bei den Tschuwassen', Kazań (D.). Aus tschuwass. *toj-àrəm* dass., von *toj* 'Hochzeit', *àrəm* 'Frau', s. Räsänen FUF. 29, 199.

тпру Interj. 'halt (für Pferde)', *тпрýга* 'Lockruf für Kühe', *тпрýсень* 'Lockruf für Kälber', Vjatka (Vasn.), *тпрселя* 'Kosename für Pferde', *тпрсé, тпрсель* Interj. 'Lockrufe für Pferde', Vitebsk (Etnogr. Obozr. 34, 62). Beruhen auf einer Lautgebärde.

травá 'Gras', ukr. *travá*, aruss. *trava* 'Gras, Heu', abulg. *trava* (Ps. Sin.), *trěva*, χόρτος, χλόη (Zogr., Mar., Assem., Savv., Ps. Sin., Euch. Sin., Supr., s. Diels Aksl. Gr. 33), bulg. *trevá, travá*, skr. *tráva*, sloven. *tráva*, čech. slk. *tráva*, poln. *trawa*, osorb. *trawa*, nsorb. *tšawa*. Hier ist *a* : *ě* Ablaut. Die Wörter gehören zu aruss. *trovu, truti* 'verbrauche', *traviti* dass., abulg. *natrovǫ, natruti* ψωμίζειν, τρέφειν 'ernähren' (Ps. Sin.), bulg. *tróvа* 'vergifte' (nach Meillet MSL. 9, 144: **trava* zu *trovǫ, truti* wie *слáва* zu *slovǫ, sluti*), skr. *trȕjêm, tròvati* 'vergiften', sloven. *trújem, trováti* 'vergiften', slk. *trovit'* 'ausgeben, zehren', poln. *truję, truć* 'verzehren, aufreiben, vergiften', nsorb. *tšuś, tšuju* 'entbehren, verlieren', weiter zu ksl. *tryti, tryjǫ* : griech. τρύω 'reibe auf, verzehre', τρώω 'verwunde', τραῦμα 'Wunde', s. Pedersen Kelt. Gr. 1, 160, Trautmann BSl. 327, 330, Jagić Archiv 37, 203, Mladenov 637, Rozwadowski JP. 1, 112. Siehe *травúть*.

травалый 'dauerhaft, beständig', Smol. (Dobr.), ukr. *tryvályj*. Entlehnt aus poln. *trwały* dass., *trwać* 'dauern', wozu Brückner EW. 578.

траверс 'Querwall, bedeckter Gang zu den Redouten', milit.; älter: *траверза* Peter d. Gr., s. Smirnov 292. Über nhd. *Traverse* bzw. direkt aus frz. *traverse* dass.

травить, *травлю* 'vernichte, hetze, jage, verdaue', *отравить* 'vergiften', ukr. *travýty*, *travl'ú* 'verdaue, verbrauche, hetze', abulg. *traviti* σιτεῖσθαι (Supr.), skr. *tráviti*, *trâvîm* 'mit Gras füttern', čech. *tráviti* 'verdauen, zehren, vergiften', slk. *tráviť*, poln. *trawić*, *trawię* 'verbrauchen (Zeit), aufreiben, verdauen'. Ablaut in s.-ksl. *tryti*, *tryjǫ* *τρίβειν*, bulg. *trija* 'reibe, wische', kslav. *rastrъva* ἀπώλεια, kslav. *trovǫ*, *truti* 'aufreiben'. ǁ Urverw. mit griech. *τρώω* 'verletze', *τιτρώσκω* 'verwunde', *τρύω* 'reibe auf, erschöpfe', ahd. *drawa*, *drōa* 'Drohung', ags. *ðréa* 'Drohung, Züchtigung', s. J. Schmidt KZ. 26, 7, Vok. 2, 267, Trautmann BSl. 330, Germ. Lautg. 28, Rozwadowski JP. 1, 109ff., Uhlenbeck PBrBtr. 26, 294, Holthausen Aengl. Wb. 368, M.-Endz. 4, 247. Weiter zu *теретъ*, *тру* 'reibe'. Siehe *трава*. Nicht zu vereinigen mit *traviti* ist got. *dreiban* 'treiben', ahd. *trîban* dass. (gegen Matzenauer 415).

трагедия 'Tragödie, Trauerspiel'. Über nhd. *Tragödie* aus lat. *tragoedia* von griech. *τραγῳδία*, zu *τράγος* 'Bock' und *ᾠδή* 'Gesang', weil die Volksgesänge, aus denen sich die Tragödie entwickelte, an Bacchusfesten von einem Chor bocksähnlich verkleideter Festtänzer vorgetragen wurden. R.-kslav. *kozъloglasovanije* *τραγῳδία* (seit Greg. Naz. 11. Jhdt.) ist verunglückte Lehnübersetzung aus dem Griech..

трагик, *-a* 'Trauerspieldichter'. Aus nhd. *Tragiker* von lat. *tragicus*, griech. *τραγικός*. Siehe das vorige.

трайста 'kleiner Ranzen', Smol. (Dobr.). Siehe *тайстра*.

тракт, *-а* 'Landweg, Heerstraße', schon 1709 Menšikov, s. Smirnov 294. Über poln. *trakt*, bzw. nhd. *Trakt* aus lat. *tractus*, s. Christiani 43, Gorjajev EW. 374.

трактамент 1. 'Bewirtung, Fest', bei F. Prokopovič, s. Smirnov 292. 2. 'Behandlung', um 1703, s. Christiani 20. Über nhd. *Traktament* oder poln. *traktament*, von lat. *tractāmentum* dass.

трактат 'Vertrag', schon Kotošichin 79. Aus nhd. *Traktat* von lat. *tractātus*, s. Christiani 24, Smirnov 293.

трактир, *-а* 'Schenke, Wirtshaus', seit Peter d. Gr., s. Smirnov 293. Mit hyperkorrektem *ir* aus poln. *traktyer* 'Speisewirt', *traktyernia* 'Restauration' von lat. *tractōria*, ital. *trattoria*, s. Kiparsky Baltend. 185, Smirnov 293.

трактовать 'behandeln, verhandeln, vereinbaren', seit F. Prokopovič, s. Smirnov 293. Über poln. *traktować* 'behandeln' von lat. *tractāre*, s. Christiani 20.

тралер 'Schleppdampfer', aus engl. *trawler* 'Schleppnetzfischer, -boot', *trawl* 'Schleppnetz' von lat. *tragula*, s. Holthausen 208. Nach Jones PD. 433: *tro:l*.

трамбовáть 'feststampfen'. Wird als Entlehnung aus nhd. *trampeln* erklärt, vgl. auch mnd. *trampen* 'mit den Füßen stampfen' (Kluge-Götze EW. 625), s. Bulič IORJ. 9, 3, 426, Gorjajev EW. 374.

трамвáй, *-áя* 'Straßenbahn, Trambahn', über frz. *tramway* oder direkt aus engl. *tramway* dass., *tram*, mnd. *träme* 'Balken' (s. Holthausen 207, Gamillscheg EW. 857).

трамонтáно 'Nordwind', Azowsches Meer (Kuznec.), *тремонтáн* dass., Don-G. (Mirtov). Aus ital. *tramontano* dass., s. Verf. RS. 4, 160. Daraus auch ngriech. τραμουντάνα (G. Meyer Ngr. St. 4, 90).

трамплíн 'Sprungbrett', aus ital. *trampolino*, evtl. über nhd. *Trampoline*, frz. *tremplin* (Gamillscheg EW. 862, Tiktin Wb. 3, 1635).

трандá 'Unsinn', Don-G. (Mirtov). Unklar.

транжемéнт 'Befestigung', auch *штружсамéнт* Don-G. (Mirtov), zuerst *транжсамент* Peter d. Gr., s. Smirnov 294. Über nhd. *Retranchement* 'Feldschanze' oder direkt aus frz. *retranchement*.

транжи́р, *-а* 'Verschwender', *транжи́рить* 'verschwenden, verprassen'. Aus frz. *trancheur* 'Vorschneider', *trancher* 'durchschneiden, durchhauen', evtl. über nhd. *transchieren* (seit 16. Jhdt., s. Kluge-Götze EW. 626), s. Grot Fil. Raz. 2, 370ff., Bulič IORJ. 9, 3, 426.

трансбóй, *-óя* 'Feuerspritze', siehe *брандспóйт* (oben 1, 118).

трáнспорт 'Transport', seit Ust. Morsk. a. 1720, s. Smirnov 294. Aus frz., ndl. *transport* bzw. nhd. *Transport*.

Транссильвáния 'Siebenbürgen' aus lat. *Transsilvania*, s. Kočubinskij Trudy 7. Archeol. Sjezda Bd. 2 S. 10. Vgl. auch *Седмигрáдия*.

траншéя 'Laufgraben, Schützengraben', seit Peter d. Gr., s. Smirnov 294. Aus frz. *tranchée* dass., zu *trancher* 'durchschneiden', s. Gamillscheg EW. 857.

трап 'Treppe, Schiffstreppe aus Stricken' (Mel'n., D.). Aus ndl. *trap* dass., zu nhd. *Treppe*, s. Meulen 216, Matzenauer 350, Gorjajev EW. 374.

трáпéза 'Tisch, Mahlzeit', kirchl., aruss. *trapeza* 'Tisch, Mahlzeit, Speise, Altar', abulg. *trapeza* τράπεζα (Ostrom., Cloz., Euch. Sin.), bulg. *trapéza* 'Tisch', daneben r.-ksl. *trȩpeza*, *trъpeza* (Svjatosl. Sborn. s. 1073, s. Sobolevskij RFV. 9, 164ff.), skr. *tŕpeza* 'Tisch, Mahl'. Aus griech. τράπεζα 'Tisch', s. Mi EW. 360, Verf. IORJ. 12, 2, 282, GrslEt. 203ff., Murko WS. 2, 126ff. Ein griech. *τριάπεζα läßt sich (gegen Sobolevskij RFV. 9, 164ff.) nicht nachweisen.

трапéция 'Trapez, Turngerät', über nhd. *Trapezium* dass. aus mlat. *trapezium*, griech. τραπέζιον eigtl. 'Tischchen' (Heyse s. v., Dal' 4, 823).

трáпить 'treffen', *-ся* 'sich ereignen, geschehen', Westl., Pskov, Tver, Kaluga (D.), wruss. *trápić*, ukr. *tráfyty*. Über poln. *trafić*

трáта—трéбовать

'treffen' aus mhd. *trëffen* 'treffen', s. MiEW. 360, Brückner EW. 574, M.-Endz. 4, 227. Siehe *трáфить*.

трáта 'Verbrauch, Ausgabe', *трáтить, трáчу* 'verbrauche', ukr. *trátyty* 'verbrauchen, verlieren, hinrichten, zugrunde richten', wruss. *tráćić* 'verbrauchen, umbringen', abulg. *trašt̨ę μεταδιώκων* (Supr.), skr. *trátiti, tra̋ĩm* 'verlieren', sloven. *trátiti* 'vergeuden', čech. *tratiti* 'verlieren, zugrunde richten', slk. *tratiť*, poln. *tracić, trac̨ę*. ‖ Urverw.: lit. *trótinti, trótinu* 'reize, necke', žem. *trúotas* 'Wetzstein', lett. *truõts* dass., weiter wird verglichen got. *proþian* 'üben', griech. *ἀταρτᾶται· βλάπτει, πονεῖ, λυπεῖ* Hesych., ferner die Sippe von *теpéть, тpy*, s. Bechtel KZ. 46, 161, Lexil. 71, Rozwadowski Qu. gr. 2, 3, Trautmann BSl. 326, Feist Got. Wb. 503.

трáур, -а 'Trauer, Trauerkleidung', Adj. *трáурный* (dieses schon bei Peter d. Gr. 1725, s. Smirnov 294), volkst. *трóвур* Smol. (Dobr.), *трóреа* 'Trauer', *трóреаной* Adj. Rjazań (RFV. 28, 66). Aus nhd. *Trauer*, s. Gorjajev EW. 374.

трафарéт, -а 'Schablone (der Maler)', *трафарéтить* 'vermittels Schablonen bemalen'. Aus ital. *traforetto* von *traforo* 'Durchbohrung, Durchstich'.

трáфить 'treffen, aufspüren', *-ся* 'geschehen', auch Kolyma (Bogor.), ukr. *tráfyty*. Aus poln. *trafić* von mhd. *trëffen*. Siehe *трáпить*.

трах 'Interj. des Schlagens', *трáхать, трáхнуть* 'schlagen', auch *торóхнуть* dass. Wird für lautnachahmend gehalten, s. Brandt RFV. 25, 30, Gorjajev EW. 374. Vgl. auch *тарáхнуть*.

тре- als Präfix bei ksl. Adjektiva bed. 'dreifach', auch Superlativ, *тресвятóй* 'sehr heilig', *тресвéтлый* 'sehr hell', r.-ksl. *tr̆gubъ* 'dreifach', *tr̆nоgъ* 'Dreifuß', abulg. *tr̆blaženъ τρισμακάριος, tr̆veličьstvьnъ τρισμέγιστος* (Supr.). ‖ Vgl. lit. *trigalvis* 'dreiköpfig', *trĩgubas* 'dreifach', aind. *tripád-* 'dreifüßig', avest. *θrikamərəδa-* 'dreiköpfig', griech. *τρίπους* 'Dreifuß', *τριγέρων, τρίδουλος, τριφίλητος* (s. Kretschmer Glotta 12, 52; 22, 103), lat. *tripēs* 'dreifüßig', s. Kretschmer c. l., Wackernagel-Debrunner 3, 347. Weiter zu aind. *triṣ* 'dreimal', avest. *θriš*, griech. *τρίς*, lat. *ter* (aus *tris*), s. Trautmann BSl. 327ff., Toιp 193, Walde-Hofmann 2, 669, Uhlenbeck Aind. Wb. 118.

Тре 'das südliche Ufer der Kola-Halbinsel', s. *Тéрский бéрег*.

трéба 'Opfer', kslav. Lehnwort, aruss. *tereba*, abulg. *trěba* (Supr.). Nach theologischer Auffassung, der auf Bitten oder Verlangen der Gläubigen abgehaltene Gottesdienst. Eher 'Pflichtleistung', (s. *трéбовать*). Vgl. auch *тéреб, теребúть*.

трéбник 'Ritualbuch der griech. Kirche, Euchologium', abulg. *trěbьnikъ* dass. Ableitung von *trěba* (s. *трéба*).

трéбовать, *трéбую* 'fordere', ukr. *trebuváty* 'versuchen, erdulden', aruss. *trěbovati* 'notwendig sein', *trěbъ* 'notwendig', *trěbě byti* 'nötig sein', abulg. *trěbovati δεῖσθαι, χρῄζειν* (Supr.), *trěba θυσία* (Supr.), bulg. *trěba* 'öffentliche Angelegenheit, gottesdienstliche Handlung', *trěbvam* 'brauche, benötige, muß', *trěb'a* ᵓordne, räume auf, reinige', skr. *trijèba* ᵓes ist nötig', *trijèbiti* ᵓsäubern', sloven. *trébiti*, *-im* ᵓreinige, rode, baggere', čech. *třeba* ᵓes ist nötig', *třibiti* ᵓsichten, sieben', slk. *treba* ᵓnötig', poln. *trzeba* ᵓes ist nötig', *trzebić* ᵓreinigen, roden', osorb. *trjeba* ᵓnötig', *trjebić* ᵓkastrieren', nsorb. *treba* ᵓNotwendigkeit', *trebaś* ᵓbrauchen', *trebiś* ᵓreinigen, roden'. Ursl. **terb-* (s. *mépeб, mepeбúmь*), die ostslav. Wörter mit *mpeб-* sind ksl. Entlehnungen. Aus der Bed. ᵓroden, Rodearbeit' entwickelte sich die Bed. ᵓarbeiten, Pflicht', s. Meringer IF. 18, 215 ff., Holub∗Kopečný 393. Andererseits wird **terb-* verglichen mit **terp-* in apreuß. *enterpen, -pon* n. ᵓnützlich', *enterpo* 3 s. ᵓnützt', lit. *tarpà* ᵓGedeihen, Wachstum', *tařpti, tarpstù* ᵓgedeihe', aind. *asutŕp-* ᵓlebenraubend', *paçutŕp-* ᵓviehraubend', *tŕpyati, trpṇṓti, tárpati* ᵓsättigt sich', griech. τέρπω ᵓsättige, erfreue', anord. *þarfr* ᵓnötig, nützlich', got. *þaurban* ᵓbedürfen', *þarf* 1 sing., nhd. *dürfen, darf*, s. Torp 182, Feist Got. Wb. 491 ff. In diesem Falle bleibt die Sippe *terbiti ᵓroden' bei Seite.

требуха́ ᵓEingeweide', *mpeбýx* ᵓFresser, gieriger Mensch', ukr. *trybúch* ᵓEingeweide', wruss. *trebúch*, aruss., r.-ksl. *tribuchъ* dass. (s. Srezn. Wb. 3, 993), bulg. *tъrbúch* ᵓMagen, Bauch', skr. *tr̂buh* ᵓBauch', sloven. *trébuh* ᵓBauch', čech. *třebucha, terbuch* ᵓWanst', poln. *trybuch, terbuch, telbuch*. ǁ Der ursl. Ansatz macht Schwierigkeiten. Setzt man *trъbuchъ an, dann kann **trъ-* (s. *mpe-*) und die Wz. von *бýxнymь* ᵓanschwellen' darin gesucht werden. Torbiörnsson 2, 84 geht von **terb-* aus und vergleicht ukr. *téreb* ᵓBauch', *terébuch* ᵓFresser'; auch in diesem Falle bleiben die westl. Formen mit *ter-* unklar. Abzulehnen ist Verwandtschaft mit *мópбa* (gegen Brückner EW. 567), bedenklich auch der Vergleich mit ital. *trippa* ᵓWanst, Bauch' (Matzenauer 352).

трево́га ᵓUnruhe, Tumult, Alarm', ukr. *tryvóha*, wruss. *tryvóha*, poln. *trwoga* dass. Wohl als *trъvoga zu *omвáгa* ᵓMut' (s. d.). Ganz anders deuten die slav. Wörter Mladenov 637, der sie zu **ter-* ᵓreiben' (s. *mepémь*) stellt, und Gorjajev EW. 375, der sie als urverw. mit griech. τάρβος n. ᵓSchrecken', ταρβέω ᵓerschrecke', aind. *tarjati* ᵓdroht, erschreckt' vergleicht. Beides kaum vorzuziehen, weil slav. *trъvoga, nicht *tъrvoga anzusetzen ist. Auch nicht zu poln. *trwać* ᵓdauern' (gegen Brückner EW. 578).

треволне́ние ᵓheftiges Wallen, Toben der Wellen, Sturm', r.-kslav. *trъvlnenije* τρικυμία (Menaeum 1096, s. Srezn. Wb. 3, 1015), s.-ksl. *trъvlъnenije*. Zu **trъ-* (s. *mpe*) und *волна́* wie griech. τρικυμία (Potebnja bei Gorjajev Dop. 1, 49). Nicht vorzuziehen ist der Vergleich mit griech. τρέμω ᵓzittere', lat. *tremō, -ere* dass. (gegen Gorjajev EW. 375).

трезво́н, *-a* ᵓGlockengeläute', wruss. *tryzvón*, aus **trъ-* (s. *mpe-*) und *звон*.

тре́звый ᵓnüchtern', ksl. Lehnwort; vgl. abulg. *trězvъ* νήφων (Supr.). Siehe *mepёзвый*.

трезо́р ᵓGeldschrank, Schatz', seit Kurakin, s. Smirnov 295. Aus frz. *trésor* ᵓSchatz' von lat. *thēsaurus*, griech. θησαυρός.

трейбова́ть ᵓtreiben (des Silbers)', aus nhd. *treiben* dass.

трёкать 'im Takt singen beim Ziehen u. Heben von Schiffslasten', Seew. Aus ndl. ndd. *trekken* 'ziehen' (wozu Kluge-Götze EW. 627).

треклѝн, троклѝн 'Bauernkaftan mit drei Falten hinten', Arch. (Podv.). Aus **trь-* 'dreifach' und *клин* 'Keil'.

треклятый 'dreimal verflucht', ksl. Aus **trь-* und *klętъ*. Siehe *клянýсь, клятва*.

трель I. f., *-u* 'Ziehseil zum Treideln von Schiffen', *трелевáть* 'treideln'. Aus engl. *trail* 'Schleppe', *to trail* 'schleppen, schleifen', bzw. nhd. *Treil* m. 'Ziehseil', *treilen* 'treideln' (s. Grimm D. Wb. 11, 1, 2, 102 ff.). Die Quelle dieser Wörter ist frz. *traille*, lat. *tragula* dass.

трель II. f. *-u* 'Triller', *трéлить* 'trillern, einen Triller schlagen'. Über frz. *trille, tril* 'Triller' oder wie dieses aus ital. *trillo* dass., *trillare* 'trillern', s. Matzenauer 351, Gorjajev EW. 375. Das *e* wie bei *апрéль*.

трелья́ж, *-a* 'Gitterwerk (für Schlingpflanzen), Weingeländer' (Leskov). Aus frz. *treillage* dass.

тренговáть 'trensen, mit einer dünnen Schnur die Zwischenräume zw. den Windungen eines dicken Taues ausfüllen', seew. Siehe *тренцевáть*.

тренжáть 'brummen, Vorwürfe machen', Čerepovec (Gerasim.). Dunkel.

тре́нзель m. 'Zaum mit gegliedertem Mundstück, Trense', ukr. *trenzeľ* dass. Mit poln. *tręzla* dass. aus nhd. **Trensel*, zu *Trense* 'Pferdezaum', dessen Ursprung im Romanischen gesucht wird, s. Kluge-Götze EW. 628, Matzenauer 352, Gorjajev EW. 375.

треножить 'ein Pferd an drei Beinen koppeln', schon Bova (Gudzij Chrest. 293). Von **trь-* und *ногá*. Verfehlt denkt Gorjajev EW. 375 an lat. *stringō, -ere* 'anbinden, festschnüren', nhd. *Strick*.

тренцевáть 'trensen, mit e. dünnen Schnur die Zwischenräume zw. den Windungen eines dicken Taues ausfüllen'. Aus ndl. *trensen* dass., ndd. nhd. *trensen* dass., s. Meulen 216 ff.

трень f. 'Trensing, dünne Schnur, Einlage von Bändselwerk in die Rillen eines Taues', seew. (D.). Aus ndl., ndd. *trensing* dass., s. Meulen 216 ff.

трень-брень f. Koll. 'Gerümpel'. Anscheinend eine Lautgebärde. Vgl. *тре́нькать* und *бренчáть*.

тренькá 'leichter Trab', Vjatka (Vasn.). Zum folg..

тре́нькать 'leise klimpern, leise spielen (auf e. Musikinstrument), schwatzen', Vjatka (Vasn.). Lautnachahmend. Der Vergleich mit nhd. *dröhnen*, got. *drunjus* 'Schall', aind. *dhráṇati* 'tönt', griech. *θρῆνος* 'Wehklage' ist historisch unmöglich (gegen Gorjajev EW. 375).

трепáк, *-á* 'beliebter Bauerntanz, bei dessen Ausübung mit den Füßen gestampft u. getrampelt wird'. Zu *трепáть* 'stampfen'.

трепа́н 'Schädelbohrer', zuerst Peter d. Gr., s. Smirnov 295. Über frz. *trépan* dass. oder nhd. *Trepan*, aus lat. *trepanum* von griech. τρύπανον dass.

трепа́ть, *трeплю́* 'zerre, zupfe, schlage, klopfe, schüttle', ukr. *trepáty* 'rütteln, gehen', wruss. *trepáć*, aruss. *trepati*, *treplju*, bulg. *trépam* 'erschlage', sloven. *trépati*, *trépljem*, *trepáti*, *-âm* 'klopfe', čech. *třepati* 'schüttle, rüttle', slk. *trepat'*, poln. *trzepać*, osorb. *třepać*, nsorb. *tśepaś*, *tśapaś* 'klopfen, schwingen'. Ablaut in *mponá*, *тропáть* 'stampfen' (s. d.). ‖ Urverw. mit apreuss. *ertreppa* 'übertreten', *trapt* 'treten', lit. *trepti* 'mit den Füßen stampfen', *trepsė́ti* 'trampeln', *trapinė́ti* ' mit den Füßen stoßen', griech. τραπέω 'trete, keltere', got. *þrabōn* 'traben', aind. *tr̥pras*, *tr̥palas* 'unstet, beweglich', lat. *trepidus* 'trippelnd, hastig', afghan. *drabəl* 'rütteln, schütteln, herabdrücken', s. Trautmann BSl. 329, Apr. Sprd. 450, Morgenstierne PV. 22, MiEW. 361.

тре́пел 'graugelbe, sich rauh anfühlende erdige Steinart zum Polieren von Metallen u. Steinen'. Über nhd. *Tripel* dass., aus ital. *tripolo* von *Tripolis* in Nordafrika, von wo er in den Handel kommt (Heyse), s. Matzenauer 352. Der Stein heißt auch *terra Tripolitana*.

тре́пет, *-a* 'Zittern, Beben', ukr. *trépet* dass., *trepéta* 'Zitterpappel', abulg. *trepetъ* τρόμος, φρίκη (Cloz., Supr.), bulg. *trépet* 'Zittern', skr. *trȅpȅt*, sloven. *trepèt*, *-éta*, poln. *trzpiot*. osorb. *třepjet*, *třepot*. Dazu *трепета́ть*, *трепеш̧у́* 'zittern, beben', (wegen *šč* kirchenslav.), ukr. *trepetáty*, *trepeću̇*, wruss. *trepetáćca*, *trepeću̇śa* 'zittern', aruss. *trepetati* 'zittern, ehrfurchtsvoll beben', abulg. *trepetati* τρέμειν (Cloz., Supr.), skr. *trepètati* 'zittern', sloven. *trepetáti*, *trepetâm*, čech. *třepetati* 'zittern, flattern', slk. *trepotat'*, poln. *trzepiotać*, *trzpiotać*, osorb. *třepjetać*. ‖ Weiter zu *mpeпáть*, *тропáть* gestellt. Vgl. lit. *treр̃ùmas* 'Flinkheit, Gewandtheit', griech. τρέπω 'wende', lat. *trepit* 'vertit', lat. *trepidus* 'trippelnd', *trepidō*, *-āre* 'trippeln', s. Trautmann BSl. 329, Apr. Sprd. 450, Buga RFV. 75, 150. Nach Specht KZ. 69, 133 ist lett. *tripinât* 'schütteln' zu vergleichen.

трепя́сток 'Zwerg', aruss. *tьrpjastьci* sutь člověci sirěčь trechъ pjadej vozrastomъ Chronogr. (Srezn. Wb. 3, 1017), r.-ksl. *tъrpęstъkъ* auch 'Affe', čech. *trpaslík* 'Zwerg'. Zu *trь-* und **pęstь* als 'drei Spannen lang', s. MiEW. 361, Holub-Kopečný 391.

тресе́т 'Art Kartenspiel', 18. Jhdt. (Mel'n. 2, 269). Aus frz. *trésept* 'Dreisiebenspiel, Kartenspiel' (s. Gamillscheg EW. 862).

треск, *-a* 'Krachen, Knistern', ukr. *trisk* 'Knistern, Knallen', aruss. *trěskъ* 'Krachen, Donner', ksl. *trěskъ* 'Donnerschlag', bulg. *trě́skot* 'Krach, Blitzstrahl', skr. *tȓijesak*, *-ska* 'Donnerschlag', sloven. *trȇsk* 'Knall, Krach, Blitzschlag', čech. *třesk* 'Knall', slk. *tresk*, poln. *trzask*. Dazu *треща́ть* 'krachen, knistern, prasseln', *тре́скаться* 'platzen, bersten', ukr. *triščáty* 'krachen', *třiskaty* 'bersten', wruss. *tréskać*, ksl. *trěskati*, 'strepitum edere', *trěsnǫti* 'einschlagen', bulg. *třěštá*, *třěskam* 'krache, prassele, donnere', sloven. *tréščati* 'bersten', *tréščiti* 'e. Krach verursachen', *trẹ́skati* 'e. Krach verursachen, schmettern', čech. *třeštěti* 'kra_ chen', *třeskati* dass., slk. *trešťať* 'prasseln', poln. *trzeszczeć, trzaskać* 'knallen, knistern', osorb. *třěskać* 'grimmig kalt sein'. ‖ Urslav. **trěskъ, *trěščati, *trěskati* ablaut. mit r.-ksl. *troska* 'Blitzschlag' (11. Jhdt.), poln. *troskot* 'Krachen', čech. *troska* 'Wrack, Schlacke', weiter urverw. mit lit. *treškėti, traškėti* 'prasseln, knacken', *traškà* 'Brüchigkeit', lett. *traškis* 'Lärm, Geräusch', lit. *tróškis* 'Riß, Spalte', s. Trautmann BSl. 329, M.-Endz. 4, 223, Buga RFV. 75, 150, Fraenkel Zeitschr. 20, 282; weiter wird verglichen got. *þriskan* 'dreschen', *ga-prask* 'Tenne', nhd. *dreschen*, s. J. Schmidt Vok. 2, 73, Fick BB. 2, 209, Torp 192, Kluge-Götze EW. 113, Mladenov 642.

треска́ I. 'Latte, Span, Splitter', ukr. *triská* 'Span, Splitter', r.-ksl. *trěska σκόλοψ* 'Spitzpfahl', skr. *trȅska*, sloven. *trẹ̀ska*, čech. *tříska*, slk. *trieska*, poln. *trzaska*, osorb. *třěska*, nsorb. *tśěska*. Zu *треск, тре́скать, треща́ть*, s. Buga RFV. 75, 150.

треска́ II. 'Stockfisch, Kabeljau, Gadus Morrhua'. Als 'Stockfisch' zu *треска́* I. 'Span', s. Uhlenbeck KZ. 40, 560, Petersson IF. 24, 261, Dal' 4, 833. Semasiologische Parallelen bieten Johansson KZ. 36, 376, Persson 473 ff., Lidén Uppsalastud. 89 ff. Andere denken an Urverwandtschaft mit anord. *þorsk*, nhd. *Dorsch*, auch lett. *tirza* 'Lachsforelle', s. M.-Endz. 4, 195, Pedersen IF. 5, 72, Holthausen Awn. Wb. 317, Torp 183. Aus lautlichen Gründen abzulehnen ist Entlehnung aus dem Germ., gegen Schuchardt bei Boehtlingk IF. 7, 273, Matzenauer 352, Mladenov 638, Kluge-Götze EW. 111.

тре́скать, тре́снуть s. *треск*.

тресо́чник 'Dünger aus Holzspänen, Steppengras u. Unkraut', Südl. (D.). Ableitung von *треска́* I. 'Span, Splitter'. M.-Endz. 4, 223 vergleicht lit. *trèšti* 'modern', lett. *tresêt* dass., *trass* 'morsch'.

трести́ться 'sich dreist vordrängen', Kolyma (Bogor.). Unklar.

тре́тий, -ья, -ье 'der dritte', ukr. *trétij*, wruss. *tréććij*, aruss. *tretьjь*, abulg. *tretijь τρίτος* (Supr.), bulg. *tréti*, skr. *trȅćī*, sloven. *trẹ́tji*, čech. *třetí*, slk. *tretí*, poln. *trzeci*, osorb. *třeći*, nsorb. *tśeśi*, polab. *trete*. ‖ Ursl. **tretьjь* urverw. mit lit. *trẽčias*, lett. *trešs*, apreuss. *tirts*, aind. *tr̥tī́yas*, apers. *θritīya*, avest. *θritya*-, got. *þridja*, lat. *tertius*, griech. *τρίτος*, kymr. *trydydd* (**tr̥tii̯o*-) tochar. B *trit*, alb. *tretε*, s. Brugmann Grdr. 2, 2, 53 ff., Wackernagel-Debrunner 3, 406 ff. Trautmann BSl. 328, Apr. Sprd. 449, Meillet BSL. 29, 34 ff., Pedersen Kelt. Gr. 1, 67; 2, 135, M.-Endz. 4, 232, Uhlenbeck Aind. 115, 118, Torp 192. Das **tre-* im Slav. u. Lit.-lett. gegen-über apr. *tirt-* wurde verglichen mit *tre-* in lat. *tre-centum, tre-centī* (s. Meillet-Ernout 1240).

трети́ровать 'schlecht behandeln'. Über nhd. *traitieren* aus frz. *traiter* von lat. *tractāre*.

треу́х, -а 'warme Fellmütze mit zwei Ohrenklappen und einer Klappe am Nacken', Nordr., Don-G. Zu *тре-* und *у́хо* 'Ohr, Klappe'. Hierher auch *треу́х* 'Ohrfeige'. Verfehlt ist dessen Vergleich mit griech. τρύχω 'reibe auf', τραῦμα 'Wunde' (Gorjajev EW. 376).

трéф I. *-a* 'Treff beim Kartenspiel', Adj. *трéфóвый*. Aus nhd. *Treff*, das über frz. *trèfle* 'Klee' auf griech. τρίφυλλον dass. zurückgeht (s. Kluge-Götze EW. 627, Gamillscheg EW. 861).

треф II. 'alles Unreine, was Juden nicht essen dürfen', Adj. *трефнóй*, Westl., Smol. (Dobr.), ukr. *tref*, *traf*, wruss. *tref*. Aus jidd.-d. *treife* dass., althebr. *ṭerêfâ*, s. Wiener Živ. Star. 1895 Nr. 1 S. 67, Littmann 46. Davon gebildet: *трéфить* 'sich vor etw. ekeln, nicht essen', Pskov (D.).

трефолóй 'Buch der Festmessen', aruss. *trefoloj* (14.—15. Jhdt., s. Srezn. Wb. 3, 992). Aus griech. τροπολόγιον, s. Verf. GrslEt. 204.

трешкóт, трешхóут 'gedeckter Kahn, meist an Seilen von Pferden gezogen', Ladoga-G., Tichvin (D.). Aus ndl. *trekschuit*, nhd. *Treckschute*, s. Meulen 216, Croiset v. d. Kop IORJ. 15, 4, 8 ff.

трéщина 'Spalte', s. *треск*.

три 'drei', ukr. *try*, aruss. *trije* m., *tri* f. n., abulg. *trije* m. *tri* f. n. τρεῖς (Ostrom., Supr.), bulg. *tri*, skr. *trî*, sloven. *trijê* m., *trî* f. n., ačech. *třie* m. *tři* f. n., čech. *tři*, slk. *tri*, poln. *trzy*, osorb. *třo* m., *tři*, nsorb. *tśo* m., *tśi*, polab. *tåre*. || Ursl. *trъje* m., *tri* f. n., urverw. mit aind. *tráyas* m., *trī*, *tríṇi* n. 'drei', avest. *θrāyō*, lit. *trỹs*, lett. *trîs*, griech. τρεῖς (*treies*), kret. τρέες, lesb. τρῆς, lat. *trēs*, ir. *tri*, armen. *erekʿ*, alb. *tre*, *tri*, tochar. A *tre*, hettit. *tri*, anord. *þrír*, s. Brugmann Grdr. 2, 2, 11 ff., Wackernagel-Debrunner 3, 346 ff., Trautmann BSl. 327, Apr. Sprd. 449, Pedersen Kelt. Gr. 1, 132, Hübschmann 444, Lidén Tochar. Stud. 30, Hofmann Gr. Wb. 372, G. Meyer Alb. Wb. 435.

трибунáл, *-a* 'Tribunal, Gerichtshof', seit Peter d. Gr., s. Christiani 25. Über nhd. *Tribunal* aus lat. *tribūnāl* n. dasselbe.

тривиáльный 'trivial, platt, alltäglich'. Über nhd. *trivial* oder frz. *trivial* dass., aus lat. *triviālis* 'auf öffentlicher Straße zu finden', *trivium* 'Kreuzweg, wo drei Wege zusammenstoßen'.

трúжды 'dreimal', ukr. *trýčy*, wruss. *trózdy*, *tróždži*, abulg. *triśьdi* (Supr.), *triš’ti* (3 mal Euch. Sin, s. Diels Aksl. Gr. 220, Tangl Zeitschr. 21, 208; 22, 129 ff.), bulg. *triš*, skr. *trîž*, *trîš*, Aus *tri śьdi*, dessen zweiter Teil zu *ходи́ть* gehört. Siehe auch *двáжды*.

трúзна 'Totenfeier', aruss. *trizna* 'Kampf, Wettstreit, Lohn, Totengedenkfeier' (seit 12. Jhdt.), auch *tryzna* 'Tat, Erfolg' (Svjatosl. Sborn. 1073, Laurent. Chron., s. Srezn. Wb. 3, 995), abulg. *trizna* ἔπαθλον (Supr.), ksl. *trizna* στάδιον, παλαίστρα, ἆθλον, *triznodavьcь* ἀγωνοθέτης,čech. *trýzeň* 'Qual, Peinigung', *tryzniti* 'quälen, martern', slk. *trýzeň*, *tryznit'*, poln. *tryznić* 'vergeuden (Zeit)'. || Ursl. wohl *tryzna* wegen der wslav. Formen, Ablaut zu *травить*, als '(Toten)bewirtung', s. MiEW. 362, Jagić Archiv 23, 617, Sobolevskij Lekcii 139 ff., Mat.iZsl. 273 ff., Krek Einl. 432, Brückner EW. 579. Andere gehen, weniger wahrscheinlich, von *trizna* aus und vergleichen anord. *strið* 'Streit, Krieg, Unruhe, Plage' (Persson 442, Fortunatov BB. 3, 61,

Meillet Ét, 448.). Nicht wahrscheinlich Iljinskij IORJ. 23, 1, 134 ff.

тризб 'dreijährig (von Tieren)', nur r.-ksl. *trizь* f. *triza* dass. (seit d. 12. Jhdt., s. Srezn. Wb. 3, 997). Urverw. mit lit. *treigỹs* m., *treigẽ* f. 'e. Dreijähriger', s. Solmsen PBrBtr. 27, 358, Trautmann BSl. 328.

трики́рий 'dreiarmiger Leuchter, die Dreifaltigkeit symbolisierend', kirchl., aruss. *trikirii* (Prosk. Ars. Such. 251). Aus griech. τρικήριον dass., s. MiEW. 361, Verf. GrslEt. 205.

трико́ 'gestrickter Stoff', aus frz. *tricot* dass.

три́о 'Trio, dreistimmiges Tonstück für Instrumente', aus nhd. *Trio* oder direkt ital. *trio* dass., Kreuzung von *tre* 'drei' und *duo* 'Duo' (s. Gamillscheg EW. 867).

трио́дь f. -*u* 'liturgisches Buch, enthält die Messen der Fastenzeit': *по́стная тр.* 'Fastentriodion, für die großen Fasten bis Ostern', *цветна́я тр.* 'Blumentriodion, von Ostern bis Pfingsten', aruss. *triodь* (seit 1200, s. Srezn. Wb. 3, 998). Aus griech. τριῴδιον, s. Verf. IORJ. 12, 2, 282, GrslEt. 205, Gorjajev EW. 376. Der Name kommt von den darin enthaltenen kurzen Kanones aus drei Liedern, s. Srezn. c. l.

триоле́т, -*a* 'Dreiklangsgedicht, Ringelgedicht' (Mel'nikov u. a.). Aus frz. *triolet* dass., von *triolet* 'Klee'.

трип, -*a* 'samtartig gearbeiteter Wollenstoff', zuerst Ust. Morsk. 1724, s. Smirnov 296; Adj. *три́повый* (Gogol'). Aus frz. *tripe* dass., ital. *trippa* (dazu Gamillscheg EW. 866 ff.).

три́пер, -*a* 'Gonorrhöe, Harnröhrenkatarrh', aus ndd. md. *Tripper* dass. von *trippen* 'tropfen', engl. *dripper* (s. Kluge-Götze EW. 630).

три́птик '(Altar)bild mit zwei Flügeln'. Aus frz. *triptyque* dass. von lat. *triptychum*, griech. τρίπτυχον 'dreifaltig'.

триста́т, -*a* 'Anführer' (Derž.), kirchl., ksl. *tristatъ* dass., aus griech. τριστάτης dass., eigtl. 'einer der drei Großen des Reiches', s. Srezn. Wb. 3, 999, Verf. GrslEt. 205.

трито́н 'Meergott' (Puškin). Über frz. *triton* von lat. *Trīto*, griech. Τρίτων, -ωνος dass.

триу́мф, -*a* 'Triumph', seit 17. Jhdt., F. Prokopovič, s. Ohijenko RFV. 66, 368. Über nhd. *Triumph* aus lat. *triumphus* von griech. θρίαμβος 'Dreischritt', s. Walde-Hofmann 2, 707 ff.

трова́ 'ungesäuerter Fladen', Čerepovec (Gerasim.). Wohl zu *травá*, *трави́ть*.

трова́рда 'Wasserpflanze, die zu Beginn des Sommers die Oberfläche e. Sees bedeckt, dann aber auf den Seeboden sinkt', Jarosl. (Volockij). Unklar.

тро́гательный 'rührend', wohl Lehnübersetzung von frz. *touchant*, s. Unbegaun RES. 12, 39.

тро́гать, -*аю* 'berühren', ukr. *troháty* 'zerren, ziehen', bulg. *trógvam* 'rühre, ergreife'. ǁ Man vergleicht: lett. *treksne* 'Schlag, Stoß', anord. *þreka* 'drängen, drücken', aengl. *dracu* 'Druck,

Andrang, Gewalt' (M.-Endz. 4, 230). An Urverwandtschaft mit lat. *trahō, -ere, trāxī, tractum* 'ziehe, schleppe' denkt Gorjajev EW. 376, der andererseits auch an *терза́ть* anknüpfen will (s. d.). Zweifelhaft ist Verwandtschaft mit lat. *tergeō, -ēre, tergō, -ere* 'abwischen, reinigen', got. *þaírko* 'Loch' (Petr BB. 18, 285). Lautlich bedenklich ist die Annahme einer ksl. Entlehnung aus der Sippe von *торга́ть, восто́рг* (gegen Mikkola Ursl. Gr. 3, 92).

тро́е 'drei' (bei belebten Wesen und unbelebten Plural. tantum), *тройно́й* 'dreifach', *троя́кий* 'dreierlei', ukr. *trójí, tróje*, aruss. abulg. *trojì* m., *troje* n. (Supr.), skr. *tr̃oje*, sloven. *tr̃oj* 'dreierlei', čech. *troji*, slk. *trojatý, trojitý* 'dreifach', apoln. *trój*, poln. *trojaki*, osorb. *troji* 'dreifach', nsorb. *tšoji* 'dreifach'! Dazu *mpu* (s. d.). Urverw.: lit. *trejì*, f. *trẽjos* 'drei' (bei Pluralsubstantiven), lett. *treji*, f. *trejas*, aind. *trayás* 'dreifach', *trayám* n. 'Dreiheit', s. Wackernagel-Debrunner 3, 420, Trautmann BSl. 328, M.-Endz. 4, 229; 234, Meillet Ét. 231, Meillet-Vaillant 42, Uhlenbeck Aind. Wb. 118, Endzelin Lett. Gr. 371, RS. 13, 63.

Тро́ицк, siehe *тро́йца*.

Троицкоса́вск 'Stadt in Transbaikalien'. Gegründet 1727 zu Pfingsten (*Тро́йца*) von *Са́вва Владисла́вович Рагузи́нский*, s. Unbegaun RES. 16, 67.

тро́ичен 'kirchl. Pfingstgesang zu Ehren der Dreifaltigkeit', aruss. abulg. *trojičьnъ* (Supr.), von *Тро́йца* (s. *тро́е*).

тро́ичная икра́ 'bester Hausenkaviar', veralt. Wurde so genannt, weil er frisch mit einer *тро́йка* ('Dreigespann') nach Moskau gebracht wurde (Mel'nikov 3, 343),

Тро́йца 'Dreifaltigkeit, Pfingsten', aruss. abulg. *Trojica Τριάς* (Supr.). Lehnübersetzung aus griech. *Τριάς*, zu *тро́е*. Davon abgeleitet ON *Тро́ицк* im G. Orenburg, gegründet zu Pfingsten 1743, s. Unbegaun RES. 16, 67.

тро́ка 'Kuh, die nur aus zwei einander schräg gegenüberliegenden Eutern Milch gibt' (D.). Unklar.

тромбо́н 'Posaune' (Čechov). Aus ital. *trombone* 'große Trompete', *tromba* 'Trompete'.

тро́мпать 'das aufs Schiff verladene Schüttgut zurechtstampfen'. Arch. (Podv.). Aus schwed. *trampa*, mnd. *trampen* 'mit den Füßen stampfen' (zur Sippe s. Kluge-Götze EW. 625, Hellqvist 1215).

трон, -а 'Thron', schon Tredjak., s. Christiani 52. Über nhd. *Thron* oder frz. *trône* von lat. *thronus* aus griech. ϑρόνος 'Sessel'.

троп, -а 'bildlicher Ausdruck', über frz. *trope* 'Redefigur' aus lat. *tropus* von griech. τρόπος 'Wendung, Figur'.

тропа́ 'Pfad, Fährte', *тропи́нка* dass., ukr. *tropá*, auch *trip* 'Spur', wruss. *trop*, aruss. *tropa* 'Fährte', poln. *trop* 'Spur, Fährte'. Hierher auch *тропа́ть* (s. d.). Urverw. mit lett. *trapa* 'Menge, Haufe', alb. *trap* m. 'kleiner Fußsteig', griech. ἀτραπός 'Pfad, Fußsteig', s. Trautmann BSl. 329, M-Endz. 4, 222, Verf. Stud. alb. Wortf. 60, Meillet-Ernout 1293, Jokl Stud. 85 ff.

тропа́рь, -ря́ 'kurzer Kirchengesang zu Ehren eines Heiligen oder eines Festtages', aruss. *tropatь*, auch *trepatь* (Menäum 1095), s.-ksl. *tropatь*. Aus griech. τροπάριον dass., s. Verf. IORJ. 12, 2, 282, GrslEt. 206, Srezn. Wb. 3, 1002.

тропа́ть ʻstampfen, trampeln, klopfen', Novg., Arch. (D.), *тро́пнуть* ʻleicht schlagen', Arch. (Podv.), ukr. *tropáty* ʻstampfen', bulg. *trópam* ʻklopfe, stampfe', *trópot* ʻGetrampel', sloven. *tropáti*, *-âm* ʻklopfe, schlage'. Ablaut in *mpenámь* (s. d.). ‖ Urverw.: lit. *trapinẽti* ʻmit den Füßen stoßen', apreuss. *trapt* ʻtreten', griech. τραπέω ʻtrete, keltere', asächs. *þrabōn* ʻtraben', aengl. *ðrafian* ʻdrängen, drücken', s. Trautmann BSl. 329, Apr. Sprd. 450, Buga RFV. 75, 150, M.-Endz. 4, 222. Siehe auch *mponá*.

тро́пик ʻWendekreis', über engl. *tropic* aus lat. *tropicus* (scil. *circulus*) von griech. τροπικός (κύκλος) dass.

трос ʻstarkes Tau, Seil', seew., Arch. (Podv.), Olon. (Kulik.), aus ndl. *tros* dass., das mit mnd. *trosse* auf frz. *trousse* von *trousser* ʻdrehen', mlat. *tortiare* dass. zurückgeht, s. Meulen 217, Kluge-Götze EW. 631.

троска ʻPfahl, Stange', nur aruss. *troska* dass. (Skazan. o Borise i Glebe, s. Srezn. Wb. 3, 1003), auch ʻBlitzschlag' (Greg. Naz.), čech. slk. *troska* ʻRuine, Trümmer'. Ablaut zu *mpecкá* ʻSpan, Splitter' (s. d.), vgl. Trautmann BSl. 329. Siehe auch das folg.

тро́скот ʻRattern, Knistern', *mpocкomáть* ʻlärmen, rattern', ukr. *tróskit*, *-otu*, *troskotáty* ʻgackern, lärmen', aruss. *troskotъ*, *troskotati* ʻkrachen, knistern', čech. *troskotati* ʻzertrümmern', poln. *troskotać* ʻzerschlagen, zerknirschen'. Ablaut in *mpecк*, *mpeщámь*. ‖ Vgl. lit. *traškĕti*, *traškù* ʻknistern, knacken, prasseln', *traškà* ʻBrüchigkeit', s. Trautmann BSl. 329, Buga RFV. 75, 150.

тростить, *mpoщý* 1. ʻzwirnen, zusammendrehen'. 2. ʻhartnäckig von etwas reden' (Meľnikov), auch *mpoщímь* dass. (Gorjajev). ‖ Man vergleicht als urverw. aengl. *ðrǽstan* ʻdrehen, drücken, zwingen, zerdrücken, quälen' (Matzenauer 353) aus *þraistjan*. Nicht besser ist die Herleitung aus poln. *troskać*, *troszczyć* ʻsich etw. zu Herzen nehmen' (Želtov Fil. Zap. 1876 Nr. 1 S. 19) oder der Vergleich mit got. *þriskan* ʻdreschen', nhd. *dreschen* (Gorjajev EW. 377), vgl. oben *mpecк*. Auch nicht zu lat. *torqueō* ʻdrehe' (Gorjajev c. l.).

трость, f., *-u* ʻRohr', dial. *mpecmь* Arch. (Podv.), ukr. *trosť*, G. *trósty*, aruss. *trъstь*, *trьstь*, abulg. *trъstь* κάλαμος (Supr.), *trъstь*, *trъstije* (Euch. Sin.), bulg. *trъst* (Mladenov 641), skr. *tȓst*, sloven. *tȓst*, *tŕsta*, *trstû*, čech. *trest'*, *třtina*, slk. *trsť*, poln. *treść*, *trzcina*, osorb. nsorb. *scina*. ‖ Urslav. *trъstь* urverw. mit lit. *trùšiai* m. pl. ʻRohr', *trušìs*, *triušìs* f. ʻRohr, Schilfrohr', lett. *trusis* ʻBinse, Schilf', auch lit. *strusìs* ʻBaststreifen im Siebe', ostlit. *srustìs* dass., griech. θρύον (*trusom*) ʻBinse', weiter zu *mpyxá*, s. J. Schmidt Vok. 2, 37, Trautmann BSl. 330, Buga RFV. 75, 151, Specht 66, M.-Endz. 4, 226, 248, Persson 444 ff., Sobolevskij RFV. 64, 116, Iljinskij IORJ. 22, 1, 193.

тротуа́р, *-a* ʻBürgersteig', volkst. *npomyáp* (nach *npo-*) s. Sobolevskij Lekcii 145. Aus. frz. *trottoir* zu *trotter* ʻtrippeln' (Gamillscheg EW. 869).

трофе́й 'Trophäe, Siegeszeichen', seit Peter d. Gr., s. Smirnov 296. Aus frz. *trophée* m. dass., von lat. *trophaeum*, griech. τρόπαιον dass., zu τροπή 'Wendung, In-die-Flucht-schlagen'.

тро́ха, тро́хи, тро́шки 'ein wenig', Westl., Südl. (D.), *тро́ху*, *тро́шку* dass. Smol., ukr. *trócha*, *tróchy* dass., wruss. *tróchi*, *tróchu*, s.-ksl. *trocha ψίξ* 'Brocken', aruss. *trošьnъ* 'fein', *potrošьnu* 'eingehend' (s. Srezn. Wb. 3, 1004), bulg. *trochá* 'Brotkrume, Kleinigkeit', skr. *tröha*, sloven. *tróha* 'Splitter, Bißchen', čech. *trocha*, slk. *trocha*, poln. *trochę*, osorb. *trocha*, nsorb. *tšocha*. Dazu aruss. *trъchъtъ*, *trъchъtь* 'Krume, kl. Münze', s.-ksl. *trъchъtь* m. λεπτόν, čech. *trochet* 'e. bißchen', auch *nómpox* (s. d.). Man vergleicht gewöhnlich *mepémь* 'reiben', s. MiEW. 362, Mladenov 640, Preobr. 2, 117. Nach Iljinskij IORJ. 23, 2, 185 soll Verwandtschaft mit *mpóгamь* bestehen. Beides unsicher.

троши́ть I. 'berühren', Kostr. (D.). Nach Iljinskij IORJ. 23, 2, 185 zu *mpóгamь*.

троши́ть II. 'verbrauchen', r.-ksl. abulg. *trošiti δαπανᾶν, σκορπίζειν, ἀναλίσκειν* (Supr.), bulg. *tróša* 'zerbröckle, zerkleinere', skr. *tròšiti* 'verbrauche (Geld), bröckle', sloven. *trošíti, -ím* 'verausgaben, aufwenden'. ‖ Brückner EW. 576 sucht Anknüpfung an *mpóxa* (s. d.).

тро́щить 'dumpf schmerzen, reißen', Čerep. (Gerasimov). Wohl zu čech. *troska* 'Ruine', slk. *trosky* pl. dass., poln. *troska* 'Sorge', die mit *mpeск* verwandt sind, s. Brückner EW. 577, Holub-Kopečný 390 ff.

трою́родный брат 'Vetter zweiten Grades'. Gebildet von *mpóe* 'drei' u. *род* 'Geschlecht' nach *двою́родный* (dazu s. oben 1, 332), vgl. Fraenkel Zeitschr. 13, 207.

Троя́н 'sagenhafte Gestalt, auch heidn. Gottheit', nur aruss. *Trojanъ* (Igorl., Chožd. Bogorodicy po mukam, 11. Jhdt., s. Sobolevskij Slavia 7, 175). Geht zurück auf südslav. **Trojanъ* 'Kaiser Trajan', bulg. *Troján*, skr. *Tròjan* (Vuk s. v.), s. Daškevič Serta Borysthenica 218 ff., bes. 231 ff., MiEW. 362. Davon aruss. *zemlja Trojanja*, das nicht als 'Trojanisches Land' aufgefaßt werden kann (gegen R. Jakobson Igorl. pass.), denn letzteres heißt immer aruss. *Trojьskaja zemlja*.

тру 'reibe', s. *mepémь*.

труба́ 'Röhre, Rohr, Schornstein, Trompete', *труби́ть* 'trompeten', ukr. *trubá*, aruss. *truba* 'Röhre, Trompete, Wasserleitungsrohr', abulg. *trǫba σάλπιγξ* (Supr.), bulg. *trъbá* (Mladenov 642), skr. *trúba*, sloven. *tróba*, čech. *trouba* (seit 14. Jhdt.), slk. *trúba*, poln. *trąba*, osorb. *truba*, nsorb. *tšuba*. ‖ Entlehnung aus ahd. *trumba* 'Trompete' oder aus mlat. *trumba* 'Trompete', ital. *tromba* dass., s. Kiparsky 267, Brückner EW. 575. Wenig wahrscheinlich ist Entstehung von **tromba* durch Schallnachahmung unabhängig voneinander im Slav. u. Germ.-Roman. (gegen Mladenov 642, Matzenauer 85).

Тру́вор 'russ. Fürst', aruss. *Truvorъ* (Nestor-Chron. a. 862). Aus

труд—тру́п 143

anord. *þorvarðr* bzw. *þruvarðr*ˊmännl. PN', s. Thomsen Ursprung 74, 149 ff.

труд, -á I. 'Mühe, Arbeit', *тру́дный* ˊschwer', *труди́ться* ˊsich mühen', ukr. *trud*, aruss. *trudъ*ˊArbeit, Mühe, Eifer, Sorge, Leid, Kummer', abulg. *trudъ πόνος, ἀγών* (Supr.), bulg. *trud*, skr. *trûd* G. *trúda*, sloven. *trûd*, čech. slk. *trud*, poln. *trud*. ‖ Urverw. mit lit. *triūsas* m. ˊArbeit, Vielgeschäftigkeit', *triūsti, triūsiù*ˊvielgeschäftig umherwirtschaften', lett. *traûds* ˊzerbrechlich', mhd. *dróž* m. ˊLast, Beschwerde, Verdruß', got. *us-þriutan* ˊbeschwerlich fallen', anord. *þraut* f. ˊKraftprobe, Not, Versuchung', lat. *trūdō, -ere* ˊstoße, dränge', ir. *trot* ˊStreit' (*trudno-), *troscaim* ˊfaste' (*trudskō), alb. *treϑ* ˊverschneide' (*treudō), s. J. Schmidt Vok. 1, 160, Leskien Bildg. 595, Trautmann BSl. 326, M.-Endz. 4, 224, Meillet Dial. Ideur. 22, Pedersen Kelt. Gr. 1, 160, Torp 194, G. Meyer Alb. Wb. 435, Walde-Hofmann 2, 710.

труд II. ˊZunder', s. *трут*.

трул ˊKuppel', nur aruss. *trulъ* (Grefen. 5, 9 u. a.). Über mgriech. *τροῦλλος* dass. aus lat. *trulla* ˊSchöpfkelle', s. Verf. GrslEt. 206, G. Meyer Ngr. Stud. 3, 66 ff., Meyer-Lübke Rom. Wb. 744.

трумфова́ть ˊfeiern', gebraucht um 1705, s. Christiani 55. Aus nhd. *trumpfen* von *Trumpf*, das als ˊtriumphierende Karte' zu *Triumph* gehört (s. Kluge-Götze EW. 633).

трун I. ˊangesehener Mann bei den Wolgabulgaren', aruss. *trunъ* (Troick. Letop. a. 1230). Aus wolgabulg. donaubulg. *turun*, entspricht alttürk. *tudun* ˊFürst', chasar. *Τουδοῦνος* (Theophan. Chron. 378, 379); de Boor Theophan. 716 verweist auch auf *Τούδουνοι· οἱ τοποτηρηταὶ παρὰ Τούρκοις* Et. Magn. Zur Sippe vgl. Marquart Ung. Jahrb. 9, 80, Ramstedt JSFOugr. 55, 75, Benzing ZDMG. 98, 25, Menzel Arch. Or. 1, 228, Räsänen FUF. 26, 133.

трун II. ˊLappen', *тру́ньё* Koll., Vologda (D.). Unsicher ist die Annahme einer Urverwandtschaft mit lit. *tráunyti, tráunau* ˊreiben, e. dumpfen Laut durch Reibung hervorbringen', *trunė́ti, trunù*ˊfaulen', lett. *trunêt* dass., *truni* pl. ˊVermodertes' (so Buga RFV. 75, 150 ff.). Viell. liegt eine russ. Neubildung als ˊReiber' von *тру, тере́ть* ˊreiben' vor. Vgl. auch *трун* ˊabgerissener Mensch' Arch. (Podv.).

труна́ I. ˊSpeise aus Dünnbier und zerbröckeltem Brot', Kola (Podv.). Etwa zu *тере́ть* ˊreiben'?

труна́ II. ˊSarg', Kursk, *тру́на* Südl. Westl. (D.), wruss., ukr. *truná* dass. Über poln. *truna, trumna* dass. aus mhd. *truhe*, ahd. *truha* ˊTruhe', s. MiEW. 363, Brückner EW. 577, FW. 146, Havers 130 ff.

тру́ндра ˊTorfmoor', s. *ту́ндра*.

труни́ть ˊnecken, aufziehen', *подтру́нивать* dass. Etwa zu *труд*?

тру́ньё Koll. ˊLappen, alte Kleider', s. *трун*.

труп, -a ˊLeiche', *трупи́ть* ˊzerbröckeln', ukr. wruss. *trup*, aruss. *trupъ* ˊBaumstamm, Leiche, Leichenfeld', abulg. *trupъ πτῶμα*

(Supr.), bulg. *trup* 'Rumpf, Baumstamm, Kadaver', skr. *trûp* 'Rumpf', sloven. *trûp*, čech. slk. *trup*, poln. *trup*. || Urverw. lit. *traupus* 'spröde', *trupùs* 'bröckelig', *trupù, trupéti* 'zerbröckeln', lett. *trupêt* 'faulen, bröckeln', apreuss. *trupis* 'Klotz', griech. τρύπη 'Loch', τρυπάω 'bohre', s. Leskien Bildg. 313, J. Schmidt Vok. 2, 268, Trautmann BSl. 326 ff., Apr. Sprd. 451, Persson 858, M.-Endz. 4, 247, Specht KZ. 68, 123, Mladenov Archiv 36, 132, Buga RFV. 75, 151, Holthausen IF. 20, 330. Gegen diese Gleichung ist Machek Recherches 34. Vgl. *стрyn*.

трупёрда 'träges, unbewegliches Frauenzimmer', Pskov, Tveŕ, Kazań (D.), Čerep. (Gerasim.), Vjatka (Vasn.). Zum vorigen?

трупи́ть s. *трyn*.

тру́ппа 'Schauspielertruppe', älter *трyn* 'Truppe', Kurakin, s. Smirnov 297. Ersteres über nhd. *Truppe*; dagegen *трyn* direkt aus frz. *troupe* 'Haufen, Schar', das fränk. Ursprungs ist, s. Kluge-Götze EW. 633, Gamillscheg EW. 870.

трупь 'Schinn, Schuppen', Nordgrr. (Barsov). Zu *стрyn*.

трус I. 'Feigling', dial. auch 'Kaninchen' (Šolochov). Wohl als 'Zitterer' zu *трясý*. Mitunter wird es verglichen mit poln. *truchliwy* 'ängstlich' u. lett. *traušatiês* 'sich fürchten', s. Brandt RFV. 25, 31, M.-Endz. 4, 227. Vgl. das folg.

трус II. 'Erdbeben', kirchl., ukr. *trus*, aruss. *trusъ*, abulg. *trǫsъ* σεισμός (Ostrom., Cloz., Supr.), bulg. *trъs* (Mladenov 641), skr. *trûs*, sloven. *trộs*. Als *trǫsъ zu *tręsǫ (s. *трясý*), vgl. Trautmann BSl. 330.

труси́ть, *трушý* 'schütte, streue, schüttle', ukr. *trusýty*, bulg. *tróśa*, sloven. *trǫ́siti, -im*, čech. *trousiti*, slk. *trúsiť*, osorb. *trusyć*. Aus *trǫsiti zu *трус, трясý*.

труск 'Krachen, Knistern, Reisig', Westl., Südl. (D.), aruss. *truskъ* 'Krachen' (Žit. Aleks. Nevsk. 6 u. a.). Stimmlose Variante zu *друзг* (s. oben 1, 374) wie *прыскать* neben *брызгать*.

трусца́ 'leichter Trab', Östl., Sibir. (D.). Zu *trǫs-:*tręs- (*трус*, *трясý*).

трут I. 'Menge', nur aruss. *trutъ*, *trutь* 'Menge', abulg. *trǫtъ* φάλαγξ, κουστωδία (Supr.). || Man sieht in *trǫtъ ein *tronkto- und vergleicht lit. *trañksmas* m. 'Gedröhne, Gedränge', *trankùs* 'holperig', *trenkiù, treñkti* 'dröhnend stoßen' (*'drängen'), asächs. *thringan* 'dringen, drängen', anord. *prǫngr* 'eng, schmal', ir. *trét* 'Herde', s. J. Schmidt Vok. 1, 53, Pedersen Kelt. Gr. 1, 81, Trautmann BSl. 328 ff., Zupitza GG. 70. Siehe *трутúть*.

трут II. 'Zunder, Feuerschwamm', aruss. *trudъ* 'Baumschwamm', kslav. *trǫdъ* dass., bulg. *trǎt* (Mladenov 641), skr. *trûd* G. *trûda*, sloven. *trộd*, čech. *troud*, slk. *trúd*. || Ursl. *trǫdъ wird verglichen mit lit. *trandìs, trandė̃* 'Mottenlarve, Made, Holzwurm', *trendė́ti, tréndu* 'von Motten oder Würmern gefressen werden', *trenė́ti* 'modern', lett. *trenêt* 'modern, verwittern', weiter mit aind. *tṛṇátti* 'spaltet, öffnet, durchbohrt', Perf. *tatárda*, kaus. *tardayati*, *tárdman-* 'Loch, Öffnung', griech. τερηδών 'Holzwurm', s. Uhlenbeck Aind. Wb. 115, Zubatý Archiv 16, 416, Trautmann BSl.

328, Buga RFV. 75, 151, M.-Endz. 4, 230, 250. Es wird Beziehung zu *терéть* ʽreibenʼ angenommen. Bulat Archiv 37, 470 vergleicht noch aruss. *trudъ* ʽKrankheitʼ, abulg. *trǫdъ δυσεντερία* (Supr.), skr. *trût* ʽFingergeschwürʼ, sloven. *trộd* ʽKolikʼ, poln. *trąd* ʽAussatz, Grind, Schorfʼ. Diese Sippe wird andererseits mit ndl. *stront* ʽKotʼ verglichen (Uhlenbeck Aind. Wb. 115, Franck-Wijk 678), was unsicher bleibt.

тру́тень, -тня m. ʽDrohneʼ, auch ʽFaulpelz, Parasitʼ, ukr. *trut*, wruss. *trúceń*, s.-ksl. *trǫtъ σφήξ* (Pand. Ant. 11. Jhdt., s. Srezn. Wb. 3, 1013), skr. *trût* G. *trûta*, sloven. *trột*, ačech. *trút*, čech. *trout*, slk. *trúd*, poln. *trąd*, osorb. *truta*, nsorb. *tšut*. ‖ Ursl. *trǫtъ urverw. mit lit. *trãnas* ʽDrohneʼ, lett. *trans* dass., s. Leskien Bildg. 169, Specht 222, M.-Endz. 4, 222, Lorentz Archiv 19, 147.

Тру́тень ʽmoralisierende satirische Zeitschrift N. I. Novikovsʼ (1769—1770). Der Name ʽDrohneʼ wurde angeregt durch Sumarokovs ʽTrudoljubivaja Pčelaʼ und meinte den untätigen Gutsbesitzer (Blagoj 192, Berkov Satirič. Žurn. Novikova 17 ff.).

трути́ть ʽdrücken, stoßenʼ, ukr. *trútyty*, *trućáty* ʽstoßenʼ, aruss. *potručati* ʽschlagenʼ (Igorl.), skr. *trúćiti*, *trúćati* ʽschmeißenʼ, čech. *troutiti* ʽstoßenʼ, poln. *trącić*, *trącać* ʽstoßenʼ, *wstręt* ʽAbscheuʼ. ‖ Zu der unter *трут* ʽMengeʼ besprochenen Sippe. Vgl. lit. *treñkti*, *trenkiù* ʽdröhnend stoßenʼ, frequent. *trankýti*, *trankaũ*, got. *þreihan* ʽdrängenʼ, asächs. *thringan* ʽdringen, drängenʼ (wozu ohne slav. Trautmann BSl. 328 ff., J. Schmidt Vok. 1, 53, Zupitza GG. 70).

трут ʽverbrauchenʼ, nur r.-ksl. *trovu*, *truti*. Ablaut in *трави́ть* (s. d.), s. Trautmann BSl. 327.

труха́ ʽzerriebenes Heu, Spreuʼ, *трухáвый* ʽfaul, morschʼ, *трýхлый* ʽmorsch, faulʼ, ukr. *truchá* dass., *pótruch* ʽHeu, Strohʼ, *potrúchnuty* ʽmodern, faulenʼ, aruss. *truchъ* ʽalt, faul, morsch, traurig, finsterʼ, bulg. *trúchəl*, -*a* ʽmorschʼ, skr. *trûo* f. *trúla* (*trùhla*), sloven. *trúhəl*, -*hla*, čech. *trouch* ʽHolzerdeʼ, *trouchněti* ʽmodernʼ, slk. *trúchly*, osorb. *trušenki* pl. ʽzerriebenes Heu, feiner Staubʼ. ‖ Urverw. lett. *tràusls* ʽbröckelig, zerbrechlichʼ, *trusls* ʽfaul, vermodertʼ, *trusêt* ʽfaulen, modernʼ, *trust* dass., lit. *traušus* ʽspröde, leicht brechendʼ, *traũšiai* pl. ʽequisetum palustre, Schachtelhalmʼ, *traušéti* ʽabnutzenʼ, *traũšti* ʽzerbröckelnʼ, auch *трость* (s. d.), s. Zubatý Archiv 16, 416, Buga RFV. 75, 151, Brandt RFV. 25, 31, M.-Endz. 4, 226 ff., 248, Mladenov Archiv 36, 132 ff. (hier weiter an *трун* angeknüpft). Lautlich nicht vereinbar mit *trucha ist lit. *trešti*, *trešlù* ʽtrocken faulenʼ (gegen Jagić Archiv 2, 398).

трухмéны pl. ʽturkotatar. Stamm im östl. Teil des G. Stavropolʼ (Etnogr. Obozr. 76, 212 ff.). Siehe *Туркмéны*.

трýхнуть I. ʽmodern, faulenʼ, skr. *trùhnuti* zu *труха́*.

трухну́ть II. ʽfürchten, Angst bekommenʼ, m. E. Neubildung zu *трус*, *трýсить*. Gewöhnlich wird hier *truch- angesetzt wegen poln. *truchliwy*, *truchly* ʽängstlich, erschrockenʼ, *potruchleć* ʽsehr erschreckenʼ und lett. *traušatiês* ʽsich fürchtenʼ verglichen (s. M.-Endz. 4, 227, MiEW. 363).

трушла́к 'Art Sieb', aus nhd. *Durchschlag* unter Einfl. von *трусить* 'schütten', s. Savinov RFV. 21, 40.

трущо́ба 1. 'Schlupfwinkel, Spelunke'. 2. 'dichter Wald, Dickicht'. Zu *треск* 'Reisig, Knistern'. Abzulehnen ist der Vergleich mit lit. *trúkti*, *trúkstu* 'reißen, bersten', lat *trucidāre* 'abschlachten, niedermetzeln' (gegen Gorjajev EW. 378).

трык 'Geck, Fant', Jarosl., Vologda (D.). Unklar.

тры́нгать 'zerren', Nordgrr. (Barsov). Lautgebärde.

трынтрава́ 'Lappalie, gleichgültig', *ему всё тр.* 'ihm ist alles gleich', auch *трыньтрава́* (D.), wruss. *tryńtrava*, *tryńtava* 'Unkraut, das am Zaune wächst'. Nach Brückner FW. 147 aus *тынь-trava zu *тынъ* 'Zaun'. Lautlich bedenklich ist der Vergleich mit *терн* (Gorjajev EW. 374).

трюк 'Kunstgriff, Trick'. Über engl. *trick* 'Kniff, Streich' aus afrz. *trique* von vlat. *triccāre (s. Holthausen 209).

трюм 'Schiffsraum', älter *рюим* Peter d. Gr., s. Smirnov 268. Aus ndl. *'t ruim*, *in 't ruim* 'Raum', woher *интрюм* 'Kielraum', s. s. Meulen 172, Matzenauer 352ff., Gorjajev EW. 378.

трю́мать 'sich mühevoll vorwärtsbewegen, sich dahinschleppen', Don-G. (Mirtov). Unklar.

трюмо́ 'Trumeau, Pfeilerspiegel'. Aus frz. *trumeau* dass., das als german. gilt (Gamillscheg EW. 872).

трю́пка 'Trab eines Pferdes', Terek-G. (RFV. 44, 109). Vgl. *трю́чки*.

трю́фель m. 'Trüffel'. Über nhd. *Trüffel* bzw. ndl. *truffel* aus frz. *truffe* von ital. *truffa* aus osk.-umbr. *tūfer, lat. *tūber* 'Knollen, Trüffel' (s. Gamillscheg EW. 872, Kluge-Götze EW. 632, Meyer-Lübke Roman. Wb. 746).

трю́чки pl. 'leichter Trab', *трю́чкать* 'leicht traben', Vjatka (Vasn.). Daneben *трю́хать* 'zittern', Interj. *трюх-трюх* für 'leichten Trab', Tambov (D.). Etwa von einer Lautgebärde? Zur Bed. vgl. oben *трусца́* u. *трю́пка*.

тря́пка 'Lappen', aruss. *trjapъka* (mehrfach 16. Jhdt., s. Srezn. Wb. 3, 1029), čech. *třapec*, *střapec* 'Quaste', *střepiti* 'auffasern', slk. *strapec* 'Franse, Büschel', poln. *strzępka* 'Feldschachtelhalm, equisetum arvense', *strzępić* 'faserig machen', s. MiEW. 325, Sobolevskij ŽMNPr. 1886, Sept., S. 153, Brandt RFV. 18, 7. Man nimmt expressive Nasalierung an und vergleicht weiter *трепа́ть*, s. MiEW. 361, Machek Stud. 30, Gorjajev EW. 375.

трясогу́зка 'Bachstelze, Motacilla', auch *трясохво́стка* dass., als 'Wippsterz' zu *трясу́* u. *гуз*, vgl. ähnliche Namen aus andern Sprachen bei Ranke PBrBtr. 62, 313.

трясу́, трясти́ 'schütteln', ukr. *tŕastý*, *tŕasú*, wruss. *treść*, *třesú*, aruss. *trjasti*, *trjasu*, abulg. *tręsti*, *tręsǫ* σείειν (Supr.), bulg. *trésa*, skr. *trésti*, *trésêm*, sloven. *trésti*, *trésem*, čech. *třásti*, *třesu* (*třasu*), slk. *triasť*, poln. *trząść*, *trzęsę*, osorb. *třasć*, nsorb. *tśěsć*. ‖ Urslav. *tręsti, *tręsǫ kontaminiert aus idg. *tremō und *tresō. Ersteres liegt vor in griech. τρέμω 'zittere, bebe', τρόμος

туалéт—тугóй 147

m. ʿdas Zittern', lat. *tremō* ʿzittere', lit. *trìmti, trimù* ʿvor Frost zittern', *trémti, tremiù* ʿstoße nieder', tochar. A. *träm-* ʿzittern', B. *tremem* ʿdas Zittern', alb. tosk. *tremp*, geg. *trem* ʿerschrecke', asächs. *thrimman* ʿspringen, hüpfen' (s. Meillet-Vaillant 34 ff., Hofmann Gr. Wb. 372 ff., Walde-Hofmann 2, 701). Zu **tresō*, vgl. aind. *trásati* ʿzittert', avest. *tərəsaiti*, griech. τρέω (**tresō*) ʿzittere', Aor. τρέσσαι, ἄ-τρεστος ʿunerschrocken', s. Uhlenbeck Aind. Wb. 118, Trautmann BSl. 329 ff., Hujer LF. 41, 434, Endzelin BB. 29, 183, Hübschmann 443 ff. Neubildungen im Russ. sind *тряхнýть, тряхáть* ʿschütteln', poln. *trzachnąć*, s. Sobolevskij RFV. 64, 104, Brückner KZ. 43, 304. Ablaut in *трус*.

туалéт ʿToilette' (Putz, Kleid, Putztisch). Aus frz. *toilette* dass., urspr. ʿkleine Leinwand', von *toile* ʿLeinwand', lat. *tēla* ʿGewebe' (s. Gamillscheg EW. 846 ff., Kluge Götze EW. 620).

тубá ʿSchwemmwiese, verbunden mit dem Flußbett', Don-G. (D., Šolochov). Vgl. *Ахтýба* ʿArm der unteren Wolga', worin turkotat. *ak* ʿweiß'.

тýба ʿSchnauze e. Tieres', Arch. (Podv.). Unklar.

тувúнцы pl., ʿturkotatar. Stamm, Sojoten, Urjanchaier in Sibirien u. Mongolei.' Aus sojot. *tyva* ʿSojote'.

тугá ʿKummer, Trauer', dial. *мýга* Westl., Südl. (D.), ukr. wruss. *túha*, aruss. *tuga* ʿDruck, Qual, Trauer, Not', abulg. *tǫga* στενοχωρία, περίστασις (Ostrom., Supr.), bulg. *tъgá* ʿTrübsinn' (Mladenov 646), skr. *túga* ʿKummer, Not', sloven. *tóga* ʿTrägheit, Schwermut', čech. *touha* ʿSehnsucht', slk. *túha* dass., poln. *tęga*, osorb. *tuha* ʿSchwüle'. Ablaut in *тя́га, тя́жкий, тяжё-лый*, (s. d.), abulg. *otęgčiti βαρεῖν*. ‖ Urslav. **tǫga* urverw. mit: lit. *tingùs* ʿträge', *tingéti, tìngiu* ʿbin träge', anord. *þungr* ʿschwer, hart, mühsam', tochar. A. *täṅk-* ʿhindern', B. *taṅk-*, weiter wird verglichen: lit. *sténgti, sténgiu* ʿspanne an', *stangùs* ʿwiderspenstig, trotzig', s. Zubatý Wurzeln 28, Duchesne-Guillemin BSL. 41, 179, Trautmann BSl. 318, Holthausen Awn. Wb. 322, Mladenov 646, Zupitza BB. 25, 89, GG. 181. Siehe auch *тугóй*.

Тугáрин ʿHeld der russ. Volksdichtung', auch häufiger PN im 16.—17. Jhdt., s. Sobolevskij RFV. 69, 389 ff., Fam.-N. *Тугáринов*. Der Bylinenheld trägt den Namen des kuman. Fürsten *Tugorkanъ* (Nestor-Chron. a. 1096), s. Vs. Miller IORJ. 13, 1, 29 ff., Speranskij Ustn. Slov. 265. Abzulehnen ist die Verknüpfung von *Tugarin* mit dem Volksnamen Τόχαροι bei Strabo, Ptolem. u. a. (gegen Sobolevskij c. l., s. Verf. Zeitschr. 20, 377). Nur volksetymologisch ist die Verknüpfung mit *тугá* ʿLast, Kummer' (Kallaš Etnogr. Obozr. 1889 Nr. 3 S. 207). Schwerlich auch echt-slav. (gegen Sobolevskij Živ. Star. 1, 2, 105).

тугилáжка ʿBofist, Lycoperdon', Olon. (Kulik.). Aus finn. *tuhkelo, tuhkiainen, tuhkulainen* dass., karel. *tuhma* dass. (**tuhilaže-*), s. Kalima 226 ff.

тугóй ʿfest, stark, hart, straff, schwer', *туг, тугá, тýго*, ukr. *tuhýj*, ksl. *tǫgъ δυσκάθεκτος* ʿschwer zu zügeln', sloven. *tǫ̑g*, f. *tǫ́ga* ʿstraff, steif, starr, fest', čech. slk. *tuhý*, poln. *tęgi*. Zu *тугá* (s. d.). Vgl. *тяжёлый, тя́жкий* (s. d.), anord. *þungr* ʿschwer, hart, mühsam'. Hierher auch *тугу́н* ʿunbeweglicher Mensch', Čerep. (Gerasim.).

тугу́рить ʿwachen, auf der Hut sein', Arch. (Podv.). Unklar.

туда́ ʿdorthin', volkst. *myдъ́i*, *myдá-ка* ukr., wruss. *tudý*, *tudóju*, aruss. *tuda* ʿdorthin', *tudu* ʿdorthin, dort', *tudy* ʿdorthin', *tudě* ʿdort' (Srezn. Wb. 3, 1033), abulg. *tǫdu ἐκεῖθεν* (Supr.), bulg. *tъdě́*, *tъdě-va* ʿhier, hierher', skr. *tùdâ* ʿhierdurch', *tùdijer* (*tǫdě-že) dass., sloven. *tôdaj*, *tôd* ʿauf diesem Wege, da herum, in dieser Gegend', čech. *tudy* ʿhier-, dadurch', poln. *tędy* ʿhierdurch, auf diesem Wege', osorb. *tudy*, nsorb. *tudy, tuder, tud* ʿhier, hierher'. ‖ Zu abg. *tǫdu* vgl. apreuss. *stwendau, istwendau* ʿvon dannen', s. Meillet MSL. 20, 90, Endzelin SlBEt. 130, Hirt IF. 1, 16. Zum Nasal vgl. lat. *istinc, illinc* (Meillet); Keltisches bei Pedersen Kelt. Gr. 2, 193. Über die slav. Endungen *-du, -da, -dě* s. oben 1, 680 s. v. *куда́*. Siehe *том*.

ту́ес ʿGefäß aus Birkenrinde mit hölzernem Deckel für Eier, Milch, Sahne, Salz', Nordr., Ostruss., *myéc* Kostroma, *myŭc* Vologda, *mýes* Vjatka, *mýяc* Arch. (D.), *mýюc* Olon. (Kulik.), Sibir., Obdorsk, *mýзук* Rjazań (D.). Wird als Entlehnung aufgefaßt aus syrjän. *tujes, tujis*, wotjak. *tujịs* dass., s. Kalima FUF. 18, 39, Wichmann FUF. 12, 136 ff., TT. 105, Paasonen Kel. Sz. 14, 35.

тужина́ ʿDutzend', nur aruss. *tužina* (Polock. Urk. a. 1498, s. Srezn. Wb. 3, 1034), wruss. *túzin* dass. Entlehnt über poln. *tuzin* dass. aus mhd. *totzen* von afr. *dozeine*, s. Brückner EW. 585, Kluge-Götze EW. 120. Weiteres oben 1, 386 s. v. *дю́жина*.

тужи́ть I. *myжу́* ʿtrauere, klage', ukr. *tužýty*, aruss. *tužiti*, abulg. *tǫžiti ἀνιᾶσθαι, λυπεῖσθαι* (Ostrom., Supr.), bulg. *tъžá*, skr. *túžiti, tûžîm*, sloven. *tóžiti, -im*, čech. *toužiti* ʿsehne mich', slk. *túžit'*, poln. *tążyć*, osorb. *tužić*, nsorb. *tužyś*. Zu *myгá, myгóй, тя́га, тя́жкий*.

ту́жить II. ʿanspannen', čech. *tužiti* ʿsteifen, stärken', slk. *tužiť* dass., poln. *tężyć*, osorb. *tužić*. ‖ Urverw.: avest. *ϑanjayeiti* ʿzieht', anord. *ƥísl* f. ʿDeichsel', ahd. *dîhsala* ʿDeichsel' (urgerm. *ƥinhslā), weiter zu *мяну́ть, тя́га, myгóй*, s. Rozwadowski RO. 1, 105, Holthausen Awn. Wb. 315 ff.

тужу́рка ʿAlltagsjacke der Studenten, Beamten, Offiziere im zarist. Rußland', dial. ʿAlltagskleid der Frauen', Ural (D.). Ableitung von frz. *toujours* ʿimmer, stets'.

туз, -á ʿAs beim Kartenspiel', ukr. *tuz*. Über poln. *tuz* aus mhd. *tûs, dûs* ʿDaus, Ass', dieses aus südfrz. *daus*, frz. *deux*, vlat. *duōs*, s. Brückner EW. 585, Korbut 371, Korsch Archiv 9, 512, Kluge-Götze EW. 97, Matzenauer 358.

тузе́мец, *-мца* ʿEinheimischer, Eingeborener', aruss. *тъземьсь, тоземьсь* (auch ʿAusländer, Fremder', Chož. Igum. Dan. 130), ksl. *туземьсь*, daneben r.-ksl. *sеземьсь* (Srezn. Wb. 3, 324). Aus *tu-* (s. *тут*) und *земьсь zu *земля́*, s. Preobr. Trudy 1, 14.

тузи́ть, *myжу́* ʿmit Fäusten schlagen', ukr. *túzaty, tuzuváty*, wruss. *tuzáć, tuzanúć*, poln. *tuzać, tuzować* ʿschlagen, ausschelten'.

Am ehesten Ableitungen von *туз* (s. d.), vgl. Brückner EW. 585, Preobr. Trudy 1, 14. Beliebt ist der Vergleich mit lit. *tūzgénti*, *tūzgenù* 'anklopfen', *tūzgėti*, *túzgiu* 'dumpf dröhnend klappern', aind. *tōhati* 'schlägt' (Malinowski Pr.Fil. 5, 124ff., Scheftelowitz KZ. 54, 233), sowie mit aind. *tuñjáti* 'schlägt', nhd. *Stock* (Gorjajev EW. 379).

Тузлá 'Salzsee, Kr. Odessa', *Тузлов* 'r. Nbfl. des Don' (Maštakov Don 83) sind Ableitungen von turkotat. *tuz* 'Salz', osman. kuman. *tuzlu* 'salzig', dschagat. *tuzlak* 'Salzboden' (Radloff Wb. 3, 1507), s. Lokotsch 166.

тузлýк I, *-á* 'Salzlake, Salzbrühe (zum Salzen von Fischen u. bes. des Kaviars)', Mel'nikov u. a. Aus turkotatar. *tuzluk* 'Salzbrühe': *tuz* 'Salz' (Radloff Wb. 3, 1507), s. MiTEl. 2, 180, Nachtr. 1, 60.

тузлýк II 'Gürtelverzierung' nur aruss. *tuzlukъ* (Testam. d. Dmitr. Ivan. a. 1389, s. Srezn. Wb. 3, 1035), poln. *tuzluk* 'Art Kontusch' (17. Jhdt.), s. Brückner EW. 586. Wird für turkotatarisch gehalten. Die Herleitung aus nordtürk. *tursuk* 'Lederschlauch' (MiTEl. Nachtr. 1, 59) ist nicht überzeugend, vgl. aber Preobr. Trudy 1, 14 und das folg.

тузлýк III 'lederner Schlauch für Wasser', nur aruss. *tuzlukъ* (Urk. a. 1382, s. Korsch Archiv 9, 675). Nach Korsch c. l. aus kirg. *tüzlük* 'lederner Schlauch'.

туй 'Gelage, Schmaus der Baschkiren u. Kirgisen' (D.). Aus kasantat. *tuj*, baschkir. *tuj*, kirg. *toi* oder tschuwass. *tuj*, *toj* 'Gastmahl, Fest' (Radloff Wb. 3, 1141, 1423), s. MiTEl. Nachtr. 1, 56, Wichmann Tschuw. LW. 108ff.

тýк, *-a* 'Fett, Talg', *тýчный* 'fett', ukr. *tuk*, aruss. *tukъ* 'Fett, Schmalz', *tukovoje* 'Abgabe beim Verkauf von Vieh' (16. Jhdt., s. Srezn. Wb. 3, 1035ff.), abulg. *tučьnъ* (Euch. Sin.), ksl. *tukъ* στέαρ, bulg. *tuk* 'Schmalz, Fettauge (auf d. Suppe)', čakav. *tȕk* G. *tȕka*, auch *tûk*, sloven. *túča* 'Fett', čech. slk. *tuk*, poln. osorb. nsorb. *tuk*. ‖ Urverw.: lit. *táukas* 'Fettstückchen', auch 'uterus', lett. *tàuks* 'fett, feist', apreuß. *taukis* 'Schmalz', anord. *þjó* n. 'Oberschenkel', ags. *đéoh* 'Oberschenkel, Hüfte', ir. *tón* 'Hinterer' (*tūknā*-), weiter zu lit. *tùkti*, *tunkù* 'werde fett', sowie *мыть*, *мыл*, s. Uhlenbeck Aind. Wb. 110ff., Trautmann BSl. 314, M.-Endz. 4, 137, Pedersen Kelt. Gr. 1, 125, Persson 554, Holthausen Awn. Wb. 316, Mikkola IF. 16, 95ff. Dazu stellt man auch aind. *tōkám* n. 'Nachkommenschaft', s. Specht 208, Zubatý Wurzeln 9.

тýкать 'schlagen', *тýкнуть* 'schlagen, stoßen', Interj. *тук*, *тук*! Wohl lautnachahmend. Vgl. čech. *ťukati* 'klopfen', slk. *ťukať*, s. Preobr. 2, 407ff. Siehe noch *стýкать*, *ткáть*.

тукáч, *-á* 'Garbe, Bündel Stroh oder Flachs', Olon. (Kulik.). Aus finn. karel. *tukku* 'Haufen, Bündel', lüd. *tuk*, weps. *tukk* 'Strohbündel', s. Kalima 227.

тукмáнка 'Faustschlag' (Mel'nikov), Vjatka (Vasn.). Wohl zu *тýкать*, aber kaum kontaminiert mit *токмáч* (gegen Preobr. Trudy 1, 15).

тукмачи́ pl. ʿArt Nudelsuppe', Vjatka (D.), schon Domostr. Zab. 146. Wird aus osman. *tutmadž* dass. erklärt, s. MiTEl. Nachtr. 1, 60.

тул m., *ту́ло* n. ʿKöcher', r.-ksl. *tulъ* φαρέτρα (Svjatosl. Sborn. a. 1073, Igorl. u. a., s. Srezn. Wb. 3, 1036ff.), abulg. *tulъ* (Ps. Sin.), bulg. *tul*, sloven. *tûl*, ačech. *túl*, čech. *toul*. ‖ Urslav. *tulъ urverw. mit aind. *tūṇas* m., *tūṇī́* f., *tūṇíras* m. ʿPfeilköcher' (*tūrṇas), weiter viell. ahd. *dola* ʿRöhre, Abzugskanal', s. Meillet Ét. 420, Uhlenbeck Aind. Wb. 115, Ehrismann PBrBtr. 20, 60, Falk-Torp 117, 1452. Vgl. *мули́ть*.

Ту́ла ʿStadt südl. von Moskau'. Das Gebiet heißt aruss. *Tulьskija Ukrainy* (Voskres. Chron. a. 1552). Wohl zu dial. *тула́* ʿZufluchtsstätte, Verbannungsort', Saratov (D.). Vgl. *тули́ть*. In der Volksepik begegnet *Тульской земли король* (Markov Belom. Byliny 513, 515) wohl für *ту́рской* ʿtürkisch'.

тула́ем adv. ʿpauschal, ganz, mit Haut u. Haaren', Kazań, Perm. Ostrußl. (D.). Wird aus kasantat. *tulu* ʿvoll', *tola* dass. erklärt, s. MiTEl. 2, 180. Besser zum folg.: ʿwie einen Hasen'. Vgl. *за́йцем* ʿheimlich'.

тула́й ʿSteppenhase', s. *тола́й, толу́й*.

Тули́нов ʿFam. Name'. Unerklärt. Bestimmt falsch ist die Verknüpfung mit dem Volksnamen Ταῦροι auf der Krim (Strabo u. a.), gegen Sobolevskij RFV. 69, 391.

тули́ть ʿverbergen, verstecken', dial. auch ʿanschmiegen', *прит́ул* ʿZufluchtstätte', *притули́ть* ʿschützen, aufnehmen', *втули́ть* ʿeinstecken', *вту́лка* ʿSpund, Schraubenmutter', *зату́лка* ʿVerschluß', ukr. *tulýty* ʿanschmiegen', *vtulýty* ʿhineinstecken', wruss. *tulíć* ʿbergen', ksl. *zatuliti* ʿverbergen', bulg. *túl'a*, skr. *túliti*, *tûlîm* ʿlösche', sloven. *túliti, -im* ʿzusammenschrumpfen, anschmiegen', *pritúliti se* ʿsich ducken', čech. *touliti, tuliti* ʿschmiegen', sl. *túlit' sa* ʿsich anschmiegen', poln. *tulić* ʿbesänftigen, beruhigen', *zatulić* ʿbedecken', osorb. *tulić* ʿschmiegen, biegen', nsorb. *tuliś* ʿbeugen, zähmen, verbergen'. ‖ Die übliche Herleitung von *tulъ ʿKöcher' (s. *тул*) wird zweifelhaft wegen der variierenden Bedeutungen (gegen Brückner EW. 584, Mladenov 642, Preobr. Trudy 1, 15ff., Holub-Kopečný 388), Brückner c. l. nimmt für *tulъ die Bed. ʿVersteck' an. Sonst vergleicht man armen. *tʿoyl* ʿpermission', auch ʿweich' (s. Meillet Ét. 420) und zweifelnd lit. *túnoti* ʿverbleiben, kauernd sitzen', lett. *taûnât* ʿwickeln' (M.-Endz. 4, 138).

ту́ловище ʿRumpf, Körper ohne Kopf u. Glieder', aruss. *tulovo* dass., ukr. *túlub* ʿRumpf', wruss. *túlub, túlobišče*, poln. *tulów* G. *tulowia*, auch *tulub, -bia, tulup, -pia* ʿRumpf'. Dazu *сут́улый* (s. d.). Man denkt an Verwandtschaft mit *тыл* (s. d.), s. Gorjajev EW. 379, anders Iljinskij RFV. 66, 278. Andererseits sucht MiEW. 365 eine Entlehnung aus dschagat. *tulb* ʿLedersack' plausibel zu machen (s. aber *тулу́п*). Sein Hinweis auf schwed. *tulubb* ʿPelzmantel' hilft nicht weiter, weil dieses selbst aus d. Russ. entlehnt ist, s. Hellqvist 1241, Petersson ArArm.St. 13ff.

тулпе́га 'unbewegliches, schwerfälliges Weib', Moskau (D.), Siehe *толпа́, толпе́га*.

тулу́к 'Lederschlauch, Schlauchboot', Terek-G., Kaukas. (RFV. 68, 404), Astrach. (D.). Aus aderb. *tuluk* dass. (Radloff Wb. 3, 1468), s. Gorjajev EW. 380.

ту́лукса 'Feuerstahl', Olon. (Kulik.), *ту́ловица* dass. Olon. Aus finn. *tulus* G. *tuluksen* 'Feuerzeug', karel. *tulukšet*, s. Kalima 227.

тулу́м, тулы́м 'große, runde Steine, aus dem Flußbett herausragend', Ural-G. (D.). Viell. wegen der glatten Form als 'Schlauch' zu osman. *tulum* 'Schlauch', s. Gorjajev EW. 380, Kraelitz 58. Siehe *тулу́н*.

тулумба́с 'große Türkentrommel', *тулумба́сить* 'schlagen, prügeln', älter *tulumbazъ* (Inv. Boris Godunovs, s. Srezn. Wb. 3, 1036). Aus osman. *tulumbaz* dass. (s. Radloff Wb. 3, 1472), vgl. MiTEl. 2, 180, Nachtr. 1, 58, EW. 346. Die Quelle ist osman. *tulum* 'Pauke' und pers. *báz* 'spielend' (Kraelitz 58).

тулу́н 'Lederschlauch', Ost-Sibir. (D.), ukr. *tulún* 'Schlauch aus Ziegenfell'. Aus der Sippe von osman. *tulum* 'Schlauch' (Radloff Wb. 3, 1470ff.), s. MiEW. 365, Gorjajev EW. 380, Preobr. Trudy 1, 16, Lokotsch 164.

тулу́п, -a 'Bauernpelz, Schafspelz', schwer zu trennen von den unter *ту́ловище* angeführten Wörtern: ukr. *túlub*, -a 'Rumpf', wruss. *túlup* 'Rumpf, Fell' (Klich Mat.iPr. 2, 210). Wegen des Fam.N. *Тулу́бьев* hält Sobolevskij ŽMNPr. 1914, August, S. 357 die Form mit -b- für älter und stellt sie als echt-slavisch zu *ту́ловище*, s. auch Sobolevskij Lekcii 120, Slavia 5, 140. Andere sehen in dem Worte für 'Pelz' eine Entlehnung aus dem Turkotat.: krimtat., kirg., alt., tel. *tulup* 'Ledersack ohne Naht aus einem Tierfell' (Radloff Wb. 3, 1469ff.), s. MiTElNachtr. 1, 58, Räsänen TatL. 73, Preobr. Trudy 1, 16, Lokotsch 164. Aus d. Russ. entlehnt: poln. *tułub, tortop* 'Pelz' (s. Brückner EW. 574), auch schwed. *tulubb* 'Pelz' (s. oben S. 150).

тулья́ 'Hutkopf, Hauptteil des Hutes ohne Krämpe'. Wohl zu *тулить* 'bedecken' (s. d.), vgl. Preobr. Trudy 1, 15ff. Nicht wahrscheinlicher ist die Herleitung aus mhd. nhd. *tülle* 'Röhre' ahd. *tulli* dass. (zur Sippe s. Kluge-Götze EW. 634), gegen Matzenauer 356.

тума́ 'Mischling, halb Russe, halb Tatare', Südl. (Potebnja RFV. 2, 242ff.), Don-G. (Mirtov), *тума́к* 'Mischling', auch 'Spottname der Bewohner von Nerčinsk' Transbaikal. (Kannisto Festschrift-Wichmann 428), 'schwarzer Hase', 'sibirischer Iltis', auch 'Art Pelzmütze', 'dummer Mensch', Mosk., Jarosl., Kaluga (D.). Wohl fremd.

тума́к I. -á 'Thunfisch, Makrele, Scomber Thynnus', Südl. (D.). Dunkel. Vgl. *муне́ц*.

тума́к II. 'Schlag mit der Faust'. Ganz unsicher ist der Vergleich mit lit. *stùmti, stumiù* 'stoße schiebend' (Potebnja RFV. 4, 213, Gorjajev EW. 380). Abzulehnen ist die Erklärung aus tscherem. *tumak* 'Eichenknüppel' (gegen Markov RFV. 73, 102).

туман I. 'zehntausend', auch томан dass. (D.). Aus osman. *tuman* '10000' (Radloff Wb. 3, 1518), s. MiEW. 365, TEl. 2, 180, Nachtr. 1, 59, Gombocz 131. Vgl. *тьма* u. das folg.

туман II. 'Nebel', ukr. wruss. *tumán* dass. Aus dschagat., kirg., kkirg. balkar., karaim. *tuman* 'Nebel, Finsternis', osman. krimtat. *duman* dass. (Radloff Wb. 3, 1518; 1798 ff.), s. MiEW. 365, TEl. 1, 287. Die Quelle der letzteren ist wohl avest. *dunman-* 'Nebel', *dvąnman-* 'Wolke' (zur Sippe Bartholomae Air. Wb. 749, M.-Endz. 1, 536), anders Kraelitz 58, Lokotsch 164. Etymologisch identisch mit *туман* I. Vermittlung durchs Tocharische (Sköld LwSt. 37 ff.) ist zweifelhaft.

туманá 'Uhu, Strix bubo', Terek-G. (RFV. 44, 109). Unklar.

тумашá 'Getümmel, Verwirrung, Unsinn', Kazań, Simb. (D.), *тумашúтьcя* 'eilen', Kostr. Aus tschuwass. *təmaža* 'Elend, Not', kasant. *tamaša* dass., s. Räsänen FUF. 29, 199, MiTElNachtr. 1, 52.

тумба 'Pfosten, Prellstein'. Die Herleitung aus nhd. *Tumbe* 'Grab, Sarg, Grube', welches über vlat. *tumba* 'Grab' auf griech. τύμβος 'Hügel' zurückgeht (s. Preobr. Trudy 1, 17), muß mit einer unbelegten Bed. wie 'Grabdenkmal', woher 'Pflock' rechnen. Schwierigkeiten macht erst recht die Deutung aus anord. *ƥǫmb* 'Bogensehne' (Matzenauer 356).

тумпас 'Kristall, Stück Erz', Ural (Bulič IORJ. 1, 330). Unklar.

тун I. 'tatarischer Halbpelz aus Ziegenfell', Tobol'sk, Živ. Star. 1899 Nr. 4 S. 513. Unklar.

тун II. 'Thunfisch', s. *тунéц*.

тун III. in *тун-травá* 'Schleierkraut, Gypsophila paniculata', gew. *мáтка тун-травá* durch Haplologie entstanden aus *мáтка катýн-травá* dass., weiteres s. bei Savinov RFV. 21, 26.

тýна 'wotjakischer Wahrsager', aus wotjak. *tuno* dass., s. Munkácsi Wotjak.Wb. 379.

тунгýз pl. -ы 'Tungusen, Volksstamm in Ostsibirien, verwandt mit den Mandschuren', auch *тунгýс*, *-сы* (s. Etnogr. Obozr. 71, 206 ff.). Ein jakutischer Deutungsversuch von Szymański Etnogr. Obozr. 67, 106 ff. wird zurückgewiesen von Piekarski Etnogr. Obozr. 71, 206 ff. Am ehesten von turkotat. *toŋguz* 'Schwein', weil viele tungus. Stämme Schweinezucht betreiben (s. Benzing Einführung 17).

тýндра 'waldloses, nur mit Gestrüpp u. Moos bewachsenes Sumpfland', Nordrußl., Sibirien (D., Podv., Kulik.), 'Torfboden', c. l. 'hoher, waldloser Berg', Petsamo (Itk.), *тундара* 'gemähte Stelle', Olon. (Kulik.), volkst. auch *трýнда* Vjatka (Vasn.), Tobol'sk Živ. Star. 1899 Nr. 4 S. 513. Entlehnt aus finn. *tunturi* 'hoher, waldloser Berg' oder lapp. K. *tundar*, *tuoddar* 'Berg', lapp. N. *duoddar* 'mons spatiosus ubi nullae sunt arbores', s. Kalima 227 ff., Itkonen 65. Die Herleitung aus westtungus. *dundra* 'Erde', lamut. *dunrę* 'Taiga' oder aus wogul. *tunrä*, bzw. jakut. *tündara* (Räsänen Toivonen-Festschr. 130, Zeitschr. 20, 449) erklärt nicht die nordruss. Ausdrücke und könnte höchstens für die sibir. Wörter gelten, die aber auch durch die russ. Kolonisation nach Osten gebracht sein können, s. auch Preobr. Trudy 1, 17.

тундýк 'Art Baumwollstoff', Arch. (Podv.). Viell. aus ndl. *dundoek* 'Fahnenstoff', eigtl. 'Dünntuch'.

тýне adv. 'müßig, umsonst', *тунея́дец* 'Müßiggänger', *тýнный* 'vergeblich, müßig', wruss. *túnnyj* dass., aruss. abulg. *tune* δωρεάν (Cloz., Supr.), bulg. *tun* 'falsch', *túne* 'vergeblich' (Mladenov 642), sloven. *stúnja* f. 'untätige Person', *zastǫ́nj* 'umsonst', *obstǫ́nj* dass., ostslk. *tuńi*, poln.-schles. *tuni* 'wohlfeil' (über poln. *tani* dass. vgl. Stieber Zeitschr. 9, 381), osorb., nsorb. *tuni*. ‖ Unerklärt. Der Vergleich mit *тóнкий* 'dünn' (s. d.), lat. *tenuis* usw. (Gorjajev EW. 380) ist verfehlt, s. Preobr. Trudy 1, 17.

тунéль 'Tunnel', wohl aus engl. *tunnel* oder nhd. *Tunnel*, s. Gorjajev EW. 380. Weiteres s. unter *тоннéль*.

тунéц, -ца́ 'Thunfisch, Scomber thynnus', poln. *tuńczyk*. Über nhd. *Thun(fisch)* oder direkt aus ital. *tonno* von vlat. *thunnus* aus griech. θύννος dass., s. Matzenauer 356, 415, Gorjajev EW. 380, MiEW. 365, TElNachtr. 1, 59. Bedenklich bei einem Fischnamen ist die Annahme osman. Vermittlung (osman. *tun* dass., gegen Preobr. Trudy 1, 17 ff.), da das osman. Wort selbst griech. Herkunft ist (s. G. Meyer, Türk. Stud. 1, 26, Brückner EW. 584).

тýпа 'lappische Wohnung, Winterhütte', Arch. (Podv.). Aus finn. *tupa* oder lapp. Ter.*tūbpa*, die aus der germ. Sippe von nhd. *Stube* stammen, s. Kalima RS. 5, 90, Itkonen 65.

тýпать, -аю 'stampfen', *тýпнуть* dass., ukr. *túpaty*, wruss. *túpać*, bulg. *túpam* 'aufstampfen, klopfen', poln. osorb. *tupać* 'stampfen, trampeln', nsorb. *tupaś*. Lautnachahmendes **tup-* neben **top-* (s. *тóпать*). Zu trennen von *ступáть*, weil hier **stǫp-* (gegen Preobr. Trudy 1, 18).

тупéй 'gekräuseltes Stirnhaar, Haarbüschel' (Gribojedov, Leskov u. a.), *на тупея́х* 'über dem Scheitel', Kolyma (Bogor.). Aus frz. *toupet* 'Haarbüschel' aus afrz. *top* dass., zu anord. *toppr* 'Spitze', engl. *top*, nhd. *Zopf* (s. Gamillscheg EW. 852, Holthausen Awn.Wb. 306).

-тýпить 'den Blick senken', s. *потýпить*.

тупóй 'stumpf', *туп, тупá, тýпо*, ukr. ,wruss. *tupýj*, aruss. *тупъ*, s.-ksl. *tǫpъ* παχύς, bulg. *tъp* (Mladenov 646), skr. *tûp*, *túpa* f., *túpo*, best. *tûpī*, sloven. *tòp*, *tópa*, čech. slk. *tupý*, poln. *tępy*, osorb. nsorb. *tupy*. ‖ Ursl. **tǫpъ* wird verglichen mit anord. *þambr* 'dick, geschwollen', lit. *tampýti*, *tampaũ* 'dehne', *tempti*, *tempiù* dass., lat. *tempus* 'Zeit, Schläfe', weiter wird angeknüpft an die Sippe von griech. τέμνω 'schneide', abulg. *tьnǫ*, *tęti* (s. *мять*), vgl. Mladenov 646, Fick 1, 443, Holthausen Awn.Wb. 312. Andererseits stellt man **tǫpъ* zu ahd. mhd. *stumpf* 'verstümmelt, stumpf', ahd. *stumbal* 'Stumpf, abgeschnittenes Stück', unter Voraussetzung einer Schwankung **(s)tomp-*: **stomb-*, s. Brugmann Grdr. 1, 386, Meillet Ét. 239, Preobr. Trudy 1, 18.

тупона́нта s. *топена́нт*.

ту́порва ʿdamalsʾ, Kostroma (D.). Aus d. Acc. s. (*в*) *my nopy* und Partikel -*va* (s. oben 1, 161), Dial. auch *ту́порича* ʿdamalsʾ, Kazań (D.) aus gleicher Quelle mit Anpassung an -*ча* wie in *да́веча, тепе́рича*.

ту́пысь ʿBrötchen aus gebeuteltem Mehlʾ, Vologda (D.). Aus syrjän. *tupeś* ʿBrot, Kuchenʾ, *tupes* dass., s. Kalima FUF. 18, 39 ff.

тур, -*а* I. ʿAuerochsʾ. 2. ʿSteinbock, Capra caucasicaʾ. 3. ʿKäferʾ, ukr. *tur* ʿAuerochs, Käferʾ, aruss. *turъ* ʿBüffel, Auerochsʾ, abulg. *turъ* ταῦρος (Supr.), skr. ON. *Turjak*, sloven. *tûr* ʿAuerochsʾ, čech. slk. poln. *tur*, osorb. nsorb. *tur*, polab. *täur*. ‖ Urverw. mit lit. *taũras* ʿBüffel, Auerochsʾ, *taurě* ʿSchröpfkopfʾ, apreuß. *tauris* ʿWisentʾ, lat. *taurus* ʿStierʾ, ir. *tarb* ʿStierʾ, weiter zu avest. *staōra*- m. ʿGroßviehʾ, got. *stiur* ʿStier, Kalbʾ, s. Trautmann BSl. 315, Apr. Sprd. 446, Buga IORJ. 17, 1, 40 ff., M.-Endz. 4, 139 ff., Meillet-Ernout 1196, Pedersen Kelt. Gr. 1, 63, Persson Uppsalastudier 187 ff., Torp 479. Die Bed. von *turъ* ʿSchanzkorbʾ (15.—16. Jhdt.) erklärt Sobolevskij RFV. 70, 97 aus der länglichen Form dieser Säcke. Vgl. aber zu dieser Bed. s. v. *ту́ры*.

тур II. ʿReihe im Kartenspielʾ, aus frz. *tour* ʿDrehung, Wendungʾ, von lat. *tornus*.

ту́ра I. ʿTurm im Schachspielʾ, aus frz. *tour* f. ʿTurmʾ von lat. *turris* dass.

ту́ра II. ʿTorfʾ, Olon. (Kulik.). Aus olon. *tuoro* dass., s. Kalima 228.

ту́ра III. ʿSeepflanzeʾ, Arch. (Podv.). Aus finn. *turo* ʿSchilf, Wasserrohrʾ, s. Kalima 228.

тура́х ʿbetrunkener Zustandʾ: *он под турахо́м* (D., auch Melʾnikov). Unklar.

тура́ч ʿkaukas. Bergrebhuhn, Tetrogallus caucasicusʾ. Aus osman. *turadž* dass. (Radloff Wb. 3, 1450), s. Gorjajev EW. 380.

ту́рба ʿMaul, Schnauze (von Tieren), Gesicht eines Menschenʾ, Arch., Olon., *тю́рба* dass. Olon. (Kulik.). Aus karel. *turba* ʿMaul, Schnauzeʾ, finn. *turpa* G. *turvan* dass., s. Kalima 228, Leskov Živ. Star. 1892 Nr. 4 S. 102.

турба́к ʿDöbel, Großkopf, Leuciscus cephalusʾ, Luga. Nach Berg Sovetsk. Etnogr. 1948 Nr. 2 S. 70 u. Ryby 2, 555 aus finn. *turvas, turpa*, estn. *turbas, turb* dass.

турба́н ʿTurbanʾ (Gogolʾ). Über nhd. *Turban*. Öfter *тюрба́н* (s. d.).

ту́ржа ʿjunger Lachsʾ, Olon. (Kulik.). Unklar.

турза́ль ʿunansehnlicher Menschʾ, Čerep. (Gerasim.). Dunkel.

тури́к ʿBrustkastenʾ, Čerep. (Gerasim.). Unklar.

тури́ть, -*ю́* ʿtreiben, jagen, stoßenʾ, *вы́турить* ʿherausschmeissen, vertreibenʾ, dial. ʿLasten auferlegenʾ, Kolyma (Bogor.) *ту́рить* ʿschnell mit e. Boot fahrenʾ, Arch. (Podv.) *потури́ть ры́бу* ʿFische fangenʾ, Kasimov (RFV. 28, 62), ukr. *poturýty, poturlýty* ʿtreiben, jagenʾ, wruss. *turýć* dass., bulg. *túŕam* ʿstelle hinʾ

ту́рка—ту́рок

(Mladenov 643), skr. *tùriti* ʽwerfen, stürzen', *túrati, tûrâm* ʽwerfe, schiebe', sloven. *túrati, -am* ʽhin- u. herstoßen, zerren'. ‖ Buga RFV. 75, 151 vergleicht lit. *turk-terė́ti* ʽstoßen' und *мо́ркать* (s. d.). Andere knüpfen an lit. *paturoti, -oju* ʽjemd. etwas vorhalten' (MiEW. 365) oder an lit. *turė́ti, turiù* ʽhabe' an (Mladenov 643 fürs bulg. Wort). Unsicher ist die Annahme eines Ablautes von *turiti und čech. *týrati* ʽplagen, placken', slk. *týrať* dass., poln. *tyrać, terać* ʽabnutzen, vergeuden' (Holub-Kopečný 399). Ganz zweifelhaft ist der Vergleich von *turiti mit avest. *tūra-, tura-* ʽTuranier', kurd. *tūr* ʽwild, unbändig' (Sobolevskij IORJ. 26, 4).

ту́рка ʽleichter Renntierschlitten', Kolyma (Bogor.). Aus lamut. *turky* ʽSchlitten', s. Bogoraz 144 ff.

Туркеста́н, *-a* ʽTurkestan, Gebiet in Zentralasien', aruss. *Turkustanь* (Afan. Nikit. 21). Aus osman. dschagat. uigur. *Türkistan* dass. (Radloff Wb. 3, 1560).

турки́ня ʽTürkin' (Leskov), ukr. *turký́ńa*, poln. *turkinia*. Neubildung zu *ту́рок* (s. d.).

Туркме́ны pl. ʽe. turkotatar. Stamm im Kaukasus u. in Transkaspien' (Étnogr. Obozr. 84, 115), volkst. *трухме́ны* (Meľnikov 7, 188), aruss. *Torkmeni* (Nestor-Chron. a. 1096), später *Turkmenskaja zemlja* Afan. Nikit. 13. Aus osman. dschagat. *türkmän* dass., kirg. *türükpön* ʽTurkmene, Sklave' (Radloff Wb. 3, 1557, 1561), s. MiTEl. 2, 181, Nachtr. 1, 60. Nach Houtsma WZKM. 2, 228 ist der turkotatar. Name seit dem 9. Jhdt. zu belegen und bedeutet ʽtürk(en)ähnlich'.

турлу́к ʽErdhütte, Umzäunung', Kubań-G. (RFV. 68, 404), Südrußl., Rjazań (D.). Aus osman. *torluk* ʽErdhütte' (Radloff Wb. 3, 1187), s. Gorjajev EW. 380.

турлы́-мурлы́ желе́зный но́с ʽe. Schreckgespenst für Kinder' (Meľnikov). Erinnert an turkotatar. Reimwortbildungen.

турлы́шка, турлу́шка ʽTurteltaube', Novg., Kazań (D.), *турлу́кать, турлы́кать* ʽgirren', auch ʽtrompeten'. Lautnachahmendes *turlu, turly*, ähnlich: *тypy, тypypy*! Interj., auch lat. *turtur* ʽTurteltaube', s. Gorjajev EW. 380.

турма́н ʽTummler, Art Taube'. Wohl eher zu der vorigen Sippe als zu ital. *tornare*, frz. *tourner* ʽdrehen' (gegen Gorjajev EW. 380).

турни́р, *-a* ʽTurnier', aus nhd. *Turnier*, das auf afrz. *tournei* zurückgeht, s. Kluge-Götze EW. 636.

Ту́ров ʽStadt im G. Minsk', aruss. *Turovъ* laut Nestor-Chron. a. 980 gegründet von einem Mann namens *Tury*, dessen Name aus anord. *Þórir* Acc. *Þóri*, schwed. *Tore* gedeutet wird, s. Thomsen Urspr. 151, Rożniecki Archiv 23, 468. Dagegen aruss. *Turova božьnica* ʽKirche nahe Kiew' (Hypat. Chron. a. 1046) von anord. *Þórr* ʽGott Thor', s. Rożniecki c. l. 473 ff.

туро́вить ʽbeeilen, antreiben', Čerep. (Gerasim.). Zu *тури́ть*.

ту́рок, *-рка* ʽTürke', volkst. *ту́рка* (Leskov), Adj. *туре́цкий* ʽtürkisch' (Iv. Peresvetov 16. Jhdt., wegen *e* polnisch), älter russ. *turokъ* (Drakula 652 ff., Pskover 2. Chr. a. 1485), *turskij*

(Afan. Nikit., Drakula u. a.). Aus alttürk., osman. *türk* 'die von den Chinesen *Tu-Küe* genannte Dynastie und das ihr unterworfene Volk' (Radloff Wb. 3, 1559), s. MiTElNachtr. 1, 60. Siehe *тóрки*, *Тýрция*.

турсýк, *-á* 'Lederschlauch für Stutenmilch', Ostrußl. (D.), 'Gefäß aus Rinde', Kolyma (Bogor.). Aus kirg. koib. *torsuk* dass., kasantat. *tursyk* (Radloff Wb. 3, 1189, 1462), s. MiTEl. 2, 180, Ramstedt KWb. 403, Gorjajev EW. 380, Korsch Archiv 9, 675, Preobr. Trudy 1, 21.

турсýчить 'zerren' (Šolochov). Unklar. Etwa zum vorigen?

туртáть 'jemd. mit etwas belästigen, bemühen, stören', Vologda (D.). Aus syrjän. *turtödny* 'quälen, plagen' nach Kalima FUF. 18, 40.

турун s. *трун*.

турýсы pl. 'Unsinn, Geschwätz' (Gribojed.), *подпускáть турýсы на колёсах* 'Unsinn reden (Gogol', Mel'nikov), *турýсить* dass. Zweifelhaft ist die Verbindung mit *тарáс* (s. d., gegen Gorjajev EW. 380, Preobr. Trudy 1, 21,) als 'Befestigungsturm auf Rädern'. Unklar.

турутýшки pl. 'Schwimmer aus Birkenrinde am Schleppnetz', Olon. (Kulik.), Kalima 228 ff. erwägt Entlehnung aus weps. *tuturk*, *tohtuturk* 'Tüte aus Birkenrinde'. Unsicher. Vgl. noch *турýшечка* 'Spule aus Bast', Olon., *тертю́шки* 'Schwimmer am Netz', Olon., *торорýшка* dass., Arch. Wohl alle 'deskriptiv' (s. Kalima c. l.).

турухтáн 'Kampfhahn, Art Strandläufer, Tringa', auch *курухтáн*. Wohl lautnachahmend, s. Dal' 4, 874, Preobr. Trudy 1, 21. Der Anklang an nhd. *Truthahn* (Gorjajev EW. 380) ist doch wohl nur zufällig.

турýша 'Art Fischspeise', Kolyma (Bogor.). Dunkel.

турýшечка s. *турутýшка*.

Тýрция 'Türkei', seit 18. Jhdt., s. IORJ. 11, 4, 89. Über poln. *Turcja* aus neulat. *Turcia*. Ebenso *турéцкий* 'türkisch', ukr. *turéćkyj* aus poln. *turecki* von *turek* 'Türke', s. *тýрок*.

турчáть 'rauschen, murmeln', Kursk (D.), *турчéлка* 'e. Insekt' (Šolochov). Wohl lautnachahmend.

тýры pl., 'Schanzkörbe', belegt im 15.—16. Jhdt. nach Sobolevskij RFV. 70, 97, der es mit *тур* 'Auerochs' zusammenbringen möchte. Dagegen erklärt es Matzenauer 358 als Entlehnung aus ital. *tura* 'Damm'.

тýсинь f. 'bäuerlicher Hemdenstoff', *тýсинная пéстрядь* 'dass., mit Aufzug aus blauem Hanfgarn u. Einschlag aus roter oder brauner Baumwolle', Nižn., Orenburg (D.). Unklar.

тýск, *-a* 'Nebel, Finsternis', Čerep. (Gerasim.), *тýсклый* 'trübe, matt', *тýскнуть*, *мускнéть* 'trübe, matt werden', skr. *nàtu̇štiti se* 'sich umwölken', *stu̇štiti se* dass. ‖ Man vergleicht als urverw. asächs. *thiustri* 'düster, finster', afries. *thiūstere*, ags. *điestre* dass., sowie armen. *tʿux* G. *tʿxoy* 'schwarz, braun, dunkel' (*tusk-*), s.

Mladenov RFV. 68, 387ff., RS. 6, 279, Uhlenbeck PBrBtr. 22, 536; 26, 294, Kluge-Götze EW. 119, Holthausen Aengl. Wb. 365. Weniger überzeugt der Vergleich mit anord. *poka* 'Nebel', aschwed. *thökn* dass., aengl. *đuxian* 'neblig machen' (Loewenthal WS. 9, 191). Abzulehnen ist die Anknüpfung an lit. *tamsùs* 'finster' (gegen MiEW. 365, s. dazu s. v. *тьмá*).

тут I. 'hier', dial. *мýто, мýта, мýто-ва, мýто-тка* Arch. (Podv.), ukr. *tut, túta, tútka, tútky, tútkyva*, wruss. *túta*, aruss. *tu* 'dort, dorthin, hier', *tuto* 'hier' (s. Sobolevskij Lekcii 96), *tut* (Urk. a. 1350, c. 1.), abulg. *tu ἐκεῖ* (Cloz., Supr.), bulg. *tú-ka* 'hier, hierher', skr. *tû* 'dort, da', sloven. *tù* 'hier ,da', čech. *tu, tuto* 'hier, da', slk. *tu, tu-ná* 'da, hier', poln. *tu, tuta, tutaj* 'hier', osorb. nsorb. *tu* 'hier'. || Ursl. **tu* neben **tu-to* (vgl. *кто, что*) gehört zum *to*-Pronomen (s. *mom*), vgl. Leskien Abulg. Gr. 155.

тут II. 'Maulbeerbaum', *мýтовое дéрево* dass., dial. *тюмина* dass. Don-G. (D.). Aus osman. aderb. dschagat. kasantat. *tut* 'Maulbeere' (s. Radloff Wb. 3, 1475), s. MiTEl. 1, 287, Lokotsch 165, Preobr. Trudy 1, 22, Petersson KZ. 46, 139. Über die aram. Quelle s. Hübschmann 155.

тýта 'Trauer, Apathie, Langeweile', Kaluga (D. mit ?), sloven. *túta* 'der Schmollende, Mucker'. Man vergleicht lit. *tautà* 'Kummer', *taučiù, taũsti* 'sich sehnen, trauern', s. Buga IORJ. 17, 1, 46, Fraenkel Slavia 13, 19.

тутéмь f. 'Brachfeld', Kostr., Vjatka, Arch. (D.). Unklar. Dal' 4, 876 u. Kalima FUF. 18, 50ff. vergleichen *шутём*.

тýтен, тýтень m. 'Lärm, Getöse, Pferdegetrampel', kirchl., Ostsibir. (D.), *тýтнуть, тýтну* 'lärmen, dröhnen', Sibir., aruss. *tutьnati* 'dröhnen' (Chož. Dan., Igorl.), abulg. *tǫtьnъ γόφος* (Supr.), ksl. *tǫtьnati, tǫtьněti*, bulg. *tắten* 'Lärm' (Mladenov 646), skr. *tûtanj* G. *tûtnja* 'Dröhnen', poln. *tęten, -tna* 'Getrampel', *tętnić, tętnąć* 'stampfen, trampeln'. || Schallnachahmend wie lat. *tintinnō, -āre* 'klingeln, klimpern', *tintinniō, -īre* dass., *tinniō, -īre* 'klingle, schreie laut', *tonō, -āre* 'donnere', aind. *tanayitnús* 'donnernd, dröhnend', *tányati* 'rauscht, tönt, donnert', aeol. *τέννει· στένει, βρύχεται*, Hesych, ahd. *donar* 'Donner', anord. *þunian* 'donnern', s. Walde-Hofmann 2, 690ff., Mladenov 646, Preobr. Trudy 1, 22. Weiteres siehe unter *стенáть, стон*.

тутургáн 'Reis', nur aruss. *tuturganъ* (Afan. Nikit. 13). Aus d. Turkotat., kuman. *tuturyan* dass. (Radloff Wb. 3, 1484, Groenbech Kuman. Wb. 258).

тýф, -a 'Tuffstein', wie nhd. *Tuffstein* aus ital. *tufo* von lat. *tōfus, tūfus* dass., dessen Ursprung im Osk.-Umbr. gesucht wird (s. Meillet-Ernout 1225, Walde-Hofmann 2, 687, Meyer-Lübke Rom. Wb. 727).

тýфля f., auch *тýфель* m. 'Schuh, Pantoffel', schon 1714, s. Christiani 49. Aus mnd. *tuffele*, ndd. *tuffel* 'Schuh, Pantoffel' von älterem mnd. *pantuffel*, das volksetymologisch als Zusammensetzung mit mnd. *pant* 'Strick' (so Schiller-Lübben 3, 300) gedeutet wurde, dessen Quelle ital. *pantofola* aus einem nicht belegten griech. **παντόφελλος* erklärt wird, s. Meyer-Lübke

Rom. Wb. 510. Im wesentlichen ähnlich Knutsson Zeitschr.
4, 388 ff., vgl. auch Verf. RS. 3, 255, Korsch bei Preobr. 2, 13,
Matzenauer 355. Das ndd. Wort ist auch entlehnt in dän. norw.
toffel, schwed. *toffel* (Falk-Torp 1314, Hellqvist 1199), lett. *tupele*
(M.-Endz. 4, 266). Gegen die griech. Form Einwände bei
Hesseling Neophilologus 6, 216, Spitzer Zeitschr. roman. Phil.
44, 196 ff.

тýха 'Schneegestöber, Schneetreiben', Novgor., Čerep. (Gerasim.)
Nach Kalima 229 entlehnt aus weps. *tuhu* 'Schneegestöber,
feiner Sand', finn. *tuhu* 'feiner, anhaltender Regen'. Weniger
empfiehlt sich die Annahme einer Urverwandtschaft mit lit.
vėjas aps(i)taūsė 'der Wind hat nachgelassen', poln. *cuch*
'Witterung, übler Geruch', *tęchnąć* 'wieder zusammenfallen, sich
setzen (von e. Geschwulst)' u. *тóхнуть* (gegen Buga RFV. 66,
252, RS. 5, 251).

тýхлый 'faul, angefault, verdorben', *тýхнуть* 'verderben (von
Speisen), übel riechen, in Fäulnis übergehen', wruss. *tchlić*
'faulen machen', *túchnuć* 'faulen', sloven. *zatǫ́həl, -hla* 'nach
Feuchtigkeit riechend', *otǫ́hlica* 'Schwüle', *otǫ́hniti se* 'verderben', čech. *stuchlý* 'muffig', *tuchnouti* 'muffig werden', slk.
stuchlý, poln. *stęchły* 'muffig', *tęchnąć* 'muffig werden', osorb.
tuchły, tuchnyć. || Es liegt nahe in **tuch-* eine Ablautstufe von
тóхлый, замхлый zu sehen (**tъch-*), doch scheint hier, wegen
slov. *o* u. poln. *ę* ein **tǫch-* vorzuliegen, das viell. sekundär in
*potǫchnǫti aus **potuchnǫti* aufgekommen ist. Vgl. *тóхлый*.

тýхнуть 'verlöschen', *тушúть* 'löschen', ukr. *túchnuty* 'zurückgehen (von e. Geschwulst)', *tušýty* 'löschen', wruss. *tušýć* dass.,
ksl. *potuchnǫti* 'beschwichtigen, löschen', bulg. *potušávam*
'lösche', sloven. *potúhniti, tûhnem* 'verlöschen, still werden',
potúšiti 'löschen', čech. *utuchnouti* 'erlöschen', poln. *potuszyć*
'ermutigen'. || Urspr. Bed. *tušiti* 'beruhigen'. Die slav. Wörter
sind urverw. mit apreuß. *tusnan* 'still', *tussīse* 'er schweige', lit.
vėjas aps(i)taūsė 'der Wind legte sich', aind. *túṣyati* 'ist zufrieden', *tōṣáyati* 'beschwichtigt', *tūṣṇī́m* 'still', avest. *tūšna-,
tūšni-* 'still', mir. *tó* 'still, schweigend' (**tauso-*), s. Fick, 1, 222,
Zubatý BB. 25, 101, Trautmann Apr. Sprd. 452, BSl. 332 ff.,
Lidén IF. 19, 338 ff., Pedersen Kelt. Gr. 1, 55, Uhlenbeck Aind.
Wb. 114, Endzelin KZ. 44, 68. Abzulehnen ist der Vergleich mit
lit. *tamsà* 'Finsternis' (gegen Brandt RFV. 25, 30).

Тухола 'Ort unweit Novgorod', aruss. *Tochola* (2. Soph. Chron. a.
1478), poln. *Tuchola* 'Ort in Westpreußen'. Gehört wohl zu
тýхлый.

тýция 'Zinkoxyd, leichte Flocken, die sich beim Schmelzen zinkhaltiger Metalle wie Ruß an den Wänden des Schmelzofens absetzen'. Wohl über ital. *tuzia* dass. aus arab. *tūtijāʻ*, s. MiTEl.
2, 180, Nachtr. 1, 160, Lokotsch 165 ff.

тýча 'dunkle Wetterwolke', ukr. *túča* 'Gewitter', aruss. *tuča* 'Wolke,
Gewitter, Regen, große Menge', abulg. *tǫča* νιφετός (Supr.),
skr. *tȕča* 'Hagel', sloven. *tǫ́ča* 'Hagel', poln. *tęcza* 'Regenbogen',
slowinz. *tą̄́ča* 'Regenwolke', osorb. *tučel* f. 'Regenbogen', nsorb.

tuca dass. ‖ Urverw.: lit. *tánkus* 'dicht, häufig', *tánkiai* adv. 'dicht, oft', *tankumýnas* 'von Bäumen u. Gesträuch dicht bewachsene Stelle', armen. *tʿanjr* 'dicht', avest. *taxma-* 'fest, stark', Superl. *tančišta-*, ir. *técht* 'geronnen', anord. *þettr* 'dicht', got. *þeihvó* f. 'Donner' (**þenhwôn-*), aind. *tanákti* 'zieht zusammen, macht gerinnen', s. J. Schmidt Zeitschr. f. d. Alt. Anz. 6, 120, Zupitza GG. 70, Lidén Stud. 39, Trautmann BSl. 313ff., Solmsen KZ. 35, 480ff., Holthausen Awn. Wb. 314, Kluge-Götze EW. 621.

ту́чный 'fett', s. *тук*.

туш I. 'Tusch, Begrüßung mit Posaunen und Pauken'. Aus nhd. *Tusch* dass. (wozu Brückner EW. 585).

туш II. 'Kanne', Vologda (D.). Viell. aus tscheremiss. *tujos*, *tüš* 'Gefäß aus Birkenrinde'. Weiteres s. v. *мусе*.

ту́ша 'ausgeweidetes Tier (Rind, Schwein), Dickwanst', dial. 'menschlicher Körper', Kolyma (Bogor.), ukr. wruss. *túša* 'ausgeweidetes Tier'; wird zu *тук*, *тыть* gestellt. Vgl. *крыша*: *крыть*, s. Preobr. Trudy 1, 24 , Gorjajev EW. 381.

туши́ть 'löschen', s. *ту́хнуть*.

тушка́н 'Steppenhase', Don-G. (Mirtov), Astrachaň, Baikal-G. (D.). Auch *ушка́н* dass. nach *у́хо*, *ушко́* 'Ohr'. Entlehnt aus dschagat. *tauškan*, *taušxan* (Radloff Wb. 3, 776), osman. aderb. *taušan* dass., zur Sippe s. Gombocz Kel. Sz. 13, 16.

тушь f. 'Tusche, aufgetragene Farbe', aus frz. *touche* f. dass., zu *toucher* 'berühren', evtl. über nhd. *Tusche* (s. Preobr. Trudy 1, 24).

тхли́ца 'im Flusse krepierter Fisch', Arch. (Podv.). Aus *tъchlъ (s. *то́хлый*) oder *dъchlъ (*до́хлый*, s. *до́хнуть*).

тхорь s. *хорь*.

тчи́вый 'freigebig, großmütig'. Wohl zu aruss. *tъščivъ* 'schnell, eifrig', abulg. *tъštivъ πολύς* (Supr.), *tъštati sę σπεύδειν* (Cloz., Supr.), s. Preobr. Trudy 1, 25. Siehe das folg.

тща́тельный 'sorgfältig', von *tъštatelь 'strebend', aruss. *tъščati*, *tъšču* 'dränge, beeile', *tъščanije* 'Eifer, Eile', abulg. *tъštati sę σπεύδειν*, 'eifrig sein, sich bemühen' (Cloz., Supr.). Wohl zu der Sippe von *tъska (s. *тоска́*). Unsicher ist der Vergleich mit lit. *tūzgė́ti* 'dumpf dröhnend klappern', *tūzgénti* 'anklopfen' (Walde ²747ff.).

тще 'vergeblich, umsonst', *тщета́* 'Eitelkeit', *тще́тный* 'vergeblich, erfolglos, eitel, leer', aruss. *tъščь* 'leer, öde', abulg. *tъštь κενός* (Supr.), *tъšteta ζημία* (Cloz., Supr.). Weiteres s. v. *то́щий*.

ты pron. 'du', ukr. wruss. *ty*, aruss. *ty*, abulg. *ty σύ*, bulg. *ti*, skr. *tî*, sloven. *tî*, čech. slk. *ty*, poln. *ty*, osorb. nsorb. *ty*. ‖ Idg. *tū und *tu: lit. *tù* 'du', lett. *tu*, apreuss. *tou*, *tu*, aind. *tvám*, *tuvám* 'du', avest. enkl. *tū*, auch *tvə̄m*, apers. *tuvam*, griech. *σύ* (mit *σ* aus *tv-* von den obliquen Kasus), dor. *τύ*, lat. *tū*, air. *tú*, got. *þu* 'du', alb. *ti* (*tū), tochar. *tu*, s. Brugmann Grdr. 2, 2, 383ff., Trautmann BSl. 331ff., Apr. Sprd. 451, M.-Endz. 4, 254ff., J. Schmidt Pluralb. 220, Uhlenbeck Aind. Wb. 113, 118. Von *ты* abgeleitet ist *mýkatь* 'du sagen, duzen', ukr. *týkaty*, wruss. *týkać*, čech. *tykati*, slk. *tykať*, poln. *tykać*, sowie *mыkáлкa* 'einer, der die Schuld von sich auf andere abwälzt', Smol. (Dobr.), eigentl. 'du-Sager'.

тыкать, *-aю* 'stoßen', *mы́кнуть* dass., ukr. *týkaty*, kslav. *tykati* 'stechen', bulg. *tíkam* 'stoße vorwärts, stecke hinein', sloven. *tíkati*, *tȋkam*, *tȋčem* 'betreffe, berühre', čech. *týkati se* 'betreffen', slk. *týkať sa* dass., poln. *tykać się* 'etw. anrühren, angreifen', osorb. *tykać* 'stecken', nsorb. *tykaś* berühren, stoßen'. Urverw. lett. *tūkât*, *-āju*, *tūcît* 'kneten, drücken', ahd. *dûhen* 'drücken'. Ablaut in *ткать*, *ткнуть* (s. d.), s. M.-Endz. 3, 278, Trautmann BSl. 331.

ты́ква 'Kürbis, Cucurbita pepo', ukr. *týkva*, aruss. *tyky, -ъve*, bulg. *tíkva*, skr. *tȋkva*, sloven. *tȋkva*, čech. *tykev*, slk. *tekvica*, poln. *tykwa*. ‖ Man vergleicht griech. σίκυς m. 'Gurke', σίκυος *-ου* dass., ON Σικυών 'Gurkenstadt', daneben griech. κύκυον·τὸν σικυόν, κυκύϊζα · γλυκεῖα κολόκυνθα Hesych., lat. *cucumis, -eris* 'Gurke' und denkt teils an Entlehnung der Wörter aus einer idg. Sprache (Hirt IF. 2, 149, Kretschmer KZ. 31, 335, Glotta 26, 57), teils aus einer nicht-idg. Sprache (s. Specht KZ. 61, 277, Hofmann Gr. Wb. 312, Walde-Hofmann 1, 299 ff.). Zu beachten ist languedoc. *tüko* 'Kürbis, Kopf', aus dem Meyer-Lübke Rom. Wb. 751 u. Knutsson Zeitschr. 4, 384 ff. ein gall. *tukkos erschließen. Slav. Entlehnung im Languedoc. (Schuchardt Zeitschr. rom. Phil. 28, 149) ist schwer glaubhaft. Beliebt ist die Verknüpfung der slav. Wörter mit *тыл* (s. d.), *тук* (s. d.), lit. *tùkti, tunkù* 'werde fett', vgl. Sobolevskij RFV. 13, 144, Brugmann IF. 39, 141 ff., Loewenthal WS. 10, 142 ff.

тыке́н 'Wildbock', Sibir. (D.). Entlehnt aus osman. aderb. krimtat. dschagat. *täkä* 'Bock, Steinbock', kirg. *tekä* 'Bock' (Radloff, Wb. 3, 1016 ff., 1095).

ты́кола 'seenreiche Gegend', Vologda (D.). Aus syrjän. *tikola* 'sumpfige Gegend', worin syrjän. *ti* 'See', *kola* 'kleine Bucht im See, kl. Waldsee', s. Kalima FUF. 18, 40, Wichmann-Uotila 96, 276.

тыкор, тыкорь 'Spiegel', ksl., s. *микр*.

тыл, *-a* 'Nacken, Rücken, Hinterland, Nachhut e. Heeres', ukr. *tyl*, aruss. *tylъ* 'Nacken, Nachhut', s.-ksl. *tylъ αὐχήν*, bulg. *til* 'Nacken, Genick', sloven. *tȋl* G. *tȋla* dass., čech. *týl* 'Genick, Hinterkopf', slk. *tylo*, poln. *tyl* 'Hinterteil, Rücken', osorb. nsorb. *tyl, tylo* 'Nacken, Genick'. ‖ Urverw.: apreuss. *tūlan* 'viel', lit. *túlas* 'mancher', griech. τύλος m. 'Schwiele, Wulst, Buckel', τύλη, τύλη f. 'Schwiele, Polster, Kissen', tirol. *doll* 'dick', nhd. bair. *dollfuß* 'Dickfuß, geschwollener Fuß', kymr. *twl* 'runde Erhebung', alb. *tul* m. 'Fleischstück ohne Knochen, Wade, das Weiche des Brotes' (G. Meyer Alb. Wb. 451), s. Zubatý Archiv 16, 417, Rozwadowski Qu. Gr. 1, 421, Trautmann BSl. 331, Apr. Sprd. 451, M.-Endz. 4, 137, Sütterlin IF. 29, 125, Torp 185 ff., Meillet Ét. 420. Hierher stellt R. Much Germ. Forsch. 52 ff. auch den germ. Inselnamen Θούλη 'Thule' (Ptolem., Strabo). Zu *тыл* gehört *тыльё* ʽstumpfes Ende einer Waffe', Arch. (Podv.), aruss. *tylěsnь, tylьsnь* dass. (Russk. Pravda 32, s. Karskij RP. 98), s. MiEW. 370. Vgl. *тыть, тыю*.

тымéн, тымéнь m. ʽzweihöckeriges Kamel', Sibir. (D.). Aus mong. *temegen* dass., kalmück. *temēn* ʽKamel, bes. verschnittenes Lastkamel', jakut. *timiän*, alttürk. *tävä*, osman. *dävä*, s. Ramstedt KWb. 390ff., Menges Ung. Jahrb. 15, 520ff. Siehe *тюя*.

тын, -*á* ʽFlecht-, Pfahlzaun', Arch. (Podv.), Olon. (Kulik.), Vjatka (Vasn.), ukr. *tyn*, wruss. *tyń* f. dass., *zatynić* ʽumzäunen', aruss. *tynъ* (1. Novgor. Chr., Russk. Pravda 44 u. a., s. Srezn. Wb. 3, 1073), s.-ksl. *tynъ* τοῖχος, skr. *tȋn* ʽScheidewand', sloven. *tȋn* G. *tína* ʽWand, Verplankung, Erker', čech. *týn* ʽZaun, Burg', poln. *tyn* ʽUmzäunung', ON *Tyniec*. ‖ Alte Entlehnung aus dem Germ., vgl. anord. *tún* ʽGehöft, Hof, Garten', ags. asächs. *tûn*, ahd. *zûn* ʽZaun', diese urverw. mit ir. *dún* ʽBurg', gall. -*dunom*, s. MiEW. 370, Uhlenbeck Archiv 15, 492, Stender-Petersen 253ff., Kiparsky 189ff., Schwarz Archiv 42, 275ff. Hierher auch *тынчáк* ʽBuchenallee' (Chožd. Kotova 93ff., a. 1625), urspr. wohl ʽlängs einem Zaun gepflanzte Baumreihe'.

тынзéй ʽSchlinge zum Renntierfang', Mez. (Podv.). Aus Jur. samojed. *tynzá* dass., s. Podvysockij 176.

тырайдáть ʽzittern', Nordruss. (Barsov Pričit.). Unklar.

тыркнуть ʽstecken', Westl., auch *тырнуть*, wruss. *výtyrknuć* ʽvorstrecken', *tyrknúć* ʽstecken', *týrkać* ʽberühren, bewegen'. Wohl expressive Umgestaltung von *тóркать* ʽstecken', s. Sachmatov IORJ. 7, 2, 338. Dazu: *тыркосить* 1. ʽscharwenzeln'. 2. ʽsich bewegen', Vjatka (Vasn.).

тырло ʽHürde, umzäunter Lagerplatz', Südl. Tula (D.), Don-G. (Mirtov), Voron. (Živ. Star. 15, 1, 124), ukr. *týrlo* dass. Wohl aus rumän. *tîrlă* dass., das entlehnt ist aus bulg. *tŭrlo* ʽHürde', skr. *tŕlo*, zu *тировáть, терéть*, s. Potebnja RFV. 2, 26, Ljapunov RFV. 76, 260, anders über die Sippe Loewenthal Zeitschr. 6, 375. Noch anders Korsch Bull. de l'Acad. d. Sc. de Pétersbourg 1907, s. 768, der den Ursprung dieser Wörter im Turkotat. (kasant., nogai. *tyrlau*) sucht.

тырса ʽSteppengras', Don-G. (Mirtov). Dunkel.

тыртыр ʽschädliche Raupe auf Weinreben', Krim (D.). Aus osman. *tyrtyl* ʽRaupe' (Radloff Wb. 3, 1328). Als Quelle betrachtet Petersson ArArmStud. 84ff. das armen. *tʽrtʽur* ʽRaupe'.

тысяча ʽ1000', ukr. *týsača*, aruss. *tysjača* (Laur., Hypat. Chr.), r.-ksl. *tysǫšta, tysęšta*, abulg. *tysęšti* χίλιοι (Supr.) und *tysǫšti* (Supr., Ostrom., s. Diels Aksl. Gr. 218), bulg. *tisešta* (veralt., s. Mladenov 684), skr. dial. *tȉsuća*, sloven. *tisóča*, čech. slk. *tisíc*, poln. *tysiąc*, osorb. *tysac*. Ursl. *tysǫti* und *tysęt-* mit stammabstufender Deklination erweist die Bodenständigkeit der slav. Sippe, s. J. Schmidt Pluralb. 431. Urverw. mit apreuss. *tūsimtons* Acc. pl., lit. *túkstantis*, lett. *tūkstuotis*, got. *þūsundi* ʽTausend'. Man setzt eine Zusammensetzung von idg. *tūs-* (zu *тыть*, lit. *tūkti* ʽfett werden', lett. *tūkt* dass.) und idg. *k̑m̥tom* ʽhundert' als ʽGroßhundert' voraus, s. Brugmann Grdr. 2, 2, 48, Meillet MSL. 14, 372, Trautmann BSl. 332, Apr. Sprd. 452, M.-Endz. 3, 279, Bugge PBrBtr. 13, 327, Fraenkel Balt. Spr. 58, Balticoslavica 2, 60, Zeitschr. 20, 280ff., IF. 50, 98. Zum *tū(s)*- vgl. *тыл, тыть*, ablautend mit aind. *távas* ʽKraft', *tavīti* ʽist stark', griech. ταῦς· μέγας, πολύς Hesych., s. Persson 479ff., Holthausen Awn. Wb. 322, Rozwadowski JP. 9, 3, Torp 186. Abzulehnen ist die Annahme german. Entlehnung von **tysǫťi* (Hirt IF. 6, 344ff., PBrBtr. 23, 340, Vaillant RES. 24, 184, s. dagegen Kiparsky 88). Unbegründet auch die Herleitung der germ. Wörter aus dem Slav. (gegen Sobolevskij RFV. 13, 144, Archiv 33, 480, ŽMNPr. 1911. Mai, S. 165ff.), s. noch M. Leumann IF. 58, 126ff., Persson c. l., Endzelin Lett. Gr. 365ff.

тыть *тью* ʽfett werden', kirchl., aruss., r.-ksl. *tyti, tyju πιαίνεσθαι*, ukr. *týty, týju*, wruss. *tyć, utyć*, skr. *tȉti, tȉjêm*, čech. *týti, tyjì*, slk. *tyť*, poln. *tyć, tyję*, osorb. *tyć*, nsorb. *tyś*. Verwandt mit *тыл* (s. d.). Vgl. lett. *tūkst* ʽschwellen', lat. *tumeō, -ēre* ʽgeschwollen sein', kymr. *tyfu* ʽwachsen', s. Endzelin Mél. Pedersen 428, Pedersen Kelt. Gr. 1, 178, Trautmann BSl. 331, Apr. Sprd. 446, Walde-Hofmann 2, 715ff. Siehe auch *тук*.

тычи́на ʽStange, Pfahl', zu *тыкать, ткнуть*.

ты́шкорить ʽbeeilen, antreiben', Čerep. (Gerasim.) Aus **tyčkoriť* zu *тыкать* ʽstoßen'.

тьма I. ʽFinsternis, Dunkel', *тёмный* ʽdunkel', ukr. *ťma*, wruss. *ćma*, aruss. abulg. *тьма σκότος* (Ostrom., Assem., Supr.), bulg. *тъма, tma* (Mladenov 644), skr. *táma* ʽFinsternis, Nebel', sloven. *təmà, tmà*, čech. slk. *tma*, poln. *ćma*, osorb. *ćma*, nsorb. *śma*, polab. *tå'ma*. ‖ Ursl. **tьma* urverw. mit lett. *tima* ʽDunkelheit', *timt, timst* ʽdunkel werden', lit. *tamsà* ʽFinsternis', *témti, témsta* ʽfinster werden', aind. *támas* n. ʽFinsternis', avest. *tamah-* n. dass., air. *temel* ʽDunkel', lat. *tenebrae* pl. ʽFinsternis' (**temesrai*), *temere* ʽblindlings, ohne Grund', ahd. *demar* ʽDämmerung', *dinstar* ʽfinster', s. J. Schmidt Pluralb. 206ff., Bezzenberger BB. 17, 220, Trautmann BSl. 322ff., M.-Endz. 4, 190ff., Specht 11, Walde-Hofmann 2, 656ff., Uhlenbeck Aind. Wb. 109, Machek Recherches 35.

тьма II. ʽUnzahl, Legion, Menge, 10000', ukr. *ťma*, wruss. *ćma*, aruss. abulg. *тьма μυριάς* (Ps. Sin., Euch., Cloz., Supr., Ostrom., s. Diels Aksl. Gr. 218), sloven. *təmà* ʽMenge', apoln. *ćma* ʽ10000, Legion'. Gilt als Lehnübersetzung aus turkotat. *tuman* ʽzehntausend, Nebel', das man teils aus avest. *dunman-* ʽNebel' (s. Sköld LwSt. 37ff., Hujer LF. 52, 310), teils aus tochar. *tumane, tumām* ʽ10000' (Meillet Idg. Jahrb. 1, 19) erklären wollte, s. MiEW. 349, Asbóth Kel. Szemle 13, 329ff., Meillet BSL. 23, 2, 114, Fraenkel IF. 50, 98, Brückner EW. 66.

тьфу́!, тфу! ʽPfui, Ausdruck der Verachtung', von der Gebärde des Ausspeiens wie nhd. ndd. *pfui*, griech. φῦ, lat. *fū*, frz. *fi*, osman. *pu* dass. (Radloff Wb. 4, 1259ff.), s. Kluge-Götze EW. 444, Preobr. Trudy 1, 24.

тю, тю, тю! ʽLockruf für Hühner', Vjatka (Vasn.), *тютя*

'Huhn', auch 'stiller Mensch', Vjatka (c. l.). Lallwort.

тюбете́йка, тюбите́йка 'tatarische Kappe', Kazań (D., auch Mel'n.); aus kasantat. *tübätäi* dass., *tübä* 'Gipfel, Spitze' (Radloff Wb. 3, 1598).

тюбя́к 'mit Unkraut bewachsenes Stück Land', Kazań (IORJ. 1, 330). Dunkel.

тюк, -á 'Warenballen, Packen', wird aus ndl. *tuig* 'Zeug' erklärt, s. Preobr. Trudy 1, 29, Gorjajev EW. 382, Dal' 4, 893.

тю́ка 'an den Zweigen hängender Schnee, Reif', Olon. (Kulik.). Aus finn. *tykkä, tykkö* 'großes Stück, Klotz', s. Kalima 229.

тюка́ 'Ende, äußerste Grenze', *дойти́ до тюки́* (D.), auch Kolyma (Bogor.). Unklar.

тю́кать, тю́кнуть 'leicht klopfen, schlagen, meißeln', Nordr. (Barsov), Arch. (Podv.), *тю́калка* 'Hammer', ukr. *ťúkaty*, wruss. *ćúkać* 'meißeln'. Von einem schallnachahmenden *тюк* gebildet, s. Preobr. Trudy 1, 29, Gorjajev EW. 382. Vgl. *стук*, *ту́кать* mit denen ein historischer Zusammenhang nicht zu bestehen braucht (gegen Scheftelowitz KZ. 54, 233).

тю́квица 'Halsstück des Viehes', Olon. (Kulik.). Siehe *кю́тица* (oben 1, 711).

тюле́нь m. 'Robbe, Seehund', dial. 'einjähriges Kalb', Don-G. (Mirtov). Aus d. Russ. entlehnt ist čech. slk. *tuleň* 'Seehund', s. Holub-Kopečný 396. Das russ. Wort soll entlehnt sein aus lapp. östl. *tul'l'a*, N.lapp. *dullja* 'Art Seehund', s. Mikkola RFV. 48, 279, FUFAnz. 5, 45, Kalima FUFAnz. 23, 252. Andererseits denkt man an Zusammenhang mit *уте́льга* u. *телёнок* (Kalima c. l., Gorjajev EW. 382, Preobr. Trudy 1, 30). Wenig vertrauenerweckend ist der Vergleich von *тюле́нь* u. *ту́ло*, *ту́ловище* sowie griech. *στύλος* 'Säule', aind. *sthā́ṇā* 'Säule' (gegen Iljinskij RFV. 66, 278). Itkonen erwähnt *тюле́нь* nicht als lapp. Lehnwort.

тю́летень m. 'unter Wasser befindlicher Grundstein eines Fischwehrs', Arch. (Podv.). Unklar.

тюль m. 'Tüll, netzartiges Gewebe' (Gogol' u. a.). Über nhd. *Tüll* oder direkt aus frz. *tulle* dass. vom Orte *Tulle*, Départ. Corrèze (s. Dauzat 732, Gamillscheg EW. 872).

тюльбюри́ s. *тильбюри́*.

тюлька́ 'Fuchs', Kazań (D.). Entlehnt aus d. Turkotatar.; krimtat. kuman. kirg. alt. tel. *tülkü*, ösbek. *tulki*, osman. *tilki* dass. (Radloff Wb. 3, 1385, 1570, 1768).

тю́лька 'Klotz, Block', Vologda, Penza, Vjatka (D.). Schwerlich Ablaut zu *lit. tulìs* 'Pflock, Nagel', anord. *þollr* 'Pflock, Balken'. Eher neues Wort.

тю́лькать 'brummen, undeutlich sprechen', Nordgrr. (Barsov), Čerep. (Gerasim.). Wohl lautnachmend. Vgl. *тюлюлю́кать* 'zwitschern', nhd. *tirilieren*.

тю́льпа 'Dummkopf', Arch. (D.), čech. *ťulpa* dass., čech. slk. *ťulpas* 'Tölpel'. Nach Kalima RS. 5, 91 soll das Wort aus schwed. *tölp* stammen, das man aber auf nhd. *Tölpel* zurückführt (s. Hellqvist 1269). Die čech. slk. Wörter gelten als entlehnt (s. Holub-Kopečný 396).

тюльпа́ ʽPrügelei’, Kolyma (Bogor.). Dunkel.

тюльпа́н ʽTulpe’, auch *тульпа́н, тулипа́н* dass. (D.). Die erste Form aus frz. *tulipan*, heute *tulipe* dass., die andern wohl über älter nhd. *Tulipan* (a. 1586, s. Kluge-Götze EW. 634), bzw. ital. *tulipano* aus pers.-osman. *tülbend* ʽTurban’, eigtl. ʽNesseltuch’, s. Littmann 115ff., MiTEl. 1, 287; 2, 181, Nachtr. 1, 60, EW. 365.

тюме́нь ʽTabak’, veralt. (D.). Wohl osman. *tümbäki* dass. (Radloff Wb. 3, 1604).

Тюме́нь f. ʽStadt im G. Tobol’sk, W. Sibirien’. Aus wogul. *Tśemχ* ʽTjumeń’, *Tśemgən* ʽnach Tjumeń’. Der letztere Name wird aus turkotatar. *Čimgi* bzw. *Čingi tura*, dem Namen einer an der gleichen Stelle befindlichen älteren Stadt erklärt, s. Kannisto FUF. 17, 211.

тюми́рь m. ʽfinsterer, mürrischer Mensch’, Čerep. (Gerasim. u. Živ. Star. 1893 Nr. 3 S. 386). Unklar.

тюмя́к ʽunbeweglicher, unentwickelter Mensch’, Olon. (Kulik.). Dunkel.

тю́нек *-нька* ʽTabaksdose aus Birkenrinde’, Arch., Šenk. (D.). Unklar.

тюни́ pl. ʽFilzstiefel’, Arch. Perm (D.). Nach Kalima RLS. 156 soll es zu *чу́ни* (s. d.) gehören.

тюнь m. ʽe. Ballen Nanking’. Soll chin. sein.

тюрба́н ʽTurban’, aus frz. *turban* von osman. *tülbend* aus pers. *dulbend* ʽNesseltuch’, s. Littmann 113, Horn Npers. Et. 127, Korsch Archiv 9, 498ff., MiTEl. 1, 287, EW. 364ff.

тю́рзи ʽFladen’, s. *кю́рзи*.

тю́рик ʽHolzzylinder am Webstuhl, um den das Garn gewickelt wird’, Arch. (Podv.). Unklar.

тю́рки pl. ʽgelehrte Bezeichnung der Turkotataren’, *тю́ркский* ʽturkotatarisch’. Aus nhd. *Türke, türkisch* oder frz. *turc*, weiteres s. unter *ту́рок, то́рки*, vgl. auch Preobr. Trudy 1, 21.

тюрлюрлю́ ʽMantille, Überwurf’ (Gribojedov). Unklar.

тюрьма́, тюрма́ ʽGefängnis’, ukr. wruss. *turmá*, aruss. *tjurma* (Pskover 1. Chron. s. Srezn. Wb. 3, 1096, auch 1. Soph. Chron. a. 1486, 2. Soph. Chron. a. 1484, Mosk. Urk. a. 1588, s. Nap. 399, oft bei Kotošichin, Peresvetov, Avvakum). Wird gewöhnlich über poln. *turma* (16.—17. Jhdt.) aus mhd. *turm* von afrz. *torn, lat. *turrim* Acc. s. erklärt, s. Brückner KZ. 45, 39, FW. 148, IF. 23, 215, EW. 585, Christiani 50, Unbegaun 260, MiEW. 359, Preobr. Trudy 1, 30. Die russ. Palatalisierung müßte sekundär sein. Ganz anders wird das russ. Wort neuerdings von Räsänen Neuphil. Mitt. 1946 S. 114, Zeitschr. 20, 447 gedeutet. Er geht aus von alttürk. *türmä* ʽGefängnis’ (Kāšgari, 11. Jhdt.), einem Verbalnomen auf *-mä* von *tür-* ʽhinlegen’ und vergleicht kasantat. *törmä*, alt., kkirg. *türmö* ʽGefängnis'. In letzterem Falle wäre die Endbetonung und *t'u-* erklärt, doch müßten die ukr., wruss. u. poln. Wörter getrennt werden.

тюрю́к, тюри́к ʽSack, Tasche', Kostroma, Nižn., Vologda (D.). Wird als Entlehnung angesehen aus turkotat. *türük*, osman. *dürük* ʽRolle, Paket', s. Korsch Archiv 9, 674, MiTEl. Nachtr. 1, 57.

тюрюлю́кать ʽflöten, dudeln'. Lautnachahmend. Vgl. *тюлюлю́кать, тю́лькать*.

тю́ря ʽwässerige Suppe, aus kaltem Wasser, eingebrocktem Schwarzbrot u. Salz, oft aus Kwas mit Lauch' (Mel'n.), Kazań, Nižn. (D.), Südgrr. (RFV. 75, 239). Schwerlich zu *терéть* (Gorjajev EW. 383), doch auch kaum urverw. mit griech. τῡρός m. ʽKäse', aind. *tūras*, avest. *tūiri-* n. ʽkäsig gewordene Milch' (gegen Preobr. Trudy 1, 31).

тю́тень m. ʽirdener Schmelztiegel', Adj. *тютневóй*. Unklar.

тютижи pl. ʽArt des Düngens mit gebranntem Strauchwerk', Pskov. Aus estn. *kütis* Gen. *kütise* ʽBrennen, Schwenden', *kütma* ʽheizen, brennen', finn. *kyteä* ʽglühen, glimmen', s. Kalima 229 ff.

тю́тина ʽMaulbeerbaum', Don-G. (Mirtov). Zur Sippe von *тут* (s. d.).

тютю́! Interj. ʽverschwunden, pfutsch, weg!' (Leskov u. a.). Lautgebärde.

тютю́н, -á ʽschlechteste Sorte des Blättertabaks', ukr. *t'ut'ún*, wruss. *ćućún*. Entlehnt aus osman. dschagat. krimtat. kuman. *tütün* ʽRauchtabak' (Radloff Wb. 3, 1572 ff., Bang-Gabain Sitzber. Preuß. Akad. 1931 S. 508), s. MiTEl. 2, 181, EW. 365.

тюфтяник ʽPastete mit Wruken', Nördl. (Barsov). Unklar.

тюфя́к I. -á ʽMatratze', dial. *тюшáк* (D.). Aus kasantat. *tüšäk* ʽBettpfuhl, Matratze', krimtat., dschagat. balkar. karaim. *töšäk*, kirg. *töšök*, osman. *düšäk* (Radloff Wb. 3, 1265 ff., 1268, 1589, 1818, Pröhle Kel. Sz. 15, 262), s. MiTEl. 1, 288, Nachtr. 1, 56, Korsch Archiv 9, 499, 674, IORJ. 8, 4, 13, Verf. RS. 3, 266.

тюфя́к II. ʽSchießwaffe, Art Flinte', veralt. (D.), aruss. *tjufjakъ* ʽPfeilwerfer' (Novgor. 4. Chron. a. 1382, 1. Soph. Chron. a. 1472, 2. Soph. Chron. a. 1408 u. a.). Entlehnt aus altosttürk. *tüfäk*, osman. *tüfenk*, *tüfäk* ʽRohr, Flinte, Armbrust', s. Korsch Archiv 9, 676, MiTEl. Nachtr. 1, 60, Kraelitz 58 ff. (hier eine pers. Etymologie).

тюфянчéй ʽKanonier', veralt. (D.), z. B. Chožd. Kotova (1625) S. 92. Aus osman. *tüfäkči, tüfenkdži*, s. Kraelitz 58 ff., Christiani Archiv 36, 592 ff.

тюхтéй ʽTölpel', Arch. (Podv.), *тюхтéрь* m. ʽTölpel, ungeschickter Mensch' (D.). Unklar.

тю́хтить ʽlangsam u. viel essen, schlürfen', *тюхтя́чить* dass. Nižn. (D.). Dunkel.

тю́хтя I. ʽweiße Johannisbeere', Novg., Borov. (D.). Unklar.

тю́хтя II. ʽsaure Milch mit Buchweizenmehl vermischt', Kursk, Orel (D.). Unklar.

тю́ша 'dicker Mensch', Vjatka (Vasn.). Durch pejorative Palatalisierung aus *ту́ша* (s. d.).

тюша́к s. *тюфя́к*.

тю́я 'zweihöckeriges Kamel', Orenb. (D.). Aus dschagat. *tüjä* 'Kamel', kirg. *tüjö, tüö*, uigur. *tävä*, osman. krimtat. aderb. *dävä* dass. (Radloff Wb. 3, 1127, 1241, 1528, 1692), s. Menges Ung. Jahrb. 15, 518ff., Ramstedt K.Wb. 390ff. Siehe *тыме́н*.

тя 'dich', ksl., alter Acc. s. von *ty* (s. *ты*), aruss. *tja*, abulg. *tę*, apoln. *cię* usw. Entspricht apreuss. *tien* 'dich', aind. *tvām*, avest. *ϑwąm*, apers. *ϑuvām*, weiter zu *ты* (s. d.), vgl. Brugmann Grdr. 2, 2, 383, Trautmann BSl. 315.

тябло́ 'Reihe von Heiligenbildern an der Altarwand vor dem Allerheiligsten', ukr. *t'abló*, aruss. *tjablo* (1. Novgor. Chron., 1. Pskover Chron., s. Srezn. Wb. 3, 1097). Über griech. τέμπλον 'Balustrade in der Kirche, die das βῆμα von dem übrigen Teile trennt' (spr. *témblon*) aus lat. *templum*, s. G. Meyer Ngr. St. 3, 65, Verf. GrslEt. 208, Gorjajev Dop. 1, 50. Verfehlte Einwände dagegen bei Preobr. Trudy 1, 31, der auch eine mißlungene Herleitung von lat. *tabula* bietet (wie schon Gorjajev EW. 383).

тябу́шить, стябу́шить 'stibitzen', Kazań (RFV. 21, 239). Vgl. *тибрить, стибрить* dass.

тябя́лка 'Hasenpfote zum Beschmieren von Stiefeln mit Teer', Olon. (Kulik.). Aus karel. olon. *käbälä-*, weps. *käb'äl'*, finn. *käpälä* 'Pfote, Tatze', estn. *käpäli, käbäli* 'mit den Pfoten', s. Kalima 230.

тя́вкать, -аю 'kläffen, bellen (von Hunden)', Krylov u. a. Lautnachahmend. Vgl. *га́вкать*.

тя́га 'Zug, Luftzug, Zugkraft, Drang', *потя́г* 'Riemen', *тяга́ть* 'ziehen, schleppen', *тяну́ть* dass., *тяга́ться* 'prozessieren', *тя́жба* 'Prozess', *тягло́* 'Zins', *тя́глый* 'zinspflichtig', ukr. *t'áh* 'Luftzug', *t'aháty* 'ziehen, zerren', *-śa* 'prozessieren', *t'ahtý, t'ahnú* 'ziehen', wruss. *ćaháć, ćahnúć* 'ziehen', aruss. *tjagati* 'ziehen', *tjago* n. G. *tjažese* 'Riemen', kslav. *rastęšti, rastęgǫ* 'distrahere', bulg. *tégna* 'bin schwer', skr. *têg* 'Zug', *natégnuti, nàtêgnêm* 'anziehen', sloven. *têg* G. *tegâ* 'Zug', *tę́gniti se* 'sich strecken', čech. *tahati, táhnouti* 'sich ziehen, sich erstrecken', slk. *tiahnut'* 'ziehen', poln. *ciągnąć*, osorb. *ćahać, ćahnyć*, nsorb. *sěgaś, sěgnuś*. ‖ Urverw.: avest. *ϑañjayeiti* 'zieht (e. Wagen), spannt (Bogen)', *ϑanvan-, ϑanvar-* n. 'Bogen (zum Schießen)', osset. *t'įnjįn* 'ausdehnen' (Hübschmann Osset. Et. 59), anord. *písl* f. 'Deichsel', ahd. *díhsala* dass., lat. *tēmō, -ōnis* 'Deichsel' (*teηksmō*), s. Zupitza BB. 25, 89, Trautmann BSl. 318, Meillet-Vaillant 507, Meillet-Ernout 1200ff., Holthausen Awn. Wb. 315ff., Torp 179. Man hält *teng-* vielfach für eine Erweiterung der Wz. *ten-*: griech. τείνω (*tenįō*) 'spanne', aind. *tanóti* 'dehnt, spannt', lat. *tendō* 'spanne', s. Meillet-Ernout c. l., Mladenov 630.

тя́ж 'Fiemerstränge', zum vorigen.

тяжёлый 'schwer', volkst. *чижёлый* Vjatka (Vasn.), Kazań (Bulič RFV. 21, 241ff.). Dazu: *тя́жский* 'schwer', ukr. *t'ažkýj*, wruss. *čážkyj*, abulg. *tęžьkъ* βαρύς (Ostrom., Cloz., Supr., Ps. Sin.), bulg. *téžьk*, skr. *téžak*, f. *téška*, sloven. *težək*, f. *težka*, čech. *težký*, slk. *ťažký*, poln. *ciężki*, osorb. *ćežki*. Wegen abulg. *otęgъčiti* βαρεῖν wird von einem älteren *tęgъkъ* 'schwer' ausgegangen und das *ž* vom Kompar. *tęžii* aus erklärt, s. Trautmann BSl. 318. ‖ Urverw. mit lit. *tingùs* 'träge', *tingėti*, *tìngiu* 'bin träge', anord. *þungr* 'schwer', dän., schwed. *tung* dass., s. Zupitza GG. 181, Meillet Ét. 327, Trautmann BSl. 318, Buga RFV. 75, 150, Mikkola Ursl. Gr. 3, 51, Lewy KZ. 52, 306, IF. 32, 158 ff.

тяжки́, чажки́ pl. 'Strümpfe aus Stoff u. Fell', Kolyma (Bogor.). Wohl fremd.

тяза́ть, -а́ю 'fragen', истяза́ть 'foltern, peinlich ausfragen', aruss. *tjazati*, *tjažu*, s.-ksl. *tęzati* διασύρειν, čech. *tázati* 'fragen', slk. *ťazať sa*. ‖ Ursl. *tęzati* aus *tęg-* zu мяга́ть. Unsicher ist der Vergleich mit anord. *þing* 'Versammlung, Prozeß', *þengill* 'Fürst' (Pedersen Kelt. Gr. 1, 106). Dazu *тянуть* urspr. 'etw. aus jemd. herausziehen', s. Holub-Kopečný 380, Preobr. Trudy 1, 33 ff.

тя́кать 'bewirten', Orel (D.), мя́клый 'entsprechend', ukr. *ťáknuty* 'berühren', sloven. *tękniti*, *-nem* 'anrufen, betreffen'. ‖ Man geht von *tęk-* aus und vergleicht lit. *tenkù*, *tekaũ*, *tèkti* 'hinreichen', *tinkù*, *tikaũ*, *tìkti* 'taugen, passen', got. *þeihan* 'gedeihen', s. MiEW. 348. Ganz unsicher, s. Feist Got. Wb. 493 ff.

тяку́в 'Feuerstätte, Ofen in d. Lappenhütte', Arch. (Podv.). Aus Terlapp. *tåɢkɛ* dass., s. Itkonen 59.

тям 'Gedächtnis, Verstand', тя́мить, тя́млю 'verstehen, erfassen', Südl., Westl., Pskov, Kursk, Tambov (D.), Don-G. (Mirtov), ukr. *ťámyty*, *ťámľu* 'verstehe', wruss. *ćamić* dass. ‖ Man vergleicht als urverw. griech. τημελέω 'sorge, warte', τημελής 'sorgfältig' (Petersson ArArmSt. 136, Prellwitz [2]448, Gorjajev EW. 383), ohne das ostslav. *'a* zu erklären. Zweifelhaft ist auch der Ansatz *tępm-* für die slav. Wörter u. Vergleich mit *mánamь* (s. d.), trotz Osten-Sacken IF. 33, 262 ff. Als slav. Lehnwörter aufgefaßt werden: lit. *tėmytis* 'sich merken, einprägen', lett. *tēmêt*, *-ēju* 'wahrnehmen, deuten', s. M.-Endz. 4, 171, Brückner FW. 145, Skardžius 221, Osten-Sacken c. l. Unklar.

тяну́ть s. *тяга*, *тягать*.

тяпасы pl. 'Unruhe, Wirrwarr, Streitsache', Vjatka (D.). Wohl zu *тяпать*. Zur Bildung vgl. *выкрутасы*. Anders Kalima 230, der es zweifelnd aus finn. *kepponen* pl. *kepposet* 'Possen, Streiche' erklärt. Dagegen spricht die Wortgeographie. Syrjän. *ťapes*, *ťapesy* 'Mutwille, Streiche, Ränke' ist nach Kalima c. l. russ. Lehnwort. Es fehlt bei Wichmann-Uotila.

тя́пать, -аю 'haue, schlage', тя́паться 'patschen', тя́пкий 'behend', Nordr. (Barsov), тя́пша 'mooriger Grund', Olon. (Kulik.). Nach Gorjajev EW. 384 zu *meny* (s. d.). Nach Preobr. Trudy 1, 34 lautnachahmend. Dazu gehört тя́пка 'kleine Hacke zum Jäten', woher Fam.N. *Тя́пкин*. Vgl. *тяп* Interj. des Schlagens, *тяп-ляп* dass.

тя́рега 'Riemen aus Weidenbast zur Befestigung der Sense am

Griff', Olon. (Kulik.). Ostseefinnisch; vgl. finn. *tere, teri, terri* 'Lederriemen, Rand d. Schuhe', auch *terä* dass., s. Kalima 230.

тятива́ s. *тетива́*.

тят 'erschlagen' in aruss. *potjatъ* (Igorl.). Siehe *тну*.

тять 'schneiden, Holz fällen', Arch. (Podv.). Siehe *тну*.

тя́тя 'Papa, Papachen' (Kindersprache). Lallwort wie *máma, mëmя*. Sobolevskij RFV. 64, 199, RS. 4, 170 geht von **tetę̂, -ęte* aus und denkt an Verwandtschaft mit *тётя*, vgl. apreuss. *thetis* 'Großvater', lit. *tė́tis* 'Väterchen', lett. *tẽta*, griech. τέττα 'Vater', s. Trautmann BSl. 320. Doch wäre auch einzelsprachliche Umgestaltung aus *tata* 'Vater' (s. *máma*) in der Kindersprache möglich.

у

у einundzwanzigster Buchstabe des aruss. ksl. Alphabets, urspr. *оу* geschrieben. Zahlenwert = 400. Name *укъ*, aruss. ksl. *укъ* 'doctrina'. Der aruss. *u*-Laut ist teils aus ursl. *u*, teils aus ursl. *ǫ* entstanden. Letzteres wird ksl. ѫ geschrieben. Beide Laute, *u* und *ǫ*, sind schon im Ostrom. Evang. in einem *u* zusammengefallen.

у I. Interj. 'oh weh!', nur r.-ksl. *u* οὐαί (Srezn. Wb. 3, 1107), abulg. *u* οἴμοι 'weh mir' (Supr.), bulg. *u* 'Ausruf der Verwunderung u. des Schreckens' (Mladenov 647). Vgl. *уви́*.

у II. 'schon, jetzt', s. *уже́*.

у III. Praepos. c. Gen. 'bei, neben', ukr. *u*, wruss. *u*, aruss. abulg. *u* ἐπί, παρά (Supr.), bulg. *u* 'bei', skr. *u*, čech. slk. poln. *u*. Als Präfix bed. *u-* 'ab-, weg-': *убира́ть* 'wegnehmen, ordnen', *убыва́ть* 'abnehmen', *убежа́ть* 'weglaufen', in Nomina: *убру́с* 'Tuch' ('Abwischtuch'), abulg. *uchoditi, umrěti, umyti* usw. ‖ Idg. *au* in apreuss. *aumūsnan* Acc. s. 'Abwaschung', lett. *aumanis* 'von Sinnen', lit. *auliñk* 'im allgemeinen', lat. *au-ferō* 'trage fort', *au-fugiō* 'entfliehe, meide', griech. αὐ-χάττειν· ἀναχωρεῖν, ἀναχάζεσθαι, Hesych (W. Schulze Qu. ep. 60), air *ó, úa* 'ab, von', got. *aupeis* 'öde' (**au-tios* 'abgelegen'), illyr. Αὐταριᾶται 'Anwohner des Tara-Flusses' (s. Tomaschek bei Pauly-Wissowa s. v., Kretschmer Glotta 14, 88). Zu *au-* verhält sich aind. *áva* 'herab, weg', avest. *ava* dass. wie lat. *ab* zu griech. ἀπό, s. Meillet Ét. 158, Trautmann BSl. 16, Apr. Sprd. 305 ff., Bezzenberger BB. 18, 267, Endzelin Lat. Predl. 1, 60 ff., Brugmann Grdr. 2, 2, 809 ff., Walde-Hofmann 1, 79, Uhlenbeck Aind. Wb. 15, Zubatý Archiv 15, 480, Krahe IF. 49, 273, Mladenov 647, Fraenkel Lit. Wb. 24.

у- IV. Präfix bei Nomina 'an-, aufwärts', auch mit verkleinernder, abschwächender Bed.: *удо́л* 'Niederung', *узво́з* 'Auffahrt', *уто́к* 'Einschlagfaden', kslav. *ǫdolь, ǫvozъ, ǫtъkъ*, r.-ksl. *ǫčьrmьnъ* 'rötlich', poln. *wądoł* 'schmale Grube', *wąwóz* 'Hohlweg', *wątek* 'Einschlag', s. MiEW. 222, Jagić Archiv 18, 267. In Verbalkomposita findet sich an Stelle von *ǫ* das Präfix *vъ-*, s. Rozwadowski RS. 2, 94. Daneben erscheint **on-* vor Vokalen:

убáйзаться—уборок 169

онýча (s. d.). In letzterem Falle sowie in **ǫvozъ* u. dgl. liegt idg. **an-* vor, vgl. avest. *ana* ʿauf, über ~ hinʾ, got. *ana* ʿaufʾ, griech. *ἀνά* ʿauf, in die Höhe, entlangʾ, lat. *an-(hēlō)*, s. Brugmann Grdr. 2, 2, 798, Hujer LF. 46, 342, Torp 11, Uhlenbeck Aind. Wb. 7. In anderen Fällen ist **ǫ-* aus *on-*, Ablaut zu idg. *en-*, entstanden (s. *e*), s. Brückner EW. 597 ff.

убáйзаться ʿsich beschmierenʾ, Kolyma (Bogor.). Dunkel.

ýбарас, ýбарс, ýварс, ýборс ʿmännliches Renntier im dritten Jahrʾ, Kola (Podv.). Aus lapp. Kild. *vūβeȓs* dass., s. Itkonen 59.

убедить ʿüberzeugenʾ, *убеждáть* dass., ksl. Lehnwort wegen *žd*. Urspr. zu *бедá* ʿNotʾ. Kaum mit Recht bezweifelt von Ljapunov IORJ. 31, 37 ff.

ублюдок, *-дка* ʿBastard, Blendlingʾ. Aus **ubludok*, zu **blǫditi* ʿirren, schweifenʾ mit *lʾ* von *сыблядок* ʿBastard, uneheliches Kindʾ, *блядь*, s. Berneker EW. 1, 62, Preobr. Trudy 1, 37.

ýбо ʿdennʾ, kirchl., abulg. *ubo*, s. *уже* und *бо* (oben 1, 97).

убогий ʿarm, bedürftigʾ, ukr. *ubóhyj*, aruss. *ubogъ* ʿarm, bedürftigʾ, auch ʿverkrüppeltʾ, abulg. *ubogъ πτωχός* (Ostrom., Supr.), bulg. *ubóg*, skr. *ùbog*, sloven. *ubọ̑g*, čech. *ubohý*, slk. *úbohý*, poln. *ubogi*, Synonym mit ksl. *nebogъ* ʿarmʾ, Präfix *u-* ʿwegʾ (s. *y* III.) und **bogъ* ʿReichtumʾ (s. *богáтый*), vgl. W. Schulze KZ. 45, 190. Kl. Schriften 469, Quaest. ep. 60. Hujer LF. 46, 187, Zubatý Archiv 15, 480, Uhlenbeck Aind. Wb. 193, Fraenkel Mél. Pedersen 444.

убол ʿGang, Gasseʾ, kirchl., aruss. *ubolъ* dass., auch *ambolъ* (Skaz. Antonija Novgor., s. Srezn. Wb. 1, 20; 3, 1116). Entlehnt aus mgriech. *ἔμβολος* ʿüberdeckte Straßeʾ (seit Eustathios, heute auf Chios, s. Amantos *ʾΑθηνᾶ* 23, 479 ff., Kretschmer Glotta 5, 294; 18, 221). Die unmittelbare Quelle konnte mgriech. **ὄμβολος* lauten. Dagegen *убол* ʿBrunnenʾ nur r.-ksl. *ubolъ* (Pat. Sin. 11. Jhdt., s. Srezn. Wb. 3, 1116), bulg. *vъ́bel*, skr. *ȕbao* G. *ȕbla*, aus **ǫblъ* (MiEW. 396), kaum aus griech. *ἔμβολον* (Mladenov 85).

уборок ʿe. Hohlmaßʾ, nur aruss. *uborъkъ* dass. (Russk. Pr. Synod. Hs. 29, s. Karskij RP. 95, Šachmatov Očerk 153), ukr. *uborok* (MiEW. 221), skr. *ùborak*, G. *ùbôrka* ʿGetreidemaßʾ, sloven. *obọ̑rǝk*, *-rka* ʿGetreidemaßʾ, čech. *úbor*, *oubor* ʿKorbʾ, poln. *węborek* ʿEimerʾ, nsorb. *bórk* ʿWassereimerʾ, polab. *wumberak* ʿMelkeimerʾ. ‖ Urslav. **ǫborъ* wohl entlehnt aus ahd. *ambar* ʿEimerʾ, das über lat. *amphora* auf griech. *ἀμ(φι)φορεύς* ʿdoppelhenkliges Gefäßʾ mit einem *φορεύς* ʿTräger, Henkelʾ auf jeder Seite, zurückgeht (Kretschmer Glotta 20, 249), s. MiEW. 221, Brückner EW. 608, Uhlenbeck Archiv 15, 482, Kluge-Götze EW. 125, Hirt PBrBtr. 23, 344, Schwarz Archiv 41, 126, Kiparsky 254 ff., Brandt RFV. 23, 96. Weniger wahrscheinlich ist die Annahme einer Urverwandtschaft von sl. **ǫborъ* mit aind. *ambhr̥ṇás* ʿKufeʾ, griech. *ἀμφορεύς*, ahd. *amprî* (neben *ambar*) und Herkunft aus **ambhibhoros* ʿan beiden Seiten getragenʾ, die von Mladenov KZ. 44, 370 ff., RFV. 63, 318 ff., Iljinskij IORJ. 25, 432 vertreten wird. Noch anders als **ǫ-borъ* (mit *y* IV.) wird es gedeutet von Matzenauer 17, Brandt RFV. 23, 96 (alternativ, s.

oben). Das apreuss. *wumbaris* ʽEimerʼ ist poln. Lehnwort, s. Trautmann Apr. Sprd. 466.

убру́с ʽKopftuch der Frauen, Handtuchʼ, ukr. *ubrús*, aruss. *ubrusъ* ʽHandtuchʼ (Vita d. Kodratos 11. Jhdt., s. Srezn. Wb. 3, 1117 ff.), abulg. *ubrusъ σουδάριον* (Ostrom.), bulg. *úbrús* ʽHandtuch, Kopftuchʼ, skr. *ùbrus*, sloven. *ubrûs*, čech. *ubrus*, slk. poln. *obrus*. Als ʽWegwischtuchʼ zu *u-* (*у* III.) und kslav. *brъsnǫti, brysati* ʽreibenʼ, s. Berneker EW. 1, 90 ff., MiEW. 370.

убы́ток, *-тка* ʽVerlustʼ. Aus *u-* ʽwegʼ (s. *у* III.) u. Wz. von *быть* ʽseinʼ.

уважа́ть, *-áю* ʽachten, wertschätzenʼ, ukr. *uvažáty* ʽbeachten, für etw. haltenʼ, wruss. *uvažáć* ʽbeachtenʼ. Entlehnt aus poln. *uważać* ʽerwägen, betrachten, überlegenʼ, das zu nhd. *Wage* gehört, s. *ва́га* (oben 1, 162), vgl. Brückner EW. 598 ff.

Уве́к ʽRuinenstätte am r. Wolgaufer unterhalb Saratovʼ, turkotat. *Ükäk*; hier war der Sitz von Čingizchans ältestem Sohn (s. Barthold bei Marquart WA. 43, Spuler Gold. Horde 284, 296 u. sonst). Der russ. Name geht zurück auf nordwesttürk. **Üväk* aus **Ügäk* von *Ükäk* (Maḥmūd al Kāšyarī) ʽKasten, Kiste, Mauerturmʼ, mong. *ukuk, uχuk*, s. Menges Zeitschr. 24, 30 ff.

увертю́ра ʽOuvertüreʼ, über nhd. *Ouvertüre* (seit 1700) oder direkt aus frz. *ouverture* ʽEröffnungʼ von lat. *apertūra* dass. (s. Kluge-Götze EW. 429).

уве́чить ʽverstümmelnʼ, *изуве́чить* dass., *уве́чье* ʽVerstümmelungʼ. Zu *у* III. und *век* urspr. ʽKraftʼ (s. oben 1, 179).

уво́з ʽAuffahrt, Hohlwegʼ, nur aruss. *uvozъ* (Nestor-Chron.), čech. slk. *úvoz* ʽHohlweg, Fahrwegʼ, poln. *wąwóz* ʽHohlweg, Schluchtʼ. Aus *ǫ* ʽhinaufʼ (s. *у* IV.) und *vozъ* (s. *воз*), s. Srezn. Wb. 3, 1122, Preobr. Trudy 1, 37.

увы́! Interj. ʽoh weh!ʼ, aruss. *uvy* (Greg. Naz., Pand. Antioch., Nestor-Chron., Skaz. o Borise i Glebe, s. Srezn. Wb. 3, 1124, auch Avvakum), abulg. *uvy ovaí* (Supr.), bulg. *uví* (Mladenov 648). ǁ Lautnachahmenden Ursprungs wie griech. *ὀά, οὐά, οὐᾶ, οὐαί* ʽweheʼ, lat. *vāh*, vae, got. *wai*, avest. *avōi, vayōi*, u. dgl., s. Hofmann Gr. Wb. 223, Walde-Hofmann 2, 724, Kluge-Götze EW. 677, Preobr. Trudy 1, 37 ff.

уг ʽSüdenʼ, s. *юг*.

уга́р, *-а* ʽKohlendunst, Abbrand (Gewichtsabgang des durch Brand gereinigten Metalls)ʼ, zu *у* III. und **garъ*, Ablaut von *горе́ть, жар* (s. d.).

угла́н ʽBursche, leichtsinniger Menschʼ, Vologda, Vjatka, Perm, Kazań (D.). Aus osman. *oγlan* ʽKnabeʼ, s. MiTEl. 2, 136, Lokotsch 127.

У́глич ʽStadt im G. Jaroslavlʼʼ, aruss. *Ugleče Pole* (oft Laurent. Chron. a. 1149, 1231, ebenso 1. Soph. Chron., Kotošichin u. a.). Wird abgeleitet von **Qgъlьcь, *Qgъlъ*, einem Knie der Wolga in jener Gegend (s. *у́гол*), vgl. Širjajev Enc. Slov. 68, 493.

у́глы: in *са́вка-у́глы* 'Wildente, Anas hiemalis', Arch. (Podv.). Nach Podvysockij 152 vom Schrei dieses Vogels *ugly*.

углы́знуть 'ertrinken', Nordgrr. (D.). Zu *глы́зать*, *глы́знуть* (oben 1, 278). Anders Iljinskij IORJ. 16, 4, 21, der es zu *го́лзать* stellt (s. oben 1, 285).

угоди́ть, *угожу́* 'treffe, passe ab'. Zu *год*, *го́дный* (oben 1, 283). Anders Petr BB. 21, 213, Walde ²224, wogegen Osten-Sacken IF. 33, 203.

у́гол G. *угла́* 'Winkel, Ecke', ukr. *vúhoł*, wruss. *vúhol*, aruss. *ug(ъ)lъ*, abulg. *ǫgъlъ* γωνία (Zogr., Mar., Assem., Ps. Sin., Euch. Sin.), bulg. *ə́gəl* (Mladenov 704), skr. dial. *ŭgal* G. *ŭgla*, sloven. *vôgəl*, *vôgla*, čech. *úhel*, slk. *uhol*, poln. *węgieł* G. *węgla*, osorb. *nuhł*, nsorb. *nugeł*. ‖ Urverw.: lat. *angulus* dass., umbr. *anglom-e* 'ad angulum', armen. *ankiun*, *angiun* dass., aind. *avgam* n. 'Glied', *avguliṣ*, *avguriṣ* 'Finger, Zehe', *avgulīyam* 'Fingerring'; neben idg. **avg-* findet sich **avk-* 'gebogen' in lat. *ancus* 'gekrümmt', *uncus* dass., griech. ἀγκών m. 'Bug, Ellenbogen', ἀγκύλος 'krumm', aind. *avkás* m. 'Haken', s. Meillet Ét. 183, Meillet-Ernout 60, Walde-Hofmann 1, 46, Hübschmann 419 ff., Uhlenbeck Aind. Wb. 3. Siehe *у́коть*. Über *У гол* 'Teil Bessarabiens', mgriech. Ὄγγλος, vgl. oben 1, 135, s. v. *Буджа́к*. An eine Entlehnung von *ǫgъlъ aus lat. *angulus* zu denken (so Walde KZ. 34, 513) besteht kein Anlaß.

уголо́вный 'kriminell, strafrechtlich', *уголо́вщина* 'Kriminalverbrechen', wruss. *uholóvnyj* 'dringend, sehr wichtig', *uholóvno* 'dringend, notwendig' gehört zu aruss. *golova* 'Kopf', auch 'Getöteter'. Zur Bed. vgl. lat. *capitālis* 'den Kopf betreffend', dann 'kriminell', s. Preobr. Trudy 1, 38.

у́голь m. G. *угля́* 'Kohle', ukr. *vúhił'*, wruss. *vúhol'*, aruss. *ug(ъ)lь*, abulg. *ǫglь* ἄνθραξ (Supr.), bulg. *vǘgle* n. 'Kohle', skr. *ŭgalj*, G. *ŭglja*, sloven. *vôgəł* G. *vôgla*, čech. *uhl*, slk. *uhol*, poln. *węgieł*, osorb. *wuhl*, *wuhel*, nsorb. *hugel*. ‖ Urverw.: apreuss. *anglis*, lit. *anglìs*, Acc. *añglį*, ostlit. *ánglis*, lett. *ùogle*, aind. *áv̄gāras* 'Kohle', npers. *angišt* dass., s. Meillet Ét. 417, Trautmann BSl. 8, Apr. Sprd. 300, M.-Endz. 4, 414. Über evtl. Verwandtschaft mit *ого́нь* (Solmsen Unters. gr. Lautl. 218), s. oben.

угомони́ть 'beruhigen', *угомо́н* 'Ruhe, Stille'. Zu *у* III. u. *го́мон* 'Lärm', s. MiEW. 71, Stender-Petersen Mikkola-Festschrift 279.

уго́р 1. 'steiles Flußufer'. 2. 'steile Anhöhe', Nördl., Östl. (D.), Kolyma (Bogor.). An **ǫ- 'an-' (s. *у* IV.) u. *гора́*.

у́горский s. *угрин*.

у́горь I. 'Aal, anguilla', ksl. *ǫgorištь* (spät), skr. *ŭgor*, sloven. *ogór*, G. *-órja*, čech. *úhoř*, slk. *úhor*, poln. *węgorz*, osorb. *wuhoŕ*, nsorb. *hugoŕ*. ‖ Urverw. mit apreuss. *angurgis* 'Aal', lit. *ungurӯs* dass. (aus *angurӯs, woher finn. *ankerias* dass., s. Thomsen Berör. 88, 105, Setälä Archiv 16, 273), weiter wird dazu gestellt: griech. ἴμβηρις· ἔγχελυς, Μηθυμναῖοι, Hesych. Man nimmt Verwandtschaft an mit der Sippe von *уж* 'Natter', lit. *angìs*

ýгорь—угрю́мый

ʽNatter, Schlange', lat. *anguis* ʽSchlange', *anguilla* ʽAal', ahd. *unc* ʽNatter', air. *esc-ung* ʽAal' (eigtl. ʽWasserschlange'). Die urspr. Bed. von *ǫgorь* wäre dann ʽschlangenähnlich'. Vgl. osman. *jylan balyɣy* ʽAal', *jylan* ʽSchlange' (Radloff Wb. 3, 482), s. bes. Machek Zeitschr. 19, 53 ff., Trautmann BSl. 8, Apr. Sprd. 300, Specht 31, Meillet-Ernout 60, M.-Endz. 4, 406, 413, Pedersen Kelt. Gr. 1, 107, Schrader-Nehring 1, 1, Hübschmann 426, Fraenkel Lit. Wb. 10.

ýгорь II. G. *угря́* ʽFinne, Pickel, Mitesser', ukr. *vuhór* G. *vuhrá* dass., bulg. *vъgaréc* ʽMade, Larve' (*ǫgorьcь, s. Mladenov 93 ff.), skr. *ùgrk* dass., sloven. *ọ̑grc, ogr̀c* ʽMade, Dasselfliege, Finne', čech. *uher*, slk. *uhor*, poln. *wągr, węgry* pl., osorb. *wuhra*, nsorb. *huger*. ‖ Urslav. *ǫgrъ urverw. mit lit. *ánkštara* f., ostlit. *inkštìras* ʽFinne', ferner ahd. *angar* ʽKornmade', nhd. *Engerling*, s. Bezzenberger BB. 2, 154, Zupitza GG. 178, Trautmann BSl. 8, Apr. Sprd. 301, Kluge-Götze EW. 132, Agrell BSlL. 18 ff. Man versucht gemeinsame Herkunft mit *у́горь* I. und *уж* zu erweisen, s. Pedersen Kelt. Gr. 1, 107, Loewenthal WS. 10, 144.

Угра́ ʽl. Nbfl. der Oka', G. Kaluga u. Smol. Gehört viell. zu lett. *Uogre* ʽNbfl. der W. Düna', lit. *Ungurùpė* ʽAngerapp', als ʽAalfluß', s. Verf. Sitzber. Preuß. Akad. 1932 S. 657, Fraenkel BSpr. 41. Möglich wäre auch eine bed. Quelle mit anl. *v-* wie apreuss. *Wangrape* und Zusammenhang mit lit. *vìngris* ʽKrümmung' (s. Endzelin Zeitschr. 11, 150, Gerullis Apr. ON. 195). Abzulehnen ist die alte Verknüpfung von *Ugra* mit dem Namen der Ungarn, aruss. *ugre* (Europaeus), da die Ungarn nie in dieser Gegend gewesen sind.

угри́н ʽUngar', Adj. *у́горскій* ʽungarisch', nur aruss. *ugrinъ*, pl. *ugre* (Nestor-Chron.), ukr. *vúhor, úhor*, s.-ksl. *ǫgrinъ*, pl. *ǫgre*, skr. *ùgar* G. *ùgra*, auch *ùgrin*, sloven. *vogȓ, vogrȋn* (MiEW. 223), čech. *uher*, slk. *uhor*, poln. *węgier, węgrzyn*. Aus einem slav. *ǫgъrinъ entlehnt ist alit. *unguras* ʽUngar', nicht später als Anf. d. 10. Jhdts. (Buga IORJ. 17, 1, 1 ff.). ‖ Slav. *ǫg(ъ)rinъ, mlat. *Ungari, Ungri* (*Hungari* hat sein *h* wohl von *Hunni*), mgriech. Οὔγγροι, Οὔγγρικός (Belege vom 10.—16. Jhdt. bei Moravcsik Byz.-Turc. 2, 194 ff.), beruhen auf dem turkotatar. Volksnamen Ὀνόγουροι (Priskos, Agathias), mlat. *Hunuguri* (Jordanes), *Onoguria terra* (Geogr. Ravennas), bulg.-türk. *on ogur*, alttürk. *on oɣuz* ʽzehn Oguzstämme', s. Kunik-Rosen Al Bekri 109, Munkácsi Kel. Sz. 5, 307 ff., 6, 200 ff., Marquart Kumanen 35 ff., Ungar. Jahrb. 4, 275, Németh bei Jókai ZONF. 11, 261, Melich Archiv 38, 249 ff., Thomsen SA. 2, 278, Sobolevskij IORJ. 26, 19.

угрю́мый ʽmürrisch, griesgrämig'. Viell. wurzelverwandt mit *грусть, грусти́ть*. Vgl. ahd. *in-grúên*, mhd. *grúen, grúwen* ʽschaudern, fürchten', nhd. *grauen, Greuel*, ahd. *ir-gruwisón* ʽSchrecken empfinden', mhd. *grúsen, griusen*, nhd. *grausen*, vgl. zur germ. Sippe Torp 145. Abzulehnen ist der Vergleich mit nhd. *Gram* (gegen Gorjajev EW. 385), verfehlt auch die Verknüpfung mit *рю́ма* ʽweinerlicher Mensch' (Želtov Fil. Zap. 1876 Nr. 4

S. 35) und Annahme einer Entlehnung aus nhd. *ingrimmig* (Preobr. Trudy 1, 40).

уд 'Glied, Körperteil', aruss. *udъ* dass., auch 'Stück, Bissen', neben *udo* n., pl. *udesa* dass., abulg. *udъ* μέλος (Supr.), bulg. *ud* 'Glied', skr. *ûd* 'Glied', *údo* 'Stück (Fleisch)', sloven. *úd*, čech. slk. *úd* 'Glied', poln. *ud* 'Schenkel, Dickbein', *udo* n. dass. ‖ Nicht klar. Man dachte an idg. **au-* 'weg' (s. *y* III) und Wz. **dhē-* 'etwas Abgetrenntes' (Holub-Kopečný 400). Abzulehnen ist der Vergleich mit anord. *vǫdvi* m. 'Wade, Muskel, Fleisch', asächs. *watho*, ahd. *wado* 'Wade' (Mikkola IF. 23, 126 ff., RS. 2, 248), da diese zu lat. *vatius* 'krumm' gestellt werden, s. Lidén KZ. 41, 396, Holthausen Awn. Wb. 350. Andere denken an Verwandtschaft mit lat. *ōmentum* 'Netzhaut um die Eingeweide, Fetthaut', avest. *ūϑa-* n. 'Fett' (so Petersson Verm.Beitr. 126 ff.), dagegen s. Walde-Hofmann 2, 208 ff. Zweifelhaft ist die Zugehörigkeit zu *об-ýmь, из-ýmь, узда́* (gegen Mladenov 649) oder zu lit. *uodegà* 'Schwanz, Schweif' (Pogodin RFV. 32, 270), das man zu griech. ὠϑέω 'stoße', aind. *vádhati* 'stößt, schlägt' stellt, s. Endzelin Donum Natal. Schrijnen 397.

удá, *-и́* 'Angel', gew. *ýдочка*, ukr. *vúdka*, wruss. *vudá*, aruss. *uda* (Svjatosl. Sborn. 1076, s. Srezn. Wb. 3, 1143), ksl. *ǫda, ǫdica* ἄγκιστρον, bulg. *vъdica* (Mladenov 94), skr. *ȕdica*, sloven. *ódica*, čech. *udice*, poln. *węda, wądka*, osorb. *wuda*, nsorb. *huda*. Aus frühostsl. **ǫda* entlehnt sind lett. *unda*, estn. *und* 'Angel', liv. *ūnda*, s. M.-Endz. 4, 229. ‖ Wird gewöhnlich erklärt aus Präfix **an-* bzw. **on-* und Wz. **dhē-* als 'Ansatz, was angelegt wird'. Man vergleicht: lett. *uodne* 'lattenartiges Holz, auf dem der Schlittenkorb ruht', *eñdas* 'Teil des Bauernschlittens', cf. lit. *ìndas* 'Gefäß', sloven. *nâda* 'Ansatz', s. Machek Mnema f. Zubatý 414, Trautmann BSl. 48, M.-Endz. 4, 413. Sonst wird noch verglichen: aind. *anduṣ* f. 'Fußkette' (Lidén Armen. Stud. 7). Anders beurteilt das slav. Wort Meillet Ét. 320, der von einem **onkda* ausgeht und aind. *aṅkás* 'Haken', griech. ὄγκος 'Widerhaken', lat. *uncus* 'gekrümmt' vergleicht. Wenig wahrscheinlich wie diese ist auch die Verknüpfung als **vondhā* mit got. *biwindan* 'umwinden', aind. *vandhúram* n. 'Wagenkorb' (Uhlenbeck PBrBtr. 30, 268). Siehe *yдúло*.

удáв 'Riesenschlange, Boa constrictor'. Zu *y* III und *давúть* 'würgen, drücken'.

удалóй 'kühn, wagemutig, tollkühn', *удáл, удалá, удáло*; *ýдаль* f. 'Kühnheit', ukr. wruss. *udályj* 'begabt, tauglich', ukr. *údal'* f. 'Fähigkeit', wruss. *vúdal'* f. 'Sitte, Charakter'. Zu *y* III u. *дать* 'geben' als 'gelungen, (gut) geraten', s. Preobr. Trudy 1, 40. Verfehlt ist der Vergleich mit lat. *audeō, -ēre* 'wage', griech. ἆϑλον, ἄεϑλον 'Kampfpreis' (gegen Petr BB. 21, 213, s. Walde-Hofmann 1, 80).

ýдам 'nicht eingefahrenes Renntier', Petsamo (Itk.). Aus lapp. Patsj. *udām* dass. von norw. *u* Negation u. *tam* 'zahm', s. Itkonen 59.

удáр, *-a* 'Schlag'. *удáрить* 'schlagen', ukr. *udár, udáryty*, aruss.

abulg. *udariti κρούειν* (Ostrom., Supr.) usw. Gehört zu *дерý, дратъ, раздóр* als idg. **dōr-*, vgl. griech. *δῆρις* f. 'Streit', aind. *dāras* 'Riß, Spalte, Loch', *dr̥ṇā́ti* 'spaltet', s. Meillet MSL. 14, 378, Persson 672, Mladenov 649.

у́джать, у́нжать 'verstehen, wissen', Arch. (Podv.). Dunkel.

уди́ло pl. *удилá* 'Mundstück am Zaume e. Pferdes', ukr. *vudýla*, čech. slk. *udidlo* 'Gebiß, Brechzaum', poln. *wędzidło*. ‖ Wird als Ableitung von **o̯da* (s. *удá*) angesehen, s. Machek Mnema f. Zubatý 414, Brückner EW. 608, Lidén Armen. St. 7.

у́дим 'Bettvorhang', Olon. (Kulik.). Aus olon. *uudin* 'Stamm', *uudime-*, finn. *uudin* G. *uutimen* 'Bettvorhang', s. Kalima 230 ff.

у́дить 'reifen (vom Korn), anschwellen', *у́дное зернó* 'reifes, geschwollenes Getreide'. Gewöhnlich verknüpft mit dem idg. Wort für 'Euter': griech. *οὖθαρ, -ατος* n. 'Euter', aind. *ū́dhar, ū́dhas, ū́dhan-*, lat. *ūber*, ahd. *ūtar* 'Euter' (s. *вы́мя*). Vgl. auch lit. *ūdrúoti, -úoju* 'trächtig sein, eutern', s. Zubatý Archiv 16, 418, Meillet MSL. 14, 363, Uhlenbeck Aind. Wb. 32, Iljinskij RFV. 60, 428 ff. Weniger einleuchtend ist der Vergleich mit *уд* 'Glied' (Gorjajev EW. 385) und die Annahme eines Ablautes mit *вя́нуть* (**vęd-*: **vǫd-*, nach Preobr. Trudy 1, 41).

у́дновать 'schlafen, ruhen (nach dem Mittagessen)', Arch. (Podv.), Olon. (D.). Zu *у́деньe, у́дни* pl. 'Nachmittag'. Diese zu *у* und *день*.

удо́бный 'passend, bequem', aruss. abulg. *udobь εὔκολος, ῥᾴδιος* (Supr.), zu *у* III und *до́ба* (s. d.).

удо́д 'Wiedehopf. Upupa epops', volkst. *авдóтька* (nach *Авдóтья*), ukr. *údid* G. *udóda*, auch *ódud*, wruss. *udod*, r.-ksl. *vъdodъ*, sloven. *vdòd* G. *vdóda*, auch *vdâb*. ‖ Lautnachahmend wie auch ukr. *vudvud, vudko, chudok, chudotut, oditut*. Der Ruf des Wiedehopfes wird nhd. mit *Wud! Wud!* wiedergegeben, davon *Wudd-wudd* 'Wiedehopf', Vorderpfalz, Tirol u. a. (s. Suolahti Vogeln. 12 ff.), russ. wird der Ruf mit *udodo* (Šarlovskij Fil. Zap. 1886 Nr. 1, S. 21) oder mit *ху́до тут, ху́до тут* umschrieben (Schrader-Nehring 2, 398 ff.), davon: čech. *dud, dudek*, slk. *dudok*, poln. *dudek* 'Wiedehopf', s. Bulachovskij IANOtdLit. 7, 104, Buga RFV. 67, 237. Die Stimme des Wiedehopfs wird auch mit *hupp, hupp* wiedergegeben (Winteler 26, Schrader c. l.). Auf diesem beruht griech. *ἔποψ* 'Wiedehopf', lat. *upupa*. Bedenklich ist die Annahme einer Entlehnung von *udodъ* aus dem Turkotatar. (Korsch Festschr.-Anučin 524 ff.), ebenso Iljinskij's Vergleiche KZ. 43, 181 ff.

удо́л 'Niederung', auch *удóль* f., aruss. *udolъ, udolь*, s.-ksl. *ǫdolъ, ǫdolь κοιλάς*, sloven. *odoł* 'Tal', čech. *úddol, úddolí* n., slk. *údolie* n., poln. *wądoł* 'schmale Grube'. Aus ursl. *ǫdolъ mit **ǫ-* (s. *y* IV) und *dolъ*, s. Rozwadowski RS. 2, 95, Šachmatov očerk 142. Vgl. *юдо́ль*.

удоро́бь 'Art Topf', s. *дóроб* (oben 1, 363).

у́дочка 'Angel', s. *удá*.

удручи́ть 'niederdrücken, quälen', *удручáть* dass., abulg. *u-*

удЫрить—ужас 175

drǫčiti dass., *u-drǫčenije* 'Kasteiung' (Supr.), poln. *dręczyć* 'quälen, kasteien'. Unklar. Man vergleicht lit. *treñkti, trenkiù* 'dröhnend stoßen', s. Berneker EW. 1, 229 ff. und oben 1, 374 unter *друк*.

удЫрить 'einen Schlag versetzen', Kursk, Tambov, Voron. (D.), auch 'weglaufen ohne sich umzusehen', Kursk (vgl. damit *удрámъ* 'weglaufen'), skr. *ùdriti* 'schlagen', sloven. *údriti*, čech. *udeřiti*, slk. *uderiť*, *udrieť*, poln. *uderzyć*, slowinz. *vùdřec*, osorb. *dyrić* 'einen Schlag versetzen'. ‖ Man vergleicht lit. *dùrti, duriù* 'steche', lett. *duŗt, duŗu* 'stoße, steche', s. Berneker EW. 1, 180, Mikkola IF. 16, 100, M.-Endz. 1, 520, Endzelin RS. 11, 37, Brandt RFV. 21, 216. Siehe *деру́, дор*.

уе́зд, -*а* 'Kreis, staatlicher Verwaltungsbezirk', aruss. *ujězdъ* 'Kreis, Bezirk, der einer Stadt untersteht' (Urk. a. 1318, s. Srezn. Wb. 3, 1346 ff., vgl. auch Unbegaun 117), poln. *ujazd* 'rechtsgültiges Umfahren einer Länderei zwecks Festlegung ihrer Grenzen' (14. Jhdt.), auch ON. *Ujazd*, s. S. Solovjev Enc. Slov. 69, 134 ff., Brückner EW. 202, 593. Aus *u- (s. *у* III) und *jězdъ (s. *езда́, éхать*), vgl. Želtov Fil. Zap. 1876, Nr. 1 S. 21, Gorjajev EW. 390.

уж G. -*á* 'Natter, Coluber', ukr. *vuž*, wruss. *vuž*, aruss. *užь*, sloven. *vôž*, čech. slk. *užovka*, poln. *wąż* G. *węża*, nsorb. *huž* 'Schlange, Wurm'. ‖ Ursl. *ǫžь urverw. mit apreuß. *angis* 'Schlange', lit. *angìs* Acc. s. *añgį* 'giftige Schlange, Natter', lett. *ùodzs*, *uôdze* 'Otter', lat. *anguis* 'Schlange', ahd. *unc* 'Schlange', ir. *esc-ung* 'Aal' (Wasserschlange), Ablaut in *угорь* (s. d.), vgl. Trautmann BSl. 8, Apr. Sprd. 300, Specht 39, Torp 30, M.-Endz. 4, 413, Meillet-Ernout 59 ff., Walde-Hofmann 1, 48, Fraenkel Lit. Wb. 10.

у́жас G. -*а* 'Entsetzen', *ужасну́ться* 'entsetzt werden', *ужа́сный* 'entsetzlich', ukr. *užách* 'Furcht, Entsetzen', *užachnúty* 'erschrecken' (trans.), wruss. *užáslivyj* 'schrecklich', aruss. *užasъ*, *užastь* 'Furcht, Entsetzen', abulg. *užasъ* ἔκστασις, ἔκπληξις (Ostrom., Supr.), kslav. *žasiti* 'schrecken', *prěžasъ* 'Entsetzen, Raserei', bulg. *úžas, užásen*, čech. *úžas* 'Erstaunen, Entsetzen', *žas* 'Entsetzen', *žasnouti* 'staunen, sich entsetzen', slk. *úžas* 'Erstaunen, Entsetzen', *užasnúť* 'erstaunen', *žasnúť* dass., poln. *przeżasnąć się* 'erstaunen, sich entsetzen'. ‖ Schwierig. Viell. Ablaut zu *gasiti (s. *гаси́ть*), vgl. griech. σβέννῡμι 'lösche', homer. σβέσσαι, ἄσβεστος 'unauslöschlich', Aor. ἔσβην, jon. σβῶσαι 'löschen, dämpfen, stillen', lit. *gèsti*, *gestù*, *gesaũ* 'erlöschen, ausgehen', s. Pedersen IF. 5, 47, Berneker EW. 1, 295. Sonst dachte man an Verwandtschaft mit lit. *iššigãsti*, *iššigastù* 'erschrecke', *nusigãsti* 'in Schrecken geraten', *gandìnti* 'schrekken', s. Scheftelowitz IF. 33, 155 ff., Mladenov 560 (vgl. aber zu den lit. Wörtern Fraenkel Lit. Wb. 138 ff.). Begrifflich bestechend, aber wegen des Vokalismus schwierig ist der Vergleich mit got. *usgaisjan* 'erschrecken', *usgeisnan* 'sich entsetzen, erstaunen' (s. Meillet Ét. 178, MSL. 9, 374; 13, 243, MiEW. 406, Matzenauer LF. 16, 175 ff., Fick 1, 414, Mladenov c. l.), s. dazu auch Feist Got. Wb. 531.

уже́, уж I. 'schon, bereits', volkst. *užó* 'nachher, später u. Drohung', ukr. *uže*, aruss. *uže* 'schon, und', r.-ksl. *ju* 'schon, jetzt', *ne ju* 'noch nicht' (Greg. Naz. 11. Jhdt., s. Srezn. Wb. 3, 1625), abulg. *u ἀλλά* (Supr.), *ne u οὔπω* (Cloz., Supr.), *uže ἤδη* (Ostrom., Supr.), neben *juže* (selten Supr.), bulg. *už* 'schon', skr. dial. *jȕr* 'schon', sloven. *užè*, *urè* 'schon', ačech. *juž*, čech. *již*, slk. *už*, poln. *już*, osorb. *hižo*, *juž*, nsorb. *južo*, *južor*. ǁ Im Ostslav. sind zwei idg. Wörter lautlich zusammengefallen: 1. ursl. **ju(že)*, verwandt mit lit. *jaũ* 'schon', lett. *jàu*, apreuß. *jau*, weiter zu got. *ju* 'schon', s. Berneker EW. 1, 457, Endzelin SlBEt. 199, Lett. Gr. 479, M.-Endz. 2. 96 ff., Trautmann BSl. 106, Apr. Sprd. 345, Brugmann Grdr. 2, 3, 987. Dann steckt darin: 2. ursl. **u*, urverw. mit griech. *αὖ* 'andererseits, wiederum', lat. *aut* 'oder', got. *auk* 'denn, aber', s. Meillet MSL. 9, 49 ff., IFAnz. 7, 164, Meillet-Vaillant 42. Zum letzteren gehört auch abulg. aruss. *ubo oȗn*, 'doch, also' (zum *-bo* s. *бо*), vgl. auch dial. *ужа́* 'weg! störe mich nicht', Arch. (Podv.).

у́же II. n. 'Strick, Tau', kirchl., *ужи́ще*, *у́жица* 'dass.', Nördl., Östl., aruss. *uže*, abulg. *ǫže σχοινίον*, *ἄλυσις* (Supr.), bulg. *vъže* 'Seil', skr. *úže* G. *úžeta*, *úža* dass., sloven. *vôže* n. 'Seil', polab. *vǫze* 'Strick'. Ursl. **vǫže* aus **vǫzjo-* zu *у́зел* 'Knoten' u. *вяза́ть* 'binden' (oben 1, 244 ff.). Dazu: *у́жика* 'Verwandter', kirchl., aruss. *užikъ*, *užika* m., abulg. *ǫžika συγγενής* (Ostrom., Supr.).

у́жин I. G. *-a* 'Abendessen', dial. *ужина́* f. dass., Novg. Pskov, Tver (D.), aruss. *užina* 'Mittagessen' (Feodos. Peč., u. a., s. Srezn. Wb. 3, 1166) 'Abendessen' (Igorl., Avvakum 141), bulg. *úžina*, *júžina* (Mladenov 689), skr. *ȕžina* 'Abendessen', sloven. *júžina* 'Mittagessen, Vesper', *júžinati* 'Nachmittags- oder Mittagsmahlzeit einnehmen' (daher: österr. *Jause* 'Zwischenmahlzeit, Vesperbrot', s. Kretschmer D. Wortgeogr. 551 ff.), poln. dial. *juzyna* 'Jause' (Krakau), polab. *jäuzéina* 'Mittagessen'. ǁ Ableitung von ursl. *jugъ* 'Süden' (s. *юг*) urspr. 'Mittagessen'; vgl. mlat. *meridionālis* 'mittäglich, südlich', poln. *południowy* 'mittäglich, südlich', s. Berneker EW. 1, 457, Želtov Fil. Zap. 1876 Nr. 6 S. 72, MiEW. 106, Meillet-Vaillant 42.

ужи́н II. G. *-a* 'Ernte, das Geerntete', zu *жать*, *жну* 'ernte'.

у́жный 'südlich', Nördl. (Barsov). Ableitung von *уг* 'Süden'. Weiteres s. u. *юг*.

ужо́тка, ужо́ткова 'später', auch 'weg, störe nicht!', Arch. (Podv.). Zu *уже́* (s. d.) mit Partikeln *-тко* u. *-ва*.

уза́ I. 'Bienenharz, Halbwachs; die Masse, mit der die Bienen das Innere des Stockes gegen Licht und Luft verwahren'. Aus **vǫza* zu *у́зел*, *вяза́ть* 'binden' als 'Bindung', s. Gorjajev EW. 385.

у́за II. 'Fessel, Kette', pl. *у́зы*, *у́зник* 'Gefangener', aruss. *uza* dass., abulg. *ǫza*, *vǫza δεσμός* (Supr.), *vǫzъ σύνδεσμος* (Cloz.). Zu *у́зел*, *вяза́ть*, *у́же*. II. Wurzelverwandt mit dem vorigen. Kaum richtig wird lit. *vyžà* 'Bastschuh', *vyžti* 'Bastschuhe flechten' verglichen (Petersson Archiv 36, 150). Zweifelhaft ist die Trennung von *вяза́ть* und Annahme einer Verwandtschaft mit lat. *angō, -ere* 'beenge, schnüre, würge', griech. ἄγχω 'schnüre zusammen' (gegen Brandt RFV. 22, 116ff.), vgl. Walde-Hofmann 1, 47.

узбе́ки pl. 'turkotatarischer Stamm in Chiwa u. Chodžent' (s. Korsch Etnogr. Obozr. 84, 116), mgriech. Οὐζπέκ (14. Jhdt., s. Moravcsik 2, 198). Aus osman. dschagat. *özbäk* 'turkotat. Stamm', dschag. auch 'schlicht, redlich, tapfer', ebenfalls 'Name e. mongol. Herrschers' (14. Jhdt., s. Radloff Wb. 1, 1306).

узва́р 'Saft aus eingemachten u. zuvor getrockneten Früchten', Südl., Neurußl. (D., auch Gogol'). Aus ukr. *uzvár* dass. von **vъz-* u. *var-* (s. *ва́рить*).

узг G. *-á* 'Ecke, Winkel, Ende, Kante, Rand', auch 'Augenwinkel', Čerep. (Gerasim., auch Živ. Star. 1893 Nr. 3 S. 386), 'Keil', Vjatka (Vasn.), *узго́л* G. *узгла́* 'Winkel', Vjatka, *узо́г* G. *узга́* dass. Pskov, Tveŕ (D.). Man vergleicht poln. *wązg* '(Rock)schoß' und nimmt Verwandtschaft mit *у́гол* an (Walde KZ. 34, 513, Gorjajev EW. 384), was sich nicht halten läßt, ebenso wie der Vergleich mit griech. ἔσχατος 'äußerster, letzter', ὄχθη 'Rand, Ufer' (gegen Scheftelowitz KZ. 54, 240), der den Vokalismus nicht erklärt. Unklar.

узга́ть 'e. Suppe schlürfen, auch essen', Vjatka (Vasn.). Dunkel.

узда́ 'Zaum, Zügel', *обузда́ть* 'zügeln, zähmen, bändigen', ukr. wruss. *vuzdá*, aruss. *uzda* 'Zaum, Fessel, Bändigung', abulg. *uzda* χαλινός (Supr.), bulg. *juzdá*, *uzdá* 'Zügel', skr. *ùzda*, sloven. *úzda* 'Zaum, Halfter', čech. slk. poln. *uzda*, osorb. *wuzda*, nsorb. *huzda*, polab. *väuzda* 'Zaum'. ‖ Ursl. **uzda* von gleicher Bildung wie **ǫda* (s. *у́да*), urspr. 'an (in) den Mund Gelegtes'. Im ersten Teil steckt offenbar idg. **ous-* 'Mund', (s. *уста́*), im zweiten Wz. **dhē-* 'legen' (s. *деть*), s. Meillet Ét. 321, Specht 224, Persson 182, Mladenov 699, Fraenkel Lit. Wb. 26ff. Slavia 13, 10; ähnlich Endzelin Don. Natal. Schrijnen 404. Vgl. zur Bed. *оброть* (s. d.). Weniger überzeugt die Zerlegung in **u-zda* und Anknüpfung an **obuti*, **izuti* wegen der abweichenden Bed. (gegen Brückner EW. 597, KZ. 45, 52), s. dazu Machek Mnema f. Zubatý 418ff. Des letzteren Gelehrten Auffassung als **ud-da* und Vergleich mit ksl. *uditi* 'molestum esse' als 'Behinderer' ist aber ebenfalls bedenklich, s. dagegen Endzelin c. l. Auch die Annahme eines *uz-* als Vr̥ddhi- Bildung zu **vъz-* (Vaillant BSL 29, 44) ist zweifelhaft, ebenso der Vergleich von *uzda* mit anord. *oddr* 'Spitze' (Lewy IF. 32, 161) und die Verbindung mit *вяза́ть* (Gorjajev EW. 386) oder *уди́ло* (s. d.) bei Sobolevskij ŽMNPr. 1886, Sept., S. 146.

узде́нь m. 'Edelmann der kaukas. Bergbewohner' (Gorjajev EW. 386). Entlehnt aus d. Turkotat.; vgl. kuman. *özden* 'frei, adlig' (Grönbech Koman. Wb. 186).

узе́, узет 'Art Frauenkleidung, Kaftan', Rjazań (Živ. Star. 1898 Nr. 2 S. 224) auch *узе́м*, *у́зем* dass., Rjazań (D.). Dunkel. Vgl. *азя́м*.

узе́к 'früheres Flußbett mit Pfützen, Bach', Östl. (D.). Aus d.

Turkotat.: alt. tel. *özök* 'Fluß, Bach', kirg. *özök* 'Tal' (Radloff Wb. 1, 1302).

у́зел G. *узлá* 'Knoten, Bündel', dial. *у́зол* Östl. (D.), ukr. *vúzoľ*, s.-ksl. *ǫzlъ*, *vǫzlъ δεσμός*, bulg. *vъzel*, mazed. *vъnzel* (RFV. 19, 14), skr. *ȕzao* G. *ȕzla*, sloven. *ózəl*, *vózeľ* G. -*zla*, čech. *uzel*, slk. *uzol*, poln. *węzeł*, -*zla*, osorb. *wuzoł*, polab. *vǫzål*. ǁ Ursl. *vǫzlъ* Ablaut zu *vęzati* (s. *вяза́ть*). Möglich ist die Zugehörigkeit von lit. *ą́žuolas* 'Eiche', lett. *uôzuôls*, apreuß. *ansonis* 'Eiche' (Zubatý BB. 18, 259, M.-Endz. 4, 427) als 'knorriger Baum', s. Fraenkel Lit. Wb. 28.

узéнь m. 'Flußarm', Astr., auch *Узéнь* 1. 'l. Nbfl. d. Roś, G. Kiew', 2. 'Fl. bei Jalta, Krim', 3. 'r. Nbfl. d. Ik, G. Samara'. Turkotat.: vgl. balkar. karač. *özen* 'Tal, Fluß' (Kel. Sz. 10, 128; 15, 249), kirg. *özön* 'Fluß', kasantat. *üzän* 'Niederung, Tal', baraba. *üzön* 'Flüßchen, Bach' (s. Radloff Wb. 1, 1293; 1301, Munkácsi Kel. Sz. 6, 380). Zur Sippe s. Gombocz 112, Paasonen Cs. Sz. 198.

узéтить 'erblicken', Kolyma (Bogor.). Siehe *зéтить*.

узи́лище 'Gefängnis', zu *у́за* 'Fessel'.

у́зкий 'eng, schmal', *у́зок*, *узкá*, *у́зко*, Kompar. *у́же*, ukr. *vuźkýj*, *vúźko*, aruss. *uzъkъ*, abulg. *ǫzъkъ στενός* (Ostrom., Supr.), skr. *ȕzak*, *ȕzka*, *ȕzko*, sloven. *ózək*, f. *ózka*, čech. *úzký*, slk. *úzky*, poln. *wązki*, osorb. *wuzki*, nsorb. *huzki*. ǁ Ursl. *ǫzъkъ*, Erweiterung eines *u*-Stammes, urverw.: aind. *aṁhúṣ* 'eng', *áṁhas* n. 'Enge, Bedrängnis', avest. *ązah*- n. 'Not', armen. *anjuk* 'eng', got. *aggwus* 'eng', lit. *añkštas* 'eng', lat. *angustus* 'eng, schmal', *angor* m. 'Angst', griech. *ἄγχω* 'schnüre, würge', s. Trautmann BSl. 11, Meillet Ét. 325, Walde-Hofmann 1, 48, Fraenkel Lit. Wb. 11, Hübschmann 420, Kluge-Götze EW. 132. Hierher auch: aruss. *uzmenь* 'enge Bucht', ukr. *úźmiń*, r.-ksl. *ǫzmenь*.

у́зник 'Gefangener', aruss. *uzъnikъ*, r.-ksl. *juzъnikъ* (Avvakum 149) aus *ǫzъnikъ* zu *у́за*.

узóр, -*á* 'Muster, Zeichnung', aruss. *uzorъ* 'Verzierung'. Zu *зреть* 'sehen'.

узóрочье 'Schmuck, Verzierung', *узорóчить* 'durch die Pracht der Kleidung in Erstaunen setzen', Pskov (D.), aruss. *uzoročьje* 'Kostbarkeiten, Stoffe mit Verzierungen', zu *зорок* (s. d.), vgl. Torbiörnsson 2, 105.

узчи́на 'schmales Stück Bauernleinwand' (D.), aruss. *uzъčina*, *uzčina* Domostr. K. 18. Ableitung von *у́зкий* 'schmal' (s. d.). Vgl. *шири́нка*.

у́й G. *у́я* 'Onkel mütterlicherseits, Mutterbruder', auch *вуй* (D.), ukr. *vuj*, aruss. *ujь* dass., s.-ksl. *uika θεῖος*, bulg. *újko*, *vújko*, skr. *ȕjac*, *ȕjak*, sloven. *ûjec* G. *ûjca*, čech. *ujec*, slk. *ujec*, poln. *wuj*, nsorb. *hujk* 'Onkelchen, Vetter'. ǁ Ursl. *ujь* aus *auios* mit -*io*- des Vergleiches (s. Meillet Ét. 393), urverw. apreuss. *avis* 'Öheim', lit. *avýnas* 'Onkel', lat. *avus* 'Großvater', got. *awô* 'Großmutter', ahd. *ô-heim*, air. *aue* 'nepos' (*auio-), s. Pedersen Kelt. Gr. 1, 55, Trautmann BSl. 21, Apr. Sprd. 309, Zubatý LF. 17, 393,

Meillet c. l., MSL. 9, 141 ff., Meillet-Ernout 110, M.-Endz. 4, 178, Hübschmann 465.

у́йга 'wenig gerodete Stelle im Walde', Olon. (Kulik.). Entlehnt aus weps. *uig*, pl. *uigud* 'in den Wald hineinragende Sumpfwiese', finn. *uikama* 'Tal, Niederung', s. Kalima 231, RS. 5, 91.

уйгу́ры pl. 'alttürkisches Volk in Ostturkestan, dessen Reich sich bis zum oberen Jenisej erstreckte u. um 1000 n. Chr. eine Blüte erlebte', heute die turkotatar. Bevölkerung im Osten von Kazachstan u. W. China (s. Ušakov 4, 912). Aus uigur. *uiγur* 'Familie, die die Türkendynastie unterwarf'; nach Ramstedt JSFOugr. 55, 82 soll der Name aus d. Goldischen (tungus.) stammen.

у́йма 'unzählige Menge, unabsehbarer Raum', dial. 'Urwald', Kostr. (D.). Zu *у* III und *jęti*, *jьmǫ* (s. *возьму́*, *взять*), s. Preobr. 1, 270. Nach letzterem urspr. 'so viel man fassen kann'.

у́йта 'mit Moos bewachsene, baumlose Sumpffläche', Arch., Ustjug (D.). Aus finn. *uitti* 'Landzunge zw. zwei Wasserläufen', *uittu* 'kleine Bucht', wotisch *uitto* 'Pfütze, Lache', s. Kalima 231, FUF. 18, 40. Weniger empfiehlt sich wegen der Wortgeographie die Herleitung aus syrjän. *ujt* 'überschwemmte Stelle, Viehweide' (so Kalima c. l.), weil letzteres als ostjak. Lehnwort gilt (vgl. Wichmann-Uotila 344, Kálmán Acta Ling. Hungar. 1, 260).

у́кать, у́кнуть 'laut rufen (im Walde)', Pskov, Westl. (D.). Kann zu *гу́кать* 'schreien' gehören (dazu s. oben 1, 319) oder zu skr. *ûk* m. *ùka* f. 'Geschrei', *úkati*, *ûčêm* 'hu-schreien', sloven. *ûk* 'Jubelgeschrei', *úkati* 'jauchzen'. Zugrunde liegt interjektionelles *hu* bzw. *u*. Vgl. lit. *ùkčioti* 'uh-rufen', *ūkauti* 'hu-rufen', lett. *ûkšêt* 'rufen, schreien, jodeln' (s. Fraenkel KZ. 60, 251, M.-Endz. 4, 407 ff.).

укла́д, -а 1. 'Beschlag, Schiene (an den Schlittenkufen)', 2. 'Stahl (an Werkzeugen)'. Zu *у* 'an' u. *кладу́* 'lege an'.

укле́йка, укле́я 'geringer Weißfisch, Cyprinus alburnus', ukr. *uklíja*, bulg. *oklêj*, skr. *ùklija*, čech. *úkleje*, *úklej*, slk. *ukleja*, poln. *uklej*, osorb. *wuklija*, *wuklica*, nsorb. *hukleja*, *huklej*. || Ursl. **uklěja* urverw. mit lit. *aukšlě* Acc. s. *aūkšlę* dass., s. Buga RFV. 65, 303; 75, 151, Trautmann BSl. 18, Machek Zeitschr. 19, 67, Fraenkel Lit. Wb. 25. Unsichere weitere Vergleiche bei Loewenthal WS. 8, 176; 11, 60. Nach Mladenov 377 soll Beziehung zu *клей* bestehen.

уклю́жий 'stattlich, wohlgestaltet, gewandt'. Siehe *клю́жий*.

укоко́шить 'totschlagen' (Puškin), daraus durch Tabu: *укото́шить*, *укопо́шить*, s. Zelenin Tabu 2, 154. Weiteres s. v. *коко́шить*.

уко́р, -а 'Vorwurf', *укори́ть* 'Vorwürfe machen', s. *кор* (oben 1, 621).

уко́ть f. 'Haken', kirchl.; aruss. *укоть* 'Haken, Anker', auch *jukotь*, s.-ksl. *ǫkоtь* f. ὄγκινος. Urverw.: lit. *ánka* 'Schlinge in einem zum Hängen dienenden Strick' (Bezzenberger Lit. Forsch. 96), 'Schlinge, in der die Segelstange hängt', aind. *aṅkás* m. 'Haken,

Klammer', osset. *ængur* ʽHaken', griech. ὄγκος m. ʽWiderhaken', lat. *uncus* m. ʽHaken', *ancus, uncus* ʽgekrümmt', ahd. *angul* ʽAngel, Stachel', *ango* dass., ir. *ēcath* ʽFischhaken' (**ankato-*) s. Meillet Ét. 280, Trautmann BSl. 9, Kluge-Götze EW. 17, Walde-Hofmann 1, 46, Torp 12, Fraenkel Lit. Wb. 11.

Укрáина ʽukrainische Räterepublik, ukrain. Sprachgebiet', bis 1918 hieß so nur der östl. Teil desselben, nicht Galizien, ukr. *Ukrajína*, aruss. *Ukraina* ʽGrenzland': *Ukraina Galičьskaja* (Hypat. Chron. a. 1189) ʽGrenzland d. Wolhyn. Fürstentums gegen Polen' (s. Perwolf Archiv 7, 600), *Ukraina* ʽsüdwestl. Grenzgebiet des Moskow. Staates' (Razorenije Mosk. Gosud. 24, Kurbskij, s. Sobolevskij Serta Borysth. 15), Kotošichin 64, 151, Pskover 1. Chron. a. 1481 (*Ukraina za Okoju*), *Ukraina* ʽGrenzmark von Pskov', Skaz. Mam. IV (s. Šambinago PM. 96), Pskover 2. Chron. 7. Heute *Укрáйна Терская* ʽSüdliches, Tersches Ufer der Kola-Halbinsel', Arch. (Podv.), dort heißt *укрáй* ʽam Rande, an der Küste', *укрáйной* ʽam Rande befindlich'. Siehe *край*. Ableitung: *украинец* ʽUkrainer', *украинский* ʽukrainisch', ukr. *ukrajineć, ukrajinśkyj*, urspr. nur ʽOstukrainer, -isch', heute für das ganze früher kleinruss. benannte Gebiet, s. Durnovo-Ušakov 108 ff. Vgl. *Малорóссия*.

укрóмный ʽabgesondert, einsam', čech. *soukromý* ʽabgesondert', r.-ksl. *ukromъ* ʽRand, Grenze', *ukromije* n. dass., *ukromь* ʽgetrennt, selbständig', *ukromьnъ* ʽam Rande befindlich' (Kyrill v. Turov, s. Srezn. Wb. 3, 1188). Zu *кром, кромá* (s. d.), s. Sobolevskij ŽMNPr. 1886, Sept., S. 156, MiEW. 141.

укрóп I. -*a* ʽheißes, siedendes Wasser', ukr. *okríp, ukríp*, aruss. *ukropъ*, abulg. *ukropъ* τὸ εὐκράτιον (Supr.), bulg. *úkrop* ʽsüßer Schnaps', čech. *úkrop* ʽWassersuppe', slk. *úkrop* ʽSchafkäsesuppe', poln. *ukrop* ʽSud, siedendes Wasser', osorb. *krop*, nsorb. *hukrop* dass. ‖ Zu *кропúть* ʽspritzen, sprengen' (oben 1, 667).

укрóп II. -*a* ʽDill', zu *копёр* II. ʽDill'.

укрýта ʽweibliche Kopfbedeckung' Olon. (Kulik.), zu *крутúть* ʽwinden, drehen'. Derselbe Gegenstand heißt *повóйник* zu *вить* ʽwinden', s. Zelenin Russ. Volksk. 60, Dal' 4, 992.

укрýх ʽLaib Brot', aruss. abulg. *ukruchъ* (Supr.). Zu *крух, крохá*.

укрюк ʽSchlinge zum Einfangen weidender Pferde an einer leichten Stange', Don-G., Orenburg, Sibir. (D.). Nicht zu *крюк*, sondern entlehnt aus mtürk. *ukruk* ʽLasso', osman. *ukurya* von mongol. *ukurga* dass., s. Ramstedt KWb. 454.

укрятом adv. ʽbeständig', *укрятный* ʽmaßvoll, fest', Olon. (Kulik.). Mit negierendem *у* wie *убóгий* (s. d.) zu *крятать* ʽbewegen, winden'. Ablaut in *крутúть* ʽdrehen' (**kręt-*: **krǫt-*).

ýксус ʽEssig', dial. *сýксус* Voron. (D.) aus *с ýксусом*, aruss. *uksusъ* zuerst Urk. a. 1136 (s. Srezn. Wb. 3, 1193), auch Domostr. K. 47 ff., Kotošichin 167 u. a. Aus griech. ὄξος dass., s. Sobolevskij Lekcii 39, MiEW. 371, Verf. Grsl. Et. 208.

укýр ʽeinsame Meeresklippe', Arch., *укурнýть* ʽuntertauchen', Arch. (D.), Kolyma (Bogor.). Unklar.

улáз ʻAusschneiden der Waben (aus den Bienenstöcken)ʼ, *улázный мёд* ʻJungfernhonigʼ. Urspr. ʻErkletternʼ zu *лázить* ʻkletternʼ (s. d.). Vgl. Berneker EW. 1, 697, zur Sache Zelenin Russ. Volksk. 80 ff. (mit Abb.). Verfehlt darüber Jokl Archiv 28, 8; 29, 30.

ýлайдать ʻlaut rufenʼ, s. *уланда́ть*.

улáн I. *-а* ʻleichter, mit e. Lanze bewaffneter Kavallerist; Ulanʼ. Wohl über nhd. *Ulan* (seit Friedrich d. Gr.) bzw. poln. *ułan* aus osman. kuman. aderb. *oγlan* ʻKnabe, Jünglingʼ (Radloff Wb. 1, 1022 ff.), s. Littmann 109, Kluge-Götze EW. 639, MiEW. 372, Zajączkowski JP. 19, 36. Vgl. das folg.

улáн II. ʻLeibwächterʼ oft in der Volksdichtung, aruss. *ulanъ* ʻEdelmannʼ (Skaz. M. II. u. III, s. Šambinago PM. 4 ff.; 1. Soph. Chron. a. 1491; 2. Soph. Chron. a. 1478, Salomosage Pam. Star. Lit. 3, 64). Direkt aus turkotat. *oγlan* ʻBurscheʼ, kipčak. *oγlan* ʻEdelmannʼ, s. Korsch Archiv 9, 659 ff., Zajączkowski JP. 19, 36, Srezn. Wb. 3, 1194 ff. Etymologisch identisch mit *улáн* I.

ýландать ʻheulen, jammernʼ, Olon. (Kulik.), *ýлайдать* ʻim Walde rufenʼ, Arch. (Podv.). Aus weps. *ulai̯dab* 3 s. ʻheultʼ, finn. *ulista* ʻheulen, jammern, wimmernʼ, s. Kalima 232.

улáчи f. pl., *улачéй* G. pl. ʻburjatische Ansiedlung für den amtlichen Postdienstʼ, Baikal-G. (D.), Mongol. Lehnwort, vgl. kalmück. *ulātši*, *ulātšn̥* ʻPostknecht, Postbedienterʼ, *ulā* ʻPostpferde, amtlicher Postdienstʼ (Ramstedt K. Wb. 448).

ýлеги, ýлиги, ýледи pl. ʻeinfache, grobe Lederschuheʼ, Arch., Vologda, Perm, *ýлеви* pl. ʻBauernschuheʼ, Perm, *ýнеги* ʻOberstiefel aus Renntierfellʼ, Sibir., *ýлиги* ʻArt weiche Frauenschuhe ohne Absätzeʼ, Peterhof (Bulič IORJ. 1, 330). Nach Kalima 232 aus finn. *uilo, uilokas* ʻHalbstiefel mit breiter, aufwärts-gebogener Sohleʼ.

ýлей G. *ýлея, ýлья* ʻBienenkorbʼ, ukr. *vúlij* G. *-lija*, r.-ksl. *ulii*, bulg. *úlej* ʻBienenkorb, hohler Baumstamm, Wasserrinne, Trogʼ, skr. *úljevi* m. pl. ʻBienenbrutʼ, sloven. *úlj* m. ʻhohler Baum, Bienenstockʼ, čech. *úl*, slk. *úľ* ʻBienenkorbʼ, poln. *ul*, nsorb. *hul* ʻausgehöhlter Baumstamm, Bienenkorbʼ, polab. *väul*. ‖ Urverw. mit lit. *aulỹs, avilỹs* ʻBienenkorbʼ, lett. *aũlis* ʻBienenstock aus Tannenrinde oder e. hohlen Klotzʼ, apreuß. *aulis* ʻSchienbeinʼ, *aulinis* ʻStiefelschaftʼ, griech. αὐλός ʻRöhre, Flöteʼ, ἔναυλος ʻHöhlung, Grabenʼ, norw. dial. *aul* m. ʻRohr, Stengelʼ, lat. *alvus* ʻHöhlung, Bauchʼ, *alveus* ʻHöhlung, Trog, Bienenkorbʼ, s. J. Schmidt Vok. 2, 416, Lidén Stud. 83, Meillet Ét. 420, Gauthiot MSL. 16, 274, Trautmann BSl. 18, Apr. Sprd. 307, Persson 541 ff., Buga RFV. 75, 151, M.-Endz. 1, 223, Specht KZ. 69, 136 ff., Mladenov 651, Pedersen KZ. 39, 459, Brandt RFV. 25, 34, Fraenkel Lit. Wb. 25 ff.

улёк ʻSchrecken, Furchtʼ, Sevsk (Pr.), Smol. (Dobr.). Mit sekundärem *ë* für **ulękъ*, vgl. ukr. wruss. *ľak* dass. Zu *ляка́ться, ля́кнуться* ʻerschreckenʼ, s. oben 2, 83, Berneker EW. 1, 707. Preobr. 1, 497.

улепётывать, улепетну́ть ʽdavonlaufen, schleunigst das Weite suchen'. Wird zu *лепета́ть* ʽlallen' gestellt (Preobr. 1, 447 ff.), was die Bed. nicht erklärt (ʽsich lallend entfernen'?). Schwierig ist auch die Verknüpfung mit *ла́па* (Gorjajev EW. 387).

улизну́ть ʽentwischen'. Die Verbindung mit *лиза́ть* ʽlecken' (Preobr. 1, 452) ist viell. nur eine volksetymologische. Es wird an Verwandtschaft mit *слизга́ть* ʽgleiten' (Preobr. 2, 300) gedacht. Denkbar wäre auch Zusammenhang mit *лызга́ть* ʽgleiten', *лызну́ть* ʽdavonrennen'. Gorjaev EW. 387 setzt eine Form *улезнуть an und stellt das Wort zu *лезть*.

ули́ка ʽÜberführung, Beweis (e. Verbrechens)', *уличи́ть* ʽüberführen'. Zu *лик*, *лицо́*.

ули́тка ʽSchnecke', čech. *ulita* ʽSchneckenhaus'. Wohl urspr. Adj. *ulitъ ʽmit e. Höhlung versehen', zu *у́лей* (s. d.). Vgl. griech. φερέοικος ʽder sein Haus trägt', für Schnecke u. Schildkröte (s. Havers 31) und zum Suffix: *домови́т*.

у́лица ʽStraße', *зау́лок* ʽSeitengasse', *заку́лок* dass., *переу́лок* ʽGasse', ukr. *vúlyća* ʽStraße', wruss. *vúlka* dass., *bezúľnyj* ʽweglos' (MiEW. 372), aruss. *ulica* ʽMarktplatz, Straße, Reihe', *ulьka* ʽGasse', s.-ksl. *ulica πλατεῖα*, bulg. *úlica* ʽStraße', skr. *ȕlica* ʽHof, Gasse', sloven. *úlica* ʽGasse, Viehweg', čech. *ulice* ʽStraße', slk. poln. *ulica*, osorb. *wulica*. ‖ Ursl. *ula urverw. mit den unter *у́лей* besprochenen Wörtern: griech. αὐλός ʽlängliche Höhlung, Flöte', ἔναυλος m. ʽFlußbett', αὐλών ʽSchlucht', westfäl. *ōl*, *aul* ʽSchlucht, Wiese, Mulde, Rinne', armen. *uli* (jo-St.) ʽWeg, Reise', s. Pedersen KZ. 39, 458 ff., Lidén Armen. Stud. 78, Trautmann BSl. 18, Apr. Sprd. 307, Holthausen PBrBtr. 66, 274. Andere vergleichen griech. αὐλή ʽHof, Wohnung' (Brandt RFV. 25, 34, Wiedemann BB. 27, 255, Meringer Zeitschr. österr. Gymn. 1903, Schrader-Nehring 2, 494, Gorjajev EW. 387), das sich von griech. αὖλις f. ʽLagerstätte', ἄγραυλος ʽauf dem Felde weilend, übernachtend, ländlich' u. ἰαύω ʽschlafe' nicht trennen läßt und fernbleibt, s. Boisacq 100 ff., Hofmann Gr. Wb. 28.

улиши́ть ʽvernichten', nur aruss. *ulišiti* ʽvernichten', *-sja* ʽverschwinden', Zu *лихо́й*, *лиши́ть*.

у́лово n., pl. *у́ловы* ʽWasserwirbel im Fluß', Arch. (D.), Kolyma (Bogor.), Amur-G. (Karpov), *попа́л в у́лово* ʽins Unglück, in die Falle geraten', Offenbar Schifferausdruck für ʽFalle', zu *лови́ть* ʽfangen', vgl. *лову́шка* ʽFalle'.

улуба́гръ ʽBairam, muhammedanischer Festtag', nur aruss. *ulubagrъ* (Afan. Nikit. 19). Aus osman. aderb. kuman. *ulu* ʽgroß' u. *bairam* ʽFesttag' (Radloff Wb. 1, 1692; 4, 1425).

улу́к ʽArt Deichsel an der Egge', Perm (D.), Olon. (Kulik. mit Beschreibung). Jedenfalls zu *lǫk-* ʽKrümmung' (s. *лук* II, *лука́*).

улу́с 1. ʽNomadenlager'. 2. ʽReihe geradliniger, nebeneinander liegender Felder' (D.), dial. ʽstaatliche Wälder, die den Bauern zur Nutznießung überlassen werden', Smol. (Dobr.), aruss. *ulusъ* ʽNomadenlager', Chož. Ign. Smoljan. (1389—1405) 4 ff., Urk. a.

1315 (s. Srezn. Wb. 3, 1198ff.), 1. Soph. Chron. a. 1361. Aus osman. aderb. kuman. *ulus* ʿVolk' (Radloff 1, 1696ff.), kalmück. *ulus* dass. (Ramstedt K. Wb. 449), s. MiEW. 372, TEl. 2, 182.

улучи́ть ʿabpassen, abwarten, treffen', aruss. *ulučiti* ʿerhaschen, erreichen', abulg. *ulučiti* τυγχάνειν, ἐπιτυγχάνειν (Supr.). Siehe *лучи́ть* II.

улыба́ться ʿlächeln'. Siehe *лю́бить* (oben 2, 73ff.).

улыска́ться ʿlächeln', *улыснýться* dass., aruss. *ulysnutisja* dass. (Alexandr. 15. Jhdt., s. Gudzij Chrest. 36). Siehe *лыска́ть*.

у́льком adv. ʿnach dem Augenmaß, ohne abzuwiegen' (etwas kaufen), Čerep. (Geras.). Unklar. Etwa zu *лик, лицо́*?

ульнýть ʿstecken bleiben', Arch. (Podv.). Zu *льнýть* (2, 77). Vgl. *прильнýть*.

ультима́тум ʿUltimatum, letzter Vorschlag', seit Peter d. Gr., s. Smirnov 198. Wohl über nhd. *Ultimatum* von nlat. *ultimātum* von *ultimus* ʿletzter'.

Улья́н, -*a* ʿMannsname', aruss. abulg. *Juli(j)anъ* Ἰουλιανός (Supr.). Über mgr. Ἰουλιανός von lat. *Jūliānus*, s. Šachmatov Očerk 143.

Улья́на ʿFrauenname', aruss., abulg. *Julijanija* (Supr.), über griech. Ἰουλιανή von lat. *Jūliāna*.

улю́ля ʿEule, Kauz', Westl., Südl. (D.). Wegen der Akzentstelle wohl durch poln. Vermittlung auf gelehrtem Wege aus lat. *ulula* ʿKauz', s. Gorjajev EW. 387.

ум G. -*á* ʿVerstand', ukr. wruss. *um*, aruss. *umъ* ʿVerstand, Gedanke, Verständnis', abulg. *umъ* νοῦς, διάνοια (Ostrom., Supr.), bulg. *um* (Mladenov 651), skr. *ȗm* G. *úma*, sloven. *úm* G. *úma*, čech. slk. poln. *um*. Slavische Lehnwörter sind: lett. *uôma* ʿVerstand', lit. *ūmas* ʿSinn', s. M.-Endz. 4, 419. Urverw.: lit. *aumuõ* ʿVerstand', ostlit. *aumenis* ʿGedächtnis', *omenìs, omena* f. ʿBewußtsein, Gefühl', *omẽ* ʿInstinkt', weiter viell. zu abulg. *aviti sę* ʿerscheinen', *avė* ʿoffenbar' (s. *яви́ться*), s. Buga IORJ. 17, 1, 21, Trautmann BSl. 18, Machek Recherches 50, Specht 224. Fraenkel Lit. Wb. 26, Balt. Spr. 106, Otrębski Ling. Posn. 1, 145ff., Persson 723, 893. Nicht dazu gehört lat. *ōmen, -inis* n. ʿVorzeichen' (gegen Pedersen IF. 5, 66ff., s. Meillet Ét. 130, Walde-Hofmann 2, 208). Brandt RFV. 25, 34ff. sucht Verwandtschaft mit *учи́ть, вы́кнуть*.

у́мба, сёмга-у́мба ʿArt Lachs aus dem Umba-Fluß'. Кеть (Podv.). Vom FlN. *Umba*.

умерщвля́ть, -*я́ю* ʿtöten', wegen *šč* ksl. Lehnwort, zu *умертви́ть* dass., abulg. *umrъtviti* φονεύειν (Supr.), zu *мёртвый* ʿtot'.

умёт I. ʿSchmutz, Dung', kirchl., aruss. *umetъ* dass., zu *y* ʿweg' u. *мета́ть* ʿwerfen'.

умёт II. ʿentlegene Gastwirtschaft', Orenb., Astrach., Penza (D.), auch Puškin. Etymologisch verwandt mit dem vorigen.

уме́ть, уме́ю ʿkönnen, imstande sein', ukr. *umíty, umíju* ʿkann, weiß', aruss. abulg. *uměti* εἰδέναι, ἐπίστασθαι (Supr.), bulg.

uméja 'verstehe, kann', skr. *ùmjeti, ùmijêm* 'wissen, verstehen', sloven. *uméti, umêm*, čech. *uměti, umím* 'kann, weiß', slk. *umeť*, poln. *umieć*, osorb. *wuměć*, nsorb. *huměś*. Ursl. **uměti* zu *ум* (s. d.).

умýрзиться 'sich beschmieren, sich besudeln', Westl. (D.). Dunkel. Dieses Wort meint offenbar Scheftelowitz KZ. 54, 240, der ein mir nicht bekanntes **умýзиться* zitiert und es ohne den *r*-Laut willkürlich etymologisiert.

унга 'großer, bogenförmiger Eisenhaken zum Fischfang', Arch. Aus karel., olon. *oṅgi* 'Angelhaken', weps. *ong*, finn. *onki* G. *ongen* 'Angel', estn. *onk* G. *onga* 'Schleppangel', s. Kalima 232 ff.

ýндер 'Unteroffizier', volkstüml. Kürzung von *ýндер-офицéр* dass. (Peter d. Gr., Ust. Morsk. a. 1720, s. Smirnov 300). Wohl aus ndl. *onderofficier* (vgl. Meulen 141). Weniger wahrscheinlich ist Übernahme aus nhd. *Unteroffizier* (so Bulič IORJ. 9, 3, 426, Croiset v. d. Kop IORJ. 15, 4, 23). Vgl. aber unten s. v. *унтер-офицéр*. Aus dem Russ. entlehnt ist syrjän. *under* dass. (s. Kalima RLS. 160).

уне 'besser', kirchl., aruss. abulg. *unjii, unjьši, unje*, auch *uněji* βελτίων 'besser, bester' (Supr.), ksl. *uniti* 'wollen'. Man vergleicht als urverwandt: aind. *ávas* n. 'Gunst, Beistand', avest. *avah-* n. 'Hilfe', s. Meillet MSL. 9, 140, Études 435. Sonst wird dazu gestellt: aind. *vánati, vanóti* 'wünscht, liebt, verlangt', lat. *venus* 'Liebe', *venia* 'Gefälligkeit', anord. *vinr* 'Freund', s. Holthausen Awn. Wb. 343 ff., Vaillant RES. 6. Nicht vorzuziehen ist die Verknüpfung mit *юный* (Brandt RFV. 25, 35).

унжáнка, ýнженка 'Art Lastboot auf d. Unža, das an einem Seil gezogen wird'. Vom FlN *Ýнжа*. 1. 'linker Nbfl. der Wolga' G. Vologda u. Kostroma. 2. 'linker Nbfl. der Oka', G. Vladim. u. Tambov (Semenov Slov. 5, 320).

универмáг 'Warenhaus, Kaufhaus'. Kürzung von *универсáльный магазúн*.

универсáл 'Manifest des ukrainischen Hetmans', veraltet; auch *универзал* beides Peter d. Gr., s. Christiani 29 ff., Smirnov 299. Über poln. *uniwersal* aus lat. *universāle*.

универсáльный 'allgemein', seit Peter d. Gr., s. Smirnov 299. Über poln. *uniwersalny* aus lat. *universālis*.

университéт 'Universität', zuerst in Moskau 1755, vulg. *наверститýт* (Einfluß von *наверстáть* u. *инститýт*), s. Malinowski PrFil. 2, 251. Über nhd. *Universität* aus lat. *universitās (litterārum)*.

унисóн 'Einklang, dieselben Töne in mehreren Stimmen'. Aus ital. *unisono* dass.

уничижúть 'erniedrigen', *уничижéние* 'Erniedrigung', zu ksl. aruss. *uničьžiti* dass., *uničižati* 'verurteilen, tadeln', *ničьže* 'nichts' neben *ničьtože* dass. Vgl. *уничтóжить*, s. Brandt RFV. 22, 245, Berneker RFV. 48, 227, Srezn. Wb. 3, 1228 ff.

ýния 'Kirchenunion' (der Orthodoxen mit der kathol. Kirche),

уни́ят—у́поги

seit F. Prokopovič, s. Smirnov 299, ukr. *únija* dass. Über poln. *unja* aus vlat. *ūniō*.

уни́ят 'Unierter; zur Union mit Rom gehöriger Anhänger der Ostkirche', zuerst *униат* Peter d. Gr., s. Smirnov 299, ukr. *uniját*. Aus poln. *uniat* dass. Zum vorigen.

унтер-офице́р 'Unteroffizier'. Aus nhd. *Unteroffizier*. Siehe *у́ндер*.

унты́ pl. 'Fellstrümpfe, mit dem Fell nach innen gewendet', Amur-G. (Karpov). Aus lamut. *unta* 'Stiefel'.

у́нция 'Unze, ehemal. Apothekergewicht von 2 Lot'. Über nhd. *Unze* oder aus lat. *uncia* dass., das zu *ūnus* gestellt wird.

у́ный 'jung', aruss. *унъ* 'jung', *uноša* 'Jüngling', *unica* 'junges Mädchen'. Echt-russ. für das ksl. Lehnwort *юный* (s. d.).

уны́ть 'traurig werden, verzagen', *уны́лый* 'verzagt', aruss., abulg. *unyti* ἀκηδιᾶν, ῥᾳθυμεῖν. Weiteres unter *ныть* (oben 2, 233).

Упа 'r. Nbfl. der Oka, G. Kaluga u. Tula'. Wird mit Vorliebe aus lit. *upė* 'Fluß', lett. *upe* 'Fluß, Bach' hergeleitet, s. Trubeckoj Zeitschr. 14, 353 ff., Pogodin Sbornik statej po arch. (1902) 155 ff., Karskij RFV. 49, 6. Dagegen Einwände bei Verf. Sitzber. Preuss. Akad. 1932 S. 661 ff. Der Name könnte gleicher Herkunft mit čech. *Úpa* 'Aupa, FlN.' sein, das von Schwarz Zur Namenf. 16 ff. als germanisch, dann (Schwarz Ortsnamen der Sudetenl. 11 ff.) als illyrisch angesehen wurde, vgl. auch Verf. Zeitschr. 2, 527; 14, 354.

у́паки, у́поки, у́паги pl. 'grobe Bauernstiefel', Arch. (Podv.), Novgor. Vologda, *у́поги* 'plumpe Stiefel', Kostr. (D.). Aus finn. *upokas* 'breiter Schuh, Stiefel ohne Schaft', s. Kalima 233.

упат 'Anführer', nur kslav. *upatъ*, *ŭpatъ*. Aus griech. ὕπατος 'oberster, höchster'.

упе́тать 1. 'zu Tode quälen', 2. 'vernichten, töten', Jarosl., Vologda, Arch., Vjatka, Kursk, Tambov (D.), *упёхтать* dass. (Kostr., D.). Viell. zu *пёхтать* (s. d.).

упова́ть, -*ова́ю* 'vertrauen auf, fest hoffen auf jemd.', ukr. *upováty*, aruss. abulg. *upъvati* ἐλπίζειν, θαρρεῖν (Ostrom., Supr.), bulg. *úfam se*, skr. *ùfati se*, *ùfām se*, sloven. *ûpati*, *ûpam*, čech. *doufati* 'hoffen', slk. *úfat' sa*, poln. *ufać*, čech. slk. *pevný* 'fest', poln. *pwa* 'Hoffnung', *pewny* 'sicher'. || Nicht sicher gedeutet. Man vergleicht aind. *pávatē*, *punā́ti* 'reinigt, läutert, sühnt, klärt', s. Rozwadowski RS. 2, 103. Nicht vorzuziehen ist der Vergleich mit lit. *púti*, *pūvù*, *puvaũ* 'faulen' (Zubatý Archiv 16, 408, dagegen Rozwadowski c. l.).

у́повод m., *у́повoдь* f. 'Arbeitszeit von 2—4 Stunden, Schicht; Strecke, die ohne Füttern der Pferde zurückgelegt werden kann', Nördl., Östl. (D.). Wohl *у-* und **povodъ*, vgl. *по́вод* 'Zügel', s. Gorjajev EW. 388. Gleichbedeutend: *упрýге*. Anders, als 'Wassertränken' zu *вода́* nach Schrader Indogerm. ³54.

у́поги s. *у́паки*.

упо́й 'Riemen am Kummet'. Wird zu *паять* 'löten' gestellt, s. MiEW. 254, Preobr. 2, 31. Da ein anderer Kummetriemen *супо́нь* heißt, ist eher an Umgestaltung aus **ироnь* (zu *nнy*, *пять*) zu denken.

упо́л 'Abschaum von der Suppe', *уполови́ть* 'Schaum abschöpfen', *уполо́вник* 'Schöpflöffel', aruss. *upolovnja* 'Schöpflöffel' (Dan. Zatočn.), ksl. *ispolъ*, *spolъ* 'Schöpfvorrichtung', sloven. *pòl* G. *póla* 'Schöpfschaufel, Futterschwinge', Ablaut in: ukr. *paláty* 'worfeln', čech. *pálati* 'schwingen, worfeln', poln. *pałać*, *opałać* dass., osorb. *płóć*, *płóju* 'worfle', nsorb. *hopałka* 'Schwinge', s. MiWE. 254 ff. Weiteres viell. unter *поло́ть*, doch ist die obige Zusammenstellung nicht sicher.

упо́рный 'hartnäckig', zu *пере́ть* 'stemmen'.

упражня́ть 'üben', *упражне́ние* 'Übung'. Wird als ksl. Lehnwort zu *поро́жный* gestellt, s. Preobr. 2, 121. Unsicher.

упрёк G. *-а* 'Vorwurf', zu *перёк* (s. d.), ksl. *prěky* 'quer', urspr. 'Entgegnung, Einwand', s. Preobr. 2, 41.

упру́гий 'elastisch, federnd', *упру́г*, *-a*, *-o*, ukr. *uprúhyj*. Zu *пру́га* 'Sprungfeder', *пружи́на*, *прягу́* 'spanne ein', s. Preobr. 2, 137, MiEW. 262, Zupitza KZ. 36, 65, Matzenauer LF. 14, 192 ff.

упру́нец 'Feuerstein', Arch. (Podv.). Dunkel.

у́пряжь f. 'Pferdegeschirr'. Zu *прягу́*.

упря́мый 'eigensinnig, starrköpfig', kslav. *prěmъ* 'gerade', čech. *upřímný* 'aufrichtig, offenherzig', slk. *úprimný* dass., poln. *uprzejmy* 'höflich'. Urspr. 'offen, gerade' zu *прямо́й* (s. d.), s. Zubatý Archiv 15, 496 ff., Brückner EW. 594. Abzulehnen ist die Verknüpfung mit *пере́ть*, *упо́рный* (gegen MiEW. 240, Gorjajev EW. 388).

упы́рь I. G. *-ыря́* 'Vampir; Leiche eines bösen Zauberers oder einer Hexe, die nachts als Wolf oder Eule umgeht u. Menschen u. Tiere tötet. Um sie zu beschwichtigen muß man ihr Grab aufdecken und die Leiche mit e. Pfahl durchstechen' (D.), ukr. *upýŕ*, *-ŕa*, wruss. *úpir*, aruss. *Upirь* PN. in Liber Prophetarum a. 1047, bulg. *vъpir*, čech. slk. *upír*, poln. *upiór* (wegen *u* ostsl. Lehnwort). Der urslav. Ansatz bereitet Schwierigkeiten: **ǫpyrь* oder **ǫpirь*. Für die erstere Möglichkeit sind Brückner EW. 594, Slavia 13, 279, Iljinskij RFV. 65, 226, die *-pyrь* mit *нетопы́рь* (s. d.) vergleichen. Andere ziehen bes. wegen der aruss. Form ein **ǫpirь* vor und verknüpfen den zweiten Teil mit *пари́ть*, *перо́* (s. d.), vgl. Sobolevskij RFV. 65, 409 ff., Holub-Kopečný 403 (wo auch andere Möglichkeiten), Vaillant Slavia 10, 676 ff. Nach Sobolevskij stammt nhd. *Vampir* aus dem Polab. oder Apoln. Wieder anders Moszyński RS. 12, 81, der skr. *pirati* 'blasen' heranzieht. Lautlich bedenklich ist die weit verbreitete Herleitung aus kasantat. *ubyr* 'Hexe' (Radloff Wb. 1, 1782 ff.), das man zu *upmak* 'verschlingen' stellt (s. MiTEl. 2, 181, EW. 375, Preobr. 1, 64, Gorjajev EW. 388, Mladenov 57, dagegen mit Recht Korsch Archiv 9, 676 ff., MiTEl. Nachtr.

1, 61). Abzulehnen auch die Deutung aus avest. *vyāmbura-* 'dem Wasser feindlich', aind. *ámbu* n. 'Wasser' (gegen Korsch c. l., s. Vaillant c. l. 673ff.). Hoffnungslos ist die Heranziehung des Neugriech. (gegen Brückner Slavia 13, 280).

упы́рь II. 'eigensinniger Mensch', Kostr., Nižn. (D.). Wohl aus dem vorigen unter Einfluß von *упирáться* 'sich widersetzen' entstanden, s. Gorjajev EW. 388, Želtov FilZap. 1876, Nr. 1 S. 17.

урá! 'hurra', *поднять на уру́* 'mit Hurra begrüßen'. Wegen der Bed. eher aus nhd. *hurra* von mhd. *hurrā*, das zu *hurren* 'sich schnell bewegen' gestellt wird (s. Kluge-Götze EW. 259ff.), als aus turkotat. *ura* 'schlag zu' von *urmak* 'schlagen' (Gorjajev EW. 388, Lokotsch 169).

урагáн 'Orkan, Wirbelwind'. Über franz. *ouragan* aus span. *huracan* von Taino (karaib.) *huracan* dass., s. Loewe KZ. 61, 48ff., Palmer Neuweltw. 103ff., Einfluß 118, Lokotsch Amer. Wörter 50, Gamillscheg EW. 657, Kluge-Götze EW. 427, Littmann 150.

урáк I. 'sichelartige Sense zum Schilfmähen', Astrach. (D.). Aus osman. *orak* 'Sense', aderb. *orak* 'Sichel' (Radloff Wb. 1, 1049).

урáк II. 'einjähriger Renntierochs', Kola (Podv.). Aus finn. *urakka* dass., s. Kalima 233.

Урáл, -а l. 'Uralgebirge'. 2. 'Fluß, der diesem entspringt'(s.*Яи́к*), davon *урáлы* pl. 'steile Berge am Altai', Tomsk (RFV. 71, 31). Soll turkotatarisch 'Gürtel' bedeuten (s. Egli 959, Thomas 161). Eher aus wogul. *ur-ala* 'Berggipfel' (Kálmán brieflich). Kalmück. *Täkin ūlɒ* 'Ural' gehört zu *täkə* 'wildes Pferd, Ziegenbock' (s. Ramstedt KWb. 386ff.). Von *Урáл* gebildet: *Урáльск* ON., kalmück. *Täkin balɣɒsɒ̣* (kalm. *balɣɒsɒ̣* 'Dorf, Stadt'). Syrjän. *Iz* 'Ural' gehört zu syrjän. *iz* 'Stein' (Wichmann-Uotila 68).

урáндать 'brummen, heulen, weinen', Olon., Arch., *у́рындать* dass., *у́рейдать* 'brüllen', Olon. (Kulik.), *у́райдать* dass. Arch. (Podv.). Aus karel. *uraja-* 'brummen, winseln', finn. *urista* 'murren, brummen', s. Kalima 233ff., Leskov Živ. Star. 1892, Nr. 4 S. 102.

у́рба 'Birken- oder Erlenknospe', Olon., *у́рбыш* Petroz., *ву́рба* daselbst, *у́рва* Pudož (Kulik.). Aus karel. *urba*, finn. *urpa* G. *urvan*, bzw. *urpu* G. *urvun* dass., estn. *urb*, G. *urva*, s. Kalima 234.

урвалятна 'Brautjungfer, die den Neuvermählten das Ehebett zu bereiten hat', Saratov, Chvalynsk (D.). Vgl. Emordw. *uŕvaľa ava* 'Schwester der Braut' (vgl. Paasonen Mordw. Chrest. 148), *uŕva* 'Schwiegertochter'.

урганá 'Mauseloch auf d. Felde mit Vorräten von wildem Knoblauch', Irkutsk, Nerčinsk (D.), *урганáчить* 'Vorräte an wildem Knoblauch sammeln', Ostsibir. Nach Dal' 4, 1056 mongolisch. Vgl. mongol. *urqai*, kalm. *urχa* 'Grube zum Aufbewahren, Proviantkeller' (Ramstedt KWb. 454).

ургу́й 'Anemone daurica', Irkutsk (D.). Aus mong. *iragai*, *irgai* dass. (dazu Ramstedt KWb. 216).

ургу́чить ʽschwer arbeiten', Astrachań (RFV. 70, 132). Unklar.

у́рда I. ʽZiegenkäse', Südl. (Gogol'), ukr. *úrda*, *vúrda* dass. Aus rumän. *urdă*, mazedorum. *urdă*, das zu alb. *hurδe* dass. gehört (s. G. Meyer Alb. Wb. 455).

у́рда II. ʽJagd', *ýрдовáть* ʽjagen', Kola, Кем̇ (Podv.). Aus finn. *uurto* ʽRenntierjagd', *uurtaa* ʽim Walde jagen' eher als aus lapp. Pats. *o͞rda* ʽRenntierherde', s. Itkonen 65, Kalima 234 ff.

у́рдега, у́дрега ʽins Eis geschlagene Rinne, Kanal zur Durchfahrt e. Bootes', Arch. (Podv.). Aus karel. *uurre* G. *uurdien* ʽRinne, Ritze', finn. *uurre* G. *uurteen*, estn. *uure* G. *uurde*, s. Kalima 234.

у́рдовать s. *у́рда* II.

урема́ ʽWald in sumpfiger Niederung, Gestrüpp auf Sumpfboden', Kazań, Orenburg, *урёма* dass., Ural (D.). Aus tschuwass. **urämä*, kasant., mischärtat. *ärämä* ʽniedrige mit Erlen dicht bewachsene Stelle an e. Fluß', s. Paasonen bei Mikkola Balt. u. Slav. 45. Aus gleicher Quelle entlehnt ist Emordw. *uŕama* dass.

уре́нь ʽsaure Milch', Kazań, Penza, Saratov, *ýрень* Saratov (D.). Aus tschuwass. *ujran* 'Buttermilch, Molke', kasantat. *äirän*, kirg. *airan*, s. Räsänen FUF. 29, 200, TschL. 168, MiTEl. 1, 244, Paasonen bei Mikkola Balt. u. Slav. 45. Siehe *айра́н*, *арья́н*.

у́ркать ʽknurren, brummen', Pskov, Tveŕ (D.), Vjatka (Vasn.), *урча́ть* dass., auch ʽschreien von einem Marder oder Hermelin', Mezeń (Podv.). Wohl lautnachahmend.

у́рма ʽEichhörnchen', Kostroma (D.). Vgl. tscherem. KBU. *ur* dass., syrjän. *ur*, verwandt mit finn. *orava* dass. (zur Sippe s. Wichmann TT. 110, Kalima FUF. 18, 40). Unklar bleibt das -*ma* (s. Verf. Zeitschr. 4, 263). Es könnte aus mißverstandenem Instr. s. *уром* von *ур* rückgebildet sein. Vgl. *у́рмой*.

урма́н ʽWald, bes. Fichtenwald auf sumpfigem Boden', Westsibir. (D.), auch *урма́нь* f. dass., Tobol'sk (Živ. Star. 1899, Nr. 4, S. 514). Aus kasantat. *urman* ʽWald', osman. dschagat. *orman* dass. (Radloff Wb. 1, 1077), s. MiTEl. 2, 137, Mikkola Balt. u. Slav. 45, Gorjajev EW. 388.

урма́не ʽNorweger', s. *Мýрман*.

у́рмой adv. ʽen gros', Kolyma (Bogor.). Zu *у́рма* ʽEichhörnchen'. Urspr. ʽin so großer Zahl wie Eichhörnchenfelle'.

у́рна ʽUrne', zuerst Tred'jakovskij, s. Christiani 52. Über nhd. *Urne* (1656, s. Kluge-Götze EW. 645) aus lat. *urna* (**urcna*), das zu *urceus* ʽKrug' gehört, s. Walde-Hofmann 2, 838 ff.

уро́д, -*a* ʽMißgeburt', aruss. *urodъ* ʽDummkopf, Narr in Christo', abulg. *ǫrodъ μωρός* (Supr.), *ὑπερήφανος* (Ps. Sin.) mit negierendem *ǫ-*, zu *род* ʽGeburt, Geschlecht', s. MiEW. 280, Brandt RFV. 23, 97; nach Meillet MSL. 14, 343, Études 232 zu osk.-umbr. *an-*; s. auch Pedersen Kelt. Gr. 1, 45, der an Ablaut mit idg. **n̥* denkt. Hierher auch ksl. *ǫrožda μωρία*. Siehe *ро́жа*.

урожа́й G. -*áя* ʽErnte', ukr. *urožáj*, auch *uróža* f. Aus **urodjajь* zu *родить* 'gebären, Getreide hervorbringen'. Vgl. poln. *rodzaj* 'Geschlecht, Stamm', s. MiEW. 280, Preobr. 2, 208 ff.

урóк, *-а* 'Unterrichtsstunde, Lehre', aruss. *urokъ* 'Bedingung, Abmachung, Beschluß, Regel, Zahlung, Steuer' (Russk. Pravda 38 ff.), *урочные лета* 'bestimmte Jahre' (Kotošichin 127), abulg. *uročьnъ* ὡρισμένος, definitus (Supr.), poln. *urok* 'Vertrag, Festgesetztes'. Zu *у* und *реку́, рок*, s. MiEW. 274, Preobr. 2, 200, Želtov Fil. Zap. 1876, Nr. 1, S. 16. Siehe *уро́чить*.

у́рома 'Haufen, Menge, Masse', auch 'Flößholz', Vologda (D.). Viell. zu *ря́ный* (s. d.), *раменье*. Kaum aus *ugroma* zu *огро́мный* (gegen Gorjajev EW. 388).

уро́н, *-а* 'Verlust', s. *роня́ть*.

у́рос I. 'eigensinniger Mensch, störrisch (Pferd)', Arch. (Podv.) Vjatka (Vasn.), *у́росить* 'störrisch sein', Kazań, Vjatka, Vologda, Perm, Sibir. (D.), *у́росливый* 'eigensinnig' (Mel'nikov). Sehr verbreitet ist die Herleitung aus turkotat. *urus* 'Russe', weil die Russen bei den Tataren als eigensinnig gelten (s. Dal' 4, 1061, Mel'nikov 6, 95). Unsicher.

у́рос II. 'Mißgeschick beim Fang', Kolyma (Bogor.). Dunkel. Viell. aus negierendem *y-* und *рост* 'Zuwachs'.

уро́чить 'behexen, bestimmen, anberaumen' (Mel'nikov), auch *уро́к* 'Behexung', *изуро́чить* 'behexen', aber *суро́чить* 'vom Zauber lösen; e. Krankheit durch Besprechen heilen'. Zu *уро́к* (s. d.).

уру́га 'Viehweide', Smol. (Dobrov.). Zu *ру́га* I 'Kirchenländerei'.

уру́н, ору́н 'Bank längs der Stubenwand', Kolyma (Bogor.). Unklar. Etwa zum folg..

урунду́к s. *рунду́к*.

уру́т 'heftige Prügelei', G. Jenisej (Živ. Star. 1903 Nr. 3 S. 304). Wohl zu *рути́ть, рю́тить*.

уры́сь f. 'schlechte Gewohnheit, schlechter Charakter', Kazań (RFV. 21, 239). Unklar.

урю́к 'Art Rosine' (Mel'nikov 3, 161). Unerklärt.

уря́д, *-а* 'Ordnung, Einrichtung', ksl. *ur̨edъ*. Zu *ряд*. Davon: *уря́дник* 'Wachtmeister der Landpolizei', wofür volkst. *куря́тник*, spöttisch, mit Anspielung auf Geschenke in Lebensmitteln, die sie entgegennahmen, nach *ку́ра* 'Huhn', s. Malinowski PrFil. 1, 310.

урянха́йцы pl. 'turkotat. Stamm im Kr. Bijsk u. Minusinsk G. Jenisej; Sojote, Tuwiner' (Patkanov 6). Aus mong. *urijaŋqai*, kalmück. *urāŋxā, urāŋxā* 'Urjanchaier', zu burj. *urǟn* 'früherer', d. h. 'alte Bewohner', s. Ramstedt K.Wb. 450.

у́с, *-а* pl. *усы́* 'Schnurrbart', dial. *yc* G. *ycá*, ukr. *vús* G. *-a*, wruss. *vus*, aruss. *усъ* 1. 'Schnurrbart'. 2. 'Bart', r.-ksl. *р̨съ*, bulg. *въs* (Mladenov 94), sloven. *vọ̑s* 'Schnurrbart', pl. *vóse*, čech. *vous* pl. *vousy*, slk. *fúz* pl. *fúzy*, poln. *wąs* G. *wąsa*, pl. *wąsy*, osorb. *wusy* pl., polab. *vǫs* 'Bart', pl. *vǫsói*. ‖ Urverw. mit apreuß. *wanso* 'der erste Bart', air. *fés* 'Bart', *find* 'Haar', griech. *ἴονθος* 'junges

Barthaar' (*vi-vondho-), ahd. *wintbrâwa* 'Wimper', s. Lidén IF. 19, 345ff., Pedersen Kelt. Gr. 1, 86, 114, KZ. 38, 312, Charpentier KZ. 47, 180ff., Trautmann BSl. 341, Apr. Sprd. 457, Specht 231, Boisacq 378. Abzulehnen ist der Vergleich mit aind. *atçúṣ* m. 'Faser, Stengel', avest. *ąsu-* 'Stengel' (gegen Uhlenbeck Aind. Wb. 1, PBrBtr. 24, 240ff., s. Lidén c. l., Mayrhofer 13). Zu trennen ist griech. *ἀνθερεών* 'Kinn' (gegen Pedersen IF. 5. 57, aufgegeben von ihm KZ. 38, 312) sowie griech. *ἄγκιστρον* 'Angelhaken', nhd. *Angel* (gegen Sobolevskij RFV. 71, 436 ff.).

усе́й, усе́йко 'unlängst, vor kurzem', Kaluga, Tamb. (D.), Simbirsk (RFV. 68, 404). Auch dial. *восе́й*, *восе́йко*. Zu *о-* (wie *вот*, s. oben 1, 232) und *сей* (s. d.) sowie Partikel *-ka*.

усе́нь m. 1. 'erster Frühlingstag'. 2. 'ein am Silvesterabend unter den Fenstern mißliebiger Personen gesungenes Spottlied'. Vgl. *Авсе́нь* (oben). Nicht überzeugend ist der Vergleich mit lett. *Ūsiņš* 'Bienengott, Pferdepatron', auch *Ūsenis, Ūsainis* (s. M.-Endz. 4, 409 ff.), gegen Zelenin Živ. Star. 15, 2, Abt. 3, S. 27, Šambinago Etn. Obozr. 61, 189, Aničkov Ves. obrj. pesnja 1, 316. Auch nicht zu lat. *aurōra*, russ. *ýтро* (gegen Potebnja bei Markov Etn. Obozr. 63, 51), bzw. zu *овёс* u. *сеять* (с. l.). Vgl. ukr. *proveseń* 'Beginn der Frühlingslieder', daher evtl. aus **oveseń*, wie *о́зимь* (s. d.), vgl. Potebnja bei Gorjajev Dop. 1, 30. Man beachte aber auch *ба́усень*, *та́усень* (Markov с. l.), wo möglicherweise Partikeln wie *ба-* und *то-* vorliegen (älter russ. *та́усень, ксень* Chožd. Kotova 109).

усе́рдие 'Eifer', *усе́рдный* 'eifrig, emsig', abulg. *usrъdije* *προθυμία* (Supr.), bulg. *usŕden* 'emsig', skr. *ȕsr̂đe* 'Eifer', sloven. *usrditi* 'erzürnen'. Zu *u-* und *sъrdьce* (s. *се́рдце, сердобо́ля*).

усеря́зь 'Ohrring', nur r.-ksl. *useręzь* (Svjatosl. Sborn. 1073, Acta Pauli et Theclae (Archiv 6, 238), s. noch Srezn. Wb. 3, 1264ff., auch *serjazь* Luther. Katech. a. 1562 (s. Sobolevskij Lekcii 93), akroat. *userez*. Zu trennen ist *серьга́* (s. d.). Jedenfalls eine alte germ. Entlehnung. Man denkt an eine Übernahme aus got. **ausihriggs* oder **ausahriggs* 'Ohrring', s. MiEW. 372, Uhlenbeck Archiv 15, 492, Stender-Petersen 393ff., Murko bei Peisker 89, Pedersen IF. 5, 39, Kiparsky 223ff. Andererseits wurde versucht von mnd. *ósenring* 'Ösenring' als Quelle auszugehen (Knutsson Palat. 135, Zeitschr. 15, 136, Schwarz Archiv 42, 304) doch wäre in diesem Falle die Palatalisierung *-ę(d)zъ* und die Ausdehnung des slav. Wortes im Süden nicht zu verstehen, das nicht später als im 7.—8. Jhdt. entlehnt sein muß, s. Kiparsky c. l.

ускирёк, *-рька́* 'Splitter', Koll. *уски́рье* n. dass., Arch. (D.). Wird von MiEW. 300 nicht einleuchtend zu *ще́рить* '(Zähne) fletschen' gestellt.

уско́тье 'Viehseuche, Viehverlust', Arch. (Podv.). Zu *скот* mit *у-* wie *убо́гий*. Ein anderes *у-* 'bei' in *уско́тье* 'Weideplatz', Čerep. (Gerasim.), dieses vgl. mit *усо́лье*.

усло́ 'angefangenes Gewebe', Kostr. (D.). Aus **ud-slo*, wurzel verwandt mit lit. áudžiu, áudžiau, áusti 'webe, wirke', lett. aŭst, aŭžu dass., armen. z-audem 'verknüpfe', aind. ōtum 'weben', s. Potebnja RFV. 1, 88, MiEW. 372, M.-Endz. 1, 229, Mikkola Mél. Pedersen 412, Fraenkel Lit. Wb. 26.

усма́ I. 'gegerbtes Leder', dial. (D.), усма́рь 'Kürschner, Gerber', aruss. usma f., usmъ m. 'Leder', usmije n. dass., usmatь 'Gerber', usměnъ 'aus Leder', ksl. usma f., usmъ m. neben aruss., ksl. usnije n. 'Leder', usnijanъ 'ledern', usněnъ dass., bulg. usmár 'Gerber', skr. ùsmina 'Stiefelschaft', sloven. úsnja f., úsnje 'Leder', čech. usně f. 'Leder', usná̓ř 'Lederarbeiter'. Man deutet usnije aus *usmnije (s. Meillet Ét. 428, 437). ‖ Die bisherigen Vergleiche befriedigen nicht; man dachte an Verwandtschaft mit обу́ть '(Schuhe) anlegen', о́бувь 'Schuhwerk' (MiEW. 372; dagegen Brandt RFV. 25, 36), weiter vergleicht man (lautlich ungenügend) griech. εὕω 'senge' (*eusō), lat. ūrō, ussī, ustum 'brenne, dörre', aind. óṣati 'brennt', anord. usli m. 'Feuer' (Brandt c. l., Holub-Kopečný 404); sonst dachte man noch an griech. ἕννῡμι 'bekleide', aind. vásanam 'Gewand', vásman- 'Decke', lat. vestis 'Kleid' (Gorjajev EW. 388 ff.), auch an slav. udъ 'Glied', nhd. Wade (Mikkola IF. 23, 127, RS 2, 248).

усма́ II. 'Fieber', Arch. (Podv.). Unklar.

усние 'Leder', s. усма́ I.

усо́бица 'Zwietracht', ukr. usóbyća, aruss. usobica, abulg. ǫsobica στάσις 'Aufruhr' (Supr.), r.-ksl. ǫsobь 'vicissim, gegenseitig' aus ursl. ǫ (s. y) und sobě (s. себе́, осо́ба), vgl. Meillet Ét. 346, Sobolevskij RFV. 71, 450, MiEW. 331 ff., LP. 1164.

усо́бный 'mutwillig, unruhig' (von Knaben), усо́вь f. 'stechender Schmerz', Nördl., Tvet́, Östl. (D.) gehören zu со́вкий 'unruhig, sich vordrängender Mensch', сова́ть 'schieben, stechen' (s. d.), s. Potebnja RFV. 7, 66 ff. Wohl zu trennen von skr. ȍsovan, ȕsovan 'mürrisch, ekelhaft' (gegen Škarić Zeitschr. 13, 349 ff.).

усо́л 1. 'das Einsalzen'. 2. 'Schwarzerde mit Salz u. Salpeter' Jarosl. (Volock.), усо́лье 'Salzsiederei, Salzwerk', oft als ON. (aus Gen. s. у со́ли). Zu у 'bei' u. соль 'Salz'.

у́солонь f. 'schattiger Ort', у́солонье n. dass., Novg. (D.). Enthält negierendes у und *sъlnь- (s. со́лнце).

усо́лье s- усо́л.

успе́ние 'Hinscheiden, Tod', kirchl., gew. Успе́ние Богоро́дицы 'Mariä Himmelfahrt' (15. August), aruss. usъpenije, usъplenije dass. (Skazanije v. Boris u. Gleb, Nestor Žit. Feodosija, Novg. 1. Chron., s. Srezn. Wb. 3, 1295 ff.). Zu y- u. спать 'schlafen' als Übersetzung von griech. κοίμησις τῆς Θεοτόκου. Von einer Marienkirche stammt der häufige ON. Успе́нское u. von diesem der FamN. Успе́нский (s. Unbegaun RES. 16, 66).

уста́ pl. 'Mund', poet. u. dial., ukr. wruss. vustá, aruss. abulg. usta στόμα (Supr.), bulg. ustá (Mladenov 656), skr., sloven. ȕsta, čech. slk. ústa, poln. usta, osorb. wusta, nsorb. husta. Ursl. usta pl., nicht dual. (gegen M. Braun Koll. 2, 3, 5), weil hier zwei Teile ein Ganzes bilden, s. Meillet Ét. 176, Lohmann Zeitschr.

8, 421. Urverw. mit apreuß. *austo* 'Mund', lit. *áuščioti* 'schwatzen, munkeln', aind. ved. *óṣṭhas* m. 'Lippe', du. *óṣṭhāu* 'die Lippen', avest. *aošta-* m. 'Lippe', lat. *ausculum* eigtl. 'Mündchen'. Ablaut in lit. *uostà* f., *úostas* m. 'Flußmündung', aind. *ās-*, *āsán-*, *āsyám* n. 'Mund', lat. *ōs* G. *ōris* n. 'Mund', avest. *āh* dass., ir. *ā* 'Mund', anord. *óss* m. 'Flußmündung', lat. *ōstium* dass., s. J. Schmidt Pluralbild. 221, 407, Trautmann BSl. 19 ff., Walde-Hofmann 2, 224, Uhlenbeck Aind. Wb. 22, M.-Endz. 4, 422, Holthausen Awn. Wb. 217, Fraenkel Lit. Wb. 26 ff.

устáть, -áну 'ermüde', zu *у* 'weg, ab' und *стать* (s. d.).

ýстерсы s. *ýстрицы*.

Устúн 'Mannsname', älter *Justinъ* (s. Šachmatov Očerk 143). Über mgriech. *Ἰουστῖνος* (Belege bei Pape-Benseler 559) aus lat. *Iustīnus*.

Устúнья 'Frauenname', älter *Justinija* (Šachmatov Očerk 143). Über mgriech. *Ἰουστίνα, Ἰουστίνη* aus lat. *Iustīna*.

усторобúться 'kräftig werden, Mann werden', nur aruss. *ustorobiti sja* (Hypat. Chron.), čech. *ostrabiti* 'stärken', *ostrabiti se* 'ermannen', poln. *postrobić* 'stärken, befestigen'. Ablaut ursl. **storb-* zu **stьrbnǫti*, s. *стéрбнуть*, vgl. Potebnja RFV. 4, 211 ff.

устремúть, -млю́ 'richten, wenden', zu *стремúть*.

ýстрица 'Auster', älter *устерсы* pl. Ust. Morsk. a. 1724, s. Smirnov 300, letzteres auch bei Radiščev, Gogol', Mel'nikov. Entlehnt über ndl. *oester* 'Auster', mit pl. *-s*, ndd. *úster*, die auf lat. *ostreum*, von griech. *ὄστρεον* 'Muschel' zurückgehen, s. Kluge-Götze EW. 31, MiEW. 228.

ýстье 'Mündung', aruss. *ustьje* n., auch *ustь* f. dass., oft in ON. wie *Усть-Двúнск* 'Dünamünde', *Усть-Наро́ва* 'Hungerburg' u. a. Zu *ycmá* (s. d.). Vgl. das folg.

Устю́г 'heute Severodvinsk, a. d. Suchona', aruss. *Ustь-Jugъ*, urspr. = 'an der Mündung des Fl. Jug gelegen' (Novgor. 1. Chron. Akad. Hs., 1, Soph. Chron. a. 1323). Zu *ustьje* 'Mündung' und *Юг*, s. Potebnja Fil. Zap. 1876 Nr. 1 S. 10.

устя́нка 'junger Hering, der in der Mündung der N. Düna gefangen wird', Arch. (Podv.). Zu *ýстье* (s. d.).

усунú pl. 'e. Stamm der Karakirgisen' (Aristov Živ. Star. 1896 Nr. 3—4 S. 352), auch *усюнú* pl. 'blonder, in den Kirgisen aufgegangener Stamm an der NW-Grenze Chinas' (Charuzin Etn. Obozr. 26, 67). Die Quelle ist nach Kotwicz ROr. 3, 309 chines. *Usun*. Nicht einleuchtend wird darin eine tochar. Umgestaltung von *Kušan* gesehen (Bernstamm Sovetsk. Etnografija 1947 Nr. 3 S. 44).

усы́ночек 'kleine Bucht', Voron. bei Ertel (s. Budde RFV. 21, 239). Vgl. alttschuw. **ösön*, kirg. *ösön* 'Bach, Fluß' (Gombocz 112).

усь! 'Scheuchruf für Hunde, Schweine', Vjatka (D.), Tobol'sk (Živ. Star. 1899 Nr. 4 S. 514). Lautgebärde.

у́тварь f. 'Gerät, Utensilien'. Zu *тварь*, *твори́ть*.

у́тельга 'ausgewachsenes Seehundsweibchen', Arch. (Podv.). Unsicher ist der Vergleich mit *телёнок* u. *тюле́нь* (so Grot bei Iljinskij RFV. 66, 277, Gorjajev EW. 382). Bedenken bei Kalima FUFAnz. 23, 252.

утерфи́новое сукно́ 'Art Stoff', 16.—17. Jhdt., s. Wolter IORJ. 22, 1, 123. Damit identisch aruss. *utrofimъ*, *a po německi oiterfainь* (Torg. Kn. Savv. nach Srezn. Wb. 3, 1316). Wohl engl. *utter* u. *fine*. Das *m* aus *n* durch Einfluß von *f* wie *Уфи́мский*.

утёс, -а 'steiler Felsen, Felswand'. Zu *теса́ть* (s. d.). Urspr. 'glatter Felsen'.

уте́ха 'Trost'. Zu *теши́ть*, *ти́хий*.

у́ти 'sumpfige Stelle', Olon. (Kulik.). Aus finn. *ukki* G. *ukin* 'Wasserlache, Pfütze', s. Kalima 234, RS. 5, 92, Meckelein 67.

ути́мить(ся) '(sich) zuwenden, richten auf etw.', Vologda (D.). Vgl. *ти́миться*.

ути́н, -а 'Kante, Feldrain', Perm, Vjatka, Tveŕ (D.), auch 'rheumatischer Schmerz in den Hüften', Nördl., Östl. (D.), Čerep. (Gerasim.), Smol. (Dobr.). Zu *тин* 'Einschnitt' (vgl. *полти́на*), Ablaut in abulg. *tьnǫ*, *tęti* 'schneiden' (s. *мять*). Vgl. ksl. *utinъkъ* 'abgehauenes, abgeschnittenes Stück' (MiEW. 349).

у́тка I- 'Ente', *у́тица* dass., Koll. *утва́* Astrachań (RFV. 63, 132), ukr. *úťa*, wruss. *uć* f., *úćica*, aruss. *uty* G. *utъve*, *utica*, kslav. *ǫty*, skr. *ȕtva*, sloven. *ǫ́lva*, nsorb. *hušica* 'Ente', *huše* G. *hušeša* 'junge Ente'. ‖ Ursl. **ǫtь*, bzw. *ǫty* G. *ǫtъve* urverw. mit lit. *ántis* 'Ente', apreuß. *antis*, aind. *ātíṣ* 'Wasservogel', lat. *anas* G. *anatis*, ahd. *anut* 'Ente', griech. *νῆσσα*, boeot. *νᾶσσα*, att. *νῆττα*, s. J. Schmidt KZ. 23, 268 ff., Meillet MSL. 8, 236, Meillet-Vaillant 163, Trautmann BSl. 10, Suolahti Vogeln. 420, Walde-Hofmann 1, 44. Man beachte: *Утъ* 'l. Nbfl. d. Sož, G. Mohilev': **ǫtь*: lit. *ántis*, **ǫtъka*: lit. *antuka* 'Schnepfe', *antukas* 'saxicola oenanthes' (Buga RFV. 72, 202), Adj. **ǫtinъ*, russ. *ути́ный*: lat. *anatīnus*. Den Entenruf gibt Leskov (Sobor- jane) mit *купи коты*, *купи коты* wieder.

у́тка II. 'Zeitungslüge, -ente'. Wie nhd. *Ente* (nach 1850) Übersetzung von frz. *canard*, *donner des canards* (1710), s. Kluge-Götze EW. 133. Anders darüber Falk-Torp 27.

у́тлый I. 'durchlöchert, gebrechlich, schadhaft (Boot)', ukr. *vútlyj*, aruss. *utьlъ* 'durchlöchert', *utьlina*, *utьlizna* 'Spalte', abulg. *ǫtlъ* τετρημένος, ἀνεπιτήδειος, παραλελυμένος (Supr.), skr. dial. *ȕtal* 'durchlöchert', sloven. *vǫ́taḷ*, *-tla* 'hohl', čech. *útlý* 'brüchig, zart', slk. *útly* dass., poln. *wątły* 'schwach, kraftlos, nicht dauerhaft', osorb. *wutły* 'matt, dumpf, mit leerem Magen'. Ursl. **ǫtьlъ* als 'bodenlos' zu **ǫ-* (wie *yróđ*) u. *tьlo* 'Boden' (s. *тло*) nach Meillet Études 222, Meillet-Vaillant 78, Vaillant RES. 11, 203 ff. Denkbar auch die Verknüpfung mit *тлеть* 'modern' (Brückner EW. 605, Gorjajev EW. 389), unwahrscheinlich diejenige mit griech. *ἀντηρίς* 'Strebepfeiler, Stütze', *ἀντῆρις* 'Öffnung, Loch' (gegen Bezzenberger BB. 27, 147) oder lit. *dylù, dìlti* ʽsich abnutzend kleiner werden' (Machek Recherches 35 ff.).

у́тлый II. ʽdressiert' (von Hunden), Smol. (Dobr.). Kaum zum vorigen.

уто́к 1. ʽEinschlagfaden, Einschußgarn', 2. dial. ʽStück Leinwand von 30 Arschin', Arch. (D.), aruss. *utъkъ* ʽEinschlagfaden', ksl. *ǫtъkъ στήμων*, bulg. *vъ́tъk* (Mladenov 94), sloven. *vǫ̑tək, -tka*, čech. *útek*, slk. *útok*, poln. *wątek*, osorb. *wutk*, nsorb. *hutk*. ‖ Ursl. **ǫtъkъ* aus **ǫ-* (s. *y*) und **tъkъ* in *ткать* ʽweben' (s. d.), vgl. MiEW. 367 ff., Schrader-Nehring 2, 632, Brückner EW 605, Mladenov c. l.

утоли́ть s. *молить*.

утончённый ʽverfeinert' ist Lehnübersetzung aus frz. *raffiné*, s. Unbegaun RES. 12, 39.

уто́р ʽKimme; Kerbe in den Faßdauben, die den Boden hält', ukr. *utóry* pl. ʽKimme', bulg. *vъtor* ʽKimme', skr. *ùtor*, sloven. *votòr* G. *-tóra*, čech. *útor*, slk. *útor*, poln. *wątor*, osorb. *wutora*, nsorb. *hutora*. ‖ **Ursl. ǫtorъ* mit Präfix *on-* und *torъ* zu *тереть*, als ʽEinschnitt', s. Rozwadowski RS. 2, 95, Mladenov 94, Brückner EW. 605.

утранча́ться ʽsich einmischen', Smol. (Dobr.). Entlehnt aus poln. *wtrącać się* dass. von *trącić* ʽdrängen, stoßen' (s. *трутить*).

утрин ʽaus Leinwand', nur r.-ksl. *utrьnъ, utrinъ βύσσινος* (s. Srezn. Wb. 3, 1314). Viell. wurzelverwandt mit der unter *усло́* erwähnten Sippe: lit. *áudžiu, áusti* ʽwebe.' Vgl. bes. aind. *ṓtum, vátavē* ʽweben', griech. *ἤτριον, ἄτριον* ʽGewebe', zur Sippe s. Fraenkel Lit. Wb. 26.

у́тро ʽMorgen', aruss. *utro*, abulg. *utro ὄρθρος* (Assem., Supr., Mar., Zogr., Ps., Sin. Euch. Sin.) neben *jutro* (Mar. Zogr., Ps. Sin., s. Diels Aksl. Gr. 78), bulg. *útro* (Mladenov 656), skr. *jȕtro*, sloven. *jútro*, čech. *jitro*, slk. poln. osorb. *jutro*, nsorb. *jutśo*, polab. *jäutrü̂*. ‖ Die Deutung ist schwierig. Ursl. **jutro* wurde zu lit. *jaũ* ʽschon', *уже́* (s. d.) gestellt, s. Meillet Ét. 406, Brugmann Grdr. 2, 1, 326, Berneker IF. 10, 156, dagegen Mikkola RS. 1, 19, Mladenov 650. Andererseits wollte man **jutro* als ʽZeit des Anspannens' zu schwed. dial. *ökt* ʽe. gewisse Arbeitszeit zw. den Mahlzeiten', norw. *øykt* (urgerm. **jaukipó* ʽdas Vorspannen'), aind. *yṓktram* ʽStrang, Gurt', avest. *yaoχəδra-* ʽ(kriegerische) Anspannung' und weiter zu lat. *iugum* (s. *úго*) stellen, so Lidén Festskr. Pipping 320, Hellqvist 1458. Vgl. zur Bed. griech. *βουλυτός* ʽAbend', eigtl. ʽZeit des Ausspannens der Rinder', aind. *samgavá-* ʽVormittag', eigtl. ʽZeit des Zusammentreibens der Rinder', s. auch Zimmer KZ. 30, 17, Schrader-Nehring 1, 2. Weniger wahrscheinlich ist der Vergleich von **jutro* mit lit. *jautrùs* ʽwachsam, empfindlich', lett. *jàutrs* ʽmunter, frisch' (zur Sippe s. *очути́ться*, *ощуща́ть*), gegen Machek Studie 46, Recherches 49, Vaillant RES. 13, 80; 15, 79, Fraenkel Slavia 13, 13ff., Holub-Kopečný 155. Neben **jutro* wird auch ein ursl. **ustro* angesetzt auf Grund eines einmaligen abulg. *zaustra* (Ps. Sin. 48, 15, Schreibfehler nach Severjanov) sowie apoln.

justrzenka, mazed. *zastra* 'morgen'. Nur für dieses nicht gesicherte *ustro käme Verwandtschaft mit lit. *aušrà* 'Morgenröte', griech. αὔριον 'morgen', ahd. *ost(a)ra* 'Ostern', aind. *usrás* 'morgendlich' in Frage (s. Berneker EW. 1, 462, Meillet Slavia 1, 198, M.-Endz. 1, 228ff., Brückner Archiv 21, 69ff., Zeitschr. 2, 297, KZ. 46, 212, Osten-Sacken Archiv 35, 58, Diels Aksl. Gr. 123, Trautmann BSl. 19, Mikkola IF. 23, 124ff., Agrell Zur bsl. Lautg. 20), dagegen s. Vaillant RES. 15, 78, Pedersen IF. 5, 70. Weniger wahrscheinlich ist Verwandtschaft von *jutro mit griech. αὐγή 'Glanz, Tageslicht', alb. *agume* 'Morgenröte' (Pedersen KZ. 38, 311ff.) oder gar mit got. *ûhtwo* 'Morgendämmerung' (Prellwitz BB. 26, 324), zu letzterem s. Feist Got. Wb. 515.

утро́ба 'Mutterleib, Schoß', ukr. *utróba*, aruss. *utroba*, abulg. ǫtroba κοιλία, τὰ ἔγκατα (Ostrom. Supr.), skr. *ŭtrobica* 'Leber', sloven. *vótroba* 'Eingeweide', čech. *útroba* dass., slk. *útroba* 'Eingeweide, Mutterleib', poln. *wątroba* 'Leber', osorb. *wutroba* 'Inneres, Eingeweide, Herz', nsorb. *hutšoba* 'Herz'. ‖ Urslav. *ǫtroba abgeleitet von *ǫtro 'Eingeweide' (s. *нутро́, внутрь*), urverw.: aind. *antrám* n. 'Eingeweide', ved. *āntrám* dass., armen. ənderkʿ, pl., aind. *ántaras* 'innerlich', avest. *antara-*, ablaut. mit griech. ἔντερον 'Eingeweide', anord. *iðrar* pl. 'Eingeweide', lat. *interior* 'innerer', s. Meillet Ét. 406, Uhlenbeck Aind. Wb. 8, Walde-Hofmann 1, 701, Holthausen Awn. Wb. 142. Siehe *ятро*.

утро́вка 'Schwägerin', s. *я́тровь*.

утеша́ть 'trösten', s. *те́шить*.

утю́г, -а́ 'Bügeleisen', *утю́жить* 'bügeln', aus turkotatar. *ütüg, osman. *ütü* dass., s. MiTEl. 2, 183, EW. 372, Korsch Archiv 9, 677, IORJ. 8, 4, 42, Lokotsch 167.

утю́н 'Schmerzen im Rücken', Tichvin (RFV. 62, 295). Kaum zu trennen von *утин* (s. d.). Etwa mit expressivem *ʼu* für *utinъ?

уфа́ 'Haufen, Schar', nur Nestor-Iskander (RES. 9, 19). Über poln. *huf* dass. aus mhd. *hûfe* 'Haufen', s. Brückner EW. 173, Unbegaun RES. 9, 19.

Уфа́ 1. 'Nbfl. d. Belaja', Baschkiren-G., 2. 'Stadt an diesem Fluß'. Adj. *уфи́мский* aus **уфи́нский* durch Einfluß des *f*, s. Sobolevskij RFV. 64, 161; 67, 218. Vgl. *кафи́мский* u. s. v. *утерфи́новое*.

ух Interj. 'o weh', schon r.-ksl. *ухъ* οὐαί, οἴμοι (Svjatosl. Sborn. 1073 u. sonst, s. Srezn. Wb. 3, 1330ff.). Lautnachahmend.

уха́ 'Brühe, Fischsuppe', aruss. *ucha*, bulg. *juchá* (Mladenov 700), skr. *júha*, sloven. *júha* 'Suppe', čech. *jícha* 'Brühe, Jauche', slk. *jucha*, poln. *jucha* 'Blut, Eiter, Suppe', osorb. *jucha* 'Brühe, Jauche', nsorb. *jucha* 'Brühe, Suppe, Dungwasser'. Aus d. Poln. stammt ukr. wruss. *juchá*. Slav. Lehnwort ist auch nhd. *Jauche*. ‖ Ursl. *jucha urverw. mit lit. *jūšė* 'Fischsuppe, schlechte Suppe', apreuß. *juse* 'Fleischbrühe', aind. *yūṣ* n., *yūṣam* n., *yūṣas* m. 'Brühe', lat. *iūs* G. *iūris* 'Brühe, Suppe', urspr. idg. *s*-St., griech. ζύμη 'Sauerteig', ablautend mit griech. ζωμός 'Brühe', weiter zu aind. *yāuti, yuváti* 'vermengt', lit. *jaūti, jaunù, joviaū* 'menge, bereite Schweinefutter', lett. *jàut* 'mischen' s. Berneker EW. 1, 458, Pedersen IF. 5, 33 ff., Kelt. Gr. 1, 65, Trautmann BSl. 110, Apr. Sprd. 349, Walde-Hofmann 1, 734, Meillet-Ernout 589, Wackernagel-Debrunner 3, 317, M.-Endz. 2, 104. Es liegt kein Grund vor, in lit. *júśé* ein slav. Lehnwort zu sehen (gegen Endzelin SlBEt. 59 ff.), s. Buga RFV. 73, 342.

уха́б 'Loch, Grube' (bes. auf Fahrwegen), *уха́бистый* 'voll Gruben', *уха́бить* 'den Weg verderben, ausfahren'. Zu *ха́бить* 'verderben', *поха́бить* dass., s. Matzenauer LF. 7, 216 ff., Berneker EW. 1, 380. Der Vergleich mit *шибкий, хиба́ть* (Gorjajev EW. 390) ist verfehlt.

ужажо́р, *-a* 'Kurmacher' (D.), Don-G. (Mirtov). Gebildet von *уха́живать* 'jemd. den Hof machen' mit dem Suff. von *актёр, танцо́р* u. dgl. (frz. *-eur*).

уха́йдать 'abnutzen (Kleider)', Arch. (Podv.). Wohl 'vertun' von *хайда́, айда́* 'auf u. davon', aus osman. *haidä* 'auf, vorwärts' (s. oben 1, 7 ff. u. zur Sippe Berneker EW. 1, 381).

у́харь 'Waghals, tollkühner Mensch', *у́харский* 'tollkühn' *у́хариться* 'sich verausgaben, müde werden'. Wohl Ableitungen von Interj. *ух* (s. d.), vgl. Gorjajev EW. 390, dessen Vergleich mit anord. *hruma* 'schwach machen', *hrymjask* 'weich werden' verfehlt ist. Vgl. *у́хать*.

-уха́ть 'riechen' in *благоуха́ть* 'schön duften', r.-ksl. *uchati* 'riechen', s.-ksl. *ǫchanije* ὄσφρησις, bulg. *въх* 'Geruch', *въchav* 'duftend, wohlriechend', sloven. *vôhati, -am* 'rieche', poln. *wąchać* 'riechen, wittern'. ‖ Ursl. **ǫchati* verwandt mit abulg. *vonja* usw. (s. *вонь*), weiter gehören dazu: aind. *ániti* 'atmet', got. *uz-anan* 'ausatmen', griech. ἄνεμος 'Hauch, Wind', lat. *animus* 'Seele, Geist', kymr. *anadl* f. 'Atem'; die Bildung von **ǫchati* erklärt man durch Einfluß von *duchati* 'hauchen, blasen', s. Pedersen IF. 5, 57, Kelt. Gr. 1, 31, Trautmann BSl. 9, Mladenov 94, Walde-Hofmann 1, 49 ff. Siehe *ню́хать*.

у́хать, у́хнуть 1. 'laut schreien'. 2. 'zusammenstürzen, vertun, verschleudern'. Von der Interj. *ух* (s. d.), vgl. MiEW. 370. Siehe *у́харь*.

ухва́т, *-a* 'Topfgabel, Ofengabel'. Zu *у-* u. *хвати́ть* 'greifen, fassen'.

ухво́стье 'langes, schmales Ende einer Insel, hinteres Ende eines Gegenstandes, Quelle eines Flusses', von *хвост (о́строва)* 'Ende e. Insel', Arch., s. Rydzevskaja Sovetsk. Archeol. 9, 86.

у́хка 'Schnee auf dem Eise, zerbröckeltes Eis', Olon., *у́хма* dass., auch *бу́хма* 'Wasser mit Schnee vermengt auf dem Eise', Arch. (D.). Aus karel. finn. *uhku* G. *uhkun* 'Schneebrei, Eisbrei, Aufwasser', s. Kalima 234 ff.

ухмыля́ться 'lächeln,' *ухмы́ла* 'immer lächelnder Mensch'. Urverw. mit mhd. *smollen* 'aus Unwillen schweigen, lächeln', *smielen* 'lächeln', ält. ndl. *smuylen* 'lächeln', bair. *schmollen* 'lächeln', norw. *smolla, smulla* 'lächeln', *smusla* dass., s. Uhlenbeck PBrBtr. 22, 199; 26, 307ff., Torp 531. Daneben *ухмеляться* 'lächeln', dessen *е* Potebnja RFV. 4, 206 von *смеяться* erklären wollte.

ухнáль, -*я́* 'Hufnagel', Südl. (D., Šoloch.), Don-G. (Mirtov), ukr. (*h*)*uchnál'*, wruss. *uchnál'*. Über poln. *ufnal* aus d. *Hufnagel*, s. Brückner EW. 592, Matzenauer 359. Vgl. *хухнáрь*.

ýхо, -*a* 'Ohr', pl. *ýши*, ukr. *vúcho*, wruss. *vúcho*, aruss. *ucho* G. *ušese*, Adj. *ušesьnъ*, Du. *uši*, abulg. *ucho* οὖς, G. *ušese*, du. *uši* (s. Diels Aksl. Gr. 171ff.), bulg. *uchó*, *uši*, skr. *ȕho*, *ȕši*, sloven. *uhộ*, du. *ušî*, pl. *ušę̑sa*, čech. slk. *ucho*, poln. *ucho*, osorb. *wucho*, nsorb. *hucho*. ‖ Ursl. **ucho* im Sing. u. Plur. -*es*- Stamm, im Du. -*i*- St., urverw. mit: lit. *ausìs* 'Ohr', Acc. s. *aũsį*, G. pl. *ausũ*, lett. *àuss*, apreuß. Acc. pl. *āusins*, lat. *auris* 'Ohr', *aus-cultāre* 'aufmerksam zuhören', griech. οὖς, G. homer. οὔατος, att. ὠτός, dor. ὤατα 'Ohren' (**ōųs*), got. *ausō* n. 'Ohr', ir. *ó* dass., avest. du. *uši*, alb. *veš* 'Ohr' (aus **ōus* oder **ōs*, s. Jokl WZKM. 34, 40); es wird idg. **ōus-*:**ǝus-*:*us-* angenommen, s. J. Schmidt Pluralb. 251ff., 406ff., Meillet Ét. 205, W. Schulze Qu. ep. 38, Brugmann Grdr. 2, 1, 309, Trautmann BSl. 18ff., Persson 724, M.-Endz. 1, 227, Torp 7, Pedersen Kelt. Gr. 1, 55, IF. 5, 34, Walde-Hofmann 1, 85, G. Meyer Berl. phil. Wochenschr. 1891 Sp. 570ff.

ýхта 'Schneebrei', s. *ýхка*.

учáн 'Flußfahrzeug', Westl., wruss. *učan* (Stang UP. 146), aruss. *učanъ* (Hypat. Chron. a. 1182, 1. Soph. Chron. a. 1471 u. a.). Wird aus d. Turkotatar. hergeleitet; vgl. dschagat. *učan* 'Art Boot', buchar. turkmen. *učan*, s. Melioranskij IORJ. 10, 4, 132. Vgl. aber *чан*.

учи́ть, *учý* 'lehre', -*ся* 'lernen', *нау́ка* 'Wissenschaft', ukr. *učýty*, *navúka*, wruss. *učýć*, *navúka*, aruss. *učiti* 'lehren', *ukъ* 'Lehre', abulg. *učiti*, *učǫ* διδάσκειν (Supr., Ostrom.), bulg. *úča* 'lehre', skr. *ùčiti*, *ùčīm*, sloven. *učíti*, -*ȋm*, čech. *učiti*, slk. *učiť*, poln. *uczyć*, *uczę*, osorb. *wučić*, nsorb. *hucyś*. ‖ Ursl. **učiti* ablautend mit **vyknǫti* (s. *вы́кнуть*); damit urverw.: apreuß. *iaukint* 'üben', lit. *jaukìnti*, -*inù* 'zähme, bändige', *jaũkas* 'Lockmittel, Köder', *jaukùs* 'zahm', aind. *úcyati* 'findet Gefallen, ist gewöhnt', *ṓkas* 'Behagen', armen. *usanim* 'lerne, gewöhne mich', got. *biūhts* 'gewohnt', s, Berneker IF. 10, 161, Fraenkel Zeitschr. 20, 176, Specht KZ. 68, 55, Trautmann Apr. Sprd. 345, Hübschmann 484. Man sucht auch Verwandtschaft mit lat. *uxor* 'Gattin' (s. Meillet BSl. 32, 8ff., Benveniste BSL. 35, 104ff., Meillet-Ernout 1341, Kohen IORJ. 23, 1, 22); **uc-sōr* neben **sve-sōr* 'Schwester'.

учкýр 'Hosenriemen, Hosenband', dial. *очкýр* (Gogol'), ukr. *očkúr*, wruss. *učkúr*. Entlehnt aus krimtat. osman. *učkur* 'Hosenband', dschagat. *ičkur* 'Hosengurt' (Radloff Wb. 1, 1517, 1730), s. Korsch Archiv 9, 505, 677, MiTEl. 2, 182, EW. 371, Deny Mél. Boyer 100, Lokotsch 166, Kraelitz 59. Abzulehnen ist die Herleitung aus dem Lit. (gegen Karskij RFV. 49, 21). Dial. *ýчкар* dass., Terek-G. (RFV. 44, 109) weist Suffixtausch auf, wenn richtig überliefert.

учреди́ть ʽstiften, gründen', Iter. *учрежда́ть, учрежде́ние* ʽEinrichtung, Anstalt'. Kslav. Lehnwörter. Weiteres unter *череда́*.

учу́г ʽFischwehr', Wolga-G. (D., IORJ. 23, 2, 295), zuerst Urk. a. 1575 (s. Srezn. Wb. 3, 1342), wird von Gorjajev EW. 390 als Entlehnung aus turkotat. *učuγ* dass. erklärt.

уша́н ʽArt Fledermaus', Don-G. (Mirtov). Zu *у́хо* ʽOhr'. Vgl. dial. *уша́н* ʽMensch mit großen Ohren', Novgor. (D.).

уша́т ʽZuber, Kübel', schon Dict. tril. 1703. Ableitung von *у́хо* als ʽGefäß mit zwei Henkeln' (Ohren). Vgl. zu Bed. griech. ἄμφωτος ʽzweihenkelig' (Glotta 7, 333), s. MiEW. 371.

уши́дь m. ʽFlüchtling, geflüchteter Sklave', nur aruss. *ušidь, ušidъ*, abulg. *ušidь φυγάς* (Supr.), s.-ksl. *ušъdь* dass. Man nimmt ein Präfix *u-* ʽweg' an und Verwandtschaft mit *ходи́ть* (s. d.), vgl. Pedersen IF. 5, 63, Mikkola Ursl. Gr. 3, 40, Jokl Archiv 28, 5, Iljinskij Archiv 34, 13.

ушка́н ʽHase', Arch., Sibir. (D.), Kolyma (Bogor.), daneben *уша́н* Pskov (D.). Es könnten Ableitungen von *у́хо* ʽOhr', Demin. *ушко́* vorliegen, aber auch volksetymologische Umgestaltungen von *тушка́н*, s. auch Zelenin Tabu 1, 97.

ушку́й ʽArt Flußboot', dial. *у́шкой* Olon. (Kulik.), aruss. *uškui* (Novgor. 4. Chron. a. 1320, 1366 etc., Voskres. Chr., u. a., s. Srezn. Wb. 3, 1344), *uškuinikъ* ʽFlußpirat' (Novg. 4. Chron.), *uskui* (Pskover 1. Chron.), *uškulъ* (Moskauer Chroniken 16. Jhdt., s. Sobolevskij RFV. 66, 346). Als Quelle betrachtet man älter. weps. *uškoi* ʽkl. Boot', älter finn. *wisko* dass., estn. *huisk* G. *huizu* ʽFähre', s. Mikkola FUF. 13, 164 ff., Etnogr. Obozr. 94, 138 ff., Kalima 31, 235. Verfehlt ist die Verknüpfung mit *шкут* (gegen Gorjajev EW. 390).

ушь ʽArt Distel', nur aruss. *ušъ* (Novgor. Chron. a. 1130 u. sonst). Urverw. mit lit. *usnìs* ʽDistel', aind *ōṣati* ʽbrennt', lat. *ūrō, ussī, ustum, -ere* ʽbrenne, dörre aus', griech. εὕω ʽsenge', s. M.-Endz. 4, 309, Iljinskij IORJ. 23, 1, 170 ff.

уще́лье ʽKluft, Schlucht', zu *щель* ʽSpalte'.

уще́рб ʽSchaden, Verlust, Nachteil', aruss. *uščьrbъ* ʽabnehmender Mond', zu *щерба́* ʽRiß, Lücke'.

ущю́нно ʽrichtig', Kaluga (RFV. 49, 335). Siehe *щуня́ть*.

ую́тный ʽgemütlich', mit *прию́т* ʽAsyl' als urverw. zu lett. *jùmts* ʽDach', *jumta* dass., *jùmt, jumju* ʽdecken (e. Dach)', s. M.-Endz. 2, 119; 3, 37.

Ф

ф zweiundzwanzigster Buchstabe des aruss. Alphabets, heißt *ферт*, aruss. *fьrtъ*. Zahlenwert = 500, s. Srezn. Wb. 3, 1349 ff. Der *f*-Laut wurde aber bis zur Revolution im Russ. auch durch ѳ (*fita*) wiedergegeben, das aus griech ϑ (ϑῆτα) stammt und als Zahlbezeichnung 9 bedeutet. Schon im Svjatosl. Sbornik 1073 wird ѳ mit ф verwechselt, s. Srezn. Wb. 3, 1681.

фа́бра ʽBartschminke', *фа́брить* ʽden Bart färben', *нафа́брен-*

фáбрика—фактýра

ные усы (Turgen.). Aus nhd. *Farbe, färben*, s. Gorjajev EW. 391.

фáбрика 'Fabrik', schon Kurakin (1705), Ust. Morsk. a. 1724, s. Smirnov 301. Aus poln. *fabryka* oder wie dieses aus ital. *fabbrica* von lat. *faber* 'Handwerker', s. auch Christiani 45.

фабрикáнт 'Fabrikant', seit Peter d. Gr., s. Smirnov 301. Wohl über nhd. *Fabrikant* (schon 1683, s. Schulz 1, 198) aus frz. *fabriquant*.

фáбула 'Fabel', schon F. Prokopovič, s. Smirnov 301. Aus lat. *fabula*, bes. von den Fabeln Äsops (s. Schulz 1, 197 ff.).

фавóр 'Gunst', seit Peter d. Gr., s. Smirnov 301. Wohl über poln. *fawor, w faworze* aus lat. *favor*.

Фавóр-горá 'Berg Thabor in Palästina', oft in der Volksdichtung. Aus griech. Θαβώρ dass., s. Jagić Archiv 1, 88.

фаворизовáть 'begünstigen', schon Peter d. Gr., s. Smirnov 301. Aus poln. *faworyzować*, bzw. frz. *favoriser*.

фаворúт 'Günstling', schon Kurakin, s. Smirnov 301. Über nhd. *Favorit* oder direkt aus ital. *favorito*, kaum über poln. *faworyt* (gegen Smirnov).

фагóт 1. 'Fagott, hölzernes Blasinstrument'. 2. 'Fagottbläser', (Čechov). Über nhd. *Fagott* oder direkt aus ital. *fagotto* von lat. *fāgus* 'Buche'.

фадáн 'Hirschsehne, zum Zusammennähen von Fellen gebraucht', Terek-G. (RFV. 44, 109). Unklar.

фáер 'Verweis', Smol. (Dobr.). Wohl aus nhd. *Feuer*. Vgl. *фéфер*.

фáза, фáзис 'Phase'. Wohl über nhd. *Phase* (Luther), bzw. *Phasis* (seit 1778, s. Schulz-Basler 2, 490 ff.) aus lat. *phasis* von griech. φάσις 'Erscheinen (von Gestirnen)', s. Dornseiff 17.

фазáн 'Fasan, Phasianus'. Über nhd. *Fasan*, mhd. *fasan* aus lat. *phāsiāna avis* (Plin.) von φασιανός 'Vogel vom Flusse Φᾶσις in Kolchis', s. Meillet-Ernout 894. Vgl. auch *бажáнт* (s. d.).

фáйка 'Pfeife', Südl., Neurußl. (D.), über poln. *fajka* aus nhd. *Pfeife*, s. Brückner EW. 117, Berneker EW. 1, 278.

фáкел 'Fackel', über nhd. *Fackel* aus ahd. *faccala* von lat. *fac(u)la* dass., *fax, -cis* 'Fackel' (Kluge-Götze EW. 142 ff.).

факúр 'Fakir, muselmännischer Bettelmönch'. Wohl über nhd. *Fakir* oder frz. *fakir* aus arab. *fakīr* dass., vgl. Littmann 64, Lokotsch 45, Gorjajev EW. 391. Kaum direkt aus dem Osten (gegen MiTEl. Nachtr. 1, 37).

фáкт, -a 'Tatsache', schon Peter d. Gr., s. Smirnov 302. Über poln. *fakt* aus lat. *factum*.

фáктор 'Faktor', früh als 'Geschäftsführer', Zeit Peters d. Gr., s. Smirnov 301. Über poln. *faktor* oder nhd. *Faktor* 'Geschäftsführer' (schon 1600, s. Schulz 1, 201), aus mlat. *factor* 'Geschäftsführer', s. Schirmer Kaufmspr. 58 ff.

фактýра 'Warenrechnung', schon Ust. Morsk. a. 1724, s. Smirnov 301 ff. Über nhd. *Faktura* dass. (schon 1662, s. Schulz 1,

201) aus mlat. *factura*, ital. *fattura*, frz. *facture*, s. Schirmer Kaufmspr. 59.

факультéт, *-a* 'Fakultät' schon 1725, s. Smirnov 302, auch Tredjakovskij. Über nhd. *Fakultät* (schon 16. Jhdt., s. Schulz 1, 202) aus lat. *facultās* eigtl. 'Kraft', Übersetzung von griech. δύναμις 'Wissenszweig' (Aristoteles).

фáкция 'Partei, Clique', schon Peter d. Gr. 1704, s. Christiani 18. Eher aus ndl. *factie* als poln. *fakcya* von lat. *factiō* 'Partei'.

фáл, *-a* 'Fall, laufendes Tau zum Hissen oder Streichen eines Segels' (Lavrenev), schon Ust. Morsk. 1720, s. Smirnov 302. Aus ndl. *val* dass. oder ndd. *fall*, s. Meulen 221 ff., Matzenauer 154. Zweifelhaft ist die Herleitung aus engl. *fall* (Croiset v. d Kop IORJ. 15, 4, 21). Das Wort begegnet in vielen Zusammensetzungen, s. Meulen c. l.

фалалéй 'Gaffer', auch *фалелéй* (D.), stammt vom PN. *Фалалéй* aus griech. Θαλλέλαιος PN.

фалбалá, фалборá 'Faltenbesatz, Faltensaum', auch *фалбóрка* (D.), *харбарá* Terek-G. (RFV. 44, 110). Aus frz. ital. *falbala* 'Faltensaum'. Zu diesem seit 1692 belegten Wort vgl. Dauzat 313, Meyer-Lübke Rom. Wb. 276, Gamillscheg EW. 404. Aus der gleichen Quelle stammen poln. *falbala*, *falbana*, s. Brückner EW. 117, Matzenauer 154, Ableitungen von *фалбалá* sind: *фáболить* 'sich geckenhaft kleiden', *фáбольник* 'Geck', Olon. (Kulik.).

фáлда 1. 'Falte am Kleide'. 2. 'Schoß am Herrenrock, Frack', seit Kantemir, s. Christiani 49. Entlehnt über poln. *fałd* dass. pl. *fałdy* aus mhd. *valde*, ahd. *fald* m., s. MiEW. 6, Berneker EW. 1, 278, Brückner EW. 117.

фáлень, фáлинь 'Fangleine eines Bootes, zum Anbinden am Ufer'. Aus ndl. *vanglijn* 'Fangleine', s. Meulen 222.

фáлреп 'Fallreep, Tau an den Seiten der Treppe, zum Festhalten beim Besteigen des Schiffes', auch *фáлерп* (Lavrenev). Aus ndl. *valreep* dass., s. Meulen 222, Matzenauer 154.

фальсéт 'Falsett, eigtl. gefälschte Stimme, erzwungene hohe Kopfstimme, Fistelstimme'. Über nhd. *Falsett* oder direkt aus ital. *falsetto* (Kluge-Götze 145).

фáльц 'Falz, Fuge, Rinne, um Bretter aneinanderzufügen', auch 'die fortlaufende Vertiefung zw. Deckel u. Rücken eines Einbandes'. Aus nhd. *Falz* dass.

фальцовáть 'mit einem Falzen versehen'. Aus nhd. *falzen*.

фáльшборт 'Schanzkleid, Schutzwehr gegen den Wellenschlag auf Schiffen'. Aus nhd. **Falschbord*, s. Matzenauer 154.

фальши́вый 'falsch', ukr. *faľšývyj*, älter russ. *faľšivyi* in westruss. Urk. 1388, s. Srezn. Wb. 3, 1351, auch *fałšivyi* Šafirov u. a., s. Smirnov 303, Christiani 54. Über poln. *fałszywy* aus mhd. *valsch* 'falsch' von lat. *falsus*, s. MiEW. 57, Berneker EW. 1, 278 ff. Aus gleicher Quelle entlehnt ist:

фальшь f. 'Falschheit, Unaufrichtigkeit', älter *фальша* a. 1633,

s. Ohijenko RFV. 66, 368, ukr. *falš, fal'š*. Über poln. *falsz* m. 'Falschheit' aus mhd. *valsch*, s. MiEW 57, Berneker EW. 1, 278 ff. Brückner EW. 117.

фа́ля m. 'Dummkopf, einfältiger Mensch' (Krylov). Aus der Kurzform *Фа́ля* vom PN *Фалале́й* (s. d.), vgl. Christiani Archiv 34, 326. Verfehlt ist der Vergleich mit frz. *folie* 'Dummheit' oder anord. *fól* n. 'Narr' (gegen Matzenauer 154).

фами́лия 'Familienname', älter 'Familie', schon F. Prokopovič, Dolgorukov (1703), s. Smirnov 303. Über poln. *familja* bzw. nhd. *Familie* aus lat. *familia* 'Hausgenossenschaft', s. Christiani 47.

фамилья́рный 'familiär', schon Ostermann 1718, s. Smirnov 303. Über poln. *familjarny* aus lat. *familiāris* 'vertraut', s. Christiani 54.

фанабе́рия 'Hochmut, Stolz, hochmütige Rede' (A. Ostrovskij), *фанабе́р* 'hochmütiger Mensch', wruss. *chvanabérija*, poln. *fanaberja* 'Verstellung, Ziererei'. Aus jidd.-d. *faine* 'fein' u. *berje* 'Mensch', s. Schapiro Fil. Zap. 1873, S. 16, Grot Fil. Raz. 2, 515, Wiener Archiv 20, 622, Živ. Star. 1895, Nr. 1, S. 67 ff., Karłowicz 151, Gorjajev EW. 391. Verfehlt Matzenauer 154.

фана́тик 'Fanatiker', über poln. *fanatyk* oder nhd. *Fanatiker, Fanatikus* (1680, s. Schulz 1, 204) aus lat. *fānāticus*, urspr. 'von der Gottheit ergriffen, rasend', von *fānum* 'Heiligtum' (s. Walde-Hofmann 1, 453 ff.).

фане́ра 'Furnier, Furnierholz'. Aus nhd. *Furnier* n. 'Dünnbelag, Feindecke', *furnieren* 'auslegen' von frz. *fournir*, s. Gorjajev Dop. 1, 51.

фант, -*a* 'Pfand', poln. *fant*. Aus nhd. *Pfand*, s. Brückner EW. 118.

фанта́зия 'Phantasie', schon Peter d. Gr., s. Smirnov 304. Über poln. *fantazja* oder direkt aus ital. *fantasia* von lat. *phantasia*, griech. *φαντασία* (dazu Dornseiff 78, 79).

фантасмаго́рия 'Vorstellung von Geistererscheinungen, Trugbild', poln. *fantasmagorja* dass., gebildet von griech. *φάντασμα* 'Erscheinung' und *ἀγορεύω* 'rede'.

фанфаро́н 'Prahler, Aufschneider' (Chodasevič). Aus frz. *fanfaron* von span. *fanfarron* (s. Gamillscheg EW. 405, Littmann 102).

фаньжо́н, фаржо́н 'Kopftuch der Frauen', Don-G. (Mirtov). Aus frz. *fanchon* dass. vom Kosenamen *Fanchon* zu *Françoise* (vgl. Gamillscheg EW. 405, Dauzat 314).

фарао́н 'Schimpfwort' (Leskov), von aruss. *faraonъ* 'Pharao' (Menaeum 1096 u. sonst), abulg. *farao Φαραώ* (Supr.). Entlehnt aus griech. *Φαραώ(ν)* 'altägypt. Königstitel' von ägypt. *perᶜo* 'das große Haus, Palast', s. Littmann 10, Spiegelberg KZ. 41, 127, Bauer Wb. z. NT 1414, Guthe Bibelwb. 18. Vgl. *фа́ро*.

фарау́з 'Art Gewebe', nur aruss. *farauzъ* (1489, s. Unbegaun 117). Unklar.

фарва́тер 'Fahrwasser', schon z. Zeit Peters d. Gr. 1719, s. Smirnov 304. Aus ndl. *vaarwater* dass., ndd. *fahrwater*, s. Meulen 221, Matzenauer 155, Christiani 39.

фарду́н s. *пардун*.

фарис s. *фарь*.

фарисе́й 'Pharisäer, Heuchler, Scheinheiliger', aruss. abulg. *farisei* (Supr.), *farišěi* (Ostrom., Greg. Naz.) aus griech. *Φαρισαῖος* 'Pharisäer', urspr. hebr. 'Abgesonderter', s. Guthe Bibelwb. 515, Littmann 32, Verf. GrslEt. 210. Die Endung *-ěјь* statt *-ејь* ist angelehnt an das slav. *-ěјь* (vgl. Vondrák Vgl. Gr. 1, 515).

фа́ркать 'schnaufen', *фа́рнуть* 'niesen', Pskov. Lautnachahmend wie *фы́ркать* (s. d.), vgl. dazu Berneker EW. 1, 287.

фармазо́н, -a 'Freimaurer', volkst. *армизо́н* Čerep. (Gerasim.), älter *фран-масо́н* (Puškin), poln. *farmazon*. Aus frz. *franc maçon* dass., s. Brückner EW. 118, Malinowski Pr. Fil. 1, 307, Karłowicz 152. Die r-Metathese im Poln. will Malinowski durch Einfluß von poln. *farmacja, farmaceuta* erklären. Vgl. aber auch griech. *φαρμασόνος* aus ital. *framassone* (G. Meyer Ngr. Stud. 4, 95).

фа́ро 'Kartenglücksspiel' (18. Jhdt., Mel'nikov), aus nhd. *Pharo* dass. (schon 1728, s. Schulz-Basler 2, 490) von *Pharao* 'Herzkönig im Kartenspiel', frz. *pharaon* dass., s. Littmann 10ff., Kluge-Götze EW. 444. Siehe *фарао́н*.

фа́рс, -а 'Possenspiel, Farce', aus frz. *farce* 'Posse', urspr. 'Füllsel', zu lat. *farcīre* 'füllen, stopfen', als Zwischenspiel bei einem Theaterstück, s. Dauzat 315, Gamillscheg EW. 406.

фарси́ть 'sich wichtig machen', s. *форс*.

фарт 'Glück, Erfolg, Schicksal', Tobol'sk (Živ. Star. 1899, Nr. 4, S. 515), Kolyma (Bogor.), *фа́ртовый* 'erfolgreich', Tobol'sk, Kolyma, 'keck, dreist', Čerep. (Geras.), 'Gauner, Dieb', Kubań-G. (RFV. 68, 405), *фа́ртить* 'Glück haben', Kubań-G., Kolyma. Wohl aus nhd. *Fahrt*, evtl. durch die Jägerspr., wo *Fahrt* = 'Fährte, Spur' (Harrach Die Jagd 41).

фа́ртук 'Schürze', *фа́ртух* dass., ukr. *fartúch*, wruss. *chvartúk*. Über poln. *fartuch* aus mhd. *vortuoch*, nhd. *Vortuch*, s. Berneker EW. 1, 279, Brückner EW. 118, Karłowicz 153, Kleczkowski Symb. Rozwadowski 345.

фа́рфели pl. 'fein zerhackter Weizenteig, Art Graupen', Westl. Aus jidd.-d. *farfelen* pl., nhd. *Farfelen* 'Suppe, in der zerriebener Teig gekocht ist' (Lexer Kärnt. Wb.), s. Schapiro Fil. Zap. 1873, S. 16, Wiener Živ. Star. 1895, Nr. 1, S. 67ff.

фарфо́р, -a 'Porzellan', schon Ust. Morsk. 1724, s. Smirnov 304, ukr. *fárfur*, poln. *farfura*. Über osman. *farfur, fayfur* dass. aus pers.-arab. *fayfūr* 'Titel des Kaisers von China, Gegend in China, Porzellan aus dieser Gegend', von apers. *bayapuϑra-*. Übersetzung von chines. *tien-tse* 'Himmelssohn', s. MiTEl. 1 295, EW. 57, Berneker EW. 1, 279, Lokotsch 45, Hübschmann 49, Horn Npers. Et. 71. Zur Bed. vgl. osman. dschagat. *čini*

фарш—фаэто́н 203

'Porzellan' (Radloff Wb. 3, 2120ff.), auch 'chinesisch'.

фарш 'Farce, Fleischfüllsel'. Über nhd. *Farce* (18. Jhdt., s. Schulz 1, 205) aus frz. *farce* 'Füllung' von *farcir* 'füllen'. Siehe *фарс*.

фарширова́ть 'füllen, farcieren'. Über nhd. *farcieren* (18. Jhdt., s. Schulz 1, 205) aus frz. *farcir*.

фарь m. 'edles Roß, Renner', veralt., aruss. *farь* (Dan. Zatočn. Hypat. Chr., Digenis), auch *farisъ* dass. (Nestor-Iskander) u. *faryžъ*. Die letztere Form über poln. *farys* von mhd. *vârîs* 'Roß', dagegen *farь, farisъ* wohl über mgriech. φαρίον, φάρης 'equus arabicus' (Ducange) aus arab. *faris* 'Pferd', s. Korsch Archiv 9, 499, Lokotsch 46, Berneker EW. 1, 279, MiEW. 57, TEl. 1, 295, Verf. Grsl. Et. 211.

фарья́ 'vulva', Don-G. (Mirtov). Dunkel.

фас 'Frontseite einer Befestigung', schon Peter d. Gr., s. Smirnov 305. Aus frz. *face* 'Gesicht, Vorderseite'.

фаса́д, -а 'Fassade' aus frz. *façade* von ital. *facciata* dass. (Gamillscheg EW. 400, Dauzat 310).

фасо́ль f. 'Bohne, Fisole, Phaseolus vulgaris', ukr. *fasól'a*. Über poln. *fasola*, dial. *fasol* aus mhd. *fasól* dass. von lat. *phaseolus* aus griech. φάσηλος. Weniger in Frage kommt als Quelle das mgriech. φασόλι(ον), s. MiEW. 8, Berneker EW. 1, 280, unwahrscheinlich Verf. GrslEt. 211 (direkt aus d. Griech.) und MiTEl. 1, 297 (über das Osman.).

фасо́н -а 'Schnitt, Machart, Form', älter *фасун* Zeit Peters d. Gr., s. Smirnov 304. Aus frz. *façon* von lat. *factiōnem*.

фат, -а 'Geck, alberner Mensch', aus frz. *fat* 'Stutzer', urspr. 'dumm, eingebildet' von vlat. *fatidus*, lat. *fatuus* 'albern', s. Gorjajev EW. 391.

фата́ 'seidenes Kopftuch', ukr. *fóta* 'Art Frauengürtel', aruss. *fota* 1. 'Kopftuch'. 2. 'Bauchbinde' (beides bei Afan. Nikitin 12), *fata* 'Art Decke' (Domostr. K. 48). Entlehnt aus osman. *futa, fota* 'Schürze, gestreifter Stoff indischer Herkunft' von arab. *fūta* dass., s. MiEW. 58, TEl. 1, 298, Kraelitz 21, Lokotsch 49 ff., Räsänen Tat. L. 54, Srezn. Wb. 3, 1357. Abzulehnen ist die Herleitung des russ. Wortes aus anord. *fat* 'Kleidung' (Grot Fil. Raz. 2, 365, 515). Daraus wäre *potъ zu erwarten.

фатю́й s. *фитю́к*.

фаши́на 'Faschine, Reisbündel zur Befestigung von Dämmen', schon Zeit Peter d. Gr., s. Smirnov 305, volkst. *паши́на* Don-G. (Mirtov), poln. *faszyna*. Viell. über nhd. *Faschine* aus ital. *fascina* 'Reisbündel' von lat. *fascis* 'Bündel', s. Matzenauer 155, Brückner EW. 119.

фаэто́н, -а 'leichter zweisitziger Wagen, Kabriolett', schon *фаэтон* bei Porošin a. 1764, s. Christiani 57. Über frz. *phaéton* dass., von lat. *Phaëthon*, griech. Φαέθων 'Sohn des Helios, der den Sonnenwagen lenken wollte u. dabei die Erde gefährdete' (verbreitet durch Ovid Metam. 2, 1 ff.).

фая́нс, -*а* 'Halbporzellan', aus frz. *faïence* dass. (seit d. 16. Jhdt.) von der ital. Stadt *Faenza* in der Romagna (s. Gamillscheg EW. 402, Dauzat 312).

февра́ль, -*я́* 'Februar', aruss. *fevrarь* (Evang. 1144, Novgor. 1. Chron., s. Srezn. Wb. 3, 1353), abulg. *fevruarь* (Supr.). Entlehnt über mgriech. *φεβρουάρι(ο)ς* aus lat. *februārius*, s. Verf. IORJ. 12, 2, 284, GrslEt. 211, G. Meyer Ngr. 3, 69, Sobolevskij RFV. 9, 3.

Фёдор 'Mannsn.', aruss. *Θeodorъ* aus griech. *Θεόδωρος* 'Theodor'.

Федо́ра 'Frauenn.', aruss. *Θeodora* aus griech. *Θεοδώρα*.

Федосе́й 'Mannsn.', aruss. *Θeodosii* aus griech. *Θεοδόσιος*.

Федо́сья 'Frauenn.', aruss. *Θeodosija* aus griech. *Θεοδοσία*.

Федо́т, -*a* 'Mannsn.', aruss. *Θeodotъ* aus griech. *Θεόδοτος*.

феду́л 'Tölpel, Dummkopf', Pskov, Tvef (D.). Vom PN *Φεοδύл* aus griech. *Θεόδουλος* 'Märtyrer unter Julian' (Pape-Benseler 490).

фейерве́рк, -*а* 'Feuerwerk', schon 1697 Peter d. Gr., s. Christiani 50. Aus nhd. *Feuerwerk*, s. Smirnov 305.

Фёкла 'Thekla', aruss. *Θekla* (11. Jhdt. Acta Pauli et Theclae) aus griech. *Θέκλα*.

фело́нь f. 'rundes Obergewand der Priester ohne Ärmel mit e. Öffnung oben für den Kopf'. Es symbolisiert die Chlamys des Heilandes, die ihm zum Hohn von den Kriegern angelegt wurde, und wird als Kleid der Wahrheit verstanden, aruss. *felonь* (Klosterregel a. 1200, Novg. Kormčaja 1280, s. Srezn. Wb. 3, 1353), abulg. *felonь* (Euch. Sin. 388, 5), s.-ksl. *felonь*. Aus griech. *φαιλόνης*, mgriech. *φαιλόνιον, φαινόλιον* dass., zu *φαινόλις* 'leuchtend', *φαίνω* 'mache sichtbar', s. Verf. IORJ. 12, 2, 284, Grsl. Et. 211 ff., Fraenkel KZ. 42, 115.

фелу́ка s. *фелю́га*.

фельдма́ршал 'Feldmarschall', älter *фелтмаршалок* a. 1700 (s. Christiani 32), auch *фельтьмаршал* (Smirnov 86, 305 ff.), volkst. *фитьмарш* (Černigov, Živ. Star. 17, 4, 480). Über poln. *feldmarszałek* oder direkt nhd. *Feldmarschal(k)*, ndl. *veldmaarschalk*, s. Preobr. 1, 512, Christiani c. l.

фельтфе́бель m. 'Feldwebel', älter: *фельтвебель* a. 1705 (s. Christiani 33) u. *февтвевол* Kn. o ratn. str., s. Smirnov 306. Aus nhd. *Feldwebel*, dessen zweiter Teil zu nhd. *Weibel* 'Gerichtsdiener' gehört (s. Kluge-Götze EW. 152).

фельдцейгме́йстер 'Feldzeugmeister, oberster Befehlshaber über die gesamte Artillerie', älter *фелцейхмейстер* Zeit Peter d. Gr., s. Smirnov 306. Aus nhd. *Feldzeugmeister*.

фе́льдшер 'Feldscher', seit Peter d. Gr., s. Smirnov 306, volkst. *фе́ршал*, ukr. *fél'čer*, wruss. *chvéršal*. Aus nhd. *Feldscher* von *Feldscherer*, urspr. 'Barbier auf d. Schlachtfelde, Heereswundarzt', s. MiEW. 58, Thomson 264, Malinowski PrFil. 1, 308.

фельдъе́герь 'Feldjäger, Kurier der Regierung'. Aus nhd. *Feldjäger*.

фельетóн, -а 'Feuilleton; nicht politischer, mehr zur Unterhaltung dienender Teil einer Zeitung'. Aus frz. *feuilleton*, urspr. 'kleines Blatt' von *feuille* 'Blatt'.

фелю́га 'Feluke, kleines Boot', auch *фелу́ка* Südl., *фелю́к* Schwarzmeer-G. (D.). Über frz. *felouque* aus span. *faluca* von arab. *fulúka* aus griech. ἐφόλκιον dass., s. Littmann 97, Lokotsch 66, Gamillscheg EW. 410.

феодáльный 'zum Lehen gehörig, feudal', aus frz. *féodal* dass. von mlat. *feodālis*, Ableitung von mlat. *feōdum* von fränk. **fēhu-ód* 'Vieh-Besitz' (s. Gamillscheg EW. 412, 417).

Феодóсия 'Stadt in der Krim', entstand 1784 an Stelle des älteren *Káфa* (s. d.). Künstliche Restaurierung des antiken Namens Θεοδοσία, Θευδοσίη, s. Unbegaun RES. 16, 224. Vgl. Θεοδοσία παλαιὰ ἦν Ἑλλὰς πόλις, Ἰωνικὴ, Μιλησίων ἄποικος, Arrian. Peripl. Ponti Euxini 30 (Geogr. Gr. Min. 1, 394).

феолог 'Theologe', kirchl., r.-ksl. *Θеологъ* (seit Ostrom., s. Srezn. Wb. 3, 1682). Aus griech. θεολόγος. Verbreiteter ist die Lehnübersetzung *богослóв*.

фердокульте́пный 'ausgezeichnet', Smol. (Dobr.). Unklar.

фéрезь, фéрязь 'Oberkleid mit langen Ärmeln u. goldnen Tressen' Novgor., Tveŕ, Jarosl. (D.), aruss. *ferezь* (Domostr. Zab. 175 ff. u. a., s. Srezn. Wb. 3, 1354). Über osman. *feredže* 'Oberkleid' aus mgriech. φορεσιά von φορεσία 'Rock, Kleid', s. MiTEl. 1, 295, EW. 58, Kraelitz 20, Verf. Grsl. Et. 212, G. Meyer Türk. St. 1, 52, Berneker EW. 1, 280.

ферзь f. 'Königin im Schachspiel'. Entlehnt über osman. *färz*, *färzi* dass. aus pers. *ferz* 'Feldherr', s. MiTEl. 1, 296, EW. 58, Berneker EW. 1, 280 ff. Im orientalischen Schachspiel war neben dem König der Vesir die Hauptfigur, s. Lokotsch 47.

ферляку́рить 'den Hof machen' (Mel'n.), *ферлаку́рить* dass. (D.). Aus frz. *faire la cour* dass.

фéрма 'Farm, Meierei, Pachthof', volkst. *хéрма* (Mel'n.). Aus frz. *ferme* dass. zu *fermer* 'beschließen' (s. Gamillscheg EW. 413).

фéрмер 'Farmer', aus engl. *farmer* bzw. nhd. *Farmer* mit Anpassung an *фéрма*.

фермуáр, -а 'Halsschmuck mit Verschluß'. Aus frz. *fermoir* dass.

ферт I 'Buchstabe f', ksl. *frъtъ* dass. Nach Schwyzer KZ. 58, 198 von den Slaven neu benannt. Vaillant RES. 16, 250 vermutet onomatopoetische Herkunft. Schwerlich liegt dem Namen mgr. φύρτης 'Störenfried, unruhiger Mensch' zugrunde (so Matzenauer 156). Zweifelhaft ist Zusammenhang mit dem got. Runennamen *pertra*, ags. *peorð* (gegen Miklosich bei Stender-Petersen 455, dagegen Knutsson GL. 57).

ферт II 'Geck, Stutzer', demin. *фéртик* dazu *стоя́ть фéртом*, *подпере́ться фéртом* 'dastehen, indem man beide Arme in die Hüften stemmt' (D.), ukr. *fértyk* dass., wruss. *férčik*, poln. *fircyk*. Vom Buchstaben *ферт I* wegen dessen Form **Ф**, vgl. Mel'nikov 4, 341: *станет фéртом, ноги-то азом распялит* (von der

Ziege). In Volksliedern sagt Napoleon: *там я барыней пройдуся, фертом в боки подопруся* (Dal' 4, 1136 ff.). Anders, aber weniger überzeugend über das poln. Wort Brückner EW. 122. Abzulehnen sind die Versuche poln. *fircyk* aus nhd. *fürwitzig* zu erklären (Kleczkowski JP. 21, 170 ff., dagegen Sławski 230, wo weitere Lit.). Siehe *фитюк*.

фертóинг 'Festbinden eines verankerten Schiffes am Lande mit Leinen'. Aus ndl. *vertuiing* 'Vertauung', s. Meulen 225.

фéрязь s. *фéрезь*.

фéска 'Fez, Kappe der Muhammedaner'. Aus osman. *fäs* dass. (Radloff 4, 1925 ff.), benannt nach der Stadt *Fez* in Marokko, s. MiTEl. 1, 296, Nachtr. 1, 38, Littmann 113, Lokotsch 47, Kraelitz 20.

фестóн, -*а* 'Blumengewinde' (Gogol'), aus frz. *feston* dass. von ital. *festone*, zu *festa* 'Fest' (s. Gamillscheg EW. 414).

фéтель 'Art Reuse', auch *фúтель*, Arch., Šenk., Mezeń (Podv.). Man denkt an *вéнтерь*, *вя́терь* dass. (s. oben 1, 183 u. 245), doch sind die Lautverhältnisse nicht klar (*f* aus *v* wegen *t*?).

фети́ш 'Fetisch, Götzenbild', aus frz. *fétiche* von portug. *feitiço*, lat. *factīcius* 'nachgemacht, künstlich' (s. Gamillscheg EW. 414, Dauzat 321).

фётр 'bester Filz', über frz. *feutre* 'Filz' aus fränk. *filtir* 'Filz' (s. Gamillscheg EW. 415, Dauzat 322).

фетю́к s. *фитю́к*.

фефёла 'einfältiger Mensch'. Wohl vom PN. *Θεόφιλ* aus griech. *Θεόφιλος*. Zur Bed. vgl. *Ивáнушка-дурачóк*, *фúля*, *простофúля*, *фóфан*, s. Savinov RFV. 21, 52.

фéфер, пфéфер 'Verweis', nur in: *задáть фéферу* 'e. Verweis erteilen' (D., Dobr.), auch *задáть пфéйферу* bei Gogol'. Aus nhd. *Pfeffer*, s. Preobr. 2, 44, Gorjajev EW. 392.

фéфка, фи́фка 'Lötrohr, Lötpfeife', aus nhd. *Pfeife*, *Pfeifchen*, s. Dal' 4, 1137, Brückner EW. 117.

фехтмéйстер 'Fechtmeister', älter *фехтми́стр* seit Peter d. Gr., s. Smirnov 307. Aus nhd. *Fechtmeister*, die Form mit *i* über poln. *fechtmistrz*.

фехтовáть(ся) 'fechten', *фехтовáние* 'Fechtkunst'. Über poln. *fechtować* (*się*) aus nhd. *fechten*, s. Brückner EW. 120, Sławski 225 ff.

фешенéбельный 'modern, elegant' (Turgenev) aus engl. *fashionable*.

фéя 'Fee' (Čechov). Über nhd. *Fee* oder eher direkt aus frz. *fée* von spätlat. *fāta* 'Schicksalsgöttin', zu lat. *fātum* 'Schicksal' (Dauzat 318).

фиáл 'Trinkschale' (Mel'n.), aruss. *fialь* (Apokal. 14. Jhdt., s. Srezn. Wb. 3, 1354), s.-ksl. *fialь*. Die alten Beispiele direkt aus griech. *φιάλη* 'Schale'. Das neuruss. Wort wohl über frz. *phiale*.

фиáлка 'Veilchen', ukr. *fijáłka*, *fijáłok*. Entlehnt über älter. poln.

fiałek (17.—18. Jhdt., s. Sławski 229) neben *fiołek* aus mhd. *vîol* von lat. *viola*, s. MiEW. 58, Berneker EW. 1, 281, Brückner EW. 122, Łopaciński Pr. Fil. 4, 766.

фи́га I 'Feige', ukr. *chvýga*. Wohl über poln. *figa* aus mhd. *vîge*, ahd. *fîga* von lat. *fīcus*, s. Berneker EW. 1, 281, Brückner EW. 121, MiEW. 58.

фи́га II. 'apotropäische Gebärde mit der Hand; zwischen Zeige- u. Mittelfinger durchgesteckter Daumen, der zum Spott gezeigt wird', daraus entlehnt lett. *piga*, *spiga* dass. (s. M.-Endz. 3, 212; 994). Identisch mit *фи́га* I. Vgl. ital. *far la fica*, frz. *faire la figue*, griech. συκοφάντης 'falscher Ankläger', eigtl. 'der die Feige zeigt', vgl. Kretschmer Glotta 1, 386 (mit Lit.), Hofmann Gr. Wb. 343.

фи́га III., auch *фига́рис* 'Polizeispitzel, Spion', gaunerspr. (Krestovskij IORJ. 4, 1085). Könnte im Hinblick auf die Bed. von griech. συκοφάντης 'Angeber, Verräter' auch aus *фи́га* II erklärt werden.

фи́гля pl. *фи́гли* 'Faxen, Kunststücke, Schwindeleien', u. a. Arch. (Podv.), ukr. *fýgeľ*, *fígeľ*. Aus poln. *figiel* G. *figla* 'Streich, Schabernack', čech. *figl* 'Streich, Posse', deren Quelle nicht feststeht. Man dachte an den Feigennamen wie bei *фи́га* II, s. Verf. RS. 4, 173 ff., Kleczkowski Festschr.-Brückner 230 ff., ferner nahm man Entlehnung an über mhd. *vigilje* aus lat. *vigiliae* 'Vorabend, Nachtwache, lärmende Umzüge', s. MiFW. 87, Janko Mnema f. Zubatý 5 ff., Sławski 227 ff., B. de Courtenay bei Dal' 4, 1138. Weniger wahrscheinlich ist Übernahme aus ndl. *wichelen*, mndl. *wigelen* 'zaubern, wahrsagen' (Karłowicz 159). Endlich sucht Brückner EW. 121 Anknüpfung an lat. *figura*.

фигля́р 'Possenreißer, Gaukler, Schwindler', aus poln. *figlarz* dass., s. Berneker EW. 1, 281, Brückner EW. 121. Weiter zum vorigen.

фигу́ра 'Figur, Gestalt', zuerst als 'plastische Figur' Peter d. Gr. 1701, s. Christiani 46. Wohl über poln. *figura* aus lat. *figūra* 'Gestalt' zu *fingō, -ere* 'bilden'.

фи́дибус 'Pfeifenanzünder' (Meľn.), aus nhd. *Fidibus* dass., urspr. eine studentische Verballhornung von Horaz Oden 1, 36: et ture et fidibus iuvat placare deos 'mit Weihrauch und Saitenspiel ziemt es uns die Götter zu besänftigen' (s. Kluge-Götze EW 157).

фи́жма pl. -*ы* 'Reifrock, Fischbeinrock', veralt. (D.). Über poln. *fiszbin* 'Fischbein' von mhd. *fischbein*, s. Brückner EW. 122, Matzenauer 158.

фи́зик 'Physiker', älter 'Naturwissenschaftler', seit Peter d. Gr., s. Smirnov 307. Über nhd. *Physicus* (seit d. 16. Jhdt., s. Schulz-Basler 2, 513 ff.) aus mlat. *physicus* 'die Natur betreffend'.

фи́зика I 'Physik', als 'Naturkunde', schon F. Prokopovič, s. Smirnov 307. Über poln. *fizyka* aus lat. *physica* 'Naturlehre' von griech. τὰ φυσικά bzw. φυσική (ἐπιστήμη) von φύσις 'Natur'.

фи́зика II. 'Gesicht, Visage' (Leskov). Seminaristische Umgestaltung von *физионо́мия* nach *фи́зика* I, wie *физиомо́рдия* 'Fresse'.

физионо́мия ˈPhysiognomie', noch Anf. 19. Jhdts. dafür *физиогно́мия* (Brodskij Jevg. Onegin 132). Entlehnt viell. über nhd. *Physiognomia* (seit 16. Jhdt., s. Schulz-Basler 2, 515 ff.) aus mlat. *physiognomia* von griech. φυσιογνωμία. Scherzhaft studentisch daraus *физиомо́рдия* ˈFresse' durch Einfluß von *мо́рда*. Siehe *фи́зика* II.

физи́ческий ˈphysisch, physikalisch', zuerst ˈnaturwissenschaftlich' (F. Prokopovič), s. Smirnov 308. Von *фи́зика* I.

физя́шка ˈGesicht', scherzh. Leningr., ist Kreuzung von frz. *visage* und *физионо́мия*.

фи́кция ˈFiktion', zuerst *фи́кцио* Lexikon Peters d. Gr., s. Smirnov 308. Aus lat. *fictiō* ˈGestaltung'.

филакти́рия ˈTalisman, Amulett', nur r.-ksl. *filaktirija* (Nikon. Pand., Ust. Kormč., s. Srezn. Wb. 3, 1354). Aus mgr. φυλακτήριον dass. (Duc.), s. Verf. Grsl. Et. 213.

Фила́т, -а ˈMannsn.'. Hyperkorrekte Form für *Пила́т* (s. d.) aus griech. Πιλᾶτος. Davon: *фила́тка* ˈdummer Mensch' (D.). Vgl. auch *Фи́ля*.

филе́й ˈFilet, Lendenstück', aus frz. *filet* dass.

филёнка, филёнга ˈTürfüllung', tischl., aus ndd. *Füllung*, mnd. *vullinge* (Sass 84), s. Bulič RFV. 15, 356, Matzenauer 157.

филигра́нь f. ˈfeine Drahtflechtarbeit'. Über nhd. *Filigran* (seit 1688, s. Schulz-Basler 2, 213) oder frz. *filigrane* aus ital. *filigrana* dass. Zentrum dieser Industrie waren Rom u. Florenz, seit 1700 auch Wien, s. Kluge-Götze EW. 158.

фи́лин, -a ˈUhu, Ohreule, Strix bubo', dial. *фи́лим* Vjatka (Vasn.), älter: *хили́н* Rumjanc. Alphab. 17. Jhdt., auch Fam. N. *Хилино́в* Urk. 17. Jhdt., s. Sobolevskij Lekcii 129, Durnovo Očerk 207. Alle bisherigen Deutungen sind unsicher: aus ukr. *kvylýty* ˈweinen' (wäre nicht *chv-*, vgl. oben *квели́ть, кви́лкой*) so Gorjajev EW. 392, dagegen MiEW. 58. Fraglich Annahme einer Entlehnung aus ndl. *uil* ˈEule' (Grot. Fil. Raz. 2, 516) oder Heranziehung von lat. *filix* ˈFarnkraut' (Matzenauer 157). Viell. eine Kurzform von *Филимо́н* Mannsn. aus griech. Φιλήμων.

Фили́пп ˈMannsname', Kurzform *Фи́ля*, ukr. *Pyłýp*, aus griech. Φίλιππος. Im Russ. als Appellativum auch ˈeinfältiger Mensch', Perm (D.).

фили́стер ˈSpießbürger', aus nhd. *Philister* dass. (seit 1687, s. Kluge-Götze EW. 444).

филисти́мляне pl. ˈPhilister, Volk in Palaestina', aruss., ksl. *filistimljane*, aus griech. Φυλιστείμ dass. von hebr. pəlištī pl. pəlištīm, s. Guthe Bibelwb. 517, Hübschmann 318.

фило́соф ˈPhilosoph', auch *филосо́ф* (Krylov), aruss., kslav. *filosofъ* ˈgelehrter Mann, Theologe' (Dan. Zatočn., Nestor. Žit. Feodosija u. a.), abulg. *filosofъ* φιλόσοφος (Supr.). Aus gr. φιλόσοφος, s. Verf. Grsl. Et. 213. Vgl. das folg.

филосо́фия ˈPhilosophie', aruss. *filosofija* ˈWissenschaft' (Chož.

Igum. Dan., Žit. Stef. Permsk.), abulg. *filosofija* dass. (Supr.). Aus griech. φιλοσοφία. Die Bedeutung des modernen *философия*, *философ* ist von westl. Sprachen beeinflußt (nhd. *Philosophie*, frz. *philosophie*).

фильдеко́с 'Gespinst aus Leinen u. Baumwolle', aus frz. *fil d' Écosse* 'Faden aus Schottland'.

фи́льм(а) 'Film', aus engl. *film*, woher auch nhd. *Film*.

фи́льман 'nomadisierender Renntierlappe protestantischen Glaubens', Petsamo (Itk.). Wohl schwed. *finn* 'Finne' u. *man* 'Mann', eigtl. 'Mann aus Finnland'.

фи́льтр, -a 'Filter', aus nhd. *Filter* von mlat. *filtrum* 'Seihgerät aus Filz' (Kluge-Götze EW. 158).

фи́ля 'Dummkopf, Tölpel', auch 'Spitzel', vom PN. *Фи́ля*, Kurzform zu *Фили́пп*, *Филимо́н*, *Фила́т*, s. Christiani Archiv 34, 326, Preobr. 2, 134. Als 'Spitzel' wohl zu *Фила́т*.

фимиа́м, -a 'Weihrauch', aruss. *timijanъ* (Ilarion), *tьmьjanъ* (Greg. Naz., Svjatosl. Sb. 1073), später *temьjanъ* Ant. Novg. (L) 20, dann: *fimijanъ* Domostr. K 8 (bis), Peter u. Fevron. (Pam. St. Lit. 1, 37, 43), abulg. *ѳьmijanъ* ϑυμίαμα (Supr.). Aus griech. ϑυμίαμα dass. mit Genuswechsel nach *ла́дан*, *лива́н*, s. Verf. Grsl. Et. 202.

фина́л 'Schlußteil eines Musikstückes', wohl über nhd. *Final* n. (seit d. 17. Jhdt., s. Schulz 1, 214) oder frz. *finale* aus ital. *finale* (Gamillscheg EW. 419).

фина́нсы f. 'Finanzen, Staatseinkünfte', aus frz. *finances* pl. zu *finer* 'bezahlen', mlat. *finantia* 'Beendigung, Zahlungsbefehl' (Kluge-Götze EW. 158, Dauzat 325, Gamillscheg EW. 419).

фи́ник I. 'Dattel, Phoenix dactylifera', aruss. *finikъ* (Chož. Igum. Dan. 50), r.-ksl. *finikъ* (Jefrem. Kormč.), *fуnikъ* φοίνιξ (Ostr., Men. 1097 u. a.). Aus griech. φοίνιξ dass., s. Verf. Grsl. Et. 213.

фи́ник II 'sagenhafter Vogel, Phoenix', aruss. *finikъ* (Georg. Pisid.), *funik* (Paleja 14. Jhdt., s. Srezn. Wb. 3, 1357 ff.). Aus griech. φοίνιξ 'ägyptischer Wundervogel'.

фини́фть f., -u 'Emaille, durch Metalloxyde gefärbtes Bleiglas, womit man Metalle überzieht', dial. *фини́сты* pl. 'Emailleverzierungen', Arch. (Podv.), aruss. *finiptъ* (Hypat. Chron.), *chimipetъ* (Notiz im Mstisl.-Ev. nach 1115, s. Sobolevskij Lekcii 128). Aus mgriech. χυμευτόν dass., zu χυμεύω 'vermische, vermenge', s. Verf. Grsl. Et. 219, Gorjajev EW. 392.

Финля́ндия 'Finnland', volkst. *Вихля́ндия* Olon. (Kulik.). Neue Entlehnung aus schwed. *Finland*. Dafür aruss. *Сумь* (s. d.).

фи́нн 'Finne, Bewohner von Finnland', *фи́нский* 'finnisch', volkst. *фимский* (Turg.). Aus schwed. *finne* dass., anord. *finnar* 'Finnen', lat. *Fenni* (Tacitus), griech. Φίννοι (Ptolem.), das zu got. *finþan* 'finden' mit urspr. Bed. 'Jäger' gestellt wird, s. v. Friesen Acta Phil. Scand. 2, 333, Hellqvist 211, Wiklund IF. 38, 112, Entwurf 13, Mezger Ung. Jahrb. 2, 225. Die beliebte

Verknüpfung des Namens mit ahd. *fenna, fennī* 'Sumpf', got. *fani* 'Kot' ist falsch. Siehe *Сумь*.

финтерле́й pl. 'Kinkerlitzen' (Gogol'). Vgl. *финтифлю́шки*.

финти́ть 'überlisten, e. List anwenden', wohl über nhd. *Finte* 'List' (schon um 1600 als Ausdruck der Fechtkunst: 'Trugstoß' (s. Schulz 1, 215) aus ital. *finta* dass., s. Željtov Fil. Zap. 1876 Nr. 1 S. 16, Matzenauer 157, Gorjajev EW. 392.

финтифлю́шки pl. 'Verzierungen, Kinkerlitzen, Krimskrams' (Čechov), auch *финтиклю́шки* Kašin (Sm.), *финтикле́йки* (D.), *финтифа́нты, финтифирю́льки*. Wegen der Buntheit der Formen schwer zu deuten. Es kann sich um expressive Bildungen handeln. Nhd. *Finten und Flausen* 'Listen und Windbeuteleien' (dazu Grimm DWb. 8, 1671 u. 1737) kommt den Lauten teilweise näher als die von Matzenauer 153 herangezogenen ital. *fanfaluca* 'Possen', *fanfola* dass. Zu diesen vgl. Meyer-Lübke Rom. Wb. 551. Siehe auch *фирю́ли*.

фи́нькать 'schluchzen', Čerep. (Gerasim.). Wohl schallnachahmendes *chvin*-, vgl. *хны́кать*.

фиоле́товый 'violett', wegen *f* über nhd. *violett* aus frz. *violet* von *violette*, lat. *viola* 'Veilchen' (Kluge-Götze EW. 392).

фиориту́ра 'Verzierung des Gesanges' (Leskov), aus ital. *fioritura* zu *fiorire* 'blühen'.

фи́рма 'Firma, Handelshaus', über nhd. *Firma* oder direkt ital. *firma* 'Unterschrift' (s. Schulz 1, 216, Schirmer Kaufmspr. 63).

фирма́н 'schriftlicher Befehl e. Sultans', hist. Aus osman.-pers. *fermân* 'Befehl', apers. *framāna*- dass. (s. Horn Npers. Et. 182, Lokotsch 47), s. MiTEl. 1, 295.

фирюли́ pl. 'Verzierungen', Vjatka (D.). Unklar.

фиря́бье n. 'alte Kleidung', auch *хвиря́бье* Smol. (Dobrov.), *фирю́бина* 'Lappen', Smol., *феря́бка, ферю́бка* ibid. (D.), *фаря́б* Kursk, *феребо́к* 'Stück Leinwand', Kaluga (D.). Unklar.

фиск, -а 'Staatskasse', über frz. *fisc* dass., aus lat. *fiscus* 'Korb, Geldkorb, Staatskasse'. Auch nhd. *Fiskus, dem Fisco* (1536, s. Schulz 1, 216).

фиска́л 'Denunziant', seit Duch. Regl., s. Smirnov 308, urspr. *фискал, обер-фискал* 'Bez. von Beamten: Aufseher, Staatsanwalt' (1711, s. Christiani 27). Viell. über poln. *fiskał* 'Rechtsanwalt, Staatsanwalt', aus lat. *fiscālis* 'zum Fiskus gehörig'. Zur peiorativen Bed. vgl. *я́беда*.

фиста́шка 'Pistazie, Pistacia'. Wegen des *f* wohl östliches Lehnwort aus osman.-arab. *fystyk* dass. (Radloff Wb. 4, 1937 ff.), jedoch morphologisch beinflußt durch frz. *pistache* aus ital. *pistacchio*. Beide Wortgruppen gehen zurück auf griech. πιστάκιον dass., dessen Quelle man in Persien sucht (vgl. Meyer-Lübke Rom. Wb. 542, G. Meyer Türk. St. 1, 30, Alb. Wb. 104, Kluge-Götze EW. 447 ff., Littmann 15), s. MiTEl. 1, 297, Kraelitz 20. Volkst. *свиста́шка* (Savinov RFV. 21, 25) angelehnt an *свиста́ть*.

фи́стула I. 'Fistelstimme, Falsett', aus ital. *fistula* dass.

фи́стула II. 'Röhrengeschwür, Fistel', aus lat. *fistula* 'Röhre'.

фита́ 'Bez. des Buchstabens ѳ für einen f-Laut', ersetzt durch ф in der neuen Rechtschreibung, aruss. *ѳita*. Vgl. oben 3, 198. Aus griech. *ϑῆτα*. Siehe *фитю́к*.

фи́тель s. *фе́тель*.

фити́ль, -ля́ 'Docht', schon Kotošichin 150, ukr. *fytýl'*. Aus osman. *fitil* dass. (Radloff Wb. 4, 1945), von arab. *fatīl* 'Docht', s. MiEW. 58, TEl 1, 296, Berneker EW. 1, 282, Lokotsch 48, Kraelitz 20.

фитю́к, -а́ 'Tölpel, träger Mensch' (Gogol'), *фатю́й* 'träger Mensch', Šenk. (Podv.). Geht auf den Buchstabennamen *фита́* (*ϑῆτα*) zurück zum Unterschiede von *ферт* 'Geck', das vom gefälligeren *ф* stammt.

фитю́ля 'dünn gekochter Brei', Tambov (RFV. 68, 405). Unklar.

фи́ша, фи́шка 'Spielmarke'. Aus frz. *fiche* dass., s. Matzenauer 158.

флаг, -а 'Flagge', zuerst 1699, s. Christiani 39, auch Peter d. Gr. u. F. Prokopovič, s. Smirnov 308. Aus ndl. *vlag* dass., s. Meulen 227, Gorjajev EW. 392.

фла́гдук 'Flaggentuch', schon Ust. Morsk. 1724, s. Smirnov 308. Aus ndl. *vlagdoek* dass., s. Meulen 227, Croiset v. d. Kop IORJ. 15, 4, 49, Matzenauer 158.

флагма́н 'Anführer e. Geschwaders mit seiner eigenen Flagge', schon Ust. Morsk. a. 1720, s. Smirnov 308. Aus ndl. *vlagman* dass., s. Meulen 227.

фла́гшток 'Flaggenstock', schon Peter d. Gr., s. Smirnov 308. Aus ndl. *vlagstock* dass., s. Meulen 227.

флако́н 'Fläschchen', aus frz. *flacon* von **flascone*, zu mlat. *flasca, flasco* 'Flasche'.

флама́нский 'flämisch', aus frz. *flamand* von afrz. *flamenc* aus andl. *flaming* (s. Gamillscheg EW. 421). Vgl. *фла́мский*.

фла(м)бура́рь 'Fahnenträger', nur aruss. *flaburarь* Nestor-Iskander (oft), aus mgriech. *φλαμβουράρις* dass. von *φλάμβουρον* 'Fahne' von mlat. *flammula* 'Flamme, Fackel, Wimpel', s. Verf. GrslEt. 214, G. Meyer Ngr. St. 3, 69 ff.

фла́мский 'flämisch', *фла́мское полотно́* 'flämische Leinwand', zuerst Ust. Morsk. 1720, s. Smirnov 308. Aus mnd. *vlamesch*, ndl. *vlaamsch*. Aus d. Ndd. entlehnt auch finn. *flammiska* 'flämisches Tuch', schwed. *flammesk* dass., s. Streng 20.

фланг, -а 'Flanke', schon Peter d. Gr., bei dem auch *фла́нка* dass., s. Smirnov 309, daneben *фля́нка* 1704, s. Christiani 37. Letzteres über poln. *flanka, flank*, die andern Formen aus frz. *flanc* evtl. über ndl. *flank* f. oder nhd. *Flanke*. Als Quelle des frz. *flanc* 'Weiche' gilt ahd. *hlanka* 'Hüfte, Lende' (s. Gamillscheg EW. 422, Kluge-Götze EW. 162).

Фла́ндрия 'Flandern', aus mlat. *Flandria* (Saxo Gramm. u. a.), ndl. *Vlaanderen*, frz. *Flandres*.

флане́ль f. 'Flanell', älter: *флоне́ль* Ust. Morsk. 1724, s. Smirnov 309. Über nhd. *Flanell* oder frz. *flanelle* aus engl. *flannel* von kymr. *gwlān* 'Wolle' (s. Holthausen 80, Gamillscheg EW. 422).

флани́ровать 'herumschlendern' aus frz. *flâner* dass., evtl. über nhd. *flanieren* (seit 1850, s. Schulz 1, 218).

фланки́ровать 'flankieren, an den Flanken schützen', bes. 'die Seiten bestreichen', älter *фланкова́ть* 'decken', seit Peter d. Gr., s. Smirnov 309. Aus frz. *flanquer* dass., evtl. nhd. *flankieren*. Siehe *фланг*.

флегмати́чный 'phlegmatisch', schon Tredjakovskij, s. Christiani 52. Über poln. *flegmatyczny* oder frz. *phlegmatique* aus lat. *phlegmaticus*, griech. φλεγματικός von φλέγμα urspr. 'Brand, Glut der Empfindung', seit Hippokrates in der medizinischen Fachsprache Bez. der 'kalten Flüssigkeit im Körper' (s. Schulz-Basler 2, 505, Griesebach Mediz. Wb. 320).

флейт 'Art Frachtschiff', aus ndl. *fluit* dass., s. Meulen 62, Matzenauer 158.

фле́йта 'Flöte', älter *флейт* Peter d. Gr. 1694, *флема* Kurakin 1707, s. Christiani 46. Das Masc. aus ndl. *fluit* 'Flöte', die Formen mit -*a* aus nhd. *Flöte* von afrz. *fläute* (s. Gamillscheg EW. 427, Kluge-Götze EW. 167).

флёр 'Flor; feines durchsichtiges Gewebe', schon Ust. Morsk. 1724, s. Smirnov 309, auch Puškin, *флиор* (Krylov). Wohl aus nhd. *Flor*, das über ndl. *floers*, afrz. *velous* auf lat. *villōsus* 'haarig' zurückgeführt wird (s. Kluge-Götze EW. 166, Franck-Wijk 166).

фли́гель m. 'Seitengebäude', volkst. *хли́герь* (Gogol'). Aus nhd. *Flügel* dass.

фли́гель-адъюта́нт 'Flügeladjutant', seit Peter d. Gr., s. Smirnov 309. Aus nhd. *Flügel-Adjutant*.

флигельма́н 'Flügelmann beim Militär', schon 1763, s. Unbegaun RES. 15, 233. Aus nhd. *Flügelmann*.

фли́нта 'Flinte', Zeit Peters d. Gr., s. Smirnov 310, auch *флинт* dass. 1702, s. Unbegaun RES. 15, 232, aus nhd. *Flinte* bzw. ndl. *flint*, das zu ags., mnd. *flint* 'Feuerstein' gehört (s. Kluge-Götze EW. 166.).

флирт 'Flirt, Hofmachen', *флиртова́ть* 'flirten'. Über nhd. *Flirt, flirten* oder frz. *flirter* 'kokettieren' aus engl. *to flirt* von afrz. *fleureter* 'von Blume zu Blume fliegen' (s. Holthausen 80, Gamillscheg EW. 425).

флора́нс 'Art Taffetstoff', über frz. *florence* dass. vom ON. *Florentia*, ital. *Firenze*.

флори́н 'venezian. Gulden', aruss. *florinъ* Zosima (1420), s. Čtenija 1871, Nr. 1 S. 23. Aus mlat. *flōrīnus* 'Goldmünze', zuerst in Florenz geprägt, von lat. *flōs* 'Blume', weil sie die Lilie des Stadtwappens zeigte.

флорти́мберс 'Bauchstück eines Bootes; quer über dem Kiel liegender Teil des Spantes', seew., älter *флортимборс*, s.

Smirnov 310. Aus engl. *floortimbers* aus *floor* 'Boden' und *timber* 'Holz'.

флот 'Flotte', schon 1696, s. Christiani 38, auch F. Prokopovič, s. Smirnov 310. Aus frz. *flotte* dass.

флотилия 'Flotille, kl. Geschwader', seit Peter d. Gr., s. Smirnov 310. Aus frz. *flottille* von span. *flotilla* dass. (s. Gamillscheg EW. 426, Kluge-Götze EW. 167).

флюгер 1. 'Windfahne, welche die Windrichtung angibt', 2. 'wetterwendischer Mensch' (Belinskij), zuerst: *флюгель* Ust. Morsk. 1720, s. Smirnov 310. Aus ndl. *vleugel* dass., mnd. *vluger*, *vlugel* 'Flügel, Windfahne' (Schiller-Lübben 3, 288), s. Meulen 228. Davon auch *флюгарка* 'kl. Windfahne'. Unnötig ist die Herleitung aus schwed. *flöjel* dass. (Matzenauer 159), das seinerseits ndd. Herkunft ist (s. Hellqvist 226).

флюс 'Zahngeschwür, Fluß', seit 1705, s. Christiani 46. Aus nhd. *Fluß* 'rheumatisches Leiden', übersetzt griech. ῥεῦμα, s. Kluge-Götze EW. 169, Gorjajev EW. 393.

фляжка 'Flasche', davon *фляга* (schon Domostr. K. 54), ukr. *fl'áha*, *fl'áška*, *pl'áška*, wruss. *pl'áška* (16. Jhdt., s. IORJ. 2, 1036). Über poln. *flasza* aus nhd. *Flasche*, s. Brückner EW. 123, MiEW. 251, Brandt RFV. 23, 300, Preobr. 2, 78.

фляки, хляки pl. 'Flecke, Speise aus den Gedärmen der Wiederkäuer', ukr. *fl'áky*, *fl'ácky* 'in Grütze gekochte Gedärme von Schweinen u. Kälbern'. Über poln. *flak* 'Darm, Kuttelfleck' aus nhd. *Fleck*, s. Gorjajev EW. 293, Brückner EW. 123.

фляст 'Pflaster; Teerlappen, mit dem beim Laden die Brandkugeln verdeckt werden', 'mit Öl durchtränkter Lappen zum Reinigen des Kugellaufes', Arch. (Podv.). Aus nhd. *Pflaster* (s. *пластырь*).

фогот 'Vogt', nur aruss. *fogotъ* (Smol. Urk. 1229, s. Srezn. Wb. 3, 1356). Aus mnd. *voget*, ahd. *fogat* von lat. *vocātus* (s. Kluge-Götze EW. 658ff.).

фойе 'Foyer, Wandelhalle im Theater', aus frz. *foyer* dass. 'Herd, Brennpunkt' von lat. *focārium* dass., *focus* 'Feuerstätte' (Gamillscheg EW. 437).

фок 'Segel am Vormast', seit Peter d. Gr., s. Smirnov 311. Aus ndl. ndd. *fok* dass., s. Meulen 62, Matzenauer 159, Croiset v. d. Kop IORJ. 15, 4, 16. Davon viele Ableitungen: *фокабрáс* 'Taue zum Bewegen der Fockraaen', älter *фокобрасы* pl. Ust. Morsk. a. 1720, s. Smirnov 310ff., aus ndl. *fokkebras* 'Fockbrasse', *фокванты* pl. 'Taue, die den Fockmast halten', Ust. Morsk. 1720, aus ndl. *fokkewant* 'Fockwant' (Smirnov 311, Meulen 234), *фокзейль* 'Focksegel', aus ndl. *fockzeil* (Meulen 62), *фокмачта* 'Fockmast', älter *фокмашта* Peter d. Gr. (s. Smirnov 311) aus ndl. *fokkemast* (Meulen 133), *фокрей* 'Fockraa, Stange, an der die Segel des Vordermastes hängen', älter *фокраа*, *фокраина* Ust. Morsk. 1720 aus ndl. *fokkera, fokkeree* (Meulen 158ff.), *фокстагзель* 'Fockstagsegel' aus ndl. *fokkestagzeil* dass. (Meulen 198).

фока 'Seehund', nur aruss. *foka* (Paleja 14. Jhdt., Martyr. Theclae, s. Srezn. Wb. 3, 1356), aus griech. *φώκη* (seit Homer Od. 4, 448).

фо́кус I. 'Brennpunkt', schon Peter d. Gr., s. Smirnov 311. Über nhd. *Fokus* dass., aus lat. *focus* 'Herd'.

фо́кус II. 'Taschenspielerkunststück', *фо́кусьник* 'Taschenspieler' aus nhd. *Hokus Pokus* (Goethe), woher auch *фо́куспо́кус* (Anf. d. 19. Jhdt., s. Brodskij Jevg. Onegin 132), s. Gorjajev Dop. 51, Savinov RFV. 21, 40, B. de Courtenay bei Dal' 4, 1146.

фолиа́нт, -а 'Foliant, Buch in Folioformat', aus nhd. *Foliant*, im 17. Jhdt. zu *Folio*, eigtl. *in Folio*, lat. *in foliō* 'in einem Blatt' gebildet (s. Schulz 1, 221).

фоль f. 'kleine Münze', nur aruss. *folь* (Nikon Pand. 15. Jhdt., s. Srezn. Wb. 3, 1356 ff.), ukr. *perefoluváty* 'vergeuden'. Aus mgriech. *φόλα* 'kl. Münze' von agriech. *φολίς* 'Schuppe', s. G. Meyer Ngr. St. 3, 70, Alb. Wb. 110, 356, Verf. Grsl. Et. 214 ff. Siehe auch *пуло*.

фольва́рок, -рка 'Vorwerk, Meierei, Farm', Westl. (D.), ukr. *fol'várok*, wruss. *chvalivárok*. Über poln. *folwark*, älter *forwark* dass. (14. Jhdt., s. Brückner EW. 124) aus mhd. *vorwërk* 'vor der Stadt gelegenes Gehöft, Landgut, Bollwerk', s. Berneker EW. 1, 283, Brückner c. l., Karłowicz 165.

фо́льга 'Metallblättchen als Unterlage von Edelsteinen zur Erhöhung ihres Glanzes' (Mel'nikov). Aus nhd. *Folie* dass. (seit 16. Jhdt., s. Schulz 1, 221) von mlat. *folia* 'Metallblättchen', evtl. über poln. *folga* dass., s. Brückner EW. 124, Matzenauer 159, Gorjajev EW. 393, Željtov Fil. Zap. 1875, Nr.3, S. 8.

фолькло́р, -а 'Folklore', aus engl. *folklore* (s. Kluge-Götze EW. 659).

фолю́ндышевое полотно́ 'feine Leinwand', oft 'im 16. u. 17. Jhdt. in Weißrußl. (s. IORJ. 22, 1, 123). Aus poln. *falundysz, falandysz, falendysz* dass. (16.—17. Jhdt., s. Brückner EW. 303) von mnd. *fein lundisch* 'feine Londoner Leinwand', s. Brückner c. l. Nicht mit Korbut 406 aus nhd. *holländisch*. Siehe auch *лундыш, лунское сукно*.

Фома́ 'Mannsn.', volkst. *Хома́* (Gogol'). Aus griech. *Θωμᾶς* dass., hebr. als 'Zwilling' gedeutet (Guthe Bibelwb. 677).

фон I. 'Adel', *он из фо́нов* 'er ist adlig', *ходи́ть фо́ном* 'wichtig tun'. Von dem nhd. Adelsprädikat *von*.

фон II. 'Hintergrund', über nhd. *Fond* dass. (18. Jhdt., s. Schulz 1, 222) aus frz. *fond* 'Grund' von lat. *fundus*.

фона́рь, -я́ 'Laterne', ukr. *fonár*, aruss. *fonarь* (1. Soph. Chr. a. 1319, S. 215, Domostr. K. 54 ff., Zab. 131 ff., Trif. Korob. 1584, S. 107 u. a.). Aus mgriech. *φανάρι(ο)ν*, ngriech. *φανάρι* dass. von agriech. *φᾱνός* 'Leuchte, Licht, Fackel', s. Korsch Archiv 9, 499, Verf. Grsl. Et. 215, Berneker 1, 280.

фонд, -а 'Grundkapital, Grundsumme, die für e. Unternehmen bereitgestellt ist', schon Kurakin, s. Smirnov 311. Über nhd.

Fonds dass. (schon 1700, s. Schulz 1, 222) oder eher direkt aus frz. *fonds* dass. (s. Gamillscheg EW. 429).

фонта́н, -а 'Springbrunnen', seit Peter d. Gr., s. Smirnov 311. Über poln. *fontana* oder direkt aus ital. *fontana* von vlat. *fontana*: lat. *fons, -ntis* 'Quelle'.

фонтане́ль f. 'künstlich hervorgebrachte eiternde Wunde' aus frz. *fontanelle* dass., eigtl. 'kleine Quelle' (Gamillscheg EW. 429).

форбра́мсель 'Vorbramsegel' aus ndl. *voorbramzeil* dass., s. Meulen 46. Daneben viele andere Seeausdrücke mit Präfix *фор-* aus ndl. *voor-* (s. Meulen passim). Zweifelhafte Versuche dieses *фор-* aus andern germ. Sprachen zu erklären bei Croiset v. d. Kop IORJ. 15, 4, 23.

фо́рдевинт 'vor dem Winde, mit dem Winde im Rücken', seit Peter d. Gr., s. Smirnov 312. Aus ndl. *voor de wind* dass., s. Meulen 231.

форде́к 'vorderes Deck', schon Ust. Morsk. 1720, s. Smirnov 312. Aus ndl. *voordek* dass.

форду́н 'stehendes Tau zum Stützen der Stängen', seew. neben *парду́н* dass. (s. oben 2, 315) aus ndl. *pardoen*, hat wohl sein *f* von den vielen Seeausdrücken mit *фор-* aus ndl. *voor-* (s. *форбра́мсель*), vgl. auch Matzenauer 160, 387.

фордыба́чить 'prahlen, Radau machen', *фордыба́ка* 'Prahler, Raufbold', Kursk (D.). Nach Gorjaev Dop. 1, 51 Umgestaltung von südgroßruss. **γordybačit'* (vgl. *гордыба́чить* oben 1, 294).

форе́йтор 'Vorreiter, der bei einem Viergespann auf einem der Vorderpferde reitet', veralt. (Gogol'), auch schon *форре́йтер* Kurakin u. Duch. Regl. 1720, s. Smirnov 313, volkst. *вале́тур, фале́мур* Novg. (Etn. Obozr. 33, 10), *хволетар* Smol. (Dobr.). Aus nhd. *Vorreiter*.

форе́ль, f. -*и* 'Forelle', aus nhd. *Forelle*, ahd. *forhana* (s. Kluge-Götze EW. 170).

форзу́мф 'Vertiefung in einer Grube zum Abfluß des Wassers' (D.). Aus nhd. *Vorsumpf* dass. im Hüttenbau (Heinsius D. Wb. 4, 1443).

форле́йфер 'derjenige, der die zum Schmelzen nötigen Dinge (Erz, Kohlen) vorläuft, d. h. vor den Schmelzofen schafft'. Aus nhd. *Vorläufer* dass. (Heinsius D. Wb. 4, 1443).

форма́ 'Feuerkraut', s. *горма́* (1, 296).

фо́рма 'Form', seit d. 17. Jhdt., auch *фурма* 'Gußform' 1705 Peter d. Gr., s. Smirnov 312, über poln. *forma* aus lat. *forma*, s. Christiani 51, Gorjajev EW. 393.

форма́льный 'formal, formell, formgerecht', schon Peter d. Gr., 1705, s. Smirnov 312. Über poln. *formalny* bzw. nhd. *formal* (18. Jhdt., s. Schulz 1, 223) aus lat. *formālis*, s. Christiani 53 ff.

форма́рс 'Mastkorb des Fockmastes', aus ndl. *voormars* dass., s. Meulen 132. Davon: *форма́рсель* 'Vormarssegel', älter: *формарсзеиль* Peter d. Gr., s. Smirnov 312, aus ndl. *voormarszeil* dass., s. Meulen 133.

формáт, -*а* 'Gestalt, Größe u. Breite', über nhd. *Format* (Goethe; urspr. e. Wort der Druckersprache, s. Schulz 1, 223) oder aus frz. *format* von lat. *formātum* 'das Geformte' (s. Kluge-Götze EW. 170, Gamillscheg EW. 432).

формáция 'militär. Formation', schon Peter d. Gr., s. Smirnov 312ff. Über poln. *formacja* aus lat. *formātiō* 'Gestaltung, Bildung'.

фóрмула 'Formel', älter: *фóрмулка* 'Muster', Peter d. Gr., s. Smirnov 313. Aus lat. *formula* : *forma*.

формулЯр, -*а* 'Formular, Vordruckblatt', älter 'Vorlage', Peter d. Gr., s. Smirnov 313. Aus nhd. *Formular* (seit 1532, s. Schulz 1, 224, Kluge-Götze EW. 170).

форпóст 'Vorposten', seit Peter d. Gr., s. Smirnov 313. Aus ndl. *voorpost* 'Vorposten', s. Smirnov c. l.

фóрс, -*у* m., auch *фóрса* f. 'Stärke, Gewalt, Hochmut, Dünkel', *форси́ть* 'groß tun, wichtig tun' (Leskov). Aus frz. *force* 'Kraft, Gewalt', woher auch nhd. *forsch* (weiteres bei Gamillscheg EW. 430, Kluge-Götze EW. 170).

форси́ровать 'beschleunigen, erzwingen, forcieren', seit Peter d. Gr., s. Smirnov 313. Über nhd. *forcieren* dass. (seit 17. Jhdt., s. Schulz 1, 222) oder direkt aus frz. *forcer* dass.

форси́ть s. *форс*.

форстéньга 'Vorstänge, Verlängerung des Fockmastes', älter *форстенг* Peter d. Gr., s. Smirnov 313. Aus ndl. *voorsteng* dass., s. Meulen 201.

форстеньвáнты pl. 'Wanten, starke Taue, die die Vorstänge halten', älter: *форстенгвант* seit Peter d. Gr., s. Smirnov 313. Aus ndl. *voorstengewant* dass., s. Meulen 234.

фóрт, -*а* 'Fort, Befestigung, Außenwerk einer Festung'. Über nhd. *Fort* pl. *Forten* (seit 1620, s. Schulz 1, 224) oder direkt aus frz. *fort* dass. (s. Kluge-Götze EW. 170ff.).

фóртель m. 'Kunstgriff, List' (Leskov), ukr. *fórtel'*, über poln. *fortyl*, *fortel* 'Vorteil, Gewinn, Kunstgriff, List' aus mhd. *vorteil* 'Vorausempfang, Vorteil, Vorrecht', s. Brückner EW. 126, Karłowicz 168.

фортепьЯ́но 'Klavier', neben *фортепьЯ́н* m. (Čechov), oft im Plural: *на фортепьЯ́нах* (I. Tolstoj). Über älter nhd. *Fortepiano* (oft seit 1775, s. Schulz-Basler 2, 519ff.) oder direkt ital. *fortepiano*; das russ. masc. viell. über poln. *fortepian*, s. Gorjajev EW. 393.

фортéция, фортéца 'Festung', letzteres schon a. 1697 (s. Ohijenko RFV. 66, 398) St. Javorskij, F. Prokopovič, Peter d. Gr. 1705, s. Christiani 35. Über poln. *forteca* aus ital. *fortezza* 'Bollwerk'. Die Form auf -*ija* wohl über ukr. *fortéća* dass., s. auch Smirnov 313ff.

фортификáция 'Festungsbaukunst', seit Peter d. Gr., s. Smirnov 314. Über poln. *fortyfikacja* oder nhd. *Fortifikation* (seit 1600, s. Schulz 1, 224) aus frz. *fortification*.

фо́ртка, фо́рточка 'Klappfenster, Luftfenster', ukr. *fírtka, chvírtka* 'Gartenpforte', poln. *forta, fórtka* 'Pforte'. Aus mhd. nhd. *Pforte* von lat. *porta*, s. MiEW. 260, Brückner EW. 126.

форту́на 'Glück, Gelegenheit', schon F. Prokopovič, Peter d. Gr., s. Smirnov 314ff., vorher wruss. *fortúna* im Tristan (16. Jhdt.). Aus lat. *fortūna*, s. Christiani 22. Siehe *фуртýна*.

форшла́г 'Vorschlag in der Musik (Gesang)', Leskov u. a. Aus nhd. *Vorschlag* dass.

форшма́к 'Art Ragout', Ptburg, aus nhd. *Vorschmack*.

форшта́т 'Vorstadt', schon Peter d. Gr., s. Smirnov 315. Aus nhd. *Vorstadt*.

форште́вень 'Vordersteven' (Lavrenev), älter *форштевен* Peter d. Gr., s. Smirnov 315. Aus ndl. *voorsteven*, ndd. *vorsteven* dass., s. Meulen 232.

фо́ска 'unbedeutende Karte im Kartenspiel', aus frz. *fausse* von *faux* 'unrichtig'.

фоте́ль m. 'Lehnstuhl', aus frz. *fauteuil* dass. von afränk. *faldistôl*, ahd. *faltistuol* (s. Meyer-Lübke Rom. Wb. 274, Gamillscheg EW. 410).

фо́фан 'dummer, einfältiger Mensch' (D.), 'Teufel' (D.). Vom PN *Фо́фан*, älter *Феофанъ* aus griech. Θεοφάνης, s. Preobr. 2, 134, Savinov RFV. 21, 52. Zur Bed. s. *фефёла*.

фофудья́ 'kostbarer Stoff für kaiserliche Gewänder', nur aruss. *fofudija* (Nestor-Chron., Suzd. Chron. a. 1115). Entlehnt aus mgr. *φουφούδιον*, vorausgesetzt durch mgr. ῥένδαν φουφουδωτὴν καλὴν ἤγουν χλαμύδα βασιλικὴν χρυσῆν (Ducange s. v. ῥένδα) s. Srezn. Wb. 3, 1357. Vgl. damit aruss. *jefudъ* 'Art Kleidung', Berynda Azbuk. (nach MiLP. 1161), das auf hebr. *ēfōd* zurückgeht, s. Guthe Bibelwb. 161.

фра́за 'Redewendung; inhaltsarme oder -leere Redensart'. Über nhd. *Phrase* (seit d. 17. Jhdt., s. Schulz-Basler 2, 509) oder frz. *phrase* aus mlat. *phrasis* von griech. φράσις 'rednerischer Ausdruck', zu φράζω 'meine, spreche'.

фрак, -а 'Frack', aus nhd. *Frack* von engl. *frock* 'Rock', das über afrz. *froc* auf afränk. asächs. *hroc* 'Rock' zurückgeht (s. Holthausen 84, Gamillscheg EW. 437, Kluge-Götze EW. 171).

фраму́га 'oberer Teil eines Fensters, der nicht geöffnet werden kann, Oberlicht (über der Tür)', ukr. *framúha* 'Nische', poln. *framuga* 'Nische, Blende', apoln. *framboga, frambuga*, čech. *rampouch* 'Schwibbogen', ačech. *prampouch*. Wohl deutsches Lehnwort aus ahd. **hrama* 'Rahmen', Vorstufe von ahd. *rama* 'Rahmen', u. ahd. *bogo* 'Bogen', vgl. Holub-Kopečný 309, allerdings macht der Vokalismus Schwierigkeiten, s. auch Brückner EW. 127. Verfehlt ist die Herleitung aus schwed. *frambog* 'Bug, Vorderkeule' (gegen Karłowicz 169, s. Berneker EW. 1, 283). Unsicher ist die Deutung aus nhd. *Brandbogen* 'Bogen in der Brandmauer' (Berneker c. l.). Noch anders Matzenauer 160, der den ersten Teil mit engl. *frame* 'Gestell, Rahmen' vergleicht.

фра́нт, 'Geck, Stutzer', auch Kurzform *фря* dass., Schimpfwort Olon. (Barsov), Adj. *франтовско́й* 'stutzerhaft', älter *франтовские штуки* 'Spitzbubenstreiche', schon 1677 Tjapkin, s. Christiani 54; *франти́ть* 'den Stutzer machen', ukr. *frant* 'Schalk, Stutzer'. Über poln. *frant* 'Schelm', auch 'Narr, wandernder Komödiant' entlehnt aus čech. *franta, frant* 'schlauer, lustiger Schalk, törichter Mensch', im 16. Jhdt.: 'Bezeichnung des Narren, Schalks', entstanden aus *franta* Kurzform von *František* 'Franciscus, Franz' in ačech. *Frantova práva* 'Schelmenzunft', Erstdruck Nürnberg 1518, s. Berneker EW. 1, 284 (mit zahlreichen Parallelen für den Bedeutungswandel), A. Novák LF. 36, 301, Koníř Mnema f. Zubatý 287, Brückner Archiv 20, 179, KZ. 46, 217, EW. 127. Weniger wahrscheinlich ist die Verknüpfung mit anord. *fantr* 'Bote, Diener, Landstreicher', das über mnd. *vant* auf ital. *fante*, lat. *infantem* 'Kind' zurückgeht (gegen Jagić Archiv 3, 214, s. Holthausen Awn. Wb. 56). Auch nicht aus nhd. *frank* (gegen Gorjajev EW. 393).

Фра́нция 'Frankreich', über ukr. *Fráncija*, poln. *Francja* aus mlat. *Francia* 'Frankreich' (Thietmar, Kosmas v. Prag), urspr. 'Nordgallien oder der fränkischen Besiedlung', s. Kretschmer Glotta 26, 208 ff.; Verf. Čyževśkyj-Festschr. 299.

францо́ля, франсо́ля 'französisches Brot', Neurußl., Odessa (D.), *франзо́ля, франзу́лька* dass., volkst. *хансо́ль* Don-G. (Mirtov). Neubildungen von ndl. *frans* 'französisch', nhd. *Franz* in *Franzmann, Franzbrot* u. dgl.

францу́з, -а 'Franzose', *францу́зский* 'französisch', älter: *frjancovskij* Chožd. Kotova (1625) S. 120 *francuzskij* Jona (1649) S. 86 ff., Arsen. Such. (1651) 118, *frančužskoj* Pluvinel (1670), auch *францу́женин* Zeit Peters d. Gr., s. Smirnov 315, ukr. *francúz*, poln. *francuz*, čech. *francouz*. Entlehnt aus mhd. *franzôs*, mnd. *franzôs* 'französisch, Franzose' von afrz. *françois* mit dial. *o* aus *oi* (s. Suolahti Franz. Einfl. 2, 298), vgl. Brückner EW. 127, Holub-Kopečný 116. Davon stammt: *францу́зская болѣзнь* 'Syphilis', poln. *francozy* pl. dass. (schon 1530—1540, s. Brückner c. l.), auch heute dial. (Pr. Fil. 5, 416), ferner: *францу́з* 'roter Kattun' Mologa (RFV. 67, 255), *хранцу́з* dass., Tula (IORJ. 3, 895). Siehe *фряг, фря́нка, хране́ц* u. d. vorige.

фрахт 'Fracht, Frachtgebühr', seit Peter d. Gr., s. Smirnov 316 (auch noch Meľnikov 6, 341). Aus ndl. *vracht* dass., nhd. *Fracht*, s. Meulen 232 ff.

фра́шка 'Posse, Bagatelle', oft im 17. Jhdt. (Obn.-Barchud. Chrest. 2, 1, 27), ukr. *fráška*. Über poln. *fraszka* 'Kleinigkeit, Posse' (seit J. Kochanowski) aus ital. *frasche* pl. 'Possen', *frasca* 'Zweig', s. Brückner EW. 127.

фрега́т, -a 'Fregatte, dreimastiges Kriegsschiff', schon 1694 Peter d. Gr., F. Prokopovič, s. Smirnov 316, daneben *фрега́та* Peter d. Gr. 1713, s. Christiani 38. Ersteres über ndl. *fregat* dass., die Form mit -a über nhd. *Fregatte* (seit 17. Jhdt., s. Schulz 1, 225 ff.) oder direkt aus frz. *frégate*, s. Meulen 64, Gorjajev EW. 393.

фре́йлина—фря́нка

фре́йлина, фре́лина 'Hoffräulein'; *фрейлина* schon z. Zeit Peters d. Gr., s. Smirnov 316. Wie poln. *frejlina* dass. au nhd. *Fräulein*, s. Gorjajev EW. 393.

френч 'Feldrock'. auch *фре́нчик, хре́нчик* aus engl. *french* 'französisch', s. Seliščev JR. 217.

фриз I. -*a* 'langhaariger Wollstoff', *фри́зовый* Adj., aus nhd. *Fries* dass., urspr. 'friesischer Stoff', frz. *frise*, mlat. *panni frisii, vestimenta de Frisarum provincia* (s. Kluge-Götze EW. 175, Meyer-Lübke Rom. Wb. 302).

фриз II. -*a* 'Säulenverzierung', über nhd. *Fries* oder direkt aus frz. *frise* 'Fries', auch 'kraus', vom Namen der Friesen, vgl. afries. *frisle* 'Lockenhaar' (Kluge-Götze EW. 175).

фрикаде́ль f. 'Fleischklöschen', über nhd. *Frikadelle* oder frz. *fricadelle* aus ital. *frittadella* 'Pfannengebackenes', *fritto* 'gebacken' (s. Kluge-Götze EW. 175, Schulz 1, 227).

фрикасе́ 'Frikasse', schon Radiščev 230. Aus frz. *fricassée* zu *fricasser* 'schmoren, rösten' (s. Gamillscheg EW. 442).

фри́штык 'Frühstück' (Leskov), volkst. *фры́щик* Pburg. Aus nhd. *Frühstück*, mhd. *vruostücke*, urspr. 'Stück Brot, das man morgens ißt' (Kluge-Götze EW. 177).

Фрол, -*a* 'Mannsn.', aruss. *Frolъ Skobejevъ* (17. Jhdt.), aus griech. Φλῶρος PN. von lat. *Flōrus*, s. Kul'bakin Chaŕk. Nar. Enc. 7, 59.

фро́нда 'Oppositionspartei gegen die Regierung', über nhd. *Fronde* oder direkt aus frz. *fronde* 'Oppositionspartei unter Ludwig XIV.' (s. Schulz 1, 228, Gamillscheg EW. 445).

фрондёр, -*a* 'Angehöriger der Fronde', aus frz. *frondeur* dass.

фронт -*a* 1. 'Front (militärisch)', 2. 'Vorderseite', volkst. *фрунт* seit Peter d. Gr. 1703, s. Christiani 36 (beides), auch *фро́ньте* Kn. o ratn. str., s. Smirnov 317. Über nhd. *Front*, älter *Fronte*, noch bei Schiller (s. Schulz 1, 228) aus frz. *front* dass. von lat. *frons* G. *frontis* 'Stirn'.

фронто́н, -*a* 'Giebeldach, Ziergiebel' (Gogol'), aus frz. *fronton* 'Giebel' von ital. *frontone*, lat. *frons* 'Stirn'.

фрукт, -*a* 'Frucht, Obst', seit Peter d. Gr. (1705), s. Smirnov 317. Über poln. *frukt* aus lat. *fructus*, s. Christiani 51.

фрунт, s. *фронт*.

фря 'Geck', s. *франт*.

фряг 'Italiener' (Mel'n. 8, 235), aruss. *frjagъ* pl. *frjazi* (Novg. 1. Chron., Chož. Ig. Daniila 18). Das z vom Plur. auch in *frjazinъ, frjazь* (Sobolevskij Lekcii 212). Über mgr. φράγκος 'Franke' (spr. -*ŋg*-) aus mlat. *francus*, s. Verf. GrslEt. 216, MiEW. 58. Vgl. auch aruss. *frjažьskoje serebro* 'fränkisches Silber', Urk. 1388 (s. Srezn. Wb. 3, 1357), *frjaskije vina* 'französische Weine' (Domostr. K. 52ff.). Aus der gleichen mgr. Quelle über s.-ksl. *frugъ* 'francus' stammt aruss. *fruzi* pl. 'Lateiner', Agrefen. 13, *fružьskaja cerkovь* 'katholische Kirche', ibid. 4.

фря́нка 'Syphilis', Olon. (Kulik., Barsov), aruss. *frenčuga* 'Syphi-

фто́ра—фунда́мент

lis' (Domostr. K. 23). Mit hyperkorrektem -*ря*- aus *frank- vom Franzosennamen. Siehe *францу́з*.

фто́ра 'Unglück', auch *втора́* geschrieben (D.), Olon. (Kulik.), Kargopol' (Živ. Star. 2, 3, 160). Aus ngr. *φτορά*, agr. *φθορά* 'Verwüstung, Zerstörung', s. Verf. GrslEt. 216, Pogodin RFV. 50, 230.

фу! 'Interj. des Abscheus', neu entstanden, onomatopoetisch. Es besteht kein historischer Zusammenhang mit lat. *fū* 'pfui', griech. *φῦ* 'Ausruf des Schmerzes u. Unwillens', *φεῦ* 'weh, ach', afrz. ital. *fi*, nhd. *pfui* u. dgl. Über letztere s. Walde-Hofmann 1, 555, Kluge-Götze EW. 444.

фу́га 'Fuge' (in der Musik), aus nhd. *Fuge* oder ital. *fuga* von lat. *fuga* 'Flucht', '*quia vox vocem fugat*' (Kluge-Götze EW. 178, Schulz 1, 228).

фуга́д 'Flattermine', älter *фуга́та* dass. seit Peter d. Gr., s. Smirnov 317. Aus frz. *fougade* dass. (16.—17. Jhdt., s. Gamillscheg EW. 434), bzw. ital. *fogata* dass., s. Matzenauer 161.

фуга́нок, -нка 'Fugebank, Art Hobel', aus ndd. *Foogbank* dass. (s. Sass 11), vgl. Matzenauer 161, Preobr. 2, 35. Siehe *руба́нок*.

фуга́с 'Flattermine', aus frz. *fougasse* dass., s. Matzenauer 161.

фу́за 'Art chinesischer Tee' (Mel'n.), auch 'Teefirma' (D.). Etwa aus chines. *pʻutsza* 'Laden, Geschäft'.

фузеле́р 'Füsilier', seit Peter d. Gr., s. Smirnov 317. Aus älter nhd. *Fuselier* (schon 1697, s. Schulz 1, 230) von frz. *fusilier* dass., abgeleitet von *fusil* 'Gewehr, Feuerstahl', aus lat. *focīle* 'zum Feuer gehörig' (Kluge-Götze EW. 180, Gamillscheg EW. 448).

фузе́я 'Feuergewehr, altmodische Flinte', seit Peter d. Gr. (1701), s. Unbegaun RES. 15, 232, Christiani 34, Smirnov 317, dial. *фузе́й* Vjatka (Vasn.). Entlehnt aus poln. *fuzyja*, *fuzja* 'Flinte', das auf frz. *fusil* (s. das vor.) zurückgeführt wird, s. Brückner EW. 123, Matzenauer 162, Malinowski PrFil. 2, 247. Letzterer nimmt Einführung eines poln. Suffixes -*yja*, -*ija* an.

фу́кать 'blasen', ukr. *fúkaty* 'anschnauben, schelten, wettern', bulg. *fúkam*, pf. *fúknъ* 'forttragen (vom Winde), wegwerfen', skr. *fûkâm*, *fúkati* 'zischen, laut essen', sloven. *fúkati* 'huschen, hauchen. pfeifen', čech. *foukati* 'blasen, wehen, schelten', slk. *fúkať* 'blasen', poln. *fukać* 'schmähen, schelten, anfahren', osorb. *fukać* 'huschen, schlüpfen', nsorb. *fukaś* 'blasen, sticheln, foppen'. Von lautnachahmendem *fu-, s. Berneker EW. 1, 286.

фу́ксом adv. 'durch List', Ptburg. Abgeleitet von nhd. *Fuchs*, 'Scheltwort' seit d. 16. Jhdt. (s. Kluge-Götze EW, 177), eigtl. Instr. s. 'als Fuchs'.

фуля́р 'Seidenstoff für Hals- u. Taschentücher' (Leskov). Aus frz. *foulard* 'gewalktes Tuch', *fouler* 'walken'.

фу́мель m. 'Fummelholz zum Polieren des Sohlenrandes' (D.). Aus nhd. *Fummel* 'Art Lederfeile' (Grimm D. Wb. 4, 1, 1, 525 ff.).

фунда́мент 'Fundament', seit Peter d. Gr. (1701), s. Christiani 21, Smirnov 317. Wegen der Betonung über poln. *fundament* aus lat. *fundāmentum*, s. Christiani 45.

фундамента́льный 'grundlegend' (Rechte), seit Peter d. Gr. (1703), s. Smirnov 317. Christiani 52. Über poln. *fundamentalny* von lat. *fundāmentālis*. Siehe das vor.

фунду́к 'Art Haselnuß, Corylus Tubulosa', über krimtat. *funduk*, osman. *fyndyk* 'Haselnuß' (Radloff Wb. 4, 1931, 1949) aus griech. ποντικόν (κάρυον) 'pontische Nuß', woher auch lat. *nux pontica*, s. G. Meyer Türk. St. 1, 30, Alb. Wb. 114, MiTEl. 1, 296, Nachtr. 1, 38, Meillet-Ernout 922.

фу́ндуш 'Stiftung, Fonds', Westl. (D.). Über poln. *fundusz* dass. aus mlat. *fundus* 'Grund, Grundkapital'.

фунт, -а 'Pfund', aruss. *funtъ* (Westruss. Urk. a. 1388, s. Srezn. Wb. 3, 1358, auch Afan. Nikit. 22, Kotošichin 173). Aus mhd. *phunt* 'Pfund', ahd. *phunt* von lat. *pondō* 'an Gewicht', s. Preobr. 2, 150, Kluge-Götze EW. 444. Dagegen: фунт сте́рлингов 'Pfund Sterling' aus älterem пунт сте́рлингов (Kurakin, s. Smirnov 249) von engl. *pound sterling*, sekundär beeinflußt durch фунт. Siehe auch *пуд*.

фу́ра 'Fuhre', schon Porošin 1764, s. Christiani 58, volkst. *хýра* Südl. (D.). Über poln. *fura* oder direkt aus nhd. *Fuhre*, zu *fahren*.

фура́ж, -á 'Mundvorrat, Futter für die Militärpferde', schon Peter d. Gr., Kurakin, s. Smirnov 318. Aus frz. *fourrage* 'Futterlieferung', das von d. german. *fódr*, anord. *fódr* 'Viehfutter' stammt (s. Gamillscheg EW. 415).

фуражи́ровать 'Futter, Lebensmittel holen', seit Peter d. Gr., s. Smirnov 318. Über nhd. *furagieren* (seit 1669, s. Schulz 1, 229) oder direkt frz. *fourrager*. Weiteres unter *фура́ж*.

фура́жка 'Mütze', urspr. 'Uniform-, Beamtenmütze'. Ableitung von *фура́ж* (s. d.), als 'beim Furagieren aufzusetzende Mütze', Kaum Sonderentlehnung aus nhd. *Furagiermütze* (so Želtov Fil. Zap. 1876, Nr. 1, S. 14). Vgl. poln. *furażerka* dass., woher es Gorjajev EW. 393 deuten wollte.

фура́ть, фу́ргать, фу́ркать 'werfen' Pskov, Tveŕ (D.), ukr. *fúrkaty* 'mit Geräusch auffliegen', skr. *fúrati*, *fûrȃm* 'werfe, schiebe', poln. *furknąć* 'mit Geräusch davonfliegen', daneben *фы́рнуть* 'werfen'. Unbewiesen ist Entstehung aus *chvur-, *chvyr- (so Potebnja RFV. 4, 201), weil evtl. lautnachahmend. Vgl. nsorb. *fyr* 'Nachahmung des Geräusches beim Fluge gewisser Vögel'. Siehe auch *фы́ркать*.

фурго́н, -а 'verdeckter Lastwagen', aus frz. *fourgon* dass.

фу́рить I. 'Lasten aufladen (auf Wagen, Schiffe)', Arch. (Podv.). Denominativum von *фу́ра* 'Fuhre' (s. d.).

фу́рить II. 'lecken (vom Faß), fließen, harnen', Vjatka (Vasn.), Pskov, Tveŕ (D.). Viell. zu *фура́ть* 'werfen'.

фу́риться 'zornig sein, brüllen', zum folg.

фу́рия 'Wut', seit Peter d. Gr., s. Smirnov 318, später auch 'Furie, rasendes Frauenzimmer'. Über nhd. *Furie* 'Wut' (seit 1600, s. Schulz 1, 229), bzw. poln. *furja* dass. aus lat. *furia* 'Wut, Rachegöttin', zu *furere* 'rasen'.

фу́ркоток 'Pfeifen, Heulen (des Windes)', Arch. (Podv.). Zu
фура́ть, *фу́ркать* (s. d.).

фурле́йт, фурле́й 'Fuhrknecht, Fuhrmann', dial. *фурле́йт*,
фурле́й 'Dummkopf, Nichtstuer', Pskov (D.). Älter: *фурле́йты*
pl. 'Fuhr-, Packknechte', seit Peter d. Gr., s. Smirnov 318.
Aus nhd. pl. *Fuhrleute*. Vgl. *фу́рман*.

фу́рма 'Form, die Formen (Röhren für den Blasebalg der Schmelzöfen)', hüttenw. Wohl aus nhd. *Form*. Vgl. *фо́рма*.

фу́рман 'Fuhrmann', seit 1705, Repnin, s. Christiani 42, auch
Ust. Morsk. 1724, s. Smirnov 318. Wohl eher direkt aus nhd.
Fuhrmann (vgl. *фурле́йт*) als durch poln. *furman*. Vgl. *фурле́йт*.

фуроферме́ 'eng anschließendes Damenkleid' (Mel'n.). Aus frz.
fourreau fermé.

фурста́товое сукно́ 'Art Tuch', im 16.—17. Jhdt., s. IORJ.
22, 1, 123. Etwa zu *фурштáт*?

фуртуна́ 'Sturm', ukr. *chvortúna* dass., sonst nur aruss. *furtuna*
Chožd. Zosimy 3, *chortuna* Puteš. Lukjanova 138, 237, *furtovina*
Afan. Nikit. 10. Eher über mgr. φουρτοῦνα 'Sturm' als direkt
aus ital. *fortuna* (*di mare*), s. Verf. GrslEt. 215, RS. 3, 268,
G. Meyer Ngr. St. 4, 98. Schwerlich übers Turkotat., osman.
fyrtyna, *fortuna* 'Sturm' (gegen MiEW. 58, TEl. 1, 296).

фурштáт, -а 'Troß, Trainsoldaten', Adj. *фурштáтский*. Aus
nhd. *Fuhrstaat* 'Bestand an Fuhrleuten u. Bepackung' (Livl.),
s. Grimm D. Wb. 4, 1, 1, 473.

фурье́р 1. 'Furier, der beim Militär die Lebensmittel und Quartiere zu besorgen hat'. 2. 'der dem Hofmarschall untergeordnete
Diener' (Mel'n.), älter: *furirъ* seit d. 17. Jhdt., s. Smirnov 318 ff.
Über nhd. *Furier* (seit 14. Jhdt., s. Kluge-Götze EW. 180), bzw.
direkt aus frz. *fourrier*.

фуст 'Band', Tobol'sk (Živ. Star. 1899, Nr. 4, S. 515). Etwa zu
хуста (s. d.)?

фут, -а 'Längenmaß, Fuß', zuerst: *аглинский фут*, Peter d. Gr.,
s. Smirnov 319. Aus engl. *foot* 'Fuß', nicht ndl. *foet*, s. Croiset
v. d. Kop IORJ. 15, 4, 65 ff., Matzenauer 162, Gorjajev EW. 394,
gegen Meulen 229. Auch nicht aus schwed. *fot* 'Fuß' (gegen
Christiani 43 ff.).

футля́р, -а 'Futteral', schon Ust. Morsk. 1724, s. Smirnov 319.
Aus nhd. *Futteral* (1419, s. Kluge-Götze EW. 181) von mlat.
fotrum, *fotrale*.

фуфа́йка 'Frauenjacke, Unterjacke', volkst. *куфáйка*. Unklar.
Nicht überzeugend ist die Heranziehung von span. portug. *fofo*
'aufgeblasen' (Gorjajev EW. 394); s. zu diesen Wörtern Meyer-Lübke Rom. Wb. 293 u. das folg.

фуфы́нить 'launisch sein', *профуфы́ниться* dass. (Mel'n.), *фуфы́риться* 'sich aufblasen, zornig werden', Kašin (Sm.). Wohl
auf einer Lautgebärde beruhend wie venez. *fofio*, span. portug.
fofo 'aufgeblasen' (Meyer-Lübke Rom. Wb. 293).

фу́хтель 'Säbel oder Degen mit breiter stumpfer Klinge' (Herzen). Aus nhd. *Fuchtel*, zu *fechten*.

фучуфу́: *лянси́н ф*. 'e. chinesische Teesorte' (Mel'nikov 7, 134, 138). Wohl benannt nach dem chinesischen Hafen *Futschaufu*, engl. *Foochowfoo* nördl. von Hongkong, der durch Tee-Export bekannt war. Vgl. *лянси́н*.

фы́бздик 'kurzgeratener Mensch', auch *ши́бздик* Vjatka (Vasn.). Viell. expressive Bildungen. Siehe aber *ши́бздик*.

фы́ркать, фы́ркнуть 1. 'losplatzen, loslachen', 2. 'werfen' Olon. (Kulik.), *фы́ркнуть* 'losplatzen', ukr. *fýrkaty* 'werfen', daneben *фо́ркать* 'schlagen', *фо́ркнуть* 'weglaufen', ukr. *fórkaty* 'feixen, schnaufen', bulg. *fъ́rkam*, *fъrčá* 'fliege', skr. *fŕkati*, *fŕčēm* 'schnurre', sloven. *fŕkati*, *fŕkam*, *fŕčem* 'husche, schwirre, spritze', čech. *frkati* 'schnauben', *frčeti*, *frnčeti* 'schnurren', auch russ. *фа́ркать* 'schnaufen', *фа́ркнуть* 'niesen' Pskov. ‖ Jedenfalls lautnachahmend, s. Berneker EW. 1, 287. Unsicher ist der Ansatz *chvъrkati (Šachmatov IORJ. 7, 2, 335 ff.), zweifelhaft eine historische Erklärung der Vokale. Vgl. *фу́рать*.

X

x dreiundzwanzigster Buchstabe des aruss. Alphabets. Benennung *хер*; wird aufgefaßt als Abkürzung von *херуви́м* (s. d.), Zahlenwert = 600.

хабази́на 'Stock, Stange', *хаби́на* 'Flußarm' Arch. (D.), ukr. *chabáz* 'Reisig', *chabýna* 'Gerte, Zweig', *chabnýk* 'Gestrüpp', *chabúz* 'gröberes Unkraut', *chabáče* n. 'Gestrüpp', čech. *cháb* 'Rute, Zweig', *chábí* n. 'kleine Zweige, Stengel', mähr. *chabdí* n. 'Gestrüpp', poln. *chabaź chabuź* 'Unkraut', *chabie* n. 'Gestrüpp', *chabina* 'Gerte, Zweig', nsorb. *chabźe* n. 'Gesträuch, Gestrüpp'. Wohl Ablaut zu *хо́бот*, s. Berneker EW. 1, 175. Kaum zu *ха́бить* 'verderben' (Iljinskij IORJ. 20, 4, 138) oder *ха́бить* 'greifen' (Brückner EW. 175). Siehe *хаби́на*.

хаба́л 'Frechling, Radaumacher, Grobian', *хаба́лда*, *хабу́ня*, *ха́била* dass., *хаба́лить* 'frech sein, scherzen', Olon. (Kulik.), Kursk (D.), ukr. *chabál* 'Liebhaber', *chabál'stvo* 'Liebeshändel'. Viell. zu *ха́бить* 'verderben', s. Iljinskij IORJ. 20, 4, 138. Zweifelhaft ist Entlehnung aus hebr. *hā bāl* 'der Herr' (Karłowicz 91).

хаба́р I. 'großer Tonkrug für eingesalzene Gurken, Kohl, Äpfel', Terek-G. (RFV. 44, 109).

хаба́р II. 'Vorteil, Profit, Schmiergeld', *хабара́* dass., *хаба́рно* 'vorteilhaft', ukr. *chabár* 'Sportel', poln. *chabar, chabor* 'Geldgeschenk, Bestechung'. Wird unter Annahme der Bed. 'Botenlohn' gedeutet als Entlehnung aus osman. dschag. *χabär* 'Nachricht, Botschaft' (Radloff Wb. 2, 1693 ff.), s. Berneker EW. 1, 380, Lokotsch 60, Gorjajev Dop. 1, 51, Kalima RS. 5, 92. Hierher auch *хаба́рчий* (s. d.).

хабаргá 'Bisam-, Moschustier', *хабарóжка* 'sämisches Leder aus dem Fell dieses Tieres', Ostsibir. Soll nach Dal' 4, 1160 mongolisch sein. Vgl. kalmück. *baryn* 'Moschustier' (Ramstedt KWb. 34) u. oben *кабаргá*.

хабардá 'wilder, unbändiger Mensch', Tobol'sk (Živ. Star. 1899, Nr. 4, S. 515). Vgl. *хабáл*. Patkanov c. l. denkt an pers. *χeberdar* 'hüte dich' und turkotat. Vermittlung.

хабарзéть, хабарзить 'schelten', Vjatka (Vasn.). Unklar.

хабарковáтый 'liederlich, unordentlich', Kolyma (Bogor.). Wohl zu *хабáр* 'Schmiergeld'.

хабáрчий 'Bote, Eilbote', Sibirien (D.). Turkotat. Lehnw.; vgl. özbek. *χabarči* dass., osman. *χabärdži* (Radloff Wb. 2, 1695).

хабéж 'Abessinier', nur aruss. *chabežь* Grefen. 11, 19, Trif. Korobejnikov (1584) 40; auch *chabežskij* Adj. Grefen. c. l. Aus arab. *ḥabašī* 'Bewohner v. Abessinien'; das Land heißt arab. *Ḥabaš*, s. Lokotsch 60.

хабина 'Flußarm', s. *хабазúна*.

*хáбить I. 'verderben', *похáбить* 'verderben, verwöhnen', *похáбство* 'Unzucht', *похáбный* 'unzüchtig, schamlos, schlecht', ukr. *ochábyty* 'verderben', *ochabĺényj* 'unbrauchbar, garstig', *ochába* 'liederliches Weib', r.-ksl. *chabiti*, *chabljǫ* 'verderben', *chabenъ*, *chablenъ* 'elend', bulg. *chab'á*, *ischab'á* 'verderbe', skr. *hȁbati*, *hȁbȃm* 'beschädigen, abtragen', *hȁben* 'schlecht', sloven. *hábiti*, *hábim* 'beschädigen, verderben', čech. *ochabiti* 'kraftlos, schlaff machen', *ochabnouti* 'schlaff werden', *chabý* 'schlaff, welk, feige', *pochabý* 'wahnsinnig', poln. *chaby* pl. 'Knochen, die unter der Haut hervorstehen', *chaba* 'Schindmähre', nsorb. *chabźiś* 'verderben'. ‖ Man vergleicht als urverw. griech. *κωφός* 'stumpf, taub', *κεκαφηώς* 'angestrengt atmend', *κέκηφε·τέθνηκεν* Hesych, s. Petersson KZ. 47, 286, Archiv 35, 365, Mladenov 664. Andere denken an Verwandtschaft mit žem. *skóbas* 'sauer', *skóbti*, *-sta* 'sauer werden', lett. *skâbs* 'sauer', s. Brückner KZ. 51, 238, Machek Studie 89ff., Kořínek Zeitschr. 13, 404. Abzulehnen ist die Zusammenstellung mit apers. *kamna-* 'wenig, gering', anord. *skammr* 'kurz' (Loewenthal Archiv 37, 393) oder mit griech. *σαβάζω* 'zertrümmere', *σαβακός* 'morsch, zerbrochen', *σαβάκτης* 'Hauskobold' (gegen Matzenauer LF. 7, 217, s. dazu Berneker EW. 1, 380ff.).

хáбить II. 'raffen, an sich reißen', *óхабень* 'Oberkleid, langer Bauernrock', *охабáнивать* 'gierig raffen' (s. d.), apoln. *ochabić* 'erfassen'. ‖ Wohl urverw. mit aind. *gábhastiṣ* 'Hand', lit. *gabanà* 'Handvoll', lat. *habeō, -ēre* 'haben', s. K. H. Meyer IF. 35, 227 ff. Andere denken an eine expressive Nebenform zu **gabati*, ukr. *hábaty* 'behelligen', wruss. *habác'* 'nehmen, ergreifen', poln. *gabać* 'angreifen, anfallen, ergreifen', s. Machek bei Kořínek Zeitschr. 13, 404.

хабýр-чабýр 'Gerümpel, allerlei Kram, Handgepäck', Don-G. *хабýр-чибýр* (Mirtov), Terek-G. (RFV. 44, 110). Erinnert an turkotat. Reimbildungen.

хávкать ʽessen, bellen’, Pskov, Tveŕ (D.), ukr. chávkaty ʽgierig essen’. Lautnachahmend, s. Iljinskij IORJ. 20, 4, 178, der schwerlich richtig Verwandtschaft mit *шáвкать* (s. d.) sucht. Vgl. *хавы́кать*.

хавро́нья ʽSchwein’, wohl vom Frauenname aruss. *Chovъronija*, demin. *Xóвря* ukr. *Chívŕa* aus griech. *Φεβρωνία*, s. Sobolevskij Lekcii 53. Abzulehnen ist der Vergleich mit apreuss. *skawra*, *skewre* ʽSau’ (Brückner KZ. 51, 238) oder Annahme einer Entlehnung aus mgr. *γουρούνι(ο)ν* ʽSchwein’ (gegen Verf. GrslEt. 220, s. Brückner KZ. 45, 109 ff.).

хавы́кать ʽschreien, brüllen’, Nižn. (D.). Siehe *хáвкать*.

хага́н ʽHerrschertitel der Chasaren’, im r.-ksl. Schrifttum: *chaganъ* (s. Srezn. Wb. 3, 1359) für älteres aruss. *kaganъ* (siehe oben 1, 499 ff.).

хаз I. ʽBorte, Rand eines Gewebes, Zierband am Sarafan’ (Barsov, D.), Arch. (Podv.). Soll nach MiTElNachtr. 2, 122 aus arab.-osman. *hazz* ʽEinschnitt, Kerbe’ stammen. Gorjajev EW. 394 hält pers. *hez* ʽseidener u. wollener Stoff’ für die Quelle.

хаз II. 1. ʽGeck, Fant, verschwenderischer Mensch’, Olon. (Kulik.), 2. ʽtüchtiger Arbeiter, eifriger Mensch’, Smol. (Dobr.). Unklar. Iljinskij IORJ. 20, 4, 154 vergleicht *хóзать* ʽschlagen’. Zweifelhaft.

хáзина ʽGebäude’, Voronež (Živ. Star. 15, 1, 184). Vgl. magy. *ház* ʽHaus’, finn. *kota* ʽHütte’. Doch ist zu beachten, daß *хáзина* auch ʽMenge, Koloß’ bedeutet, s. Ertel RFV. 21, 239.

хази́ть I. ʽüppig leben, frech sein’, Perm, Tveŕ, Šenkursk (D., Podv), *хáзить* ʽsich geckenhaft kleiden’, Olon. (Kulik.), *хáзиться* ʽeifrig sein’, Smol. (Dobr.). Zu *хаз* I.

хáзить II. ʽschelten, lärmen, schreien’, Jarosl. (Volockij), *хазúть*, *хазéть* dass. Vjatka (Vasn.). Unsicher ist der Vergleich mit *хóзить* ʽschlagen’ (Iljinskij IORJ. 20, 4, 154). Wohl zu *хазúть* I.

хай ʽErfahrung’, Arch., Keŕ (Podv.). Aus karel. *haju* ʽVerstand, Vernunft’, s. Kalima 235 ff.

хайдáкать, ухайдáкать ʽverlieren, vertun’, *ухайдáчить* dass. Vjatka (Vasn.), auch ʽtöten’, s. Zelenin Tabu 2, 154. Gebildet von *хайдá* ʽvorwärts, los!’ aus kasantat. *ajda* ʽAntreiberuf’, s. Berneker EW. 1, 381, Lokotsch 61 u. oben 1, 7 ff.

хайдýк s. *гайдýк* (1, 251).

хáйка verächtl. ʽJüdin’, mit poln. *chaja* ʽJude’ vom jüd. PN. *Chaim*, *Chaja* nach Karłowicz 92.

хáйкать ʽgähnen’, Olon. (Kulik.). Aus karel. *haikottele-* ʽgähnen’, *haikottoa* ʽzum Gähnen bringen’, finn. *haukottoa* ʽzum Gähnen bringen’, s. Kalima 236.

хайлáх ʽangesiedelter Verbannter’, Kolyma (Bogor.). Unklar.

хайлó ʽRachen, Mund’, nach Sobolevskij RFV. 65, 402 zu *хáять* ʽschelten, schimpfen’.

ха́йма 'Schmutz, Unsauberkeit'. Dunkel.

хайта́ 'weite, schlotternde Kleidung', *Tveŕ* (D.). Unklar.

хак 'Salzschlamm', Astrachań (D.). Aus kalmück. *χag* 'Schmutz', kirg. *qaq* 'Tümpel, Regenpfütze', s. Ramstedt KWb. 160.

хал, ха́ловщина 'Spottpreis, etwas billig Gekauftes', Arch. (Podv.), *халовóй* 'billig, dumm, unsinnig, verdreht', *хáлко* 'stark, hastig, kühn'. Ablaut zu *шаль* f. 'Spottpreis', *шалúть* s. Iljinskij IORJ. 20, 4, 155.

халабру́й 'tölpelhafter Mensch', Tambov (D.). Zu *хал* (s. d.) u. *бруя́* (s. 1, 129).

халабу́да s. *холобу́да*.

халабу́рда 'tölpelhafter, ungeschickter Mensch', auch *халабрýда* dass., Pskov, Tveŕ (D.). Zu *хал* u. *бурдá*. An lautnachahmende Herkunft denkt Iljinskij IORJ. 20, 4, 154 ff.

халамы́га 'überall anhakender, anstoßender Mensch'. Zu *хал* (s. d.) und *мыкáть* (s. d.). Anders Iljinskij c. l. 155.

хала́т, -а 'Schlafrock', ukr. *chaĺát*. Über osman. *χilat* 'Kaftan' aus arab. *ḫiĺat* 'Ehrengewand', s. MiTElNachtr. 1, 46; 2, 126, Korsch Archiv 9, 501, Radloff Wb. 2, 1722, Lokotsch 68 ff., Berneker EW. 1, 383.

халахала́ 'geschäftiger, oberflächlicher Mensch', Smol. (Dobr.). Wohl zu *хал*.

халва́ 'Art Speise aus Walnüssen, Honig u. Zucker'. Aus osman. *χalva* dass. (Radloff Wb. 2, 1759) von arab. *ḫalva*, s. MiTEl. 1, 305, Korsch IORJ. 11, 1, 270. Letzterer nimmt unnötig Vermittlung durch ngr. *χαλβᾶς* an.

халва́н 'Galbanharz, Gummi einer syrischen Doldenpflanze', aus griech. *χάλβανον, χαλβάνη* dass., semitisches Lehnwort, vgl. aram. *ḥalbān-*, hebr. *ḥeĺbnāh* dass., s. Hofmann Gr. Wb. 411, Littmann 17, Walde-Hofmann 1, 578, Matzenauer 179.

ха́лда 'grober, frecher Mensch, auch ebensolches Frauenzimmer', Vjatka (Vasn.), Jarosl. (Volockij), Smol. (Dobr.). Dazu Fam. N. *Хóлдин*, weiter zu *нахáл, холýй*, s. Sobolevskij RFV. 66, 338. Verfehlt Goriajev Dop. 1, 51. Vgl. das folg.

халде́й 'Schwindler', Smol. (Dobr.), auch 'frecher Mensch' (D.). Könnte von *хáлда* (s. d.) stammen (so Dal' 4, 1163), aber auch wie *халдéй* 'Chaldäer' zurückgehen auf griech. *Χαλδαῖος* 'Chaldäer'; die Chaldäer waren bekannt als Sterndeuter und Wahrsager.

хале́ва, холя́ва 'Eismöwe, larus glaucus', Tobol'sk (D.). Aus ostjak. *χaleṷ* 'Möwe, Raubvogel' (Karjalainen Ostj. Wb. 300).

ха́лез 'Schmeichler', Čerep. (Gerasim.), *хáлезить* 'verhöhnen, auslachen, schelten', Olon. (Kulik.), *хáлендать, хáляндать, хáлляйдать* 'Unsinn reden, lachen', Olon. (Kulik.). Wohl zu *хал*.

Халеп 'Ort im G. Kiew', aruss. *Chalěpъ* (Pouč. Vlad. Monom. Laur. Chron. a. 1136). Nach Sobolevskij RFV. 65, 406 von griech. *Χάλεπ* 'Aleppo, Stadt in Syrien' (Konst. Porph. Adm. Imper. u. sonst) übertragen. Vgl. *Сýрож*.

хáлепа 'winterliches Schlackwetter, feuchter Schnee', Kaluga, Smol. (Dobr.), Westl., Südl. (D.). Unsicher ist Verwandtschaft mit *халýй* 'Schlamm', skr. *hȁla* 'Schmutz' und armen. *χil* 'unclean' (aus *khēlo-*), so Petersson IF. 43, 77. Zum skr. Wort vgl. Berneker EW. 1, 383.

халимóн 'Schmeichler, plumper Mensch', Smol. (Dobr.). Viell. vom PN. *Филимóн*. Siehe *Фúля*.

халéть 'sterben', Kostr., 'verdorren', Novg. Unklar.

хáлкать 'gierig schlingen'. Nach Iljinskij IORJ. 20, 4, 157 lautnachahmend.

хáлки pl. 'Flachs-, Hanfbreche', Vologda (D.). Unklar.

хáлко 'stark, hastig', s. *хал*.

хáлпить 'töten', *ухáлпить* dass. Penza (RFV. 69, 151), *халпúть* 'kalt machen', Sibir. (D.). Dunkel.

халтамéя 'dreistes, geschwätziges Frauenzimmer', Sibir. (D.), *халтамовúтый* 'dumm', Smol. (Dobr.), *халтомá* 'leichtsinniger Mensch', Kazań, wruss. *chaŀtamá* dass., *халтамúть* 'etwas schnell machen', Pskov (D.). Zu *хáлда*?

халтáрый 'braun mit heller Schnauze' (von Pferden), Sibir. (D.). Aus kalmück. *χalt̯r* dass., mongol. *qaltar*, s. Ramstedt KWb. 163.

халтýра 'Ahnenfeier, Totenschmaus', Südl. Westl., 'Beerdigung' Smol. (Dobr.), 'Gratisschmaus bei Leichenbegängnissen' (Mel'n.), auch *хамтýра*, *хантýра* Don-G. (Mirtov), ukr. *chavtúr* m., *chavtúra* f. 'Zahlung an d. Geistlichen', wruss. *chautúry*, 'Allerseelenfest', poln. *chaŀtury* 'Totenfeier'. Wird gewöhnlich aus mlat. *chartularium* 'Totenverzeichnis, das der Priester beim Totenfest verliest' erklärt, s. Brückner EW. 175, Murko WS. 2, 96 u. 100.

халýга 'Zaun, Umzäunung', kirchl.; r.-ksl. *chaluga* Jurj. Ev. 1119, auch 'Straße' Jefr. Kormč., s. Srezn. Wb. 3, 1359, *халýжина* 'lange Gerte', Terek-G. (RFV. 44, 110), ukr. *chaŀúha* 'Blasentang', wruss. *chalúha* '(geflochtene) Hütte', abulg. *chalǫga* φραγμός (Ostr. Ev.), skr. *hàluga* 'Unkraut, dichter Wald, Kluft', sloven. *halóga* 'Gestrüpp, Seegras, Tang', ačech. *chalužník* 'Wegelagerer, Strauchdieb'. ‖ Alle bisherigen Deutungen sind unbefriedigend: als urverw. mit aind. *çālás* m. 'Einfriedung, Wall', *çā́lā* f. 'Hütte, Haus' (so Machek Slavia 16, 193), als verwandt mit lat. *selāgō* 'e. Pflanze, wohl Lycopodium' (Charpentier Archiv 37, 52, dazu besser Walde-Hofmann 2, 511), mit lit. *šalìs* 'Seite, Gegend', griech. *καλύβη* 'Hütte' (Gorjajev EW. 394), mit *холúть* (Lehr-Spławiński JP. 24 44ff.). Man vergleicht *халýпа*, s. Brückner EW. 175ff., Iljinskij IORJ. 22, 4, 163.

халýдора 'elende Hütte', Smol. (Dobr.). Wohl zu *халýга*, *халýпа*.

халýй 'Kriecher', s. *холýй*.

халумúна 'dumme Gedanken', Smol. (Dobr.). Zu *хал* u. *ум* (s. d.).

халýпа 'elende Hütte', Westl. Südl., ukr. *chaŀúpa*, čech. slk. *chalupa*, poln. *chaŀupa*, osorb. *khaŀupa*, nsorb. *chaŀupa*. ‖ Viell. verwandt mit *халýга* (s. d.) als 'geflochtenes Haus', s. Brückner

KZ. 45, 38, EW. 93, Iljinskij IORJ. 20, 4, 163. Zusammenhang mit griech. *καλύβη* 'Obdach, Hütte' ist aus lautlichen Gründen schwierig. Ausgeschlossen ist turkotat. Vermittlung (gegen Matzenauer 179, LF. 7, 217, MiTEl. 1, 324, EW. 125, Karłowicz 93, Korsch Festschr. Anučin 527, s. Berneker EW. 1, 383). Auch ostgerman. Vermittlung aus *καλύβη* (gegen Verf. RS. 5, 140 ff.) ist zweifelhaft wegen der Vokalquantitäten.

халы́га 'schamloser Mensch, Schreier', zu *хáлда, нахáл*, s. Iljinskij IORJ. 20, 4, 157.

халы́х 'Volk', Kazań, *халы́к* dass., Orenb. Aus tschuwass. *χaləχ* dass., kasantat. *kalyk* id., s. Räsänen FUF. 29, 200.

халю́ный 'hellbraun, fahl', Ostsibir. (D.). Vgl. kalmück. *hulu* 'hellbraun mit schwarzer Mähne' (s. Ramstedt KWb. 195).

халя́бник 'kleiner Wald', Smol. (Dobr.). Etwa zu *холи́ть*?

халя́ва I. *холя́ва* 'Stiefelschaft, Hose', Westl. Südl. (D.), ukr. *choľáva*, poln. *cholewa*, osorb. *kholowa*, nsorb. *chólowa* 'Hose, Strumpf'. ‖ Man dachte an Entlehnung aus zigeun. *cholov* 'Hose' (Machek Slavia 16, 211, Gorjajev EW. 394), dazu s. Pott Zigeuner 2, 169 ff. Bedenklich wegen des Vorkommens im Sorb. Auch echt-slav. Herkunft ist unerwiesen. Brückner EW. 182 sucht Beziehungen zu *холи́ть*, Iljinskij IORJ. 20, 4, 156 stellt es zu einer zweifelhaften Wz. *chala-* 'Lärm'. Unmöglich ist Anknüpfung an lat. *caliga* 'Halbstiefel' (gegen Matzenauer 179).

халя́ва II. 'Cholera, Tod', Pskov, Tveŕ (D.). Umgestaltung von *холéра* 'Cholera' unter Einfluß von *халя́ва* I.

халя́ва III. 'schmieriger, unordentlicher Mensch', Arch. (Podv.), Vjatka (Vasn.) 'grobes, schamloses Frauenzimmer', Jarosl. (Volockij). Umgestaltung von *холéра* als Schimpfwort, wie das vorige. Davon abgeleitet: *холя́вый* 'schmierig, unsauber', *халя́вить* 'beschmutzen, verunreinigen', Arch. (Podv.). Anders Iljinskij IORJ. 20, 4, 156, Gorjajev EW. 394.

хам I. 'Interj. des gierigen Essens', *хáмкать* 'essen', *хáмка* 'Hund', Kinderspr., lautnachahmend. Kaum richtig ist die Verknüpfung mit *шáмать* 'flüstern' (Iljinskij IORJ. 20, 4, 174), die urslav. Alter voraussetzen würde.

хам II. G. *-а* 'Flegel, roher Mensch', früher: 'Knecht, Leibeigener', Don-G. (Mittov), ukr. *cham*, poln. *cham*. Wegen dial. *хáмово колéно*, das mit *чёрный нарóд* 'gemeines Volk' synonym ist (Olon., Kulik.) und auch 'Knecht' bedeutet, muß *хам* auf den biblischen *Ham* 'Sohn des Noah' zurückgeführt werden; kslav. *Chamъ* aus griech. *Xάμ* s. Brückner EW. 176, MiEW. 423, Christiani Archiv 34, 325. Weniger in Betracht kommt als Quelle osman. *χam* 'roh' (gegen Gorjajev EW. 394).

хамандры́жить 'faulenzen', Olon.(Kulik.), auch *шамантры́жить* dass. Unklar.

хаманéя 'Unsinn', Smol. (Dobr.). Dunkel.

хамелеóн 'Chamäleon, eine ihre Farbe wechselnde südl. Eidechse'. Wohl über nhd. *Chamäleon* dass. von griech. *χαμαιλέων* dass. Durch Teilübersetzung dieses letzteren entstand r.-ksl. *chamolьvъ*

'Chamäleon' (Tolk. Prorokov zu Zephania 2, 13, s. Srezn. Wb. 3, 1360).

хамза́ 'Art Sardelle, Engraulis encrasicholus', Schwarzmeer-G. (D.), хамса́ 'Art Stint', Kubań-G. (RFV. 68, 405), auch капся́ 'Art Strömling' daselbst. Aus ngriech. χαψί 'Engraulis encrasicholus' (Hoffman u. Jordan 244), s. Verf. Grsl. Et. 79. Das *k* viell. von *капсу́ля*.

ха́мкать s. *хам* I.

хамле́с, хамле́т 'Bauer', Don-G. (Mirtov). Etwa zu *хам* II?

ха́мовить 'umherirren, ohne Obdach sein', Arch.(Podv.). Zu *хам* II?

хамо́вник 'Weber', хамо́вщина dass., ха́мунька 'alter, getragener Bauernkittel', Novg. (D.). Das letztere will Kalima 237 als entlehnt herleiten von finn. *hame* 'Weiberrock, Rock', estn. *hameh, hame'* 'Hemd', die als german. Lehnwörter gelten, vgl. anord. *hamr* 'Hülle', got. *gahamón* 'bekleiden', s. Setälä FUF. 13, 362, Torp 74, anders Kiparsky 33. Die Zusammengehörigkeit der russ. Wörter ist nicht sicher. Vgl. auch aruss. *chamьjanъ* 'billiger Seidenstoff', Chožd. Kotova 103.

хамо́та 'Müdigkeit, Schläfrigkeit', хамо́нье dass., хама́ть 'müde sein', Čerep. (Gerasim.). Unklar.

хан I. G. *-а* 'Chan, asiatischer Herrscher', aruss. *chanъ* Afan. Nikit., Kotošichin 187 u. a., älter *kanъ* (s. oben 1, 516). Entlehnt aus osman., uigur., dschagat. *χan* 'Chan, Kaiser, Sultan' (s. Radloff Wb. 2, 1662, Sitzungsb. Preuß. Akad. 1935, 178), vgl. MiTEl. 1, 306, Nachtr. 1, 44. Den Ursprung des Titels sucht Ramstedt JSFOugr. 55, 61 im Chines. Fälschlich wird *хан* aus **chaganъ* erklärt von Stegmann WS. 12, 239 ff.

хан II. 'Herberge, Wirtshaus', Südl. Aus osman. *χan* dass. von pers. *χān* 'Haus' (s. Horn Npers. Et. 103), s. MiTEl. 1, 307, Lokotsch 64.

ханага́й 'Art persischer Stoff' (Mel'n.). Unklar.

ханджа́р 'Art Dolch', aus osman. *χandžär* dass. von arab. *ḫanǧar*, s. MiTEl. 1, 307, Lokotsch 64. Siehe auch *кинжа́л*.

хандра́ 'Schwermut, Trübsal, Spleen', хандри́ть 'Trübsal blasen'. Wohl über *похандри́ть* dass. aus lat. *hypochondria* von griech. τὰ ὑποχόνδρια 'Unterleib; was unter dem Brustknorpel ist', zu χόνδρος 'Knorpel', s. MiEW. 85, Berneker EW. 1, 384, Brückner KZ. 45, 38, Matzenauer 179. Verfehlt Verf. Grsl. Et. 384. Vgl. *сплин*.

ханжа́ m. f. 'Scheinheiliger, -ge; Frömmler, Heuchler', dial. 'Herumtreiber', Novgor., Vjatka (D.). Wird gewöhnlich aus osman. *χadžy* 'Pilger' von arab. *ḥaǧǧ(i)* dass. erklärt, s. MiTEl. 1, 301, Nachtr. 1, 41, Matzenauer 179. Der Nasal kann auf die Länge des *ǯ* zurückgeführt werden, aber auch expressiv sein. Hierher wohl auch: *ханже́й, ханжея́* 'Altgläubiger', Don-G. (Mirtov).

ха́ншин 'chinesischer Branntwein', ханши́нник 'Trunkenbold', ханши́нничать 'sich betrinken', Amur-G. (Karpov). Unklar.

ханы́к 'weinerlicher Mensch', Čerep. (Gerasim.), *хано́кать* 'schluchzen', *ха́нькать* dass., auch 'traurig sein', Arch., Šenk. (Podv.), Kolyma (Bogor.). Lautnachahmende Bildungen wie *хны́кать*, für die Iljinskij IORJ. 20, 4, 176 vergeblich ein Ablautverhältnis annimmt.

ха́ньга 'Schilf, Riedgras', Pinega (Podv.). Man verweist auf *уа́ханга*, *я́ханга*, *лханеа́* auf Kamčatka und vergleicht wogul. χανχ 'Riedgras', s. Kalima MSFOugr. 52, 93, RS. 5, 92.

ха́нькать s. *ханы́к*.

хао́с 'Chaos', wohl über nhd. *Chaos* (seit 16. Jhdt., s. Schulz 1, 108) aus lat. *chaos* von griech. χάος 'Kluft'. Als 'verworrene Urmasse' bekannt durch Plato u. Ovid, s. Kluge-Götze EW. 91.

хаоти́ческий 'chaotisch, wirr', über nhd. *chaotisch* (Leibniz 1702, s. Schulz 1, 108) aus nlat. *chaoticus* vom vorigen, s. Kluge-Götze EW. 91.

ха́пать 'raffen, greifen', *оха́пить*, *оха́пáть* 'umfassen, umarmen', *оха́пка* 'Armvoll, Tracht (Holz)', [vgl. aber oben 2, 293], *xan* 'gerissener Mensch', Olon. (Kulik.), ukr. *chapáty* 'raffen', *chapkýj* 'frisch zugreifend, naschhaft, diebisch', aruss. *chapati* 'greifen, beißen, stechen, quälen', abulg. *chapjǫ́šte dáxνοντες* (Supr.), bulg. *chápna*, *chápvam* 'beiße ab' (Mladenov 665), čech. *chápati* 'greifen, fassen', slk. *chápat* 'begreifen', poln. *chapać* 'raffen', Ablaut in *xonúmь* (s. d.). Viell. als idg. *khap- urverw. mit lat. *capiō, -ere* 'nehme', nhd. *happig*, ndd. md. *happen* 'gierig schnappen', armen. *xap῾anem* 'hindere', s. Pedersen IF. 5, 64, KZ. 38, 394, Meillet BSL. 31, 53, Endzelin SlBEt. 121, Mladenov 665ff., Machek Slavia 16, 178. An jüngere Lautnachahmung denkt Berneker EW. 1, 396. Abzulehnen sind die Vergleiche mit mhd. *sappen* 'erfassen, ergreifen' (Matzenauer LF. 7, 223ff.) und mit aind. *kṣapayati* 'vernichtet' (Scheftelowitz Zeitschr. Ind. Ir. 2, 268, dagegen s. Mayrhofer Aind. Wb. 286).

ха́пка 'Seitentor', Kazań (D.). Aus tschuwass. χαρχα 'Tor', kasantat. *kapka* dass., s. Räsänen FUF. 29, 200.

ха́пторка 'Renntierweibchen, das nicht mehr kalbt', Mezeń (Podv.). Vgl. samojed. Jur. *habarta* 'Elentier' (Schrenck), aber auch *hâpt* 'kastriert' (Schrenck).

хапу́га 'bestechlicher Mensch' (Gogol'), 'roher Mensch', Vjatka (Vasn.). Zu *xánamь* als 'Raffer'.

харабо́ры pl. 'zerfetzter Kleidersaum', Moskau, Jarosl., auch *харабо́рья* n. pl. Kursk (D.). Zu *фалбала́* (s. d.).

харави́на 'abgezogenes Fell eines Seetieres', Arch. (Podv.), 'abgemagertes Rind', Vologda. Unklar.

хара́йдать 'schnarchen', Кем́ (Podv.). Dunkel.

хара́ктер 'Charakter', urspr. 'Beamtenrang' seit F. Prokopovič, s. Smirnov 319. Über poln. *charakter* 'Charakter, amtliche Würde' aus lat. *character* von griech. χαρακτήρ urspr. 'Präger' zu χαράσσω 'kerbe, schneide', dann 'Gepräge der Sprache, Stil,

харалуг—харлапа́й 231

seelische Eigenart, Individualität', s. A. Körte Hermes 64, 69 ff., Kretschmer Glotta 20, 254 ff.

харалу́г ʿStahl', nur aruss. *charalužnyj* ʿstählern' (Igorl.). Aus einem dschagat. *karaluk* ʿStahl', urspr. zu *kara* ʿschwarz' als ʿschwarzes Metall', s. Melioranskij IORJ. 7, 2, 295, Korsch IORJ. 8, 4, 53; 11, 1, 285 ff., MiTEl. 1, 327, EW. 85, Kraelitz 30. Eine Verknüpfung von *charalužnyj* mit ahd. *Charlingen* ʿFrankreich' (Jakobson Igorlied 112) ist bedenklich, vgl. *королязи*.

харамбу́чки pl. ʿVersteckspiel', Don-G. (Mirtov). Unklar.

харапу́жить ʿreizen, bissig sein', -*ся* ʿjemd. einzuschüchtern suchen', Arch. (Podv.), Olon. (Kulik.), *харапу́га* ʿfrecher Mensch', Tveŕ (D.). Unklar. Etwa zu *ха́ря* u. *пуга́ть*?

хара́р ʿSack, Ballen, Kiste', Kasp.-G. (D.). Aus osman. *χarar* ʿgroße Satteltasche aus Ziegenleder', s. MiTEl. Nachtr. 2, 121, Lokotsch 65.

харатья́ ʿPergament', *хараме́йный* ʿaus Pergament', aruss. *charъtija*, *charotьja* ʿPergament, Urkunde' (Sin. Pater. 11. Jhdt., s. Srezn. Wb. 3, 1361 ff.), dann *charatьja* (Laur. Chron. a. 945, 971, Novg. Urk. 1280), abulg. *chartija* χάρτης (Supr.). Entlehnt aus mgr. χαρτίον pl. -*ία* zu χάρτης ʿPapier', s. Verf. IORJ. 12, 2, 285, Grsl. Et. 218. Davon *харутья́* ʿUnsinn', Arch. (D.).

харахо́ня ʿkokettes Frauenzimmer', Smol. (Dobr.). Zu *хорохо́риться* (s. d.).

харбара́ s. *фалбала́*.

ха́рва ʿFischnetz, bes. zum Lachsfang', Arch. (D.). Aus finn., karel. *harva* ʿgroßmaschiges Netz', s. Kalima 91. Abzulehnen ist der Vergleich mit lit. *šárvas* ʿRüstung, Harnisch' und mit dem Stammesnamen *хорва́т* (s. d.), gegen Geitler LF. 3, 88. Siehe *га́рва* (oben 1, 258, wo Druckfehler *га́рба* zu berichtigen).

ха́рзи́ть auch -*ся* ʿzürnen, sich ereifern, überheblich sein'. *ха́рзистый* ʿüberheblich, zänkisch', Pskov (D.), dazu *хо́рзать* ʿsich brüsten', viell. auch čech. *choroziti* ʿsich widersetzen' nach Geitler LF. 3, 92. Urspr. **charъz-* : **chorъz-* (Iljinskij IORJ. 20, 4, 169). Weitere Beziehungen, etwa zu *ко́рза* ʿstreitsüchtiges Weib' (so Potebnja RFV. 3, 95) sind unsicher.

хари́зна ʿArbeitsleistung u. Bewirtung beim Flachsbrechen', Vladimir (D.). Viell. aus griech. χάρισμα ʿGeschenk, Gabe'.

ха́риуз, ха́рьюз, харез ʿÄsche, Thymallus vulgaris', Nördl., *хорус* Kama-G., *хайру́з*, *га́рвиз*, *га́рьюс*, *га́риус* dass. Arch., Orenb. (D.), *ха́рьюс*, *га́йрус* Olon. (Kulik.), *ха́рвюс* Cholmog. (Grandil.). Aus weps. *hard'uz*, *harjus*, karel. *harjuš*, finn. *harju*, *harjus* G. *harjuksen* ʿÄsche' von german. **harzus*, schwed. norw. *harr* dass.. s. Kalima 237, Setälä FUF. 13, 363. Ungenau Matzenauer 179.

ха́ркать ʿausspeien', ukr. *chárkaty* dass. Neuer Ablaut zu *хо́ркать*, s. Šachmatov IORJ. 7, 2, 335.

харлапа́й ʿSchreier', Arch. (Podv.), *харлапа́н* Perm (IORJ. 1, 331), ʿFrechling, streitsüchtiger Mensch', Vjatka (Vasn.), Čerep.

(Gerasim.), *харлапа́нить* ʻbrüllenʼ. Zu *харло́* ʻKehleʼ, s. Bulič IORJ. 1, 331, Iljinskij IORJ. 20, 4, 173.

харла́пый ʻungeschicktʼ, Kazań IORJ. 1, 331. Viell. aus *халола́пый* zu *хал* u. *ла́па*. Vgl. *косола́пый* dass.

харли́ть ʻstehlen, stibitzenʼ, Vologda, *харлёное* ʻGestohlenesʼ. Unklar. Kaum zu kaschub. *charłężyc* ʻstehlenʼ (wozu Brückner KZ. 42, 43).

харло́ ʻKehleʼ, viell. Kontamination von *хайло́* u. *го́рло* oder *ха́ря* u. *го́рло*. Lautlich unmöglich ist der Vergleich mit griech. σάρμα ʻErdschlundʼ (gegen Gorjajev EW. 395).

харлу́к ʻArt Bauernrockʼ, Nižn. (D.). Zu *архалу́к* (s. d.), s. MiTEl. 2, 76.

харме́тчина ʻoberes Frauenkleidʼ, Smol. (Dobr.). Zu *армя́к* (s. d.).

ха́рный s. *га́рный*.

харпа́ль ʻOberrockʼ, Smol. (RFV. 62, 215), *ха́рпаль* ʻabgetragener kurzer Kaftanʼ, Rjazań (RFV. 28, 67), *харпа́й* ʻOberrockʼ, Kostr., Kaluga (D.). Unklar. Vgl. ital. *frappa* ʻFalte, Fetzenʼ, lothring. *frepoi* ʻLumpenʼ (s. Meyer-Lübke Rom. Wb. 275).

ха́рсук ʻRenntierfellʼ, Sibir. (D.). Fremd.

харта́ть ʻkümmerlich leben, vegetierenʼ, s. *хорта́ть*.

ха́ртия ʻUrkundeʼ, gelehrte Form für *харатья́* (s. d.).

хартола́рь ʻArchivarʼ, nur aruss. *chartolarъ, chaltolarъ* (s. Srezn. Wb. 3, 1359 ff.), aus mgr. χαρτουλάριος dass. von mlat. *chartulārius* dass.

хартофила́к ʻBibliothekarʼ, nur aruss. *chartofilakъ* (15. Jhdt., s. Srezn. Wb. 3, 1362 ff.) aus griech. χαρτοφύλαξ dass.

хару́ба ʻWahrheitʼ, Smol. (Dobr.). Unklar.

хару́жи pl. ʻSchamteileʼ, Smol. (Dobr.). Unklar.

ха́рхаль m. ʻArt Ente, Anas tadornaʼ, Astrach. (D.). Viell. zu *крохаль* (s. d.).

харцы́з ʻRäuber, Vagabundʼ, Südl., Westl. (D.), ukr. *charsýz* dass. Aus osman. *χyrsyz* ʻDieb, Schurkeʼ, s. MiTEl. 1, 309.

харчи́ pl. ʻKost, Proviant, Nahrungʼ, *харче́вня* ʻSpeisewirtschaftʼ, ukr. *charč*, aruss. *charčь* (Afan. Nikit. 26, Chožd. Kotova 88 ff., Kotošichin 111), *ischarčiti* ʻverausgabenʼ (Afan. Nikit. 26). Aus osman. arab. *χardž* ʻEinkommen, häusliche Ausgabenʼ, s. MiEW. 85, TEl. 1, 308, Nachtr. 1, 45, Korsch Archiv 9, 502, Berneker EW. 1, 385, Lokotsch 65. Letzterer stellt dazu zu Unrecht auch *корчма́* (s. d.). Zu *харчу́* als Reimbildung gehört: *харчи́-марчи́* ʻKostenʼ, Don-G. (Mirtov).

Ха́рьков ʻStadt in d. Ostukraineʼ, ukr. *Charʼkiv, -ova*. Wird auf einen Kosaken *Харько́* zurückgeführt, s. Semenov Slov. 5, 468 ff. Dieses ist Kurzform von *Харито́н* aus griech. Χαρίτων.

ха́ря ʻFratzeʼ, *ха́рий* ʻhäßlicher, verkrüppelter Menschʼ, *харю́к* ʻmürrischer Menschʼ, Čerep. (Gerasim.). Viell. urspr. Kurzform eines Personennamens (s. das vorige). Abzulehnen ist Zusammenhang mit mlat. *cara* 'Gesicht, Kopf' (frz. *chère* 'Angesicht'), das aus griech. *κάρα* 'Haupt' hergeleitet wird (s. Gamillscheg EW. 216, Meyer-Lübke Rom. Wb. 159), gegen Matzenauer 179. Falsch auch der Vergleich mit poln. *szkarada* (gegen Gorjajev EW. 395), s. *скáредный*.

харя́ки pl. 'Kauftrunk, Gelage beim Abschluß eines Vertrages', Kola (Podv.). Aus karel. *harjakat* pl. dass., s. Kalima 92. Sonst dafür *магары́ч*.

ха́та 'Hütte; Niederhaus, unmittelbar auf der Erde errichtet' Südl., Westl., zum Unterschied von *избá* 'Stockhaus', s. Zelenin Živ. Star.20, 304, ukr. wruss. poln. *chata*. Entlehnung aus einer altmagy. Vorstufe von magy. *cház* 'Haus', ostjak. *χot* 'Haus, Hütte', *kʽàtʽ* dass., finn. *kota*, die entlehnt sind aus avest. *kata-* 'Haus, Grube', s. Korsch Bull. de l'Acad. des Sc. de St. Pétersbourg 1907 S. 762ff., Festschr. Anučin 527, Berneker EW. 1, 385ff., Brückner EW. 177, Jokl WS. 12, 66. Nicht direkt aus dem Iran. (gegen MiEW. 423, Czekanowski Wstęp 173 wegen des *ch*), s. Verf. Zeitschr. 4, 275. Abzulehnen ist Entlehnung aus nhd., ndd. *kate* 'Hütte' (gegen Matzenauer LF. 7, 217) oder Verwandtschaft mit *кум* (s. d., gegen Gorjajev EW. 397). Abwegig ist die Verbindung mit poln. *chuta* 'Hütte' (deutsches Lehnwort, s. Brückner EW. 174) als angeblich idg. *khōutā (so Petersson KZ. 47, 283). Zur finn.-ugr. Sippe s. Szinnyei Fi-ugr. Sprachw. 32.

хату́ль 1. 'Sack, Quersack'. 2. 'unbeweglicher Mensch', Smol. (Dobr.), *хáтуль* 'Sack', Petrozav. (Etnogr. Obozr. 40, 351). Unklar.

ха́тьма 'Staudenpappel, Lavatera thuringiaca' (D.). Dunkel.

хау́з, кау́з 'Wasserbehälter, Teich, Reservoir (in Mühlen)', Östl. (D.). Aus osman.-arab. *χavz, χavuz* 'Wasserbehälter', s. MiTEl. 1, 304, Nachtr. 2, 121, Korsch Archiv 9, 502.

хау́ста 'erfrorenes Getreide, das als Stroh verwendet wird', Mezeń (Podv.). Unklar.

хахалчá 'Stichling, Gasterosteus aculeatus', Kamčatka (Berg Ryby 3, 972). Unklar.

ха́халь m. 'Betrüger, Gauner, Geck, unzuverlässiger Liebhaber, Schwätzer', Novgor., Jarosl. (Volockij), Vologda (D.), *ха́хальница* 'Geliebte', *хáхалить* 'umherschlendern, betrügen' (D.), ferner: *хáхать* 'lachen', Olon. (Kulik.), *хáхарь* 'illegitimer Mann', Novg. (D.). Am ehesten lautnachahmende Bildungen von Interj. *ха, хa* für das Lachen, s. Gorjajev EW. 397. Anders Machek Slavia 16, 183, der ukr. *chócha* 'kokette Frau', ačech. *chochánie* 'das Lieben', *chochati sě* 'Gefallen finden' vergleicht und eine expressive Nebenform von *kochati* 'lieben' annimmt.

хахана́й 'Barsch, Perca fluviatilis', Kolyma (Bogor.). Aus jakut. *χaχуnai̯* dass., s. Berg Ryby 3, 1032, 1046.

ха́хать 'lachen, scherzen', s. *хáхаль*.

ха́хиль 'kleiner Barsch', auch 'Liebhaber', Olon. (Kulik.). Zu *xáхаль*. Die Bed. ʽBarsch' wohl aus ʽRäuber, Gauner', wegen seiner Gier, daher nhd. *Anbeiß* ʽBarsch' (Brehm).

хахорóй ʽabgenutzt, alt', *хахóрье* ʽaltes Gerümpel', Arch. (Podv.). Unklar.

хашарь́ік ʽeinjähriges Kalb', Ost-Sibir. (D.). Vgl. kalmück. *χašrvg ükŗ* ʽdreijähriges Füllen' (Ramstedt KWb. 172).

хашиш ʽnarkotisches Genußmittel'. Über osman. *χašiš* aus arab. *ḥašīš* ʽGras, Kraut', s. MiTElNachtr. 1,42, Littmann 85.

хаю́кать ʽbetteln, obdachlos umherziehen', *хаю́ка* ʽBettler', Arch. (Podv.). Unklar.

ха́ять I. *хáю* ʽtadle, schelte, rüge', Arch. (Podv.), Nördl., Östl. (D.), aruss. *chajati* ʽschmähen'. Viell. expressive Nebenform für *kajati* ʽtadeln' (s. *кáять* oben 1, 545). Unsicher ist die Heranziehung von aind. *kṣiṇáti, kṣiṇōti* ʽvernichtet, läßt vergehen', *kṣitiṣ* ʽVergehen', avest. *χšyō* ʽdes Hinschwindens, Verderbens', *χšayō* Inf. ʽzu verderben', griech. *φϑίνω* ʽvernichte', *φϑίω* ʽschwinde hin, reibe mich auf', wobei auch *хáять* ʽsorgen' (s. unten) damit verknüpft wird (so Berneker EW. 1, 382).

ха́ять II. ʽsorgen, sich um jemd. kümmern', *нехáй* ʽlaß', Südl., Westl. (D.), s.-ksl. *chajati* ʽsorgen', bulg. *chája* ʽkümmere mich', skr. *hȁjati, hȁjêm* ʽsorgen', sloven. *hájati, hájam* dass. Dazu *нехáть* ʽlassen' (s. oben 1, 217). ǁ Man geht mit Vorliebe bei der Deutung vom Imperativ **nechaji* 2 s. aus, der aus 2 s. **nechovaji* erklärt wird, s. Machek Recherches 69, Studie 108, Fraenkel Slavia 13, 24, Kořínek Zeitschr. 13, 404. Nicht besser ist der unter *хáять* I. erwähnte Deutungsversuch Bernekers EW. 1, 382, der von einer unbelegten Bed. ʽreibe mich auf, schwinde dahin' ausgeht.

хва́брый ʽtapfer, kühn', Voron. (D.), Rohačev, Smol. (Šachm.), ukr. *fábryj* dass. Wohl dissimilatorische Umgestaltung von *хрáбрый*, s. Iljinskij IORJ. 20, 4. 145, Šachmatov Očerk 155.

хвалá ʽLob', ukr. *chvalá*, wruss. *chvalá*, aruss. *chvala* ʽLob, Ruhm, Dankbarkeit', abulg. *chvala* *αἴνεσις, αἶνος* (Ostrom., Supr.), bulg. *chvalá, falá* ʽLob', skr. *hvála* ʽLob, Dank', sloven. *hvála* dass., čech., slk. *chvála* ʽLob, Ruhm', poln. *chwała*, osorb. *khwała*, nsorb. *chwała*. Dazu: *хвалúть, -лю́* ʽlobe', ukr. *chvalýty*, wruss. *chvalíć*, aruss. *chvaliti*, abulg. *chvaliti ὑμνεῖν, αἰνεῖν* (Supr.), bulg. *chválʼъ*, skr. *hváliti, hválîm* ʽlobe, billige, danke', sloven. *hváliti, hválim*, čech. *chváliti* ʽloben', slk. *chválit'*, poln. *chwalić*, osorb. *khwalić*, nsorb. *chwaliś*, polab. *chóle* 3 s. ʽlobt.' ǁ Keine sichere Deutung. Man denkt an expressive Umgestaltung von **slava* (s. *слáва*), mit *ch-* vom begrifflich entgegengesetzten **chulá* (s. *хулá*), s. Machek Studie 98 ff., Slavia 16, 214, Potebnja RFV. 4, 203, Kořínek Zeitschr. 13, 404, K. H. Meyer Donum nat. Schrijnen 413, IF. 50, 172. Andere vergleichen aind. *svárati* ʽtönt, erschallt, läßt ertönen', *svārás* ʽLaut, Ton' (Matzenauer LF. 8, 5, MiEW. 92, Pedersen IF. 5, 66), doch ist für diese Wörter idg. *r* gesichert (s. Uhlenbeck Aind. Wb. 355, Berneker EW. 1, 406 ff.). Eher wäre Urverwandtschaft mit anord. *skvala* ʽschreien, rufen', *skváli* m. ʽLärmer' denkbar (Brückner KZ. 51,

232, EW. 186ff.). Schwieriger ist die Anknüpfung an ahd. *swellan* ʽschwellenʼ, nhd. *Schwall* (Berneker c. l.), dagegen s. Machek LF. 55, 147. Abzulehnen ist die Entlehnung aus anord. *hól* n. ʽLob, Prahlereiʼ, ags. *hól* ʽVerleumdungʼ, got. *hólôn* ʽverleumdenʼ (gegen Uhlenbeck c. l.), aber auch Urverwandtschaft mit diesen Wörtern, zu denen lat. *calumnia* ʽVerleumdungʼ gehört (gegen Mikkola Ursl. Gr. 177, vgl. Walde-Hofmann 1, 143, Holthausen Awn. Wb. 123).

Хвали́сское Мо́ре ʽKaspisches Meerʼ, aruss. *Chvalisьskoje More* Laurent. Chron. *Chvalijskoje M.* Hypatius-Chron., *Chvalimskoje M.* (Radziwiłł-Hs. u. Akad. Hs., s. Mazon RES. 9, 121). Spätere Texte haben: *Chvaližskoje M.* (Chožd. Kotova 72), *Chvalitьskaja Dorija* (Afan. Nikit. Tr. Hs. 9), *Chvalynskoje M.* Azovsk. Vz. (RFV. 56, 171), Savva Grudcyn. In Volksliedern: *Волы́нское Мо́ре*. Abgeleitet von mpers. *Xvārēzm*, avest. *Xvāirizəm-*, apers. *Uvārazmiya-* ʽChoresmienʼ, s. Meillet MSL. 17, 107, Mazon c. l. 120ff., Hansen Zeitschr. 21, 113ff. Lautliche Einzelheiten teilweise unklar. Siehe auch *Дербе́нт* u. *Каспи́йское Мо́ре*. Verfehlt ist die Anknüpfung an den Stammesnamen Χαλίσιοι im Lande der Amazonen (gegen Krauss Kel. Sz. 1, 175).

хвали́ть s. *хвала́*.

Хвалы́нскъ *-а* ʽStadt im G. Saratovʼ. Wird erklärt vom Stamme der *Chvalisy* am *Chvalynskoje More* (18. Jhdt.), s. Mazon RES. 9, 123 u. *Хвали́сское Мо́ре*.

хварбо́ты pl. ʽSpitzen am Kleideʼ, Kursk (RFV. 21, 120). Aus poln. *forboty* dass., apoln. *farboty* (15. Jhdt.), dessen Quelle im span., portug. *farpado* ʽin Spitzen ausgeschnittenʼ gesehen wird, s. Brückner EW. 125, Meyer-LübkeRom. Wb. 275.

хва́роваться ʽschwebenʼ (von Vögeln), im 17. Jhdt. (Zadonščina-Hs.), nach Potebnja RFV. 4, 201. Dunkel.

хваря́па ʽLappenʼ, Kursk (RFV. 21, 120). Unklar. Vgl. *фуря́бье*.

хва́стать(ся) ʽprahlen, sich rühmenʼ, *хвасту́н* ʽPrahlerʼ, ukr. *chvastáty, chvastún*, skr. *hvȁstati, hvȁstâm* ʽsich rühmen, schwätzenʼ, sloven. *hvastáti, hvastâm*, čech. *chvastati*, slk. *chvastaťsa*. ‖ Wohl urspr. ʽschwatzenʼ, lautnachahmend; ähnlich čech. *žvast* ʽTratschʼ, *žvastati, žvástati* ʽplappern, schwatzenʼ, s. Berneker EW. 1, 407, Iljinskij IORJ. 20, 4, 181. Nach Machek Slavia 16, 177 urverw. mit aind. *kátthatē* ʽprahltʼ mit expressivem *ch*, wozu aber s. Mayrhofer Aind. Wb. 148ff.

хва́тъ, *-а* ʽkühner, gewandter Menschʼ, poln. *chwat* dass., zu *хвати́ть* (s. u.), vgl. Berneker EW. 1, 407, Brückner EW. 187, KZ. 42, 349, Iljinskij IORJ. 20, 4, 150. Abzulehnen ist die Annahme einer Entlehnung aus anord. *hvatr* ʽschnell, ruhigʼ, zu ahd. *hwaʒ, waʒ* ʽheftig, scharfʼ, (gegen MiEW. 92, Tamm Upps. Univ. Årsskrift 1882, 7, Matzenauer 180), s. Thomsen SA. 1, 385, Štrekelj bei Peisker 94, Berneker c. l. Thörnqvist 205 ff. Daraus wäre *chvotъ* zu erwarten. Nicht annehmbar auch die Herleitung aus frz. *fat* ʽStutzerʼ (Korsch Potanin-Festschr. 537). Nicht zu erweisen ist Entstehung von *хват* aus *залихва́т* ʽunternehmender Mensch' (Sobolevskij Archiv 33, 480, ŽMNPr. 1911, Mai 166).

хвати́ть, *хвачу́* 'greifen, packen', *хвата́ет чего́* 'es reicht, ist hinlänglich vorhanden', Imperf. *хвата́ть* 'greifen', ukr. *chvatáty*, aruss. *chvatiti*, abulg. *chvatati* δράσσεσθαι (Supr.), bulg. *chváštam, chváťa* 'fasse, fange', skr. *hvátiti, hvȁtȋm, hvȁtati, hvȁtȃm*, sloven. *hvátati, hvátam*, čech. *chvátiti, chvátati* 'greifen, fassen', slk. *chvátať* 'eilen, hasten, greifen', poln. *chwatać* 'greifen', *chwatki* 'schnell', osorb. *khwatać*, nsorb. *chwataś*. ‖ Alter Ablaut: ursl. **chytiti:*chvatati* (s. *хи́мить*). Es fehlen sichere Verwandte außerhalb des Slav., s. Berneker EW. 1, 407. Schwerlich zu lett. *gaut, gaunu* 'fange, greife, hasche', *gūt, gūnu, gūstu* dass. (Machek Slavia 16, 199).

хвершь 'grober Sand', Novgor. (Lamanskij Živ. Star. 1891 Nr. 3 S. 211). Nicht zu trennen von *зверста́* (oben 1, 263).

хве́ятьcя, *хве́юсь* 'bewege mich', alt, r.-ksl. *chvějati sja* dass., ukr. *chvíjaty* 'sich neigen', *-śa* 'schwanken, wanken', čech. *chvíti, chvěji* 'schütteln, schwenken', *-se* 'wanken', slk. *chvieť sa* 'zittern, beben', poln. *chwiać się, chwieję się* 'schwanke, wanke', nsorb. *chwjaś, chwěju* 'schwanke'. ‖ Man vergleicht als urverw. mnd., ostfries. *swāien* 'sich schwingend bewegen', ndl. *zwaaien*, engl. *to sway* 'sich neigen, schwanken, schwingen', ags. *swīma* m. 'Schwindel, Ohnmacht', anord. *svími* m. 'Schwindel, Bewußtlosigkeit', kymr. *chwýf* 'Bewegung', lit. *svajóti* 'träumen, sinnen', *svaĩkti, svaikstù* 'schwindlig werden', *svaigìmas* 'Schwindel', s. Berneker EW. 1, 408, Buga RFV. 66, 249, Pelikán LF. 56, 235ff., Torp 544, 553. Sonst wird Ablaut mit *хвоя́* (s. d.), ukr. *chvojíty* 'schlagen, fuchteln' gesucht (Endzelin SlBEt. 127).

хви́лый 'kränklich, schwächlich' (Radiščev). Wohl zu *хи́лый* dass. mit *v* von *хво́рый*.

хви́ля 'Sturm, feuchtes Wetter, feuchter Schnee', Südl., Westl. (D.), ukr. *chvýľa* 'Augenblick, Weile, Wetter, Woge, Sturm', wruss. *chvíľa* 'Sturm'. Über poln. *chwila* 'Weile', čech. *chvíle* dass. aus ahd. *hwîla* 'Zeit, Stunde, Weile', s. MiEW. 92, Uhlenbeck Archiv 15, 486, Berneker EW. 1, 408. Aus d. Ukr. stammt *хвы́ля* 'Welle' (Šolochov). Zur Bed. vgl. lat. *tempestās* 'Zeitabschnitt, Sturm, Unwetter', *intemperiae* pl. 'Unwetter' (Walde-Hofmann 2, 661).

хвиста́ть, хвисте́ть 'pfeifen', Pskov (D.), ukr. *chvýskaty* 'peitschen, schlagen', *chvystkýj* 'elastisch', skr. alt *hvistati* 'schlagen', heute *físnuti* dass., čech. *chvist* 'Pfeifen', *chvístati* 'schneidend pfeifen', slk. *chvístať*, poln. *chwist* 'Pfiff', *pochwist* 'Unwetter, Sturm'. Lautnachahmend wie *свист, свиста́ть* 'pfeifen', poln. *gwizdać* u. ä., s. Berneker EW. 1, 408, Meillet-Vaileant 143, Preobr. 2, 262.

хвищ, *-á* 'Loch in einem Brett' (D.), ukr. *chvýšča* 'heftiger, kalter Regen'. Zum vorigen, s. Iljinskij IORJ. 20, 4, 181. Zur Bed. vgl. *свищ* (s. d.).

хвора́ть 'krank sein', s. *хво́рый*.

ХВО́РОСТ—ХВОСТ

хво́рост, -a 'Reisig', *хворостúна* 'trockenes Reis', ukr. *chvoróst*, *chvorostýna* 'Reisig, Strauchwerk', wruss. *chvórost* 'Knieholz', aruss. *chvorostъ*, ksl. *chvrastije* n. Koll. φρύγανα 'Reisig', bulg. *chrást(ъt)* 'Busch, Gebüsch', skr. *hrâst* G. *hrásta* 'Eiche', sloven. *hrást* 'Eiche', *hrâst* f. 'Reisholz', ačech. *chvrast, chrast*, čech. *chrast, chrasti* 'Gebüsch', slk. *chrasť* f. 'Reisig', poln. *chróst* G. *chrostu* 'Reisig, Gesträuch', *chróście* n. 'Gestrüpp', osorb. *khróst* 'Gebüsch'. || Ursl. **chvorstъ* wohl urverw. mit ahd. *hurst, horst* 'Busch, Gesträuch, Hecke', ags. *hyrst* 'Wald', s. Endzelin SlBEt. 126 ff., Mikkola Ursl. Gr. 177, Mladenov 671. An lautnachahmende Herkunft denkt Berneker EW. 1, 408 ff. Wenig wahrscheinlich ist Annahme einer Zusammensetzung **chvorstъ* aus *хвоя́* u. der Wurzel **orst-* (*pacmú*), gegen Holub-Kopečný 142. Ähnlich Petersson KZ. 46, 145 ff., der vom **ksu̯-orsto-* ausgeht und den ersten Teil mit aind. *ksumā́* f. 'linum usitatissimum' vergleicht. Dagegen will Machek Slavia 16, 182 ff. in **chvorstъ* ein voridg. Wort sehen und stellt es unter Verweis auf Bertoldi BSL. 32, 136 zu sard. *colostri, golostri*, bask. *korosti, khorostü, gorosti* 'ilex aequifolium'.

хворызга́ть 'flüssige Speisen essen', Pskov, Tveŕ, *хворыздáть* dass. Voron., Saratov (D.). Unklar. Unsicheres bei Iljinskij IORJ. 20, 4, 180.

хво́рый 'kränklich', *хворáть* 'kränkeln', ukr. *chvóryj, chóryj*, ačech. *chvorý*, čech. slk. *chorý*, poln. *chory*, osorb. *khory*, nsorb. *chory*, polab. *chüöre* 'häßlich, garstig, unsauber'. || Urverw.: avest. *χvara-* m. 'Wunde, Verwundung', ahd. *sweran* 'wehtun, schmerzen', mhd. *swër* 'leiblicher Schmerz, Krankheit, Geschwulst', nhd. *Schwäre, Geschwür*. s. Matzenauer LF. 8, 66, Berneker EW. 1, 409, Trautmann BSl. 295, Pedersen IF. 5, 66, Rozwadowski RS. 2, 105, Endzelin SlBEt. 72, Mikkola Ursl. Gr. 175. Das slav. *ch* beruht auf *ś*, das aus idg. *s* wegen der peiorativen Bed. entstand (Machek Studie 79, Endzelin c. l.). Weniger nahe liegt der Vergleich mit aind. *jvar-* 'heiß werden, fiebern', *jvaryatē* 'Fieber bekommen', *jvarás* 'aufgeregt' (Machek Slavia 16, 196). Ablaut zu **chvorъ* in *хúрый*. Nicht überzeugend wird **chvorъ* u. čech. *churavý* 'krank, siech, mager' zu aind. *khōras* 'hinkend' gestellt (Petersson Archiv 35, 360 ff.).

хвост, -á 'Schwanz, Schweif', *хвостáть* 'peitschen, mit dem Badequast quästen', *хвостýха* 'Fuchs', *хвощ* 'Ackerschachtelhalm', ukr. *chvist* G. *chvostá*, wruss. *chvost*, aruss. *chvostъ* 'Schwanz', *chvostati* 'schlagen, züchtigen', ksl. *chvostъ* 'Schwanz', bulg. *chvošč* 'Schachtelhalm', skr. *hȍst* 'Traubenkamm', sloven. *hȏst* m., *hȏsta* f. 'Dickicht, Reisholz, Gehölz, Wald', *hvȏst* 'Schweif, Traubenkamm', *hvȏšč* 'Strohwisch', čech. *chvost* 'Schweif', *chvostati* 'mit dem Badequast schlagen', slk. *chvost* 'Schwanz', apoln. *chost* 'Büschel, Schweif' (Brückner Archiv 10, 266), poln. *chwost* 'Schwanz', *chwoszcz* 'Schachtelhalm', osorb. *khośćo* 'Besen', nsorb. *chóść* 'Besenginster', polab. *chüöst* 'Ofenwisch'. || Man vergleicht als urverw. armen. *χot* (*-oy, -ov*) 'Gras, Weide, Rasen' (aus **khvodo-*), s. Petersson KZ. 47, 278. Andererseits versucht man Verwandtschaft mit der Sippe von nhd.

Quaste, ahd. *questa*, mhd. *queste* 'Büschel, Wedel', skr. alt *gozd* 'Wald' nachzuweisen, indem man den Anlaut idg. *gv*- unter Einfluß von *хвѣять* (s. d.) umgestaltet sein läßt (s. Endzelin SlBEt. 127) oder expressives *chv* für *gv* bzw. *kv* annimmt (Machek Slavia 16, 214, Vaillant RES. 21, 166). Die letztere Ansicht ist plausibler bei Urverwandtschaft der slav. Sippe mit der german. (Machek), weniger, wenn eine Entlehnung von **chvostъ* aus d. German. angenommen wird (Vaillant). Diese ist wegen der Bed. unwahrscheinlich (gegen Uhlenbeck Archiv 15, 486, Peisker 62, s. Machek Studie 107). Abzulehnen ist Entlehnung aus d. Iran. (avest. $\chi^v asta$- 'gedroschen', gegen Verf. RS. 6, 174). Ebenso Urverwandtschaft mit *хо́бот* (Iljinskij RFV. 61, 235, IORJ. 20, 3, 106 ff.) oder aind. *kṣódatē* 'bewegt sich' (Scheftelowitz IF. 33, 142).

хво́ша 'Asthmatiker', Pskov (D.). Wohl lautnachahmend. Die Bemühungen, Urverwandtschaft mit aind. *çvásati*, *çvásiti* 'atmet, schnauft', lat. *queror*, *questus*, *querī* 'klagen', anord. *hvǽsa* 'zischen' nachzuweisen (Potebnja RFV. 4, 203, Gorjajev EW. 427), haben keine Stütze in den Lautentsprechungen.

хвоя́ f. *хвой* m. 'Nadeln u. Zweige der Nadelhölzer', ukr. *chvója*, *fója* 'Nadelbaum', bulg. *chvojína* 'Fichtenzweige', skr. *hvòja* (Agram. Wb. 3, 753), *hvója* 'Baumzweig, zarter Zweig', Dubrovnik (Vuk), *hvôjka* 'Sproß', sloven. *hvója*, *hôja* 'Nadelholzreisig, Edeltanne, Nadelbaum', čech. *chvoj* m. 'Zweige, Nadeln der Bäume', slk. *chvoja* 'Reisig, Tangel', poln. *choja*, *choina* 'Kienbaum, Kiefernwald', osorb. *khójca*, *khójna*, nsorb. *chójca*, *chójna* 'Kiefer, Föhre'. ‖ Wohl urverw. mit lit. *skujà* 'Tannennadel, Tannenzapfen', lett. *skuja* 'Tannennadel', ir. *scé* 'Hagedorn' G. pl. *sciad* (**skhujāt*), s. Pedersen Jagić-Festschr. 218 ff., Kelt. Gr. 1, 68, KZ. 38, 394, W. Lehmann KZ. 41, 394, Mikkola Ursl. Gr. 176, Berneker EW. 1, 408, Trautmann BSl. 268, Machek Studie 62, M.-Endz. 3, 902. Weniger überzeugt der Vergleich von **chvoja* mit aind. *vayā́* 'Zweig, Ast' und die Auffassung von lit. *skujà* als slav. Lehnwort. Verschiedentlich wurde *хвоя́* zu *хвѣять* gestellt (s. Brandt RFV. 22, 127, Željtov Fil. Zap. 1877, Nr. 4, S. 79). Siehe *хуй*.

хеде́р 'Judenschule' (D.). Wird aus hebr. *ḥǽder* 'Stube' erklärt von Karłowicz 95. Vgl. jidd. *keder* 'Stube' (Stern).

хеза́ть 'cacare', Kašin (Sm.). Ein Wort der russ. Hausierer- u. Gaunersprache (s. die Belege bei Verf. GrslEt. 218). Aus griech. $\chi\acute{\epsilon}\zeta\omega$ dass., s. Verf. c. l.

хер I. 'Bezeichnung des Buchstaben X', aruss. ksl. *cherъ*. Wird gewöhnlich als Abkürzung von *cheruvimъ* erklärt (s. *херуви́м*), s. Vaillant RES. 16, 250. Man denkt daneben auch an griech. $\chi\alpha\tilde{\iota}\varrho\varepsilon$ 'sei gegrüßt' (Schwyzer KZ. 58, 198, Grot Fil Raz. 2, 505). Davon abgeleitet: *похе́рить* 'durchstreichen, liquidieren' (s. d.), vgl. Gorjajev EW. 397.

хер II. 'membrum virile'. Etymologisch zum vorigen, als urspr. Abkürzung von *хуй* (s. d.).

хе́рес—хибу́рка

хе́рес 'spanischer Weißwein'. Vom span. ON. *Xeres* in Andalusien, woher auch engl. *sherry*, s. Holthausen 179.

херото́ния 'Priesterweihe, Ordination'. auch *хирото́ния* (Mel'nikov), ksl. *cherotonija*, *chirotonija* aus griech. χειροτονία dass., s. Srezn. Wb. 3, 1368.

херотониса́ть 'die Priesterweihe vollziehen', ksl. *cherotonisati* (seit Voprosy Feogn. a. 1276, s. Srezn. c. l.). Aus griech. χειροτονῶ dass. (*-is-* vom Aorist), s. Verf. GrslEt. 219.

Херсо́н, *-a* 'Stadt in der Ostukraine', gegründet 1778 von Potemkin und benannt nach dem alten Χερσών im Westen der Krim, abulg. *Chersonъ* (Supr.) für dieses letztere, s. Unbegaun RES. 16, 219, 225, Egli 191. Siehe *Корсу́нь*.

херуви́м 'Cherub, Schwertengel', aruss. *cheruvimъ*, abulg. *cherovimъ* χερουβίμ (Supr.). Aus griech. χερουβίμ von hebr. *kerūbīm* pl. von *kerūb* 'Cherub', s. Verf. GrslEt. 219, Guthe Bibelwb. 106 ff., Littmann 28, Bauer Wb. z. NT 1459.

хиба́ 'etwa, ob', Südl., Westl. (D.), ukr. *chýba*. Wohl aus poln. *chyba* 'ob, vielleicht, wohl nur'. Weiteres s. v. *хиба́тъ*.

хиба́ра 'elende Hütte, Lehmhütte' (Leskov), Rjazań, Orel, Tambov (D.), *ехиба́рка* dass. Moskau, Jarosl. (D.), *хибу́рка* Smol. (Dobrov.). Vgl. d.-rotwelsch *kabora* 'Ort, wo gestohlenes Diebsgut versteckt wird' (Kluge Rotwelsch 399).

хиба́ть 'schwanken machen, bewegen', Südl. (D.), *хи́балка* 'leichtsinnige Frau', *хи́балда* dass. Tveŕ, Pskov (D.), *хи́ба* 'schwankender Mensch', ukr. *chýba* 'Mangel, Fehler', *chybáty* 'zweifeln, unschlüssig sein', *chybýty* 'fehlen, irren', skr. *podhiban* 'trügerisch, arglistig', sloven. *hiba* 'Gebrechen, Fehler', *hibati* 'tadeln', čech. *chyba* 'Zweifel', *chybati* 'zweifeln, schwanken', *chybiti* 'fehlen', slk. *chyba* 'Fehler', *chybat'* 'fehlen, mangeln', *chybit'* 'fehlen, irren', poln. *chyba* 'Fehler, Mangel', *chyba* 'es sei denn, daß; außer, wenn', *chybać* 'schaukeln, sich bewegen', *chybić* 'verfehlen', osorb. *khiba* 'außer', *khibić* 'verfehlen', nsorb. *chyba* 'Mangel, Zweifel', *chybnuś* 'fehlen, abfallen'. ‖ Urverw. mit and. *kṣúbhyati*, *kṣōbhatē*, *kṣubhnāti* 'schwankt, zittert', *kṣóbhas* m. 'Schwanken, Erschütterung', avest. χšaob- 'in Aufregung geraten', npers. *ā-šuftan*, *ā-šoftan* 'in Bewegung versetzen', s. Zupitza BB. 25, 94, Berneker EW. 1, 412 ff., Trautmann BSl. 144, KZ. 43, 109. Die Heranziehung von lit. *subóti*, *-óju* 'schaukeln', *saūpti*, *saubiù* 'spielend toben, rasen' (MiEW. 93, Matzenauer LF. 8, 8, Trautmann KZ. 43, 109) ist lautlich bedenklich (s. Berneker c. l.). Nicht vorzuziehen ist die Auffassung von *chybati* als expressiver Umgestaltung von *gybati* (Machek Slavia 16, 194, Kořínek Zeitschr. 13, 404). Siehe *хиби́на*.

хи́бень G. *-бня* 'kleine Anhöhe', Kola (Podv.). Wird für finnisch gehalten von Dal' 4, 1181. Eher zum vor.

хиби́на 'Falte, Runzel', Čerep. (Gerasim.). Etwa als 'Fehler' zu *хи́ба*, *хиба́ть*?

хибу́рка s. *хиба́ра*.

хивить 'leicht bewegen, (das Wasser) kräuseln (vom Winde)', *хивóк* 'leichter Wind', Mezeń (Podv.). Unsicher ist Verwandtschaft mit *хи́лый* (s. d.), vgl. lljinskij IORJ. 20, 4, 418 ff.

хи́жа I. 'Kate, Hütte', s. *хи́жина*.

хи́жа II. 'feuchtes Wetter', s. *хиз*.

хи́жи pl. 'mit Gestrüpp bewachsene Einöde, Neubruch', Pskov (D.). Wohl aus estn. *hiiž* G. *hiie* 'Hain, Gebüsch', finn. *hiisi* 'Wald, Waldgeist', s. Kalima 237.

хи́жий 'flink, gewandt, hübsch, gut', Westl. (D.), Smol. (Dobr.), ukr. *chýžyj* 'gierig'. Viell. zu *хи́тить*, *хи́трый*, das ž könnte von einem andern Adj. stammen, etwa von *гóжий*, *пригóжий*.

хи́жина 'Hütte', dial. *хи́жа* dass., Kolyma (Bogor.), ukr. *chýža*, r.-ksl. *chyža*, daneben einmal *chyžda* (Pand. Antioch. 11. Jhdt., s. Srezn. Wb. 3, 1427), bulg. *chíža* 'Wohnhaus, unterirdische Hütte', skr. *hȉža* 'Haus', *hȉžina* 'Kammer', sloven. östl. *híža* 'Haus', čech. *chýže*, *chyžina*, slk. *chyža*, poln. dial. *chyža*, *chyż* 'Hütte', osorb. *khěza*, nsorb. dial. *chyža*. ‖ Ableitung von *chyzъ 'Haus' (s. *хизóк*) mit slav. -*ja* Suffix unter Einfluß von *kǫtja 'Hütte'. Zugrunde liegt altgerm. *hûs 'Haus', s. Uhlenbeck Archiv 15, 486, MiEW. 94, Verf. Zeitschr. 20, 458 ff., Berneker EW. 1, 414 ff., Kiparsky 177 ff. Die Annahme eines urgerm. *hūzá- als Quelle, das man in anord. *hýrr* 'mild', ags. *hýre* 'freundlich, mild' nachweisen wollte (Berneker, Kiparsky, Stender-Petersen 240 ff.) halte ich für verfehlt, s. auch Meillet BSL. 29, 210 ff. Die Form ist *žd* ist hyperkorrektes Kslav. (s. Kiparsky 178). Siehe *хизóк*.

хиз I. 'Regen mit Nebel', Arch., *хи́жа* 'feuchtes Wetter, Schnee mit Regen', Nižn., Perm (D.), ukr. *chýza*, *ochýza* 'Sturm mit Regen, Tauwetter', ferner: *хизи́ть* 'wehen, stürmen, Kälte bringen', Perm, Vjatka (D.), Kolyma (Bogor.), *хи́зкий* 'kalt (v. Winde)' Čerep. (Gerasim.), Tveŕ (D.), *хи́знуть* 'naß werden', Saratov, 'kränkeln, welken', Nižn., Vjatka, 'schmelzen' (Meĺn.). Unklar.

хиз II. 'Hütte', s. das folg.

хизóк, -зка́ 'Scheune, Schlafstelle der Jungen', Smol. (Dobr.), auch *хисóк* с. l., *хи́зык* 'Sommerhütte, leichte Scheune', Tula, Novosiĺ (D.), aruss. r.-ksl. *chyzъ* 'Haus', abulg. *chyzъ* δωμάτιον, *chyzina* κέλλα (beides Supr.). ‖ Nachgotische, wohl balkangerman. Entlehnung aus *hûs, got. ahd. *hûs* 'Haus', s. Uhlenbeck Archiv 15, 436, Peisker 70, Loewe KZ. 39, 334, Berneker EW. 1, 414 ff.. Meillet-Vaillant 54. Zum *z* vgl. aruss. *goneznuti*, abulg. *goneznǫti*: got *ganisan* (oben 1, 292). Bedenklich sind die sehr verbreiteten Versuche, die slav. Wörter auf german. *hûza- in mhd. *hûr* 'Miete, Heuer', ags *hýr* 'Heuer, Lohn' zurückzuführen (Schwarz Archiv 42, 303, Stender-Petersen 240 ff., Berneker EW. 1, 414 ff.), s. auch Meillet BSL. 29, 210 ff. Vgl. damit *хи́жина* (s. d.). Über die daneben vorliegenden Formen: *chysъ in skr. (*h*)*ȉs* 'hölzerner kl. Keller' (Skok Zeitschr. 2, 392), sloven. *hȉs* kl. Häuschen im Weinberg' und *chyša: s.-ksl. *chiša*, sloven.

híša, čech. *chyše*, vgl. Kiparsky 177, Stender-Petersen 242 ff. Die Slaven übernahmen von den Germanen einen neuen Typus des Wohnhauses.

хизь f. ʽsehnlicher Wunsch', Smol. (Dobr.). Unklar.

хи́лый, хило́й ʽschwach, kränklich, welk', *хи́ло* ʽschlecht'. Nördl., Östl., auch *хи́лкий*, *хилко́й* dass., *похи́лый* ʽgebeugt, geneigt', ukr. *chýlyj* ʽgebeugt, hinfällig', wruss. *chilyj* ʽkrumm', bulg. *chílen* ʽbesorgt', skr. *hȉljav* ʽam Auge beschädigt', sloven. *hȋl* ʽkrumm, gebogen', čech. *chylý* ʽgeneigt', poln. *pochyły* ʽschief, abschüssig', *chyłkiem* ʽgebeugt, geduckt, verstohlen', dazu: *хили́ть* ʽniederbeugen, krümmen', ukr. *chylýty* dass., wruss. *chilíć*, bulg. *uchíl'ъ se* ʽlasse den Kopf hängen', skr. alt *hiliti* ʽbeugen, krümmen, quälen', sloven. *híliti* ʽbeugen, krümmen', čech. *chýliti* ʽneigen', slk. *chylit' sa* ʽsich neigen', poln. *chylić* ʽneigen', *chynąć* dass., osorb. *khilić*, nsorb. *chyliś*. ‖ Viell. urverw. mit alb. *uń, huń* ʽerniedrige, demütige', dial. skutar. *ul', ul'em* dass. (hier *h* aus *ks* oder *kh*), s. Pedersen IF. 5, 64, G. Meyer Alb. Wb. 457 ff., Berneker EW. 1, 413. Mit **chylъ* ablautend: ačech. *chúlost* ʽScham', *chuliti* ʽneigen', *chúlostivý* ʽschwach, kleinmütig, verschämt' (s. Machek, Studie 100). Unsicher ist die Verwandtschaft mit griech. χωλός ʽlahm' (Petersson Archiv 35, 362).

хильме́нь m. ʽschwächlicher Mensch', Nižn. (D.), *хильпе́нь* ʽUnglück, Unglücksfall', Nižn (D.), *хильпа́сный* ʽschlecht', Smol. (Dobr.). Zum vorigen.

хим ʽHals, Nacken', Kursk (RFV. 71, 351). Unklar.

хи́мить ʽweinen, schluchzen', Rjazań (D.). Dunkel. Vgl. *хине́ть*.

хи́мия ʽChemie', *хи́мик* ʽChemiker', dieses seit Peter d. Gr., s. Smirnov 319. Viell. über poln. *chimja, chimik* bzw. älter nhd. *Chymie* (so noch 1800, s. Schulz 1, 111) aus mlat. *chymia* von griech. χυμεία ʽChemie', zu χύμα ʽGuß', χέω ʽgieße', s. H. Diels KZ. 47, 199 ff., Kretschmer Glotta 10, 244, Walde-Hofmann 1, 563.

хи́мостить, хи́мистить ʽhexen, Zauberei treiben', Pskov (D.) ʽlügen, stibitzen', Nördl., Östl. (D.). Wohl aus finn. *hiimat* pl. ʽZauber', s. Kalima MSFOugr. 52, 90 ff. Weniger wahrscheinlich ist die Herleitung aus nhd. *geheime Kunst* (Potebnja RFV. 1, 266). Vgl. auch ukr. *chýmoroda* ʽZauberer, Wunderlichkeit', *chymoródyty* ʽzaubern, wunderlich sein', bestimmt nicht aus nhd. *Geheimrat* (gegen Potebnja c. l.). Es könnte ein Bedeutungswandel: ʽzaubern' → ʽbetrügen' → ʽstehlen' angenommen werden.

хи́на ʽChinarinde, Chinin', *хи́нная кора́* dass., über nhd. *China* (seit 1801, s. Palmer Neuweltw. 32) aus ital. *china, chinachina* span. *quina, quinaquina* von Ketschua (Peru) *kina, kinakina* ʽRinde', s. Loewe KZ. 60, 153 ff., Lokotsch Amer. Wörter 32, Palmer Einfl. 60, Neuweltw. 32.

хине́ть ʽunter Armut leiden, klagen', Vjatka (Vasn.). Wird von Vasnecov c. l. zu *хны́кать* ʽschluchzen' gestellt. In diesem Falle lautnachahmenden Ursprungs. Vgl. aber das folg.

хи́нить 'tadeln, schmähen, schelten', Olon. (Kulik.), Arch. (Podv.), *охи́нить* 'e. Heirat verhindern', Šenkursk (Podv.), viell. zu s.-ksl. *chyniti* 'betrügen', *chyna* 'Betrug', skr. *híniti, hînîm* 'falsch tun, heucheln', sloven. *hiníti, -ím* dass. ‖ Wird zu *хи́лый* (s. d.) gestellt, s. Berneker EW. 1, 413, Iljinskij IORJ. 20, 3, 106. Abzulehnen ist Beziehung zu *ханжа́* (Gorjajev EW 394), bedenklich auch der Vergleich mit got. *ƕopan* 'sich rühmen', ags. *hwópan* 'drohen', aruss. *chupsti sja* 'sich rühmen', sloven. *húpati* 'schreien' (gegen Loewenthal PBrBtr. 51, 138 ff.). Die letzteren slav. Wörter hält Berneker EW. 1, 406 für lautnachahmend.

хино́вский 'heidnisch', *хин* 'Hunne', pl. *хинове* im Igorlied u. Zadonščina. Aus aruss. *chynъ*, das auf den Namen der Hunnen, mgr. Χοῦνοι, Οὗννοι, lat. *Hunnī* von chines. *Hiung-nu* zurückgeht, s. Sobolevskij Archiv 30, 474, RFV. 64, 174, IORJ. 26, 8, Rasovskij Semin. Kondakov. 8, 304 ff., Moravcsik Byz. Turc. 2, 203 ff., Schrader-Nehring 1, 517. Abzulehnen ist der Versuch, in diesen *chynove des Igorliedes Finnen zu sehen (gegen Vs. Miller IORJ. 19, 1, 110 ff.). Es scheint, daß sich bei den Awaren der alte Name *Kún, Hûn* erhalten hat. Vgl. awar.-kaukas. *Hunz* 'Gebiet westl. von Andabel' (s. Marquart Kumanen 75). Rasovskij bei Brückner Zeitschr. 14, 50 will dazu den Namen *Kinov* für e. Kumanenstadt am Azovschen Meer stellen.

Хинская земля́ 'China' (Mel'nikov). Über poln. *Chiny* pl. 'China', *Chińska ziemia* aus nhd. *China* (wozu Weiteres bei Franke Zeitschr. 14, 17). Dagegen: *Хи́нская земля́, Хи́мская з.* 'Finnland' in der russ. Volksdichtung (Rybnikov 1, 218, 221), ein Land, das der Schwedenkönig für Smolensk in Tausch geben will, aus schwed. *Finland*. Zum *m* vgl. *Кафи́мский, Уфи́мский*.

хи́нуться 'sich neigen', Pskov, Tveŕ (D.), poln. *chynąć* 'neigen', *ochynąć się* 'untertauchen', zu *хи́лый, хили́ть*, s. Berneker EW. 1, 413.

хи́нушка 'vertrocknete Sumpfföhre', Mezeń (Podv.). Zum vorigen?

хи́нькать 'weinen, schluchzen, eigensinnig sein', Arch. (Podv.), Čerep. (Gerasim.), Vologda, Perm (D.), Kolyma (Bogor.). Wohl lautnachahmend wie *хны́кать, хани́к, ха́нькать*.

хире́ть s. *хи́рый*.

хирза́ть I. 'krank sein', wohl zu *хире́ть* (s. *хи́рый*), vgl. Zelenin Tabu 2, 86 ff.

хи́рзать II., хи́рзнуть 'gleiten (auf d. Eise)', Vjatka (D.), *хирзы́* pl. 'Glatteis'. Viell. zu *хырзы́, ки́рза* (s. d.), vgl. aber Kalima 118 ff.

хи́рка 'tschuwassisches Mädchen', Kazań (D.). Aus tschuwass. *χər* 'Mädchen, Tochter', zu kasant. kirg. krimtat. aderb. osman. *kyz* dass. (Wichmann Tschuw. Lehnw. 143), s. Räsänen FUF. 29, 200.

хиротония — хихи́кать

хирото́ния s. *херото́ния*.

хи́рый 'krank, siech', Vologda (D.), ukr. *chýryj*, wruss. *chíryj*, ksl. *chyra* 'Gebrechlichkeit', *prochyrělъ* 'vilis', poln. *chyrek* 'kränklicher Mensch', nsorb. *chyrny* 'kränklich', dazu: *хирѣть* 'kränkeln, siechen', ukr. *chýrity*, bulg. *chiréja* 'bin krank', skr. čakav. *zahirět, zahȋrim* 'verkümmere', sloven. *hírati, hȋram* dass., poln. dial. *chyra* 'Krankheit', *chyrać* 'kränkeln'. Ablaut in ačech. *churavý* 'krank', u. *хво́рый* (s. d.), vgl. Berneker EW. 1, 413 ff., Trautmann BSl. 295, Bernard RES. 27, 38. Die slav. Wörter vergleicht Petersson Archiv 35, 361 mit aind. *khōras* 'lahm'. Siehe aber *хво́рый*.

хист 'Gewandtheit, Kunst', Südl. (D., Šolochov), *хи́стный* 'gewandt, flink', *хиста́ть* 'bewegen', ukr. *chyst* 'Gewandtheit, Begabung', *chystkýj* 'schwankend, begabt, gewandt', wruss. *chistáć* 'bewegen, rütteln', čech. *chystati* 'zurichten, bereiten', slk. *chystať* dass., poln. *chystać* 'schwanken'. Zu *хи́мить, хи́трый*, s. Berneker EW. 1, 414.

-хи́тить 'entreißen', *похи́тить* 'entwenden, rauben', *восхити́ть* 'hinreißen, entzücken', *хи́щный* 'räuberisch' (wegen *šč* kslav. Lehnwort), ukr. *chytáty* 'erschüttern, bewegen', *chytkýj* 'wankend, schwankend', *pochytáty* 'schütteln', aruss. *chytati, chyču* 'greife, raffe, raube', abulg. *chytiti, chyštǫ* 'reiße, raffe', *vъschytiti* 'entreißen', bulg. *chítam* 'eile', skr. *hȉtati* 'greifen, werfen, eilen', *hȉtiti* 'greifen, eilen', sloven. *hítati* 'rauben, werfen', *hȋt* 'Wurf', čech. *chytiti, chytati* 'greifen, fangen', slk. *chytiť, chytať* 'fangen, fassen', osorb. *chyćić* 'ergreifen', nsorb. *chyśiś, chytaś* 'werfen'. ‖ Ablaut in *хвата́ть, хвати́ть* (s. d.), vgl. Berneker EW. 1, 414. Unsicher ist die Beziehung zu got. *afskiuban* 'abstoßen', nhd. *schieben* (Mladenov 667).

хи́тка 'Kenntnis von Beschwörungen gegen die bösen Geister, Kunst', Vjatka (Vasn., D.). Zum vorigen.

хи́тнуться 'sich bewegen' (Šolochov), siehe *хи́мить*.

хитова́ть 'Fensterritzen verkitten', *хит* 'Fensterritze zwischen Rahmen u. Fensterschlenge', Pskov, Tveŕ (D.). Die Herleitung aus nhd. *kitten* bzw. dem daraus entlehnten poln. *kitować* dass. (Dal' 4, 1185, Gorjajev EW. 397) erklärt nicht das *ch*.

хи́трый 'schlau, listig, gewandt', *хитёр, хитра́, хитро́; хитри́ть* 'schlau handeln, austüfteln', ukr. *chýtryj*, aruss. *chytrъ* 'geschickt, kenntnisreich, erfahren (von Ärzten)', *chytrъcь* 'Künstler', abulg. *chytrъ* τεχνικός (Supr.), ksl. *chytrьcь* τεχνίτης, ῥήτωρ, bulg. *chítər* 'klug', skr. *hȉtar, hȉtra, hȉtro* 'schnell, erfahren, geschickt, schlau', sloven. *hítər* dass., čech. slk. *chytrý* 'flink, schnell, schlau', poln. *chytry*, osorb. *khětry*, nsorb. *chytšy*. ‖ Ursl. *chytrъ* zu **chytiti, *chvatati*, s. Berneker EW. 1, 414 u. *хи́мить, хвата́ть*.

хиу́с s. *хию́с*.

хихи́кать 'kichern', von Interj. *хихи́!* ukr. *chychý*, bulg. *chichi*, skr. *hi hi*, sloven. *hi hi*, čech. *chy chy*, poln. *chy, chy*, s. Iljinskij IORJ. 20, 4, 177, Verf. RS. 4, 177.

-хищáть 'rauben', *похищáть* dass., *восхищáться* 'entzückt sein, fortgerissen werden', kslav. Lehnwörter, ksl. *chyštati* dass., zu *хи́тить* (s. d.).

хию́с, -á 'starker Frost, Schneegestöber bei starker Kälte', Arch. (Podv.), Kolyma (Bogor.), Kamčatka (D.), auch *хиу́с, хиву́с, фию́з*. Unklar. Schwerlich zu *хвéять* 'wehen'. Die Herleitung aus syrjän. *jiöś* 'eisig' (Pogodin) wird abgelehnt von Kalima RS. 5, 93.

хлабази́на 'Reisig', Westl. (D.), *хлабáзник* 'niederes Gesträuch', Smol. (Dobr.). Man möchte an *лабази́на* 'Rute' (s. oben 2, 1) anknüpfen und an Einfluß etwa von *хлобы́снуть* 'schlagen' oder *хлóпать* 'klatschen', poln. *chłapać* 'klatschen' denken. Ganz anders, aber für mich zweifelhaft Iljinskij IORJ. 16, 4, 10.

хлабóня 'leichtsinniges Frauenzimmer', Kursk (D.). Vgl. kaschub. *chlabotac* 'sich in Bewegung setzen' (Berka PrFil. 3, 370).

хладнокрóвный 'kaltblütig', Lehnübersetzung wohl aus nhd. *kaltblütig* (woher dän. norw. schwed., s. Falk-Torp 561), ferner steht frz. *sang-froid* dass.

хлáм, -a 'Plunder, Gerümpel', ukr. *chłam*, wruss. *chlam* dass., aruss. *chlamъ* id. (Afanas. Nikit.), skr. čakav. *hlám* G. *hláma* 'Hügel'. Man vergleicht als urverw. lett. *slāns* 'aufgeschichteter Haufen', s. MiEW. 86, Matzenauer IF. 7, 219, Berneker EW. 1, 387; das *ch* kann auf die peiorative Bed. zurückgeführt werden (s. Endzelin SlBEt. 72). Weniger überzeugt die Verknüpfung mit *хлóмза* 'Polterer' (Iljinskij IORJ. 16, 4, 5) oder mit *хóлм* 'Hügel' (Šapiro FilZap. 1877, Nr. 4, S. 79). Der Vergleich mit lit. *šlãmas* 'Schlamm, Moder' (Šapiro FilZap. 1873, S. 17) übersieht, daß dieses letztere aus nhd. *Schlamm* entlehnt ist (s. Alminauskis Germanismen im Lit. S. 128).

хлáмать 'poltern, zuwerfen (von der Tür)', Pskov (D.), *хлóмать* 'klopfen, poltern', Novg., Pskov (D.), *хлóмза* 'Polterer', *хломону́ть* 'stark schlagen', *хломыхáть* 'klopfen, zuschlagen', Pskov, Tveŕ (D.). Lautnachahmender Herkunft. Anders Iljinskij IORJ. 16. 4, 5.

хлами́да 'Mantel, Oberkleid', kirchl., aruss. abulg. *chlamўda, chlamida* (Zogr., Ostrom., Euch. Sin.), aus griech. χλαμύς, -ύδος dass., s. Verf. IORJ. 12, 2, 286, GrslEt. 220.

хлáмоздать 'klopfen, poltern', Pskov, Tveŕ (D.), *хламости́ть* 'lügen, klatschen' daselbst. Zu *хлáмать*.

хламости́ть 'vollstellen mit altem Kram, unordentlich durcheinanderwerfen' (D.). Zu *хлам*.

хламызгáть, хлемызгáть, хламыздáть 'klopfen, poltern (D.). Zu *хлáмать*.

хлап 'Valet, Bube, Bauer im Kartenspiel', aus čech. *chlap*, dial. *chlop* aus *chláp* (s. Diels Archiv 31, 37), vgl. Korsch Archiv 9, 512, Preobr. 1, 63. Siehe *холóп*.

хлеб -а 'Brot, Getreide', pl. *хлеба* 'Getreide, Korn', ukr. *chl'ib*, wruss. *chleb*, aruss. *chlěbъ* 'Getreide, Brot, Verpflegung, Nahrung', abulg. *chlěbъ* ἄρτος (Ostrom., Euch. Sin., Supr.), bulg. *chléb* (Mladenov 669), skr. *hlȅb*, *hljȅb*, sloven. *hlèb* G. *hlẹ́ba*, čech. *chléb*, slk. *chlieb*, poln. *chleb*, osorb. *khlěb*, nsorb. *chlěb*, *klěb*. ‖ Wegen der Intonation muß Entlehnung aus d. Germ., got. *hlaifs* 'Brot', anord. *hléifr* dass., für wahrscheinlicher gelten als Urverwandtschaft mit diesen Wörtern, s. Meillet MSL. 11, 179, Stender-Petersen 300, MiEW. 87, Lidén PBrBtr. 15, 515, Uhlenbeck Archiv 15, 486; 16, 381, Berneker EW. 1, 389, Sobolevskij Archiv 33, 480 ff., ŽMNPr. 1911, Mai, S. 166, Janko WS. 1, 95, Persson 303, Hirt PBrBtr. 23, 338, Endzelin SlBEt. 121, Brückner EW. 179, Machek Slavia 16, 210, Torp 109. Für Entlehnung spricht auch die Übernahme des altgerman. Wortes ins finn. *leipä* 'Brot' (s. Thomsen Einfl. 150, Setälä FUF. 13, 59) und lett. *klàips* 'Brotlaib' (s. M.-Endz. 2, 209). Andere nehmen Urverwandtschaft von **chlěbъ* und got. *hlaifs* an, unter Ansatz von idg. **khlōibhos* oder **skloibhos*, wozu mitunter auch lat. *libum* 'Kuchen, Fladen' gestellt wird (s. Pedersen IF. 5, 50, KZ. 38, 393 ff., Kozlovskij Archiv 11, 386, Mladenov 669), doch wird neuerdings das lat. Wort als 'Opferkuchen' zu *libāre* 'opfern, weihen' gestellt und mit griech. λοιβᾶται· σπένδει, θύει Hesych., λοιβή 'Spende, Trankopfer', λείβω 'gieße' verglichen, s. Persson 303, Walde-Hofmann 1, 796. Verfehlt nimmt Buga IORJ. 17, 1, 31 ff. für lit. *kliepas* 'Laib Brot' und lett. *klàips* echt-balt. Herkunft an. Bedenklich ist die sehr beliebte Annahme uralaltaischer Herkunft von **chlěbъ* (Mohl MSL. 7, 403), dagegen s. Berneker EW. 1, 389.

хлебáть 'schlürfen', *хлебнýть*, *хленýть* dass. Pskov, *хлебемáть* 'schlürfen, schwatzen', Pskov, Tveŕ, *хлёбкий* 'leicht zu schlürfen', *хлебтáть* 'schlürfen', *похлёбка* 'Suppe', ukr. *chl̓ebtáty* 'schlürfen', *chl̓ebesnúty* dass., wruss. *chl̓óbać*, *chl̓óbnuć* 'schlürfen', aruss. *chlebnuti*, bulg. *chlébam* (Mladenov 669), neben r.-ksl. *chlepъtati* dass., čech. *chleptáti*, slk. *chlopat̓* dass., poln. *chleptać*. ‖ Wohl lautnachahmend wie *хлúпать*, s. Berneker EW. 1, 387. Daneben auch: skr. *hlápiti*, *hlápnuti* 'schnappen', sloven. *hlápati* 'schnappen, mit Geräusch schlucken', čech. *chlapati*, poln. *chłapać* 'gierig sein', s. MiEW. 87, Potebnja RFV. 4, 204, Iljinskij IORJ. 16, 4, 10.

хлебестáть, -щý 'peitsche, bammle, schwanke, wanke, woge' (Gogol'). Man könnte an eine Streckform zu *хлестáть* denken. Iljinskij IORJ. 16, 4, 10; 20, 4, 159 sucht anzuknüpfen an *хлабазúна*.

хлев -а 'Viehstall', ukr. *chliv*, -á dass., aruss. *chlěvъ* dass., r.-ksl. *chlěvina* 'Haus', abulg. *chlěvъ* δωμάτιον, οἴκημα (Supr.), bulg. *chlěv* (Mladenov 669), skr. *hlȉjev*, sloven. *hlév*, čech. *chlév*, slk. *chliev* 'Stall', poln. *chlew*, osorb. *khlěw*, nsorb. *chlěw*, polab. *chlev*. ‖ Man nimmt Entlehnung an aus got. *hlaiw* 'Grab, Höhle', s. Meringer IF. 16, 117 ff., Berneker EW. 1, 389 ff., Janko Slavia 9, 346, Stender-Petersen 237 ff., Peisker 69, Schrader-Nehring 2, 451, Kiparsky 176 ff., Hirt PBrBtr. 23, 338, 340 ff., Uhlenbeck

Aind. Wb. 319. Lautlich schwierig ist die Herleitung aus altgerman. *hlewja-, *hlewa- in mhd. *liewe* 'Laube', anord. *hlé* n. 'Schutz, Leeseite', schwed. *lya* 'Höhle wilder Tiere' wegen des kurzen *e* (gegen Wiget AL. 7). Für die Länge des Vokals beruft sich Wiget auf estn. *lõõv* 'offener Schuppen'. Noch weniger befriedigt lautlich die alte Deutung aus got. *hlija* 'Hütte, Zelt' (gegen Uhlenbeck Archiv 15, 485, J. Schmidt Vok. 2, 73, MiEW. 87, Korsch Bull. Ac. Sc. de Pbourg 1907, S. 757). Wenig glücklich sind die Versuche, Urverwandtschaft mit got. *hlaiw*, *hlija* zu erweisen (Mladenov 669) oder *chlěvъ* unter Annahme eines *sklěvъ und *sklětь mit *klětь zu verbinden (Brückner Archiv 42, 143, EW. 179).

хлёз 'Öffnung im Bug eines Schiffes für die Ankerkette', Kasp. M. (D.). Aus ndl. *kluis* bzw. ndd. *klǖs* (s. oben 1, 575). Vgl. *хлюст*.

хлёма 'stiller Mensch, Leisetreter', Čerep. (Gerasim.). Zu *хлам?*

хлёмза 'Mensch mit e. polterndem, lautem Gang', Pskov, Tverˊ (D.), *хлемызгáть* 'poltern', zu *хлáмать* 'poltern', s. Iljinskij IORJ. 16, 4, 4; 20, 4, 161 ff.

хлепить 'betteln', nur r.-ksl. *chlepiti*, *chleplju*, ksl. *chlěpiti* dass. Wohl Ablaut zu: skr. *hlàpiti*, *hlȃpîm* 'schnappen', sloven. *hlápati* dass., čech. *chlapati*, poln. *chłapać* 'gierig sein' (zur Sippe s. Berneker EW. 1, 387). Lautnachahmend.

хлептáть s. *хлебтáть*.

хлестáть 1. 'peitschen, mit d. Peitsche schlagen'; 2. 'spülen, plätschern (von Wellen)', *хлёсткий* 'scharf', sloven. *hléstiti*, *hléstniti* 'schlagen', čech. *chlost* 'Schlag', *chlostati* 'mit Ruten schlagen', poln. *chłostać* dass., osorb. *khłostać*, nsorb. *chłostaś*, auch mit *a*; poln. *chłastać* 'schlagen'. Wegen des variablen Vokalismus (s. *хлыст*) möchte man an Schallnachahmung denken, s. Berneker EW. 1, 387 ff., Brandt RFV. 22, 125. Andere sehen in den slav. Wörtern eine expressive Umgestaltung von *klest- und vergleichen lit. *klė́sti*, *klesčiù* 'schlage, worfle', *klastýti* dass. s. Machek Studie 73, Slavia 16, 175, Petersson Archiv 35, 377.

хлибáть, хлибить 1. 'kränklich sein'; 2. 'müßig umhergehen', Nördl., Vologda (D.), *хлибый* 'kränklich, schwächlich, zart', Arch., *хлибкий*, *хлибкой* dass. Östl. (D.). Unklar.

хлизать: *схлизáть* 'sich gekränkt von e. Spiel zurückziehen ohne es zu beenden', Nordruss. (Barsov), *хлизить* 'streiten', Kostr. (D.). Unklar. Viell. zum folg.

хлиздить 'zurückweichen (aus Angst)', *хлизда* 'Furcht, Angst', *хлиздок*, -*дкá* 'Feigling' (D.), wohl auch: *хлюзкий* 'glatt, schlüpfrig'. Viell. zu *слизкий* mit peiorativem *ch*. Vgl. griech. ὀλισθάνω 'gleite', ags. *slīdan* 'gleiten', mhd. *slīten* dass. Anders Iljinskij IORJ. 16, 4, 22, der Kontamination von *хлипать* und *хлыздить* (*хлызить*) annimmt.

хлипать 'schluchzen, weinen', *всхлипывать* 'aufschluchzen; e. quabbeligen Laut beim Gehen im Morast hervorrufen' (Čechov), ukr. *chlýpaty*, aruss. ksl. *chlipati* 'schluchzen, zucken', bulg.

хлипкий — хлуд

chlípam 'schluchze', sloven. *hlípati*, *hlípam* 'schluchze, schlürfe, keuche', čech. *chlípa* 'Übermut', *chlípati* 'übermütig sein', slk. *chlípať* 'schlürfen, schlabbern', poln. *chlipać* 'schlürfen', osorb. *slipać* 'schluchzen'. Lautnachahmend, s. Berneker EW. 1, 390, Machek Slavia 16, 210, MiEW. 87. Dazu: *хлипко́й* 'tollkühn, dreist' Arch. (Podv.), čech. *chlipký* 'begierig, lüstern', *chlipný* 'geil, gierig'.

хли́пкий 'kränklich, zart' aus **chlibъkъ*, s. *хли́бать*. Abzulehnen ist der Vergleich mit lit. *silpnas* 'schwach, kraftlos' (Gorjajev EW. 398).

хлобыста́ть, хлобы́снуть 'schlagen', Kaluga, Rjazań, Tambov, Perm (D.), Vjatka (Vasn.), Don-G. (Mirtov). Lautnachahmend wie *хло́пать*. Vgl. Interj. *хлобы́сь* = *хлоп* 'perdauz' u. das folg.

хло́мать 'klopfen, schlagen', *хломызга́ть*, *хломызда́ть* 'poltern', zu *хла́мать* (s. d.), vgl. Iljinskij IORJ. 20, 4, 161 ff.

хло́пать 'schlagen, klatschen, knallen', dial. 'lügen, schwätzen', *хлопу́шка* 'Fliegenklatsche, Knallbonbon', *хло́поты* pl. 'Schereien, Plackereien', *хлопота́ть*, *-очу́* 'mühe mich, sorge', ukr. *chłópaty* 'klatsche', *chłopotáty* 'sich mühen', r.-ksl. *chlopotъ* 'strepitus', bulg. *chlópam* 'klopfe', sloven. *hlópati*, *hlópam*, *hlópljem* 'schnappe, atme stark, schlage', ačech. *chlopati* 'schließen, zumachen', čech. *chlopiti* 'schließen', *chlopec* 'Falle', slk. *chlopec* dass. Lautnachahmend, s. Berneker EW. 1, 390. Nach Machek Slavia 16, 210 expressive Umgestaltung von **klop-* (s. oben 1, 572 ff. s. v. *клопе́ц*, *клопота́ть*). Schwerlich damit historisch zusammenhängend ist das ebenfalls onomatopoetische lat. *stloppus, scloppus* 'Klaps, Schall vom Schlagen auf die aufgeblasenen Backen' (gegen Machek Studie 63, Petersson Archiv 35, 379), s. Iljinskij IORJ. 20, 4, 158, Walde-Hofmann 2, 596. Jedenfalls nicht entlehnt aus anord. *klappa* 'klappen', mnd. *klappen* (gegen Uhlenbeck Archiv 15, 485) und nicht urverw. mit engl. *slap* 'Schlag, Klaps', nhd. *Schlappe* (gegen Matzenauer LF. 7, 220, Petersson Archiv 35, 379). Vgl. *шлёпать* und *хло́пот*.

хло́пец, *-пца* 'Bursche, Junge' (Gogol'), Südl. (D.), ukr. *chłópeć*, wruss. *chłópec*, entlehnt aus poln. *chłopiec* dass., s. *холо́п*.

хлопо́к, *-пка́* 'Baumwolle', *хло́пья* pl., *хлопьё* Koll. 'Flocken', čech. *chlup* 'kurzes Haar', *chlupatý* 'haarig', slk. *chlp* 'Zotte', *chlpiť* 'raufen', poln. *chłupy* pl. 'Härchen, Zotten'. Ursprung unbekannt.

хло́пот 'Schererei, Plackerei', *хлопота́ть* 'sich mühen, sorgen', entspricht sonstigem ukr. *kłópit*, *kłopotáty*, wruss. *klopotáć*, *klópot*, abulg. *klopotъ* 'Geräusch' (Euch. Sin.), bulg. *klopót'a* 'bringe zum Weinen', skr. *klopòtati* 'schallen', sloven. *klopòt* 'Geklapper', *klopotáti* 'klappern', čech. *klopot* 'Eile, Hast', poln. *kłopot* 'Kummer, Sorge, Unruhe', *kłopotać* 'plagen'. Das russ. *ch* ist expressiv, s. *хло́пать*, vgl. auch Strekelj bei Peisker 61.

хлуд 'Stange, Knüppel, Heubaum; Stange zum Tragen von Wassereimern', Kaluga, Jarosl., Rjazań, Tambov (D.), *хлут* 'Stange' Kursk, r.-ksl. *chlǫdъ* ῥάβδος (Pand. Ant. 11. Jhdt.,

s. Srezn. Wb. 3, 1370), skr. čakav. *hlúd* G. *hlúda* 'Rute, Wiesbaum', sloven. *hlǫ́d* 'abgesägter dicker Baumstamm, Pflugbaum', čech. *chloud* 'Stock, Stecken', *chloudí* n. 'dürres Tannenreisig', poln. *chlęd*, *chląd* 'Stengel, Gerte', kaschub. *chłąd* 'Kräuticht von Rüben, Kartoffeln', polab. *chlǫd* 'Stock, Spazierstock', Ablaut in poln. *chlądą* (*chlędъ) 'junge schlanke Tanne, geeignet für Zäune'. ‖ Man vergleicht als urverw.: lit. *sklañdas* 'Zaunstange', *sklanda* 'Riegel', *užsklanda* dass., *sklendžiu* 'riegele eine Tür zu', lett. *sklañda(s)* 'Stangenzaun', s. Endzelin IF. 33, 99, Machek Studie 96ff., Slavia 16, 180, 210, Specht 159, Kiparsky Baltend. 112. Nicht sicher ist die Zugehörigkeit von aind. *khaṇḍás* 'Stück, Bissen', *khaṇḍayati* 'zerstückelt' (Pedersen IF. 5, 388, über andere Deutungen dieser aind. Wörter s. Mayrhofer Aind. Wb. 300). Die von Berneker EW. 1, 388, 390 mit *chlǫdъ verglichenen r.-ksl. *ochlędanije* 'Vernachlässigung', *ochlęnǫti* 'schwach werden' gehören, wie bereits bekannt, zu ndd. *sluntern* 'nachlässig sein, schlaff sein', s. Matzenauer LF. 7, 222, Endzelin SlBEt. 121. Abzulehnen ist Entlehnung aus oder Urverwandtschaft mit anord. *hlunnr* 'Rollstock für Fahrzeuge' (gegen Uhlenbeck IF. 17, 98, s. Berneker c. l., Trautmann Gött. Gel. Anz. 1911, S. 390). Fraglich auch Urverwandtschaft mit *хлыст* (gegen Brückner KZ. 42, 349, Gorjajev EW. 397).

хлу́здать I. 'gleiten, glitschen', Pskov, Tveŕ (D.). Expressive Nebenform von *глузди́ть* (s. d.).

хлу́здать II. 'lügen, aufschneiden' (D.). Viell. zum vorigen. Siehe *хлюзд*.

хлу́пать 'die Augen erstaunt aufreißen', *хлу́палы* pl. 'Augen', Pskov (D.), viell. zu r.-ksl. *chlupa* 'Not', *chlupati* 'betteln', *chlupьcь* 'Bettler', s.-ksl. *chlupati* 'betteln'. ‖ Viell. mit expressiver Konsonantenveränderung zu idg. **ghlub-* in mnd. *glûpen* 'e. heimlichen Blick tun, lauern', engl. dial. *to sit glouping* 'stumm u. steif dasitzen' (zur Sippe s. Torp 150). Vgl. *хлю́пать*.

хлу́пнуть, *снег хлу́пнул* 'es ist viel Schnee gefallen', Sibir. (D.). Etwa Ablaut zu *chlъpъ 'Flocke' (s. *хлопо́к*)?

хлупь f. 'Steißbein (bei Vögeln)', auch *хлуп* dass. (D., Šolochov). Unklar. Verfehlt ist der Vergleich mit nhd. *schlüpfen* (Gorjajev EW. 398).

хлуса́ 'Schmeichler', *хлус* 'Lügner, Narr', Kursk, *хлуси́ть* 'scherzen, lügen, betrügen, schwätzen', Kursk, Voron., Westl. (D.), Pskov, Tveŕ (D.). Etwa aus **chlups-* zu *хлу́пать*.

хлуст 'Peitsche, Stock', Tula (D.), poln. *chlust* 'Interj. des Schlagens', *chlusta* 'Rute, Gerte'. Lautnachahmend, vgl. *хлеста́ть*, *хлыст*, s. Berneker EW. 1, 387ff., Brückner EW. 179ff.

хлыба́ть 'stoßen', *хлыбу́н* 'eckiger Mensch', Novgor. (D.). *хлы́бус* 'Diener', Kursk (D.). Unklar.

хлы́здать 'stoßen', Pskov, Tveŕ (D.). Vgl. das folg.

хлыкта́ть 'aufstoßen, schlucken', Šenk. (Podv.). Lautnachahmend, vgl. *хны́кать*.

хлын ʽMüßiggänger, Gauner, Betrüger, Wucherer', Nižn., Vjatka, Kazań (D.), *хлы́нец* ʽLandstreicher', Smol. (auch Šolochov), *хлы́нда* ʽStrolch', Onega (Podv.), *хлы́новец* ʽSpitzbube', Čerep. (Barsov), *хлы́ни* ʽMüßiggang', Olon. (Kulik.), *хлы́нить* ʽfaulenzen, träge sein', Vologda (D.), Olon. (Kulik.). Vgl. auch den ON *Хлы́нов* 1. ʽalter Name von Vjatka'. 2. ʽVorstadt Moskaus' (s. Vereščagin Pam. Knižka Vjatsk. Gub. 25, 323ff. nach FUF. Anz. 8, 39). Unsicher ist Iljinskijs (IORJ. 20, 4, 157) Verknüpfung mit dem folg.

хлы́нуть ʽstürzen, hervorbrechen, sich plötzlich ergießen', ukr. *chlýnuty* dass., Ablaut in: s.-ksl. *chlujati, chlujǫ* ʽströmen (von Blut)', bulg. *chlújna, chlúnъ* ʽströme' (auch von Menschen), poln. *chlunąć, lunąć* ʽplötzlich begießen, sich strömend ergießen', ukr. *chlʼunúty*, s. Berneker EW. 1, 390, Potebnja RFV. 4, 204. Abzulehnen ist die Annahme einer Entlehnung aus germ. **flójan*, anord. *flóa* ʽfließen, strömen' (gegen Uhlenbeck Archiv 15, 485), unmöglich auch Zusammenhang mit *о́стров, струя́*, aind. *srávati* (gegen Gorjajev EW. 398). Wegen des Ablautes alt.

хлынь f. ʽleichter Trab', Sibir. (D.). Soll zu *хлы́нуть* ʽströmen' gehören nach Iljinskij IORJ. 20, 4, 157. Vgl. *хлюсь*.

хлыст, *-á* ʽPeitsche, Gerte', *хлыста́ть, хлысну́ть*. Ablaut in *хлуст* ʽPeitsche' (s. d.). Zugrunde liegt alte Lautnachahmung, s. Berneker EW. 1, 388, Brückner EW. 179ff., Brandt RFV. 22, 125, Sköld LwSt. 5. Etymologisch hierher gehört auch *хлыст* ʽAnhänger einer Sekte der Altgläubigen, die sich mit Ruten schlagen' (s. Dalʼ 4, 1194).

хлюз ʽÖffnung für die Ankerkette', s. *клюз, хлюст*.

хлюзд ʽGauner, Betrüger', *хлю́здить* ʽbetrügen, sich fremdes Gut aneignen', Vologda, Sibir. (D.). Jedenfalls zu *хлу́здать* II. ʽlügen'.

хлю́мза ʽHerumtreiber', Tveŕ (D.), *хлюми́ть* ʽtraben', Čerep. (Gerasim.). Unklar.

хлю́пать I. ʽin Pfützen patschen, den Kleidersaum im Schmutz schleifen lassen' (D.), ʽbesprengen, benetzen', Vjatka (Vasn.), *хлю́па, хлю́паница* ʽunordentliche Frau, die ihren Kleidsaum beschmutzt', Pskov, Tveŕ (D.), *хлю́пить* ʽplärren, weinen', Tveŕ (D.). Alles lautnachahmend. Vgl. *хлу́пать*. Schwerlich besteht historischer Zusammenhang mit lett. *slupstêt* ʽundeutlich sprechen' (Matzenauer LF. 7, 221).

хлю́пать II. ʽglotzen, stechende Blicke zuwerfen'. Zu *хлу́пать* mit peiorativer Palatalisierung.

хлюст I. ʽGänsemarsch, Reihe', auch ʽalle Karten einer Farbe' (Melʼn.), *хлюста́ть* ʽin Pfützen patschen, mit dem Rocksaum in Pfützen schleifen, fegen', čech. dial. *chlʼustnúť* ʽWasser schnell ausgießen', poln. *chlustać* ʽplätschern'. Wohl lautnachahmend. Vgl. ukr. *chlʼup* Interj. des Plätscherns, s. Machek Slavia 16, 206ff. u. *хлю́пать* I.

хлюст II. *хлюс, хлюсь* ʽÖffnung im Bug eines Schiffes für die Ankerkette', Arch. (Podv.). Siehe *хлез, клюз, хлюз* (oben 1, 575). Das *ch* wohl vom vorigen.

хлюсь, хлюсца́, хлющa̒ ʽleichter Trab', Arch. (D.). Expressive Umgestaltung von **kl'us-*, skr. *kljúsati* ʽtraben', sloven. *kljúsati* dass. (s. oben 1, 575ff.).

хля́ба ʽSchlack-, Regenwetter', Westl. (D.), wruss. *chl'ába* dass. Lautnachahmend, ähnlich den unter *хлебáть* erwähnten Wörtern, s. Berneker EW. 1, 388, Machek Slavia 16, 209, oder zu *хля́бь* (s. d. und Berneker c. 1.).

хля́бать I. ʽwackeln, klappern (von lose zusammengefügten Gegenständen)', Olon. (Kulik.). Es wird eine expressive nasalierte Entsprechung angenommen zu lit. *klebėti, klebù* ʽwackeln, klappern, knarren', *klabėti* dass., s. Machek Slavia 16, 178, 211. Vgl. *хлянать* ʽklopfen, klirren', Smol. (D.). Wohl lautnachahmend.

хля́бать II. ʽmürbe werden, zerfallen', Arch. (Podv.), Vjatka (Vasn.). Viell. zum vorigen.

хля́бь f. *-и* ʽÖffnung, Tiefe, Schlund, Abgrund', aruss. *chljabь* ʽWasserfall, Gießbach', abulg. *chlębь* καταρράκτης (Ps. Sin., Supr.), skr. alt *hleb* ʽAbgrund', *hljȅb, hljȅp* ʽWasserfall, Schleuse'.‖ Man vergleicht als urverw. mhd. *slamp* ʽGelage', ndl. *slemp* ʽleckere Mahlzeit', engl. *slump* ʽTeich, Pfütze', nhd. *schlampen* ʽschlürfen', s. Berneker EW. 1, 388, Petersson Archiv 35, 378ff. Andererseits denkt Brückner KZ. 51, 229 an Zusammenhang mit lit. *klampà* ʽMoor, Sumpfland', *klim̃pti, klimpstù* ʽeinsinken'. Weniger wahrscheinlich ist die Annahme einer expressiven Nebenform von **glǫbokъ*, weil **glęb-* unbelegt (gegen Machek Slavia 16, 199) oder von **klęp-* (*клянéц* ʽFalle'), bzw. **klep-* (gegen Machek Studie 103, Kořínek Zeitschr. 13, 404). Unwahrscheinlich auch Zusammenhang mit norw. *skolp* ʽkleiner Holzblock' (Petersson Archiv 35, 378). Unmöglich Beziehung zu lit. *šlampas* ʽAusspülicht des Haffes' (Matzenauer LF. 7, 221), weil dieses entlehnt ist aus nhd. *Schlamm, Schlamp* (s. Alminauskis 128). Siehe *хля́ба.*

хля́ки s. *фля́ки.*

хмáра ʽdunkle Wolke', *хмáриться* ʽsich bewölken', ukr., wruss. *chmára,* slk. *chmára,* poln. *chmara.* Viell. Kontamination von **chmura* (s. d.) und *para* ʽDunst' (s. oben 2, 313), oder **chmura* u. *mаrь* ʽNebel' (oben 2, 97), s. auch Machek Slavia 16, 202, 210ff., Otrębski ŻW. 280. Abzulehnen ist, schon wegen der geogr. Verbreitung, Zusammenhang mit finn. *hämärä* ʽdunkel, Dämmerung' (gegen Korsch Festschr. Anučin 527).

хмéль m. *-я* ʽHopfen, Rausch', *похмéлье* ʽKatzenjammer', *захмели́ть* ʽberauscht werden', ukr. *chmil',* aruss. *ch(ъ)melь* (Nestor-Chr. a. 985, Urk. Polock a. 1330, Nikon Pand., s. Srezn. Wb. 3, 1377), bulg. *chmel, chmélъtъ* (Mladenov 669), skr. *hmȅlj* G. *hmèlja,* čakav. *hmȅlj* G. *hmeljà* (Wijk Archiv 36, 331), sloven. *hmèlj* G. *hmélja,* čech. *chmel,* slk. *chmel',* poln. *chmiel* dass.,

pochmiel 'Bierrausch', osorb. *khmjel*, nsorb. *chmel*, polab. *chmel*.
Man setzt urspr. **chъmelь* an wegen mgriech. χούμελι 'Hopfen'
(seit d. 13. Jhdt., s. G. Meyer Ngr. Stud. 2, 63). ‖ Den Ursprung
dieser Wörter sucht man im Osten, indem man sich auf R.
Kobert Histor. Stud. aus d. Pharmakol. Institut d. Univ. Dorpat
5, 152 ff. beruft, wonach die Verwendung des Hopfens zum Biere
von Ostfinnen u. tatarischen Stämmen ausgegangen sein soll
und sich erst seit der Völkerwanderung nach Westen verbreitet
hat, s. E. Kuhn KZ. 35, 313 ff., Berneker EW. 1, 411. Als östliche Quelle kommt ein wolgabulg. **χumlaγ*, tschuwass. χə̑mla,
χǝmla 'Hopfen' in Frage, woraus magy. *komló* dass. entlehnt
ist. Aus d. Turkotatar. stammt auch wogul. *kumliχ*, s. Räsänen
FUF. 29, 191 ff., Toivonen-Festschr. 125, Zeitschr. 20, 448 ff.,
Gombocz Symbolae Rozwadowski 2, 75. Bei dieser Auffassung
ergeben sich lautliche Schwierigkeiten, weil die slav. Form nicht
zu der turkotatar. paßt (s. Gombocz). Schwerlich ist auch finn.
humala direkt aus d. Wolgabulg. entlehnt (gegen Räsänen), und
wenn man die Ausbreitung des Wortes im Westen (anord. *humli*,
humla, *humall*, ags. *hymele*, mlat. *humulus* 'Hopfen' (schon
8. Jhdt.) den Slaven zuschreibt, dann ist die Ausdehnung jedenfalls ungewöhnlich. Entlehnung von *chmelь* und von mnd. *homele* 'Hopfen' aus dem Wogul. (so Holthausen Awn. Wb. 132,
Aengl. Wb. 184, Falk-Torp 429) ist völlig ausgeschlossen. Es
fragt sich, ob nicht diejenigen Forscher im Recht sind, die die
german. Wörter von den turkotatar. trennen und den Ursprung
des anord. *humli*, ags. *hymele*, mnd. *homele* im German. suchen,
vgl. nhd. *hummeln* 'herumtasten' (so Kluge-Götze EW. 255,
E. Neumann Festschr. Mogk 424 ff., vgl. auch Hellqvist 369,
Gamillscheg EW. 519 s. v. *houblon*). Aus dem German. wären
dann entlehnt mlat. *humulus*, frz. *houblon*, finn. *humala*, slav.
*chъmelь, s. Thomsen SA. 2, 177, Einfluß 136, Hirt BBrBtr. 23,
338, Kiparsky 136, Uhlenbeck Archiv 15, 485. Nicht annehmbar sind die Versuche, *chъmelь* als Entlehnung aus avest. *haōma-*,
aind. *sōma-* 'Somapflanze, alkohol. Getränk daraus' zu erweisen
(Hanusz bei Karłowicz 96, Sobolevskij IORJ. 27, 291, Verf. RS.
6, 174). Finnische Herkunft (Brückner EW. 180, KZ. 48, 169)
ist ausgeschlossen (s. Mikkola Berühr. 174, Gombocz c. l.),
ebenso kaukasischer (LF. 56, 173) und echt-slav. Ursprung
(gegen Iljinskij IORJ. 20, 4, 175).

хменек 'e. Kraut, das als Heilmittel gegen Kopfschmerzen gebraucht wird', Čerep. (Gerasim.). Dunkel.

хморь f., *хмо́ра* 'feuchtes Wetter, Nebel mit Regen', Smol. (D.).
Nach Petersson Zur slav. Wortf. 41 aus **chmъrь*, ablautend zum
folg. Vgl. aber *хма́ра*.

хму́ра 'dunkle Wolke, mürrischer Mensch', *нахму́рить* (*лоб*)
'(die Stirn) in Falten ziehen', *хму́рный* 'finster', *хму́ра* 'mürrischer Mensch', ukr., wruss. *chmúra*, čech. *chmoura* 'schwarze
Wolke', slk. *chmúra*, poln. *chmura*, osorb. *khmura*, nsorb.
chmura. Verwandt mit *сму́рый* 'dunkel', *па́смурный* 'finster'.
Das *ch* ist wohl peiorativ, vgl. auch mit *š*: *нашму́рить* 'das

Kopftuch tief über die Stirn binden', čech. *šmouřiti se* ʿsich trüben, sauer werden', s. Berneker EW. 1, 391, Zupitza BB. 25, 101, Endzelin SlBEt. 72.

хмыз ʿReisig, junger Wald, Gestrüpp', Südl., Westl., Kaluga (D.), ukr. *chmyz*. Unklar. Ganz unsicher ist der Vergleich mit aind. *kṣumā* f. ʿlinum usitatissimum' (Petersson KZ. 46, 145 ff.), dazu vgl. Mayrhofer Aind. Wb. 292, der es für fremd hält. Nicht besser Iljinskij IORJ. 20, 4, 174.

хмыл I. ʿScherz, Spaß', *хмы́лить* ʿlächeln', *ухмыля́ться* dass., *обмыля́ться* ʿgrinsen, anlächeln'. Zu mhd. *smielen* ʿlächeln', ndl. *smuilen* dass., s. Uhlenbeck PBrBtr. 22, 199; 26, 108, Berneker EW. 1, 391; daneben *ухмеля́ться* ʿlächeln', mit *e* von *смех, смея́ться* oder zu diesen zu stellen, s. Potebnja RFV. 4, 206. Weniger überzeugend sucht Machek Studie 105 (s. Kořínek Zeitschr. 13, 404) *хмы́лить* mit bulg. *chiľa se* ʿgrinse' zusammenzubringen, indem er ein *m-* Infix annimmt.

хмыл II. ʿFlamme', Mosk., Rjazań, Penza (D.), Don-G. (Mirtov). *хмыля́ть* ʿlodern, heiß brennen', Moskau (D.). Dazu nach Potebnja RFV. 4, 205 čech. *chmour* ʿLoderasche' (s. auch Gorjajev EW. 399). Unsicher ist Zusammenhang mit ndl. *smeulen* ʿglimmen, schwelen', ndd. *smôlen* dass., engl. *to smoulder* ʿohne Flamme brennen' (Gorjajev Dop. 1, 52) oder Lautnachahmung (Iljinskij IORJ. 20, 4, 176).

хмы́лить I. ʿweinen, trauern', Penza (D.). Ablaut in poln. *chmulić się* ʿsich verfinstern, traurig werden'. Vgl. mhd. *smollen* ʿschmollen', schwäb. auch ʿlächeln', s. Berneker EW. 1, 391. Es könnte Zusammenhang bestehen mit *хмыл* I. An Lautnachahmung denkt (verfehlt) Iljinskij IORJ. 20, 4, 176, ein *m-*Infix u. Beziehung zu bulg. *chiľam se* ʿlächle' vermutet Machek Studie 105.

хмы́лить II. 1. ʿbehauen, glatt hauen (von Ziegeln)'; 2. ʿausschlagen (vom Pferde)', Olon. (Kulik.), *похмы́лой* ʿsteil, abschüssig', Olon. (Kulik.). Unklar. Lautlich nicht möglich ist Zusammenhang mit lit. *smailùs* ʿspitz' oder mit got. *smals* ʿklein', gering', nhd. *schmal* (gegen Potebnja RFV. 4, 206, Gorjajev EW. 399); zu letzterem s. *ма́лый*.

хна ʿHennakraut, Alcana tinctoria, e. Färbemittel', geht zurück über osman. *kyna* dass. auf arab. *ḥinnâ* dass., s. Littmann 83, MiTElNachtr. 2, 147.

хны́кать ʿschluchzen, leise weinen', *хмы́кать* dass. Pskov, Tveŕ (D.), ukr. *chnýkaty* dass. Lautnachahmend. Ähnlich čech. *kníkati, knìčeti, kňučeti* ʿwinseln, wimmern', poln. *knychać* dass., lett. *šnukstêt* ʿschluchzen', nhd. *schnucken*, s. Berneker EW. 1, 391, Endzelin SlBEt. 72. Unnötige Einwände bei Iljinskij IORJ. 20, 4, 177.

хны́рить ʿschluchzen, weinen', *хны́ра* ʿweinerlicher Mensch', Pskov, Tveŕ (D.), *хню́ра* ʿmürrischer Mensch', Südl. Von lautnachahmendem *хны-* wie das vorige, vgl. čech. *kňourati* ʿwimmern', s. Iljinskij IORJ. 20, 4, 176 ff., Holub-Kopečný 173.

хо́бот 'Schwanz von Schlangen, Eidechsen; Elefantenrüssel', dial. 'Flußwindung, Krümmung', Arch. (Podv.), *хоботи́на* 'Bogen, Umweg', ukr. *chóbot* 'Rüssel, Schopf; e. Fischereigerät aus Ruten', r.-ksl., aruss. *chobotъ* 'Schwanz; Pferdeschweif als Feldzeichen' (Igorl., s. Potebnja Fil. Zap. 1878, Nr. 4, S. 133), bulg. *chobót* 'Rüssel' (Mladenov 670), skr. *hòbotnica* 'Octopus vulgaris, Polyp', sloven. *hobàt* 'üppig wachsend', čech. slk. *chobot* 'Zipfel, schmaler Ausläufer eines Teiches'. ǁ Wurde zu *ха́битъ* 'raffen, fassen' gestellt, s. Mladenov 670. Andere nehmen eine Verwandtschaft mit lit. *kabė́ti* 'hängen' und expressives *ch* an, s. Brückner EW. 180ff., KZ. 51, 238, Machek Studie 73, Slavia 16, 175, 211, Fraenkel Ann. Ac. Sc. Fenn. 51, 15. Abzulehnen ist die Verknüpfung mit čech. *chybati* 'schwanken, zweifeln', poln. *chybać* 'schaukeln' (gegen Iljinskij RFV. 61, 230ff., s. Berneker EW. 1, 391ff.) oder mit griech. σόβη 'Pferdeschweif', σοβέω 'verscheuche' (gegen Potebnja RFV. 4, 194, Matzenauer LF. 7, 222).

хова́ть 'verwahren, hüten', Südl., Westl., Pskov, Kaluga (D.), ukr. *chováty*, wruss. *chováć*, aruss. *chovatisja* 'sich benehmen' (Urk. 1388, s. Srezn. Wb. 3, 1377), čech. *chovati* 'heimlich halten, bewahren, pflegen', slk. *chovať* 'pflegen, züchten', poln. *chować* 'verbergen, behüten, nähren', osorb. *khować*, nsorb. *chować*.ǁ Berneker EW. 1, 400 vergleicht lit. *saugùs* 'behutsam', *saugóti*, *-óju* 'behüten, bewahren'. Andere knüpfen besser an ahd. *scouwón* 'schauen', griech. ϑυο-σκόος 'Opferschauer' an, s. Brückner EW. 183, Holub-Kopečný 142. Siehe *чу́ю*.

хо́вра 'Gaffer, unsauberer Mensch', Pskov, Tveŕ (D.), auch Schimpfwort für 'e. unbewegliches Frauenzimmer', Pskov. Man möchte an *хо́вря*, *ховрóнья* 'Schwein' anknüpfen, vom PN *Ховрóнья*, *Феврóния* 'Frauenname' aus griech. Φεβρωνία; ähnlich Solovjev Semin. Kondakov. 9, 97. Fraglich ist Beeinflussung der russ. Wörter durch finn. *houru* 'Blödsinniger, Tor' (gegen Grot Mat. Sravn. Slov. 1, 67, Verf. Živ. Star. 16, 2, 85).

хо́д, *-а* 'Gang, Verlauf', *исхо́д* 'Ausgang', *вхо́д* 'Eingang', *вы́ход* 'Ausgang', *прихо́д* 'Einnahme, Ankunft', *расхо́д* 'Ausgabe', *ухо́д* 'Weggang', *похо́жий* 'ähnlich', ukr. *chid* G. *chódu* 'Gang, Tritt, Weg', abulg. *chodъ* βάδισμα, δρόμος (Supr.), bulg. *chod* 'Gang', skr. *hôd* G. *hòda*, sloven. *hòd* G. *hóda* u. *hôd* G. *hodâ*, čech. slk. *chod*, poln. *chód* G. *chodu*, osorb. *khód*, nsorb. *chód*. Dazu: *ходи́ть*, *хожу́* 'gehe', *шёл* 'ging', ukr. *chodýty*, *chódžu*, wruss. *chadźíć*, *chadźú*, aruss. *choditi*, *chožu*, *šьlъ*, abulg. *choditi*, *choždǫ* πορεύεσϑαι, περιπατεῖν (Cloz., Ostrom., Supr.) *šьlъ*, skr. *hòditi*, *hôdîm*, sloven. *hóditi*, čech. *choditi*, slk. *chodiť*, poln. *chodzić*, *chodzę*, *szedł*, osorb. *khodźić*, nsorb. *chójźiś*. ǁ Gehört zur idg. Wz. **sed-* (s. *сиде́ть*); das *ch* entstand aus *s* nach *per-*, *pri-* u. *u-*, zur Bed. vgl. aind. *āsad-* 'hintreten, hingehen, gelangen', *utsad-* 'sich beiseite begeben, ausgehen, schwinden', avest. *āhad-* 'herangehen' (Bartholomae Air. Wb. 1755). Urverw. griech. ὁδός 'Weg', ὁδίτης 'Wanderer', ὁδεύω 'wandere', das *ch* konnte verallgemeinert werden zur Vermeidung der Homonymität mit **sed-* 'sitzen', s. Meillet MSL. 19, 299ff., RS.

8, 297, Geiger-Festschr. 236, Berneker EW. 1, 392, Pedersen IF.
5, 62, Trautmann BSl. 248, Endzelin SlBEt. 71, Uhlenbeck
Aind. Wb. 336, Debrunner IF. 48, 71, Meillet-Vaillant 238 ff.,
Mikkola Ursl. Gr. 175. Nicht überzeugend wollen Machek Slavia
16, 194, 211 und Budimir Šišićev Zbornik 612 in *chodъ eine
expressive Entsprechung zu got. *gatwô* 'Gasse', anord. *gata*
sehen, dagegen s. Fraenkel Balt. Spr. 104.

ходáтай 'Anwalt, Fürsprecher'. Entlehnt aus ksl. abulg. *chodatai* πρέσβυς, μεσίτης (Cloz., Supr.), s. Berneker EW. 1, 392.
Weiter zum vorigen.

ходи́ть s. *ход*.

хóдором ходи́ть 'prahlend einhergehen, schreien, schimpfen, wanken, zittern', Kursk (D.), Don-G. (Mirtov), ukr. *chódorom chodýty*. Verstärkung von *ходи́ть* mit Anlehnung an *Xódop* PN. ukr. *Chvédir*, aus Фёдор, aruss. *Feodorъ* von griech. Θεόδωρος.

ходы́нка 'Katastrophe, großes Unglück', benannt nach dem Ort *Ходы́нка, Ходы́нское пóле* bei Moskau, wo 1895 bei der Krönungsfeier für Nikolaj II. durch Einsturz von Tribünen über 4000 Menschen umkamen (Dal' 4, 1209).

хоз 'gegerbtes Ziegenleder, Saffian', pl. *хóзы* 'Sohlen aus bestem Leder', Tveŕ (D.), *хоз* 'langer schmaler Lebensmittelsack der Robbenjäger', Arch. (Podv.), *хóзырь* 'Hosenbein, Gamasche', Kaukasus (D.), aruss. *chъzъ* 'Leder, Fell, Haut' (Laur. Chron. a. 1042), pl. *chzy, gzy, kzy*, auch *chozъ* f. 'Saffianleder' (Inv. Bor. Godunov 1589, s. Srezn. Wb. 3, 1424). Alte Entlehnung aus altgerman. *husan- 'Hose', ahd., anord. *hosa* 'Hülle d. Unterschenkels, Strumpf, Gamasche', nhd. *Hose*, s. Verf. Zeitschr. 15, 120; 20, 458 ff., Stender-Petersen Zeitschr. 16, 88 ff. Letzterer sucht aber vergeblich nach einem germ. *huza-. Siehe auch *хизóк, хи́жина*.

хóзать 'schlagen, klopfen', *хóзнуть* 'mit Geräusch hinfallen', Novg., Vologda, Perm (D.). Wird aus finn. *hosua* 'prügeln, schlagen' erklärt, s. Grot. Mat. Sravn. Slov. 1, 67. Verf. Živ. Star. 16, 2, 85. Anders Iljinskij IORJ. 20, 4, 154, der einen Ablaut mit *хáзить* 'schelten' annimmt.

хóзырь s. *хоз*.

хозя́ин 'Herr, Besitzer, Eigentümer, Wirt', pl. *хозя́ева, хозя́я*, auch 'böser Geist, Hausgeist', Terek-G. (RFV. 44, 110), Amur-G. (Karpov), Kolyma (Bogor.), *хозя́йка* 'Wirtin', ukr. *chaźájin*, wruss. *chadźájin* (nach *chadźić* 'gehen', s. Appel RFV. 3, 88), aruss. *chozja* 'Herr' (Afan. Nikit.). Entlehnt aus tschuwass. χοźa, χиźa 'Wirt', osman. χodźa, krimtat., dschagat., aderb., kasant. χoźa 'Lehrer, Wirt, Greis' (Radloff Wb. 2, 1708). Direkt aus dieser Quelle stammt aruss. *chodźa* 'Herr' (Nikon. Chr., s. Srezn. Wb. 3, 1382), s. Räsänen FUF. 29, 200, Zeitschr. 20, 448, Korsch Archiv 9, 503, MiEW. 90, TEl. 1, 309, Nachtr. 1, 46, Berneker EW. 1, 400, Paasonen CsSz. 52, Wichmann TT. 50. Dagegen will Sobolevskij Archiv 33, 610, Slavia 5, 450 nur eine tatarische Quelle annehmen und, sicher falsch, das tschuwass. Wort als russ. Lehnwort auffassen (dagegen s. Paasonen c. l., Wichmann

Tschuw. LW. 86). Verfehlt sucht Sköld Symbolae Rozwadowski
2, 298ff. die Quelle des russ. Wortes in pers. *χudāi* ʿMeister,
Herr'.

холева s. *холя́ва*.

холе́ра ʿCholera, Brechruhr', auch ʿSchimpfwort', aus griech.
χολέρα ʿGallenbrechruhr' zu χόλος, χολή ʿGalle, Zorn'. Das
russ. Wort viell. über poln. *cholera*, lat. *cholera*.

холзан ʿSteinadler, Aquila chrysaetus', Sibir. (D.). Zum folg.?

хо́лзать ʿunstet sein, sich hin- u. herbewegen, wanken, gleiten',
Kazań (D.), Arch. (Podv.), Pskov, Tver', auch *холзыкáть* dass.
(D.). Wohl expressive Umgestaltung von *ко́лзать*. Anders, aber
sehr gewagt, Iljinskij IORJ. 16, 4, 22, Gorjajev EW. 399.

хо́лить ʿpflegen, hätscheln, verwöhnen, sauber halten', *хо́лень*
ʿMuttersöhnchen', *хо́ля* ʿPflege, Wartung', *вы́холить* ʿmit
Sorgfalt großziehen', ukr. *cholýty* ʿputzen', dazu ukr. *pachólok*
ʿBursche', čech. *pachole* n. ʿKnabe', *pacholek* ʿKnecht', slk.
paholok, poln. *pacholę*, *pachołek*, osorb. nsorb. *pachoł*. Viell. mit
Verdoppelung čech. *chláchol* ʿSchmeichelei', *chlácholiti* ʿbe-
ruhigen, umschmeicheln, beschwichtigen', slk. *chlácholiť* dass.,
s. Torbiörnsson LM. 1, 78. ‖ Weitere Zusammenhänge unsicher:
Machek Slavia 16, 174 vergleicht aind. *kṣāláyati* ʿwäscht,
reinigt', lit. *skaláuti* ʿWäsche spülen' (dagegen Mayrhofer Aind.
Wb. 288). Nicht besser ist die Zusammenstellung mit griech.
χαλάω ʿlasse nach, werde schlaff' (Petersson Archiv 35, 368ff.,
Iljinskij IORJ. 20, 4, 142). Schwerlich besteht Beziehung zu
poln. *otchłań* ʿAbgrund', *chłonąć* ʿverschlingen' (Lehr-Spławiński
JP. 24, 42ff.; besser darüber Berneker EW. 1, 395). Vgl. auch
нахáл.

хо́лка ʿSchopf, vorspringender Knochen zwischen Hals u. Rücken
eines Pferdes'. Wohl zu *хохóл* ʿHaarbüschel', s. Gorjajev EW.
399, Iljinskij IORJ. 20, 4, 155.

хо́лм, I. -*á* ʿHügel', volkst. *холóм* G. *холмá* (Šachmatov IORJ.
7, 1, 305), ukr. *chołm*, aruss. *chъlmъ* ʿHügel, Berg', abulg.
chlъmъ βουνός, ὄρος (Ostrom., Euch. Sin., Supr.), bulg. *chъlm*
(Mladenov 673), skr. *hûm* G. *húma*, sloven. *hòłm* G. *hółma*, čech.
chlum, slk. *chlm*, poln. *Chełm*, *Chełmno* u. ä., osorb. *chołm*,
nsorb. *chółm*. ‖ Entlehnt aus altgerm. **hulma-*, asächs. ags. *holm*
ʿHöhe, Anhöhe', anord. *holmr* ʿkl. Insel', mnd. *holm* ʿInsel', s.
Berneker EW. 1, 410ff., Uhlenbeck Archiv 15, 485, Peisker 61,
Stender-Petersen 263ff., Meillet-Vaillant 77, Kiparsky 179ff.
Abzulehnen sind die Versuche, *chъlmъ* unter Berufung auf
*šelmъ (aruss. *šelomja* ʿHügel') als echt-slav. zu erweisen (s.
шело́мя, *шлем*) gegen Jagić Archiv 23, 537, Brückner KZ. 48,
194, Archiv 42, 138, EW. 178, Iljinskij IORJ. 20, 4, 142,
Mikkola Ursl. Gr. 177.

холм II. ʿKaufgeld für d. Braut', Kazań (D.). Aus tschuwass.
χolym dass., kasantat. koibal. sag. *kalym* dass. (zur Sippe
Wichmann Tschuw. LW. 79), s. Dal' 4, 1213.

Холмого́ры pl. 'Kreisstadt im G. Archangel'sk', älter russ. *Kolmogory* (1. Soph. Chron. a. 1417 S. 260, Avvakum 201 u. a.). Aus finn. *kalma* 'Tod, Grab' u. *kari* 'Klippe', nur volksetymologisch nach *холм* u. *го́ры* umgestaltet, s. Mikkola Drinov-Festschr. 28, FUF. 13, 374, 377, unrichtig darüber Kiparsky 180. Der russ. ON. hat nichts zu tun mit anord. *Holmgarðr* 'Novgorod' (gegen Tiander IORJ. 5, 769 ff.). Vom ON. *Холмого́ры* stammt: *холмого́рский скот* 'von Peter d. Gr. aus Holland in dieser Gegend eingeführte kräftige Rinderrasse'.

хо́лнуть 'wanken, sich bewegen', Novg. Arch. (D., Podv.). Vgl. *хо́лзать*. Unklar.

холобу́да, *-дка* 'leicht gebaute Hütte, Zelt', auch *халабу́да* Kursk, Voron. (D.), ukr. *chałabúda* 'Zelt'. Jedenfalls zu *бу́да*, *бу́дка*. Kaum richtig verbindet Iljinskij IORJ. 20, 4, 163 ff. diese Wörter mit *халу́га*, *халу́па*.

хо́лод *-а* 'Kälte', *холо́дный* 'kalt', *хо́лоден, холодна́, хо́лодно*, ukr. *chółod*, *chołódnyj*, wruss. *chólod*, abulg. *chladъ* (Supr.). bulg. *chlad(ъ́t)*, skr. *hlâd* G. *hláda*, sloven. *hlâd*, čech. slk. *chlad*, poln. *chłód* G. *chłodu*, osorb. *khłódk* 'Schatten', nsorb. *chłodk*. ‖ Wohl mit Anlautsvariante *kh-* als urverw. zu got. *kalds* 'kalt', lat. *gelidus* (idg. **geldh-*); **gheld-* in aind. *hládatē* 'kühlt sich', *prahlādas* 'Erquickung', **kalt-*: lit. *šáltas* 'kalt', osset. *sald* 'Kälte', avest. *sarəta-* 'kalt', s. Zupitza KZ. 37, 390, Berneker EW. 1, 393, Iljinskij IORJ. 20, 4, 139. Andere gehen vom Anlaut *ks-* aus u. vergleichen **choldъ* mit lit. *šáltas* 'kalt'. Wegen der Wortbildung wird hierbei auf **tvьrdъ*: lit. *tvìrtas* (s. *твёрдый*) hingewiesen, s. Pedersen KZ. 38, 391; 40, 179, Mikkola Ursl. Gr. 174 ff., Balt. u. Slav. 44. Gegen diese Kombination spräche die Tatsache, daß lit. *šáltas* 'kalt' nicht von lit. *šalnà* 'Reif' getrennt werden kann. Dieses aber gehört zu abulg. *slana* 'Reif' und hatte idg. *k̑*, s. Uhlenbeck IF. 17, 95 ff., Endzelin SlBEt. 40 ff. Daher nimmt Machek Slavia 16, 195 für **choldъ* expressives *ch* für *s* in idg. **k̑old-* an. Unsicher ist auch Macheks Vergleich mit aind. *jaḍas* 'kalt, starr' (aus **geldo-*, **goldo-*). Abzulehnen ist die Annahme einer Entlehnung aus got. *kalds* 'kalt' (Uhlenbeck Archiv 15, 485, s. Štrekelj bei Peisker 61) oder aus einem fragwürdigen germ. **haldás*, ndl. *hal* 'gefrorener Boden' (Endzelin SlBEt. 125). Bedenklich auch die Zusammenstellung mit lit. *šáldyti* 'frieren machen' (Loewenthal PBrBtr. 49, 416, Brückner KZ. 51, 238).

холодо́к 'Spargel', Kubań-G. (RFV. 68, 405). Unklar. Etwa als 'erfrischend' zu *хо́лод*?

холок 'ledig, unverehelicht', nur aruss. *cholokъ*, r.-ksl., s.-ksl. *chlakъ* ἄγαμος, ksl. *nechlakaja* 'schwanger'. Wird gewöhnlich als Entlehnung aufgefaßt aus got. *halks* 'leer, dürftig, arm', s. J. Schmidt Vok. 2, 139, Berneker EW. 1, 394. Schrader-Nehring 1, 549. Zweifelhaft wegen des Bedeutungsunterschiedes, s. Kiparsky 277. Eher als echt-slav. zu *холо́п, хо́лост*; so Sobolevskij RFV. 71, 444, Oštir Archiv 36, 444. Abzulehnen ist der Vergleich mit griech. ὁλκός 'Furche', lat. *sulcus* dass., ags. *sulh* 'Furche, Pflug' (gegen Prusík KZ. 33, 157).

холо́п, -a 'Leibeigener, Knecht', *холопа́й* 'Knecht, knechtischer Mensch', ukr. *chołóp* 'Leibeigener, Bauer', wruss. *cholóp*, aruss. *cholopъ*, N. pl. *-i*, G. pl. *-ej* (Mosk. Urk. 16.—17. Jhdt., s. Sobolevskij Lekcii 198), r.-ksl. *chlapъ* 'Diener, Knecht, Sklave', abulg. *chlapъ* δοῦλος, οἰκέτης (Supr.), bulg. *chlápe* n., *chlapák* 'Knabe', skr. *hlȁp* G. *hlȁpa* u. *hlȃp*, sloven. *hlȃp* 'Tölpel', čech. slk. *chlap* 'Kerl, Bauer, Mann', poln. *chłop*, osorb. *khłop*, *khłopc* 'Bursche', nsorb. *kłopc*. ‖ Ursl. bzw. aruss. **cholpъ* wurde früh entlehnt in lett. *kal̃ps* 'Knecht, Arbeiter', s. M.-Endz. 2, 144. Die bisherigen Deutungen sind alle unsicher: Man verglich got. *halbs* 'halb', eigentl. 'unpaar, dem das Gegenstück fehlt' (Pedersen KZ. 38, 373 ff.) oder 'kastrierter Knecht' (Oštir Archiv 36, 444, Sobolevskij RFV. 71, 444), wobei Verwandtschaft mit **cholkъ* u. **cholstъ* angenommen wurde (dagegen Endzelin SlBEt. 124). Sonst wurde expressive Umgestaltung u. Urverwandtschaft vermutet mit lit. *šélpti*, *šelpiù* 'unterstützen, helfen', *pašalpà* 'Hilfe' (Brückner KZ. 51, 235. Pogodin RFV. 32, 270 ff., IFAnz. 5, 260) bezw. mit got. *hilpan* 'helfen' (Korsch Potanin-Festschr. 537, dagegen Endzelin c. l. 42). Abzulehnen ist der Vergleich mit aind. *jálpati* 'halbverständlich reden, murren', *jalmás* 'verworfener Mensch, Schurke', auch 'gemein' (Machek Slavia 16, 195). Man verglich auch lit. *sùlpti*, *sùlpstu* 'schwach werden', *silpnas* 'schwach, kraftlos' (Matzenauer LF. 7, 220, dagegen Berneker EW. 1, 394), ferner nhd. *Schalk* (Brückner EW. 180) oder griech. σκόλοψ 'spitzer Pfahl' (Loewenthal Archiv 37, 386). Zweifelhaft ist auch die Annahme einer Entlehnung aus niederrhein. *halfe* 'Halbbauer' (J. Schmidt Vok. 2, 139 ff., dagegen Berneker c. l., Brückner KZ. 48, 194). Unsicher ist Verwandtschaft mit *па́холок* u. *хо́лить* (s. d.), vgl. Sobolevskij c. l., Mladenov 669, Lehr-Spławiński JP. 24, 43. Siehe **хлап**.

холосто́й 'unverheiratet, ledig, Junggeselle', *хо́лост*, dial. 'kurz geschoren', Rjazań (RFV. 28, 67), 'unbewohnt' (Haus), Vladimir (RFV 68, 405), 'nicht gefüllt' (von Blumen), Don-G. (Mirtov), *холостя́к* 'Junggeselle'; Fisch, der gelaicht hat', Don-G., *холосто́к* 'Fischmännchen', Arch. (Podv.), *не́холость* f. 'unverschnittenes Tier', ukr. *chółost* 'ledig', r.-ksl. *chlastъ* 'caelebs', sloven. *hlȃst* 'abgeberte Traube, Traubenkamm'. Dazu: *холости́ть* 'verschneiden, kastrieren', ukr. *chołostáty* 'stampfend enthülsen', wruss. *chołośćić* dass. ‖ Auch hier nur unsichere Vermutungen. Nicht zwingend sind die Vergleiche mit sloven. *hlástiti* 'schlagen', slk. *chlástat'* 'mit Ruten schlagen', poln. *chłostać* 'auspeitschen' (s. **хлеста́ть**), gegen Berneker EW. 1, 394, Torbiörnsson 1, 79. Auch die Zusammenstellungen mit poln. *chełstać*, *chełznąć* 'zügeln, bändigen' (Brückner KZ. 48, 225 ff.) oder mit poln. *ochełtać* 'abnutzen, abschaben' (Brückner KZ. 48, 226) sind unsicher. Nicht besser vergleicht Iljinskij IORJ. 20, 4, 140 aind. *khalatíṣ* 'kahlköpfig'. Die Zusammenstellung mit lat. *sōlus* 'allein' (Pedersen IF. 5, 64) hat keine Anerkennung gefunden (s. Uhlenbeck IF. 17, 97, Walde-Hofmann 2, 557), ebenso der Vergleich mit got. *halbs* 'halb' (Pedersen c. l.), s. Endzelin SlBEt 124. Nahe liegt der Vergleich mit *пахолок*, *холóп* u. *холок*, s. Oštir Archiv 36, 443, Pogodin RFV. 33, 332. Abzulehnen ist aber der Ansatz *cholptъ (Lehr-Spławiński JP. 24, 44).

холпи́ть 'wehen (vom Winde)', Perm (D.), *ухолпи́ть* 'verbrauchen, verprassen' (D.; Živ. Star. 1898 Nr. 2 S. 224), poln. *chełpić się* 'sich aufblasen, prahlen'. Unklar. Zweifelhaft ist der Vergleich mit *хили́ть* 'wehen' (Šachmatov IORJ. 7, 2, 339).

холст, -á 'grobe Leinwand', *холсти́на* dass., *холщевóй* 'aus Leinwand'. Wird mit der lautnachahmenden Sippe: ukr. *chóust* 'dumpfer Schall', poln. *chełst* 'Lärm' verbunden als 'raschelnder Stoff' (Berneker EW. 1, 411, Brückner EW. 178, KZ. 51, 232), dagegen Machek Mnema f. Zubatý 423ff. Das zur Erklärung herangezogene estn. *hõlst* 'Kapuze, Regendecke, leinenes Regentuch '(Kalima RS. 13, 161) stammt m. E. aus aruss. *chъlstъ. Ganz phantastisch sind die Kombinationen mit *холст* u. *холостóй* von Iljinskij IORJ. 20, 4, 141. Viell. ist Entlehnung anzunehmen aus mhd. *hulst* f. 'Decke, Hülle', das zu got. *huljan* 'verhüllen', ahd. *helan* 'hehlen', got. *hulistr* 'Decke' gehört (s. eine Andeutung bei Uhlenbeck Archiv 16, 379). Aus dem Russ. stammen finn. *hursti* 'Sackleinwand, Bettlaken', karel. *hurŝti* dass. (Mikkola Berühr. 41).

холу́й I. 'Diener, Knecht. Kriecher, gemeine Sklavenseele'. Daraus baltd. *chaluj* dass. (Kiparsky Baltend. 150). Verwandt mit *нахáл* 'Frechling' (s. d.) u. *подхали́м*, auch mit *пáхолок* (s. d.), s. Preobr. 1, 595, Gorjajev EW. 394, Dop. 1, 51. Andere vergleichen auch noch *холóп*, *холостóй*, s. Sobolevskij ŽMNPr. 1886, Sept., S. 146, Lehr-Spławiński JP. 24, 44. Kühne Vermutungen bei Iljinskij IORJ. 20, 4, 156.

холу́й II., auch *хóлуйник* 'Fischzaun', Arch., *халýй* 'unter dem Wasser im Fluß ragender Stein', Arch. (Podv.). Nach Kalima 237 ff. aus finn. *kolu* 'aus Pfählen und Reisern hergestellter Fischzaun, Steinhaufen'. Die Bed. 'Stein unter Wasser' gehört eher zu *холу́й* I. Vgl. *пáсынок* als 'Klippe unter Wasser'.

хóлуй III. 'auf Wiesen vom Hochwasser zurückbleibender Schlamm, Schwemmholz', Vjatka, Perm (D.), Kolyma (Bogor.), Olon. (Kulik.). Nach Kalima 236 ff. aus finn. *kalu*, estn. *kalu* 'Gerümpel' zu erklären. Anders Brückner KZ. 51, 237, der unwahrscheinlich an abulg. *chalǫga* 'Zaun', skr. *hàluga* 'Unkraut, dichter Wald', sloven. *halóga* 'Gestrüpp, Reisig' anknüpfen will. Wiederum abweichend Petersson IF. 43, 77, der *халéna* 'feuchtes Schneewetter', aind. *cikhallas* 'Sumpf', osset. *χului* 'Feuchtigkeit' vergleicht (dagegen Mayrhofer Aind. Wb. 386). Alles sehr fragwürdig. Aus d. Russ. entlehnt ist syrjän. *kęlui* 'Gerümpel' (Wichmann-Uotila 96).

холу́й IV. 'Mengfutter mit Kleie', Tveŕ (D.). Viell. finn., vgl. estn. *kõlu* 'Hülsen, Spreu, leichtes Getreide', s. Kalima 236. Nicht aus nhd. *Kleie* (gegen Gorjajev EW. 394).

ХÓЛЯ 'Pflege, Wartung', s. *хóлить*.

ХОЛЯ́ВА 'Hose', ukr. *chol'áva*, poln. *cholewa*, osorb. *kholowa*, nsorb. *chólowa*. Unklar (s. Berneker EW. 1, 394). Unwahrscheinlich ist Verwandtschaft mit *хóлить* 'pflegen, hegen' (Brückner EW. 182, KZ. 51, 235, Lehr-Spławiński JP. 24, 44) oder mit skr. *hláčê* pl. 'Beinkleider' (gegen Oštir Archiv 36, 443 stammt dieses aus mlat. *calcia* 'Schuh', s. Berneker EW. 1, 387).

ХОМУ́Т, -á 'Kummet, hölzerner, gepolsterter Ring, der den Pferden auf den Hals gezogen wird, um daran die Fimerstangen, das Krummholz zu befestigen', ukr. *chomút*, aruss. *chomutъ*, s.-ksl. *chomǫtъ*, bulg. *chomót* (Mladenov 670), skr. *hŏmut* 'Joch' (alt), heute 'Handvoll, Armvoll', sloven. *homǫt* 'Kummet, Schleppnetz', čech. *chomout*, slk. *chomút*, poln. *chomąt*, *-ąta*, *chomąto*, osorb. *khomot*, nsorb. *chomot*. ‖ Die bisherigen Deutungen befriedigen nicht. Man sah die Quelle in altgerm. **hama-*, westmitteld. *Hamen* 'Kummet', mndl. *hâme*, westfäl. *ham*, ndl. *haam* 'Kummet', urverw. mit griech. κημός 'Maulkorb', lit. *kāmanos* 'lederner Zaum', s. Zupitza GG. 108, Buga bei Specht 132, Bogorodickij, Izv. Obšč. Arch. Ist. Etnogr. pri Kazansk. Univ. 11 (1893) Nr. 2, S. 139 ff., Lagercrantz KZ. 34, 399 ff. Hierbei bleiben die Wortbildungsverhältnisse ungeklärt. Schwierigkeiten ergeben sich auch bei Annahme eines german. **hamands* (zu mhd. *hamen* 'hemmen') als Quelle (so Berneker EW. 1, 395) oder bei Voraussetzung eines altd. Suff. *-munt-* (Štrekelj Časopis za zgodovino 6, 33). Noch gewagter ist der Ansatz **ham-anp-* als 'gekrümmtes Holz', zu *Hamen* 'Angelhaken', in dessen zweitem Bestandteil eine Entsprechung von lat. *antae* 'Wandpfeiler' vermutet wurde (s. Meringer WS. 5, 146). Andere nehmen Urverwandtschaft von **chomǫtъ* u. den german. Wörtern, nhd. *Hamen* usw. an und sehen einen Ablaut in bulg. *cham* 'Fangseil, Schlinge' (s. Mladenov 670). Nach Machek Slavia 16, 192, 211 soll Urverwandtschaft bestehen mit aind. *çámyā* 'Stock, Keil, Stützpunkt', *çamyati* 'müht sich, arbeitet', *çamayati* 'beruhigt, stillt'. Er nimmt ein *-nt-* Partizip von **komiti* 'hemmen' mit expressivem *ch* an u. beruft sich auf čech. *visutý* 'hängend', vgl. auch Kiparsky 32 ff. Gegen german. Entlehnung sind auch Sobolevskij ŽMNPr. 1911, Mai, S. 166, Archiv 33, 481 u. Bogorodickij c. l. Nicht überzeugend ist die Zurückführung von **chomǫtъ* auf tschuwass. χomət 'Kummet', kasantat. *kamət*, kirg. *kamịt* von mongol. χomŭd dass., weil der Nasal hier fehlt (gegen Räsänen FUF. 29, 200). Lit. *kamañtai* 'Kummetgeschirr' ist poln. Lehnwort (s. Berneker c. l.).

ХОМЫЛЯ́ТЬ 'humpeln, leicht hinken', Pskov, Jarosl. (D.), Vjatka (Vasn.). Viell. zu *ковыля́ть* (s. oben 1, 587), vgl. Kalima 121.

ХОМЯ́К, -á 'Hamster', ukr. *choḿják*, *chomá*, wruss. *choḿáha* 'fauler Mensch', aruss. *chomĕky* Acc. pl. (Nestor-Chron., s. Šachmatov Pov.Vrem.L. 16), r.-ksl. *chomĕstorъ* (Svjatosl. Sbornik 1073 Bl. 157 a, s. Srezn. Wb. 3, 1386), poln. *chomik*. ‖ Wohl altiran. Entlehnung, vgl. avest. *hamaēstar-* 'Feind, der zu Boden

wirft', npers. *hamestār* ῾Gegner, Widersacher' (s. Barthol. Air.
Wb. 1774, Horn Npers. Et. 279ff.), s. Verf. RS. 6, 174, Zeitschr.
19, 449; 20, 402ff., Volz Ostd. Volksboden 126ff., Machek Slavia 16, 211. Zur Bed. vgl. schor. *yrlak* ῾Hamster': *yr-* ῾anfeinden'
Radloff Wb. 1, 1372). Machek c. l. weist darauf hin, daß ῾der
Hamster die Getreidehalme niederbiegt, um die Körner herauszuholen'. Ukr. *chomá* ist angelehnt an den PN *Chomá* ῾Thomas'
aus griech. Θωμᾶς (s. RS. 6, 159), kaum mit Berneker EW. 1,
395 Rest eines *n*-Stammes. Als echt-slavisch angesehen wird
das Wort von Iljinskij IORJ. 16, 4, 6, der kühn an mähr. *chomtať* ῾gierig fressen', *xámkatь* ῾essen' (s. d.) anknüpft. Brückner
KZ. 51, 230, EW. 182 vergleicht ksl. *skomati* ῾stöhnen', poln.
skomleć ῾winseln'. Agrell Zur bsl. Lautgesch. 8 nimmt eine Zusammensetzung aus **chormъ* ῾Haus' (s. *хором*) u. lit. *stāras*
῾Hamster' an, als ῾Hausdieb'. Matzenauer LF. 7, 223 verweist
auf lett. *kāmis* ῾Hamster', das von Endzelin SlBEt. 126 angezweifelt wird. Ahd. *hamustro*, asächs. *hamustra*, nhd. *Hamster*
sind entlehnt aus d. Slav., s. Kluge-Götze EW. 230, Berneker
EW. 1, 395, Uhlenbeck PBrBtr. 20, 44, Schrader IF. 17, 30.

хо́нга ῾harzige Fichte auf trockenem Boden', Arch. (D., Podv.),
хо́ножник ῾trockener Fichtenwald', Šenk. (Podv.), *ко́нга* dass.,
Vologda, Perm. *ко́нда* dass. Arch., Vjatka (D.). Aus finn. *honka*
G. *hongan* ῾Fichte, Kiefer, Föhre', estn. *honga-puu* dass., s.
Kalima 238.

хо́нькать ῾schluchzen' (D.). Kaum alter Ablaut zu *xaно́кать*
dass., *xны́кать* (s. d.), gegen Iljinskij IORJ. 20, 4, 176. Eher
Neubildung.

хо́ня m. f. ῾Gaffer', Pskov, Tveŕ (D.), viell. zu *Хо́ня* ῾Kurzform
von *Ховро́нья*, *Февро́ния*'. Kaum zum vorigen (gegen Iljinskij c. l.).

Хопёр 'l. Nbfl. d. Don', G. Penza, Saratov, Voronež, Don-G.
Kaum iranisch (angeblich *hu-* ῾gut' u. *pərəna-* ῾voll' nach Sobolevskij RFV. 69, 391). Eher echt-slav. als ῾mitreißend' zum folg.

хопи́ть, *-плю́* ῾greife, fasse', ukr. *chopýty* dass., *pochípnyj* ῾flink',
wruss. *chopić*, aruss. *chopiti*, čech. *chopiti*, slk. *chopiť*, poln.
chopnąć ῾einen derben Schlag versetzen', osorb. *khopić*, nsorb.
chopiś ῾anfangen, beginnen'. Ablaut in *xánatь*, wo weiteres.
Vgl. auch das vorige. Entlehnung aus d. German., ndl., ndd.
happen (Uhlenbeck Archiv 15, 485) kommt nicht in Betracht,
s. Berneker EW. 1, 396.

Хопу́жское Мо́ре ῾Kaspisches Meer', nur aruss. *Chopužьskoje More* (Pskover 2. Chron., Žitije Aleks. Nevsk. 4), *Chupožskoje* dass. (1. Soph. Chron. a. 1242). Alttürkischer Name, urspr. vom Tor von Derbent (s. *Дербе́нъское Мо́ре* dass., oben
1, 340). Vgl. tschuwass. *χarχa* pl., osman. *kapu* ῾Tor' (**kapuγ*),
Siehe ausführlicher Verf. Zeitschr. 24, 28ff.

хопы́льский ῾zentralasiatisch', aruss. *chopylьskyje gosti* ῾Kaufleute
aus Zentralasien' (14. Jhdt., s. Sobolevskij RFV. 69, 391, der es
fälschlich als altiran. auffaßt). Unklar.

хор ῾Chor', aus griech. χορός ῾Chortanz'.

хо́ра I. 'Art Fuchs', Don-G. (Mirtov). Vgl. kalmück. *χōrḷ* 'hellgelb' (zur Sippe s. Ramstedt KWb. 192).

хо́ра II. 'Renntiermännchen', Mezeń (Podv.). Aus samoj. J. *hōra* 'Renntierochs', T *kuru*, O *kor* 'Stier, Hengst' (zur Sippe s. Setälä JSFOugr. 30, 5, 51). Siehe *хо́рой*.

хора́йдать 'knarren', Arch. (Podv.). Unklar.

хорва́т pl. -ы 'Kroate, Angehöriger eines südslavischen Stammes', aruss. *chъrvati* 'ostslav. Stamm um Przemyśl' (Nestor-Chr., s. Jagić Archiv 11, 307, Barsov Očerki 70), griech. ON *Χαρβάτι* Attika, Argolis (Verf. Slaven in Griechenl. 319), skr. *hr̀vāt* 'Kroate', mgriech. *Χρωβατία* 'Kroatenland' (Konst. Porph. De adm. imp. 30), sloven. *pagus Crouuati* in Kärnten (10. Jhdt., s. Krones bei Oblak Archiv 12, 583, Niederle Slav. Star. 1, 2, 388ff.), ačech. *Charvaty* 'Landschaft in Böhmen' (Dalimil), sorb. Stamm *Chruvati* bei Corbetha (Mikkola Ursl. Gr. 8), kaschub. ON *Charwatynia*, auch *charwatynia* 'altes, verlassenes Gebäude' (Śląski PrFil. 17, 187), apoln. ON *Charwaty*, heute *Klwaty* im Kr. Radom (s. Rozwadowski RS. 1, 252). ‖ Älter slav. Stammesname **Chъrvat-*, wohl entlehnt aus altiran. **(fšu-)haurvatā* 'Viehhüter', avest. *pasu-haurva-*, zu *haurvaiti* 'hütet', griech. PN *Χορόαθος* Inschr. v. Tanais (Latyšev Inscr. 2, Nr. 430, 445, s. Pogodin RFV. 46, 3, Sobolevskij RFV. 64, 172, Meillet-Vaillant 508), vgl. Verf. DLitZeit. 1921, Sp. 508ff., Iranier in Südrußl. 56, Volz Ostd. Kulturboden 126ff. Vgl. auch Konst. Porph. De adm. imp. 31, 6—8: *Χρώβατοι . . . οἱ πολλὴν χώραν κατέχοντες*. Weniger überzeugt der Vergleich mit lit. *šarvúotas* 'geharnischt', *šárvas* 'Harnisch' (Geitler LF. 3, 88, Potebnja RFV. 1, 91, Brückner EW. 176, KZ. 51, 237) oder die Deutung aus iran. *hu-* 'gut' u. *ravah* 'freier Raum, Freiheit' (Sobolevskij IORJ. 26, 9). Abzulehnen ist die Anknüpfung an *Καρπάτης ὄρος* 'Karpaten' Ptolem. (gegen Perwolf Archiv 7, 625, Braun Razyskanija 173 ff., Pogodin IORJ. 4, 1509ff., Marquart Streifzüge XXXVIII, Schrader-Nehring 2, 417, s. Brückner Archiv 22, 245ff., Sobolevskij RFV. 64, 172, Mikkola Archiv 42, 87). Nicht überzeugend auch die Deutung aus germ. **hruvat-* 'gehörnt': anord. *hrútr* 'Widder' (Much PBrBtr. 20, 13).

хо́рда 'Chorde, Sehne', über lat. *chorda* aus griech. *χορδή*.

хордыба́ка 'Prahler', *хордыба́чить* 'prahlen' Kursk (D.). Als ukr. oder wruss. Entlehnung zu *гордыба́ка* dass. (s. oben 1, 294). Willkürliches darüber bei Iljinskij IORJ. 20, 4, 169ff.

хоре́й 'spitzer Stab zum Antreiben der Renntiere', Mez. (Podv.). Samojedisch nach Schrenck bei Podv. 182. Vgl. Jur. samojed. *har* 'Spitze, Messer'.

хорёк s. *хорь*.

хо́рзать 'wichtig tun, prahlen', Pskov (D.). Iljinskij IORJ. 20, 4, 169 nimmt Ablaut mit *ха́рзить* an und eine Grundform **chorъziti*. Potebnja RFV. 3, 95 vergleicht skr. *kŕzati* 'abwetzen', lit. *karšti*, *karšiù* 'kämme', aind. *kárṣati* 'schleppt'. Beides ganz unsicher.

хорзы́ pl. 'gefrorener Kot', s. *кúрза* (s. oben 1, 560).

Хори́вица 'Berg bei Kiew', aruss. *Chorevica* (Laur. Chron.), *Choriva* (Šachm. Pov. Vr. Let 9). Nach Sobolevskij IORJ. 26, 41 soll es iranisch u. gleich dem apers. *Haraiva-* 'e. Berglandschaft' sein. Der aruss. PN *Chorivъ* (Laur. Chron.) müßte dann aus dem ON konstruiert sein, ebenso wenn man Benennung von *Chorivica* nach dem biblischem *Horeb*, griech. Χωρήβ 'Berg der Gesetzgebung, Sinai' annimmt. Dieser heißt aruss. *Chorivъ* (Varsonofij 18 ff., Trifon Korob. Pam. Star. Lit. 3, 50).

хо́ркать 'schnaufen, grunzen', Čerep. (Gerasim.), Sibirien (D.), 'den Fußboden mit Sand scheuern', Arch. (D.), ukr. *chórkaty* 'kreischen, heiser sprechen', bulg. *chъ́rkam* 'schnarche, krächze', skr. *hŕkati, hŕčêm* 'schnarche, speie', sloven. *hŕkati* 'schnarchen, sich räuspern', čech. *chrkati*, slk. *chrčať* 'röcheln, pfeifen', poln. *charkać, charczeć* 'röcheln, schnarren', nsorb. *charchać, charchnuś*. Ursl. *chъrkati, daneben: r.-ksl. *chrakati* 'speien', *chrakъ* 'das Speien', bulg. *chrákam* 'speie aus' (Mladenov 671). Onomatopoetisch, s. Berneker EW. 1, 401, 412. Faßt man *хрáкать* als echt-russisch auf, dann müssen beide Bildungen als lautnachahmend, aber „elementar" verwandt gelten.

хоро́брый 'tapfer', *хоробёр* Vjatka (Vasn.), Nördl., Östl. (D.), ukr. *choróbryj*, aruss. *chorobrъ* (Hypat. Chron., Daniil Zatočn. u. a., s. Srezn. Wb. 3, 1386), abulg. *chrabrъ* πολεμικός, φοβερός (Supr.), bulg. *chrábъr, chrábren*, skr. *hrábar*, f. *hrábra*, n. *hrábro*, sloven. *hrábər*, čech. *chrabrý*, alt auch *chabrý*, poln. *chrobry*, osorb. *khrobły*, nsorb. *chrobry*, kaschub. *Charbrovo* ON. ‖ Urslav. *chorbrъ viell. aus *chorbъ durch Einfluß von *dobrъ, bystrъ, ostrъ*, urverwandt mit lett. *skarbs* 'scharf, streng', anord. *skarpr* 'scharf', s. Endzelin SlBEt. 126, Mladenov 671, Brückner Archiv 40, 131, KZ. 51, 233, H. Karstien Festschr. Vasmer 225. Unsicher ist der Zusammenhang mit aind. *kharas* 'hart, rauh, scharf', griech. κάρχαρος 'scharf' (Meillet Ét. 403), abzulehnen die Verbindung mit got. **harwa-* 'herb' (in finn. *karvas* 'herb'), got. *gaþrafstjan* 'trösten, ermutigen' (Hirt PBrBtr. 23, 333), mit *sъrbъ* 'Serbe' (Sobolevskij IORJ. 27, 323, Gorjajev EW. 401), mit aind. *pragalbhas* 'mutig, entschlossen' (Machek Slavia 16, 197), mit *хорови́тый* 'gut' (Agrell bei Petersson Zur sl. Wortf. 22) oder mit lat. *sorbus* 'Vogelbeerbaum' (gegen Wood Phil. Quarterly 2, 266, s. Glotta 14, 274). Vgl. das folg.

хорови́на 'Schwiegermutter', Čerep. (Gerasim.), 'unbearbeitetes Fell' Rjazań (Živ. Star. 1898, Nr. 2, S. 225). Viell. urverwandt mit aind. *kharas* 'hart, rauh', griech. κάρχαρος 'scharf', bzw. germ. **harwa-*, mhd. *häre, härwer* 'herb', *hare, harwer* dass.

хорови́тый 'gut'. Unsicher ist Verwandtschaft mit *хоро́ший* (s. d.) oder mit slk. *charvať sa, charviť sa* 'sich wehren', avest. *haurvaiti* 'behütet', lat. *servō, -āre* 'erhalte, bewahre' (Petersson Zur sl. Wortf. 22).

хорово́д 'Reigen der Bauern'. Wird gewöhnlich zu *хор* 'Chor' und *води́ть* 'führen, anführen', gestellt. Schwierig ist in diesem Falle die Deutung des dial. *корогóд* dass. (s. oben 1, 630), vgl.

Verf. Grsl. Et. 221, Kalima 15, Schrader-Nehring 2, 510, Brückner KZ. 48, 163. Die bisherigen Deutungen der Formen mit *k*-befriedigen nicht.

хорóй 'einjähriges Rentiermännchen', Mezeń (Podv.). Aus J samojed. *hōra* 'Männchen' (Schrenck bei Donner MSFOugr. 64, 71). Siehe *хóра*.

Хорóл 'r. Nbfl. d. Psiol', G. Poltava u. Chaŕkov (Maštakov Dnepr 70, Semenov Sl. 5, 529), aruss. *Chorolъ* (Nestor-Chron. a. 1107, Pouč. Vlad. Monom.), zu aserb. *chrъlъ* 'schnell', skr. *hr̀o*, (*hŕl*), *hŕla*, *hŕlo* (s. Agram. Wb. 3, 703). Wohl eher echt-slav. als fremd. Abzulehnen ist die Herleitung aus dem Iran. (angeblich *hu*- nach Sobolevskij RFV. 69, 391, IORJ. 27, 282), ganz phantastisch Pogodin Belićev Zbornik 171.

хорóмы pl. 'großes, hölzernes Gebäude', *хорóмина* 'Wohnhaus', dial. *хорóма* 'Dach', Olon. (Kulik.), *хорóмщик* 'Zimmermann', ukr. *choróm* 'Korridor, Gang', pl. *chorómy* 'Hausflur', *choróma* 'Haus, Gemach', *chorómyna* 'Haus, Hof, Zimmer', aruss. *choromъ* (noch 17. Jhdt., s. Sobolevskij Lekcii 211 ff.), abulg. *chramъ* ναός, οἰκία, οἶκος (Mar., Zogr., Ps. Sin., Supr.), *chramina* δῶμα, οἰκίσκος (Supr.), bulg. *chram* 'Tempel', skr. *hrâm* G. *hráma* 'Haus, Tempel', sloven. *hràm* G. *hráma* 'Gebäude, Wohnhaus, Gotteshaus, Zimmer', čech. *chrám*, *chrámina* 'Tempel, Kirche', slk. *chrám* dass., poln. alt u. dial. *chromina* 'Hütte, Bauernhaus', nsorb. *chrom* 'Gebäude'. Wegen der russ. Bedeutungen wird als alte Bed. 'hölzernes Gebäude' angenommen. Aus ostslav. *chormъ entlehnt ist lett. *kārms* 'Gebäude', s. M.-Endz. 2, 197. Urverwandtschaft mit aind. *harmyám* 'Burg, Schloß, festes Gebäude' (Endzelin SlBEt. 127, Machek Slavia 16, 193 ff., Kozlovskij Archiv 11, 384, Pedersen KZ. 38, 395) ist nur bei Annahme einer Konsonantenschwankung idg. *kh* : *gh* möglich; nicht durchschlagende Bedenken bei Uhlenbeck Aind. Wb. 358, IF. 17, 97, Iljinskij IORJ. 20, 3, 63. Sonst dachte man an Verwandtschaft mit ahd. *scirm*, *scërm* 'Schutz, Schirm, Obdach', das weiter mit aind. *cárman* 'Haut, Fell' und *хоронúть* (s. d.) verglichen wurde, s. Brückner EW. 183, KZ. 51, 233, Holub-Kopečný 142. Ganz unsicher ist die Zusammenstellung mit armen. χοr 'Abgrund, Graben', aind. *ākharás* 'Höhle eines Tieres' (Petersson Archiv 35, 373, Glotta 7, 320). Unmöglich ist Verwandtschaft mit aind. *çárman* 'Schlupfwinkel, Schutz', da dieses zu lat. *celō*, *-āre* 'verberge', ahd. *helan* 'hehlen', air. *celim* 'verberge' gestellt wird (gegen Gorjajev EW. 400). Nicht überzeugend ist Bernekers EW. 1, 397 Zusammenstellung von *chormъ und lat. *serō*, *-ere* 'reihe, füge, knüpfe', griech. εἴρω 'reihe aneinander', ὅρμος 'Halsband'. Vgl. *храм*. Phantastische Vergleiche bietet Iljinskij c. l. Nur zufällig ist der Anklang an griech. χηραμός 'Loch, Schlupfwinkel' (Homer) oder an griech. καράμα· ἡ ἐπὶ τῆς ἁμάξης σκηνή, Hesych (gegen Schrader-Nehring 1, 450). Versuche, *chormъ als Entlehnung aus arab. *ḥarām* 'geheiligter Teil eines Gebäudes' zu deuten (woher osman. krimtat. *harām* dass., s. Radloff Wb. 2, 1750), haben keinen Erfolg gehabt. Schwerlich besteht ein Zusammenhang mit karataj. *kurum* 'Schuppen,

Schutzdach', alt. *korum* ʿWehr, Lager', osman. *kurum* ʿAufstellung' (zu dieser Sippe s. Paasonen JSFOugr. 15, 38; 21, 43 ff.).

хорóна ʿSchutz, Schutzmittel, Aufbewahrung', *хоронúть, по-хоронúть* ʿverbergen, bestatten', *пóхороны* pl. ʿBeerdigung', ukr. *choronýty* ʿbewahren, behüten, beschützen, begraben', wruss. *charanić* ʿbegraben', *acharóna* ʿSchutz', aruss. *choroniti* ʿbewahren', abulg. *chraniti* φυλάττειν (Ostr., Cloz., Supr.), bulg. *chraňá* ʿfüttern', *chraná* ʿNahrung, Brot', skr. *hrániti*, *hrȃnȋm* ʿnähre, bewahre', *hrána* ʿNahrung', sloven. *hrániti* ʿaufbewahren, ernähren', *hrána* ʿNahrung, Speise', čech. *chrániti* ʿverbergen, decken, beschützen', slk. *chrániť* ʿbeschützen', poln. *chronić* ʿbewahren, schützen', alt *chrona* ʿgeschützter Platz', kaschub. *charna* ʿFutter', slovinz. χá'rna ʿFutter', χrùonic ʿschützen', polab. *chórna* ʿNahrung', *chórnet* ʿernähren, füttern'. ‖ Urslav. *chorna, *chorniti wird für verwandt gehalten mit lat. *servō*, -*āre* ʿerretten, erhalten', avest. *haraitē* (mit *pairi*-) ʿbehütet sich, bewahrt sich vor', *haurvaiti* ʿbehütet', s. J. Schmidt Vok. 2, 140, MiEW. 89, Berneker EW. 1, 397 ff., dagegen Pedersen IF. 5, 65. Weniger ansprechend ist der Vergleich mit griech. *κτέρας* ʿBesitz, Vermögen', *κτέρεα* ʿEhrengaben an die Verstorbenen' (Pedersen c. l., dagegen Berneker c. l., Boisacq 524 ff.), auch kaum zu lit. *šérti*, *šeriù* ʿfüttere', *pāšaras* ʿViehfutter' (gegen Jagić Archiv 10, 194, Torbiörnsson 2, 28 ff., Matzenauer LF. 8, 1 ff., Brückner KZ. 51, 232, Mikkola Ursl. Gramm. 175), oder zu aind. *çárman* n. ʿSchirm, Schutzdach' (Jagić Archiv 4, 528, Machek Slavia 16, 191). Schwierig ist die Beurteilung des Verhältnisses von *chorna, *chorniti zu avest. χ*varəna*- ʿEssen, Trinken', χ*var*- ʿgenießen, verzehren' (Mikkola Ursl. Gr. 175, Matzenauer c. l.).

Хорóпуть ʿl. Nbfl. des Iput', Sož-Bassin' G. Mohilew (Maštakov Dnepr 137). Vgl. poln. *charp*, später *chrap* ʿBuschwerk auf feuchtem Gelände', *charpęć* ʿStrauchwerk, Unkraut' (aus *chъrp-) neben *chorp- in bulg. *chrápa* ʿPfütze, Tümpel', s. weiteres bei Berneker EW. 1, 412, Mladenov 671, Torbiörnsson 2, 29 ff.

хоросанци pl. ʿBewohner des NO Persiens', nur aruss. *chorosanci* (Afan. Nikitin 15, mehrfach). Aus npers. *Chorāsān* ʿLandschaft im NO Persiens' (Geiger in Geiger-Kuhn Grundriß d. iran. Philol. 2, 384).

хорохóриться ʿsich wichtig machen', *хорохóря* ʿPrahler, Großmaul'. Daneben *ерохóриться* dass. durch Einfluß von *ерóха* ʿQuerkopf, Zänker', *ерóшиться* ʿsich sträuben'. Urspr. *chorchor-, wohl echt-slav. (Torbiörnsson 2, 28), aber kaum ablautend mit *шершáвый*, *шóрох* (gegen Iljinskij IORJ. 20, 4, 173). Bestimmt nicht vom Namen der mongol. Hauptstadt *Karakorum* (gegen Golubinskij bei Gorjajev Dop. 1, 53). Vgl. *хорхóра*.

хорóший ʿgut, schön, hübsch', *хорóш*, -*á*, -*ó*, ukr. *choróšyj*, wruss. *charašýcca* ʿprahlen, sich wichtig machen', aruss. *chorošь* dass. (seit d. 13. Jhdt., Nikon Pandektes, Žitije Stef. Permsk.,

s. Obnorskij Jazyk i Liter. 3, 241 ff.). ‖ Am wahrscheinlichsten ist die Annahme einer Kurzform auf -*ъ* von *хоробрый* (s. d.), vgl. Meillet-Vaillant 23, weniger von *хоронен*, zu *хоронить* (Berneker EW. 1, 397 Jagić Archiv 6, 282 ff., Brückner KZ. 43, 308, RS. 4, 258). Unwahrscheinlich ist Ableitung von *Хорс* 'Sonnengott' (Obnorskij Jaz. i Liter. 3, 250 ff., RJŠ. 9, 5, 9, RS. 11, 157), weil für den Gottesnamen eine Form *Chorosъ nicht nachgewiesen werden kann. Zweifelhaft ist der Vergleich mit ukr. (*c*)*hárnyj* 'hübsch' (gegen Iljinskij IORJ. 23, 2, 241 ff., s. oben 1, 260) und die Annahme einer Entlehnung aus ostosset. *χorz* 'gut', wosset. *χvarz* dass., avest. *hvarəz-* 'wohlwirkend' (gegen Lewy KZ. 52, 306, Sköld Lw.St. 8, Symbolae Rozw. 2, 299, Gorjajev EW. 400). Vgl. *хоровитый*.

Хорс 'Sonnengott', aruss. *Chъrsъ* (Nestor-Chron. a. 980, Igorlied u. a., s. Srezn. Wb. 3, 1425 ff.), aserb. *Chrъsь* als Pers. N. (Sobolevskij RFV. 16, 187, Mat. i Issl. 251, Slavia 7, 175 ff., Brückner KZ. 50, 197, Archiv 40, 10). ‖ Die verbreitete Herleitung aus d. Iran., avest. *hvarə χšaētəm*, mpers. *χvaršēt*, npers. *χuršēt* 'leuchtende Sonne' ist nicht ohne lautliche Schwierigkeiten, obgleich man sich auf osset. *s* für altiran, *š* beruft, s. Vs. Miller Vzgljad na Slovo o polku Igor. 83, Korsch Sumcov-Festschr. 53, Gorjajev EW. 400 ff. Zu den iran. Wörtern s. Bartholomae Air. Wb. 1848, Hübschmann Pers. Stud. 57. Abzulehnen ist die Auffassung als 'Sonnenvogel' bzw. 'göttlicher Vogel' und Herleitung aus npers. *χurōs* 'Hahn' (altiran. **χraos-*, mpers. *χrōs* 'Hahn') gegen Pogodin Živ. Star. 18, 1, 106, ebenso die Herleitung aus griech. Χρυσός, Χρύσης PN., dazu vgl. Jagić Archiv 37, 503.

хорсу́к 'Iltis', Don-G. (Mirtov). Wohl Kontamination von *хорь* 'Iltis' und *барсу́к* 'Dachs'.

хорт m., *хо́ртица* f. 'Windhund', ukr. *chort*, *chortýca* dass., *chortovýj* 'schnell, hurtig', bulg. *chъrt*(*ъt*) 'Windhund', aserb. *chrъtь*, skr. *hȑt*, sloven. *hȓt* G. *hŕta*, čech. slk. *chrt*, poln. *chart*, osorb. *khort*, nsorb. *chart*. Aus aruss. *chъrtъ* entlehnt sind lit. *kùrtas*, lett. *kur̃ts* 'Windhund, Jagdhund, magerer Hund' (M.-Endz. 2, 326). Zu beachten ist čech. *vychrtnouti* 'abmagern'. ‖ Urslav. *chъrtъ wird als urverw. gestellt zu german. **hrupian-*, ags. *ryđđa* 'Rüde, großer Hund', mhd. *rude, rüde* dass., s. Endzelin SlBEt. 127, was lautlich nicht ohne Schwierigkeiten ist (vgl. Šachmatov IORJ. 17, 1, 290). Unmöglich ist aber Entlehnung aus dieser german. Sippe (gegen Hirt PBrBtr. 23, 333, Kluge-Götze EW. 489, s. Berneker EW. 1, 412) oder derjenigen von nhd. *hurtig*, die german. nicht gesichert ist (gegen Mikkola Ber. 1, 185, ÄB. 82, s. Berneker c. l.). Andere denken an Verwandtschaft von *chъrtъ mit *скорый* (Mladenov 672, Holub-Kopečný 143) oder stellen es zu lit. *kùrti*, *kuriù* 'schnell laufen, rennen' (Machek Slavia 16, 216) bzw. als 'rauhaarig' zu aind. *kharas* 'rauh, hart, scharf', griech. κάρχαρος 'spitz, scharf', καρχαρέος 'beißend', καρχαλέος 'rauh' (Iljinskij RFV. 69, 12 ff.).

хорта́ть 'kümmerlich leben, vegetieren', Pskov, Tveŕ (D.), auch *хартáмъ* dass., das auf Vokalassimilation beruhen könnte. Vgl. *хорт* (s. d.) u. Iljinskij IORJ. 20, 4, 169.

хорýг(о)вь f. 'Kirchenbanner', älter 'Kriegsfahne, Fähnlein', ukr. *choruhóv* G. *choruhvý* 'Fahne', aruss. *chorugy*, G. -ъve 'Fahne, Banner' (Hypat. Chron. u. a., s. Srezn. Wb. 3, 1388), hyperkorrekt *chorjugovъ* (Igorl.), abulg. *chorǫgy*, -ъve 'Fahne' (Supr.), bulg. *chorǫgva* (Mladenov 670), skr. *horugva, horuga*, sloven. *karógla* (aus *karǫgva), čech. *korouhev*, alt *korúhva*, slk. *korúhev*, poln. *chorągiew* f. dass., *chorąžy* 'Fähnrich', osorb. *khorhoj* 'Fahne' (aus *chorugъvъ), nsorb. *chórugoj, chórgoj*. || Altes *chorǫgy, -ъve wurde durch turkotat. Vermittlung (wegen *ch*-) entlehnt aus mongol. *oruŋgo, oruŋga* 'Zeichen, Fahne', kalm. *orŋgn* (s. Ramstedt KWb. 289), vgl. Melioranskij IORJ. 7, 2, 295, Korsch Archiv 9, 513, Drinov-Festschr. 59, Mikkola Balt. u. Slav. 11 ff., JSFOugr. 30, Nr. 33, S. 12, Ursl. Gr. 176, Gombocz Symbolae Rozwadowski 2, 73, Gordlevskij IANOtd. Lit. 6, 327, Berneker EW. 1, 398, Knutsson GL. 42 ff. Abzulehnen ist die Herleitung aus osman. *kujruk* 'Schweif' (gegen MiEW. 89) oder aus got. *hrugga* 'Stab', mhd. nhd. *runge*, bzw. balkangerman. *harihrunga (gegen F. Braun bei Sobolevskij Archiv 33, 481, ŽMNPr. 1911, Mai, S. 166, Uhlenbeck Archiv 15, 485, Jagić Archiv 5, 665, vgl. Kiparsky 135 ff.). Aus dem Russ. entlehnt ist lett. *karuõgs* 'Fahne'. Vgl. auch *хорýжий*.

хорýн 'Hundehaus', Arch. (D.). Unklar.

хорýнжий 'Bannerträger, Fahnenträger', ukr. *chorúnžyj*. Als Kosakenausdruck entlehnt aus poln. *chorąžy* dass. von *chorągiew* 'Fahne' (s. *хорýговь*), vgl. Brückner EW. 182, Korsch Drinov-Festschr. 60. Auch älteres russ. *хоронгви* pl. 'Kompanien, Schwadronen' (seit 1705) ist aus poln. *chorągiew* entlehnt, s. Christiani 13.

хорутане 'e. slovenischer Stamm in Kärnten', nur aruss. *Chorutane* (Nestor-Chron. 6). Gebildet von ahd. *Charanta* (980, s. Lessiak Carinthia 112, S. 96) aus mlat. *Carantāni* 'Kärntner' (7. Jhdt., s. Lessiak c. l.), das auf venet. *caranto*- 'Berg', venez. *caranto* 'tufo arenoso', zu air. *carn* 'Steinhaufen' zurückgeht, s. Walde Mitt. d. Geogr. Ges. Wien 41, 481 ff., Kretschmer Glotta 14, 91, Brandenstein IF. 70, 26, Kranzmayer ZONF. 15, 208, Verf. Zeitschr. 9, 368 ff., Bonfante BSL. 36, 141, Petersson IF. 24, 271 ff. Auch sloven. *Koroško* 'Kärnten' geht auf *Korǫčьsko- zurück, vgl. sloven. *Korotàn* 'Kärntner', s. MiEW. 131, Ramovš RES. 3, 51, Kratka zgodovina 1, 27. Das *ch* des aruss. Namens weist auf bair. Vermittlung wie ačech. *Chúb* 'Flußname' aus nhd. *Kamb*, kelt. *cambos* 'krumm', s. Melich Zeitschr. 9, 87, Schwarz Namenf. 29 ff., ON der Sudetenländer 23, 372.

хорхóра 'struppiges Huhn', *хорхóр* 'Waldschnepfe' Perm. (D.) ablaut. zu *хорохóриться, хорохóниться* 'wichtig tun', *хорхóры* pl., *хорохóрки* pl. 'Lappen, Fetzen', Kaluga, *хорхóры* pl. dass. Kursk. Vgl. griech. *κάρχαρος* 'spitz, geschärft', *καρχαρέος* 'bissig', aind. *kháras* 'hart, rauh'.

хорь I., gewöhnl. *хорёк* G. *-рькá* 'Iltis, Putorius', ukr. *tchir, chir*, russ.-ksl. *dъchorь* (Greg. Nazianz, 14. Jhdt., s. Sobolevskij Lekcii 112), bulg. *tórče*, skr. *tvȍr, tvȏr*, sloven. *dəhȏr*, G. *dəhȏrja*, čech. *tchoř*, ačech. *dchoř*, slk. *tchor*, poln. *tchórz* 'Iltis, Feigling, Memme', osorb. *tchór*, *twór*, nsorb. *twór*. Aus dem Aruss. stammen lett. *dukurs*, finn. *tuhkuri*, estn. *tuhkur*, s. Mikkola Berühr. 1, 40, M.-Endz. 3, 512. ‖ Ursl. *dъchorь* gehört als 'stinkendes Tier' zu ∂*yx, ∂oxnýmь* (s. d.), vgl. Berneker EW. 1, 243, Skok Zschr. f. rom. Phil. 41, 148, Bernard RES. 27, 36, Iljinskij IORJ. 20, 3, 90, Fraenkel Balt. Spr. 114.

хорь II., *хорёк* 'kleine Insel in einem Fluß oder See', Novg., Beloozero (D.). Wird auf finn. *kari* 'Klippe, Sandbank', estn. *kari* dass. zurückgeführt, die aus anord. *sker* 'Klippe' stammen. Schwierig ist das *x*-, s. Kalima 238 ff., Setälä FUF. 13, 377. Kaum durch *хорь* I. beeinflußt (gegen Kalima). Könnte etymologisch identisch sein mit *хорь* I. Vgl. zur Bed. den ukr. Inselnamen *Chortýća*.

хóсать 'Seetiere aufstöbern', *хóсник, хóзник* 'Kundschafter', Mezeń (Podv.), auch *хост* 'Jagd', *иттu на хост* 'auf Beute über Eisschollen ausgehen' (D. mit ?). Etwa zu *хоз?*

хóта 'Brautwerbung', Kazań, Simbirsk (D.). Aus tschuwass. χə̂*da* 'Brautwerber', s. Räsänen FUF. 29, 200.

хотéть, *хочý* 'wollen, wünschen', *nóxomь* 'sinnliche Begierde', *прúхотъ* 'Laune', *охóта* 'Jagd', ukr. *chotíti, chočú*, aruss. *chotěti, chъtěti, chošto* und *chъtěti* θέλειν, βούλεσθαι (Ostrom., Cloz., Supr., s. Diels Aksl. Gr. 93), bulg. *štъ* (*chъštǫ*), skr. *hòtjeti, hȍću, ću*, sloven. *hotéti, hóčem*, ačech. *chtieti, chcu*, čech. *chtíti, chci*, slk. *chc(i)eť*, poln. *chcieć, chcę*, osorb. *chcyć, chcu*, nsorb. *kśeś, com.* ‖ Ursl. wohl *chъtěti, *chotiǫ wird wegen poln. *chęć* 'Lust, Wille', čech. *chuť* f. dass. oft verglichen mit armen. χ*and* 'heftige Begierde', χ*ind* 'Freude', χ*ndam* 'freue mich', ferner mit kymr. *chwant*, bret. *hoant* 'desiderium', s. Bugge KZ. 32, 42, Meillet Ét. 174, MSL. 8, 315; 9, 153; 10, 140, Pedersen KZ. 38, 388 ff.; 40, 178 ff., Zupitza BB. 25, 94, Persson 305. Dagegen spricht ,daß slav. *ъ, o* als Vertreter von idg. *m̥, n̥* nicht gesichert sind, s. Berneker EW. 1, 399, Uhlenbeck IF. 17, 96, Endzelin SlBEt. 121 ff., Iljinskij Archiv 28, 458 ff. Auch der Vergleich mit griech. χατίς f. 'Bedürfnis', χῆτις, χῆτος n. dass. (Pedersen KZ. 38, 388, Iljinskij IORJ. 20, 4, 149 ff., Archiv 28, 457; 29, 168) wird angefochten (s. Persson 305, 709), ebenso die Zusammenstellung mit lat. *sentiō, -īre* 'fühle' (Meillet MSL. 8, 315). Andere denken an expressive Bildung, verwandt mit lit. *ketéti, ketù* 'beabsichtige', *ketìnti, ketinù* dass., s. Machek Studie 66, Slavia 16, 176, Mikkola Ursl. Gr. 177, Brückner EW. 177). Nicht sicherer ist der Vergleich mit aind. *kṣatrám* n. 'Herrschaft', avest. χ*šaθra-* dass., aind. *kṣáyati* 'besitzt, herrscht' griech. *κτῆσις* f. 'Erwerb', *κτάομαι* 'erwerbe' (Ehrlich Zur idg. Sprachgesch. 55, RS. 4, 260, Trubeckoj Slavia 1, 17 ff.). Auch Beziehung zu *хватáтъ, хúтuтъ* wurde erwogen (Endzelin SlBEt. 121 ff., Iljinskij Archiv 28, 459 ff., IORJ. 20, 4, 151). Zur Herleitung des Paradigmas von *хочý* aus einem idg. athemat.

Optativ vgl. Trubeckoj c. l., Grünenthal Archiv 41, 319, Berneker Archiv 38, 269, Vaillant RES. 14, 27. Vgl. *хоть, хотя́*.

Хо́тин 'Stadt in Bessarabien', ukr. *Chotýn*, poln. *Chocim*. Umgestaltet nach andern ON auf *-in*. Zugrunde liegt eine Kurzform **Chotimъ*, Adj. **Chotimjь*, des PN *Chotimĕrъ* (s. Mi. Bildung 184ff.), bzw. PN *Chotĕnъ*, vgl. aruss. *Chotĕnьskoj* (1. Soph. Chron. a. 1500).

хото́н 'kalmückische Siedlung', Astrach. (D.). Aus kalmück. *χotṇ, χoto* 'Umzäunung, Stadt', dschagat. kirg. *kotan* 'Hürde, Viehstall', zur Sippe s. Ramstedt KWb. 190, Paasonen FUF. 2, 123.

хоть f. 'Gattin, Gemahlin', auch 'Wunsch, Begierde', Arch. (D.), ukr. *chit'* f. G. *chóti* 'Wunsch, Begierde', aruss. *chotь* 1. 'Wunsch'; 2. 'Geliebte, Gemahlin'; 3. 'Liebhaber, Liebling', abulg. *chotь* 1. ἐπιθυμία, 2. μοιχός (Supr.), čech. *chot'* G. *choti* 'Bräutigam, Gemahl, Gattin'. Zu *хоте́ть* 'wollen'; als 'Begierde, Lust'. Siehe das folg.

хотя́ 'obgleich', dial. *хочá*, ukr. *chot'* 'wenn auch, gleichwohl', *choč* 'wiewohl', apoln. *chocia*, poln. *chocia, chociaż* 'obgleich, wenn auch'. Wird gewöhnlich mit dem alten Partic. Praes. Act. aruss. *chotja* 'wollend', abulg. *chotę̨* dass. gleichgesetzt, s. Sobolevskij ŽMNPr. 1904, März, S. 182, Brandt RFV. 22, 126. Daraus wäre *хотъ* durch Kürzung entstanden. Die poln. Formen haben *-a* wie apoln. *rzeka*, aruss. *reka* für **reky* (s. Łoś RS. 6, 245ff., Rozwadowski RS. 2, 4ff.), anders, aber nicht überzeugend sucht Osten-Sacken IFAnz. 28, 36 in *chocia* einen Kasus von *choć* (s. *хотъ*).

хо́уз 'Stauwasser, Stauung, Wasserbehälter'. Etymologisch identisch mit *ко́уз, ка́уз* dass., s. oben 1, 541.

хохо́л G. *хохлá* 'Schopf, Haarbüschel', auch 'Spottname der Ukrainer bei den Russen, wegen der Haartracht', ukr. *chochól* 'Schopf', wruss. *chachól'*, čech. *chochol* 'Schopf, Kegel', slk. *chochol* 'Schopf', poln. *chochół* 'Ende der Garbe, Strauß', osorb. *khochol*, nsorb. *chochoł* 'Kuppe, Hügel, Schopf', polab. *chüchol*. ǁ Viell. eine expressive Entsprechung zu lett. *cekulis* 'Zopf, Schopf, Quaste', vgl. slk. *kochol* 'Schopf', *kochl'atý* 'schopfig', s. Machek Slavia 16, 211, Endzelin SlBEt. 126. Anders über das lett. Wort J. Schmidt Pluralb. 177ff., Berneker EW. 1, 138. Sonst denkt man auch an Reduplikation bei **chocholъ*, s. Berneker EW. 1, 392ff., Iljinskij IORJ. 20, 4, 155, Szober PrFil. 14, 603ff. (hier sehr gewagte Vergleiche mit *холóн* u. a.). Abzulehnen ist Entlehnung aus pers. *kâkul* 'Haarlocke' (Lokotsch 82).

Хохла́ндия 'spöttische Bez. der Russen für die Ukraine', von *хохо́л* 'Ukrainer' (s. das vorige) nach dem Muster etwa von *Голла́ндия, Лапла́ндия*, vgl. Perwolf Archiv 8, 5.

хохо́ниться 'sich schmücken', Vjatka (Vasn.), *хохо́нить* 'schmücken' (D.), *хохо́ня* 'Geck, Stutzer'. Wohl von der Interj. *хо, хо!*

хо́хот 'helles, lautes Lachen' *хохота́ть, хохочу́* 'lache laut', ukr. *chochotáty, chochotíty* 'laut lachen', ksl. *chochotati,* sloven. *hohotáti, hohóčem, hohotâm* 'laut lachen, sprudeln, wallen (von kochendem Wasser)', čech. *chochtati, chochtám* 'kichere, lache laut', daneben: **chъch-* in sloven. *hehèt* 'Gekicher', *hehetáti se* 'kichern', čech. *chech, chechot* 'Kichern, Lachen', *chechtati* 'kichern'. slk. *checht* 'Lachen', poln. dial. *chech* dass. ‖ Lautnachahmend wie *хихи́кать* oder *ха́хать* 'lachen', Tichvin (RFV. 62, 295), osorb. *khakhać,* nsorb. *chachaś* 'lachen', s. Endzelin SlBEt. 120 ff., Uhlenbeck IF. 17, 176, Archiv 16, 372. Aruss. *chrochotati* 'lachen' (Nikon Pand., s. Srezn. Wb. 3, 1408) kann beeinflußt sein durch *grochotati.* Urslav. **chochotъ, *chochotati* vgl. mit aind. *kakhati* 'lacht', armen. χαχank῾ 'lautes Gelächter', griech. καχάζω 'lache laut', lat. *cachinnō, -āre* 'hell auflachen', *cachinnus* 'Gelächter', s. Meillet-Ernout 144, Meillet Dial. Ideur. 80 ff., MSL. 8, 294, Hübschmann 455, Meillet-Vaillant 23, Uhlenbeck Aind. Wb. 38.

хохря́к, -á 'Beule, Auswuchs, Höcker', auch 'Kamel' (D.), 'gefrorener Pferdemist', Vjatka (D.). Weder die Annahme einer Urverwandtschaft mit nhd. *Höcker* (Gorjajev EW. 401), noch die einer Entlehnung aus finn. *kakkara* 'Erdscholle, rundes Brot' (Kalima 99) befriedigt. Viell. zu *хохо́л*?

хоху́ля 'Bisamratte', dial. *хоху́ля* dass. Vor. (D.). Man vergleicht *вы́хухоль* dass. und weiter čech. *chuchati* 'hauchen', poln. *chuch* 'Atem', *chuchać* 'hauchen', die wohl lautnachahmender Herkunft sind, s. Preobr. 1, 105, Gorjajev EW. 59. Urspr. 'hauchendes, übelriechendes Tier', s. auch zur Sippe Berneker EW. 1, 405.

хочá 'obgleich', Östl. (D.), auch *хочь* Südl., *хошá* Kostr., Jarosl., Nižn. (D.), auch Mel'nikov. Die Formen mit *č* beruhen auf altem Optativ (Imperativ) von *хоте́ть* (s. d.), vgl. Grünenthal Archiv 41, 319, Sobolevskij Slavia 5, 454, Trubeckoj Slavia 1, 19. Die Form mit *š* evtl. aus *хошь-хо́чешь* durch Einfluß von *хочá* oder *хотá.*

хою́р 'Oberkleid der syrjän. Fischer', Pečora (Podv.). Unklar.

хрáбаз 'Reisig', Arch. (D.), ukr. *chrabúz* 'Strunk', poln. *chrabęż* f. 'Dickicht'. Nach Iljinskij IORJ. 16, 4, 9 zu *хро́бост* 'Rascheln'.

храби́на 'Vogelbeerbaum', Südl. (D.). Wohl Umgestaltung von *ряби́на.* Kaum mit Recht nimmt Gorjajev EW. 401 Verwandtschaft mit lat. *sorbus* dass. an.

хра́брый 'tapfer', *храб(ё)р, храбрá, хрáбро.* Kslav. Lehnwort für echt-russ. *хоро́брый* (s. d.), abulg. *chrabrъ* πολεμικός, φοβερός (Supr.).

хрáкать, *храчу́* 'sich räuspern', *храк* m., *хрáка* f., 'Speichel, Schleim', aruss. *ochrakъ* 'Schleim', ksl. *chrakati, chraču̧* 'sich räuspern', bulg. *chráč, chrákam,* skr. *hrákati, hráčem,* sloven. *hrákati, hráčem,* poln. *chrakać.* Lautnachahmend, s. MiEW. 424, Berneker EW. 1, 401.

хра́м, -*а* ‛Tempel', entlehnt aus ksl. abulg. *chramъ* dass., dafür echt-russ. *choromъ* (s. *хоро́мы*).

хране́ц, -*ңца́* ‛Syphilis', Kursk (D.), *хра́нец*, auch pl. *хра́нцы* dass., Vologda, Südl. (D.). Als ‛französische Krankheit' von ndl. *frans* ‛französisch', s. oben *пра́нец* u. *францу́з*.

храни́ть, *храню́* ‛bewahren', *сохрани́ть* dass., *охраня́ть* ‛beschützen', *охра́на* ‛Schutz'. Entlehnt aus kslav., abulg. *chraniti* φυλάττειν (Ostrom., Cloz., Supr.), wofür echt-russ. *хорони́ть* (s. d.).

хра́п 1. ‛Frechling, Raufbold, Sträfling'. 2. ‛dünne Eisrinde (auf dem Schnee); rauhe, holprige Eisfläche'. Die Verknüpfung mit *храпѣть* (Iljinskij IORJ. 20, 4, 167ff.) ist unsicher. Siehe *хра́повое колесо́*.

храпе́ть, *храплю́* ‛schnarche', *хpaп* ‛Schnarchen, Schnauze', ukr. *chrap* ‛Schnauben des Pferdes', *chropú*, *chroptý* ‛schnarchen', aruss. *chrapati*, *chropu* ‛schnarche, pfauche, schnaube', ksl. *chrapati* ῥέγχειν, bulg. *chrápam* ‛röchle' (Mladenov), skr. *hrapati*, *hrapam* dass., *hr̀apav* ‛heiser', sloven. *hrápati*, *hrápam*, *hrápljem*, čech. *chrápati*, slk. *chrápat'*, poln. *chrapać*, osorb. *krapać* ‛krächzen', nsorb. *chŕapaś* ‛stark husten, sich räuspern'. Vgl. auch *хро́пать*. ‖ Lautnachahmender Herkunft, vgl. auch *хрипѣть*, s. Berneker EW. 1, 401, MiEW. 90. Zu beachten ist der Vergleich mit lit. *skreplénti*, *skreplenù* ‛Schleim aushusten, auswerfen' (Machek Slavia 16, 213).

храпова́ть ‛jemd. als Tagelöhner dingen', Mezeń (Podv.). *храпове́ц* ‛Tagelöhner' c. l. Gebildet von *хpaп* ‛Sträfling, unfreier Mensch' (s. d.).

Храпови́цкий; *зае́хать к Храпови́цкому* ‛wie ein Toter einschlafen' (Gogol'), *пойти́ к Хр-у* ‛zur Ruhe gehen' (Mel'n.). Scherzhafte Bildung von *храпѣть* ‛schnarchen' unter Einfluß des Namens *Храпови́цкий*, von dessen Trägern *Aleks. Chrapovickij*, Senator und Staatssekretär unter Katharina II. auch als Schriftsteller besonders bekannt war (s. Enc. Slov. 74, 612ff.), vgl. Malinowski Pr. Fil. 5, 626, Brückner EW. 183.

хра́повое колесо́ ‛Schieb-, Sperrad'. Gehört zu *хpaп* ‛Sperrhaken, Bremse', auch *храпу́н* ‛Schiffshaken, Harpune', letzteres über ndl. *harpoen* bzw. nhd. *Harpune* oder direkt aus frz. *harpon* ‛Schiffshaken', s. Gorjajev EW. 401, Dop. 1, 53, Meulen 77ff., Kluge-Götze EW. 233.

храпу́н I. ‛Schnarcher', s. *храпѣть*.

храпу́н II. ‛Harpune', s. *хра́повое колесо́*.

хребе́т, хребёт G. *хребта́* ‛Rücken, Rückgrat, Bergrücken', ukr. *chrebét*, *chrybét* G. -*btá*, wruss. *chríbit*, aruss. *chrьbьtъ* ‛Rükken, Wellenkamm', abulg. *chrьbьtъ* νῶτος, αὐχήν (Supr.), bulg. *chrъbét* ‛Wirbelsäule', skr. *hr̀bat* G. *hr̀pta* ‛Rücken', sloven. *hrbȁt* G. *hrbtà* ‛Rücken', pl. *hrbtȉ* ‛Seitenbretter am Leiterwagen', čech. *hřbet* G. *hřebta* ‛Rücken', alt *chrb* ‛Berg, Hügel', slk. *chrbát* apoln. *chrzbiet* G. *chrzebta*, poln. *grzbiet* G. *grzbietu*, kaschub. *kšept*, nsorb. *kšebjat*. Ablaut in: kslav. *chribъ* ‛Hügel', *chribъtъ*

'Rückgrat', skr. alt *hrib* 'Hügel', sloven. *hrib* 'Anhöhe', *hribər* dass., čech. *chřib* 'Hügel', apoln. *chrzybiet*, osorb. *khribjet*. ‖ Schwer zu deuten. Unsicher sind die Versuche, lautnachahmende Herkunft zu erweisen (vgl. Berneker EW. 1, 404ff.). Lautlich bedenklich ist die Anknüpfung an *горб* (gegen Machek Slavia 16, 200), weil dieses auf *gъrbъ, nicht auf *grъbъ zurückgeht. Siehe auch *хрип*.

хребту́г s. *хрептуг*.

хрёк 'Eber', s. *хряк*.

хрен -a 'Meerrettich, Cochlearia Armoracia', auch verächtl. Bez.: *ста́рый хр.* 'alter Knabe', ukr. *chrin*, s.-ksl. *chrěnъ*, bulg. *chrěn(ъt)*, skr. *hrȅn* G. *hrȅna*, sloven. *hrèn* G. *hréna*, ačech. *chřěn*, čech. *křen*, slk. *chren*, poln. *chrzan*, osorb. *khřěn*, nsorb. *kśěn*. Man bringt das slav. Wort zusammen mit Theophrast 9, 15, 5: ἔτι δὲ δαῦκον δαφνοειδὲς κροκόεν, καὶ ἣν ἐκεῖνοι μὲν ῥάφανον ἀγρίαν καλοῦσι, τῶν δ᾽ ἰατρῶν τινες κεραΐν, s. Schrader Nehring 1, 450; 2, 55; vgl. auch Plinius Nat. Hist. 19, 82: *ceraïn*. Es handelt sich anscheinend um ein Wanderwort, s. Hoops PBrBtr. 23, 568, Berneker EW. 1, 402, Mikkola Ursl. Gr. 11, Balt. u. Slav. 46. Unsicher sind die Vergleiche mit ndl. *schrijnen* 'ritzen, brennen, jucken' (Loewenthal Zeitschr. 7, 407), mit aind. *kṣārás* 'brennend, ätzend', griech. ξηρός 'trocken' (Loewenthal Archiv 37, 384). Zum Theophrast-Beleg paßt nicht die Auffassung von *chrěnъ* als Entlehnung aus tschuwass. *χərɛn* dass., das Räsänen (Toivonen-Festschr. 126) zu tschuwass. *χər-* 'glühend werden', turkotatar. Partic. *kyzγan* 'glühend', *kyz-* 'rot werden' stellen will.

хрепа́ть, *хреплю́* 'husten, röcheln', Nordgrr. (D.), *хрепо́та* 'Husten', r.-ksl. *chrepetati* 'wiehern', *chrepetivъ* 'wiehernd' (Svjatosl. Sborn. 1073 u. a., s. Srezn. Wb. 3, 1403), skr. *hrepètati*, *hrèpećēm* 'wiehere', sloven. *hrépati* 'raspeln, röcheln, keuchen', *hrepetáti* 'heiser sein, hüsteln, röcheln'. Zu *храпе́ть*, *хро́пать*, s. MiEW. 90, Berneker EW. 1, 401, Iljinskij IORJ. 20, 4, 167. Vgl. auch *хрипе́ть*, *хря́пать*.

хрепту́г, хребту́г 'Futtersack, der Droschkenpferde', aus *рептуг* (s. oben 2, 514) mit Anlehnung an *хребе́т* 'Rücken', von dem es Gorjajev EW. 402 direkt ableiten möchte.

хресно́й 'Pate', *хре́сна* 'Patin', dial. (D.), aus *krъstьnъ zu *крест*. Vgl. heute *крёстный оте́ц* 'Pate', *крёстная мать* 'Patin'.

хрестома́тия 'Lesebuch', um 1900 auch *христома́тия* dass., aus lat. *chrēstomathia* von griech. χρηστομάθεια dass. Das *i* der russ. Form entspricht der mgr., ngr. Aussprache, s. Grot Fil.Raz. 2, 509.

хрип I. 'Rücken, Nacken', Vjatka (Vasn.). Wenn aus *chribъ, dann gehört das Wort zu den unter *хребе́т* besprochenen Wörtern.

хрип II. 'Heiserkeit'. Siehe *хрипе́ть*.

хри́пать 'schwach, hinfällig werden', ukr. *chrýpaty* 'heiser werden', *chrýpavka* 'Heiserkeit', skr. *hrípati*, *hrîpâm* 'keuchen, stark husten', sloven. *hripati, hripam* 'röcheln, heiser sein', s. Berneker EW. 1, 402, Iljinskij IORJ. 20, 4, 168. Zum folg.

хрипе́ть, *хриплю́* 'heiser sein, krächzen', *хрип, хрипота́* 'Heiserkeit', ukr., *chrypíty* 'heiser sprechen, schnarren', čech. *chřipěti, chřipěti* dass., slk. *chripieť* 'heiser sein', poln. *chrzypieć*, weiteres unter *хрипать*. ‖ Lautnachahmender Herkunft. Vgl. *храпе́ть, хрепа́ть, хропа́ть*, andererseits aber *скрипе́ть*, s. Berneker EW. 1, 402, Brückner KZ. 51, 225, Machek Studie 75, Slavia 16, 213.

хрисоли́т 'Chrysolith, gelbgrüner Edelstein', nur aruss. *chrÿsolitъ, chrusolitъ* (Svjatosl. Sborn. 1073 u. a., s. Srezn. Wb. 3, 1408). Aus griech. χρυσόλιθος dass., während heutiges *хризоли́м* über nhd. *Chrysolith* entlehnt ist.

Христо́с 'Christus', G. *Христа́*, aruss., abulg. *Christosъ* (Assem., Supr., Svjatosl. Sborn. 1073 u. a.). Aus griech. Χριστός, zu χρίω 'salbe'.

христиани́н, *-и́на* 'Christ', pl. *христиа́не* ukr. *chrystyjanýn*, aruss., abulg. *christijaninъ* χριστιανός (Supr.), aus griech. χριστιανός, s. Berneker EW. 1, 635, Verf. GrslEt. 102 ff. Es liegt Beeinflussung durch das bei Völker- u. Stammesnamen häufige Suffix *-aninъ*, pl. *-ane* vor. Siehe auch *крестья́нин*.

хрита́ть 'spotten, verhöhnen', nur aruss. *chritati* (*sę*) 'verhöhnen', *ochrita* αἰσχύνη. Jedenfalls echt-slav. (Brückner KZ. 45, 109) und nicht entlehnt (gegen Verf. GrslEt. 137 ff.). Viell. urverw. mit ahd. *scrîan*, mhd. *schrîen* 'schreien'.

хро́бать 'gierig essen', Čerep. (Gerasim.), sloven. *hróbati* 'nagen, knorpeln'. Vgl. das folg.

хро́бост 'Lärm, Geknister, Knirschen', *хро́бос(т)кий* 'lärmend, laut, schnell, mutig', *хробосте́ть, -сти́ть, -ста́ть* 'lärmen, knirschen', ukr. *chrobotíty* 'rasseln', *chróbot* 'Knirschen', poln. *chrobotać* 'rascheln'. ‖ Man vergleicht lit. *krebždėti* 'leise rascheln', lett. *krabinât* 'krabbeln', s. Endzelin SlBEt. 127, nicht wiederholt M.-Endz. 2, 255. Weitere Zusammenstellungen bei Berneker EW. 1, 403, Iljinskij IORJ. 16, 4, 10; 20, 4, 168, die Lautnachahmung annehmen. Zweifel am Vergleich mit dem lit. Wort bei Šachmatov IORJ. 17, 1, 290.

хробы́снуть 'heftig schlagen, stoßen', *хробы́сь* 'Interj. des Schlagens', Vjatka (Vasn.). Zum vorigen.

хроза́н 'Peitsche', nur r.-kslav. *chrъzanъ, chrozanъ* (Antioch. Pandekt. 14.—15. Jhdt., s. Srezn. Wb. 3, 1408), abulg. *chrъzanъ* φραγέλλη (Supr.). Über mgr. χαρζάνιον dass. oder direkt aus mpers. *χarāzan* 'eseltreibend', χar 'Esel' (dazu s. Hübschmann 126, 158), woher auch armen. χarazan 'Geißel', vgl. armen. *gavazan* 'Hirtenstab, Ochsenstachel', s. Verf. Zeitschr. 20, 403 ff.; 21, 135, Vaillant RES. 29, 124. Zur Sache vgl. vlat. *scutica* 'Peitsche' aus griech. σκυθική dass., s. Zubatý LF. 9, 134.

хромо́й 'hinkend, lahm', *хром, хрома́, хро́мо, хрома́ть* 'hinken', ukr. *chromýj*, wruss. *chrómyj*, aruss., abulg. *chromъ* χωλός, κυλλός (Supr.), bulg. *chrom*, skr. *hröm, hröma, hrömo*, sloven. *hròm*, čech. slk. *chromý*, poln. *chromy*, osorb. *khromy*, nsorb. *chromy*, polab. *chrüöme*. Ablaut in abulg. *ochrъmǫ* 3 pl. Aor., čech. *ochrnouti* 'lahm werden', r.-ksl. *chramati* 'hinken', mähr. *chramozda* 'ungeschickt gehender Mensch'. || Wird verglichen mit aind. *srāmás* 'lahm', *srāmas* m. 'Lahmheit, Siechtum', s. Goldschmidt MSL. 1, 413 ff., KSchel.Btr. 7, 252, Berneker EW. 1, 403, Uhlenbeck Aind. Wb. 353, Pedersen IF. 5, 70. Das slav. *ch* aus idg. *s* kann über expressives *š* entstanden sein bei einer Bezeichnung für körperliche Gebresten, s. Endzelin SlBEt. 71 ff., Machek Studie 86. Weniger wahrscheinlich ist die Deutung des *ch-* aus einer vorausgesetzten Verbindung *nogi sromъ* 'lahm an den Füßen' (Pedersen c. l.). Nicht förderlich sind auch die Ansätze **skhromo-* (Agrell BSIL. 8 ff.), **skromo-* (Lewy Altpr. Personenn. 7), zweifelhaft die Zusammenstellung mit aind. *çramayati* 'macht müde, bewältigt', poln. *kromić* 'bändigen' (Machek IF. 53, 93 ff.), unbewiesen die Grundformen **ksromos* (Trautmann GGAnz. 1911 S. 256). Bedenken gegen den Vergleich mit aind. *srāmás* 'lahm' bei Meillet MSL. 19, 300, Iljinskij IORJ. 16, 4, 6.

хро́ника 'Chronik', älter *кроника* (Kotošichin, Avvakum 216 u. oft 17. Jhdt., s. Ohijenko RFV. 66, 369), ukr. *chrónika*. Über poln. *chronika*, *kronika* aus lat. *chronica* von griech. χρονικὰ (scil. βιβλία) 'Zeit-, Geschichtsbücher'.

хрони́ческий 'chronisch', über poln. *chroniczny* bzw. nhd. *chronisch* aus lat. *chronicus* von griech. χρονικός dass., χρόνος 'Zeit'.

хроно́граф 'historische Enzyklopädie', aruss. *chronografъ* 1. 'Chronist'. 2. 'Art Chronik' (in Moskau seit Mitte d. 15. Jhdts., s. Jacimirskij Enc. Slov. 74, 736 ff.), woher durch Fernassimilation auch *granografъ* (16. Jhdt. PSRL. 5, 51 u. a.) und *fronografъ* (Hypat. Chron.). Aus griech. χρονογράφος, s. Srezn. Wb. 3, 1407 ff., Verf. GrslEt. 221.

хроноло́гия 'Chronologie', über poln., lat. *chronologia* von griech. χρονολογία.

хро́пать 'stark klopfen', *хроп! хроп!* 'Interj. des Klopfens', Vjatka (Vasn.), *хро́пки* pl. 'Splitter, Scherben', Pskov (D.). Lautnachahmend. Zweifelhaft ist Verwandtschaft mit skr. *hròpiti* 'röcheln', sloven. *hrópati*, čech. *chropěti* dass. (gegen Iljinskij IORJ. 20, 4, 167). Vgl. *хру́пкий*.

хруль, *руль* 'besonders lange, hervortretende Nase', auch 'Knöchel, Knirps', *хру́ля* 'tabakschnupfender Mensch'. Wohl Ableitung von einer Interj. des Grunzens. Vgl. *хрю́кать*.

хру́мкать 'nagen, laut kauen', ukr. *chrúmaty* dass., nach Berneker EW. 1, 404 lautnachahmend, zu sloven. *hrûm* 'Getöse, Lärm', *hrúmati* 'lärmen'. Siehe *хру́паться*.

хру́ндать 'spinnen', Kazań (D.). Unklar.

хру́ны, *хру́ни* pl. 'Lumpen, Lappen, Fetzen', Kursk, Moskau (D.), auch *хруньё* Koll. n. dass., *хру́нник* 'abgerissener Mensch'. Man vergleicht lit. *skrándas* m., *skránda* f. 'alter, abgeschabter Pelz', lett. *skrañda*, s. Machek Zeitschr. 13, 404, Studie 88ff., Slavia 16, 213. Abzulehnen ist die Zusammenstellung mit anord. *hrǽ* n. ʽBruchstück, Wrack, Leiche' (Gorjajev EW. 402), das zu got. *hraiw* gehört (s. Holthausen Awn. Wb. 130, Feist Got. Wb. 269).

хру́пать ʽlaut kauen, nagen', *хру́пнуть* dass., *хрупа́ться* ʽbrechen, platzen', *хру́пкий* ʽzerbrechlich, morsch, spröde', ukr. *chrúpaty* ʽknirschend essen', bulg. *chrúpam* dass., skr. *hrúpati* ʽgrunzen', alt *hrup* ʽLärm', sloven. *hrupéti, hrupím* ʽlärmen, rauschen, wettern, stürmen', *hrúpati* ʽmit Geräusch fressen', čech. *chrupati, chřupati* ʽknappern', *chrup* ʽKnorpel, Gebiß', slk. *chrup* ʽGebiß', *chrupka* ʽKnorpel', poln. *chrupać* ʽknirschen, knacken'. Lautnachahmender Herkunft wie oben *pun* (s. 2, 523), vgl. Berneker EW. 1, 404, Holub-Kopečný 143. Abzulehnen ist die Annahme einer Entlehnung aus got. *hrōps* ʽGeschrei', *hrōpjan* ʽrufen, schreien' (gegen Uhlenbeck PBrBtr. 20, 38, Hirt PBrBtr. 23, 333, Matzenauer LF. 7, 216, vgl. Kiparsky 34). Beachtenswerter ist der Vergleich von **chrup-* mit lit. *skriupsḗti* ʽknistern', *skriupsnùs* ʽknisternd', *skraũbis* ʽFurcht', s. Buga RFV. 70, 252.

хруст ʽGeknister, sandiges Mehl, Reisig', *хрусто́к* ʽKnorpel' Arch. (Podv.), *хру́стать* ʽnagen, knabbern', *хрусте́ть* ʽknirschen, krachend springen', *хру́сткий* ʽhart, spröde', ukr. *chrust* ʽKnistern, Reisig', *chrústaty, chrustíty* ʽknirschen, mit den Fingern krachen', *chrústka* ʽKnorpel', aruss. *chrustъ* ʽKäfer' (Feodos. Pečersk., s. Srezn. Wb. 3, 1408), kslav. *chrustъ* βροῦχος, bulg. *chrъst* ʽKnirschen, Krachen', skr. *hrùstati, hrùskati* ʽnagen, knirschen', *hrȗst* ʽKnorpelkirsche', sloven. *hrústati* ʽknorpeln, knistern', *hrȗstəc* ʽKnorpel', čech. *chroust* ʽKäfer', *chroustati* ʽknorpeln', slk. *chrúst* ʽMaikäfer', apoln. *chrąst* ʽKäfer', poln. *chrzęść* ʽWachtelkönig', daneben poln. *chrustać* ʽnagen, rascheln', *chruścieć* ʽbrausen, rauschen', polab. *chrąst* ʽKäfer'. Dazu gehört *хрущ*. Neben ursl. **chrust-* liegt **chrǫst-*, zu letzterem gehört *хрущ, хря́стать, хрящ*. Wegen des Ablautes echt-slav., s. Berneker EW. 1, 403ff. Die nicht-nasalierte Form wird verglichen mit lit. *skr(i)audùs* ʽrauh, brüchig', *skrudḗti* ʽbersten, platzen', lett. *skràustêt* ʽknirschen, rasseln', ferner: ahd. *scrótan* ʽhauen, schneiden', anord. *skrióðr* ʽzerfetztes Buch', s. M.-Endz. 3, 888ff., Buga RFV. 70, 252. Verfehlt ist die Zusammenstellung von **chrǫst-* mit lit. *šlamšti, šlamščiù* ʽhohl oder dumpf sausen, rauschen' (Matzenauer LF. 8, 2ff.).

хруста́ль I. m., G. -я́ ʽKristall', aruss. *chrustalь* Skaz. o Borise i Glebe, 12. Jhdt., *krustalь* Parimejnik a. 1271, s. Sobolevskij Lekcii 143ff. Aus mgriech. *κρουστάλλι(ο)ν*, ngriech. *κρουστάλλι* dass.; das *ch* durch Einfluß von *хрусте́ть* ʽkrachend bersten', s. Verf. IORJ. 11, 2, 398, GrslEt. 102.

хруста́ль II. ʽSauerampfer', Olon. (Kulik.). Viell. zu *хру́сткий, хрусте́ть*, s. *хруст*.

хруш ʽalter Krieger', Vjatka (Vasn.). Wohl aus *хрущ* (s. d.).

хру́шедь, хру́шеть ʽgroßer Fisch', Vjatka (D.). Wie das vorige.

хрущ ʽMaikäfer', ukr. *chrušč*, aruss. *chruščь* ʽKäfer', kslav. *chrǫ́stь* *κάνϑαρος*, skr. alt *hrušt* ʽMaikäfer', sloven. *hróšč* ʽKäfer'. Ablaut in poln. *chrząszcz* dass., s. *хряц*. ‖ Ursl. **chrǫstii̯o-* neben **chręstii̯o-*. Gehört zu *хрущ* (s. d.), vgl. Berneker EW. 1, 403 ff., Malinowski PrFil. 5, 124, Uhlenbeck PBrBtr. 30, 316, Peisker 62, Kiparsky 34. Abzulehnen ist die Annahme einer Entlehnung aus got. *pramstei* ʽHeuschrecke' (gegen Uhlenbeck Archiv 15, 485, Pedersen IF. 5, 70, Hirt PBrBtr. 23, 333), s. Berneker c. l.

хрыч, -á ʽalter Greis, alter Knaster' (Čechov u. a.). Wohl lautnachahmend von einem **chry-* ʽgrunzen'. Vgl. *хрю́кать*. Iljinskij IORJ. 20, 4, 167 will ein *chъrycь ansetzen u. ein hypothetisches *chъrakati damit verbinden (s. *хра́кать*).

хрю́кать ʽgrunzen', *хряк* ʽBorg, verschnittenes männliches Schwein'. Lautnachahmend, s. Gorjajev EW. 402, Dop. 1, 53.

хряде́ть ʽabmagern, vertrocknen, krank sein', Olon. (Kulik.), kslav. *ochręnǫti πεινάζειν*, ačech. *chřieda*, *chřéda* ʽAbzehrung, Schwund', čech. *chřadnouti* ʽdarben, dahinwelken, einschrumpfen', poln. *ochrzęły* ʽsiech'. ‖ Man vergleicht ahd. *scrintan*, mhd. *schrinden* ʽbersten, Risse bekommen', ahd. *scrunta*, mhd. *schrunde* ʽRiß', ferner mhd. *schranz* ʽRiß', lit. *skrándas* ʽalter Pelz', s. Berneker EW. 1, 401. Andererseits wird an Verwandtschaft mit abulg. *ochlędanije ὀλιγωρία* ʽVernachlässigung' (Supr.), ablautend mit **chlǫd-* in čech. *chlouditi* ʽentkräften, schwächen' gedacht, s. Machek Slavia 16, 212, Studie 89.

хряк s. *хрю́кать*.

хря́па ʽobere Blätter des Kohlkopfes', Novg., Pskov (D.), ʽunterste Blätter des Kohlkopfes', Peterhof (IORJ. 1, 331 ff.), *хря́пка* ʽKohlstrunk', Orel, Tula, Voron. (D.), ʽungebildetes Frauenzimmer, altes Weib', Kursk, Pskov, Tveŕ (D.), älter *chrjapьje* ʽKohlkopfblätter' (Domostr. K 42), ukr. *chŕapkýj* ʽmit Holzscheiten besät'. ‖ Urspr. wohl **chręp-*, wurzelverwandt mit mhd. *schrimpfen*, nhd. *schrumpfen*, norw. *skramp* ʽmagerer Mann, mageres Pferd', *skrumpa* ʽmagere Kuh' (zur Sippe s. Torp 474, Kluge-Götze EW. 544).

хря́пать I. ʽhusten', Pskov, Tveŕ (D.), ačech. *chřapati* ʽschnarchen'. Jedenfalls zu *хрепа́ть* ʽhusten, röcheln' und *хран* ʽSchnarchen', *храпе́ть* ʽschnarchen', aruss. *chrapati* ʽschnauben'. Wahrscheinlich **chręp-* (s. Berneker EW. 1, 401), das aber kaum mit griech. *χρέμπτομαι* ʽräuspere mich', *χρεμετίζω* ʽwiehere' zusammenhängt (gegen Petersson Archiv 35, 376), s. Iljinskij IORJ. 20, 4, 167 u. oben *греме́ть* (1, 306).

хря́пать II. ʽschlagen, brechen', *хря́пнуть* dass. Pskov, Nižnij, Tula, Voron. (D.), *хряп* Interj. des Zerbrechens, Schlagens. Wohl lautnachahmend. Zu *хруп*, *хру́пкий* (s. d.) stellen will diese Wörter Gorjajev Dop. 1, 54, bei diesen ist aber Nasalierung nicht anzunehmen.

хряст ʽKnistern, Knarren, Klopfen', *хря́стать*, *хря́снуть* ʽbersten, zerbrechen', *хрясте́ть* ʽknistern, knacken', ukr. *chŕástka* ʽKnorpel', r.-ksl. *chręstъkъ* ʽKnorpel', s.-ksl. *chręstavьcь* ʽKnorpel', sloven. *hréstati* ʽknorpeln, knirschen', *hrèst* G. *hrésta*

ʽLärm, Krachen', čech. alt *chřěstati* ʽquaken', *chřest* ʽGerassel', poln. *chrzęstać* ʽknistern, klirren, rasseln', *chrzęst* ʽGeklirr, Gerassel', *chrząstka* ʽKnorpel'. Dazu *хрящ* (s. d.). ‖ Urspr. *chręst- im Ablaut mit *chrǫst- (s. *хруст*). Man nimmt Lautnachahmung an, s. Berneker EW. 1, 401 ff., MiEW. 90, Uhlenbeck IF. 17, 98. Andererseits wird unter Annahme eines expressiven *ch* verglichen lit. *kremsė́ti, kramsė́ti* ʽknistern, knirschen, knacken', s. Machek Slavia 16, 178, der auf Bildungen wie *свистáть*, *хлестáть* hinweist. Sonst dachte man an Zusammenhang mit lit. *kremslė̃* ʽKnorpel', *kremtù, krim̃sti* ʽkauen, beißen, nagen' (Pedersen KZ. 38, 394, Brückner KZ. 51, 234, Mi. c. l.). Gegen die letztere Deutung wenden sich Berneker c. l., Endzelin SlBEt. 124, wobei letzterer *chręstati unter Annahme eines Nasalinfixes zu skr. *hȑstati* ʽnagen, knacken' stellen wollte, vgl. aber M.-Endz. 2, 273; 3, 891 ff. Siehe *хрящ*.

хрять ʽsich langsam u. mühevoll schleppen', Arch. (Podv.), Olon. (Kulik.), Praeter. *хрял* (D.). Kaum als *chъr- zu *chyrъ ʽkrank' (s. *хúрый*), eher zu *хрядéть, хрянуть*.

хрящ, -á ʽKnorpel', ukr. *chŕašč* ʽKies, Knorpel', sloven. *hrěšč* G. *chrěšča* ʽKnirschen, Kies, Maikäfer', poln. *chrząszcz* ʽKäfer'. Als *chręščь aus *chręstjo- zu *хряст, хруст*, s. Brandt RFV. 22, 126, Berneker EW. 1, 402, Matzenauer LF. 8, 2 ff.

хубáвый s. *хупáвый*.

хýбли m. pl. ʽBeschneideholz', buchdruck. (D.). Aus nhd. *Hobel*, ndd. *hûbel* dass. (Sass Sprache d. ndd. Zimmerm. 7, 12).

худóба ʽ(bescheidener) Besitz', ukr. *chudóba* ʽBesitz, Vieh', poln. *chudoba* ʽwenige Habe'. Als umschreibender Ausdruck für ʽHabe und Gut' zu *худóй* ʽschlecht', um die bösen Geister fernzuhalten, s. Brückner EW. 186, Zelenin Tabu 2, 54.

худовúна ʽHabe u. Gut, Habseligkeiten'. Zu *худóй* (s. d.) wie das vorige.

худóгий, худóжный ʽkundig, erfahren', *худóжник* ʽKünstler', *худóжество* ʽKunst', ukr. *chudóha* ʽKünstler', aruss. *chudogъ* ʽkundig, erfahren', *chudožьstvo* ʽKunst', abulg. *chǫdožьnikъ* ἐπιστήμων (Euch. Sin.), poln. *chędogi* ʽreinlich, sauber', *chędożyć* ʽputzen, säubern'. ‖ Urspr. *chǫdogъ entlehnt aus got. *handags ʽgeschickt', zu *handus* ʽHand' wie *grēdags* ʽhungrig' zu *grēdus* ʽHunger', vgl. anord. *hǫndugr* ʽtüchtig', got. *handugs* ʽweise', s. Verf. Zeitschr. 4, 376, Uhlenbeck Archiv 15, 485, MiEW. 92, Berneker EW. 1, 400, Stender-Petersen 333ff., Kiparsky 200ff., Trautmann GGAnz. 1911 S. 256. Unberechtigte Zweifel bei Brückner KZ. 45, 27, EW. 178 ff., Mikkola Ursl. Gr. 176. Nicht vorzuziehen ist Brückners Annahme einer Verwandtschaft von *chǫdogъ und lit. *skanùs* ʽschmackhaft', *skonė́ti* ʽwohlschmecken'.

худóжество ʽArmut, dürftiger Hausstand', Olon. (Kulik.), ʽschlechte Tat, Laster' (D.). Gebildet von *худóй* ʽschlecht' unter Einfluß von *худóжество* ʽKunst' nach *убóжество*.

худóй ʽschlecht, schlimm, mager', *худ, худá, хýдо*, ukr. *chudýj* ʽmager, hager', aruss. *chudъ* ʽschlecht, schwach, klein, arm, худо́й — хула́

unbedeutend', abulg. *chudъ* μικρός, *chuždii* ἐλάττων (Supr.), bulg. *chud* 'schlecht', skr. *hûd* m., *húda* f. dass., sloven. *hûd*, *húda*, čech. *chudý* 'arm', slk. *chudý* 'mager, elend', poln. *chudy* 'mager, armselig', osorb. *khudy*, nsorb. *chudy*, polab. *cheudé*. ‖ Urslav. *chudъ wird als urverw. mit aind. *kṣṓdati* 'stampft, zermalmt', *kṣudrás* 'klein, gering, niedrig, gemein', Kompar. *kṣṓdīyas-* (: abulg. *chuždii*), weiter mit griech. ψεῦδος n. 'Lüge', ψυδρός 'lügnerisch, falsch' angesehen, s. Pedersen IF. 5, 60 ff., Berneker EW. 1, 405, Uhlenbeck Aind. Wb. 71 ff., Lewy IF. 32, 163, Potebnja Živ. Star. 1891 Nr. 3 S. 121, Endzelin SlBEt. 39. Dagegen semasiologische Bedenken bei Meillet Ét. 174 und Machek Slavia 16, 174. Letzterer vergleicht aind. *kṣṓdhukas* 'hungrig', *kṣúdhyati* 'hungert'. Nicht überzeugend wird *chudъ zusammengestellt mit armen. χun 'wenig, klein', got. *hauns* 'niedrig', griech. κοῦφος 'leicht' von Meillet Ét. 174, gegen ihn s. Pedersen KZ. 39, 382, Berneker c. l., Uhlenbeck PBrBtr. 30, 289; IF. 17, 176.

худо́й 'Schlange', Olon. (Kulik.). Als umschreibender Name zum vorigen.

худоща́вый 'mager, hager', wie *сухоща́вый* dass., gebildet von *chudošćь 'Magerkeit', zu *chudъ* (s. *худо́й*), vgl. Želtov Fil. Zap. 1875 Nr. 3 S. 4. Zu -*ošćь* vgl. Obrębska-Jabłońska 125.

худу́к, -ука́ 'Steppenbrunnen, Wasserloch', davon ON. *Худу́цкая* in der Kasp. Steppe (s. Egli 198). Entlehnt aus kalmück. χuduk 'Brunnen', mong. *qudug* dass. (s. Gombocz Kel. Sz. 13, 33, Ramstedt KWb. 194). Vgl. auch *кудук*.

хуз 'Lebertranreste, die als Wagenschmiere benutzt werden', Don-G. (Mirtov). Unklar.

ху́й G. *хуя́* 'membrum virile'. Wird als Ablautform zu *хвоя́* 'Nadeln, Zweige der Nadelhölzer' (s. d.) gestellt und verglichen mit lit. *skujà* 'Tannennadel', lett. *skuja* 'Tannenzweig', evtl. auch alb. *hu* 'Pfahl, membrum virile', best. geg. *huni*, tosk. *huri*, s. Pedersen Jagić-Festschr. 218 ff., Berneker EW. 1, 408, Barić Alb. Stud. 1, 29, Lehmann KZ. 41, 394, Iljinskij IORJ. 20, 3, 103. Dagegen ohne genügenden Grund Uhlenbeck IF. 17, 98, Petersson KZ. 46, 145.

хуйту́н 'Wind', Amur-G. (Karpov). Dunkel. Vgl. lamut. *hugi* 'Wind'.

хула́ 'Tadel, Rüge', *хули́ть* 'tadeln, schmähen, lästern', ukr. *chuła* 'Lästerung', *chuľýty* 'tadeln', aruss. *chula* 'Rüge, Schande, Gotteslästerung', abulg. *chula* βλασφημία (Ostrom., Cloz., Supr.), *chuliti* βλασφημεῖν, κατηγορεῖν, ὑβρίζειν, bulg. *chúla* 'Tadel', *chúľa* 'tadle', skr. *hùla*, *hùliti*, *hûlīm*, ačech. *chúlost* 'Scham', *chúlostivý* 'verschämt, kleinmütig, schwach', slk. *chúliť sa* 'sich ducken, sich bücken', *chúlostivý* 'empfindlich, schüchtern, zaghaft'. ‖ Wohl im Ablaut zu *хи́лый* 'geneigt, gebeugt', *хи́нить* 'tadeln', s. Berneker EW. 1, 406. Nicht sicher ist der Vergleich mit got. *bisauljan* 'beflecken', *bisaulnan* 'sich verunreinigen' (gegen Matzenauer LF. 7, 224; 8, 4, Bezzenberger BB. 22, 479, Endzelin SlBEt. 71, Pedersen IF. 5, 63 ff.). Wegen der Be-

deutungsverschiedenheit unwahrscheinlich ist Entlehnung von
*chuliti aus got. hōlōn 'betrügen', ahd. huolian 'täuschen' (gegen
Meillet Ét. 252, s. Berneker c. l., Kiparsky 34 ff.). Der Vergleich
mit *хвалá* 'Lob' (Iljinskij IORJ. 20, 4, 179 ff., 23, 1, 168 ff.)
beruft sich auf wruss. *chulá* 'Lob' (Karskij Belorussy 2, 1, 106).
Kiparsky c. l. erwägt die Möglichkeit einer Vereinigung beider
Gruppen unter der Bed. 'sprechen, reden' und vergleicht anord.
skvala 'laut reden, rufen', *hvellr* 'helltönend', griech. σκύλαξ
'junger Hund', was auch unsicher bleibt, ebenso wie die Versuche
*chula, *chuliti als expressive Umgestaltung von *kudla zu
кудúть (s. 1, 681) zu stellen (Machek Studie 99, Slavia 16,
213 ff.).

хулигáн, -a 'Rowdy, Rohling, Raufbold', aus engl. *hooligan*, das
von einem irischen PN. *Houlihan* hergeleitet wird, s. Unbegaun
RES. 17, 264, Bernard RES. 27, 38, Graur BSL. 38, 168.

хулúть, s. *хулá*.

хумя́чить 'bedrängen, drücken', Pskov, Tveŕ (D.), *хумя́читься*
'mürrisch, menschenscheu sein', Novg., auch *хомя́чить(ся)*
dass.; Ableitungen von *хомя́к* 'Hamster', eigtl. 'wie ein Hamster
sein'. Verfehlt ist der Vergleich mit ukr. *sum* 'Trauer, Kummer',
sumuváty 'trauern' (Potebnja RFV. 4, 205).

хунхýз 'chinesischer Räuber', Sibir., Amur-G. (Karpov). Aus
chines. *hung-hu-tzu* dass., eigtl. 'Rotbärte' (W. Fuchs brieflich).

хупáвый 'geschickt, erfahren', Westl. (D.), ukr. *chupávyj* 'schmuck,
hübsch', aruss. *chupavъ* 'eitel, stolz' (Svjatosl. Sborn. 1076),
'prahlerisch, faul', wohl zu aruss. *chupsti sja, chupu sja* 'sich
rühmen', skr. *hùpnuti* 'rufen' (anders Berneker EW. 1, 406),
sloven. *húpati* 'schreien'. ‖ Wohl lautnachahmend, s. Berneker
c. l., Potebnja RFV. 4, 195, Iljinskij IORJ. 20, 4, 179. Ganz
unsicher ist der Vergleich von aruss. *chupsti sja* mit got. *hiufan*
'wehklagen' und griech. σκώψ, κώψ 'Eule' (Loewenthal PBrBtr.
51, 138). Davon verschieden sind: bulg. *chúbav* 'schön, gut', skr.
hùbav, die durch türk. Vermittlung (osman. χob 'schön, hübsch',
vgl. Radloff Wb. 2, 1714) auf npers. χūb 'schön' zurückgehen,
s. Horn Npers. Et. 111, Berneker c. l., MiTEl. 1, 310, Uhlen-
beck PBrBtr. 22, 542, Kořínek LF. 58, 280. Jedenfalls müssen
die russ. Wörter von den südsl. getrennt werden (gegen Berneker
c. l., Lokotsch 70).

хупáнь f. 'Oberkleid der Frauen', Rjazań (D., Živ. Star. 1898
Nr. 2 S. 225). Unklar.

Хупожское Море s. *Хопужское*.

хурагáн 'Lamm', Sibir. (D.). Aus mong. *qurgan, qurigan* 'Lamm',
kalm. χurγn dass. (Ramstedt KWb. 198).

хурдá-мурдá 'Gerümpel', Terek-G. (RFV. 44, 110), *хурды́-мурды́*
dass., Astrachań (D.). Wohl turkotatar. Reimbildung zu osman.
aderb. χurda 'Kleinigkeit' (Radloff Wb. 2, 1733).

хурдомары pl. 'verächtliche Bezeichnung der Fischaufkäufer',
Astrach. (RFV. 70, 133). Zum vorigen und zu *марáть* 'schmie-
ren'?

хурмá 'Dattelpflaume(nbaum), Diospyrus lotus' (D.). Über osman. aderb. krimtatar. *χurma* 'Dattel' (Radloff Wb. 2, 1734), das pers. Herkunft ist, s. Berneker EW. 1, 406, Kraelitz 25, Lokotsch 70. Vgl. *курмá*.

хýрнуть, фýрнуть 'werfen,' Pskov (D.) Wohl lautnachahmend, wie bulg. *chvŕrl'a, chvŕrl'am* 'werfe', skr. *hvŕljiti* 'werfen', čech. *chrliti* 'werfen, auswerfen', slk. *chrlit'* dass. Lautnachahmend, s. Berneker EW. 1, 410, Potebnja RFV. 4, 201.

хурпýн, хорпýша 'Schnepfe, Scolopax rusticola', Perm, Jekaterinburg, auch *хуркýн* dass., Polevsk. Zavod, Ural-G. (Mensbier). Kalima 143 vergleicht fragend finn. *kurppa* G. *kurpan* 'Schnepfe', wotisch *kurppa* dass. Die geographische Verbreitung u. das *ch* lassen diese Deutung unsicher erscheinen.

хуртáть 'kränklich sein, kränkeln', wruss. *churtáć* dass. Wird gestellt zu čech. *churavý* 'krank, siech, mager', *churavĕti* 'siechen', weiter zu *хúрый, хворáть* nach Potebnja RFV. 4, 200ff., Gorjajev EW. 396.

хурýл s. *курýл*.

хуса 'Raub, Plünderung', nur r.-kslav. *chusa* 'Raub' (Georg. Mon.), *chusiti* 'rauben, plündern' (Theodoret-Ps. 11. Jhdt., Zlatostruj 12. Jhdt. nach Sreznevskij Wb. 3, 1423), abulg. *χουσά· παρὰ Βουλγάροις οἱ κλέπται* (Suidas Lex. 2, 2, 1650, s. Tomaschek Zeitschr. f. österr. Gymn. 1872 S. 157), skr. alt *husa* 'Raub' (14.—15. Jhdt., s. Agram. Wb. 3, 736), apoln. *chąsa* 'Raub' (1388), *chąźba* dass. (Brückner EW. 177), slz. *χǫusnik* 'Dieb'. ‖ Urspr. *chǫsa* wahrscheinlich entlehnt aus got. *hansa* 'Schar, Menge', ahd. *hansa* dass., s. Kiparsky 201ff., Brückner c. l., Archiv 42, 137; nicht vorzuziehen ist die Herleitung aus d. *hanse* 'Handelsabgabe' (Berneker EW. 1, 400), auch nicht echtslav. (gegen Brückner KZ. 45, 25). Daran angeglichen oder davon gebildet aruss. *chusarь* 'Seeräuber' (Chož. Igum. Dan. 91), aserb. *chusarь* dass., das man aus mlat. *cursārius* 'Seeräuber' erklärt hat (s. Kiparsky c. l., Agr. Wb. c. l.).

хýста, хýстка 'Tuch, Tüchlein', Südl., Westl., ukr. wruss. *chústa* 'Tuch', pl. *chústy* 'Wäsche', aruss. *chusta* (schon Urk. a. 1388, s. Srezn. Wb. 3, 1424), poln. *chusta* 'Tuch, Wäsche' (seit d. 14. Jhdt. nach Brückner). Die ostslav. Wörter stammen wohl aus dem poln., das letztere läßt sich kaum trennen von bulg. *fústa* 'Unterrock', rumän. *fustă*, alb. *fustε* 'Frauenrock', welchen ital. *fustagno*, mlat. *fustanum* 'Barchentleinwand' zugrunde liegt (zur Sippe s. Meyer-Lübke Rom. Wb. 308ff., Wędkiewicz Mitt. Rumän. Inst. Wien 1, 265, Tiktin Wb. 2, 657), das als Quelle von ngriech. *φουστάνι*, osman. *fistan* 'Weiberrock' und andererseits von mnd. *fustein* 'Art Tuch' (Schiller-Lübben 5, 568) gilt. Man suchte den Ursprung des roman. Wortes in arab. *Fostât*, dem alten Namen von Kairo, vgl. MiTEl. 1, 296, Mladenov 663. Unwahrscheinlich sind die slav. Deutungsversuche für *chusta*: als 'Geraubtes' zu *chytiti, похúмить* (gegen Kawczyński Archiv 11, 609) als verwandt mit *хуса* 'Raub' (gegen Brückner PrFil. 6, 16, KZ. 42, 348, s. dazu Berneker EW. 1, 400) oder gar der Vergleich mit *скут*, das selbst Lehnwort ist, bzw. lit. *skiáutë* 'Flick, Stück Zeug' (gegen Brückner KZ. 51, 238, Archiv 42, 143, EW. 186).

хутѝть 'bestatten, begraben, verstecken', Olon. (Kulik.). Wohl zu *chovati 'bergen'.

ху́ткий 'schnell, eilig', Südl., Westl. (D.), ukr. *chutkýj*, wruss. *chútko*, poln. *chutki* 'willig, schnell'. Man vergleicht čech. *chuť* f. 'Begierde, Lust, Neigung', slk. *chuť*, poln. *chęć* 'Lust, Wille, Absicht', worin eine nasalinfigierte Form von *хотѣть* usw. (s. d.) vermutet wird, s. Berneker EW. 1, 399. In diesem Fall wäre poln. *chutki* čech. Lehnwort.

ху́тор, *-opa* 'Meierei, Meierhof, Vorwerk', Südl. (D.), ukr. *chútir* G. *chútora* 'Landhaus, Landgut, Vorwerk', poln. *chutor, futor* (dieses nach Brückner EW. 130 aus d. Ukr.). Entlehnt wohl aus ahd. *huntari* 'Abteilung eines Gaues', aschwed. *hundari*, s. Kiparsky 146ff., Matzenauer 180. Abzulehnen ist die Herleitung aus arab. *kuṭr* 'Seite, Gegend, Landstrich' (Muchliński Źródłosłownik wyrazów wschodnich 30, MiEW 91, Lokotsch 101, Gorjajev EW. 403), weil dieses in den Türksprachen fehlt, s. Berneker EW. 1, 406, Kiparsky c. l. Auch nicht zu skr. *hätâr* 'Gebiet, Distrikt', sloven. *határ* 'Grenze, Landschaft', ukr. *chotár* 'Land', die aus magy. *határ* 'Grenze, Gebiet' stammen (s. Berneker EW. 1, 386, Sobolevskij Archiv 33, 481, Lekcii 128, ŽMNPr. 1911, Mai S. 167, gegen MiLP. 1094), ebensowenig zu *кут*.

ху́тро 'Pelz', Kursk, *xýmpa* f. Südl. *хутровáть* 'füttern (Pelz)', ukr. *chútro*. Über poln. *futro, futrować* dass. von mhd. *vuoter* 'Unterfutter, Futter', s. Brückner EW. 130, Kluge-Götze EW. 181.

хуту́лы́ pl. 'Stiefel aus weichem Leder', Ostsibir. (D.). Vgl. mongol. *gutal* dass. (Ramstedt KW. 152).

ху́хать 'atmen, blasen', Pskov (D.), auch *ху́кать* dass. Westl., ukr. *chúchaty, chúchnuty*, sloven. *hûkati*, čech. *chuchati*, poln. *chuchać*. Lautnachahmend wie mhd. *hûchen* 'hauchen', s. Berneker EW. 1, 405, Iljinskij IORJ. 20, 4, 177.

ху́хленик, хухля́к 'verkleideter Spaßmacher bei Umzügen zwischen Weihnachten und Neujahr', Olon. (Kulik.), auch *хýхольник* dass:, Kola, Mezeń (Podv.). Wohl Umgestaltung von *кукленик, кýкольник* 'Hanswurst, Gaukler', s. *кýкла*.

хухна́рь 'Hufnagel', Westl., Tveŕ. Über poln. *hufnal* dass. aus mhd. *huofnagel* 'Hufnagel', s. Brückner EW. 173. Siehe *ухнáль*.

хухна́ть 'tadeln, verachten, heucheln', Arch., Vologda, Perm, Nižn. (D.), Olon. (Kulik.), ksl. *chǫchnati* γογγύζειν 'murmurare', sloven. *hohnjáti* 'näseln, schnüffeln'. Lautnachahmend, s. MiEW. 88, Berneker EW. 1, 400, Srezn. Wb. 3, 1424. Vgl. *гугнúвый* (oben 1, 317).

ху́хор 'Müller', *хýхорить* 'mahlen', Olon. (Kulik.). Unklar.

ху́хрик 'Stutzer, Geck', Novgor. 'Faulpelz', Smol. (D.). Viell. zu *хýхать* 'blasen'?

хыдка́н 'Geizhals', *хыдка́нить* 'geizig sein', Kazań (D.). Wird als tschuwassisch angesehen (Baudouin de C. bei Dal' 4, 1246). Vgl. tschuwass. *χyt-* 'geizig sein', *χətkukar* 'Geizhals'.

хы́лкать 'lose sitzen, wackeln', Novg., Vologda (D.). Unklar.

хы́нькать 'schnucken, schluchzen', Vjatka (Vasn.). Lautnachahmend. Vgl. *хны́кать*.

хырзы́, хорзы́ pl. 'gefrorener Schmutz u. Kot', Vjatka (Vasn.), s. *ки́рза*.

Ц

Der 24. Buchstabe des altruss. Alphabets. Name *цu* (s. d.). Zahlenwert = 900. In Texten aus Novgorod und Pskov ist der c-Laut seit d. 11. Jhdt. mit č zusammengefallen, s. Srezn. Wb. 3, 1433 u. die hist. Grammatiken.

цаво́шник 'Art Holunder', Vjatka (Vasn.). Zu *це́вка* 'Röhre' als *cěvъčьnikъ*, eigtl. 'Pflanze zur Anfertigung von Röhren'.

цаге́льня, циге́льня, цыге́льня 'Ziegelei', Westl., Südl. (D.). Aus poln. *cegielnia* dass. von *cegła* 'Ziegel', dieses aus mhd. *ziegel* von lat. *tēgula*, s. Berneker EW. 1, 129, Brückner EW. 57. Siehe *ци́гель*.

цагри pl. 'Schießwaffe', Azbukovnik (MiLP. 1104). Wohl ein östliches Lehnwort. Nur zufällig klingt an wogul. *šagirak* 'Axt', *šagiram* 'haue, schlage', aus dem Aristov FUFAnz. 8, 96 sogar das alte σάγαρις 'Waffe der skyth. Völker' (Herodot 1, 215; 4, 5, 70, auch Xenophon Anab.) herleiten wollte.

цанга 'Zeltstange eines Jägers oder Renntieraufsehers', Kola (Čarnoluzskij). Aus lapp. Kild. *tsaŋke* G. *-ŋ̃e* dass., s. Itkonen 59.

цану́бель, 'Zahnhobel', tischl. Über poln. *canubel* dass., oder wie dieses aus nhd. *Zahnhobel* 'Hobel mit gezahnter Schneide', dial. *Zoonhubel* dass. (Sass Sprache d. ndd. Zimmermanns 9), s. Karłowicz 84, Słown. Warsz. 1, 255. Siehe *цыну́бель*.

цап I. 'Ziegenbock', Südl., Westl. (D.), ukr. *cap*, sloven. *càp*, čech. dial. *cap*, slk. *cap*, poln. *cap*. Wohl durch Wanderhirten verbreitet über rumän. *ţap*; auch in italien. Mundarten vorhanden und dort aus einem Lockruf erklärt, s. Rohlfs Zschr. roman. Phil. 45, 662 ff., Kretschmer Glotta 17, 234, Pedersen KZ. 36, 337, Kořínek LF. 58, 430, Wędkiewicz Mitt. Rum. Sem. Wien 1, 278, Tiktin Wb. 3, 1557. Möglich ist alban. Ursprung (siehe G. Meyer Alb. Wb. 387 ff., Berneker EW. 1, 120 ff.), abzulehnen iran. Herkunft (gegen Rozwadowski RS. 2, 109, Verf. GrslEt. 222, RS. 3, 264).

цап II. 'Art Hacke', Südl. (D.). Man möchte an e. turkotatar. Lehnwort denken. Vgl. osman., kasantat., alt. *čapky* 'Hackeisen' (Radloff Wb. 3, 1922), s. Berneker EW. 1, 121. Vgl. *ча́пка*.

цап-царáп! 'Ausruf des Greifens u. Stehlens'. Wohl lautnachahmendes *цап* mit Streckform, s. Machek LF. 57, 408. Vgl. *царáпать* u. das folg.

цáпать, *-аю* 'greifen, raffen, kratzen', ukr. *cápaty*, bulg. *cápam* 'klatsche', sloven. *cápa* 'Pfote', *capáti* 'patschen', *capljáti* 'trippeln', čech. *capati* 'trampeln, plantschen', slk. *capať* 'schnell ergreifen', poln. *capać* 'schwerfällig gehen', osorb. *capać* 'tappen, ungeschickt greifen', nsorb. *capaś* 'latschen, greifen'. Lautnachahmend, von Interj. *cap*, vgl. lit. *càpt* Interj. für schnelles Ergreifen, *capnóti* 'tastend ergreifen', weiteres bei Berneker EW. 1, 121, Fraenkel Lit. Wb. 69. Vgl. *чáпать*.

цáпля 'Reiher, Ardea', dial. *чáпля*, *чапýра*, Fam. N. *Чáплин*, ukr. *čápľa*, wruss. *čápľa*, bulg. *čápľa*, skr. *čâplja*, sloven. *čâplja*, ačech. *čiepě*, čech. *čáp* 'Storch', poln. *czapla* 'Reiher', osorb. *čapla*, nsorb. *capla*, s. Bulachovskij IANOtdLit. 7, 124. Die russ. Form mit *c*- erklärt sich durch Entlehnung aus einem nordgrr. Dialekt, s. Sobolevskij Lekcii 151, ŽMNPr. 1894, Mai, S. 220, Durnovo RFV. 78, 211. Man denkt an Verwandtschaft mit *чáпать* 'greifen', s. Berneker EW. 1, 136, Brückner EW. 72. Zweifelnd vergleicht Berneker c. l. auch ukr. *čapáty śa* 'wankend gehen', sloven. *čapljáti* 'plätschern'.

царáнин 'freier Ackerbauer auf fremder Scholle', Bessarab. (D.). Aus rumän. *țărán* 'Bauer', *țără* 'Land': lat. *terra*, s. Rozwadowski RS. 2, 74.

царáпать, *-аю* 'kratze', Interj. *цап-царáп* für plötzliches Greifen u. Stehlen. Neue Bildung, der eine Lautgebärde zugrunde liegt, s. Preobr. Trudy 1, 42 u. oben *цап-царáп*. Kaum mit Recht setzt Sobolevskij RFV. 67, 217 ein **cěrapati* an, das er zu skr. *cjěriti* 'die Zähne zeigen', sloven. *cériti*, čech. *ceřiti* 'Zähne fletschen', slk. *ceriť* dass. stellen will. Abzulehnen ist der Vergleich mit nhd. *scharf* oder *schröpfen* (Gorjajev EW. 403). Hierher gehört auch *царáннуть* 'stehlen', Tveŕ (Smirnov), Smol. (Dobr.) neben *цáпнуть* dass.

царéвна 'Masern', Olon. (Kulik.). Als 'Zarentochter', bzw. 'Zarin' zu *царь*. Ein Kosename zur Beschwichtigung der Krankheit.

Царевококшáйск 'Stadt im G. Kazań am Flusse Kokšaga'. Zu *царь* als 'Zarenstadt', tscherem. *Tsärlä* (Ramstedt Btscherem. Spr. 150). Die Stadt wurde als Festung gegen die Tscheremissen unter Ivan IV. angelegt (s. Solovjov Istor. Ross. 2, 628) u. hieß zuerst *Kokšažsk* (1578), dann *Carevъ Gorodokъ na Kokšagě* (1584, s. Semenov Slovaŕ 5, 548 ff.).

Царево-Санчýрск 'Stadt im Kr. Jaransk, G. Vjatka', volkst. *Шанчуринскъ*. Erste Erwähnung 1584 als *Sainčurskъ* (s. Semenov Slovaŕ 5, 552). *Царево-* weil als kaiserliche Festung im Grenzlande gegen Tscheremissen und Wotjaken angelegt.

цáрина 'umzäunte Stelle, Weideplatz, Acker', NeuruBl. (D.), ukr. *cáryna* dass. Aus rumän. *țarină* 'Acker', vgl. Rozwadowski RS. 2, 74, MiEW. 27 u. oben s. v. *царáн*. Nicht überzeugend bei Berneker EW. 1, 127 von *царь* abgeleitet.

царѝца — цѣ́та

царѝца 'Königin, Zarin', urspr. 'Gemahlin des Tatarenchans' (s. Srezn. Wb. 3, 1433). Davon *Царѝцын* 'Stadt im G. Saratov', bezeugt seit 1589 (Semenov Slovať 5, 556 ff.), heißt seit 1925 *Stalingrad*. Vom Adj. c(ěs)aričinъ mit c für č von *цаѝца*.

Ца́рское Село́ 'ehem. Residenz des Zaren', G. Pburg, 1716: *Сарская Мыза* (s. Nikol'skij Fil. Zap. 1891 Nr. 4—5, S. 15, Semenov Slovať 5, 561). Wird gewöhnlich durch volksetymologische Anlehnung an *царь* auf *Са́рское Село́* zurückgeführt, in dem man finn. *saari* 'Insel' sieht, vgl. GrotFil. Raz. 2, 369, Vilchkovsky Tsarskoe Selo 18 ff. Seit 1708 umbenannt in *Ца́рское Село́*, weil von Peter I. der Zarin zum Geschenk gemacht.

царь G. -я́ 'Zar, Kaiser', 1547 als Titel von Ivan IV. angenommen (s. Sobolevskij Slavia 8, 491), ukr. *car*, älter russ. *cьsarъ* 'oströmischer, byzant. Kaiser' (11. Jhdt., s. Berneker EW. 1, 127), *carъ* 'Kaiser, Herrscher, Tatarenchan' (letzteres in Urk. a. 1267, s. Srezn. Wb. 3, 1433 ff.), bulg. *car* 'Titel der Bulgarenherrscher seit Simeon (917)', skr. *cär* 'König, Herrscher, Kaiser'. Neue Entlehnungen aus d. Russ. sind: čech. *car* 'Zar', poln. *car*. || Die Quelle der Wörter ist *cěsarъ* 'Kaiser', aruss. *cěsarъ*, abulg. *cěsarъ* βασιλεύς, κύριος (Ostrom., Cloz., Supr.), skr. *cèsar* 'König, Kaiser', sloven. *césar* G. *cesárja*, čech. *císař*, slk. *cisár*, poln. *cesarz*, das über got. *Káisar* 'Kaiser' auf lat. *Caesar* zurückgeht. Die Endung ist dem Suff. -*arъ* angepaßt, s. Berneker EW. c. l., Meillet Ét. 110, 184, RES. 1, 191 ff., Mikkola Mém. Soc. Néophil. 7, 277, Kiparsky 194 ff., Uhlenbeck Archiv 15, 484, Brückner EW. 59. Weniger zu empfehlen ist direkte Herleitung aus lat. *Caesar* (K. Jireček Archiv 31, 450, Romanski JIRSpr. 15, 99, Boháč LF. 35, 224). Das lat. Wort ist weder rumän. noch alban. erhalten. Begrifflich schwierig ist die Deutung aus lat. *Caesārius* (Skok Razprave Znanstv. Društva 3, 33 ff., dagegen Kiparsky c. l., Lindertówna Sl. Occid. 9, 613 ff.), zweifelhaft als Quelle ist ein got. *Kaisāreis* (Stender-Petersen 350 ff., Sergijevskij IRJ. 2, 357), unmöglich Herkunft aus mgr. Καῖσαρ (gegen Birkenmajer JP. 23, 139). Die Kürzung zu *cьsarь* hat Parallelen in andern Titelkürzungen, z. B. engl. *king*, schwed. *kung*, s. Mikkola c. l. 276, Berneker c. l.

Царьгра́д 'Konstantinopel', poet. u. alt, kslav. Lehnwort, aruss. *Cěsarьgorodъ*, *Cьsarьgorodъ* (Nestor-Chron.), kslav. *Cěsarьgradъ*, *Cьsarьgradъ*. Wohl übersetzt aus griech. Βασιλὶς Πόλις, Βασιλεύουσα Πόλις (s. Savvaitov Ant. Novgor. 176). Unwahrscheinlich ist es, daß der slav. Name noch ein Zeugnis von der Residenzverlegung nach Konstantinopel bewahrt hat (gegen Stender-Petersen 353, s. Brückner Archiv 42, 141). Als Anlehnung an den aruss. Namen faßt Thomsen Ursprung 84 den anord. Namen *Mikligarðr* 'Konstantinopel' auf.

цѣ́та 1. 'Heiligenschein auf Bildern', 2. 'alte Münze', kirchl., ukr. *ćatá*, *ćat* 'ein bischen', aruss. *cęta* 1. 'kleine Münze' (Ostrom.), 2. 'Schmuckstück' (Hypat. Chr. u. a., s. Srezn. Wb. 3, 1435 ff.), abulg. *cęta* δηνάριον (Euch. Sin., Supr.), skr. alt *cěta* λεπτόν, čech. *ceta* 'kleines Geldstück, Tand', *cetka* 'Flitter', poln. *cętka* 'Fleckchen, Tüpfel'. Entlehnt über got. *kintus* κοδράντης

'Heller' aus vlat. *centus*, gekürzt aus lat. *centenionālis* 'verbreitetste röm. Kleinmünze zur Zeit Wulfilas', s. Mikkola Mém. Soc. Néophil. 7, 273, Berneker EW. 1, 122, Uhlenbeck Archiv 15, 484, Meillet-Vaillant 61, Schwarz Archiv 42, 303, Edw. Schröder KZ. 53, 80 ff., Brückner EW. 60. Zur Kürzung vgl. engl. *cent* aus frz. *centime* u. dgl. Abzulehnen als Quelle ist lat. *quintus*, das als Münzname nicht möglich ist (gegen Skok Zschr. rom. Phil. 46, 394 ff., s. Kiparsky 109, Edw. Schröder c. l.) und lat. *cinctum* 'Gürtel' (gegen Knutsson Zeitschr. 15, 131 ff., K. H. Meyer RS. 15, 149).

цáца 'Kinderspielzeug', Südl., Westl., Tambov (D., Gogol'), auch 'artiges Kind' (Čechov), ukr. *ćáća* 'Spielzeug', wruss. *cáca*, poln. *caca* 'artig, schön', *cacko* 'Spielzeug'. Daneben: sloven. *čáča* 'Spielzeug', čech. *čača* f., *čač* m. dass., apoln. *czacz* 'Preis'. || Lallwörter der Kindersprache, s. Berneker EW. 1, 133, Brückner EW. 55, Rozwadowski RS. 2, 75. Ähnliche Kinderwörter in den fi.-ugr. Spr. s. bei Toivonen FUF. 19, 159.

цвёкла 'Bete, Mangold', dial., Sevsk (Preobr. 2, 256), etymologisch zu *свёкла* dass. Das *с* könnte man von *цвет* usw. erklären, wenn es nicht im Westslav. vorläge: čech. *cvikla*, poln. *ćwikla*, skr. *cvèkla*. Die Quelle ist griech. σεῦκλον (s. *свёкла*).

цвелúть 'quälen, reizen, necken', Westl. (D.), ukr. *ćvíl'úty* 'schlagen, geißeln', aruss. *cvěliti* 'plagen' (Igorl.), kslav. *cvěliti* 'weinen machen', skr. *cvijèliti*, *cvȉjelîm*, sloven. *cvéliti*, *cvêlim* 'quäle, betrübe', čech. *kvěl* m. *kvělba* 'Wehklagen', poln. *kwilić* 'zum Weinen bringen', osorb. *cwilić* 'peinigen', nsorb. *cwiliś*. || Ablaut in *квилить, цвилить* (s. d.). Wohl eine Lautnachahmung, s. Berneker EW. 1, 657, Šachmatov Očerk 103. Nach letzterem ostsl. *cvě-* lautgesetzlich aus *kvě-, aber *cvi-* nur analogisch. Auffallend das *cw-* im Sorb.

цвѣт G. *-а* 'Blüte, Farbe', pl. *цветá* 'Farben', *цветы́* 'Blumen', ukr. *cvit* 'Blume, Blüte', wruss. *cvět*, aruss. *cvětъ* 'Blume, Blüte, Wiese', abulg. *cvětъ* ἄνθος (Euch. Sin., Supr.), bulg. *cvětát*, skr. *cv̏ijet*, sloven. *cvêt*, čech. *květ*, slk. *kvet*, poln. *kwiat*, osorb. *kwět*, nsorb. *kwět*, polab. *kjot*. Ablaut in abulg. *pro-cvьtǫ, pro-cvisti* ἐξανθεῖν, ἀνθεῖν, russ. *цвету́, цвестú* 'blühe', aber *цвёл* aus *kvьtlъ, ukr. *cvystý, cvytú,* bulg. *cъvt̕ъ́, cъ́vnъ,* skr. *cv̏àsti, cv̀àtêm,* sloven. *cvatèm, cvastì,* ačech. *ktvu* (aus *kvьtǫ), Inf. *kvisti,* poln. *kwiść, kwitnę,* osorb. *kćěć, ktu* (*kvьtěti, *kvьtǫ), nsorb. *kwiść, kwitu.* || Urslav. *květъ, *kvisti, *kvьtǫ urverw. mit lett. *kvitu, kvitêt* 'flimmern, glänzen', *kvitinât* 'flimmern machen'. Unsicher ist die Zugehörigkeit von lit. *kvietỹs* 'Weizen' (nach Berneker urverw., nach Buga KS. 1, 356 entlehnt aus got. *ƕaiteis* 'Weizen', s. M.-Endz. 2, 356), vgl. Berneker EW. 1, 657 ff., Meillet Ét. 178, Trautmann BSl. 147, Osten-Sacken IF. 23, 382 ff. Bei Annahme eines idg. Gutturalwechsels wäre weitere Beziehung zu *cvem* (s. d.) möglich, s. Meillet c. l., Mladenov 657, Vaillant RES. 13, 110 ff. Zweifelhaft ist Verwandtschaft mit aind. *kētúṣ* 'Helle', anord. *heið* n. 'heiteres, klares Wetter' (gegen Mikkola Ursl. Gr. 166, der Metathese aus *koitvo-* vermutet). Die Bed. *цвет* 'Blüte, das

Feinste', z. B. *цвет молодёжи* geht wie nhd. *Blüte* (des Adels) u. a. auf lat. *flōs nobilitātis* zurück (s. Falk-Torp 85).

цветна́я капу́ста 'Blumenkohl'. Übersetzt nhd. *Blumenkohl*, das seinerseits ital. *cavolfiore* (frz. *chou-fleur*) überträgt. Die Pflanze kam im 16. Jhdt. von Zypern nach Italien, s. Kluge-Götze EW. 65, Falk-Torp 85.

цвету́, цвести́ 'blühen', s. *цвет*.

цви́кать 'zwitschern' (von Vögeln), Pskov, Tveŕ (D.), dazu *цвикун* 'Bezeichnung eines c für č-Sprechers im Kr. Sebež G. Vitebsk', s. Sobolevskij Živ. Star. 1892 Nr. 3 S. 8. Urspr. lautnachahmend. Historisch schwerlich identisch mit *квичáть* (s. d.), gegen Berneker EW. 1, 656.

цви́лик 'Zwillich, gemustertes Leinengewebe mit doppelten Fäden', Pskov (D.). Wie poln. *cwelich* (1500, s. Brückner EW. 68) aus mhd. *zwilich*, nhd. *Zwillich*.

цви́лить(ся) 'weinen (von Kindern)', Tveŕ (D.), ukr. *kvyĺ* 'Weinen, Greinen', *kvylíty* 'weinen', s.-ksl. *cviliti κλανθμυρίζεσθαι*, bulg. *cvíl'ъ* 'klage, wiehere', skr. *cvíljeti*, *cvȋlȋm* 'wehklage', sloven. *cvíliti* 'quieken, winseln', čech. *kvíliti* 'jammern', slk. *kvilit'*, poln. *kwilić* dass., nsorb. *kwiliś*, polab. *kvéile* 'quarrt'. ‖ Ablaut in **kvěliti*, s. *цвелить*, wo auch zum Lautlichen, vgl. Berneker EW. 1, 657, Mladenov 675.

цви́ркать 'zwitschern', Südl. (D.). Vgl. bulg. *cvъ́rkam* 'zwitschere', perf. *cvъ́rknъ* 'zwitschere, schwirre', skr. *cv̋knêm*, *cv̋knuti*, sloven. *cv̋kniti* 'prasseln, knarren, zwitschern', čech. *cvrčeti* 'zirpen, schrillen', poln. *ćwierczeć*, *ćwierkać* 'zirpen, schrillen'. ‖ Lautnachahmender Herkunft wie *сверчóк*, *чири́кать* u. dgl., s. Berneker EW. 1, 657.

цвол 'Gewehrlauf', Kola (Podv.). Aus *ствол*.

цвынта́рь 'Friedhof', Südl., Westl. (D.), ukr. *cmýntar*, *cvýntar*, wruss. *cvíntar*, *cvintár*. Über poln. *cmentarz* aus mlat. *coemētērium*, *coementerium* (s. Mohl MSL. 7, 156) von griech. *κοιμητήριον* mit Einfluß von lat. *caementum*, s. Berneker EW. 1, 129 ff., MiEW. 147, Brückner EW. 66, Karłowicz 103 ff.

це 'jedoch, gleichwohl, obgleich', nur aruss. *čě*, abulg. *cě καίτοι, καίτοιγε, εἴπερ* (Supr.). Man vergleicht einerseits als urverw. griech. *καί* 'auch, und' (s. Brugmann KVGr. 620, Grundriß 2, 3, 1001, Berneker EW. 1, 122, Boisacq 390, Fick GGAnz. 1894 S. 238, Trautmann BSl. 112), andererseits bringt man *cě* mit dem **qo*-Pronomen in Verbindung, wie lit. *kaȋ* 'wie, als', apreuß. *kai* 'wie, als, daß, damit' (s. Vondrák Vgl. Gr. 2, 553, Solmsen KZ. 33, 300; 44, 190, J. Schmidt Pluralb. 230 ff.).

це́барь, це́бер, цыба́р 'Art Eimer zum Wasserschöpfen', Südl., Kursk, Tambov (D.), ukr. *céber*, aruss. *cebrъ* 'Maß für Hafer' (Urk. Mstisl. Dan. a. 1289, s. Srezn. Wb. 3, 1439), bulg. *čъ́bъr*, *čébъr*, *čébur* 'Eimer', skr. *čàbar* G. *čàbra* 'Zuber', sloven. *čəbər*, G. *čəbrà* 'Bottich', čech. *čber* G. *čebra*, *čebru*, dann *džber*, *žber* 'Zuber', slk. *džber*, apoln. *džber* G. *czebru*, dial. *czeber*, osorb. *čwor* 'Zuber'. Die ostslav. Wörter sind wegen *c* entlehnt aus einem masurierenden poln. *ceber. Die urspr. slav. Form war *čъbbrъ, die mit lit. kibìras 'Eimer', lett. cìba 'kleines Holzgefäß für Butter', ferner mit slav. čьbanъ (s. жбанъ 'Bottich' oben 1, 411) und weiter als 'Hänger' mit lit. kìbti, kimbù 'hängen' zusammengehört, s. Buga RFV. 67, 235, Trautmann BSl. 133, Zubatý LF. 28, 116, Brückner EW. 56, KZ. 45, 25 ff., Fraenkel IFAnz. 32, 82, Kiparsky 23 ff. (in Einzelheiten abweichend). Abzulehnen ist Entlehnung aus ahd. zwibar, zubar 'Zuber' (gegen Berneker EW. 1, 165, Uhlenbeck Archiv 15, 485, s. Kiparsky c. l., Mladenov 680, MiEW. 419). Beiseite bleibt griech. κἴβωτός 'Koffer, Schachtel' (gegen Sobolevskij RFV. 64, 28; 144) und griech. κόφινος 'Korb, Tragkorb' (gegen Solmsen Beitr. gr. Wortf. 205).

цéвка 'Spule, Röhre, Schienbein des Pferdes', цевьё 'Griff, Handhabe, Schienbein', ukr. cíva 'Walze, Spindel, Spule', cívka 'Röhrchen, Spule', aruss. cěvъka 'Rohrspule', abulg. cěv(ь)nica λύρα, bulg. cěvka 'Spule', cěv f. 'Röhre', skr. cȉjev 'Spule, Schienbein, Flintenlauf', sloven. cêv f. 'Röhre, Weberspule', čech. cév, céva, cívka 'Rohr, Röhrchen', slk. cieva 'Ader, Gefäß', poln. cewa 'Röhre', cewka 'Röhrchen', osorb. cywa, dial. cewa, nsorb. cowa, cewa, polab. cev 'Garnspule'. || Ursl. *cěva bzw. *cěvь, jedenfalls urverw. mit lit. šeivà Acc. šeĩvą 'Rohrspule (im Weberschiff)', śaivà 'Stückchen Rohr, das zum Spulenmachen dient', lett. saiva 'Spule am Weberschiff, Stricknadel', sei es daß man idg. Gutturalwechsel annimmt oder komplizierte anl. Konsonantengruppen, s. J. Schmidt KZ. 25, 127, Bezzenberger Lit. Forsch. 181, Berneker EW. 1, 128, Trautmann BSl. 301, M.-Endz. 3, 638, Buga RFV. 70, 103, anders Zubatý Archiv 16, 385. Nicht aus dem Slav. entlehnt wegen des Wechsels -v-:-m- sind finn. käämi 'Weberspule', estn. kääv G. kääve dass., zu deren fi.-ugr. Verwandtschaft vgl. Paasonen Kel. Sz. 13, 230, Wichmann FUF. 16, 189 ff.

цевнíца 'Schalmei' (Puškin), aruss. cěvьnica 'Leier', cěvьnikъ 'Spielmann' (Ustj. Kormč., s. Srezn. Wb. 3, 1447), abulg. cěv(ь)nica λύρα (Supr.). Zu цѣва 'Röhre' (s. d.).

цегл 'einzig, allein', nur ksl. cěglъ 'allein', cěglo 'nur', neben scěglъ, scěglo dass., cěgъchъ 'allein', skr. cȉglī 'einzig, nur', cigli jedan 'nur eine'. Damit ablautend: *ščьglъ (s. щёголь). || Man vergleicht: aind. kêvalas 'ausschließlich eigen, allein, lauter', auch lat. caelebs 'unvermählt, ehelos' (Fick 1, 18, Berneker EW. 1, 123), die aber sehr verschieden beurteilt werden, s. Meillet-Ernout 149, Walde-Hofmann 1, 130.

цедúть, цежý 'seihen,' цеж m. 'dünner Haferschleim', ukr. cidýty, cidžú 'seihe, lasse strömen', wruss. cúdźić, cúdžu 'seihen, viel trinken', r.-ksl. cěditi διυλίζειν, bulg. cěd'ó 'seihe', skr. cijèditi, cȉjedîm dass., sloven. cedíti, cedím, čech. cediti, cedím, slk. cediť', poln. cedzić, cedzę, osorb. cydźić, nsorb. cejziś. Ablaut in čistъ (s. чúстый). || Urverw.: lit. skíesti, skíedžiu, skíedžiau 'verdünnen, voneinander trennen, scheiden', skáistas 'hellglänzend, strahlend, hehr', skaidrùs 'hellklar (vom Wetter)', žem. skáidrus dass., skýstas 'dünnflüssig, dünn', lett. skaidít 'dünn machen', weiter

цедýлка — целúть

anord. *skíta* 'scheißen', lat. *scindō, scicidī, scissum, -ere* 'spalte, zerreiße', griech. σχίζω 'spalte' σχίδη 'Splitter', aind. *chinátti* 'schneidet ab, spaltet', s. J. Schmidt Vok. 1, 97, Pedersen Kelt. Gr. 1, 77, Zubatý KZ. 31, 13, Trautmann BSl. 263 ff., Torp 463, Meillet RS. 2, 63, Meillet-Ernout 1062 ff.

цедýлка 'Zettel, Schein', älter *цидула* a. 1697, s. Christiani 43, ukr. *cedúla*, poln. *cedula*, čech. *cedule*. Übers Poln. entlehnt aus mlat. *schedula, cedula* 'Papyrusstreifen' von lat. *scheda* aus griech. σχίδη 'abgerissenes Stück', s. Kretschmer Glotta 10, 172, Berneker EW. 1, 121, Brückner EW. 57.

цеж m. 'dünner Haferschleim', auch *сéжа* f. dass., dial. *цеж* 'Saft von Schwarzbeeren', Čerep. (Gerasim.), aruss. *cěžь* f. 'Haferschleim' (Nestor-Chron.), skr. *cȉjeđ* m. 'Lauge', sloven. *céja* 'das Seihen'. Zu *цедúть* wie wruss. *ced* m. 'Haferschleim', s. Berneker EW. 1, 122 ff., Zubatý Archiv 16, 395.

цейхвáртер 'Aufseher über das Zeughaus', Zeit Peters d. Gr., s. Smirnov 321. Aus nhd. *Zeugwarter* 'Zeugmeister' (seit 17. Jhdt., s. Grimm DWb. 15, 876).

цейхвáхтер 'Zeughauswächter', Zeit Peters d. Gr., s. Smirnov 320. Aus nhd. *Zeugwächter*. Vgl. *вáхтер*.

цейхгáус 'Zeughaus, Aufbewahrungsort für militär. Ausrüstungsgegenstände', seit Peter d. Gr.: *цейхаус, цейхгауз*, s. Smirnov 320. Aus nhd. *Zeughaus* (oft im 16. Jhdt., s. Grimm DWb. 15, 856 ff.).

цейхмéйстер 'Artillerieoffizier', zuerst für Seeartillerie, Ust. Morsk. a. 1720, s. Smirnov 321. Aus nhd. *Zeugmeister* (seit dem 16. Jhdt., s. Grimm DWb. 15, 859).

целéбный 'heilsam, heilkräftig', aruss. abulg. *cělьbьnъ* dass. (Supr.), Ableitung von *cělьba* θεραπεία 'Heilung', dieses zu *cělъ, cěliti* (s. *цéлый, целúть*).

целесообрáзный 'zweckmäßig, zweckdienlich', älter *cělesoobrazьnъ von altsl. *cělo G. *-ese* 'Heil', zu *цéлый*. Vgl. ahd., mhd. *heil*, nhd. *Heil*; alter *es*- St. (s. Kluge-Götze EW. 240) und *óбраз*.

-целéть 'heilen', *у-целéть* 'ganz bleiben, unversehrt bleiben', ukr. *cilíty*, abulg. *cěléti* ἰάομαι (Savv. Kn.), sloven. *celéti*, čech. *celeti*, slk. *celieť*, poln. *caleć*. Verwandt mit ahd. *heilên* 'gesund, heil werden', s. Trautmann BSl. 112, Specht KZ. 62, 32. Weiteres unter *цéлый*.

целúбуха, целúбука, цилúбука, цилибýха 'Brechnuß, Krähenauge, Strychnos nux vomica', auch *чилúбуха*. Viell. mit sekundärem *-уха* als *целú-бука* zu *целúть* 'heilen' und *бýка* 'Schreckgespenst'. Das Wort bedeutet auch 'Unsinn, Nichts' Olon. (Kulik.). Vgl. auch *кичилúбуха* 'gaunerhafter Mensch, betrügerisches Frauenzimmer' (D.), Vjatka (Vasn.), worin *ki- = kyjь* 'was für ein', ähnlich Gorjajev EW. 414. Kaum fremd (gegen Matzenauer 138, vgl. Preobr. Trudy 1, 74).

целúть, *целю́* 'heile', ukr. *cilýty*, wruss. *celíć*, aruss. *cěliti*, abulg. *cěliti, cěljǫ* θεραπεύειν (Ostr., Supr.), bulg. *cěl' ó* 'heile' (Mladenov 678), skr. *cijèliti, cȉjelȋm*, sloven. *céliti*, čech. *celiti*, slk. *celiť*, poln. *celić*. Vgl. got. *hailjan* 'heilen', weiter zu *cěłъ* (s. *цѣлый*), vgl. Berneker EW. 1, 123 ff., Trautmann BSl. 112.

целова́льник 'Branntweinverkäufer', urspr. 'vereidigter Beamter', dial. 'Aufseher über Getreidevorräte', Perm, 'Kirchenältester', Kostr. (D.). Zu *целова́ть* 'küssen', hier: 'das Kreuz küssen, den Eid leisten', s. Gorjajev EW. 406.

целова́ть, *целую* 'küsse', ukr. *ciłuváty*, aruss. *cělovati* 'begrüße, küsse geheiligte Gegenstände, leiste e. Eid, verehre', abulg. *cělovati ἀσπάζεσϑαι, salutare* (Mar., Supr.), bulg. *cělúvam* 'küsse', skr. *cjelivati, cjèlujêm* dass., sloven. *celovati*, čech. *celovati*, poln. *całować, całuję*. Zu **cěłъ* (s. *цѣлый*), als Ableitung von altem *u*-Stamm, s. Zubatý LF. 28, 85, Specht KZ. 64, 21 ff. Zur Bed. wurde verwiesen auf ahd. *heilazzen* 'grüßen', ags. *hálettan*, anord. *heilsa* 'grüßen', lat. *salutāre, salvē*, s. Berneker EW. 1, 123 ff., Brugmann Totalität 41 ff., Hirt PBrBtr. 23, 332, Sandfeld Festschr. V. Thomsen 169. Die beiden letzteren denken an Lehnübersetzung.

целому́дрие 'Keuschheit', *целому́дренный* 'keusch, unberührt'. kslav. Lehnwörter, vgl. abulg. *cělomǫdrъje σωφροσύνη, cělomǫdrьnъ σώφρων* (Supr.). Zu *цѣлый* u. *му́дрый*, wohl als Lehnübersetzung von griech. *σωφροσύνη* bezw. *σώφρων*.

це́лый 'ganz, lauter, heil', *цел, целá, цело*, ukr. *cíłyj*, aruss. *cěłъ* 'gesund, rein, unversehrt, fest, ganz heil', r.-ksl. *cěly* G. -*ъve* 'Heilung', abulg. *cěłъ ὅλος, ὑγιής* (Ostrom., Supr.), bulg. *cěl*, skr. *cȋo* m., *cijèla* f., sloven. *cêl*, čech. slk. *celý*, poln. *cały*, osorb. *cyły*, nsorb. *ceły*. Alter *u*-St. wegen ačech. *z cělu* 'gänzlich'. ‖ Ursl. *cěłъ* urverw. mit apreuß. *kailūstiskan* 'Gesundheit', griech. *κοῖλυ· τὸ καλόν* Hesych, got. *hails*, ahd. *heil* 'heil', s. J. Schmidt Vok. 2, 494, Berneker EW. 1, 123 ff., Fraenkel Balt. Spr. 44, Trautmann BSl. 112, Apr. Sprd. 350, Pedersen ÎF. 5, 35, Specht KZ. 64, 21 ff., Hoffmann BB. 16, 240, Persson 516. Zu trennen sind air. *cél*, kymr. *coil* '(glückliche) Vorbedeutung', s. Meillet RS. 2, 63, Pedersen Kelt. Gr. 1, 56 ff., Brugmann Totalit. 41 ff. Entlehnung des Slav. aus dem Germ. (Hirt PBrBtr. 23, 332) kann nicht vertreten werden.

цѣль f. -*и* 'Ziel', ukr. *ciľ*, über poln. *cel* aus mhd. *zil* 'Ziel', s. Berneker EW. 1, 124, Brückner EW. 57.

цеме́нт, -*а* 'Mörtel, Zement', seit Ust. Morsk. a. 1724, s. Smirnov 321. Über nhd. *Zement* aus lat. *caementum* 'Bruch-, Mauerstein', zu *caedō* 'schlage, haue'. Schwerlich über poln. *cement* (gegen Smirnov, s. Gorjajev EW. 404).

цен 'jeder der beiden Teile der Kette beim Webstuhl, die das Fach bilden, zwischen denen hindurch das Schiff mit dem Einschlagfaden geworfen wird'. Als **cěnъ* von Zubatý Archiv 16, 385 zu *cěva* (s. *цѣва*) gestellt. Weiter vergleicht man skr. *cȉjati* 'Federn schleißen' (Zubatý) und čech. *čněti* 'hervorragen, hervorstehen', *ceniti* (*zuby*) '(Zähne) fletschen', s. Iljinskij RFV. 73, 301. Viell. eher *cěnъ* aus **cěrnъ* (vgl. *цепъ*).

цена́ 'Preis, Wert', ukr. *ciná*, aruss. *cěna* 'Zahlung, Preis', abulg. *cěna τιμή* (Ostr., Supr.), *cěniti τιμᾶσϑαι*, bulg. *cená* 'Preis', skr.

cijèna Acc. *cìjenu*, sloven. *cẹ́na*, čech. slk. *cena*, poln. *cena*, apoln. *cana* (Rozwadowski RŚ. 2, 109). ‖ Ursl. *cěna* urverw. mit lit. *káina* ʿPreis, Nutzenʾ, *kainà* dass., *puskainiu* ʿzum halben Preiseʾ, avest. *kaēnā* ʿVergeltung, Rache, Strafeʾ, griech. *ποινή* ʿBuße, Entgelt, Strafeʾ, weiter griech. *τίνω* ʿverrichte eine Bußeʾ, *τῑμή* ʿWertschätzung, Ehre, Preisʾ, ir. *cin* m. ʿSchuldʾ, s. Fick 1, 379, Meillet Ét. 443, MSL. 14, 348, M.-Endz. 1, 394 ff., Endzelin ŽMNPr. 1910, Juli, S. 200, Berneker EW. 1, 124 ff., Trautmann BSl. 113, Leskien Bildung 375, Buga IORJ. 17, 1, 26 ff. Die Annahme einer ʿFälschungʾ der lit. Wörter (Brückner Archiv 29, 110) ist unbegründet (s. Buga c. l., Zubatý Archiv 15, 478 ff., Fraenkel Lit. Wb. 203). Weiteres s. v. *каять*.

це́нзор ʿZensorʾ, bei Radiščev 163: *ценсор*. Über nhd. *Zensor* aus lat. *cēnsor* ʿAbschätzerʾ: *cēnseō* ʿschätze abʾ.

цензу́ра ʿZensur, Kontrollstelle für Druckschriftenʾ, älter: *ценсура* (Radiščev 163). Über nhd. *Zensur* aus lat. *cēnsūra*. Vgl. das vorige.

цени́на ʿPorzellan, Fayenceʾ, *ценинный* Adj., älter russ. *ценѣ* f. ʿGlasurarbeitʾ (Chožd. Kotova 22), *ценѣньnyi* (Invent. Boris Godunovs 1589, s. Srezn. Wb. 3, 1439). Durch Vermittlung eines *ts*-Dialekts aus dschagat. osman. *čini* ʿPorzellanʾ, *Čin* ʿChinaʾ (Radloff Wb. 3, 2121), s. MiTEl. Nachtr. 1, 24, Sobolevskij IRJ 2, 346. Siehe *чини*.

центне́р ʿZentnerʾ, Zeit Peters d. Gr., s. Smirnov 321. Über nhd. *Zentner* aus lat. *centēnārius* ʿ100 Pfund schwerʾ.

це́нтр, -а ʿZentrumʾ, schon 17. Jhdt., s. Ohijenko RFV. 66, 369. Über nhd. *Zentrum* aus lat. *centrum* von griech. *κέντρον* ʿStachel (des Zirkels)ʾ, s. Dornseiff 23. Nicht über frz. *centre* (gegen Smirnov 321, s. Gorjajev EW. 404).

цеп, -а ʿDreschflegelʾ, dial. *цепúнка* ʿStock, Stabʿ, *оцеп* ʿBrunnenschwengel, Schlagbaumʾ, ukr. *cip* dass., aruss. *цѣпъ*, bulg. *cěp* ʿStab, der zwischen die Kettenfäden des Webstuhls gelegt wirdʾ, skr. *cìjep* ʿDreschflegelʾ, sloven. *cêp*, čech. slk. *cep*, poln. *cepy* pl. ʿDreschflegelʾ, osorb. *cypy*, nsorb. *cepy*, polab. *cepoi* pl. Die Pluralform weist auf eine Kombination von zwei Stöcken — des Klöppels und Knüttels, s. Berneker EW. 1, 125. ‖ Wohl urverw. mit griech. *σκίπων* ʿStabʾ, lat. *scīpiō* dass., ferner (mit idg. *b*) got. *skip* ʿSchiffʾ, weiter viell. zu lat. *scindō* ʿspalteʾ, griech. *σχίζω* aind. *chinátti* ʿspaltetʾ, s. Mladenov Archiv 36, 117, Uhlenbeck PBr. Btr. 27, 131, Brückner EW. 58. Vgl. auch *щéнка*. Mit Gutturalwechsel könnte dazu gehören: aind. *çíphā* ʿRuteʾ, *çéphas* ʿmembrum virileʾ, s. Zupitza KZ. 37, 401.

цепене́ть, -е́ю ʿerstarrenʾ *оцепенѣ́ть* dass., abulg. *ocěpeněti ναρκᾶν* (Supr.), *ocěpati ἀποστηλοῦσθαι* (Supr.), s.-ksl. *cěpěnъ* ʿstarrʾ, bulg. *scěpʾъ se* ʿerstarreʾ, skr. *scipati se* ʿfest zufrierenʾ, sloven. *cepenéti* ʿstarr werdenʾ, čech. *scepeněti*, *scípnouti* ʿverreckenʾ, *scíplina* ʿAasʾ, slk. *cepeniet'* ʿerstarrenʾ. ‖ Ursl. *cěpeněti* zu **cěpъ* ʿStockʾ. Zur Bed. vgl. *околѣ́ть* ʿverreckenʾ, eigtl. ʿerstarrenʾ, zu *кол* ʿPfahlʾ, s. Berneker EW. 1, 125, Preobr. Trudy 1, 47. Siehe *цеп*.

-цепи́ть I. ʿanhängenʾ, *прицепи́ться* ʿsich anklammern, sich an etwas festhaltenʾ, *цéпкий* ʿgut kletternd, zäh, klebrigʾ, *прицéп* ʿSeil, an dem der Schöpfeimer am Brunnen befestigt istʾ, *цепля́ться* ʿHändel suchenʾ, *цепь* f. ʿKetteʾ, *цепóчка* ʿUhrketteʾ, ukr. *cipľáty śa* ʿsich an etw. klammern, haltenʾ, mbulg. *pricěpiti* (Apost. Slepč. 12. Jhdt., s. Sobolevskij ŽMNPr. 1894, Mai, S. 220). Man vergleicht als urverw. lett. *kaipt, -stu* ʿgedeihen, aushaltenʾ, *àiz-cipt, -cīpu* ʿbleibe steckenʾ, s. M.-Endz. 2, 133 ff., 1, 21. Daneben findet sich aruss. *čерь* ʿKetteʾ (Avvakum 122 ff., Urkunden seit 14. Jhdt., oft in Moskauer Texten 16.—17. Jhdt., s. Sobolevskij c. l. 220), ukr. *čípaty* ʿanhängen, anheften, angreifen, ergreifen, anbindenʾ, *čipíty* ʿjemd. auf dem Halse sitzenʾ, *čípkyj* ʿleicht klebend, anhaftendʾ, wruss. *začépa* ʿklebriger Menschʾ, *začépka* ʿHaken an der Wand, zum Anhängen einer Wiegeʾ, poln. *czepiać, czepić się* ʿsich an jemd. hängen, anklammernʾ, *czepić* ʿpacken, ergreifen, fassenʾ. Die beiden Sippen sind im Russ. schwer auseinanderzuhalten wegen des Cokańje. Sobolevskij Lekcii 151 hält *цепь* für ein nordgrr. Lehnwort der Schriftsprache, vgl. auch Berneker EW. 1, 125 ff.

цепи́ть II. ʿschüttenʾ, *выцéпить* ʿausschüttenʾ, Čerep. (Geras.). Unklar.

цер ʿArt Eicheʾ, ksl., r.-ksl. *церъ*, s.-ksl. *серь* τερέβινθος, bulg. *cer* ʿArt Eicheʾ, skr. *cȅr* G. *cȅra*, sloven. *cèr* G. *céra*, čech. *cer*, slk. *cer*. Aus lat. *cerrus* ʿZerreicheʾ, s. MiEW. 28, Berneker EW. 1, 122.

церемóния ʿZeremonieʾ, schon Peter d. Gr. u. F. Prokopovič, s. Smirnov 321. Über poln. *ceremonja* aus lat. *caerimōnia* ʿFeierlichkeitʾ, s. Christiani 18.

церен ʿGefäßʾ, s. *черен*.

цéрковь f., G. *-кви* ʿKircheʾ, volkst. auch *цéрква*, ukr. *cérkva*, wruss. *cérkva*, aruss. *сьrку* G. *-ъvе*, abulg. *сръкy*, *-ъvе* ἐκκλησία, ναός (Ostrom., Cloz., Mar., Ps. Sin., Supr.), bulg. *crъ́kva*, skr. *cȓkva*, sloven. *cèrkəv*, poln. *cerkiew*, nsorb. *cerkej*, polab. *carḱoi, carḱev*. Chronologisch davon verschieden ist: č.-ksl. *cirъky*, *-ъvе* (Kiewer Blätter, Ps. Sin.), asloven. *circuvah* L. pl. (Freis. Denkm.), čech. *církev*, osorb. *cyrkej*. ‖ Man setzt als Quelle ein got.-arian. *kirikô* ʿKircheʾ (Berneker EW. 1, 132, Uhlenbeck Archiv 15, 484, Stender-Petersen 424 ff.) oder ein abair. *kirkô*, Vorstufe von ahd. *chirihha*, an (Schwarz Archiv 40, 288 ff.; 42, 305, Rudolf Zeitschr. 18, 266, Nahtigal Starocerkv. Štud. 67, Brückner EW. 59). Die Quelle der german. Wörter ist griech. κυρικόν aus κυριακόν (s. Kretschmer KZ. 39, 542 ff., Glotta 26, 63 ff., Kluge PBrBtr. 35, 125 ff.). Lautlich macht die historisch besser verständliche ahd. Deutung größere Schwierigkeiten als die gotische, s. Stender-Petersen Zschr. 13, 250, Mikkola Mém. Soc. Néophil. 7, 271, Meillet-Vaillant 78. Abzulehnen ist Entlehnung aus asächs. *kirika* oder anord. **kirka* (gegen Knutsson GL. 62, Meillet RS. 2, 69), s. dazu Kiparsky 246. Nicht annehmbar ist Entlehnung über vlat. **cyrica* (gegen Boháč LF. 35, 440 ff., Skok Zeitschr. 2, 398) oder direkt aus griech. κυρικόν (gegen Boháč c. l.). Ganz verfehlt ist die Herleitung von

*cьrky aus rumän. *biserică* (gegen Gunnarsson, Kirche, Uppsala Univ. Årsskr. 1937), s. Verf. Zeitschr. 14, 464, Pirchegger IF. 57, 68 ff., Unbegaun BSL. 38, 135.

цертификáт 'Beglaubigungsschreiben', seit Peter d. Gr., s. Smirnov 321. Über nhd. *Zertifikat*, nicht über frz. *certificat* (gegen Smirnov) von lat. *certificātiō*.

церь f. 'Schwefel', nur aruss. *cěrь* (Nestor-Chron. 945). Siehe *сéра*.

цесáрка 'Perlhuhn, Numida meleagris', wohl aus poln. *cesarka* von *cesarz* 'Kaiser', s. Gorjajev EW. 404. Siehe *царь*.

цéсарцы pl. 'reisende Kleinhändler, die Waren, bes. Arzneien auf Gütern und in Städten verkauften'. Sie hießen auch *венгéрцы* u. waren meist Slowaken (Meľn. 2, 244). Eigtl. 'k. k. Österreicher', von *цéсарь* 'österreichischer Kaiser', s. Daľ 4, 1259.

цéсарь 'Kaiser', s. *царь*.

цестить 'reinigen', nur aruss. *čěstiti*, abulg. *čěstiti* (Supr.), wozu auch wohl mbulg. *čěsta* πλατεῖα, 'Weg, Straße' (Ps. Bon., s. Trautmann BSl. 113), skr. *cèsta*, sloven. *césta*, ačech. *cěsta*, čech. slk. *cesta*, apoln. *pocesny* 'Reisender'. Ablaut zu *čistъ* (s. *чúстый*), lit. *skáistas* 'hellglänzend', s. Osthoff MU. 4, 95, 330, Berneker EW. 1, 127, Meillet MSL. 14, 353, Brandt RFV. 21, 214. Andere trennen diese Wörter voneinander und verbinden *čěsta* mit lit. *káišti, káišiu* 'schaben', *iškáišti* 'glatt machen, abhobeln', apreuss. *coestue* f. 'Bürste' (lit. *kaištuvė), apreuss. *coysnis* 'Kamm', s. Zubatý Archiv 16, 385, Trautmann c. l.

цех, -á 'Zunft, Innung', ukr. *cech*. Wohl über poln. *cech* aus mhd. *zěch, zěche* 'Vereinigung von Personen desselben Standes', s. MiEW. 27, Berneker EW. 1, 121, Štrekelj 10.

цехи́н 'venezianische Goldmünze zur Kosakenzeit' (Gogoľ). Aus ital. *zecchino* dass. von *zecca* 'Münzhaus in Venedig' aus arab. *sika* 'Prägestock' (Meyer-Lübke Rom. Wb. 652).

ци Konj. 'ob, etwa, oder, wenn', nur aruss. *ci* (Žitije Nifonta, 13. Jhdt., Laurent. Chron. u. a., s. Srezn. Wb. 3, 1439 ff., Vondrák Vgl. Gr. 2, 452). Wohl zu *це* (s. d.). Nicht immer identisch mit *чи*.

циверá 'Geschwür, Beule', Vjatka, Sibir. (D.). Auch *чиверá* dass. Unklar.

ци́гель, -гля m. 'Ziegel', Pskov (D.), ukr. *céhła*, wruss. *céhla*, čech. *cihla*, poln. *cegła*. Das russ. Wort viell. direkt aus nhd. *Ziegel*, das ukr. u. wruss. übers Poln. aus mhd. *ziegel* von lat. *tēgula*, s. MiEW. 29, Berneker EW. 1, 129. Siehe *цагéльня*.

ци́гло, цы́гло, ци́гломяно adv. 'rauchig, voll Rauch, Dunst', Arch. (Podv.). Aus karel. *tšihva*, olon. *tšihvu*, lüd. *tšihv* 'Kohlendunst', s. Kalima 239 (mit Liter.).

ци́гмар 'Kohlendunst', Arch. (Podv.). Aus weps. *čihmer* 'Nebel', s. Kalima 241. Siehe *чúмер*.

цикл, -*a* 'Zyklus, Jahreskreis, Zeitlauf', älter *цыклус* Zeit Peters d. Gr., s. Smirnov 322. Über poln. *cykl*, bzw. nhd. *Zyklus* aus lat. *cyclus* von griech. *κύκλος* 'Kreis'. Siehe weiter s. v. *колесо́*.

ци́клинка 'Ziehklinge, Stahlplatte, zum Glattschaben feiner Tischlerarbeiten', davon Rückbildung *ци́кля* dass. Aus nhd. *Ziehklinge*, dial. *Ziechling* (Sass Sprache d. ndd. Zimmermanns 12).

цико́рий 'Zichorie, Cichorium Intubus'. Über poln. *cykorja* oder nhd. *Zichorie* aus lat. *cichorea* von griech. *κιχόρεια, κιχώρη* dass., das als nicht-idg. gilt, s. Littmann 21, Kluge-Götze EW. 709 ff.

цили́ндр 'Zylinderhut, Walze', seit Peter d. Gr., s. Smirnov 322. Über nhd. *Zylinder* von lat. *cylindrus* aus griech. *κύλινδρος* dass., zu *κυλίνδω* 'wälze'.

цили́снуть 'schlagen', Šenkursk (Podv.). Zu *тили́снуть*.

ци́мер s. *чи́мер*.

цими́зина 'Geizhals', Olon. (Kulik.). Unklar.

цини 'Art Stoff', nur aruss. *cini goluby* (Testam. d. Andrej Ver. ca. 1486 und im 16. Jhdt., s. Srezn. Wb. 3, 1441). Wohl als 'chinesischer Stoff' zu osman. dschag. *Čin* 'China'. Vgl. *ценина*.

ци́ник 'Zyniker'. Über nhd. *Zyniker* aus lat. *cynicus* von griech. *κυνικός* 'hündisch'. Der Name wurde der sogen. Schule des Philosophen Antisthenes, der nach dem Tode des Sokrates auf dem Gymnasium *Κυνόσαργες* lehrte, unter Einwirkung dieses Namens und ihrer Lebensweise beigelegt, s. Praechter Philos. d. Altertums (1926) S. 159, Dornseiff 75.

цинк 'Zink', aus nhd. *Zink*, älter der *Zinken* (Ende 15. Jhdt., s. Kluge-Götze EW. 712). Eine slav. Bildung ist höchst zweifelhaft (gegen Falk-Torp 969, Preobr. Trudy 1, 47 ff.).

цирк 'Zirkus', wohl über nhd. *Zirkus* aus lat. *circus* 'Kreis'.

ци́ркуль m. 'Zirkel', älter *циркул*, seit Peter d. Gr., s. Smirnov 322. Über poln. *cyrkuł* oder nhd. *Zirkel* mit Anlehnung an lat. *circulus*, s. Gorjajev EW. 404.

циркуля́р 'Rundschreiben', über nhd. *Zirkular* aus lat. *circulāris* von *circulus*.

ци́рус 'Art Makrele, Scomber', Schwarzmeer-G. (D.). Aus ngr. *τσίρος* dass., s. Verf. IORJ. 11, 2, 392, GrslEt. 223. Zur Deutung des griech. Wortes vgl. G. Meyer Türk. St. 1, 22, Andriotis 268.

цитаде́ль f. 'kleine Festung', älter *цитаделя* Peter d. Gr. (Smirnov 323) und *ситадель* (Peter a. 1701, s. Christiani 36). Die Form mit *s*- aus frz. *citadelle*, die mit *c*- über poln. *cytadela* aus ital. *citadella*.

цитва́рь s. *цытва́рь*.

ци́тра 'Zither', über nhd. *Zither* (seit 1678, s. Kluge-Götze EW. 713) aus lat. *cithara* von griech. *κιθάρα*, das auch als fremd gilt.

циферблат 'Zifferblatt a. d. Uhr' (Gogol'). Aus nhd. *Zifferblatt*.

цка 'Brett', dial., auch aruss. *cka* öfter im 16. Jhdt., s. Srezn. Wb. 3, 1441. Aus älterem *dъska*; dagegen aus anfangsbetontem Acc. s. *dъskǫ* entstand *дóску*, und analogisch danach N. s. *доскá* (s. d.).

цмок 'Drache, fliegende Feuerschlange der Märchen', Westl. Jedenfalls zu *смок* (s. d.), das *c-* viell. expressiv.

Цна häufiger Flußname: 1. 'l. Nbfl. d. Gajna, Kr. Borisov'. 2. 'l. Nbfl. der Berezina', G. Minsk. 3. 'l. Nbfl. d. Pripet'. 4. 'l. Nbfl. d. Oka', G. Rjazań. 5. 'l. Nbfl. der Mokša', G. Tambov. 6. 'Nbfl. der Msta', G. Novgor. u. Tveŕ. Wohl aus **Tъsna* wie *Tосна* 'l. Nbfl. der Neva', G. Pburg (s. d.). Vgl. apreuss. *tusna-* 'still', avest. *tušna-, tušni-* 'still', aind. *tūṣṇim* 'still', Ablaut in *тушúть* nach Buga RS. 6, 35, Potebnja Fil. Zap. 1876, Nr. 1, S. 37, Rozwadowski NW. 51, 300. Weniger einleuchtend ist die Herleitung von *Cna* aus **Dъsna* und Zusammenstellung mit *Деснá* (s. d.), so Sobolevskij RFV. 64, 182, IORJ. 27, 263, Archiv 27, 244.

цóбе 'nach rechts!', *цоб* 'nach links!', Südl., auch ukr. Nach Potebnja bei Gorjajev EW. 404, ersteres aus ukr. *od sebe* 'von sich', poln. *od siebie* 'nach rechts', dagegen *цоб* aus ukr. *k sobi* 'zu sich', poln. *k sobie* 'nach links', so auch Preobr. Trudy 1, 48.

цóки pl. 'spöttische Bezeichnung der Cokańje-Sprecher nördlich der Oka in d. Meščerskaja Storona', G. Rjazań (s. Živ. Star. 1898, Nr. 2, S. 226; 1904, Nr. 1, S. 62 ff.). Vom Laute *c*, woher *цóкать* 'c-sprechen', wie *áкать*, *óкать* nach anderen Lauten. Siehe *цукáн*.

цóколь m. 'Sockel, Postament' (Mel'nikov), älter *цоколо* Zeit Peters d. Gr., s. Smirnov 323. Aus ital. *zoccolo* 'Holzschuh, Sockel' als Fachwort der Baukunst, s. Gorjajev Dop. 1, 54, Želtov Fil. Zap. 1876, Nr. 1, S. 19, Meyer-Lübke Rom. Wb. 664.

цолýпнуть 'kräftig schlagen', Olon. (Kulik.). Zu *че-* und *лупúть* 'prügeln'.

цуг 'Gespann aus drei Paar Pferden von gleicher Farbe', seit 1702, s. Christiani 50, über poln. *cug* dass. (schon bei Rej), oder direkt aus nhd. *Zug*, s. Brückner EW. 67, Korbut 502, Gorjajev EW. 404.

цугýндер: *взять когó на цугýндер* 'einen ins Gebet nehmen, jmd. im Zaum halten' (Turgen., Dostoj., Boborykin). Die Deutungen sind alle anfechtbar. Aus nhd. *zu Hunden* oder *a Hund der*, s. Jagić Archiv 26, 576, Wiener Živ. Star. 1895, Nr. 1, S. 58. Weiteres an verfehlten Deutungen bei Preobr. Trudy 1, 48 ff.

цукáн pl. *-ы́* 'Bezeichnung einer Bevölkerungsschicht der Gouv. Voronež, Kursk, Orel, Saratov', die *c* statt *s* in *дéлаетцa*, *купáютцa* spricht, vom Laute *c*, s. Sobolevskij RFV. 54, 40, Zelenin Etn. Obozr. 71, 340 ff., Živ. Star. 1904, Nr. 1, S. 61 ff. Auch die Cokańje-Sprecher werden so genannt (s. Dal' 4, 1263). Vgl. *цóки*.

цукáт 'Sukkade, kandierte Fruchtschalen', älter: *сукáт* Ust. Morsk. a. 1724, s. Smirnov 324. Über nhd. *Sukkáde*, bzw. *Zukkade* dass. (mit *z* von *Zucker*), die auf ital. *succada*, zu lat. *sūcus* 'Saft' zurückgeführt werden.

цýни pl. 'Schlitten', s. *чýни*.

цýрка 'Mädchen, junges Mädchen', Südl. (Gogol'). Etwa aus poln. *córka* 'Tochter'?

цуфýски: *на цуфýсках* 'zu Fuß' (Leskov). Von nhd. *zu Fuß*.

цýцка 'Hund', Voron., Südl. (D.), auch *цуцý*. Lautnachahmend wie lit. *čiučius* 'Hund', *čiučiu* 'e. Wort, mit dem man Hunde ruft', nhd. *zschu! zschu!* dass., s. W. Schulze Kuhn-Festschr. 193ff. Vgl. auch *цы́ба, цы!* 'Interj. zum Heranlocken eines Hundes' Vjatka (Vasn.), ukr. *cibá* 'Scheuchruf gegen Hunde' und das folg.

цы́ба 'Lockruf für Ziegen', Südl., auch 'trockener Nasenschleim' Pskov (D.), poln. *ciba* 'Nasenschleim' (*koza w nosie*), lit. *cìbė, cìba* 'Ziege', *cìb, cib!* 'Lockruf für Ziegen'. Alles lautmalend, s. Rozwadowski RS. 2, 76ff. Bei Gorjajev EW. 403 wird auf *цап* verwiesen, mit dem aber kein historischer Zusammenhang bestehen kann, vgl. jetzt auch Fraenkel Lit. Wb. 69.

цы́бар s. *цéбарь*.

цы́бик 'Teepackung von 40—80 Pfund'. Die Herleitung aus lat. *cybicus* von griech. *κυβικός* zu *κύβος* 'Würfel' bleibt unklar wegen der fehlenden Zwischenstadien (gegen Gorjajev Dop. 1, 54).

цыбýля I. 'Zwiebel', Westl., Südl., Tver′, Kostr. (D.), ukr. *cybúľa*, wruss. *cybúľa*. Entlehnt über poln. *cybula* dass. aus mhd. *zibolle, zwibolle* 'Zwiebel' von lat. *cēpulla, cēpa* 'Zwiebel', s. MiEW. 27, Uhlenbeck Archiv 15, 484, Berneker EW. 1, 128, Brückner EW. 56, Mikkola Ber. 175ff.

цыбýля II. 'langes Bein', *цыбýтки* pl. 'vorgeschobene Beine, um Kinder darauf zu schaukeln', ukr. *cýba* 'langes Bein', *cybátyj* 'langbeinig'. Unklar.

Цывíльск 'Stadt im G. Kazań', benannt vom FlN. *Цывíль* 'r. Nbfl. der Wolga' daselbst.

цы́га-цы́га! 'Lockruf für Schafe', Olon. (Kulik.), auch *цы́ги-цы́ги* dass. Lautgebärde.

цыгáн 'Zigeuner', pl. *цыгáне*, ukr. *cýhan*, wruss. *cýhan* 'Zigeuner, lästiger Bitter', aruss. *cygane* pl. (Pozdnjakov a. 1558, S. 8), mbulg. *aciganinъ* (MiLP. 9), bulg. *ciganin* 'Zigeuner, Betrüger, Lügner', skr. *cȉganin*. Entlehnt über mgriech. *τσίγανιν*, älter *ἀτσίγγανος* 'Zigeuner', das zurückgeführt wird auf mgriech. *ἀθίγγανοι* 'haeretici in Phrygia et Lycaonia praecipue degentes' (Theophan. Chron. 488, 495), s. MiTEl. 1, 277, Nachtr. 1, 24; 2, 96, EW. 29, 414, Verf. GrslEt. 223, Andriotis 266.

цыгáрка 'Zigarette aus Zeitungspapier'. Wohl zunächst aus nhd. *Zigarre*. Weiteres s. v. *сигáра*.

цы́гель s. *цúгель*.

цы́кать ʿdurch Anzischen Schweigen bietenʾ, цыц! Interj. ʿpst!ʾ, ukr. cýkaty ʿläppernʾ, bulg. cíkam, cíknъ ʿzwitschere, weine, brülle, schreieʾ, skr. cȋk ʿGezischʾ, cíknuti ʿschreienʾ, cȉkati, cȉknuti ʿkrachen, anbrechen (vom Tage)ʾ, sloven. cíkati ʿpiepen, zirpenʾ, čech. cikati ʿzirpenʾ, slk. cknúťʿmuckenʾ, poln. cykać ʿtickenʾ, nsorb. cykaś ʿzischenʾ. Lautnachahmend wie сы́кать (s. d.), vgl. Berneker EW. 1, 129, Preobr. Trudy 1, 50.

цы́кля s, цикли́нка.

Цы́льма ʿ1. Nbfl. der Pečoraʾ, dort ON. Усть-Цы́льма. Siehe чи́льма.

цымба́ла I. gewöhnl. pl. -ы ʿZimbel, Schallbeckenʾ (Gogol'), schon Zeit Peters d. Gr. (s. Smirnov 322), ukr. wruss. cymbáły. Über poln. cymbał dass. aus lat. cymbalum von griech. κύμβαλον, s. MiEW. 29, Preobr. Trudy 1, 50. Hierher: цимба́рики pl. ʿTrommelnʾ, Vjatka (Vasn.).

цымба́ла II. ʿHöhner, Spötterʾ, Vjatka (Vasn.), цымба́лить ʿspottenʾ ebda. Etymologisch identisch mit dem vorigen.

цымля́нское ʿArt Weinʾ (Puškin), benannt nach der стани́ца Цымля́нская am Don, s. Ušakov 4, 1224.

цынга́ ʿSkorbut, Mundfäuleʾ, цынга́ морска́я ʿReißen im Handgelenkʾ, Arch. (Podv.), цынжа́ть ʿam Skorbut leidenʾ, Olon. (Kulik.). Wird gewöhnlich als Entlehnung angesehen aus poln. dzięgna ʿMundfäuleʾ, das zu lat. dēns G. dentis ʿZahnʾ, aind. dan G. datás, griech. ὀδούς G. ὀδόντος und der Wz. von гнить ʿfaulenʾ gestellt wird, s. Berneker EW. 1, 190, Pogodin Sledy 198, Preobr. Trudy 1, 50. Anders über das poln. Wort Brückner EW. 112, KZ. 45, 34.

цынова́ть ʿBast abschälen, den Bast in dünne Streifen schneiden (zur Anfertigung von Bastschuhen und Körben)ʾ, Kursk, Orel, Voron., Tambov (Pr.), Rjazań (RFV. 28, 68), цыно́вка ʿArt Bastmatteʾ (Puškin). Man geht aus von *cěnъ ʿFach beim Webenʾ (s. цен), vgl. Iljinskij RFV. 73, 301, Gorjajev EW. 405.

цыну́бель, ʿHobel mit fein gezahnter Schneideʾ, aus nhd. Zahnhobel dass., dial. Zoonhubel (Hamburg, s. Sass 9), s. Dal' 4, 1247. Verfehlt ist die Deutung aus nhd. *Ziehhobel, die das n nicht erklärt (gegen Preobr. 2, 35). Siehe цану́бель.

цы́пки pl., s. цы́почки.

цыплёнок ʿKüchleinʾ, pl. цыпля́та, auch ци́пка dass., цы́паш ʿVogeljungesʾ, Arch. (Podv.), цып, цып ʿLockruf für Hühnerʾ, ukr. cýpka ʿKüchleinʾ, cyp, cyp! ʿLockrufʾ, wruss. cípa ʿKüchleinʾ, sloven. cípa ʿZipplercheʾ, cȋba ʿHühnchenʾ, slk. cipa ʿHenneʾ. ‖ Alles vom Lockruf gebildet, s. Brandt RFV. 21, 214, Berneker EW. 1, 130, MiEW. 29, Preobr. Trudy 1, 50. Vgl. noch poln. ćip, ćip ʿLockruf für Hühnerʾ (RFV. 69, 425), lett. tib! und cib! auch ciba ʿHuhnʾ (s. M.-Endz. 1, 378; 4, 179), bair. zib, zib! u. a. An Zusammenhang mit skr. pȉle ʿjunges Huhnʾ und Zubehör ist nicht zu denken (gegen Gorjajev EW. 405).

цы́почки pl. ци́пки ʿFußspitzenʾ, ukr. cypký pl., sloven. cípati ʿschwerfällig gehenʾ. Daneben: skr. cȕpkati ʿhüpfenʾ, čech. cupati

ʽschwach mit den Füßen stampfen', poln. *cupać* ʽleise nachschleichen'. ‖ Alles lautnachahmend wie nhd. *zippeln, zippern* ʽtrippeln', mhd. *zippeltrit* ʽtrippelnder Schritt', s. Berneker EW. 1, 130, Preobr. Trudy 1, 50ff., Sobolevskij ŽMNPr. 1886, Sept., S. 145.

цыпырлёнок ʽkosende Anrede', Smol. (Dobr.). Erweiterung von *цыплёнок* (s. d.).

цы́ркать ʽin dünnem Strahl fließen', Olon. (Kulik.). Lautnachahmend wie bulg. *cŕkam* ʽspritze', čech. *crkati* ʽzirpen, rieseln, sickern', *crčeti* ʽrinnen, rieseln', slk. *crkať* dass., zur Sippe s. Berneker EW. 1, 132.

цырю́льник ʽBarbier', früher ʽWundarzt': *цырюлик* 1696 Romodanovskij, *цириллюк* Kurakin 1703, s. Christiani 46, ukr. *cyrúłyk, cyrúľnyk.* Über poln. *cyrulik* aus lat. *chirurgus* von griech. χειρουργός mit Umgestaltung der Endung nach *-nik*, s. Berneker EW. 1, 132, MiEW. 29, Brandt RFV. 21, 214, Preobr. Trudy 1, 51.

цытва́р m., *цытва́рь* f. ʽZitwer, Artemisia santonica', *цытва́рное се́мя* ʽZitwersame' (Čechov). Über poln. *cytwar* dass. aus mhd. *zitwer* von ital. *zettovario* aus pers. *zidwâr*, arab. *ẓadwâr*, s. Littmann 84, Lokotsch 173, MiEW. 28, TEl. Nachtr. 2, 107, Brückner EW. 71, Matzenauer 23, Preobr. Trudy 1, 51.

цы́фра ʽZiffer, Zahl', auch *цыфи́рь* f. ʽRechenkunst' (Meľnikov), *цыфа́рь* ʽRechenkunst', Vjatka (Vasn.), *цыфи́рный* ʽaufs Rechnen bezüglich', *Цыфи́ркин* FN. eines Rechenlehrers (Fonvizin). Über poln. *cyfra* oder nhd. *Ziffer* aus ital. mlat. *cifra* von arab. *ṣifr* ʽleer, Null', s. Littmann 76, Meyer-Lübke Rom. Wb. 652, Preobr. Trudy 1, 51.

цыц Interj. ʽwomit e. bellender Hund zum Schweigen gebracht wird', auch *цыть! цыть!* dass., Olon. (Kulik.). Siehe *цы́кать*. Im Poln. *cyt* dass. schon bei W. Potocki, čech. *cit* ʽstill'. Lautgebärde, s. Brückner EW. 70.

цю́нда ʽe. Art Hausgeist', Olon. (Kulik.). Unklar.

цю́нки pl. ʽSchlitten', s. *чу́ни*.

цю́ра ʽgrober Sand', s. *чу́ра*.

Ч

Der 25. Buchstabe des altruss. Alphabets, Benennung *čьrvь* (s. *червь* ʽWurm'), Zahlenwert = 90, s. Srezn. Wb. 3, 1467.

-ча Partikel in *тепе́реча, да́веча, ны́неча*, aruss. *nyněča, davěča*. Wird als Dehnstufe angesehen von idg. *qe* ʽund': aind. *ca* ʽund', avest. apers. *čā*, lat. *que*, griech. τε, got. *-h*, armen. *kʻ* in *okʻ* ʽjemand' (*o* ʽwer'), *ikʻ* ʽetwas' (*i* ʽwas?'), s. Sobolevskij RFV. 71, 432, Meillet MSL. 8, 281, Hübschmann 502 (ohne russ.).

Чаада́ев ʽrussisches Adelsgeschlecht', ebenso *Чегода́ев*, geht zurück auf den turkotatar. Stammesnamen *Čaγatāi*, der urspr. der Name des 1242 gestorbenen zweiten Sohnes des Čingiz-Chān war, mgriech. *Τζαχατάης* Laon. Chalk. 1, 152, s. Verf. Zeitschr. 17, 340 ff., Spuler Goldene Horde 243.

чабáк 'Fisch', s. *чебáк*.

чабáн 'Schafhirt, Hammelhirt', Südl., Kursk (D.), ukr. *čabán* dass. Entlehnt aus osman. krimtat. *čoban* 'Hirt' (Radloff Wb. 3, 2030), s. MiTEl. I 278, Berneker EW. 1, 159. Die Quelle ist pers. *šubán* 'Hirt', avest. **fšupāna-* 'Viehhüter', s. Hübschmann 215, Korsch IORJ. 8, 4, 40, M. Leumann IF. 58, 19. Davon: *чабáнитъ* 'Vieh weiden lassen, Hirt sein'.

чабáнить, чебáнить 'den Hafen anlaufen, landen, von der See zurückkehren (von Booten)', Arch. (Podv.), 'schnell laufen, sich bewegen', Olon. (Kulik.). Unklar.

чабáр 'junge Möwe', Olon. (Kulik.), *чабáра*, *чáбра*, *чебáр* 'graue Möwe, Larus glaucus'. Aus lapp. Kild. *tšāβar* 'Möwe', s. Itkonen 59.

чабáрка, чебáрка 'Schale, Tasse', Kostr., Nižn. (D.). Dazu ukr. *čybárka* dass. nach Gorjajev EW. 407, Dop. 1, 54. Vgl. auch *чапáрка*.

чабéр, чабóр 'Pfefferkraut, Satureia hortensis', ukr. *čabér*, *-brá* dass., wruss. *čabór*, r.-ksl. *čavьrъ* (Srezn. Wb. 3, 1467), čech. *čabr*, auch *čubr*, *čibr*, poln. *cząbr*, daneben bulg. *čuber* 'Pfefferminz', skr. *čúbar* 'Satureia'. Es ist nicht möglich, eine slav. Grundform aufzustellen. Ostslav. und westslav. ist **čębrъ* gut erkennbar, das als **čemrъ* zu *чемерица* 'Nieswurz' gestellt werden kann, s. Sobolevskij Slavia 5, 445, Brückner EW. 73. Die čech. u. skr. Formen mit *u* sollen nach Sobolevskij Umgestaltungen des mbulg. sein. Nicht möglich ist Herkunft der slav. Wörter über rumän. *cimbru* aus griech. *θύμβρος, θύμβρα* 'Satureia thymbra' (gegen Philippide Bausteine A. Mussafia 54 ff., Verf. RS. 2, 24. GrslEt. 225, Machek JR. 200, MiEW. 36, Berneker EW. 1, 160, s. Wędkiewicz Mitt. Rumän. Inst. Wien 1, 266). Aus dem Russ. entlehnt ist lit. *čiobras* 'Satureia', lett. *cēberiņš* id. (s. M.-Endz. 1, 376).

чáбешки pl. 'kleine Steine', Olon. (Kulik.). Unklar.

чабýн 'Geldbeutel der Samojeden aus Renntierfell', Mezeń (Podv.). Soll nach Podv. samojed. sein.

чабурóк, *-pкá* 'hölzerne Kugel am Ende des Zugtaues, mit dem die Boote befestigt werden', auch *чапурóк, -pкá* dass. Dunkel.

чавдáр, чалдáр 'Art Gerste' (D.). Aus osman., krimtat. *čavdar*, *čaldar* 'Roggen' (Radloff Wb. 3, 1889, 1936).

чáвереть, чáвреть, чáврить 'welken, verdorren, verkümmern', auch *чáврый, чáвреный* 'welk, blaß, abgemagert'. Unklar.

чáвкать, чáмкать 'schmatzen (beim Essen), ungern essen, langsam kauen', aruss. *čavkati rtom* (Domostroj K. 5). Lautnachahmend wie *чмóкать*, s. Gorjajev EW. 407. Dazu auch: *чавки́, чáвкалы* pl. 'Unterkiefer', Pskov (D.).

чáвки pl. 'Halsschmuck der mordwin. Frauen aus Muscheln' (D.). Unklar.

чаврáк 'Kiessand', Olon. (Kulik.), *чáвруй* 'flacher Strand, kleine Kieselsteine' Arch. (D.), *чóвруй, чéвруй* 'Kiessand', Arch., *чéврой* dass. Olon. (Kulik.). Entlehnt über lüd. *tšauriŋg* 'Kiessand' aus lapp. N. *čievrra, čivrra* dass., s. Kalima 239, Itkonen 59.

чáга I. 'Sklavin, Dienerin', nur aruss. *čaga* (Hypat. Chron., Igorl., s. Srezn. Wb. 3, 1467). Entlehnt aus d. Turkotat.; vgl. osman. dschagat. *čaγa* 'Kind', kkirg. *šaγa* 'Mädchen', s. Melioranskij IORJ. 7, 2, 296, Korsch Archiv 8, 644. Zur Sippe s. Ramstedt Kel. Sz. 15, 135.

чáга II., auch *чáка* 'Birkenknollen', Olon. (Kulik.), 'Baumschwamm, bes. an Birken, woraus Zunder u. Feuerschwämme gemacht werden', Vologda, Sibir. (D.). Aus syrjän. *tšak* 'Pilz, Schwamm', s. Kalima FUF. 18, 40 ff. (mit Liter.).

чагáн 'Pflanze Beifuß, Artemisia annua' (D.). Vgl. *чакáн*.

чагарнúк 'schlecht wachsendes Strauchwerk auf einer Weide', Südl. (D.), ukr. *čahář* 'Buschwerk', poln. *czair* 'Strauchwerk' (17. Jhdt.). Soll aus osman. krimtat. *čajyr* 'Wiese, Weide' (Radloff Wb. 3, 1853ff.) stammen, s. MiTEl. 1, 271, Brückner EW. 71. Vgl. *чагúр* II.

чагвóй 'Art Gans mit rötlichem Hals, Anser pulchricollis'; vgl. dschagat. *čaγïr* 'Entenart' (Radloff Wb. 3, 1848). Unsicher.

чагúр I. 'Viehweide im Gebirge', Krim (D.). Aus osman. krimtat. *čajyr* 'Wiese, Weideland, Feld' (Radloff Wb. 3, 1853 ff.).

чагúр II. 'Pflanze Steinbrech, Saxifraga crassifolia', davon *чагúрский чай* 'Art Tee', Irk., Orenburg. Turkotatar. Lehnwort; vgl. kirg. *šaγyr* 'e. Pflanze' nach Zelenin RFV. 56, 243.

Чагодóща 'Nbfl. der Mologa', G. Novgorod. Sein Zufluß heißt *Чагода*. Dunkel. Gewagte Vermutungen bei Kalima Sitzber. d. Finn. Akad. 1946, S. 130 ff.

чагокú, чигокú pl. 'Spottname für die Bewohner von Voronež', weil dort G. s. *čaγó, čïγó* st. *чегó* gesprochen wird, s. Zelenin Živ. Star. 1904, Nr. 1, S. 64.

чагрáвый 'dunkelaschgrau, braun', *чегрáвый* dass., Östl. (D.), *чагрáва, чегрáва* 'kleine Möwe', Kasp. Gebiet (D.). Entlehnt aus der Sippe: dschagat. *čegär* 'fuchsfarben' (Pferd), kirg. *šaγər* 'grauäugig', alt. *šokur* 'bunt', tschuwass. *tšaγər* 'gelblich, braun' (zur Sippe s. Paasonen CsSz. 177, Ramstedt KWb. 426), s. auch MiTEl. Nachtr. 2, 92.

чáд, -*а* 'Dunst', *чадúть* 'dunsten, qualmen', *очадéть* '(von Dunst) benommen, ohnmächtig werden', ukr. *čad* 'Dunst', bulg. *čad*, skr. alt *čad*, heute *čȃd* f., *čȁda* f., sloven. *čȃd*, čech., slk. *čad*, poln. *czad* 'Ofendunst, Schwaden', nsorb. *caza* 'Rußfleck', polab. *cod* 'Ruß'. Ablaut in *кадúть* 'räuchern', s. Berneker EW. 1, 133, Trautmann BSl. 123 ff.

чáдо 'Kind', *домочáдцы* pl. 'Hausgesinde', kslav. Lehnwörter, ukr. *čádo* 'Kind', *sčádok* 'Nachkomme', wruss. *čadó* 'schlimmes Kind' (Brandt RFV. 21, 215), aruss. *čado* 'Kind, Sohn, Tochter, Nachkomme', *čadь* f. 'Kinder, Menschen, Volk', abulg. *čędo* τέκνον (Ostrom., Cloz., Supr.), bulg. *čédo* 'Kind', skr. *čȅdo*, čech. alt *čad*, *čád* 'Knabe, Jüngling', apoln. *czędo* 'Kind', *do szczędu* 'bis auf die Nachkommenschaft'. ‖ Urslav. *čędo* wurde früher allgemein als Entlehnung aus d. Germ. (asächs., ahd. *kind*) angesehen (s. J. Schmidt Pluralb. 13, MiEW. 32, Meillet Ét. 110, 266, Jagić Archiv 23, 537, Uhlenbeck Archiv 15, 485). Diese Auffassung wurde angefochten, weil dieses das einzige Beispiel mit *č* für germ. *k* vor vorderen Vokalen wäre (sonst *c* wie abulg. *cęta*). Neuerdings wird daher Verwandtschaft von *čędo* mit *начьнѫ, начęti, konьcь*, lat. *recēns, -ntis* 'frisch, neu, jung' ,griech. *καινός* 'neu', aind. *kanínas* 'jung', *kánīyān* 'kleiner, jünger', *kániṣṭhas* 'kleinster, jüngster', *kanyā́* f. 'Mädchen', ir. *cenél* 'Geschlecht', gall. *cintos* 'erster' angenommen, s. Berneker EW. 1, 154, Trautmann BSl. 133 ff., Mladenov 680, Pedersen Kelt. Gr. 1, 120 ff., Kiparsky 22 ff., Obnorskij IORJ. 19, 4, 100, Brückner KZ. 45, 102. Bildung wie *стáдо, говядо*.

чадрá 'langer Frauenschleier', Astrach., *чáдра* dass. Kaukas. (D.). Entlehnt aus d. Turkotat., vgl. osman. *čadyr* 'Zeltleinwand', aderb. *čadyra* 'Baumwollstoff (Radloff Wb. 3, 1903 ff.), s. MiTEl. Nachtr. 1, 19, Berneker EW. 1, 133, Gorjaev EW. 419, Melich Zeitschr. 4, 93 ff. Vgl. auch *шатёр*.

чай I. 'vermutlich, wahrscheinlich', aus 1. sing. *я чáю* 'ich vermute' (so noch Chemnitzer, s. Sobolevskij Lekcii 94), s. auch Fraenkel IF. 41, 393. Weiter s. *чáять*.

чай II. 'Tee', dial. *цвай* dass. Olon. (Kulik.). Über osman., krimtat., kasantat., kkirg., alt. *čai* 'Tee', mong. *čai* (Radloff Wb. 3, 1823, 1825, Ramstedt KWb. 425) aus nordchines. *čhā* 'Tee', während südchin. *tē* den westeurop. Wörtern, frz. *thé*, ital. *tè*, engl. *tea* als Quelle diente, s. Littmann 133, MiTEl. 1, 271, Berneker EW. 1, 134, Kluge-Götze EW. 616, Lokotsch 33.

чáйка I. 'Möwe', *чáичье перó* 'Möwenfeder', ukr. *čájka* 'Kiebitz', čech. *čejka* 'Kiebitz', poln. *czajka*. Ursl. *čajьka* von einem Rufe *kē* abgeleitet. Vgl. aind. *kākas* 'Krähe' vom Rufe *kā, kā*, ahd. mnd. *kâ* 'Krähe, Dohle', s. W. Schulze KZ. 45, 146, Kl. Schr. 223, Schwentner IF. 59, 89, Bulachovskij IANOtdLit. 7, 101. Abzulehnen ist der Vergleich mit ahd. *heigir*, mhd. *heiger* 'Reiher', mit aind. *kēkā* 'Geschrei der Pfauen', lit. *kéikti* 'fluchen' (Berneker IF. 8, 284 ff., berichtigt Berneker EW. 1, 134). Kaum richtig *čajьka* als 'Laurer, Verfolger' zu *чáять* gestellt von Brückner KZ. 48, 198.

чáйка II. 'Art Boot, Barke', Südl. Wird auf osman. *šaika* 'Boot' zurückgeführt, s. Gorjajev Dop. 1, 54, Lokotsch 141. Das *č* vielleicht vom vorigen. Zusammenhang mit *каúк, каюк* besteht nicht (gegen Preobr. Trudy 1, 52).

чáка 'Baumschwamm', s. *чáга* II.

чакáн 'Rohrkolben, Typha' (Šolochov). Wohl entlehnt aus tschuwass. *tšagan* 'Typha', woher auch kasantat. *tšikän* dass., dazu s. Räsänen Tsch.L. 228 ff.. Zur Sippe s. auch Ramstedt KWb. 472. Schwerlich mit *чекáн* 'Streitaxt' zu vereinigen (gegen Berneker EW. 1, 134).

чакры́жить, чекры́жить 'ringsherum beschneiden, in Fetzen schneiden, beim Zuschneiden verderben', *чакры́жник* 'niedriger Wald mit Buschwerk vermischt, als Brennholz verwendbar', Kaluga (D.), ukr. *učykrýžyty* 'abschneiden', *perečykrýžyty* 'umbringen'. Wohl zu skr. *krížati*, *krîžãm* 'schneiden' und Präfix *če-* (s. auch *скрижа́ль*), vgl. MiEW. 141, Brückner KZ. 45, 35; 48, 182, Korsch Drinov-Festschr. 56, Sobolevskij RFV. 67, 213 (der von *tъšče-križiti ausgeht). Unwahrscheinlich ist Kontamination von ukr. *perečyknuty* und *perekryžyty* (R. Smal'-Stoćkyj u. Machek LF. 57, 409), auch Entlehnung aus osman. *čykryk* 'Drehbank' (Verf. RS. 6, 193) oder gar Übernahme aus air. *co-crich* 'Grenze, Grenzgebiet' (gegen Šachmatov Archiv 33, 88) kommt nicht in Frage.

чаку́шка 1. 'Stock mit dickem Ende' (Šolochov). 2. 'Kopf', Kubań-G. (RFV. 68, 405). In Bed. 1. viell. durch turkotatar. Vermittlung entlehnt aus npers. *čakuš* 'Hammer'.

чакчу́ры, чекчу́ры, чахчу́ры pl. 'Art hohe Stiefel der Bauernweiber', Ostrußl. (D.). Viell. aus osman. *čakšyr* 'Hose aus leichtem Tuch' (Radloff Wb. 3, 1840), s. MiTEl. Nachtr. 1, 20, Deny Mél. Boyer 101. Die Bed. macht Schwierigkeiten. Vgl. *чапчуны́*.

чал 'Schiffstau, Strick', *ча́лить* 'binden, befestigen'. Bisher nur unsichere Vergleiche mit lit. *kálpa* 'Querholz am Schlitten', *kìlpa* 'Steigbügel, Schlinge', ahd. *halftra* 'Zaum' (Zupitza GG. 116). Andererseits wird Verwandtschaft gesucht mit griech. *κάλως* 'Schiffstau', armen. *kʿul* G. *kʿoy* 'Tau, Seil' (s. Petersson Archiv 36, 154 ff., Schrader-Nehring 2, 500), bzw. griech. *κέλλω* 'treibe das Schiff an Land' (Gorjajev EW. 407). Berneker EW. 1, 135 erwägt Entlehnung aus d. Turkot. (osman. *čalmak* 'umwinden'), was auch unsicher bleibt (trotz Lokotsch 32).

чалбу́р s. *чембу́р*.

чалда́р I. 'Gerste', s. *чавда́р*.

чалда́р II. 'Pferdepanzer', *чанда́р* dass. (D.). Unklar. Wegen der Bed. schwerlich zu osman. *čoltar* 'Satteldecke' (MiTEl. Nachtr. 1, 25, Brückner EW. 80, KZ. 48, 174).

ча́лить 'stehlen', Vjatka (Vasn.), entstand aus *ча́лить* 'entern, landen'. Weiteres s. v. *чал*.

ча́литься 'drohen', Čerep. (Gerasim.). Dunkel.

чалма́ 'Turban, Kopfbinde der Muhammedaner', ukr. *čalmá*, älter russ. *čalma* (Levit. 16, 4; 16. Jhdt., nach Srezn. Wb. 3, 1471), *čelma* Chož. Kotova (1625) S. 95 ff. Aus osman., krimtat., kasant. *čalma* 'Turban' (Radloff Wb. 3, 1892), s. MiTEl. 1, 271, Berneker EW. 1, 135, Gorjajev EW. 407.

ча́лок 'halbjähriger Polarfuchs', Mezeń (Podv.). Zu *ча́лый*.

чалпа́к s. *челпа́к*.

чалты́к 'Reispflanze', Astrach., Krim (D.). Aus osman. aderb. *čältik* 'Reisfeld', s. Gorjajev EW. 407.

ча́лый 'grau, graugemischt' (von Pferden), ukr. čaľ 'scheckig, falb', aruss. čalъ dass. (1529, s. Unbegaun 343 ff.). Entlehnt aus osman., tel. čal 'grau, rötlichgrau (von Pferden)' (s. Radloff Wb. 3, 1874), s. MiTEl. I, 271, Berneker EW. 1, 135, Gorjajev EW. 407, Ramstedt KWb. 420.

ча́мга 'Öffnung im Vorderteil e. Schiffes zum Aufstellen des Mastes und der Segel', Olon. (Kulik.). Unklar.

чаме́ль m., G. -мля́ 'e. Kuhkrankheit', Tveŕ (D.). Unklar.

ча́мкать 'kauen', s. ча́вкать.

чампа́, чемпра́ 'feiner Regen auf dem Wasser, feuchter Schnee bei Nebel', Kola (Podv.). Unklar. Vgl. шампра́.

чаму́р 'Lehm, Ton', чаму́рное строе́ние 'Gebäude aus Lehm oder gestampfter Erde mit Beimengung von zerhacktem Stroh', Neurußl. (D.). Aus osman. čamyr 'Ton, Lehm' (Radloff Wb. 3, 1939).

ча́мья, ча́мя 'kleiner Speicher auf hohem Unterbau', Perḿ. Aus wogul. šumex, šumijax dass., s. Kálmán Acta Ling. Hung. 1, 265, Kalima RLS. 132.

чáн, -a 'Bottich, Kufe, Holzgefäß', dial. щан Arch. (Podv.), Olon. (Kulik.), aruss. tšanъ (Novg. Urk. a. 1437), tčanъ (Invent. d. Karel. Nik. Klosters a. 1551, Domostr. K. 4, Zabel. 6), čščanъ (Novg. 2. Chron., s. Sobolevskij Lekcii 44, 107, Srezn. Wb. 3, 1058). Geht zurück auf aruss. dъščanъ 'aus Brettern' (zu доска́), vgl. Sobolevskij c. l., Berneker EW. 1, 246. Verfehlt ist die Herleitung aus *čьbanъ (gegen Holub 52) oder Annahme turkotat. Herkunft (gegen MiTEl 1, 272), denn kasantat. čan 'großer Zuber' ist russ. Lehnwort, s. Radloff Wb. 3, 1855.

чанáк, чинáк 'Art Holzschüssel', Terek-G. (RFV. 44, 111). Entlehnt aus osman., aderb., krimtat. čanak 'Schüssel' (Radloff Wb. 3, 1856), s. MiTEl. 1, 272.

ча́нжать 'etwas langsam machen, träge verrichten, undeutlich oder unnütz sprechen', ча́нжа, чанжу́н 'Schwätzer', Olon. (Kulik., D.). Aus karel. čänžeä 'jemd. schlecht machen, plaudern', s. Kalima 239.

чанки́рый '(von Pferden) weiß, grau, scheckig, aber mit weißem Maul und weißen Hufen', Sibir. (D.). Aus mongol. čaŋkir, kalm. tsaŋkr̥ 'weißlich, weiß', s. Ramstedt KWb. 422, Kel. Sz. 15, 135.

чанчá, ча́нча 'seidener chinesischer Stoff aus Abfälseln', Irkutsk (D.). Vgl. alt-, tel., leb. čamča 'Rock, Hemd' (Radloff Wb. 3, 1941).

ча́нчик 'gedörrter Karpfen', Tobol'sk (Živ. Star. 1899 Nr. 4 S. 516). Unklar.

чап I. 'Art Biene', r.-ksl. čarъ μέλισσα (Zlatostr. 12. Jhdt. s. Srezn. Wb. 3, 1471), s.-ksl. čarъ. Man vergleicht griech. κηφήν 'Drohne', das sonst zu κωφός 'stumm, taub' gestellt wird, s. die Vorbehalte bei Berneker EW. 1, 136, Hofmann Gr. Wb. 143.

чап II. 1. 'Fach beim Weben; Raum zwischen beiden Aufzügen, in dem das Weberschiffchen läuft'. 2. 'Gleichgewicht, wagerechte Lage' (D.). 3. 'Vogelfalle', Olon. (Kulik.). Unklar.

чап III. ʿDreschflegel', Permʹ. (D.). Wohl dial. für цеп (s. d.). Aus d. Russ. entlehnt ist syrjän. *tšap*, weps. *tšap, tšäp*, s. Kalima RS. 6, 88 ff.

чапа́н, чепа́н ʿOberrock der Bauern, Unterziehkleid' (Mel'n.). Ostrußl. (D.). Entlehnt aus dschagat., kkirg., tar. *čapan* ʿvorn offener, langer roter bucharischer Rock' (Radloff Wb. 3, 1918, Kunos Dschagat. Wb. s. v., Paasonen Cs. Sz. 179), s. MiTEl. Nachtr. 2, 93, Berneker EW 1, 460, Ramstedt KWb. 437.

чапа́рка, чапару́ха ʿhölzerne Schale' (D.). Vgl. *чабáрка*.

чапары́жник ʿverdorrter Baum oder Busch, am Boden liegend', Olon. (Kulik.), *чапу́зник* ʿdichter Wald', Tveŕ (D.). Wohl zum folg. als ʿsich anklammerndes Laub'.

ча́пать I. ʿnehmen, fassen, schöpfen', Südl., *чапáть* dass. Östl., ukr. *čápaty śa* ʿgreifen', bulg. *čápvam, čápnъ* ʿpicke', skr. alt *čapati* ʿan sich reißen', sloven. *čápati* ʿschnappen', čech. *čapati, čapiti* ʿergreifen', slk. *čapitʹ* ʿschlagen, erhaschen', poln. *czapić, czapię, czapać* ʿergreifen'. || Man denkt an eine Lautgebärde ähnlich wie bei *цáпать*. Denkbar wäre auch Urverwandtschaft von **čap-* aus **kēp-* mit lat. *capiō, cēpī* ʿnehme', griech. *κώπη* ʿGriff', got. *hafjan*, ahd. *heffan* ʿheben', npers. *čafsīdan* ʿpacken, fassen', s. Berneker EW 1, 135. Vgl. *чепáть*.

ча́пать II. ʿschaukeln, wanken', *почáпать* ʿneigen', wird zusammengestellt mit aind. *cāpalas* ʿschwankend, sich hin- und her bewegend', *cāpas, cāpam* ʿBogen', npers. *čafta* ʿgekrümmt', *čapah* ʿRuder', von Scheftelowitz WZKM. 34, 225, IF. 33, 142. Ganz unsicher.

ча́пка ʿErdhacke', Südl., s. *цап* II, das turkotat. Lehnwort ist. Schwerlich zu *cána* (gegen Preobr. 2, 251).

ча́пля s. *цáпля*.

ча́полоть, ча́полочь ʿDarrgras, Hierochloe borealis', Don-G. (Mirtov), auch *чóполоть*. Aus Präfix **ča-, *čo-* und Wz. **pel-* ʿjäten', s. *полóть*.

чапра́ ʿWeintrester', Astrachań, Krim, Don-G. (D.), *чапорухa вóдки* (Gogol'). Entlehnt aus d. Turkotat., vgl. kasantat. *čüprä* ʿBodensatz', kirg. *čöprä*. Aus dieser Sippe stammt auch magy. *söprő* ʿBodensatz', ngr. *τσίπουρο* ʿWeintreber', s. Verf. Kretschmer-Festschr. (1926) S. 227 ff., Gombocz 116.

чапра́к ʿPferdedecke', schon Kotošichin 165, poln. *czaprak* dass. Entlehnt aus osman. *čaprak*, woher auch nhd. *Schabracke*, s. MiTEL 1, 272, Radloff Wb. 3, 1924, Berneker EW 1, 136, Gorjajev EW 407, Lokotsch 32.

чапу́га ʿhölzerne Schüssel', Arch. (Podv.). Wohl zu *чáпать* I.

чапу́ра ʿReiher' (Šolochov). Zu *цáпля*.

чапу́рная шку́ра ʿFell eines jungen Renntieres', Kola (Podv.). Zu *чóпорка* (s. d.).

чапчуны́ pl. ʿSchuhe der Bauernweiber', Vladim. (D.), auch *чапчýры* Vlad. Vgl. *чакчýры*.

чапчу́р ʿBootshaken', Astrach. (D.). Unklar. Etwa zu *чáпать* I.

чапы́га 'Handgriff am Pflug' (Šolochov), auch *чепы́га, чепи́га* 'hölzerner Teil des Pfluges', ukr. *čepýhy* pl. 'Pflugsterze'. Wohl zu *чáпать* 'fassen, greifen'. Nach Berneker EW. 1, 143 u. Sobolevskij RFV. 64, 171 zu *чоп* (s. d.), bulg. *čep* 'Ast'. Vgl. *ципи́га*.

чáпьки pl. 'hockende, kauernde Stellung', Rjazań (RFV. 28, 68). Unklar.

чар 'Zauber', s. *чáры* pl.

чáра 'Glas, Schale', *чáрка* 'Gläschen, Schnapsglas', ukr., wruss. *čára*, aruss. *čara* 'Schale, Kelch' (schon Aufschrift d. Fürsten Vladim. Davyd. v. Černigov ca. 1151, s. Srezn. Wb. 3, 1471), poln. *czara* 'Schale' (russ. Lehnwort nach Brückner EW. 72). ‖ Man vergleicht als urverw. aind. *carúṣ* 'Kessel', griech. *κέρνος*, *κέρνον* 'Opferschüssel', air. *coire*, kymr. *pair* 'Kessel', anord. *hverr* 'Kessel', *hverna* 'Topf', got. *ƕairnei* 'Schädel', so Fick 1, 24; 385, Zupitza GG. 57 ff., Hirt BB. 24, 248, Uhlenbeck Aind. Wb. 44, Torp 116. Dagegen wollen andere die ostslav. Wörter als Entlehnung aus d. Turkotat. deuten und sehen die Quelle in kasant., alt., osttürk. *čara* 'große Schale', mong. *čara*, s. Melioranskij IORJ. 10, 4, 133 (schwankend), Berneker EW. 1, 136, Schrader-Nehring 1, 369. Die Herkunft der türk.-mong. Sippe im Osten ist nicht geklärt, vgl. Ramstedt KWb. 422.

чара́ндать 'speien', Olon. (Kulik.). Dunkel.

чарвода́р 'Fuhrknecht, Antreiber', Kaukas. (D.). Aus npers. *čarvadar* dass.

чарки́ pl. 'sibirisches Schuhwerk der Bauern u. Bäuerinnen', Perḿ (D.), Toboĺsk (Živ. Star. 1899 Nr. 4 S. 515 ff.), auch *чары́ки* 'niedrige Stiefel aus weichem Leder', Kaukasus (D.), *чары́* dass. Entlehnt aus osman., krimtat., kumück., kkirg. *čaryk* 'weicher lederner Schuh', auch 'grober Schuh' (Radloff Wb. 3, 1863, 1865, Kel Sz. 15, 213 ff.), dschagat. *čaruk* 'grober Schuh', s. MiTEl. 1, 273, Nachtr. 1, 21, Korsch Archiv 9, 495, Verf. Živ. Star. 16, 2, 79. Abzulehnen ist die finnische Deutungsversuch von Pogodin Varš. Univ. Izv. 1904 S. 65, Zelenin IORJ. 10, 2, 455.

чаро́к, -рка́ 'Gestell zum Glätten von Stahl', Nižn. (D.). Wohl aus d. Turkotat.; osman., krimtat. *čark* 'Maschinenrad, Drechselbank', aderb. *čärk* id. (Radloff Wb. 3, 1865, 1969).

чарпел 'Pferd im Alter von über 8 Jahren', Ostsibir. (D.). Dunkel.

чаруса́ 'undurchdringlicher Sumpf' (Beschreibung bei Meĺnikov 3, 261 ff.; 6, 31), *чáрус, чура́с* 'kleiner, aber sehr tiefer See', Arch. (Podv.). Unklar.

чáры I. pl. 'Zauber', *чароде́й* 'Zauberer', *чарова́ть* 'zaubern, bezaubern, behexen', *очарова́ть* 'bezaubern', *разочарова́ть* 'enttäuschen', ukr. *čará* 'Zauber', *čaruváty* 'zaubern, hexen', wruss. *čáry* pl., aruss. *čarъ*, Instr. pl. *čarmi* (Čudov. Sbornik 15. Jhdt., s. Sobolevskij Lekcii 212), abulg. *čarъ* 'Zauber' (Euch. Sin.), *čarodě̌i ἐπαοιδός* (Supr.), bulg. *čarúvam* 'wahrsage', skr. *čâr* f. 'Zauber', *čârati, čârâm* 'hexen', s.-ksl. *čari* m. pl. 'Zauber', sloven. *čára* 'Zauberei', čech. *čár* m., *čára* f. 'Zauberei', gew. pl. *čáry*, slk. *čary* pl., poln. *czar*, gew. pl. *czary*. ‖ Ursl. *čarъ urverw.

mit avest. *čārā* f. 'Mittel, Hilfsmittel', npers. *čār* 'Mittel', *čāra* 'Mittel, Hilfe, List', lit. *kēras* m. 'Zauber', *kerēti, keriù* 'durch bösen Blick oder Worte bezaubern, verrufen, bes. an der Gesundheit schädigen', aind. *kṛṇŏti, karŏti* 'macht, tut', *kṛtyắ* f. 'Tat, Zauber', avest. *kərənaoiti* 'macht', kymr. *peri* 'machen', s. Osthoff BB. 24, 109 ff., Et. Parerga 1, 26 ff., Berneker EW. 1, 136 ff., Meillet Ét. 235, Trautmann BSl. 127, Fick BB. 2, 208. Angesichts der vielen Bedeutungsparallelen für 'antun' ∾ 'behexen' (dazu Berneker c. l.) erscheinen die Versuche, *čarъ mit griech. *κείρω* 'schneide ab, schere', ahd. *sceran* 'scheren' usw. zu verknüpfen (Brückner PrFil. 7, 177, EW. 72), weniger aussichtsvoll, ebenso die Anknüpfung an griech. *κῆρῡξ* 'Herold', lat. *carmen* 'Lied', aind. *kīrtíṣ* 'Ruhm, Kunde' (gegen Iljinskij RFV. 61, 236 ff.).

чары́ II. pl., auch *чары́ки* 'Schuhwerk', s. *чаркú*.

чары́м 'dünne Eisdecke, die sich im Frühjahr über dem Schnee bildet, dem Jäger zum Nutzen, dem Wild zum Verderben', Perm, Sibir. (D.). Anscheinend entlehnt aus syrjän. *tśarem* dass. Dieses wird weiter zu lapp. N. *čarva* 'hart gefrorener Schnee', samoj. J. *sira, sire* 'Schnee' gestellt, s. Kalima FUF. 18, 41 ff. Setälä JSFOugr. 30, 5 S. 39, Wichmann-Uotila 294, Paasonen FUF. 2, 184 ff. Der letztere Gelehrte erwägt daneben auch turkotat. Herkunft (tel. *čarym* dass.), dazu s. auch Radloff Wb. 3, 1865, Ramstedt KWb. 422.

час, *-а* 'Stunde, Zeit', *часú* pl. 'Uhr', ukr. *čas* 'Zeit, Muße, Wetter', *čásom* 'zuweilen,' wruss. *čas* 'Zeit', *čásom* 'zuweilen', aruss. *časъ* 'Zeit, Stunde, Uhr', abulg. *časъ ώρα* (Supr.), bulg. *čas* 'Stunde', skr. *čȁs* 'Augenblick', *čȁsom* 'augenblicklich', sloven. *čàs* G. *čása* 'Zeit', čech. slk. *čas*, poln. *czas*, osorb. *čas*, nsorb. *cas*. ‖ Urslav. *časъ* aus *kēsъ, urverw. mit apreuß. *kīsman* Acc. 'Zeit, Weile' (aus *kēsman), alb. *kohε* (*kēsā) 'Zeit, Wetter', s. G. Meyer Alb. Wb. 194, Alb. Stud. 3, 62, Pedersen IF. 5, 45, KZ. 36, 279, Berneker EW. 1, 137, Trautmann BSl. 131, Meillet-Vaillant 89, 121. Weiter wurde Anknüpfung gesucht an *чя́ять*, s. Leskien Bildung 424, Bezzenberger GGAnz. 1874 S. 1242, Zubatý Archiv 16, 386, wogegen Bedenken bei Jokl Mél. Pedersen 159 ff. Abweichend von den genannten Gelehrten wird *časъ* mit skr. *kàsati*, sloven. *kasati* 'laufen', lett. *ḳuôst, ḳuošu* 'eile', nhd. *hasten, Hast*, sowie *чесáть* verglichen von Machek Zeitschr. 18, 21.

часослóв 'Kirchengebetbuch, Horologium', kslav. *časoslovъ*. Lehnübersetzung für griech. *ὡρολόγιον* 'Horologium', s. MiLP. 1111.

частокóл 'Palisadenzaun, Stakettzaun'. Aus *čęstъ und *kolъ* 'dichte (häufige) Pfähle habend'. Vgl. poln. *gęstokól* dass.

частýха, частýшка 'Schnaderhüpfl', auch 'Tanzlied', Don-G. (Mirtov). 'Das Schnaderhüpfl ist aus dem rituellen Tanzliedrefrain hervorgegangen, von dem es Kürze, Reim und schnelles Tempo übernommen hat' (Zelenin Zeitschr. 1, 355). Gebildet von *čęstъ (s. *чáстый*) 'häufig', urspr. 'was häufig wiederholt wird' (Dal' Wb. 4, 1280). Vgl. auch *часту́ха* 1. 'Korb mit dichtem Geflecht'. 2. 'dichtes Gebüsch, Dickicht im Walde'. 3. 'dichtes Gewebe, dichtes Fischernetz' (D., Volockij) und das folg.

ча́стый 'dicht, oft, häufig', *част, часта́, ча́сто; ча́сто* adv. 'oft', *части́ть* 'verdichten, häufig etw. tun, oft besuchen', *ча́ща* 'Dickicht, Gestrüpp', ukr. wruss. *částyj* 'häufig', aruss. *častъ* abulg. *čęstъ πυκνός, δασύς* (Supr.), bulg. *čest* 'dicht, häufig', skr. *čȇst* f. *čésta*, sloven. *çȩ́sto* 'häufig', čech. *častý*, slk. *častý*, poln. *częsty, często*, osorb. *časty*, nsorb. *cesty*. || Ursl. *čęstъ urverw. mit lit. *kim̃štas* 'gestopft', Part. Perf. Pass. zu *kim̃šti, kemšù* 'stopfe', s. Fick KZ. 22, 98, Brugmann Grdr. 1², 415, Meillet Ét. 300, BSL. 31, 53, Berneker EW. 1, 155, Trautmann BSl. 126, Endzelin SlBEt. 198.

часть f. G. *-и* 'Teil', *уча́сть* 'Anteil, Geschick', *сча́стье* 'Glück' (s. d.), ukr. *časť* 'Teil, Stück', wruss. *časć*, aruss. *častь* 'Teil, Anteil, Landstück, Erbe', abulg. *čęstь μέρος* (Ostrom., Supr.), bulg. *čest* f. 'Teil, Geschick, Glück', skr. *čȇst* f. čech. *část*, alt *čiest* f. 'Teil', slk. *časť*, poln. *część*, osorb. *časć*. || Ursl. *čęstь im Ablaut mit *kъsъ* (s. *кусо́к*), poln. *kądek* 'Bissen' (aus *kǫdъkъ), lit. *kándu, kásti* 'beiße', *kándis* 'Biß', lett. *kuôst, kuožu* 'beiße', s. Brandt RFV. 21, 215, Berneker EW. 1, 155,. Trautmann BSl. 116, Mladenov 679, M.-Endz. 2, 349. Zu trennen ist (gegen Pedersen Kelt. Gr. 1, 160) griech. *τένδω* 'benage' (dieses zu lat. *tondeō, totondī, tondēre* 'schere, rupfe' (s. Boisacq 954 ff., Walde-Hofmann 1, 689 ff.). Abzulehnen ist die Verbindung mit lat. *scindō, -ere* 'spalte', griech. *σχίζω* (gegen MiEW. 32, Charpentier Archiv 29, 4, Mikkola Ursl. Gr. 3, 40, s. Berneker c. l.).

-чать I. *-чну* 'anfangen, beginnen', s. *нача́ть* (oben 2, 203).

чать II. adv. 'vermutlich, vielleicht' (Mel'nikov, Lomonosov). Gehört wie *чай* 'vermutlich' zu *ча́ять, ча́ю* 'erwarten, denken'. *чать* eigtl. 'es ist anzunehmen', s. Gorjajev EW. 408, Preobr. Trudy 1, 56.

чау́с 'e. Sorte großer, roter Weintrauben', Südl. (D.). Unklar.

чафра́нт 'Safran', Voronež (D.). Siehe *шафра́н*.

чафры́ка 'mürrischer, launischer Mensch', Pskov (D.). Unklar.

ча́хать 'erbrechen, Übelkeit empfinden', Pskov, Tveŕ (D.). Wohl zu *ча́хнуть*, s. Iljinskij RFV. 70, 268.

ча́хи, nur in *между ча́хи и ля́хи* 'ohne Arbeit; nicht so und nicht so', Arch. (Podv., D.). Der gleiche Ausdruck begegnet in d. aruss. Nestorchronik a. 1019 bei der Schilderung des Endes von Svjatopolk, der angeblich ins polnische Land geflohen sei und *meždju Ljachy i Čechy* 'zwischen Polen und Böhmen' sein Leben gelassen habe. Offenbar beruht der Arch. Ausdruck auf einer sprichwörtlichen Redensart; *ча́хи* st. *чехи* nach *ля́хи*. Weiteres dazu bei Dal' 4, 1292.

ча́хлик I. 'Samengehäuse der Moose' (D.). Zu *чехо́л* 'Hülle', s. Iljinskij RFV. 74, 124.

ча́хлик II. 'abgezehrter, kraftloser Mensch'. Zu *ча́хлый* dass., weiteres s. v. *ча́хнуть*.

ча́хнуть 'dahinsiechen, abmagern', *ча́хлый* 'abgezehrt, mager, siech', *чахо́тка* 'Schwindsucht', ukr. *cáchnuty*, wruss. *cáchnuć*. ‖ Wohl neue Bildung zu **čaznǫti* 'schwinden' (s. -*че́знуть*) mit ähnlichem *ch* wie *тряхну́ть*, *ужахну́ться* u. dgl., s. Brückner KZ. 43, 310; 48, 181, Machek Recherches 29. Der letztere Gelehrte sucht Anknüpfung an lit. *kašéti, kašiù* 'abmagern, welken, trocknen'. Weniger überzeugt die Zurückführung auf **čęchnǫti* und Verknüpfung mit gr. κάγκανος 'trocken, dürr', καγκαίνει· θάλπει, ξηραίνει Hesych, lit. *keñkti, kenkiù* 'schaden', *kankà* 'Qual, Pein' (Petersson Archiv 34, 379, Iljinskij RFV. 70, 266 ff.). Auch die Verknüpfung von *ча́хнуть* mit *ка́шель* ist unwahrscheinlich (gegen Iljinskij), wie auch Bernekers (EW. 1, 133) Zusammenstellung von *ча́хнуть* mit nhd. *hager*. Ganz Unsicheres auch bei Matzenauer LF. 7, 27.

чахо́л s. *чехо́л*.

чахчу́ры s. *чакчу́ры*.

ча́ча 'Vater', Kamč. (D.). Lallwort der Kindersprache; ähnlich sag. *čača* 'ältere Schwester, Tante, Stiefmutter', wotjak. *tšetšeį* 'Väterchen', weitere Lallwörter aus verschiedenen Sprachen s. Berneker EW. 1, 133, Rozwadowski RS. 2, 75, Toivonen FUF. 19, 158.

ча́ша 'Schale, Kelch, Becher', *ча́шка* 'Tasse', ukr. *čáša*, wruss. *čáša*, aruss. *čaša*, abulg. *čaša* ποτήριον (Euch. Sin., Supr.), bulg. *čáša*, skr. *čȁša* 'Becher', sloven. *čáša* 'Trinkbecher', čech. *číše*, slk. *čaša*, poln. *czasza*, polab. *cosó*. ‖ Ursl. *čaša* wohl urverw. mit apreuß. *kiosi* 'Becher' aus balt. **kiōsē* oder **kiāsē*, s. Meillet RS 2,66 ff., MSL 9, 373, Trautmann Apr. Sprd. 358. Jedenfalls kann das apr. Wort kein slav. Lehnwort sein (gegen Brückner Archiv 20,490, Berneker EW 1,137). Weitere Anknüpfung an lit. *kiáušė* 'Schädel' sucht Mladenov RFV 62, 262 unter Annahme eines Langdiphthongs **kēus-*. Schwierig ist die Verbindung mit aind. *cáṣakas, -am* 'Becher', das man mit armen. *čašak* 'Trinkgeschirr' als Entlehnung aus d. Iran. (**čašaka-* zu npers. *čašīdan* 'kosten', *čāšt* 'Frühstück') erweisen wollte (dazu Hübschmann Pers. Stud. 51, Armen. Gr. 1, 187 ff.). Wegen der Vokalquantitäten läßt sich fürs Slav. eine iran. Entlehnung nicht vertreten (gegen Berneker c. l., Schrader-Nehring 1, 369, Verf. RS 6, 173, Uhlenbeck PBrBtr. 22, 542). Ein slav. Lehnwort im Armen. u. Indischen (so Scheftelowitz BB 28, 149) kommt überhaupt nicht in Betracht.

ча́шельга 'Querstange im Fischwehr', Arch. (Podv.). Unklar. Kaum zu *се́льга* mit vorgesetztem *ča-* (gegen Kalima RS 5, 91).

ча́ща 'Dickicht', aus **čęstiā* zu *čęst* 'dicht', s. *ча́стый*.

ча́ять, *ча́ю* 'denken, meinen, empfinden, hoffen, erwarten', *чай, чать* 'vermutlich' (s. d.), *невзнача́й* 'unvermutet', *отча́яться* 'verzweifeln', ukr. *čajóm* 'lauernd', *otčáj* 'Verzweiflung', aruss. *čajati* 'erwarten, hoffen', abulg. *čajati, čajǫ* ἐλπίζω, προσδέχομαι, προσδοκῶ (Ostrom., Supr.), bulg. *čájam se* 'gaffe, gehe planlos'

(Mladenov 678), skr. *čajati*, *čajem* ʽwarte, erwarteʼ, sloven. *čaj* ʽwarteʼ, poln. *przyczaić się*, apoln. *czaić się* ʽsich auf die Lauer legen, heimlich schleichenʼ. Dazu reduplizierte Bildung in *чекать* ʽwartenʼ (s. d.). || Ursl. *čajati urverw. mit aind. *cā́yati* ʽnimmt wahr, beobachtet, hat Scheu, hegt Besorgnisʼ, *cāras* ʽKundschafterʼ, griech. τετίημαι ʽbin betrübtʼ, τετιηώς ʽbetrübt, furchtsamʼ, τηρέω ʽnehme wahr, behüte, beobachte, lauere aufʼ, s. Berneker EW 1, 134, Persson 676, Hofmann Gr. Wb. 361, 365, Zubatý Archiv 16, 386, LF 28, 33, Uljanov RFV 20, 78, Trautmann BSl 124.

чва́кать ʽschmatzen, laut kauenʼ, *цвóкать* ʽlaut küssenʼ. Lautnachahmend. Vgl. *цмо́кать*.

чва́лать ʽsich schleppen, die Beine nachziehenʼ, Westl. (D.), ukr. *čvaláty* dass., *čvalaj* ʽungeschickter Menschʼ, poln. *cwał* ʽGaloppʼ, neben *czwał* dass., čech. *cval*, *cvál* ʽGaloppʼ, slk. *cval* ʽGaloppʼ, *cvalať* ʽgaloppierenʼ. Ungedeutet. Die Annahme einer Entlehnung aus d. Turkotat. (dschagat. *čapaul* ʽAngriffʼ) überzeugt nicht (gegen Słown. Warsz. 1, 356, s. Berneker EW 1, 131).

чван ʽeingebildeter, eitler Menschʼ, *чва́нный* ʽstolz, hochmütig, eitel, geziertʼ, *чва́нить* ʽstolz machenʼ, *-ся* ʽsich brüstenʼ, ukr. *čvannýj* ʽübermütigʼ, *čványty śa* ʽprahlenʼ, *čvań* f. ʽStolz, Übermutʼ. || Viell. von einer Lautnachahmung für ʽschwatzenʼ, vgl. čech. *čvaňhati*, *-se*, *čvaněti* ʽpatschenʼ, urspr. evtl. ʽschwatzenʼ, s. Berneker EW 1, 175. Andererseits sucht man Verbindung mit *čuti ʽfühlenʼ (s. Berneker c. l.), bezw. mit russ. dial. *очунёть* ʽgesund werdenʼ, ukr. *výčuńaty* dass. (Potebnja RFV 3, 171). Fraglich sind die Versuche einer Verbindung mit *чьvanъ* ʽBottichʼ (gegen Brückner KZ 45, 49, s. *жбан*). Uferlose Vergleiche mit lett. *šķieva* ʽSpalte in e. Baumʼ, lit. *skivýtas* ʽFetzenʼ und *цёвка* (s. d.) bei Iljinskij RFV 73, 229 ff. führen nicht weiter. Unklar ist das Verhältnis zu poln. *cwany* ʽgerissen, schlau, ausgezeichnetʼ (Brückner EW 68).

чва́ртка ʽViertel (Mass), auch Quartblatt Papierʼ, Südl., Westl. (D.). Aus poln. *czwartka* dass. zu *czwarty* ʽvierterʼ (s. *четвёртый*).

-че I. Partikel in *ны́ньче*, *нóньче* ʽjetztʼ, bulg. *če* ʽdaß, undʼ (Mladenov 680), nsorb. *vence* ʽdraußenʼ. Ablaut in *-ча* (s. d.) aus *kē. Kann verwandt sein mit aind. *ca* ʽundʼ, avest. *ča*, lat. *que*, griech. τε, aber auch ablauten mit *-ko*, *-ka*; in letzterem Falle zu homer. lesb. thess. *κε*, neben homer. *-κεν* (s. Berneker EW 1, 138, Solmsen KZ 35, 470ff., O. Hoffmann GGAnz. 1889 S. 903).

че II: in *для че* ʽwarumʼ (Mel'nikov 3, 396 u. sonst), vermutlich enklitisch für *чего́* (Neubildung zum alten G. s. *česo*).

чеба́к I. auch *чабáк* 1. ʽCyprinus barbus, Barbeʼ. 2. ʽFlußbrachsen, Abramis bramaʼ, Don-G. (Mirtov). 3. ʽWeißfisch, Leuciscus rutilusʼ, Kubań-G. (RFV 68, 405), Tobol'sk (Živ. Star. 1899 Nr. 4 S. 516), Vjatka (Vasn.), ukr. *čabák*. Entlehnt aus d. Turkotat.; kasantat. alt. tel. leb. karač. dschagat. *čabak* 1. ʽPlötzeʼ. 2. ʽe. kleiner Fischʼ (Radloff Wb. 3, 1928, Kel. Sz.

10, 96), kirg. *šabak*, baschk. *sabak*, bar. küär. *cabak* 'Brachsen' (Radloff Wb. 4, 196), tschuwass. *śubaχ* 'Brachsen', s. MiTEl 1, 272, R. Smal'-Stockyj Archiv 35, 351, Berg Sov. Etnogr. 1948 Nr. 2, S. 71, Preobr. Trudy 1, 56 ff. Zur turkotat. Sippe s. Gombocz 56, Paasonen Cs. Sz. 141.

чебáк II. 'warme Mütze mit Ohrenklappen und Nackenschutz', Arch., Vologda, Perm, Irkutsk (D.), auch bei Rylejev. Vgl. tel. *čabak* 'die hohe Teleutenmütze' (Radloff Wb. 3, 1928).

чебéр G. *-брá*, *чебéрь* G. *-брá* 'Stutzer, Geck', Vjatka (D.), *чебéрка* 'saubere Wirtin', Don-G. (D.). Entlehnt aus alt. dschagat. *čäbär* 'sauber, behutsam, flink, geschickt', kasantat. *čibär* 'hübsch, wohlgestaltet', kirg. *šäbär* 'Meister' (zur Sippe s. Paasonen FUF 2, 135, Ramstedt KWb. 428).

Чебоксáры 'Hauptstadt der Tschuwass. Räterepublik', aus tscherem. *Šovakš-èŋer*, bergtscherem. *Šaβašar* (Ramstedt Btscher. Spr. 2, 124), woher tschuwass. *Šobaškar*, hierin steckt tscherem. *šoβaš* 'Korb aus Birkenrinde' (s. Räsänen Tschuwass. L. 267, Benzing Einführung 126). Über tscherem. *èŋer* s. oben 1, 481, s. v. *Ингúрь*.

чёбот s. *чóбот*.

чеботáрь 'Schuster', Novg., Tveŕ, Vologda, Nižn. (D.). Ableitung von *чóбот* (s. d.).

чевáлить 'Beeren durch Einfrieren für den Winter konservieren', *чевáлка* 'Topf mit solchen Beeren', Mezeń (Podv.). Unklar.

чеверúки, чеверúги 'Frauenschuhe', Kostr., Vjatka, Vladim., Kazań (D.). Metathese aus *черевикú* (s. d.).

чеврýй s. *чаврáк*.

чевя́к 'leichter Schuh', Kaukas., Terek-G. (RFV 44, 111). Vgl. tscherkess. šapsug. *čuake* 'Schuh' (Erckert 125).

чегéнь, чигéнь m. 'Hebebaum, Balken, Pfahl', Astrach., Wolga-G. (auch Mel'nikov). Unklar. Vgl. *чигúнь*.

чегерáн 'Süßklee, Hedysarum'. Dunkel.

чеглóк G. *-ка́* 'Baum-, Lerchenfalke, Falco subbuteo', Arch. (Podv.). Viell. zu aruss. *čeglъ* 'ursprünglich, echt'. Weiter zu *щегóл, цеглъ* (s. d.).

чéгра 'Ablagerungen am Boden eines Sees', Olon. (Kulik.). Wohl zu *чаврáк* (s. d.).

чеды́ги pl. 'Art Frauenstiefel', alt. Aus osman. *čidik* 'Frauenstiefel', kasantat. *čitik* 'weiche Tatarenstiefel aus Saffianleder' (Radloff Wb. 3, 2141; 2144). Siehe *ичетúги*.

чежелкó 'Arbeitskittel aus grobem Bauerntuch', von dial. *чежóлый* 'schwer', Orel, Kursk, Tamb., Voron., Kaluga, Nižn., Vjatka, aus *тяжóлый* dass. (s. d.).

-чезáть dial. *чéзнуть* 'schwinden', Arch. (Podv.), gewöhnl. *исчезáть*, *исчéзнуть* 'verschwinden, schwinden', ukr. *s-čéznuty*, *s-čáznuty*, wruss. *čéznuć*, abulg. *čeznǫti*, *išteznǫti* ἀφανίζεσθαι 'verschwinden', φρίττειν 'schaudern' (Supr.), bulg. *čéznъ* 'verschwinde, vergehe, sehne mich', skr. *čèznuti*, *čèznêm* 'verschwinden, sich sehnen', poln. *szczeznąć* 'vergehen'. Ablaut in *казúть* (s. d.), vgl. Meillet MSL 14, 338, Mladenov 680. Weitere Verwandtschaft s. unter *исче́знуть*. Nicht vorzuziehen ist der Vergleich von *čeznǫti mit lit. *kežė́ti*, *kežù* 'sauer werden' (Holub-Kopečný 166). Lautlich ferner steht auch lit. *kašė́ti*, *kašiù* 'abmagern, abnehmen' (Machek Recherches 29). Auch die Verknüpfung mit nhd. *hager* (Uhlenbeck PBrBtr. 26, 298) überzeugt nicht und ist von ihrem Urheber PBrBtr. 35, 172 wieder aufgegeben worden, dessen Vergleich mit lat. *cēdō, -ere* 'weichen, abtreten' (auch KZ 39, 258 ff.; 40, 553 ff.) aber ebenfalls nicht annehmbar ist, s. dagegen Berneker EW 1, 154, Walde-Hofmann 1, 193 ff.

чей, f. *чья́*, n. *чьё* 'wessen?, wem gehörig?', ukr. *čyj*, f. *čyjá*, n. *čyjé*, wruss. *čij*, *čijá*, *čijé*, aruss. *čii*, abulg. *čii* τίνος (Ostrom., Supr.), bulg. *čij*, skr. *čȋj*, *čȋjȃ*, *čȋjȇ*, sloven. *čȋj*, *čigȃ* (mit *g* vom Gen. s.), čech. *čí*, slk. *čí*, *čia*, *čie*, poln. *czyj*, *czyja*, osorb. *čej*, nsorb. *cej*. ‖ Ursl. **čь̏jь*, **čь̏ja*, **čь̏je* geht zurück auf idg. *qei + *-ios*, wie lat. *cuius* auf alat. *quoios* mit idg. Loc. *qoi + *-ios*, s. Hujer IF 24, 70 ff., LF 35, 214 ff, Fraenkel IF 69, 134, Berneker EW 1, 675. Weniger überzeugt die Auffassung als *čь (s. *что*) + *ios* (gegen Iljinskij Složn. Mestoim. 43). Von *чей* abgeleitet sind: *че́евич* 'wessen Sohn (bist du)?', *че́евна* 'wessen Tochter (bist du)?', Sibirien (D.), auch *че́йской* 'von wem stammend?' (17. Jhdt., s. RFV 26, 136; Etnogr. Obozr. 52, 133).

чек I. G. *-a* 'Scheck'. Über engl. *check* 'Zahlungsanweisung' entlehnt wohl durch arab. Vermittlung aus pers. *čäk* 'Urkunde, Vertrag', s. Littmann 116, Kluge-Götze EW 511. Weniger einleuchtend ist die Herleitung aus pers. *šâh* 'König' (Lokotsch 140, Chambers ED 69).

чек II. 'Erwartung', in *быть на чеку́* 'in Erwartung, Bereitschaft sein'. Zu *чека́ть* 'warten', s. Želtov Fil. Zap. 1876 Nr. 6 S. 75.

чека́ 'Achsennagel, Lünse', dial. *чеком* (D.). Bisher unerklärt. Nicht überzeugend denkt Scheftelowitz WZKM 34, 219 an Verwandtschaft mit *чека́н* 'Hammer' u. npers. *čakuš* 'Hammer'. Nicht annehmbar ist auch der Vergleich mit nhd. *Stecken, Steckfeder* bei Gorjajev EW 409.

чека́вый s. *тека́вый*.

чека́л, чека́лка 'Erdhase, Bell-, Zwerghase, Lepus pusillus', Sibir., Orenb. (D.), auch 'Schakal'. Zur letzteren Bed. s. *шака́л*. Die erste Bed. ist unerklärt.

чёкалина 'Spalte, Riß', Čerep. (Gerasim.). Dunkel.

чекама́с 'Flußbarsch', s. *чикама́з*.

чека́н 'Prägstempel', *чека́нить* 'prägen', ukr. *čekán* 'Streitkolben, Prägestock, Grabmeißel', r.-ksl. *čekanъ* 'Grabmeißel, Beil' (Zlatostr. 12. Jhdt., Theodoret. Psalterkomm., s. Srezn. Wb. 3, 1487), bulg. *čekan* 'Hammer', skr. *čàkanac*, *-nca*, sloven. *čekàn* 'Streithammer, Hauzahn der Schweine', čech. *čakan, čekan* 'Morgenstern, Keilhaue', slk. *čakan* 'Haue', poln. *czakan, czekan* dass. || Altes Lehnwort aus d. Turkotatar.; dschagat. *čakan* ʿStreitaxt', kirg. *čakan* (Kúnos Dschagat. Wb. s. v., Radloff Wb. 3, 1833), zu osman. usw. *čakmak* ʿschlagen, prägen', s. MiEW 419, Berneker EW 1, 134ff., Gombocz 56ff., RS 7, 187, Brückner EW 75. Weniger wahrscheinlich ist Urverwandtschaft mit avest. *čakuš-* n. ʿWurfhammer, Wurfaxt', npers. *čakuš* ʿHammer' (Fick 1, 22, Scheftelowitz WZKM 34, 219). Über das damit verglichene lett. *čaka* ʿKnüttel mit Knorren' vgl. viel besser M.-Endz. 1, 401. Direkte Entlehnung von **čekanъ* aus turkotat. osman. *čekič* ʿHammer' (dieses ist entlehnt aus d. Pers.) kommt nicht in Betracht (gegen MiTEl 1, 274).

чéкарь f. Koll. ʿkleine Kinder', Sevsk (Pr.), ukr. *čékaŕ* ʿkleine Kinder', wruss. *čekordá* ʿGruppe Ferkel, Schar Kinder'. Preobr. Trudy 1, 58 vermutet lautnachahmende Herkunft von einem Verbum für ʿpiepen', *чекотать* (mir unbekannt). Vgl. *щекот*.

чекáть ʿwarten', Südl., Westl. (D.), ukr. *čekáty* dass., wruss. *čekáć*, s.-ksl. *čakati*, bulg. *čékam*, *čákam*, skr. *čȅkati*, alt *čakati*, sloven. *čákati*, *čâkam*, čech. *čáka* ʿHoffnung', *čekati*, alt *čakati* ʿwarten', slk. *čakať*, poln. *czekać*, alt u. dial. *czakać*, osorb. *čakać*, nsorb. *cakaś*. || Man nahm eine -k-Erweiterung der Wz. von *čajati*, *čajǫ* (s. *чáять*) an, s. Meillet Ét. 163. In diesem Falle machen die e-Formen Schwierigkeiten. Diese wollten einige Gelehrte als Spuren einer reduplizierten Bildung auffassen, zu der aind. ved. *cakānás* ʿbegehrend' (= *čekanъ* Part. Praet.) gehören würde, s. Zubatý LF 28, 33, Łoś RFV 23, 75, Berneker EW 1, 134. Dann würden dazu zu stellen sein aind. *kấyamanas* ʿbegehrend, liebend', *-kātiṣ* ʿheischend, verlangend', *ā-cakē* ʿbegehre, verlange', *cấyamānas* ʿbegehrend', avest. *kayeiti* ʿverlangt nach etw., wünscht', lat. *cārus* ʿlieb', ahd. *huora* ʿHure'.

чекéтка ʿHaspel', Nižn. (D.). Unklar.

чеклáк ʿWuhne, Loch im Eise', Tveŕ (D.). Dunkel.

чекмáрь m. ʿKeule, Schlägel, Prügel' (Šoloch.). Entlehnt aus osman. tobol. dschagat. *čokmar* ʿKeule, Morgenstern', baschkir. *sukmar*, kasant. *čukmar* (Radloff Wb. 3, 2011ff., Kúnos Dschagat. Wb. s. v.), s. Matzenauer LF 7, 29. Zur Sippe s. Wichmann Tschuw. LW 116, Kannisto FUF 17, 183, Ramstedt Kel. Sz. 15, 136. Falsches über das russ. Wort bei Preobr. Trudy 1, 59.

чекмáс ʿKloß aus Weizenmehl', Simbirsk (D.). Unklar.

чекмéнить ʿalkoholische Wirkung ausüben', Čerep. (Gerasim.). Unklar. Viell. urspr. ʿschlagen'. Vgl. *чукмáрить*.

чекмéнь m., G. *-ення* ʿBauernrock, Kosakenrock mit Taille', Don (Šolochov), Ural (D.), ukr. *čekmíń* ʿOberrock der Kleinbürger', *čekmán* ʿtatarisches Oberkleid', poln. *czekman*, *czechman* dass. || Entlehnt aus osman. dschagat. krimtat. *čäkmän* ʿArt Oberkleid', kasantat. *čikmän* ʿTuchrock' (Radloff Wb. 3, 1956; 2113), s. MiEW 418, TEl 1, 275, Berneker EW 1, 139, Gauthiot MSL 16, 87ff.B., Lokotsch 33, Menges Glossar 707ff., Räsänen Mikkola-Festschr. 275. Siehe *сукмáн*.

чекомáс 'Flußbarsch, Perca fluviatilis', Don-G. (Mirtov), s. *чикомáз*.

чекры́жить s. *чакры́жить*.

чеку́ша 'Schlägel, Keule', *чеку́шить ры́бу* 'Fische fangen durch Schlagen und Betäuben', Kasp. Meer (D.). Von osman. *čäkič, čökiič* 'Hammer', dschagat. *čekiiš, čekiiž* 'Schlägel, Keule', karač. *čögiič* 'Hammer' (s. Radloff Wb. 3, 1952; 2037, Kúnos Dschagat. Wb. s. v., Kel. Sz. 10, 99; 16, 216). Die Quelle der türk. Wörter ist persisch. Siehe *чекáн*.

чеку́шить 'schwatzen, lachen', Čerep. (Gerasim.). Viell. als 'klappern' zum vorigen.

чекчу́ры 'Art Schuhe', Rjazań (RFV 68, 17). Siehe *чакчу́ры*.

челá pl. 'Klippen in der Nähe des Ufers'. Zu *челó* als 'Köpfe'.

челáк 'Drücker am Flintenschloß', Kolyma (Bogor.). Unklar.

челбá, чулбá 'Suppenlöffel', Don-G. (Mirtov). Dunkel.

челдáться с кем 'mit jemd. umgehen, verkehren', Kolyma (Bogoraz). Unklar.

челдóн, чолдóн 'Landstreicher, Zuchthäusler', Irk., Sibir. (D.). Unklar. Vgl. mong. *žoligan, žolgin*, kalm. *zol'gv'n, zol'gṇ* 'Landstreicher' (Ramstedt KWb. 476).

челéк 'Art Eimer', Astrach. (D.). Turkotat. Lehnwort; vgl. dschagat. karač. *čelek* 'Eimer' (Kúnos Dschagat. Wb. s. v., Pröhle Kel. Sz. 10, 98), s. MiTEl 1, 275. Siehe *чилáк*.

челепи́га 'Kinderschar', Tambov (IORJ 1, 332). Unklar.

челéсник 'Mundloch des Ofens', Olon. (Kulik.), *челесни́к* dass. Smol. (D.). Aus **čeles(ь)nъ* zu *čeló* 'Stirn' (s. *челó*).

челизнá 'Neubruch, Rodeland', Kazań (IORJ 1, 332), Vologda, Vjatka (D.). Aus **čelizna* zu *cělъ*, mit nordgrr. dial. *č* für *c*. Vgl. *целинá* 'Rodeland'.

чели́к 'junger Jagdvogel, Jagdfalke', dial. *чели́г* dass. (D.), *чили́к* 'Sperling', Astrachań (RFV 63, 133), *челик* schon bei Kotošichin 96. Unklar. Vgl. *чили́жник*.

челма s. *чóлма*.

чёлн G. *челнá* 'Nachen, Kahn', volkst. *чёлон* (Šachmatov IORJ 7, 1, 305ff.), *челнóк* 'Weberschiffchen', ukr. *čóven*, G. *čovná*, wruss. *čóven*, G. *čovná*, aruss. *čъlnъ*, bulg. *čólnec*, skr. *čŭn* Loc. s. *čúnu*, sloven. *čôln*, čech. *člun*, slk. *čln*, poln. dial. *czółn* m., *czółno* n., osorb. *čołm*, demin. *čołnica*, nsorb. *cołn*. ∥ Ursl. **čьlnъ* urverw. mit lit. *kélmas* 'Baumstamm', lett. *cęlms* dass., lit. *kelnas* 'Fähre, Kahn' (Miežinys), ahd. *scalm* 'navis', ags. *helma* 'Griff des Steuerruders', mnd. *holm* 'Querbalken', griech. σκαλμός 'Pflock', s. J. Schmidt Vok. 2, 32, Kritik 110, Zupitza GG 152, Persson 174 ff., Berneker EW 1, 166 ff., Trautmann BSl 125 ff., M.-Endz. 1, 369, Buga RFV 67, 235, Meillet RES 7, 7, Brückner Archiv 39, 1, EW 80, Fraenkel Lit. Wb. 237. Abzulehnen ist die Verknüpfung mit *клён* 'Ahorn' (gegen Sobolevskij Slavia 5, 445).

челна́ 'Flußmündung', Olon. (Kulik.). Wohl aus *čelьna zu čelo 'Stirn'. Kopf als Quelle ist auf verschiedenen Gebieten nachgewiesen worden (z. B. E. Schroeder D. Namenk. 375ff.). Hier kann челó auch Öffnung bedeutet haben, s. das folg.

челó G. -á 'Stirn, Haupt, Spitze, Mundloch des Ofens', челесни́к 'Mundloch des Ofens' (s. d.), ukr. čoló, wruss. čólo, aruss. čelo 'Stirn, Vortrupp einer Schlachtordnung', r.-ksl. čelesnъ 'höchster, oberster, haupt-', abulg. čelo μέτωπον, συνασπισμός (Supr.), bulg. čelό 'Stirn', skr. čèlo, sloven. čélo, čech. slk. čelo, ačech. čelesen, čelesn 'Ofen, Ofenloch', poln. czoło 'Stirn', osorb. čoło, čelesno 'Kiefer', nsorb. coło, polab. celü 'Backe, Angesicht'. ǁ Ursl. -es- Stamm čelo erweisen die Ableitungen (gegen Meillet, Ét. 235). Man vergleicht: gr. κολωνός 'Hügel', lat. celsus 'emporragend, hoch', collis 'Hügel', got. hallus 'Hügel', anord. hallr, lit. kélti, keliù 'heben', kálnas 'Berg', s. Zupitza GG 51, 106ff., Berneker EW 1, 140, Persson 19, J. Schmidt Kritik 104, 117, Meillet-Ernout 197, Meillet MSL 14, 375, Mikkola Ursl. Gr. 3, 24. Zu trennen ist griech. τέλος 'Ende' (gegen Brandt RFV 21, 215, s. Meillet Ét. 235, Berneker c. l.). Abzulehnen ist auch der Vergleich von čelo mit lat. calva 'Hirnschale', calvus 'kahl' (Lewy KZ 40, 561).

челоби́тная 'Gesuch, Bittschrift', älter aruss. čelobitóje 'Begrüßung, Bitte' (Urk. Polock. a. 1396, Novg. 1. Chron. a. 1375 u. a., s. Srezn. Wb. 3, 1489ff.), челоби́тье und би́ти чело́м 'untertänigst bitten' (schon Urk. a. 1389) begegnet auch noch bei Kotošichin; eigtl. bedeutet es 'Stirnschlagen, mit der Stirn den Boden berühren' (zu чело́ 'Stirn', би́ть 'schlagen'), s. Schrader-Nehring 1, 415.

челове́к, -а 'Mensch, Mann, Diener, Kellner', dial. челя́к (Dmitrov), чиля́к (Obojań), ukr. čołovík 'Mensch, Mann, Gatte', wruss. čelovék, aruss. čelověkъ 'Mensch, Dienstmann, Gefolgsmann', abulg. člověkъ ἄνθρωπος, bulg. čovék, čovék, čel'ák, čil'ák, skr. čòvjek, čòvjek, sloven. človék G. človéka, čech. člověk, slk. člověk, poln. człowiek, osorb. člowjek, nsorb. cłowjek, polab. clúovak. ǁ Ursl. *čelověkъ bezw. daraus gekürztes *čьlověkъ, woher lett. cìlvěks 'Mensch', s. M.-Endz. 1, 382ff., J. Schmidt Vok. 2, 39. Andere Ansätze unwahrscheinlich (s. Berneker EW 1, 140ff., Šachmatov Očerk 152). Der erste Teil, čelo-, wird zu че́лядь 'Gesinde' gestellt, ferner zu aind. kúlam 'Herde, Menge, Familie, Geschlecht', griech. τέλος 'Schar', ir. cland, clan 'Nachkommenschaft, Geschlecht', lit. keltis, kiltìs 'Geschlecht'. Im zweiten Teil sieht man ein mit lit. vaĩkas 'Knabe, Junge', lett. vaiks dass., apreuss. vaix 'Knecht' verwandtes Wort, s. Zimmer Archiv 2, 347, Fortunatov BB 3, 57, M.-Endz. 4, 436, Berneker EW 1, 141, Mladenov 687, Meillet RS. 2, 63, Trautmann BSl 339, Apr. Sprd. 455, Jagić Archiv 13, 294; 30, 295. Weniger ansprechend suchen andere Gelehrte in *čьlo- eine sonst nicht belegte Ablautstufe zu cěľъ (s. це́лый) und in -věkъ die Bed. 'Kraft' (im Gegensatz zu уве́чье 'Verstümmelung', s. d.), also einen 'Menschen in voller Kraft', s. Potebnja und Brandt Festschr. Vs. Miller 308ff., Vaillant BSL. 39, 2, S. XIIIff. (hier als 'volljährig'). Gegen diese Deutung spricht die aruss. Form *čelověkъ*. Noch weniger befriedigen andere Erklärungsversuche, wie der Vergleich des ersten Teils *čelo- mit ahd. *helid* 'Held' und griech. *κέλωρ* 'Sohn' (so Brugmann IF 12, 26; 19, 213, dagegen Berneker c. l., Boisacq MSL 17, 113) oder die Verbindung von *čelo- mit griech. *πάλλᾱξ*, *πάλληξ* 'Jüngling, Mädchen', *παλλάκιον· μειράκιον* Hesych, *παλλακή*, *παλλακίς* 'Kebsweib' (Fick BB 18, 134, Bezzenberger BB 16, 249), weil diese griech. Wörter jetzt nicht für einheimisch gehalten werden, s. Hofmann Gr. Wb. 251, Šachmatov IORJ 7, 2, 322. Nicht viel beweisen läßt sich mit poln. *chorowiek* 'kränklicher Mensch', das den Eindruck einer scherzhaften Augenblicksbildung macht (s. Berneker c. l., gegen Karłowicz Słown. gwar polsk. 1, 199, Pastrnek LF 29, 304). Für -věkъ als 'Kraft' könnte außer den unter *век* (oben 1, 179) angeführten Beispielen auch noch dial. *обезвéкнуть* 'schwach werden', Arch. (Podv.) als Beleg dienen.

человеколю́бие 'Menschenliebe', *человеколюби́вый* 'menschenfreundlich', abulg. *člověkoljubije*, *člověkoljubivъ* (beides Supr.) übersetzt griech. *φιλανϑρωπία*, *φιλάνϑρωπος* dass.

челове́чек 'Pupille', Jarosl. (Volockij), von *челове́к* 'Mensch' wie rumän. *omușór* 'Zäpfchen', von *om* 'homo', alb. *ńeríϑ* 'Zäpfchen' : *ńerí* 'Mann', bulg. *mъžec* 'Zäpfchen' : *mǫžь*.

челове́чность 'Menschlichkeit' übersetzt wie nhd. *Menschlichkeit*, frz. *humanité*, lat. *hūmānitās*.

челóмкать 'grüßen lassen', *челóмкаться* 'sich begrüßen' (Gogol'). Neubildung von *бить челóм* (s. *челоби́тная*).

челпáк 1. 'kleiner Hügel', Arch. (Podv.). 2. 'längliches Osterbrot', Arch. (Podv.), 'leere Pirogge, Stück Teig ohne Quark', Vjatka (Vasn.). Wohl zu *челпáн*.

челпáн 'Hügel, Grabhügel, Anhöhe', Arch., Vologda, Perm (D.), Tobol'sk (Živ. Star. 1899 Nr. 4 S. 516), auch 'Dummkopf, dummer Mensch', Pskov (D.). Mit -*p*- Erweiterung zu der unter *челó* behandelten Wortsippe: lit. *kélti* 'heben', lat. *celsus*, *collis* usw. Andere verknüpfen *čьlpanъ mit griech. *κόλπος* 'Wölbung, Busen', anord. *hvelfa* 'wölben', mhd. *welben* 'wölben' (Gorjajev EW 409, Dop. 1, 54). Nicht besser ist der Vergleich mit ukr. *čovpú*, *čovptý* 'schlagen', aind. *kálpatē* 'wird geordnet', lit. *kìlpa* 'Steigbügel, Schlinge, Schleife' (gegen Brückner KZ 46, 201 ff.). Kaum entlehnt (gegen Preobr. Trudy 1, 61).

челу́га, челу́ха 'eiskalter, feiner Regen bei Nebel', Arch. (Podv.). Dunkel.

челусну́ть, челысну́ть 'heftig schlagen', Pskov, Tveŕ (D.). Mit Präfix *че* 'wie' u. *лускáть* 'schlagen' (s. *лускá*).

челы́ш, -á 'Art Pilz', Vladimir (D.). Mit dial. *č* für *c* aus *cělyšь zu *cělyj* nach Dal' 4, 1303.

че́люсть f. 'Kinnbacken, Kiefer', auch 'Ofenloch', Neurußl., ukr. *čéľusť* 'Kinnbacken, Öffnung zwischen den Kinnladen, Rachen, Ofenloch', r.-ksl., abulg. *čeljustь* *σιαγών* (Supr.), bulg. *čeľust* 'Kinnbacken', skr. *čèljûst* 'Kinnbacken, Rachen', sloven. *čeljûst* 'Kiefer', *čeljûstje* n. 'Rachen', čech. *čelist* f. 'Kinnbacken, Ofenloch', slk. *čel'ust'* 'Kiefer, Kinnbacken', poln. *czeluść* 'Kinnbacken', alt 'Mund, Rachen, Wange, Antlitz', *czeluście* 'zwei Öffnungen im Backofen', polab. *celåust* 'Unterkinn'. || Gehört jedenfalls zu *čeló* und *ustá*, s. MiEW 31, 418, Brückner EW. 75, KZ 45, 35, Mladenov 681. Der erste Teil enthält wohl eine *-ịo-* Ableitung von *čelo*. Vgl. auch die Bed. oben s. v. *челó, челéсник*. Zu beachten sind auch Bildungen wie tochar. *akmal* 'Gesicht', worin *ak* 'Auge' u. *malañ* 'Wange', magy. *orca* 'Wange, Antlitz' aus *orr* 'Nase' u. *száj* 'Mund', s. W. Schulze Kl. Schr. 253 ff. Weniger überzeugt der Vergleich von **čel'-* mit aind. *kulyam* n. 'Knochen' (Berneker EW 1, 142) oder die Annahme eines **čelь* 'Spalte' neben vorhandenem **ščelь* (s. *щель*). Sehr hypothetisch ist auch die Verknüpfung mit ahd. *hol* 'hohl', lit. *įkelas* 'Bienenstock in einem hohlen Baum' (Matzenauer LF 11, 343), ebenso die Verbindung von *čel'ustь* mit *скулá* (Potebnja bei Preobr. Trudy 1, 61).

чéлядь f. G. *-и* 'Gesinde', *челядúнец* 'Dienstbote, Mietling', ukr. *čél'ad'* 'Hausgesinde, Hausgenossen mit Weib und Kind', *čel'adýn* 'Diener, Knecht, junger Mann', *čel'adýna* 'Dienerin, Mädchen', wruss. *čel'adźin* 'Knecht', aruss. *čeljadь* 'Gesinde', *čeljadinъ* 'Sklave', abulg. *čeljadь* θεραπεία 'Gesinde' (Mar.), bulg. *čeled* f. 'Familie, Kinder', skr. *čěljâd* f. 'Hausgesinde, Hausgenossenschaft, Frauensleute, Leute, Menschen', čech. *čeled* f. 'Familie, Familienangehörige, Gesinde', heute 'Dienstboten', slk. *čel'ad'* f. 'Gesinde', poln. *czeladź* 'Gesinde, Dienstboten, Gesellen', osorb. *čeledź*, nsorb. *celaź* 'Gesinde'. || Ursl. **čel'adь* urverw. mit aind. *kúlam* 'Herde, Schwarm, Geschlecht', ir. *cland, clan* 'Nachkommenschaft, Clan', lit. *kiltìs* 'Geschlecht', griech. τέλος 'Schar', s. Fick 1, 26, BB 8, 331; 16, 282, Meillet Ét. 323, BSL 27, 55, MSL 8, 237; 14, 375, Bezzenberger BB 16, 245, Berneker EW 1, 141 ff., Solmsen Beitr. 18, M.-Endz. 1, 368, E-H 1, 263, Petersson Filol. Fören. Lund 4, 120 ff. Weiter sucht man Verwandtschaft mit *koléno*, lit. *kelỹs* 'Knie', lett. *celis* dass.

чем 1. 'statt, anstatt'. 2. 'Instr. s. von *что*'. Aus aruss., abulg. *čimь*, Instr. s. von *čьto* unter Einfluß von *sěmь* Instr. s. von *kъto*. Zuerst aruss. *čěm* im Test. Dmitr. Donsk. († 1389), s. Sobolevskij Lekcii 187 ff., Durnovo Očerk 293. Ursl. Instr. **čimь* trat an die Stelle eines älteren **či* durch Einfluß der Instr.-Endung *-mь* anderer Deklinationen; **či* entspricht lat. *quī* 'wodurch', ags. anord. *hví* 'wie, wozu, warum', s. J. Schmidt KZ 27, 288, 291; 32, 403, Pluralbild. 43.

чемарá, чемпрá 'feiner Staubregen bei Nebel', Arch. (D.). Unklar.

чемáра 'Art Überrock', Westl. (D.), auch *чумáрка* (s. d.). Über poln. *czamara* 'langer Rock mit Ärmeln bis zur Erde' und ital. *cimarra* 'langer Rock' aus arab. *sammûr* 'Zobel', s. Brückner EW 72, Lokotsch 144, Meyer-Lübke Rom. Wb. 626.

чембáры, чамбáры pl. 'breite Hosen aus Leder oder Leinwand', Orenb., Sibir. (D.). Entlehnt aus einer turkotat. Dialektform von osman. *šalvar* 'Hosen' (s. *шаровáры*). Vgl. kasantat. *čambar*, *čymbar* 'Hosen', lebed. *čanbar* 'Lederhosen', kumd. *čynbar*, tel. *šanpar* (Radloff Wb. 3, 1859, 2074; 4, 950), s. Korsch Archiv 9, 671. Ungenau sucht MiTEl. Nachtr. 1, 22 die Quelle der russ. Wörter in osman. *čämbär* 'Reifen'.

чембýр, -á 'Leitseil für Pferde, Leitzügel' (Leskov), auch *чалбýр* dass., älter *čimbury* pl. (Urk. a. 1557 nach MiTEl Nachtr. 2, 96). Entlehnt aus d. Turkotat.; vgl. tar. tel. *čylbur* dass., alt. *čylbyr* (zur Sippe s. Ramstedt KWb 433 ff.), vgl. Korsch IORJ 8, 4, 40. Unrichtig ist die Herleitung aus osman. *čämbär* 'Reifen' (gegen MiTEl 1, 275, Nachtr. 2, 95).

чéмез m., *чемезá* 'Geldbeutel', Novg., Smol., Nižn. (D.), *чемези́н*, *чимизи́н* 'Geldbörse in Form einer Röhre', Don-G. (Mirtov), *чемези́нник* 'reicher Geizhals', Don-G. Phantastische Deutungsversuche, angeblich vom Klirren, bei Iljinskij IORJ 16, 12. Unklar.

чемези́ть 'Verwirrung stiften, Unsinn reden', Pskov, Tveŕ (D.). Unsicher ist Buga's (RFV 70, 102) Vergleich mit lit. *kemežúoti*, *kemežoti* 'ungeschickt gehen', vgl. auch Fraenkel Lit. Wb. 239.

чéмер 'Kopfschmerzen, auch Leib- u. Kreuzschmerzen; Koller bei Pferden', *чемери́ца* 'Nieswurz', *чемерá* 'betäubender Tabak aus Porst', ukr. *čémir* 'Magenkrampf', *čemerýća* 'Nieswurz', *čemernýk*, *čemerúcha*, *čémer* 'Pferdekrankheit', wruss. *čémer* 'Pferdekrankheit', aruss. *čemerъ ιός* (12. Jhdt.), *čemerь* 'Nieswurz', bulg. *čémer* 'Gift, Teufel', *čemeriga*, *čemerika* 'Nieswurz', skr. *čèmêr* m. 'Gift, Zorn, Kummer', *čèmêran* 'giftig, bitter, herb, elend, unglücklich', sloven. *čemér* 'Gift, Galle, Eiter, Zorn', *čemerika* 'Nieswurz', čech. *čemer* 'ungrische Krankheit', *čemeřice* 'Nieswurz', slk. *čemer* 'Ekel', *čemerica* 'Nieswurz', apoln. *czemier*, *czemierzyca*, poln. *ciemierzyca*, osorb. *čemjerica* 'Nieswurz'. Urverw.: lit. *kemerai* pl. 'Alpkraut, Wasserdost', lett. *cemeriņš* 'Nieswurz', ahd. *hemera*, nhd. dial. *hemern* 'Nieswurz', s. Berneker EW 1, 142, M.-Endz. 1, 372, Matzenauer LF 7, 30, Zupitza GG 113. Weiter wird vermutet die Zugehörigkeit von aind. *camarikas* 'bauhinia variegata' (Uhlenbeck Aind. Wb. 88 s. aber Mayrhofer 375), aind. *kamalam* 'Lotus' (Petersson Verm. Beitr. 139, Uhlenbeck c. l. 43, vgl. aber Mayrhofer 160), griech. *κάμαρος* 'Delphinium, Läusekraut', *κάμμαρον* 'Aconitum', s. Hofmann Gr. Wb. 131, Loewenthal WS 10, 184, Torp 74, Mladenov 681. Schwerlich berechtigt ist der Vergleich mit *комáр* (gegen Sobolevskij Slavia 5, 445).

чéмкос 'Strecke zwischen zwei natürlichen Grenzscheiden', Arch., Mezeń (Podv.), *чункáс* 'Meile von 5 Werst längs einem Fluß', auch *чум* Perm; *чýмкас* 'alte Werst von 700 Klaftern' (Schrenck). Entlehnt aus syrjän. *tśom* 'Speicher' + *kost* 'Zwischenraum, Mitte', *tśomkos* 'Abstand zwischen zwei tśom', s. Kalima FUF 18, 42 ff.

чемодáн 'Koffer', auch 'Bauch'. Entlehnt über kasantat. *čamadan*, krimtat. *čumadan* dass. (Radloff Wb. 3, 1940; 2188), aus pers. *jāmädān* 'Kleiderbehälter', worin *jāmä* 'Kleid' u.

-*dân* 'Behälter' (vgl. Horn Npers. Et. 93 u. 118), s. Korsch IORJ 7, 1, 47, MiTEl 1, 289, Nachtr. 1, 31, Kraelitz 18, Lokotsch 52, Berneker EW 1, 143.

чемодýр 'geschäftiger Mensch', Smol. (Dobr.). Kaum nach *самодýр* 'Despot' gebildet von *к чемý эта дурь?* 'wozu diese Torheit',

чемпиóн 'Preiskämpfer', sportl. Aus engl. *champion* dass. von afrz. *champion* aus vlat. *campiōnem*, westgerm. *kampjo* 'Kämpfer' (s. Meyer-Lübke Rom. Wb. 379).

чéмур 'Teufel', Arch. (Podv.). Zu *чéмер* 'Gift' (s. d.).

чемшá s. *чемыш*.

чемы́ркнуть 'schnell einen Schnaps herunterstürzen', Perm. Wird von Šachmatov IORJ 7, 2, 339 mit sloven. *čmíkati, čmŕkniti* 1. 'schlürfend trinken'. 2. 'mucksen' verglichen. Jedenfalls mit Präfix *če-* zu *мы́ркнуть* (s. d.).

чемы́ш, -á m. 'Halimodendron, Meer-, Salzstrauch', Östl. (D.), auch *чемшá* f. dass. Unklar.

чемья́ 'Blockhaus im Walde, Versteck für Wilddiebe und Hehler', Perm, Čerdyń (D.), *щамья́* 'Speicher im Walde', Syrjän. Gebiet. Nach Kalima FUF 18, 43 aus syrjän. *tšamja* 'Speicher im Walde', doch wird das syrjän. *tšamja, štšamja* von Wichmann-Uotila 266 als russ. Lehnwort angesehen. Wenn hier vom Russ. auszugehen ist, könnte es sich um eine Entlehnung aus anord. *skěmma* f. 'Stübchen, Vorratshaus' handeln, das von Holthausen Awnord. Wb. 250 zu *skěmma* 'stützen' gestellt wird. Vgl. aber syrjän. *ťśom* 'Speicher' (wozu Toivonen FUF 32, 82) und unten s. v. *чум*.

чепáть, чипáть 'greifen, ergreifen, fassen, anhängen', Südl. Westl. Pskov (D.), ukr. *čípati* 'anhängen, angreifen, ergreifen, fassen', *pričipýty, pryčepýty* 'anheften, anhäkeln', poln. *czepiać, czepić się* 'sich an jemnd. hängen, anklammern', *czepić* 'packen, ergreifen', *czepy* pl. 'Holz im Fluß, das sich ins Netz hakt'. Wohl Ablaut zu *чáпать*.

чепáться 'wankend gehen, wanken', Vjatka (Vasn.), Kolyma (Bogoraz), auch 'schaukeln', Sibir. Als 'sich klammern' zum vorigen.

чепелá 'Pfannenstiel, -gabel', Kaluga, Smol. (D.). Zu *чепáть* als 'Griff'.

чепелíться 'groß tun, sich brüsten', Vjatka (Vasn.). Zu *щап*.

чепéц G. *чепцá* 'Haube', ukr. *čepéć* 'Haube, Netzmagen', wruss. *čepéc*, aruss. *čepьcь*, bulg. *čepíci* pl. 'Stiefeletten', skr. *čȅpac* 'Art Frauenhaube', sloven. *čȅpəc*, čech. slk. *čepec*, poln. *czepiec*, osorb. *čěpc*, nsorb. *copc, cepc*. ‖ Ursl. *čepьcь urverw. mit lit. *kepùrė* 'Mütze, Hut, Haube', lett. *cępure* dass. Weiter wird Anknüpfung gesucht an griech. σκέπας 'Decke, Hülle, Schutzdach', σκέπη 'Decke, Schutzschirm', σκεπάζω, σκεπάω 'bedecke, verhülle', s. Berneker EW 1, 143 ff., Hujer LF 42, 23, M.-Endz. 1, 373, Thomsen SA 4, 319. Ältere Bemühungen um eine Verknüpfung mit mlat. *cappa* 'Art Kopfbedeckung' sind überholt, s. Berneker c. l., Iljinskij RFV 74, 124ff., dessen Vergleich mit griech. *κοπίς* ʿMesserʾ, *σκέπαρνον* ʿBeilʾ aber sehr fragwürdig ist. Als Ablaut zu *čерьсь* betrachten MiEW 32, Brückner EW 75 poln. *czapka* ʿMützeʾ. Abzulehnen ist der Versuch einer Herleitung von *čерьсь* aus dem Poln. (gegen Sobolevskij RFV 70, 98ff.), s. Preobr. Trudy 1, 63.

чёпкать, чёмкать ʿlaut kauen (von Schweinen)ʾ, Vjatka (Vasn.). Lautnachahmend.

чепу́рник ʿdichtes Gesträuch, Dickichtʾ, Vjatka (Vasn.). Wohl als ʿsich anklammerndes Laubʾ zu *чепа́ть* ʿgreifenʾ (s. d.).

чепу́ха ʿRußʾ, Rjazań (D.). Zweifelhaft ist der Vergleich mit *ко́поть* ʿRußʾ (Gorjajev EW 410) und die Deutung als ʿsich anklammerndʾ, zu *чепа́ть* (gegen Dal' Wb. 4, 1305).

чепуха́ ʿUnsinn, dummes Zeugʾ. Unklar. Kaum als **če-pucha* zu *пу́хнуть* ʿschwellenʾ, auch nicht **тще-* ʿleerʾ (gegen Gorjajev EW 410). Davon abgeleitet: *чепухи́стика* ʿsystematischer Unsinnʾ (A. Tolstoj jun.) nach Fällen wie *стати́стика*. Vgl. *шаги́стика*.

чепчу́ры pl. ʿArt Schuheʾ, s. *чакчу́ры*.

чепы́га ʿDickichtʾ (Čechov), auch *чапы́ж* dass. (IORJ 1, 332), *чапы́жник* ʿErbsenkraut, Caragana frutescensʾ (Mel'nikov). Vielleicht zu *чепа́ть* ʿgreifenʾ, s. Preobr. Trudy 1, 63.

чепы́литься ʿsich schleppenʾ, Kolyma (Bogor.). Wohl zu *чепа́ть*.

чепь f. ʿKetteʾ, wird von Berneker EW 1, 126 zu der Sippe von *чепа́ть* gestellt. Im Nordgrr. könnte es mit *сѣрь* historisch identisch sein.

черв ʿSichelʾ, Vjatka (D.), *черва́к* ʿSägeʾ, Tomsk (D.). Man vergleicht als urverw. lit. *kir̃vis* ʿAxtʾ, lett. *cirvis* dass., aind. *kŕ̥viṣ* ʿein Weberinstrumentʾ, s. Zubatý Archiv 16, 388, Berneker EW 1, 172, Trautmann BSl 135, M.-Endz. 1, 388, Uhlenbeck Aind. Wb. 64. Weiter will man an **(s)ker-* in griech. *κείρω* ʿschereʾ, ahd. *sceran* ʿscherenʾ, lit. *skìrti* ʿtrennen, scheidenʾ anknüpfen, s. Zupitza GG 154ff.

червлёный ʿblutrotʾ, aruss. *чьrvenъ*, *чьrvljenъ*, abulg. *črъvenъ*, *črъvljenъ* *ἐρυθρός* (Euch. Sin.), bulg. *čérven*, *čъrvén*, skr. *cŕven* ʿrotʾ, *cŕvljen* dass., sloven. *črljèn*, čech. *červený*, slk. *červený*, poln. *czerwony*, osorb. *čerwjeny*, nsorb. *cerẃeny*. ‖ Ursl. **čьrvienъ* Partic. Praet. Pass. von *čьrviti* ʿrot färbenʾ (aruss. *čьrviti*, s.-ksl. *črъviti*), dieses von **čьrvь* ʿScharlachwurmʾ (s. *червь*), vgl. vlat. *vermiculus* ʿrotʾ von *vermiculus* ʿWürmchen, cochenille, Schildlaus, die die Scharlachfarbe lieferteʾ, s. Trautmann BSl 134, Roesler Zschr. österr. Gymn. 1868, S. 330 u. 334. Von *čьrvь* gebildet ist aruss. *čьrvenъ* ʿJuliʾ (Tetraevang. 1144 u. a., s. Srezn.) und *čьrvьсь* dass., vgl. ukr. *čérveń*, *červeć* ʿJuniʾ, čech. *červen* ʿJuniʾ, *červenec* ʿJuliʾ, ačech. *črven* ʿJuniʾ, *črven druhý* ʿJuliʾ, poln. *czerwiec* ʿJuniʾ, das teils als ʿMonat, in dem die Scharlachwürmer gesammelt wurdenʾ aufgefaßt wird (so Miklosich Monatsn. 7—9, Krek Einleitg. 516, dagegen Berneker EW 1, 173), teils als ʿZeit, in der die Bienen die Brut ansetzen', poln. *w której czyrw pszcół powstawał* (s. Rostafiński bei Berneker c. l.).

Червóнная Русь 'Rotrußland, historische Bez. für das ukrainische Galizien, Wolhynien, Podolien, in der Hauptsache Ostgalizien'. Nach Barsov Očerki 102 den Chroniken unbekannt bis zum 16. Jhdt. Zuerst viell. bei Fra Mauro (15. Jhdt.) als *Rossia rossa*, s. Lamanskij Živ. Star. 1891 Nr. 3 S. 250. Aus poln. *Czerwona Ruś*, woher ukr. *Červóna Ruś*. Der Landschaftsname hat aller Wahrscheinlichkeit nach seinen Namen von der aruss. Stadt *Červenъ* südl. Grubieszów (schon nach Nestor-Chron. a. 981 bedeutend), nach der eine Reihe von Städten als *Červenьskyjě gorody* (Acc. pl., Nestor-Chron. a. 1018 u. 1031) heißen, s. Potebnja Živ. Star. 1891 Nr. 3 S. 119, Barsov Očerki 102, Perwolf Archiv 8, 21. Weniger läßt sich die Deutung nach der **roten Tracht** der Ukrainer vertreten (so Kretschmer Glotta 21, 117) zum Unterschied von der weißen Tracht der Weißrussen (dagegen Iljinskij Slavia 6, 388, wo ältere russ. Lit. zitiert). Wenig wahrscheinlich will Rostafiński Sprawozd. Akad. Umiejętn. 23, 15 ff. den Landschaftsnamen auf den Namen des Scharlachwurms zurückführen. Ganz phantastisch ist Kucharski Festschr. Brückner 39.

червóнец 'Dukat, drei Rubel', seit Peter d. Gr. (18. Jhdt.), 1922 Banknote = 10 Goldrubel, älter russ. *červon(n)yi* seit Ivan III. für ausländische Goldmünzen. Entlehnt aus poln. *czerwony* 'golden, purpurrot', s. N. Bauer bei Schroetter Wb. 98, Berneker EW 1, 173, Preobr. Trudy 1, 63. Zum Lautlichen vgl. Łoś Gr. Polska 1, 129, 161. Siehe auch *червлёный*.

червь I. m., G. *червя́* 'Wurm', volkst. *червe* G. *червевa* (Sachmatov IORJ 7, 1, 305), *червá* f. 'die in den Brutzellen eingeschlossenen Bienenlarven', *червелень* f. 'Scharlach', ukr. *červ* m. 'Wurm', aruss. *čьrvь* m. 'Wurm', *čьrvь* f. 'rote Farbe, roter Stoff', abulg.*črъvь σκώληξ, σής* (Ostr., Supr.), bulg.*červej* 'Wurm', *čъrv* (Mladenov 681), skr. *cȓv* 'Wurm', *cȓva* 'Wurmloch', sloven. *čȓv* 'Wurm', ačech. *črv* 'Wurm, Made', čech. slk. *červ*, poln. *czerw* G. *czerwia*, osorb. *čerw*, nsorb. *cerw*, polab. *cer̃(v) lézące* 'Schnecke' ('kriechender Wurm'). || Ursl. *čьrvь ist verwandt mit *čьrmъ (s. *чéрмный*) sowie lit. *kirmìs* m. f. 'Wurm', *kirmuõ* dass., lett. *cirmis*, aind. *kŕ̥miṣ* m. 'Wurm, Made', npers. *kirm*, ir. *cruim*, alb. *krimb*, s. Buga IORJ 17, 1, 29 ff., Pedersen Kelt. Gr. 1, 43, Trautmann BSl. 134, Berneker EW. 1, 173, M.-Endz. 1, 386. Das *-v-* macht Schwierigkeiten. Man hat eine balt. Entsprechung **(s)kirvis* angenommen wegen lit. *skirvina* 'läuft wie eine Ameise' (Specht Dekl. 45, KZ. 65, 212 ff.) und das *-v-* durch Einfluß von *marvis 'Ameise' erklären wollen (s. *мурaвéй*). Weniger nahe liegt Beeinflussung durch *krivъ* (Meillet IF 5, 333) oder durch *поноров(ъ)* 'Erdwurm' (Otrębski LP 1, 129 ff.). Lautlich Bedenkliches bei Preobr. Trudy 1, 64.

червь II. 'Hölle', nur aruss. *čьrvь* (Olon. Sborn. 15. Jhdt. nach Srezn. Wb. Nachtr. 272). Unklar.

че́рга 'Reihe, Reihenfolge', Südl., *чергá* dass. Sevsk (Pr.), ukr. *čérha* f. *čéreh* m. (Šachmatov IORJ 7, 1, 305, nach *черёд*) wruss. *čérha*, aruss. *čerga* (Privil. Smolensk a. 1505, s. Srezn. Wb. 3, 1499). Entlehnt aus d. Turkotat.; dschagat. *čärgä* 'Reihe, Reihenfolge' (Radloff Wb. 3, 1970), s. Berneker EW 1, 145. Nicht überzeugend ist die Annahme einer Urverwandtschaft mit lit. *kergiù*, *ke᷃rgti* 'anbringen, befestigen', *kargýti* dass. (gegen Zubatý Archiv 16, 387 ff.).

чердáк, -á 'Boden, Dachstube', ukr. *čerdák*, älter russ. *čerdakъ*, *čardakъ* (Urk. a. 1697, s. Korsch Archiv 9, 494). Entlehnt aus osman., krimtat. *čardak* 'Balkon, Altan', karaim. *čardak* 'oberes Gemach' (Radloff Wb. 3, 1869), dessen Quelle für persisch gehalten wird, s. MiTEl 1, 273, Korsch c. l., Berneker EW 1, 171, Lokotsch 32, Gorjajev EW 410. Vgl. *чертóг*.

Черды́нь 'Stadt im G. Perm', aus syrjän. *Tʻśerdįn* dass., worin der Flußname *Čer*, wohl syrjän. *tʻśer* 'Beil, Axt' und *dįn* 'Mündung, dickes Ende' steckt, s. Kannisto FUF 18, 73, Wichmann-Uotila 297. Zur Bed. vgl. russ. Flußnamen wie *Topór* 'Beil'.

черевѝк 'Bauernschuh', ukr. *čerevýk* 'Schuh', wruss. *čerevík*, aruss. *čerevikъ*, r.-ksl. *črěvii ὑπόδημα*, bulg. *crȇve* pl. 'Schuhe', skr. *crȇvlja*, sloven. *črȇvəlj* m., čech. *střevíc*, *třevíc*, ačech. *třěví*, slk. *črevíc*, poln. *trzewik*, osorb. *črij*, nsorb. *crěw*, *crěj*. ‖ Ursl. *červī-* wird als Ableitung von *červo* 'Bauch', urspr. zu *(s)ker-* 'Abgeschnittenes, Haut, Leder', (s. *корá*, *скорá*) angesehen, vgl. Sobolevskij Archiv 33, 610, RFV 71, 444, Pedersen KZ 39, 459, Persson 786, Berneker EW 1, 151, Mladenov 682, Schrader-Nehring 2, 354. Unter Annahme einer *u*-Epenthese wird mit *červī-* auch mir. *cuaran* 'Schuh', kymr. *curan* dass. verbunden, s. Zupitza KZ 37, 399, Pedersen c. l., dagegen s. Berneker c. l.

черёво 'Leib, Magen, Bauch', pl. *черевá* 'Eingeweide', dial. *черёвко* 'Kind', *очеревѣтъ* 'schwanger werden', *урéво* 'Mutterleib' (aus d. Kslav.), ukr. *cérevo* 'Bauch, Leib, Mutterleib, Magen', wruss. *čérevo* dass., pl. *ceŕovy* 'leibliche Kinder', aruss. *čerevo* 'Bauch, Leib, Fell vom Bauch', abulg. *črěvo κοιλία, γαστήρ* (Ostr., Mar., Cloz., Euch. Sin., Supr.), ksl. *črěvo* G. *črěvese*, bulg. *crěvo*, skr. *crijèvo*, sloven. *črevô̦* G. *-ệsa* 'Darm, Unterleib, Bauch', čech. *střevo*, slk. *črevo* 'Darm', poln. *trzewo* pl. *trzewa* 'Eingeweide', osorb. *črjewo*, nsorb. *crowo*, polab. *crevǘ*. ‖ Ursl. *červo* wohl urverw. mit apreuß. *kērmens* m. 'Leib', weiter wird Anschluß gesucht an anord. *hǫrund* 'Fleisch, Leib', ahd. *herdo* 'Fell, Haut' und die unter *корá*, *скорá* erwähnten Wörter, s. J. Schmidt Vok. 2, 76, Berneker EW 1, 150 ff., Trautmann BSl 128, Apr. Sprd. 356, Specht 79. Weniger überzeugt der Vergleich mit aind. *kŕ̥p* 'Gestalt', avest. *kərəfš* 'Leib, Gestalt', lat. *corpus* 'Leib, Körper', ahd. *hrëf* dass., griech. *πραπίς* 'Zwerchfell' (so Meillet-Ernout 258, dagegen Walde-Hofmann 1, 277 ff) oder mit got. *hairþra* 'Eingeweide' (Meillet Ét. 167 ff., Brugmann Grdr. 2, 1, 330, Trautmann BSl 128, dagegen Pedersen KZ. 39, 459). Dial. *черёво* 'Flußkrümmung' Senk. (Podv.) kann aus der Bed. 'Darm' erklärt werden.

череда́ 'Reihe, Reihenfolge', dial. 'Herde', Kursk, Voron., Don-G., *черёд* m. 'Reihe', dial. *черед* dass., *учредить* 'gründen, stiften' (kslav. Lehnwort), ukr. *čeredá* 'Reihe, Herde, Rudel', *čéred* 'Reihe', wruss. *čereda* 'Herde, Vieh', aruss. *čereda* 'Reihenfolge', abulg. *črěda βουκόλιον, πρόβατον* (Supr.), bulg. *čъrdá* 'Viehherde', skr. *crijèda* 'Reihe, Ordnung, Herde', čakav. *črēdà* Acc. *črȇdu*, sloven. *črę́da*, ačech. *čřieda*, čech. *třída* 'Ordnung, Reihe, Klasse, Wechsel, Gasse', slk. *črieda* 'Herde', poln. *trzoda* 'Herde, Vieh', kaschub. *strőda* dass., osorb. *črjóda* 'Haufen'. ‖ Urslav. **čerda* verwandt mit apreuß. *kērdan* Acc. 'Zeit' (aus 'Reihe, Reihenfolge'), lit. **kerdà* 'Herde', vorausgesetzt durch lit. *keřdžius* 'Hirt'; weiter gehören dazu aind. *çárdhas* m. n. 'Herde, Schar', avest. *sarəδa-* 'Art, Gattung', got. *hairda* 'Herde', ir. *crod* 'Vieh, Reichtum', kymr. *cordd* 'Gruppe, Schar' (**kordho-*). Bei Urverwandtschaft aller dieser Wörter müßte Gutturalwechsel vorliegen; wenn man nur idg. **kerdh-* gelten läßt, müßte Entlehnung aus einer centum-Sprache ins Balt.-Slav. angenommen werden, s. Kiparsky 102, Brugmann Grdr. 1², 547, Berneker EW 1, 144, Trautmann BSl 127 ff., Apr. Sprd. 356, Leskien Bildung 325, Brandt RFV 21, 215. Schwerlich kommt Entlehnung aus dem Germ. in Frage (gegen Hirt PBrBtr 23, 332; 24, 233, Berneker c. l., Kluge Urgerm. 41, s. dazu Obnorskij IORJ 19, 4, 100), es sei denn vor der ersten Lautverschiebung. Zur Beurteilung der balt. Verhältnisse wichtig ist die Berücksichtigung des balt. Lehnwortes finn. *kerta* 'Schicht, Reihe, Mal' (s. Thomsen Berör. 185, Nieminen FUF 22, 11 ff., vgl. aber Kalima BL 115 ff.).

череди́ть 'reinigen, fegen', dial., ist nicht zu trennen von *черeди́ть* 'ordnen, anordnen', das zum vorigen gehört. Zu Unrecht werden diese Bedeutungen von Zelenin IORJ 8, 4, 256 ff. voneinander getrennt und *чередить* in ersterer Bed. für urverw. gehalten mit griech. *κέρδος* n. 'Gewinn', lat. *cerdō* 'Handwerksmann', air. *cerd* 'Kunst, Handwerk'. Zur Bed. vgl. *ряди́ть* 'ordnen', *наряди́ться* 'sich schmücken', *ряд* (s. d.).

че́рез c. Acc. 'durch, über ~ hinaus, hindurch', *чрез* dass. poet. (ksl. Lehnwort), ukr. *čerez*, wruss. *čerez*, aruss. *čeres* 'durch, quer über' (Smol. Urk. a. 1229 B nach Srezn. Wb. 3, 1501), *čeresъ* (Laur. Chron. a. 1096), *čerosъ* (Usp. Sborn. 12. Jhdt., nach Šachmatov Očerk 153 beeinflußt von *skrozě, skrozь*), r.-ksl. *črěsъ, črězъ*, s.-ksl. *črěsь, črězь*, bulg. *črez* (Mladenov 688), skr. *črěz*, sloven. *črêz, črèz*. ‖ Urspr. **čers-*, wohl aus **kerts-* (s. Trautmann BSl 130), wurde zu **čerz-* unter Einfluß von **vъz-, *jьz-* u. dgl., s. Brandt RFV. 22, 136; **čers-* ist urverw. mit apreuß. *kērscha(n), kirscha(n)* c. Acc. 'über, über-hin', lett. *Cérsupji, Cirsanguŗi* ON. (M.-Endz. 4, 37, Buga RFV 70, 103), lit. *skeřsas* 'quer', lett. *šķḕrss* 'quer, übel, schlecht', griech. *ἐγκάρσιος, ἐπικάρσιος* 'schief, schräge', *κάρσιον· πλάγιον* Hesych., weiter zu lit. *kertù, kir̃sti* 'haue', r.-ksl. *črъtu, črěsti* 'schneide', s. J. Schmidt Jen. Lit. Zeitg. 1874 Sp. 503, Pedersen IF

чéрез — чéрен

5, 54ff., Fortunatov Archiv 4, 581, Berneker EW 1, 144ff., Trautmann BSl 129ff., Apr. Sprd. 358, Endzelin SlBEt 31. Zu den griech. Wörtern vgl. aber Bechtel Lexil. 132. Zur Präpos. *чéрез* gehört auch *чéрез* 'gemeinschaftlicher Sperrfischfang', Kolyma (Bogor.), und 'Breite des Stromes', Don-G. (Mirtov).

чéрез II. 'lederner Geldgürtel', s. *чéрес*.

черезá 'große Wage', Penza, Simbirsk. Siehe *терезá*.

черёзвый 'nüchtern', Nižn. (D.). Siehe *терёзвый*, *трéзвый*.

черемúс, черемúсин 'Tscheremisse, Angehöriger des finn.-ugr. Volkes der Mari am l. Ufer der Wolga', pl. *черемúсы*, Koll. auch *черемшá* Vjatka (Vasn.), aruss. *Čermisy* (Slovo o pogibeli russk. zemli), kasantat. *čirmiš* (Radloff Wb. 2, 1354). Stammt wohl aus tschuwass. *śarmîs*, *śarmîś* 'Tscheremisse', s. Wichmann Tschuw. Lehnw. 142, S. Kuznecov Etnogr. Obozr. 86, 220, FUF Anz. 25, 106. Kein Zusammenhang läßt sich feststellen zwischen den Tscheremissen und dem von Ermanarich unterworfenen Volke, das bei Jordanes Getica cap. 22 urspr. als *Scremniscans*, seit Mommsen aber als *Imniscaris* gelesen wird (s. Mikkola FUF 15, 60, gegen Kunik-Rosen Al Bekri 155). Auch die Μελάγχλαινοι des Herodot 4, 107 können trotz Tomaschek nicht die Tscheremissen sein, s. Verf. RS 6, 210, Sitzber. Preuß. Akad. 1935 S. 581.

черемнýха 'Scharlach, Masern', Tveŕ, Pskov (D.), Tichvin (RFV 62, 295). Zu *чермный* 'rot'.

черёмуха, черёмха, черёма 'Faulbaum, Ahlkirsche, Prunus padus', ukr. *čerémucha*, *čerémcha*, aruss. *čeremъcha*, sloven. *črȇmha*, *črȇmsa*, ačech. *třemcha*, čech. *střemcha*, slk. *čremcha*, poln. *trzemcha*. || Urverw. mit lett. *cȩ̃rmauksis* 'Eberesche', neben *sȩ̃rmauksis* (dazu vgl. sloven. *srȇmša*, *srȇmsa* 'Faulbaum'), lit. *šermùkslė*, *šermùksnė* 'Eberesche', ostlit. *šermùkšnis* dass., s. Berneker EW 1, 145, Trautmann BSl 128. Der 'Gutturalwechsel' zeigt sich im Balt. u. Slav. Unsicher ist Zugehörigkeit von griech. κόμαρος 'Erdbeerbaum' (Niedermann bei Boisacq 488) und von aind. *kramukas* 'Betelnußbaum' (Uhlenbeck Aind. Wb. 67). Vgl. das folg.

черемшá, черемúца, черёмушка 'Bärenlauch, Allium ursinum', sloven. *črȇmoš* dass., poln. *trzemucha*. Daneben mit 'Gutturalwechsel' skr. *srȉjemuš* m., *srȉjemuša* f., *srȉjemuž*, *srȉjemuža* 'Art wildwachsendes Zugemüse'. || Urverw. mit lit. *kermùšė* 'wilder Knoblauch', griech. κρόμνον 'Zwiebel, Gartenlauch', κρέμνον Hesych. (s. J. Schmidt KZ 32, 346), ir. *crem*, kymr. *craf* 'Knoblauch', ags. *hramse*, *hramesa* 'Zwiebel, Bärenlauch', oberd. *ramsen* dass., s. Pedersen Kelt. Gr. 1, 121, IF 5, 33, Berneker EW 1, 145ff., Endzelin SlBEt 52, Trautmann BSl. 128ff. Nach Berneker c. l. ist gemeinsame Herkunft der Wörter für 'Bärenlauch' und 'Faulbaum' (s. *черёмуха*) wegen des scharfen Geruchs beider Pflanzen in Erwägung zu ziehen.

чéрен I. 'Griff, Stiel (eines Messers), Heft, Pfropfreis', pl. *черéнья* Koll. *черéнье* Sibir., demin. *черенóк* 'Heft, Griff, Pfropfreis', ukr. *čéren* 'Strunk, Stiel', wruss. *čerenók*, aruss.

čerenъ 'Griff', r.-ksl. črěnъ λαβή 'Griff', bulg. crěn, skr. crȇn, sloven. črẹ̑n, čech. střen m., střena 'Griff', třeň 'Strunk', slk. črienka 'Messerheft', poln. trzon, trzonek 'Griff', osorb. črjonk, nsorb. cŕonk. ‖ Ursl. *čеrnъ wohl im Ablaut mit кóрень 'Wurzel', lit. kḗras 'Staude, Wurzel, Baumstumpf', apr. kirno 'Strauch', griech. κράνος, lat. cornus 'Kornelkirschbaum' (s. oben 1, 625). Die Trennung von *čеrnъ 'Griff' und *čеrnъ 'Pfropfreis' (Mi EW 34, Osten-Sacken IF 22, 315) wird von Berneker EW 1, 146 angefochten, ebenso der Vergleich mit ir. crann n. 'Baum', kymr. prenn 'arbor, lignum' (Bezzenberger bei Stokes 63). Beachtenswert ist aber der Vergleich von čеrnъ 'Griff' mit aind. kárṇas 'Ohr, Handhabe, Griff', kymr. carn 'Handhabe', s. Zupitza BB 25, 102, Osten-Sacken c. l. 316, Torbiörnsson 1, 35; 2, 13 ff., Pedersen Kelt. Gr. 1, 61, M.-Endz. 2, 161 ff. Anders über das aind. Wort Mayrhofer Aind. Wb. 172.

чéрен II. 'Salzpfanne der Salzsiedereien, Feuerherd, Kohlenbecken', ukr. čéreń 'Feuerherd, Boden des Back- u. Kochofens', aruss. čerenъ 'Salzpfanne', r.-ksl. črěnъ dass. (oft), poln. trzon 'Herd, Feuerherd'. Neben diesem *čеrnъ liegt *čеrěnъ in skr.-ksl. čеrěnъ 'eiserner Dreifuß mit Kohlen', skr. cȅrjen 'Wölbung über dem Feuerherd mit einem Loch oben beim Rauchfang; Rost über dem Feuer in Bauernhäusern; flacher Korb zum Trocknen von Getreide über dem Feuer'. ‖ Man vergleicht als urverw. lett. cęri, cęras 'Glutsteine auf dem Gewölbe des Riegen- oder Badstubenofens', ahd. herd 'Herd', s. Osten-Sacken IF 22, 318, Berneker EW 1, 146, M.-Endz. 1, 375. Wegen der Bed. weniger wahrscheinlich ist die Zusammenstellung mit griech. κέρνος, κέρνον 'Opferschüssel', ir. cern 'Schüssel', anord. hverna 'Topf', got. ƕaírnei 'Schädel' (Zupitza BB 25, 102, Tornbiörnsson 2, 14, Torp 116). Die griech. Wörter werden als entlehnt angesehen von Hofmann Gr. Wb. 141.

чéрен III. 'Backenzahn', gew. черенáк dass., Südl., ukr. čereńák, čerennýj zub, abulg. črěnovьnyję Acc. pl. αἱ μύλαι (Ps. Sin. 57, 7), r.-ksl. črěnovьnъ (zubъ), črěnovitьcь μύλη, dens molaris, mbulg. črěnovьnyję 'Backenzähne', čech. třenovec, třenový zub, třenák neben střenný, střenovní zub, slk. čren 'Kinnbacken', črеnový zub, poln. trzony pl. 'Backenzähne', trzonowy ząb, osorb. črjonak, črjonowc, nsorb. cŕonak. ‖ Ursl. *čеrnъ urverw. mit lett. cęruoklis, cęruokslis 'Backenzahn', kymr. cern 'Kinnbacken', bret. kern 'Mühltrichter', ir. cern 'Ecke, Winkel', s. Zupitza BB 25, 101, M.-Endz. 1, 376, Specht 141, Trautmann BSl 129, Berneker EW 1, 147, Buga RFV 67, 234. Weitere Beziehung wird gesucht zu aind. cárvati 'zerkaut, zermalmt'. Abzulehnen ist die Annahme einer Entlehnung aus got. qaírnus 'Mühle' (gegen Meillet Ét. 267, s. Berneker c. l.).

черенóк s. чéрен I.

чéрень f. 'Eichenwald', Pskov, Tveŕ (D.). Wohl zu чёрный 'schwarz'. Vgl. чернолéсье 'Laubwald' (bes. Eichen). Kaum zu lit. kḗras 'Strauch', kỉrna 'Strauchband', apreuß. kirno 'Strauch' (gegen Walde ²193 ff.). Zum lautlichen s. Šachmatov IORJ

череня́к — чере́сло

7, 1, 305. Oft in ON *Че́рень* (z. B. Tula). Kühn ist Pedersens (Kelt. Gr. 1, 44) Vergleich von *чёрный лес* 'Eichenwald' mit lat. *quernus* 'eichen', das erst sekundär an *quercus* 'Eiche' angenähert sei.

череня́к s. *че́рен* III.

че́реп 'Schädel; Schale bes. der Schaltiere', dial. 'Dach eines Hauses', Šenk. (Podv.), 'Eiskruste', Šenk., Vjatka (Vasn.), *черепи́ца* 'Dachziegel', *черепо́к* 'Scherbe', *черепа́ха* 'Schildkröte', ukr. *че́реp* 'Scherbe, Hirnschädel', kslav. *črěpъ*, *črěpica* ὄστρακον, bulg. *crep* 'Scherbe', skr. *crȉjep* 'Scherbe, Dachziegel', sloven. *črȇp* 'Scherbe, gesprungener Topf', čech. *střep*, *třep* 'Scherbe', slk. *črep*, poln. *trzop*, osorb. *črjop*, nsorb. *cŕop*. ‖ Urverw. mit aind. *karparas* m. 'Scherbe, Schale, Hirnschale', apreuß. *kerpetis* 'Hirnschädel', armen. *karapʿn* 'Schädel, Kopf'. Mit beweglichem *s*- wird damit verglichen: lett. *šķirpta* 'Scharte', *šķērpele* 'Holzsplitter', anord. *skarfr* m. 'Stumpf, Baumstumpf', mnd. *scharf* 'Scherbe', ahd. *scirbi* 'Scherbe', s. J. Schmidt Vok. 2, 77, Bezzenberger BB 16, 241, Meillet Ét. 235, Hübschmann 458, Berneker EW 1, 147, Trautmann BSl 129, Apr. Sprd. 356, BB 30, 329, Brandt RFV 21, 215, Torp 457, Kluge-Götze EW 514. Fraenkel Lit. Wb. 257 ff.. Weiter zu lit. *kerpù*, *kirpti* 'schneiden'.

черепа́ха 'Schildkröte', zu *че́пеn* (s. d.). Es trat ein als Ersatz für altes *žely* 'Schildkröte' (s. *желва́к*), aus Tabugründen nach Zelenin Tabu 2, 53.

черепи́ца s. *че́пеn*.

Череповѐц G. -вца́ 'Kreisstadt im G. Novgorod', aruss. *Čerepovьsь* G. *iz Čerepovьsi* (Mosk. Urk. a. 1496, s. Sobolevskij Lekcii 145, Šachmatov Očerk 220). Viell. *čepen* als 'Anhöhe' und *вес́ь* 'Dorf'. Unsicher.

че́рес 'lederner Geldgürtel mit Schnallen und Verschluß' (Mel'nikov u. a.), auch *че́рез* dass., Don-G. (Mirtov, D.), ukr. *če̋res* dass., poln. *trzos* 'Geldgürtel, Geldkatze'. ‖ Ursl. *čersъ* aus *kertso-* urverw. mit ir. *criss* m. 'Gürtel', kymr. *crys* 'Gürtel, Hemd' (*krtsu-*), s. Rozwadowski Qu. Gr. 1, 419 ff., IFAnz. 8, 138, Pedersen Kelt. Gr. 1, 43, Berneker EW 1, 148, Matzenauer LF 7, 32. Vgl. aber *чере́сел* 'Gürtel', das Berneker c. l. zu *чересло* I stellt.

чере́сло I. n., *чере́сла* pl. 'Lenden, Hüften, Kreuz', ukr. *čeresla* 'Lenden', aruss. *čeresla* (Nestor-Chron. u. a.), abulg. *črěsla* pl. ὀσφύες (Ostrom., Mar., Euch. Sin.), bulg. *črěsla* pl. 'Weichen, Leistengegend' (Mladenov 688), sloven. *črěslo* 'Scheidewände in der Walnuß', čech. *třislo*, *střislo* pl. *třisla*, *střisla* 'Zwerchfell, Leistengegend, Scham', slk. *črieslo* 'Lende, Hüfte', poln. *trzosło* dass. ‖ Wird als *čerslo* 'Zwerchfell, Quere des Körpers' zu *čerz-* 'durch' gestellt, s. Berneker EW 1, 148, Mikkola Mél. Pedersen 413, Brückner EW 583. Außerhalb des Slav. wird lit. *kirkšnìs* 'Gelenk zwischen Dickbein und Bauch', lett. *cirknis* 'Leistengegend, Weichen' verglichen (Mikkola Ursl. Gr. 1, 94, M.-Endz. 1, 385). Weniger überzeugt der Vergleich von *čerslo mit got. *hairþra* pl. ʻEingeweide, Herz', ahd. *herdar* ʻEingeweide' (MiEW 34, Matzenauer LF 7, 36; dagegen Berneker c. l.) oder anord. *herðr* f. ʻSchulter' (J. Schmidt Vok. 2, 25); letzteres wird von Holthausen Awn. Wb. 112 zu anord. *harðr* ʻhart' gestellt.

чересло́ II. ʻPflugmesser, Sech', ukr. *čeresló*, bulg. *črěslo*, slk. *črieslo*, poln. *trzosło*, osorb. *črjósło*, nsorb. *crosło*. ‖ Ursl. *čerslo urverw. mit apreuß. *kersle* ʻHaue', lit. *keřslas* ʻAderlaßeisen', weiter zu lit. *kertù*, *kiřsti* ʻscharf hauen, heftig schlagen', s. Buga RFV 70, 102, Meillet Ét. 414, Trautmann BSl 130, Apr. Sprd. 356 ff., Berneker EW 1, 148, J. Schmidt Vok. 2, 502, Mikkola Ursl. Gr. 160, Mél. Pedersen 413, Matzenauer LF 7, 37, Fraenkel Lit. Wb. 245.

чересчу́р ʻübermäßig', zu *че́рез* u. *чур* ʻGrenze'.

черёт ʻSchilfrohr', *очерёт*, *о́черет* ʻSchilf, Binse', ukr. *čerét*, *očerét* dass., skr. *čr̂ĕt* G. *čr̂ĕta* ʻSumpfwald', sloven. *črêt* m., *črêta* ʻmorastiger Ort, Ried', ačech. *Střietež*, *Třietež*, čech. *Střitež* ON. ‖ Ursl. *čertъ verwandt mit lit. *kertù*, *kiřsti* ʻschneide', r.-ksl. *črъtu*, *črěsti* dass., s. Fick 1, 25, Berneker EW 1, 150, s. auch *чермá*. Nicht vorzuziehen ist der Vergleich mit aind. *kr̥ṇátti* ʻspinnt, dreht den Faden', *cr̥táti* ʻbindet, heftet zusammen', griech. *κάρταλος* ʻKorb', *κύρτος* ʻBinsengeflecht', bzw. aind. *curchas* ʻSchilf', akymr. *cors* ʻcannulos', air. *coirce* ʻHafer' (Charpentier Archiv 37, 48 ff.).

чере́шня ʻSüßkirsche, Vogelkirsche', *чере́шенье* ʻKirschgarten', ukr. *čeréšńa*, s.-ksl. *črěšьnja*, bulg. *crěša*, skr. *črěšnja*, *trěšnja*, čech. *třešně*, *střešně*, poln. *trześnia*, osorb. *třěšnja*, *třěšeń*. ‖ Entlehnt über altbair. *chersia, *chersse* ʻKirsche' aus vlat. *ceresia* (s. Schwarz Archiv 40, 287 ff., Zeitschr. 4, 362, Uhlenbeck Archiv 15, 375, Schrader-Nehring 1, 589) oder direkt aus dem Vlat., da es sich um die römische Kulturkirsche handelt und *č* aus dem Romanischen leichter verständlich ist (s. Kiparsky 110, Meillet-Vaillant 90); vlat. *ceresia* gehört zu lat. *cerasus* aus griech. *κέρασος* ʻKirsche'. Zweifelhaft ist direkte Übernahme von *čeršьnia aus dem Griech. (gegen Verf. IORJ 12, 2, 287, J. Schmidt Vok. 2, 69, dagegen Verf. Grsl. Et. 224).

чере́ща ʻZelt', nur russ.-ksl. *čerešča*, *čъršča* (13.—14. Jhdt., s. Srezn. Wb. 3, 1502, 1507), mbulg. *očrъšta*, *očrъšta* (Ps. Bonon., Ps. Pogodin) *σκήνωμα*. Unsicher ist der Vergleich mit aind. *kŕ̥ttiṣ* f. ʻFell, Haut' (MiEW 34, Berneker EW 1, 150). Sehr verbreitet, aber auch nicht sicher, ist die Verbindung mit *чертóг* (so Korsch Jagić-Festschr. 254, Gorjajev Dop. 1, 55), die morphologisch bedenklich ist. Wohl zu *черет* ʻSchilfrohr'.

черики́ pl. ʻleichtes Schuhwerk', Südl. Aus osman., aderb. *čaryk* ʻFußbekleidung aus ungegerbtem Leder', s. Gorjajev EW 410, Lokotsch 33. Siehe *чарки́*.

черка́льский ʻtscherkessisch', Tot'ma (Živ. Star. 19, 1, 115), oft auch in den Bylinen (Hilferding u. a.). Zu *черка́сы*, *черке́сы*.

черка́н ʻArt Falle (bes. für Blaufüchse)', Arch. (Podv.), Sibir.

(D.). Das Wort wird gewöhnlich aus ostjak. *śorkan, t'argan* 'Falle' erklärt, s. Ahlqvist bei Karjalainen Ostj. Lautg. 26, Kálmán Acta Ling. Hung. 1, 266. Unverständlich bleibt dann die Ausdehnung bis nach Arch.

Черка́сы 'Ort im G. Kiew', *Черка́сск* 'Ort am Don', *Черка́ски* 'Ort im G. Chaŕkov'. Zweifellos vom Namen der Tscherkessen im Kaukasus. Braucht nicht von Tscherkessensiedlungen herzurühren, sondern kann nach ostslavischen Kaukasuskämpfern benannt sein, s. auch Egli 505. Nicht vom Namen *Καύκασος* 'Kaukasus' wie Sobolevskij IORJ 26, 43 vermutet. Siehe *черкéс*.

черка́ться 'fluchen', auch *чертыка́ться* dass., Ableitungen von *чёрт*. Zur Bildung vgl. *блука́ть* 'umherirren' u. *черкну́ть*.

черкéс pl. -ы 'Angehöriger des westl. Zweiges der nordkaukasischen Sprachen', davon *черкéска* 'Tscherkessenrock'. Die aruss. Bezeichnung dieses Volkes ist *kasogъ*, pl. -*zi* (s. *касо́г*). Der später überlieferte Name erscheint als *черкасы* pl. (Azovsk. Vz. 17. Jhdt., RFV 56, 148), dann auch aruss. *čerkizskoj* 'tscherkessisch' (Poznjak. a. 1558 S. 4), *čirkizskoj* (Trif. Korob. 1584 S. 101), PN Andrej *Čerkizovič* (Mamaj. Skazan. 28), *čerkisova nedělja* 'Sonntag des Zöllners u. Sünders' (Pskover 1. Chron., Novg. 4. Chron. u. a., s. Srezn. Wb. 3, 1502). Diese Form über osman. karač. *čärkäs* 'Tscherkesse' (Radloff Wb. 3, 1969, Kel. Sz. 15, 214), s. MiTEl Nachtr. 2, 95. Als Quelle ist wohl osset. *čärgäs* aus *čarkas 'Adler' anzusehen, s. Korsch Jagić-Festschr. 257. Anders darüber Marquart Kumanen 181. Mit dem Namen der mit den Tscherkessen verwandten *Κερκέται* (Skylax 73, Müller Geogr. Gr. Minores 1, 60, Ptolem. 5, 9, 25, Strabo 11, 492 ff.) besteht anscheinend kein Zusammenhang, s. Marquart c. l. 180ff.

черкну́ть, черка́ть 'streichen, einen Strich ziehen', *вы́черкнуть* 'streichen', *подчеркну́ть* 'unterstreichen', *по́черк* 'Handschrift', ukr. *čerkáty* 'streichen, streifen'. Eher Neubildung zu *чертá* (Gorjajev EW 413) als lautnachahmend (Berneker EW 1, 169), da Interj. *чёрк!* vom Geräusch der eilenden Feder sekundär benannt sein kann. Siehe *черка́ться*.

Чéрмное Мóре 'Rotes Meer', kirchenslav. Übersetzung von griech. *Ἐρυθρὰ Θάλασσα*. Siehe das folg.

чéрмный 'purpurrot', kirchl., volkst. *черёмный* 'rothaarig', Vjatka, Perm, Sibir. (D., Šachmatov IORJ 7, 1, 305), *черемну́ха* 'Röteln, Scharlach', aruss. *čьrmьnъ* 'purpurrot, rothaarig', abulg. *čr̥mьnъ* ἐρυθρός (Supr.), aserb. *črman*, skr. FlN. *Cr̥mnica*, sloven. *čr̥mljèn* 'rot', *čr̥mlják*, *čr̥mnják* 'Eidotter', čech. slk. *čermák* 'Rotkehlchen', osorb. *čork* 'Eidotter', nsorb. *cenk* dass., polab. *carmak* dass., poln. *czermień* 'Schlangenkraut'. ‖ Ableitungen von ursl. *čьrmь 'Wurm', sloven. *čr̥m* 'Karbunkel, Fingerwurm', urverw. mit lit. *kirmìs* 'Wurm', *kirmuõ* dass., lett. *cḕrme, cḕrmis* 1. 'Rainfarn, tanacetum vulgare'. 2. 'Mittel gegen Spulwürmer', aind. *kŕ̥miṣ* 'Wurm, Made', avest. *kərəmi-*, npers. *kirm*, alb. *krimb*, ir. *cruim*, kymr. *pryf* 'Wurm',

s. Berneker EW 1, 169, Trautmann BSl 134, Specht 45, M.-Endz. 1, 378, Zubatý IF 6, 155ff., Pedersen Kelt. Gr. 1, 43, G. Meyer Alb. Wb. 206, Fraenkel Lit. Wb. 257. Vgl. auch *червь*.

Чернѝгов 'Stadt in der nördl. Ukraine', ukr. *Černíhiv*, aruss. *Černigovъ* (oft Nestor-Chron.). Das erste *i* der ukr. Form wird von Sobolevskij Živ. Star. 1893 Nr. 3 S. 399 durch großruss. Einfluß erklärt. Der Name stammt von einem PN aruss. *Сърнigъ*, Ableitung von *čьrnъ*.

чернѝла pl. 'Tinte', aruss. *čьrnilo*, abulg. *črъnilo* μέλαν (Supr.), wohl Lehnübersetzung aus mgr. μελάνιον, ngr. μελάνι. Meillet RS 2, 68, Et. 186, 316 sieht darin eine Übertragung von lat. *atrāmentum*. Richtiger suchten Schrader-Nehring 2, 535 die Quelle in griech. μέλαν (γραφικόν).

Черногóрия 'Montenegro', Umgestaltung von skr. *Cŕnâ Gòra* dass. nach *чёрный* und den Ländernamen auf -*ия*. Vgl. ngriech. Μαυροβούνι(ον), ital. *Monte Negro*, osman. *Karadaγ*, s. Verf. Čyževśkyj-Festschr. 300, Tomaschek Zschr. österr. Gymn. 1877 S. 675.

Чёрное Мóре 'Schwarzes Meer' heißt aruss. *Ponъtъ*, *Ponъtьskoje More* (Nestor-Chron.) aus griech. Πόντος Εὔξεινος. Der neue Name stimmt überein mit ngr. Μαύρη Θάλασσα, ital. *Mar Nero*, osman. *Kara däniz* gegenüber *Ak däniz* 'Mittelmeer' (Radloff Wb. 3, 1667), aber auch mit nhd. *Schwarzes Meer*, frz. *Mer noire*. Daneben dial. *Свямóе Мóре* dass., Don-G. (Mirtov), wohl eine euphemistische Benennung wie schon im Altertum Πόντος Εὔξεινος (Herodot, Thukyd., Xenophon) für älteres Πόντος Ἄξεινος (Pindar, Eurip., Strabo), worin altiran. *aχšaēna- 'dunkel', avest. *aχšaēna*- steckt, s. Verf. OON 4ff., Iranier 20; zustimmend Meillet BSL 25, 61, Benveniste BSL 30, 61. Vgl. auch Πόντος Μέλας (Eurip.) und Θάλασσα σκοτεινή (Konst. Porph. De adm. imper. 152, 7, s. Sieglin ZONF 12, 253).

Черномóрия 'westlicher Teil des Kubań-Gebietes' (RFV 68, 405, Semenov Slovař 5, 681). Aus *Черномóрье* 'Schwarzmeergebiet' mit Einführung von -*ия* aus Ländernamen. Vgl. *Подóлия*.

черномы́ра 'Tauchente', Astrachań (D.). Dissimiliert aus *черноны́ра* zu *ныря́ть* 'tauchen', s. Fraenkel Zeitschr. 13, 213 mit lautlichen Parallelen.

Черные Клобуки 'ein turkotat. Restvolk im G. Černigov u. Kiev im 11.—13. Jhdt.', aruss. *Čьrnii Klobuci* (Nestor-Chron. öfters), s. Barsov Očerki 136, 254 u. sonst, der sie für Reste der Pečenegen hält. Übersetzung des turkotat. Stammesnamens *Karakalpak* 'Schwarzmützen', s. Melioranskij IORJ 10, 4, 120, Rasovskij Semin. Kondakov. 1, 93 ff.

чёрный 'schwarz', *чёрен, черна́, чернó*; *чернѝла* 'Tinte' (s. d.), *чернь* f. 'gemeines Volk, Pöbel', ukr. *čórnyj*, wruss. *čórnyj*, aruss. *čьrnъ* 'schwarz, dunkel, unfrei, leibeigen', abulg. *črъnъ* μέλας (Supr.), bulg. *čъrn*, *čéren*, skr. *cȓn*, f. *cŕna*, *cȓnī*, sloven. *čȓn*, čech. *černý*, slk. *čierny*, poln. *czarny*, osorb. *čorny*, nsorb. *carny*, polab. *cárne* 'schwarz'. ‖ Ursl. *čьrnъ aus *čьrchnъ urverw. mit lit. *Kirsnà* FlN., apreuß. *kirsnan* 'schwarz', aind. *kṛṣṇás* 'schwarz', weiter zu lit. *kéršas* 'schwarz und weiß gefleckt', *kéršė* 'bunte Kuh', *kéršis* 'schwarzbunter Ochse', *karšìs* 'Brachsen', *kiršlỹs* 'Äsche', schwed. norw. *harr* 'Äsche' (urgerm. **harzu-*, s. Lidén PBrBtr. 15, 510), s. J. Schmidt Vok. 2, 33, Leskien Bildung 161, Buga RFV 65, 308, Berneker EW 1, 169 ff., Trautmann BSl 134 ff., Apr. Sprd. 358 ff., Loewenthal Farbenn. 8, Pedersen IF 5, 67, Specht 119, Persson 750, Fraenkel Lit. Wb. 245.

черп 'Sichel', Vjatka (D.). Wegen der geringen Verbreitung des Wortes wollte man darin eine Kreuzung von *черв* 'Sichel' und *cepn* dass. sehen, s. Trautmann BSl 129. Es könnte sich aber auch um ein altes Wort handeln, urverw. mit lett. *cìrpa*, *cìrpe*, *cìrpis* 'Sichel', aind. *kṛpāṇī* 'Dolch, Schere', lit. *kerpù*, *kir̃pti* 'schneide', ahd. *herbist* 'Herbst, Ernte, Weinlese', s. Berneker EW 1, 170 ff., M.-Endz. 1, 386 ff., Fraenkel Lit. Wb. 257 ff. Vgl. *чéрпать*.

черпá 'Rindseuche, Rinderpest', Arch. (Podv.), Zu *чéрпать* 'reißen'.

чéрпать, -аю 'schöpfe', dial. 'reiße': *медвѣдь чéрпает нѣхтями* Olon. (Kulik.), ukr. *čerpú*, *čeréty*, neu *čerpstý*, Iter. *čerpáty* u. *čyráty*, wruss. *čerú* (nach d. Infin.), *cerćí*, abulg. *čръпѫ*, *črěti* ἀντλεῖν, *črěpjǫšte* Partic. Praes. N. pl. (Supr.), bulg. *čérpъ*, *čъrpъ*, skr. *cŕpêm*, *cŕpsti*; *cŕpâm*, *cŕpljêm*, *cŕpati*, sloven. *čr̂pâm*, *čr̂páti*, *čŕpam*, *čŕpljem*, *čŕpati* 'schöpfen, schlürfen, gierig saufen', ačech. *čřieti*, čech. *čerpu*, *čerpati*, slk. *na-čriem*, *na-čret*, apoln. *naczarli* 'schöpften', poln. *czerpię*, *czerpać*, osorb. (*pó*)-*čŕéć*, *čeŕpać*, nsorb. *cŕeś*. ‖ Ursl. *čъrpǫ, **čer(p)ti* urverw. mit lit. *kerpù*, *kir̃pti* 'schneide, schneide ab', aind. *kṛpāṇas* 'Schwert', *kṛpāṇī* 'Schere, Dolch', griech. κρώπιον 'Sichel', καρπός 'Frucht', lat. *carpō* 'rupfe, pflücke', mir. *cirrim* 'schlage ab, verstümmele', ahd. *herbist* 'Herbst', s. J. Schmidt Vok. 2, 460, Bezzenberger BB 16, 245, Berneker EW 1, 170 ff., Trautmann BSl 129, Pedersen Kelt. Gr. 1, 94, Endzelin ŽMNPr 1910, Juli, S. 200, Porzeziński RS 4, 6, Fraenkel Lit. Wb. 257 ff. Zur Bed. vgl. Berneker c. l.

чёрствый 'hart, trocken, roh, gefühllos, altbacken (Brot)', *чёрств*, *черствá*, *чёрство*, dial. *чвёрстый*, ukr. *čerstvýj* 'derb, hart, frisch, stark, altbacken', aruss. *čъrstvъ* 'hart, fest, trocken, aufrichtig, bedeutend', bulg. *čevrъ́st*, *čvrъst* 'hart, fest, flink, munter', skr. *čvȓst*, *čvŕsta* 'fest, hart, voll, fleischig', sloven. *čŕstəv*, *čvrst* 'fest, kernig, munter, frisch', čech. slk. *čerstvý* 'frisch, munter', poln. *czerstwy* 'frisch, munter, rüstig, kräftig, altbacken' (st. *czarstwy wohl nach *czerstwić*, s. Łoś Gr. Polska 1, 67), osorb. *čerstwy* 'munter'. ‖ Ursl. *čъrstvъ wurde vielfach verglichen mit aind. *kṛtsnás* 'vollständig, ganz' und lat. *crassus* 'dick, grob', s. Brugmann Totalität 55 ff., Fick 1, 25, Berneker EW 1, 171, Walde-Hofmann 1, 285 ff., Mayrhofer 259. Der Vergleich ist sehr unsicher angesichts der Tatsache, daß lat. *crassus* als expressives Wort beurteilt wird (s. Meillet-Ernout 263 ff.), dessen Zusammenhang mit lat. *crātis* 'Flechtwerk', got. *haúrds* 'Tür' usw. (gegen Berneker c. l.) sehr fraglich ist. Besser ist der Vergleich mit got. *hardus* ʽhartʼ, griech. *κρατύς* ʽstark, gewaltigʼ, *κρατερός* dass., *κράτος* ʽStärkeʼ (J. Schmidt Vok. 2, 33, Zupitza GG 109, Uhlenbeck Aind. Wb. 40, Brückner EW 76, Mikkola Ursl. Gr. 3, 27). Andere vergleichen *čьrstvъ* mit anord. *herstr* ʽbarschʼ, lit. *keřštas* ʽZornʼ (J. Schmidt Vok. 2, 501, Bezzenberger KZ 22, 479). Unklar.

черсу́ня, черсу́ха ʽDurchfallʼ, Čerep. (Gerasim.). Unklar.

чёрт, -а ʽTeufelʼ, aber *ни чертá* ʽgar nichtsʼ, pl. *чéрти* alter N. pl. (kaum nach Sobolevskij Lekcii 198 alter *-i-* St.), ukr., wruss. *čort*, skr. *cȑtiti, cȑtîm* ʽbeschwöre, verflucheʼ, sloven. *čȓt* ʽTeufel, Haß, Anfeindung, Feindschaftʼ, *cȓtiti* ʽhassenʼ, čech. slk. *čert* ʽTeufelʼ, poln. *czart*, osorb. *čert*, nsorb. *cart*. ‖ Ursl. **čьrtъ* wird als *-to-* Partic. ʽder Verwünschteʼ und für verwandt angesehen mit lit. *kyrė́ti* ʽböse werdenʼ, *į-kỹrti* ʽsich ekelnʼ, *apkyrė́ti* ʽüberdrüssig werdenʼ, *įkyrùs* ʽlästig, aufdringlichʼ, *kerė́ti* ʽmit bösem Blick bezaubernʼ, s. Mikkola WS 2, 218, Berneker EW 1, 172, Porzeziński RS 4, 6. Weiteres s. v. *чáры*. Nicht vorzuziehen ist der Vergleich mit lat. *curtus* ʽkurz, verstümmeltʼ (gegen Berneker c. l., wo als Alternative), s. dagegen Brückner KZ 48, 174. Es besteht keine Anknüpfungsmöglichkeit an *терять* als ʽVerirrterʼ (gegen Zelenin Živ. Star. 20, 360). Eine Umschreibung für *чёрт* ist *чёрный* (Zelenin Tabu 2, 90), für den Fluch *чёрт* auch *чёрное слóво* (Mel'nikov 3, 320), s. Verf. Zeitschr. 20, 453. Eine Ableitung von *чёрт* ist *чёртовы я́ица* ʽKartoffelnʼ, Kem (Podv.), eigtl. ʽTeufelseierʼ.

чертá ʽStrich, Linie, Grenze, Grenzscheideʼ, *чертúть* ʽreißen, zeichnenʼ, ukr. *čertá*, wruss. *čertá*, r.-ksl. *čьrta κεραία* ʽAkzent oder anderes Zeichen über einem Wortʼ, abulg. *črъtati ἐγχαράσσειν* (Supr.), bulg. *čertá, čъrtá*, skr. *crta* ʽLinieʼ, *crtati* ʽLinien ziehenʼ, ačech. *črtadlo* ʽWerkzeug zum Schneidenʼ. ‖ Ursl. **čьrta* zu *черму́* (s. d.). Vgl. aind. *kŕ̥tā* ʽSpalt, Schluchtʼ, s. Berneker EW 1, 171. Zu *чертá* gehört dial. ukr. *vščert* ʽbis zum Rande eines Gefäßesʼ Cherson (Bessaraba 534) aus **vъz-čьrtь*.

чертéц ʽgroße Haselmausʼ, dial., ukr. *čertéć* dass. Vgl. lit. *kertùkas* ʽSpitzmausʼ, *kirtùkas* dass., *kiřstis* dass., lett. *cìrksnis, cìrslis* dass. Weiter zu *черту́* ʽschneideʼ, s. Berneker EW 1, 172, M.-Endz. 1, 385.

чертóг, -а ʽPrunkgemach, Prachtsaalʼ, pl. ʽPalastʼ, ukr. *čertóh* ʽinnerer Teil eines Gebäudesʼ (beides ksl. Lehnw.), abulg. *črъtogъ θάλαμος* ʽSchlafgemachʼ, aserb. *črtog, črtag* dass. ‖ Wahrscheinlich durch protobulg. Vermittlung entlehnt aus pers. *čārtāk* (*čār* ʽvierʼ, *tāk* ʽhoher hervorragender Teil eines Hauses, Säulenhalleʼ), s. MiEW 35, TEl. 1, 240, 273, Melioranskij IORJ 10, 4, 133, Korsch Jagić-Festschr. 255, Mladenov RES 1, 51, Lokotsch 32. Ein späteres Lehnwort ist *чердáк* (s. d.). Nicht wahrscheinlich ist die Auffassung von *čъrtogъ* als slav. Erbwort und Verknüpfung mit *черту́* (gegen Brückner KZ 46, 237).

чертогóн 1. 'Halskreuz der Orthodoxen'. 2. 'Teufelsabbiß, Scabiosa succisa'. Zu *чёрт* 'Teufel' und *гнать* 'vertreiben'.

Чертóлье s. *Черторóй*.

чертополóх 'Art Distel, carduus'. Als 'Teufelsschreck' zu *чёрт* und *полóх, полошúть*. Die stachlige Pflanze wird zum Beräuchern der Ställe verwendet, um das Vieh vor bösen Geistern und Krankheiten zu schützen (Smol., Dobr.).

Черторóй 'Arm der Desna, G. Kiew', *Чертолéй* 'e. Fluß Kr. Balachna, G. N.-Novgor.' *Чертолéйка* 'Nbfl. d. Medvedica', Don-G., *Чертолье* 'Stadtteil Moskaus' (schon Razor. Mosk. Gos. 15), ukr. *Čertorýja*, ON *Čertoryjsk* in Wolhynien, poln. *Czartoryja*. Wohl zu *čьrta* und *ryti* 'graben', s. Sobolevskij RFV 70, 96. Schwerlich mit Recht faßt Brückner EW 266 diese Namen als 'Maulwurfshügel' auf und vergleicht den ersten Teil mit lit. *kertùs* 'Spitzmaus' (s. *чермéц*).

черту́, черести́ 'schneiden', nur aruss. *očeresti* 'e. Grenze bestimmen', 3 s. Aor. *očerte* ἐχωρογράφησε, *očьrtenъ* Part. Perf. Pass., r.-ksl. *črъtu*, *črěsti* 'schneiden', sloven. *čŕtam*, *čŕtati* 'roden, ritzen', čech. *čertadlo* 'Pflugmesser', nsorb. *cerstadlo* dass. || Ursl. *čьrtǫ, *čersti (*čert-ti) urverw. mit lit. *kertù*, *kir̃sti* 'scharf hauen, heftig schlagen', lett. *cḕrtu*, *cìrst* 'hauen, hacken', lit. *kir̃tis* 'Hieb', aind. *kr̥tís* 'Schlachtmesser', *kr̥ntáti*, *kártati* 'schneidet, schneidet ab', *kártanam* 'Schneiden', avest. *kərəntaiti* 'schneidet', *karəta-* 'Messer', alb. *keϑ* 'schere' (*kertō), lat. *cēna* 'Mahl', osk. *kerssnais* 'cenis', *cortex* 'Rinde', s. Fick 1, 25, Berneker EW 1, 172, Trautmann BSl 130, G. Meyer Alb. Wb. 221, M.-Endz. 1, 387, Mladenov RFV 71, 455 ff., Pedersen IF 5, 55.

черту́г 'Art Schlammbeißer, Fisch', Čerep. (Gerasim.). Unklar. Viell. als 'Furchen ziehend' zu *черта́*.

чертыха́ться 'den Namen des Teufels gebrauchen' (Zelenin Tabu 2, 108). Zu *чёрт* (s. d.).

черча́тый 'purpurrot', nur aruss. *čьrv(ь)čatъ* (s. Srezn. Wb. 3, 1558, 1570). Zu *червь* 'Wurm'. Vgl. *чéрмный*.

черчега́ 'Peitsche', nur aruss. *čьrčega* (Aleksandr., s. Srezn. Wb. 3, 1515), auch *čečrega* (Aleks. 16. Jhdt. c. 1. 1570). Dunkel.

чеса́ть, чешу́ 'kämme, hechle, kratze', *чёс зада́ть кому́* 'jemd. durchhecheln', *чёска* 'Hede, Werg', *пáчесы* m. pl., *пáчеси* f. pl. 'Abfall beim zweiten Hecheln', ukr. *česáty*, *češú* 'kämme', *pácosy* 'Werg', wruss. *česáć*, aruss. *česati*, *češu*, bulg. *čéšъ* 'kämme', skr. *čèsati*, *čȅšēm*, sloven. *čésati*, *čéšem*, čech. *česati*, slk. *česať*, apoln. *czosać*, poln. *czesać*, *czeszę*, osorb. *česać*, nsorb. *cesaś*, polab. *césat*. || Ursl. *česati*, *češǫ*, dazu *чешуя́* (s. d.). Ablaut in *косá*, *космá*, *коснýться* (s. d.), urverw. mit lit. *kasýti*, *kasaũ* 'fortgesetzt gelinde kratzen', *kàsti*, *kasù* 'grabe', lett. *kasît* 'schaben, harken, kratzen', *kast* 'harken', aind. *kaccháṣ* f. 'Krätze' (Lidén Tochar. St. 12 ff.), griech. κεσκέον 'Werg', ξέω Inf. Aor. ξέσσαι 'schabe, glätte', κέωρος 'Nessel', ir. *cír* f. (*kēsrā*) 'Kamm', anord. *haddr* 'weibl. Haupthaar' (*hazdaz), s. Berneker

EW 1, 152, Bezzenberger BB 27, 168, Trautmann BSl 120, KZ 43, 153, Apr. Sprd. 357, M.-Endz. 2, 169, Meillet-Ernout 792, Meillet MSL 9, 143; 14, 338, Persson 812, Torp 86. Siehe *чеснýть*.

чесмина ˈStechpalmeˈ, skr. *čèsmina*, öfters *česvina* ˈilex, quercusˈ, sloven. *česmína, česmíga* ˈSauerdornˈ. Gehört wohl zu *чесáть* (s. d.), vgl. Berneker EW 1, 151, MiEW 35.

чеснóк I. *-окá* ˈLauch, Knoblauchˈ, ukr. *časnýk, čosnýk*, aruss. *česnъkъ*, Adj. *česnovatъ*; *česnovitъkъ*, bulg. *čésъn, česnóv luk, česne* n. ˈStück Knoblauchˈ, skr. *čèsan* G. *čèsna* ˈKnoblauchˈ, *česno* n. ˈStück Knoblauchˈ, sloven. *čésən, česənj*, čech. *česnek*, slk. *česnak, cesnak*, poln. *czosnek*, osorb. *česnačk* ˈLauchkresseˈ. ǁ Ursl. *česnъ* alter *-u-* Stamm, wird zu *česati* (s. *чесáть*), skr. *čèsati* ˈkämmen, pflücken, spaltenˈ gestellt. Demnach wäre der Knoblauch (wie ahd. *chlobolouch* ˈKnoblauchˈ zu mhd. *klieben* ˈspaltenˈ) nach den in die sog. Zehen gespaltenen Wurzelknollen benannt, s. Berneker EW 1, 151, Jokl Kretschmer-Festschr. 81, MiEW 35, Krek Einl. 122, Meillet Ét. 453, Preobr. Trudy 1, 71. Vgl. das folg.

чеснóк II. ˈPfahlzaunˈ, auch apoln. *czosnek* dass. Wird von Brückner EW 80 mit *česati* verbunden und wäre dann mit *чеснóк* I etymologisch verwandt.

чеснýть ˈschlagenˈ, Nordgrr. (Rybnikov), zu *чесáть* und *касáться*.

честерский сыр ˈChesterkäseˈ, vom engl. ON *Chester* aus lat. *Castrum* (s. Ekwall, Dict. of Engl. Place-Names 96).

честь f. *-u* ˈEhreˈ, *чéстный* ˈehrlich, redlichˈ, *честнóй крест* ˈheiliges Kreuzˈ, *чтить* ˈehrenˈ (s. d.), *пóчевать* (s. d.), ukr. *čestʼ* ˈEhre, Achtungˈ, wruss. *češć*, aruss. *čьstь* ˈEhre, Verehrung, Würdeˈ, abulg. *čьstь τιμή* (Cloz., Supr. u. a.), bulg. *čest*, skr. *čâst*, sloven. *čâst*, čech. *čest* f., slk. *čestʼ*, poln. *cześć* G. *czci*, osorb. *česć*, nsorb. *cesć*. ǁ Ursl. **čьstь* zu abulg. *čьtǫ, čisti* (s. *чту*), urverw. mit aind. *cittiṣ* f. ˈDenken, Einsicht, Absichtˈ, avest. *čisti-* ˈDenken, Erkenntnis, Einsichtˈ, Ablaut in aind. *cétati* ˈbeachtet, merkt, denktˈ, lett. *šḳist, šḳietu* ˈmeine, achteˈ, s. Berneker EW 1, 173ff., Trautmann BSl 135, Meillet MSL 14, 349, M.-Endz. 4, 47, Liebert 100. Vgl. *чту, читáть*.

чесучá s. *чечунчá*.

чёт ˈpaar, gerade Zahlˈ, *чёт или нéчет* ˈpaar oder unpaarˈ, poln. *cetno i licho* ˈpaar u. unpaarˈ, ukr. *čit* G. *čétu* ˈgerade Zahlˈ, wruss. *čy cot čy liška* ˈpaar oder unpaarˈ (s. Rozwadowski RS 2, 73). Zu *чемá*, s. Brückner EW 59, Berneker EW 1, 152.

четá ˈPaarˈ, *он мне не четá* ˈer paßt nicht zu mirˈ, aruss. *četa* ˈAbteilung, Haufe, Scharˈ, kslav. *četa φάλαγξ*, abulg. *sъčetati* ˈverbinden, vereinigenˈ (Supr.), bulg. *čéta* ˈAbteilung, Hordeˈ, skr. *čèta* ˈTruppeˈ, čech. slk. *četa* ˈTruppe, Zugˈ.ǁ Wahrscheinlich urverw. mit lat. *caterva* ˈScharˈ, umbr. *kateramu* ˈcongregaminiˈ, ir. *cethern* ˈTruppˈ, s. Bezzenberger BB 16, 240, Stokes 76, Kretschmer KZ 31, 378 ff., Solmsen Unters. gr.

четве́рг — четы́ре

Lautl. 203, Berneker EW 1, 152 ff., Meillet-Ernout 188. Schwerlich zu *которá* (gegen Vaillant RES 19, 106).

четве́рг G. *-á* ʽDonnerstagʼ, ukr. *četvér(h)*, r.-ksl. *četvьrgъ πέμπτη* (12.—13. Jhdt., s. Sobolevskij RFV 22, 301, Šachmatov Očerk 157 ff.), abulg. *četvrъtъkъ* (Supr.), bulg. *četvъ́rtъk*, skr. *četvȓtak*, sloven. *četȋ́tək*, čech. *čtvrtek*, slk. *štvrtok*, poln. *czwartek*, osorb. *štwórtk*, nsorb. *stwórtk*. ǁ Urspr. **četvьrgъ* im Ablaut mit *че́тверо*, zum Suff. vgl. lit. *ketvérgis* ʽvierjährigʼ, ostlit. *ketvérgė* f. ʽzwanzig Kopekenʼ. Weiteres unter *че́тверо*, *четы́ре*, vgl. Berneker EW 1, 153, Meillet Ét. 354, Leskien Bildung 524, Buga RFV 70, 103, Vaillant RES 9, 5. Brugmann Grdr. 2, 1, 513; 2, 15, Distrib. 65, Trautmann BSl 131, Specht 193. Wegen des Alters der aruss. Belege ist nicht wahrscheinlich, daß aruss. *četvьrgъ* aus *četvъrtъkъ* entstanden ist (gegen Bulič IORJ 9, 3, 426, Šachmatov IORJ 7, 1, 306, die einen Wandel von *k* zu *g* nach Sonorlaut annehmen wollten; dagegen Sobolevskij c. l., Šachmatov Očerk 157 ff.). Vgl. auch Fraenkel Lit. Wb. 247 ff.

че́тверо Koll. ʽvierʼ, *четвере́ньки* f. pl. ʽdie beiden Hände und Füße der Menschen, die vier Füße der Tiereʼ, *четверня́* ʽVierzahl, Viergespannʼ (Grot Fil. Raz. 2, 517), ukr. *čétvero*, wruss. *čéćvero*, aruss. *četvero* neben r.-ksl. *četvoro* (Svjatosl. Sborn. 1073, s. Srezn. Wb. 3, 1504), abulg. *četvorъ* ʽvierfachʼ (4 mal Supr., s. Diels Aksl. Gr. 93), bulg. *četvórica* ʽVierzahlʼ, skr. *čȅtvoro*, sloven. *četvȇr* ʽvierʼ, čech. *čtverý* ʽviererleiʼ, *čtvero* ʽvierʼ, slk. *štvorý*, poln. *czworo*, osorb. *štworo*, *štwory*, nsorb. *stwóry*. ǁ Ursl. **četvero*, **četvoro* urverw. mit lit. *ketverì* m., *kẽtverios* f. ʽvierʼ, aind. *catvarám* n. ʽviereckiger Platz, Hofʼ, vgl. Brugmann Distrib. 25, Berneker EW 1, 153, Meillet Ét. 231, Trautmann BSl 132. Siehe auch *четы́ре*.

четвёртый ʽder vierteʼ, *че́тверть* f. ʽViertelʼ, volkst. *че́тверетъ* Nordgrr., Arch. (Podv., s. auch Šachmatov IORJ 7, 1, 305), ukr. *četvértyj*, wruss. *čeććórtyj*, aruss. *četvъrtъ*, abulg. *četvrъtъ τέταρτος* (Supr.), bulg. *četvъ́rt*, skr. *čȅtvȓtī*, sloven. *četȋ́tī*, čech. *čtvrtý*, slk. *štvrtý*, poln. *czwarty*, osorb. *štwórty*, nsorb. *stwórty*, polab. *cetjárte*. ǁ Ursl. **četvъrtъ* urverw. mit lit. *ketviȓtas* dass., apreuß. *kettwirts*, griech. *τέταρτος* homer. *τέτρατος*, lat. *quārtus*, ahd. *fiordo* ʽvierterʼ, aind. *caturthás*, s. Berneker EW 1, 153, Trautmann BSl 132, Apr. Sprd. 357, Meillet BSL 29, 34. Ein ursl. Ansatz **čъtvъrtъ* ist (trotz Fortunatov KZ 36, 35) fraglich, weil er sich nur auf das Westslav. stützt, vgl. dazu Pedersen KZ 38, 420.

чётки pl. ʽRosenkranz (zum Zählen der Gebete, bei Mönchen und Katholiken)ʼ. Zu *чту* ʽzähle, rechneʼ, aus **čьtъka*.

чёткий ʽdeutlichʼ, s. *чту*.

четы́ре ʽvierʼ, ukr. *čotýry*, aruss., abulg. *četyre* m., *četyri* f. n., bulg. *čétire*, *čétiri* (Mladenov 684), skr. *čètiri*, sloven. *četírje*, *četíri*, *štírje* m., *štíri* f. n., čech. *čtyři*, *čtyry*, slk. *štyri*, poln. *cztery*, osorb. *štyrjo*, *štyri*, nsorb. *styrjo*, *styri*, polab. *céter*. ǁ Ursl. **četyre* m., **četyri* f. n., urspr. Kons.-Stamm, urverw. mit lit. *keturì*, f. *kẽturios*, lett. *četri*, alett. *cetri* (M.-Endz. 1, 410), aind.

catvāras, Acc. *catúras*, n. *catvári*, avest. *čaϑwārō*, Gen. *čaturąm*, griech. homer. τέσσαρες, πίσυρες, jon. τέσσερες, dor. τέτορες, lat. *quattuor*, ir. *cethir*, got. *fidwōr* 'vier', aber *fidurdōgs* 'viertägig', armen. *čorkʿ*, tochar. *śtwar*, s. J. Schmidt KZ 25, 43, Brugmann Grdr. 2, 2, 12 ff., Berneker EW 1, 153, Trautmann BSl 131, Hübschmann 485, Torp 227. Zweifelhaft ist ein ursl. Ansatz **čьtyr-* (gegen Fortunatov KZ 36, 35, Iljinskij Archiv 34, 5). Vgl. *четвёртый*.

четы́рнадцать 'vierzehn', ukr. *čotyrnádćat'*, aruss., abulg. *četyrenadesęte* m., *četyrinadesęte* f. n., bulg. *četirinádeset*, *četirinajset*, skr. *četŕnaest*, sloven. *štirinájst*, čech. *čtrnáct*, slk. *štrnásť*, poln. *czternaście*, osorb. *štyrnaće*, nsorb. *styrnasćo*. Aus ursl. **četyre* m., bzw. *četyri* f. n. + *na desęte*. Weiteres unter *четы́ре* u. *де́сять*.

четь f. 1. 'Viertel, vierter Teil'. 2. 'Viertel Ackerland', ukr. *čet'*, aruss. *četь* f. neben *četvьrtь*, auch *četъka* dass. (15. Jhdt., s. Srezn. Wb. 3, 1512). Gilt als Abkürzung von **četvьrtь* f. 'Viertel', s. Gorjajev EW 413. Siehe *четвёртый*.

чех, -а 'Tscheche, Angehöriger des böhmischen Volkes', ukr. *čech*, aruss. *čechy* pl. (oft Nestor-Chron. neben *čachy*, das wohl durch *ljachy* 'Polen' in seinem *a* beeinflußt ist, s. Perwolf Archiv 7, 616, *čachy* auch im Slovo o pogibeli russk. zemli u. 1. Novgor. Chronik, s. Sobolevskij Archiv 27, 245), heute *между чахи и ляхи* Arch. (Podv.), böhm.-ksl. *čechy*, *češьskyi* (Wenzel-Leg., s. Vajs Legendy o Václavu passim), ačech. *čech* (Dalimil. Chron. u. sonst), čech., slk. *čech*, poln. *czech*, osorb. *čech*, nsorb. *cech*. Demnach alt nur *čechъ*; dieses wohl Kurzform für **četьnikъ* von *četa* 'Schar', bzw. **čeljadinъ* 'Mann vom Gesinde', s. Mikkola Ursl. Gr. 8, RFV 48, 273, Berneker EW 1, 152. Vgl. *лях*. Weniger wahrscheinlich ist die Herleitung von einer Kurzform des PN. *Čьstislavъ* bzw. *Čьstimě̌rъ* (Holub-Kopečný 90, Brückner EW 74, letzterer schwankt zwischen dieser und der ersten Deutung). Verfehlt ist die Verbindung mit *češća* (s. *ча́ща*) als 'Waldbewohner' (Jagić Archiv 34, 283) sowie mit nhd. *Kebse*, anord. *kefsir* 'Knecht', ahd. *kebis(a)* 'Magd, Kebse' (gegen Sobolevskij Archiv 27, 245, RFV 64, 170 ff., ŽMNPr 1895, Mai, S. 85) oder mit *чепа́ть*, *ча́пать* 'greifen' (Sobolevskij RFV 64, 170 ff.). Unmöglich ist Zusammenhang mit čech. *Václav*, aruss. *Vjačeslavъ* (gegen Luniák Živ. Star. 1, 1, 19). Verfehlt Sutnar Jagić-Festschr. 612 ff., wozu Berneker c. l.

чех 'Niesen', s. *чох*, *чиха́ть*.

чехарда́ 'Bockspringen; Springen über den gekrümmten Rücken eines anderen', dial. *чегарда́* Sevsk (Pr.), *шигарда́* Don-G. (Mirtov). Die älteste Form steht nicht fest, vgl. noch wruss. *čekorda* 'Schar Kinder, Haufen Ferkel' (s. *че́карь*). Die bisherigen Deutungsversuche sind alle verfehlt: Vergleich mit nhd. *Höcker*, *hocken* (Gorjajev EW 413) ebenso wie die Zusammenstellung mit griech. σκαπέρδα 'Spiel an den Dionysien' (Grot Fil. Raz. 2, 517). Siehe *чéхор*.

чехва́л 'Prahler, hochmütiger Mensch', *чехва́литься* 'prahlen', *чехва́льство* 'Prahlerei'. Nach Sobolevskij RFV 67, 213 zu *tъšče* 'eitel, leer' und *хвали́ть* 'loben'.

чехво́стить s. *чихво́стить*.

чехо́л G. *чехла́* 'Überzug, Futteral', *чéхлик* 'Käppchen', ukr. *čóchła* f. 'breite Ansätze der Ärmel an Frauenhemden', aruss. *čechъlъ* 'Decke, Umhüllung', dial. 'Handtuch', auch 'Art Kleidung' (Domostr. Zab. 184), bulg. *čechэ́l* 'Frauenschuh', čech. *čechel, čechl* 'Schweißtuch, Totenhemd', *čechlik* 'baumwollenes Gewand', poln. dial. *czecheł, czechło* 'Frauenhemd, Sterbehemd'. Damit versucht man seit langem zu verbinden poln. *żgło, źdźgło, gzło, giezłko* 'Hemd, Leinwandkittel, Leichentuch', kaschub. *żgło, zgło* 'Hemd', nsorb. *zgło, zgełko* 'Hemd', evtl. aus *čьchlo* (s. MiEW 31, Berneker EW 1, 139), doch deutet ačech. *kzlo* 'Kleid' wohl auf *kъzlo*. Bisher unerklärt. Das zweifellos damit zu verknüpfende apreuß. *kekulis* 'Badelaken' soll nach Brückner Archiv 20, 500ff., Trautmann Apr. Sprd. 355, Berneker c. l. aus d. Apoln. entlehnt sein. Sobolevskij RFV 64, 108 ff. verbindet *čechъlъ* mit poln. *czochać się* 'sich reiben', Brückner EW 74 knüpft an poln. *czechrać* 'Wolle krämpeln' an. Nicht vorzuziehen ist Iljinskij's (RFV 74, 124) Verbindung mit *ченéц* 'Haube' oder Kleczkowski's (Festschr. Brückner 234ff.) Zusammenstellung mit *кошýля* (s. d.), das er unberechtigt für echt-slav. hält. Unklar ist das Verhältnis zu got. *hakuls* 'Mantel', ahd. *hahhul* (Wiedemann BB 29, 314, Matzenauer LF 7, 29), das kaum verwandt sein dürfte (dagegen s. Berneker c. l., Iljinskij c. l.).

чехо́нь f., *чехо́ня* 'Messerfisch, Art Karpfen, Cyprinus cultratus', Adj. *чехо́невый*. Der Fisch heißt auch *чеша*, er gleicht wegen seines messerartig zugeschärften, stark ausgebogenen Bauches und seines geradlinigen breiten Rückens einer Messerklinge' (Brehm), nhd. *Sichling, Messerfisch*, russ. auch *са́бля* (Berg Ryby 2, 810). Nach Gorjajev Dop. 1, 55 zu *чеса́ть*.

чéхор 'unruhiger, streitsüchtiger Mensch', *чéхорный* 'streitsüchtig', Arch. (Podv.). Vgl. čech. *čechrati* 'zupfen, riffeln', slk. *čechra* 'zerzaustes Frauenzimmer', *čechrat'* 'zupfen, zausen', poln. *czechrać* 'Wolle krämpeln, zausen', *czochrać* 'reiben'. Unsicher.

чечак 'Helm', nur aruss. *čečakъ* (Testam. Ivan II., a. 1359, s. Srezn. Wb. 3, 1515), *čičakъ* (Afan. Nikit. Troick. Hs. 24, Testam. Dmitr. Iv. 1509, s. Srezn. Wb. 3, 1534). Vgl. *шишáк* dass. Unsicher ist die Herkunft aus kasantat. *čačak* 'Quaste, Büschel, Franse' (Korsch Archiv 9, 665). Zur Bed. beachte 'Haube, Hahnenkamm' in verschied. Sprachen, s. Joki MSFOugr. 103, 354.

чечеви́ца 'Linse', dial. *сочеви́ца* (Pr.), ukr. *sočevýća*, wruss. *sačavíca*. aruss. *sočevica* dass., *sočivo* 'Linsensamen', skr. *sòčivo* 'Linse', *sòčivica* 'Wasserlinse', čech. *sočovice, šočovice*, slk. *šošovica*, poln. *soczewica*. Aus *sočevica* zu *сок, со́чиво* (s. d.). Vgl. osorb. *soka* f. 'Linse', nsorb. *sok* dass., s. MiEW 313, Preobr. 2, 351. Verfehlt nimmt

Łoś RFV 23, 64 reduplizierte Bildung im Russ. an. Es handelt sich um Silbenassimilation.

чечéнец, -нца 'Tschetschene, Angehöriger des östl. Zweiges des Nordkaukasischen' (Finck). Nach Finck Sprachstämme 34 ist der Name dem Russischen entnommen und geht viell. auf kabard. *šešen* zurück. Anders Dirr Namen 207 der vom ON *Čačan* am unteren Argun ausgeht. Der Stammesname findet sich in osset. *cacan*, dido *čačanzi*; awar. *čačan* (Dirr c. l.). Vgl. auch osman. *čäčän* 'Tschetschene' (Radloff Wb. 3, 1988 ff.).

чечéниться 'sich zieren, sich putzen', Nördl., Östl. (D.), 'prahlen, sich brüsten', Smol. (Dobr.). *чéчень* m. 'verwöhntes Kind', Pskov, *чечéня* m. 'Geck, Stutzer', f. 'kokettes Frauenzimmer' (D.). Wohl zu *чéча* 'Spielzeug, verzärteltes Kind', Vologda, Perm, Orenb., Sibir. Urspr. anscheinend ein Lallwort der Kindersprache wie *čača* (s. *чáча*), vgl. dazu Berneker EW 1, 133, Gorjajev Dop. 1, 55. Siehe *чечóлка, чечýля*.

чéчень G. *чéчня* 'geflochtener Fischbehälter mit Deckel, Art Fischkasten zur Aufbewahrung lebender Fische', Wolga-G., Östl. (D.). Unklar. Verfehlt ist der Vergleich mit aind. ved. *khánati* 'gräbt' (gegen Gorjajev Dop. 1, 55).

чéчет 'Hänfling, fringilla linaria', ukr. *čéčit*, wruss. *čačótka*, sloven. *čečèt* 'Meerzeischen', čech. *čečetka*, slk. *čečka* 'Flachsfink', poln. *czeczotka*; vgl. auch sloven. *čekèt* 'Gezwitscher', *čeketáti* 'zwitschern'. ‖ Man nimmt lautnachahmende Herkunft an und vergleicht lit. *kekùtis* 'Weidenzeisig', ostlit. *kikùtis* neben lit. *kikìlis* 'Hänfling', *kėkštas* 'Eichelhäher', s. Berneker EW 1, 138 ff., Brückner EW 74, Trautmann BSl 125, Matzenauer LF 7, 28, Specht 222. Weniger sicher ist die Zugehörigkeit zu aind. *cákōras* 'Art Rebhuhn' (gegen Uhlenbeck Aind. Wb. 86, s. Berneker c. l., Petersson KZ 46, 133, Mayrhofer EW 365).

чечóлка 'geschwätziges Frauenzimmer', Šenk. (Podv.). Wohl zu den unter *чечéниться* zusammengestellten Wörtern.

Чечóра 'häufiger Flußname: 1. G. Orel Kr. Dmitrov. 2. G. Orel Kr. Trubčevsk. 3. G. Tula. 4. Nbfl. d. Sož G. Mohilew, s. Sobolevskij RFV 64, 182. Außerdem Flüsse im G. Jaroslavl', Kostroma, Vladimir, Vjatka. Vgl. čech. *čečeřiti* 'struppig machen', *čečeřatý* 'struppig', lett. *cecers* 'Krauskopf', Ablaut in *кокóра* 'Knieholz', vgl. zur Sippe Berneker EW 1, 138, Trautmann BSl 124, M.-Endz. 1, 367.

чечýга 'Sterlet, Acipenser ruthenus', Neurußl. (D.), ukr. *čečúha*. Gehört jedenfalls mit rumän. *căciugă* dass. zu magy. *kecsege* 'Stör', s. MiEW 114, Berneker EW 1, 498 ff., Gorjajev EW 414, Preobr. Trudy 1, 73.

чечýля 'Laib Brot', Olon. (Kulik.), Kadnikov, Vologda (Živ. Star. 1895 Nr. 3—4 S. 398), Vjatka (Vasn.). Viell. zu *чéча*, wozu s. v. *чечéниться*. Unsicher.

чечунчá 'Art Rohseide', *чичунчá, чесунчá, чесучá* Baikal-G. (D.). Entlehnt aus chines. *tšoudzy*, woher auch kalm. *tšistšū, tšitšū* dass., s. Ramstedt KWb. 442, Sobolevskij IRJ 2, 346.

чеши́нка ʽReifen am Rade', Arch. (Podv.). Unklar.

чешуя́ ʽSchuppe', aruss. *češuja*, abulg. *češuja λεπίς* (Euch. Sin.), ukr. *češušatyj* ʽschuppig', poln. *szczeszuja*, *czeżuja* ʽSchuppe, Nußschale'. Gehört zu *чеса́ть* ʽkratzen', wie bulg. *češúlka* ʽSchuppe', s. Berneker EW 1, 152, Trautmann BSl 120, Brückner EW 78, 544.

чи Conj. ʽob, etwa, oder', Südl., Westl., Kursk, Kaluga, Don-G., ukr. *čy* ʽob', *čy—čy* ʽentweder—oder', wruss. *čy* neben *ci* (dazu Karskij Belorusy 2, 2, 106; 2, 3, 209ff., Symb. Rozwadowski 2, 291), aruss. *či* ʽob etwa, oder', bulg. *či* ʽdaß', čech. *či* ʽob, oder', slk. *či*, poln. *czy* ʽob'. ‖ Ursl. *či* alter Instr. s. von *čь-to. Näheres s. unter *чем*, vgl. J. Schmidt Pluralb. 43, Berneker EW 1, 155.

чиба́к ʽPelzmütze der Frauen', Sibir. (D.). siehe *чеба́к*.

чи́баки pl. ʽSchneeschuhe (Skier) von unten mit Fell überzogen', Kola (Podv.). Aus finn. *sivakka* ʽSchneeschuh, bes. der kürzere rechte', s. Kalima 240, Mikkola-Festschr. 413.

чибалда́ ʽSchöpflöffel', Jarosl. (Volockij). Vgl. *шабала́* II.

чи́барить I. ʽtröpfeln, sprühen' (vom Staubregen), Olon. (Kulik.). Viell. aus karel. *čibautta-* ʽtröpfeln', s. Kalima 240. Zur finn. Etymologie vgl. Wichmann FUF 11, 282.

чи́барить II. ʽzwitschern, auch in feinen Tropfen geräuschvoll fallen, in kleinen Schlucken trinken', Olon. (Kulik.). Unklar. Viell. onomatopoetisch.

чи́без, чи́бис ʽKiebitz, Vanellus cristatus', dial. ʽArt Möwe', Südl. (D.). Lautnachahmend wie nhd. *Kiebitz*, ndd. *kiwitt*, mnd. auch *tywit*, engl. *pewit*, s. Suolahti Vogeln. 264ff. Berneker EW 1, 156, Kluge-Götze EW 298, Preobr. Trudy 1, 73. Ähnlich auch ukr. *kýba* ʽKiebitz', *čyhotáty* ʽwie e. Kiebitz schreien'. Der Vergleich mit *щебета́ть* ʽzwitschern' (Iljinskij Mat.iPr. 4, 385, IORJ 16, 4, 25, Archiv 34, 13) ist nur insofern statthaft, als es sich bei letzterem auch um eine schallnachahmende Wurzel handeln kann. Vgl. *чибыш*.

чибе́рка ʽSchneiderin, Näherin', Don-G. (D.). Vgl. *чебе́р*.

чи́брик ʽArt Fladen, Pfannkuchen', Tamb., Saratov, Neurußl. (D.). Aus dschagat. *čälbäk* ʽflaches, in Fett gebackenes Brot', mong. *čelbeg*, kalmück. *tselwəg* ʽPfannkuchen' (zur Sippe s. Ramstedt KWb. 426).

чибура́хнуть ʽgeräuschvoll hinfallen', *-ся* dass., auch *чибура́хнуть* ʽtüchtig schlagen', Vjatka (Vasn.), ʽeinen Mülleimer mit Geräusch ausgießen', Smol. (Dobr.). Aus *či* ʽob' und *бура́хнуть*. Vgl. oben *бу́ркать* ʽwerfen', Interj. *чибура́х*! ʽvom Fallen'.

чибурда́ ʽschlechtes Getränk', Don-G. (Mirtov). Aus *či* ʽob' und *бурда́* ʽschlechtes Getränk' (s. oben 1, 146).

чибу́рить ʽseihen, sickern lassen, fließen lassen', Vjatka (Vasn.). Aus *či* ʽob' und *бу́рить* ʽwerfen, gießen'.

чибурты́хнуться ʽlaut hinfallen', Smol. (Dobr.). Zu *чибура́хнуться* dass.

чибурýхнуть 'schlagen, werfen', Don-G. (Mirtov). Zu *чибурáхнуть*.

чибы́к 'lange u. feste Angelrute', Wolga-G. (D.). Aus osman. krimtat. uigur. alt. kasantat. *čybyk* 'Rute, dünner Stock' (Radloff Wb. 3, 2099).

чибы́ш 'Art Vogel', wohl 'Sperling', nach Sobolevskij RFV 66, 333 zu *чúбез*.

чивáстега, чúгостега, кúвастева, чúвистига 'Wurfschlinge, Lasso für Pferde', Arch. (Podv.). Aus lapp. Patsj. *tšàvastvk* dass., s. Itkonen 60.

чивергá 'Eile, Hast', *чиверзúть* 'eilen, hasten', Pskov, Tveŕ (D.). Zu *či* 'ob' und *-вергáть, -вéргнуть* 'werfen'.

чивúкать, чúвкать 'piepen, zwitschern', Vjatka (Vasn.), 'mit der Zunge schnalzen', Kolyma (Bogor.). Lautnachahmend. Vgl. *чúбез*.

чивилё́ 'Sperling', PN *Чивилёв*. Wohl lautnachahmend. Vgl. osman. *čivil-* 'murmeln, zwitschern', *čivildä-* dass. (Radloff Wb. 3, 2157).

чивирúкать 'zwitschern, in kleinen Tropfen geräuschvoll fallen', Olon. (Kulik.). Etwa Kontamination von *чивúкать* + *чирúкать*.

чúвкать s. *чивúкать*.

чúвый 'freigebig' (D., Mel'nik.) auch 'wählerisch', Kadnikov (Živ. Star. 1895 Nr. 3—4, S. 398), *чúвиться* 'freigebig sein'. Wird aus **tъščivъ* 'eifrig' erklärt und zu *tъščati* 'eilen, drängen' (s. *тщáтельный*) gestellt, vgl. Gorjajev EW 414, Dop. 1, 55, Preobr. Trudy 1, 74.

чивцá 'Spule, Röhre', dialektisch für **cěvьca*, s. *цéвка*.

чигá 'spöttische Bezeichnung für die Anwohner des oberen Don' (D., auch bei Šolochov). Nach der Aussprache *čehó* für Gen. s. *čego* von *čьto*, s. Sobolevskij Živ. Star. 1892 Nr. 1 S. 21.

чúга I. 'Lockruf für Schafe', Olon. (Kulik.). Lautnachahmend.

чúга II. 'der sonst *non* genannte Holzklotz beim *городкú*-Spiel', Jarosl. (Volockij). Da dieser Klotz auch *свúнка* heißt, viell. zu finn. *sika* 'Schwein', karel. *šiga*, estn. *siga* (zur Sippe s. Kalima 217 u. oben s. v. *сúка*).

чúгайдать 'rauchen (vom Kienspan), matt brennen', Olon. (Kulik.). Gebildet von einem **чигва* 'Kohlendunst' aus karel. *tšihva* 'Kohlendunst', s. Kalima 239 und oben s. v. *цúгло*.

чигáн 'Zigeuner', pl. *чигáна*, Novg., Nižnij (D.). Dialektisch für *цыгáн*.

чиганáк 'See, der um die Mitte des Sommers austrocknet', Don-G. (D.), auch FlN. *Чеганáк* 'r. Nbfl. des Voronež, Don-G.' (Maštakov Don 4). Vgl. dschagat. *čakanak* 'Bucht, Hafen' (Radloff Wb. 3, 1833).

чигáра 'Schaf', Vologda (D.). Zu *чúга* 'Schaf' (s. oben).

чигать 'werfen', Čerepovec (Gerasim., Živ. Star. 1893 Nr. 3 S. 387). Unklar.

чигачи́ pl. 'Mücken', siehe *тигачи́*.

чиги́нь, -*я́* 'Fischwehr', Orenb. Aus kirg. *šägän* 'Brunnenfüllung' (Radloff Wb. 3, 999) nach Zelenin RFV 56, 243. Unsicher.

чиги́рь 'Vorrichtung zur Bewässerung von Gemüsegärten, Weinbergen usw.; Rad am Brunnen; Maschine, mit der das Wasser gehoben wird', Astrach., Krim (D.), *чиги́рить во́ду* 'das Wasser zur Bewässerung heranholen'. Aus dschagat. *čygyr* 'Wasserstrudel' (Kúnos Dschag. Wb.), kasantat. *čyγyr* 1. 'Block an der Tür'. 2. 'Rad am Brunnen, mit dem das Wasser gehoben wird' (Radloff Wb. 3, 2064). Die Quelle ist persisch (s. Ramstedt KWb. 439).

чиги́т 'gesalzener Quark' (D.). Aus karaim. T. *čyγyt* 'Käse', tschuwass. *tš°əgət* 'Art Käse' (Radloff Wb. 3, 2067, Gombocz 133, Munkácsi Kel. Sz. 1, 336).

чигмень m. 'Rauch vom Kienspan', Olon. (Kulik.). Kalima 239 will dieses Wort mit *чи́мер* (s. d.) aus weps. *čihmer* 'Nebel' herleiten; -*мень* als russ. Suffix wäre begreiflich. Wegen der Bed. ist wohl eher an karel. *tšihva* 'Kohlendunst' als Quelle zu denken (s. *ци́гло*).

чи́гостить 'reißen', Olon. (Kulik.). Dunkel.

чигот 'hoher Würdenträger', nur altruss. *čigotъ* σπαθάριος (Azbuk.), s.-ksl. *čigotъ* dass. Fremd nach Sobolevskij RFV 74, 368. Schwerlich zu čech. *číhati* 'lauern, aufpassen' als 'Häscher' (gegen Brückner KZ 48, 198).

чи́дега 'Staubregen bei Nebel', Arch. (D., Podv.). Vgl. *чит*.

чиж G. -*á* 'Zeisig', ukr. *čyž*, skr. *čížak* G. *čiška*, sloven. *čížək*, čech. *číž*, *čížek*, poln. *czyż*, osorb. *čižik*, nsorb. *cyž*. Mhd. *zîse* 'Zeisig', nhd. *Zeisig* sind aus d. Slav. entlehnt (s. Suolahti Vogeln. 118). || Lautnachahmend, vgl. die Nachahmung des Zeisigrufes durch ukr. *čyj vy! čyj vy!* 'wer seid ihr?' (Schrader-Nehring 2, 399), s. Berneker EW 1, 158 ff., Holub-Kopečný 94. Unsicher ist die Verknüpfung mit čech. *číhati* 'lauern, nachstellen' (Brückner KZ 48, 198) oder mit *щекота́ть* 'zwitschern' (Holub 36). Unklar ist *чиж* 'der auch pop genannte Holzklotz beim gorodki-Spiel', Arch. (Podv.).

чижи́ pl. 'ostjakische Fellstrümpfe mit der Wolle nach innen', Sibir. (D.). Möglich ist die Herleitung von *чиж* 'Zeisig', angeblich 'bunt wie das Gefieder dieses Vogels' (Bulat Archiv 37, 99).

чизги́ны pl. 'Zaum, Zügel', Ostsibir. (D.). Entlehnt aus d. Turkotat.; kuman. kirg. dschagat. *tizgin* 'Zügel', alt. tel. leb. schor. *tiskin* dass. (Radloff Wb. 3, 1396, 1399), vgl. auch MiTEl 1, 285, Lokotsch 42.

чик 'Ziel', *попа́сть в чик* 'den Nagel auf den Kopf treffen', Mez., Pinega (Podv.). Zu *чи́кать* 'schlagen'.

чи́ка 'Schwester', Olon. 'Kusine', Vytegra, *чи́ча* 'Schwester',

Olon. (Kulik.). Aus karel. *čikko* G. *čikon* 'Schwester', s. Kalima 240 (mit Liter.).

чикамáдзя 'Art Angel', Astrach. (RFV 63, 133). Dunkel.

чикамáз 'Flußbarsch', Astrachań (RFV 63, 133), *чекамáс* dass., Don-G. (D.). Unklar.

чи́кать I. *-аю* 'schlagen', *чкать*, *чкну́ть* 'schlagen, klopfen', *прочкну́ть* 'durchschlagen', *прочúка* 'erstes junges Gras oder Laub', ukr. *čýknuty* 'schneiden', skr. *čkäti*, *čäčkati* 'stochern', čech. *čkáti* 'stopfen', *čkáti se* 'schluchzen', slk. *kať sa* 'aufstoßen, schlucken', poln. dial. *czkać się* 'schluchzen'. ‖ Wohl lautnachahmend ursl. **čik-*: **čьk-*, (s. Preobr. Trudy 1, 74, Gorjajev 414). Unsicher sind die Vergleiche mit schwed. *hicka* 'schluchzen', nhd. schweiz. *hick* 'Schlag', dial. *hichezen* 'schluchzen' (Berneker EW 1, 166, Torbiörnsson Xenia Lidéniana 40ff.), lit. *keīnis* 'Stock', lett. *ciksta* 'Knüppel, Feuerbrand' (s. Buga RFV 67, 235, M.-Endz. 1, 380). Vgl. *пóчка*, *прочкну́ться*.

чи́кать II '(Fischnetze) stricken', Arch. Кем́, Onega (Podv.), *чи́тать* 'Netze ausbessern', Novg. (D.). Aus lapp. N. *čiktet* pr. *čivtan* 'Netze flicken', K lapp. *čiχte-* 'flicken, ausbessern', s. Kalima FUFAnz. 23, 247.

чикиля́ть 'hinken', *чикиля́й* 'lahmer Mensch', Don-G. (Mirtov, Šolochov). Viell. zu *či-* 'ob' und **kyl-* zur Sippe von *куля́вый* 'lahm', *культа́* 'lahmer Mensch' (wozu oben 1, 690).

чикичéй 'Wildpferd', Bajkal-G. (D.). Aus mong. *čiketei*, *čiketü* 'Wildpferd', kalmück. *tśik'tɛ* dass. (zur Sippe Ramstedt KWb. 439).

чи́ксы pl., *чикс* m. 'Backen eines Schiffes; Verstärkungen, Ausbauten am Heck', seew. Aus engl. *cheek* 'Wange', pl. *cheeks*.

чику́рдывать, вычику́рдывать 'übermütig pfeifen', Olon. (Kulik.). Zum folg.?

чикурéзнемся 'laßt uns trinken', Don-G. (Mirtov). Vgl. *чукарéзнуть*.

чикчи́ры pl. 'Hose der Kavalleristen, mit Leder gefüttert' (D.), älter *чикчéры* 'Husarenhose' (Radiščev 28). Aus osman. *čakšyr* 'nicht weite Hosen' (Radloff Wb. 3, 1840), s. MiTEl 1, 271, EW 36, Korsch Archiv 9, 494, Gorjajev EW 414, Deny Mél. Boyer 100, Preobr. Trudy 1, 74, Lokotsch 31. Siehe auch *чакчу́ры*.

чи́ландать 'schellen, klingeln', Olon. (Kulik.), *чилáйдать* 'tönen, klingeln', Arch. (Podv.). Entlehnt aus karel. *čil'l'i* 'Schelle, Glocke', *čilistä* 'schellen', s. Kalima 240, Leskov Živ. Star. 1892, Nr. 4, S. 103.

чилéк 'Bastgefäß', Kazań (D.), *чилáк* 'Art Holzgefäß für Butter, Honig u. ä.', Ufa, Perm, 'Schöpfgefäß für Wein', Astrach. Kaukas. (D.). Aus osman. *čäläk* 'Eimer', bzw. kasantat. *čiläk* 'dass.', dschagat. *čelek* 'Gefäß' (Radloff Wb. 3, 1977, 2135, Paasonen FUF 2, 134).

чили́буха s. *целúбуха*.

чили́га 1. 'Pflanze Cytisus biflorus, Bohnenstrauch'. 2. 'Artemisia campestris, Feldbeifuß' (D., auch bei Gogol'). 3. 'wilde Akazie', Orenb. ‖ Wohl fremd. Vgl. osman. *čilik* 'Blattstiel' (Radloff Wb. 3, 2136). Nach Zelenin RFV 56, 243 ist *чилига* entlehnt aus kirg. *šilik* 'wilde Akazie'. Dazu gehört *чилизник* 'Akazie', Ural (D.), Terek-G. (RFV 68, 405), auch 'kleines Wäldchen', Saratov (D.).

чили́жник 'kleine Habichtart', Kola. Arch. (Podv.). Unklar. Vgl. *челик*.

чили́зна 1. 'Neuland, Brachland'. 2. 'Stroh am Halm nach der Roggenernte', Vjatka (D.). Dial. aus *cělizna. Siehe *це́лый*, *целина́*.

чили́кать 'zwitschern', *чили́к* 'Sperling', Astrach. (RFV 63, 133). Lautnachahmend wie *чири́кать* (s. d.), vgl. Gorjajev EW 414.

чили́м I. 1. 'Pfeife zum Rauchen'. 2. 'Kautabak', Irkutsk (D.). Aus dschagat., tar., kasantat. *čilim* 'Pfeife, Wasserpfeife' (Radloff Wb. 3, 2137ff., 2163), s. MiTEl Nachtr. 2, 96.

чили́м II., *челим* 'Wasserpflanze, Trapa natans, Wassernuß'. Unklar. Abzulehnen ist der Vergleich mit *коло́ть* 'spalten' (gegen Gorjajev Dop. 1, 55).

чи́льма 'Sumpf', Arch. (Podv.). Zu *чолма* (s. d.) nach Kalima RS 5, 93. Siehe auch *Цы́льма*.

чилюка́н 'Grille', Tambov (RFV 68, 20). Lautnachahmend, vgl. *чили́кать* (s. d.).

чиля́к s. *чиле́к*.

чи́мбица 'Bänder aus Weidenruten zur Verbindung der gebogenen Schlittenkufen mit den Deichselstangen', Olon. (Kulik.). Aus weps. *tšīm* dass. u. *vits* 'Rute' (aus *вица*) nach Kalima 240.

чимбу́р s. *чембу́р*.

чи́мер 'Brandgeruch, Kohlendunst', Olon., *че́мер* dass., Pudož (Kulik.), *ци́мер* 'Kopfweh', Čerep. (Gerasim.), *ци́смар*, *цы́гмар* 'Kohlendunst', Arch. (Podv.). Aus weps. *čihmer* 'Nebel, Dunst' nach Kalima 241 (mit Liter.).

чи́мус, ци́мус 'Verderben', Smol. (Dobrov.). Unklar.

чимя́зина 'Gut', *много чимя́зины* 'viel Gut', Smol. (RFV 62, 215). Zu *чемез* (s. d.).

чин, -a 'Rang, Würde, Ritual', *чино́вник* 'Beamter', ukr. *čyn* 'Rang, Würde, Art u. Weise', wruss. *čyn* dass., aruss. *činъ* 'Ordnung, Regel, Rang, Stufe, Amt, Würde, Versammlung', abulg. *činъ* τάξις (Zogr., Mar., Assem., Supr., alter *u*-St., s. Meillet Ét. 453), bulg. *čin* 'Bewirtung des Schwiegersohnes durch den Schwiegervater am zweiten Sonnabend nach der Hochzeit', skr. *čîn* 'Gestalt, Form, Art, Ordnung', *čîni* pl. 'Hexereien', ačech. *čin* 'Art u. Weise, Ordnung, Ursache', slk. *čin* 'Tat, Handlung', poln. *czyn* 'Tat, Handlung, Werk'. Dazu *чини́ть*, *чиню́* 'anordnen, herrichten, reparieren, füllen, anspitzen (Bleistift)', *причини́ть* 'verursachen', ukr. *čynýty* 'tun, machen,

handeln, hervorbringen, veranstalten', wruss. *čynić*, aruss.
činiti, abulg. *činiti, činjǫ* 'ordne, reihe, bilde', bulg. *čińъ* 'mache,
tue', skr. *činiti, čìnîm* 'mache, tue, bezaubere', *čìniti se* 'sich
stellen, verstellen', sloven. *číniti, čînim* '(im Radsieb) das Korn
reinigen', *čìniti, čìním* 'tun, bewirken', slk. *činiť* 'tun', poln.
czynić dass., osorb. *činić*, nsorb. *cyniś* 'machen'. ‖ Urverw.:
aind. *cinóti, cáyati* 'schichtet, reiht, sammelt, häuft, fügt zusammen, baut auf', *cáyas* 'Haufe', *káyas* 'Leib, Körper', avest.
čayeiti, činvaiti 'sucht aus, wählt', mit *vī-* 'scheidet', griech.
ποιέω (*ποιϝέω) 'mache', boeot. ἐποίϝησε, s. Osthoff BB 24,
119, Berneker EW 1, 156ff., Meillet c. l., Trautmann BSl 124,
Boisacq 799.

чи́на 'Ackereichel, Lathyrus tuberosus' (D.). Unklar.

чина́к 'Schüssel, Schale', Don-G. (D.). Aus osman., krimtat.,
dschagat. *čanak* 'Schüssel, Schale' (Radloff Wb. 3, 1856), s.
MiTEl. 1, 272. Siehe *чана́к*.

чина́р 'Platane, Platanus orientalis', Krim, Kaukas., älter *činarь*
(Svjataja Afonsk. Gora, s. Verf. RS 3, 252). Aus osman. *čynar*
dass. (Radloff Wb. 3, 2071), dessen Ursprung man im Pers.
sucht, s. MiTEl 1, 277, Lokotsch 34.

чинга́л 'Dolch', *чингáлище* (Kirša Dan., oft in der Volksdichtung). Zu *кинжáл* (s. d.), vgl. Korsch Archiv 9, 502.

чингова́тик 'junger Wald auf einer ausgerodeten Stelle', Mezeń,
Pinega (Podv.). Unklar.

чиндара́хнуться 'geräuschvoll hinfallen', Saratov (D.). Vgl.
чибуря́хнуться.

чи́нега 'feiner Regen', Arch. (D.). Vgl. *чи́дега*, s. Kalima 241.

чини 'Porzellan', nur alt (Afanas. Nikit., s. Srezn. Wb. 3, 1517).
Aus osman. *čini* 'dass.', s. MiTEl Nachtr. 1, 24. Siehe *цени́на*.

чини́ть 'machen, einrichten', s. *чин*.

чинш 'Kopfsteuer freier Bauern auf herrschaftlichen Gütern',
Westl. (D.), ukr. *čynš*, wruss. *čynš*. Über poln. *czynsz* 'Abgabe'
(seit 14. Jhdt., s. Brückner EW 82 ff.) aus mhd. *zins* 'Abgabe,
Tribut' von lat. *census*, s. Brückner c. l., Preobr. Trudy 1, 75,
Gorjajev EW 414.

чиньга́ 'Schar von Zugvögeln', Olon. (Kulik.). Unklar.

чи́па 'niedriger Wald auf feuchtem Grund', Mezeń (Podv.).
Dunkel.

чи́пать 'Wolle, Flachs kämmen', Onega (Podv.), 'schnell etwas
tun (essen, gehen, fahren)', Kolyma (Bogor.). Viell. zu *щипáть*
(s. d.). Vgl. aber *чепáть*.

чи́пега 'Staubregen', Arch. (Podv.). Unklar, s. Kalima 214. Vgl.
чи́нега.

чипи́га 'hölzerner Pflug', Astrach. (RFV 63, 133). Etwa zu
чепáть 'greifen'? Siehe *чапы́га*.

чи́пчик 'in den Meeresgrund getriebener Pfahl zur Befestigung
von Fischnetzen', Kasp.-G. (D.). Nach Gorjajev Dop. 1, 55 soll
Ablaut zu *цеп* vorliegen.

чир I. ʽdünne Eisrinde über dem gefrorenen Wasser oder Schnee', Arch., Sibir. (D.). Aus syrjän. *tśir* dass., s. Kalima FUF 18, 43, Wichmann FUF 11, 194, 256, Wichmann-Uotila 301. Verfehlt Berneker EW 1, 157, Iljinskij RFV 70, 259, die Zusammenhang mit *чи́рей* suchen.

чир II. ʽLachsart, Coregonus nasutus', Pečora (D.), Kolyma (Bogoraz). Aus syrjän. *t´śir* ʽArt Lachs', s. Kalima FUF 18, 43, Wichmann FUF 11, 278.

Чир III., 1. ʽr. Nbfl. des Don', Don-G. 2. ʽmehrere Flüsse Kr. Ochansk' G. Perm. 3. ʽNbfl. des Stochod', Wolhynien. Wohl zu čech., slk. *čirý* ʽklar, lauter', weiter zu *щи́рый* (s. d.), s. dazu Trautmann BSl 263 ff.

чи́ра, чира́ ʽfeiner Regen', Novg. (D.). Unklar.

чи́рага ʽArt Möwe', Olon. (Kulik.), *чиро́к* ʽSeeschwalbe, Sterna', Arch. (Podv.). Aus lapp. N. *čǣrreg*, *čierrek*, Pa *tśerrik* ʽSeeschwalbe', s. Itkonen 60, Kalima RS 6, 89 ff. Nicht vorzuziehen ist die Herleitung aus syrjän. *tśirak* ʽMöwe', *tśirak* ʽKriekente' (Kalima FUF 18, 44), da syrjän. *tśirak* von Wichmann-Uotila 301 als russisches Lehnwort aus *чиро́к* ʽKriekente' (s. d.) angesehen wird. Vgl. auch *чи́рдак*.

чирак ʽLeuchter', nur Chož. Kotova (1625) S. 97, 103. Nach Katanov IORJ 12, 1, 97 turkotat.; vgl osman., krimtat. *čyraγ* ʽLampe' (Radloff Wb. 3, 2077).

чи́рандать ʽtriefen', Olon. (Kulik.). Von karel. *tśirize-* ʽprasseln, rieseln' nach Kalima 241, Wichmann FUF 11, 283.

чира́ть ʽverderben (von Lebensmitteln)', *чира́лый* ʽverdorben (Fleisch)', Vologda (D.). Von syrjän. *tśirni* ʽeinen Stich bekommen (Fisch)', *t´śirni* ʽbitter, sauer', s. Kalima FUF 18, 44, Wichmann FUF 11, 259 ff.. Verfehlt Iljinskij RFV 70, 259 zu *чи́рка*.

чи́рдак ʽMöwe', Olon. (Kulik.). Kalima RS. 6, 89 sucht einen Zusammenhang mit *чи́рага* (s. d.).

чи́рей, чи́рий ʽEiterbeule, Geschwür', G. *чи́рья*, *начире́ть* ʽreif werden (von Geschwüren)', *чи́рка* ʽBrustwarze', ukr. *čýrka* ʽGeschwür, Furunkel', *čyŕák* dass., bulg. *čírka*, *čírej* dass., skr. *čȋr*, sloven. *čȋr* dass., *čirâj* ʽHämorrhoidalknoten', *ščírjevǝc*, *ščírovǝc* ʽGeschwür', poln. *czyrek* ʽGeschwür'. ǁ Man vergleicht griech. σκίρρος m. ʽVerhärtung', σκιρρός ʽhart', σκεῖρος · ἄλσος καὶ δρυμός. Φιλητᾶς δὲ τὴν ῥυπώδη γῆν Hesych (so Brückner EW 82, Matzenauer 139, Karłowicz 117, was unsicher, s. Berneker EW 1, 157); nur zufällig ist wohl der Anklang in kasantat. dschagat. *čir* ʽGeschwür', kkirg. *čiri* ʽfaul', osman. *čirik* ʽEiter' (zur Sippe s. Radloff Wb. 3, 2122, Gombocz RS 7, 187). Vgl. *чи́рка*.

чири́к, -á ʽArt Schuh', Don-G., Kursk (D.), Astrach. (RFV 63, 133), *ци́рик* Vladim. (D.). Dazu älter *чиры́* ʽSchuhe' (Gore Zločastije, s. Gudzij Chrest. 370). Turkotatar. Lehnwort aus der s. v. *чарки́* besprochenen Sippe.

чири́кать, чи́ркать ʽzwitschern, zirpen', ukr. *čirkaty* dass., *cýrkaty* ʽschnattern', *čyrlíj* ʽtrillernder Wasserläufer', bulg. *čirikam, cirikam* ʽzwitschere', *čurulikam, cicirigam, ciririgam* dass., sloven. *čiriti* ʽzirpen', poln. *czyrykać* ʽzwitschern, zirpen', *czyrkać*, nsorb. *cyrkaś* ʽzwitschern, schlürfen'. ‖ Lautnachahmend wie *чили́катъ* (s. d.). Ähnlich: westf. *schirken* ʽpiepen', altmärk. *zirtelln* (Z. d. Wortf. 11, 173), lett. *cīrulis* ʽLerche' (M.-Endz. 1, 391), magy. *cziripelni* ʽzwitschern' (Štrekelj 14), dschagat. *čirt-* ʽzirpen', krimtat. *čirkit-* ʽpfeifen' (Radloff Wb. 3, 2128 ff.), osman. *čarla-* ʽzwitschern' (Radloff Wb. 3, 1867), s. auch Berneker EW 1, 157, Preobr. Trudy 1, 75. Unwahrscheinlich ist historischer Zusammenhang mit lit. *kir̃kti, kirkiù* ʽkreische', griech. *κίρκος* ʽGeier' (J. Schmidt Vok. 2, 24).

чи́рка ʽBrustwarze', auch ʽmembrum virile', Sibir. (D.). Man nimmt Verwandtschaft an mit *чу́рей* (s. d.), vgl. Berneker EW 1, 157, Iljinskij RFV 70, 259 ff.

чиро́к G. *чирка́* ʽKriekente', *чи́рка* dass., ukr. *čyrica, čyrénka, čýrka*, čech. *čírek* m., *čírka* f., poln. *czyranka*, nsorb. *cyrka* dass. Wird als onomatopoetisch zu *чири́катъ* (s. d.) gestellt, vgl. Berneker EW 1, 157, MiEW 36, Mladenov 676, Kalima RS 6, 89, Brückner EW 70. Vgl. *чу́рага*.

чиря́с ʽKanne mit Schnabel für Bier', Kazań (D.). Aus tschuwass. *tšˀərɛs* ʽausgehöhltes Tönnchen', s. Räsänen FUF 29, 200.

чи́сать ʽurinieren', *чи́ситать* ʽe. Kind urinieren lassen', Olon. (Kulik.). Unklar.

числи́тельное ʽZahlwort', übersetzt wie nhd. *Zahlwort* das lat. *numerāle* (s. Kluge-Götze EW 701).

число́ ʽZahl, Ziffer, Datum', ukr. *čysló* ʽZahl, Anzahl', aruss. *čislo* ʽZahl, Überfluß, Rechnung', abulg. *čislo ἀριϑμός* (Ostrom., Supr.), skr. *čîslo* ʽZahl', alt, sloven. *čislo*, čech. *čislo*, slk. *číslo*, apoln. *czysło*, osorb. *čisło*, nsorb. *cysło* dass. Aus ursl. **čit-slo* zu *читáтъ, честь*, s. Berneker EW 1, 157. Daneben aruss. *čismę* ʽZahl', pl. *čismena*, abulg. *čismę ἀριϑμός* (Supr.) aus **čit-smen-*, s. J. Schmidt KSchl Btr. 7, 243, Berneker c. l., Brugmann Grdr. 2², 1, 242 ff., Solmsen Rhein. Mus. 56, 497 ff.

чистогáн, *-á* ʽbares Geld', *чистогáном* ʽin bar' (Mel'nikov). Zu *čistъ* (s. *чи́стый*).

Чи́стополь ʽStadt im G. Kazań', kasantat. *Čistoj* dass. (Radloff Wb. 3, 2095), aus älterem *Čistoje Pole* ʽfreies Feld' über das Adj. *Чи́стопольскій* gebildet, s. Unbegaun RES 16, 233 ff., Semenov Slov. 5, 712 ff.

чи́стый ʽrein', *чист, чистá, чи́сто*; *чи́стить, чи́щу* ʽreinige', ukr. *čýstyj, čýstyty*, aruss. *čistъ* ʽrein, offen, frei, klar', abulg. *čistъ καϑαρός* (Ostrom., Cloz., Supr.), bulg. *čist* ʽrein', skr. *čȉst, čȉsta, čȉsto*, sloven. *čȉst, čísta*, čech. slk. *čistý*, poln. *czysty*, osorb. *čisty*, nsorb. *cysty*, polab. *cáiste*. ‖ Ursl. **čistъ* im Ablaut zu aruss. *cěstiti* ʽreinigen' (Žit. Aleks. N. 2. Red. 13), abulg. *cěstiti* dass., weiter viell. zu *cěditi* ʽseihen' (s. *цеди́тъ*), doch macht die Intonation Schwierigkeiten, s. Meillet RS 2, 62. Urverw. mit apreuss. *skīstan* 'rein', lit. *skýstas* 'dünnflüssig, dünn', lett. *šķīsts* dass., *šķīsts* 'rein, keusch', auch lit. *skaidrùs* 'hell, strahlend', lit. *skáistas* 'hellglänzend', *skiesti*, *skiedžiu* 'verdünne, trenne, scheide', ferner anord. *skíta* 'scheißen', lat. *scindō, scicidī* 'spalte', griech. σχίζω 'spalte', aind. *chinátti* 'spaltet', s. Leskien Abl. 282, Pedersen IF 5, 73, Kelt. Gr. 1, 77, J. Schmidt Vok. 1, 97, Meillet Ét. 300, Meillet-Ernout 1062 ff., Zubatý KZ 31, 13, Berneker EW 1, 157 ff., Trautmann BSl 263 ff., M.-Endz. 4, 50, Endzelin SlBEt. 198, Fraenkel Gnomon 4, 337. Das lett. *cìsts* 'rein, sauber' kann mit *čistъ* urverwandt, aber auch daraus entlehnt sein, s. E.-H. 1, 276.

чит 'leicht gefrorener Schnee; feiner Regen, der sofort zu Eis wird', Arch. (Podv.), Vjatka, Vologda (D.), *чúдеса* 'Staubregen dieser Art', Arch. (Podv.). Wegen der Verbreitung und Bed. wohl eher aus olon. *tšiite* 'Staubregen', finn. *siide* G. *siiteen* 'Tauregen, der sich sofort in Eis verwandelt' (Kalima RS 5, 92, Wichmann FUF 11, 253 ff.) als aus lapp. Kild. *t'š̄idtev* 'ewiger Schnee auf den Bergen' (Itkonen 60).

чи́тать I. 'Netze ausbessern', Novgor. (D.), s. *чúкать* II.

чи́тать II. 'fein regnen', von *чит* 'feiner Regen'.

чита́ть, -*аю* 'lesen', *почита́ть* 'wofür halten', *счита́ть* 'zusammenzählen, rechnen', *причита́ть* 'klagen, weinen, Totenklage halten für e. Verstorbenen', ukr. *čytáty* 'lesen, rechnen, zählen', bulg. *počítam* 'ehre, verehre', skr. *čìtâm*, *čìtati* 'lesen', čech. *počítati* 'zählen, dafür halten', slk. *čítať* 'lesen, zählen', poln. *czytać* 'lesen', osorb. *čitać* dass., nsorb. *cytaś*. Ablaut zu *čьtǫ, čisti* 'zähle, schätze', s. Berneker EW 1, 174 u. unter *умý*.

чи́тый 'nüchtern, nicht trinkend', Pskov (D.), bulg. *čitav* 'ganz', *zdrav i čitav*, *čitav-zdrav* 'frisch und gesund', skr. *čìtav*, auch *čȋt, čȋtȋ* 'ganz, unverletzt, wahr'. Wohl urverw. mit lit. *kíetas* 'hart, fest', lett. *ciêts* 'hart', s. Jagić Archiv 8, 155; 17, 292, Berneker EW 1, 158, Trautmann BSl 124, Grünenthal Zeitschr. 9, 380, Vaillant RES 6, 106. Weniger wahrscheinlich ist Zusammenhang mit *čьtǫ, čisti* (gegen MiEW 38).

чиха́ть, -*áю* 'niese', auch *чхнуть*, *чхать* dass., *чёх* 'Niesen', *недочёх* 'unterdrücktes Niesen', ukr. *za-ččáty* 'niesen, schnauben', *čchnúty*, *čýchaty* 'niesen', neben *pčýchaty*, sloven. *číhati*, *číham* (doch dieses evtl. aus *kíchati, s. unten u. Berneker EW 1, 165 ff.), poln. *czchać, czchnąć*. || Ursl. **čъch-* neben **čich-*, lautnachahmend wie aind. *chikkā* 'das Niesen', s. Uhlenbeck Aind. Wb. 94. Daneben *kъchnǫti, *kychati in skr.-ksl. *kъchnovenije* 'Niesen', sloven. *kêhnem, kéhniti* 'niesen', *kèh* G. *kéha* 'Niesen', ačech. *kšíti, kšu* 'niese', ukr. *kýchaty* 'niesen', wruss. *kicháć*, bulg. *kícham*, skr. *kíhati*, *kȋhâm*, čech. *kýchati*, poln. *kichać*, osorb. *kichać*, nsorb. *kichaś*, s. Berneker EW 1, 165, 658 ff., Iljinskij IORJ 20, 3, 75; 78.

чихва́литься 'prahlen, sich rühmen', Tveŕ, Nižnij (D.). Aus *чи-* 'ob' und *хвали́ться*. Kaum aus *ти́ще-* (Dal' 4, 1352).

чихво́стить 1. 'mit Ruten schlagen'. 2. 'schelten', Vjatka (Vasn.) 'schelten', Kašin (Sm.), Terek-G. (RFV 44, 112) 'scheren

(Bart)', Čerep. (Gerasim.). Urspr. *či* ʽob' und *chvostiti* ʽschlagen'. Weniger wahrscheinlich aus *tъsče-* und *chvastati* (so Sobolevskij RFV 67, 213). Hierher auch чéхвысь, чёхвысь ёгó ʽer schlug ihn', Vjatka (Vasn.).

чихи́ра ʽentkräfteter, kranker Mensch', Pskov (D.). Zu *чи* ʽob' und *хи́рый* ʽkrank' (s. d.).

чихи́рица ʽusnea barbata, Bartflechte an Laubbäumen', Pinega, Mezeń (Podv.). Etwa als ʽKrankheit' zum vorigen?

чихи́рь m. ʽstarker Wein, Rotwein', älter *чихи́р* Chož. Kotova (1625) S. 102. Entlehnung aus d. Turkotatar.; osman. *čakyr* ʽWein', dschagat. *čаууr*, karaim. T. *čаууr*, kuman. *čаууr*, tar. *čägir* (Radloff Wb. 3, 1845; 1848, 1958), karač. *čаууr* (Kel. Sz. 10, 96), s. Gombocz 60ff., Lokotsch 31, Preobr. Trudy 1, 77.

чихиря́ть ʽschwatzen, Unsinn reden', Arch., *чихи́рник* ʽSchwätzer', Onega (Podv.). Dunkel.

чи́хкать ʽkrank sein', Olon. (Kulik.). Aus karel. *tšihkoa* ʽkrank sein, schluchzen', s. Kalima 241, Leskov Živ. Star. 1892, Nr. 4, S.102.

чихо́лка, чи́хор ʽHaarschopf'. Man vergleicht *хо́лка*, *хохо́л* dass. und weiter lett. *ciêsa* ʽQuecke, Triticum repens' (s. Buga RFV 70, 103, Iljinskij IORJ 20, 3, 75), doch s. zum letzteren M.-Endz. 1, 395.

чи́хта ʽfeiner Schnee', Tomsk (D.). Unklar.

чи́ча ʽSchwester', Olon. Nach Leskov Živ. Star. 1892, Nr. 4, S. 102 aus karel. *čiči* dass. Kosewort. Vgl. *чи́цанка* ʽSchwesterchen, Freundin' und mitteltürk. *čiča* ʽMutterschwester' (zu diesem s. Le Coq Garbe-Festgabe 3).

чича́к ʽHelm', s. *шишáк*.

чи́чега ʽReif, Staubregen, fallender nasser Schnee', Olon., *чи́чела*, *чи́чала* dass. (Kulik., D.). Unsicher ist der Vergleich mit karel. *tšipšu* ʽnasser Schnee'. (s. Kalima 28 u. 247). Vgl. *чи́чер*.

чи́чель m. ʽnackter Mensch', Kolyma (Bogor.). Unklar.

чи́чер m., *чи́чера* f. ʽscharfer Wind mit Regen', Tula, Orel, Rjazań, Tambov (D.), ʽfeiner Regen', Voronež (Živ. Star. 15, 1, 125). Vgl. *чи́чега*. Verfehlt ist die Zusammenstellung mit aind. *çíçiras* ʽkühl, kalt' (gegen Preobr. 2, 319).

чичили́буха ʽe. Pflanze', Vjatka (D.). Siehe *целибу́ха*.

чиша́льной ʽjuckend, Juckreiz hervorrufend', Arch. (Podv.). Aus *чесáльной* zu *чесáть* ʽjucken'.

чиша́ть ʽunter sich machen', Arch. (D.), *чи́шкать* dass., Sibir. (D.), Kolyma (Bogor.), auch ʽzischen'. Lautnachahmend wie *ши́кать* ʽzischen'. Vgl. alt. tel. *čyč-* ʽseine Notdurft verrichten' (Radloff Wb. 3, 2094).

чи́шка ʽMispel, Mespilus germanica' (D.). Unklar.

чишля́ задáть ʽdavonlaufen', Kolyma (Bogor.). Dunkel.

чкать, чкнуть ʽstoßen, anschlagen, stechen, einen Schluck tun, schnell laufen', Olon. (Kulik.). Ablaut in *чи́кать* ʽschlagen'

(s. d.), s. auch *пóчка, прочкнýться*. Hierher gehört auch *чкнýться* 'einen Stich bekommen, verderben', wruss. *uščyknúć* 'pflücken, abzwicken', die MiEW 344 zu *щипáть, щёпоть* stellt.

член 'Glied, Körperteil', kslav. Lehnwort, aruss. *čelenъkъ* 'Glied', Pouč. Jefrem. Sirina (Šachmatov Očerk 153), *pačelenъkъ* 'kleines Glied', ukr. *čelén* 'Glied', dial. karp.-ukr. *čelenky* pl. 'Fingerglieder', s.-ksl. *članъ* (abulg. *člěnъ), bulg. *član, čl'an* 'Ast', skr. *člân* 'Knöchel, Abteilung im Weingarten', *članak* 'Knöchel', sloven. *člên* 'Gelenk, Glied, Knöchel', čech. *člen* 'Glied, Gelenk', slk. *člen*, poln. *czlon, czlonek*, osorb. *člonk*, nsorb. *clonk*. ‖ Ursl. *čelnъ ablautend mit *kolěno* (s. *колéно*). Man vergleicht als urverwandt lit. *kelỹs* 'Knie, Knoten eines Halmes', lett. *ķelna* 'Bein eines Huhnes' (Lituanismus, s. Osten-Sacken IF 24, 245 ff., M.-Endz. 2, 362 ff.), griech. *κῶλον* 'Glied', *κωλέα*, att. *κωλῆ* 'Hüftknochen', *κωλήν, -ῆνος* dass., aind. *kátas* (aus *káltas*) 'Hüfte', s. Meillet Ét. 454, MSL 14, 375, BSL 27, 55, Trautmann BSl 125, Berneker EW 1, 139 ff., Persson 526, Uhlenbeck Aind. Wb. 39. Weniger sicher ist die Verbindung mit griech. *σκέλος* 'Schenkel', *σκελίς* 'Hinterfuß, Hüfte', lat. *scelus* 'Verbrechen', ahd. *skultarra* 'Schulter' (J. Schmidt Kritik 40, Berneker c. l.) oder mit aind. *káṇḍas* m., *káṇḍam* 'Stück, Abschnitt' (Lidén Stud. 88, Torbiörnsson 1, 74). Die Bed. 'Mitglied' zuerst bei *член* als 'Mitglied e. Gerichtes' (Gen. Reglam. 1720 nach Smirnov 325).

чмет 'Spottname für die Perser', Stavrop., Kaukas. (RFV 68, 405). Unklar.

чмок 'Interj. des Küssens', *чмóкать* 'schmatzen, schnalzen', ukr. *cmok* 'Kuß, Interj. d. Küssens', *cmókaty* 'küssen, schmatzen', *cmákaty* dass. (R. Smal'-Stoćkyj Slavia 5, 23), wruss. *cmókać* dass., poln. *cmok* 'Schmatz', *cmoknąć* 'schmatzen'. Lautnachahmender Herkunft wie *смокотáть* (s. d.), vgl. Brückner EW 66, Preobr. Trudy 1, 77. Ähnlich lett. *šmok* 'Interj. des Küssens' (s. M.-Endz. 4, 85).

чмóлиться 'sich zieren', Arch. (Podv.). Dunkel. Schwerlich *čь* 'was'? und skr. *izmòliti* 'hervorzeigen', *nápomôl* 'im Angesichte', sloven. *molẹti* 'ragen, hervorragen' (wozu MiEW 200). Vgl. das folg.

чмут 'Betrüger, Schwindler', Perm, Sibir., *чмутúть* 'intrigieren, Menschen auseinanderbringen', Vologda, Sibir. (D.), älter russ. *čmutъ* 'Betrüger' (Domostr. K. 68). Aus *čь 'was' und *motverwirren', s. *мутúть, смýта*.

чмыкало 'lüsterner, launischer Mensch', Pskov, Tveŕ (D.). Zu *čь* 'was' u. *мыкáть*.

чмякать 'schmatzen, laut kauen', Kursk, Pskov, Tveŕ (D.). Lautnachahmend wie *чмок, чвáкать*.

чобан s. *чабáн*.

чóбега 'Lärm, Geräusch', Olon. (Kulik.), aus weps. *sob'egandeb* 'zu klopfen oder zu rühren anfangen', s. Kalima 241.

чо́блок ʽdünner Balken, Dachlatte, Dachsparre', Kazań, Astrach. (D.), *чо́блук* dass., Terek-G. (RFV 44, 112). Unklar.

чобо́т I. ʽStiefel mit Absatz u. gebogener Spitze, hoher Stiefel', Westl., Südl., aruss. *čebotъ* dass. (16. Jhdt., s. Srezn. Wb. 3, 1486), ukr. *čóbit* G. *čóbota* ʽStiefel', poln. *czobot*. Wird gewöhnlich als turkotatar. Entlehnung angesehen; vgl. kasantat. *čabata* ʽBastschuh', tschuwass. *śəbaDa* dass., die man aus d. Pers. herleitet, s. MiTEl 1, 270, Nachtr. 1, 19, EW 36, Paasonen Cs. Sz. 135, Radloff Wb. 3, 1930, Berneker EW 1, 159, Brückner EW 80, Preobr. 2, 251, Lokotsch 31. Das östliche Wort ist auch entlehnt in it. *ciabatta* ʽArt Schuh', frz. *savade*, schweiz.-d. *Schabatte*, s. Meyer-Lübke Rom. Wb. 227, Öhmann Neuphil. Mitt. 1943 S. 12. Nicht besser ist die Herleitung von *чобо́т* als *če-* + *botъ* ʽSchuh' aus d. Slav. (Sobolevskij RFV 71, 446, R. Smal'-Stoćkyj Slavia 5, 26). Unmöglich ist Zusammenhang mit *canóe* (gegen Korsch Archiv 9, 494, MiTEl Nachtr. 1, 19).

чобо́т II. ʽHals eines Fischnetzes', Kem (Podv.). Gehört als ʽStiefelschaft' zu *чобо́т* I.

чо́ва ʽabgetragener Bastschuh', Arch. (D.). Unklar.

чо́вая ло́шадь ʽgutes Pferd' (bei Pferdehändlern), (Pavl.). Von *чего́* Gen. s., vgl. *сто́ит чего́* ʽes ist etwas (einen Batzen Geld) wert'.

чо́глок ʽBaumfalke, kleiner Falke, Falco subbuteo' (D.). Unklar. Vgl. *щего́л*.

чок ʽKlang', *чок* Interj. ʽkling, klirr!', *чо́кать, -ся* ʽmit den Gläsern anstoßen', ukr. *čóko* Interj. ʽvom Klirren des Stiefeleisens'. Lautnachahmend wie ital. *ciocco* ʽKlotz', afrz. *choque* ʽStamm', frz. *choc* ʽStoß', *choquer* ʽanstoßen', s. Schuchardt Zeitschr. roman. Phil. 15, 104 ff., Berneker EW 1, 159, Mladenov Archiv 34, 390 ff., Preobr. Trudy 1, 78.

чо́лка ʽStirnhaar, Ponnyfrisur'. Zu *чело́* ʽStirn'.

чо́лма ʽBucht, Meerbusen', Olon. (Kulik.), *чёлма* ʽmit Gras bewachsener Sumpf' (c. l.). Aus lapp. Patsj. *tšoalme*, N. *čoalbme* ʽMeerenge, Sund', s. Wiklund MO 5, 125, Kalima 213, RS 5, 92 ff., Itkonen 60, Verf. Sitzber. Preuß. Akad. 1936 S. 190. Ferner steht finn. *salmi* ʽBucht', s. *соломя́*.

чо́лмоша ʽVerschlag im Bauernhaus', Arch., *чо́лнуш* dass., auch *шо́ннуша, шо́лныша* ʽdunkler Platz hinter dem Ofen', Pudož. Gehört zu *шо́мнуша* (s. d.) aus aschwed. *sømnhûs*, urspr. ʽSchlafhaus', s. Rhamm Altslav. Wohnung 346 ff., Verf. Zeitschr. 4, 283. Die Bedenken bei Thörnqvist 269 ff. sind nicht überzeugend. Abzulehnen ist der Vergleich mit sloven. *čûmnata* ʽKammer', welches aus rhätoroman. *čaminata* entlehnt ist (vgl. Zauner RS 5, 94 gegen Šachmatov s. unten). Urslav. Alter oder Entlehnung aus ostjak. *tšūmə̂t* ʽÜberbau, Balkenkasten' (Korsch-Šachmatov IORJ 7, 1, 45) kommt ebenfalls nicht in Frage, s. Zelenin IORJ 8, 4, 261. Verfehlt auch der Vergleich mit lit. *kélmas* ʽBaumstumpf', apreuß. *kalmus* ʽStock' (gegen Iljinskij

RFV 78, 197) oder Entlehnung aus finn. *solukka* 'kleine Zelle' (gegen Pogodin Varš. Univ. Izv. 1904, s. Kalima RS 5, 94).

чолпа́н s. *челпа́н*.

чом 'Renntierkarawane', Arch., Mezeń (Podv., D.). Aus syrjän. *ťśom* 'Samojedenzelt', s. Kalima RS 5, 93, FUF 18, 45. Vgl. *чум*.

чо́мга 'Seetaucher, Colymbus' (D.). Unklar.

чо́мор 'Waldgeist', Cholmogory (Podv.). Pogodins Herleitung aus syrjän. *tśom* 'Zelt, Hütte' ist bedenklich, s. Kalima RS 5, 93, FUF 18, 45 ff.

чоп 1. 'Rebe, Zweig des Weinstockes'. 2. 'Spund, Krahn, Zapfen'. 3. 'Dorn, Zahn (am Maschinenrad)', ukr. *čeperátyj* 'verästelt', *čepéry* pl. 'Gabelholz, Hakenpflug', bulg. *čep* 'Ast', *čépka* 'Weintraube', *čépor* 'Ast', skr. *čȅpûr*, *čȁpûr* 'Strunk eines abgehauenen jungen Baumes'. Ablaut in *чапы́га* (s. d.). Zu diesen Wörtern gehören wohl auch: bulg. *čep* 'Spund, Stöpsel', skr. *čȅp* G. *čȅpa*, dial. *čap* idem, sloven. *čȅp*, čech. slk. *čep*, poln. *czop*, ukr. *čip* G. *čopá*, osorb. *čop*, nsorb. *cop*, s. Sobolevskij Archiv 27, 245, Mladenov 681, Archiv 33, 14. Die Herleitung der letzteren Gruppe aus nhd. *Zapfe*, bzw. ital. *ceppo* 'Klotz, Block' (s. Berneker EW 1, 143, Brückner EW 80, Holub-Kopečný 91, Bielfeldt 117) ist zweifelhaft wegen ihrer großen Verbreitung im Slav. Unsicher ist auch die Verbindung von *чоn* usw. mit *щепа́ть* 'spalten' (Berneker c. l.) oder gar mit *ча́пать* 'schaukeln' sowie aind. *kapṛt* 'membrum virile' (Scheftelowitz IF 33, 142). Anklingende Wörter auch in nicht-idg. Sprachen, z. B. osman. *čöp* 'Holzstückchen, Splitter'.

чо́порка auch **чо́пурок** 'junges Renntierkalb von höchstens 3 Monaten', Arch. (Podv.), *чапу́рная шку́ра* 'Fell eines Renntiers unter einem Jahr', Arch. (Podv.). Aus lapp. Kild. *tšuǝbparͥgk* dass., s. Itkonen 60.

чо́порный 'geziert, gezwungen, überhöflich', *чепори́ться*, *чепу́риться* 'sich brüsten, wichtig tun', r.-ksl. *čepr̥ъ* 'deliciae', ukr. *čepúryty* 'aufputzen, schmücken', *-śa* 'sich stolz gebärden', wruss. *čepurýć śa* dass., sloven. *čepériti se* 'das Gefieder ausbreiten, sich wichtig tun', ngriech. τσοπορός 'geziert' (slav. Lehnw., s. G. Meyer Ngr. Stud. 2, 62). Man vergleicht als urverw. lett. *ceplis* 'Zaunkönig', *priekšceplis* 'vorlauter Mensch', s. M.-Endz. 1, 373. Andererseits wird Anknüpfung gesucht an *ча́пля* (s. *ца́пля*) unter Hinweis auf *петуши́ться*, *ерши́ться*, *ёжиться*, vgl. Sobolevskij RFV 71, 447 ff., MiEW 30. Nicht sicherer ist die Zusammenstellung mit poln. *czupiradło* 'lächerlich ausgeputzte Frau, Vogelscheuche', apoln. *kopiradło*, *kupiradło* dass. (Brückner EW 81 ff.). Verfehlt ist die Heranziehung von skr. *kočopêran* 'lebhaft, hurtig' (gegen Malinowski Pr. Fil. 5, 118); Berneker EW 1, 143 sucht Anschluß an *ще́пка* 'Span', *щепа́ть* 'spalten'. Vgl. auch Preobr. Trudy 1, 78.

чо́пурок s. *чо́порка*.

чо́рандать ʿrieseln’, Olon. (Kulik.), чо́рандало, чу́рандало
ʿGußregen’, Petrozav. (Kulik.). Aus karel. *tšoriśśa* ʿrieseln’,
s. Kalima 241, Wichmann FUF 11, 283.

чорба́ ʿFischsuppe’, s. *щерба́*.

чох ʿNiesen’, *недочо́х* ʿunterdrücktes Niesen’, aus **čьchъ*, zu
чхать ʿniesen’, s. *чиха́ть*. Eine Reimbildung ist *чох-мох*
ʿnichts’, *чох-мох не понима́ет* ʿer versteht nichts’, Don-G.
(Mirtov).

чо́ха ʿArt Oberkleid’, etymologisch identisch mit *чуха́* (s. d.) und
чу́га (s. d.).

чоха́ть ʿerbrechen’, Čerep. (Gerasim.), *чо́хнуть* ʿbespritzen’,
Pskov, Tveŕ (D.). Als **čьch-* zu *чиха́ть* ʿniesen’, *чох* ʿdas
Niesen’.

чо́ша ʿMesserfisch’, s. *чехо́нь*.

чпаг ʿBrustharnisch, Tasche, Sack’, alt (D.), aruss. *čьpagъ* (Nifont,
13. Jahrh., s. Srezn. Wb. 3, 1554), s.-ksl. *čьpagъ*, skr. *čpâg* G.
čpága, auch *špâg* ʿTasche, Rocktasche’. ‖ Mladenov RES 1, 51 ff.
sucht orientalische Herkunft zu erweisen und vermutet Zusammenhang
mit bulg. *čipág* ʿArt kurze Frauentracht ohne
Ärmel’ sowie osman. *čäpkän*, dschagat. *čapan*, *čäpän* ʿKleid,
Mantel, Decke’. Nicht sicherer ist die slav. Deutung von
Sobolevskij RFV 66, 346.

чре́во ʿLeib, Magen, Bauch’, *чрева́тый* ʿschwanger’, kslav. Lehnwörter,
zu abulg. *črěvo* κοιλία, γαστήρ, für echt-russ. *че́рево*
(s. d.).

чреда́ ʿReihe’, ksl. Lehnwort, zu abulg. *črěda* für volkst. *череда́*
(s. d.).

чре́сла pl. ʿLenden’, ksl. Lehnwort für einheimisches *чере́сло*
(s. d.).

чтить, *чту* ʿehren’, *почти́ть* dass., ukr. *čtýty*, *čči*, sloven. *častiti*
dass., ačech. *čstíti*, čech. *ctíti*, slk. *ctiť*, poln. *czcić*, nsorb. *pócćiś*,
po-cesćiś ʿbeehren’. Die Form *чтить* aus **čьstiti* von
*čьstь ʿEhre’ mit *č-* durch sekundären Einfluß von *честь*,
s. Berneker EW 1, 173 ff.

что ʿwas?’, was’, ukr. *ščo* ʿwas’, aruss. abulg. *čьto* τί, auch aruss.
čьto Conj. ʿwie, warum, aus welchem Grunde, daß’, heute *что*
ʿdass.’, bulg. *što*, skr. *štô*, *štä* (neuer Genetiv), sloven. *ništer*
(**ničьto-že*) ʿnichts’, čech. dial. slk. *ništ* dass., osorb. *što*, nsorb.
alt. u dial. *sto*. ‖ Aus ursl. **čь* ʿquid’ und hinzugefügtem Neutrum
to von **tъ* (s. *mom*). Urspr. *čь* liegt vor in aruss. *čь* ʿquid’, ukr.
nyč ʿnichts’ (**ni-čь*), abulg. *ničьže* ʿnichts’, *uničьžiti* ʿvernichten’,
skr. čak. *ča* (**čь*) ʿwas’, asloven. *ničže* ʿnichts’, sloven.
nìč, ačech. *nič*, čech. *nač* ʿwozu’, *proč* ʿwarum’, slk. *nič* ʿnichts’,
poln. *zacz* ʿwofür’. Ursl. **čь* ist urverw. mit aind. *cid* ʿenkl.
Partikel’, avest. *čit* n., *čiš* m., griech. τί ʿwas’, τίς ʿwer’, lau.
quid, quis, osk. *pid, pis*, hettit. *kui-*Relativpron. (Pedersen
Muršili 56) got. *ƕileiks* ʿwie beschaffen?’, s. Brugmann Grundriß
2, 2, 349, KVGr. 402 ff., Berneker EW 1, 164 ff., Trautmann
BSl 133, Mikkola Ursl. Gr. 3, 19. Der abulg. Gen. s. *česo*, *čьso* hat

eine Entsprechung in ačech. *čso*, čech. poln. *co*, polab. *cü* 'was'. Fraglich ist die Herkunft von ukr. *ščo* aus dieser Form (gegen Sobolevskij Lekcii 108, 202). Das späte russ. *чтó за* 'was für ein' ist Lehnübersetzung aus nhd. *was für ein*, s. Sandfeld Festschr. V. Thomsen 172.

чту I 'ehre', s. *чтить*.

чту, честь 'zählen, rechnen, lesen (Schrift); *чтéние* 'Lektüre', *почтý*, *почéсть* 'für etwas ansehen, halten, schätzen, erachten', *почтéние* 'Achtung, Ansehen', *почём* 'Ehre', *почтú* 'beinahe', eigtl. 'du magst zählen', *прочтý*, *прочéсть* 'durchlesen', auch *чётки* pl. 'Rosenkranz' (s. d.), *чёткий* 'deutlich, leserlich', abulg. *čьtǫ*, *čisti* ἀναγιγνώσκειν, σεβεῖν (Euch. Sin., Supr.), bulg. *četá* 'rechne, zähle, lese', skr. alt *čtem*, *čisti* 'lesen, verehren', heute: *čàtîm*, *čàtiti*, *čàtâm*, *čàtati* 'lesen', *pòštiti* 'ehren', sloven. *čtẹ̑jem*, *čtẹ́ti*, *štẹ̑jem*, *štẹ́ti* 'zählen, anrechnen', čech. *čtu*, *čisti* 'lesen, zählen', poln. alt *cztę*, *czyść*, polab. *cäte* 'zählt'. ‖ Ablaut in *читáть* (s. d.), hierher *честь* (*čьt-tь). Urverw. mit aind. *cētati* '(be)achtet, merkt, denkt, erkennt, versteht', *kḗtas* m. 'Gedanke, Absicht, Wunsch', *cikitvā́n* 'verstehend, wissend', avest. *čikiθvā̊* 'weise', ferner lit. *skaitýti*, *skaitaũ* 'zählen, lesen', lett. *skàitît* 'zählen', *šķietu*, *šķist* 'meinen', s. Berneker EW 1, 175, Trautmann BSl 135, Zubatý Archiv 16, 388, M.-Endz. 4, 47, Meillet MSL 14, 349.

чу interj. 'horch' (Žukovskij, Puškin), altpoln. *czu* 'nämlich', urspr. gleich aruss. abulg. *ču* 2. s. Aor. von *čuti* 'hören' (s. *чуть*), eigtl. 'du hast gehört', vgl. Sobolevskij RFV 15, 27, Lekcii 235, Berneker EW 1, 162, Preobr. Trudy 1, 83. Weniger empfiehlt sich die Auffassung als Wurzel-Imperativ (Iljinskij Drinov-Festschr. 246, RFV 61, 242).

чуб, -*á* 'Schopf', *чубáтый* 'schopfig', ukr. wruss. *čub* 'Schopf, Busch', čech. slk. *čub* 'Vogelschopf', poln. *czub* 'Schopf'. Daneben *čup- (s. *чупрúна*). ‖ Man vergleicht als urverw. got. *skuft* n. 'Haupthaar', mhd. *schopf* 'Schopf', ahd. *scoub* 'Garbe, Strohbund', s. Berneker EW 1, 160ff., IF 10, 152, Kluge-Götze EW 540, Schrader-Nehring 1, 418, Iljinskij Archiv 29, 487. Unsicher ist die Heranziehung von lit. *kaũbre* 'Hügel' (Buga IORJ 17, 1, 33), von lit. *kublỹs* 'Mistlerche' (Matzenauer LF 7, 39) und von *скубý* 'rupfe' (Berneker EW 1, 161).

чубарáхнуть 'mit Geräusch ausgießen'. Zu *чу* und *барáхтать-(ся)* '(sich) bewegen'. Nicht zu slk. *brchat' sa* 'heraufklettern' (gegen Šachmatov Očerk 160). Vgl. auch *чубурáхнуть*, *чибурáхнуть*.

чубáрый 'bunt, gesprenkelt, mit dunklen Flecken auf hellem (grauem oder weißem) Fell', aruss. *čubarъ* 'bunt' (Invent. Ivans IV., (1582—83), s. Srezn. Wb. 3, 1544; Mosk. Urk. 1588, s. Nap. 398). Turkotatar. Lehnwort, vgl. kasantat. *čubar* 'gefleckt, getüpfelt', dschagat. *čubar* 'eisengraues Pferd', kirg. *šubar*, baschkir. *sybar* 'gefleckt' (Radloff Wb. 3, 2153, 2185, Bang Kel. Sz. 17, 125, Räsänen Tat. L. 81), tschuwass. *tš̆əbar* dass. (Paasonen CsSz 185, Wichmann Tschuwass. LW 115), s. MiTEl

Nachtr. 1, 25, Rásonyi Sem. Kondak. 8, 294, Ramstedt KWb. 431.

чубе́й 'Art Riedgras', Terek-G. (RFV 44, 112). Zu *чуб*.

чу́блик, чу́глик 'Trinkgefäß aus Holz oder Birkenrinde', Olon. Vytegra (Kulik.). Nach Kalima FUF 18, 44 ff. aus syrjän. *tśiblʼęg* dass., dessen Etymologie unklar bleibt.

чубу́к, *-á* 'Pfeifenrohr mit knopfartigem Mundstück und tönernem Pfeifenkopf', auch *чублу́к*, *чубулдўк* (D.), ukr. *čubúk*. Aus osman. krimtatar. *čubuk* dass., uigur. alt. kasant. *čybyk*, karaim. T. *čybuχ* dass. (Radloff Wb. 3, 2099 ff., 2121, 2185), s. MiEW 36, TEl 1, 279, Nachtr. 1, 25, Kraelitz 15, Berneker EW 1, 156. Preobr. Trudy 1, 79.

чубура́хнуть 'mit Gepolter werfen, ausgießen' (D., Dobr.), auch *чебура́хнуть*. Vgl. *чубара́хнуть* (s. d.). Ein Zusammenhang mit *бро́сить* (Gorjajev EW 416, Dop. 1, 55) besteht nicht.

чубу́хать, чубу́хнуть 'zu Füßen fallen', Novgor., Pskov (D.), *чубухáть* 'schlagen', Pskov (D.), Interj. *чубу́х*, *чубы́х* 'plumps'. Zu *чу-* und *бу́хать* 'stoßen, schlagen' (s. oben 1, 155), vgl. Iljinskij IORJ 20, 3, 94.

чува́л 1. 'Herd, Feuerstelle am Kamin mit Mantel und Rauchloch'. 2. 'wollene Verpackung e. Warenballens', Ostrußl., Kolyma (Bogor.), Tobol'sk (Živ. Star. 1899 Nr. 4 S. 516), 'großer Sack' Voron. (Živ. Star. 15, 1, 125), ukr. *čuvál* 'Sack'. Entlehnt aus osman. aderb. *čuval* 'Sack' (Radloff Wb. 3, 2186 ff.), kasantat. *čuval* 'Kamin', s. MiTEl 1, 280, Nachtr. 1, 25; 2, 99, Verf. Živ. Star. 17, 2, 145 ff. Zur turkotatar. Sippe s. Paasonen FUF 2, 136. Wegen der Verbreitung kommt ostjak. Herkunft des russ. Wortes (gegen Kálmán Acta Ling. Hungar. 1, 266) weniger in Betracht.

чува́ра 'Tabak', Smol. (Dobr.). Unklar.

чува́ш, *-а* 'Tschuwasche, turkotatar. Stamm im Tschuwaschischen Rätefreistaat, Nachkommen der Wolgabulgaren', auch *чувашин*, *чувашанин* dass. (Mel'nikov). Der Name *чува́ши* begegnet seit dem 16. Jhdt. in russ. Quellen (s. Magnickij Izv. Kaz. Obšč. Ist. 21 Nr. 2 nach Etnogr. Obozr. 67, 132). Aus tschuwass. *tśəvaš* 'Tschuwasche', das zu osman. aderb. *javaš* 'friedlich, ruhig', uigur. *jabaš* gehört, s. Korsch IORJ 8, 4, 22. Räsänen Tsch. L. 89, FUF 29, 200, Rásonyi Semin. Kondakov. 8, 293. Nach Németh Symbolae Rozwadowski 2, 221 ist die nächste Quelle des tschuwass. Wortes kasantat. *džyvaš* 'friedfertig', karakirg. *džuvaš*, *juvaš*. Aus d. Tschuw. entlehnt ist tscherem. J U *suas*, U *süas* 'Tatare' (s. Räsänen c. l., Wichmann JSFOugr. 30, Nr. 6 S. 18, Achmarov Izv. Kaz. Obšč. Ist. 19, 156 ff., s. FUFAnz. 8, 22). Vom Volksnamen stammt *чува́ша* 'unsauberer Mensch', Tver̃, Pskov, *чуа́шка* dass. Vologda (D.). Der Lockruf *чува́ши-чува́ши* für Schweine ist viell. begünstigt durch die gleichbedeutenden *чух-чух* bzw. *чуш-чуш* (D.).

чува́шка — чу́до 351

чува́шка 'Lockname für einen Jagdhund', Smol. (Dobr.). Wohl zu *чуть*, *чуя́ть* 'wahrnehmen', *чуй*, *чуй* 'Interj. des Hetzens von Hunden auf das Wild', Smol. (Dobr.).

чу́вство 'Gefühl', *чу́ствовать* 'fühlen', r.-ksl. *čuvьstvo* αἴσθησις, abulg. *čuvьstvije* (Euch. Sin.), zu dial. *у-чува́ть* 'vernehmen, wahrnehmen', ksl. *ро-čuvati*, bulg. *čúvam* 'höre', skr. *čúvati, čûvâm* 'bewachen, behüten', sloven. *čúvati* 'wachen, hüten', weiter zu *чу́ю*, *чуть* 'fühle, wittere', s. Berneker EW 1, 162, Preobr. Trudy 1, 83.

чу́га 'enger, langer Rock mit ellenlangen Ärmeln, der durch e. Gürtel zusammengehalten wurde', Kursk (D.), *чуга́й* dass. Westl., ukr. *čúha, čuháj*, wruss. *čuháj*, aruss. *čuga* 'enger Rock' (B. Godunov, s. Srezn. Wb. 3, 1546), poln. *czuha, cuha* Tatra-G. (Rozwadowski RS 2, 110). Aus osman. vulg. *čoha, čoka* 'langer Kaftan', krimtat. *čuka* 'Tuch', uigur. *čögä* 'Kleidungsstück' (Radloff Wb. 3, 2005, 2016, 2037, 2165), s. MiTEl 1, 278, Nachtr. 2, 97, Berneker EW 1, 159, Lokotsch 35. Siehe *чо́ха*, *чухá*.

чугáрь, -я́ 'schwarzblaue Taube', *чугáстый гóлубь* dass. Wohl nur zufällig anklingend an mong. *čoqur*, kalmück. *tsöɣər* 'bunt, fleckig' (zur Sippe s. Ramstedt KWb. 431 u. oben *чубáрый*).

чу́гас 'ragender Hügel in einer Niederung', Tobol'sk (Živ. Star. 1899 Nr. 4 S. 516). Entlehnt aus ostjak. *ťuges* dass., s. Patkanov Živ. Star. 1899 c. l., Kálmán Acta Ling. Hungar. 1, 267.

чу́глик s. *чу́блик*.

чугу́н, -á 'Gußeisen', dial. *cygún* Arch., ukr. *čahún, čavún, čaún*. Turkotatar. Lehnwort. Nach Räsänen Zeitschr. 20, 448, FUF 29, 201 aus tschuwass. *tšugun* dass., vgl. balkar. *соγun*, kasantat. *čujen*, kumück., karačai. karaim. T. *čojun*, dschagat. *čüjün*, s. auch MiTEl 1, 279, Nachtr. 1, 25, Korsch Archiv 9, 496, Berneker EW 1, 161 ff., Radloff Wb. 3, 2017, 2171, Pröhle Kel. Sz. 10, 99; 15, 216, Ramstedt KWb. 432, Räsänen Tat. L. 79, Kraelitz 15, Lokotsch 35.

чу́до, pl. *чудесá* 'Wunder', *чуде́сный* 'wunderbar', *чуде́сить* 'verrückte Streiche machen', *чудно́й* 'wunderlich', *чу́дный* 'wundervoll', ukr. *čúdo* pl. *čudesá*, wruss. *čúdo*, aruss. abulg. *čudo* G. *čudese* θαῦμα, τέρας (Cloz., Supr.), bulg. *čúdo* 'Wunder, ungeheure Zahl', skr. *čȕdo*, pl. *čȕda, čudèsa* dass., sloven. *čúdo* G. *čúdesa, čúda* 'Wunder', slk. *čud*, poln. *cud*, osorb. *čwódo* 'Wunder' (wohl expressive Diphthongierung). ‖ Alter *es*-Stamm; man nimmt Ablautverhältnisse u. Urverwandtschaft mit griech. *κῦδος* 'Ruhm, Ehre' an, mit Stammabstufung wie bei griech. *πένθος : πάθος*; dazu auch griech. *κυδρός* 'ruhmvoll'. Mitunter wird auch aind. *á-kūtiṣ* f. 'Absicht', *kavíṣ* m. 'Lehrer, Weiser' verglichen, s. Bezzenberger BB 27, 145, Trautmann GGAnz. 1911 S. 247, BSl 132, J. Schmidt Pluralbild. 147, Meillet Études 357, Berneker EW 1, 161. Dazu: *чу́ю*; *чуть*, *куде́сник*. Das spätkslav. *študo* 'Wunder', poln. *cud* dass. sind im Anlaut durch die Sippe von *чужо́й* (s. d.) beeinflußt und das ksl. Wort kann nicht mit griech. *στύω* 'richte empor', nhd. *staunen* verglichen werden (gegen Berneker IF 10, 155), s. Brandt RFV 25, 29. Vgl. auch *юдо*.

Чудско́е О́зеро 'Peipussee', volkst. dafür *Чухо́нское О́зеро* s. Zelenin Živ. Star. 18, 1, 126, aruss. *Čudьskoje Ozero* dass. (Novgor. 1. Chron. Synodalhs. a. 1240). Von *Чудь* 'finnische Völkerschaft' s. Verf. OON 15. Abzulehnen ist die Auffassung als got. **þiudisks saiws* 'deutscher See' (gegen Sitzber. d. Gel. Estn. Ges. 1920, S. 112). Der Name baltd. *Peipus*, estn. *Peipsi, Peibes* G. *Peibese* ist entstanden aus estn. **peib(o)se(n) järv* 'Finkensee', finn. *peippo, peipponen, -osen* 'Fink', s. Verf. Zeitschr. 10, 46.

Чудь f. G. *-u* 'Bezeichnung der finnischen Bevölkerung der G. Pskov, Novgor., Arch., Olon.' (Podv., Kulik.), auch im G. Perm u. Sibirien (Živ. Star. 1899 Nr. 4 S. 516, Etnogr. Obozr. 4, 220ff., s. auch Patkanov Kel. Sz. 1, 261 ff.). Jedenfalls wurde der Name durch die russ. Kolonisation nach Osten gebracht. Gewöhnlich wird er eine urspr. Bed. 'Germanen' und Herkunft aus got. *þiuda* 'Volk' angenommen, s. bes. Grünenthal KZ 68, 147, Šachmatov Živ. Star. 20, 1, 22, Bull. Ac. Sc. de Pburg 1911 S. 268, Perwolf Archiv 4, 66. Zu beachten ist aber auch lapp. Norw. *čutte, čudđe*, lapp. Schwed. *čute, čude* 'Verfolger, Räuber, ein die Lappen bedrängender Feind' (in Märchen), Kola-lapp. *čutte, čut*, s. Wiklund MO 5, 195ff., Itkonen 60ff., Nielsen Lapp. Wb. 1, 451. Die Finno-Ugristen haben Bedenken, diese Wörter aus d. russ. *čudь* herzuleiten, wie Kiparsky 212 es tut (vgl. E. Itkonen Uralalt. Jahrb. 27, 43, dessen Verknüpfung der lapp. Wörter mit finn. *suude* 'Pfropf, Keil' mir nicht einleuchtet). Aus dem Russ. könnte stammen syrjän. *tśud* 'Volk, das früher im Syrjänenlande wohnte' (s. Wichmann-Uotila 304ff.). Ganz unwahrscheinlich ist Verwandtschaft von **čudь* und griech. Σκύθαι 'Skythen' (Herodot), gegen Brückner Archiv 29, 111. Vgl. *чужо́й*.

чужа́нин, чуже́нин 'Bräutigam' in Hochzeitsliedern, Arch. (Podv.) auch 'Fremder, Ausländer', Smol. (Dobr.). Zu *чужо́й*. Zur ersten Bed. vgl. *неве́ста*.

чу́ждый 'fremd, fern', *чужд, чужда́, чу́ждо*, kslav. Lehnw., r.-ksl. *čuždь, ščuždь*, abulg. *štuždь* ξένος (Supr.) für echt-russ. *чужо́й* (s. d.). Das *č* im ksl. kann von *čudo* stammen (s. *чу́до*), vgl. Brandt RFV 25, 29.

чужо́й 'fremd', ukr. *čužýj*, aruss. *čužь*, abulg. *štuždь* ἀλλότριος, ξένος (Ostrom., Supr.), dissimiliert zu *tuždь* dass. (Cloz., Euch. Sin., Mar., Zogr., Assem., Savv., s. Diels Aksl. Gr. 140ff.) u. *stuždь* (Euch. Sin., Supr.), s.-ksl. *čuždь* (Einfluß von *čudo*), bulg. *čužd, čuzd* (*č* wie das vorige), skr. *tûđ, túđa, túđe*, sloven. *tûj, túja*, ačech. *cuzí*, čech. *cizí*, slk. *cudzí*, poln. *cudzy*, osorb. nsorb. *cuzy*, polab. *ceudzi*. ‖ Ursl. **tjudjь* gilt meist als *i̯o*-Ableitung einer Entlehnung aus got. *þiuda* 'Volk'. Die Formen mit *t-* könnten daraus durch Dissimilation entstanden sein. Zur Bed. vgl. sloven. *ljûdski* 'fremd', s. MiEW 357, Meillet Études 175, Meillet-Vaillant 94 ff., Kiparsky 211 ff., Grünenthal KZ 68, 147,

Mladenov 688, Hirt PBrBtr. 23, 337, Uhlenbeck PBrBtr. 30, 315, Stender-Petersen 186 ff., Vaillant Festschr. Miletič 26. Sonst wird auch an Urverwandtschaft mit got. *piuda* 'Volk', lit. *tautà*, lett. *tàuta*, apreuß. *tauto*, ir. *tuath* 'Volk', osk. *touto* dass. gedacht und ein Verhältnis wie *d*:*t* bei **tvьrdъ*: lit. *tvìrtas* (s. *твёрдый*) angenommen (s. Pedersen Kelt. Gr. 1, 54, Mikkola Ursl. Gr. 174) bzw. Dissimilation von *t — t* zu *t — d* (Trautmann Apr. Sprd. 446ff.). Als echt-slav. wollen einige Gelehrte **tudjь* zu abulg. *tu ἐκεῖ* stellen (Brandt RFV 25, 28, Obnorskij RFV 73, 84 ff.). Brandt c. l. vergleicht *tu-* mit griech. *ἐντεῦϑεν* 'von dort', s. auch Iljinskij IORJ 23, 2, 214, dessen Vergleich mit *тыть* 'feist werden' nicht überzeugt. Nicht wahrscheinlich ist die Annahme eines slav. Ablautes **teudi̯o-* (*чужой*) und **toudi̯o-* (*tuždь*), gegen Berneker IF 10, 155 ff. Abzulehnen ist die Herleitung aus **skjudь* und Verbindung mit dem Volksnamen *Σκύϑαι* (gegen Brückner EW 67).

чужь f. 'Unsinn', s. *чушь*.

чу́йка I. 'langer, schlafrockähnlicher Rock aus Tuch', Moskau (D.). Zu *чугá*.

чу́йка II. 'Dummkopf, Holzklotz', Tveŕ (D.), *чу́йна* 'abgestorbener Baum', Perḿ (D.). Vgl. *чу́ха* I.

чука́вый I. 'maßvoll, verständig, knapp', Novgor., Kursk (D.). Unklar.

чука́вый II. 'geckenhaft', Tula, *чука́н* 'Geck', Tula (D.). Soll nach Sobolevskij RFV 54, 42 identisch sein mit dem PN *Čukanъ* (1688 im Kr. Kolomna) und zu *цука́н* (s. d.) gehören.

чукарéзнуть 'austrinken, schlagen', Don-G. (Mirtov). Expressiv aus *чу* 'horch', *ka-* (Partikel) u. *рéзать*. Siehe *чикарéзнуть*.

чука́ть 'saugen', Mezeń (Podv.). Lautnachahmend. Vgl. die unter *сосáть* angeführten Bildungen von Interjektionen u. W. Schulze Kuhn-Festschr. 194 ff., Kl. Schriften 212 ff.

чукма́рить, чукмáсить 'schlagen, schleppen', Tveŕ (D.), auch 'antreiben, maßregeln, schelten', Pskov (D.). Zu *чекмáрь* (s. d.).

чукотáть 'kitzeln', Olonec (D.), zu *щекотáть*, s. Gorjajev EW 428.

чулáн 'Kammer, Vorrats-, Rumpelkammer', schon Domostr. K. 42, Zab. 114. Wohl als 'Verschlag' entlehnt aus d. Turkotat., vgl. alt. tel. leb. *čulan* 'Umzäunung für das Vieh' (Radloff Wb. 3, 2175), kasantatar. *čölän* 'Vorratskammer', s. Räsänen Tat. L. 81 gegen Radloff c. l., der diese Wörter trotz der abweichenden Bed. für russ. Lehnwörter hielt, s. auch MiTEl 1, 42, 278, Kraelitz 14, Gorjajev EW 417. Abzulehnen ist die Annahme einer Urverwandtschaft mit *куль* 'Sack' (gegen Sobolevskij Slavia 5, 447), dann die Herleitung aus lat. *culīna* 'Küche' (Czekanowski Wstęp 205, dagegen Verf. Zeitschr. 4, 283), aus osman.-pers. *külχan* 'Ofen', angeblich aus osman. *kül* 'Asche' u. *χane* 'Haus' (gegen Berneker bei Schrader-Nehring 1, 461, Lokotsch 99). Abzuweisen ist auch Entlehnung aus anord. *kylna* 'Trocken-, Badestube', das aus lat. *culīna* entlehnt ist (gegen

K. Rhamm, s. Zelenin Archiv 32, 601, Schrader-Nehring 1, 462, Thörnqvist 19, 206) und Zusammenhang mit poln. *czułać* ʽsammelnʼ (Brückner KZ 45, 28).

чулéйдать ʽrieseln, rauschenʼ (von Bächen), Arch. (Podv.). Aus karel. *tšolata* dass., s. Kalima 241, Wichmann FUF 11, 283.

чулóк G. *-лкá* ʽStrumpfʼ, ukr. *čulók*, schon aruss. *čulъkъ* (Inv. Ivan IV. (1582—83), s. Srezn. Wb. 3, 1551 ff., Chož. Poznjak. 1558 S. 12, Chož. Kotova S. 113 ff.), bulg. *čúlka*. Turkotatar. Lehnwort; vgl. tschuwass. *tšəlga*, *tšulga* ʽStrumpfʼ, kasantat. *čolgău* ʽFußlappenʼ, *čolga-* ʽumwickelnʼ, kuman. *čulgau* ʽFußlappenʼ, kirg. *šulgau* id., alt. *čulgu* ʽWindelʼ (s. Paasonen Cs. Sz. 184, Radloff Wb. 3, 2052, 2176, Bang Sitzber. Preuß. Akad. 1929 S. 255, Ramstedt KWb. 433, Kel. Sz. 15, 136), vgl. MiTEl 1, 279, Nachtr. 2, 97, EW 419, Berneker EW 1, 163. Abzulehnen ist die Annahme echtslav. Herkunft und Verwandtschaft mit *куль* (gegen Sobolevskij Slavia 5, 446 ff.) oder mit poln. *cuła* ʽLappen, Fußlappenʼ (Brückner EW 68).

чум I. 1. ʽübertragbares Stangenzelt, im Sommer mit Birkenrinde gedeckt, im Winter mit Renntierfellenʼ. 2. ʽwotjakisches Hausʼ, Nordrußl. (D.), Kolyma (Bogor.), Камч., *чумовáть* ʽnomadisierenʼ Pečora. Wird wie *чом* (s. d.) als Lehnwort hergeleitet aus syrjän. *tśom* ʽZelt, Hütte, Speicherʼ, wotjak. *tšum* dass. (Wichmann-Uotila 303), s. Kalima FUF 18, 45, RLS 153 ff., RS 5, 93, Toivonen FUF 32, 82.

чум II. ʽMeile von 3 Werst längs e. Flußʼ, Nordrußl. Nach Kalima FUF 18, 42 ff. Kürzung aus syrjän. *tśomkos* ʽAbstand zwischen zwei tśomʼ (s. auch *чум* 1).

чум III. ʽSchöpfkelleʼ, *чумúчка* dass., aruss. *čitъ* dass. (Hypat. Chron., Urk. a. 1328, s. Duvernoy Aruss. Wb. 229, Srezn. Wb. 3, 1552), *čumičь* (Domostr. K. 47). Wird aus kasantat. *čumyč* ʽTrinkgeschirrʼ, dschagat. *čumča* ʽSchöpflöffelʼ, *čumuš*, *čumšuk* ʽgroßer Löffelʼ (Kúnos Dschag. Wb. s. v.), kuman. *čömič* ʽSchaumlöffelʼ (Grönbech Koman. Wb. 76, Radloff Wb. 3, 2050) hergeleitet, s. MiTEl Nachtr. 2, 98, Preobr. Trudy 1, 81. An Entlehnung aus tschuwass. *tš̌ə̑m* ʽArt Bierkrugʼ denkt Räsänen FUF 29, 201. Vgl. *чумáшка*.

чумá ʽPest, Beule, Geschwürʼ, ukr. *čumá*, *džúma*, wruss. *čumá*, mbulg. *čuma* (14. Jhdt., s. Sobolevskij unten), bulg. *čúma*, skr. *čȕma*, poln. *dżuma*. Muß wegen des *dž* entlehnt sein. Als Quelle wird osman. *čuma* dass. angesehen, s. MiEW 419, TEl 1, 279, Nachtr. 1, 25, Sobolevskij RFV 65, 417, Gorjajev EW 417, Lokotsch 36. Anders Radloff Wb. 3, 2188, Mladenov 689, Kraelitz 15, die das osman. Wort für slavisch halten. Abzulehnen ist die Herleitung aus rumän. *ciumă* ʽSproßʼ, aromun. *tšumă* ʽBeule, Geschwür, Pestʼ, von lat. *cyma* aus griech. κῦμα ʽSproßʼ (gegen Berneker EW 1, 163). Die Verbreitung wäre für ein rumän. Lehnwort ganz ungewöhnlich. Auffallend auch das Fehlen einer genauen Entsprechung in anderen roman. Sprachen (wozu Meyer-Lübke Rom. Wb. 226). Auch Urverwandtschaft mit griech. κῦμα ʽSproßʼ leuchtet nicht ein

(gegen Mladenov Archiv 33, 7 ff., s. Jagić Archiv 33, 10, Verf.
RS 4, 172). Brückner KZ 45, 110, EW 114 vergleicht aruss.
šuma ʽBeule' in den Secreta Secretorum d. Pseudo-Aristoteles
(Ende 15. Jhdt.) und sucht die Quelle in hebr.-talmud. šuma
ʽBeule, Geschwür'.

чума́за ʽSchmierfink', *чума́зик*, *чумазла́й* dass., *чума́зый* ʽschmutzig, schmierig, unsauber' (Mel'n.). Zu *чу-* und *ма́зать* ʽschmieren', vgl. *чернома́зый* ʽbrünett, dunkel, braun'. Anders, aber kaum richtig, über den ersten Teil Preobr. Trudy 1, 31, der an *чу́шка* ʽSchwein' und *чу́чело* ʽVogelscheuche' anknüpfen will, s. auch Gorjajev EW 417.

чума́к, -á 1. ʽBranntweinhändler', Kazań, Perm (D.), Olon. (Kulik.), Tot'ma, Vologda (Živ. Star. 19, 1, 115). 2. ʽSalz- u. Fischhändler', ukr. wruss. *čumák* ʽFuhrmann'. Als Quelle gilt vielen das Turkotatar.; osman. *čomak* ʽKeule, langer Stock', uigur. *čomak* ʽstark, tüchtig' (Radloff Wb. 3, 2032, Vámbéry Uigur. Spr. 252), wobei man sich auf den Bedeutungswandel ʽHolz' ∼ ʽMensch' (R. Much WS 1, 39 ff.) berufen kann, s. MiTEl Nachtr. 1, 25; 2, 98, Lokotsch 35, Brückner EW 81. Schwierig bleibt dabei die Bed. ʽBranntweinhändler'. Andere denken an Kürzung von osman. *čumakdar* ʽTräger einer Keule' (Radloff Wb. 3, 2188), s. Karłowicz 117. Zweifelhaft ist die Verbindung mit turkotat. *čum* ʽFaß' (Gorjajev Dop. 1, 56). Die Verknüpfung mit *чума́* ʽPest' (Gorjajev EW 417, Preobr. Trudy 1, 81) ist nur eine Volksetymologie, auch wenn die ukrainischen Salzfuhrleute, wie behauptet wird, ihre Kleider zur Abwehr der Pest mit Pech beschmiert haben sollten.

чума́н ʽKorb aus Birkenrinde' (S. Aksakov), auch *чума́ш* id. Vologda, Kazań, Simbirsk (D.), Jarensk (Filin 145). Entlehnt aus tschuwass. *tšuman* ʽGefäß aus Birkenrinde', woher auch syrjän. *tšuman* dass., s. Wichmann Tschuwass. LW 118, Wichmann-Uotila 306 ff. Siehe *чума́ш*.

чума́рка ʽkurzer Oberrock', Südl., Neurußl. (D.). Siehe *чама́ра*.

чума́сы́ pl. ʽHaare an den Schläfen', Smol. (Dobr.). Dunkel.

чума́ш ʽKorb aus Birkenrinde', s. *чума́н*.

чума́шка ʽeiserner Schaumlöffel' (D.). Nicht zu trennen von *чум* III, *чуми́чка* ʽSchöpfkelle' (s. d.). Nicht überzeugend aus nhd. *Schaumlöffel* erklärt von Gorjajev EW 417.

чумбу́р ʽLeitseil', s. *чембу́р*.

чу́ми ʽKuß': *дай мни чу́ми*, Karelien, Olon. (Kulik.). Aus lapp. N. *sitma* ʽKuß', s. Itkonen 61.

чуми́чка s. *чум* III.

чумка́с, чунка́с ʽeine Werst, Strecke von 700 Klaftern', Pečora (Schrenck) Perm (D.). Aus syrjän. *tśom* ʽSpeicher' u. *kost* ʽZwischenraum', s. Kalima FUF 18, 42 ff. Vgl. *чémкос*, *чум* II.

чу́мкаться ʽBlindekuh spielen', Vologda (D.). Unklar.

чумоток G. *-тка* 'Stück Land' nur aruss. *čumot(ъ)kě* Loc. s. (Šachmatov Dvinsk. Gr. 149). Viell. nur zufällig ist der Anklang an *шмат*.

чунéть 'gefühllos werden', Pskov (D.). Dunkel. Wegen der Bed. nicht mit ukr. *výčuňaty* 'gesund werden' (wozu s. *чван*) zu vereinigen.

чýнжи pl. 'Regenwürmer', *цюнжси* pl. dass. Olon. (Kulik.). Entlehnt aus weps. *tšonžud* pl. 'Köder', s. Kalima 241 ff. Toivonen FUF 19, 184.

чýни I. pl., auch *чýны, чунгú* 'Bastschuhe, Bauernschuhe aus Hanfstricken', Novg., Tveŕ, Kaluga (RFV 49, 335), Smolensk (Dobr.), Jarosl. (Volockij), Pinega, Mezeń (Podv.), Rjazań, Simb., Kazań (D.). Soll nach Kalima RLS 155 zum folg. gehören. Vgl. auch *тюни*.

чýни II. pl., auch *чýнки* 'Renntierschlitten mit hohem Ständer', Kola, Keḿ, Mezeń, Šenkursk, Olonec, Arch., Vologda 'Schlitten', Čerep. (Gerasim.), Jarosl., Vladimir, Don-G., *цýни, цюнки* pl. dass. Kargopol' (Živ. Star. 1892, Nr. 3, S. 164). Wird gewöhnlich als Entlehnung aus lapp. Kild. *tšuənne* 'Lappenschlitten', Kola *čioinne* dass. angesehen, s. Kalima WS 2, 183 ff., RS 5, 93, Itkonen 65, Verf. Sitzber. Preuss. Akad. 1936, S. 179. Diese Deutung ist für die nordgrr. Belege annehmbar; für das Don-Gebiet ist sie höchst unwahrscheinlich. Hier könnte Entlehnung aus d. Turkotatar. vorliegen; vgl. tschuwass. *śuna* 'Schlitten', kasantat. *čana* dass., tel. leb. tar. *čana* 'Schneeschuhe' (Radloff Wb. 3, 1855 ff., wozu Paasonen Cs. Sz. 141, ohne das russ. Wort).

чунтýк 'gute Rasse von Krimschafen', Krim (Dal' 2, 761 s. v. *малúч*). Unklar.

чунýть, *чунý* 'schelten, beschämen', nur aruss. *čunuti, činu* (Urk. d. Kyrill-Belozersk. Klosters a. 1427, s. Srezn. Wb. 3, 1552). Siehe *щунять*.

чуп 'Schopf', Vjatka (Vasn.), auch 'Art Unkraut', Tobol'sk (Živ. Star. 1899, Nr. 4, S. 516), *чупáк, чубáк* 'Schopf', skr. *čȕpa* 'Büschel Haare'. Verwandt mit *чупрúна* und *чуб* (s. d.). ‖ Man vergleicht anord. *skúfr* m. 'Quaste, Bündel', ahd. *scoub* 'Garbe, Strohbund', mhd. *schoup*, nhd. *Schaub* 'Bündel, Strohbund, Strohwisch', s. Ehrismann BB 20, 54 ff., Berneker EW 1, 160 ff., Holthausen Awn. Wb. 259. Ursl. **čubъ* verhält sich zu **čirъ* wie **stъlbъ*: **stъlpъ* (s. *столб, столп*).

чýпа 'bewaldete Flußbucht', Čerep. (Gerasim.), 'enges Ende eines Beutelnetzes', Arch., Olon. (Podv., Kulik.), 'enge Bucht', Petrozav. Entlehnt aus karel. *tšuppi* 'Ecke, Winkel', s. Kalima 242, Wichmann FUF 11, 275, 284, Pogodin IORJ 12, 3, 338.

чупáк 'mit Leder benähter Filzschuh', Vologda (D.). Aus finn. *supikas* 'Art Männerschuh', nach Kalima 242.

чýпас 'breiter Trog', auch 'Boot', Kadnikov (Živ. Star. 1895, Nr. 3—4, S. 398), auch *чýпа* 'schmaler Trog', Olon. (Kulik.),

чупа́ха — *чур 357

das Pogodin IORJ 12, 3, 338 zu *у́па* ʽBuchtʼ stellen will.
Vgl. *чу́пус*.

чупа́ха ʽunordentlicher, schmutziger Menschʼ (Melʼnikov), auch *чу́па* dass., Vologda (D.), ʽgrober, unbeholfener Menschʼ, Novgor. (D.). Etwa zu *чуп* ʽSchopfʼ?

чуплю́к ʽdiademartige Kopfbedeckung der Frauenʼ, Saratov (D.).

чупра́сый ʽhübsch, nettʼ, Moskau, Kaluga (D.). Viell. Ableitung von *čuprъ* ʽbeschopftʼ, urspr. ʽmit üppigem Haarwuchsʼ. Siehe *чупри́на*. Vgl. aber ačech. slk. *čuprný* ʽflink, gewandtʼ, čech. *čiperný* dass., *čipera* ʽflinker, witziger Menschʼ, poln. *czupurny* ʽrappelköpfig, von leicht erhitzbarer Stirnʼ. Unsicher.

чупри́на ʽSchopfʼ, auch *чупр* ʽHaarschopfʼ, Vjatka (Vasn.), ukr. *čuprýna*, *čúper* dass., wruss. *čuprýna*. Aus d. Ukr. stammt poln. *czupryna*, apoln. *szupryna* (Rej, s. Brückner EW 81). Gehört zu *čuprъ*, *čubъ* (s. *чуп*, *чуб*), s. Berneker EW 1, 160, Buga IORJ 17, 1, 33. Dazu auch *чупру́н* ʽTroddel an der Fahnenstangeʼ (Matzenauer LF 7, 41).

чупру́н ʽÜberrock der Frauen aus weißem Tuchʼ, Rjazań (RFV 68, 17), Tambov (D.), aruss. *čuprunъ* (Urk. 14.—15. Jhdt., s. Duvernoy Aruss. Wb. 229, Srezn. Wb. 3, 1552). Etwa zum vorigen (nach Matzenauer LF 7, 41)?

чупры́снуть ʽschlagen (mit e. Knüppel)ʼ, Kursk (D.), Smol. (Dobr.). Ganz zweifelhaft ist die Annahme einer Urverwandtschaft mit alb. *ϑuprɛ* ʽGerte, Rute, Weinstockʼ (G. Meyer Alb. Wb. 92). Unklar ist auch das Verhältnis zu *чупырзнуть* ʽschlagenʼ, das Šachmatov IORJ 7, 2, 337 mit *копы́рза* ʽzänkischer Menschʼ vergleicht.

чу́пус ʽaus einem Espenbalken ausgehöhlter Einbaum ohne Rippenʼ, Olon. (Kulik.). Nach Itkonen 61 aus lapp. Pats. *sùvəs* G. *soʼppaz*, lapp. Kild. *suβes* G. *subpas* ʽKielʼ, wobei er auch die Bed. behandelt. Daneben verweist er (wohl weniger glücklich) auf karel. *tšoppu* ʽEcke, Winkelʼ als mögliche Quelle.

чупы́тошный ʽkleinʼ, Kaluga (RFV 49, 335), *чупы́рный*, *чупы́рышный*, *чупы́рненький* dass., Tambov (D.). Wohl emotionale Ausdrücke.

чупя́ситься ʽsich brüsten, laut sprechen, prahlenʼ, Smol. (Dobrov.). Unklar.

*чур I. ʽGrenze, Rand, Maßʼ, wird angenommen wegen *черезчу́р* ʽüber die Maßen, zu sehrʼ, s. Potebnja RFV 3, 192 ff., MiEW 37. Der Vergleich mit mhd. *gehiure* ʽsanft, anmutigʼ, aengl. *hiere*, anord. *hýrr* ʽfroh, freundlichʼ (Berneker IF 10, 152) ist von Berneker EW 1, 164 aufgegeben worden. Keine Förderung bedeutet die Verbindung von *čurъ* mit anord. *skor* f. ʽEinschnitt, Kerbeʼ, engl. *score* ʽKerbe, Rechnungʼ, die vielmehr zu nhd. *scheren* gehören (gegen Iljinskij Archiv 32, 342, dazu s. Holthausen Awn. Wb. 255, Torp 454). Andere denken an Verwandtschaft mit *чу́рка* ʽHolzklotzʼ (Želtov Fil. Zap. 1876, Nr. 4, S. 28), wobei für *čurъ* die Bed. ʽGrenzpfahlʼ angenommen wird.

чур — Чурӣла

Mladenov RFV 71, 455 nimmt ein idg. *skeu̯r- 'schneiden' an (dazu vgl. unten *чу́рка*).

чур II. in *чур меня, чур, чур чура́* 'halt, nicht weiter, laß mich in Ruhe, rühr mich nicht an', ukr. *cur!* 'weg davon, hüte dich', wruss. *cur tobě* dass. Man versucht *čurъ* aus tschuwass. *tšar* 'halt'! (älter *tšər-) und *черезчу́р* 'übermäßig' aus tschuwass. *tšaruzər* 'ohne Grenzen' herzuleiten (Gauthiot MSL 16, 89), was bedenklich ist. Sonst suchte man in *čurъ* ein Ersatzwort für *чёрт* 'Teufel' (so Berneker EW 1, 164, Havers 111). während Zelenin Tabu 2, 93 darin kühn ein 'Gott behüte'! sehen will und *čurъ* aus griech. κύριος 'Herr' herleitet. Ganz abwegig ist die Annahme einer Entlehnung aus anord. *Tý-r* 'Kriegsgott' (gegen Pogodin Živ. Star. 20, 427). Der ON *Čurovo* G. Novgorod beweist (trotz Pogodin u. Maksimov Krylatyje slova 221ff.) keine Gottheit, s. dagegen Iljinskij Archiv 32, 342, RES 8, 241, dessen eigener Vergleich mit *курно́сый, кургу́зый* u. ksl. *kurělъkъ* 'Idol' auch verfehlt ist. Diskutabler ist die Verbindung von *čurъ* als 'Hausgeist, Ahne, Verwandter' mit *пра́щур* (s. Ključevskij Kurs 1, 138ff., Nikol'skij Fil. Zap. 1891, Nr. 4—5, S. 11ff., Želtov Fil. Zap. 1876, Nr. 4, S. 37). Eine Gottheit *Čurъ, die ältere Mythologen annahmen, ist nicht erwiesen (s. Rożniecki Archiv 23, 474), vgl. auch Brückner KZ 48, 175. u. *чур* I.

чур III. 'steinige Sandbank', Arch. (Podv.). Kalima 242 trennt dieses Wort von *чу́ра* II (s. d.); ob mit Recht?

чура́ I. 'halt, nicht weiter'!, Tveŕ (D.). Zu *чур* II. (s. d.).

чура́ II., *чу́ра* 'Kiessand, grober Sand, graupeliger Schnee', Olon. Novgor., *чу́вра* dass. Pudož, Kargopol', *цю́ра* Kargopol' (Živ. Star. 1892, Nr. 3, S. 164). Aus karel. Olon. *čuuru* 'Kiessand', weps. *tšur* dass.; vgl. finn. *sora* 'Gries', s. Kalima 242, Leskov Živ. Star. 1892, Nr. 4, S. 103.

чура́к 'Holzklotz', s. *чу́рка*.

чура́с 'Loch, Grube im Sumpfe', Arch. (Podv.). Siehe *чаруса́*.

чура́ть 'sich durch den Ruf *чур* sichern', *чура́ться* 'jemd. meiden, aus dem Wege gehen, hassen'. Ableitung von *чур* II., s. Dal' 4, 1379, Želtov Fil Zap. 1876, Nr. 4, S. 28, Iljinskij RES 8, 242, Maksimov Krylat. Slova. 221ff.

чурба́н 1. 'Holzklotz, Block'. 2. 'unbeweglicher Mensch', dial. auch *чурба́к* Saratov (RFV 69, 150). Siehe *чу́рка*.

чуре́к 'Art Fladen, ungesäuertes Brot' (Mel'nikov), Kaukas., Astrachań (D.). Aus osman. aderb. krimtat. dschagat. *çöräk* 'ungesäuerter Fladen, Pastete' (Radloff Wb. 3, 2040), s. MiTEl Nachtr. 1, 25, Lokotsch 35.

Чурӣла Пленкович 'Held der Bylinen, der bei Frauen Erfolg hat', belegt apoln. *Czuryło jakiś gamrat był sławny w Kijowie* (Rej Zwierzyniec, 1562; s. Brückner KZ 46, 217, EW 82). Geht doch wohl zurück auf griech. Κύριλλος PN, s. MiEW 37, Berneker EW 1, 163, Veselovskij Archiv 3, 573, Zelenin Tabu 2, 93. Zum Lautlichen vgl. aruss. *Čuprianъ* aus griech. Κυπριανός. Schwerlich berechtigt ist die Herleitung von einem PN *Čuroslavъ* (s. Sobolevskij Živ. Star. 1, 2, 97, dagegen Brückner Archiv 16, 251). Für teilweise slav. Herkunft ist Rozwadowski RS 2, 110, der auf einen poln. PN *Czurzydło* hinweist. Die Form Щурúла kann aus Чурúло durch Einfluß von *щýритъ* (*глазá*) 'die Augen zusammenkneifen, blinzeln' erklärt werden (s. Potebnja Archiv 3, 607). Von Чурúло wird чурúлка 'Ziegenmelker, Nachtschwalbe' abgeleitet (s. Berneker c. l.), vgl. *щур*.

чýриться 'die Augen zusammenkneifen, blinzeln', Pskov, Tveŕ (D.). Siehe *щýритъ*.

чýрка 'Holzklotz, Bienenstock', *чурáк* 'Baumstumpf', Vladimir (RFV 68, 405), *чурбáн* 'Holzklotz', *чурбáк* dass., Südl., Tambov (D.). ‖ Wird als urverw. verglichen mit lit. *kiáuras* 'durchlöchert, Loch, Lücke', lett. *caũrs* dass., lit. *kiùrstu, kiuraũ, kiùrti* 'löcherig werden', *skiaurė̃* 'durchlöcherter Kahn', mnd. *schore* 'Riß, Bruch', s. M.-Endz. 1, 365, Buga KS. 1, 258. Weniger überzeugt der Vergleich mit poln. *szczur* 'Ratte' (Mladenov RFV. 71, 455).

чуругáй, чургáй 'kleiner Hecht', Tobol'sk (Živ. Star. 1899, Nr. 4, S. 516). Aus kasantat. *čurayai* dass., kirg. *šorayatai* dass., s. Patkanov Živ. Star. c. l. Zur Sippe vgl. Kannisto FUF. 17, 189, Ramstedt KW. 434.

чурумбáла 'Hälfte des Hinterteils eines Renntieres', Petsamo (Itk.). Aus lapp. Patsj. *tšuarabieḷḷe* dass., s. Itkonen 62.

чурхáть 'hören', G. Jenisej (Živ. Star. 1903, Nr. 3, S. 304). Dunkel.

чурым 'Schneehügel', Perm (D.). Soll nach Kalima FUF 18, 41 ff., zu *чарым* gehören.

чýски pl. 'Ohrringe', Mezeń (Podv.), auch *чycá* dass., Vologda Ustjug (D.). Das anklingende syrjän. *tśuśi* dass. gilt als russ. Lehnwort, s. Wichmann-Uotila 308. Unklar.

Чусовáя 'li. Nbfl. der Kama', G. Perm. Wohl aus syrjän. *tśož* 'schnell' und *va* 'Fluß', s. Nikol'skij Fil. Zap. 1892, Nr. 5, S. 9, Šostakovič Ung. Jahrb. 6, 87. Auch die Nebenflüsse der *Čusovaja* haben syrjän. Namen: *Sylva*: syrj. *sįl* 'Talg', *Uśva*, *Kojva* u. a. Mit dem Namen der Θυσσαγέται 'Volk in Skythien' (Herodot 4, 22; 123) hat der Flußname schwerlich etwas zu tun.

чустя́к 'Hitzbläschen, Finne, Schorf (auf Geschwüren u. Wunden)', Olon. (Kulik.). Vielleicht aus karel. *tuuštakko* 'Finne, kl. Geschwür', finn. *tuustakko* dass. (s. Kalima 242 ff.). Nicht aus karel. *čust'akko* dass. (gegen Leskov Živ. Star. 1892, Nr. 4, S. 102), das nach Kalima c. l. eher aus d. Russ. stammt.

чýткий 'aufmerksam, feinfühlig', zu *чýю*, *чутъ* (s. d.).

чуть I. 'beinahe, fast, kaum, mit Mühe', *ничýть*, *ничýтъ не* 'keineswegs, durchaus nicht', *чýтку*, *чýточку* 'ein wenig, ein bißchen', ukr. *čut'* 'beinahe, kaum', aruss. *čuti* 'vielleicht, sogar'. Urspr. identisch mit dem Infinitiv *чутъ*, aruss. *čuti* 'merken, fühlen' (s. *чýю*, *чутъ*), s. Berneker EW 1, 162, Srezn. Wb. 3, 1553, Gorjajev EW 416. Abwegig ist die Annahme einer Urverwandtschaft mit avest. *kutaka-* 'klein', npers. *kōda* 'Kind', aengl. *hyse* 'Sohn, Jüngling' (gegen Scheftelowitz WZKM 34, 218; zum aengl. Wort s. Holthausen Aengl. Wb. 185).

чуть II. 'empfinden, fühlen', s. *чую*.

чуфа́риться, чухва́риться 'sich brüsten, sich aufblasen', Jarosl. (D., Volockij). Man möchte an *чу-* u. *хвалиться* denken, doch bleibt das *r* in diesem Falle unerklärt.

чуфы́скать, 3. s. *-ает* wird vom Verhalten des Auerhahns vor dem Balzen gesagt, Olon. (Kulik.). Vgl. *чуфы́снуться* 'zu Füßen fallen', daneben: *чуфи́скать, чуфи́стать, чухви́снуть* 'sich bis zur Erde verneigen', Novgor., Voron., Tambov (D.). Wohl aus *чу-* u. **хвыстать*, wozu vgl. čech. *chystati, chystám* 'zurichten, bereiten, Anstalten machen', *-se* 'sich bereiten, sich rüsten', slk. *chystať* 'bereiten', poln. dial. *chystać, chistać* 'schwanken', letztere zu *хи́тить, хвата́ть* (vgl. Berneker EW 1, 414).

чу́ха I., *чу́шка* 'Holzklotz' (Gogol'), 'nichtiger Gegenstand' (Mel'nikov), 'hölzerner Klotz beim gorodkí-Spiel'. Da für letztere Bed. auch *свинка* gebraucht wird, viell. identisch mit dem folg.

чу́ха II., *чу́шка* 'Schwein', auch *цу́шка* dass., Tobol'sk (Živ. Star. 1899, Nr. 4, S. 516), *чух, цух* 'Lockruf für Schweine', auch *цух, цух* dass. Man vergleicht Ausdrücke onomatopoetischer Herkunft wie lett. *cūka* 'Schwein', lit. *čiukà*, sloven. *cúka*, auch nhd. *suk, suk*, s. G. Meyer Alb. Wb. 366, M.-Endz. 1, 398 (mit Liter.), Fraenkel IF 51, 150, Kořínek LF 58, 430. Über ähnliche Interjektionen u. Lockrufe s. auch W. Schulze Kl. Schr. 211 ff., Kuhn-Festschr. 193 ff. Fraenkel Lit. Wb. 76.

чуха́ 'Art Kaftan, Rock aus blauem Tuch', Kaukas. (D.). Aus osman. vulg. *čoḫa* 'langer Kaftan' (Radloff Wb. 3, 2005, 2016), s. MiTEl 1, 278, Nachtr. 2, 97, Gorjajev EW 415. Siehe *чуга, чоха*.

чуха́рь, I. *-я́* 'Auerhahn', Arch. (Podv.). Anscheinend eine Bildung von *чухна́* 'Finne' (s. d.). Die Bed. läßt aber Umgestaltung aus einem finn.-ugr. Namen des Auerhahns vermuten wie: lapp. K. *čuχč*, N. *čukča*, syrjän. *tśukt́śi* (s. dazu Setälä JSFOugr. 30, Nr. 5, S. 48, Paasonen Kel. Sz. 15, 117). Wortbildung wie *глуха́рь* dass.

чуха́рь II. 'Bezeichnung eines den Kareliern nahe verwandten Stammes im Kr. Lodejn. Pole G. Olonec (Živ. Star. 1895, Nr. 1, 14). Zu *чухна́, чудь*.

чу́хать 'wahrnehmen, riechen, schmecken', Westl. Südl. (D.), *чуха́ться с кем* 'bekannt sein mit jemd.', Arch. (Podv.), sloven. *čúhati, čúham* 'spüren, ahnen', čech. *čich* 'Sinn, Witterung', *čichati* 'schnüffeln, an etw. riechen', slk. *čuch* 'Geruch, Geruchssinn', *čuchať* 'schnüffeln', poln. *czuch* dass., osorb. *czuchać* 'schnüffeln'. || Eine *s*-Erweiterung von **ču-ti* (s. *чую*). Vgl. griech. ἀκεύει · τηρεῖ Hesych, ἀκούω 'höre', got. *hausjan* 'hören', s. Berneker IF 10, 151, EW 1, 162, Bezzenberger BB 27, 145, Zupitza KZ 37, 399, Rozwadowski RS 2, 110 ff., Iljinskij Archiv 29, 488, IORJ 20, 3, 88.

чухнá m. 'spöttische Bezeichnung der Finnen', Petersburg, aruss. *čuchno, semь čuchnovъ* (Pskover 2. Chron. a. 1444, auch 1. Soph. Chron. a. 1496, s. Duvernoy Aruss. Wb. 229). Ableitung von *čudь* mit dem Kurznamensuffix *-chno*, wie *Михнó, Яхнó, Махнó, Юхнó*, s. Sobolevskij RFV 65, 478 ff., Zelenin Ljapunov-Festschr. 66, Lohmann KZ 56, 43, Unbegaun 13, 274; nach letzterem ist die Bildung charakteristisch für Novgorod und soll in Moskau fehlen. Vgl. den Ortsnamen *Юхнóв* G. Smol.

чучá I. 'weibliche Scham', Kr. Kerensk (RFV 61, 36). Vgl. sloven. *cúca* dass. (neben *kúca*), *cúcati* 'harnen'. Wohl Lallwörter, s. Berneker EW 1, 130 ff. (ohne das russ. Wort).

чýча II. 'Vogelscheuche, Popanz, Schreckmittel', Perm (D.), öfter *чýчело* dass. Unsicher ist die Zusammenstellung mit ahd. *sciuhen* 'scheuchen', mhd. *schiuhen, schiuwen* 'verscheuchen' (Gorjajev EW 417). Zur Bildung auf *-elo* vgl. **veselъ, *tęželъ*. Noch weniger befriedigt die Annahme einer Entlehnung aus osman. *džüdže* 'Zwerg' (gegen MiTEl 1, 292). Eher urverw. mit lit. *kaũkas* 'Kobold, Gnom, zwerghafter Geist', apreuß. *cawx* 'Teufel' und slav. *kúka* (s. oben 1, 683 s. v. *кýка, кýкиш*).

чýшь f., G. *-u* 'Unsinn, Blödsinn, dummes Zeug, Geschwätz', auch *чужь*. Die zweite Form könnte sekundär an *чужóй* angelehnt sein. Die erste ließe sich mit nhd. *Stuss* auf jüd.-d. *štuss* von hebr. *šeṭûth* 'Dummheit, Torheit' zurückführen (zu letzteren s. Littmann 47, Kluge-Götze EW 604).

чýю, чуть, чýять 'empfinde, fühle, wittere, nehme wahr', *чуть* 'kaum, fast, beinahe', *учувáть* 'vernehmen, wahrnehmen', *чýвство* 'Gefühl', *чу!* 'horch, still'! (s. d.), ukr. *čúju, čúti* 'fühlen, empfinden', *čuváty* Iterat. 'hören, wahrnehmen', wruss. *čuć, čúju, čuvác'* 'hören', aruss. *čuju, čuti* 'fühlen, empfinden, hören, wissen', *čuvati* 'hören', *čuvьnъ* 'empfindlich, stark fühlend', abulg. *čujǫ, čuti* γιγνώσκειν, κατανοεῖν (Ostrom., Cloz.), kslav. Iter. *počuvati*, bulg. *čúja, čúvam* 'höre', skr. *čũjêm, čũti, čũvâm, čũvati*, sloven. *čújəm, čúti*, ačech. *čuju, čúti*, čech. *čiji, čiti*, slk. *čut'*, poln. *czuję, czuć*, osorb. *čuju, čuć*, nsorb. *cujom, cuś*. || Ursl. **čuti* urverw. mit aind. *kavíṣ* 'Seher, Weiser, Dichter', *á-kūtam* n., *á-kūtiṣ* f. 'Absicht', *ā-kúvatē* 'beabsichtigt', avest. *čəvīšī* 1. s. Praet. Med. 'ich erhoffte', griech. *κοέω* 'merke', lat. *caveō, -ēre* 'nehme mich in acht, sehe mich vor', ags. *hăwian* 'schauen', weiter gehört dazu *чýхать* (s. d.) und mit *s-*: ahd. *scouwón* 'schauen', griech. θυοσκόος 'Opferschauer', apreuß. *au-schaudē* 'er traut', *au-schaudītwei* 'vertrauen', s. Berneker EW 1, 162 ff., Solmsen KZ 37, 1 ff., Trautmann BSl 132, Apr. Sprd. 308, Fraenkel IF 49, 209, Meillet-Ernout 190, Hujer LF 40, 281, Uhlenbeck Aind. Wb. 49, Walde-Hofmann 1, 186 ff. Nicht hierher gehört (gegen Preobr. Trudy 1, 83) *очутúться* (s. oben 2, 296).

чхать 'niesen', *чёх* 'Niesen', ukr. *za-ččháty* 'niesen, schnauben', *čchnúty*, poln. *czchać, czchnąć*. Vgl. aind. *chikkā* 'Niesen', s. Uhlenbeck Aind. Wb. 94, Berneker EW 1, 165 ff., Iljinskij IORJ 20, 3, 78. Ablaut in *чихáть*.

Ш

ш ist der 26. Buchstabe des altruss. Alphabets. Bezeichnung *ша*.

шабáй s. *шибáй*.

шáбайдать, шáбандать 'leise brummen, etwas leise machen, e. leises Geräusch verursachen', Arch. Šenk. (Podv.), Olon. (Kulik.). Aus weps. *šäbäįtä* 'e. Geräusch verursachen, poltern, brummen', finn. *sopista* 'e. leises Geräusch verursachen, murmeln', s. Kalima 243.

шабалá I., *шебалá* 1. 'Fetzen, Lappen, Lumpen', Rjazań, Tambov (D.). 2. 'Holzklotz'. 3. 'Fresse, Schnauze, verächtlich für Kopf', dafür auch *шáбола* Arch. (Podv.), *шабалá*, *шабáлдá* 'Nichtsnutz, Schwätzer', Südl. (D.). Ganz unsicher ist die Zugehörigkeit zu *хáбить* (s. d.), gegen Iljinskij IORJ 20, 4, 138. Vgl. *шабáлдá*.

шабалá II. 1. 'Schaufelbrett am Pflug zum Abwälzen der Erde', Vjatka (Vasn.). 2. 'Schaumlöffel', Kostroma, Perm (D.). Entlehnt aus tschuwass. *šəbala, s̀əbala* 'Löffel, Schöpfkelle', s. Räsänen Tsch. L. 193, Wichmann-Uotila 255.

шабалдá 'Tunichtgut, verkommener Mensch, Schwätzer'. Schwer zu trennen von *шабалá* I., s. Sobolevskij RFV 66, 337. Vgl. *шабóлды бить* 'nichts tun', Terek-G. (RFV 44, 112), vgl. *бить баклýши* dass. Es käme aber auch die Auffassung als *ša-balda* in Frage und Verknüpfung mit *балдá*, s. Verf. WS 3, 201 und oben 1, 46.

шáбандать s. *шáбайдать*.

шабáнь 'Krähenbeere, Empetrum nigrum', Olon. (Kulik.). Unklar.

шабаркáть 'schwatzen, klatschen, unnütz reden', Vjatka (Vasn.), *шабáркнуть* 'unordentlich hinstellen, hinwerfen', Ural-G. (D.), *шабарчáть* 1. 'rascheln'. 2. 'näseln, durch die Nase sprechen', Vjatka (Vasn.), Arch., Šenk. (Podv.), *шабаршá* 'undeutlich sprechender Mensch', *шабаршúть, шабарчúть* 'undeutlich sprechen, lärmen', Olon. (Kulik.), Rjazań (RFV 28, 68), Kolyma (Bogor.). Unklar. Unsicher ist der Vergleich mit *ха-бáркнуть* 'hinwerfen' bei Šachmatov IORJ 7, 2, 335 ff.

шабáш 'Feierabend, Ruhezeit', auch 'genug, halt ein!, aus damit', *пошабáшить* 'Feierabend machen', neben *шáбаш* 'Sabbat der Juden', auch *чáбус* Smol. (Dobr.), ukr. *šábaš, šábas*, wruss. *šábas*. Über poln. *szabas* aus jüdd.-d. *Schabbes* 'Sonnabend' von hebr. *šabbâth* dass., s. Wiener Živ. Star. 1895, Nr. 1, S. 68 ff., Preobr. Trudy 1, 83, Littmann 29, Kluge-Götze EW 502. Kaum durch türkische Vermittlung (gegen MiTEl 2, 162, Korsch Archiv 9, 669).

шабáшник 'Bidens tripartitus, Sumpf-Zweizahn', auch 'Panicum crus galli, Blutgras', Rjazań (Budde RFV 28, 68). Nach Budde c.l. aus *собáчник* als 'Hundskraut' zu *собáка*. Die Pflanze heißt auch *собáчьи рéпьи* 'Hundekletten', s. Marzell 1, 603.

шабёр G. -брá 'Nachbar, Genosse, Teilbauer' (Mel'nikov, Ostrov-

skij), Östl., Rjazań, Tambov, Don-G., Sibir. (D., Mirtov), schon
aruss. *šabъrъ* dass. (Novgor. Urk. a. 1471, s. Srezn. Wb. 3, 1581).
Wohl etymologisch identisch mit *сябёр* dass. (s. d.) mit sekundärem Wandel von *śa-* zu *ša-*, s. Ljapunov Festschr. Sobolevskij 263, weniger glücklich Sobolevskij Ljapunov-Festschr. 62.
Schwerlich besteht Urverwandtschaft mit aind. *sabhā́* 'Versammlung', got. *sibja* 'Sippe' (gegen Gorjajev EW 358).

шаби́на 'Pflanze Rhododendron chrysanthum' (D.). Unklar.

шабло́н, -а 'Schablone' aus nhd. *Schablone*, das über ndl. *schampeloen* auf frz. *échantillon* 'Probe, Muster' zurückgeführt wird, s. Kluge-Götze EW 502.

ша́бля 'Messerfisch, Cyprinus cultratus', auch *ша́бель* NeuruBl. (D.). Über ukr. *šábl'a* 'Säbel' aus poln. *szabla* dass. Siehe weiteres unter *сабля*.

шаболда́ 'Schwätzer', s. *шабалда́*.

шабо́лть 'plumps, schwupp' (von fallenden Gegenständen), Smol. (Dobr.). Lautnachahmend. Vgl. *болт, бултых*.

шабо́рить 'essen' (Zärtlichkeitsausdruck), Terek-G. (RFV 44, 112). Dunkel.

ша́брать 'wühlen, etwas im Dunkeln suchen', Olon. (Kulik.). Unklar.

шабу́р m., *шабу́ра* f. 'grober, weißer Arbeitskittel', Vologda, Vjatka, Perm (D.), Sol'vyčegodsk (Živ. Star. 1896, Nr. 1, S. 111), Tobol'sk (Živ. Star. 1899, Nr. 4, S. 516). Turkotatar. Lehnwort, vgl. tschuwass. *šòbər* dass., tob. *šabyr* dass., das auch in syrjän. *šabur*, tscherem. *šòβər*, ostjak. *šabur* entlehnt worden ist, s. Räsänen Tschuwass. LW 209, Wichmann-Uotila 255. Nicht möglich ist die Herleitung aus dem Ostjakischen (gegen Patkanov Kel. Sz. 1, 264ff.), vgl. Räsänen c. l.

шав 'Betrug', *шава́н* 'Betrüger', Olon. (Kulik.), *ша́вань* f. 'Gesindel', Novg. (D.). Unklar. Vgl. *шаву́й* u. *ша́вать*.

ша́вандать, ша́вать 'leise sprechen, brummen, etwas leise machen', Olon. (Kulik.), *шава́йдать* 'flüstern', Šenk. (Podv.). Vgl. *ша́вать*.

шава́рить 'mit den Füßen schlurren, schleppend gehen', Jarosl. (Volockij). Evtl. Denominativum von *шаварь* 'Schlurrer, Schleicher', dann zum folg.

ша́вать 'leise schleichen, sich vorsichtig bewegen', Petrozav. (Etnogr. Obozr. 40, 351), kslav. *ošajati* 'wegschaffen, beseitigen', *ošajati sę, ošavati sę* 'abhalten, zurückhalten', bulg. *šávam* 'bewegen, schieben', siehe auch *поша́ва* 'Epidemie' (oben 2, 421). Ablaut in *шевели́ть*, s. MiEW 336.

ша́вель f. 'Gesindel, Pack', Novg., Tveŕ, Kursk (D.). Vgl. *ша́вать, ша́верь*.

ша́верзить 'Ränke schmieden, intrigieren', Tveŕ, *ша́верзни* pl. 'Ränke, Klatsch', *ша́верзень* m. 'Intrigant, Schwätzer', Tveŕ (D.). Wohl rotwelsches Präfix **ša-* und **vьrz-*, vgl. *ка́-верза*

'Intrige, Schabernack', s. Verf. WS 3, 200, Kalima FUFAnz. 26, 49 ff.

ша́верь f. 'Gesindel, Pack', Don-G. (Mirtov), auch Mel'nikov, *ша́верень* dass., Tula (D.), *шаверье* n. 'Äste am Boden eines Flusses', Čerep. (Gerasim.). Vgl. *ша́вель*.

ша́вить, ша́веть 1. 'scherzen, Unsinn reden'. 2. 'auflauern, ein Seetier überraschen', Arch. (Podv.). Wohl zu *ша́вать*.

ша́вка 'Köter, Kläffer' (Krylov), *ша́вкать* 'kläffen, bellen; lispelnd, zahnlos sprechen', ukr. *šávkaty* 'laut kauen', wruss. *šávkać* 'undeutlich sprechen'. Lautnachahmend, s. Gorjajev EW 417, Preobr. Trudy 1, 83. Ablaut zu *ха́вкать* (s. d.) ist unwahrscheinlich (gegen Iljinskij IORJ 20, 4, 178), Entlehnung aus nhd. *Schäferhund* (Gorjajev c. l.) ausgeschlossen.

шаворно́гой 'die Beine nachziehend, schlurrend, tölpelhaft gehend', Vjatka (Vasn.). Vgl. *ша́врять* 'schlurren, die Beine nachziehen', Čerep. (Gerasim.). Zu *ша́вать* oder *ша́верь*.

ша́врик 'Kot in Klumpen, Unrat', Moskau (D.). Zu *ша́верь*.

шаву́й, шау́й 'Fehlschuß auf ein Seetier, das danach unters Eis fliehen kann', Arch. (Podv.). Vgl. *зверь сшаве́л* 'das Tier ist entwischt'. Zu *ша́вить* (s. d.).

ша́г, -а́ 'Schritt', *ша́гом* 'im Schritt', *шага́ть, -а́ю* 'schreiten', ukr. *šaháty* 'hervorbrechen, aufflammen', *šáh, -a* 'Groschen, zwei Kopeken', wruss. *šah* 'Groschen'. Man nimmt Verwandtschaft mit **sęg-* (*сяга́ть, осяза́ть*) an. Zunächst entstand *сяг 'Schritt', demin. **сяжо́к*, dann durch Assimilation *шажо́к*, woraus *š*- verallgemeinert werden konnte, s. Černych Leksikol. 189 ff., Brandt RFV 18, 8, Preobr. Trudy 1, 84. Weiter gehört dazu *са́жень* (Sławski JP 28, 50). Zweifelhaft ist die Verbindung mit kslav. *šęga* 'Scherz', *šęgati* 'scherzen', bulg. *šegá* 'Scherz, Spaß', sloven. *šéga* 'Sitte, Mode', *šegàv, -áva* 'klug, pfiffig, schlau, witzig' (gegen Petersson Archiv 35, 359 ff., Iljinskij IORJ 20, 4, 151) und Annahme einer Urverwandtschaft mit aind. *kháñjati* 'hinkt', ahd. *hinkan* 'hinken' (Petersson c. l.), denn aind. *kh*- wird hier neuerdings aus d. Mittelind. gedeutet (s. Mayrhofer Aind. Wb. 297), vgl. übrigens MiEW 336 ff., der *šagъ* von *šęga* mit Recht trennt. Auch nhd. *schwingen* gehört nicht zu *šagъ* (gegen Gorjajev EW 417).

шагайдать 'sich in der Dunkelheit bewegen', Olonec. Wird von Leskov Živ. Star. 1892, Nr. 4, S. 102 aus einem karel. *šagista* 'rascheln' erklärt. Eher zum vorigen.

шагалда́й 'Elephant', Don-G. (Mirtov). Dunkel.

шагарда́й 'e. Kinderspiel', Don-G. (Mirtov). Unklar.

шаги́стика 'militärischer Drill'. Abgeleitet von *шаг* 'Schritt', nach dem Vorbilde von Bezeichnungen wie *стати́стика, стили́стика* u. dgl.

ша́глы pl. 'Kiemen der Fische', Arch., Olon. (Podv., Kulik.), Kolyma (Bogor.), *ша́лги* pl. dass. Kargopol', *ша́льги* Arch., *ша́гла, шеглá, щегла́* 'Backe (der Fische)', *щагловы́тый* 'mit hervorstehenden Backenknochen' (D.). Wird gewöhnlich aus karel. *šagla* dass., pl. *šaglat* hergeleitet (Leskov Živ. Star. 1892, Nr. 4, S. 102), das aber auch russ. Lehnwort sein könnte, s. Kalima 243, RS 5, 93; 6, 80. Vgl. auch *щёлья* (s. d.).

шагре́нь f. ʻChagrinleder; körniges, narbiges Leder aus der Rückenhaut der Pferdeʼ, Adj. *шагрёневый* ʻaus Chagrinlederʼ. Über franz. *chagrin* dass. aus osman. dschagat. *šaγry* ʻRückenhautʼ (dazu s. Ramstedt KWb. 319), vgl. Gorjajev EW 417, Preobr. Trudy 1, 84, Gamillscheg EW 201, Lokotsch 140, Littmann 113.

шадра́ ʻBlatter, Pockeʼ, Arch. (Podv.), auch *щедра́* dass. (D.), *шадрови́тый* ʻpockennarbigʼ (Melʼnikov), ukr. *šádrovyj* ʻmit Rissen, Sprüngenʼ. Wird gewöhnlich auf kasantat. *šadra* ʻbunt, scheckigʼ (Radloff Wb. 4, 972) zurückgeführt, s. MiEW 336, TEl 2, 162, Gorjajev EW 417ff., Preobr. Trudy 1, 84.

шае́рш: im Ausdruck *разде́лать кого под шаерш* ʻjemd. heruntermachenʼ, Smol. (Dobr.). Unklar.

ша́ить, ша́ять ʻglimmen, sich auflösenʼ, Nördl., Sibir. (D.). Tobolʼsk (Živ. Star. 1899, Nr. 4, S. 516). Ganz unsicher ist der Vergleich mit ksl. *šarъ* ʻFarbeʼ, skr. *šárac* ʻSchecke', sloven. *šâr*, f. *šára* ʻbunt, fleckigʼ unter dem Ansatz *k̑i̯āro-* und weiter mit *си́зый* (gegen Petersson BSlWortst. 28).

ша́йба ʻMetallring, der unter die Schraubenmutter gelegt wirdʼ, Čerep. (Gerasim.). Aus nhd. *Scheibe*. Siehe *шӱба*.

ша́йка I. ʻSchar, Bandeʼ (von Räubern, Verbrechern). Daraus entlehnt ist lett. *šaĩka* ʻMengeʼ (s. M.-Endz. 4, 1). Zusammenhang mit nhd. *Schar* besteht nicht (gegen Gorjajev EW 418). Preobr. Trudy 1, 84 vermutet eine urspr. Bed. ʻPiratenschiffʼ. Dann könnte Zusammenhang mit ukr. *čájka* ʻBoot der Kosakenʼ, poln. *czajka* dass. aus osman. *šaika* ʻBootʼ (Radloff Wb. 4, 926) vorliegen, woher auch österr.-d. *Tscheike* ʻStreitschiffʼ (16. Jhdt., s. Wiener Zeitschr. f. Volksk. 31, 17, Verf. Zeitschr. 3, 86), vgl. auch Brückner EW 72, MiTEl 2, 162, EW 336.

ша́йка II. ʻniedriger hölzerner Badeeimerʼ, wird gewöhnlich aus osman. *šaika* ʻBootʼ erklärt, wobei man sich wegen der Bed. auf skr. *škîp* ʻMulde, Waschtrogʼ: ahd. *scif* ʻSchiffʼ, got. *skip* dass., urspr. ʻGefäß, Geschirrʼ beruft (s. Kluge-Götze EW 517), vgl. Korsch Archiv 9, 670, MiEW 336, TEl 2, 162, Preobr. Trudy 1, 84. Der Vergleich (Korsch bei Preobr. c. l.) mit kirg. *šaikamak* ʻspülenʼ ist zweifelhaft. Siehe das vorige.

ша́йма ʻsumpfige Stelle mit verkrüppeltem Birkenwaldʼ, Olon. (Kulik.), Čerepov. (Gerasim.). Viell. entlehnt aus finn. **saima*, das entsprechen würde wotjak. *śum* ʻTeich, durch Überschwemmung entstandenʼ, ostjak. *sojim* ʻkleiner Bergflußʼ, wogul. *sojim* ʻsumpfiger Morastʼ, s. Kalima 243, FUF 18, 150; 28, 152. Nicht möglich, weil nicht nachgewiesen u. theoretisch ohne Halt, wäre karel. **soimen* (gegen Pogodin IORJ 12, 3, 339); höchstens finn. *soinen* ʻsumpfigʼ, karel. *šoińe* dass. zu finn. *suo* ʻSumpfʼ, wäre denkbar, das aber lautlich nicht genügt, s. Kalima 243, RS 6, 81.

шайта́н G. *-а́на* ʽTeufelʼ, Östl. (D.), ukr. *šajtán*. Aus kuman., kirg. kkirg., kasantat. *šaitan*, osman. *šäitan* dass. von arab. *šaiṭân* (Littmann 31, Radloff Wb. 4, 928, 996), s. MiTEl 2, 164, Preobr. Trudy 1, 84 ff. Die von Preobr. c. l. verglichenen ukr. wruss. *šátan* sind über poln. *szatan* von Westen entlehnt. Vgl. *сатана́*.

шака́л, *-а* ʽSchakalʼ, entlehnt über nhd. *Schakal* oder franz. *chacal* (18. Jhdt.) aus npers. *šayāl* dass., afghan. *čayâl* aus aind. *çr̥gālás* ʽSchakalʼ, s. MiTEl 1, 271, Hübschmann Pers. Stud. 213, Uhlenbeck Aind. Wb. 315, Littmann 109 ff. Nicht in Betracht kommt türkische Vermittlung, weil osman. *čakal* lautlich abweicht (vgl. oben *чека́л*), gegen Korsch Archiv 9, 494, Preobr. Trudy 1, 85.

шакала́, шакола́ ʽBuchweizenhülsenʼ, *шако́лина* dass. Pskov (D.). Entlehnt aus lit. *šakaliaĩ* pl. ʽSplitterʼ, lett. *sakal̦i* pl. dass. (zur Sippe s. M.-Endz. 3, 644).

шако́нь f. ʽArt Tanzʼ (um 1900), über franz. *chaconne* aus span. *chacona*, das aus dem Baskischen erklärt wird, s. Gamillscheg EW 200, Dauzat 152.

шакша I. ʽGriebe von geschmolzener Butterʼ, Olon., auch ʽausgetrockneter Schmutzʼ, Olon. (Kulik.). Aus karel. *tšakšu* ʽGriebe von geschmolzener Butterʼ, s. Kalima 244, Zeitschr. 12, 138, Wichmann FUF 11, 251.

шакша́ II. ʽZelt auf einer Barkeʼ, Smol. (Dobr.), ʽkleine Kajüteʼ Kola (Podv.), Novgor. (D.). Unklar.

ша́кша III. ʽfaseriges Moos, Usnea barbataʼ, Mezeń, Pinega (Podv., D.). Viell. zu *шахта́*, *шакта* ʽFichtenmoosʼ, das aus syrjän. *šakta* ʽLungenmoosʼ erklärt wird, s. Kalima FUF 18, 48 ff.

шакшо́й, шакжо́й ʽwildes Rennntierʼ, Bajkal-G. (D.). Unklar.

шал ʽRasereiʼ, Smol. (D.), s. *шали́ть*, *шале́ть*.

шалабе́рничать ʽfaulenzen, nichts tunʼ, Vjatka (Vasn.). Siehe *шалбе́рничать*.

шала́бола 1. ʽLaffe, leerer Menschʼ. 2. ʽUnsinn, leeres Geschwätz, Tratschʼ, *шалабо́лить* ʽsich herumtreiben, müßig umhergehenʼ, *шалабо́лка* 1. ʽleeres Frauenzimmerʼ. 2. ʽAnhängsel, hängender Gegenstandʼ, Vjatka (Vasn.). Iljinskij IORJ 20, 4, 155 denkt an Verwandtschaft mit *хала-*. Unwahrscheinlich, denn das würde Ablaut und zu hohes Alter voraussetzen. Man möchte eher an **šalъ ʽverrücktʼ (*ша́лый*) und *балабо́лить*, *болта́ть* denken. Urspr. ʽeiner, der verrücktes Zeug redetʼ. Ähnlich Verf. WS 2, 201.

шалабу́рда ʽGafferʼ. Bildung wie *халабу́рда* (s. d.), mit dem es Iljinskij IORJ 20, 4, 155 vergleicht. Vgl. *ша́лый* ʽverrücktʼ u. *бурда́*, wie *шалаба́й* ʽgrober Menschʼ Tambov zu *šalъ* u. *ба́ять*.

шала́ва ʽStrolch, Vagabundʼ, Terek-G. (RFV 44, 113), *шала́вый* ʽdummer Menschʼ, Perm, *шала́ва*, *шела́ва* ʽdummes Frauenzimmer', Südl. (D.). Zu *šalъ* 'verrückt, übergeschnappt', s. Iljinskij IORJ 20, 4, 156.

шала́га 1. 'Heuschober', Kostr. (D.), 2. 'Fell eines verendeten Schafes', Nižn. (D.). Unklar. Zu Bed. 2 vgl. *шалага́н*.

шалага́й 'leichtsinniger, fauler Mensch', Tambov (D.), *шала́й* dass., Onega (D.), *ша́лога* 'Schar von Spaßmachern', Novg. (D.), Sibir. Diese Wörter werden von Iljinskij IORJ 20, 4, 157 zu *ша́лый*, *шали́ть* gestellt, was für *ша́лога* berechtigt sein mag. Zu den anderen Wörtern vgl. kirg. *šalayai* 'Müßiggänger', kalmück. *šalyä* dass. (wozu Radloff Wb. 4, 961, Ramstedt KWb. 346, die es nicht als slavisch ansehen).

шалага́н 'alter, wurmstichiger Pilz', Smol. (Dobr.). Zu *ша́лый*. Vgl. *ша́лыга*.

ша́лаги pl. 'lappischer Renntierschlitten', Kola (Podv.). Vgl. *ша́лга* I. Unklar.

ша́ламат 'Renntiermännchen im vierten Jahr', Arch. (Podv.), *ша́лмат* dass. Entlehnt aus Ter lapp. *šalmàət* dass., s. Itkonen 62.

шала́нда 'flaches Flußfahrzeug', NeurußI. (D.), ukr. *šalánda*. Entlehnt aus frz. *chaland* 'Warentransportschiff', das von mlat. *chelandium*, spätgriech. χελάνδιον stammt, s. Preobr. Trudy 1, 85, Meyer-Lübke Roman. Wb. 178, Dauzat 157. Vgl. oben *олядь* 'Boot'.

шалапа́й s. *шелопа́й*.

шалапа́н s. *шалопа́н*.

шалапу́т s. *шалопу́т*.

шала́ш, -á 'Zelt, Hütte', ukr. *šaláš*, entlehnt aus d. Turkotat.; osman. *salaš*, aderb. *šalaš* 'Hütte, Zelt' (Radloff Wb. 4, 352), s. MiEW 287, TEl 2, 150, Gorjajev EW 418, Preobr. Trudy 1, 85, Lokotsch 143.

шалбе́р, шалбе́рник 'Herumtreiber, Müßiggänger', *шалбе́рить*, *шалбе́рничать* 'faulenzen, e. müßiges Leben führen', wruss. *šalbér* 'Gauner', *šalbérić* 'begaunern'. Über poln. *szalbierz* 'Schwindler, Betrüger', *szalbierzyć* 'betrügen' aus mhd., nhd. *schallbar* 'berüchtigt, anrüchig' (wozu Grimm DWb. 8, 2091) oder mhd. *schalcbære* 'hinterlistig, boshaft', zu mhd. *schalc* 'Schalk'. Kaum aus nhd. *Salbader* (gegen MiEW 337, Preobr. Trudy 1, 85, Gorjajev EW 418). An poln. Vermittlung dachte schon Bulič Živ. Star. 1895, Nr. 1, S. 70. Weniger wahrscheinlich wegen der Verbreitung und wegen *e* ist die Herleitung aus dem Turkotat., leb. *šalbyr* 'sorglos', sart. *šalpar* dass. (gegen Ušakov Wb. 4, 1313 ff., Menges Orient. Elements 66 ff.). Vgl. *шембе́рить*, *щелва́н*.

ша́лга I. 'Querstange in einem Fischwehr', Arch. (Podv.). Entlehnt aus karel. *šalgo* 'Stange', finn. *salko* G. *salon* dass., s. Kalima 245, RS 6, 80. Verfehlt ist der Versuch *šálga* mit *шелы́га* 'Peitsche, Stock' zu verbinden und slav. Herkunft der finn. Wörter zu erweisen (gegen Iljinskij IORJ 20, 4, 157).

шáлга II. 'großer, zum Ausholzen bestimmter Wald; feuchte Waldgegend', Arch. Sibir. (D., Podv.), 'bewaldete Anhöhe', Olon. (Kulik.). Aus karel. *šelgońe* 'großer, unbewohnter Wald', finn. *selko, selkonen* 'Wildnis', zu karel. *šelgä*, finn. *selkä* 'Bergrücken', s. Kalima 244, RS 6, 80.

шалгу́н, шелгу́н 'Knappsack, Proviantsack', Novg., Pskov, Tambov, *шалгáч, шелгáч* dass., Arch. (Podv.), auch 'zwei mit Tragbändern zusammengehaltene Jagdtaschen', Arch. (Podv.). Man leitet die Wörter her von karel. *šalkku* 'Proviantsack, Sack', finn. *salkku* G. *salkun* dass., s. Kalima 246, RS 5, 81, Leskov Živ. Star. 1892, Nr. 4, S. 102. Die Ausbreitung des russ. Wortes bis nach Tambov befremdet. Vgl. auch Wichmann-Uotila 256 über syrjän. *šalka* 'Proviantränzel'.

шалевáть, шелевáть 'mit Brettern beschlagen, verkleiden', *шалёвка, шелёвка* 'Verkleidung (mit Brettern), Beschalen', ukr. *šalívka*, wruss. *šalevác̀, šalévka*, poln. *szalować*, čech. *šalovati*. Übers Westslav. oder direkt aus nhd. *schalen* 'mit Schalbrettern bekleiden' (dazu Grimm DWb. 8, 2064, Sass Sprache d. ndd. Zimmermanns S. 64), s. Preobr. Trudy 1, 85. Nhd. *Schalbretter* heißen so, weil an ihnen die Schale (Rinde) nicht entfernt wird (Sass).

шáлега 'Fett', s. *шéлега*.

шалéт 'großes Tuch', Smol. (Dobr.). Etwa frz. *châle* 'Umhängetuch' mit Suffix *-et*, doch ist der Entlehnungsweg unklar. Siehe *шаль*.

шали́ть, *шалю́* 'übermütig, ausgelassen, mutwillig sein', *шалéть*, *-éю* 'toll, verrückt werden', *шáль* f. *-u* 'Mutwille, Ausgelassenheit, Verrücktheit', *шáлый* 'verrückt', ukr. *šalíty* 'verrückt werden', *šaĺényj* 'verrückt', *šaĺátyśa* 'schlendern', wruss. *šaléć* 'verrückt, toll werden', *šalić* 'übermütig sein', r.-ksl. *šaljenъ* 'furens', bulg. *šála* 'Mutwille', *šálav* 'ungestüm, mutwillig', skr. *šála* 'Scherz', sloven. *šála* 'Scherz', *šáliti se* 'scherzen', čech. *šalba* 'Täuschung, Betrug', *šáliti* 'täuschen, betrügen', *šíliti* 'verrückt, wahnsinnig sein', slk. *šiaľ* m. 'Trug, Täuschung', *šialit'* 'täuschen, betrügen', poln. *szał* 'Lebhaftigkeit, Raserei', *szaleć* 'verrückt sein', *szalić* 'verrückt machen'. Die von MiEW 337 angeführten lit. *šėla* 'Wut', *šėlytis* 'die Gesichtszüge mutwillig verzerren, den Narren spielen', *pašėlęs* 'rasend geworden' sind slav. Lehnwörter. || Urslav. *šal-* aus *šěl-*, ablautend mit *chōl-* in *нахáл*; unsicher ist Urverwandtschaft mit griech. χάλις 'e. Rasender', χαλίφρων 'unverständig, leichtsinnig', armen. χaľ 'Spiel', s. Petersson Archiv 35, 167 ff., Iljinskij IORJ 20, 4, 155 ff., Lewy Zeitschr. 1, 416. Nicht vorzuziehen ist die Zusammenstellung von *šaliti, *šalěti mit griech. κηλέω 'besänftige, beruhige' (Machek Slavia 16, 184 ff.). Eine reduplizierte Bildung zu *chol-* liegt vor in čech. *chláchol* 'Schmeichelei', *chlácholiti* 'besänftigen, beruhigen' (s. Matzenauer LF 7, 219, Berneker EW 1, 393).

шалмéсер 'Probiermesser, Schälmesser', münzw. (zum Herausnehmen der Probe aus dem Silber). Aus nhd. *Schälmesser* dass.

шалнéр s. *шарнúр*.

шáложный 'zum Sumpfwald gehörig', Arch. (Podv.). Zu *шáлга* II.

шаломóк, -мкá 'weißer Filzhut', Westl. (D.), s. *шелóм*.

шаломýт 'Zwischenträger, Unfriedenstifter', zu *шáлый* u. *мутúть*.

шалóн 'feines geköpertes Wollzeug für Unterfutter', *шалóновой* 'aus Wolle', Kasimov, Rjazań (RFV 75, 242). Entlehnt über mnd. *salun*, *schalun* 'Wollstoff' (Schiller-Lübben 4, 18) oder direkt von frz. *Châlons* (*-sur Marne*) aus lat. *Catuvellauni*, vlat. *Catalaunī* 'gallischer Stamm'. Siehe *шалýн*.

шалóник s. *шелóнник*.

шалопáй 'Müßiggänger', *шелопáй* dass., *шалопáн* dass. Die bisherigen Deutungen befriedigen nicht. Man sah darin eine Entlehnung aus frz. *chenapan* 'Strauchdieb', das aus nhd. *Schnapphahn* entlehnt ist (s. Korsch Archiv 9, 670, Dal' 4, 1391) oder verglich *холопáй* 'Knecht' (s. Iljinskij IORJ 20, 4, 157). Sonst wurde zu Unrecht mhd. *Schlüffel* als Quelle angesehen (s. Gorjajev EW 420), ferner kasantat. *šalbak* 'Dummkopf' (MiTEl 2, 163), auch özbek. *šalpan* 'Mensch mit herabhängenden Ohren', bzw. *šalpak* 'faul, träge' (Korsch c. l.).

шалопýт, шелопýт 'Müßiggänger, Trunkenbold', Pskov, Tveŕ, Jarosl. (Volockij), Smol. (D.), Kursk, Olon. (Kulik.). Zu *шáлый* 'verrückt, verkehrt' u. *путь* 'Weg', s. Iljinskij IORJ 20, 4, 157.

шалóт 'Schalotte, kleine Salatzwiebel, Allium Ascalonicum'. Über nhd. *Schalotte* dass. oder direkt aus frz. *échalotte* von afrz. *escaloigne*, lat. *ascalonia* 'Zwiebel von Askalon in Palästina' (s. Gamillscheg EW 334, Meyer-Lübke Rom. Wb. 56).

шалтáй-болтáй 'Geschwätz, dummes Gerede, unnütze Sachen', Orenb., Sibir. (D.), *шалтáть*, *шалтыхáть* 'plappern, lallen', Pskov, Tveŕ (D.). Viell. Reimbildung zu *болтáть*. Anders, als Argotwort mit Präfix *ša-* und Kürzung von *болтáть* erklärt von Verf. WS 3, 201.

шалýн I. 'Wildfang, ausgelassener Junge', zu *шалúть*.

шалýн II. 'Art Seidenstoff', Adj. *шалýновый*. Aus mnd. *schalun* 'Art Stoff' vom frz. ON *Châlons*, s. *шалóн*.

шалфéй 'Salbei, Salvia officinalis', ukr. *šaľvija*, *šavlíja*. Über poln. *szalwia* dass. aus mhd. *salveie* von mlat., ital. *salvia*, s. MiEW 337, Brückner EW 540, Preobr. Trudy 1, 84. Als Heilpflanze zu lat. *salvus* 'gesund' (Kluge-Götze EW 496).

шáлыга I. 'Landstreicher, Taugenichts', Pskov, Tveŕ (D.), *шалыгáн* dass., Novgor., Nižn., Voron. (D.), auch Mel'nikov), *шалыгáн* dass., Pskov, Tveŕ. Zu *шалúть*, s. Preobr. Trudy 1, 86. Vgl. *шелыгáнить*.

шалыгá II. 'Gipfel, Scheitel, Spitze', Vologda, Vjatka (D.), 'Erdhöcker, Sandbank', Astrachań, 'Holzkugel, großer Ball', Pskov 'Stock mit krummen Griff', Vladim. (D.). Unklar. Vgl. *шелужúна*, *шелыгá*.

шалыгáть, шелыгáть ʽpeitschen, mit Ruten schlagen' (D.), ʽbeschimpfen' Čerep. (Gerasim.), auch ʽschlürfen', Kostr., Vologda (D.), *шалыкáть* ʽkitzeln, streicheln', Voron., Don-G. (Mirtov). Viell. zu *шалы́га* II als ʽRute', s. Preobr. Trudy 1, 86.

шáлый s. *шалúть*.

шалы́рник ʽVagabund, Strolch', *шалы́рничать* ʽflüchten, vagabundieren', Mezeń (Podv., D.). Etwa zu *шалбéр*?

шáль f. -*и* ʽSchal, Umschlagtuch'. Über frz. *châle* dass. oder nhd. *Schal* (seit 1810, s. Kluge-Götze EW 505) aus engl. *shawl* von npers. *šâl*, das aus Indien hergeleitet wird, s. Littmann 113, Lokotsch 143, Gamillscheg EW 202. Polnische Vermittlung (Preobr. Trudy 1, 86) ist ebensowenig wahrscheinlich wie östliche Herkunft (MiTEl 2, 162), die nur für dial. *шала* ʽWollstoff für Kleider', Kaukasus (Chož. Kotova 112) in Erwähnung zu ziehen ist.

шáльма ʽgeistliches Lied', auch *псáльма* Kolyma (Bogor.). Siehe *псáльма*.

шам ʽKehricht, wertloses Zeug', Vologda (D.), Kadnikov (Živ. Star. 1895 Nr. 1 S. 398), ʽReste verfaulter Pflanzen', Olon. (Kulik.), *шамьё* dass., *шамúть* ʽvergeuden, verprassen' (D.). Dunkel.

шамáд ʽZeichen zur Übergabe', zuerst Peter d. Gr., s. Christiani 36. Über frz. *chamade* ʽTrommelzeichen zur Unterhandlung' aus piemont. *ciamada*, ital. *chiamata* zu lat. *clāmāre* (s. Dauzat 158, Gamillscheg EW 202).

шамáн ʽPriester, Arzt, Zauberer, Beschwörer', schon *шамáнить* ʽwahrsagen' bei Avvakum 102, *шамáнской порог* ʽeine Stromschnelle in Sibirien' (Avvak. 87). Entlehnt über tungus. *šaman* ʽbuddhistischer Mönch', tochar. *ṣamāne* aus prakr. *samaṇa-* von aind. *çramaṇás* ʽbuddhistischer Asket', s. Meillet Idg. Jahrb. 1, 19, B. Laufer Ung. Jahrb. 7, 253, K. Donner Stud. Orient. K. Tallqvist 1, 1 ff., Jacobsohn KZ 54, 205, Littmann 118 ff. Für nhd. *Schamane*, frz. *chaman* kommt Vermittlung durch npers. *šaman* in Betracht, s. Bang Ung. Jahrb. 5, 55, Németh Turán 1918 S. 435. Unrichtig Preobr. Trudy 1, 87. Hierher: *шамáнка* ʽSchimpfwort' Kolyma (Bogor.), *шамáнить* ʽverzückt sein', Kolyma, *зашамáнило в головé* ʽer wurde berauscht', Olon. (Kulik.).

шамантры́жить ʽschlendern', Olon. (Kulik.). Unklar.

шамарá ʽSumpfpflanze, Binse, Scirpus', Tambov (RFV 68, 20), Terek-G. (RFV 44, 113). Unklar.

шамаргáн ʽleerer Mensch', Kostr. (D.). Dunkel. Vgl. das folg.

шаматóн ʽFant, oberflächlicher Mensch' (Puškin), auch *шематóн* dass. (D.), *шемотóн* Smol. (Dobrov.). Vgl. das vorige. Kaum zu *мотáть*.

шáмать ʽlispeln, rascheln, schleppend gehen', ukr. *šámaty* ʽrascheln'. Dazu wohl *шáмкать* (s. d.). Lautnachahmend, s. Gorjajev EW 417. Nach Iljinskij IORJ 20, 4, 174 (nicht wahrscheinlich) zu *хам* I (s. d.).

шама́ш 'Synagogenaufseher bei den Karaimen', Westl., *ша́маш* 'Synagogendiener' (D.). Aus jidd.-d. *šameš* 'Diener, Meßner' (Stern).

шама́я, шема́я 'Fisch, Cyprinus chalcalburnus', Kasp. Meer (D., auch A. Herzen). Als 'königlicher Fisch' aus npers. *šāhmāhī* dass. zu *šāh* 'Herrscher, König' u. *māhī* 'Fisch', s. Berg Ryby 2, 733, Gorjajev EW 418.

шамбеля́н 'Kammerherr' (18. Jhdt., s. Mel'nikov 2, 276). Über poln. *szambelan* aus frz. *chambellan* dass. von fränk. **kamarling*, s. Brückner EW 540.

шамбе́р 'Betrüger, Spötter, Spaßvogel', *шамбе́рить* 'scherzen, verspotten', Westl., Smol. (Dobr.). Soll nach Wiener Živ. Star. 1895 Nr. 1 S. 69 ff. aus jidd.-d. *schejne berje* 'schöner Jüngling, Gauner' stammen. Möglich ist aber Herkunft aus **šaubér*, **šalbér* und Identität mit *шалбе́р* (s. d.).

шами́р 'Diamant, Edelstein', nur aruss. *šamirъ* (Solom. i Kitovras, Paleja a. 1477, s. Tichonravov Pam. Otr. Lit. 1, 256). Aus hebr. *šāmîr* 'Diamant' (s. P. Cassel Schamir, Erfurt 1854 nach Mazon Mél. Boyer 107 ff., Schrader-Nehring 1, 211). Die mitunter begegnende Bed. 'Vogel' von *šamirъ* erklärt Mazon c. l. überzeugend aus einer Kontamination von *подъ* ὀνύχιον mit *подъ γρύψ*.

шами́ть 'verunreinigen, ruinieren', zu *шам* (s. d.).

ша́мкать 'undeutlich sprechen', ukr. *šámkaty*, braucht nicht (gegen Preobr. Trudy 1, 87) mit *ша́вкать* (s. d.) zusammenzuhängen und kann Neubildung von schallnachahmendem **šam-* sein.

шамо́т 'feuerfeste Tonmasse', aus franz. *chamotte* dass. von *chame* 'Gienmuschel' wegen der Muschelform der dazu verwendeten Kapseln (s. Heyse s. v.).

шампа́нское (scil. *вино́*) 'Sekt', älter *шампанско* (Krylov), vorher: *шампании бутылок сто* bei Peter d. Gr. (s. Smirnov 325). Aus frz. *vin de Champagne* oder nhd. *Champagner Wein* (s. Kluge-Götze EW 91).

шампиньо́н 'Feldpilz', volkst. *щелпиён* Smol. (Dobr.). Aus franz. *champignon*, älter *champaignon, champaignol*, vlat. **campaniolus* (Gamillscheg EW 203), s. Preobr. Trudy 1, 87.

шампу́р 'Bratspieß', Terek-G. (RFV 44, 113). Entlehnt über armen. *šampʿur, šapʿur* dass. bzw. georg. *šamfuri* (Erckert 48), die nach Hübschmann 313 auf syr. *šappūdā* dass. zurückgehen. Siehe *шо́мпол*.

шампра́, чампра́ 'Windstoß; vom Winde gekräuselte Wasserfläche', Kasp. M., *шампри́ть* 'lärmen, Schwindel verursachen', Čerep. (Gerasim.). Dunkel.

ша́мский 'orientalisch', *тафта шамская* 'Art Seidenstoff' (Trifon Korobejn. a. 1584 S. 32). Von osman. *Šam* 'Syrien' aus arab. *Šām*, auch Bezeichnung der syrischen Hauptstadt Damaskus, wovon arab. *šāmī* 'hellgelber Stoff mit dunkelfarbiger Seide durchwebt' (Lokotsch 143 ff.).

шамта 'mit Moos bewachsene Zweige', Olon. (Kulik.), *шáмоть* 'welker, angefaulter Kohlkopf', Тveŕ, Pskov (D.). Zu *шам*.

шампá I. 'Weißdorn, Crataegus oxyacantha', Terek-G. (RFV 44, 113). Unklar.

шáмша II. 'Schwätzer, Lügner', s. *шáмшить*.

шампáр 'Kopfbedeckung der lappischen Frauen', Arch. (Podv.). Aus lapp. Patsj. *šamšar* dass., das aus russ. *шамшýра* stammen soll, s. Itkonen 62.

шамшит, самшит 'Buchsbaum, buxus sempervirens', Kaukas. (D.). Wird gewöhnlich aus npers. *šimšad*, *šimšir* dass. evtl. über das Osman. erklärt, s. MiTEl 2, 166. Lokotsch 151. Vgl. oben *самшит*.

шáмшить 'flüstern, einflüstern, schwatzen', Rjazań 'säumen', *шáмша* 'Schwätzer, Lügner, Faulpelz'. Wohl zu *шáмать* als lautnachahmend, s. Dal' 4, 1397, Iljinskij IORJ 20, 4, 176.

шамшýра 'Wintermütze, Kopfnetz der Frauen', Arch. (Podv.), Sibirien (P.), auch Mel'nikov 8, 177. Daneben *шашмýра*, *самшýра* dass. Dunkel.

шандáл, шандáн 'Leuchter', älter aruss. *šandanъ* (Urk. a. 1509, s. Korsch Archiv 9, 670), *šandalьcь* (Inventar d. Karelischen Nik. Klosters a. 1551, s. Srezn. Nachtr. 271), *šandalъ* (Gagara a. 1634 S. 76), auch *сандáл* (s. oben 2, 576). Entlehnt aus dem Turkotat.; osman., tar. *šamdan* 'Leuchter' (Radloff Wb. 4, 993), kasantat. *šandal*, s. MiTEl 2, 163, EW 337, Korsch c. l., V. Smirnov Zap. Vost. Otd. 21, 2, Räsänen Tsch. L. 205. Die Herleitung aus franz. *chandelier* 'Leuchter' wird durch den ältesten Beleg widerlegt (s. Gorjajev EW 418).

шáндра 1. 'Andorn, Marrubium'. 2. 'Art Unkraut', Kubań-G. (RFV 68, 405), ukr. *šándra* dass., auch *шáнта* 'Andorn', *шáнтить* 'riechen, stinken', poln. *szanta* 'Marrubium'. Nicht überzeugend ist die Herleitung dieses Namens der früher als verdauungförderndes Bittermittel benutzten Pflanze von čech. *šanta* 'Betrüger' (gegen Brückner EW 540). Die nhd. dial. Namen *Weißleuchte*, *weiße Leuchte* (Pritzel-Jessen 230ff.) erinnern an aind. *candrás* 'glänzend', was durch die weißfilzigen Stengel und weißen Blüten gerechtfertigt wäre, doch bleibt der Entlehnungsweg in diesem Falle unklar.

шáнец, G. -нца 'Schanze, kleine Befestigung' (schon Azovsk. Vz. RFV 56, 162, Kn. ratn. stroj., s. Smirnov 325), ukr. *šáneć, -nća*. Über poln. *szaniec* aus nhd. *Schanze* 'Wehrbau im Felde, Korb', s. Christiani 35, Kluge-Götze EW 507, Preobr. Trudy 1, 87, Gorjajev EW 418.

шани-мани 'kaum, mit Mühe', Tobol'sk (Živ. Star. 1899 Nr. 4 S. 516), *шаня-маня* 'so und so; weder das eine noch das andere', Nižn. (D.). Unklar.

шáнкер, шанкр 'Schanker, syphilitisches Geschwür, bes. an den Geschlechtsteilen', poln. *szankier*. Über nhd. *Schanker* oder direkt aus frz. *chancre* 'Krebs' von lat. *cancer*.

шановáть, *шанýю* 'lieben, achten, verehren', ukr. *šanuváty*, wruss. *šanováć*. Über poln. *szanować*, apoln. *szonować* aus mhd. *schônen* 'schonen', s. MiEW 337, Brückner EW 540, Preobr. Trudy 1, 87, Osten-Sacken IF 28, 422.

шáночка 'kleiner Sack', Smol. (D.). Zu *шáнец*.

шáнс, *-а* 'Glücksfall, Chance', aus franz. *chance* dass., mlat. *cadentia* zu *cadere* 'fallen', mit Beziehung auf den Fall der Würfel (Gamillscheg EW 204, Dauzat 159).

шансóвина 'Stange, die durch das Ohr eines Balkens gesteckt wird', Smol. (Dobr.). Zu *шáнец*.

шансонéтка 1. 'Liedchen'. 2. 'Sängerin leichter Lieder'. Aus frz. *chansonnette* 'Liedchen'.

шáнта I. 'Andorn', s. *шáндра*.

шантá II. 'Fischwehr', Kolyma (Bogor.). Unklar.

шантáж 'Erpressung', aus frz. *chantage* dass.

шантúть 'sich zieren', Cholmog. (Podv.). Dunkel. Vgl. franz. *faire chanter* im Rotwelsch 'erpressen, Geld abknüpfen' (Gamillscheg EW 205).

шантрапá, шантропá 'Vagabund, Strolch, minderwertiger Mensch', Čerep. (Gerasim.), Pošechońje (Živ. Star. 1893 Nr. 4 S. 512), 'Pack', Voron. (Živ. Star. 15, 1, 125), Kubań-G. (RFV 68, 405) 'arme Menschen, Proletarier', Smol. (Dobr.), 'wertloses Ding' Ustjužna(Živ. Star. 1903 Nr. 4 S. 443). Man glaubt an Zusammenhang mit ačech. *šantrok*, *šantroch* 'Betrüger', das auf mhd. *santrocke* 'Betrug' zurückgeführt wird, s. Matzenauer 318, Holub-Kopečný 367.

шанýть 'stark stoßen, hinwerfen', Vjatka, Perm (D.), Tobol'sk (Živ. Star. 1899 Nr. 4 S. 516). Wohl aus *шатнýть* zu *шатáть*.

шанцклéтка 'Bordbekleidung von Schiffen, Schanzkleid', aus ndl. *schanskleed* dass. bzw. nhd. *Schanzkleid* (Grimm D. Wb. 8, 2168) mit Anlehnung an *шáнец* u. *клéтка*, s. Meulen 175, Zelenin RFV 63, 406.

шáньга 'Art Plinsen', Vologda, Arch., Perm, Sibirien (D.), Vjatka (Vasn.), Tobol'sk (Živ. Star. 1899 Nr. 4 S. 516), Kolyma (Bogor.). Daraus entlehnt syrjän. *šańga* 'runder Kuchen aus Roggenmehl' (Wichmann-Uotila 256). Herkunft unklar.

шáпар 'stumpfer breiter Meißel' (D.). Etwa aus nhd. *Schaber* 'Schabeisen' (Grimm DWb. 8, 1951).

шапáрь, *-арЯ́* m. 'kleiner Hecht', Tveŕ, Pskov (D.). Etwa aus *ščepáŕь* (so Dal' 4, 1398).

шáпка 'Mütze', ukr. wruss. *šápka*, aruss. *šapka* (seit d. Testam. Ivan Kalitas 1327—1328, s. Srezn. Wb. 3, 1581), bulg. *šápka*, skr. *šäpka*. Aus d. Slav. entlehnt ist osman. *šapka* 'europ. Hut' (s. MiTEl 2, 162, Kraelitz 50, G. Meyer Türk. Stud. 1, 53.) ‖ Gewöhnlich wird Entlehnung über mhd. *schapel* von afrz. *chapel, chape* aus lat. *cappa* angenommen, s. Berneker EW 1, 484, MiEW 337, Korsch Archiv 9, 669 ff. Dabei befremdet das Fehlen einer westsl. Form mit *š*, denn dort begegnet nur *č*: čech. *čapka*, slk. *čapica*, poln. *czapka* u. dgl. Es dürfte Entlehnung über das poln. *czapka* vorliegen, wobei russ. *š* für poln. *cz* substituiert sein muß (ähnlich Janko Čas. Mod. Fil. 5, 101 ff., RS 8, 335). Übernahme von *šapka* direkt aus afrz. *chape* zur Zeit der Anna Regina, Tochter Jaroslavs d. Weisen, ist fraglich, weil frz. *ch* bis zum 13. Jhdt. den Lautwert *tš* hatte (s. Korsch Drinov-Festschr. 61). Wenig wahrscheinlich ist bei dem Kulturwort *čapka* auch Entstehung durch Kontamination von *kapa* und *čepьcь* (gegen Hujer LF 42, 22ff.). Verfehlte Kombinationen bei Preobr. Trudy 1, 87ff.

шаплı́к 'Bottich, Zuber, Kufe', Südl. (D.), ukr. *šapl'ák* dass. Über poln. *szafel*, *szaflik* 'Schaff, Spülfaß' aus mhd. *schaf*, *scheffel*, nhd. *Schaffel* 'Kübel, Scheffel' (Grimm DWb. 8, 2016), vgl. Brückner EW 538.

шапоклáк, шапокля́к 'Klapphut, Klappzylinder'. Aus frz. *chapeau-claque* dass.

шапталá s. *шепталá*.

шапшá 'fein gesiebte Weizenkleie' (D.). Unklar.

шáр I., -*a* 'Kugel', bulg. *šar* dass. (Mladenov 691). Nicht überzeugend sind die Versuche einer Verknüpfung mit *шар* 'Farbe' als 'Fleck' (so Brandt RFV 24, 190, Iljinskij IORJ 24, 1, 136). Der letztere Gelehrte zieht auch *хорóший* hinzu. Verfehlt ist auch der Vergleich mit griech. κάρη 'Kopf', aind. çíras n. 'Kopf, Gipfel', avest. *sarah*- n. dass. (gegen Gorjajev EW 419).

шар II. 'Farbe', kirchl., r.-ksl. *šarъ* 'Farbe', *šariti* 'färben', *šarъči* 'Maler' (Jo. Klimak. 12. Jhdt., s. Srezn. Wb. 3, 1582), abulg. *šarъ* χρῶμα (Supr.), bulg. *šar* 'Fleck, bunt', skr. *šára* 'Buntheit', *šárac* 'Schecke', sloven. *šâr* m., *šára* f. 'bunt, fleckig', *šára* f. 'Buntheit'. Die Verbreitung spricht für eine alte turkotat. Entlehnung, vgl. tschuwass. *sărla* 'färben', *sără* 'Farbe'. Arnim Zeitschr. 9, 406 dachte an Entlehnung aus turkotat. *saryɣ* 'weiß', bzw. 'gelb'. Nicht wahrscheinlich ist der Ansatz idg. **k̑i̯āro*- und Vergleich mit *сúзый* (gegen Petersson BSl Wortst. 28).

шар III. 'Meerenge, Bucht', Weißes Meer (D., Ončukov), Pečora-G. (Podv.). Das von Kalima FUF 18, 46ff. als Quelle angesehene syrjän. *šar* 'Meerenge' ist bei Wichmann-Uotila nicht verzeichnet. Als Quelle wird von Schrenck bei Kalima c. l. das syrjän. *šor* 'Bach' angesehen, zu dessen Verwandtschaft auch magy. *ár* 'Flut' gehört (s. Paasonen Kel. Sz. 16, 57).

шарá 'Überbleibsel, ausgekochte Teeblätter', Sibir. (D.). Aus kalmück. *šar* dass. (s. Ramstedt KWb. 349).

шарабáн, -*áнa* 'Stuhlwagen, Familiendroschke'. Aus frz. *char à bancs* 'Kremser, offener Wagen mit mehreren Sitzreihen'.

шарáбара, шарáбора 'allerlei Kram, Plunder', Vjatka (Vasn.), Perm, Orenb. (D.), 'Gepäck', Tobol'sk (Živ. Star. 1899 Nr. 4, S. 516), *шарабóрить* 'wühlen', *шарабóшить* dass. Sibir. (D.), *шарабо́шиться* ʻsich tummeln, geschäftig sein', Kolyma (Bogor.). Viell. urspr. Reimbildung.

шара́га ʻunruhiger Mensch', Tobol'sk (Živ. Star. 1899 Nr. 4 S. 516). Unsicher ist die Verknüpfung mit *шарга́*.

шара́да ʻSilbenrätsel', über nhd. *Scharade* oder direkt franz. *charade* von provenç. *charrado* ʻUnterhaltung' (s. Gamillscheg EW 207, Dauzat 162).

шара́йдать ʻrascheln' (von Renntieren), Olon. (Kulik.). Viell. von *ша́рить* ʻrascheln' u. dial. Suffix *-айдать*. Siehe *шорайдать*.

шара́к ʻZacke an einer großen Gabel', Olon. (Kulik.). Aus karel. *šoara* ʻZacke, Arm, Abzweigung', finn. *saara* ʻAst, Zweig', s. Kalima 246, Zeitschr. 12, 138, Setälä YÄH 254.

шара́н ʻjunger Karpfen', Neuruss1. (Berg Ryby 2, 831), ukr. *šarán* dass., bulg. *šerán*, *šarán*, skr. *šàran*, poln. *szaran*. Aus d. Slav. entlehnt ist rumän. *şarán* dass. (Tiktin Wb. 3, 1365). Vermutlich liegt wegen des *r* eine tschuwass. Entsprechung von turkotat. *sazan* ʻKarpfen' zugrunde, s. Verf. Zeitschr. 19, 65, ähnlich Gorjajev EW 418. Anders Machek Zschr. 19, 65, der ačech. *šaran* ʻstagnilocus' (Klaret, 14. Jhdt.) heranzieht und Urverwandtschaft mit apreuß. *sarote* ʻKarpfen' annimmt. Letzteres vergleicht Trautmann Apr. Sprd. 419 mit lit. *žarúotas* ʻschimmernd'. Nicht überzeugend wird *шара́н* zu *шар* II ʻFarbe' gestellt von Preobr. Trudy 1, 88. Nur zufällig ist der Anklang an schor. *šarаɣan* ʻÄsche, Thymallus' (Radloff Wb. 4, 951, 954).

шара́нец, **шора́нец** ʻStrick zum Befestigen der Stellnetze', *сара́нец* ʻStrick am Schleppnetz', Arch., Kem, Kola (Podv.). Siehe *шора́нец*. Nach Kalima 220 aus karel. *šorańe* Gen. *šorażen* dass., finn. *sora* ʻvorderer Teil eines Fischnetzes' (s. oben 2, 697 s. v. *со́рица*).

шара́п, **шера́п** ʻvereinbarter Raub', *взять на шара́п* ʻgreifen, raffen, rauben', Novgor. (D.). Unklar.

шара́хнуть, **шара́шить** ʻschlagen, sich auf jemd. stürzen', ukr. *šaráchnuty* ʻsich stürzen', *šarách*! ʻInterj. des Stürzens, Werfens', wruss. *šaráchnuć* ʻraffen, schneiden'. Wohl lautnachahmend, s. Preobr. Trudy 1, 88, Gorjajev EW 418, Iljinskij IORJ 20, 4, 173. Man vergleicht *ша́ркать*, *шо́рох*, *шурша́ть*, sogar *швыря́ть*.

шара́шь f. ʻerstes Eis auf einem Fluß', auch *шеро́шь*, *шаро́шь*, *шари* Wolga-G. (D.). Wohl zum vorigen, s. Iljinskij c. l.

шарва́рки pl. ʻöffentliche Arbeiten', Perm, Čerdyń (D.), ukr. *šárvarok* dass., wruss. *šarvárka*. Über poln. *szarwark* dass. aus mhd. *scharwërk* ʻFronarbeit', s. Brückner EW 541.

шарга́ ʻfeiner Kehricht', Šenkursk, Arch. (Podv.). Unklar. Iljinskij IORJ 20, 4, 167 setzt ein älteres *šarъga* an.

ша́ргать, **обша́ргать** ʻreiben, glätten', Kašin, Tveŕ (Sm.). Dazu *шаргу́н* ʻkleines Glöckchen', Olon. (Kulik.). Zu *ша́ркать* ʻreiben' (s. d.).

шарду́н ʻkastriertes Renntier', Kola (Podv.). Zweifellos entlehnt aus der finn.-ugr. Wortsippe: tscherem. *šarδə* KB, *šorδə* U. ʻElentier', Mmordw. *śarda* 'Hirsch, Elentier', Emordw. *śardo* dass., wogul. *suŕti* 'Renntierkalb bis zu einem Jahr', ostjak. *sùrtì* 'Renntier im zweiten Jahr'. Zur Sippe s. Paasonen Kel Sz. 16, 16, Thomsen SA 4, 390, Wichmann TT 92, Collinder Fenn. Ugr. Voc. 55.

шаре́й 'dichte Wolke im Nebel', Kola (Podv.). Unklar.

шарж 'Karikatur', ist jung, älter *шаржс* 'Amt, Rang', zuerst *шаржса* dass. bei Peter d. Gr., s. Smirnov 326. Aus franz. *charge* 'Last, Amt, dienstliche Verpflichtung', *charger* 'beladen' von vlat. *carricare*, s. Gorjajev EW 134.

ша́рить, *ша́рю* 'wühle, stöbere, krame'. Kann nicht getrennt werden von *ша́ркать*. Die Übereinstimmung mit nhd. *scharren*, *schüren* ist zufällig (gegen Gorjajev EW 418, s. Preobr. Trudy 1, 88). Auch die Heranziehung von *шар* 'Kugel' (Brandt RFV 24, 190) hilft nicht weiter.

ша́рка 'Haifisch', Arch. (Podv.), auch *шарк* dass. (D.). Aus engl. *shark* 'Haifisch'.

ша́ркать, ша́ркнуть 'reiben, kratzen; e. Kratzfuß machen', ukr. *šárknuty* 'über die Sense mit e. Schaufel fahren', *vidšárkuvaty* 'abschaben'. Vgl. auch *ша́рить* (s. d.). Dazu *шарку́н* 'kleines Glöckchen', Jarosl. (Živ. Star. 1900 Nr. 1—2, S. 250), Tobol'sk (Živ. Star. 1899 Nr. 4 S. 516). Lautnachahmend wie *шо́ркать*, *шуршать*, s. Šachmatov IORJ 7, 2, 335, Preobr. Trudy 1, 89, Gorjajev EW 418.

шарки́, ша́рканцы pl. 'Pantoffeln, Schuhe mit dünnen Sohlen', Olon. (D.). Wegen des Vorkommens im Norden wohl zum vorigen. Kaum zu *чарки́* (s. d.).

ша́ркома 'lederner Brustlatz der Frauen, schuppenartig mit Münzen besetzt', Kazań (D.). Wohl über tschuwass. *šorkame*. *sǝlgεmε* 'Frauenschmuck, Brustspange', aus tscherem. *sǝlkama* 'Brosche', verwandt mit E. mordw. *śulgamo* 'Brustspange', finn. *solki* 'Spange', vgl. Räsänen Tsch. Lw. 264ff., Paasonen MSFOugr. 41, 58. Siehe *сюлга́м* (oben 3, 61).

шарлапа́й, шарлапа́н 'Schreier', Pskov, Tveŕ (D.). Man vergleicht *харлана́й* dass., zu dem es eine Reimbildung sein könnte, s. Iljinskij IORJ 20, 4, 173.

шарлат 'purpurrotes Tuch', nur 16.—17. Jhdt., s. Unbegaun 115, ukr. *šarlát* dass. Über poln. *szarłat* aus mhd. *scharlât* von mlat. *scarlatum* (wozu weiteres oben 2, 633ff. unter *скарля́т*), vgl. Brückner EW 541, Preobr. 2, 295 u. *шарля́х*.

шарлата́н 'Schwindler, Charlatan', volkst. *шарло́т* dass. Don-G. (Mirtov). Über frz. *charlatan* aus ital. *ciarlatano* (s. Gamillscheg EW 208, Dauzat 163).

шарля́х 'Scharlachtuch', aus nhd. *Scharlach* von mhd. *scharlât*, das unter Einfluß von mhd. *lach* 'Laken' umgestaltet ist, s. Kluge-Götze EW 508, MiTEl Nachtr. 1, 48.

шарло́т 'Knoblauchart, Allium Ascalonium', aus franz. *échalotte* von afranz. *eschaloigne*, lat. *ascalonia* von *Askalon* in Südpalästina, s. Littmann 36, Matzenauer 317, Gamillscheg EW 334. Siehe auch *шалóт*.

шарлóтка 'Brotpudding mit Äpfeln', aus franz. *charlotte* dass., das vom FrN *Charlotte* abgeleitet wird (s. Gamillscheg EW 208).

шармáнка 'Drehorgel', über poln. *szarmant katrynka*, poln. *katarynka* 'Drehorgel' nach dem nhd. Liedanfang: 'Scharmante Katharine', weil dieses Lied angeblich auf Drehorgeln viel gespielt wurde, s. B. de Courtenay bei Dal' 4, 1403, Thomson 354, Gorjajev EW 419. Nach Schiefner Archiv 2, 194 soll auf Drehorgeln ein franz. Lied *Charmante Gabrielle* gespielt worden sein, vgl. auch Karłowicz 263. Aus poln. *katarynka* entlehnt sind ukr. *katerýnka* 'Drehorgel', rumän. *caterincă* dass. (s. Tiktin Wb. 1, 312).

шарнúр 'Scharnier, Gelenkband', volkst. *шалнéр* dass. Über nhd. *Scharnier* aus frz. *charnière* dass. von lat. *cardinaria, zu *cardō* 'Türangel' (Meyer-Lübke Rom. Wb. 160, Heyse s. v.).

шаровáры pl. 'weite Hosen, Pumphosen, Pluderhosen', ukr. *šaraváry*. Durch Vermittlung des Turkotatar. entlehnt aus iran. *šaravāra- 'Hose' (*ščaravāra-), npers. *šelvar* dass., woher auch griech. σαράβαρα, σαράβαλλα 'Hosen', mlat. *saraballa*, s. Nyberg MOr 25, 181 ff., Deny Mél. Boyer 100, Horn Npers. Etym. 175 ff. Aus dem Turkotat. vgl. osman. krimtat. *šälvar* dass., kirg. *šalbar* (Radloff Wb. 4, 950; 967 ff.), s. MiEW 337, TEl 2, 164, Korsch IORJ 11, 1, 270, Matzenauer 80, Kraelitz 51, Lokotsch 147. Griechische Herkunft des orient. Wortes kommt (gegen Preobr. Trudy 1, 90) nicht in Betracht.

шаровáть 'scheuern', Südl., Westl. (D.), ukr. *šarùváty*. Über poln. *szurować* aus md. *schúren* 'scheuern' (s. Kluge-Götze EW 515).

шарóвить in *его ошаровúло* 'er verlor die Besinnung', Arch. (Podv.). Unklar.

шарóм 'Erbsenschober auf dem Felde', Perm, Sibir. (D.), s. *шорóм*.

шаромы́га, шеромы́га 'Gauner, Betrüger, Herumtreiber, Schmarotzer', *на шеромы́жку* 'auf Gaunerart'. Wird aus franz. *cher ami*, der Anrede französischer Soldaten der Napoleonischen Armee an die Russen, erklärt, s. Durnovo Očerk 23, Thomson 354, Christiani Archiv 34, 340, Öhmann Mém. Soc. Néophil. 7, 289, Savinov RFV 21, 34. Letzterer nimmt Volksetymologie nach *шáрить* u. *мыкáть* an. Eher Einführung des Suff. *-yga* wie etwa in *Батыга*. Abzulehnen sind die Versuche einer echt-slav. Deutung (gegen Iljinskij IORJ 20, 4, 166.)

шарóн 'rundes, kräftiges Kind', Čerep. (Gerasim.). Ableitung von *шар* 'Kugel'.

шарóшь s. *шарáшь*.

шарпáн 1. 'schmale Leinwand', Kazáń (D.). 2. 'Stoffstreifen, den die Frauen als Putz im Nacken tragen', Wolga-G. (D.), auch *сорпáн* 'tscheremissisches Handtuch als Nackenschmuck', aus tscherem. *šarpan* dass. (Ramstedt Btscherem. Spr. 127). Vgl. kirg. *sarpai* 'Ehrenkleid' (Radloff Wb. 4, 340). Vgl. *сарафáн*.

шáрпать, -аю 1. ʽzupfen, kratzen, reiben’. 2. ʽberauben, plündern’ (Gogol’), ukr. šárpaty ʽreißen, rupfen’, wruss. šárpać, poln. szarpać ʽreißen, raufen, rütteln’. Entlehnung über poln. szarpać aus mhd. scharben ʽschneiden, schaben’ (Preobr. Trudy 1, 90) hätte eher *šarb- ergeben müssen, vgl. aber dazu Černych Leksikol. 203 ff., der von einer nhd. Form mit p ausgehen will. Abzulehnen ist Urverwandtschaft mit lat. carpō ʽpflücke’, mhd. scharben (gegen Gorjajev EW 418). Andere dachten an Verwandtschaft mit шáрить, шáркать (Brückner EW 541), die ebenfalls problematisch bleibt.

шартрёз ʽArt Kräuterlikör’, aus frz. chartreuse vom Herstellungsort Chartreuse ʽältestes Kloster des Kartäuserordens im frz. Dép. Isère’.

шáрф, -a ʽSchärpe, Binde über den Leib oder über der Schulter’, poln. szarfa, szarpa ʽFeldbinde, Gürtel’. Wohl übers Poln. entlehnt aus nhd. Schärpe, älter Scharp, auch Scharfe dass. (Grimm DWb. 8, 2213 ff.), das aus frz. écharpe ʽArmbinde’ hergeleitet wird (Kluge-Götze EW 508 ff.), s. Preobr. Trudy 1, 90. Das f könnte hyperkorrekt für p sein.

шарчáть ʽrauschen, rascheln’, Tichvin (RFV 62, 295), шарчи́ть ʽkratzen, rascheln’, Nördl., Südl. (D.), шарчáть, шерчáть ʽkratzen’, Šenk. (Podv.). Zu шáрить, шáркать.

шаршéпка ʽArt Hobel’, Voron. (Živ. Star. 15, 1, 125). Entlehnung aus nhd. Scharschippe (Grimm DWb. 8, 2221) ist wegen der abweichenden Bed. unsicher.

шары́ pl. ʽGlotzaugen’, Vologda, Perm, Orenb., Sibirien (D., IORJ 1, 332), шаропу́чий ʽglotzäugig’ (Mamin), выпу́чивать шары́ ʽdie Augen aufreißen’. Zu шар ʽKugel’.

шары́нь, шары́ня ʽobere Torfschicht aus vermoderten Zweigen und Gras’, Mezeń (Podv.). Unklar.

шаст m., шáста f. ʽFichtenmoos’, Kola, Vologda (Podv., D.), шастега ʽMoos’, шаста, шашта ʽFichtenmoos, Renntiermoos’, Olon. (Kulik.). Wohl aus *шахта zuerst assimiliert zu шашта (s. d.), dann durch Dissimilation von š — š zu š — s: шасma. Die Quelle ist syrjän., wotjak. šakta ʽLungenmoos’, šaktar dass., auch ʽWasserlinse’, s. Kalima FUF 18, 48.

шáстать I. ʽsich herumtreiben, schlendern, watscheln, tastend gehen’, auch ʽsieben, Getreide worfeln’ (Mel’nikov), Interj. шасть für plötzliches Erscheinen (Krylov), ukr. šástaty, šásnuty dass., wruss. šástać ʽwerfen, laut hinwerfen’, šastáć ʽschaukeln’, -ša ʽumherlungern’, poln. szastać ʽmit Geräusch bewegen’. Viell. lautnachahmend, s. Preobr. Trudy 1, 90. Die Verwandtschaft mit шатáть (Fraenkel KZ 50, 212) könnte nur unter Voraussetzung einer ostslav. Entlehnung im Poln. angenommen werden. Abzulehnen ist die Verknüpfung mit čech. cesta ʽWeg’ usw. (gegen Gorjajev EW 419). Lit. šast ʽhusch’ ist slav. Lehnwort, s. Leskien IF 13, 206.

шáта 1. ʽOberkleid, Mantel’. 2. ʽmetallener Beschlag von Heiligenbildern’, Südl., Westl., ukr. šáta ʽGewand’, wruss. šáta, čech. šat

ʻKleid', slk. *šata*, poln. *szata*, osorb. *šat*. ‖ Altes Lehnwort aus germ. *hêtaz m., mhd. *hâȝ* m. ʻKleid', *hǣȝe* n. ʻRock, Kleid', schwäb.-alem. *häss* ʻGewand', schweiz. *häss* ʻKleidung, Wäsche' (zur Sippe Torp 69), s. Verf. Zeitschr. 11, 50ff., Machek Slavia 16, 217. Abzulehnen ist Urverwandtschaft der slav. u. germ. Wörter (gegen Matzenauer 80).

шата́ть, -а́ю ʻrütteln, schaukeln, wanken machen', *шата́ться* ʻwanken, sich hin- u. herbewegen', ukr. *šatáty śa* ʻsich hin- u. herbewegen, eifrig sein', aruss. *šatati sja* ʻumherirren', auch ʻsich rühmen' (Alexandr. 15. Jhdt.), abulg. *sętanije φρύαγμα* ʻSchnauben' (Supr.), s.-kslav. *sętati sę φρυάττεσθαι*, bulg. *šétam* ʻhin- u. hergehen, bedienen, pflegen', skr. *šétati, šêtâm, šêćêm* ʻwandle', sloven. *šétati se* ʻspazieren, lustwandeln', čech. *šátati* ʻbewegen'. ‖ Urslav. *sętati wurde unter Voraussetzung eines *ks*- im Anlaut verglichen mit got. *sinþs* ʻGang, Mal', ahd. *sinnan* ʻreisen, streben, sinnen', ir. *sét* ʻWeg' von Zupitza BB 25, 94. Sonst wurde ein nasaliertes *sket- (*kset-), ablautend mit lit. *skàsti* ʻspringen, hüpfen' angenommen, s. Machek Slavia 16, 217, vgl. auch Brandt RFV 24, 190. Siehe *ша́ткий*.

шателе́нка ʻdünne Uhrkette' (D.). Von franz. *châtelain* ʻBurgherr', lat. *castellanus*.

шате́н, -a ʻMensch mit kastanienbraunem Haar', *шате́нка* ʻebensolche Frau'. Aus frz. *châtain* ʻkastanienbraun', zu *châtaigne* ʻKastanie', lat. *castanea*.

шатёр, G. *шампа́* ʻZelt, Schutzdach', ukr. *šáter, šatró,* aruss. *šatorъ* (Nestor Vita Boris u. Gleb, s. Abramovič BG 10), *šatьrъ* (Hypat. Chron., Georg. Monach., s. Istrin 3, 346), s.-ksl. *šatъrъ σκηνή*, bulg. *šátъr*, skr. *šàtor* ʻZelt', *šâtra* ʻStand, Markthütte', sloven. *šátor*, slk. *šiator*, poln. *szatr* m., *szatra* f. ʻZigeunerzelt'. ‖ Alte Entlehnung aus d. Turkotatar.; vgl. kirg. *šatyr* ʻZelt', osman. aderb. uigur. kasant. alt. *čadyr* ʻZelt', schor. *šadyr*, sag. koib. *sadyr* (s. Radloff Wb. 3, 1903ff.; 4, 969, 972). Die Quelle ist pers. *čatr* ʻSchirm, Zelt', aind. *cháttram* ʻSchirm', s. Melioranskij IORJ 10, 4, 134, Melich Zeitschr. 4, 96ff., Berneker EW 1, 133, MiTEl 1, 270, Gombocz 115ff., Ung. Jahrb. 8, 271. Wegen des *š* will Melich c. l. magy. Vermittlung annehmen.

шатина ʻStock am Netzbeutel der Ostjaken', Sibir., Obdorsk. Aus syrjän. *šaįt* ʻRute, Stange', *šat*' dass. (Wichmann-Uotila 255ff.), s. Kalima FUF 18, 47ff.

ша́ткий ʻschwankend', *ша́ток, -тка, -тко,* wruss. *šátkij* dass. Zu *шата́ть*.

шатковать, *шатку́ю* ʻklein hacken, zerschneiden' (Kohl), Westl. (D.), ukr. *šatkuváty*, wruss. *šatkováć*, poln. *szatkować*. Die Herleitung aus dem Lit. (Matzenauer 320) beruht auf einem Mißverständnis, s. Preobr. Trudy 1, 91. Unmöglich ist auch Zusammenhang mit skr. *sjècati, sjèckati* ʻschneiden' (gegen Gorjajev EW 419), die zu *секу́* (s. d.) gehören.

шау́ш, ша́уш ʻerstes Treibeis im Herbst vor dem Zufrieren der Flüsse', Astrach. (D.). Zu *ша́рашь*.

шáфа 'Schrank, Schaff', volkst. *шахвá* Smol., Westl. (D., Dobrov.), zuerst *шаҩа* Ust. Morsk. 1724, s. Smirnov 326, ukr. *šáfa*, *šáchva*, wruss. *šáfa*. Über poln. *szafa* aus mhd. *schaf*, nhd. *Schaff*, s. MiEW 302, Brückner EW 539. Der Genuswechsel erklärt sich durch Einfluß der poln. *almarja* 'Schrank', *skrzynia* dass. u. dgl.

шáфар(ь) 'Ökonom, Aufseher', Westl., ukr. *šáfař*, *šachvár*, *šápar*, wruss. *šáfar*, alt *шаҩар* a. 1635, s. Ohijenko, RFV 66, 369; *шаҩор* Peter d. Gr., s. Smirnov 326. Über poln. *szafarz*, čech. *šafář* 'Meier, Aufseher' aus ahd. *schaffâri*, mhd. *schaffære* 'Anordner, Aufseher', s. MiEW 336, Brückner EW 539, Holub-Kopečný 366. Vgl. das folg.

шáфер 'Brautführer, Marschall bei Hochzeiten', aus balt.-d. *Schaffer* dass., auch 'Anordner', zu *schaffen*, s. Gorjajev EW 419, Preobr. Trudy 1, 91. Siehe das vorige. Hierher wohl auch *шаҩúрка* 'lasterhaftes Frauenzimmer', *шаҩúрничать* 'klatschen', urspr. wohl 'anordnen, anzetteln'.

шафрáн, *-а*, 'Safran, Gewürz, crocus sativus', schon 1489 (s. Unbegaun 118), auch Domostr. Zabel. 145 ff., *шеҩран* Afonsk. Gora 1551 (Čtenija 1881 Nr. 2 S. 63), ukr. *šachvrán*, *šaprán*, s.-ksl. *šafranъ*, čech. *šafrán*, slk. *šafran*, poln. *szafran*. Entlehnt über mhd. *saffrân*, mnd. *safferân* aus ital. *zafferano* von arab. *zaʿfarân*, s. Littmann 83, MiEW 336, TElNachtr. 1, 66, Preobr. Trudy 1, 91, Kraelitz 61, Kluge-Götze EW 494, Meyer-Lübke Röm. Wb. 800, Lokotsch 170. Unbegründet ist die Annahme einer orient. Entlehnung ins Russ. (gegen MiTEl 2, 186). Hierher: *чаҩрáнт* 'Safran', Voron. (D.).

шафрéйка 'Vorratskammer', Livl. (Bobrov Jagić-Festschr. 395). Entlehnt aus balt.-d. *Schafferei* dass.

шах I., 1. 'Schah von Persien'. 2. 'Stellung im Schachspiel'. In Bed. 1. *шах* schon bei Kotošichin 41 ff. Davon: aruss. *šachy* pl. 'Schachspiel' (Pčela, s. Srezn. Wb. 3, 1585) wohl unmittelbar über poln. *szachy* dass. Sonst *шах*, über osman. *šaχ* oder direkt aus npers. *šâh* 'König', apers. χ*šāyaϑiya-* 'Herrscher' (Horn Npers. 170, Bartholomae Air. Wb. 552), s. MiTEl 2, 162, Lokotsch 140. Dem Ausdruck *шах и мат* 'schach und matt' des Schachspiels entspricht mhd. *schach unde mat*, nhd. *Schach und matt*, ital. *scacco matto*, deren Quelle arab. *eš šâh mât* 'der König ist tot' ist, s. Littmann 115, Kraelitz 50 ff., Lokotsch 115, 140, Kluge-Götze EW 381. Siehe *шáхматы*.

шах II. 'Pfahl zum Trocknen des Fischnetzes', Tobol'sk (Živ. Star. 1899 Nr. 4 S. 516). Wohl über osman., dschagat., tar., osttürk. *šaχ* 'Zweig, Geweih' aus pers. *šāχ* 'Ast' (Radloff Wb. 4, 940). Siehe weiter s. v. *coxá*.

шáхер 'Schwindler, unreeller Kaufmann', auch *шáхер-мáхер* dass., sowie 'Betrug, betrügerisch', Westl., poln. *szacher* 'Betrüger'. Aus nhd. *Schacher u. Macher*, hebr.-d. *socher* 'umherziehender Kaufmann', s. Wiener Živ. Star. 1895, Nr. 1 S. 70, Kluge-Götze EW 503. Siehe *шахровáть*.

шахмá I. 'Menge', Kolyma (Bogor.). Unklar.

шахмá II. 'Spur', Vjatka, Kamčatka (D.). Verwandt mit *сакмá* dass. (oben 2, 570).

шáхматы pl. 'Schachspiel', aruss. *šachmaty* pl. dass. (schon Novgor. Kormčaja 1280, s. Srezn. Wb. 3, 1584, auch Domostr. K 10, Zabel. 43), *шахмотница* 'Schachbrett' Kirša Danilov. Von *шахмáт* (s. *шах* I) gebildet, wohl aus mhd. nhd. Quelle, vgl. nhd. *schachmatten* 'im Schachspiel mattsetzen' (Luther 1521, s. Kluge-Götze Wb. 503), s. Preobr. Trudy 1, 91, Kowalski JP 26, 122, MiTEl 2, 162, Kraelitz 50 ff.

шахмáч 'Brotstücke, die vor dem Fang ins Netz gelegt, in diesem unter dem Eise hindurchgezogen und dann zum Zwecke des Analogiezaubers aufgegessen werden, worauf der eigentliche Fang beginnt', Šenk., Cholmog. (Podv.). Unklar.

шахровáть, *шахрую* 'betrügen, übervorteilen', Westl., Südl. (D.), ukr. *šachruváty*, wruss. *šachrovác̆*. Über poln. *szachrować*, bzw. nhd. *schachern* aus hebr. *sâḥar* 'als Händler umherziehen', s. Wiener Živ. Star. 1895 Nr. 1 S. 70, Kluge-Götze EW 503. Siehe *шáхер*.

шахтá I. 'dichtes Nadelgehölz, Fichtenmoos', Sibir.; *шаикт* 'Moos', Ostsibir. (D.). Aus syrjän. *šakta* 'Lungenmoos, Sticta pulmonaria', s. Kalima FUF 18, 48 (mit Liter.). Vgl. *шаст*.

шáхта II. 'Schacht zur Gewinnung von Erzen', ukr. wruss. *šáchta*, schon Visio Tundali (16. Jhdt., s. Brückner Archiv 13, 210, auch Zeit Peters d. Gr., s. Smirnov 326). Über poln. *szacht*, älter *szachta* (s. Pr. Fil. 5, 444), čech. *šachta*, bzw. direkt aus nhd. *Schacht*, ndd. Form von *Schaft*, urspr. 'Grube' als Stiefel, nach der Form, s. Kluge-Götze EW 503, Preobr. Trudy 1, 92, Brückner EW 538. Siehe *шáхтер*.

шахтарá 'im Winter an den Bäumen erkennbare Spur von Eichhörnchen u. Mardern', Sibir. (D.). Wird von Kalima FUF 18, 48 zögernd auf syrjän. *šaktar* 'Lungenmoos' zurückgeführt.

шáхтер 'Grubenarbeiter, Kumpel', auch *шахтёр* dass. Voron., Živ. Star. 15, 1, 125. Zu *шáхта* II als Ableitung, da ich ein nhd. *Schachter nicht belegen kann.

шáшал I., *шáшел* 'Motte; kleiner Wurm im Fisch, Mehl', Pskov, Tveŕ, Kursk, Voron., Don-G., Astrachań (D., Mirtov), auch *шáшала* 'Bienenmilbe, Schorf, Grind', Penza. Unklar. Vgl. das folg.

шáшал II., *шáшель* m. 'nichtsnutziger Mensch, Gauner', Pskov, Tveŕ (D.), auch *шáшень* dass. Pskov, Tveŕ (D.). Man denkt an eine Lautgebärde u. Zusammenhang mit *шáшня*, s. Preobr. Trudy 1, 92, Gorjajev EW 419.

шашáра 'schlechte Sorte Mehl', Simb. (D.). Unklar.

шáшка I. 'breiter Krummsäbel der Kaukasier und Kosaken'. Wird von Korsch bei Preobr. Trudy 1, 92 als Entlehnung aus dem Tscherkess. erklärt. Vgl. abadzech. *šesχo*, kabard. *sešχo*, šapsug. *šesχo*, *sešχuo*, s. Erckert 119. Das von Gorjajev EW 419 zitierte kumük. *šoškä* stammt nach Preobr. c. l. ebendaher.

ша́шка II. ʽStein im Damespielʼ. Urspr. ʽSchachfigur, Königin im Schachspielʼ, von *шах* I, bzw. Ableitung von aruss. *šachy* pl. ʽSchachspielʼ, s. Gorjajev EW 419, Preobr. Trudy 1, 92.

ша́шка III. ʽGeliebteʼ, Perm (D.), Sibir. (Živ. Star. 1899 Nr. 4 S. 516). Wohl als ʽSchachkönigin, Dameʼ zum vorigen.

шашлы́к, -á ʽam Spieß gebratenes Fleischʼ, Krim, Astrach., Kaukasus (D.). Turkotat. Lehnwort; vgl. krimtat. *šišlik* dass., *šiš* ʽBratspießʼ (Radloff Wb. 4, 1082 ff.), kasantat. *šyšlyk* dass. zu *šyš* ʽSpießʼ, s. Korsch Archiv 9, 671, MiTEl 2, 166, Gorjajev EW 419, Preobr. Trudy 1, 92.

шашму́ра ʽKopfbedeckung der verheirateten Frauenʼ, Perm (D.), Vjatka (Vasn.), Sarapul (Živ. Star. 1901 Nr. 1 S. 95). Siehe *шамшу́ра*.

ша́шни pl. ʽIntrigen, Ränke, Techtelmechtelʼ. Vgl. auch *шаше́нь* ʽvorsichtiger Schritt nach rückwärtsʼ, Smol. (Dobr.). Viell. verwandt mit *ша́шал* II. Unsicher ist der Vergleich mit *ха́халь* (gegen Gorjajev EW 419), s. Preobr. Trudy 1, 92.

ша́ять 1. ʽverwesenʼ. 2. ʽausdünstenʼ, Arch. (Podv.), Sibirien (D.), auch ʽschmelzen, sich auflösenʼ, Nördl. (D.), *шая́ться* ʽlichterloh brennenʼ, Kolyma (Bogor.). Unklar.

шва ʽBretterbekleidungʼ, Arch. (D.). Aus *šьva zu *шить*. Vgl. *обши́вка* dass.

шваб ʽSchwabeʼ. Neue Entlehnung aus nhd. *Schwabe*. Dagegen aruss. *svabъ* dass., *svabi* pl. ʽSchwabenlandʼ (Vita Methodii 12. Jhdt.) aus ahd. *swâb* ʽSchwabeʼ, s. MiEW 329, Sobolevskij Archiv 32, 310.

шва́бра ʽSchiffsbesen, Scheuerbesenʼ, schon Ust. Morskoj a. 1720, s. Smirnov 327. Aus ndl. *zwabber* dass. bzw. ndd. nhd. *schwabber* (Grimm DWb. 9, 2142), s. Potebnja RFV 4, 193 ff., Meulen 246, Matzenauer 340, Gorjajev EW 420, Preobr. Trudy 1, 92, Korbut 493.

шва́гло ʽSchlangenstachelʼ, Olon. (Kulik.). Euphemistische Umgestaltung von *жа́гло ʽStachelʼ (s. *жа́ло*). Das *šv-* viell. vom folg.

шва́йка ʽgroße Ahle zum Flechten von Bastschuhenʼ, Südl., Novg. (D.). Von *швая́*, *свая́* (s. d.). Das *š-* viell. von *шваль*, *швач* ʽNäherʼ zu *шить*.

шваль I. ʽSchneider, Näherʼ, aus *šьvalь (wie *кова́ль* ʽSchmiedʼ) zu *шить*, s. MiEW 339.

шваль II. f., G. *шва́ли* ʽLumpengesindel, Packʼ. Schwerlich aus nhd. *Schwall* ʽangeschwollene Masseʼ (gegen Gorjajev EW 427, s. Verf. WS 3, 200). Vgl. *шу́шваль*.

шва́рить ʽbebrühenʼ, *ошва́рить* dass. Vjatka (Vasn.). Wohl zu *вари́ть* ʽkochenʼ. Vgl. *шва́ркать* II.

шва́ркать I. ʽwerfen, schleudernʼ, Südl., Westl., Tula, Kostr., Vologda (D.), ʽheftig schlagenʼ (D.). Wohl lautnachahmender Herkunft. Vgl. sloven. *švŕkati* ʽpeitschenʼ u. *швырну́ть*, s. Šachmatov IORJ 7, 2, 335.

шва́ркать — Шве́ция

шва́ркать II. ʿauf der Pfanne zischen' (von Fett), Westl., Südl., Pskov, Tveŕ (D.). Zu *шва́рить*.

шварку́та, -ку́ха, швару́ха ʿböses, galliges, zänkisches Weib', Pskov, Tveŕ (D.). Mit expressivem *š-* für *s-* zu *сва́ра* ʿStreit', *свари́ться* ʿstreiten'.

швартóв, -a ʿSchwertau, Tau zur Befestigung eines Schiffes am Ufer' (Lavrenev), zuerst *швартоу* Ust. Morsk. a. 1720, s. Smirnov 327. Dazu *швартóвить* ʿe. Schiff mit dem Schwertau befestigen'. Aus ndl. *zwaartouw* ʿSchwertau', s. Meulen 245 ff., Matzenauer 340.

шва́я ʿPfahl', Novgor. (D.), Onega (Podv.). Dial. aus *свáя* (s. d.).

швед I., -a ʿSchwede', volkst. *шве́ды* pl. ʿFinnen', Petrozav. Etnogr. (Obozr. 40, 351), *шветы* pl. ʿSchweden', Angara, Sibir. (Živ. Star. 16, 2, 34). Wohl über nhd. *Schwede*. Vgl. auch aruss. *Svickaja zemlja* ʿSchweden' (Katyr.-Rostovsk. 17. Jhdt.) und *Sveckije Nemcy* (R. James 1619—20, S. 3) und mlat. *Suetus* ʿSchwede', *Suetia* ʿSchweden' (Saxo Gramm.). Älter ist der Name *свеи* (s. d.). Hierher gehört *шве́дка* ʿWruke', Kostr. Zur Bed. vgl. *не́мка* ʿWruke', *голáнка* dass. Vom Volksnamen auch *швед* ʿSchabe, die im Winter ihre Haut verliert und weiß wird', Pskov (D.). Siehe *Шве́ция*.

швед II. ʿSchneider', Pskov, Tveŕ. Aus *шве́ц* dass. von aruss. *šьvьcь*, zu *шить* mit Anlehnung an *швед* I.

швейца́р, -a ʿPortier, Pförtner', älter auch ʿSchweizer, schweizerischer Bürger' (Karamzin), poln. *szwajcar* ʿPortier, Schweizer' aus nhd. *Schweizer*, ʿSchweizer, Mitglied der Schweizer Garde', dann ʿTürhüter bei vornehmen Personen' (Wieland u. a., s. Grimm DWb. 9, 2472), s. Preobr. Trudy 1, 92, Gorjajev EW 420. Dieselbe Bed. hat frz. *suisse* ʿPortier'. Davon abgeleitet *Швейцáрия* ʿSchweiz', poln. *Szwajcarja*. Danach analogisch Benennung gebirgiger Landschaften: *Ру́сская Швейца́рия* ʿSommerfrische' bei Kazań (Mel'nikov), *Финля́ндская Швейца́рия* ʿGegend von Jukki G. Leningrad'; vgl. poln. *Szwajcerska ziemia* ʿSchweiz' (Pr. Fil. 5, 445).

шве́рмер ʿkleine Rakete', zuerst Zeit Peters d. Gr., s. Smirnov 327. Aus nhd. *Schwärmer* dass. (s. Grimm DWb. 9, 2291).

шве́рцы pl. ʿSchwerter, Flügel zu beiden Seiten flacher Wasserfahrzeuge', seew. Aus ndl. *zwaard* dass., s. Meulen 245.

швец ʿSchneider', dial. (s. auch *швед* II.), ukr. *šveć* G. *ševcá* ʿSchuster', wruss. *švec* G. *šovcá* dass., aruss. *šьvьcь* ʿSchneider, Schuster' (s. auch *портнóй*), skr. *šávac* G. *šávca* ʿSchneider', čech., slk. *švec* ʿSchuster', poln. *szewc* G. *szewca* ʿSchuster'. Urspr. *šьvьcь zu *шить*. Vgl. lit. *siuvìkis* ʿSchuster', apreuß. *schuwikis* ʿSchuhmacher', s. MiEW 339, Trautmann BSl 261 ff., Apr. Sprd. 422, Buga IORJ 17, 1, 40.

Шве́ция ʿSchweden' (s. auch *свеи*, *швед*), volkst. *Шве́ция* ʿFinnland', Olon. (Kulik.). Gelehrte Entlehnung aus mlat., nlat. *Suecia* ʿSchweden', *Suetia* (Saxo Gramm.), *Sueti* ʿSchweden als Volk' (ibid.), s. Langenfeld Neuphil. Mitt. 33, 112 ff.

384 швея́ — шеболта́ш

швея́ 'Nähterin', aruss. *šьvějь* 'wer näht', zu *шить*. Vgl. lit. *siuvė́jas* m., *siuvė́jà* f. 'wer näht', ostlit. *siuvė́jas* dass., s. Trautmann BSl 261, Leskien Bildung 337.

шви́дкий 'schnell', Südl., Kaluga, Tver´ (D.). Siehe *шви́дкий*.

шви́нда 'Frauenzimmer, das gern ausgeht', *шви́ндать* 'zu Gast gehen', Smol. (Dobr.). Unklar.

швица́рвень, швицса́рвень m. 'Pütting, starker, eiserner Halter eines Wants', seew. (D.). Aus ndl. *zwichtserving* dass., s. Meulen 247 ff.

шво́рень, m. G. *-рня* 'Schlußnagel; Wagenbolzen, um den sich die Vorderachse e. Wagens dreht', ukr. *svíreń*, G. *svírńa*, wruss. *švóren*, G. *-rna*, čech. slk. *svor*, poln. *sworzeń*. Aus *sъvorьnь zu *вере́ть*, *вера́ть* 'schließen' (s. oben 1, 184), vgl. Preobr. Trudy 1, 92, Kalima Festschr. Suolahti 550, Gorjajev EW 423. Die Nebenform *шкво́рень* will Preobr. c. l. durch Einfluß von *сквозь*, *сквозно́й* erklären.

шво́рить 'zusammenbinden', Arch. (Podv.), *шво́рка* '(Hunde-)koppel', auch 'Schnur, Bindfaden' (Šolochov). Zu *свора́* 'Leine, Strick, Koppel' aus *sъvora (s. oben 2, 596), vgl. Gorjajev EW 420.

швы́дкий 'schnell, eifrig', Kursk (RFV 76, 291), Südl., Westl. (D.), *шви́док*, *швыдка́*, *шви́дко*, ukr. *švýdkyj*, *švýdko* 'schnell', *švydkáty*, *švydkuváty* 'eilen', wruss. *švýdkij*. Vgl. auch *шви́дкий*. Etymologisch unklar. Die Annahme einer Entlehnung aus nhd. *geschwind* (Potebnja RFV 1, 264) überzeugt nicht.

швы́ркать 'schnaufen', Novg., Vjatka (Vasn.), Perm, Tambov (D.). Wohl lautnachahmend wie *фы́ркать* dass.

швыря́ть, *-я́ю* 'schleudern, werfen', *швырка́ть* dass., Kostr. (D.), ukr. *švyrháty*, wruss. *švyrháć*. Lautnachahmend wie bulg. *chvъ́rl'am* 'werfe', skr. (*h*)*vŕljati*, (*h*)*vŕljâm*, s. Berneker EW 1, 510, Gorjajev EW 420.

шеба́лда 'nichtsnutziger Mensch, Lügner, Schwätzer', Voron. (D.). Siehe *шаба́лда*.

шебарша́ 'geschäftiger Mensch', Jarosl. (Volockij), *шебарши́ть* 'schwatzen', Terek-G. (RFV 44, 113), *шеборча́ть* 'rascheln', Arch. (D.), *шебершить* 'rascheln', Kolyma (Bogor.), s. *шабарша́, шабарча́ть*.

шебединское сукно́ 'Art Tuch', nur Inv. Boris Godunov 1589, s. Srezn. Wb. 3, 1585. Unklar.

шебе́ка 'kleines dreimastiges Handelsschiff im Mittelmeer'. Über nhd. *Schebecke* dass. aus ital. *sciabecco* von arab. *šabbâk* dass., s. Matzenauer 411, Lokotsch 138, Meyer-Lübke Rom. Wb. 618.

ше́бер 'Geröll', Olon. (Kulik.). Siehe *ще́бень*.

шебершить s. *шабарша́*.

шеболта́ш 'Lederriemen für die Jagdtasche oder das Pulverhorn', Don-G. (Mirtov). Zu rotwelsch. Präfix *ше-* u. *болта́ться* 'bammeln'.

шебы́хнуть 'einen Stein werfen', ukr. *zbýchnuty* 'heftig stoßen'. Mit rotwelschem *ше-* zu *бу́хнуть* 'werfen, stoßen', s. Iljinskij IORJ 20, 3, 94.

шевели́ть, *-лю́* 'bewege', ukr. *ševelity* 'rascheln', wruss. *šavolić* 'bewegen, suchen, scharren', bulg. *šávam* 'bewege', čech. *ševeliti* 'rauschen', slk. *ševelit'* 'rascheln, säuseln', nsorb. *šawliś* 'schlendern, bummeln', Ablaut in s.-ksl. *ošavati sę* 'ἀπέχεσθαι, abstinere'. Man vergleicht aind. *cyávatē* 'bewegt sich', avest. *šyav-, šiyav-* 'sich in Bewegung setzen' (s. Mladenov 690), auch got. *skēwian* 'wandern', anord. *skǽva* 'bewegen', lat. *cēveō, -ēre* 'wackeln', s. Loewenthal Zeitschr. 7, 406. Vgl. auch *шеверя́ть, шевыря́ть*.

шевелю́ра 'Haupthaar' (Čechov). Aus frz. *chevelure* dass. zu *cheveu* 'Haar'. Volksetymologisch verknüpft mit dem vorigen.

шевере́нька 'Korb', Vladim. (D.). Unklar.

шеверя́ть 'wühlen, rühren', dial. Zu *шевели́ть* nach Gorjajev EW 420.

шевио́т 'Kammgarnstoff, glatter Wollstoff'. Aus frz. *cheviot* bzw. nhd. *Cheviot*, s. v. Kienle Fremdwörterlexikon 69.

Шевка́л s. *Щелка́н*.

шеври́га 'gesternter Stör, Acipenser stellatus', Astrach. (D.), aruss. *ševriga* dass. (Belozersk. Grundbuch a. 1585, s. Srezn. Wb. 3, 1585). Der Fisch heißt dial. *шеврю́га, шевры́ка* Astrach. (Preobr.). Schwer zu trennen von *севрю́га*, s. Preobr. 2, 268. Vgl. aber auch kalm. *šowrlng* 'Sterlet' zu *šowynr* 'spitz' (Ramstedt KWb. 365 ff. ohne russ.).

шевро́ 'feines Ziegenleder', Adj. *шевро́вый*. Aus frz. *chevreau* dass. zu *chèvre* 'Ziege', lat. *capra* (Gamillscheg EW 217).

шеврон 'sparrenförmiges Dienstgradabzeichen', aus frz. *chevron* dass., urspr. 'Dachsparren' (s. Gamillscheg EW 217), vgl. Gorjajev EW 420.

шеврю́га s. *шеври́га, севрю́га*.

шевыля́ть 'watscheln, ungeschickt gehen', Jarosl. (D.). Zu *шевели́ть* (s. d.) oder mit rotwelsch. *ше-* zu *ковыля́ть*, s. Verf. WS 3, 200.

шевыря́ть 'durchwühlen, scharren', Kaluga, Tambov, Südl., Westl. (D.). Zu *шевели́ть* (Gorjajev EW 420) oder rotwelsch. *ше-* und *ковыря́ть* (Verf. WS 3, 200). Hierher wohl auch *шевыря́лка* 'Schwätzerin, Klatsche', Pinega (Podv.).

шевя́к, *-á* 'trockener Mist von Haustieren', Nördl., Sibir. (D.). Unklar.

шега 'Scherz', nur aruss. *šega* 'Scherz', *šegavъ* 'unbeständig', *šegati* 'verhöhnen', kslav. *šęga* 'εὐτραπελία, scurrilitas', *šęgati* 'scherzen', bulg. *šegá* 'Scherz, Spaß', sloven. *šę́ga* 'Brauch, Sitte, Schlauheit'. Nach Mladenov 692 soll Urverwandtschaft bestehen mit aind. *kháñjati* 'hinkt', anord. *skakkr* 'schief, hinkend', ahd. *hinkan* 'hinken', griech. σκάζω 'hinke', vgl. aber zum aind. Wort Mayrhofer EW 297. Unsicher.

шегла́ s. *шо́гла*.

шеде́вр 'Meisterwerk', aus frz. *chef-d'oevre* dass.

ше́йма 1. 'Ankertau'. 2. 'Tau zum Ziehen eines Bootes auf dem Eise', Arch, (Podv.), Wolga-G. (D.), Onega-See (Hilferding), Pečora (Ončukov). Entlehnt über lapp. *sieima* 'geteertes Tau, Angelschnur', aus anord. *sími* 'Seil, Tau' (dazu Qvigstad 285ff., Setälä FUF 13, 450), s. Kalima bei Thörnqvist 208ff. Direkte Herleitung aus d. Anord. ist (gegen Kalima 218, RS 6, 81, FUF 28, 161) nicht möglich wegen *ej*, s. Thörnqvist c. l. Auch karel. *šeimi* 'Zugseil für Boote', finn. *seimi* dass. sind (gegen Pogodin IORJ 12, 3, 339) nicht als Quelle anzusehen (s. Kalima 218). Das russ. Wort ist entlehnt in lett. *šeima* 'Seil' (s. M.-Endz. 4, 1).

шейх, шейк 'Oberhaupt eines arab. Stammes', wohl über nhd. *Scheich*, bzw. frz. *cheik* aus arab. *šaiḫ* 'Stammesoberhaupt' (s. Littmann 67, Lokotsch 141, Gamillscheg EW 214, Kluge-Götze EW 512, Kraelitz 51).

Шексна́ 1. 'Nbfl. der Wolga', G. Novgor. u. Jarosl., volkst. auch *Шехна* (s. Sobolevskij IORJ 27, 263), *Шехонь*, woher der Landschaftsname *Пошехо́нье* G. Jarosl. und *Шехонка* 1. 'Nbfl. d. Šeksna'. 2. 'r. Nbfl. d. Wolga bei Ples', G. Kostroma. Herkunft nicht klar. Vgl. finn. *hähnä* 'Buntspecht', estn. *hähn*, Klapp. *čašne* 'Specht', tscherem. *šište* dass., (s. Setälä FUF 2, 268). sowie Emord. *šekšej* 'Buntspecht', Mmordw. *šekši*, *šekšan* dass. (s. Paasonen Mordw. Chrest. 134).

шелапу́т s. *шалопу́т*.

шелби́ры s. *шельби́ры*.

шелга́ч 'kleiner Sack', Mezeń (Podv.), *шелгу́н* 'Matrosentasche', Pskov, Tambov. Siehe *шалга́ч*, *шалгу́н*.

шелева́ть 'mit Brettern beschlagen, verkleiden', Südl. (D.), *шелёвка* 'Verkleidung', Astrach. (RFV 70, 133), Südl. (D.), *шилева́ть*, *шилёвка* Don-G. (Mirtov). Siehe *шалева́ть*.

ше́лег 'alte Münze', s. *шеля́г*.

шелега́ 'ungeschmolzener Speck von Seetieren', auch *шелеха́*, *шелюга́*, *шеляга́*, *шалега* dass. Arch. (Podv.). Entlehnt aus Jur. samoj. Tsamoj. *sela* 'Fett (von Fischen)', *selagā* 'fett', Osamoj. *sīle* 'fett', K *sil* 'Fett', koib. *syl*, urverw. mit finn. *silava* 'Fett, Speck', syrjän. *sịl* 'Fett, Talg', tscherem. *šel* dass., s. Paasonen Kel. Sz. 16, 8ff., Collinder Fenno-Ugr. Voc. 56.

шелёмка 'Seitenstange eines Zeltes', Mezeń (Podv.). Wohl die echt-russ. Entsprechung zu der Sippe von *слемя* (s. oben 2, 659), aus **selmę*.

ше́леп, *-а* 'Peitsche, Knute, Stock, Rute', Nördl., Smol. (D.), (schon Avvakum 83ff.), *шéлепéнь* m., G. *-нá* 'Peitsche', *шелепу́га* 'Peitsche, Schwätzer', Pskov, Tveŕ (D.), oft in Bylinen, auch *шепалу́га* Olon. (Rybnikov), ukr. *šelépa* 'schwerfälliger Mensch', *šéľep* Interj. 'bautz!', wruss. *šelepáć* 'peitschen'. Wohl lautnachahmend, s. Preobr. Trudy 1, 93, Iljinskij IORJ 20, 4, 157ff. Mit *шлёпать*, *хло́пать* besteht nur insofern ein Zu-

шéлест, -а 'Rascheln, Rauschen', *шелестúть* 'rascheln', *шелестéть* dass., ukr. *šélest* 'Rascheln', *šelestíty*, *šeléščú* 'rascheln', *šelésť* 'Interj. des Raschelns', *šeléchnuty* 'rascheln', čech. *šelest* 'Rauschen', slk. *šelestiť* 'rauschen', poln. *szelest, szeleścić* 'Rauschen, rauschen', slk. *šelestiť* 'rauschen', poln. *szelest, szeleścić* 'rauschen, murmelnd dahingleiten'. Lautnachahmend, s. MiEW 337, Gorjajev EW 420, Preobr. Trudy 1, 93. Damit wird weiter verbunden: ukr. *choúst* 'dumpfer, unterdrückter Schall', apoln. *chełst* 'Getöse, Lärm', poln. *chełst* dial. 'Schilfrauschen', *chełścić* 'rauschen', s. Machek Mnema f. Zubatý 426, Studie 101, Slavia 16, 217. Vgl. auch *шóлох*.

шёлк 'Seide', Adj. *шёлковый* 'seiden', ukr. *šołk*, wruss. *šołk*, aruss. *šьlkъ* (Daniil Zatočnik, 13. Jhdt., S. 80, Georg. Monach., s. Istrin 3, 346, Afan. Nikit.). Aus d. Russ. entlehnt ist lit. *šilkas* dass., apr. *silkas* (Brückner Archiv 20, 483, Mikkola Balt. u. Slav. 21, Buga Zeitschr. 1, 42). Wegen des *š* muß an eine Entlehnung aus dem Westen gedacht werden. Die Quelle ist anord. *silki* 'Seide', aengl. *sioloc*, ahd. *silecho* (9. Jhdt.) aus lat. *sēricus* 'seiden' von lat. *Sēres*, griech. Σῆρες 'China, Chinesen', s. Schuppisser Benennungen der Seide Diss. Zürich 1953, S. 28 ff., MiEW 338, Wanstrat 47, Thörnqvist 265 ff. Vgl. auch *годовабль, шида*. Abzulehnen ist die Annahme einer Entlehnung der aruss. Wörter aus einer östlichen Sprache (wegen *š* und *l*) und slavische Herkunft von anord. *silki*, aengl. *sioloc* (gegen Trautmann Apr. Sprd. 426, Schrader Handelsg. 1, 249 ff., IF 17, 34, Holthausen Aengl. Wb. 295, Awn. Wb. 243, Falk-Torp 966, Hellqvist 908, Arne Fornvännen 1947, S. 293 ff.). Keine unmittelbare Verbindung besteht zwischen *šьlkъ und npers. *sirah* 'Seide' (gegen Laufer bei Arne c. l.), bzw. mongol. *sirkek* (gegen Schrader-Nehring 2, 383, Buga Zeitschr. 1, 42).

Шёлковая Горá 'Berg im Ural', Kr. Jekaterinburg, G. Perm. Der Berg erhebt sich im Waldgebiet als schmaler Steinrücken, der nur vom Süden mit Schwierigkeiten bestiegen werden kann (Semenov Slovar' 5, 785). Wohl volksetymologische Umgestaltung eines *Шельговый von *шельга* 'Rücken' (s. d.) nach *шёлковый*, s. Nikol'skij Fil. Zap. 1892, Nr. 5, S. 7 ff. Siehe auch *сельга* (oben 2, 606).

шеллáк 'Lack in dünnen Blättern', über nhd. *Schellack* oder direkt aus ndl. *schellak*: *schel* 'Schuppe', bzw. engl. *shellac* dass. (s. Kluge-Götze EW 512, Falk-Torp 1002), s. Preobr. Trudy 1, 93.

шелобóнки pl. 'Flicken, Lumpen', Jarosl. (Volockij). Vgl. *шалáбола*.

шелоктáть 'kitzeln', Olon. (Kulik.). Wohl Präfix *ше-* und ein mit *лоскотáть* 'kitzeln' verwandtes Wort (s. oben 2, 60).

шелóм, -а 'Dachfirst, Giebel, Schutzdach', Tveŕ, Vologda, Jarosl. (D.), 'Hügel, Berg', pl. *шеломá* Tomsk (Živ. Star. 1903, Nr. 4, S. 498), Tobol'sk (Živ. Star. 1899, Nr. 4, S. 516 ff.), *шолóм* Olon. (Kulik.), auch *шóломя, шóлымя* 'Hügel', Arch. (Podv.), Vjatka 'Dachfirst' (Šachmatov Očerk 159, IORJ 7, 2, 352), ukr. *šoľóm* 'Helm', *šoľomók* 'Art Filzhut', wruss. *šelomájka* 'Kopf', aruss. *šelomъ* 'Helm' (Igorl.; Mi's EW 92 'verdächtig' wird hinfällig durch die russ. Dialektwörter und *šelomja* 'Hügel' Chož. Kotova 1625, S. 90ff.), s.-ksl., r.-ksl. *šlěmъ* 'Helm' (daher russ. *шлем* 'Helm'), bulg. *šlémъt* 'Helm' (Mladenov 695), skr. *šlìjem* dass., sloven. *šlèm* G. *šléma*, čech. dial. *šlem* 'Kopfputz der Weiber', apoln. *szłom* 'Helm' (Brückner EW 170). || Ursl. *šelmъ, Demin. **šelmę, -ene* 'Helm' entlehnt aus altgerm. *helmaz, got. *hilms* 'Helm', ahd. mhd. *hëlm*, anord. *hjalmr* 'Helm, Heuhaufen mit Dach, Krone', die als urverw. zu aind. *çárman*- 'Schutz, Bedeckung' gehören, s. MiEW 338, Uhlenbeck Archiv 15, 492, Stender-Petersen 227 ff., Kiparsky 188 ff., Torbiörnsson 1, 100. Die Versuche einer Deutung aus dem Slav. mit Annahme eines Ablautes in *холм* sind bedenklich (gegen Sobolevskij RFV 71, 447, Mikkola Ursl. Gr. 177, Mladenov 695, Brückner Archiv 42, 138 ff., KZ 48, 194). Altgerm. Lehnwort ist auch apreuß. *kelmis* 'Hut' (s. Trautmann Apr. Sprd. 356, Karsten IF 22, 300); aus slav. *šelmъ entlehnt ist lit. *šálmas* 'Helm' (Kurschat). Siehe *холм*.

шелóн(н)ик, шалóник 'Südwestwind', Novgor., Olon., Arch., Mezeń, Bajkal-See, Irkutsk (D.), Tobol'sk (Živ. Star. 1899, Nr. 4, S. 517), Kolyma (Bogor.), *шелонник* schon Chož. Kotova 1625, S. 75. Urspr. 'Südwestwind auf dem Ilmensee', benannt nach dem von SW in diesen See mündenden Fl. *Шелóнь*. Der Name ist mit der Novgoroder Kolonisation bis ans N. Eismeer und nach Sibirien getragen worden, wo es keinen Šeloń-Fluß gibt, s. Zelenin Velikor. Govory 371, Verf. OON 15. Umgestaltet zu *шалóйник* (Podv.) und unter Einfluß von *шальнóй* 'toll, wild' zu *шальнóй вéтер* (Podv.).

шелопáй s. *шалопáй*.

шелохнýть 'rühren, bewegen' (Mel'nikov), -*ся* 'sich bewegen, rascheln' (von Blättern), *шелыхáть* 'leicht bewegen', Arch. (D.). Zu *шéлест, шóлох*. Hierher stellt Šachmatov Očerk 160 auch *шаláхнуться* 'fortstürzen, wegstürzen', Pskov, Tveŕ (D.), s. auch Gorjajev EW 420.

шелпя́к s. *шельпя́к*.

шёлуди pl. 'Räude, Krätze', *шелудúвый* 'räudig', ukr. *šóľudi* pl. 'Krätze, Schorf', *šoľudývyj* 'räudig', wruss. *šóludźi* pl., aruss. *šeludivъ* 'räudig'. Ganz unsicher ist die Zurückführung auf idg. *skel- 'spalten' und der Ansatz *šelǫdь (Petersson Archiv 35, 376). Unbrauchbare Vergleiche auch bei Gorjajev EW 420.

шелужи́на 'lange Rute', Astrach. (RFV 70, 133). Vgl. r.-kslav. *šelyga* 'Rute', s.-ksl. *solyga* 'Stock' (MiLP 869, 1132). Siehe *шалы́га, шельга*.

шелупи́на 'Hülse, Schale', ukr. šolupýna, šołupájka dass. Unsicher ist Verwandtschaft mit griech. κέλυφος 'Schale, Hülse', mhd. schelfe dass., nhd. bair. Schelfen pl. 'Schale von Obst u. Hülsenfrüchten' (gegen Petersson Archiv 35, 374, s. Torp 461). Eher rotwelsches Präfix *še- u. lupina 'Hülse' zu лупи́ть 'schälen' (oben 2, 70).

шелуха́ 1. 'Hülse, Schale'. 2. 'Fischschuppe', dial. щелуха́. Viell. zu rotwelsch še- und луска́ 'Hülse, Schale' (oben 2, 71). Der Vergleich mit ско́лька 'Muschel' (s. Gorjajev EW 420) würde nahe liegen, wenn *šče- sich als alt erweisen ließe, vgl. MiEW 338.

шелы́га 'lange Rute, Peitsche' (Bylinen), auch 'Gipfel, Spitze' (D.). MiEW 314 vergleicht ksl. solyga 'Stock'. Nicht zu trennen von шалы́га (s. d.). Der Vergleich mit nhd. schlagen (Gorjajev EW 420) ist verfehlt.

шелыга́нить 'schlendern, betrügen, müßig einhergehen', шалыга́нить dass. Zu шалы́га I. 'Taugenichts', шалыга́н dass. (s. d.), vgl. Iljinskij IORJ 20, 4, 157.

шелыга́ть s. шалыга́ть.

шелыгну́ть 'vertreiben, verscheuchen', Jarosl. (Volockij). Zu шалыга́ть.

шельби́ры pl. 'ein Stamm der turkotatar. Kovui im G. Černigov, der auf russ. Seite gegen die Kumanen kämpfte', nur einmal aruss. šel'biry (Igorl.). ‖ Von den bisherigen Deutungen ist die diskutabelste die Herleitung aus osman. aderb. čäläbi 'Herr, Edelmann, gebildeter Mensch' (Mansuroglu Uralalt. Jahrb. 27, 97 ff., Radloff Wb. 3, 1978) und är 'Mann', s. Malov IANOtdLit. 5, 134 ff., Menges Orient. Elem. 67 ff. Zum š vgl. шатёр. Weniger wahrscheinlich ist die Deutung von kalmück. šilwür 'Reitpeitsche', mong. silbegür 'Ruder' (Melioranskij IORJ 7, 2, 287, dagegen Korsch unten, Rásonyi Semin. Kondakov. 8, 299), ebenso die von kirg. šylbyr, tar. tel. čylbur 'Leitseil, Zügel', alt. čylbyr (Korsch IORJ 8, 4, 39); auch besteht kaum ein Zusammenhang mit tschuwass. šəlbər 'Haustier, Mitgift' (gegen Rásonyi c. l.) oder mit dem Namen der hunnischen Σάβειροι (gegen Sobolevskij).

ше́льга 'felsiges Ufer, Bergkette', Arch. (Ončukov Sev. skazki 267). Aus karel. šelgä, finn. selkä 'Landrücken', s. Kalima 244.

ше́льки pl. 'Hosenträger', Smol. (D.). Aus poln. szelki dass., das zu шлея́ gehört (s. d.).

ше́льма 'Schelm' (Leskov u. a.), älter шельм Peter d. Gr., s. Smirnov 327 ff., ukr. wruss. šél'ma, poln. szelma, čech. šelma. Die Form auf -a übers Poln., aus mhd. schëlme, die andere direkt aus nhd. Schelm, s. Gorjajev EW 421, Brückner EW 547, Kleczkowski Symbolae Rozwadowski 2, 345.

шельмова́ть 'für ehrlos erklären, als Schurken behandeln', seit Peter d. Gr., s. Smirnov 328, ukr. šel'muváty dass., wruss. šel'mováć. Aus poln. szelmować dass., das zum vorigen gehört, s. Brückner EW 547.

шельпя́к, шелпя́к 'ein im Meere treibender, gefrorener Schneeklumpen', Kola (Podv.). Unklar.

шелю́га 'Rotweide, Salix rubra', шелю́жина 'Rute von d. Rotweide', ukr. šel'úha, šel'užýna. Dunkel. Die Herleitung aus nhd. *Sahlweide* (Gorjajev EW 420ff.) ist lautlich unmöglich, ebenso die Annahme einer Entlehnung aus lat. *salix* 'Weide', rumän. *salce*. Vgl. шалы́га.

ше́ляг, ше́лег 'alte Münze, ⅛ der alten Kupferkopeke, Groschen' (Gogol'), 'Spielmünze' (D.), ukr. šél'ah, wruss. šéleh (schon in Urk. 1388: šeljagъ, s. Srezn. Wb. 3, 1587). Entlehnt über poln. *szelą̄g* aus mhd. *schillinc* 'Schilling', s. MiEW 300. Wegen *š* ist eine anord. Entlehnung nicht möglich (gegen Torbiörnsson LM 1, 44, Preobr. Trudy 1, 93), auch eine urslav. kommt nicht in Frage (gegen Brückner EW 547), s. Kiparsky 265 ff. Siehe *склязь* (oben 2, 639).

шемахи́нская плётка 'Peitsche aus Seide', oft in Bylinen von Dobrynja Nikitič, *шемаханские шелка* 'Seidenstoffe aus Šemacha' (Mel'n.). Abgeleitet vom ON *Шемаха́* 'Kreisstadt im Rätestaat Azerbeidschan', schon *Šamacha* Chožd. Kotova 1625, S. 76ff., *Šamacheja* Afan. Nikit. 11, *Šamachejskaja Zemlja* 1. Soph. Chron. a. 1390, S. 244ff. Der Ort ist auch heute bekannt durch seine Seidenraupenzucht.

шембе́рить(ся) 'faul sein, faulenzen'. Soll nach Wiener Archiv 20, 622 auf jüd.-d. *schön* und *berje* 'Geschöpf' zurückgehen. Vgl. aber *шалбе́р*.

шемела́ 'schlechter Besen', Novg., Vologda, Jarosl. (Volockij), Kaluga, Tambov (D.), Smol. (Dobrov.), auch *шемело́* dass. (D.), *шемела́* 'unruhiger, unsteter Mensch', Vjatka (Vasn.), 'geschwätziger Mensch', Olon. (Kulik.). Wohl rotwelsch. *še-* und **metla* 'Besen', vgl. *помело́* 'Besen' zu *мету́* 'fege' aus **metlo*, **metla*, s. Verf. WS 3, 200.

шемета́ть, шемети́ться 'seine Zeit müßig verbringen', *шеметну́ться* 'sich werfen, stürzen', Kursk, Don-G. (Mirtov), zu rotwelsch. *še-* u. *мета́ть* s. Dal' Wb. 4, 1421, Verf. WS 3, 200, Gorjajev EW 421.

шемизе́тка 1. 'Einsatz einer Frauenbluse'. 2. 'Vorhemd'. Aus frz. *chemisette* 'Vorhemd, Leibchen'.

шемото́н s. *шамото́н*.

Шемя́кин суд 'parteiisches, käufliches Gericht', benannt nach der durch Märchen von käuflichen Richtern beeinflußten Erzählung vom Gericht des Šemjaka (17. Jhdt.), s. darüber Gudzij Istor. russk. liter. S. 396ff. Die Erzählung wurde auch in volkstümlichen Bilderbogen verbreitet. Die Gestalt des ungerechten Richters wird seit Karamzin zurückgeführt auf den Galizischen Fürsten Dmitrij Šemjaka, der seinen Bruder, den Moskauer Großfürsten Vasilij II., blenden ließ (1446), s. Solovjev Ist. Ross. 1, 1067ff.

ше́нкель m. 'Schenkel', pl. *шенкеля́* (Leskov, I. Tolstoj u. a.). Aus nhd. *Schenkel*.

Шёнкурск 'Stadt im G. Archangel'sk'. Liegt an der Mündung der Šengá in die Vaga. Ableitung von *Шенгá* und *курья́* 'Flußbucht' (s. d.), vgl. Dal' Wb. 2, 579.

шепеля́вый 'lispelnd', *шепеля́вить* 'lispeln', ukr. *šepel'ávyj*, *šepel'átyj*, zu *шептáть, шóпот*, s. Preobr. 1, 94. Mit lit. *šveplióti* 'lispeln' kann (gegen MiEW 345) kein historischer Zusammenhang bestehen.

шепери́ться 'sich sträuben, sich aufblasen', Arch. (Podv.), 'üppig leben, sich brüsten', Vjatka (Vasn.), Pskov, Tveŕ, Ural (IORJ 1, 332), Jarosl. (Živ. Star. 1900, Nr. 1—2, S. 250), Tobol'sk (Živ. Star. 1899, Nr. 4, S. 517), aruss. *šeperati* 'lästern, schwatzen, klatschen', skr. *šepíriti se, šepîrîm se* 'brüste mich', sloven. *šopíriti, šopîrim* 'sträuben' (Haare, Federn), *šopíriti se* 'sich stolz benehmen, prahlen', čech. *čepýriti* 'sträuben', osorb. *šepjerić* 'sträuben', nsorb. *šeperiś* dass., *šeperaty* 'struppig, sich emporsträubend, zänkisch'. Wohl mit Präfix *še-, če-* zu *nepó* 'Feder'.

шепталá 'getrocknete Aprikosen u. Pfirsiche aus Asien', auch *шапталá* (Pr.). Entlehnt über osman. *šäftaly* 'Pfirsich', kuman. *šaftaly*, aderb., krimtat. *šäftäli* (Radloff Wb. 4, 990 u. 1019) aus pers. *šäftālū*, s. MiTEl 2, 164, Nachtr. 2, 185, Lokotsch 139, Preobr. Trudy 1, 94, Ramstedt KWb. 343.

шепта́ть, *шепчý* 'flüstern', *шóпот, -а* 'Flüstern', ukr. *šeptáty*, *šepčú* 'flüstern', *šépit* G. *šépotu, šept* G. *šéptu* 'Flüstern', wruss. *šeptác* 'besprechen, verleumden', aruss. *šьpъtъ* ψιθυρισμός, *šьpъtati* ψιθυρίζειν, r.-ksl. *šьpъtьnikъ* 'Intrigant', abulg. *šьpъtati* ψιθυρίζειν (Ps. Sin.), *šьpъtanije* (Euch. Sin.), bulg. *šépna* 'flüstere', *šépot* 'Geflüster', skr. *šàptati, šȁpćêm* 'lispeln', sloven. *šepetáti, -etâm, šeptáti, -âm* 'flüstere, lispele', *šepèt*, G. *šeptà*, čech. *šeptati, šept*, slk. *šeptať, šepot*, poln. *szeptać, szept*, osorb. *šeptać, šepotać, šepot*, nsorb. *šeptaś, šepot*. ‖ Urslav. *šьpъtъ, *šьpъtati*, wie *шепеля́вый* lautnachahmender Herkunft, s. Mladenov 692, Gorjajev EW 421.

шептуны́ pl. 'Art Bauernschuhe aus Stricken', Jarosl. (Volockij), Kostroma, Vologda (D.). Als 'Flüsterer' zum vorigen. Wohl so benannt nach dem Geräusch beim Gehen.

ше́рбер 'der Scherben, Probierscherben, Schmelztiegel der Probierer'. Aus nhd. *Scherbel* 'flacher Tontiegel, worin die Probengeriebe zum Schmelzen in den Windofen gesetzt werden' (Grimm DWb. 8, 2564) s. Trebbin 73.

шербе́т 'Kühltrank aus Wasser mit Zucker und Fruchtsaft'. Schon als *šertъ* bei Iv. Peresvetov, s. Gudzij Chrest[5]. 264. Aus osman., karaim. L. *šärbät* dass. (Radloff Wb. 4, 1010), s. MiTEl 2, 165, Gorjajev EW 421.

шербо́т s. *шкербóт*.

Шереме́т, Шереме́ть Personenname im 15.—16. Jhdt., davon der Name des im 16. Jhdt. angesehenen Bojarengeschlechts *Šeremétev* (s. Enc. Slov. 78, 492ff.). Turkotatar. Herkunft, vgl. osman. *šeremet* 1. 'einen schnellen leichten Gang habend'. 2. ʿauffahrend, unhöflich' (Radloff Wb. 4, 1006). Ganz phantastisch ist die Herleitung aus dem Namen der iran. *Σαυρομάται*, *Σαρμάται* (Sobolevskij IORJ 26, 11, IRJ 1, 381 ff.).

шере́нга ʿReihe (der Schulter an Schulter stehenden Soldaten), Glied', schon 1700 Peter d. Gr., s. Smirnov 35, ukr. *šeréh*, G. *-hu* dass., sloven. *šéreg* G. *-éga* ʿSchar', skr. *šëreg* ʿKompanie', poln. *szereg*, *szeręg* ʿReihe' (Brückner KZ 43, 318). Wohl über poln. *szeręg* aus magy. *sereg* ʿHaufe, Menge, Schar', das auf altschuw. *čärik, uigur. *čärik* ʿHeer', kuman. *čeri*, osman. *čäri*, dschagat. alt. *čärig*, tschuwass. *śar* zurückgeführt wird (s. Gombocz 116), vgl. MiTEl Nachtr. 2, 189, Melich Zeitschr. 4, 100. Ramstedt JSFOugr. 38, 17, Matzenauer 81. Aus dem Magy. stammt rumän. *şireág* ʿReihe' (Tiktin Rum. Wb. 3, 1433). Abzulehnen ist eine Verbindung mit pers. *šetreng*, aind. *caturanga-* ʿvierreihig' (gegen Schleicher KSchlBeitr. 5, 376) oder mit mhd. *schar* ʿSchar' (Preobr. Trudy 1, 94). Von *шере́нга* nicht zu trennen ist *ширинка* ʿReihe', Kolyma (Bogor.).

шереспёр, *-а* ʿAspius rapax, Rapfen', *шерешпёр*, dial. *шилишпёр* (Čechov IORJ 1, 333), auch *шépex* dass. Wird gewöhnlich zu *шершъ*, *шершáвый* ʿrauh' und *нерó* ʿFlosse' gestellt. Die Form *шépex* erklärt man als Kurzform auf *-ch*, s. Preobr. Trudy 1, 94. Vgl. *шереспериться* ʿsich sträuben'. Daneben erscheinendes *жереспёр* (Berg Ryby 2, 603) kann durch Einfluß von *жépex* dass. (s. oben 1, 420) erklärt werden, vgl. auch Torbiörnsson 2, 108. Rumän. *vrespere* ʿAspius rapax' ist entlehnt aus d. Ostslav. (s. Tiktin Wb. 3, 1782).

шерести́ть s. *шерстить*.

шépex I. ʿRapfen', s. *шереспёр*.

шépex II. ʿTreibeis auf e. Fluß', Südl. (D.), auch *шершь* f. dass. Zu *шершáвый* ʿrauh'. Vgl. *шерёшь*.

шерешир ʿArt Schießwaffe, wohl Katapult', nur aruss. *šerešírъ* (Igorl.). Nach Melioranskij IORJ 7, 2, 296 ff. vermutlich durch turkotatar. Vermittlung aus pers. *tîr-i-čärχ* ʿGeschoß eines Katapults'. Die turkotatar. Form soll nach Korsch IORJ 8, 4, 39 ff. *čiričär* bzw. nogai. kirgis. *širičär* gelautet haben. Weitere Vermutungen bei Menges Or. Elements 70 ff. Verfehlt ist die Deutung des aruss. Wortes aus griech. *σάρισσα* ʿLanze, Speer', bzw. *σαρισσάριον* (gegen Gorjajev EW 421, Orlov Igorl. 124), welche die *š*-Laute und den Vokalismus nicht erklärt.

шерёшь f. ʿgefrorener Kot', Tambov (D.), ʿerstes Eis auf einem Fluß im Herbst'. Aus *šьršь* zu *шершáвый*, *шорох*, *шероховáтый*, s. MiEW 318, Potebnja Fil. Zap. 1872, Nr. 2, S. 94 ff., Torbiörnsson 2, 64 ff.

шерл ʿTurmalin, Steinart von glänzendem, blättrigem Gefüge u. zumeist muschligem Bruch', aus nhd. *Schörl* dass. (s. Grimm DWb. 9, 1578) s. Trebbin 73.

шерми́ции pl. ʿkleine Faustkämpfe', Don-G. (Mirtov). Über poln. *szarmycel* G. *-clu* ʿGefecht, Kampf' aus nhd. *Scharmützel*,

шеромы́га — шерша́вый 393

das von ital. *scaramuccia* 'Gefecht' kommt (Kluge-Götze EW 508).

шеромы́га s. *шаромы́га*.

шерохова́тый 'rauh, uneben', s. *шерша́вый*, *шо́рох*, *ше́рех* II.

ше́рочка nur im Ausdruck *ше́рочка с маше́рочкой* als Bez. von zwei Mädchen, die wegen Mangels an Kavalieren miteinander tanzen (s. Ušakov 4, 1334). Aus der in Adelspensionaten verbreiteten frz. Anrede *ma chère*.

шерпато́хчиться, шерпато́хтаться 'geschäftig sein, sich tummeln', auch *шерпаши́ться* dass., Kazań (IORJ 1, 333). Dunkel.

шерсти́ть, *шерщу́* 1. 'durcheinanderwühlen, -werfen'. 2. 'kratzen (von Wolle, Tuch am bloßen Körper)'. 3. 'ein Pferd gegen ein anderes ohne Zugabe tauschen'. Nach Šachmatov Očerk 280 Rückbildung aus *перешерсти́ть* zu *шерсть*.

ше́рсть f., G. -*и* 'Wolle', volkst. *ше́ресть* G. *ше́рсти* (Šachmatov IORJ 7, 4, 314), dial. auch 'Federn von Enten und Gänsen' Kolyma (Bogor.), ukr. *šérstʹ*, -*y*, aruss. *sьrstь, serestь* 'Wollstoff' (oft, s. Srezn. Wb. 3, 884), auch *šerstь* (seit 1397 c. l., 3, 1601 ff.), s.-ksl. *srъstь тrи́χες*, sloven. *sȓst* G. *srstȋ* 'Tierhaar, Borstenhaar', čech. *srst* 'Tierhaar', slk. *srstʹ*, poln. *sierść*. Ursl. *sьrstь* urverw. mit lit. *šiurkštùs* 'rauh, hart', ahd. *hursti* 'cristas', ir. *carrach* 'schorfig, räudig, steinig' (aus *karsāko-*), Ablaut in lit. *šerỹs* 'Borste', lett. *sars*, pl. *sari* 'Borsten', s. J. Schmidt Pluralb. 374, M.-Endz. 3, 722, Trautmann BSl 305, Bezzenberger bei Stokes 72, Pedersen IF 5, 76, Kelt. Gr. 1, 83, Torp 80, Petersson Bsl. Wortst. 39, Iljinskij RFV 70, 271. Weiter zu *шерша́вый*, *шо́рох*.

ше́ртинг 'Hemdentuch', aus engl. *shirting* (šə:tiŋ).

шерть f. 'Eid, Vertrag', nur aruss. *šertь* (seit Urk. a. 1474, s. Srezn. Wb. 3, 1587, 1. Soph. Chron. a. 1491, S. 41 u. a.), *šertnaja gramota* 'Vertrag' (2. Soph. Chron. a. 1506, S. 244 ff., oft), auch *шертова́ть* 'beim Koran schwören' (Sobolevskij IRJ 2, 346). Aus arab.-türk. *šart* 'Vereinbarung, Bedingung', alt. *šert* 'Schwur', s. Korsch Archiv 9, 670, MiTEl 2, 163, Paasonen FUF 2, 131.

ше́рхать 'scharren, kratzen', Pskov, Tveŕ (D.). Nach Iljinskij IORJ 20, 4, 173 zu *шерохова́тый*, *шо́рох*.

шерхе́бель, шерше́бель m. 'Schrubbhobel, Bestoßhobel'. Aus nhd. *Schärfhobel* (s. Grimm DWb. 9, 2195, Sass Sprache d. ndd. Zimmermanns 7), s. Gorjajev Dop. 1, 57.

шерша́вый 'rauh, struppig, uneben', *шерша́в*, f. -*а́ва*, n. -*а́во*, *шерохова́тый* 'rauh, uneben, holperig'. Nach Sobolevskij Lekcii 137 ersteres aus *sьrščavъ* zu *шерсть*. Andere knüpfen direkt an *шо́рох* (s. d.) an und vergleichen als verwandt r.-ksl. *srъchъkъ* *τραχύς* (11. Jhdt.), sloven. *sȓhək* 'struppig', čech. *srchý* 'rauh, grob, hart', ferner: ukr. *šerechátyj* 'rauh', wruss. *šérchać, šerchnúć* 'die Erde beim Pflügen heben', *šeršýć* 'reiben, kratzen, uneben machen', kslav. *strъšati, strъšiti* 'sträuben', bulg. *strichna* 'sträube mich' (Mladenov 614), skr. *stŕšiti* 'sträuben', sloven.

шéршень — шéствие

sŕšati 'struppig sein', čech. srchnatý 'rauh, grob', poln. nasierszały 'struppig', auch aruss. vъsorošiti 'struppig machen, zerzausen', kslav. vъsrašiti dass. ‖ Ursl. *sьršavъ, *sьrch- neben *sorch-, urverw. mit шерстъ (s. d.) sowie lit. šiurkštùs 'rauh, hart', ahd. hursti 'cristas', ir. carrach 'schorfig', s. J. Schmidt Vok. 2, 33, Pluralb. 374, Trautmann BSl 305, Rozwadowski RS 1, 224, Pedersen IF 5, 76, Kelt. Gr. 1, 83, Torbiörnsson 1, 30, Bezzenberger bei Stokes 72. Siehe auch uópox.

шéршень, G. *-шня* 'Hornisse', dial. auch 'böser, störrischer Mensch', ukr. šéršeń, aruss. sъršenь, šъršenь σφήξ, r.-ksl. strъšenъ, srъšenъ, bulg. stъ́ršel, štъ́rsel (Mladenov 699), skr. sȑšljên, sloven. sŕšen, čech. sršeň, slk. sršeń, apoln. sierszeń, poln. szerszeń, osorb., nsorb. šeršeń. Das oft zitierte r.-ksl. srъša (nur einmal Pandekt. Antiochi) ist Verschreibung für srъšenь, s. Leskien IF 28, 137 ff. (gegen Zubatý Archiv 15, 502ff., RS 2, 4, Łoś RFV 23, 69, Preobr. Trudy 1, 95). ‖ Urslav. *sьršenь urverw. mit lit. širšuõ, G. *-eñs*, širšė̃, širšlỹs, šìršinas 'große Wespe, Hornisse', lett. sir̃senis, apreuß. sirsilis, ahd. hornaẓ, hornuẓ 'Hornisse', ndl. horzel, lat. crābrō, -ōnis (aus *crāsrō), ein alter idg. *r-n-*Stamm, s. Meillet Ét. 418, 432, Bezzenberger-Fick BB 6, 237, Trautmann BSl 305 ff., Apr. Sprd. 427 ff., M.-Endz. 3, 847, Torp 76, Pedersen IF 5, 53 ff.

шершúть 'rascheln', s. uópox.

шест I., G. *-á* 'Stange' (mit e st. ë analogisch nach шéстик, s. Sobolevskij Lekcii 64), dial. шост Sevsk (Pr.), wruss. šost. Urslav. *šьstъ urverw. mit lit. šiekštas 'entwurzelter Baumstamm, Block für Gefangene', lett. siêksta 'Stück eines umgefallenen Baumes, Stück Lagerholz, Block', s. Pedersen IF 5, 76, Jagić Archiv 2, 397, M.-Endz. 3, 857ff., Matzenauer 322. Weniger wahrscheinlich ist die Herleitung aus *chьd-tь und Verbindung mit griech. σχίζω 'spalte', σχιστός 'gespalten', aind. chinátti 'schneidet ab, spaltet', Partiz. chittás, lat. scindō, scidī, scindere 'schlitze, zerreiße, spalte' (Petersson Archiv 35, 360, Iljinskij IORJ 10, 4, 151, RFV 70, 271). Noch weniger überzeugt der Ansatz *šěstъ und Verknüpfung mit *sěděti (gegen Zelenin IORJ 8, 4, 265) oder mit *choditi (gegen Gorjajev EW 399). Vgl. das folg.

шест II. 'Hof, Familie', шестóк 'Herd', Novgor. (D.). Soll seinen Namen von шест 'Stange' haben, weil das zur Fronarbeit bestimmte Landstück mit Stangen abgemessen wurde, nach Dal' Wb. 4, 1429 ff. u. Preobr. Trudy 1, 96. Schwerlich mit Recht setzt Zelenin IORJ 8, 4, 265 eine Grundform *sěstъ 'Sitz' an und stellt es zu *sěd- in сидéть. Auch nicht zu nhd. *Herd* (gegen Gorjajev EW 421).

шестáрь 'e. Gefäß', nur r.-ksl. šestarъ (s. Srezn. Wb. 3, 1588), s.-ksl. šestarъ. Über ahd. sëhstâri 'Hohlmaß, Scheffel' oder direkt aus lat. sextārius 'Hohlmaß, sechster Teil eines congius'. Zur Sache s. Kluge-Götze EW 554, Luschin v. Ebengreuth bei Hoops Reall. 4, 170.

шéствие 'feierlicher Zug, Prozession', ksl. Lehnwort, abulg. šъstvije πορεία (Supr., Ostrom.). Zu *šьdlъ (шёл) und choditi (s. ходúть).

шести́ться — шешо́к

шести́ться 'im Stechkahn fahren, wobei eine Stange statt eines Ruders zum Abstoßen benutzt wird', Arch. (Podv.). Ableitung von *шест* 'Stange'.

шестодне́в 'Sechstagewerk, Hexaëmeron, theologisch-philosophische Erklärung der Schöpfungsgeschichte', aus kslav. *šestodьnevъ* ἑξαήμερον (zuerst b. Joann Exarch v. Bulgarien, s. Murko Gesch. d. ält. südslav. Liter. 64), einer Lehnübersetzung von griech. ἑξαήμερον (s. MiLP 1132).

шесто́й 'sechster', ukr. wruss. *šóstyj*, aruss. *šestъ*, abulg. *šestъ* ἕκτος (Supr.), bulg. *šésti*, skr. *šêstī*, sloven. *šésti*, čech. *šestý*, slk. *šiesty*, poln. *szósty*, osorb., nsorb. *šesty*, polab. *séste*. ‖ Ursl. **šestъ* aus **ksektos*, urverw. mit lit. *šẽštas* 'sechster', lett. *sęstais*, aind. *ṣaṣṭhás*, avest. *χštva-*, griech. ἕκτος, lat. *sextus*, got. *saíhsta* 'sechster', ir. *sessed*, tochar. A *škäšt*, B *škastę*, s. Walde-Hofmann 2, 529, M.-Endz. 3, 821, Trautmann BSl 143 ff., Meillet BSL 29, 33 ff., Torp 425. Vgl. das folg.

шесть, Gen. -*ú* 'sechs', ukr. *šist'*, wruss. *šeść*, aruss., abulg. *šestь* ἕξ, bulg. *šest*, skr. *šêst*, sloven. *šêst*, čech. *šest*, slk. *šesť*, poln. *sześć*, osorb., nsorb. *šesć*, polab. *sest*. ‖ Ursl. **šestь* f. urspr. 'Anzahl von sechs' für idg. dial. **kseks* 'sechs', neben **s(v)eks* urverw. mit lit. *šešì* 'sechs', lett. *seši*, avest. *χšvaš*, aind. *ṣaṭ*, *ṣaṣṭíṣ* 'Sechszahl', griech. ἕξ, lakon. herakl. *Fεξ*, lat. *sex*, alb. *ġáštë* (**sekstis*), got. *saíhs* 'sechs', anord. *sétt* f. 'Sechszahl', air. *sé*, kymr. *chwech*, tochar. A *šäk*, B *ṣkas*, s. Brugmann Grdr. 2, 2, 17 ff., Wackernagel-Debrunner 3, 355 ff. (über den idg. Anlaut), Meillet-Ernout 1097, Meillet RS 5, 160, Endzelin SlBEt. 42, Trautmann BSl 144, Walde-Hofmann 2, 528 ff., Torp 425, de Saussure MSL 7, 73 ff., Pedersen Kelt. Gr. 1, 78, IF 5, 77. Mgriech. ξέστης 'sextarius' hat natürlich kein idg. *ks* (gegen Iljinskij IORJ 20, 3, 117), da es lat. Lehnwort ist, s. G. Meyer Ngr. Stud. 3, 49.

шеф, -*a* 'Vorgesetzter', seit Peter d. Gr., s. Smirnov 328, alt: 'Regimentskommandant'. Aus frz. *chef*.

шехма́тик 'Teufel', dial., nach Zelenin Tabu 2, 97 urspr. 'bunt wie ein Schachbrett' zu *ша́хматы* (s. d.).

ше́шень 'Reisplinsen', nur einmal aruss. *šьšeni* Afan. Nikit. 13. Unklar.

шешо́к, -*шка́* 'Iltis', Westl., wruss. *šešók*, auch poln. dial. *szeszek* (Wilna, s. Otrębski JP 16, 83). Aus lit. *šẽškas* dass., lett. *sesks*, die man zu lit. *šìkti* 'cacare' u. lett. *sekšķêt* 'beschmutzen', sowie aind. *çákṛt* 'Kot', griech. κόπρος 'Mist' stellen wollte, s. Endzelin Symb. Rozwadowski 2, 15, M.-Endz. 3, 820, Fraenkel Balt. Spr. 114. Andere vergleichen die balt. Wörter teils mit aind. *jáhakā* 'Iltis' (W. Schulze KZ 45, 96, Kl. Schriften 630, Specht 202), teils mit aind. *kaçīkā* 'Wiesel' (Fick BB 3, 165, Zubatý LF 26, 100, Persson 911), s. M.-Endz. 3, 820. Daneben wird die Sippe von lit. *šẽškas* auch für finn.-ugr. gehalten, unter Berufung auf tscherem. *šaškǝ* 'Iltis', weps. *hähk*. Aus dem Tscherem. stammen: kasantat. *čäškä*, tschuwass. *šaškǝ* 'Nörz', mischär. *šäškǝ*, kirg. *šeške* (s. Räsänen Tsch. L. 264 u. Wichmann FUF

11, 253). Die Verbreitung der slav. Wörter spricht für Entlehnung derselben aus dem Balt., s. Thomsen SA 4, 385, Karskij RFV 49, 21, Otrębski oben.

шéя ʽHals', ukr. wruss. *šýja*, aruss. *šija, šьja* ʽHals' (Vita d. Nifont, s. Sobolevskij Lekcii 232), abulg. *šija τράχηλος* (Supr.), bulg. *šija*, skr. *šȉja*, sloven. *šija*, čech. *šije*, slk. *šija*, poln. *szyja*, osorb. *šija*, nsorb. *šyja*. ‖ Urslav. *šija wohl urspr. ʽKragen' zu *шитъ* ʽnähen'. Vgl. čech. *vaz* ʽNacken' zu *вязáть*, s. Gorjajev EW 422. Man beachte aber skr. *ošijati* ʽumschwenken', *ošijávati* dass., die den Anlaß gaben zur Annahme einer Verwandtschaft mit lat. *sinus, -ūs* ʽKrümmung, Bucht, Bauch, Schoß', alb. *ģi*, best. *ģiri* ʽBusen' (Wiedemann BB 27, 261), bzw. mit alb. *šį* ʽNacken' (Barić Albrum. Stud. 1, 96), doch sind diese Vergleiche unsicher.

шúба I. ʽScheibe, Glasscheibe', Smol. (Dobrov.), Südl., Westl. (D.), ukr. wruss. *šýba*. Über poln. *szyba* dass. aus mhd. *schîbe* ʽScheibe', s. Brückner EW 559, Preobr. 2, 298. Später entlehnt als *скúвъ* (s. oben 2, 637). Vgl. *шкив*.

шибá II. ʽerstes dünnes Eis', Kolyma (Bogor.). Schwerlich zu *шибáть*.

шибáй, G. *-áя* ʽBote, Gerichtsbote', Nižn. (D.), ʽAufkäufer, Händler', Kursk, Voron., Don-G. (Mirtov), auch Šolochov. Zu *шибáть, шибкий*. Auch mit Vokalassimilation *шабáй* (Don-G.), s. Gorjajev Dop. 1, 57.

шибáнки pl. ʽFlügel', Olon. (Kulik.). Aus karel. *siibi-* ʽFlügel', olon. *siibi*, finn. *siipi* G. *siiven*, s. Kalima 246 (mit Liter.).

шибáть, шибúть ʽwerfen, schleudern, schlagen', *ушибúтъ* ʽstoßen, verletzen', *шúбкий* ʽschnell, hurtig', *ошибáтъся* ʽsich versehen', *ошúбка* ʽFehler', ukr. *šybáty* ʽmit Wucht werfen', wruss. *šybáć*, aruss. *šibati* ʽschlagen, donnern', abulg. *šibati μαστίζειν* (Supr.), bulg. *šíbam* ʽhaue, peitsche' (Mladenov 693), skr. *šȉbati, šȉbâm* ʽmit Ruten streichen', sloven. *šíbati, šíbam* dass., čech. *šibati*, slk. *šibaťʼ*, poln. *szyb* ʽjeder schnell durch die Luft sausende Körper', *szybem* ʽflugs, pfeilschnell', osorb. *šibaly* ʽmutwillig, schalkhaft', nsorb. *šyba* ʽStaubbesen, Rute'. Die Bed. ʽwerfen' und ʽschlagen' lassen sich (gegen MiEW 339) kaum voneinander trennen. Man vergleicht als urverw.: aind. *kṣipáti* ʽwirft, schleudert', *kṣiprás* ʽschnell', *kṣēpas* ʽWurf', *kṣēpáyati* ʽläßt werfen', avest. *χšviwra-, χšōiwra-* ʽschnell', s. Zupitza BB 25, 93, Machek Slavia 16, 175, Mladenov 693, Mayrhofer 289. Weiter wurde angeknüpft an ahd. *sweifan* ʽschweifen, schwingen', anord. *sveipa* ʽwerfen', s. Solmsen Unters. gr. Lautl. 209, Torp 555. Wenig wahrscheinliche Vermutungen bei Iljinskij RFV 61, 232.

шúбеница ʽGalgen', dial. *шúбелица* dass. (D.), ukr. *šýbenyća*, wruss. *šýbenica*, čech. *šibenice*, slk. *šibenica*, poln. *szubienica* (aus *szybienica* nach Brückner KZ 43, 325, EW 556), osorb. *šibjeńca*, nsorb. *šyb'eńca*. Zu *шибáтъ* ʽschlagen' als ʽFolterstätte', s. Potebnja RFV 4, 197, MiEW 339, Brückner c. l., Gorjajev EW 422, Iljinskij RFV 61, 234.

шибздик ʽunscheinbarer Mensch von kleinem Wuchs und kränklichem Aussehen', Pskov, Tveŕ (D.), Smol. (Dobrov.), Vjatka (Vasn.). Zu rotwelsch. *ši-* und *bzděťь* ʽpedere'. Vgl. aber *fьíbzdik*.

шибкий ʽschnell, flink', *šúbok*, *šibká*, *šúbko*, ukr. *šýbkyj*, wruss. *šýbkyj*, čech. slk. *šibký*, poln. *szybki*. Zu *šibáťь* (s. d.).

шивальган ʽalter Pilz', Smol. (Dobr.). Es läge nahe in diesem Wort eine Ableitung von *oľьga* ʽSumpf' (s. oben 2, 266) zu sehen, wenn dieses letztere nicht auf den Norden beschränkt wäre.

шивера ʽflache und starke Stromschnelle in einem Fluß', Sibir., Kamčatka, Kolyma (Bogor., D.). Dialektisch für *súver* ʽAbhang' (wozu oben 2, 621).

шиверзить ʽjemandem einen Streich spielen, einen Schabernack antun', Novgor. (D.). Rotwelsche Bildung (*ši-*), zu *káverzitь* dass., s. Verf. WS 3, 203 u. oben 1, 498 s. v. *káverza*.

шиворот ʽKragen, Schlafittchen'. Wird gewöhnlich aus *ši̯a* (*šéja*) und *vórotъ* ʽKragen' erklärt (s. Preobr. 1, 77, Gorjajev Dop. 1, 57, Želtov Fil. Zap. 1877 Nr. 4 S. 81), was lautlich nicht ohne Schwierigkeiten ist u. die peiorative Bedeutung nicht erklärt. Die Bed. stört auch bei der Herleitung aus *ši̯vo-vortъ*, angeblich ʽgenähter Kragen' (Sobolevskij RFV 60, 364, Lekcii 150), wofür man überdies auch *šitъ vorotъ* erwartet (trotz aruss. *žestkošivyj* ʽhartnäckig' im Čudovo-NT, 14. Jhdt., u. ä., s. Sobolevskij c. l.). Möglich wäre rotwelsch. Präfix *ši-* u. *vórotъ*, s. Verf. WS 3, 204. Vgl. aber das folg.

шивыдранец ʽabgerissener Mensch', Smol. (Dobr.). Evtl. *šivъ ʽKragen' und *drán* ʽzerfetzt' (s. *dratь*). Vgl. das vorige.

шига ʽkleiner Kaulbarsch', Beloozero (Saban.). Kalima 217 trennt es von *sig* (s. d.) und läßt es unerklärt.

шигандун, **шигалдун** ʽleise sprechender, ungeschickter Mensch', Olon. (Kulik.). Mit rotwelsch. *ši-* zu *galděťь* als ironische Bezeichnung. Vgl. aber *šigondésa* ʽFlüstern', Olon. (Kulik.).

шигарда ʽBockspringen', davon *šigardátь* ʽe. Messer (oder einen Stock) so werfen, daß es sich in der Luft umdreht', Don-G. (Mirtov), auch ʽnichts tun, müßig umhergehen' (D.). Zu *čexardá*.

шигать ʽscheuchen, erschrecken, vertreiben' (Vogel), Südl. (D.), dazu *šig*, *šúga* ʽScheuchruf für Vögel'. Wohl lautnachahmend.

шид ʽArt Suppe auf Fleisch gekocht', Vjatka (D.). Aus wotjak., syrjän. *šįd* ʽSuppe' (s. Wichmann-Uotila 261, Munkácsi Wotjak. Wb. 485).

шида ʽSeide', veralt., aruss. *šida* dass. (Skaz. Ind. Carstv. 15. Jhdt., s. Gudzij Chrestom[5]. 169), *šidnyj* ʽseiden', Chož. Ign. Smol'n. 14 (ca. 1389), *šidjanъ* dass. Afan. Nikit. 25. Über ahd. *sida* bzw. mhd. *side* ʽSeide' aus mlat. *sēta* (*sērica*) ʽ(chinesisches) Tierhaar' (Kluge-Götze EW 556), s. MiEW 410, Preobr. Trudy 1, 98, Gorjajev EW 420. Vgl. *šëlk*.

шижголь, **шишголь**, **шишгала** m. ʽVerschwender, Lump, Habenichts', auch ʽPack, Gesindel', (D.). Der zweite Teil gehört zu *goľь* ʽGesindel, Pack', der erste wohl zu *šiš* (s. d.).

ши́жлик, ши́желик 'Eidechse', Olon. (Kulik.), *жи́жслик, жижслéц, жижселю́ха, жиглу́ха, жига́лка, жи́галица* dass. (D., Podv.). Aus weps. *šižlik*, finn. *sisilisko*, estn. *sizalik* dass., s. Kalima 246 ff., Leskov Živ. Star. 1892 Nr. 4 S. 102.

шик 'Schick, Geschmack, Eleganz', aus nhd. *Schick* 'was sich schickt'; aus gleicher Quelle stammt frz. *chic* 'Spitzfindigkeit' (s. Kluge-Götze EW 516, Gamillscheg EW 218). Dazu wohl als Reimbildung: *не ну́жно нам ни шйку, ни бры́ку* Don-G. (Mirtov).

шика́зный 'ausgezeichnet', Don-G. (Mirtov). Etwa aus *шика́рный* durch Einfluß von *каза́ться* 'gefallen', *ка́зистый* 'stattlich, hübsch', oder mit rotwelsch. *ši-* zu dieser letzteren Wurzel *kaz-* zu stellen.

шика́рный 'elegant', Ableitung von *шика́рь* 'eleganter Mensch' (D.). Letzteres von *шик* 'Eleganz'.

ши́кать, ши́кнуть 'zischen', wruss. *šýkać*. Lautnachahmend, s. MiEW 339, Gorjajev EW 422, Preobr. Trudy 1, 99. Ähnlich poln. *sykać* 'zischen'.

ши́каться 'sich paaren', Olon. (Kulik.). Etwa zum vorigen als 'miteinander flüstern'?

ши́ландать 'zerbröckeln, zerfallen (von Eisschollen)', Olon. (Kulik.). Unklar.

шилато́ни pl. 'verrückte Menschen', Smol. (Dobrov.). Viell. Verballhornung von *селадо́н* 'schmachtender Liebhaber' (wozu oben 2, 604).

шилева́ть s. *шелева́ть*.

шилику́н, шилико́н 'Verkleideter bei Fastnachtsumzügen', Arch. (Podv.), Olon. (Kulik.), *шилы́кун* 'böser Geist, Teufel', Vjatka, Perm, Sibir. (D.), Tobol'sk (Živ. Star. 1899 Nr. 4 S. 517), *шилику́ничать, шилико́ничать* 'verkleidet umherziehen', Arch. (Podv.), auch *шулику́н, шулику́ничать* Arch. (Podv.). Unklar.

ши́ло 'Ahle', ukr. *šýlo*, wruss. *šýlo*, bulg. *šilo* (Mladenov 694), skr. *ši̇̄lo*, sloven. *šílo* 'Ahle, Baumnadel der Nadelbäume', čech. *šídlo* 'Ahle', slk. *šidlo*, poln. *szydło*, osorb. *šídło*, nsorb. *šydło*, polab. *saidlă*. Urslav. *šidlo zu *šiti* 'nähen' (s. *шить*). Verwandt sind: lat. *sūbula* 'Ahle' (aus *sūdhlā), ahd. *siula* 'Pfrieme, Nadel' (aus *siudhlā, s. Sievers IF 4, 340), vgl. Trautmann BSl 261, Walde-Hofmann 2, 620, Uhlenbeck Aind. Wb. 336, Meillet-Ernout 1169.

шилога́ 'zerfahrenes, verworrenes Frauenzimmer', Smol. (Dobr.). Unklar. Schwerlich zu *ша́лыга*.

ши́льник I. 'Gauner, Betrüger, Spitzbube', Vjatka (Vasn.), Sibir. (D.). Davon *ши́льничать* 'Gaunereien begehen, betrügen', Tveŕ (Smirnov). Ableitung von *ши́ло* 'Ahle' als 'Verbrecherwerkzeug', s. Gorjajev EW 422.

ши́льник II. 'schwache Eisdecke im Frühjahr' (Etnogr. Obozr. 40, 351). Unklar.

шимпа́нзе 'Schimpanse', über nhd. *Schimpanse* bzw. franz. *chimpanzé*. Die Quelle sucht man in den Negersprachen am Golf von Guinea oder in Kongo, s. Littmann 138 ff., Kluge-Götze EW 519, Gamillscheg EW 219.

ши́мы pl. ʽzerzauste Haareʼ, Olon. (Kulik.). Unklar.

шин ʽArt Tanzʼ, Arch. (Podv.), Olon. (Kulik.). Viell. aus franz. *chaîne* ʽKetteʼ (auch im Tanz). Dazu *шинова́ть* ʽnach einem Tanz zusammenbleibenʼ, Petrozav. (Etn. Obozr. 40, 351).

ши́на 1. ʽRadreifenʼ. 2. ʽSchlittenkufeʼ, Šenkursk (Podv.). Aus nhd. *Schiene*, s. Gorjajev EW 422.

ши́нгать ʽrupfen, zausen, kneifenʼ, Olon. (Kulik.), *ши́ньгать* dass., Arch. (Podv.), Vytegra, Vologda, Perm (D.), Tobol'sk (Živ. Star. 1899 Nr. 4 S. 517). Nach Leskov Živ. Star. 1892 Nr. 4 S. 103 aus einem karel. *šinguo* ʽzurechtzupfen, in Ordnung bringenʼ, das Kalima 247 nicht belegen kann u. zurückhaltend beurteilt. Wegen der Bedeutung zweifelhaft ist die Herleitung aus karel. *šingottaa*, finn. *singottaa* ʽherausschleudern, herumwerfenʼ (gegen Pogodin IORJ 12, 3, 339). Als russ. Lehnwort angesehen wird syrjän. *šiṅgavniś* ʽzupfen, zausenʼ (s. Wichmann-Uotila 262). Ist die Quelle etwa nhd. *schinden*, woher poln. *szyndować* (s. Brückner EW 561)?

шиндара́ Koll. ʽarme Leute, Pöbelʼ, Kostroma (D.). Dunkel.

шиндриго́лка ʽleichtsinniges Frauenzimmerʼ, Don-G. (Mirtov). Unklar.

шине́ ʽStoff mit buntem Musterʼ (Turgenev). Aus frz. *chiné* dass., zu *chiner* ʽmit flammigen Mustern webenʼ von *Chine* ʽChinaʼ (Heyse).

шине́ль f., -*u* ʽMantelʼ (Gogol'), ukr. *šenél'a* dass. Aus franz. *chenille* ʽMorgenanzug (der Männer)ʼ, s. Matzenauer 323.

шинка́рь G., -*я́* ʽSchankwirtʼ, schon 1705 Peter d. Gr., auch Kantemir, s. Smirnov 328, ukr. *šynkár*, wruss. *šynkár*. Entlehnt aus poln. *szynkarz* dass., wohl Neubildung von *szynk* ʽSchenkeʼ (s. *шино́к*), vgl. Christiani 50, Korbut 487.

шинкова́ть I. ʽausschenken, Schankwirt seinʼ, Südl. (Leskov), schon Peter d. Gr., s. Smirnov 328, ukr. *šynkuváty*, wruss. *šynkováć*. Über poln. *szynkować* aus mhd. nhd. *schenken* ʽeinschenken, ausschenkenʼ, s. Brückner EW 561, Gorjajev EW 422.

шинкова́ть II. ʽschneiden (Kohl), schärfen, hobelnʼ, Tambov (D.). Unklar.

шинова́ть s. *шин*.

шино́к G., -*нка́* ʽSchenke, Wirtschaftʼ, älter *шинк* 1697 Peter d. Gr., s. Christiani 50, ukr. *šynk*, *šynók*, wruss. *šynk*. Über poln. *szynk* ʽWirtshausʼ aus mhd. *schenke*, *schenk*, s. Brückner EW 561, Gorjajev EW 422

ши́нтар на ви́нтар ʽumgekehrt, verkehrtʼ, Voronež (Živ. Star. 15, 1, 125). Wohl Umgestaltung des verbreiteten *шѝворот на вы́ворот* ʽumgekehrtʼ, deren Grund nicht ersichtlich ist.

ши́ныгать ʽhineinsteckenʼ, Kolyma (Bogor.). Vgl. *ши́нгать*.

шинь ʽschnellʼ, Olon. (Kulik.), auch ʽInterj. zum Antreiben von Pferden und Füllenʼ, Südl. (D.). Man könnte an Lautnachahmung denken, doch beachte man *шúнька* ʽFüllen, junges Pferd', Nižn., Perm (D.), das von der Interj. nicht getrennt werden kann. Vgl. zu diesem wotjak. *tśuńi* ʽFüllen' (Munkácsi Wotj. Wb. 328).

шиньóн ʽArt Damenfrisur'. Aus franz. *chignon* ʽNackenzopf', urspr. ʽKettchen' (s. Gamillscheg EW 219, Dauzat 172).

шип I., G. *-á* ʽDorn, Stachel, Hufeisendorn', *шипóвник* ʽHagebutte', *шипéц* ʽwilde Rose', ukr. *šypók* ʽRosenstrauch', aruss. *šipъkъ* 1. ʽRose, Blüte', 2. ʽRosenstrauch, Granatapfel', abulg. *šipъkъ ŕódon* (Supr.), bulg. *šip* ʽStachel, Pfeil' (Mladenov 694), *šípka* ʽHeckenrose, Hagebutte', skr. *ŝîp* ʽNagel', *šípak, -pka* ʽGranatapfel, Hagebutte', sloven. *ŝîpək, -pka* ʽHagebutte', čech. *šíp* ʽDorn, Stachel', slk. *šíp*, poln. *szyb, szyp* ʽWurfpfeil', osorb. *šíp* ʽPfeil', *šípa* ʽFederstiel, Federkiel', nsorb. *šyp* ʽPfeil', *šypa* ʽFederkiel'. ‖ Ursl. **šipъ* ist bisher nicht gut gedeutet. Man verglich es mit aind. *kṣipáti* ʽwirft, schleudert', *kṣiprás* ʽschnell', *kṣēpas* m. ʽWurf', die mit *шибáть, шúбкий* (s. d.) als wurzelverwandt angesehen werden (s. Mladenov 694; zu den aind. Wörtern s. Mayrhofer Aind. Wb. 289). Nicht sicher ist auch die Zusammenstellung mit ahd. *hiufo* ʽHagebutte', mhd. *hiefe*, aengl. *héopa* ʽHagebutte, Dornstrauch' (Kluge-Götze EW 248 ff., Zupitza GG 185, vgl. Trautmann KZ 42, 369). Entlehnung aus dieser german. Sippe (Torp 95) ist wegen der Bedeutung sehr unwahrscheinlich. Die Annahme einer Urverwandtschaft mit griech. ξίφος ʽSchwert' (Iljinskij RFV 70, 257) befriedigt auch nicht, weil das griech. Wort semitischer Herkunft verdächtigt wird, s. Schrader-Nehring 1, 267, Boisacq 678 ff., Hofmann Gr. Wb. 221.

шип II. ʽArt Stör, Acipenser schypa' (D.). Viell. als ʽStecher' zum vorigen, vgl. die Namen des Hechtes: nhd. *Hecht* zu *Haken*, *Hechel*, engl. *pike* ʽHecht' zu *pike* ʽStachel', franz. *brochet* ʽHecht' zu *broche* ʽSpieß' u. a. (s. Kluge-Götze EW 238).

шипéть *шиплю́* ʽzischen, schnaufen', ukr. *šypíty*, bulg. *šipá* ʽzische' (Mladenov 694). Lautnachahmend wie *сипéть*, s. MiEW 296, 340, Gorjajev EW 422.

шипúца ʽSplitter', Arch. (Podv.), *шипóвник* ʽHagebutte', s. *шип* ʽDorn'.

шúпша ʽan der Sonne tauender Schnee auf den Wegen', Arch. (Podv.), auch *сы́псы* pl. ʽkleine harte Schneeklumpen am Wege', Kolyma (Bogor.). Aus karel. *tšipšu* ʽfeuchter Schnee', finn. *sipsu* ʽTauwetter, Haften des Schnees bei Tauwetter', s. Kalima 247.

шúра ʽMaus', Vologda, Jarensk (D.). Entlehnt aus der finn.-ugr. Sippe von syrjän. wotjak. *šir* ʽMaus', mordw. *šejər, tšejəŕ* ʽMaus', finn. *hiiri* ʽMaus'. Nach Kalima FUF 18, 49 aus dem Syrjän., s. auch Zelenin Tabu 2, 48, Havers 47.

ширабу́рки pl. ʽFetzen, Lumpen', Smol. (Dobrov.). Vgl. *шарáбара* (s. d.).

ширды́к ‛gesteppte Filzdecke’, Transbaikalien (D.). Aus kalmück. *širdəg* dass., mongol. *sirideg* dass., woher auch dschagat. *širdaγ* ‛Schabracke, Filzunterlage, Art Überkleid’, s. MiTEl 2, 166, Ramstedt KWb. 359, Radloff Wb. 4, 1075 ff.

ири́нка 1. ‛ein von einem Ganzen der Breite nach abgeschnittenes Stück Leinwand’. 2. ‛Handtuch, Schürze’, *ширинга* ‛Taschentuch’, Rjazań (Živ. Star. 1898, Nr. 2, S. 226), wruss. *šyrýna* ‛Stück Leinwand’ (Nosov.), älter russ. *širinka* ‛Handtuch’ (Domostr. K. 14, Kotošichin 10), auch *širinъ* ‛Leinwand’ (Inventar d. Karel. Nik. Klosters a. 1551, s. Srezn. Wb. 3, 1594). Gehört zu *širokъ* ‛breit’ als ‛breites Stück’. Im Domostroj c. l. steht *širinka* neben *vusčina* (zu *у́зкий*), s. MiEW 340, Gorjajev EW 422.

ширихáн ‛Strolch, Vagabund’, Pinega (Podv.). Unklar.

ши́ркать 1. ‛reiben, lärmen, kratzen’. 2. ‛ausreißen, davonlaufen’, Čerep. (Gerasim.), *ширк*! ‛Interj. des Scharrens’. Wohl lautnachahmend, vgl. Šachmatov IORJ 7, 2, 339. Davon abgeleitet: *ширкунéц* ‛Schelle, Glöckchen’, Šenk. (Podv.), Östl. (D.), Kolyma (Bogor.). Zufällig ähnlich nhd. *schirken* ‛knarren, zirpen’ (Grimm D. Wb. 9, 207 ff.).

ши́рма ‛Schirm, spanische Wand’ (Leskov, Čechov), schon 1764 Porošin, s. Christiani 58. Aus nhd. *Schirm* dass. Ferner steht poln. *szyrm*, *szerm*, das aus gleicher Quelle stammt. Zum Genus vgl. mhd. *schirme* f. ‛Schutz, Schirm’ (s. Grimm DWb. 9, 208 ff.).

ширма́нка ‛Dirne, Freudenmädchen’, Don-G. (Mirtov). Unklar. Etwa zu franz. *charmant*? Siehe *шарма́нка*.

ширмова́ть ‛Unruhe stiften, Wirrwarr hervorrufen’, Smol. (Dobr.). Siehe *шурмовать*.

широ́й ‛breit, offen’, Smol. (Dobr.), ukr. *šýr* m. G. *šýru* ‛Breite’, sloven. *šîr*, *šíra* ‛breit’, čech. *širý*, slk. *šíry*. Zum folg.

широ́кий ‛breit’, *широ́к*, *-ока́*, *-око́*, Komparat. *ши́ре*, ukr. *šyrókyj*, wruss. *šyrókij*, aruss. abulg. *širokъ* πλατύς, εὐρύχωρος (Ostrom., Supr.), bulg. *širók* (Mladenov 694), skr. *širok*, *širòka*, *širòko*; *širokî*, sloven. *širòk*, *-óka*, čech. slk. *široký*, poln. *szeroki*, osorb. *šěroki*, nsorb. *šyroki*, polab. *sărüke*. ‖ Gehört zu *širъ* (s. das vorige). Weitere Verwandtschaft ist unsicher. Lautlich schwierig ist der Vergleich mit got. *skeirs* ‛rein, klar’ (s. Brückner EW 547, KZ 51, 226, Loewenthal WS 10, 166). Es müßte in diesem Falle eine Metathese von *sk* zu *ks*, woher slav. *ch*, angenommen werden. Zur Bed. vgl. russ. *чи́стое по́ле* ‛freies, weites Feld’. Siehe auch *щи́рый*. Weniger wahrscheinlich Iljinskij IORJ 23, 2, 187 ff.

широ́кое ‛Südostwind’, Azowsches Meer (Kuznecov). Aus ital. *scirocco* dass., das von arab. *šarqî* ‛östlich’ stammt (Lokotsch 147, Gamillscheg EW 803), s. Verf. RS 4, 160.

ширпова́ть ‛Gold graben’, auch *шурфова́ть* Ural (IORJ 1, 333). Aus nhd. *schürfen*, mhd. *schürpfen* (s. Kluge-Götze EW 546).

ширта́н 1. 'tschuwassische Speise, Hammelfleisch im Magen eines Wiederkäuers', Kazań (D.). 2. 'Fettlampe', aus tschuwass. *šǝrttan* 'große Wurst' (Paasonen Cs Sz. 152).

ширха́ть 'schwankend gehen', Pskov, Tveŕ (D.). Unsicher ist der Vergleich mit *шу́рхнуть* 'lärmen', ukr. *šyšýrchnuty* 'lärmen' (Šachmatov IORJ 7, 2, 339).

ши́рь f., G. -*u* 'Breite', bulg. *šir* m. dass., sloven. *šȋr* f. G. -*î*, čech. *šíř*, slk. *šir* f., poln. *szerz* f., *szerza*, osorb. *šéŕ*, nsorb. *šyŕ*, polab. *sar*. Zu *широ́й*, *широ́кий*. Hierher viell. als Reimbildung *ширь-пырь* (= *туда́-сюда́*), Don-G. (Mirtov).

ширя́ть 'scharren, wühlen' wird von Gorjajev EW 422 auf nhd. *schüren* zurückgeführt. Vgl. *шу́ркать*.

шист 'Schiefer' wird von Lidén Studier till. Tegnér 589 als urverwandt verglichen mit aind. *khidáti* 'reißt, zerrt, drückt', armen. *χič* (*qidi̯o*-) 'kleiner Stein', vgl. aber Mayrhofer Aind. Wb. 309.

шиста́ть 'schwatzen, viel sprechen', *шисту́н* 'Schwätzer', Kostr. (D.). Unsicher ist die Annahme rotwelscher Bildung von präfig. *ši-* u. *хва́стать*, *хвасту́н* (Verf. WS 3, 203).

ши́тик 1. 'flaches Flußfahrzeug', Arch. (Podv.), Wolga-G. (D.), Sibir. (D.), zwei miteinander verbundene Troge, als Boot benutzt, Sarapul (Živ. Star. 1901, Nr. 1, S. 95). Wird erklärt mit *лодка с нашвами, нашитыми бортами* (Dal' 4, 1441), auch Nebenform *шить* (Sarapul); zweifellos zu *шить, шью* 'füge aneinander, nähe'.

ши́тик II. 'kleiner Wurm, der sich in feuchtem Sande und in der Baumrinde aufhält', Pskov (D.). Dunkel.

ши́тиль im Ausdruck: *ши́тиля скую́* 'ich werde dich verprügeln', Smol. (Dobrov.). Unklar.

ши́тка 'aus Lappen angefertigter Spielball, mit Werg und Spänen gefüllt', Jarosl. (Volockij). Ableitung von *шит*, f. *ши́та* 'genäht'. Zum folg.

шить, *шью* 'nähe', ukr. *šýty*, *šýju*, wruss. *šyć*, *šýju*, r.-ksl., s.-ksl. *šiti*, *šijǫ* ῥάπτειν, Partic. *šьvenъ* 'genäht', bulg. *šija* 'nähe' (Mladenov 693), skr. *šȉti*, *šȉjêm*, sloven. *šíti*, *šȋjem*, čech. *šíti*, *šiji*, slk. *šit'*, poln. *szyć*, *szyję*, osorb. *šić*, nsorb. *šyś*, polab. *sait*. ‖ Urslav. *šiti* aus *si̯ū*-, urverw. mit lit. *siúti*, *siūvù* 'nähe', lett. *šūt*, *šuju*, apreuß. *schumeno* 'Schusterdraht', *schutuan* 'Zwirn', *schuwikis* 'Schuhmacher', aind. *sīvyati* 'näht', *syū́man* 'Naht, Band', osset. *χuyun* 'nähen', griech. κασσύω 'flicke, schustere' (att. καττ-), κάσσῡμα n. 'Flickerei', lat. *suō*, -*ere*, *suī*, *sūtum* 'nähe, nähe zusammen', got. *siujan*, ahd. *siuwan* 'nähen', hettit. *šum(m)anza-* 'Strick', s. Trautmann BSl 261, Apr. Sprd. 422, M.-Endz. 4, 111, Walde-Hofmann 2, 631, Boisacq 420, Torp 441. Vgl. besonders slav. *šitъ* 'genäht', lit. *siútas*, aind. *syūtás* dass. Siehe auch *швец, ши́ло, шов*.

шиу́ Interj. 'Scheuchruf für Geier u. Habichte, wenn sie die Hühner überfallen', Jarosl., Kostr. (D.). Lautgebärde.

ши́фер 'Schiefer', aus nhd. *Schiefer*.

шифр 'Chiffre', früher *шúфра*, *шифровáть* 'chiffrieren'. Über nhd. *Chiffre*, bzw. über nhd. *chiffrieren* oder direkt aus frz. *chiffre*, *chiffrer*. Die Quelle dieser Wörter ist arab. *ṣifr* 'Null', s. Littmann 77, Kluge-Götze EW 92, Gamillscheg EW 219. Vgl. *цúфра*.

шихáн 1. 'steiler Hügel'. 2. 'Spitze eines Berges'. 3. 'vom Winde aufgetürmte Eisschollen' (Mel'nikov 7, 17), Östl., Kasp. Meer, Astrach., Orenburg (D.), 'wilde Waldgegend mit Schluchten', Vjatka (Vasn.). Unklar.

шúхворост 'Pack, Gesindel', Olon. (Kulik.). Wohl rotwelsch. *ši-* und *хвóрост*. Vgl. *шúхоботь*.

шихúрь m. 'kurzgeratener Mensch, Knirps', Nižn., Makar. (D.). Unklar. Nicht sicher ist Verwandtschaft mit *хирь* 'Krankheit' (Verf. WS 3, 204).

шúхоботь f. 'Gesindel, Pack', Tobol'sk (D.). Aus rotwelsch. *ši-* und *хóбот*, *хоботье* 'Spreu', s. Verf. WS 3, 203.

шихорь 'hoher Scheiterhaufen', Olon. (Kulik.), auch *шахóр* dass. (D.). Viell. zu *шихúрь*.

шиш I., G. -á 1. 'spitz zulaufender Haufen, kleiner Heuschober'. 2. 'Beule, Geschwulst'. 3. 'Verachtung ausdrückende Geste mit durchgestecktem Daumen zwischen 2. und 3. Finger'. Zu letzterer Bed. vgl. *шишóк* 'Zeigefinger', Don-G. (Mirtov). Die Zusammengehörigkeit aller dieser Bed. ist nicht sicher. Gorjajev EW 423 sucht die Quelle in osman. schor. *šiš* 'Geschwür, Geschwulst', *šišmäk* 'anschwellen' (Radloff Wb. 4, 1083). Unklar. Vgl. das folg. und *шúшка*.

шиш II. 'Herumtreiber, Vagabund, Strolch', zuerst Tagebuch v. Maskevič (1611—12), s. Markov RFV 73, 102, dial. auch 'Teufel', Smol. (Dobr.), Don-G. (Mirtov), auch 'Scherge' (Avvakum 138). Aus dem Russ. entlehnt ist poln. *szysz* 'Partisane, Freibeuter' (1600—1640, s. Brückner EW 562, Archiv 20, 516, Kiparsky Baltend. 141). ‖ Die Deutung ist schwierig. Man sieht die Quelle oft in estn. *sišš* 'Räuber, Plünderer' (s. Markov RFV 73, 102, M.-Endz. 3, 849, nach letzterem aus d. Estn. übernommen ist lett. *sisis* 'Mörder, Räuber'). Estn. *sišš*, *siššik*, finn. *sissi*, *sissikka* 'excursor militaris in silvis, latro, praedo silvestris' werden von Mikkola Berührungen 167 aus russ. *сúщик* 'Polizist' hergeleitet. Auf jeden Fall abzulehnen ist die Herleitung von *шиш* aus syrjän. *šiš* 'Landstreicher' (Markov c. l.), da dieses aus d. Russ. entlehnt ist (s. Wichmann-Uotila 262). Unsicher ist auch Beziehung zu osman. krimtat. *šiš* 'Bratspieß'. Von *шиш* 'Teufel' abgeleitet sind: *шишúга*, *шишигáн*, *шишкó* dass. (s. Havers 113, Zelenin Tabu 2, 102ff.). Siehe *шúшка*.

шишабáрник 'eine Rubiazeenart, die als Heilpflanze gegen die sibirische Seuche verwendet wird', Tobol'sk (Živ. Star. 1899, Nr. 4, S. 517). Unklar.

шишáк 'Helm (der Kavalleristen)', ukr. *šyšák*, aruss. *šišakъ* (Afan. Nikit. Und. Hs. 46) neben *čičakъ* (Afan. Nikit. Troick.

Hs. 24), čech. *šišák* 'Sturmhaube', slk. *šišak* 'Helm', poln. *szyszak* (16. Jhdt., s. Brückner EW 562). Wird als Entlehnung angesehen aus magy. *sisak* dass., s. MiEW 340, Brückner c. l. (mit Vorbehalt), Holub-Kopečný 369. Nicht überzeugend denkt Matzenauer 81 an Verwandtschaft mit *шишка*.

шиша́ра 'Pack, Gesindel', Östl., Perm (D.). Zu *шиш* II, *шишира*, *ши́жголь* (s. d.).

шиша́ть, шиши́ть, ши́шкать, шишля́ть 'pökern; langsam u. träge eine Arbeit verrichten, wühlen', Östl., Kazań, Kostr., Nižn. (D.). Unklar.

шиши́кать 'flüstern, verleumden', Novg., Vjatka (D.). Lautnachahmend.

шиши́мора 1. 'Gauner'. 2. 'Hausgeist, Gespenst', Östl., Kursk, Smol., Tveŕ, Pskov (D.), Vjatka (Vasn.). Bildung wie *кики́мора*. Der erste Teil erinnert an *шиш* II. Eine Herleitung aus syrjän. *šišmer* 'Schwätzer' (Markov RFV 73, 102) ist abzulehnen, da dieses offenbar russ. Lehnwort ist. Es fehlt bei Wichmann-Uotila 262.

шишира 'Taugenichts', Nordgrr. (Rybnikov). Zu *ши́шара*, *шиш* II.

ши́шка I., 1. 'Tannenzapfen'. 2. 'Beule', ukr. *šýška* 'Tannenzapfen, Beule; Knauf, Griff eines Stockes', aruss. *šišьka* 'Tannenzapfen, Kugel', s.-ksl. *šiška* 'Beule, Knollen', bulg. *šiška* 'Beule, Knollen, Tannenzapfen', skr. *ši̯ška* 'Gallapfel', sloven. *ši̯ška* 'Gallapfel, Knöchel, runde Erhöhung, Zapfenpfanne, Knopfloch, Masche, Schlinge'. čech. *šiška* 'Zapfen, Krapfen', slk. *šiška* 'Tannenzapfen', poln. *szysza* 'Tannenzapfen', osorb. *šiška* dass., nsorb. *šyška* 'Tannenzapfen, Kopfende des Flachses'. Zu beachten ist *ши́шка* 'Vordermann im Schleppzuge der Burlaki'. Von der letzteren Bed. her könnte auch eine Verknüpfung mit *шиш* I. und II. möglich sein (s. d.). Die Bed. von *šišьka* macht fremde Herkunft unwahrscheinlich, s. auch Brückner EW 562.

ши́шка II. 'Füllen', Rjazań (D.). Vgl. oben 3, 399 ff. *ши́нька* 'Füllen'.

ши́шкать 'zögern', vgl. oben *шиша́ть*.

шишко́ 'Teufel', s. *шиш* II.

ши́шлять 'etwas langsam machen; langsam eine Arbeit verrichten', Tveŕ (IORJ 1, 333), Čerep. (Geras.), *ши́шляться* dass. Kolyma (Bogor.). Zu *шиша́ть*.

шишмо́ла 'große Beule'. Zu *шиш* I. Die Bildung befremdet.

шкабат s. *шка́па*.

шка́ли pl. 'Wangen, Verstärkungshölzer des Mastbaumes', N. s. *шка́ло* seew. Aus ndl. *schaal*, pl. *schaalen* dass., s. Meulen 174. Ungenau Matzenauer 323.

шка́лик 1. 'Lämpchen, Lampion'. 2. 'kleines Branntweinmaß, Achtel Stof'. Aus ndl. *schaal* 'Schale, Maßstab'. Zur Bed. 1 vgl. oben *пло́шка*. Abzulehnen ist der Vergleich mit griech. σκαλίς 'Hacke, Schaufel', schwed. *skål* 'Schale' (gegen Matzenauer 323).

шкандары́ pl. 'untere Pfeiler eines Fundamentes', Smol. (Dobrov.). Entlehnt über poln. *sztandar* 'Ständer, Art Stützbalken' aus spätahd. *stantar* 'Ständer' (s. Brückner EW 555). Weniger als Quelle geeignet ist ital. *cantiere* 'Stapel, Stapelblock' aus mlat. *cantherius* 'Träger', griech. κανθήλιος 'Träger, Lasttier'.

шканды́ба 'hinkender Mensch', *шкандыбáть* 'hinken', Südl. (D.), ukr. *škandybáty* 'lahm sein, hinken'. Etwa seminaristische Umgestaltung von *scandō* 'steige'?

шка́нцы pl. 'Schanze, Aufbau auf dem Achterdeck alter Kriegsschiffe', seew., zuerst Ust. Morsk. a. 1720, s. Smirnov 329. Aus ndl. *schans* dass., nhd. *Schanze* dass., von mhd. *schanze* 'Reisigbündel', s. Meulen 174ff., Matzenauer 174ff. Vgl. *шханечный*.

шка́п, -а 'Schrank', aus mnd. *schap(p)* 'Schrank', das weit entlehnt wurde, vgl. Sehwers Sprachl. kulturh. Untersuch. 106, M.-Endz. 3, 872. Siehe *шкаф*.

шка́па 'Klepper, Schindmähre', Südl., Westl. (D.), *шкáба* dass. Smol. (D.), aruss. *škabatъ* 'Pferd' (Pskover 1. Chron. a. 1471, s. Srezn. Wb. 3, 1596), ukr. *škápa* dass., wruss. *škápa* 'Schindmähre, altes Weib', čech. *škapa* 'Schindmähre', poln. *szkapa* dass., apoln. *szkapa* m. (16.—17. Jhdt., s. Brückner EW 548). ‖ Die Herleitung aus lit. *škāpas* 'verschnittener Stier, Bock' (weiter angeblich zu *скопéц*) erklärt nicht das *a* und vor allem nicht das Vorhandensein des Wortes im Čech. (gegen MiEW 340, Malinowski PrFil. 1, 184). Wohl entlehnt wegen *p* : *b*.

шкарбу́нчик 'Schafpelz', Don-G. (Mirtov), ukr. *škarbún, škarbán* 'abgetragener Schuh'. Das ukr. Wort offenbar aus ital. *scarpa* 'Schuh', *scarpone* 'dicksohliger Bauernschuh'. Ob das russ. Wort damit verwandt ist, bleibt fraglich.

шкарпе́тка 'Socke', Westl., ukr. *škarpétka* dass. Über poln. *szkarpetka* dass. von ital. *scarpetta* 'kleiner Schuh', s. Brückner FW 132, EW 549.

шкат 'Art Gießkanne, zum Abspülen eines Schiffes von außen', seew. Unklar.

шкато́рина 'Saumtau, mit dem das Segel eingefaßt wird'. Aus ndl. *schoothorn* 'Schothorn, Ecke eines Segels', s. Meulen 183ff.

шкату́лка 'Schatulle', zuerst *шкатула* 1708 Kurakin, s. Christiani 48, ukr. wruss. *škatúl'a*; über poln. *szkatuła* aus mlat. *scatula*, ital. *scatola* 'Schachtel', s. MiEW 340, Brandt RFV 24, 190, Brückner EW 549, Kluge-Götze EW 503.

шка́ф, -а 'Schrank', schon Duch. Reglament, s. Smirnov 329. Am ehesten Umgestaltung von *шкап* unter Einfluß der nhd. Sippe von oberd. *Schaff*, mhd. *schaf* (dazu s. Kluge-Götze EW 504, Kretschmer D. Wortgeogr. 474).

шкафу́т 'Dalbord, Flachbord, die das Verdeck eines Schiffes umgebende Einfassung', zuerst: *шхавот* Peter d. Gr., s. Smirnov 339, der es von ndl. *schavot* dass. herleitet, s. auch Matzenauer 323. Nicht aus engl. *scaffold* 'Gerüst' (B. de Courtenay bei Dal' 4, 1446).

шквáл, -а 'Windstoß', plötzlicher Sturmwind'. Entlehnt aus engl. *squall* 'Sturmbö', s. Gorjajev EW 423; zur Sippe s. M.-Endz. 3, 869, Torp 477, Falk-Torp 1043.

шквáра 1. 'Schlacke von Metallen; das beim Schmelzen, Hämmern Abfallende', Kola (Podv.), 2. 'Grieben', ukr. *škvára* 'Glut, Griebe', čech. *škvár* 'Schlacke, altes Zeug, Schund', slk. *škvar* 'Schlacke', nsorb. *škvark* 'Griebe'. Wohl expressive Nebenform von *сквáра*, s. oben 2, 635. Hierher auch *шквáрить* 'braten, backen', ukr. *škváryty* dass., ebenso trotz des abweichenden Vokalismus: *шквирь* f. 'Fettgrieben', Smol. (Dobr.), *шквúра* Südl., Neurußl. (D.).

шквóрень s. *швóрень*.

шкéвень 'Steven', s. *штéвень*.

шкéвничать 'jemd. verleumden, anschwärzen', Olon. (Kulik.). Unklar. Viell. zu *шкéли, шкéлить*.

шкéли pl. 'Scherze, Spötteleien, Sticheleien', Kursk (D.), Smol. (Dobr.), *шкéлить* 'die Zähne fletschen', Smol., *шкилять, шкалять* 'die Zähne fletschen, verhöhnen', *шкéльник* 'Spötter, Verleumder', wruss. *škélić* 'die Zähne fletschen'. Expressiv für *скáлить* bzw. dazu ablautend *ščelь, *ščeliti. Dazu wohl auch *шкéльный* 'raffiniert, dressiert', Smol. (Dobr.), s. auch MiEW 298, Gorjajev EW 423.

шкéнтель m. 'Tau mit einem einscheibigen Block an einem Ende, Schenkel', älter *шкéнкель* (Meulen), seew. Aus ndl. *schenkel, schinkel*, nhd. *Schenkel* dass. (Stenzel), s. Meulen 178.

шкéра I. 'Schaf', Toropec (Dobr.), *шкырь* Interj. 'Scheuchruf für Schafe', *шкы́рка* 'Schaf', Smol. (Dobr.), *шкы́ря* 'Lockruf für Schafe', Tula (IORJ 3, 897). Viell. von der Interjektion abzuleiten. Nach Dal' 4, 1451 zu *шкурять* 'vertreiben'.

шкéра II. 'Felsen, Klippe', s. *шхéра*.

шкербóт 'Scheerenboot, Boot zur Fahrt durch Scheeren', auch *щербóт*, älter: *шхербот, щербóт* beides seit Peter d. Gr., s. Smirnov 340. Aus ndl. *scheerboot* dass., s. Meulen 176, Smirnov c. l. Weniger empfiehlt sich die Herleitung aus nhd. *Scheerboot* (gegen Gorjajev Dop. 1, 58).

шкет 'junger Frechling, frecher junger Mann', Gaunerspr., Petersburg (RFV 68, 405). Vgl. ital. *schietto* 'offenherzig', das auf germ. *slihts 'schlicht' zurückgeführt wird, s. Meyer-Lübke Rom. Wb. 663.

шкив, -а 1. 'Scheibe, Rad (in einem Kloben), Blockrolle'. 2. 'Schleifscheibe (bei den Steinhauern)'. 3. 'Antriebscheibe (Rudaš), Teil d. Webstuhles' (Karinskij Oč. 171). In der Hauptsache aus ndl. *schijf* f. 'Scheibe, Rolle, Trommel'. Daraus dial. auch *шкúва* 'Block am oberen Ende des Mastes zum Hissen des Segels', Arch. (Podv.). Bed. 3 aus engl. *sheave* 'Scheibe', s. Meulen 179 ff., Gorjajev Dop. 1, 57.

шкивидóр 'Arbeiter, Handlanger (auf Schiffen und im Hafen, im Pack- und Zollhause)', Arch. (Podv.), Adj. *шкивидóрный, шкивидóрский* (D., Podv.). Umgestaltung von ält. nhd. *Speditor*

шкі́мушка, шкимушга́р 'zweidrähtige Leine, Seil aus altem Kabelgarn', seew. Aus ndl. *schiemansgaren* 'Schiemannsgarn', wie *ка́болка* aus ndl. *kabelgaren*, s. Meulen 86 u. 179.

шкі́пер 'Schiffskapitän', älter: *щипор, шкипер, шхипор* seit Peter d. Gr., s. Smirnov 329. Aus ndl. *schipper*, mnd. *schippere*, mhd. *schifhërre*, s. Meulen 181, Falk-Torp 999, schwerlich aus anord. *skipari* (gegen Gorjajev EW 423).

шкі́ра 'Eisscholle', Čerep. (Gerasim.). Unklar.

шкнуть 'stoßen, kneifen', Kašin (Smirnov). Aus *ščъknǫti*, ablautend zu *ščikati* (s. *щика́ть*).

шко́да 'Schaden, Verlust', älter *укота* (Raz. Mosk. Gos. 31 ff., Kotošichin 45), ukr., wruss. *škóda*, aruss. *škoda* (Polock. Urk. a. 1478, s. Nap. 234, oft im 15.—16. Jhdt., s. Nap. 394 ff.), čech., slk. *škoda*, poln. *szkoda*. Übers Poln. entlehnt aus ahd. *scado* 'Schaden', s. MiEW 340, Brückner EW 549, Christiani 15 ff., Gorjajev EW 423. Siehe *шко́та, шко́тить*.

шко́йда 'Staubregen auf dem Meere, nebliges Schlackwetter', Arch. (Podv.). Wohl über norw. dial. *skod'd'a*, sonst *skodda*, schwed. *skadda, skåd* 'Nebel; dichte Dünste, die die Fernsicht stören', s. Qvigstad bei Thörnqvist Zeitschr. 8, 432 ff., Thörnqvist 88, 108. Zum Lautlichen vgl. *ба́йна* dial. aus *ба́ня*. An Vermittlung durch Norw. lapp. *skoaddo* 'Nebel' (wozu Qvigstad Nord. Lehnw. im Lapp. 296) denkt Itkonen 62.

шко́ла 'Schule', ukr. *škóla*, wruss. *škóla*, aruss. *škola* (seit 1388, s. Srezn. Wb. 3, 1598 ff.), čech. slk. *škola*, poln. *szkoła*. Über das Poln. entlehnt aus lat. *schola* von griech. σχολή 'Muße (eigtl. das Anhalten), Beschäftigung in Mußestunden, Vorlesung, Schule', s. Brückner EW 549, Gorjajev EW 423.

школя́р 'Scholar, Schüler' (Gogol'), 'schlecht sich aufführender Schüler', Saratov, Penza (D.), ukr., wruss. *škol'ár* 'Schüler', poln. *szkolarz*. Übers Poln. aus vlat. *scholāris* 'Schüler'.

шкон 'Zapfen, Spund am Faß', Novg. (D.), *шконт* 'Keil' (Faßbinderspr., s. D.). Wohl entlehnt über poln. *szpunt, szpont* dass. aus mhd. *spunt* 'Spund' (wozu Kluge-Götze EW 583).

шкора́ 'Baumrinde', Kursk (D.), Terek-G. (RFV 44, 113). Zu *скора́, кора́* (s. oben). Vgl. *шкоролу́пка* 'Hülse, Schale', Kursk (D.) und *скорлупа́*.

шкот I. 'Schote, Tau an den unteren Ecken eines Segels zum Einholen', älter *ухом* Ust. Morsk. a. 1720, s. Smirnov 341. Aus ndl. *schoot* dass., mnd. *schôte*, zu nhd. *Schoß*, s. Meulen 181 ff., Kluge-Götze EW 541.

шкот II. 'Schute, flaches Lastboot auf e. Fluß'. Aus ndl. *schuit* 'Art kleines Flußfahrzeug', mnd. *schûte* dass., s. Meulen 183 ff., Kluge-Götze EW 546. Siehe *шку́т*.

шко́та 'Schaden', s. *шко́да*. Davon abgeleitet: *(при)шко́тить* 'schaden', *пошко́тилось* 'ist schlecht geworden', Čerep. (Gerasim.).

шкóтский 'schottisch', nur alt; belegt Anf. 16. Jhdt., auch *шкоцкий* Ust. Morsk. a. 1724, s. Smirnov 330, F. Braun Germanica f. Sievers 682. Aus ndl. *schotsch* 'schottisch', bzw. engl. *Scotch* dass., von ir. *scot* 'Irländer', s. Holthausen 174. Dafür heute *шотлáндский*.

шкóя 'Frachtkahn', Ladogasee (D.). Soll nach Kalima 235 auf älteres finn. *wisko* 'Fährboot' zurückgehen, wie auch *ушкýй*, s. dazu Mikkola FUF 13, 163 ff.

шкрáп 'eiserner Nagel', Olon. (Kulik.). Vgl. nhd. *Schrape* 'Werkzeug zum Schrapen, Striegel' (Grimm DWb. 9, 1647), das aber in der Bedeutung zu sehr abweicht.

шкремётка 'Scherbe', Pskov, Tveŕ (D.). Unklar.

шкри́тка 'Scherbe', Tveŕ, Ostaškov (D.). Dunkel.

шкубуня́ть 'verfolgen', Smol. (Dobr.). Entlehnt aus lit. *skùbinu, skùbinti* 'beeilen'.

шкуль m. 1. 'Quersack', Olon. (Kulik.). 2. 'Stelle, an der die gorodki-Klötze von einem Spieler aufbewahrt werden', Moskau (D.). 3. 'Geizhals' (D.). Aus einem **čьkulь*, zu *куль* 'Sack' könnten alle Bedeutungen erklärt werden. Bed. 2 will Sobolevskij RFV 66, 345 ff. zu *ушкýй* 'Boot' stellen. Iljinskij RFV 78, 199 vergleicht sloven. *škûlj* 'Grube' und weiter *скулá* 'Beule, Geschwulst'. Unklar.

шкумáт 1. 'Büschel'. 2. 'Fetzen', Smol. (Dobr.), *шкумáтить* 'zerren, an den Haaren reißen', Smol. (c. l.). Rotwelsches Wort mit standessprachlichem Präfix *šu-*, zu ofenischem *кумáт* 'Stück, Happen' aus ngriech. *κομμάτι(ον)* 'Stück' von *κόμμα* s. Verf. Grsl. Et. 93.

шкýна 'zweimastiges Schiff, Schoner'. Aus engl. *schooner* (sku:nə) dass. bzw. ndl. *schooner*, s. Matzenauer 326. Aus dem Ndl. entlehnt ist *шкунáрка* 'kleiner Schoner', Arch. (Podv.).

шкýра I. 'Fell, rohe Tierhaut mit Haaren'. Wegen des Fehlens alter Belege mit *u* wohl entlehnt aus poln. *skóra* 'Fell', s. Brandt RFV 24, 175. Kaum als urverw. mit griech. *σκῦτος* n. 'Haut, Leder' (Endzelin SlBEt. 72). Zur weiteren slav. Verwandtschaft s. unter *скорá* (oben 2, 645). Der Ansatz **sъkora* (Sobolevskij RFV 67, 212 ff.) läßt sich nicht stützen. Zu *шкýра* gehört *шкурáт* 1. 'bearbeitetes Leder'. 2. 'Zuname', Smol. (Dobr.). Letzteres vgl. mit Fam N *Скурáтов, Скуря́тников*, PN *Скýрло* (s. Sobolevskij c. l.). Das *š* ist peiorativ.

шкýра II. 'Dirne, verkommenes Weib'. Gehört zum vorigen wie beide Bed. bei lat. *scortum* 'Hure' und 'Fell', nhd. *Balg* dass. vertreten sind; weitere Parallelen zur Bed. s. Walde-Hofmann 2, 497 (mit Liter.). Zweifelhaft ist der Ansatz **šъkura* und Verknüpfung mit *кýрва* und *кýра* (gegen Sobolevskij RFV 67, 216). Vgl. *скурёха*.

шкýрать 'sich auf die Beute stürzen' (von Raubvögeln), Arch. (Podv.), *шкурнýть* 'stoßen', Pskov (D.), *шкури́ть, шкурáть* 'antreiben, peitschen'. Soll nach Dal' 4, 1450 zu *шкýра* 'Fell', dagegen nach Gorjajev Dop. 1, 57 zu nhd. *schüren*, anord. *skora* 'antreiben' gehören. Beides ganz unsicher.

шкурла́полки pl. 'Kaulquappen', Don-G. (Mirtov). Wohl zu *шку́ра* 'Haut' und *ла́па* 'Pfote'.

шкут I. 'Schute, flacher Flußkahn für Lasten', Kasp. Meer, Westl. (D.), älter *шхут* Peter d. Gr., s. Smirnov 342, wie poln. *szkuta* entlehnt aus ndl. *schuit* 'Schute', mnd. *schute* (Schiller-Lübben 4, 154), s. MiEW 341, Meulen 183, Brückner EW 550. Siehe *шкот*, *шхо́ут*.

шкут II. 'Schote, Tau an den unteren Ecken eines Segels', aus ndl. *schoot* dass., s. Meulen 181 ff., auch in vielen Zusammensetzungen: *фокашкут* 'Fockschote' aus ndl. *fokkeschoot*; *громашкут* 'Großschote' aus ndl. *grooteschoot* usw. (Meulen c. l.). Vgl. *шкот*.

шкырь s. *шке́ра* (oben 3, 406).

шлаг 'Schlag einer Rakete, Kanonenschlag, Ausstoßladung der Feuerwerker' (D.). Aus nhd. *Schlag* dass. (Grimm DWb. 9, 334).

шлагба́ум 'Schlagbaum' (A. Block), seit Peter d. Gr., s. Smirnov 330, volkst. *шлахба́н* (Mel'nikov 2, 188), *шланбо́л* Don-G. (Mirtov). Aus nhd. *Schlagbaum*, s. Gorjajev EW 423.

шлаглот 'Schlaglot; zu Blech geschlagenes, zum Löten benutztes Kupfer, Silber, Gold', volkst. *шлягро́т*. Aus nhd. *Schlaglot*, s. Karłowicz 349, Trebbin 74.

шлагто́в 'Schlotholz, Schloßholz zum Tragen der Stänge', seew., entlehnt aus ndl. *slothout* dass., s. Meulen 187 ff., wo weiteres.

шлак 'Schlacke; beim Schmelzen der Metalle sich absondernde Reste', seit Peter d. Gr., s. Smirnov 330. Aus nhd. *Schlack* m., (Mathesius, Paracelsus), Nebenform von *Schlacke* (Grimm DWb. 9, 255), s. Gorjajev EW 423, Trebbin 74.

шлам 'Schlamm', bergwerkspr. Aus nhd. *Schlamm*, s. Gorjajev Dop. 1, 57.

шла́фор, шла́фрок 'Schlafrock', zuerst: *шляфрок* Kurakin 1707, s. Christiani 49, dann *шлафрок* Ust. Morsk. 1724, s. Smirnov 330. Die Form mit *я* über poln. *szlafrok*, diejenigen mit *a* direkt aus nhd. *Schlafrock*, wobei -*ok* als russ. Deminutivsuffix empfunden wurde, daher Neubildung *шла́фор* dass., s. Gorjajev EW 423.

шлейф 'Schleppe am Kleide' (Čechov). Aus nhd. *Schleif* m. 'langer Schweif am Rock, Schleppe' (Fischart u. a., s. Grimm DWb. 9, 586).

шлем I. 'Helm', kslav. Lehnwort, für echt-russ. *šelomъ* (s. *шело́м*).

шлем II. 'Gewinn aller Stiche beim Kartenspiel', aus nhd. *Schlemm* von engl. *slam* 'Schlemm, Schmiß' (Heyse).

шлёма 'verächtliche Bezeichnung der Juden', Smol. (Dobr.). Aus jidd.-d. *Schloma* 'Salomon' (Stern 74).

шлема 'Baum, der nicht verfault', nur aruss. *šlema* Skaz. Ind. Carstv. (15. Jhdt.), s. Gudzij Chrest. 52. Unklar, vgl. *слемя* (oben 2, 659).

шлéмень, слéмень 'Schnecke', Smol. (Dobr.). Wohl als *slьmenь verwandt mit *слимáк* 'Schnecke' (oben 2, 661).

шлёнготать 'schlendern', Olon. (Kulik.). Wohl zum folg.

шлёнда 'Müßiggänger', *шля́нда, шлы́нда* dass., Tambov (D.), auch *шляла* dass. (D.), dazu: *шля́ндать, шлёндать* 'ohne Ziel einhergehen, im Schmutz patschen', Olon. (Kulik.), Saratov (RFV 66, 206), *шлы́ндать* dass., Tambov (D.), ukr. *šl'úndra* 'unordentlicher Mensch', *šl'ócha* 'leichtsinnige Frau'. Am ehesten expressive Bildungen zu *шля́ться* (s. d.) mit Suffix -*da*, s. Sobolevskij RFV 66, 337. Nach Preobr. Trudy 1, 99 sollen die jungen Wörter lautnachahmend sein und zu *шлёндать* gehören. Nicht wahrscheinlich ist Entlehnung aus nhd. *schlendern, schlenzen*, ndl. *slenteren* 'schlendern' (gegen Gorjajev EW 424, Matzenauer 328) oder aus schwed. *slunt* 'Tagedieb' (Matzenauer c. l.). Vgl. *шля́нда*.

шлендря́н 'schlechte Gewohnheit' (D.). Aus nhd. *Schlendrian* (zuerst Acc. *den schlenttrianum* Brant Narrenschiff, s. Kluge-Götze EW 524), einer humanistischen Scherzbildung wie *Sammelsurium, Schwulität* u. dgl.

шлёнка 'schlesisches Schaf, von Peter d. Gr. eingeführt' (D.), auch *шлёнская овцá* ukr. *šl'ónka* Adj. *šl'ónśkyj* 'schlesisch'. Aus poln. *śląska owca* dass. zu *Śląsk* 'Schlesien' (s. oben 2, 624 s. v. *Силéзия*). Hierher auch *шленское полотно* 'schlesische Leinwand' (seit Ust. Morsk. 1724, s. Smirnov 330) aus poln. *śląskie płótno*.

шлёпать 1. 'klatschend schlagen, im Schmutz patschen'. 2. 'Unsinn reden', Vjatka (Vasn.), wruss. *šl'ópać* 'patschen', bulg. *šlépvam* 'ohrfeige, schlage', sloven. *šlépati, šlépljem* 'mit den Fingern schnalzen', *šlépniti, šlêpnem* 'ins Gesicht schlagen, mit den Fingern schnalzen'. Hierher auch bulg. *šl'ápam* 'peitsche, schlage', *šl'ap!* 'klatsch!', čech. *šlapati* 'treten', slk. *šliapat'* dass. || Lautnachahmender Herkunft wie *хлóпать* (s. d.). Vgl. auch vlat. *stloppus, scloppus* 'Klaps; Schall vom Schlagen auf die aufgeblasenen Backen', auch ndl. *slapp* 'klaps', engl. *slap* 'leichter Schlag', mit denen kaum ein historischer Zusammenhang besteht, s. Walde-Hofmann 2, 596, Preobr. Trudy 1, 99, Kluge-Götze EW 522. Der Ansatz *šlepati, der mitunter (Torbiörnsson 1, 44 ff., Iljinskij IORJ 20, 4, 158) mit Rücksicht auf *шéлен* (s. d.) vorgenommen wird, läßt sich nicht beweisen, denn dieses letztere kann historisch unabhängig von *шлёпать* entstanden sein.

шлея́ 'Hintergeschirr, Umlaufriemen (vom Kummet ausgehender, das Pferd in seiner ganzen Länge umspannender Riemen)', ukr. *šlejá, šlyjá* dass., *šléjka* 'Riemen', wruss. *šlejá*, aruss. *šleja* 'Riemen am Kummet' (Urk. 1388, s. Srezn. Wb. 3, 1597), *šlei* pl. 'Riemen', auch Domostr. Zabel. 129, *šleinik* 'Riemenmacher' Kotošichin 92, čech. slk. *šle* pl. 'Hosenträger', poln. *szla, śla*

'Ziehseil', *szelka* 'Band, Riemen', nsorb. *sla* pl. *sle* 'Ochsengeschirr, Sielengeschirr, Riemen, Hosenträger', polab. *salja* 'Geschirr, Riemen'. || Urspr. wohl westslav. **šъlʼa*, entlehnt übers Poln. aus der Sippe von ahd. *silo* m. 'Riemen, Siele', mhd. *sile* m., *sil* m. n. f. 'Seil, Riemen' (zur Sippe s. Torp 438), s. Mikkola Berühr. 177ff., Brückner EW 550, Preobr. Trudy 1, 99ff. Andere nehmen, wenig glaubhaft, Ablaut mit *сила* (s. d.) an, vgl. Matzenauer 327, Holub-Kopečný 372. Aus dem Slav. entlehnt sind lit. *šlajai* pl. 'Siele, Pferdegeschirr', lett. *slejas* dass., s. M.-Endz. 3, 925, Brückner FW 142; anders, aber kaum richtig über das lit. Wort Leskien Bildung 315.

шли́нтик, шлинту́бель 'Art Hobel' (D.). Wohl aus nhd. *Schlichthobel*, ndd. *slichthubel* 'Hobel zum ersten Glätten' (Sass Spr. d. ndd. Zimmermanns 7). Vgl. auch *шли́фтик* (s. d.).

шлипа́чить 'ohrfeigen, schlagen', Olon. (Kulik.), auch *шлю́пку да́ть* dass., und *шнипа́чить* dass. (Kulik.). Vgl. *шлёпать*.

шли́пир 'Schiffsbalken', Smol. (Dobr.). Vgl. nhd. *Schlepper* 'Stahldrahttau' (Stenzel), vor allem aber nhd. *Schliepe* 'Riegel', mhd. *sliepe* 'Querbalken' (Grimm DWb. 9, 688).

шлир 'Schutt aus der Rauchkappe', hüttenw. (D.). Aus nhd. *Schlier* 'Schlamm, klebrige Masse' (wozu Torp 540, Grimm DWb. 9, 690), vgl. Trebbin 75.

Шлиссельбу́рг 'Stadt u. Festung am Ausfluß der Neva aus dem Ladogasee', so benannt seit Peter d. Gr., volkst. *Шлю́шин* dass. Über ältere Namen s. *Оре́шек* (oben 2, 277). Aus nhd. *Schlüsselburg*, als 'Schlüssel' für den Zugang zur Ostsee. Nach der Festung benannt *Шлисселбу́ржец* 'politischer Gefangener'. Für den Ort wurde im Inlande die von Peter d. Gr. geschaffene Form *Шлютельбу́рх* verwendet, aus ndl. *sleutelburcht*, s. Unbegaun RES 9, 279.

шли́фкус 'Schriftkasten der Buchbinder, mit den Buchstaben für die Rückentitel der Bücher' (D.). Aus nhd. *Schriftkasten*.

шлифова́ть 'schleifen', über poln. *szlifować* aus mhd. *slîfen* 'schleifen', s. Gorjajev EW 424.

шли́фтик, шлифту́бель 'Art Hobel', s. *шли́нтик*.

шлих 'fein gepochtes Erz mit Wasser, Erzmehl, Schlamm', Adj. *шлихово́й*. Aus nhd. *Schlich* dass. (Paracelsus u. a., s. Grimm DWb. 9, 661ff.) zu ndd. *schlick*, s. Trebbin 75.

шлихота́ть 'glucksen', Smol. (Dobr.). Unklar.

шли́хта 'Stärkekleister der Weber zum Steifen des Gewebes, Weberschlicht' (D., Karinskij Oč. 171). Aus nhd. *Schlichte* 'Masse, mit der die Weber die Kettenfäden glatt machen' (Grimm DWb. 9, 667).

шлу́нья pl. 'Eingeweide (von Tieren)', Smol. (Dobr.). Vgl. nhd. *Geschlinge*, mhd. **geslünge* (wozu Kluge-Götze EW 202).

шлык -á 'Kappe, Kopfputz (der Bäuerinnen)', (Leskov). Gekürzt aus *башлы́к*, s. Korsch Archiv 9, 488, Sobolevskij RFV 66, 345, Preobr. 1, 499, Trudy 1, 100. Weiteres unter *башлы́к*, s. oben

1, 65. Gleicher Herkunft ist wohl rumän. *işlic* 'hohe Mütze der Bojaren' (s. Tiktin Wb. 2, 855).

шлы́нда 'Nichtstuer', Smol. (Dobr.), *шлы́ндать* 'sich umhertreiben, schlendern', Don-G. (Mirtov), Smol. (Dobr.), *шлы́ндарить* 'umherschlendern', Don-G., auch *шлы́новец* 'Tagedieb', Olon. (Kulik.). Weiteres unter *шлёнда, шляться.*

шлю 'sende, schicke', s. *слать.*

шлюб, -*a* 'Heirat, Hochzeit', Westl., Südl. (D.), ukr., wruss. *šl'ub*. Aus poln. *ślub* dass., wozu Brückner EW 531 ff.

шлюз, -*a* 'Schleuse', zuerst: *слюза* Peter d. Gr., auch *шлюзы* pl., s. Smirnov 330, auch poln. *śluz, śluza*. Aus ndl. *sluis* 'Schleuse', bzw. ndd. *slûse*, mnd. *slûse* von lat. *exclūsa* 'Schleuse, Wehr', s. Meulen 188, Matzenauer 308, Gorjajev EW 424. Siehe auch *слюз* (2, 668).

шлюп 'Kriegs- oder Kanonenschaluppe, dreimastiges Kriegsschiff mit ca. 30 Kanonen', veralt. Aus ndl. *sloep* 'Schiffsboot', zu *sluipen* 'gleiten', mhd. *sliefen* 'gleiten, schlüpfen', s. Meulen 186 ff., Matzenauer 328. Dagegen *шлю́пка* 'Schaluppe, Boot' (seit Peter d. Gr. 1703, s. Christiani 40) wohl über ndd. *slûpe*, nhd. älter *schlupe* (1647, s. Kluge-Götze EW 506. Bei Radiščev 16: *шлюбка*).

Шлюссельбу́рг s. *Шлиссельбу́рг.*

шлю́ха 'liederliches Frauenzimmer' (Mel'nikov), Olon. (Kulik.), Vjatka (Vasn.), auch 'Klotz beim babki-Spiel', Mezeń (Podv.), Vologda, Vladim. (D.), dieser letztere heißt auch *ба́бка*. Wird als 'sich umhertreibendes Frauenzimmer' zu *шля́ться* (s. d.) gestellt, s. Preobr. Trudy 1, 100. Kaum zu *хлюста́ть* gegen Gorjajev EW 424.

шлягро́т s. *шлаглот.*

шляк 1. 'Messerklinge'. 2. 'Knöchel, Klötzchen beim Spiel', Tveŕ, Vologda, Jarosl., Kaluga, Orel, Tambov (D.). 3. 'Knopf', Kašin (Smirnov). Für Bed. 2 auch *шкляк* Olon. (Kulik.). Daneben: *шляк* 'Schmutz, der sich in Stücken von den Stiefeln löst', Vjatka (Vasn.), dann auch *кровь пошла шляка́ми* 'das Blut sickerte dick hervor', Jarosl. (Volockij). Die urspr. Bed. kann 'Holzsplitter, Klotz' gewesen sein. Bei Annahme eines rotwelschen Präfixes *š(u)-* und **klęk-* könnte eine Beziehung festgestellt werden zu der Sippe von *кляч* 'Knebel' usw. (s. oben 1, 577). Unsicher.

шля́кибать 'schlürfen, gierig essen', Olon. (Kulik.). Dunkel.

шля́нда 'herumstrolchender Mensch', Arch. (Podv.), *шля́ндать* 'herumstrolchen', Arch. Zu *шля́ться*. Siehe auch *шлёнда, шлю́ха.*

шля́па 'Hut', ukr. *šl'ápa*, aruss. *šljapa* dass. (Domostr. K. 53, Domostr. Zabel. 128, Urk. Boris Godunovs a. 1589, s. Srezn. Wb. 3, 1597). Aus bair. *Schlappe* 'Haube, Kappe', mhd. *slappe* 'klappenförmig herunterhängender Teil der Kopfbedeckung; Kopfbedeckung von Klappen- oder Hutform' (Lexer, s. v. Grimm DWb. 9, 483 ff.), s. Štrekelj 62, Matzenauer 82, 326,

Grot bei Gorjajev EW 424, Preobr. Trudy 1, 100. Die Bez. *шляпка земли греческой* für 'eine auch als Waffe gebrauchte Kopfbedeckung' in der Volkspoesie entspricht einem *колокол* in den Novgoroder Liedern. Wohl für mgriech. *κουκούλλιον* 'Mönchskappe', s. Verf. Zap. Geogr. Obšč. Otd. Etnogr. 34, 45 ff.

шля́ться, шля́юсь 'sich herumtreiben, schlendern, bummeln', dial. *сля́ться* Kursk, soll nach Sobolevskij Lekcii 119 aus *sъljati sę zu *слать* (s. d.) entstanden sein. Nicht besser ist die Annahme einer Neubildung von *шлёндать, шлёпать* (Preobr. Trudy 1, 100), welche die Bildungen nicht erklärt.

шляфни́ца 'Nachtmütze, Schlafmütze', Westl., wruss. *šľafnica*. Über poln. *szlafmica* dass. aus nhd. *Schlafmütze*, s. Schapiro Fil. Zap. 1873, S. 19.

шлях 'gebahnter Weg, markierter Weg', Südl., Westl. (Šolochov, D.), 'Fährte, Spur, Schlittenspur im Schnee', Tobol'sk (Živ. Star. 1899, Nr. 4, S. 517), ukr., wruss. *šľach* 'gebahnter Weg', schon 1579, s. Unbegaun 118. Über poln. *szlach*, čech. *šlak* 'Spur, Fährte' aus mhd. *slag*, *slac* 'Wagenspur, Fährte, Weg', nhd. *Schlag*, s. MiEW 341, Verf. Zeitschr. 4, 94, Čyževśkyj Zeitschr. 17, 142. Zur Bed. vgl. poln. *bita droga*, *bity trakt*, ukr. *býta doróha*, *býtyj šľach*, frz. *chemin battu*. Aus dem Ukr. stammt rumän. *şleaŭ* 'Landstraße', s. Brüske JIRSpr. 26, 41, Tiktin Wb. 3, 1439. Ungenau Preobr. Trudy 1, 100. Verfehlt ist die Herleitung aus nhd. *Schlich, Schleichweg* (gegen Gorjajev EW 424).

шля́хта I. 'polnischer Kleinadel', ukr., wruss. *šľáchta*, aruss. *šljachta* (Urk. a. 1583, s. Srezn. Wb. 3, 1597). Über poln. *szlachta* (seit 15. Jhdt., s. Brückner EW 550) aus mhd. *slahte* 'Geschlecht, Herkunft, Gattung, Art', s. MiEW 341, Brückner c. l., Korbut 371, Preobr. Trudy 1, 101. Auch Ableitungen: *шляхетность* 'Edelmut, edle Gesinnung' Peters d. Gr. Zeit, s. Smirnov 330, aus poln. *szlachetność* dass.; *шляхетский* 'adlig' Repnin a. 1704, s. Christiani 17 aus poln. *szlachecki* dass., *шляхетство* 'Adel' (Gogol') aus poln. *szlachectwo* dass.

шля́хта II. 'Schlichtaxt, Hohlbeil', *шляхтить*, *шляхтова́ть* 'mit dem Schlichtbeil behauen'. Entlehnt aus ndd. *slichten* 'mit dem Schlichthobel glätten' (s. Sass Sprache d. ndd. Zimmerm. 7). Vgl. auch oben *шлинтик, шлифтик*.

шля́хтич 'Edelmann', ukr. *šľáchtyč*, zuerst: aruss. *šljachtičь* (Urk. a. 1388, s. Srezn. Wb. 3, 1598). Aus poln. *szlachcic* dass. von *szlachta* (s. *шля́хта* I). Einführung von *-ец* liegt vor in *шляхтец* (Leskov).

шля́ча 'nasser Schnee, Schnee mit Regen', Pskov, Nižn. (D.), *шляц* m. dass. Pskov (D.). Assimiliert aus *slęča (das *c* aus *č* ist nordgrruss.), weiter zu *сля́коть* (oben 2, 669). Aus dem Russ. entlehnt ist syrjän. *šľať ša*, s. Wichmann-Uotila 263.

шля́чка, шля́шка 'sich herumtreibendes Frauenzimmer', Smol. (Dobr.). Zu *шля́ться* 'sich herumtreiben'.

шма́галь 'Betrüger, Gauner', Mezeń (Podv.). Unklar.

шмагáть 'peitschen, schlagen', Westl. (D.), шмáгнуть 'werfen', Olon. (Kulik.). Expressiv aus смагáть 'peitschen, schlagen' (s. oben 2, 670).

шмáйка 'großer Hering', Smol. (Dobr.). Unklar.

шмак I. 'Art Boot', seit Peter d. Gr. 1703, s. Smirnov 331. Aus ndl. *smak*, nhd. *Schmack* 'kleines Küsten- oder Fischerfahrzeug' (Grimm DWb. 9, 896 ff.), s. Meulen 188, Christiani 39.

шмак II. 'Trichter mit e. Rille zum Gießen von Kanonen', Olon. (Kulik.). Dunkel.

шмáльта 'Schmalte; durch Kobald blau gefärbte u. in Pulver verwandelte Glasmasse zum Färben'. Aus nhd. *Schmalte* 'blauer Farbstoff, Schmelzglas' (Grimm DWb. 9, 925), s. Trebbin 75.

шманя́ться s. шмóнить.

шмáра I. 'Geliebte', Gaunerspr., Kubań (RFV 68, 405). Unklar.

шмáра II. 'Entengrün, Teichlinse', Östl. (D.), Ural; шмарá dass. Südl. (D.). || Wenn *š* peiorativ für *s*, könnte Verwandtschaft vorliegen mit got. *smarna* 'Mist, Kot', *smaírþr* 'Fett', ahd. *smero* 'Schmer, Fett'. Unsicher.

шмáрить 'schlagen, peitschen', Südl., Westl., Pskov (D.), шмáриться 'rauh werden', Jarosl. (Volockij), ukr. *šmáryty*, *šmaráty* 'werfen'. Urspr. 'auswischen' (zur Bed. vgl. мáзать oben 2, 87). Dann aus poln. *smarować* 'schmieren, durchprügeln'. Vgl. das folg.

шмаровáть, -рýю 'schmieren, einfetten' (D.), ukr. *šmaruváty*, wruss. *šmarováć*. Entlehnt aus poln. *smarować* dass. von mhd. *smir(w)en* 'schmieren', mnd. *smeren*. Die german. Wörter bedeuten 'schmieren' und 'prügeln', s. Kluge-Götze EW 531, Brückner EW 502 und oben шмáрить.

шмат 'Stück; abgerissenes, abgebrochenes Stück', Smol. (Dobr.), Livland (Bobrov Jagić-Festschr. 395), Ural (IORJ 1, 333), 'Stück Lappen', Pskov, Tveŕ, шмать f. 'Pack', Arch. (IORJ 1, 333), шематóк, шматóк dass., ukr., wruss. *šmat* 'Stück, Menge'. Entlehnt über poln. *szmat* dass., dessen Quelle viell. in mhd. *snate*, *snatte* 'Strieme, Wundmal', schwäb. *Schnatte* 'Einschnitt in Holz oder Fleisch', nhd. *Schnat* 'Grenze' (Grimm DWb. 9, 1192 ff.) zu sehen ist, s. Matzenauer 329, Preobr. Trudy 1, 101. Zur Sippe vgl. Torp 520. Urspr. 'Schnitt', cf. кус, кусóк. Weniger einleuchtend sind die Versuche einer slav. Deutung: nach Brückner EW 551 zu čech. *šmatati* 'betasten', *šmatha*, *šmatla* 'krummbeinig', *šmathati* 'krummbeinig gehen', slk. *šmatlat'* dass., čech. *chmat*, *hmat* 'Griff, Tastsinn', ähnlich Holub-Kopečný 372. Abzulehnen ist auch die Herleitung aus schwed. *små* 'klein', *småtting* 'kleiner' (Gorjajev EW 424), zu diesen s. Hellqvist 1006. Vgl. übrigens шмоть (s. d.).

шмель m. G. шмеля́ 'Hummel, Erdbiene', dial. *чмель* Sevsk (Pr.), *щéмель* Pskov (D.), ukr. *čmiľ* G. *čmeľá*, *džmiľ* G. *-ľá*, auch *čmoľá* 'Hummel' (nach *pčoľá*), wruss. *čmeľ* (Vitebsk), sloven. *čmêlj*, *šmêlj*, čech. *čmel*, *štmel*, alt *ščmel*, slk. *čmeľ*, poln. *czmiel*, *strzmiel*, osorb. *čmjeła*, nsorb. *tśmel*. || Urslav. *čьmeľь ab-

шмельть — шмóть

lautend mit *komarъ* (s. *комáр*). Urverw. mit lit. *kamāně* 'Mooshummel', *kamìnė* 'Feldbiene', lett. *kamine*, apreuß. *camus* 'Hummel', aind. *camarás* 'bos grunniens', ahd. *humbal* 'Hummel', weiter zu lit. *kimìnti* 'die Stimme dumpf machen', *kìmti, kìmstu* 'heiser werden', s. Zubatý Archiv 16, 387, Uhlenbeck PBrBtr. 35, 174ff., Berneker EW 1, 167, Trautmann BSl 115ff., Apr. Sprd. 352, M.-Endz. 2, 149, Brückner EW 79, Torp 95, Sobolevskij Lekcii 137, Fraenkel Lit. Wb. 212 (hier auch noch eine andere Auffassung von Nieminen LPosn. 3, 187ff.). Die Formen mit *šč* werden durch Anlehnung an *щемúть* 'klemmen' erklärt (s. Appel RFV 3, 88). Abzulehnen ist der Ansatz *čьkmelь (gegen Agrell MO 8, 166). Das früher gern als urslav. Lehnwort angesehene finn. *kimalainen* 'Biene, Hummel' (s. N. Anderson bei MiEW 419) gehört zu finn. *kimara* 'Honig' u. ist von *шмель* zu trennen, s. Kalima Mikkola-Festschr. 67ff., Toivonen EW 1, 194, Nieminen c. l.

шмéльть f. 'Emaille', s. *эмáль*.

шмéльцер 'Schmelzer', hüttenw., aus nhd. *Schmelzer*, s. Trebbin 75.

шмерц 'Spottname für Deutsche', Olon. (Kulik.). Aus nhd. *Schmerz*. Viell. wegen des Anklanges des nhd. Wortes an *смерд* 'Bauer' (dazu oben 2, 671).

шметь 'Scheu vor Arbeit', Smol. (Dobr.). Unklar.

шмизéтка 'Vorhemd', aus franz. *chemisette*, zu *chemise* 'Hemd'. Vgl. *шемизéтка*.

шмировáть 'glätten, umerziehen', wird von Dal' Wb. 4, 1456 von nhd. *schmieren* hergeleitet. Zweifelhaft.

шмоктáть 'schlürfen, geräuschvoll saugen', Pskov, Tveŕ (D.). Zu *смоктáть* dass. (s. oben 2, 674ff.). Vgl. auch *чмок*.

шмóльник 'Geizhals, lästiger Bitter', Kostr. (D.). Kaum zu *c-* u. *молúть* 'bitten'.

шмон 'Müßiggänger, fauler Mensch', *шмóня* dass., Pskov, Tveŕ (D.), *шмóны* pl. 'Müßiggang', Östl. (D.), 'Scherz, Streich, Gaunerei', Westl., Kaluga (D.), *шмóнить* 'faulenzen, bummeln', Nižn., Smol., Voronež (D.), *шмóнить, шмýнить* 'scherzen, die Zähne fletschen', Olon. (Kulik.), *шманя́ться* 'untätig umhergehen, sich um eine Arbeit drücken' (Mel'nikov). Viell. aus rotwelsch-nhd. *Schmu* 'haltloses Gerede, leere Versprechungen, unlauterer Vorteil', von hebr. *šemū́ā* 'Gerede' (dazu s. Littmann 52, Kluge-Götze EW 532). Morphologisch nicht gesichert.

шморгáть 'hin- u. herwischen, hin- u. herreiben', Westl., Südl. (D.). Vgl. *сморгáть* (oben 2, 675ff.).

шморчóк 'Knirps, kurz geratener Mensch', Pskov, Tveŕ (D.). Durch Fernassimilation aus *сморчóк* 'Morchel' (s. oben 2, 676).

шмот 'verschwenderischer Mensch', Olon. (Kulik.). Viell. rotwelsch. *š-* und *мот* 'Verschwender'. Vgl. aber das folg.

шмóть f. 'Lappen, schlechte Kleidung', Olon. (Kulik.), auch *шмóтина* dass. (c. l.). Vgl. *шмат* 'Stück' (s. d.). Daneben erscheint *шмоть* f. 'Pack, Gesindel', Arch., *шмо́тье* 'Fetzen', Perm (D.).

шму́гать 'wischen, Wäsche waschen', Pskov, Tveŕ (D.) 'Wasser vom Tisch wischen' (c. l.). Gehört mit *шмы́гать* 'wischen' zu *смы́гать* 'abstreifen' (s. d.). Das *š* ist vermutlich expressiv.

шму́глер 'Schmuggler', Westl. (D.), *шму́глерить* 'schmuggeln' ibid. Aus nhd. *Schmuggler* (wozu Kluge-Götze EW 532).

шму́клер 'Posamentier', Westl., *шму́клерить* 'das Posamentierhandwerk betreiben' (D.). Aus jüd.-nhd. *Schmuckler* 'Bortenwirker, Verfertiger von Schmucksachen, Posamentier' (in Posen u. Warschau nach Grimm DWb. 9, 1128).

шму́лька 'verächtliche Bez. der Juden', *шмулева́ть* 'ein Geschäft eifrig betreiben', Smol. (Dobr.). Aus jidd.-d. *Schmul* 'Samuel' (Stern 154) von hebr. *šemū᾽ēl* dass., s. Littmann 39, Kluge-Götze EW 533, Hübschmann Arm. Gr. 1, 297. Zur Bed. vgl. *шле́ма*.

шмур 'Regenwurm', Tobol'sk (Živ. Star. 1899 Nr. 4 S. 517). Unklar.

шму́риться 'finster, mürrisch werden', gew. *нашму́риться* Arch. (D.), čech. *šmouřiti se* 'sich trüben'. Mit peiorativem *š* zu *сму́рый* 'finster', *па́смурный*, *хму́ра* 'Wolke', s. Endzelin SlBEt. 72.

шмуры́гать 'kratzen, reiben', Kursk, Pskov, auch *шмурыха́ть*, *шморыха́ть* dass., Pskov, Tveŕ (D.). Expressiv zu *смуры́гать* 'reiben, rupfen' (oben 2, 677).

шмы́га 'Herumtreiber, Bummler', *шмы́гать* 'huschen, hin- und herspringen', ukr. *šmyhnúty*, wruss. *šmyháć*, *šmyhnúć*, bulg. *šmúgvam*, *šmúgna* 'hineinschlüpfen' (Mladenov 695). Expressiv für *смы́гать* 'streifen, hin- u. herhuschen' (oben 2, 678). Mladenov c. l. vergleicht nhd. *schmuggeln*, *Schmuggler*, deren Verwandtschaft nach Kluge-Götze EW 532 'mit Fortis älter' ist: engl. *smuckle*, norw. *smokla* 'lauern', ndl. *smokkelen*. Anders Iljinskij IORJ 20, 4, 176, der wegen sloven. *šemigati* 'wackelnd, hinkend gehen' ein zweifelhaftes *šьmig-* ansetzen will.

шмык 'durch den Wind entstandene Vertiefung im Schnee', Olon. (Kulik.). Aus **smykъ* 'Streifen', zu *смы́кать* II 'reißen, streichen'.

шмы́кать 'hin- und hertragen, lauern, schnüffeln', Pskov, Tveŕ. *шмыка́ться* 'hin- und herstreifen, schlendern', Sevsk (Pr.). Zu *смыка́ться* 'schlendern', vgl. Preobr. 2, 341, s. auch *смы́кать* II, (oben 2, 678). Das *š* dürfte expressiv sein.

шмы́ркнуть 'huschen', dial., soll nach Šachmatov IORJ 7, 2, 339 zu *мы́ркнуть*. *чемы́ркнуть* gehören. Unsicher. Dazu gehört: *шмырчо́к* 'Schneepflug zum Reinigen verschneiter Wege', Olon. (Kulik.).

шмя́кать, **шмя́кнуть** 'klatschend schlagen, etwas Weiches werfen, in den Schmutz werfen', Tveŕ (D.), Smol. (Dobr.). Viell. expressiv zu *смя́кать* 'knüllen, unordentlich hinwerfen', *мя́гкий* 'weich' oder lautnachahmend (nach Preobr. Trudy 1, 102). Abzulehnen ist (gegen Gorjajev EW 424) die Annahme einer Ur-

шнаж — шнырять

verwandtschaft mit lit. *smõgti* 'schlagen, schleudern', engl. *smack* 'Klatschen, Knallen', *smash* 'zerschmettern'.

шнаж 'Schnaps', Smol. (Dobr.). Viell. nur zufällig an nhd. *Schnaps* anklingend.

шнека 'Art bewaffnetes Schiff', nur aruss. *šneka* (Laur. Chron. a. 1263, Novg. 1. Chron. a. 1142 ff.), *sneka* (Pskover Chron. a. 1462 u. 1480, s. Duvernoy Aruss. Wb. 193, wo *s* aus *š*), heute *шняка́* 'Fischerboot', Arch. (Podv.), aruss. *šnjaka* (Žit. Aleks. Nevsk. 4). Aus anord. *snekkja* f. 'Langschiff', schwed. *snäcka*, mnd. *snicke*, das auch ins Romanische gedrungen ist, s. MiEW 341, Thomsen Ursprung 135, SA 1, 387, Thörnqvist 89 ff. Zur german. Wortsippe s. Holthausen Awn. Wb. 269, Torp 519, Falk-Torp 1092 ff., Hellqvist 1019.

шнёный 'tot, abgestanden, in Winterschlaf verfallen' (von Fischen), Kamčatka (D.). Wird als Ableitung von *сон*, *снить(ся)* aufgefaßt (Dal' 4, 1458). Zum *š* s. das folg.

шни pl. 'Geschwätz, Unsinn, Weiberklatsch', Kamč. (D.). Wohl dial. für *sъni* pl., zu *сон* als 'Phantastereien'. Siehe das vorige.

шнип 'schnabelförmige Spitze vorn an der Kleidertaille der Frauen', aus ndd. ndl. *snip* 'Zipfel', die zu nhd. *Schnabel* gestellt werden (s. Kluge-Götze EW 536).

шнипа́чить s. *шлипа́чить*.

шни́пер 'Schnepper (zum Aderlassen)' (D.). Aus nhd. *Schnipper* 'Aderlaßwerkzeug, Schröpfeisen' (Grimm DWb. 9, 1317).

шни́ца 'Deichselarm', s. *сни́ца* (oben 2, 681).

шни́цель m. 'Schnitzel', bes. *ве́нский шни́цель* 'Wiener Schnitzel'. Aus nhd. *Schnitzel*.

шно́рить 'erspähen, mit den Blicken suchen', Pskov, Tveŕ (D.). Viell. zu *шнырять*.

шнур, шнуро́к 'Schnur', schon Pluvinel (17. Jhdt.), ukr., wruss. *šnur*. Über poln. *sznur*, *sznurek* dass. aus mhd. *snuor* dass., s. Brückner EW 551, MiEW 341, Kleczkowski Symb. Rozwadowski 2, 344, Kaestner 47, 85. Vgl. auch *снур*.

шны́ркуль m. 'Schnörkel', zuerst *шныркаль* Zeit Peters d. Gr., s. Smirnov 331. Aus nhd. *Schnörkel*, dial. *Schnürkel*, ndd. *snürkel* (Grimm DWb. 9, 1378).

шнырять 'hin- u. herhuschen', *шны́рить* 'unter der Hand, heimlich nachspüren, umherschnüffeln', *шны́ра* 'Schnüffler', ukr. *šnýryty* 'huschen' (von Enten), wruss. *šnýryć*, *šnyŕáć*, Streckform ist *перешны́хирить* 'durchschnüffeln'. Smol. (Dobr.). ǁ Lautnachahmender Herkunft, s. Preobr. Trudy 1, 102. Nicht historisch, sondern höchstens 'elementar' verwandt könnte nhd. *schnurren*, mhd. *snurren* 'rauschen, sausen' sein (gegen Grot FilRaz. 1, 468, Gorjajev EW 424). Abzulehnen ist die Verbindung mit *снова́ть* (Potebnja RFV 4, 207), sowie mit anord. *snoðra*, *snuðra* 'schnuppern' (Grot c. l.).

шня 'Gefährtin, Kameradin', Simb., Penza (D). Viell. Umgestaltung von *céня, Koseform von сестра́. Zur Bildung vgl. до́ня: дочь. Siehe ся.

шня́ва 'kleines, zweimastiges Schiff, Art Schoner', zuerst шнау u. шня́ва Peter d. Gr., s. Smirnov 331. Aus ndl. snauw dass., ndd. snau, nhd. Schnaue, urspr. 'geschnäbeltes Fahrzeug', s. Meulen 188 ff., Kluge-Götze EW 534, Preobr. Trudy 1, 102. Gorjajev EW 424, Dop. 1, 57. Lautlich viell. beeinflußt durch шня́ка.

шня́вкать 'schreien (vom Ruf des Birkhuhns)', Arch. (Podv.). Lautnachahmenden Ursprungs. Brehm gibt den Ruf mit tschui, tschui wieder. In anderer Bed. шня́укону́ть 'klopfen' (vom Herzen), Olon. (Kulik.).

шня́ка s. шнека.

шо́болда 'Nichtsnutz, minderwertiger Mensch', Olon. (Kulik.). Zu шабалда́, s. шабала́ I.

шобо́льник 'Lumpenhändler', auch шобо́йник, шобо́нник. Vgl. шабала́ I. u. шобо́ны.

шоболта́ть 'schwatzen, unnütz reden', Olon. (Kulik.). Wohl Präfix šo- und болта́ть.

шо́боны pl. 'Plinsen', Olon. (Kulik.), шо́бон 'altes Kleidungsstück', auch шо́бол, шобёл, Nižn., Kazań (D.). Viell. zu шабала́ I als 'Stück', s. Dal' Wb. 4, 1383.

шов G. шва́ 'Naht', ру́ки по шва́м 'stillgestanden!' (eigtl. 'Hände an den Hosennähten'), r.-ksl. šьvъ, bulg. šev (Mladenov 692), skr. šȃv G. švȁ, sloven. šèv, G. švà, čech., slk. šev, poln. szew, osorb. šow, nsorb. šaw. ‖ Ursl. *šьvъ aus *si̯uv-, vgl. lett. šuva, šuve 'Naht', lit. āpsiuvas, peřsiuvas m. 'Besatz am Kleide', weiter zu шить 'nähen' (s. d.), vgl. Trautmann BSl 261, M.-Endz. 4, 108, MiEW 339.

шовини́зм 'übertriebener Patriotismus', шовини́ст 'Hurrapatriot'. Über nhd. Chauvinismus, Chauvinist von franz. chauvin 'Säbelraßler', nach Tobler seit 1882 von einem PN Chauvin (s. Gamillscheg EW 214, Kluge-Götze EW 91).

шо́внуш, шо́лнуш 'Verschlag im Bauernhause hinter dem Ofen zum Schlafen, Schlafstelle im Sommer', auch 'Vorratskammer', Onega (Podv.), шо́вныша, шо́лныша Arch. Olon., шо́мнуша, шо́лнуша Olon. (Kulik.), шо́мыша Šenkursk (Živ. Star. 1895 S. 398 ff.), со́лныш, со́лныша (D.). Entlehnt aus aschwed. sømnhús, søfnhús 'Schlafhaus', s. Verf. Zeitschr. 4, 283, Thörnqvist 269 ff. (wo nicht durchschlagende Zweifel wegen der Bed.). Unberechtigt ist die Annahme finnischer Herkunft (Šachmatov IORJ 7, 1, 45, Trudy 1, 102). Vgl. чо́лмоша.

шо́вола 'unordentliche Person', Olon. (Kulik.). Vgl. шо́болда.

шо́га́ 'Jägerzelt im Felde oder im Walde', Olon. (Kulik.). Dunkel.

шогла́ I. 'Stange zum Durchziehen des Schleppnetzes unter dem Eise', Kostroma (D.). Wird von Kalima 245, RS 6, 80 zu шала́ I gestellt und auf finn. salko zurückgeführt (s. oben 3, 367). Daraus entlehnt ist syrjän. šugla 'lange Rute oder Gerte zum

шогла — шо́лга́ 419

Antreiben der Kühe' (Wichmann-Uotila 266). Vgl. aber das folg. u. *щеглá* II.

шогла II. 'Mast', nördl., aruss. *šъgla*, *šegla* 'Mast' (Novgor. 1. Chronik, Flavius Joseph. 112, 27 (Istrin) u. sonst (s. Srezn. Wb. 3, 1602). Entlehnt aus anord. *sigla* 'Mast' zu *segl* 'Segel', s. Verf. bei Kalima RS 6, 80, RLS 139, FUF 28, 161, Wanstrat 48, Thörnqvist 90ff. Zur Verbreitung des anord. Wortes s. Falk WS 4, 48, Paasonen FUF 2, 190, Qvigstad Nord. Lehnw. im Lapp. 288. Für echt-slav. hält das russ. Wort Iljinskij RFV 73, 299. Vgl. *щеглá* II.

шоедь f. 'Lumpenpack', Vladimir (D.). Gewagt ist die Annahme einer Ableitung von syrjän. *šoi̯* 'Leiche', *lopot' šoi̯* 'zerlumptes Kleidungsstück' u. Annahme einer russ. Erweiterung durch -*d'* wie bei *ло́шадь*, *пе́стрядь* (Kalima FUF 18, 49). Sie wird schon durch das Verbreitungsgebiet (nach K. irrtümlich Vologda) ausgeschlossen.

шо́йда I. 'Querleiste eines Schlittens oder Floßes', Olon. (Kulik.), Kolyma (Bogor.). Vgl. finn. *saitta*, -*tan* 'Stange, Pfahl'.

шо́йда II. 'an der russ.-chines. Grenze betriebener Schleichhandel mit Tee; geschmuggelter Tee', *шо́йдар* 'Teeschmuggler', Sibir. (D.). Unklar.

шо́йдан 'Arbeitskittel', *шо́йданник* dass., Ostsibir., *шайда́нник* ebda (D.), *шо́йдать* 'flicken', Vologda, Ostsibir., 'ausbessern', Nordruß. (D.). Aus syrjän. *šoi̯dan* 'abgenutztes Kleid, Lumpen', s. Kalima FUF 18, 49 (mit Liter.).

шо́ки pl. 'die Seiten der Flachsraufe', Olon. (Kulik.). Unklar.

шоки́ровать 'das Anstandsgefühl verletzen, Anstoß erregen'. Aus nhd. *schokieren*, bzw. franz. *choquer* von mndl. *schokken* 'stoßen, zusammenstoßen' (s. Kluge-Götze EW 510, Gamillscheg EW 221).

шокола́д 'Schokolade', volkst. *чикола́д* (Mel'nikov), älter *чоколад* seit Peter d. Gr., s. Smirnov 332. Die Formen mit *č*- aus ital. *cioccolata*, diejenige mit *š*- über nhd. *Schokolade*. Die Quelle der europ. Wörter ist span. *chocolate* aus nahuatl. (Mexiko) *chocolatl*, s. Palmer Neuweltwörter 123ff., Einfluß 132ff., Loewe KZ 61, 93ff., Lokotsch Amer. W. 58, Kluge-Götze EW 539, Meyer-Lübke Rom. Wb. 179.

шо́кур, що́кур 'Art Lachs, Salmo schokur', Tobol'sk (D.). Entlehnt aus ostjak. *śokor*, *śokər* dass., s. Kálmán Acta Ling. Hungar. 1, 267.

шо́куры, чо́куры pl. 'Teigklöße in der Kohlsuppe', Ufa, Simbirsk (D.). Vgl. tschuwass. *səkkər* 'Brot', osman. *čökäri* 'Körner der bucharischen Hirse' (dazu Räsänen Tschuwass. LW 202 mit Liter.). Vgl. aber *шо́хуры*.

шол 'ging', f. *шла*, n. *шло*, aruss., abulg. *šьlъ*, *šьla*, *šьlo*, skr. *ìšao*, *ìšla* (mit *i* von *ìći*, s. *иду́*), čech. *šel*, f. *šla*, poln. *szedł*, *szła*, osorb. *šoł*, *šła* u. a. Aus urslav. *šьdlъ* zu *choditi*, s. *ходи́ть*.

шо́лга́ I. 'Stange, Angelrute', Orenb. (D.). Zu *шалга́* (s. d.), vgl. *шо́лга́* II. 'Mastbaum'; Ustjug; auch 'Brunnenschwengel',

27*

Jarosl. (Volockij). Wohl Metathese von *шóгла* (s. d.), vgl. Kalima 17, RS 6, 80, Paasonen FUF 2, 191. Daraus entlehnt ist syrjän. *šolga* ʽMastʼ (s. Wichmann-Uotila 264).

шолгáч ʽProviantränzel aus grober Leinwandʼ, auch *шомáч* Olon. (Kulik.). Zu *шалгáч* (s. *шалгýн*).

шóлендать ʽglucken, rieselnʼ (von hervorquellendem Wasser), Olon. (Kulik.). Aus karel. *šoleuduo*: *š. vihmah* ʽzu regnen anfangenʼ, vgl. finn. *solista* ʽplatzend hervorströmen, rieselnʼ, s. Kalima 247.

шолóм s. *шелóм*.

шóлох ʽGeräuschʼ, Westl., s. *шéлест*.

шóлты-бóлты ʽunnütze Sachen, Unsinn, dummes Zeugʼ (Mel'nikov, D.). Zu *шалтáй-болтáй* (s. d.).

шóлымя ʽHügelʼ, siehe *шелóм*. Anders, aber sehr bedenklich Iljinskij IORJ 20, 4, 142.

шóльга, шельга ʽPflanze, feuchtwachsende Polygonum-Artʼ, Olon. (Kulik.). Unklar.

шóмба ʽSchwimmer aus Birkenrinde am Schleppnetzʼ, Olon. (Kulik.). Karelisches Lehnwort; vgl. finn. *sompo* dass., s. Kalima 248 (mit Literatur).

шóмнуша s. *шóвнуш*.

шóмпол ʽLadestockʼ (K. Danilov 21 u. a.), älter: *шонпал, шомпал* Peter d. Gr., s. Christiani 34, *шенпол* Ust. Morsk. a. 1720, s. Smirnov 332. Entlehnt über poln. *sztępel* dass. (Sł. Warsz. 6, 669) aus nhd. *Stempel, Stemphel* dass. (s. Grimm DWb. 10, 2, 2324 ff.), woher auch čech. *štemfl(ík)* ʽLadestockʼ, s. Karłowicz Archiv 3, 664, MiEW 341, Gorjajev EW 425, Želtov Fil. Zap. 1876, Nr. 1 S. 15. Weniger in Betracht kommt als Quelle mhd. *stamper* ʽStampfer, Stössel, Mörserkeuleʼ (Matzenauer 312, 330). Abzulehnen ist Übernahme aus armen. *šampʽur, šapʽur* ʽBratspießʼ (gegen Erckert 48), das nach Hübschmann 313 aus dem Syrischen stammt.

шомурлýк ʽOberkleid der Frauenʼ, Zeit Peters d. Gr., s. Smirnov 332. Die Bildung erinnert an osman. *jaymurluk* ʽRegenmantelʼ von *jaymur* ʽRegenʼ; unklar ist der wurzelhafte Bestandteil.

шóмыша s. *шóвнуш*.

шóнить ʽzögern, langsam seinʼ, Perm, *шóня* ʽGaffer, langsamer Menschʼ, ebda (D.). Unklar.

шóпа ʽSchuppen, Speicher, Scheuneʼ, Südl., Westl., *шóфа* dass., Pskov (D.), ukr., wruss. *šópa*. Über poln. *szopa* aus der Sippe von nhd. *Schuppen*, mhd. frühnhd. *schopf*, alemann. *schoff* ʽGebäude ohne Wände, offener Anbau, Scheuerʼ (dazu Kluge-Götze EW 546), s. Brückner EW 551, MiEW 341.

шóпот ʽFlüsternʼ, aruss. *šьpъtъ ψιθυρισμός* (Skaz. Boris u. Gleb 34), weiter s. *шептáть*.

шоптунЫ́ pl. ʽScheuneʼ, Mologa (RFV 67, 255). Erinnert viell. nur zufällig an *шóпа* (s. d.).

шор I. 'Salz der Steppenseen', Astrach. (D.). Aus kalmück. *šor* 'Salz', mong. *šor* (s. Ramstedt KWb. 364).

шор II. 'turkotatar. Stamm', s. *шо́рцы*.

шо́ра I. *що́ра* 'Kiessand, Grand', Vologda (D.). Aus karel. *sora, finn. *sora* 'Gries', nach Kalima 242. Vgl. *щера́*.

шо́ра II. 'Truthenne', *шорёнок* 'Truthahn', Vjatka (Vasn.). Unklar.

шорайдать 'kratzen, scharren, reiben', Onega (Podv.). Wohl zu *ша́ркать, шо́ркать*.

шо́ра́нец pl. -*нцы* 'Ziehtau eines Fischernetzes oder einer Falle der Vogelfänger', Arch. (Podv.). Vgl. *шара́нец*.

шорба́, жорба́ 'Fischsuppe', Vjatka (Vasn.), Tobol'sk (Živ. Star. 1899 Nr. 4 S. 517). Turkotatar. Lehnwort; vgl. uigur. *šorba* 'Suppe, Brühe' (Radloff Wb. 4, 1030). Weiteres unter *щерба́*.

шо́рган 'Schürze mit Ärmeln', Saratov (RFV 69, 151 u. D.). Unklar.

шо́рега 'Getöse, Sturm', Olon. (Kulik.). Schwerlich zu *шо́ркать*. Viell. fremd.

шо́ркать 'kratzen, scharren, reiben'. Olon. (Kulik.). Siehe *ша́ркать*. Dazu viell. *шорконуть* 'schlagen, ausholen', Mezeń, Pinega (Podv.), *шо́рнуть* 'mit dem Messer stechen', Olon. (Kulik.).

шоро́мы pl. 'Stangengerüst zum Trocknen von Erbsen', Perm, Sibir. (D.). Entlehnt aus syrjän. *šorəm, šorom* 'Getreideschober, Getreidehaufen', s. Kalima FUF 18, 49ff., Wichmann-Uotila 252.

шо́рох I. 'dumpfer Lärm, Rascheln', *шершить* 'rauschen, rascheln'. Möglicherweise etymologisch identisch mit *шо́рох* II. Wohl lautnachahmender Herkunft. Vgl. *шелест*. Ganz unsicher ist der Vergleich mit griech. κρήνη 'Quelle', dor. κρᾱ́νᾱ, lesb. κρά̄ννᾱ, griech. κρουνός 'Springquell' (gegen Petersson vgl. sl. Wortst. 36 ff.), zu diesen s. Boisacq 515, Holthausen Awn. Wb. 131.

шо́рох II. 1. 'rauhe, unebene Oberfläche'. 2. 'dünne Eisschollen, auf Flüssen im Herbst treibend', Südl., Westl. (D.), *шо́рошь* f. 'erstes Treibeis im Herbst', auch *шо́рашь* Smol. (Dobr.), ukr. *šéréš* f. 'Eisscholle', *šérech* 'sehr dünne Eiskruste'. Dazu *шершавый* (s. d.). Gehört offenbar zu aruss. *serechъkъ* 'rauh, struppig' (s. oben 2, 615), vgl. zum Lautlichen Šachmatov Očerk 153ff. Zweifelhaft ist Zusammenhang mit poln. *śreż, śrzeż* f., *sryż* m. 'Grundeis, erstes dünnes Eis', čech. *stříž* f. dass., bulg. *skrež* 'Reif, Rauhreif', sloven. *srẹ̑ž* m., 'Rauhreif, Eisscholle', osorb. *srěš, srěž* f. 'Grundeis', nsorb. *srěš, strěš, śrež* f. dass. (Torbiörnsson 2, 64ff.). MiEW 318 trennt die beiden Gruppen voneinander. Möglich ist Verwandtschaft der Sippe *шо́рох* II mit *шо́рох* I (s. d.).

шоро́хой 'gesprenkelt', Arch. (Podv.). Unklar.

шо́рпы pl. *шорпаки́* pl. 'Stachel, Zweige, Zacken einer Gabel', Olon. (Kulik.), auch *шурпачи́* pl., dass., Olon. Aus karel. *čorppa*

'Gabelzacke', finn. *sorppa* 'Zweig, Ast, Zacke, Spitze', s. Kalima 248 (mit Liter.).

шо́рхать 'rascheln,' Westl., wruss. *šórchać, šórchnuć* dass. Wohl lautnachahmender Herkunft, s. Šachmatov IORJ 7, 2, 337. Vgl. *шópox* I.

шо́рцы pl. 'turkotatar. Stamm a. d. Kondoma, nördl. d. Altai', Kr. Kuzneck G. Tomsk, s. Korsch Etn. Obozr. 84, 116. Aus schor. tel. alt. *šor* dass. (Radloff Wb. 4, 1027). Aristov Živ. Star. 1896 Nr. 3—4 S. 343 leitet den Namen ab vom Fl. *Šor* 'l. Nbfl. d. oberen Tom'.

шорш 'Stange, die das Segel gespreizt hält, Spriet', Olon. (Kulik.). Unklar.

шо́ры pl. 1. 'Pferdegeschirr'. 2. 'Scheuklappen', seit 1702 Peter d. Gr., s. Smirnov 332, dial. 'großer Schlitten für Lasten', Vologda (RFV 18, 289), ukr. *šóry* 'Pferdegeschirr'. Über poln. *szory* pl., *szor* dass., aus mhd. *geschirre* 'Geschirr, Bespannung', vgl. nhd. *anschirren*, s. MiEW 341, Brückner EW 552, Christiani 51. Aus dem Poln. entlehnt ist lit. *šaras* 'deutscher Anspann', s. M.-Endz. 4, 4. Zum Lautlichen vgl. Kaestner 16 u. 57.

шоссе́ undekl. 'Chaussee, Fahrdamm', volkst. *шашá* Kaluga (RFV 49, 335), *сашá, сашé* Don-G. (Mirtov), *шахá, шафá* Pskov (D.). Entlehnt über nhd. *Chaussée* oder direkt aus franz. *chaussée* dass. von lat. *calciāta (via)* 'mit Kalkstein gepflasterte Straße', s. Kluge-Götze EW 91, Gamillscheg EW 213, Preobr. Trudy 1, 103, Gorjajev EW 485.

шотла́ндский 'schottisch', *Шотла́ндия* 'Schottland'. Über nhd. *Schottland* aus engl. *Scotland*. Siehe *шкотский*.

шо́фа 'Speicher, Scheune für Flachs', Pskov (D.). Hyperkorrekte Form für *шóпа* (s. d.), vgl. Preobr. Trudy 1, 103.

шо́хуры pl. 'Erbsensuppe' (mit Klößen?), Vladim. (D.). Unklar. vgl. *шóкуры*.

шоше́литься 'zögernd eine Arbeit verrichten', Tver (D.). Wohl zu *шóнить, шóня* (s. d.).

шпа́га 'Degen', schon Avvakum 88, Kotošichin 68 (bis). Über poln. *szpada, szpaga* aus ital. *spada*, mlat. *spatha* 'Schwert' von griech. σπάθη 'Schwert', s. MiEW 317, Brückner EW 552, Gorjajev EW 425, Želtov Fil. Zap. 1876 Nr. 6 S. 43. Unberechtigte Bedenken bei Preobr. Trudy 1, 103.

шпага́н 'Art Fisch, Trichiurus im Atlant. Ozean' (D.). Vgl. ital. *spago* 'Schnur'.

шпага́т 'Bindfaden', Südl. (Gorj.), Sevsk (Pr.). Über poln. *szpagat* aus nhd. *Spagat* (Bayern, Österreich) von ital. *spaghetto* 'dünne Schnur', s. Gorjajev EW 425, Dop. 1, 57, Preobr. Trudy 1, 103, Kluge-Götze EW 570.

шпа́дель, шпа́тель m. 'Spatel (der Maler), Streichspatel der Apotheker', *шпадлева́ть, шпатлева́ть, шпаклева́ть* 'verkitten, mit dem Spatel verschmieren'. Über poln. *szpadel, szpatel* 'Spatel' bzw. nhd. *Spadel, Spatel* 'Gerät der Wundärzte u.

шпадíль — шпáнка

Apotheker' (Grimm DWb. 10, 1, 1987 ff.) aus ital. *spatola* 'Schaufelchen der Apotheker u. Maler' von mlat. *spatha* 'Schaufel, Schwert', s. Kluge-Götze EW 572, Preobr. Trudy 1, 103. Weiter s. v. *шпáга*.

шпадíль, шпадíлья 'Pique-Aß, beste Karte im Lombrespiel' 18. Jhdt. Vas. Majkov, s. Blagoj 246. Aus ital. *spadiglia* 'Spadille, Spatendaus, höchster Trumpf' von span. *espadilla*, s. weiter das vorige u. *шпáга*.

шпак 'Star, Sturnus', Südl., Westl. (D.), demin. *шпачóк*, ukr., wruss. *špak*, čech. *špaček*, poln. *szpak, szpaczek*. Am ehesten Neubildungen vom Demin. *špaček* aus nhd. *Spatz*, mhd. *spatz*, die Koseformen zu ahd. *sparo* 'Sperling' darstellen, s. MiEW 341, Holub-Kopečný 373. Weniger überzeugt die Annahme einer Entlehnung aus ndl. *specht* 'Specht' (Gorjajev EW 425) oder urslav. Herkunft (Brückner EW 551), wobei sogar nhd. *Spatz* usw. als slav. Lehnwörter angesehen werden (verfehlt auch Iljinskij IORJ 20, 4, 182).

шпаклевáть s. *шпáдель*.

шпáла f., auch *шпал* m. 'Schwelle, Eisenbahnschwelle', poln. dial. *szpał*, čech. *špalek* 'Klotz, Block, Stock'. Vermutlich übers Poln. entlehnt aus der germ. Sippe von nhd. *Spale* 'Sprosse an der Leiter' (Grimm DWb. 10, 1, 1845), mhd. *spale* 'Leitersprosse', mengl. *spale* 'Speiler, dünne flache Stange', anord. *spǫlr* 'Speiler, Stück, Abschnitt' (zur Sippe s. Torp 511), vgl. Holub 290. Als Quelle kommt noch in Betracht (über ein demin. **špalok*): ndl. *spalk* 'Speiler', s. MiEW 341, Matzenauer 331, Karłowicz Archiv 3, 664, Gorjajev EW 425. Lautlich nicht möglich ist Übernahme aus engl. *spall* 'Splitter, Stückchen' (Grot Fil. Raz. 2, 518), s. Preobr. Trudy 1, 104.

шпалéра 'Baumgeländer, Spalier', seit Kurakin 1705, s. Christiani 47, auch Peter d. Gr., s. Smirnov 332. Über poln. *szpalera, szpaler* bzw. nhd. *Spalier* oder direkt aus ital. *spalliéra* 'Baumgeländer', zu *spalla* 'Stütze, Schulter', s. Matzenauer 331, Preobr. Trudy 1, 104, Gorjajev EW 425.

шпанá 'Bande, Pack', *шпáнский* 'Landstreicher', Sibir. (D.). Etwa zu *шпáнский* 'spanisch' (s. d.)?

шпангóут 'Spant, Verbandstück für den Querverband eines Schiffes', seit Peter d. Gr., s. Smirnov 332. Aus ndl. *spanthout* dass., s. Meulen 189.

шпандóрить 1. 'jemd. in strenger Zucht halten'. 2. 'schnell gehen, laufen', Pskov, Tver' (D.). Wohl zum folg.

шпáндырь m. 1. 'Knieriemen der Schuster, Peitsche', Jarosl. (Volockij), Kašin (Smirnov), Smol. (Dobr.). Wird aus nhd. *Spannriemen, Spannriem* 'Gerät der Schuster' (Grimm DWb. 10, 1, 1913), bzw. ndl. *spanriem* dass. abgeleitet, s. Matzenauer 331. Gorjajev Dop. 1, 57. Davon neugebildet sein kann *шпандóрить*.

шпáнка 1. 'spanische Kirsche' (Gogol'). 2. 'spanisches Huhn' (Mel'nikov). 3. 'spanische Fliege' (Gorjajev, D.). 4. 'Merinoschaf' (Šolochov). 5. 'spanische Kamille'. Gebildet von poln.

hiszpan ʽSpanier’ wie *шпáнский* ʽspanisch’ von poln. *hiszpański* dass., bzw. nhd. *spanisch*. Vgl. auch oben 1, 270 s. v. *гишпáнской*.

шпань ʽSchlag’, Olon. (Kulik.). Dunkel.

шпаньóлка ʽkurzer Bartbüschel an der Unterlippe’. Von ital. *spagnuólo* ʽspanisch’. Siehe *эспаньóлка*.

шпар 1. ʽFichtenbrett, Fichtenstange’, Arch. (Podv.). 2. ʽSparren’, Westl. (D.). Entlehnt aus nhd. *Sparren*, mnd. *spare* ʽBalken’, ndl. *spar* (zur Sippe s. Kluge-Götze EW 572, Falk-Torp 1113).

шпаргáлы pl. ʽunnütze Sachen, alter Kram’, scherzh., *шпаргáлка* ʽSpicker, unerlaubtes Hilfsmittel der Schüler’, *шпаргáлить* ʽsich eines Spickers bedienen, abschreiben’, Schülerspr., ukr. *špargál* ʽaltes beschriebenes Papier’. Über poln. *szpargał* ʽaltes beschriebenes Papier’ (seit d. 17. Jhdt., s. Brückner EW 553) wohl von lat. *sparganum* ʽWindel’ aus griech. σπάργανον dass.

шпáрить 1. ʽbrühen, abbrühen, sengen’. 2. ʽsich schnell vorwärtsbewegen’, *шпáркий* ʽschnell, hurtig’, Südl., Westl., Smol. (D.), ukr. *špáryty* ʽbrühen, schlagen’, wruss. *špáryć* ʽschlagen’. Nach Preobr. Trudy 1, 104 entlehnt aus poln. *sparzyć* ʽabbrühen’, das zur Sippe von *nap* gehört, s. auch Gorjajev EW 425; *шпáркий* entspricht jedenfalls poln. *szparki* ʽschnell’, dazu Brückner EW 553, der auch noch *спóрый* vergleichen will.

шпаровáть ʽeine schadhafte Wand mit Lehm überziehen’, ukr. *šparuváty*, poln. *szparować* ʽfeine Randstiche ziehen beim Lackieren von Möbeln’. Etwa aus nhd. *sperren* urspr. ʽverrammeln’ (wozu Kluge-Götze EW 575).

шпарýтки pl. ʽSperruten, Stöcke zum Ausspannen des Gewebes am Webstuhl’, Bronnicy (Karinskij Oč. 171), Jarosl. (Volockij). Aus nhd. *Sperruten* pl. dass. (Grimm DWb. 10, 1, 2190).

шпат ʽSpat, blättrige Gesteinart’, poln. *szpat*. Aus nhd. *Spat*, mhd. *spāt* (12. Jhdt.), s. Matzenauer 331, Gorjajev EW 425. Zur Sippe gehört auch nhd. *Span* (s. Kluge-Götze EW 571, Falk-Torp 1113).

шпатлевáть s. *шпáдель*.

шпáция ʽMetallstückchen zwischen den einzelnen Wörtern im Satz, Spatien’, buchdr. Aus nhd. *Spatia* von lat. *spatium*, pl. *-ia* ʽZwischenraum’ (Grimm D. Wb. 10, 1, 1997).

шпéйза, шпéйса ʽSpeise, Mischung verschiedener Metalle bei Erzgießern’, aus nhd. *Speise*, mhd. *spīse* von mlat. *spēsa*, lat. *expēnsa*, s. Trebbin 75.

шпек ʽvorteilhafter Satz’, buchdr. Aus nhd. *Speck*.

шпенёк, -нькá ʽDorn an der Schnalle, Stift, Zapfen’, auch *шпень* dass., ukr. *špényk* dass. Man dachte an Entlehnung aus poln. *spień, spionek* ʽDorn’ (s. Želtov Fil.Zap. 1876 Nr. 1 S. 15, Gorjajev EW 425, Dop. 1, 57) oder aus lat. *spina* ʽDorn’ (Grot RFV 1, 36, Gorjajev c. l. 425). Weniger wahrscheinlich ist die Herleitung aus nhd. *Spindel*. Vgl. *шпын*.

шпент 'nichts, garnichts', *ни шпентá* 'rein garnichts', *промотался до шпенту* 'verpraßte alles'. Evtl. aus nhd. *Spint* 'weiche, weiße Holzmasse zwischen Rinde und Kern' (dazu Grimm D. Wb. 10, 1, 2549).

шперóк 'Art Amboß'. Zu *шпар*.

шпéтить, *шпéчу* 'beleidigen, schmähen' (Deržavin), ukr. *špétyty* dass. Zunächst wohl aus poln. *szpecić* 'beschmutzen, schlecht machen', zu letzterem vgl. Brückner EW 553, MiEW 342, Štrekelj Archiv 28, 529. Als Quelle wird vielfach nhd. *spotten* angesehen (so Gorjajev EW 425, Preobr. Trudy 1, 105), das lautlich nicht genügt. Auch Štrekelj's Deutung von bair. *Spat*, *Spatz* 'Kniesucht, e. Pferdekrankheit' macht Schwierigkeiten.

шпиг, шпик 'Spitzel, Spion', seit Peter d. Gr. 1705, s. Smirnov 333, Christiani 16, ukr. *špyh*, wruss. *špeh*. Zunächst aus poln. *szpieg* 'Spion', das über čech. *špehoun* dass. auf ital. *spione* (s. *шпиóн*) zurückgehen könnte. Weniger kommt als Quelle des poln. Wortes gaunerspr. nhd. *Specht* 'Landjäger, Polizist' (vgl. L. Günther D. Gaunerspr. 98) in Betracht, wo das *t* sekundär ist (mhd. *spëch* 'Specht'). Diese Bezeichnung rührt von der bunten Uniform her. Brückner EW 553 nennt als Quelle nur nhd. *Späher*, *spähen*, ohne auf die Lautform näher einzugehen.

шпигáт 'Speigat, Loch an der Seite des Verdecks eines Schiffes zum Abfließen des Wassers', zuerst Ust. Morsk. 1720, s. Smirnov 333, dial. *шпагáм* dass., Arch. (Podv.). Entlehnt aus ndl. *spiegat*, ndd. *spégat*, eigtl. 'Spei-Loch', s. Meulen 190.

шпúгель m. 'Boden einer Kartätschenladung oder scharfen Patrone', seit Peter d. Gr., s. Smirnov 333 aus nhd. *Spiegel* 'Scheibe, die das Geschoß von der dahinterliegenden Pulverladung trennt' (Grimm DWb. 10, 1, 2241). Dagegen *шпúгель* m. 'Hinterseite eines Schiffes über dem Steuer' (D.) aus ndl. *spiegel* dass., s. Meulen 190.

шпúгирь m. 'großer, eiserner Nagel (an einer Barke), Spiker', auch *шпúгорь*, *шпигóль* m. (D.). Aus ndl. *spijker*, ndd. *spíker* dass., s. Meulen 191, Gorjajev Dop. 1, 57. Vgl. *шпúколка*.

шпиговáть I. 'mit e. Spiker (s. *шпúгирь*) festnageln', seew. (D.). Aus ndl. *spekken* bzw. ndd. *spikern* dass., s. Meulen 191.

шпиговáть II. 'spicken (e. Hasen)', Gogol' u. a., auch *шпиковáть* dass., poln. *szpikować*, *špikować*. Aus nhd. *spicken*. Vgl. das folg.

шпик 'Schweineschmalz', auch *шпиг* dass., dazu *шпиговáть* 'spicken', Mel'nikov u. a. (vgl. *шпиговáть* II), poln. *szpik*, *špik* 'Fett, Fettmark', *szpikować*, *špikować* 'spicken'. Übers Poln. aus mhd. *spëc(k)* 'Speck', s. MiEW 317, Brückner EW 553, Gorjajev EW 425.

шпúколка 'Wetzstein, in einem Holzklotz befestigt', Arch. (Podv.). Zu *шпúгирь*.

шпиль m. I. 'Spitze, spitzer Nagel' (Čechov), auch 'Spill, aufrecht stehende Winde zum Ankerlichten', Arch. (Podv.), letzteres schon Ust. Morsk. a 1720, s. Smirnov 333. Entlehnt aus ndl. *spijl* dass., ndd. *spill* 'Winde', s. Matzenauer 333, Meulen 191ff., Kluge-Götze EW 577. Vgl. *шпи́лька*.

шпиль m. II. 'Schauspieler, Spielmann', nur aruss. *špilь* (Troick. Sborn. 12. Jhdt., s. Preobr. Trudy 1, 105). Abkürzung von *шпи́льман* (s. d.), vgl. Grot RFV 1, 36, Preobr. c. l.

шпи́лька 1. 'Haarnadel, Nadel'. 2. 'Stichelei, Bosheit', ukr. *špýl'ka* dass., wruss. *špil'ka*. Über poln. *szpilka* 'Haarnadel, Nadel' aus spätmhd. frühnhd. *spille* 'Nadel', bzw. mnd. *spîle* 'Spieß, spitzer Stab', s. Matzenauer 333, Brückner EW 553ff., MiEW 318. Zur german. Sippe s. Torp 512. Vgl. *шпынь*.

шпи́льман 'Spielmann, Gaukler', nur aruss. *špilьmanъ* (Rjaz. Kormč. 1284, Prolog 15. Jhdt., s. Grot RFV 1, 35ff., Srezn. Wb. 3, 1598), *špil'maniti* 'sich als Spielmann betätigen', Rjaz. Kormč. 1284, c. l.), s.-kslav. *špilьmanъ* (13. Jhdt., s. MiLP 1135). Wegen des letzteren Belegs nimmt MiEW 342 Entlehnung aus mhd. *spilman* dass. durch sächsische Bergleute (*sasi*) an. Für das aruss. Wort könnte Übernahme aus mnd. *spêlman* angenommen werden, s. Grot c. l., Preobr. Trudy 1, 105.

шпина́т, -a 'Spinat', neues Lehnwort aus nhd. *Spinat* von mlat. **spīnaceus*, das man vielfach als Umgestaltung eines pers. Wortes ansieht, vgl. Meyer-Lübke Rom. Wb. 57, Littmann 84, Kluge-Götze EW 577, Preobr. Trudy 1, 105. Volkstümlich *щипина́т* 'Spinat' nach *щи* (s. Savvinov RFV 21, 34).

шпингале́т 'Drehriegel, eiserne Riegelstange an Fenstern', über nhd. *Spaniolett* aus frz. *espagnolette* dass. von *espagnol* 'spanisch', vgl. franz. *targette à l'espagnol* 'spanischer Schieberiegel' (Dauzat 293), s. Ušakov 4, 1363.

шпине́ты pl. 'Spinett', veralt. Aus ital. *spinetta* 'ein altertümliches Klavier, dessen Saiten mit Federkielspitzen geschlagen werden', s. Matzenauer 333.

шпио́н, -a 'Spion', seit F. Prokopovič 1703, s. Christiani 36. Smirnov 333ff. Aus nhd. *Spion* von ital. *spione*, das auf de germ. Sippe *spähen* beruht (Kluge-Götze EW 578), vgl. Preobr. Trudy 1, 105 ff., Gorjajev EW 425.

шпиро́н 1. 'Schnabel einer Galeere'. 2. 'Rammsporn eines Panzerschiffes'. Aus ital. *sperone* 'Sporn', das aus der germ. Sippe von nhd. *Sporn* stammt, s. Matzenauer 333, Meyer-Lübke Roman. Wb. 671.

шпис 'Spießbürger' (Leskov), viell. Abkürzung von nhd. *Spießbürger* (seit 17. Jhdt., s. Kluge-Götze EW 576), vgl. aber auch nhd. *Spieß* 'Spießbürger, Philister' (Grimm DWb. 10, 1, 2448ff.) 'Wirt' gaunerspr. (Günther Rotwelsch 34).

шпиц I. 'Hundeart' (Puškin Jevg. Onegin 7, 45). Aus nhd. *Spitz* dass. wegen der spitzen Ohren und spitzen Schnauze (KlugeGötze EW 578), s. Gorjajev Dop. 1, 57.

шпиц II. 'Spitze (eines Turmes)', seit Peter d. Gr., s. Smirnov 333 (auch Gogol'), aus nhd. *Spitze*, s. Gorjajev Dop. 1, 57.

шпицру́тен m., pl. -ы 'Spießrute', schon Ust. Morsk. 1720 (s. Smirnov 333), auch *шпицрутень* Golovin (Christiani 36). Aus nhd. *Spitzrute*, pl. *-en* 'Spießrute' (Grimm DWb. 10, 1, 2472 ff., 2646).

шпо́кнуть 'stoßen (mit der Faust)', Kašin (Smirn.). Wohl lautnachahmend wie *шпу́кнуться* 'herabfallen', Tveŕ (D.).

шпо́на, шпо́нка 'Querbalken eines Floßes, Querleiste eines Schlittens', Olon. (Kulik.), ukr. *špon* 'Span, Kralle', *špónka* 'Hemdknopf', wruss. *špónka* 'Verschluß, Hemdknopf', poln. *szpon, szpona* 'Klaue, Klammer, Zwinge', könnte auf *sъponъ, *sъpona zurückgehen und zu *за́понка* sowie zu *рьnǫ, pęti* gehören, vgl. poln. *zapinać, zapiąć* 'zuknöpfen, zustecken', s. Brückner EW 554, wo zum *š* auf poln. *szpinka, spinka* 'Heftel, Hemdknopf' verwiesen wird. Andererseits wird Entlehnung übers Poln. aus nhd. *Span*, ndd. *spôn*, mhd. *spân* 'Holzspan' angenommen, s. Preobr. Trudy 1, 106, Gorjajev EW 425, Matzenauer 331. Begrifflich weniger wahrscheinlich.

шпор 'Fuß eines Mastes, Spur', aus ndl. *spoor* 'Fuß eines Mastes', s. Meulen 194, Matzenauer 334.

шпо́ра 'Sporn', schon 1705, s. Christiani 34, auch Kantemir, *шпо́рить* 'anspornen'. Aus nhd. *Spore*, mhd. *spor*, mnd. *spore* 'Sporn', s. Gorjajev EW 425, Preobr. Trudy 1, 106. Ganz unwahrscheinlich ist Entlehnung aus schwed. *sporre* 'Sporn' (gegen Preobr. c. l.).

шпринцова́ть 'spritzen', s. *спринцова́ть*.

шпрингто́в 'Spriettau, dient zum Ausspannen des Segels'; das untere Ende desselben ist unten am Mast, das obere an der äußeren Ecke des Segels befestigt'. Wird aus ndl. *spriettouw* dass. erklärt, s. Meulen 194 ff. Zum Nasal verweist letzterer auf *спринцова́ть*.

шпри́ц, *-a* 'Spritze', schon Ust. Morsk. a. 1720, s. Smirnov 334. Aus nhd. *Spritze*.

шпро́т, *-a* 'Sprotte, Clupea sprattus', aus nhd. *Sprotte*, älter *Sprott* m. (Kluge-Götze EW 582), s. Gorjajev Dop. 1, 57.

шпули́х Interj. 'vom unerwarteten Werfen', Smol. (Dobr.). Viell. lautnachahmend. Vgl. *шпырну́ть*.

шпу́ля, шпу́лька 'Spule, Weberspule', Bronnicy (Karinskij Oč. 171), Pskov, Tveŕ (D.), ukr. *špúl'a*, poln. *szpula*. Übers Poln. aus mhd. *spuole* 'Spule', s. Brückner EW 554, Preobr. Trudy 1, 106.

шпунт 1. 'Spund, Verschlußzapfen am Faß'. 2. 'Fuge, Nut, d. i. die Rinne an der Kante eines Brettes, um ein anderes diesem anzufügen', ukr., wruss. *špunt*, über poln. *szpunt* entlehnt aus mhd. *spunt*, mnd. *spunt*, von vlat. *expunctum* 'Stichloch' (Kluge-Götze EW 583), s. Preobr. Trudy 1, 106. Dazu *шпунтова́ть* 'spunden, Bretter zusammenfügen'.

шпурде́лок 1. 'Kreisel'. 2. 'flinker Junge', Smol. (Dobr.). Baltisches Lehnwort, vgl. lett. *spurdeklis* 'Kreisel; unruhiger, unbändiger Mensch', lit. *spurdė́ti, spurzdė́ti* 'sich bebend, zitternd bewegen' (s. M.-Endz. 3, 1030 ff.).

шпын 'Haarschopf', Vjatka (Vasn.), Perm (D.), Tobol'sk (Živ. Star. 1899, Nr. 4, S. 517), *шпынь* m. 1. 'Dorn, Stachel, Spitze'. 2. 'Spötter, Höhner' (Fonvizin, Mel'n.), auch bei Avvakum 109, 176: *špynskoj* 'spottend', *špynjatь* 'verhöhnen, verspotten'. Wird gewöhnlich als Umgestaltung von *шпиль* 'Spielmann, Gaukler' aufgefaßt, so Grot RFV 1, 35, Brückner KZ 45, 38, Preobr. Trudy 1, 106 ff., Gorjajev EW 425. Lautlich und begrifflich schwierig. Vgl. *шпенёк*.

шпырну́ть 'schrecken, vertreiben', Interj. *шпырьк* 'husch'. Wohl lautnachahmend.

шпыро́к, -рка́ 'Knirps, kurzgeratener Mensch', Tverʼ (D.), *шпы́ря* 'Laib Brot', Smol. (Dobr.), 'Knirps', Pskov (D.). Unklar.

шпя́хта 'Verlust, Schaden', *на шпях* Adv. 'im Abnehmen', Tambov (D.). Dunkel.

шрам, -а 'Schramme, Narbe einer Hiebwunde' (Nekrasov), ukr. *šram*. Über poln. *szram* dass. aus mhd. *schram(me)* 'Hiebwunde', s. Brückner EW 554, Preobr. Trudy 1, 107, Gorjajev EW 425, Matzenauer 334.

шрапне́ль f. 'Schrapnell', über nhd. *Schrapnell* aus engl. *shrapnel* (*šrǽpnəl*), benannt nach dem Erfinder Colonel *Shrapnel* (Chambers Et. Dict. 465).

шрафи́ровать 'schraffieren', über nhd. *schraffieren* von ital. *sgraffiare* 'kratzen' aus langob. **skrapfan* 'schaben', mhd. *schrapfen* (s. Meyer-Lübke Rom. Wb. 661, Kluge-Götze EW 541, Gamillscheg Romania Germ. 2, 157 ff.).

шрифт, -а 'Schrift, Lettern (im Buchdruck)', aus nhd. *Schrift*.

штаб, -а 'Stab, das zum Kommando gehörige Personal', seit Peter d. Gr., s. Smirnov 334. Aus nhd. *Stab* dass., 'weil der Stab seit alter Zeit das Symbol der Macht war' (Falk-Torp 1143). Davon viele Ableitungen: *штаб-офице́р* 'Stabsoffizier', *штаб-фурие́р* 'Stabsfurier', alle seit Peter d. Gr., s. Smirnov 334, Gorjajev EW 426, auch *штаб-ле́карь* 'Stabsarzt' u. a.

штабгалте́ль f. 'Stabhobel', aus nhd. *Stabhohlkehle*, ndd. *stóbhollkêl* (Sass Sprache d. ndd. Zimmermanns 91). Heißt auch: *штабгобель* m. dass. aus nhd. *Stabhobel*, ndd. *stóbhubel* (Sass c. l. 10).

шта́бель m. 'Stapel, aufgespeichertes Baumaterial', auch *ща́бель, ста́бель* Arch. (Podv.). Aus ndl. *stapel* dass. bzw. nhd. *Stapel*, s. Meulen 199.

штаг 'Stag, Stagseil; dickes Tau, durch das die Masten oder Stengen nach vorn Befestigung erhalten', schon Ust. Morsk. 1720, s. Smirnov 334. Aus ndl. *stag* dass., nhd. *Stag*, s. Matzenauer 335, Meulen 196 ff., wo viele Ableitungen aufgeführt werden.

шталме́йстер 'Stallmeister', zuerst Peter d. Gr., s. Smirnov 335. Aus nhd. *Stallmeister*.

штамб 'Stamm', *штáмбовый* 'im Stamm gezogen, ohne Zweige (von Bäumen)'. Aus nhd. *Stamm*, s. Grot Archiv 7, 140. Zum *b* vgl. *дáмба*.

штамéтовый 'aus Stamet, einer Art Wollstoff' (Gogol'). Vgl. *стамéд* (oben 3, 3).

штáнга 'Stange' (Eisen), aus nhd. *Stange*.

штандáрт 'Standarte', seit Peter d. Gr., s. Smirnov 335. Aus ndl. *standaard* bzw. nhd. *Standarte*, mhd. *stanthart* von afranz. *estendard* 'Reiterfahne', das für german. gehalten wird (s. Kluge-Götze EW 586, Gamillscheg EW 391), vgl. Gorjajev EW 426.

штаны́ pl. 'Hose', dial. 'Unterhose', Perm (D.), schon *štany* im Chožd. Kotova 109 ff. Urspr. *štony aus d. Turkotat.; alttürk. *išton* aus *ičton* 'Unterhose' (Melioranskij Arab.-filol. o tureck. jaz. 078), dschagat. taranči *ištan* dass., kipčak. *ičton*, worin *ič* 'inneres' u. *ton* 'Kleid, Pelz' (Radloff Wb. 1, 1402, 1513, 1561, 3, 1710; Kúnos Dschagat. Wb.), s. Korsch Arch. 9, 505, IORJ 8, 4, 30, Bang Túrán 1918, S. 300 ff., MiTEl Nachtr. 2, 114, Deny Mél. Boyer 100. Zu den turkotat. Formen vgl. Kannisto FUF 17, 75, Ramstedt KWb. 400. Verfehlt ist die Herleitung aus ital. *sottana*, franz. *soutane* 'langes, von oben bis unten zugeknöpftes Gewand' (gegen Sobolevskij RFV 53, 170) oder gar Verknüpfung mit *стегнó* (gegen Gorjajev EW 426, s. Preobr. Trudy 1, 107).

штат, -а 'Etat, Personalbestand', schon Peter d. Gr., s. Smirnov 335. Aus nhd. *Staat* 'Aufwand', mhd. *stât* von lat. *status* 'Zustand', s. Gorjajev EW 426, Preobr. Trudy 1, 107. Siehe auch *статскuй* (oben 3, 5). Hierher auch: *штáтный* 'etatmäßig, planmäßig', *штáтский* 'zivil'.

штатúв 'Gestell, Stativ', aus nhd. *Stativ* dass. von lat. *statīvus* 'stehend, feststehend'.

штатóл 'kultische Wachskerze', Wolga-G. Soll E mordwin. *štatol* 'Kerze' sein nach Dal' 4, 1473.

штáтский s. *штат*.

штáты s. *Соединённые Штáты* (oben 2, 687).

штафéта 'außerordentlicher Postreiter, Eilbote' (Mel'nikov), schon Peter d. Gr., s. Smirnov 335. Über poln. *sztafeta* oder nhd. *Stafette* aus ital. *staffetta*, das für german. gehalten wird, s. Heyse s. v., Gamillscheg EW 386 (s. v. *estafette*), Romania German. 2, 161. Siehe auch *эстафéта*.

штафировáть 'verzieren, ausputzen', *штафúрка* 'Staffierung (eines Kleides)'. Aus nhd. *staffieren, ausstaffieren*, das aus mnd. *stofféren, stafféren* (zu *Stoff*) hergeleitet wird, s. Kluge-Götze EW 30, Gorjajev Dop. 1, 58.

штéвень 'Steven eines Schiffes', zuerst 1703 Peter d. Gr., s. Smirnov 335, volkst. *шкéвень*. Entlehnt aus ndl. *steven*, nhd. *Steven*, s. Meulen 202, Christiani 39, Smirnov c. l.

штéйгер 'Grubenaufseher, Steiger', schon Peter d. Gr., s. Smirnov 336. Aus nhd. *Steiger*, s. Trebbin 77.

штémпель m. 'Stempel', seit Peter d. Gr., s. Smirnov 336. Aus nhd. *Stempel*, s. Gorjajev EW 426.

штéпсель m. 'Steckdose', auch *стéпсель*. Aus nhd. *Stöpsel*.

штерт 'Bojenreep, Bakenseil', älter *штартмоу* Ust. Morsk. a. 1720, s. Smirnov 335, volkst. *шкерт*. Entlehnt aus ndl. *staart* 'Schwanz, kurzes Tau', *staarttouw* 'Sterttau', bzw. ndd., nhd. *stert* dass., s. Meulen 196.

штиблéта 'Halbstiefel', volkst. *щиблéта*, älter: *штибли, штивлеты* Zeit Peter d. Gr., s. Smirnov 336. Aus nhd. *Stiefelette, Stiefel* von ital. *stivaletto* 'Halbstiefel', *stivale* 'Stiefel', mlat. *aestivale* 'sommerlich' (s. Kluge-Götze EW 593ff.), vgl. Matzenauer 312ff., Preobr. Trudy 1, 107.

штилéт 'kleiner Dolch', über nhd. *Stilett* (seit 17. Jhdt.) aus ital. *stiletto* von *stilo* 'Dolch, Pfriem' (Kluge-Götze EW 594, Gamillscheg EW 819).

штиль I. m. 'Stil', seminar.; *штилистúческий* 'stilgewandt' (Leskov). Siehe *стиль* (oben 3, 15).

штиль II. f. 'Windstille', aus ndl. *stil* 'windstill' (s. Meulen 202) eher als aus nhd. *Stille* 'Windstille' (Gorjajev EW 426).

штúфт, *-а* 'kleiner Stift', demin. *штúфтик*. Aus nhd. *Stift*.

штóльна 'Stollen, in einen Berg getriebener Gang', auch *штóльня*, Adj. *штóленный*. Über poln. *sztolnia, stolnia* oder nhd. *Stollen* aus mhd. *stolle* dass., s. Matzenauer 336, Brückner EW 517, Gorjajev 426, Trebbin 78.

штóпать, *-аю* 'stopfen' (Strümpfe, Kleider), seit Peter d. Gr., s. Smirnov 337, aus ndl. ndd. *stoppen*, nhd. mhd. *stopfen* von mlat. *stuppāre* 'mit Werg stopfen', *stuppa* 'Werg', griech. *στύππη* 'Werg' (s. Kluge-Götze EW 597), s. Gorjajev EW 426, Preobr. Trudy 1, 107.

штопúн s. *стопúн* (oben 3, 19).

штóпор 'Korkenzieher' (Čechov), schon Ust. Morsk. a. 1724, s. Smirnov 337. Entlehnt aus ndl. *stopper* von *stop* 'Kork, Propfen', kaum aus engl. *stopper*, s. Grot Fil. Raz. 2, 518, Matzenauer 337, Meulen 204ff., Gorjajev EW 426. Davon abgeleitet ist *штóпорить* 'stopfen', Novg., Kostr. (D.), das nicht direkt zu *штóпать* (s. d.) gehören kann (gegen Preobr. Trudy 1, 107).

штóра 'Rollvorhang' (Leskov u. sonst). Siehe *стóра* (oben 3, 20). Wegen *š* wohl über nhd. *Store*, s. MiEW 324, Matzenauer 337, Želtov Fil. Zap. 1876, Nr. 1, S. 19. Entlehnung aus franz *store* (Preobr. Trudy 1, 108) erklärt nicht das *š*.

шторм 'heftiger Sturm', zuerst Peter d. Gr. a. 1696 (Christiani 40), auch Ust. Morsk. a. 1720 (s. Smirnov 337). Aus ndl. *storm*, mnd. *storm*, s. Meulen 205, M.-Endz. 3, 1108, Preobr. Trudy 1, 108.

штóс, *-а* 'Stoß, ein Hasardspiel' (Chodasevič Deržavin 38). Aus nhd. *Stoß* dass., s. Gorjajev Dop. 1, 58.

штоф I. 'seidener Kleiderstoff', schon Kurakin 1708, s. Christiani 49, Ust. Morsk. a. 1724, s. Smirnov 337, dial. *штох* 'Seidenstoff',

Kursk (RFV 68, 4). Aus nhd. *Stoff* dass., s. Preobr. Trudy 1, 108, Gorjajev EW 426.

штоф II. 'Stof, e. Flüssigkeitsmaß' (Mel'nikov u. a.), ukr. *štof*. Entlehnt aus ndd. balt.-d. *Stóf* dass., nhd. *Stauf* (Grimm DWb 10, 3, 140), s. MiEW 343, Preobr. Trudy 1, 108. Aus gleicher Quelle auch lett. *stuõps* dass. (s. Sehwers 127).

штраб 'Wartsteine; Ziegelsteine, die einer um den andern um ein Viertel aus der Mauer hervorragen, an die später eine andere Mauer gefügt wird' (D.). Schwierigkeiten macht die Herleitung aus nhd. *Schraff(e)* 'zerklüfteter Fels' (Grimm DWb 9, 1618).

штра́ф -а 'Geldstrafe', *штрафова́ть* 'e. Geldstrafe auferlegen', beides seit Peter d. Gr. 1711, s. Christiani 25, Smirnov 337. Aus nhd. *Strafe* 'Strafgeld', älter *die Straaf* (Grimm DWb 10, 3, 630 ff.), s. Preobr. Trudy 1, 108, Gorjajev EW 426.

штре́вель m. 'Stecknagel; Nadel, bzw. Kupferdraht, der zum Sprengen des Gesteins in das Bohrloch gesteckt wird', bergmänn. (D.). Aus nhd. *Strewel*, *Strewen* dass., s. Trebbin 78.

штре́к 'Strecke, Ort; horizontal geführter Grubenbau', bergm. Aus nhd. *Strecke*, s. Trebbin 78.

штри́пка 'Strumpfband', aus ndd., nhd. *strippe* 'Riemen', mnd. *strippe* (dazu s. Kluge-Götze EW 601, Kretschmer D. Wortgeogr. 122, Falk-Torp 1182), vgl. Gorjajev EW 426, M.-Endz. 3, 1090.

штрих 'Strich', alt: 'Windstrich am Kompaß', seit Ust. Morsk. a. 1720, s. Smirnov 338. Aus nhd. *Strich*, s. Gorjajev Dop. 1, 58. Vgl. auch *стрик* (oben 3, 28).

штуди́ровать 'studieren', älter: *студерованые* 'studierte Menschen', Kotošichin 27. Aus nhd. *studieren*, s. Preobr. 2, 406.

штук 'Stuck, Gips oder Marmormörtel, Verzierungen aus Stuck'. Über nhd. *Stuck* aus ital. *stucco* von ahd. *stucki* (s. Kluge-Götze EW 603), vgl. Gorjajev EW 426.

шту́ка 'Stück, Streich, Schwindel', schon *франтовские штуки* 'Narrenstreiche' 1677 Tjapkin (s. Christiani 17), *штука* 1703 Peter d. Gr. (Christiani 14), ukr., wruss. *štúka*. Über poln. *sztuka* aus mhd. *stücke* 'Stück', s. MiEW. 343, Brückner EW. 555 ff., Preobr. Trudy 1, 108. Von *штука* abgeleitet ist *штукарь* 'gerissener Mensch', Kašin (Smirnov), 'Gaukler' (D.).

штукату́лка 'Schatulle', Don-G. (Mirtov). Wohl aus *шкату́лка* (s. d.) durch Einfluß von *штука*.

штукату́р 'Stuckarbeiter', volkst. *щикату́р*. Aus ital. *stuccatore* dass., zu *stucco* 'Mörtel, Kitt', s. Matzenauer 338.

штукату́рка 'Stuck', *штукату́рить* 'mit Stuck bewerfen.' Über nhd. *Stuckatur* oder direkt aus ital. *stuccatura* 'Bekleiden mit Stuck', s. Preobr. Trudy 1, 108.

штуке́нция 'eine gerissene Angelegenheit', Kašin (Smirnov). Aus *штука* umgestaltet in seminaristischem oder studentischem Milieu unter Einfluß von lat. Bildungen wie *turbulentia*, *dēlinquentia*, *sententia* u. dgl.

шту́нда 'russische Sekte der Stundenbrüder oder Betbrüder', entstanden unter Einfluß des Protestantismus um 1862 auf Anregung von Pastor Bohnenkämper in Rohrbach, Südrußland, *штунди́ст* 'Anhänger dieser Sekte'. Gebildet von nhd. *Stunde* 'Bibelstunde, Betstunde', s. Borozdin Enc. Slov. 78, 937 ff.

штурва́л 'Steuerrad, Rad des Steuerruders'. Wird von Meulen 207 ff. aus *штур* 'Steuer' von ndl. *stuur* 'Steuer' und *вал* 'Welle, Walze' erklärt. Vgl. aber nhd. *Steuerwelle* 'Welle auf der das Steuerrad befestigt ist' (Stenzel). Für 'Steuerrad' auch *стюррат* Zeit Peters d. Gr., s. Smirnov 283 aus ndl. *stuurrad* 'Steuerrad'.

штурм 'Sturmangriff auf eine Befestigung', seit Peter d. Gr., s. Smirnov 338, *штурмова́ть* 'stürmen'. Über poln. *szturm*, *szturmować* aus nhd. mhd. *sturm, stürmen*, s. Preobr. Trudy 1, 107 ff., Brückner EW. 556, Gorjajev EW. 426. Hierher: *шту́рма* 'Revolte', Olon. (Kulik.). Vgl. *шторм*.

шту́рман 'Steuermann', älter *штюрман* Ust. Morsk. 1, 1720, s. Smirnov 339, *стюрман* (1697, s. Christiani 39). Aus ndl. *stuurman* dass., mnd. *stûrman*, s. Meulen 208, Preobr. Trudy 1, 108, M.-Endz. 3, 1110.

штурмова́ть 'stürmen, im Sturm angreifen', Peter d. Gr., F. Prokopovič, s. Smirnov 338. Über poln. *szturmować* dass., s. oben *штурм*.

штурмфа́л 'Sturmpfahl; eine schräg gegen den Feind gerichtete Palisade'. Aus nhd. *Sturmpfahl*.

шту́фа f., *штуф* m. 'Stufe, Stück Erz oder Gestein'. Aus nhd. *Stufe*, mhd. *stuof* 'einzelnes Stück Erz', s. Matzenauer 337.

штуфа́т, штуфа́д 'geschmortes Fleisch', wohl aus ital. *stufato* dass., vgl. Gorjajev Dop. 1, 58.

шту́цер 'Stutzbüchse, kurzes Gewehr' (Meľnikov, Polonskij), schon 1764 Porošin, s. Christiani 58. Aus nhd. *Stutzer* dass., s. Gorjajev EW 426.

штык I. -á 'Bajonett', seit Peter d. Gr., s. Smirnov 338. Über poln. *sztych* 'spitze Waffe' (Słown. Warsz. 6, 678) aus mhd. *stich* 'Speerstechen', s. Grot Fil. Raz. 2, 518, MiEW 344, Brückner EW 556, Karłowicz Archiv 3, 664, Preobr. Trudy 1, 109. Es besteht kein unmittelbarer Zusammenhang mit schwed. *stick* 'Span, Splitter' (gegen Matzenauer 338).

штык II. 'Knoten, Kabelstich; Befestigung eines Tauendes in seemännischer Weise'. Aus ndl. *steek*, ndd. *stek* dass., s. Meulen 199 ff. Dazu *штыкова́ть* 'zwei Enden aneinander befestigen', Kašin (Smirnov). Das *y* viell. von *ты́кать*.

штыкбо́лт 'Tau, mit dem die oberen Ecken des Segels an die Enden der Rahen gebunden werden, Stekbolzen'. Aus ndl. *steekbout* dass., s. Meulen 200.

штыр, штырь m., 'Steuer', viell. aus mnd. *stûr(e)* 'Steuer', woher lett. *stûre* 'Steuerruder' (s. M.-Endz. 3, 1109). Vgl. auch *стырь* (oben 3, 36).

шу! 'Scheuchruf gegen Habichte', Rjazań (D.), auch *шу*, *шу!* 'Interj. des Flüsterns', ukr. *šu*, *šu*. Letzteres onomatopoetisch, s. Iljinskij IORJ 20, 4, 177. Zu ersterem vgl. *шугáть*.

шýба 'Pelz', ukr., wruss. *šúba*, aruss. *šuba* (Suzd. Urk. a. 1383, Urk. Metrop. Kiprian a. 1395, s. Srezn. Wb. 3, 1598), bulg. *šúba* (Mladenov 695), skr. *šȕba* 'Art Frauenrock', sloven. *šȗba* (neben jüngerem *šȃvba*) 'Weiberpelz', čech. slk. *šuba*, poln. *szuba*, osorb. nsorb. *šuba*. Die Akzentverhältnisse zeigen Unstimmigkeiten, die bei einem Lehnwort begreiflich wären. Man nimmt Entlehnung über mhd. *schûbe*, *schoube* 'langes und weites Oberkleid', nhd. *Schaube* aus ital. *giubba* von arab. *ǰubba* 'Obergewand mit langen Ärmeln' an, vgl. Berneker EW 1, 460, Karłowicz 235, Mladenov c. l., Suolahti Franz. Einfluß 2, 111 ff., Matzenauer 82, Littmann 95, Meyer-Lübke Rom. Wb. 336, Kluge-Götze EW 510, Lokotsch 58. Nicht in Betracht kommt Entlehnung des mhd. Wortes aus d. Slav. (gegen Schrader IF 17, 29, Brückner EW 556, Petersson KZ 47, 283, so gewagte idg. Etymologie). Über die Verbreitung des arab. Wortes im Osten s. auch Vladimircev Zap. Koll. Vost. 5, 81, Radloff Wb. 4, 189, Ramstedt KWb. 435.

шубáш 'Polizeimeister', nur aruss. *šubašь* (Afan. Nikitin 50 (Und.), auch Iv. Peresvetov). Wie rumän. *subáşǎ* 'Polizeimeister' aus d. Turkotat.; osman. *subašy* 'Armeekommandeur', dschagat. *subaši* 'Polizeimeister' (Radloff Wb. 4, 789, Tiktin Wb. 3, 1523).

шувáр 'Art Sumpfpflanze', Westl. (D.), poln. *szuwar* 'Sphaerococcus'. Nach Brückner EW 558 poln. aus dem Russ. Eher umgekehrt; das poln. aus ahd. *sahar*, mhd. *saher* 'Sumpfgras' (dazu Torp 422). Zum *v* vgl. *я́вор*.

шувы́ 'Interj. beim Schaukeln von Kindern', Pskov, Tveŕ (D.). Davon: *шувы́кать* '(ein Kind) schaukeln oder in die Höhe heben', Kašin (Smirn.). Lautgebärde.

шугá auch *шуг* 'dünnes, treibendes Schlammeis', Arch., Vologda, Perm, Sibir. (D.), Olon. (Kulik.), Tobol'sk (Živ. Star. 1899, Nr. 4, S. 517), *шух* 'von der Flut in die Flußmündung getriebenes Eis', Arch., *шуя́* 'dünnes Eis', Vjatka (D.), ukr. *šuhá* 'erstes Eis', Schwarzmeer-G., dazu viell. *шугáлка* 'Eisschaufel', Novg. Wird von Kalima 248 zweifelnd aus finn. *sohja*, *sohju* 'Eisbrei' erklärt. Unklar Iljinskij IORJ 20, 4, 179. Die Herleitung aus osman. *šuga* 'Krätze' (Preobr. Trudy 1, 109) wird weder durch die Bed., noch durch die Wortgeographie empfohlen.

шугáй I. 'Habicht', Rjazań (Živ. Star. 1898, Nr. 2, S. 226). Vgl. *шу́!* und *шугáть*.

шугáй II. 'Art Jacke der Bauernfrauen' (Mel'n.), Arch., Vologda, Novgor., Olon. (Kulik.), Kostr., Tveŕ, Pskov, Tambov, Rjazań, Voron. (D.). Wird aus d. Turkotat. gedeutet, vgl. osman. *čoha* 'langer Kaftan' (s. oben *чугáй*, *чугá*, *чýйка*), s. Gorjajev EW 426, Preobr. Trudy 1, 109.

шугандáть 'flüstern', Olon. Soll aus karel. *šugista* dass. stammen (nach Leskov Živ. Star. 1892, Nr. 4, S. 102). Vgl. aber *шу!*

шугáть, -áю 'verscheuchen, vertreiben' (bes. von Raubvögeln), *шугáй* 'Vogelscheuche im Gemüsegarten', Kaluga, *шугáй, шугýй* 'Habicht', Rjazań (s. Zelenin Tabu 2, 51), *шугýкать* 'scheuchen' (D.). Wohl gebildet von dem Scheuchruf *шугý, шу!*, s. Iljinskij IORJ 20, 4, 179, Preobr. Trudy 1, 109. Weniger wahrscheinlich ist rotwelsche Herkunft aus *šu-* und *пугáть* 'scheuchen' (Verf. WS 3, 200). Beziehung zu ukr. *chúcha* 'Blasen des Windes' (Potebnja RFV 4, 197, Gorjajev EW 426) besteht nur insofern, als in beiden Fällen Lautnachahmung vorliegt. Abzulehnen ist Verwandtschaft von *шугáть* mit nhd. *schwingen*, aind. *svájatē* 'umfaßt, umarmt' (gegen Potebnja bei Gorjajev c. l.).

шугýй s. *шугáть*.

шýй 'link', kirchl., *Шýя* 'Flußname (oft)', *шýйца* 'linke Hand', ukr. *šújbič* 'links' (zu *бок* 'Seite'), aruss. *šujь*, abulg. *šuica ἀριστερά* (Ostromir), *šujь εὐώνυμος* (Euch. Sin.), skr. *šùvāk* G. -*áka* 'Linkser', sloven. *šûj*, f. *šúja* 'link'. ‖ Urverw. mit aind. *savyás* 'link', avest. *haoya-* dass., kymr. *aswy, aseu* 'link' (**adseuio-*, **adseu̯o-*), s. Pedersen Kelt. Gr. 2, 16, Meillet Ét. 380, Meillet-Vaillant 58, Brandt RFV 24, 194, Trautmann BSl 260, M.-Endz. 4, 7.

шукáть, -áю 'suche', Südl., *шýкать* Kursk, ukr. *šukáty*, wruss. *šukáć*, poln. *szukać* dass. Die Verknüpfung mit čech. *šukati* 'geschäftig tun, hin- u. herlaufen', slk. *šukať* dass. ist nicht sicher. Gewöhnlich denkt man an Entlehnung der ostslav. Wörter übers Poln. aus ahd. *suochan*, mhd. *suochen* 'suchen', asächs. *sōkian*, s. MiEW 344, Brückner EW 557, Holub-Kopečný 377, Preobr. Trudy 1, 110, was mit lautlichen Schwierigkeiten verbunden ist; dagegen Mikkola Pr. Fil. 16, 207 ff. Nicht sicherer ist die Annahme expressiver Herkunft (Holub 293).

шýкать, шýкнуть 'flüstern', Rjazań. Lautnachahmend. Vgl. *шу!*

шукша 'Flachsschäben', Kolyma (Bogor.). Unklar.

шýла 'Zaunpfahl', s. *шýло*.

шýлер 'Schwindler, Falschspieler', *шýлерство* 'betrügerisches Kartenspiel'. Entlehnt über poln. *szuler* dass., čech. *šulař* 'Preller, Betrüger', aus mhd. *scholderer, schollerer* 'Veranstalter von Glücksspielen', *scholder, scholler* 'Glücks- u. Hazardspiel' (Lexer), s. Matzenauer 339, Holub-Kopečný 377, Żeltov Fil. Zap. 1876, Nr. 1, S. 21, Preobr. Trudy 1, 110. Nicht in Betracht kommt als Quelle nhd. *Schüler* (gegen Gorjajev EW 427) oder Zusammenhang mit poln. *szulać się* 'sich herumtreiben', russ. *шля́ться* dass., bzw. *шуля́к* 'Weihe' (gegen Brückner EW 557). Aus dem Poln. entlehnt ist rumän. *şuler* 'Falschspieler' (Tiktin Wb. 3, 1531).

шýлик 'Weihe', s. *шуля́к*.

шуликýн, шуликóн 'Maskierter bei Fastnachtsumzügen', Arch. (Podv.), auch *шилúкун* (D.). Unklar. Vgl. *шулугáн, шýльхаться*.

шу́ло — шуля́та 435

шу́ло 'Zaunpfahl', Westl., *шу́ла* Smol. (D.), ukr. *šúla*, wruss. *šúla*, skr. *šȗlj* m., *šȗljak* 'Block', sloven. *šȗlj* m. *šȗljək* 'abgesägter Baumstamm, Block'. Man nimmt Urverwandtschaft an mit lit. *šùlas* 'Säule, Pfosten', apreuß. *sulis* 'Stender', griech. ξύλον 'Holz, Balken, Stock, Bank, Tisch', evtl. auch mit ahd. *sûl* 'Pfosten, Säule', got. *sauls* 'Säule', s. Persson 382ff., Hofmann Gr. Wb. 222, Zupitza BB 25, 93, Torp 446, Trautmann Apr. Sprd. 441. Andere trennen die südslav. Wörter von dem poln. u. den ostslav. und leiten die ostslav. Wörter über d. Poln. aus ahd. *sûl* 'Säule' her, so Matzenauer 339, ähnlich Brückner FW. 143. Mitunter werden die ostslav. u. das poln. Wort auch als Lehnwörter aus lit. *šùlas* 'Säule, Pfosten' angesehen, so von Skardžius 18, Karskij RFV 49, 21, wobei sich ersterer wegen des Alters der balt. Wörter auf lit. *šùlė* 'Faß', *šulinỹs* 'eingefaßte Wassergrube', *šulinė̃* 'Brunnen' beruft. Auch in diesem Fall müßten die südsl. Wörter getrennt werden (dagegen Brückner EW 557, KZ 44, 333). Ganz unsicher ist der Vergleich von lit. *šùlas* mit nhd. dial. *Schólholz*, mnd. *schalbort*, nhd. *Schalholz* (Bezzenberger KZ 44, 331) oder von slav. *šulo* mit griech. σκύλλω 'zerreiße, schinde' (Gorjajev Dop. 1, 58).

шулга́н 'ausgelassener Mensch', Olon. (Kulik.). Vgl. *шулику́н*.

шулужи́на 'lange Gerte, Rute', Don-G. (Mirtov). Dunkel.

шулы́кать 'Sonnenblumenkerne kauen, indem man die Schale ausspuckt', Astrach. (RFV 63, 133). Unklar. Vgl. *луска́*.

шульга́ 'linke Hand', davon Fam. N. *Шульги́н*, ukr. *šul'há* dass. Wird gewöhnlich zu *шуй* 'link' gestellt, s. Trautmann BSl 260, MiEW 344.

шульпе́к 'Gabelweihe, Falco milvus', Don-G. (Mirtov), auch *шульпёка* m. (D.). Siehe *шуля́к*.

шульта́ 'faules Birkenmark, das zur Hungerzeit als Tee verwendet wird', Ostsibir. (D.). Dunkel.

шу́льхаться 'umherschlendern', Olon. (Kulik.). Vgl. *шулику́н*.

шулю́н 'dünne Grütze', Don-G. (Mirtov). Unklar.

шуля́к, шу́лик 'Gabelweihe', auch *шульпёк(а)*, *шуля́тник* (D.), ukr. *šul'ák*, *šulíka* 'Milan, Geier, Weihe'. Nach Iljinskij IORJ 20, 4, 180 zu ukr. *šul'katy*, *šul'knuty* 'sich stürzen, werfen', teilweise angelehnt an *шуля́та*. Wird als Tabuausdruck angesehen von Zelenin Tabu 2, 51. Unklar.

шуля́пый чорт 'Scheltwort für einen Hammel', Olon. (Kulik.). Unklar.

шуля́та pl. 'Hoden', N. s. *шуля́*, auch *шуло́*, wruss. *šul'áty* pl. Nur unsichere Vergleiche: urverw. mit lat. *cōleus* 'Hodensack', s. Berneker IF 10, 155, nach ihm angeblich aus idg. *k̑eul-, dagegen Walde-Hofmann 1, 244, Petersson KZ 47, 277; letzterer vergleicht armen. χoyl G. χuli 'Drüsengeschwür, Halsgeschwulst', aind. *khōlakas* m. 'Ameisenhaufen', lit. *kūlȳs* 'Bund Stroh' (wogegen Mayrhofer Aind. Wb. 312). Durchaus fraglich ist auch Verwandtschaft von *šulę mit aind. *çūnás* 'geschwollen, aufge-

28*

dunsen', armen. *soil* 'Höhle' (*k̆eulo-*), anord. *haull* 'Leistenbruch' (gegen Loewenthal Zeitschr. 8, 129).

ШУ́М I. *-а* 'Lärm', *шумѣть, шумлю* 'rausche, lärme', ukr. *šum, šumíty*, wruss. *šum, šuméć*, aruss. abulg. *šumъ* ἦχος (Supr.), bulg. *šum*, sloven. *šûm* 'Geräusch, Wasserfall, Rausch', čech.slk. *šum* 'Sausen, Rauschen, Geräusch', poln. *szum*, osorb. *šumić* 'rauschen, brausen', nsorb. *šumiś* dass. Nicht sicher ist Ablautverhältnis mit poln. *szmer* G. *szemru* 'Lärm'. *szemrać* 'murren' (Brückner Archiv 12, 293). ‖ Unsicher ist Verwandtschaft mit aind. *çúṣmas* 'Zischen', ved. 'stark, ungestüm, schnaufende Flamme' und kslav. *sysati* 'zischen, pfeifen' (Pedersen IF 5, 76; zu *sysati* s. oben 3, 59), sowie mit lit. *šaũkti, šaukiù* schreien, laut rufen', griech. *κωκύω* 'schreie, wehklage' (Machek LF 53, 345). Andere gehen von lautnachahmendem **šu-* aus (s. Preobr. Trudy 1, 111, Gorjajev EW 427, Brückner EW 557). Vgl. *Шумск.*

шума́ркать 'schreien, lärmen', Südl., Östl. (D.), 'prahlen, sich wichtig machen', Olon. (Kulik.), wruss. *šumárchać* 'lärmen, rauschen, grob sein; Sachen durcheinanderwerfen'. Nach MiEW 345 zu *шум*. Andere vermuten ein (rotwelsches) Präfix *šu-* und vergleichen sloven. *mŕkniti* 'brummen', *čmŕkati* 'schluckweise trinken' (Šachmatov IORJ 7, 2, 335). Beide Deutungen machen Schwierigkeiten.

шумѣ́ть, *-млю* 'rausche, lärme'. Zu *шум* (s. d.). Schwerlich ist von der Bed. 'Wald' auszugehen (Machek Slavia 16, 218).

шумова́ть 'abschäumen (e. Suppe)', Südl., Westl. (D.), *шумо́вка* 'Schaumlöffel', ukr. *šumuváty*, wruss. *šumováć*. Über poln. *szumować* 'abschäumen', *szum* 'Schaum', čech. *šum* 'Schaum' aus mhd. *schûm* 'Schaum' (Kluge-Götze EW 511), s. MiEW 345, Brückner EW 557, Preobr. Trudy 1, 111, Matzenauer 339.

шу́морить 'zaubern', Olon. (Etnogr. Obozr. 40, 351). Viell. rotwelsch *šu-* und *мори́ть* 'plagen' (dazu oben 2, 158).

Шу́мск, *-а* 'Stadt in Wolhynien', gehört zu bulg. *šúma* 'Wald, Laub, Gebüsch', *Šúmen* ON., skr. *šúma* 'Wald, dürres Holz', sloven. *šúma* 'dichter Wald', ačech. *šuma* 'Wald', čech. *Šumava* 'Böhmerwald' (Rippl Zeitschr. 16, 223). Wird meist mit *шум, шумѣ́ть* (s. d.) verbunden als 'rauschender Wald', s. Preobr. Trudy 1, 111, MiEW 345, Gorjajev EW 427, Iljinskij IORJ 20, 4, 181.

шу́нжа 'Alge', Sibir. (Munkácsi), aus wogul. *šonś* 'usnea barbata, Bartflechte' (Ahlqvist), *sūns* dass., s. Kálmán Acta Ling. Hungar. 1, 267.

шуни́ pl. 'Kindergeruch', Bajkal-G. (D.). Unklar.

шу́нка 'vulva', Kazań (D.). Wohl rotwelsche Bildung mit *šu-* aus *ку́нка* 'vulva' mit der in den Geheimsprachen häufigen Kürzung der ersten Silbe, s. Verf. RS. 4, 157 und oben 1, 693 *куна́* II.

шу́ня 'Anbau an e. Wohnhaus neben der Haustür', Olon. (Kulik.). Wird von Leskov Živ. Star. 1892, Nr. 4, S. 103 aus einem karel. *šuińa* 'Vorratskammer' hergeleitet, dagegen Kalima 9. Auffällig ist der Anklang an nhd. *Scheune*, mhd. *schiun(e)* dass., doch befremdet in diesem Falle die Beschränkung des russ. Wortes auf Olonec.

шуп 'erstes Eis auf Flüssen im Herbst', Tveŕ, Veśjeg. (D.). Aus finn. *suppu* 'Stockung von Eisbrei auf Flüssen', estn. *supp* Gen. *supa, supu* 'Eisbrei', s. Kalima 248. Unklar Iljinskij IORJ 20, 4, 179.

шу́пел 'Zauberer, Heilkünstler', Novgor., Pskov (D.), *шупи́ть* 'wissen, verstehen, können', Smol. (Dobrov.), ukr. *šúpyty* 'verstehen, können'. Ansprechend ist der Vergleich mit bulg. *šúpna* 'flüstere'. Eine Herleitung aus arab. türk. *šubhä* 'Zweifel' (Miklosich) widerlegt Korsch Archiv 9, 671.

шур 'Regenwurm', Arch. (D.). Unklar.

шура́ I. 'Lehm zur Ausfüllung von Dämmen', Šenk. (Podv.). Nach Kalima 242 zu trennen von *шо́ра* 'Kiessand'. Unklar. Allenfalls käme als Quelle tscherem. *šor* 'Lehm, Schmutz' in Frage, das aus tschuwass. *šyr* 'Lehm, Schlamm' stammt (zur Sippe s. Gombocz 113).

шура́ II. 'zerbröckeltes Eis im Frühjahr' (D. mit ?). Schlecht ist die Verknüpfung mit *шерех* bei Gorjajev Dop. 1, 56 ff.

шу́ра III. 'vulva', Pskov, Tveŕ (D.). Wird als 'Enge' mit lit. *siaũras* 'schmal', lett. *šàurs* 'eng, schmal' verbunden (s. Endzelin RS 11, 36).

шура́ль 'Heizer', Vologda, Südl. (IORJ 1, 334). Über poln. *szurarz* dass., zu *szurować* 'heizen, feuern' aus mhd. nhd. *schüren* (wozu Kluge-Götze EW 546). Vgl. *шурова́ть*.

шура́пки pl. 'bunte Socken', s. *джура́пки* (oben 1, 349).

шурга́ 'Schneesturm', Šenk. (Podv.), Nižn., Saratov, Astrach. (D.), *шурга́н* dass., *шурга́нить* 'stürmen' (D.). Wohl aus kalm. *šürγᵄn* 'Schnee- und Regensturm, Unwetter in der Steppe' (s. Ramstedt KWb. 370) Wolgaaufwärts entlehnt. Die Form auf -*a* evtl. durch *пурга́* (s. d.) beeinflußt. Wegen der Bed. weniger wahrscheinlich ist Entstehung aus rotwelsch. *šu-* u. *пурга́* (Verf. WS 3, 200).

шурга́ть 'durchbrechen, versinken (mit den Beinen)', Kursk (D.). Soll nach Iljinskij IORJ 20, 4, 181 zu *шу́ркать* 'kratzen' gehören. Unsicher.

шурда́бурда 1. 'Wirrwarr, Unordnung, Durcheinander'; 2. 'schlechtes, trübes Getränk', Orenburg (D.). Wohl turkotatar., vgl. ngriech. *σοῦρδον μοῦρδον* 'drunter u. drüber' Leukas, Chios (G. Meyer Alb. Wb. 406). Bei Bed. 2 kommt Reimbildung nach *бурда́* (s. d.) in Frage.

шу́рин 'Bruder der Frau, Schwager', pl. *шурья́* auch *шуря́к* Vologda, *шуря́к* Kursk, ukr. *šúryn*, aruss. *šurinъ*, pl. *šurjata*, Koll. *šurьja* (noch fem. sing. Dvinsk. Urk. a. 1265 wie *бра́тья*, s. Durnovo Očerk 285), kslav. *šurinъ, šurь*, bulg. *šúrej, šúrek*

(Mladenov 696), skr. *šûra* pl. *šûrê, šürevi*, auch *šùrâk*, sloven. *šurják*, poln. *szurzy* G. *szurzego*. Lautlich schwierig ist die Verbindung mit *práщур* 'Ureltervater', das wohl zu trennen ist, s. Mladenov c. l., Gorjajev EW. 427 u. oben 2, 426 ff. || Es wird unter Annahme eines Langdiphthongs Urverwandtschaft angenommen mit aind. *syālás* 'Bruder der Frau', s. O. Hoffmann BB 21, 140 ff., Trautmann BSl 261, Uhlenbeck Aind. Wb. 352, weiter wird Beziehung zu idg. *$s\underset{\sim}{i}e\underset{\sim}{u}$-: *$si\bar{u}$- 'binden, nähen' (s. *шить*) gesucht, s. Specht 91. Nicht vorzuziehen ist die Annahme eines *$k\widehat{e}uros$, Ablaut zu griech. ἑκυρός, aind. *çváçuras* 'Schwiegervater' (Berneker IF 10, 155, Prellwitz ²135), vgl. dazu bes. Walde-Hofmann 2, 551 (mit Liter.).

шурить 'abfließen (vom Regenwasser und geschmolzenem Schnee)', Olon. (Kulik.). Vergl. das folg.

шу́ркать, шу́ркнуть 'scharren, kratzen' (D.), 'geschäftig sein', Rjazań, 'durchflitzen, huschen', Kostroma, *шурк* m. 'Rascheln, Knistern' (Mel'nikov), *шуркать, шуркнуть* 'werfen', Orenburg, Pskov, Tveŕ (D.), *шу́рхнуть* dass., Pskov, Tveŕ (D.), ukr. *šurchnúty* 'rascheln, hineinplatzen', *šurch* 'Interj. des Fallens', wruss. *šurchnúć* 'wütend werfen'. Lautnachahmend wie *шáркать*, s. Šachmatov IORJ 7, 2, 337, Preobr. Trudy 1, 112. Die Herleitung der Wörter für 'werfen' aus syrjän. *šurkjedlini* 'mit Geräusch werfen' (Kalima FUF 18, 50) erklärt nicht ihre Verbreitung im Ostslav. Vgl. *шуршáть*.

шу́рма 'Lärm, Prügelei', Kr. Buj G. Kostr. (Živ. Star. 1897, Nr. 3—4, S. 469). Wegen der Verbreitung und Bed. zweifelhaft ist die Herleitung aus finn. *surma* 'Tod, Totschlag' (Pogodin IORJ 12, 3, 339). Von *шу́рма* nicht zu trennen ist *шурмовáть* 'sich laut gebärden' (Avvakum 240), dieses ist entlehnt aus poln. *szermować* 'fechten', das auf mhd. *schërmen, schirmen* dass. zurückgeht (s. Brückner EW 547). Vgl. *ширмовáть*.

шуровáть 'heizen, feuern (auf Dampfern u. Fabriken)', Wolga-G. (Bulič). 'e. Feuer schüren', Südl. (D.). Über poln. *szurować* 'schüren' oder direkt aus nhd. *schüren*, s. Bulič IORJ 1, 334.

шурпá 'Huhn mit gespreizten Federn', *шурпáтый* 'gespreizt', *шурпáться* 'sich streiten', Smol. (Dobr.), wruss. *šúrpa* 'Lockenkopf, Kosename', *šurpátyj, šurpástyj* 'rauh, uneben, gespreizt (von Federn)', *šurpáćić* 'rauh machen'. Unklar.

шу́ртать 'Gerste enthülsen', Tambov (D. mit ?). Unsicheres bei Iljinskij IORJ 20, 4, 181. Viell. Versehen für *шу́стать* (s. d.).

шурубáра I. 'redseliger, geschwätziger Mensch', Smol. (Dobr.), Pskov, Tveŕ (D.), ukr. *šurubúra* 'Spaßmacher', *šurubúryty* 'Spaß machen'. Unklar, s. Iljinskij IORJ 20, 4, 181. Vgl. nhd. *Schurrmurr* 'leicht aufbrausender Mensch', österr. (Grimm DWb. 9, 2054).

шурубáра II. 'Buchweizengrütze', Tveŕ (D.), *шурýбарки* pl. 'Fleischklöße in der Suppe'. Dunkel.

шурýкать 'heimlich flüstern, tuscheln', Tveŕ (D.), ukr. *šúrkaty* 'schelten', bulg. *šúrkam* 'rausche'. Lautnachahmend, vgl. Iljinskij IORJ 20, 4, 181.

шу́рум-бу́рум 'Unordnung, Verwirrung' (D.), Smol. (Dobrov.). Vgl. *шурымýры* und *шурýбара* I.

шурф 'Aufsuchen und Zugänglichmachen von Minerallagerstätten' (Mel'nikov 3, 242), auch *ширф*. Aus nhd. *Schurf* zu *schürfen*. Davon *шурфовáть* 'schürfen' im Bergbau, s. Trebbin 79.

шу́рхнуть 'werfen', Pskov, Tver (D.). Siehe *шу́ркать*.

шуршáть, шуршúть, шуршý 'rascheln, rauschen', dial. *шурчáть* 'rascheln, hervorquellen', Tambov, Sibir. (D.), ukr. *šurčáty* 'rascheln, rauschen', bulg. *šurčá*. Lautnachahmend wie *шу́ркать*, s. Petersson vgl. sl. Wortst. 39, Preobr. Trudy 1, 112, Gorjajev EW 420. Vgl. *шóрох*.

шуршéлка 'Krankheit der Haustiere', Don-G. (Mirtov). Unklar.

шурыбуры 'Wind, Sturm', Smol. (Dobr.). Reimbildung, viell. beeinflußt von *бýря*? Vgl. *шурымýры*.

шурыга 'Gauner', Moskau, Ruza (D.). Soll nach Iljinskij IORJ 20, 4, 181 zu *шу́рхать* 'durchrutschen' (s. *шу́ркать*) gehören.

шурымýры pl. 'Liebeshändel, geheime Vereinbarungen' (D.), Vjatka (Vasn.). Man dachte an Entlehnung aus franz. *cher amour* (Savinov RFV 21, 34), doch wäre auch östliche Entlehnung zu erwägen. Vgl. osman. *šurmur* 'Verwirrung', woher alb. *širi-miri* 'Durcheinander' (wozu G. Meyer Alb. Wb. 406, Schuchardt Slawodeutsches 68, Littmann 56, 112), sowie ndl. *schorremorie* 'Gesindel, gemeines Volk', ndd. *Schurrmurr* 'durcheinander geworfenes Allerlei' (Franck-Wijk 593, Grimm DWb. 9, 2054 ff.).

шуст 'Kolben, Vorrichtung zum Reinigen des Flintenlaufs', *шустовáть* 'glätten, reinigen (vom Flintenlauf)'. Unklar.

шýста I. 'Moos an Baumstümpfen', Sibir. (D.), von Kalima FUF 18, 48 zweifelnd zu *шáста* gestellt.

шýста II. 'Pelz', Kaluga (D.). Viell. mit rotwelschem *šu-* aus *хýста* 'Kleid', s. Verf. WS 3, 198 ff.

шýстать 1. 'Gerste enthülsen'. 2. 'essen, fressen', Arch. (D.), ukr. *šustaty* 'enthülsen'. Daneben *шýсторить* 'kauen, essen', Arch., *жýстерить, жýщерить* 'kauen, essen', Rjazań (s. oben 1, 434). Wenn *ž-* das ältere ist, dann evtl. zu *жевáть*; viell. sind die Formen mit *š-* ganz zu trennen, s. Iljinskij IORJ 20, 4, 181. Vgl. *шýстрый*.

шýстка 'Sechs im Kartenspiel', Pskov, Tver (D.). Aus poln. *szóstka* dass. Siehe *шесть, шестóй*.

шýстрый 'flink, behend, beweglich, begabt', *шуст(ё)р, шустрá, шýстро*, auch *шýстер* 'fixer Kerl', Kaluga (D.), *шустрéть* 'flink werden', *шýстрик* 'Erdfloh', *шустрúть* 'gierig essen'. Urspr. *šustrъ* könnte urverw. sein mit lit. *siùsti, siuntù, siutaũ* 'toll werden', lett. *šust, šùtu, šutu* 'böse werden, zornig sein, tollen, rasen, den Verstand verlieren', *šàust, šàušu, šàutu* 'worfeln, toben', lit. *siaũsti, siaučiù, siaučiaũ* 'toben, wüten', weiter zu *шум* (s. d.), vgl. M.-Endz. 4, 8 u. 107, Endzelin SIBEt 72 ff., ähnlich knüpft Iljinskij IORJ 20, 4, 150 an *шут* an und stellt dazu poln. *oszustać* 'betrügen', *oszust* 'Betrüger', was zweifelhaft bleibt. Weniger sicher wegen der Bed. ist die Herleitung von *шýстрый* aus rotwelsch. *šu-* u. *ostrъ* (Verf. WS 3, 198 ff.), obgleich gaunersprachlich *шýстрый = óстрый* belegt ist. Abzulehnen ist Verwandtschaft mit *хват*, *хýткий* (gegen Gorjajev EW 427), sowie die Annahme einer Entlehnung aus npers. *čust* 'flink, tätig' (gegen MiTEl Nachtr. 2, 189).

шут, -á 'Narr, Possenreißer', *шýтка* 'Scherz', *шутúть*, *-чý* 'mache Spaß, scherze', ukr. *šútka* 'Scherz', r.-ksl. *šutъ* 'Narr' (Svjatosl. Sborn. 1076, s. Srezn. Wb. 3, 1601), bulg. *všuť ávam se* 'benehme mich töricht, kindisch', sloven. *šútəc* 'läppischer Mensch'. Es wird Urverwandtschaft mit lit. *siaũsti*, *siaučiù*, *siaučiaũ* 'toben, wüten, spielen', *siaũstis* 'sich belustigen', lett. *šaulis* 'Tor' und der unter *шýстрый* besprochenen Wortsippe angenommen, s. Endzelin KZ 44, 66, M.-Endz. 4, 107, Trautmann BSl 260 (ohne slav.), Machek Slavia 16, 218. Die Bemühungen, einen Zusammenhang mit dem aus aram.-neuhebr. *šōṭē* entlehnten nhd. *Schaute* 'Narr' herzustellen, sind wegen des Alters der slav. Wörter fraglich (gegen Štrekelj Archiv 12, 170, Grot RFV 1, 36 ff., Gorjajev EW 427), vgl. Sobolevskij IRJ 2, 347, Iljinskij IORJ 20, 4, 149 ff. Ein Zusammenhang mit kslav. *ašutъ* 'vergebens', abulg. *ašutь* μάτην, ačech. *ješutný* 'eitel', čech. *ješitný* dass., apoln. *jeszutność* 'Eitelkeit' (Flor. Ps.) besteht kaum (gegen Sobolevskij Slavia 5, 441, Kalima Zeitschr. 20, 416 ff.). Zum semit. Wort vgl. Littmann 47, Kluge-Götze EW 511, Lokotsch 152.

шутём 'Brachfeld', Perm, Vjatka (D.), auch *сутьмá* dass., Perm, Čerdyń. Kalima FUF 18, 50 ff. nahm Entlehnung an aus syrjän. *šuťom* 'vergrastes, überwuchertes Feld', doch wird dieses als russ. Lehnwort angesehen von Wichmann-Uotila 268. Nicht überzeugend sind dann die Versuche, Verwandtschaft mit *шýтый* 'hornlos' zu erweisen (Kalima Zeitschr. 20, 416). Schwerlich sind auch die russ. Wörter aus syrjän. *šutęm* 'getreidelos', *šu* 'Roggen, Getreide' entlehnt.

шутúть 'scherzen', s. *шут*.

шýторы pl. 'Plunder, allerlei unwichtiger Hausrat', *шýтыр* dass., Smol. (Dobr.). Es könnte rotwelsche Umgestaltung mit präfixalem *šu-* vorliegen von *бýтор* 'Habseligkeiten' (dazu s. oben 1, 154).

шýтый 'hornlos', Südl., Westl. (D.), ukr. *šútyj* 'hornlos, verstümmelt'; wruss. *šúta* 'Koseform für Schafe', bulg. *šut* 'hornlos', skr. *šȕt*, *šȕta*, *-o* 'hornlos', čech. *šutá koza*, slk. *šutý*, poln. *szuty* dass. Unsicher ist Verwandtschaft mit griech. ξέω 'schabe, glätte, reibe', ξυρόν 'Rasiermesser', aind. *kṣurás* m. 'Schermesser' (Petersson Archiv 34, 381, Iljinskij IORJ 20, 3, 103 ff.).

шýфель m. 'Kohlen-, Feuerschaufel, Wärmepfanne', *шýфла* 'Schaufel zum Pulverladen', artill. Letzteres über poln. *szufla* 'Schaufel' aus mhd. *schûvel*, die Form *шýфель* evtl. aus ndl. *schoffel* oder ndd. *schuffel*, vgl. Brückner EW 557.

шух 'Schlammeis, Eisbrei', s. *шу́га*.

шуха́ть 'schrecken, scheuchen', Arch. (D.). Siehe *шуга́ть*, *шу́хтаться*.

шу́хма 'Streit, Prügelei', *шу́хмиться* 'schreien, zanken'. Dunkel.

шу́хоба 'Eile, Hast, Unruhe', Kolyma (Bogor.). Unklar.

шу́хобарь f. 'Plunder', *шу́хабарь* dass., Kostr., Nižn. (D.). Viell. mit rotwelschem *šu-* zu *хаба́р*.

шу́хоботь f. 'Lärm, Unruhe, Verwirrung', auch *шу́хопоть* Novgor. (D.), *шу́хоботиться*, *су́хоботиться* 'unruhig sein, sich bewegen'. Mit rotwelschem *šu-* zu *хо́бот* 'Schweif', *хобота́ть* 'zum Schlage ausholen, ausschlagen' (D.).

шу́хома 'aufs Geratewohl', Kolyma (Bogor.). Zu *шу́хоба*.

шу́хтаться, чу́хтаться, жу́хтаться 'sich beunruhigen, für jemd. bangen', Olon. (Kulik.). Die urspr. Lautform steht nicht fest.

шу́шваль f. 'Pack, Gesindel' (D.), ukr. *šúšvaľ*, poln. *szuszwal* 'Faser, Fetzen, Zipfel, Kleinigkeit'. Es könnte rotwelsches *šu-* und *шваль* (s. d.) vorliegen, vgl. Verf. WS 3, 200. Anders, aber unsicher Brückner EW 558, Zeitschr. 2, 301, der čech. *chuchval* 'Klumpen' vergleicht. Siehe das folg.

шу́шера 1. 'Gerümpel, alte Sachen'. 2. 'Pöbel, Pack' (Gogol'), Kašin (Smirnov), 'minderwertiger Mensch', Čerep. (Gerasim.), sonst auch *шу́шерь*, *шу́шарь* 'Gerümpel', Tamb. (D.), *шу́шель*, *шу́шаль* 'Pack', Kursk (D.). Eine Reimbildung liegt vor in *шу́шера-я́шера* 'Pack', Olon. (Kulik.). Abzulehnen ist Verwandtschaft mit mhd. *Schar* (gegen Gorjajev EW 427), auch nicht zu *шу́стать* 'enthülsen' (gegen Preobr. Trudy 1, 112). Unklar (auch nach Iljinskij IORJ 20, 4, 178). Vgl. *шушу́льки* und *ши́шара*.

шуши́мора 'Schimpfwort', Olon. (Kulik.). Siehe *шиши́мора*.

шушлепень m. 'Faulpelz', Vjatka (D.). Evtl. mit *šu-* zu *шлёпать* 'klatschen', s. Verf. WS 3, 200.

шушпа́н 'langer Überrock der Bauern', Nižn., Simb., Perm, 'Oberkleid der Frauen', Vor., Tambov, Rjazań (D., Živ. Star. 15, 1, 125, RFV. 68, 17), *шу́шпан* 'Überrock', Vologda, Nižn. (D.), *шушпа́ны* pl. 'schwerfällige, untätige Menschen', Olon. (Kulik.). Wohl rotwelsch *šu-* und *жупа́н* 'Überrock' (dazu oben 1, 433), s. Verf. WS 3, 201.

шушу́кать 'flüstern', von *шу*, *шу*! 'Interj. des Flüsterns', ukr. *šušúkaty*, wruss. *šušúkać*, *šúškać*, bulg. *šušúkam*, skr. *šȕškati*, *šȕštati* 'rauschen', sloven. *šȗškati* 'rauschen', Lautnachahmungen; vgl. Iljinskij IORJ 20, 4, 177, Preobr. Trudy 1, 113. Es besteht kein historischer Zusammenhang mit aind. *çvásati*, *çvásiti* 'schnauft, zischt, seufzt', lat. *queror* 'klage, jammere, beschwere mich' (gegen Potebnja bei Gorjajev EW 427). Siehe *хво́ша*.

шушу́лька 'alte Lappen', Pskov, Tveŕ (D.). Vgl. *шу́шера*.

шушу́лькаться, шу́шкаться ʽzögernʼ, Pskov, Tver (D.). Unklar.

шушу́н 1. ʽkurzer Pelzʼ. 2. ʽArt Frauenjackeʼ (Mel'nikov 7, 44; 8, 186), Arch., Vologda, Vjatka, Nižn., Tveŕ, Jarosl., Kostr., Tula, Rjazań, Tambov, Sibir. (D.), *сушу́н* ʽroter Sarafan aus Tuchʼ, Arch. (Podv.), Olon. (Kulik.), s. auch Živ. Star. 1898 Nr. 2 S. 226, RFV 68, 17, ukr. *šušún, šošón*, wruss. *šušún*, aruss. *šušunъ* Urk. a. 1612, s. Duvernoy Aruss. Wb. 231. Wohl fremd. Vgl. dolan. *šišä* ʽroher Baumwollstoffʼ (s. Le Coq Kuhn-Festschr. 156).

шуя́ I. ʽSchlammeisʼ, Arch. (Podv.), Vjatka (Vasn.). Siehe *шугá*.

шуя́ II. ʽSpreu von Hanf, nicht keimfähiger Sameʼ, Simb., Penza (D.). Unklar.

шуя́к ʽflacher Flußkahn, Lastbootʼ, Arch. (Podv.). Wohl Ableitung von einem der vielen FlN *Шу́я* u. a. 1. Kr. Kem G. Arch. 2. Nbfl. d. Suchona G. Vologda. 3. Fl. im Bassin d. Onega-Fl. Kr. Kargopol'. Zu diesem vgl. *шуй* ʽlinkʼ.

шха́нечный журна́л ʽSchiffsjournalʼ (Gončarov, Freg. Pallada) ist Ableitung von ndl. *schans* ʽHinterdeckʼ, s. Körner Archiv 11, 80. Vgl. *шка́нцы*.

шхе́ра ʽFelseneiland, Klippe, Schäre an den Küsten Finnlands u. Schwedensʼ, zuerst *шхер* Peter d. Gr. a. 1713, s. Smirnov 341. Aus schwed. *skär* ʽSchäreʼ, s. Grot Fil. Raz. 2, 379, Gorjajev Dop. 1, 57, Meulen 175 ff.

шхербо́т s. *шкербо́т*.

шхоут ʽSchute, zweimastiges Fahrzeugʼ, Astrach. (D.). Wird aus ndl. *schuit* erklärt, s. Gorjajev EW 423, Körner Archiv 11, 80. Vgl. *шкот, шкут*.

Щ

Der 27. Buchstabe des aruss. Alphabets, benannt *ща*, entstanden aus einer Verbindung von *ш* und dem darunter gesetzten *т*. In den ältesten Texten neben der Schreibung *шт* gebraucht, s. dazu Srezn. Wb. 3, 1605. Der Lautwert von *щ* ist gedehntes palatales *š* oder *šč*.

ща́бель ʽStapelʼ, s. *штáбель*.

щабёр 1. ʽBrachsen, Fisch, Abramis bramaʼ. 2. ʽOhrfeige, Maulschelleʼ, Pskov (D.), *щибёр* ʽgroßer Brachsenʼ, Livland (Bobrov Jagić-Festschr. 395). Etwa als ʽSchlammwühlerʼ zu *скоблúть, скóбель*? Die älteste Lautform steht nicht fest.

щаве́ль ʽSauerampfer, Rumex acetosaʼ, *щаве́й* Kostr., *ща́вель* Voron., ukr. *ščává* ʽSauerampfer, saures Mineralwasserʼ, *ščavél'*, *ščavíj* ʽSauerampferʼ, aruss. *ščavъnъ* ʽsauerʼ, s.-ksl. *štavъ* ʽrumexʼ, bulg. *štáva* ʽGerbstoffʼ, *štável* ʽSauerampferʼ, štáva ʽgerbeʼ, skr. *štàva* ʽdas Legen der Haut ins Wasser, um sie nachher zu gerbenʼ, *štàvelj* m., *štávalj* m. ʽAmpferʼ, *štâvlje* dass., sloven. *ščàv* G. *ščáva* m. ʽwilder Sauerampferʼ, *ščáva* f., *ščávelj, -vlja* m. ʽAmpferʼ, čech. *šťáva* ʽSaftʼ, *šťavel* ʽSauerkleeʼ, slk. *šťava* ʽSaftʼ, *šťavík*

щавить — щара́нга 443

ʻSauerampfer', poln. *szczaw*, *-iu* ʻAmpfer' (*ščavь), *szczawa* ʻkohlensaures Wasser', *Szczawnica* ʻSauerbrunn', osorb. *ščehel* ʻSauerampfer', nsorb. *šćaw* m. dass. Adj. *šćawny*. ‖ Ursl. *ščavь wird mit *щи* (s. d.) verbunden, s. Mladenov 697, Iljinskij RFV 73, 307. Die Verknüpfung mit aind. *churikā* ʻMesser' (als **sk͡hurikā*) ist ganz unsicher (gegen Loewenthal Zeitschr. 8, 129), Verwandtschaft von *ščavь* mit *ки́слый*, *квас* (wozu Preobr. Trudy 1, 113) ist lautlich ausgeschlossen.

щави́ть ʻdrücken, pressen', Čerep. (Gerasim.), ukr. *ščávyty*, *čávyty* dass., *Ščavydúb* ʻein Märchenheld'. Potebnja RFV 6, 337 erklärt den letzteren Namen davon, daß der Held die Bäume so zusammenpreßt, daß der Saft herausfließt, und nimmt Verwandtschaft mit *ščavь* ʻSaft' an. Vgl. *щаве́ль*.

ща́вый ʻeitel, nichtig, üppig', aus *tъščavъ zu *tъščь* ʻleer, nichtig' (s. *тще*, *тще́тный*), vgl. Štrekelj Archiv 28, 501ff. Die von letzterem vorgeschlagene Trennung der Bed. ʻüppig' von den anderen und ihre Verknüpfung mit aruss. *ščavьstvo* ʻVerweichlichung' oder gar mit *sьcati* ʻharnen' (Štrekelj c. l.) ist kaum notwendig.

щади́ть, щажу́ ʻschonen', *поща́да* ʻSchonung, Mitleid', *ща́дный* ʻschonend, mitleidig', ukr. *ščadýty* ʻschonen', *ščádnyj* ʻsparsam', wruss. *ščadzícca* ʻgeizig sein', aruss. *ščaděti*, *ščažu* ʻschone, spare', abulg. *štęděti*, *štęždǫ* φείδεσθαι, κήδεσθαι (Supr.), bulg. *št'ad'á* ʻschone, spare, bin nachsichtig mit jemd.', skr. *štédjeti*, *štédîm* ʻspare', sloven. *ščę́dęti*, *-dim* dass., čech. dial. *oščadat' se* ʻkargen', poln. *szczędzić* ʻsparen, schonen', *oszczędzać* ʻsparen'. ‖ Urslav. *ščęditi aus **skęd-*, ablautend mit **skǫd-* (s. *ску́дный*), abulg. *skǫdъ*, *skǫdьnъ*, ἐνδεής (Supr.), urverw. mit avest. *sčindayeiti* ʻzerbricht', *skənda-* m. ʻBruch, Gebrechen', s. Meillet MSL 14, 340, Brandt RFV 24, 173ff., Preobr. 2, 314, Trudy 1, 113ff. Es besteht aber kaum Verwandtschaft mit *ще́дрый* (gegen MiEW 298ff. u. Preobr. c. l.), s. Brandt c. l.

щалбе́рить ʻschwatzen, Unnützes reden', Onega (Podv.). Zu *шалбе́рить*.

щамья́ s. *чемья́*.

щан ʻBottich', s. *чан*.

щап 1. ʻGeck, Stutzer', auch *шап* dass. (K. Danilov 4), 2. ʻAnhieb eines Baumes' (D.). Urspr. gehört Bed. 1 in die Kategorie von ʻHolz ∼ Mensch' mit Bed. 2 zusammen und ist zu stellen zu kslav. *štapъ* ʻbaculum', bulg. *štap* ʻStab', skr. *štâp* G. *štápa* dass., sloven. *ščáp* ʻKnüttel, Prügel, Stecken', die verwandt sind mit der Sippe von *ще́нка* (s. d.), sowie lett. *šk̨ȩ̀ps* ʻSpieß, Speer', *šk̨ȩpele* ʻabgespaltetes Stück Holz', s. MiEW 390, Zubatý Archiv 16, 414, M.-Endz. 4, 33, Štrekelj Archiv 28, 499ff. Vgl. *Bengel*, *Flegel*, *Knabe*, *Stift* bei Kluge-Götze s. v. Bed. 2 steht derjenigen der verwandten Wörter noch näher, vgl. poln. *szczapa* ʻSpan, Scheit' (**skēp-*). Von *щап* abgeleitet ist *ща́пить* ʻsich wie ein Geck benehmen', aruss. *ščapiti* dass., *ščaplivъ* ʻgeckenhaft'.

щара́нга ʻSamtblume, Tagetes patula' (P.). Dunkel.

щау́лить 'spotten, höhnen, umherbummeln', *щаул* 'Spötter, Tagedieb', Kaluga, Kursk, Rjazań, Tambov (D.). Wohl zu *щави́ть*.

ще́бень m., G. *-бня* 'Steinschutt, Schotter' (Gogol'), *щебель* f. dass., *щебер* 'Geröll, Schotter', Olon. (Kulik.), *щебени́ть* 'mit Schotter ausfüllen' (I. Tolstoj). Wird gewöhnlich zu *скобли́ть* 'schaben, kratzen' gestellt, s. Sobolevskij ŽMNPr 1886, Sept., S. 145, Preobr. Trudy 1, 114, Gorjajev EW 428. Nach Buga RFV 75, 149, M.-Endz. 3, 862 ist lit. *skebérda* 'Splitter', lett. *skabar̃da, skabar̃ga* 'Splitter', lat. *scobis* 'Schababfall' zu vergleichen. Siehe *щебло́*.

щебета́ть, щебечу́ 'zwitschern', *щебет* 'Zwitschern', ukr. *ščebetáty*, aruss. *ščьbьtati*, kslav. *štьbьtati*, sloven. *ščəbèt* m. G. *-béta* 'Geschwätz, Gelispel', *ščəbətáti, -tâm* 'zwitschern, schwatzen, plaudern', *ščebljáti, -ljâm* 'flüstern, lispeln', čech. *štěbet* 'Gezwitscher', *štěbetati* 'zwitschern', slk. *štebot, štebotať*, poln. *szczebiot, szczebiotać*, osorb. *ščebotać*, nsorb. *ščabotaś*. Man vergleicht lit. *skambéti, skámbu* 'tönen, klingen' (Iljinskij IORJ 16, 4, 25, Mat. i Pr. 4, 75 u. 387, Archiv 34, 13, Gorjajev EW 428), das aber im Vokalismus von *ščьb- abweicht. Wohl lautnachahmend, vgl. Holub-Kopecný 375, Preobr. Trudy 1, 114 ff.

щебло́ 'Kienspan', wohl zu der Sippe von *щебень* (s. d.).

щебре́ц s. *чабер*.

щеври́ца 'Pieper, e. Vogel, Anthus', Don-G. (Mirtov). Wohl lautnachahmend. Der Ausdruck der Zärtlichkeit lautet bei diesem Vogel nach Brehm 'sanft wie *dwitt, zeritt*'. Vgl. das folg.

щевро́нок 'Lerche, Alauda'. Man nimmt bei *šče-* Ablaut zu *sko-* an in *сковоро́нок*, poln. *skowronek* 'Lerche' usw. (s. oben 2, 641), vgl. Torbiörnsson 2, 95, Iljinskij Pr. Fil. 11, 195. Die Vorsilben werden einerseits mit dem Anlaut von *щебета́ть*, andererseits mit demjenigen von *сковыта́ть* (s. d.) verglichen (s. Brandt RFV 24, 177 ff., Gorjajev EW 428, Preobr. 2, 302). Nach Bulachovskij IANOtd Lit. 7, 120 soll *щевро́нок* aus *жа́воронок* unter Einfluß von *щебета́ть* umgebildet worden sein. Vgl. *щеври́ца*.

щегла́ I. 'Backe, Kieme', davon *щеглови́тый* 'mit hervorstehenden Backenknochen', woher FamN. *Щеглови́тов*. Wird gewöhnlich zu *ша́гла* (s. d.) gestellt, wobei auf die Nebenform *шаглови́тый* hingewiesen wird (s. Kalima 243). Nicht überzeugend ist Iljinskij's (RFV 73, 297 ff.) Verknüpfung dieses Wortes mit *щегла́* II. Siehe *щека́*.

щегла́ II. 'Mast, Baum, Balken, Flaggenstange', ukr. *ščóhła* 'Mast, Pfahl'. Wohl etymologisch identisch mit *шогла* 'Mast' (s. d.), vgl. Matzenauer 340. Daneben besteht die Verbindung mit čech. *štihla* 'Stelze, Krücke', *štíhlý* 'schlank, schmächtig, dünn' und *щёголь* (s. Iljinskij RFV 73, 298) doch kaum mit nhd. *Stange, Stengel* (Gorjajev Dop. 1, 58).

щегóл, *-гла́* 'Stieglitz, Distelfink, fringilla carduelis', demin. *щеглёнок* dial. *щеглá*, ukr. *ščýhol', -hl'a, ščóhol'* (Durnovo RES 6, 217), wruss. *ščýheł, ščýhlik*, sloven. *ščêgljəc* 'Stieglitz', *ščegljáti* 'zwitschern', čech. *stehlík* 'Stieglitz', *štěhotati* 'zwitschern', poln. *szczygieł* 'Stieglitz', osorb. *ščihlica* dass., nsorb. *ščigelc*. Das nhd. *Stieglitz* ist westslav. Lehnwort. Die slav. Wortsippe ist wohl lautnachahmender Herkunft, s. Brückner EW 545, Štrekelj Archiv 27, 60, Preobr. Trudy 1, 115. Gewagte Vergleiche bei Iljinskij IORJ 16, 4, 25. Vgl. auch das folg.

щёголь m. 'Stutzer, Geck', *щеголя́ть* 'stolzieren, Aufwand treiben', *щего́льный* 'findig, pfiffig', Pskov, Tveŕ (D.). Es könnte sich um ein dem vorigen verwandtes Wort handeln. Dann wäre vom Vogelnamen auszugehen; von dem bunten Gefieder ließe sich die Bed. 'Geck' erklären. Vgl. Tiernamen wie *воро́на*, *орёл*, *гусь* als Bezeichnungen von Menschen, auch *па́ва* 'ausstaffiertes Frauenzimmer', s. dazu Sobolevskij RFV 71, 448. Andererseits wird *щёголь* als 'Einzelgänger, Hagestolz' verglichen mit poln. *szczegół* 'Einzelheit, Besonderheit', *szczególny* 'einzeln, einzig, allein', *szczególnie* 'besonders', wo *ščьglъ* ablautend mit *scěglъ in s.-ksl. *scěglъ* 'einzig, allein', *cěglъ* dass., *cěgъchъ* 'solus', *cěglo* 'nur', skr. *cȉglī* 'einzig, nur' und *ščiglъ in čech. *štíhlý* 'dünn, schlank', slk. *štihly* vorliegt, s. Durnovo RES 6, 217, Ljapunov 61, Iljinskij RFV 73, 298. Die weiteren Vergleiche dieser Wörter mit aind. *kévalas* 'ausschließlich eigen, allein, lauter', lat. *caelebs* 'ehelos', lett. *kaîls* 'kahl, nackt' (s. Berneker EW 1, 123) sind ganz unsicher, vgl. M.-Endz. 2, 133, Walde-Hofmann 1, 130, Preobr. Trudy 1, 115.

щедра́ I. 'Dorschsuppe', Arch. (Podv.). Unklar. Wohl nach *ще́дрый* umgestaltetes *щерба́* (s. d.)

щедра́ II. 'Pocke', s. *шадра́*. Davon: *щедри́вый* 'gesprenkelt, pockennarbig'. Nach Brandt RFV 18, 27, Savinov RFV 21, 19 aus *шадра́* durch Einfluß von *ще́дрый*. Nach dem Aberglauben der Altgläubigen verwandeln sich die Pockennarben im Jenseits in Perlen (s. Dal' Wb. 4, 1495). Zur turkotat. Sippe von *шадра́* (s. d.) vgl. noch Joki MSFOugr. 103, 279.

щедрова́ть 'singen von Knaben und Mädchen am Silvesterabend, indem sie von Haus zu Haus ziehen und Gaben sammeln', Südl., Westl., Pskov (D.), *щедро́вка* 'ein bei dieser Gelegenheit gesungenes Lied', ukr. *ščedruváty*, *ščedrívka*. Ableitungen von *ще́дрый* 'freigebig', vgl. *щедрова́тель* 'hochherziger Schenker, Stifter', ukr. *ščédryj véčir* 'Silvesterabend', čech. *štědrý večer* 'Christabend', poln. *szczodry dzień*, s. Zelenin Russ. Volksk. 376.

ще́дрый 'freigebig, wohltätig', *щедр*, *щедра́*, *ще́дро* (wegen *e* kslav. Lehnwort), ukr. *ščédryj*, wruss. *ščódryj*, aruss. *ščedrъ*, abulg. *štedrъ οἰκτίρμων* (Ps. Sin., Supr.), bulg. *štédъr* (Mladenov 697), čech. *štědrý* 'freigebig', slk. *štedrý*, poln. *szczodry*, osorb. *ščedry*, *ščedrić* 'krümeln', nsorb. *ščodry* 'gütig, mild, freigebig'. ‖ Urslav. *ščedrъ wohl urverw. mit lett. *šķederns* 'kl., abgespaltenes Holzstück', lit. *kedėti* 'bersten', griech. σκεδάννῡμι 'zersplittere, zerstreue', s. Brandt RFV 24, 174, Meillet MSL 14, 340, Persson IF 35, 213, Hofmann Gr. Wb. 316. Weniger überzeugt der Vergleich mit griech. σκεθρός 'knapp, genau', nhd. *schitter*, *schütter* 'lose, dünn, lückenhaft' (gegen Lewy IF 32, 159), anders über diese Wörter Persson c. l., Brugmann KVGr. 329, Hofmann c. l.

щедýшный 'schwächlich, mager, abgezehrt'. Aus *tъščedušьnъ zu *тóщий* 'mager' u. *duchъ, duša*, s. Preobr. Trudy 1, 116, Gorjajev EW 428.

Щек 'Mannsname, Bruder des Kyj in der Kiewer Gründungssage', aruss. *Ščekъ* (Nestor-Chron.). Unklar.

щекá 'Backe, Wange', dial. 'steile Felswand eines Flusses', Ostsibir., Kolyma (Bogor.), ukr. *ščoká* 'Backe', *paščéka* 'Schlund, Backenknochen', wruss. *páščeka* 'Kiefer', bes. Unterkiefer', poln. *szczeka*, *szczęka* 'Kinnbacken, Kinnlade'. || Wird als urverw. verglichen mit anord. *skegg* 'Bart, Bugspitze', *skagi* m. 'Landspitze, Landzunge' (Pedersen Mat. i Pr. 1, 171, Brückner Archiv 28, 569). Zweifelhaft ist die Heranziehung von *щеглá* (Gorjajev EW 428).

щекáтить 'zanken, streiten, lästern', Arch., Vologda (D.), *щекáтый* 'streitsüchtig, frech, zankend', Arch. (Podv.), Olon. (Kulik.), *щекáрить* 'lästern', Arch. (Podv.), *щекáть, щечúть* 'laut u. schnell sprechen, plappern, zanken', Arch. (D.), wruss. *ščekáć* 'bellen, schimpfen', čech. *štěkati* 'bellen', slk. *štekať*, poln. *szczekać* dass., osorb. *šćekać so* 'sich necken, schäkern', nsorb. *šćěkaś se* 'schäkern, sich necken; toben'. Wohl lautnachahmender Herkunft, s. Holub-Kopečný 375, Preobr. Trudy 1, 116. Kaum zu *щекá* 'Backe' als 'die Backen bewegen' (gegen Brandt RFV 24, 191). Siehe *щекотáть*.

щеклея́ 'Rotauge, Cyprinus rutilus', Kr. Birsk, G. Ufa (Paasonen MSFOugr. 41, 51). Erinnert an *уклéя*.

щекóлда 'Riegel' (Mel'nikov u. a.), auch 'Querbolzen', dial. *чекóлда*. Wohl entlehnt aus ndd. *Steckholt* 'Steckholz', s. Verf. Zeitschr. 18, 59. Kaum zu *щúколка* 'Fußknöchel' (Sobolevskij RFV 66, 338). Bedenklich auch die Verbindung mit kasantat. *šakylda-* 'klopfen' und mit *щёлкать* 'knallen' als *щелколда* (gegen Gorjajev EW 423).

щекотáть, -чý I. 'zwitschern, plappern', wruss. *ščekotáć* dass., aruss. *ščekotъ* 'Singen (von Nachtigallen)', *ščekotati* 'singen', čech. *štěkot* 'Bellen'. Weiter zu *щекáтить* 'zanken', *щекáть* 'plappern, zanken'. Lautnachahmender Herkunft, ähnlich wruss. *skahatáć* 'quieken', Vitebsk (Kasp.), ukr. *zaskýhłyty* 'aufschreien, schreien (von Vögeln)', Cherson (Bessaraba 540). Vgl. *щегóл*.

щекотáть, -чý II. 'kitzeln', vgl. kslav. *skъkъtati* 'kitzeln' neben *štekotanije* 'Kitzeln', bulg. *skókot* 'Kitzeln', *skokóťa* 'Kitzeln' (Mladenov 584), skr. *čkàkljati* 'kitzeln', s. MiLP 852, EW 306, Želtov Fil. Zap. 1876 Nr. 6 S. 36. Die Vereinigung dieser Wörter mit *щекотáть* I ist schwierig, s. Preobr. Trudy 1, 116. Siehe auch *щелоктáть*.

щекуны́ pl. 'Spottname für die Leute von Voronež', weil dort *що* für *что* gesagt wird, s. Zelenin Živ. Star. 1904 Nr. 1 S. 64; 1905, 3 S. 31, Polikarpov Živ. Star. 21, 140.

щелва́н 'Spötter', *щелва́нить* 'verhöhnen', Vjatka (D.), *щелобо́н* 'Spötter', Nižn., Makaŕjev (D.), *щелыва́нить* 'Mädchen betören'. Kaum zu *шалбе́р* (s. d.). Dunkel.

ще́леп 'Kinnlade, Unterlippe', Südl., NeuruBl. (D.), neben *ске́леп* dass. Viell. zu *щель* 'Spalte'?

Щелка́н Дуде́нтьевич 'tatarischer Held in den Bylinen', aruss. *Ševkalъ* (Pskover 2. Chron. a. 1327 u. a., s. Solovjev Ist. Rossii 1, 917 ff.), ist der tatarische Gesandte *Čol Chan*, der Vetter des Özbek, der sich 1327 in Tveŕ Willkürhandlungen zuschulden kommen ließ und dafür umgebracht wurde, s. Spuler Goldene Horde 90 u. pass. Volksetymologisch von *щёлкать* 'schlagen' beeinflußt.

щёлкать 'knallen, knacken, schnalzen', *щёлк* 'Interj. des Knakkens, Knallens', *щёлк* 'Schlag', *па́щелок* 'Schlag mit der Handfläche' (Šachmatov IORJ 7, 1, 306). Nach Gorjajev EW 428 ff. zu *щель* 'Spalte'. Viell. lautnachahmend.

щёлок 'Lauge, Waschlauge', schon Domostr. Zabel. 158 ff. Man vergleicht seit langem anord. *skola* 'spülen, waschen', *skylja* dass., mnd. *schölen* 'spülen' (MiEW 342, Matzenauer 341, Gorjajev EW 429). Entlehnung aus dieser Sippe (Preobr. Trudy 1, 118) ist wegen des Bedeutungsunterschiedes zweifelhaft (s. Thörnqvist 270). Auch die Verbindung mit anord. *skilja* 'scheiden' (Grot Archiv 7, 140 ff.) befriedigt nicht. Etwa entlehnt aus ndd. *Schöllôge 'Spüllauge'? Zu nhd. *schölen* 'spülen' vgl. Grimm DWb. 9, 1452.

щелокта́ть 1. 'kitzeln'. 2. 'schwatzen' (von d. Elster), Orel, Rjazań (D.), *щелыкна́* 'Gekitzel', *щелыкта́ть* 'kitzeln', Terek-G. (RFV 44, 114). Wird von Torbiörnsson 1, 42 mit *щёлкать* zusammengebracht.

щелуха́ 'Hülse, Schote', Südl., West., Novgor., Tveŕ (D.), 'Fischschuppe', *щелуши́ть* 'enthülsen', Pskov, Tver, *щелыха́ть* dass., Pskov, Tveŕ (D.). Zu *шелуха́*, s. Petersson Archiv 35, 374.

ще́ль f. -*и* 'Spalte, Riß, Ritze', *що́лка* 'Spalte', *ще́лье*, *щельё* n. 'steiles, steiniges Ufer', Arch. (D.), *щели́ть* 'spalten, zerteilen', *щеле́ть* 'Risse, Spalten bilden', ukr. *ščiľ* G. -*i* f. 'Spalte', wruss. *ščélka* 'Spalte', *ščélki* pl. 'Augen', *ščélić* 'verstohlen gucken', poln. *szczelina* 'Spalte', sloven. *ščálja* 'Splitter'. ‖ Urverw. mit lit. *skélti, skeliù* 'spalte', lett. *šḳelt, šḳeļu* dass., *šḳèle* 'abgespaltenes Stück, Schlitz hinten am Rock', *Šḳèlis* 'Name einer Stromschnelle der Ewst, wo sich das Wasser an e. Stein spaltet', *šḳila* 'Splitter, Holzscheit', lit. *skiltis* 'abgeschnittene Scheibe', *skylė̃* f. 'Loch', anord. *skilja* 'trennen, spalten', griech. σκάλλω 'hacke, grabe', armen. *çelum* 'spalte', hettit. *iškallāi-* 'zerbrechen, zerreißen', weiter zu *скала́, оско́лок, ско́лька*, s. Fick 1, 566, Trautmann BSl 264, M.-Endz. 4, 25 ff., 32; 39; 40, Buga RFV 75, 149, Matzenauer LF 12, 169, Schwentner PBrBtr. 48, 307, Persson KZ 33, 285. Hierher wohl auch *щеле́га* 'Stein unter Wasser', Arch. (Podv.), s. Kalima 244 ff.

ще́лья pl. 'Kiemen der Fische', Perm (D.). Wird von Paasonen Nyelvtud. Közl. 40, 356 (nach Kalima) aus syrjän. *šöľ* 'Kieme der Fische' hergeleitet, das zu lapp. N. suow|de, -wd- 'Kieme' gehört, s. Kalima FUF 18, 51, dieser hält aber auch Zusammenhang mit *щель* für möglich. Vgl. auch *шáглы* pl. 'Kiemen' u. dessen dial. Varianten.

щеляг 'Art Münze', s. *ицляг*.

щемить, *щемлю́* 'klemmen', *щóмы* pl. 'Kneifzange, Nußknacker', ukr. *ščemýty* 'klemmen', *oščemýty* 'schmerzhaft drücken', wruss. *ščemić* dass., sloven. *ščeméti, ščmíti* 'brennenden Schmerz verursachen', apoln. *szczmić*, Iter. *szczmiać* 'pressen, zusammenhalten' (Brückner Archiv 11, 139 ff.). Ablautend mit **skom-* in *оскóмина* 'Abstumpfen der Zähne durch Säure' (s. oben 2, 283), daher bestimmt nicht turkotatar. (gegen Gorjajev EW 429), s. Preobr. Trudy 1, 119.

щенóк, *-нкá* 'junger Hund', pl. *щеня́та*, dial. *щеня́* auch für 'Wölfe u. Füchse', *щенúться* 'Junge werfen', ukr. *ščeńá*, G. *-áty* 'junger Hund, Wolf', wruss. *ščeńó, ščeńá*, aruss. *ščenja, -jate, ščenьcь* 'junger Hund, Junges eines wilden Tieres', kslav. *štenę, -ęte σκύμνος*, bulg. *štené*, skr. *štène* G. *-eta*, pl. *štênci* 'junge Hunde, Springfedern e. Schloß', sloven. *ščenè*, *-éta* 'junger Hund, Ferkel', čech. *štěně, štěňátko* 'junger Hund', slk. *šteňa, -niatko*, poln. *szczenię, -ęcia*, osorb. *ščenjo* 'junger Hund', auch 'letztgeborenes Kind', nsorb. *ščeńe*, polab. *sténą*, pl. *steńota*. Vgl. skr. *sùšten* 'trächtig' (von Hunden). || Urslav. **ščenę* G. *-ęte* verwandt mit armen. *skund* 'junger Hund, Wolf', ir. *cano, cana* 'Wolfsjunges', kymr. *cenaw* 'junger Hund, Wolf', weiter zu *чáдо*, lat. *recēns*, *начáть*, *начну́* (s. d.), griech. *καινός* 'neu', aind. *kániṣṭhas* 'jüngster', s. Pedersen Kelt. Gr. 1, 120ff., 185, Osthoff Parerga 1, 268ff. Charpentier MOr. 1, 21, Mladenov 697. Andere denken an Zusammenhang von **ščenę* mit lett. *skaņš* 'laut, helltönend, laut schallend', *skanêt*, *-u* 'tönen, klingen, schallen', lit. *skambėti, skámbu* 'klingen', *skambùs* 'tönend' (M.-Endz. 3, 871). Zweifelhaft ist die Verknüpfung von *ščenę* mit poln. *szczekać* 'bellen', auch *szczękać, szczęknąć* (gegen Brandt RFV 24, 192).

щепá 'Holzspan, Splitter', *щéпка* dass., *щепáть, щепúть* 'spalten, zerstückeln, zerkleinern', *щепúть* 'pfropfen', ukr. *ščéра* 'Pfropfreis', *ščepýty* 'pfropfen', wruss. *ščepáć* 'spalten', aruss. *ščepa* 'abgespaltenes Stück Holz', kroat. *oštepak* 'Hobelspan', sloven. *ščèp* G. *ščépa* 'Holzspan, Splitter', *ščéрək* 'Splitter', *ščepíca* dass., ačech. *ščep* 'Pfropfreis', *oščep* 'Spieß, Speer, Lanze', čech. *štěp* 'Pfropfreis', *štěpiti* 'pfropfen', poln. *szczep* 'Pfropfreis', *szczepa, szczapa* 'Holzscheit', *szczepić* 'pfropfen', *szczepać* 'Holz spalten', osorb. *ščěp* 'Pfropfreis', *ščěpać* 'spalten', *ščěpić* 'spalten, pfropfen', nsorb. *ščěp* 'Pfropfreis', *ščěp* m. 'Ast, Reis', *ščěpaś* 'spalten', *ščěpiś* 'spalten', Ablaut **skēp-* in skr. *štâp* 'Stab', s. *щап* (s. d.). || Urslav. **ščep-* verwandt mit lett. *šķẽpele* 'abgesplittertes Stück', *šķẽps* 'Spieß, Speer', lit. *skẽpsnė* 'Stück, Lappen', *skēpeta, skepetà* 'Lappen, Tuch', griech. *σκέπαρνος, -ον* 'Beil', *σκάπτω* 'grabe, hacke', ahd. *skaft* 'Schaft, Speer', weiter zu *скопéц* (s. oben 2, 645) vgl. Trautmann BSl 265, Buga RFV 67, 245, M.-Endz. 4, 33, Štrekelj Archiv 28, 500ff., Solmsen Beitr. 209ff.,

Persson 884. Daneben findet sich urspr. *skoip-: *skeip-: *skip-, aruss. *ščъrъ* 'Schaden, Verlust, Abnahme des Mondes', *ščьrь* dass., *scěpati (s. *скепáть*), skr. *cijèpati* 'spalten', sloven. *cêpati* 'spalten', *cépiti* dass., vgl. griech. σκοῖπος · ἡ ἐξοχὴ τῶν ξύλων ἐφ' ὧν εἰσιν οἱ κέραμοι Hesych., σκίπων 'Stab, Stock', lat. *scīpiō, -ōnis* 'Stab', *cippus* 'Schanzpfahl, spitze Säule', alb. *ϑep* 'spitzer Fels', s. Hofmann Gr. Wb. 319, Durnovo RES 6, 218, Petersson Ar.Arm. Stud. 42. Siehe *щёпоть*.

щéпет 1. 'Staat, Putz'. 2. 'peinliche Sauberkeit, Sorgfalt für das Äußere', *щепетить* 'sich modisch ausstaffieren, Staat machen', *щепетильник* 'Kleinkrämer, Kurzwarenhändler', *щепетильный* 'kleinlich, pedantisch', dial. *щепеткóй* 'fest, dauerhaft', Arch. (Podv.), *щепетлúвый* 'stutzerhaft', *щепетúнье* 'Kurzwaren'. Urspr. wohl *щéпет* 'Kurzware' zu *щепá* 'abgespaltenes Stück, Kleinigkeit', s. Preobr. Trudy 1, 117 ff., Želtov Fil. Zap. 1876 Nr. 1 S. 16, Štrekelj Archiv 28, 501. Schwieriger ist die Verbindung mit *щёпоть* 'Prise' und *щипáть* 'kneifen' (MiEW 344).

щёпоть f. 1. 'Prise'. 2. 'die zwei oder drei ersten Finger der Hand', *щёпотка* dass., ukr. *ščýpka* 'Kniff, Biß', čech. *špetka, špeta* 'Prise' (aus *ščьrъtъka) neben *štipec* 'Prise', aruss. *ščъrъ* 'Verlust, Abnahme des Mondes'. Zu *щипáть* 'kneifen' (s. d.), vgl. MiEW 344, Preobr. Trudy 1, 118, Zupitza BB 25, 103.

щерá 'Steinplatte, Steinfliese', Nordgrr. (Etnogr. Obozr. 45, 114), Čerep. (Živ. Star. 1893 Nr. 3 S. 387, D.). Wird zu *щéрить* 'aufbäumen, spreizen, Zähne fletschen' gestellt, s. Durnovo RES 6, 219. Vgl. aber sloven. *ščêr* f. 'Sandbank', das zu anord. *sker* n. 'Seeklippe', schwed. *skär* gehört (aus altgerman. *skarja-), s. Verf. Zeitschr. 12, 103. Siehe *щерлóн* u. *шóра*.

щербá I. 'Riß, Lücke, Schramme, Narbe', *щербúна* 'Riß, Zahnlücke', *щербáтый* 'rauh, narbig, schartig' (davon PN *Щербáтый, Щербáтов*), *щербáк* 'Mensch mit Zahnlücken', *ущéрб* 'Schaden', ukr. *ščerbýna* 'Riß, Schaden', *ščerbáń, -ná* 'Gefäß mit angeschlagenem Rande', wruss. *ščerbá* 'Riß', aruss. *ščъrbъ* 'unvollständig, schadhaft', bulg. *štrb, štr̂b* 'Scharte, Scherbe', *štrъbla* f. 'zahnlückige Frau', *štъrbel* 'Scharte, Zahnlücke', *štъrbát* 'schartig', skr. *Štŕbina* 'Bergname', sloven. *ščȓb* 'schartig', *ščȓba* 'Scharte, Zahnlücke', čech. *štěrba* 'Scharte, Ritze', slk. *štrbavý* 'rissig', *štrbina* 'Riß', poln. *szczerb* m., *szczerba* f. 'Scharte', osorb. *ščerba* 'Scharte, Lücke', nsorb. *ščerb* m., *ščerba* f. dass. || Urslav. *ščьrba urverw. mit lett. *sķirba* 'Spalte, Riß', *sķerbala* 'Splitter', *skařba* dass., *skařbs* 'scharf, rauh', lit. *skirbti* 'sauer werden', ahd. *scirbi* n., spätmhd. *scherbe* 'Scherbe', griech. σκαρφᾶσθαι · σκεδάννυσθαι Hesych., Σκάρφη 'Ort am Thermopylenpaß', s. M.-Endz. 3, 872ff.; 4, 28, 43, Endzelin SlBEt. 198, Buga RFV 75, 149, Trautmann BSl 266, Persson 862, Hoffmann Makedonen 28. Siehe *хорóбрый*.

щербá II. 'heiße Suppe, Fischsuppe', Arch. (Podv.), Nördl., Östl., Voron., Tambov (D), *шербá* Perm, *щурбá* Samara (D.), *щебрá* Kostroma. Entlehnt aus d. Turkotat.; osman., krimtat. *čorba* 'Suppe, Brühe', uigur. *čobra*, kasantat. *šurpa*, tschuwass. *šürbe*

'Suppe', dschagat., sart. *šorba* (Radloff Wb. 3, 2021ff.; 2031; 4, 1030; 1101, Paasonen Cs Sz. 154, Vámbéry Uigur. Spr. 252), s. MiEW 37, TEl 1, 279, Nachtr. 1, 25, Korsch Archiv 9, 496, Berneker EW 1, 159ff., Lokotsch 35, Kraelitz 15, Gorjajev EW 430. Siehe *щедра́*.

щербáк 'Cichorium, Endivie', ukr. *ščerbák*, čech. *štěrbák*, Ableitung von *щербá* I 'Scharte' wegen der gesägten Grundblätter (Abbildungen bei Marzell 1, 988 ff. und Zemlinskij 235).

щерёда 1. 'finsterer Mensch, Griesgram'. 2. 'Distelköpfchen mit Häkchen', Jarosl. (Volockij). Wohl *skerd-, Ablaut zu *скородá* 'Egge', *оскорд* 'Art Beil' (s. oben 2, 283 u. 647).

щéрить 1. 'sträuben (Haare, Federn)'. 2. 'fletschen (Zähne)', *още́риться* 'zornig werden', Kašin (Sm.), ukr. *ščyrozúbyj* 'Zähne fletschend', *výščyryty* 'fletschen', *škíryty* dass., *výskiryty*, wruss. *ščéryć*, *výščeryć* 'fletschen, vorstülpen', *škéryć* 'fletschen', čech. *štěřiti*, *štiřiti*, poln. *szczerzyć zęby*, osorb. *śćěrić*, nsorb. *śćěriś* dass. Nicht davon zu trennen, trotz des schwierigen Anlauts, sind bulg. *ocárvam*, *océra (zъbi)* 'fletschen', skr. *cjěriti* 'die Zähne beim Lachen zeigen', sloven. *ceriti* (MiEW 299), čech. *ceřiti* 'fletschen', *ceřiti se* 'klaffen', slk. *cerit'* 'fletschen'. Dazu stellt Mi. c. l. auch *ускирёк* 'Scherbe'. ‖ Bei Annahme einer Verwandtschaft mit *sker-* 'schneiden', ahd. *sceran* 'scheren, sondern', lit. *skìrti*, *skiriù* 'trenne, scheide' (s. auch *скорá*, *корá* 'Rinde, Leder') muß ein Wechsel der Ablautreihen angenommen werden, denn die Anlaute *šč-* und *šk-* (evtl. aus *sc-* und Einfluß des *šč-*) könnten nur durch Einwirkung einer *-oi-:-ei-*Reihe erklärt werden, s. Berneker EW 1, 126, Durnovo RES 6, 219, Brückner EW 544, Bernard RES 27, 39. Siehe *щерь*.

щерлóп 'felsiges Ufer', Arch. (Podv.), *щерлóпа* Arch. (D.). Jedenfalls zu *щерá*. Schwierigkeiten macht der zweite Teil.

щерлухá 'Fischschuppen', Kašin (Sm.). Wohl aus *шелухá* 'Hülse' durch Einfluß von *щерь* umgestaltet. Vgl. aber *скорлушá* 'Kartoffelschale', Vjatka (D.).

щерь f. 'Fell des Rindviehes, Fellfarbe'. Ablaut zu *скорá* 'Fell'.

щетина I. 'Borste, Schweinsborste', *щетиниться* 'sich sträuben, böse sein, böse werden', *щётка* 'Bürste', *щеть* f. 'Zaun aus Pflöcken', Arch., ukr. *ščét'*, *-ty* 'Bürste zum Flachskämmen', *ščetýna* 'Borste', bulg. *četina* 'Borste, Wachholder', *četka* 'Bürste, Pinsel, Kamm', skr. *čètina* 'Nadeln der Tannen, Fichten', *čětka* 'Bürste', sloven. *ščèt* f. G. *ščetî* 'Bürste, Distel, Palisadenwehr an e. Flusse', *ščetina* 'Borste, Distel', *ščětka* 'Bürste, Pinsel, stacheliger Kopf d. Stechapfels', čech. *štět* f. 'Borste', *štětina* 'Borsten(haar)', slovak. *štetec* 'Pinsel', *štetina* 'Borste', poln. *szczeć* f. 'Borste', *szczotka* 'Bürste', *szczecina* 'Schweinsborste', osorb. *śćěć* f., *śćětka*, nsorb. *śćeś* f., *śćetka* 'Borste', polab. *sacét* 'Borste, Bürste, Hechel', slovinz. *ščìec* 'Borste, Pinsel, Flachshechel'. ‖ Die Annahme eines Ablautes *sket-* zu *скот* 'Vieh' ist bedenklich, weil letzteres germ. Lehnwort ist und dafür eine Bed. 'Schweine' nicht nachgewiesen werden kann (gegen Iljinskij RFV 73, 287, Mladenov 684). Die späte polab. Form gab den

щетина — щикать

Anlaß zu dem (nicht gesicherten) Ansatz *sъčetь und Vergleich mit lit. šùkos f. pl. 'Kamm', šùkė f. 'Scharte (von Messern, Zähnen), Scherbe', lett. suka 'Bürste, Pferdestriegel, Hechel', suķis m., suķe, suka f. 'Scherbe', ferner mit aind. çū́kas m. 'Granne, Stachel', avest. sūkā 'Nadel', s. Mikkola RS 1, 18, Trautmann BSl 309ff., M.-Endz. 3, 1116ff., dazu skeptisch Brückner Zeitschr. 4, 217. Abzulehnen ist die Heranziehung von lit. skiẽtas 'Querbalken an der Egge' (MiEW 343, wo fälschlich als skė́tas, vgl. Zubatý Archiv 16, 288). Beachtenswert ist der Vergleich von щетина mit lit. sketerà 'Widerrist, Bug am Pferde', lett. šķeteri 'dünne Stangen im Strohdach', šķestra, šķesta 'Strohdachrute', s. Zubatý Archiv 16, 414ff., M.-Endz. 4, 29, Holub-Kopečný 375ff., Iljinskij c. l. Bestimmt nicht hierher gehört griech. κάκτος 'Kaktus' (gegen Loewenthal Zeitschr. 6, 374ff.), das für vorgriech. gehalten wird, s. Hofmann Gr. Wb. 129, Boisacq 396.

щетина II. 'Stettiner Apfel' (vor 1914), aus штетинское яблоко vom ON Stettin durch Einfluß von щетина I, s. Thomson 347.

щечить I. 'schnell sprechen, zanken', s. щекарить.

щечить II. 'heimlich bei Seite schaffen, stehlen, zupfen, pflücken' Kapnist (Blagoj 338). Kaum über 'beschwatzen, übervorteilen' mit dem vorigen zusammenhängend.

щи pl. 'Kohlsuppe', dial. шти 'Suppe aus gedörrtem Fisch und Graupen', Olon. (Kulik.), Kirillov, Šenkursk, Sevsk (Pr.), шти auch 'wilder Lauch', Kolyma (Bogor.), Ableitungen: щаги pl. 'Kohlsuppe', Adj. щаной, älter: šti pl., G. štej (Domostroj, Zab. 55ff., K 41 u. a., auch Radiščev), kislaštjanoj (Domostr. K. 28), PN *Ivan Šti* Urk. a. 1510, s. Sobolevskij Lekcii 119. Möglicherweise geht щи auf *sъtъ pl. sъti (vgl. com), aruss. sъto 'Nahrung' zurück; s. Sobolevskij c. l., ŽMNPr 1886, Sept., S. 145ff., Černyšev Festschr.-Sobolevskij 28, Gorjajev Dop. 1, 47ff., Černych Leksikol. 190. Weniger wahrscheinlich ist Verwandtschaft von щи mit щавель 'Sauerampfer' und aind. cyávati 'setzt in Bewegung, erschüttert' (Potebnja RFV 1881, Nr. 4, S. 340, MiEW 343, Gorjajev EW 429, teilweise auch Mladenov 697), ebenso die Verbindung von щи mit сок (s. d.) unter Ansatz eines nirgends belegten *sъkъ (Iljinskij RFV 73, 305ff.). Daraus wäre *sci zu erwarten. Abzulehnen die Anknüpfung an *sьcati (Brandt RFV 24, 192). Nach B. de Courtenay bei Dal' Wb. 4, 1506ff. soll щи entlehnt sein aus dän. sky 'Brühe', das aber aus franz. jus übernommen ist (s. Falk-Torp 1044).

щибёр s. щабёр.

щиблета s. штиблета.

щикать, щикнуть 'abzwicken, abkneifen (das Angebrannte von dem Docht einer Kerze)', ukr. uščyknúty 'klemmen', wruss. ščykáć, ščyknúć 'kneifen', aruss. uščьknuti 'kneifen, klemmen', čech. uštknouti 'beißen, stechen', poln. szczykać, uszczyknąć 'abkneifen, abzwicken'. Urspr. *ščik- neben *ščьk-, wird zu щипать 'kneifen' gestellt, s. Zubatý Archiv 16, 415, Zupitza BB 25, 103, Brückner EW 545.

щи́колка, щи́колотка 'Fußknöchel', ukr. ščýkołotok G. -tka dass. Keineswegs sicher ist Zusammenhang mit *лоды́га* (Gorjajev EW 429 ff.). Sehr zweifelhaft ist der Vergleich des ersten Teiles (c. l.) mit lat. *ciccum* 'Kerngehäuse des Granatapfels, Nichts', das aus griech. *κίκκος* entlehnt ist, welches für fremd gilt (s. Hofmann Gr. Wb. 144, Walde-Hofmann 1, 241 ff., Boisacq 454, Meillet-Ernout 212). Auch Verwandtschaft mit *щеко́лда* ist sehr fraglich.

щипа́ть, *щиплю́* 'kneifen, zwicken', *щипцы́* pl. 'Zange', ukr. ščypáty, wruss. uščýpok 'Kniff', bulg. štípa 'kneife' (Mladenov 697), skr. štípati, štipâm, štipljêm, sloven. ščípati, -pam, -pljem, čech. štípati, slk. štípat', poln. szczypać, osorb. ščipać, nsorb. ščipaś. Ablaut *ščьp- in *щёпоть* (s. d.). ‖ Vgl. lett. šķipsna 'soviel man mit drei Fingern fassen kann', šķipsta 'Garnfitze', šķipuôsts 'soviel man mit den Fingerspitzen fassen kann', šķipstiņš 'Salz, soviel man mit den Fingerspitzen faßt', lit. skypata 'kleines Stückchen, Bröckchen', s. M.-Endz. 4, 42 ff., Zubatý Archiv 16. 415. Der letztere Gelehrte sucht weitere Beziehungen zu der Sippe von *цеп* 'Dreschflegel' (s. d.). Vgl. auch *щика́ть*.

щир 'Garten-Fuchsschwanz, Amarantus caudatus', Westl. (D.) *щире́ц* 'Fuchsschwanz, Amarantus paniculatus', Südl. (D.). Von den 'purpurroten Scheinähren' (Marzell 1, 239) erklärt sich *щир* 'rote Farbe', Tambov (D.), ukr. ščyr, ščyréć 'Amarantus paniculatus', bulg. štir 'Amarant, Melde', skr. štîr 'Amarant', sloven. ščîr dass., čech. štir 'Bingelkraut', poln. szczyr, szczér dass., osorb. ščéŕ, nsorb. ščeŕ 'Bingelkraut'. Man denkt an Entlehnung aus ahd. *stir, stur* 'intiba queccus, blitus' (seit d. 10. Jhdt., s. Marzell 1, 243), doch bleiben bei dieser Deutung lautliche Schwierigkeiten, vgl. auch Brückner EW 546.

щи́рый 'wirklich, echt, wahrhaft, aufrichtig', Südl., Westl. (D.), *Щира* Flußname: 1. Kr. Luga G. Petersburg. 2. Kr. Kromy G. Orel, ukr. ščýryj 'wirklich, wahr, eifrig, fleißig', wruss. ščýryj, čech. čirý 'lauter', čiré pole 'freies Feld', slk. čirý, poln. szczery 'rein lauter, aufrichtig'. ‖ Wohl urverw. mit got. skeirs 'klar, deutlich', anord. skírr 'rein, klar', mhd. schîr, nhd. schier, alb. hir 'Gnade Gottes', viell. auch griech. σκίρον 'weißer Sonnenschirm', s. G. Meyer Alb. Wb. 152, MiEW 343, Trautmann BSl 264, Brückner EW 544, Holub-Kopečný 93. Trotz des Fehlens des Wortes in d. südslav. Sprachen ist Entlehnung aus d. German. nicht wahrscheinlich (gegen Uhlenbeck Archiv 15, 492, Aind. Wb. 94, Kiparsky 162 ff., Torp 462). Weitere Verwandtschaft nimmt Brückner c. l. mit *широ́й, широ́кий* an. Vgl. *Чир* III (oben 3, 341).

щит G. -á 'Schild', *щити́ть* 'beschirmen', *защити́ть, защища́ть* 'verteidigen' (ksl. Lehnw.), ukr. ščyt, wruss. ščyt, aruss. ščitъ 1. 'Schild'. 2. 'Schutz', abulg. štitъ ἀσπίς (Supr.), bulg. štit, skr. štît G. štíta, sloven. ščìt G. ščíta 'Schild, Vorgiebel; Darrhürde, Darre', čech. štít 'Schild, Schutz, Giebel', slk. štít 'Schild, First', poln. szczyt 'Schild, Giebel, Bergrücken', osorb. škit, nsorb. ščit. ‖ Urslav. *ščitъ urverw. mit lit. skiẽtas 'Querbalken der щляг — щувáть

Egge, Weberkamm', lett. *šķiêts* 'Weberkamm', *šķieta* 'Brustknochen der Gans', apreuß. *scaytan* 'Schild', ir. *sciath* 'Schild', kymr. *ysgwyd*, lat. *scūtum* 'Schild' (*skoitom), s. M.-Endz. 4, 54, Trautmann BSl 264, Pedersen Kelt. Gr. 1, 58, 76, Bezzenberger bei Stokes 309. Weiteres s. unter *цедúть*. Von einer Entlehnung aus d. Kelt. (Šachmatov Archiv 33, 92) kann keine Rede sein. Bedenklich ist der Vergleich mit got. *skildus* 'Schild' (Brandt RFV 24, 193).

щляг 'Art Münze', nur aruss. *ščьljagъ* (Nestor-Chron. a. 885 u. 964). Entlehnt aus anord. *skillingr* 'Schilling', bzw. ahd. asächs. *scilling*, s. Kunik-Rosen Al Bekri 99 ff. Ebenfalls aus german. Quelle, aber früher entlehnt, ist r.-ksl. *stьljazь* (Rjaz. Kormč. a. 1284), *stьgljazь* (Arch. Ev. a. 1092, s. Sobolevskij Archiv 26, 562, RFV 64, 92 ff. mit anderer Chronologie), skr. *clez* (Veglia, s. Jagić Archiv 31, 628) über *scьlęzъ, vgl. Obnorskij IORJ 19, 4, 101, Kiparsky 264 ff. Übernahme aus got. *skilliggs* ist zweifelhaft (gegen Uhlenbeck Archiv 15, 491), da der Schilling erst 550 p. Chr. bezeugt und zuerst von fränk. Königen geprägt wurde, s. Edw. Schroeder KZ 48, 262, Knutsson AG 132 ff., Kluge-Götze EW 518, Falk-Torp 995. Urspr. Ableitung von germ. *skildus* 'Schild' (Schroeder c. l.). Ein kslav. *ščьlęgъ ist nicht belegt (gegen Bauer bei Schroetter 602) und müßte aus *scьlędzъ entstanden sein. Vgl. auch *склязь* (oben 2, 639), dessen *kl* MiEW 300 aus *tl* erklären wollte.

щнýться 'abnehmen (vom Mond)', nur aruss. *ščьnuti sja* 'abnehmen', *ščьnenije* 'Abnahme des (Mondes)', s. Srezn. Wb. 3, 1615). Aus *ščьpnǫti zu aruss. *ščьръ* 'Abnahme (vom Mond)', weiter zu *щипáть*, s. Iljinskij RFV 73, 302.

що- s. ще-.

щóкур 'Art Lachs, Salmo schokur', Tobol'sk (Živ. Star. 1899, Nr. 4, S. 517), *щóкур*, *шóкур*, *сóкур* dass. Kolyma (Bogor.), s. *шóкур*.

щолóб 'roter Lehm', Olon. (Kulik.). Vgl. ukr. *ščoцb* m., *ščóцba* f. 'steiler Berggipfel, Klippe', mit anord. *skjǫlf* f. 'Anhöhe, Bank', ags. *scielf* m. 'Spitze, Zinne', engl. *shelf* 'Sims, Sandbank' (zur Sippe s. Holthausen Awn. Wb. 254, Aengl. Wb. 277, Torp 461).

щóра 'Kiessand, Grand', s. *шóра*.

щувáть 'jemd. ins Gewissen reden, ermahnen, Vorhaltungen machen', Vologda, Vladim., Perm (D.), Vjatka (Vasn.), Jarosl. (Volockij), *щунáть*, *щýнить*, *щунýть* dass., Vjatka, Arch. (Podv.), Olon. (Kulik.), *щунáтель* 'Missionar', Astrach. (RFV 63, 133), *ущýнно* 'richtig', Kaluga (RFV 49, 335), ukr. *ščuňáty* 'hetzen', wruss. *ščuńáć*, *uščúnić* 'schelten', aruss. *čunuti* 'schelten, in Verlegenheit bringen', sloven. *ščúti*, *ščújem* 'hetze', *ščuváti*, *ščúvam* dass., ačech. *ščváti*, *ščuju* 'hetze', čech. *štváti* dass., *poštívati* 'hetzen', slk. *štvat'*, poln. *szczuć*, *szczuję*, *szczwać* 'hetzen', osorb. *šćuwać* dass., nsorb. *šćwaś*. ‖ Ursl. *ščьvati, *ščьjǫ, *ščěvati, viell. von einer Interj. des Antreibens. Zweifelhaft ist die Annahme einer Urverwandtschaft mit ahd. *sciuhen* 'scheuchen', mhd. *schiuchen* dass., *schiech* 'furchtsam' (gegen Berneker IF 10, 155) oder gar Entlehnung daraus (Prellwitz ²416).

щук 'Lärm', kirchl., aruss. *ščukъ* dass., s.-ksl. *štukъ ψόφος štučati* 'lärmen'. Wohl lautnachahmend wie *стук*, vgl. MiLP 1137, EW 343, Preobr. Trudy 1, 120.

щу́ка 'Hecht', demin. *щуклёнок*, pl. *щукленя́та* 'junger Hecht', ukr. *ščúka*, aruss. *ščučina* 'Hechtfleisch' (15. Jhdt., s. Srezn. Wb. 3, 1615), bulg. *štúka*, skr. *štùka*, sloven. *ščúka*, čech. *štika*, slk. *šťuka*, poln. *szczuka*, osorb. *šćuka*, nsorb. *šćuk* m., polab. *stäukó*, Daneben: ukr. *ščúpa*, *ščupák*, *ščupeľá*, G. -*áty*, wruss. *ščupák*, poln. *szczupak*, *szczubiel*, älter *szczupiel*, nsorb. *šćipeľ*. Es werden verschiedene Erweiterungen einer gemeinsamen Wurzel **skeu-* durch -*k*- und -*p*- angenommen, s. Mladenov 698, Iljinskij RFV 78, 204. Sonst werden Beziehungen gesucht zu *щипать* 'tasten' (Mladenov) und zu *щу́плый* 'dünn' (Brückner EW 545). Ganz unsicher ist der Vergleich von *щу́ка* mit mnd. *schūlen* 'verborgen sein, lauern, lugen', ir. *cúil* 'Versteck', lat. *obscūrus* 'dunkel' (Loewenthal WS. 10, 150). Sehr zweifelhaft auch die Verbindung mit *скок*, *скака́ть* (Potebnja bei Preobr. Trudy 1, 120).

щу́кнуть, ущу́кнуть 'still werden', ukr. *uščucháty, uščúchnuty* dass., wruss. *ščúkać, uščúkći* 'aufhören, verstummen'. Nach Preobr. 2, 407, Trudy 1, 120 zu *щук* 'Lärm'. Die Bed. 'still werden' erklärt er durch negierendes *u*-. Unsicher.

щуле́п 'Art Pfefferkuchen', Jarosl. (Volockij), *щуле́п, шуле́п* dass., Vladim. (D.). Unklar.

щу́нить, щуня́ть s. *щува́ть*.

щу́пать, -*аю* 'betasten, befühlen', *о́щупь* f. 'Betasten', *щуп* 'Sonde', ukr. *ščúptaty* 'berühren', *ščúpta* 'Prise', aruss. *ščupati* 'berühren, betasten'. Man vergleicht als urverw. aind. *chupáti* 'berührt' (nur Gramm. u. Lex.), s. Agrell Zur bsl. Lautg. 39, E. Lewy IF 32, 159. Siehe das folg.

щу́плый 'weich, locker, brüchig, morsch', *щупл, щупла́, щупло*, ukr. *ščúpľyj* 'unansehnlich, mager, dünn', *ščupľávyj* dass., wruss. *ščúplyj* dass., aruss. *ščuplъ* 'schwach, arm', čech. *štiplý* 'schlank', slk. *šťúply* 'schlank, hager', poln. *szczupły* 'dünn, zart'. ‖ Ursl. *ščuplъ wird unter Hinweis auf Bildungen wie *до́хлый, ну́хлый* zu *щу́пать* 'tasten' gestellt, eigtl. 'so mager, daß man seine Knochen tastend fühlen kann' (Nosovič), vgl. Preobr. Trudy 1, 120ff., Iljinskij RFV 78, 202ff.

щур I., 1. 'Fichtengimpel, Kernbeißer, Loxia enucleator'. 2. 'Uferschwalbe, Hirundo riparia'. 3. 'Grille', ukr. *ščur* 'Uferschwalbe', aruss. *ščurъ* 'Vogelname', kslav. *šturъ* τέττιξ, auch 'Lerche', bulg. *šturec* 'Grille' (Čukalov), sloven. *ščúrək* 'Feldgrille', čech. *štír* 'Erdgrille', slk. *šťur* dass., poln. *szczur* 'Heuvogel, Bienenfresser, Merops apiaster'. Wohl von einem lautnachahmenden *ščur-, s. MiEW 344, Brückner EW 545. Vgl. sloven. *ščirìč, čirìč* 'Weingrille', sowie das folg. u. oben *чири́кать* 'zwitschern' u. *стриж*.

щур II. 'Regenwurm', Arch., Vologda, Perm (D.). Wird mit *щур* 'Grille' für etymologisch verwandt gehalten (s. das vor.), vgl. MiEW 343, Preobr. Trudy 1, 121. Nach Mladenov 698 wären die Wörter für 'Grille' weiter zu stellen zu bulg. *štúram se* 'ziehe umher' u. *скитáться* (oben 2, 638). Unsicher.

щур III. 'Ratte', ukr. *ščur*, wruss. *ščúra*, čech. dial. *šťur* dass., slk. *šťúr* dass., poln. *szczur* 'Ratte'. Vgl. auch *яшур* (s. d.). Der Vergleich mit griech. σκίουρος 'Eichhörnchen' (Štrekelj Archiv 28, 515, Preobr. Trudy 1, 121) ist abzulehnen, weil dieses als 'Schattenschwanz' (σκιά 'Schatten', οὐρά 'Schwanz') eine offenkundig einzelsprachliche Bildung darstellt (s. Hofmann Gr. Wb. 319, Boisacq 876 ff., wo Widerlegung anderer Ansichten).

щур IV. 'Vorfahr', s. *прáщур*.

щýрить 'zusammenkneifen, blinzeln' (von d. Augen), dial. *чýриться* dass., Pskov, Tveŕ (D.), ukr. *pryščúryty śa* 'aufhorchen (von Pferden), die Ohren spitzen', *pryščuľuváty śa* dass. Unklar. Verfehlt sind die Vergleiche mit *щéрить* 'fletschen' (Gorjajev EW 430) und mit *чур* 'Grenze' (Iljinskij Archiv 32, 342, wo auch sonst viel Unverwandtes, s. Preobr. Trudy 1, 121 ff.).

щурýп, -а 'Schraube', dial. *шурýп* Sevsk (Pr.), *щурýпить* 'festschrauben', älter: *зашрýбливать* 'einschrauben', Peter d. Gr., s. Smirnov 116, ukr. *šrub* 'Schraube', *šrubuváty* 'schrauben', wruss. *šrub*, *šrubováć*. Entlehnt über poln. *szrub(a)*, *śrub(a)* 'Schraube', *szrubować*, *śrubować* 'schrauben' aus mhd. *schrûbe* dass. von lat. *scrōfa* 'Mutterschwein', weil das Schraubengewinde 'geringelt war wie ein Sauschwanz', vgl. lat. *porca* 'Sau', span. *puerca*, port. *porca* 'Schraubenmutter' (Kluge-Götze EW 542), s. Grot Fil. Raz. 2, 518, Brückner EW 535, Matzenauer 334, 341, Preobr. Trudy 1, 122. Die ungewohnte Lautverbindung poln. *śr-* konnte im Russ. den Anlaß für den svarabhakti-Vokal bilden, s. auch Štrekelj 60. Skandin. Vermittlung (Matzenauer) ist nicht anzunehmen.

-щутúть 'fühlen', s. *ощутúть*, *очутúться* (oben 2, 297).

Ъ

28. Buchstabe des altruss. Alphabets. Seine Benennung war *ep* (*jer*), in neuerer Zeit *твёрдый знак* 'hartes Zeichen'. Urspr. bezeichnete er einen kurzen *y*-artigen Laut, der im Wortauslaut im Laufe des 12. Jhdt. schwand, im Inlaut zum Teil früher, aber nur, wenn die unmittelbar folgende Silbe keinen ъ-Schwund erfuhr. In letzterem Falle wurde das dem Schwunde vorausgehende ъ zu *o*. Vgl. *сон, сна, сну*. Näheres in den histor. Grammatiken. Anlautendes urslav. ъ kommt in historischer Zeit nicht vor, weil in derartigen Fällen früh vor ъ ein *v*-Vorschlag erfolgte (vgl. *вопúть, вóпль*).

Ы

29. Buchstabe des altruss. Alphabets. Benennung *epы* (*jery*). Begegnet im Anlaut nie, weil urslav. anlaut. *y* einen *v*-Vorschlag erfuhr (vgl. *выдра, вымя*).

Ь

30. Buchstabe des altruss. Alphabets. Benennung *ерь* (*jeŕ*), in neuer Zeit *мягкий знак* 'weiches Zeichen'. Urspr. hatte er den Lautwert eines kurzen *i*-Vokals. Er schwand unter denselben Bedingungen und gleichzeitig wie ъ (s. oben) und wurde in den gleichen Stellungen zu *e*, in denen ъ zu *o* wurde. Vgl. *день*, *дня*; *пес*, *пса*. Anlautendes ь- erfuhr urslav. einen *j*-Vorschlag; aus *jь* wurde russ. *i* im Anlaut. Näheres in den histor. Grammatiken.

Ѣ

31. Buchstabe des altruss. Alphabets. Benennung *ять* (*jať*). Urspr. hatte es den Lautwert eines langen *ē*-Vokals. Seit 1918 ist es aufgegeben und ersetzt durch *e*, das im Altruss. einen kurzen *e*-Vokal wiedergab.

Э

Erst in neuerer Zeit (seit 1708) aufgekommene Bezeichnung eines *e*-Lautes im Anlaut und nach Konsonanten ohne Palatalisierung. Benennung *э оборо́тное* 'umgekehrtes e' (s. Bol'š. Sov. Enc. 12, 418). Begegnet fast nur in jungen Lehnwörtern. Vgl. aber das folg.

э- ursprünglich eine deiktische Partikel, die sich in *э́тот* 'dieser', *э́такий* 'ein solcher, solch ein' erhalten hat. Vgl. abulg. *ese ἰδού*, ecce neben *jese* dass., ukr. *he* in *hev* 'hierher', *hen* 'dort', *hen-hen* 'dort, weit', *hénto* 'neulich, unlängst, vorgestern', wruss. *jétyj*, *hétyj* 'dieser', bulg. *e* 'da, da sieh', *éva*, *évo*, *éto* dass., *égle* (worin -*gle* = *гляди́*) 'da schau, nun, wohlan', skr. *ȅ* 'da, da schau!', *ȅno*, *ȅto*, *ȅvo* dass., sloven. *esej* 'dieser', *etam* 'dorthin', *ezde* 'hier', čech. *hen* 'dort', poln. *hen* 'schau, sieh da!', *het* dass. ‖ Urslav. *e* als Demonstrativpartikel neben *o* (s. *вот*) entspricht aind. *a-sāú* 'jener', *a-dás* 'jenes', griech. ἐ-κεῖ 'dort', ἐ-κεῖνος 'jener' neben κεῖνος, lat. *e-quidem* neben *quidem* 'freilich', osk. *e-tanto*, umbr. *e-tantu* 'tanta', s. Brugmann Grundr. 2, 2, 332 ff., Zubatý LF 36, 395 ff., Berneker EW 1, 259 ff., Trautmann BSl 65 ff., Fraenkel Balt. Spr. 63. Ein ursl. oder idg. **ho-*, **he-* läßt sich nicht nachweisen (gegen Fortunatov Archiv 12, 97). Siehe *э́ва*, *э́тот*, *э́нтот*, *э́фтот*.

эбе́новое де́рево 'Ebenholz', über franz. *ébène* dass. aus lat. *ebenus* von griech. ἔβενος, dessen Quelle ägypt. *hbnj* dass. ist, s. Spiegelberg KZ 41, 131, Littmann 12, Hofmann Gr. Wb. 67, Boisacq 211. Über älteres *евенский*, s. oben 1, 389.

э́ва 'siehe da!', *эво* Vologda, Novgor. (D.), *эвона*, *эвоно*, *эвонка*, Nördl., Östl., *эвон* Novgor., Perm, *эвока* Olon. (Kulik.), *эвонде*, *эводе* 'hier', Arch. (Podv.), *эвосе*, *эвоси*, *эвось* 'hier', *эвося* dass. (D.). Zusammensetzungen der Demonstrativpartikel *э* mit einer Interj., vgl. skr. *ȅvo*, *èvê* 'da, da schau!', ksl. *evo* 'ecce', kaschub. *hevo*. Der zweite Teil findet sich teils in *вот* 'hier, siehe da!', dial. *вото* (s. oben 1, 232), teils in -*ва*. Zu letzterem wird verglichen: lit. *và* 'siehe da!', *vãkur* dass., žem. *vė̃* dass., s. Buga

RFV 67, 237 ff. Zu den Endungen der andern Formen vgl. die Partikeln: *се, на, но, -ка*. Von *ѣо* abgeleitet ist *ѣвтот, ѣѳтот* 'dieser', s. Zubatý LF 36, 336 ff., Berneker EW 1, 259 ff. Hier auch Einwände gegen die Ansicht (Sobolevskij Lekcii 150, Unbegaun Zeitschr. 23, 322 ff.), dass *ѣвтот, ѣвдакой* aus Fällen wie *в э в том, в э в даком деле* verallgemeinert sein könnten. ‖ Die idg. Demonstrativpartikel *e-* findet sich in aind. *asáu*, griech. *ἐκεῖ* 'dort' u. a. (s. oben *э*).

эвéнки pl. 'tungusische Völkerschaft an der oberen, mittleren u. unteren Tunguska, Bez. Krasnojarsk', früher *чапогúры* pl. genannt, evenk. *cǟpǝgir*, das mit *cǟp* 'Eichhörnchennest' zusammenhängen könnte (s. Benzing Einführung 15). Der Name *э*. stammt aus nordtungus. *ǝwǝnki*, lamut. *ǝwǝn* (c. l.). Aus letzterem ist entstanden *эвéны* pl. 'der heutige Name der tungusischen Lamuten'. Die früher gebräuchliche Benennung *ламýты* pl. kommt von lamut. *lǎmu* 'Meer', s. Benzing c. l. 37.

э́гдакий 'e. solcher', dial., soll nach Sobolevskij Lekcii 150 aus Verbindungen wie *к э к дакому скоту* stammen; dagegen s. Berneker EW 1, 259 ff. Eher zu *ѣкий* und **дáкий*.

э́дакий 'ein solcher', dial., enthält deiktisches *э* (s. d.) und **дáкий* 'ein solcher', ukr. *dak* 'so', das man gewöhnlich zum idg. Demonstrativst. *do-* (neben **di-*) stellt, vgl. avest. apers. Acc. s. *dim* 'ihn, sie', avest. Acc. s. *n. dīt* 'es', apreuss. Acc. s. *din, dien* 'ihn, sie', s. Berneker EW. 1, 176. Zu den von letzterem zitierten bulg. *dákle* 'also', skr. *däklẽ* dass., vgl. jetzt Belić Festschr. Vasmer 68 ff.

э́дома 'einsame Waldgegend', s. *едма* (oben 1, 392).

э́здакий 'ein solcher', dial. Schwerlich mit Sobolevskij Lekcii 150 aus der Verbindung *из э з дакой дали*. Eher deiktisches *э* (s. d.) sowie *ce* 'ecce' und *дакий* (vgl. *ѣтакий*).

Э́зель m. 'estnische Insel Ösel vor dem Rigaer Meerbusen'. Übernommen aus nhd. *Ösel*, mnd. *Oszell* dass. (Urk. a. 1521, s. Nap. 331), mlat. *Osilia* aus anord. *Eysýsla* 'Insel-Bezirk', von an. *ey* 'Insel' u. *sýsla* 'Bezirk, Sprengel' (s. Holthausen Awn. Wb. 296). Der letztere Name entspricht estn. *Saaremaa*, finn. *Saarenmaa* 'Inselland', lett. *Sāmuzeme* aus liv. Sal. *Sārmā*, sonst *Sǭrmō* (Kettunen Liv. Wb. 378), woher auch lit. *Somenis* 'Nordwestwind', s. Johansen Festschr. Haff 96 ff., Thomsen SA 4, 481, M.-Endz. 3, 803. Auf einen aruss. Namen **Ostrovъ* 'Ösel', also eine Lehnübersetzung, weist die Bez. *biskupъ Ostrovskij* 'Bischof von Ösel', Urk. a. 1521 (Nap. 331) und sonst.

эзельго́фт 'vierkantiger Eichenbalken, der den Mastbaum mit seiner Verlängerung verbindet', schon Peter d. Gr., s. Smirnov 342, aus ndl. *ezelshoofd* 'Eselshaupt', ndd. *eselshoofd* dass., s. Meulen 62, Matzenauer 152.

эй 'Interj. des Heranrufens oder der Inanspruchnahme für e. Dienst oder e. Auskunft', ukr. *ej*, bulg. *ej* 'da, sieh da!', skr. *ěj* 'ei, hei', *ej*' 'ej', čech. *ej* 'ei!', *ej-hle* dass., poln. *ej* 'ei!'. Primäre Interjektionen wie mhd. *ei, eia*! Es besteht schwerlich ein historischer, eher elementarer Zusammenhang mit den unter *eй* (oben 1, 393) erwähnten Wörtern oder mit lit. *eĩ* 'Interj. der Drohung u. Warnung', griech. *εἴ, εἶα* 'auffordernde u. ermunternde Interj.', wozu Kretschmer Glotta 13, 137, Berneker EW 1, 263, Trautmann BSl 67, Fraenkel Lit. Wb. 118.

эква́тор 'Äquator' über nhd. *Äquator* aus lat. *Aequātor* 'Erdgleicher, die von beiden Polen gleich weit entfernte Mittellinie der Erdkugel', zu *aequāre* 'gleich machen'. Aus der Seemannssprache übernommen wurde *сидѣть на экваторе* 'ohne Geld sitzen' (s. Zelenin RFV 54, 111).

экза́мен 'Examen', volkst. *экза́мент* (Čechov), dazu *экзаминова́ть* 'prüfen', auch *экзамини́ровать* beides seit Peter d. Gr., s. Smirnov 343. Erstere über poln. *egzamen, egzamin* 'Prüfung' (Warsch. Wb. 1, 673), *egzaminować* 'prüfen', die Form auf *-ировать* über nhd. *examinieren*. Die Quelle ist lat. *exāmen* 'Prüfung', *exāmināre* 'prüfen'.

экзамина́тор 'Prüfer', seit Peter d. Gr., s. Smirnov 343. Über poln. *egzaminator* aus lat. *exāminātor* 'Prüfer'.

экзеку́тор 'Vollstreckungsbeamter', seit Peter d. Gr., s. Smirnov 343 ff., über poln. *egzekutor* oder nhd. *Exekutor* von lat. *exsecūtor*.

экзеку́ция 'Vollstreckung eines Befehls', seit Peter d. Gr., s. Smirnov 344, volkst. *секу́ция*, angelehnt an *секу́, сечь* 'züchtige', s. Appel RFV 3, 88. Wohl über poln. *egzekucja* von lat. *exsecūtiō* 'Vollführung'.

экземпля́р 'einzelnes Stück aus der Menge gleichartiger Dinge, Muster, Abschrift', seit Peter d. Gr., s. Smirnov 344. Über nhd. *Exemplar* aus lat. *exemplar*, s. Schulz 1, 185 ff., Gorjajev EW 431.

э́кий 'was für ein' (Mel'nikov u. a.). Aus *э* (s. d.), Demonstrativpartikel, u. *кой*, aruss. *къјь* 'welcher' (s. oben 1, 591).

экипа́ж 1. 'Schiffsmannschaft', seit Peter d. Gr., s. Smirnov 345. 2. 'herrschaftliche Kutsche', zuerst 1712, s. Christiani 43. Beides aus franz. *équipage* 'Ausrüstung, Schiffsmannschaft' von *équiper* 'ein Schiff ausrüsten', aus anord. *skipa* 'ein Schiff mit Besatzung und anderem Zubehör versehen' zu anord. *skip* 'Schiff' (s. Kluge-Götze EW 135, Gamillscheg EW 377).

экипи́ровать 'ausrüsten' (e. Schiff), seit Ust. Morsk. 1720, s. Smirnov 345. Aus franz. *équiper* viell. über nhd. *equipieren*. Siehe das vorige.

эконо́м 'Haushalter, Verwalter', seit Peter d. Gr., s. Smirnov 345 ff. Aus franz. *économe* oder nhd. *Ökonom*, kaum über poln. *ekonom* (gegen Smirnov). Älter dafür *иконо́м*, worüber oben 1, 477.

экра́н, -*a* 'Schirmwand, (Film)leinwand', aus franz. *écran*, das auf die Sippe von mhd. *schranc* 'Schranke' zurückgeführt wird (s. Meyer-Lübke Rom. Wb. 661, Dauzat 266).

экспеди́ция 'Reise zum Zweck wissenschaftlicher u. a. Untersuchungen', als 'Auftrag' schon bei Peter d. Gr., s. Smirnov

346. Wohl über poln. *ekspedycja* 'Abfertigung' aus lat. *expedītiō*, zu *expedīre* 'in Bereitschaft setzen'.

экспериме́нт 'Experiment, Versuch', seit F. Prokopovič, s. Smirnov 346. Wohl über nhd. *Experiment* (seit d. 17. Jhdt. in d. Medizin, s. Schulz 1, 189ff.) aus lat. *experīmentum* 'Versuch', kaum über poln. *eksperyment* (Smirnov) wegen der Akzentstelle.

эксперимента́льный 'experimentell', seit Peter d. Gr., s. Smirnov 345. Wohl über poln. *eksperymentalny* aus lat. *experīmentālis*.

э́кспорт 'Export, Ausfuhr', wegen der Betonungsstelle aus engl. *export* 'Ausfuhr'.

экспро́м(п)т 'Improvisation, witziger Einfall' (Puškin). Neue gelehrte Bildung aus lat. *ex promptū* von *promptus* 'Bereitschaft'.

экста́з 'Verzückung, Ekstase', über franz. *extase* dass. aus lat. *extasis* von griech. ἔκστασις 'das Außersichgeraten, Verzückung'.

э́кстра 1. 'Extrapost' (Mel'nikov 2, 248). 2. 'außergewöhnliche Begebenheit'. 3. 'Streit', G. Jenisej (Živ. Star. 1903, Nr. 3, S. 304). In Bed. 1. entlehnt aus nhd. *Extrapost* (schon 1741, s. Schulz 1, 194), die andern Bed. evtl. aus nhd. *Extra* n. subst. 'Extraausgabe, besondere Begebenheit' (s. Schulz c. l.) oder aus d. Komposita wie *Extraausgabe, Extratour* u. ä. verallgemeinert, worin lat. *extrā* 'außerhalb' aus *extra ordinem* 'außer der Ordnung, Norm' enthalten ist.

экстра́кт, -а 'Auszug', schon *екстракт* bei Peter d. Gr. 1704, s. Christiani 30, Ust. Morsk. 1724, s. Smirnov 347. Auch als 'chemischer Extrakt'. Wohl über nhd. *Extrakt* von lat. *extractum* 'Ausgezogenes' von *extrahere* 'ausziehen'.

экстраордина́рный 'außerordentlich', schon 1720, s. Christiani 54. Über älter nhd. *extraordinari* (schon 1616, s. Schulz 1, 192) oder direkt aus nlat. *extraordinarius* von altem *extrā ordinem*.

э́кстренный 'extra-, dringend, eilig', volkst. *и́кскренной* Kolyma (Bogor.). Ableitung von *э́кстра* (s. d.), volkst. beeinflußt durch *и́скренный*.

эласти́чный 'elastisch', älter *эласти́ческий*. Über franz. *élastique* aus nlat. *elasticus* von griech. ἐλαύνω 'treibe', Aor. ἠλάσθην.

эле́гия 'Elegie', *элеги́ческий* 'elegisch, wehmütig'. Über nhd. *Elegie, elegisch* aus lat. *elegīa* 'Elegie', dieses aus griech. ἐλεγεία (scil. ᾠδή) neben ἐλεγεῖον (scil. μέτρον), Ableitungen von ἔλεγος 'Klagelied', dessen Quelle im Phryg. gesucht wurde, s. Hofmann Gr. Wb. 78, Walde-Hofmann 1, 399, Boisacq 240.

электри́ческий 'elektrisch', *электри́чество* 'Elektrizität'. Über nhd. *elektrisch* oder franz. *électrique*, nlat. *ēlectricus* von griech. ἤλεκτρον 'Mischung von Gold u. Silber, Bernstein'.

элеме́нт 'Element, Grundstoff, Bestandteil'. Über nhd. *Element* aus lat. *elementum* dass. auch 'Anfangsgründe', s. Gorjaev EW 431.

элемента́рный 'elementar', seit Peter d. Gr., s. Smirnov 349. Über nhd. *elementar* oder poln. *elementarny* aus lat. *elementārius* 'zu den Anfangsgründen gehörig' (s. Schulz 1, 169).

эликси́р 'Elixir, Arzneitrank', zuerst Ust. Morsk. a. 1720, s. Smirnov 349. Über nhd. *Elixir* oder franz. *élixir* durch nlat. *elixir* 'e. Ausdruck der Alchemisten' (seit 13. Jhdt., s. Schulz 1, 169) von arab. *al-iksîr*, das aus griech. ξηρίον 'trockenes Heilmittel', ξηρός 'trocken' erklärt wird, s. Littmann 76, Gamillscheg 347, Kluge-Götze EW 130.

э́линг, э́лин 'Stapel, auf dem e. Schiff gebaut oder ausgebessert wird', seit Peter d. Gr., s. Smirnov 349. Aus ndl. *helling*, ndd. *helling* dass., s. Meulen 78 ff., Matzenauer 152.

элкаси́к 'altertümliche Mütze', Olon. (Kulik.). Unklar.

Элла́да 'Griechenland', poet. aus griech. Ἑλλάς Acc. s. Ἑλλάδα dass., auch э́ллин 'Grieche' poet. aus griech. Ἕλλην. Junge Lehnwörter. Dafür ksl. *Jelada* (MiLP 1155), s. auch *еллин* (oben 1, 397.)

э́ллипс(ис) 1. 'Ellipse, Kegelschnittlinie, eirunde Linie'. 2. 'Auslassung eines Wortes'. Gelehrte Entlehnung aus franz. *ellipse* bzw. *ellipsis* von griech. ἔλλειψις dass., s. Gorjajev EW 431.

Эльбру́с 'höchster Berg des Kaukasus', auch Эльбору́с, heute amtlich Эльбу́рс (Bodnarskij 360), aus npers. *Elburz* dass., mpers. *Harburz*, avest. *Harā* 'Gebirgsname' + *bərəzaitī* 'hoch', s. Bartholomae Air. Wb. 1788. Hübschmann Pers. Stud. 263, Horn Npers. Et. 46, Marquart Ung. Jahrb. 4, 297.

Эльто́н 'Salzsee im G. Stalingrad'. Wird aus kalmück. *altṇ* 'Gold' und *nūr* 'See' erklärt, weil der See bei Sonnenuntergang einen goldfarbigen Schein hat, s. Egli 170, Thomas 39.

э́льфа 'Elfe', poet., über nhd. *Elfe* (Bodmer, Wieland in Übersetzungen von Milton u. Shakespeares Sommernachtstraum) aus engl. *elf*, s. Kluge-Götze EW 130, Holthausen 68.

эма́ль f. 'Emaille', aus franz. *émail* 'Schmelzglas, emailliertes Stück', das aus fränk. **smalt* (zu nhd. *Schmelz, schmelzen*) hergeleitet wird (s. Gamillscheg EW 348, Dauzat 271). Aus einem ndd. *schmelt*, mnd. *smelt* stammt *шмельть* 'Emaille', Petrin. Zeit, s. Smirnov 331.

эмансипа́ция 'Emanzipation, Befreiung von der Abhängigkeit, Streben nach Gleichberechtigung', älter *эманципа́ция* (D.). Lautlich durch franz. *émancipation* dass. beeinflußte Wiedergabe von lat. *ēmancipātiō* 'Befreiung' von *e(x)*- u. *mancipātiō* 'Übernahme als Eigentum durch Griff mit der Hand' (*manū capere*), s. Walde-Hofmann 2, 23.

эмбле́ма 'Emblem, Sinnbild, Kennzeichen', älter *емблема* F. Prokopovič, *емвлема* Peter d. Gr., s. Smirnov 349. Wohl über ukr. *embléma* aus lat. *emblēma* von griech. ἔμβλημα urspr. 'eingelegte Metallarbeit' (s. Dornseiff 83). Das *v* erklärt sich durch Einfluß der spätgriech. Aussprache.

эми́р 'arabischer Fürst, Befehlshaber, Statthalter einer Provinz'. Wohl über franz. *émir* aus osman. *ämir* bzw. arab. *amîr* 'An-

эндеми́ческий — эпиде́мия

führer', s. MiTEl. 1, 293. Östliches Lehnwort ist zweifellos aruss. *amirъ* Zosima a. 1420 (Čtenija 1871, Nr. 1, S. 20ff.), Agref. 7.

эндеми́ческий 'einheimisch, örtlich; einem Lande eigen' (gew. von Krankheiten). Über nhd. *endemisch* von mlat. *endēmus*, griech. ἔνδημος 'im Lande heimisch', s. Gorjajev EW 432.

энди́вий 'Wintersalat, Art Cichorie', wohl über nhd. *Endivie* oder ital. *endivia* dass. von mgriech. ἐντύβιον aus lat. *intubus* dass., dessen Quelle im Ägypt. gesucht wird, s. Walde-Hofmann 1, 712ff., Meyer-Lübke Rom. Wb. 369, Andriotis 16, Matzenauer 152.

эне́ргия 'Energie', wohl über nhd. *Energie* 'wirkende Kraft' (Herder) aus lat. *energīa* von griech. ἐνέργεια (Aristoteles), s. Dornseiff 31ff.

э́нец pl. э́нцы 'Bezeichnung der Jenisej-Samojeden am unteren Lauf des Jenisej im Tajmyr-Gebiet', Sibir., Adj. эне́цкий, aus Jen.-samojed., Tawgy-samojed. *enneť'e* 'Mensch', s. Hajdú 69ff., Dolgich Sovetskaja Etnografija 1946, Nr. 4, S. 169, Enc. Slovar' 3 (1955), S. 693ff.

э́нтот 'dieser, jener', volksspr., auch durch *эвоно который* erklärt (D.). Dal' 4, 1536 zitiert den Satz: *эвтот-то ничего, да энтот всё кобенится*. Aus *эно-тот, vgl. *эна* 'so!, siehe da!', Olon. (Kulik.), älter: *енто* 'dieses', Brief d. Zaren Aleks. Mich. a. 1652, s. Sobolevskij Lekcii 150ff., dessen Deutung von *энтот* aus Sätzen wie *на э на том месте* den Unterschied in der Deixis bei *этот* u. *энтот* nicht erklärt, vgl. Zubatý LF 36, 341, Berneker EW 1, 259. Nach Zubatý c. l. ist *eno- zu *он* zu stellen. Möglich wäre aber Entstehung des -*no* aus *nъ-; vgl. abulg. *nebo γάρ* neben *nebonъ καί γάρ* (Supr.). Siehe auch *э*.

энтузиа́зм 'Enthusiasmus, Begeisterung', über nhd. *Enthusiasmus* aus lat. *enthusiasmus* von griech. ἐνθουσιασμός 'Gottbegeisterung'. Auch *энтузиа́ст* 'Enthusiast' über nhd., lat. aus griech. ἐνθουσιαστής 'Begeisterter', dieses weiter zu ἔνθεος 'des Gottes voll'.

энциклопе́дия 'Enzyklopädie', über nhd. *Enzyklopädie* von einem gelehrten lat. *encyclopaedīa* aus griech. ἐγκυκλοπαιδεία urspr. ἐγκύκλιος παιδεία 'Kreis der allgemeinen Bildung'. Durch Anlehnung an *клоп* 'Wanze' wurde daraus scherzhaftes *энциклопе́дия* 'Wanzenplage' (Čechov).

э́нцы s. *э́нец*.

эпигра́мма 'Epigramm', über älter nhd. *Epigramma* (Opitz 1624, s. Schulz 1, 178) aus lat. *epigramma* von griech. ἐπίγραμμα 'Sinngedicht', urspr. 'Aufschrift'.

эпигра́ф 'Motto, Sinnspruch' (Puškin), über franz. *épigraphe* f. dass. aus griech. ἐπιγραφή 'Aufschrift'.

эпиде́мия 'Seuche', *эпидеми́ческий* 'epidemisch', über älter nhd. *Epidemia* (s. Schulz 1, 177) aus lat. *epidēmia* von griech. ἐπιδημία dass. (Hippokr., Galen), zu ἐπιδήμιος 'im Volke (Lande) verbreitet', s. Dornseiff 57.

эпизо́д 'Episode, Nebenhandlung, Zwischenhandlung, Einschaltung', über franz. *épisode* dass. von spätlat. *episodium* aus griech. *ἐπεισόδιον* 'Schauspielerszene zwischen den in der athenischen Tragödie urspr. allein vorhandenen Chorliedern', s. Dornseiff 17.

эпиле́псия 'Epilepsie, Fallsucht', über franz. *épilepsie* aus lat. *epilēpsis* von griech. *ἐπίληψις* 'Anfall', s. Dornseiff 58.

эпило́г 'Epilog, Nachwort' über franz. *épilogue* aus lat. *epilogus* von griech. *ἐπίλογος* dass.

эпита́фия 'Grabschrift', über franz. *épitaphe* aus lat. *epitaphium* von griech. *ἐπιτάφιον* dass., zu *τάφος* 'Grab'.

эпи́тет 'Epitheton, Beiwort', über nhd. *Epitheton* von griech. *ἐπίθετον* 'Beiwort'.

эпи́ческий 'episch', über franz. *épique*, lat. *epicus* von griech. *ἐπικός* zu *ἔπος* 'Wort, Erzählung'. Aus letzterem über nhd. *Epos* auch э́пос 'Epos, epische Dichtung'.

эполе́т 'Epaulette, Achselstück', volkst. *аполе́ты* pl. (Mel'nikov 2, 196). Aus franz. *épaulette* dass., von *épaule* 'Schulter' aus lat. *spatula* 'Schulterblatt', s. Preobr. Trudy 1, 126.

эпопе́я 'Heldengesang', über franz. *épopée* dass. von griech. *ἐποποιία* 'epische Dichtung'.

э́пос 'Epos', s. эпи́ческий.

эпо́ха 'Zeitabschnitt', über nhd. *Epoche* (Lessing u. a.), älter nhd. *Epocha* (noch 1763, s. Schulz 1, 178) aus lat. *epocha* von griech. *ἐποχή* 'Innehalten, Haltepunkt in der Zeitrechnung, bedeutsamer Zeitpunkt', s. Dornseiff 17, Kluge-Götze EW 135.

э́ра 'Zeitabschnitt', über nhd. *Ära* (Schiller, Goethe, s. Schulz 1, 48) aus vlat. *aera* f. dass., urspr. 'gegebene Zahl, Posten einer Rechnung' von lat. *aera, -um* pl., zu *aes, -ris* n. 'Erz, Geld', s. Walde-Hofmann 1, 18, Meillet-Ernout 20.

Э́рзя 'Stamm der finn.-ugr. Mordwinen, vorwiegend in der heutigen mordwinischen autonomen Räterepublik', Adj. эрзя́нский. Aus E mordw. *eŕźa* 'Mordwine', *eŕd'źa*, M. mordw. *eŕd'źe*, Adj. E mordw. *eŕźań* 'mordwinisch', s. Paasonen Mordw. Chrest. 63, JSFOugr. 21, 7. Es wurde versucht, mit diesem Volk auch den in arab. Quellen (10. Jhdt.) begegnenden Stammesnamen *Artʿa, Erṭʿa* zu verbinden, wie auch das Volk *Arisu* an der Oka im Brief d. Chasaren Joseph (10. Jhdt.), s. Mongait, Kratk. Soobšč. 16, 108. Siehe *Ряза́нь*.

Эрива́нь f. 'Hauptstadt der armen. Räterepublik', heute *Ереван*. Aus armen. *Erevan*, dessen Herleitung aus arab. *erevan* 'Erscheinung' — angeblich, weil hier nach dem Rückgang der Sintflut das trockene Land zuerst sichtbar wurde — angefochten wird, s. Hübschmann IF 16, 425

э́рик 'wasserarmer Bach', Tobol'sk (Živ. Star. 1899, Nr. 4, S. 518). Siehe *ерик* (oben 1, 402).

эрмита́ж I. 'Kunstsammlung in Leningrad', gegr. 1765 unter Katharina II. Von franz. *ermitage* 'Einsiedelei', Ableitung von *ermite* 'Einsiedler', lat. *eremita* aus griech. ἐρημίτης dass., ἔρημος 'einsam', ἐρημία 'Einöde'.

эрмита́ж II. 'edler, französischer Wein', schon 1724 Ust. Morsk., s. Smirnov 350. Nach der Herkunft aus der weinreichen Gegend, franz. *Ermitage* Dép. Drôme im SO von Frankreich, deren Name etymologisch zum vorigen gehört.

эроти́ческий 'erotisch', über franz. *érotique* bzw. nhd. *erotisch* von lat. *erōticus* aus griech. ἐρωτικός von ἔρως 'Liebe'. Auch *эро́тика* 'Erotik' über nhd. *Erotik* von lat. *erōtica* aus griech. ἐρωτική (sc. τέχνη).

эска́дра 'Geschwader', schon F. Prokopovič u. Peter d. Gr., s. Smirnov 350. Über franz. *escadre* dass. aus ital. *squadra* urspr. 'viereckige Schlachtordnung', vlat. *exquadra* (Meyer-Lübke Rom. Wb. 267), s. Preobr. Trudy 1, 127.

эскадро́н 'Schwadron', älter *шквадрон* Kurakin a. 1705, s. Christiani 33. Ersteres über franz. *escadron* aus ital. *squadrone* 'großes Viereck'; die Form mit *u-* aus d. Ital., s. Preobr. Trudy 1, 126 ff., Smirnov 350, Kluge-Götze EW 547. Vgl. das vorige.

эски́з 'Skizze, Entwurf', über franz. *esquisse* dass. von ital. *scizzo* aus lat. *schedium* 'e. aus dem Stegreif gemachtes Gedicht' von griech. σχέδιον, s. Kretschmer Glotta 10, 172, Meyer-Lübke Rom. Wb. 635.

эско́рт 'Geleit, militärische Schutzdeckung', seit Peter d. Gr., s. Smirnov 350. Über franz. *escorte* 'Schutzgeleit' aus ital. *scorta*, s. Meyer-Lübke Rom. Wb. 263, Gamillscheg EW 382.

эспадро́н 'stumpfer Schlagdegen zum Fechten', auch *эспанто́н*. Über franz. *espadon* 'großer Degen' aus ital. *spadone* zu *spada*. Das *r* beruht viell. auf Einfluß von *эскадро́н*, das *n* der zweiten Form wohl auf Fernassimilation. Siehe auch *шпа́га*.

эспаньо́лка 'Spitzbart', als 'spanischer Bart' aus franz. *espagnol* 'spanisch'.

эсплана́да 'freier Platz innerhalb einer Festung, Festungs-glacis', seit Peter d. Gr., s. Smirnov 350. Über nhd. *Esplanade* oder direkt franz. *esplanade* aus span. *splanada* (Gamillscheg EW 384, Kluge-Götze EW 139).

эссе́нция 'Essenz, Extrakt aus Kräutern, Früchten u. dgl.', schon 1703 Kurakin, 1720 Ust. Morsk., s. Christiani 46, Smirnov 350. Aus poln. *esencja* oder (eher) älterem nhd. *Essencia* (Paracelsus 1570 u. a., s. Schulz 1, 180); alchemistische Abkürzung aus lat. *quinta essentia* 'Inbegriff, Hauptsache', dann 'fünfmal ausgezogener Geist eines Stoffes' (s. Heyse, Schulz c. l.).

эст s. *эсто́нец*.

эста́мп 'Kupferstich', aus franz. *estampe* dass., das aus der Sippe von nhd. *stampfen* erklärt wird (s. Gamillscheg EW 386).

эстампа́ж 'Abklatsch von Inschriften u. dgl.', aus franz. *estampage* dass., verwandt mit dem vorigen.

эстафе́т auch *-a* 'Stafette, reitender Eilbote' (Mel'nikov), aus franz. *estafette* dass. von ital. *staffetta* dass., zu *staffa* 'Steig-

bügel', das german. Herkunft ist (Gamillscheg EW 386), s.
Preobr. Trudy 1, 127, Gorjajev EW 432. Siehe *штафе́ма*.

эстéтика 'Ästhetik', geht zurück auf eine Wortschöpfung des
Frankfurter Professors A. G. Baumgarten in seiner Aesthetica
1750ff., gleichsam griech. *αἰσθητική* (*τέχνη*) 'Wissenschaft von
den sinnlich wahrnehmbaren Dingen' (*αἰσθητά*), s. Schulz 1, 56.

Эстля́ндия 'Estland' (bis 1917), aus nhd. *Estland*, mlat. *Aest-
land* dass. (Adam v. Bremen 4, 17), anord. *Eistland* (Holthausen
Awn. Wb. 48). Vom Namen *Aestii*, e. baltischen Volkes (Tacitus
Germania c. 45), *Aesti* (Jordanes; Einhard Vita Caroli Magni
15, 15), anord. *Eist(i)r*, ags. *'Estum* (D. pl.), s. Thomsen SA 4,
21, Endzelin FUF Anz. 9, 29, Mezger Ungar. Jahrb. 2, 225ff.
Eine german. Deutung, etwa im Zusammenhang mit anord. *eið*
n. 'Landenge' (Wiklund IF 38, 110ff., v. Grienberger IFAnz.
32, 50) oder mit got. *aistan* 'sich scheuen' (Schönfeld Wb. 273),
bzw. als 'die Hitzigen' u. dgl. (Much D. Stammesk. 30, Hoops'
Reallex. 1, 54ff.), muß unsicher bleiben angesichts von Tacitus'
eindeutigem Zeugnis über ihre nichtgerm. Herkunft. Der Name
Эсто́ния 'Estland' beruht auf mlat. *Estonia* (so oft bei Heinr. d.
Letten, wo auch *Estlandia*), woher mhd. *Estonje* (13. Jhdt. nach
Suolahti Franz. Einfl. 3, 467). Neue Ableitung ist *эсто́нец* 'Este'.

éстот 'dieser hier', dial. (Belege für *esto* seit dem 16. Jhdt., s.
Unbegaun unten), worin *э* und *ce* 'ecce' + *mom* (s. d.) enthalten
ist. Daneben besteht die Deutung aus *с э с тем* (Sobolevskij
Lekcii 150, Unbegaun Zeitschr. 23, 322ff.). Siehe *э́во* u. *э́нтот*.

эстраго́н, эстрагу́н 'Art Beifuß, Artemisia dracunculus',
volkst. *астраго́н*, *остраго́н* (wohl nach *о́стрый*), ukr. *ostrohín*
G. *-hónu*. Aus franz. *estragon* dass., älter *targon*, das über mlat.
tarcon auf arab. *aṭ-ṭarḫûn* dass. zurückgeführt wird, s. Preobr.
Trudy 1, 127, Gorjajev EW 432, Gamillscheg EW 387, Marzell
1, 427. Dagegen russ. *тургу́н* 'Artemisia dracunculus', ukr. *tur-
hún* über osman. *targun* aus d. Arab.

эстра́да 'Estrade', über nhd. *Estrade* oder direkt franz. *estrade*
'Straße, erhöhter Platz' von provenç. *estrada* 'Straße', lat. *strāta*
(s. Gamillscheg EW 387, Schulz 1, 180).

эта́ж, -á 'Stockwerk', aus franz. *étage* von lat. **staticum* zu *statiō*,
s. Preobr. Trudy 1, 127, Gorjajev EW 432.

этажéрка 'Bücherregal, Gestell aus übereinander angebrachten
Brettern', aus franz. *étagère*, weiter zum vorigen, s. Preobr. c. l.,
Gorjajev c. l.

эта́житься 'Beziehungen pflegen', Arch. (Podv.). Etwa Ableitung
von *эта́ж*?

эта́кий 'e. solcher', aus *э-* und **takъ* (s. *тако́й*).

эта́п, -*а* 'Etappe, Marschstation, Sträflingstransport'. Über franz.
étape 'Rastplatz, Stapelplatz', afranz. *estaple* aus mnd. *stapel*
'Stapelplatz' (Meyer-Lübke Rom. Wb. 677, Gamillscheg EW
390) s. Preobr. Trudy 1, 127.

этери́ст 'Mitglied eines griechischen Geheimbundes gegen die Tür-
ken' (Puškin Vystrel). Wohl über franz. *hétairiste* dass. von

hétairie 'griech. Kampfbrüderschaft' aus griech. *ἑταιρεία* 'Genossenschaft'.

э́тика 'Ethik', seit Peter d. Gr., s. Smirnov 351. Wohl über poln. *etyka* aus lat. *ethica* (Quintilian) von griech. *ἠθικά* pl. von *ἦθος* n. 'Sitte, Gebrauch', vgl. Dornseiff 119 ff. Die spätgriech. i-Aussprache zeigt *ифика* bei Radiščev 51.

этике́т I. 'Aufschrift, Bezeichnungszettel (auf Flaschen)'. Über nhd. *Etikett* n. (seit 1836, s. Schulz 1, 182), oder direkt aus franz. *étiquette* dass. von afranz. *estichier* 'hineinstecken', aus mndl. *steken* 'stecken' (Gamillscheg EW 392, Dauzat 299).

этике́т II. 'Ordnung gesellschaftlicher Formen' aus franz. *étiquette* dass., evtl. über nhd. *Etikett* n. (seit 18. Jhdt., s. Schulz 1, 182). Die Verbreitung erfolgte durch Übernahme franz. Hofsitten mitunter auch am Wiener Hof (s. Schulz c. l.). Etymologisch zum vorigen.

этимоло́гия 'Lehre vom Ursprung der Wörter', über lat. *etymologia* aus griech. *ἐτυμολογία* von *ἔτυμον* 'wahre Bedeutung der Wörter', *ἔτυμος* 'wahr', s. Dornseiff 86, Thomsen Gesch. 14.

этногра́фия 'Volkskunde', über lat. *ethnographia* aus griech. *ἐθνογραφία*.

э́тот 'dieser', *эма* f., *эмо* n. (Belege dafür seit d. 16. Jhdt. bei Unbegaun Zeitschr. 23, 322 ff.), wruss. *hétyj* 'dieser', *héto* 'dieses'. Aus deiktischem *e* (s. *э*) und **tъ*. Vgl. *э* und *mom*; s. ferner *эво*, *энтот*, *эстот*. Durch Tabugründe zu erklären ist dial. *эmom* 'Teufel', s. Zelenin Tabu 2, 91.

этуда́ 'auf diesem Wege', Šenk. (Podv.). Zu *э* und *myдá*.

этю́д, -а 'Studie'. Über franz. *étude* aus lat. *studium*.

эфе́с 'Degengriff' (Leskov). Hyperkorrekte Form für *ефéс*. Siehe oben 1, 406.

эфио́п s. *ефиóп* oben 1, 406.

эфи́р, -а 'Äther', mit spätgriech. Aussprache aus griech. *αἰθήρ* 'Äther, obere Luft'.

э́фтот s. *эво*, *эвmom*.

эффе́кт, -а 'Effekt, Wirkung', älter *ефект* P. Tolstoj a. 1717, s. Christiani 23. Über nhd. *Effekt* dass. (seit d. 16. Jhdt., s. Schulz 1, 162) aus lat. *effectus* dass.

э́хо 'Echo, Widerhall', älter *exo* seit Peter d. Gr., s. Smirnov 351. Über nhd. *Echo* (neutr. seit 17. Jhdt., s. Schulz 1, 162) aus lat. *ēchō* von griech. *ἠχώ, -οῦς* f. 'Widerhall', *ἠχή* 'Schall'.

э́хтот 'dieser', wird gewöhnlich aus *кэх* (*aus k*) *тому* erklärt, s. Sobolevskij Lekcii 150, Unbegaun Zeitschr. 23, 322 ff. Möglich ist aber Entstehung in der Volkssprache aus *éftot*. In diesem Falle identisch mit *эвmom* s. *эва*.

Эчмиадзи́н 'altertümliche Stadt in Armenien'. Der Name wird gedeutet aus altarmen. *ēj miacinn* 'es stieg herab der Eingeborene' (d. h. Christus), weil hier nach der Sage der Heiland in einer Vision dem heil. Gregor vom Himmel herabsteigend erschienen ist, s. Hübschmann IF 16, 428.

эша́рп, -*a* 'Schärpe' (Gribojedov). Aus franz. *écharpe* dass., das aus fränk. *skerpa gedeutet wird (s. Meyer-Lübke Rom. Wb. 658 ff., Gamillscheg EW 335).

эшафо́т, -*a* 'Schafott', aus franz. *échafaud* 'Baugerüst' von ital. *catafalco* dass. (s. Meyer-Lübke Rom. Wb. 168, Gamillscheg EW 334), s. Gorjajev EW 432.

эшело́н, -*a* 'Staffel, Militärzug' aus franz. *échelon* dass., zu *échelle* 'Staffel, Leiter' (s. Meyer-Lübke c. l. 632, Gamillscheg EW 336.)

Ю

32. Buchstabe des altruss. Alphabets. Lautwert *ju* im Anlaut und im Inlaut nach Vokalen oder wenn vor dem *ju* ein ъ oder ь geschwunden ist, auch oft in fremden Wörtern nach Kons. Sonst bezeichnet das *ю* einen *u*-Vokal mit Palatalität des vorausgehenden Konsonanten.

ю als Präfix liegt vor in russ.-ksl. Bildungen wie *jubagrъ* 'hellrot, violett' Svjatosl. Sborn. 1073, *jučьrtьnъ* 'rötlich' daselbst, *jubiistvo* 'Mord' daselbst (s. Srezn. Wb. 3, 1625, 1630) u. a. Es handelt sich offenbar um eine hyperkorrekte Entsprechung von ksl. *u*-, da dem altslav. *ju* im volkstümlichen Russisch anlautendes *u*- entspricht (z. B. *уха́*, *уг* u. dgl.), vgl. auch Sobolevskij ŽMNPr 1894, Mai, S. 218 und oben *y* IV.

юба́гр 'hellrot, violett', nur r.-ksl. *jubagrъ* 'violett' (Svjatosl. Sb. 1073). Hat abschwächendes *ju*- (s. das vorige) und *bagrъ* wie *багро́вый*, *багря́ный*, s. Gorjajev Dop. 1, 2.

юбиле́й, -*éя* 'Jubiläum', seit Peter d. Gr., s. Smirnov 351. Über nhd. *Jubiläum* aus lat. *iubilaeum*, urspr. *iubilaeus annus*, das auf hebr. *jôbêl* 'Widderhorn' zurückgeht, s. Littmann 29, Kluge-Götze EW 269, Walde-Hofmann 1, 719 ff.

ю́бка 'Frauenunterrock, Rock ohne Oberkleid', G. pl. *ю́бок*, demin. *ю́бочка*, daneben *ю́па* 'schlechter Bauernpelz, sackähnliches Sommerkleid d. Lappländer', Arch., Tvef (D.), *юпка* 1701, s. Christiani 48, ukr. *jýpa* 'Joppe, Korsett'. Die Form mit *p* ostslav. schon im 16. Jhdt., die mit *b* erst seit d. 18. Jhdt. nach Sobolevskij RFV 71, 445. Entlehnung über poln. *jupa* 'Joppe, Frauenleibchen', auch *juba*, aus mhd. *joppe*, *juppe*, das über afrz. *jupe* (s. Suolahti Franz. Einfl. 2, 111 ff., Rosenqvist 123) auf ital. *giuppa* 'Jacke' und weiter auf arab. *žubba* 'baumwollenes Unterkleid' zurückgeht, s. Berneker EW 1, 459 ff., Brückner EW 209, Karłowicz 235, Krček Archiv 31, 626 ff., Sobolevskij c. l. Turkotatar. Vermittlung von *ю́бка* (Berneker c. l., Korsch IORJ 7, 1, 62) läßt sich nicht erweisen, s. Preobr. Trudy 1, 127. Siehe auch *шуба*.

ювачи́ pl. 'Art tatarischer Fladen', Kazań (D.). Unklar.

ювели́р, -*úpa* 'Juwelier', über nhd. ndl. *Juwelier* dass., s. Schulz 1, 314. Kluge-Götze EW 271. Kurzlebig war *ювели* pl. 'Juwelen'

Zeit Peters d. Gr., s. Smirnov 351 aus nhd. *Juwel* oder ndl. *juweel* dass. Die Sippe geht über afrz. *joël* zurück auf mlat. **jocellum* 'Kostbarkeit, Edelstein' von *iocus* 'Scherz' (s. Meyer-Lübke Rom. Wb. 374, Kluge-Götze EW 271).

юг, -а 'Süden, Südwind', *югá* 'Schwüle, Dürre' (D.; wo?, Zweifel bei Preobr. Trudy 1, 128), *южный* 'südlich', ukr. *juh* 'Süden', aruss. *ugъ* 'Süden, südliches Land, Südwind', abulg., r.-ksl. *jugъ* νότος (Zogr., Mar., Savv., Supr.), bulg., *jug*, skr. *jȕg* 'Südwind, Süd', sloven. *jùg* G. *júga* 'Tauwind, Süden', *jugovína* 'Tauwetter', *jûžje vréme* dass., *odjúžiti se* 'auftauen', *odjȗga* 'Tauwetter', ačech. *juh*, čech. *jih* 'Süden, Südwind', *jihnouti* 'tauen, schmelzen', *rozjížení* 'Tauwetter', slk. *juh* 'Süden'. Die Form *jugъ* ist der russ. Volkssprache fremd u. erklärt sich als ksl. Lehnwort, vgl. oben *ýжин*, *ýжный*. Nur *ugъ* ist ostslav. volkstümlich, s. Šachmatov Očerk 142. Urslav. **jugъ*. ǁ Bisherige Deutungen unsicher. Man verglich: aind. *ójas* n. 'Macht, Kraft', avest. *aogah-, aojah-* n. dass., griech. ὀξύω, αὐξάνω 'vermehre, steigere', homer. ἀέξω 'mehre', lat. *augeō, -ēre* 'lasse wachsen, mache größer, *augustus* 'hoch, erhaben', ir. *óg* 'unversehrt', got. *aukan* 'wachsen', lit. *áugu, áugti* 'wachsen', lett. *aûgu, aûgt* dass. (Pedersen KZ 38, 311 ff., Berneker EW 1, 457 ff.). Besser ist wohl die Verknüpfung mit griech. αὐγή 'Glanz, Schimmer', alb. *agój* 'tagen', *agume* f. 'Morgenröte, Morgen' (Berneker IF 10, 156, Hofmann Gr. Wb. 28, Boisacq 99, Iljinskij RFV 74, 132, Frisk EW 183 ff., dagegen Berneker EW 1, 458). Abzulehnen ist die Verbindung mit *огóнь* (Iljinskij c. l.), mit griech. ὑγρός 'feucht', lat. *ūvidus* dass. (Schrader-Nehring 2, 659, Sütterlin IF 4, 102 ff.), trotz der semasiologischen Parallele russ. dial. *лéтник* 'Südwind' als 'Regenzeit' (Gorjajev EW 433).

Юг, -а häufiger Flußname: 1. l. Nbfl. der Šeksna G. Jarosl. 2. r. Nbfl. d. Nemda, Kr. Makarj. G. Kostroma. 3. mehrere Flüsse G. Vladimir. 4. Quellfluß d. N. Dvina G. Vologda. 5. mehrere Fl. in den G. Perm u. Vjatka. 6. Fl. im Kr. Ladoga G. Petersburg. Alle fi.-ugr. Herkunft: in Bed. 1−3 aus tscherem. *jŏγǝ* 'Fluß', in Bed. 4−5 aus d. Perm., syrjän. *ju*, in Bed. 6 ostseefinn., finn., *joki*, estn. *jõgi* usw. Über die Wortsippe s. Paasonen Kel Sz. 14, 21, Collinder 19 ff., Toivonen EW 118.

югá 'Kummet', Olon. (Kulik.). Wohl Entlehnung aus finn. *juko* G. *juon* 'Joch', das als altgerman. Lehnwort aus der Sippe von got. *juk* 'Joch' gilt (s. Thomsen Einfl. 137, Toivonen EW 121 ff.).

Югáн 'l. Nbfluß des Ob'', G. Tobol'sk (Semenov Slov. 5, 890 ff.) aus ostjak. *Jauγŏn* dass. (Karjalainen Ostj. Wb. 33). Vgl. *Васюгáн*.

Югрá 'Land und Volk der Obugrier östlich der Pečora, wohl Bezeichnung der ugrischen Ostjaken u. Wogulen', nur aruss. *Jugra* (Laurent. Chron. a. 1096, Novgor. Urk. a. 1264 u. 1269, s. Šachmatov Novgor. Gr. 239, 241), näheres bei Barsov Očerk 60 ff. Wohl identisch mit *Jūra* in arab. Quellen (10. Jhdt., s. Marquart Ungar. Jahrb. 4, 289). Zweifellos ist der Zusammenhang mit syrjän. *jęgra* 'Wogule', das einige für die Quelle halten (s. Karjalainen FUFAnz. 25, 379, Marquart c. l. 4, 304, Berg

GO 11), man beachte jedoch die Zweifel von Wichmann-Uotila 79. Der Name hat nichts zu tun mit den *Ujguren* (s. Setälä SSUF 1885, S. 97) und läßt sich auch nicht mit *ugre* 'Ungarn' (s. *угрин*, *угре*) vereinigen (gegen Kalima RLS 58); auch besteht kein Zusammenhang mit den 'Ιύρκαι ʽJägervolk am Ural' (Herodot 4, 22), aus denen spätere Autoren unwissend *Turci* machten (dazu Marquart Streifzüge 55). Ihr Name wird mitunter verglichen mit osman. dschagat. krimtat. *jürük* ʽschnell, Nomade' (Radloff Wb. 3, 604). Von *Югра* stammt *Югричи* ʽfinn.-ugr. Bewohner des Jugra-Gebietes' (Kannisto Festschr. Wichmann 417), auch neue Namen wie *Югорский Шар* ʽWasserstraße zwischen Vajgač u. dem Festlande' (Semenov Slovar' 5, 892).

юдáй ʽKrüppel, Mißgestalt', Rjazań (RFV 28, 70). Unklar.

ю́дать ʽmit Eis bedeckt werden', Olon. (Kulik.). Entlehnt aus d. Ostseefinn.; vgl. finn. *hyyttää* ʽmit Eis bedeckt werden, zufrieren', s. Kalima 249.

ю́дега ʽReif' (an Bäumen), Olon. (Kulik.). Siehe *гу́дега* (oben 1, 318).

юдéй ʽJude', s. *иудéй* (oben 1, 492).

ю́до nur in der Verbindung: *чу́до-ю́до богатыри́* ʽstaunenswerte Helden', *чу́до-ю́до рыба-кит* ʽEpitheton des Walfisches in Märchen', *ч.-ю. маха́нная губа́* ʽgroßer Pferdefleischesser als spött. Bez. der Tataren' (D.), auch *ч.-ю.* ʽEpitheton des Meereskönigs' in Märchen. Wohl nur Reimwort zu *чу́до*. Unsicher ist Verwandtschaft mit bulg. *júda* ʽNymphe, Fee', das man verglichen hat mit poln. *judzić* ʽreizen, hetzen, aufwiegeln', lit. *judùs* ʽstreitsüchtig', *judė́ti*, *judù* ʽsich bebend, zitternd bewegen', *jaudà* ʽVerlockung, Verführung', *jáudinti* ʽverführen', aind. *ud-yṓdhati* ʽfährt zornig auf', *yúdhyatē* ʽkämpft', lat. *iubeō*, *-ēre* ʽbefehlen' (s. Gorjajev Dop. 1, 56, Mladenov 699, dieser ohne das russ. Wort). Unerklärlich wäre bei einem alten Erbwort das *ju-*. Wenig wahrscheinlich ist Herkunft von *ю́до* aus dem Namen des *Judas Iskariōtēs* (gegen Afanasjev bei Iljinskij Festschr. Miletič 467 ff.). Ganz abwegig ist die Zurückführung von *чу́до-ю́до* auf die germ. Stammesnamen *Teutones* und *Juthungi* (gegen Bubrich Jaz. i Liter. 1, 89, s. Iljinskij c. l. 472 ff.).

ю́доль f. ʽTal', *юдо́лие* n. dass., kirchl., r.-ksl. *judolь* (Pand. Antioch. 11. Jhdt., Sborn. Vologd. 15. Jhdt., s. Srezn. Wb. 3, 1625). Kslav. Lehnwörter. Zu *удо́ль*, s. Sobolevskij ŽMNPr. 1894, Mai, S. 218, Mladenov 699 und oben 3, 174.

южа́ть, юзжа́ть ʽkreischen, weinen, stöhnen', Novg., Voron., Tamb. (D.), *южи́ть* ʽohne Grund weinen', Pburg (D.). Man vergleicht griech. *ἰυγή* ʽJubel-, Wehgeschrei', *ἰύζω* ʽschreie', *ἰυγμός* m. ʽSchreien', lat. *iubilō, -āre* ʽjauchze, jodle' (Gorjajev EW 48), die auf eine Interjektion zurückgeführt werden, vgl. griech. *ἰύ* ʽInterj. der Verwunderung', mhd. *jû*, *jûch* ʽAusruf der Freude' (s. Walde-Hofmann 1, 725 ff., Hofmann Gr. Wb. 127, Boisacq 387). Siehe auch *визг* (oben 1, 199).

ю́жный s. *юг*, *ужный*.

юза́ 'Band, Fessel', kirchl. Zu *у́за* II. 'Fessel'.

юзга́ться 'kämpfen, ringen, wetteifern', Olon. (Kulik.), 'zögern, wühlen', Arch. (Podv.), *юзну́ться* 'sich stoßen', Olon. (Kulik.), *юзу́ла* 'unruhiger Mensch', Vlad. (D.). Unklar. Vgl. die unter *ю́до* erwähnte idg. Wortsippe *judh-.

ю́зень m. 'Hüsing, Leine, Tau aus drei Hanfgarnen', seew., älter *гю́зинг* Ust. Morsk. 1720 (Meulen). Aus ndl. *huizing* dass., ndd. *hüsing*, zu *hûs* 'Haus' als Erzeugnis der Hausindustrie (Stenzel Wb. 172), s. Meulen 82ff.

юзурлю́н 'e. Pflanze, Peganum', soll tatarisch sein nach Dal' 4, 1544.

юк I. 'Last', nördl. (D.). Zu *вьюк* oben 1, 243ff.

юк II. 'Klopfen, Schlag', Olon. (Kulik.), Arch. (Podv.). *ю́кать* 'stoßen, schlagen, klopfen', Arch., Olon., Novg., Vologda, Perm (D.), *ю́кнуть* 'schlagen', Kolyma (Bogor.), auch 'verschwinden', Pskov, Tveŕ (D.). Vgl. finn. *juhkaan, juhata* 'klopfen, poltern', ähnlich Leskov Živ. Star. 1892 Nr. 4 S. 103.

юккомалк s. *икума́лка* oben 1, 478.

ю́кола 1. 'an der Luft gedörrter u. in Gruben gesäuerter Fisch' Kamčatka (D.). 2. 'obere Fettschicht eines Fisches, die mit der Haut zusammen abgezogen wird', Kolyma (Bogor.). Etwa syrjän. *ju* 'Fluß' und ein dem finn. *kala* 'Fisch', magy. *hal* dass. verwandtes Wort? Vgl. *ю́хала*.

ю́кса, ю́кша 'Fußriemen an Skiern', Kamč. (D.), Kolyma (Bogor.). Wird als Entlehnung angesehen aus lapp. L *juksa-* dass. N *juksa* 'Riemen', s. Kalima FUFAnz. 23, 248 (mit Liter.), MSFOugr. 52, 95. Für die weite Ausbreitung lapp. Lehnwörter durch die russ. Kolonisation bis nach Sibirien gibt es Parallelen (z. B. *ро́вдога, са́йда*), doch fehlen für dieses Wort Belege aus Arch. u. Olon.

юла́ 1. 'Kreisel, Drehrädchen'. 2. 'Wildfang, unsteter Mensch', *юли́ть* 'sich drehen, wenden'. Sobolevskij RFV 66, 347 stellt dazu den aruss. PN. *Jula* a. 1495 (Tupikov) und führt alle Formen auf *vьjula* (s. *вить* 'winden') zurück, s. auch Preobr. Trudy 1, 128. Nicht sicherer sind die andern Deutungen: Annahme einer Verwandtschaft mit *юр* 'Strudel', *юри́ть* 'eilen' und lett. *jaujš* 'steil, jäh, schnell, plötzlich' („vielleicht" nach M.-Endz. 2, 97ff.), ebenso der Vergleich mit poln. *judzić* 'necken, reizen', lit. *judùs* 'streitsüchtig', *judė́ti, judù* 'sich zitternd bewegen' (Iljinskij Festschr. Miletič 470ff.) oder derjenige mit griech. εὐλή 'Wurm' bzw. griech. εἰλύω 'wälze' (gegen Berneker IF 10, 157), über letzteres s. auch Persson 541ff. Man erwartet bei einem Erbwort ostslav. *u-* aus ursl. *ju-*. Zweifelhaft sind auch die Bemühungen um Nachweis einer Entlehnung von *julá* aus schwed. *hjul* 'Rad' (Bezzenberger KZ. 44, 311) oder aus ndl. *jool* 'Geck, Stutzer' (Matzenauer 186).

ю́лега 'Lärm, Orkan, Schneesturm', Olon. (Kulik.). Nach Kalima 249 entlehnt aus finn. *ule, ulo* 'kalter Frühlingswind, Nebel'. Lautlich nicht ohne Schwierigkeiten.

юлиба́ть 'langsam laufen', Olon. (Kulik.). Unklar.

юм 'Haufen gebrannter Ziegel' (D.). Unklar.

юма 'Holzfloß, Kette von Flößen', Novg., Čerep. (D.), altruss. *juma*
'Art Boot' (nur Novgor. Urk. a. 1347, s. Srezn. Wb. 3, 1626).
Dunkel. Zu beachten auch *юма* 'Gemeindeversammlung der
Lappen zur Versteigerung der Fischplätze', Kola (Podv.).

юмор 'Humor', älter *гумор* Kurakin, s. Smirnov 98. Ersteres über
engl. *humour*, die Form mit *g-* wohl über nhd. *Humor* aus lat.
humor 'Feuchtigkeit'. Die Bed. erklärt sich aus der Lehre der
mittelalterlichen Medizin von den Körpersäften, die für die
innere Art des Menschen bestimmend sein sollen (s. Kluge-Götze
EW 258, Schulz 1, 274, Falk-Torp 429). Vgl. *сухо́й челове́к*
'trockener Mensch'.

юмора 'Sichelklee, Medicago falcata', auch *юмо́рка, юмо́ркай*
Don-G. (D.). Unklar. Vgl. *яму́рка*.

юмра́н 'Art Maulwurf', Sibir. (Radloff Wb. 3, 569). Aus dschagat.
jumran 'Maulwurf' (Radloff 3, 583). Siehe auch *емура́нка* u.
джсумбура́.

юмфер(а) s. *ю́нфер*.

юмша 'Schuppenpanzer', nur aruss. *jumšanъ* (Test. Fürst Nik. Iv.
Rost. a. 1548, Nikon. Chron., Inv. Boris Godunovs 1589, s.
Srezn. Wb. 3, 1626). Srezn. c. l. führt als Quelle ein pers. *joųšen*
an.

ю́нга 'Schiffsjunge', bei Peter d. Gr.: *каю́т-* и *декъю́нги* pl.
Entlehnt aus ndl. *jongen* 'Junge', *kajuitjongen, dekjongen*, s.
Meulen 84ff. Nicht besser aus nhd. *Junge* erklärt bei Croiset v. d.
Kop IORJ 15, 4, 23.

юнга́ч 'Uhu', s. *гунга́ч* (oben 1, 321).

ю́нда 'Art Beutelnetz', Olon. (D.), Arch. (Podv.). Aus karel. *junda*
'Reihe Netze', *junta* dass., s. Kalima 249.

юне́ц 'junger Ehemann', s. *ю́ный*.

ю́нкер 'Unteroffizier adliger Herkunft', seit Peter d. Gr., s. Smirnov
352, auch neuerdings 'Junker, Großgrundbesitzer', aus nhd.
Junker.

ю́ноша m. 'Jüngling', dial. *вью́ноша* Angara, Sibir. (Živ. Star. 16,
2, 30), wegen *ju-* kslav. Lehnwort, s. Šachmatov Očerk 142; vgl.
abulg. *junoša* νεανίσκος, νεώτερος (Ostrom., Zogr., Mar., Supr.),
aber aruss. *unoša* oft seit d. 11. Jhdt. Weiteres s. v. *ю́ный*.

ю́нфер 'Jungfernblock, Rolle oder Kloben mit Löchern für e.
Wanttau', auch *ю́мфер(а)* dass., seew., älter *юмфор* Peter d. Gr.,
s. Smirnov 352. Aus nhd. *Jungfer* dass. (Stenzel), nicht aus ndl.
ndd. *juffer* (gegen Meulen 85, Matzenauer 186). Vgl. *ю́фферс*.

ю́ный 'jugendlich, jung', *юн, юна́, ю́но; юне́ц* 'junger Ehemann,
junger Stier', *ю́ница* 'Kalb, Färse', *ю́ноша* 'Jüngling', Kslav.
Lehnwörter (wegen *ju-* für volkst. *u-*, s. Šachmatov Očerk 142),
ukr. *júnyj* veralt., aruss. *unъ* 'jung', *unostь* 'Jugend', *unoša*
'Jüngling', *unica* 'junges Mädchen', abulg. *junъ* νέος, νεώτερος
(Ostrom., Supr.), ält. bulg. *jun* (Mladenov 700), *junéc, juné* n.
'junger Ochse', *junák* 'Held, wackerer Bursche', skr. *júnac* G.

júnca 'junger Stier', *jùnica* 'junge Kuh', sloven. *junóta* Koll. f.
'junge Leute', *júnəc* 'junger Ochs, Stier, Hirschkäfer', ačech.
junec 'junger Stier', *junoch* 'Jüngling', čech. *jinoch* 'Jüngling',
slk. *junač* f. 'Jugend', *junák* 'Bursche, tapferer Jüngling', poln.
junosza, *junoch* 'Jüngling', *juniec* 'junger Stier', *junak* 'Jüngling', nsorb. dial. *junk* 'junger Stier', polab. *jăunac* 'junges Rind,
Zugrind'. || Urslav. *junъ, *junьcь urverw. mit lit. *jáunas* 'jung',
lett. *jaûns* dass., lit. *jaunı̀kis* 'Junges von Tieren, Junggeselle',
aind. *yúvan-* G. *yū́nas* 'jung, Jüngling', Kompar. *yávīyān*,
Superl. *yáviṣṭhas*, avest. *yuvan-* G. *yūnō*, lat. *iuvenis, iūnior*;
iuvencus 'junger Stier', got. *juggs*. Vokalismus und Intonation im
Balt.-Slav. entsprechen dem Kompar., das *-no-* wohl vom begrifflich entgegengesetzten *senos 'alt' (s. Meillet MSL 14, 360),
s. Trautmann BSl 106 ff., Osthoff MU 6, 293 ff., Endzelin
SlBEt. 198, M.-Endz. 2, 102, Berneker EW 1, 459, Meillet-Vaillant 39, Meillet-Ernout 590 ff., Persson IF 2, 244 ff.

юпа s. *юбка*.

юр 'belebter Platz, Menschengewühl, Marktplatz; Strudel, starke
Strömung' (D., Bedenken zu den Bed. s. bei Preobr. Trudy
1, 129), *юра́* 'Schwarm, Herde, Schar, Zug', *юровой* 'vom Volke
belebt', *юра́* 'beweglicher Mensch', *ю́ркий*, *юро́вый* 'rasch, flink,
gewandt, mutwillig', *юри́ть* 'eilen, sich beeilen, wogen, drängen',
auch 'übermütig sein, spielen', Arch. (Podv.), ukr. *jurýty*,
najurýty śa 'zornig, aufgebracht sein, böse werden', *jurbá*
'Andrang, Gewimmel', *jurmá* dass., *júrkyj* 'ausgelassen, geil,
wollüstig', wruss. *jur* 'Übermut, Schelmerei', *jurić* 'übermütig
sein, zusetzen', bulg. *júrvam*, *júrna* 'reiße los', *-se* 'stürze mich
auf, greife an', skr. *júriti, jûrîm* 'treibe, jage', poln. *jurzyć* 'aufhetzen', *-się* 'zornig werden', *jurny, jurliwy* 'geil, kühn'. || Die
Sippe wird verglichen mit *юла́, юли́ть* (s. oben), ferner mit lett.
jaujš 'steil, jäh, schnell', s. M.-Endz. 2, 97 ff., Berneker EW 1,
461. Schwierigkeiten macht der Anlaut *ju-* bei einem Erbwort,
wofür ostslav. *u-* erwartet werden müßte. Andererseits werden
die slav. Wörter, deren Zusammengehörigkeit nicht gesichert ist
(Berneker c. l.), verglichen mit lett. *aũre* 'Jagdhorn, Sturm,
Geheul', *aũrêt* 'heulen, rufen, das Jagdhorn blasen, einander in
der Brunstzeit anlocken', *aurı̄bas* 'Heulen, Brunst' (s. Bezzenberger Gött. Gel. Anz. 1898, S. 553, M.-Endz. 1, 225 ff.). Lautlich bleiben die gleichen Schwierigkeiten. Matzenauer LF 8, 31
u. MiEW 106 dachten, wohl z. T. wegen des Fehlens im Sloven.,
Čech., Obers. u. Nsorb., an turkotatar. Entlehnung. Vgl.
dschagat. *jürük* 'schnell' (dazu oben S. 468) sowie dschagat. *üjür*
'Herde', kirg. tel. alt. *ür* 'Haufen, Schar, Herde', kasantat. *öjör*
'Schar, Haufe, Truppe' (zur Sippe s. Kannisto FUF 17, 98 ff.).
Non liquet. Siehe *юрик* II.

юра́ 'Pfriem', Novg. (D.), wird von Kalima 249 zweifelnd verglichen
mit estn. *ora* G. *ora* 'Pfriem', weps. *ora* 'Nabenbohrer', karel.
orańi 'Pfriem', südestn. *uuŕ* G. *uuri* 'Bohrer'. Unsicher wegen
ju-.

юра́га 'Bodensatz der Fastenbutter', Smol. (Dobr.). Unklar.

юрайдать, юрандать 'lärmen, poltern, brummen', Olon. (Kulik.). *гу́рандать* 'leise donnern', Olon. (Kulik.), auch *юри́ть* dass. Entlehnt aus karel. olon. *jürize-*, weps. *d'uraidab, ǵuraidab* 'donnert, kracht', finn. *jyristä* 'krachen, donnern', s. Kalima 249.

Юра́ки pl. 'westlichster Stamm der Samojeden', von der Kanin-Halbinsel bis Kr. Berezov G. Tobol'sk (Patkanov 4). Der Name wird in Verbindung gebracht mit wogul. *jorin* 'Samojede' (Ahlqvist Wog. Wb. 12), syrjän. *jaran* 'Samojede, Volk im Norden hinter d. Vyčegda' (Wichmann-Uotila 74), ostjak. *i̯arən, i̯aran, i̯aryan* 'Samojede' (Karjalainen Ostj. Wb. 184ff.), vgl. Hajdú 19ff., 29ff. Die Endung *-ak* erklärt Kniezsa bei Hajdú 30 aus russ. *-ak*. Vgl. *вотя́к, пермя́к*.

юрзы́кать, юрзы́хать 'unruhig hin- u. herrutschen, unruhig sitzen', Pskov, *юрзыхну́ть* 'hinfallen, das Gleichgewicht verlieren', *юрзы́х* 'Interj. des Rutschens', Pskov, Tveŕ (D.). Wohl Lautgebärde; ähnlich *ёрзать*, mit dem es Šachmatov IORJ 7. 2, 340 verbinden will.

юриди́ческий 'juristisch', älter *юристи́ческий* seit Peter d. Gr., s. Smirnov 352. Über nhd. *juridisch* aus lat. *iūridicus*, zu *iūs* u. *dīcō, -ere*, bzw. nhd. *juristisch*.

Юрий 'männl. PN.', aruss. *Gjurgi* (Laurent. Chron. a. 1174 u. a.), s. *Гео́ргий* (oben 1, 265).

юрик I. 'Wurzel eines vom Sturm herausgerissenen Baumes', Olon. (Kulik.). Aus karel. *juurikka* 'mit Wurzeln herausgerissener Baum', olon. *juurikka-*, finn. *juurikko, juurikas*, s. Kalima 249ff.

юрик II. 'Pfahlgerüst zum Heraufziehen der Lachsnetze', Arch. (Podv.). Viell. zu *юр* wie zweifellos *ю́рик* 'Anlegeplatz der Fischer', Arch. (D.). Nach Kalima 257 zu trennen von *ю́рик* I.

юрисди́кция 'Rechtsprechung, Gerichtsbarkeit', seit Peter d. Gr., s. Smirnov 352. Wohl über poln. *jurysdykcja* aus lat. *iūrisdictiō*.

юриспруде́нция 'Rechtswissenschaft', seit Peter d. Gr., s. Smirnov 352. Über poln. *jurysprudencja* aus lat. *iūrisprūdentia*.

юри́ст 'Rechtsgelehrter', seit Peter d. Gr. 1704, s. Christiani 25. Aus nhd. *Jurist* (seit 1300, s. Schulz 1, 313), von mlat. *iurista*.

юри́ть 'eilen', s. *юр*.

ю́ркий I. 'flink, rasch, gewandt', s. *юр*.

ю́ркий II. 'steil, abschüssig', auch *юрко́й* Novgor. (D.). Aus karel. olon. *jürkkä* 'abschüssig', finn. *jyrkkä* dass., s. Kalima 250.

ю́ркнуть 'huschen, plötzlich erscheinen u. verschwinden', ukr. *jurknúty* 'weglaufen'. Wohl zu *ю́ркий* I. Šachmatov IORJ 7, 2, 340 vermutet Verwandtschaft mit *ёркать*. Lautlich schwierig.

юрма 'eine Speise', nur Domostr. Zabel. 146ff. Unklar.

Юрмола 'niedrig gelegenes Land' zum Unterschiede von *горная земля* 'hoch gelegene Gegend', oft in den Dvinsk. Urk. (s. Šachmatov Dvinsk. Gram. passim). Die Herleitung aus d. Balt. (lett. *jūrmala* 'Meeresufer', *jūrmale* 'Gestade', *jūrmalis* 'Landstück am Meeresufer', s. Rozwadowski RS 6, 45ff.) könnte sich auf die Übertragung von *Dvina* nach dem Norden berufen, auch sind die

юрна — юс 473

Bestandteile klar, vgl. lit. *júra* 'Meer', lett. *jūra, jūŗa* dass., neben lit. *jáura* 'feuchte Gegend, Sumpf', *jaurùs* 'morastig' und lett. *mala* 'Rand, Ufer, Grenze', alb. *mal'* 'Berg', sloven. *moléti* 'ragen' (s. M.-Endz. 2, 122 u. 556). Zu beachten sind aber auch finn.-ugr. Deutungsmöglichkeiten mit Lokalsuffix *-la*; vgl. lapp. *jorbme* 'tiefe Stelle' (s. Collinder 19 u. Kalima FUF 28, 108, Sitzber. d. Finn. Akad. d. Wiss. 1945 S. 129).

ю́рна 'mit Glasperlen geschmückter Kopfputz verheirateter Syrjänenfrauen, Art Pelzmütze einer Braut', Pečora (Podv.). Aus syrjän. *jurnoị* 'Kopftuch, Brauthaube', s. Kalima FUF 18, 51.

юро́ 'Zug von Fischen', Arch. (Podv.), Kolyma (Bogor.), siehe *юр*.

юро́дивый 'Narr in Christo', aruss. *jurodivъ* seit d. 14. Jhdt., vorher *urodivъ*, nach Sobolevskij ŽMNPr. 1894, Mai S. 218, zu abulg. *ǫrodъ ὑπερήφανος*, s. Meillet Ét. 232 u. *уро́д* (oben 3, 188).

юро́к 'Ballen von rohen Robbenfellen, die an einem Riemen über das Eis zum Ufer geschleppt werden', auch *ю́рка, вьюро́к* dass., Arch. (Podv.). Zu *юр*.

ю́роп 'Art Hürde für Rentiere', Mezeń (Podv.). Nach Podvysockij Wb. 196 samojedisch ohne nähere Angabe.

юрт 1. 'Gebiet, Land, Reich', Don-G. 2. 'Ansiedlung, Anwesen', Don-G. 3. 'Haus, Wohnung, Hof', Tambov, *ю́рта* 'Nomadenlager', Baschkiren-G., aruss. *jurtъ* 'Geschlecht, Sippe, Besitztum' (Urk. a. 1447, s. Korsch Archiv 9, 506, auch Nikon. Chron., s. Srezn. Wb. 3, 1629). Turkotat. Lehnwort; vgl. osman. dschagat. tel. kuman. *jurt* 'Wohnort, Ansiedlung', alt. *jurt* 'Land, Gegend, Volk', kasantat. *jort* 'Hof mit Nebengebäuden' (Radloff Wb. 3, 458 ff., 548 ff.), s. Korsch Archiv 9, 506, MiTEl 1, 319, Lokotsch 77, Unbegaun 118, Preobr. Trudy 1, 130.

Ю́рьев häufiger ON. Die bekanntesten sind: 1. *Ю́рьев По́льской* im G. Vladimir, gegründet 1152 von *Jurij Dolgorukij* (daher der Name) in waldloser Ebene (*по́ле*), s. Semenov Slov. 5, 908, Enc. Slov. 81, 439 ff. — 2. *Ю́рьев Неме́цкий* 'Stadt in Estland', nhd. *Dorpat*, estn. *Tartu*, aruss. *Jurьjevъ Německьskyj* (Žitije Aleks. Nevsk. 9, Laur. Chron. u. a.), als russische Befestigung begründet von Jaroslav (Laur. Chron. a. 1030: *i postavi* (Jaroslavъ) *gradъ Jurьjevъ*), dann verschiedentlich zerstört u. Besitzer gewechselt, 1893—1917 zur Russifizierungszeit amtlich wieder so benannt, urspr. nach Jaroslavs christlichem Taufnamen *Ю́рий*, s. Semenov Slov. 5, 908, Enc. Slov. 81, 437 ff.

юс I. Benennung der kslav. Zeichen für die Nasalvokale *ǫ* und *ę*; *юс большо́й* für Ѫ und *юс ма́лый* für Ѧ. Der Lautwert hat sich im Russ. verändert, weil schon im 10. Jhdt. *ǫ* ein *u* ergab und aus *ę* ein *'a* wurde. Sobolevskij RFV 71, 436 ff. will den Buchstabennamen mit *ус* 'Schnurrbart', ksl. *ǫsъ* in Verbindung bringen (s. *ус*). Er verweist dabei auf r.-ksl. *jusěnica* 'Raupe'.

юс II. 'schlauer, gerissener Mensch', *ю́сить* 'geschäftig sein', Olon. (Kulik.). Unklar. Viell. zum Buchstabennamen. Vgl. *ю́сы* u. *ферт*.

юстиция 'Rechtspflege, Justiz', seit Peter d. Gr., s. Smirnov 352. Über älter nhd. *Justicia* dass. (Belege aus d. 16.—17. Jhdt. bei Schulz 1, 314), bzw. poln. *justycja* von lat. *iūstitia*.

юсы pl. 'Geld', Hausiererspr. (D.). Vgl. *юс* II.

юсь-юсь 'Interj. zum Antreiben von Schweinen', Smol. (D.).

ют 'Achterdeck, hinterer, gedeckter Teil eines Schiffes' (Lavrenev, D.), zuerst *гют* Ust. Morsk. 1720 (Meulen unten, falsch verstanden von Berneker s. u.). Entlehnt aus ndl. *hut* 'Achterdeck, Kajüte', s. Meulen 83, Berneker EW 1, 83, Preobr. Trudy 1, 130, Gorjajev EW 433. Verfehlt ist die Herleitung des russ. Wortes aus nhd. *Jütte* 'Vorrichtung zum Fischen des Ankers' (Matzenauer 186).

ютить 'aufnehmen', *приют* 'Obdach, Zuflucht(sort)', *уютный* 'gemütlich'. Man nimmt Urverwandtschaft an mit lett. *jùmts* 'Dach', *jumta* dass., *jùmt*, *jumju* 'decken (vom Dach)', *pajume*, *pajumte* 'Raum unter einem Dach', s. M.-Endz. 2, 119; 3, 37. Nicht vorzuziehen ist der Vergleich mit lit. *jùnkti*, *jùnkstu* 'angewöhnen' (gegen Iljinskij RFV 70, 269 ff.), auch nicht von dem entlehnten *ют* (s. das vor.) gebildet (gegen MiEW 106), s. Preobr. Trudy 1, 130, vgl. dazu *учить*, *выкнуть*.

юферс 'Jungfernblock mit eisenbeschlagenen Löchern zum Ansetzen von Wanten', aus ndl. pl. *juffers* dass., s. Meulen 85, Matzenauer 186. Siehe *юнфер*.

юфтъ f. *юхть* f. 'Juchtenleder', volkst. *юхоть* dass. Kašin (Sm.), *юхотный ряд* 'Ledermarkt', *юхотник* 'Kürschner'. Aus dem Russ. übernommen sind nhd. *Juchten*, mnd. *juften*, ndl. *juchtleer* 'Juchtenleder' u. a., s. Kluge-Götze EW 270. Das russ. Wort ist wahrscheinlich entlehnt über das Turkotatar. aus npers. *juft* 'Paar', avest. *yuχta-* 'Paar', weil die Häute paarweise gegerbt werden, s. Korsch Archiv 9, 495, MiTEl 1, 23, Franck-Wijk 281 ff., Berneker EW 1, 156. Weniger überzeugt die neuerdings beliebte Zurückführung des russ. Wortes auf tatar. *üfti* 'Sack' (gegen Lokotsch 166, Kluge-Götze c. l.). Siehe *юхть*.

юха I. 'durchtriebener Junge, durchtriebenes Mädchen'. Etwa zum folg.?

юха́ II. 'Brühe, Suppe' (aus Fleisch, u. Fischen), kirchl. Entlehnt aus ksl. *jucha* dass., s. weiteres s. v. *уха́*. Dagegen stammt dial. *юха́* dass., *юшка* Kursk (RFV 76, 291), Südl. Westl. (D.), ukr. *juchá* aus poln. *jucha*.

юхала 'an der Sonne gedörrter Fisch, welcher der Länge nach gespalten wird', Kamč. (D.), Kolyma (Bogor.). Vgl. *юкола*.

юхоть s. *юфть*.

юхта 'nichtbestandene Prüfung', Chaŕkov, *поюхта́ться* 'durchfallen', s. Zelenin RFV 54, 110, *юхнуть* 'verschwinden', Pskov, Tveŕ (D.), *юхну́ть* 'absetzen, aus e. Stellung entfernen', Pskov, Tveŕ (D.), *объюхта́ть* 'beim Spiel betrügen', Kursk, Voron. (D.). Unklar.

юхтега 'Zaun, der im Wasser endet, um das Vieh aufzuhalten', Olon. (Kulik.). Aus olon. *i̯uohe* G. *i̯uohtien*, finn. *juohde* G.

juohteen dasselbe, s. Kalima 250. Davon trennt der letztere Gelehrte etymologisch *юхтuга* 'abschüssige Stelle am Fluß oder Bach'.

ю́хтовый 'von Juchtenleder' (Leskov), s. *юфть*.

ю́хть f. 'die drei Felder eines Ackerlandes, von denen nur 2 bestellt werden', Nižn. (D.). Wird als Entlehnung aus der Sippe von turkotat. *čift* 'Joch Ackertiere' aufgefaßt, das auf npers. *juft* 'Paar' zurückgeht, s. Korsch Archiv 9, 495, Berneker EW 1, 156. Verfehlt Lokotsch 166. Siehe auch *юфть*.

ю́ша 'gänzlich durchnäßter Mensch', *пришёл юша юшей*, Nižn., Moskau, Vladimir, Simb., Tambov (D.), auch Mel'n. Vgl. kasantat. *jüš* 'naß, Nässe', *jüšly* 'feucht, naß' (Radloff Wb. 3, 567).

юшма́н 'Panzer', s. *юмша́н*.

Я

33. Buchstabe des altruss. Alphabets, ursprünglich geschrieben als ꙗ ; Lautwert im Anlaut und nach Vokalen = *ja*, nach konsonantischen Buchstaben bezeichnet er die Palatalität des Konsonanten u. folgendes *a* (mitunter aus *ę*). Für die gleichen Lautverbindungen gibt es im Aruss. auch das Zeichen ѧ, urspr. Nasalvokal *ę*, der schon im 10. Jhdt. mit *ja* lautlich zusammengefallen ist. Als Zahlenbez. wird ѧ neben ц seit Ende des 14. Jhdts für 900 gebraucht, s. Srezn. Wb. 3, 1677 ff.

я- I. Präfix mit teilweise abschwächender bzw. annähernder Funktion: r.-ksl. *jabrědije* ἀκρίδες Eccles. (16. Jhdt.) neben kslav. *abrědije, obrědь* (MiLP s. v.), s.-ksl. *jaskudь* in *usty jaskudь τὸ στόμα διεσταλμένος* (MiLP 1141), zu *skǫdъ* 'häßlich', s.-ksl. *jagugnivъ*: abulg. *gǫgnivъ* 'stammelnd', bulg. *ja-vdovica* 'Witwe', skr. *jȁpād* f. 'schattiger Ort' = *zȁpād* f. dass., wruss. *jákorić* 'Vorwürfe machen': *korić* dass. ‖ Urslav. *ē-* oder *ā-* aus idg. *ē*: *ō*; vgl. aind. *ānīlas* 'bläulich': *nīlas* 'schwarz', *ālōhitas* 'rötlich': *rōhitas* 'rot', *ādīrghas* 'länglich': *dīrghas* 'lang', griech. *ἠρέμα* 'still, ruhig': got. *rimis* 'Ruhe', *ὠ-ρύομαι* 'brülle' (s. *реве́ть*), griech. *ὠ-κεανός*: aind. *āçáyānas* 'anliegend', ahd. *ā-wahst*, *ua-wahst* 'incrementum', *uo-qemo* 'Nachkomme', s. Rozwadowski RS 2, 101 ff., Jagić-Festschr. 304 ff., Berneker EW 1, 441 ff., Brugmann KVGr. 464 ff., IF 15, 103, Mayrhofer Aind. Wb. 67, Kalima Neuphil. Mitt. 1948 S. 62 ff. (wo auch unsichere Beispiele). Siehe *ябедь*.

я II. 'ich', ukr., wruss. *ja*, aruss. *jazъ* und *ja* (beides in der Mstislav-Urk. 1130, s. Obnorskij-Barchudarov 1, 33), abulg. *azъ ἐγώ* selten *jazъ* (s. Diels Aksl. Gr. 77), bulg. *az, jaz* (Mladenov 702), skr. *jȃ*, sloven. *jȁz*, *jȃ*, ačech. *jáz*, čech. *já* (seit Anfang d. 14. Jhdts), slk. *ja*, apoln. *jaz*, poln. osorb. nsorb. *ja*, polab. *joz, jo*. ‖ Urslav. **azъ* weicht im Vokalismus ab von den verwandten: alit. *eš*, lit. *àš*, lett. *es*, apreuß. *es, as*, aind. *ahám*, avest. *azəm*, apers. *adam*, armen. *es*, venet. *eχo*, griech. *ἐγώ*, lat. *ego*, got. *ik* 'ich'. Neben idg. **eĝ-* (griech., lat., germ.) gab es idg. dial. **eĝh-* (aind., venet.). Unbewiesen ist die Annahme eines **ŏgo* neben **egō* auf Grund des Slav. und hettit. *uk, ug* 'ich' (Meillet-Ernout

342 ff., s. Walde-Hofmann 1, 395 ff.). Der Verlust des -z im Slav. ist auch noch nicht sicher erklärt; daß er analogisch nach *ty* geschehen sei (so Jagić Archiv 23, 543, Holub-Kopečný 147), auch daß der lange Anlautvokal von *azъ* durch die Länge von *ty* hervorgerufen sei (s. Brugmann bei Berneker s. unten), ist sehr unwahrscheinlich. Besser ist der Versuch, *azъ* aus der Verbindung *a ězъ* zu erklären (s. Berneker EW 1, 35, Brugmann Grdr. 2, 2, 382), dagegen s. aber Knutsson Zeitschr. 12, 96 ff. Nach Zubatý LF 36, 345 ff. soll in diesem *a-* eine hervorhebende Partikel *$\bar{a}$, aind. *ād*, avest. *āṯ* enthalten sein, vgl. auch aind. Interj. *ə́t* 'siehe da!' aus *ā* u. *id*; Pedersen KZ 38, 317 sieht darin einen Einfluß der 1. sing. *-ō* Endung; dagegen Bedenken bei Berneker EW 1, 35. Für den Schwund des -z macht man Sandhigesetze verantwortlich (s. Solmsen KZ 29, 79), vgl. Berneker c. l., J. Schmidt KZ 36, 408 ff., Wackernagel-Debrunner 3, 454 ff.

ябагá, ябáга 'Fließ eines Steppenschafes', Orenb. (D.). Turkotatar. Lehnw. vgl. kirg. *žabaya* 'im Frühjahr geschorene Schafwolle', osman. dschagat. *japak* 'Fließ, Wolle', osman. *japaγy* 'unbearbeitete Wolle, Fließ' (Radloff Wb. 3, 261; 275; 4, 57) u. oben *джабагá* (1, 348).

ябеда 'Verleumdung, Schikane, Ränke', *ябедник* 'Verleumder, Händelstifter', *ябедничать* 'verleumden, angeben', ukr. *jábeda* 'Verleumdung', *jabédnyk* 'Verleumder', aruss. *jabednikъ*, *jabetnikъ* 'Beamter, Richter' (u. a. Novgor. 1. Chron. Syn. Hs. a. 1218) im 16. Jhdt. auch 'Verleumder' (s. Srezn. Wb. 3, 1631). Altruss. Entlehnung aus anord. *embǽtti*, *ambǽtti* n. 'Dienst, Amt', verwandt mit got. *andbahti*, ahd. *ambahti* 'Amt', die aus gall. *ambactus* 'Bote' stammen. Die Bildung *jabetъnikъ* entspricht anord. *embǽttis-maðr* 'Dienstmann', s. Thomsen Ursprung 135, MiEW 98, Sobolevskij ŽMNPr 1886, Sept., S. 151, Kiparsky 148 ff., Wanstrat 48, Thörnqvist 93 ff., Šachmatov Očerk 112, Torp 13. Das -*d*- des russ. Wortes kann durch Einfluß von *бедá* erklärt werden. Wegen der aruss. Form mit *t*- und der aruss. Bed. 'Beamter' von *jabetnikъ* ist die Auffassung von *jabeda* als Zusammensetzung aus Präfix *ja*- und *běda* (Kalima Neuphil. Mitt. 1948, S. 66 ff., 1949 S. 225 ff.) abzulehnen; dagegen spricht auch das ukr. *e* (nicht *i* aus *ě*). Zur Bed. 'Verleumder' vgl. *фискáл* 'Denunziant'.

яберзá 'unruhiger, geschäftiger Mensch', Olon. (Kulik.). Etwa Präfix *ja* (s. oben я I) u. *борзóй*?

яблоко 'Apfel', ukr. *jábľuko*, älter *jabľyka* (Žit. Savvy Osvjašč. 13. Jhdt., s. Durnovo Očerk 197 u. 222), wruss. *jáblyk*, aruss. *jablъko*, s.-ksl. *jablъko*, bulg. *ábъlka*, *jábъlka* (Mladenov 701), skr. *jȁbuka* f. 'Apfel, Apfelbaum', *jȁbuko* n. 'Apfel', sloven. *jáboľko*, čech. *jablko*, alt auch *jablo*, slk. *jablko*, poln. *jabłko*, osorb. *jabłoko*, dial. *jabłyko*, nsorb. *jabłuko*, połab. *jobkǘ*. ‖ Ursl. *abľъko* aus *ābļu-*, urverw. mit lit. *óbuolas*, *obuolỹs* 'Apfel', lett. *âbuôls* 'Apfel', apreuß. *woble* 'Apfel', lit. *obelìs* f. 'Apfelbaum', lett. *âbele* dass., ahd. *apful* 'Apfel', krimgot. *apel*, air. *aball* dass., lat. *Abella* 'Stadt in Kampanien, berühmt durch ihre Äpfel' (et quos *maliferae* despectant moenia *Abellae*, Vergil Aen. 7, 740).

Urspr. ein idg. konson. *l*-Stamm, s. Trautmann BSl 2, Apr.
Sprd. 465, Meillet Ét. 335, Bechtel KZ 44, 129, Fraenkel KZ 63,
172ff., Meillet-Ernout 5, Specht 61, Berneker EW 1, 22ff., M.-
Endz. 1, 234, Hoops Reallex. 1, 114, Buga RFV 70, 100. Wegen
des Ablautes im Balt. schon idg., nicht entlehnt (gegen Schrader
BB 15, 287, Fick 1, 349). Übernahme aus d. Kelt. ins Slav. kann
(gegen Preobr. Trudy 1, 131, Šachmatov Archiv 33, 89) nicht
erwiesen werden. Vgl. das folg.

я́блоня ʻApfelbaumʼ, *я́блонь* f. dass., ukr. *jábliń* f. G. *-oni*, demin.
jáblinka, wruss. *jabłońa*, aruss. *jabolonь* (Prolog a. 1425, s.
Šachmatov Očerk 151), bulg. *ablán*, *jablán* (Mladenov 701), skr.
jȁblān m. alt ʻApfelbaumʼ, heute ʻPappel, Populus pyramidalisʼ,
auch ʻPappelkraut, Malvaʼ, sloven. *jáblan* f. ʻApfelbaumʼ, ačech.
jablan, čech. slk. *jabloň f.*, poln., osorb., nsorb. *jabłoń*, polab.
jobl'üön. ‖ Die meisten slavischen Sprachen weisen auf urspr.
*abolnь, daneben die neueren russ., ukr., čech., slk. Formen aus
**(j)ablonь*, s. Berneker EW 1, 23, Trautmann BSl 2, Apr. Sprd.
465. Zum ersteren Ansatz stimmt als urverw. apreuß. *wobalne*
ʻApfelbaumʼ, lat. *Abella*, s. auch Specht 61, Walde-Hofmann 1, 3.
Urspr. *abolnь hätte ein Sekundärsuffix, angetreten an einen
l-St., s. Fraenkel KZ 63, 175. Vorher hatte man Ablaut im
Suffix *-an-* : *-on-* angenommen (s. Meillet MSL 14, 368, wogegen
Berneker c. l.). Weiteres s. v. *я́блоко*.

ябредь ʻHeuschreckeʼ, nur r.-ksl. *jabrědь* ἀκρίς (Mstislav-Ev. a.
1117, s. Srezn. Wb. 1, 3) neben *abrědь* dass., *abrědije* n. Koll.,
kslav. *obrědь*. Es liegt präfixales *ja-* (s. *я* I) vor u. ein altes slav.
Wort, das mit apreuß. *braydis* ʻElchʼ, lit. *briedis* ʻHirschʼ verwandt ist, s. Verf. Festschr. Mladenov 1956, Petersson PBrBtr.
40, 107. Zur Bed. vgl. lett. *tàurs* ʻSchmetterlingʼ, russ. *бо́жья
коро́вка* ʻMarienwürmchenʼ, nhd. *Hirschkäfer* u. ä. Schwerlich
mit Recht nehmen einige Gelehrte eine Verwechslung von ʻHeuschreckeʼ und ʻObstʼ bei späteren Abschreibern der Evang.-
Stelle (Matth. 3, 4) an und vermuten Zusammenhang mit
kaschub. *bŕód* G. *bŕade* ʻObstʼ, slovinz. *vu̯o̯bŕód* ʻObstʼ (so
Berneker EW 1, 84, Brückner KZ 46, 198ff.). Nicht gut möglich
ist auch Vertauschung von ʻHeuschreckeʼ u. ačech. *jabŕadek*
ʻZweig des Weinstocksʼ, apoln. *jabrząd* (Sobolevskij Slavia 5,
440), wobei diese letzteren doch auf *jabrędь zurückgeführt
werden müssen.

я́бурь m. ʻArt Schlitten, der zum Fortschaffen von Fellen benutzt
wirdʼ, Arch. (D.). Unklar.

яви́ть, *явлю́* ʻvorweisen, zeigenʼ, *яви́ться* ʻerscheinen, sich zeigenʼ,
объяви́ть ʻbekannt machen, verkündenʼ, *прояви́ть* ʻzeigenʼ,
въявь ʻoffen, offenkundigʼ, *на яву́* ʻim Wachen, in Wirklichkeitʼ,
я́вный ʻoffenbarʼ, ukr. *javýty*, *jávnyj*, wruss. *jáva* ʻErscheinungʼ,
jávl'a ʻdas Erscheinenʼ, aruss. *javiti* ʻvorweisen, mitteilenʼ,
javiti sja ʻerscheinen, offenkundig werdenʼ, *javě* ʻoffenʼ, *javьnъ*
dass., abulg. *aviti* (Euch. Sin., Assem.), *javiti* δεικνύναι, φανεροῦν
(Savv., Cloz., näheres s. Diels Aksl. Gr. 76ff.), reflex. φαίνεσθαι,
avě, *javě* σαφῶς, δῆλον (beides Supr.), bulg. *javě* ʻim Wachenʼ,
javá ʻzeige, sage, sprecheʼ, skr. *jáviti* ʻbekannt machenʼ, *-se* ʻsich

melden, erscheinen', *na jávi* 'im Wachen', sloven. *jáviti* 'melden', *-se* 'sich zeigen, erscheinen', čech. *jeviti* 'offenbaren, zeigen', *v jev, na jev* 'öffentlich, offenbar', *jevný* dass., slk. *javiť* 'zeigen', *jav* 'Erscheinung', poln. *jawić* 'offenbaren', *na jaw, na jawie* 'offenbar, öffentlich', *na jawie* 'wachend', osorb. *zjewić*, nsorb. *zjawiś* dass., polab. *vüöb-óve* 'zeigt'. ‖ Urslav. **aviti* urverw. mit lit *ovyje* 'im Wachen', *ovytis* 'sich im Geiste oder Traume zeigen' (Daukša), lett. *âvîtiês* 'dummes Zeug reden, sich albern gebärden, Unfug treiben', aind. *āvíṣ* 'offenbar', avest. *āvíš* dass., *āvíšya-* 'offenkundig', s. Endzelin SlBEt 194, IORJ 15, 1, 216, M.-Endz. 1, 245, Fraenkel IF. 54, 126, Zeitschr. 11, 36, Balticoslav. 1, 225, Meillet Dial. Ideur. 128, RES 6, 173, Meillet-Vaillant 507, Mikkola Ursl. Gr. 1, 155. Das lit. Wort wird ohne hinreichenden Grund als slav. Lehnwort angesehen von Berneker EW 1, 34, Trautmann BSl 21. Weitere Verwandtschaft mit griech. αἰσθάνομαι 'nehme wahr', ἀίω 'höre', ἐπ-άϊστος 'ruchbar, bekannt', lat. *audiō, -īre* 'höre', *oboediō* 'gehorche' (W. Schulze KZ 29, 251, Hujer LF 68, 79ff., Frisk EW 48ff.) wird angefochten von Meillet-Ernout 99. Zweifelhaft ist Zusammenhang mit *ясный* (gegen Mikkola Ursl. Gr. 165).

я́водь f. 'Strudel, Stromschnelle', Tverˊ (D.). Nach Kalima Neuphil. Mitt. 1948 S. 63ff. aus Präfix *ja-* und *vodь* zu *водá*. Vgl. daneben *óвodь* 'tiefe Stelle, Abgrund'. Andere sehen in der ersten Silbe ein **ję-* (zu *jęti*, s. *взять*) und fassen den Namen als 'Schluckewasser' auf (so Berneker EW 1, 429, Fraenkel Archiv 39, 83). Vgl. *Я́вонь*.

Я́волод 'Mannesname', nur aruss. *Javolodъ* 1. 'Bojare in Halič' (Hypat. Chron. a. 1209, 1211). 2. 'Bojare in Smolensk' (Novg. 4. Chron., Troick. Chron. u. a.). Nach Verf. Die Sprache 1, 215ff. aus anord. *Hávaldr* PN. Andere sehen darin einen echt-slav. Namen mit *ę-* (zu *jęti*) und *-voldъ*, wie *Всéволод* (s. Berneker EW 1, 429, Preobr. 1, 270, Fraenkel Archiv 39, 83). Wenn die erste Silbe dieses Element enthalten sollte, dann erwartet man darin ein präfig. Verbum (*Переяслáв*).

Я́вонь 'r. Nbfl. der Pola', Kr. Demjansk G. Novgor. Verwandt mit *я́водь* (s. d.). Zur Bildung vgl. r.-ksl. *ровонь* f. 'Hochwasser' (vgl. MiLP 585). Nur zufälliger Anklang liegt vor in lit. *Avantà* FlN, lett. *avuõts* 'Quell', aind. *avániṣ* 'Flußbett', *avatás* 'Brunnen' (dazu s. M.-Endz. 1, 233, Uhlenbeck Aind. Wb. 15, Rozwadowski NW 1ff.).

я́вор, *-a* 'Platane, Bergahorn', *гýсельки ярóвчаты* 'Gusli aus Ahornholz' (oft in Bylinen), ukr. *jávir* G. *-ora* 'Waldahorn', wruss. *jávor* 'Kalmus' (durch Verwechslung mit der Sippe von *áup*, s. oben 1, 7), abulg. *avorovъ πλατάνου* (Supr. 18, 10), bulg. *jávor* 'Bergahorn', *jävor, -ora* 'Ahorn', sloven. *jávor* dass., čech. slk. *javor*, poln. osorb., nsorb. *jawor*, polab. *jovúore* 'Ahornwald'. ‖ Entlehnt aus ahd. *ahorn*, bzw. bair. dial. **āhor* urspr. 'Bergahorn', den die Slaven in ihrer Urheimat ebenso wenig kannten wie die Buche, vgl. bes. Schwarz Archiv 40, 284ff., Steinhauser Zeitschr. 18, 312. Das Wort gehört nicht zu der alten ostgerm. Entlehnungsschicht wegen des *v* für *h* und des

Anlautes, da urgerm. *ehura- (: dän. Ær ʿAhorn') angesetzt
wird (s. Torp 23). Die german. Sippe gehört zu lat. acer, -eris,
griech. ἄκαρνα· δάφνη Hesych., s. auch Berneker EW 1, 34 ff.,
der den Verlust des n von Ahorn im Slav. dadurch erklären
wollte, daß ein entlehntes *avorn- als Adj. auf -ьnъ aufgefaßt
wurde und davon eine Neubildung avorъ erfolgte, s. noch Schwarz
c. 1., Kiparsky 229 ff., Trautmann Gött. Gel. Anz. 1911, S. 242,
Sobolevskij Slavia 5, 445. Nicht durchschlagende Einwände
gegen die german. Deutung bei Stender-Petersen 47, Brückner
EW 202, Archiv 23, 626, s. Kiparsky c. l.

явро́ ʿEi', pl. яря́та Toropec (Dobrov.), weit verbreitet in der
russ. Gaunersprache. Aus zigeun. jâro ʿEi' (R. Liebich Zigeuner
191).

яга́ I. in ба́ба-яга́ ʿHexe', auch яга́-ба́ба, яга́я Adj., ukr. bába-
jahá dass., wruss. bába-jahá, daneben: ukr. jazi-bába ʿHexe,
behaarte Raupe', jáza ʿHexe', abulg. języa μαλακία, νόσος ʿKrank-
heit' (Ostrom., Supr.), bulg. ezá ʿ Qual, Folter' (Mladenov 160),
skr. jéza ʿSchauder', jèziv ʿgefährlich', sloven. jéza ʿZorn', jezíti
ʿärgern, reizen', ačech. ježě ʿlamia', čech. jezinka ʿWaldfrau, bös-
artiges Weib', poln. jędza ʿFurie, Hexe, böses Weib', jędzić się
ʿsich ärgern'. || Urslav. *(j)ęga wird gestellt zu lit. ìngis ʿFaulen-
zer', lett. ı̃gt, ı̃gstu ʿvergehen, verschmachten; verdrießlich, mür-
risch sein', ı̃dzinât ʿverdrießlich machen, reizen, necken, wider-
wärtig machen', ı̃gns ʿverdrießlich, mürrisch', anord. ekki n.
ʿKummer, Schmerz', ags. inca ʿFrage, Zweifel, Kummer, Streit',
s. Berneker EW 1, 268 ff., M.-Endz. 1, 834, Trautmann BSl 70,
Holthausen Awn. Wb. 48, Fortunatov Archiv 12, 103, Lidén
Stud. 70, Milewski RS. 13, 10 ff., Mikkola Urslav. Gr. 171, Torp
28, Polívka RES 2, 257 ff. Angefochten wird die Zugehörigkeit
von aind. yákṣmas ʿKrankheit, Auszehrung' (gegen Lidén, s.
Berneker c. l., Uhlenbeck Aind. Wb. 234) oder von alb. idete
ʿbitter', geg. idenim, tosk. iderim ʿBitterkeit, Zorn, Ärger,
Trauer' (gegen G. Meyer Alb. Wb. 157, s. Jokl Studien 29 ff.),
auch das oft verglichene lat. aeger ʿverstimmt, unwohl, krank'
gehört schwerlich dazu (gegen Berneker, s. Trautmann c. l. u.
bes. Meillet-Ernout 18). Unwahrscheinlich auch der Ansatz *jĕga
(Berneker), wogegen schon Sobolevskij ŽMNPr. 1886, Sept.,
S. 150, ebenso der Vergleich mit яга́ть ʿschreien' u. егоа́ (gegen
Iljinskij IORJ. 16, 4, 17). Abzuweisen sind die Versuche, яа́
als Entlehnung aus d. Turkotatar. *ämgä in kuman. emgen-
ʿleiden' (Knutsson Palat. 124) oder aus finn. äkä ʿZorn' (Nikol'-
skij Fil. Zap. 1891, Nr. 4—5, S. 7) aufzufassen.

яга́ II. ʿFohlenpelz', Orenb., Sibir. (D.), ʿPelz aus Ziegenfellen',
Tobol'sk (Živ. Star. 1899, Nr. 4, S. 518). Aus leb. küär. baraba.
krimtat. jaya ʿKragen', osman., kasant., dschagat. jaka dass.
(Radloff Wb. 3, 25 u. 39).

я́гала ʿRenntiermoos', Olon. (Kulik.), я́гель m., я́гиль m. ʿRenn-
tiermoos', Arch. (Podv.). Die erstere Form entlehnt aus karel.
jägälä dass., finn. jäkälä dass., die andern evtl. aus lapp. Ter.
jiegel dass., s. Kalima 250, Itkonen 65. Zweifelhaft sind die
Bemühungen, echt-slav. Herkunft und Verwandtschaft mit

ягода u. *яглá* zu erweisen (gegen Zubatý Archiv 16, 394 u. Berneker EW 1, 443), s. auch Preobr. Trudy 1, 133.

ягáрма 'freches, keifendes Frauenzimmer', Sibir. (D.). Wird zu *ягáть* 'schreien' gestellt, wobei die Wortbildung ungeklärt bleibt.

ягат 'Art Kleidung', nur aruss. *jagatъ* Ign. Put. a. 1392, s. Srezn. Wb. 3, 1638. Dunkel. Schwerlich zu nhd. *Jackett*, franz. *jaquette*, da diese zu jung sind (s. Kluge-Götze 265).

ягáть 'schreien, lärmen', Vologda, Perm, Sibir. (D.), *ягáйла* 'Schreihals', auch *яжúть, язжúть, яжжúть* dass. Vladim., Jarosl. Moskau (D.). Nach Buga RFV 70, 106 ff. zu lett. *indzêt* 'stöhnen' (bei M.-Endz. mit ?), *îgt, îgstu* 'vergehen, schmachten, mürrisch sein', lit. *ingzdù* 'klage', *inzgiù* 'klage, schreie klagend', s. auch M.-Endz. 1, 708 u. 834 ff., Fraenkel Lit. Wb. 10. Siehe *яá*.

яглá 'Art Brei' (Domostr. K. 43), *ягóльник* 'großer Topf f. Suppen', Rjazań, Tambov (D.), aruss. *jaglъ* 'Hirse' (Pater. Peč. u. a., s. Srezn. Wb. 3, 1638), skr. *jágla* 'ein durch Braten geborstenes Korn Kukuruz', *jägli* (*jágli*) pl. m. 'Hirsebrei', čak. *jāglȉ* G. *jāgál*, sloven. *jâgla* 'Breikern, Hirsekorn', *jâglo* 'Hirsegrütze', čech. *jáhla* 'Hirsekorn', poln. *jagła* 'Hirsekorn', *jagły* 'Hirsegrütze', osorb. *jahły*, nsorb. *jagły* pl. 'Hirse'. || Unsicher ist der Vergleich mit lit. *ůglis* 'einjähriger Schößling', *uoglus* 'e. Pflanze' und *ягода* (Zubatý Archiv 16. 394, MiEW 99, Muller 2), auch der Ansatz *ěg(ъ)la und die Annahme eines Ablautverhältnisses zu *иглá* (Berneker EW 1, 443, Brückner KZ 45, 307) ist nicht überzeugend.

яглить(ся) s. *яглый*.

яглый 'heftig, eifrig, geschwind', *неяглый* 'faul, schlaff, unbeholfen', *яглая земля* 'fetter Boden', *яглить* 'brennen vor Begierde, nach etw. trachten', *яглиться* 'sich rühren, sich bewegen, vorwärtsgehen', auch 'gelingen' (Mel'nikov), daneben: *ёглить* 'sich vor Schmerz oder Ungeduld hin- u. herbewegen', *егозá* 'unruhiger Mensch, mutwilliges Kind', ukr. *jahozá, jehozá* dass., wruss. *jáhlić* 'heiß herbeisehnen, durch Bitten belästigen'. || Möglich ist Urverwandtschaft mit lit. *jėgà* 'Kraft, Verständnis', Acc. s. *jė̃gą*, *nuojėga* 'Vermögen', *jėgti, jėgiù* 'vermögen', lett. *jẽga* 'Kraft, Vermögen, Vernunft, Verständnis', *jẽgt, jẽdzu* 'verstehen, begreifen, sich bemühen', griech. ἥβη 'kräftiges Alter, Jugend', s. Zubatý Archiv 16, 395, Brückner KZ 45, 31. Weniger überzeugt die Zusammenstellung mit griech. αἴγλη 'Glanz', aind. *éjati* 'regt sich, bewegt sich' (Berneker EW 1, 443), vgl. oben *игрá*. Ganz unwahrscheinlich die Heranziehung von *огóнь* sowie lit. *agnùs* 'rührig, flink', lat. *egula* 'Art Schwefel' (Loewenthal WS 11, 54), ags. *acan* 'schmerzen', engl. *ache* 'Schmerz' (Loewenthal Archiv 37, 383), oder lit. *nu-éngti* 'abschinden, abquälen' (Iljinskij IORJ 16, 4, 17).

*ягляне pl. 'Stamm der Angeln in England', nur aruss. *agljane* (Nestor-Chron., s. Šachmatov Povest' Vrem. Let. 4), aus ags. *Engle, -an* pl. m. dass., lat. *Anglii*, anord. *Englar*, s. Ekblom Zeitschr. 10, 16, R. Much bei Hoops Reall. 1, 86. Auch mgriech.

Ἴγγλινοι 'Engländer' (Thomsen Ursp. 115), Ἠγγληνία 'England' (Laskaris Kanaanos 399).

ягма 'Plünderung', nur aruss. *jagma* PSRL. 8, 131 nach Korsch Archiv 9, 506. Aus osman. *jagma* 'Raubzug, Plünderung, Beute', s. Korsch c. l., MiEW 99, Berneker EW 1, 443, Kraelitz 26, Lokotsch 73.

ягнёнок, -нка 'Lamm', pl. *ягнята* neben *агнец* 'Opferlamm' (s. dazu oben 1, 5), ukr. *jahńá*, -*áty*, *jahńátko* dass.; *jahnýća* 'junges Schaf', aruss. *jagnę* (Dan. Zatočn. u. a.), abulg. *agnьcь* ἀρήν, *agnę* ἀμνός (Supr.), bulg. *ágne*, *jágne* (Mladenov 701), skr. *jȁgnje*, -*eta* n., sloven. *jágnje*, -*eta*, čech. *jehně* n., *jehnec*, slk. *jahňa*, poln. *jagnię* G. -*ęcia*, osorb. *jehnjo*, nsorb. *jagńe*. ǁ Ursl. *agnę, *agnьcь urverw. mit lat. *agnus* 'Lamm', griech. ἀμνός (aus *αβνός), ir. *uan*, kymr. *oen* (urkelt. *ognos), aengl. *éanian* 'lammen, Junge werfen', engl. *yean*, ndl. *oonen* (*янúться* 'lammen'), s. Berneker EW 1, 24 ff., Trautmann BSl 2, Pedersen Kelt. Gr. 1, 109, KZ 38, 315, Meillet-Ernout 27, Frisk EW 93 ff. (mit Lit.). Siehe *ягнядье*.

ягну́ть 'stechen, stoßen', Pskov (D.). Viell. zu der unter *я́глый* behandelten Wortgruppe.

ягнядье Koll. n. 'Schwarzpappeln', nur r.-ksl. *jagnjadije*, *ognjadije*, ksl. *jegnędь* f., *jagnędije*, skr. *jȁgnjêd* G. *jagnjéda*, sloven. *jágned* dass., čech. *jehněd* 'Kätzchen an Bäumen', *jehněda* 'weiße Pappel', slk. *jahneda* dass. ǁ Ursl. *agnędь zu *agnьcь* 'Lamm'. So genannt nach den wolligen Samen, die mit der Lammwolle verglichen wurden; vgl. *бара́шки* pl. 'Weidenkätzchen' zu *бара́н* čech. *berušky* dass., zu *beran*, s. Berneker EW 1, 25, Trautmann BSl 2, Holub-Kopečný 151. Ein direkter Zusammenhang mit griech. ἄγνος f. 'Keuschbaum, Keuschlamm' ist schwerlich anzunehmen (s. Lidén IF. 18, 506 ff., Mikkola Ursl. Gr. 51).

я́года 'Beere', *я́годица* 'Wange, Backenknochen, Gesäß', Arch. (Podv.), Olon. (Kulik.), Novg., Sibir. (D.), ukr. *jáhoda* 'Beere, Walderdbeere', wruss. *jáhoda* 'Beere', aruss. *jagoda*, abulg. *agoda* καρπός (Savv.), bulg. *jágoda* 'Erdbeere', skr. *jȁgoda* dass., *jȁgodicê* pl. 'Wangen', sloven. *jágoda* 'Beere', čech. slk. *jahoda*, poln. *jagoda* 'Beere', *jagody* pl. 'Wangen', osorb. *jahoda* 'Beere', nsorb. *jagoda*, polab. *jogödói* pl. 'Beeren'. ǁ Urslav. *aga wird vorausgesetzt durch ksl. *vinjaga* βότρυς, sloven. *vinjága* 'Weinrebe'; Suff. -*oda* in *agoda entspricht griech. λαμπάς, -άδος 'Fackel', νιφάς 'Schneegestöber', s. Berneker EW 1, 25, Fraenkel Zeitschr. 20, 54. Zweifelhaftes über *vinjaga* bei Iljinskij RFV 76, 249. Ursl. *aga, *agoda sind urverwandt mit lit. *úoga* 'Beere', lett. *uôga* dass., viell. auch got. *akran* 'Frucht', tochar. B. *oko* pl. *okonta* 'Frucht', s. Lidén IF 18, 502, Tochar. Stud. 34, M.-Endz. 4, 413 ff., Trautmann BSl 202. Zweifelhaft ist die Zugehörigkeit von lat. *ūva* 'Traube' s. Lidén c. l., Walde-Hofmann 2, 849, gegen Berneker c. l., Meillet Ét. 257, 320. Fraenkel IF 50, 5. Ganz verfehlt ist der Vergleich von *я́года* mit lat *augeō*, -*ēre* 'vermehre', aind. *ójas* n. 'Kraft, Stärke' (Iljinskij RFV 76, 249).

Ягорлы́к ʻl. Nbfl. d. Dniestr', Bessarabien (Maštakov DB 28, 28). Etymologisch identisch mit *Его́рлык* (s. oben 1, 391).

ягра́ ʻflaches, sandiges Ufer e. Flusses, Sees od. Meeres', Arch. On. (Podv., D.). Vgl. lapp. N. *jawre* ʻSee' (Nielsen Lapp. Wb. 2, 398).

ягу́н ʻSpottname für die Weißrussen u. andere a-Sprecher', Kursk, Belgorod, Kromy; Rjazań, Tambov (Živ. Star. 1891, Nr. 3, S. 127; 1904, Nr. 1, S. 63), Kr. Lukojanov G. N.-Novgor. Davon Fam. N. *Ягуно́в*. Gebildet vom dial. *jayó* G. Acc. sing. für sonstiges *его́*, s. Potebnja Živ. Star. 1891 c. l., Zelenin Živ. Star. 1904 c. l., Ljapunov Archiv 18, 290ff.

яд, *-а* ʻGift', *ядови́тый*, ʻgiftig', ukr. *jad* und *jid*, aruss. *jadъ*, *jědъ* ʻGift' (Sobolevskij RFV 64, 99), *jadьno* ʻGeschwulst', abulg. *jadъ ióv* (Cloz., Supr.), bulg. *jad(ъ́t)* ʻGift, Zorn, Kummer', skr. *jȃd* ʻKummer, Weh', sloven. *jâd* ʻZorn, Gift', ačech. *jěd* G. *jědu* ʻGift', čech. *jed*, slk. *jed*, poln. *jad* ʻGift von Tieren u. Pflanzen', osorb. *jěd* ʻGift', nsorb. *jěd*. ‖ Die ältere Deutung geht von *$\bar{e}du$-aus und knüpft an idg. *ed-* ʻessen' an (s. *едá*, *ем*), cf. lit. *ėdis* ʻSpeise', anord. *át* n. ʻEssen', norw.-dän. *aat* ʻKöder, Lockspeise für Raubtiere' (Falk-Torp 9). Danach läge ein euphemistischer Ausdruck ʻSpeise' für ʻGift' vor; vgl. nhd. *Gift : geben*, franz. *poison* aus lat. *pōtiōne(m)* ʻTrank', s. MiEW 98, Brugmann Grundr. 1², 131; Brückner EW 196, Archiv 29, 119, Sobolevskij RFV 64, 99, Mladenov 701, Meillet-Vaillant 83. Eine andere Erklärung setzt ein **oid-* an und vergleicht griech. οἶδος ʻGeschwulst', οἰδάω ʻschwelle', ahd. *eiz* ʻEiterbeule', bzw. anord. *eitr* n. ʻGift, Zorn', ahd. *eitar* ʻEiter', lett. *idra* ʻfaules Mark eines Baumes', s. Fick KZ 21, 5, J. Schmidt Verw. 41, Pedersen KZ 38, 312, IF 5, 43, Trautmann BSl 2ff., Bezzenberger BB 27, 172, Torp 2. Weniger wahrscheinlich ist die Auffassung von *jadъ* als *ē u. *dō*, ʻzu sich Genommenes, Zugegebenes' (Kořínek LF 57, 8ff.; 61, 53, Zeitschr. 13, 416). Es ist mit der Möglichkeit zu rechnen, daß idg. **ēdu-* und **oid-* im Slav. zusammengeflossen sind, s. Berneker EW 1, 272. Siehe auch *ядь*.

ядо́ха ʻgeschickter Mensch, Kenner', Jarosl. (D.), nicht sicher bezeugt. Viell. zu ačech. *jadati* ʻforschen, untersuchen', das als urverw. gilt mit lit. *úosti*, *úodžu* ʻriechen', lett. *uôst* dass., griech. ὄζω Perf. ὄδωδα ʻrieche', εὐ-ώδης ʻwohlriechend', armen. *hot* ʻGeruch', lat. *odor* ʻGeruch' (zur Sippe s. Berneker EW 1, 24, M.-Endz. 4, 421, Trautmann BSl 202).

ядрёный ʻkernig, markig, gesund, stark', s. *ядро́*.

ядре́ть ʻstark werden, sich kräftigen, schäumen, perlen (von Getränken)', auch *уядре́ть* dass. Gehört zu *я́дрый* ʻstark', s. Berneker EW 1, 455, Preobr. Trudy 1, 134, Machek KZ 64, 261ff. Nicht überzeugend ist der Vergleich mit aind. *ēdhas* n. ʻGedeihen', *ḗdhatē* ʻwird groß, stark' (Scheftelowitz Zschr. Ind. Ir. 2, 265).

ядро́ I. N. pl. *я́дра* ʻKern, Kugel, Granate, Hode', *я́дрица* ʻGersten-, Hafergrütze', ukr. *jadró* ʻKern, Korn, Mark, Hode', wruss. *jadró* ʻHode', aruss. *jadro* ʻFrucht', sloven. *jédro* ʻKern,

ядро́ — ядрый

Gehalt, Kraft', *jédrn* 'kernig, gedrängt', čech. *jádro* 'Kern, Mark', *jádra* pl. 'Hoden', slk. *jadro* 'Kern', čech. slk. *jadrný* 'kernig', poln. *jądro* 'Kern', pl. 'Hoden', *jędrny* 'kernig, frühreif, gehaltvoll', osorb. *jadro* 'Kern', nsorb. *jědro* dass., polab. *jǫ́dre* 'Kern der Nuß'. || Ursl.*jędro wird als urverw. verglichen mit ved. *aṇḍám*, aind. *aṇḍás* 'Ei', *aṇḍám* 'Hode', s. Machek KZ 64, 262, Pedersen Symbolae Danielsson 264, MiEW 104, Uhlenbeck Aind. Wb. 5, Iljinskij Archiv 28, 451, dagegen Berneker EW 1, 456, Lidén Stud. 82 ff., Specht Dekl. 29 ff. Andere nehmen Verwandtschaft mit *йдрый* 'schnell' (s. d.) und griech. ἁδρός 'voll, ausgewachsen, reif, stark, dicht' an, s. Fick 1, 363, Berneker c. l., Trautmann BSl 107 ff., dagegen Pedersen, Lidén c. l. Weniger überzeugt der Vergleich mit aind. *ádriṣ* 'Stein; bes. ein zum Somaschlagen benutzter Stein', ir. *ond, onn* G. *uinde* (idg. *ondes-*) 'Stein' (Lidén Stud. c. l., Charpentier Archiv 29, 4). Ebenso die Heranziehung von lett. *idrs, idra* 'faules Mark e. Baumes', griech. οἶδος n. 'Geschwulst', οἰδάω 'schwelle' (gegen Preobr. Trudy 1, 134 ff., Gorjajev EW 434, Petersson Heteroklisie 82 ff., s. dazu Kretschmer Glotta 13, 262). Zweifelhaft ist auch die Heranziehung von *яглá, яглый* (Brückner KZ 45, 307).

ядро́ II. 'Segel, Mast', kirchl., r.-ksl. *jadro* 'Segel, Mast' (Srezn. Wb. 3, 1639 ff.), abulg. *jadro* ἱστός 'Mast' (Supr.), skr. *jèdro* 'Segel', sloven. *jádro* 'Segel'. Nach Mikkola Ursl. Gr. 1, 47 soll Verwandtschaft vorliegen mit anord. *jaδarr* 'Rand, Kante, obere Querstange eines Zaunes' (s. weiter s. v. *oðp*), während Brückner KZ 45, 317 an *ядро́* 'Busen' als 'Schwellung' anknüpfen will.

ядро́ III. 'Busen', nur aruss. *jadro* 'Busen, Sack, Tasche', abulg. *jadra* n. pl. κόλπος (Ps. Sin., Supr.), *vъnědra εἰς τὸν κόλπον, vъnědrěchъ ἐν τῷ κόλπῳ, nědra* (Ps. Sin.), ukr. *nidró* 'Schoß, Mutterschoß', skr. *njědra* G. *njědārā* pl. n. 'Busen', sloven. *jádro* 'Wamme, Wulst'. Das *n* ist in verschiedenen slav. Sprachen verallgemeinert worden, s. oben 2, 208 unter *нéдро*. Es wird von **ědro* ausgegangen, woraus anlaut. *jadro* wurde. Über die mögliche Verwandtschaft mit griech. ἦτορ 'Herz', ἦτρον 'Bauch', s. J. Schmidt Pluralb. 198 u. oben c. l. Daneben versuchen einige Gelehrte, von **oidro-* ausgehend, Zusammenhang mit griech. οἶδος n. 'Geschwulst', οἰδάω 'schwelle', armen. *ait* 'Wange', *aitnum* 'schwelle', ahd. *eiz* 'Geschwür' nachzuweisen, s. Fick KZ 21, 5; 463, Brugmann Grdr. 1², 179, Torp 2, Falk-Torp 180, Berneker EW 1, 270 ff.

ядрый 'schnell', nur aruss. *jadrъ* 'schnell', abulg. *jędrъ* ταχύς (Supr.), mbulg. *ujędriti* ταχύνειν, bulg. *(j)édъr* 'kräftig, tüchtig, kernig', skr. *jédar*, f. *jédra* 'voll, kräftig, frisch, stark', sloven. *jȃdrn* 'schnell, rasch'. Die Wörter sind nicht immer leicht zu trennen von **jędrъnъ* 'kernig', das zu *jędro* 'Kern' gehört (s. *ядро́* I), mit dem sie von manchen Gelehrten verbunden werden. Man nimmt eine ältere Bed. 'stark' an, wie bei got. *balps* 'schnell' aus 'kühn, tapfer' oder nhd. *schnell* (s. Berneker EW 1, 455 ff.) und vergleicht als urverw. griech. ἁδρός 'voll, ausgewachsen, reif, stark, dicht', ἁδρύνω 'bringe zur Reife', s. Berneker c. l., Mladenov 160, Pedersen Symbolae Danielsson 264. Andere

484   ядуха — язва

vergleichen *jędrъ 'stark, schnell' mit aind. Índras 'Gottesname',
indriyám n. 'Kraft, Vermögen' (Machek RES 23, 51, KZ 64,
262, Mayrhofer 88 ff.) und mit lit. Indrajà 'e. Fluß', Indrajas 'e.
See' (Buga RFV 70, 253).

ядуха 'Engbrüstigkeit', Südl., ukr. jadúcha dass., nsorb. jaduš
dass. Dafür auch russ. удушье, одышка. Wohl aus *jęduch- zu
jęti 'nehmen' u. duchъ 'Atem', s. Berneker EW 1, 429, Fraenkel
Archiv 39, 83. Nach Rozwadowski RS 2, 429 soll im ersten Teil
das Präfix ja- enthalten sein.

ядь f. 'Essen, Speise', объеди pl. 'Nachbleibsel von Viehfutter',
aruss. jadь f., 'Speise', abulg. jadь βρῶμα (Supr.), urverwandt
mit lit. ėdis f. 'Essen, Speise', apreuss. īdis dass., weiteres s.
unter едá, ем (oben 1, 391 u. 398).

яер 'Luft', kirchl., statt des häufigen ksl. ajerъ; erscheint z. B.
Žitije Aleks. Nevsk. 6. Darüber s. oben 1, 6.

яз, -а 'Fischwehr, Fischzaun', dial. ез dass., язовище 'zu einer
Fischwehr geeigneter Ort', ukr. jaz, jazók neben jiz 'Wehr,
Damm', zájiz 'Wehr, Schleuse', wruss. jaz dass., aruss. jězъ, ksl.
jazъ στόμαχος 'canalis', bulg. jaz 'Wehr, Schleuse' (Mladenov
702), skr. jâz Loc. s. jázu 'Ableitungskanal neben dem Mühlwehr', sloven. jêz 'Damm, Deich, Mühlwehr', ačech. jěz, čech.
jez 'Wehr', slk. jaz, jez, poln. jaz, polab. jaz 'Kanal'. ‖ Urslav.
*jězъ wird als urverw. verglichen mit lit. ežė̃ (ežià), dial. ažià
'Grenzstreifen, Rand, Grenze, Mark, Beet', auch 'flache Stelle
des Haffs am Ufer', lett. eža 'Gartenbeet, Feldrain', apreuss. asy
'Rain', arm. ezr 'Rand, Grenze', die als Weiterbildungen eines
idg. Wznomens *ēĝh-, *eĝh- angesehen werden, s. Fraenkel Lit.
Wb. 126, Meillet BSL 29, 38 ff., MSL 10, 282, Berneker EW
1, 277, Trautmann BSl 73, Apr. Sprd. 73, M.-Endz. 1, 572,
Fortunatov Archiv 12, 101 ff., Bezzenberger BB 23, 298, Pedersen KZ 38, 312, Brückner KZ 45, 290, IF 23, 209. Verfehlt ist
der slav. Ansatz *jęzъ und Verknüpfung mit jęti 'nehmen' (Jokl
Archiv 28, 8, wogegen Charpentier Archiv 29, 9).

язáть, -áю 'verspreche, verheiße', Vlad., Nižn., Vologda, язать
dass., Tula, Tambov, Don-G. (D.), Rjazań (RFV 68, 12),
язáться 'sich verpflichten', Rückbildung von обязáть(ся), das
zu вязáть 'binden gehört.

язва 'Wunde, Geschwür', dial. auch 'Verletzung, Schaden, Gliedbruch', Arch. (Podv.), язвить 'verwunden', язвина 'Wunde,
Narbe, Höhle', язво, язвецó 'Spitze, Stachel', ukr. jázvá 'Wunde',
jázvyna 'Wunde, Schlucht, Abgrund', jazvýty 'verwunden',
wruss. jázva 'schlechter Mensch', r.-ksl. ězva πληγή (Svjatosl.
Sbor n. 1073, Nikon Pandekt., s. Srezn. Wb. 3, 1620), aruss.
jazva 'Wunde', abulg. jazva κοίλωμα, πληγή (Cloz., Supr.),
jazvina φωλεός (Zogr., Savv.), bulg. jázva 'Wunde', skr. jȁzvina
'Höhle', sloven. jâzba 'Loch, Höhle', jâzvina, jâzbina 'Dachsloch', čech. jízva 'Wunde', slk. jazva 'Narbe', poln. jaźwa 'Dachshöhle'. ‖ Ursl. *jazva urverw. mit apreuss. eyswo 'Wunde', lit.
áiža 'Riß, Spalte', aižýti 'enthülsen, aushülsen', áižėti 'enthülst
werden, sich abschälen', lett. aîza 'Riß, Spalte', ablaut. lit. iẽžti

ʿenthülsen, aushülsen', *eižti* ʿaushülsen', *ižti* ʿentzweigehen', s. Berneker, EW 1, 276 ff., Trautmann BSl 68, Apr. Sprd. 326, M.-Endz. 1, 17, Endzelin SlBEt 197, Fortunatov Archiv 12, 101, Matzenauer LF 8, 27, Meillet-Vaillant 85. Zu trennen sind griech. *αἰγανέη* ʿWurfspieß', *αἰχμή* ʿLanze' (gegen Bezzenberger BB 27, 166), griech. *ὠδίς* G. *ὠδῖνος* ʿGeburtsschmerz' (gegen O. Hofmann BB 21, 138). Auch nicht zu lit. *ežē* ʿflache Stelle des Haffs am Ufer' (gegen Sobolevskij RFV 71, 433). Siehe auch *язве́ц*.

язве́ц, -еца́ ʿDachs', Novg., Tveŕ, Südl. (D.), Olon. (Kulik.), auch *язво́* dass. (IORJ 1, 334), *язвик* Šenk. (Podv.), dial. ʿKaninchen' (D.), ukr. *jazvéć* ʿDachs', aruss. *jazvъ*, *jazvьcь* ʿDachs', *jazvьno* ʿLeder, Haut', s.-ksl. *jazvъ χοιρογρύλλιος* ʿerinaceus', skr. *jȁzavac* G. *jȁzāvca*, čakav. *jȁzbac* G. *jȁzbaca* ʿDachs', sloven. *jȃzvəc*, *jȃzbəc*, ačech. *jězv*, *jězev* ʿLindwurm', *jezevec* ʿDachs', mähr. *jazovec*, slk. *jazvec*, poln. *jaźwiec*, kaschub. *jôzc*, nsorb. *jazw*, *jaz* ʿDachs'. ‖ Ursl. *jazvъ*, *jazvьcь* wird als ʿHöhlentier' zu *jazva*, *jazvina* ʿHöhle' gestellt, s. Berneker EW 1, 277, Brückner EW 202, Holub-Kopečný 153, Sobolevskij RFV 71, 433.

язно́ ʿLeder', nur aruss. *jazьno* ʿLeder', *jazьnarь* ʿGerber', *jazьněnъ* ʿledern' (s. Srezn. Wb. 3, 1650), s.-ksl. *jazьno*, ksl. auch *azьno* ʿLeder'. Ursl. *azьno* ʿZiegenleder', urverw. mit lit. *ožŷs* ʿZiege', Acc. s. *óžį*, Adj. *ožìnis* ʿZiegen-', lett. *âzis*, apreuss. *wosee* ʿZiege', aind. *ajínam* ʿFell', *ajás* ʿBock', *ajā́* ʿZiege', mpers. *azag* ʿZiege', npers. *azg*, air. *ag* ʿBock', s. Berneker EW 1, 35 ff,. Trautmann BSl 22, M.-Endz. 1, 246, Meillet Ét. 173. Zur Bed. vgl. *ко́жа*.

язну́ться ʿversprechen, zusichern', Tveŕ (Sm.). Siehe *язя́ть*.

язы́к, -á ʿZunge, Sprache', pl. *языки́*, manchmal seminar. *язы́ки*, dial. *ля́зык* ʿZunge', Novgor., Beloozero (mit *l* von *лиза́ть* ʿlecken'), *язычо́к* ʿZäpfchen am Gaumen', ukr. *jazýk*, wruss. *jazýk*, aruss. *jazykъ* ʿZunge, Sprache, Volk', abulg. *językъ γλῶσσα, ἔθνος* (Ostrom., Cloz., Supr.), bulg. *ezík*, skr. *jèzik* G. pl. *jȅzīkā*, dial. *jàzik*, sloven. *jézik*, čech. slk. *jazyk*, poln. *język*, osorb. *jazyk*, nsorb. *jězyk*, polab. *jǫzek*. ‖ Ursl. *językъ*, mit -*ko*-Erweiterung wie *kamykъ* : *kamy*, zu einem *języ-*, dieses urverw. mit apreuss. *insuwis* ʿZunge', lit. *liežùvis* (mit *l* von *liẽžti* ʿlecken'), alat. *dingua*, lat. *lingua* (nach *lingō* ʿlecke'), got. *tuggó* ʿZunge', ahd. *zunga*, tochar. A *käntu* ʿZunge', aus *tänku-*, idg. *dn̥ǵhū-*, s. J. Schmidt Kritik 77, Bezzenberger GGAnz. 1896, S. 951 ff., BB 3, 135, Meillet Ét 335, Berneker EW 1, 270, Trautmann BSl 104, Apr. Sprd. 347, Specht KZ 62, 255 ff. Lautlich schwierig ist das Verhältnis zu aind. *jihvā́* ʿZunge', *juhū́* f. dass., avest. *hizvā*, *hizū-* dass., s. Uhlenbeck Aind. Wb. 101, Walde-Hofmann 1, 806 ff. Man hat an Sprachzauber gedacht. Die abulg., ksl. Bed. ʿVolk' von *językъ* übersetzt viell. lat. *lingua* ʿVolk', erhalten in franz. *Languedoc* (s. Meillet-Vaillant 515). Zu beachten ist aruss. *jazykъ* ʿDolmetscher, Kundschafter' (z. B. 1. Soph. Chr. a. 1342, Skaz. Mam. III. Red., s. Šambinago PM 56 u. sonst, Srezn. Wb. s. v.).

язы́чник 'Heide', aruss. *jazyčьnikъ*, abulg. *językъnikъ ἐθνικός* (Matth. VI 7, Ostrom. u. a.), kslav. Ableitung von *językъnъ* Adj. zu *językъ ἔθνος*, übersetzt griech. *ἐθνικός*, s. Meillet Ét 338. Davon scherzhaft neu gebildet zu *язы́к* 'Sprache' — *язы́чник* 'Sprachforscher'.

язь m., G. *язя́* 'Art Karpfen, Idus melanotus, Cyprinus rutilus', Arch. (Podv.), ukr. *jáź* G. *-a*, skr. *jâz* 'Bratfisch, Cyprinus ballerus', sloven. *jêz* 'Alant, Leuciscus jeses, Idus melanotus', čech. *jes, jesen* 'Alant', poln. *jaź, jazica*, osorb. *jazyca*, nsorb. *jaz, jazk.* ‖ Urslav. Ansatz **azъ* oder **jazъ*. Für ersteren entscheidet sich Janzén Zeitschr. 18, 29 ff. und hält das Wort für urverw. mit lit. *ožȳs* 'Ziege', lett. *âzis* dass., aind. *ajás* 'Bock'. Nach ihm ist der Fisch so benannt wegen der 'Barthaare' zu beiden Seiten des Mundes, daher heißt er auch nhd. *Bartkarpfen, Barbe*, schwed. *skeggkarp*. Dagegen will Buga KS 193 Verwandtschaft mit *ёж* 'Igel' annehmen (s. Fraenkel Lit. Wb. 118). Verfehlt ist jedenfalls der Vergleich mit lit. *ešė* 'Blei' (MiEW 102, Gorjajev EW 435), da dieses aus nhd. *Äsche* entlehnt ist, s. Berneker EW 1, 450, Alminauskis 49, Preobr. Trudy 1, 135. Zweifelhaft ist Beziehung zu poln. *jażdż, jazgarz* 'Kaulbarsch', lit. *egžlȳs, ežegȳs* dass. (gegen Brückner KZ 46, 197), s. Fraenkel Lit. Wb. 118.

Яи́к, *-á* 'Uralfluß an der Grenze Europas und Asiens' (Puškin), heißt seit 1775 *Урáл* (s. d.), s. Egli 430. Der Name findet sich als *Δάιξ* (Ptolem. VI 14, 2 ff.), *Δαίχ* (Menander Prot. frgm. 21, C. Müller Hist. Gr. Min. 2, 54, 31), *Γεήχ* (Const. Porph. De admin. Imp. c. 37, 2). Die Form ist turkotat.; vgl. osman. krimtat. dschagat, uig. alt., kasantat. *jajyk* 'ausgebreitet, breit' (Radloff Wb. 3, 75 ff., 77), tschuwass. *Jεjǝk* 'Ural' (Paasonen Cs. Sz. 23), kirg. *žajyk* 'Ural' (Radloff Wb. 4, 19), schor. sag. *čajyk* 'Überschwemmung' (Radloff Wb. 3, 1853), s. Marquart Ung. Jahrb. 9, 82, Kumanen 25, Moravcsik Byz.-Turcica 2, 109, Mikkola JSFOugr. 30, Nr. 33, S. 11. Letzterer setzt für die griech *Δ*-formen ein türk. **d'ajyq* als Quelle an.

Яи́ла 'Weideplatz im Gebirge', Krim, Sibir. (D.). Aus osman· krimtat. *jaila* dass., zu *jaj* 'Sommer' (Radloff Wb. 3, 11), s. auch Sitzber. Preuß. Akad. 1938, S. 414.

яйцо́ 'Ei', pl. *я́йца* demin. *яи́чко*, dial. *ле́чко, яи́чница* 'Rührei', auch *ле́чница*, ukr. *jajcé, jajéčko*, wruss. *jajéčko*, aruss. *jajьce*, abulg. *ajьce φόν* (Supr.), bulg. *jajcé*, skr. *jáje, jájce* 'Ei, Hode', sloven. *jájce* 'Ei', *jájǝn* Adj. 'aus Ei', ačech. *vajce*, čech. *vejce*, slk. *vajce*, poln. *jaje*, osorb. *jejo*, nsorb. *jajo*, polab. *jojü.* ‖ Urslav. **aje* urverw. mit iran. **āịa-*, osset. *aik, aikä* 'Ei' (Miller-Freiman Wb. 1, 20), npers. *χāya* 'Ei' (Hübschmann IFAnz. 10, 20), ahd. mhd. *ei*, anord. *egg*, krimgot. *ada* (**adja*), kymr. *wy* 'Ei', plur. *wyau*, akorn. *uy*, nkorn. *oy* (Pedersen Kelt. Gr. 1, 66), weiter lat. *ōvum*, griech. *φόν*, s. Meillet Ét. 391, MSL 11, 185, Berneker EW 1, 26, Trautmann BSl 202, Germ. Lautg. 47, Sobolevskij ŽMNPr 1886, Sept., S. 150, Meillet-Vaillant 84, Mikkola Ursl. Gr. 1, 51. Man nimmt vielfach Verwandtschaft mit lat. *avis* 'Vogel', griech. *ἀετός* 'Adler' an, s. Specht 28 ff., Thurneysen GGAnz. 1907, S. 803.

я́йца пасха́льные ʽOstereier' entspricht nlat. *ova paschalia* (seit 1553). Th. Naogeorg führt als katholischen Osterbrauch die kirchliche Weihe der *ova rubra* an, nhd. *Osterei* seit 1682, s. Kluge-Götze EW 428.

я́кать ʽvon sich selbst sprechen; alles mit seiner eigenen Person verbinden', auch *я́нькать* dass., *я́кала* ʽwer immer von sich selbst spricht'. Gebildet von *я* ʽich' (s. d.).

яки́мец ʽMangel, geistiger Defekt', Kašin (Sm.). Unklar.

я́ко ʽwie', kirchl., ukr. *jáko* ʽwie, als, gleich', aruss. *jako* ʽwie; als so daß, damit, weil', abulg. *ako, jako* (Näheres bei Diels Aksl. Gr. 76 ff.), bulg. *ako* ʽwenn', sloven. *àko* ʽwenn', čech. alt *ako, ak* ʽwie, als, obgleich', *jako, jak* ʽwie, als, so daß', slk. *ako, jako* ʽwie, als', poln. *jako, jak* ʽwie, als', osorb. *jako* ʽwie', *hako* dass., nsorb. *ako, jako* ʽwie'. || Die urspr. **ako* und **jako* sind im Ostslav. lautlich in *jako* zusammengefallen. In ursl. **ako* liegt offenbar ein idg. *e/o*-Pronomen vor, vgl. aind. *a-sáu* ʽjener', D. s. *a-smāí*, griech. *ĕ-κεῖ* ʽdort', osk. *e-tanto* ʽtanta'. Daneben kann *jako* auch eine Bildung vom idg. *i̯o*-Pronomen (s. *и, и́же*) darstellen, vgl. Berneker EW 1, 26 u. 417, Preobr. 1, 261 ff. Zu diesem *jako* gehört *яки́й* ʽwelcher', Südl., aruss., abulg. *jakъ оīοs* ʽwie beschaffen', ukr. *jakýj* ʽwas für ein', bulg. *jak*, skr. *jâk* m., *jáka* f., *jâko* n., čech. *jaký*, slk. *jaký* ʽwas für ein?, welcher?', poln. *jaki*.

Я́ков ʽJakob', ukr. *Jákiv* G. *Jákova*, aruss., abulg. *Ijakovъ* Ἰακώβ, aus griech. Ἰακώβ. Dagegen wruss. *Jakúb* über poln. *Jakób* aus lat. *Jacob*. Aruss. *Jakovitci* pl. ʽJakobiter, monophysitische Sekte in Armenien und Syrien' (Grefen. 7, 19) von mgriech. Ἰακωβῖται nach dem Namen des Bischofs von Edessa *Jakob Baradai* (541—578), s. Heussi Komp. d. Kircheng. 152, RFV 13, 7.

я́корь m. ʽAnker', aruss. *jakorь* (Vertr. Olegs a. 907, Nestor Chron. u. a., s. Srezn. Wb. 3, 1656). Über aschwed. *ankari* ʽAnker', anord. *akkeri*, aus lat. *ancora* von griech. ἄγκυρα, s. Thomsen Urspr. 135, SA 1, 385, Thörnqvist 98 ff., Sobolevskij ŽMNPr 1886, Sept., S. 150, MiEW 3, K. O. Falk DF 39, Šachmatov Očerk 112, Berneker EW 1, 29.

Яку́н ʽMannsname', aruss. *Akunъ* (Nestor-Chr. a. 944), *Jakunъ* (ibid. a. 1024). Aus anord. *Hákon*, s. Thomsen Urspr. 140.

яку́нить ʽjagen (z. B. einen Bären)', Arch. (Podv.). Wird von Kalima Neuphil. Mitt. 1948, S. 64 zu *куна́* ʽMarder' gestellt.

яку́ты pl. ʽe. turkotatar. Stamm in Sibirien zu beiden Seiten der Lena, im Jakutenlande, im G. Irkutsk u. Turuchan-G.', s. Patkanov 5. Der Name *jakut* wird gewöhnlich als ʽRandbewohner' verstanden und aus turkotat. *jaka* ʽRand, Kragen, Grenze, Ufer' erklärt, vgl. uigur. dschagat. osman. *jaka*, krimtat. *jaya*, jakut. *saya*. Die Jakuten nennen sich selbst *saya* ʽJakute, Mensch'. Die Endung *-ut* enthält viell. das mongol. Pluralsuffix *-t*, vgl. burjat. *jaχad* ʽJakuten' (briefliche Mitteilung v. M. Räsänen).

якши́ться, якша́ться ʽsich anbiedern, befreunden, umgehen mit jemd.' (Leskov u. a.), auch *я́шкаться* dass., Kursk

(D.). Ableitungen von kuman., kasantat., uigur., karaim. *jakšy* ʽgut, schön' (Radloff Wb. 3, 35ff.), s. Gorjajev EW 435.

ял ʽArt Boot, Jolle', demin. *я́лик* entlehnt aus engl. *yawl* ʽJolle, Boot' (spr. *jɔ:l*) von ndl. *jol*, s. Gorjajev EW 435, Holthausen 225, Matzenauer 182.

яла́ ʽStrafe für gesetzwidriges Wegtreiben einer Viehherde', Bajkal-G., Adj. *ялинский* ʽzu dieser Strafe gehörig'. Aus kuman., kasantat., alt., tel. *jala* ʽStrafe, Geldbuße' (Radloff Wb. 3, 154).

яла́йно ʽKuhfladen', bei Avvakum. Sonst *ла́йно* (s. d.).

яла́нь ʽbaumlose, von Wald umgebene Stelle, Waldwiese, Lichtung', Tveŕ, Tambov, Vladimir, Perm (D.), Rjazań (Živ. Star. 1898, Nr. 2, S. 204). Auch FlN. *Яла́нец* Podolien. Turkotat. Lehnwort, siehe oben 1, 394 s. v. *ела́нь*. Abzulehnen ist die Annahme einer Urverwandtschaft mit aind. *áraṇyam* n. ʽWildnis, Öde, Wald' (gegen Potebnja RFV 6, 155). Wegen der geogr. Verbreitung u. Bed. auch nicht aus finn. *alanne* ʽNiederung, Tal' (gegen Verf. Živ. Star. 16, 2, 81).

ялбо́т ʽArt Ruderboot', s. *елбо́т*.

яле́ц ʽWeißfisch, Cyprinus leuciscus', s. *еле́ц*.

Ялма́л s. *Яма́л*.

я́ловец G. -*вца* ʽWachholder', ukr. *jałovéć* G. *jalivćá*, wruss. *jadlóvec, jadlénec, jalénec* (Kaśp.), *jelénec*, sloven. *jálovəc, -vca* ʽWeinrebe', čech. *jalovec* ʽWachholder', poln. *jałowiec, jadłowiec* (mit *d* von *jodła* ʽTanne', daher auch wruss. *dl*), osorb. *jałorc*, nsorb. *jałowjeńc, jałońc*. ǁ Ursl. **jalovьcь* am ehesten verwandt mit *я́ловый* ʽunfruchtbar', wegen seiner diözischen (nur bisweilen monözischen) Blüten, welche für die Exemplare mit männlichen Blüten die Benennung ʽunfruchtbar' rechtfertigen könnten, s. Brandt RFV 22, 131, Berneker EW 1, 444, Brückner KZ 45, 31, Zeitschr. 4, 215, EW 198; ähnlich Machek Slavia 8, 209ff., Fraenkel Zeitschr. 11, 37, die von der Bed. ʽunreif' wegen der langen grünen Früchte ausgehen. Andere trennen *я́ловец* von *я́ловый* und halten ersteres für urverw. mit armen. *ełevin* G. *ełevni* ʽZeder', evtl. auch mit griech. ἐλάτη ʽFichte, Rottanne' s. Lidén IF 18, 491ff., Trautmann BSl 69, Specht 62, dagegen Machek c. l.

я́ловый, я́лый ʽgelt, unfruchtbar, unbearbeitet (vom Lande)', *я́ловица* ʽgelte Kuh', dial. *я́ловина* ʽunbearbeitetes Stück Land', ukr. *jáłovyj* ʽunfruchtbar, unnütz', *jáłovyna* ʽunfruchtbares Vieh', *jałovľá* f. *jałobá* n. ʽjunges Vieh, Kälber', wruss. *jálovka* ʽunfruchtbare Kuh', aruss. *jalovъ* ʽunfruchtbar', *jalovica* ʽunfruchtbar', ksl. *jalovъ* ʽsterilis', bulg. *jálov, jálъv* ʽunfruchtbar' (Mladenov 702), skr. *jȁlov*, sloven. *jálov*, čech. slk. *jalový*, poln. *jałowy*, osorb., nsorb. *jałowy*, polab. *jolüöve*. ǁ Wird gewöhnlich als urverw. gestellt zu lett. *jȩ̃ls* ʽroh, unreif', s. Leskien Bildung 167, Matzenauer LF 8, 19ff., Berneker EW 1, 443ff., Trautmann BSl 107, Bezzenberger KZ 44, 328ff., Zweifel bei M.-Endz. 2, 113. Dagegen versuchen andere diese Wörter voneinander zu

trennen und die slav. Wörter als urverw. mit lett. *ālava, ālave*
'güste, nicht trächtige, nicht milchende Kuh' zusammenzu-
stellen, s. M.-Endz. 1, 237 ff., Fraenkel Zeitschr. 11, 36 ff. Nach
der ersteren Auffassung wären die lett. Wörter aus d. Russ. ent-
lehnt, wobei allerdings das Fehlen des *j*- befremden muß.
Weniger einleuchtend ist die Verknüpfung von *jalovъ* mit *olъ*
'Bier' (Machek Slavia 8, 214 ff.).

яломо́к 'Filzmütze der Juden' (Gogol'), s. *еломо́к* (oben 1, 397).

Ялпу́х 'See und Fluß nördlich der unteren Donau', Bessarabien,
aus osman. *jalpuk* 'seichte, bewegte Stelle im Wasser' (Radloff
Wb. 3, 186), s. Weigand JIRSpr. 6, 91.

ялыма́н s. *аламáнский*.

ям 'Poststation; Siedlung, deren Bewohner Postwagen stellen',
veralt., davon *Ямская у́лица* in Petersburg, aruss. *jamъ* 'Post-
station, Abgabe für Postpferde' (oft im 14. Jhdt., s. Srezn. Wb.
3, 1658), *jamskoj prikaz* (Kotošichin 124). Aus d. Turkotat.; vgl.
osman. uigur. dschagat. *jam* 'Poststation, Postpferde' (Radloff
3, 298), s. MiTEl 1, 315, Berneker EW 1, 444, Černych Leksikol.
230. Siehe *я́мщик*.

я́ма 'Grube', dial. *ня́ма* dass., Vjatka, Perm (D.), ukr. wruss.
jáma, aruss. abulg. *jama λάκκος* (Supr.), bulg. *jáma*, skr. *jȁma*,
sloven. *jáma*, čech. *jáma*, slk. *jama*, poln., osorb., nsorb. *jama*,
polab. *jomó*. ‖ Urslav. muß *jama*, nicht *ama* angesetzt werden.
Man vergleicht griech. *ἄμη* 'Schaufel, Hacke', *δι-αμᾶν* 'auf-
graben, aufscharren', *ἀμάρα* 'Graben, Kanal, Furche', *ἐξ-αμᾶν*
'ausgraben', s. Osthoff KZ 23, 86, Solmsen Beitr. 194 ff., Hofmann
Gr. Wb. 15, Berneker EW 1, 444, dagegen semasiolog. Ein-
wände bei Lidén KZ 41, 395 ff. u. Meillet Ét. 249. Bedenklich
auch das Fehlen eines abulg. *ama*. Andererseits vergleicht
Lidén c. l. *jama* mit ir. gäl. *uaimh* f. 'Höhle, Grab', mir. (*h*)*uaim*
G. *uama*, *-ad* 'Höhle', air. *huam* Gl. 'specus', avest. *ūnā* f. 'Loch,
Riß', griech. *εὐνή* 'Lager, Bett', als *ō*(*u̯*)*mā*, s. auch Rozwadow-
ski RS 1, 273. Wiederum anders wird *jama* verglichen mit lit.
lomà 'niedrige Stelle', lett. *lãma* dass., lat. *lāma* 'Lache' Morast,
Sumpf' unter Annahme eines idg. anlaut. *l'*, s. W. Schulze Sitz-
ber. Preuß. Akad. 1912, S. 581, Kl. Schr. 59, F. Hartmann
Glotta 6, 338, Pedersen Symbolae Danielsson 266. Abzulehnen
ist die Zusammenstellung von *jama* mit russ. *juóma* 'Tiefe
zwischen zwei Sandbänken' (gegen Zubatý BB 18, 251, Jagić
Archiv 2, 396), weil dieses entlehnt ist aus liv. *juom* dass., s.
M.-Endz. 2, 126, Kettunen Liv. Wb. 96. Fraglich auch ein Zu-
sammenhang mit finn. *uoma* 'Tiefe, Tälchen' (gegen Rozwadow-
ski RS 6, 53). Ganz abwegig ist die Verknüpfung mit *jęti*
'nehmen' (Gebauer HMl. 1, 611), s. Meillet MSL 14, 365, Ber-
neker c. l., Lidén c. l.

Яма́л 'e. Halbinsel zwischen dem Karischen Meer und dem Ob-
Meerbusen' (Bodnarskij Slovaŕ 366), auch *Ялма́л*. Jedenfalls
aus Jur. samojed. *ja* 'Land' u. *mál* 'Ende' (Schrenck bei Egli
523) bzw. Jur. samoj. *jaß* 'Ob-Fluß, Meer', und *mâl* wie oben,
s. Hajdú 57.

ямáн I. 'schlecht', in: *ни ямáн, ни якшúй, а серéдня рукá* 'weder gut, noch schlecht, sondern in der Mitte', Östl. (D.), Turkotatarisch *jakšy* 'gut' (s. *якшúться*) und kasantat., krimtat., osman., dschag., uigur. *jaman* 'schlecht, böse' (Radloff Wb. 3, 301 ff.), s. MiTEl. 1, 315.

Ямáн-Тáу 'Gipfel des südl. Ural', Baschkiren-Rep. Als 'böser Berg' zu baschkir. *jaman* 'böse' u. *tau* 'Berg'. Siehe *Сарáтов*.

ямáн II. 'Ziegenbock, Ziege', Sibir. (D.), auch *емáн* dass. Aus kalmück. *jamân* 'Ziege, Geiß' (s. Ramstedt KWb. 214). Siehe *имáн* (1, 479).

Ямбург 'Stadt östlich von Narwa', G. Petersburg, heute *Kingisepp* nach dem estn. Kommunistenführer *V. Kingisepp* (1888 bis 1922). Der aruss. Name der Stadt war *Jama* (Novgor. 1. Chron. seit a. 1384) auch *Jamskoj Gorodokъ* (c. l. a. 1397), *Jamъgorodokъ* (Urk. a. 1521, s. Nap. 338).

я́мдать 'nomadisieren, den Weideplatz der Renntiere wechseln', *перея́мдать, съя́мдать* 'abziehen', Mezeń (Podv., D.). Aus Jur. samojed. *jamda(ś)* 'übersiedeln'.

я́мега 'Öffnung oder Naht im Netzwerk einer Reuse'. Arch. Olon., *я́мляга* dass., Kargopol (Kulik.), *я́межить, я́мовать* 'zwei Netze zusammenbinden', Olon. (Kulik.). Aus karel. *jame* G. *jamien*, finn. *jama, jamo, jame* 'Zusammenfügung', estn. *jama* 'Fugenstelle', karel. *jamuo* 'Netze zusammennähen', finn. *jamata, jamoa*, estn. *jamama* dass., s. Kalima 251, Leskov Živ. Star. 1892, Nr. 4, S. 103.

я́меря 'Dämmerung', siehe *гéмеря* oben 1, 264.

я́мо 'wohin', kslav., auch *amo, amože*, r.-ksl. *jamo, jamože ὅπου* (Ostrom. u. a., s. Srezn. Wb. 3, 1657 ff.), bulg. *amo* 'hierher' (Duvernoy), skr. *âmo* dass., ačech. *jam, jamže, jamto*, čech. dial. *jamo* 'wohin'. Gehört zum idg. *e/o* Pronomen, s. unter *я́ко*. Bildung wie *tamo* 'dort' zu *tъ* und *kamo* 'wohin' zu *kъto*, s. Berneker EW 1, 417 ff., Preobr. 1, 262.

я́мовать s. *я́мега*.

ямскóй 'zum Postwesen gehörig', s. *ям, ямщúк*.

яму́рка 'Sichelklee, Medicago falcata', Don-G. (Mirtov). Siehe *юмóра*.

ямчу́г 'Salpeter', auch *ямчугá* f., älter *jamъčuga* (schon Urk. a. 1558, s. Srezn. Wb. 3, 1658), *jetъčuga* (1545, s. Srezn. Nachtr. S. 102). Unklar.

ямщúк, -á 'Postknecht, Postkutscher, Fuhrmann', aruss. *jamъščikъ* in Urk. a. 1356, 1365 u. 1402, s. Srezn. Wb. 3, 1659, auch Kotošichin 124. Aus d. Turkotat.; osman. *jamčy* 'Postknecht, Postillon', dschagat. *jamči* dass. (Radloff Wb. 3, 311), s. MiTEl 1, 315, Berneker EW 1, 444, mit Anlehnung an russ. *-ik*.

Ямь 'e. finnischer Stamm, gegen den Vladimir zieht', nur aruss. *Jamъ* (Laurent. Chron. a. 1042 u. sonst). Wird gedeutet aus finn. *Häme* 'Tavastland', *Hämäläinen* 'Tavastländer', s. Sjögren

Ges. Schriften 1, 485 u. sonst, Sobolevskij RFV 64, 96ff., RS 4, 267, Thomsen SA 2, 241; 4 S. XI, Ursprung 103.

янва́рь, -я́ 'Januar', r.-ksl. *genuarь* (Mstislav. Ev. 1117, s. Srezn. Wb. 1, 512), *genuarii* (Ostrom. Ev.), über griech. γενουάρι(ο)ς, ίανουάριος aus lat. *iānuārius* von *Jānus* 'altitalischer Gott des Sonnenlaufs', s. Verf. IORJ 12, 2, 226, Grsl. Et 47, Sobolevskij RFV 9, 3, G. Meyer Ngr. Stud. 3, 19. Mgriech. γε- ist = *je*.

янга́ I. 'Schöpfkelle, Schöpflöffel', Orenb. (D.). Aus kalmück. *jeŋgə* 'Kasserolle mit langem Griff, Schöpfkelle aus Eisen' (Ramstedt KWb. 218).

я́нга II. 'mit Moos u. niedrigen Föhren bewachsener Sumpf', Olon. (Kulik.). Aus finn. *jänkä* G. *jängän* 'großes Moor, Sumpf', oder lapp. Pats. *jiegge* dass., s. Kalima 251, FUF 28, 103, Itkonen 65.

я́нда 'Pelz der Samojedenfrauen', *яндица* 'Unterpelz der Frauen, mit dem Fell nach innen', Mezeń (D., Podv.). Aus samoj. Jur. *jandy* 'Unterpelz der Frauen' (Schrenck bei Donner MSFOugr. 64, S. 88).

яндова́ s. *ендова́* (oben 1, 399).

я́нки 'Yankee, Nordamerikaner', aus engl. *yankee* von ndd. *Janke*, Verkleinerungsform des PN *Jan*, s. Holthausen 225, Kluge-Götze EW 700.

яннаваю́к 'Art Schöpfkelle', Olon. (Kulik.). Unklar.

янта́рь m. 'Bernstein', belegt aruss. *jentarь* a. 1551, s. Srezn. Nachtr. 102. Aus dem Russ. entlehnt ukr. *jantár*, čech. *jantar*, skr. *jȁntȃr*, sloven. *jȃntar* (s. Baudouin de C. RFV 2, 171). Das russ. Wort ist übernommen aus lit. *gintāras* dass., lett. *dzītars*, *dzĩntars* (wegen *n* Kuronismus, s. Endzelin IF 33, 98, M.-Endz. 1, 552), vgl. MiEW 99, Mikkola BB 21, 120, Brückner KZ 48, 171, Karskij RFV 49, 22. Die balt. Wörter wollte Brückner mit lit. *genỹs* 'Specht', lett. *dzenis*, apreuss. *genix* dass. in Verbindung bringen. Die Herleitung aus magy. *gyantár* (Lokotsch 80) ist verfehlt, s. auch Fraenkel Lit. Wb. 152.

Янчокра́к 1. 'l. Nbfl. der Konskaja, Kr. Melitopol' G. Taurien 2. 'Bach unweit des Bug-Liman', Kr. Odessa. Aus osman. krimtat. *jan* 'Seite', baschkir., özbek., aderb. *jan* dass. u. krimtat. *čokrak* 'Quelle'. Vgl. auch oben *Карачекра́к*.

яныча́р 'Janitschare', schon aruss. *janyčarъ* (Trif. Korobejn. a. 1584 S. 43), *janyčaninъ* (Poznjak. a. 1558 S. 20ff., Nestor Iskander, Zap. Vost. Otd. 2, 149), *jančanъ* G. pl. (Azovsk. Vz. 17. Jhdt., s. RFV 56, 148), *jančarskij* (daselbst 56, 150), ukr. *janyčár*, *jančár*. Wegen des *y* übers Ukr. aus osman. *jäničäri* 'neue türkische Miliz, von Orchan 1330 gegründet' (Radloff Wb. 3, 331), s. MiTEl 1, 318, EW 99, Berneker 1, 445, Kraelitz 27.

Япо́ния 'Japan', *япо́нский* 'japanisch', volkst. *опо́нский* (Mel'nikov 3, 179). Wohl über nhd. *Japan*; der Vokalismus paßt besser zu franz. *Japon* 'Japan'.

японча́ 'breites Obergewand', auch *япанча́*, *епанча́*, ukr. *opančá*, aruss. *japońьčica* (Igorlied), *japanča* Domostr. Zab. 128. Aus osman. *japandža* 'Regenmantel', nordtürk. *japunča* dass. (Radloff Wb. 3, 261), s. MiEW 100, TEl 1, 315, Korsch Archiv 9, 506, Melioranskij IORJ 7, 1, 301, Berneker EW 1, 445, Lokotsch 74.

яр 'steiles, abschüssiges Ufer; steile Bergwand, zerklüftetes Ufer'. ukr. *jar* dass. Oft in ON *Красный Яр*, *Чёрный Яр* u. a. (Wolga-G., Sibirien). Entlehnt aus osman., kasant., baschkir., alt., leb., tel. *jar* 'steiles Ufer, Abhang, Schlucht' (Radloff Wb. 3, 99 ff.), tschuwass. *śir* 'steiles Ufer' (Paasonen Cs. Sz. 138), s. Melioranskij IORJ 7, 2, 302, MiEW 100, 425, TEl 1, 316, Berneker EW 1, 445 ff., Preobr. Trudy 1, 139, Gorjajev EW 436. Abzulehnen ist die Annahme einer Urverwandtschaft mit aind. *iriṇam* 'Loch, Riß im Erdboden, brüchiges Land' (gegen Potebnja RFV 6, 146) oder mit *jarъ* 'jähzornig, heftig' (gegen Kretschmer Glotta 11, 108). Zu trennen von *jar* ist auch turkotat. *aryk* 'Graben' (gegen MiTEl 1, 248, s. Berneker c. l.).

яра́ I. 'Frühling', nur r.-ksl. *jara* dass., *яръ* f. 'Sommerkorn', *я́рые пчёлы* 'Jungfernbienen (erster Schwarm eines Bienenstockes im Sommer)', *яровóй хлеб* 'Sommerkorn', *яровúк* 'diesjähriges Tier' (auch Pflanze), *яри́ца*, *яри́на* 'Sommerkorn', ukr. *jaŕ* f. 'Lenz, Sommerkorn', *járyj*, *jarovýj* 'Frühlings-, Sommer-' wruss. *jaryná* 'Sommerkorn', aruss. *jarъ* 'Frühlings-, Sommer-', bulg. dial. *jará* 'Frühling', skr. *jȃr* f. G. *jȃri* 'Sommersaat', sloven. *jȃr* Adj. 'im Frühling gesät, im Frühling geworfen', *jȃr* f. 'Sommersaat', čech. *jaro* 'Frühling', *jarý* 'Frühlings-, heurig', slk. *jar* 'Frühling', *jarý* 'frisch', poln. *jar* m., *jarz* f. 'Frühling', *jary* 'heurig', osorb. *jerica* 'Sommerkorn', nsorb. *jarica* dass. ‖ Ursl. *jarъ urverw. mit avest. *yārǝ* 'Jahr', griech. ὥρα 'Jahreszeit, Zeit', ὧρος m. 'Zeit, Jahr', got. *jēr* n. 'Jahr', lat. *hōrnus* 'heurig' (aus *hōjōrō 'in diesem Jahr'), s. Bartholomae Air. Wb. 1287, Berneker EW 1, 446 ff., Trautmann BSl 108, Meillet-Ernout 534, Walde-Hofmann 1, 658, Torp 329, Iljinskij RFV 74, 139. Siehe *поя́рок* (oben 2, 422).

яра́ II. 'Laubsäge', Onega, Arch. (Podv.). Unklar.

яра III. 'Weidengebüsch', s. *ёра* (oben 1, 400).

яра́н, яра́нин 'Benennung der Samojeden bei den östlichen Nordgroßrussen', Čerdyń (Gluškov Etnogr. Obozr. 45, 27). Daher FlN *Jaránka*, *Jaráń* (G. Vjatka u. Perm). Vgl. syrjän. *jaran* 'Samojede, im Norden wohnender Syrjäne', wogul. *joran* 'Samojede', ostjak. *jaran* 'Samojede' (s. Kannisto FUFAnz 18, 62, Toivonen FUF 32, 104, Ahlqvist WW 12). Siehe *я́ренка*.

ярга́к 'Pelz', s. *ёргáк* (oben 1, 401).

ярд 'englische Elle', aus engl. *yard* dass., verwandt mit ahd. *gërta* 'Gerte' (Holthausen 225), s. Gorjajev EW 436.

яре́м 'Joch', s. *ярмó*.

я́ренка 'junge Samojedenfrau, Witwe', Pečora (Podv.). Zu *яра́н*.

яре́ц -рца́ 'einjähriger Biber', zu *яра*, I, s. MiEW 100, Berneker EW 1, 446.

яри́га 'grober Stoff, Kleid aus grobem Stoff', *яри́г* 'Sack aus grobem Tuch', aruss. r.-ksl. *jarigъ* dass. (Laurent. Chron. u. a.).

Man dachte an Verwandtschaft mit *ярина* 'Wolle', *ярка* 'Schaflamm' (s. aber dieses), s. Mikkola BB 22, 247.

Ярило́ 'Strohfigur beim Ritus des Vertreibens von Geistern in der Johannisnacht' (s. Zelenin Russ. Volksk. 373). Man nahm früher eine heidnische Gottheit dieses Namens an; so Pogodin Živ. Star. 20, 435, der ihre Spuren im ON *Jarilovo* 1. Kr. Porchov, 2. Kr. Pošechoń u. *Jariloviči* Kr. Valdaj sucht, vgl. auch Meľnikov 4, 206; 6, 16 ff. Gegen die Annahme einer Gottheit s. Rożniecki Archiv 23, 474. Wohl zu *яра* 'Frühling'.

яри́на I. 'Sommerkorn', s. *яра*.

яри́на II. 'Schafswolle', kslav. *jarina* ἔριον, bulg. *járina* 'Wolle, Ziegenwolle', skr. *jȁrina, jarènica* 'Lammwolle', urverw. mit lit. *ěras* 'Lamm', apreuß. *eristian* 'Lamm', griech. ἔριφος 'Bock', lat. *aries* 'Widder', umbr. *erietu* 'arietem', wohl auch armen. *oroj* 'Lamm', s. J. Schmidt Vok. 2, 484, Lidén Armen. Stud. 23 ff., Trautmann BSl 70, Apr. Sprd. 331, Fraenkel IF 69, 307, Zeitschr. 11, 36 ff., Lit. Wb. 121, Berneker EW 1, 447, Walde-Hofmann 1, 67.

яри́ца, я́рка s. *яра*.

я́рка 'Schaflamm', zu *яра* 'Frühling'.

я́ркий 'grell', s. *ярый*.

ярлы́к G.-*á* 'Diplom des Tatarenchans, Marke, Etikette, Signatur', aruss. *jarlykъ* 'Diplom d. Chans' (Urk. a. 1267, u. a., s. Srezn. Wb. 3, 1660 ff.). Entlehnt aus d. Turkotat.; dschagat., osman. *jarlyk* 'kaiserliches Dekret, Diplom, Adelsbrief', uigur., alt. *jarlýk* 'Befehl, Erlaß' (Radloff Wb. 3, 141, 143 ff.), s. MiTEl 1, 316, Berneker EW 1, 446, Ramstedt Kel. Sz. 15, 143, Lokotsch 76, Preobr. Trudy 1, 134.

я́рмарка 'Jahrmarkt', volkst. *я́рмонка* (Meľnikov oft u. a.), älter *jarmarka* (1648, s. Christiani 40), *jarmanka* (1680, s. Duvernoy Aruss. Wb. 234), ukr. *jármarok*, wruss. *jármołka*. Über poln. *jarmark* (1408), *jarmarek* aus mhd. *jârmarket* dass., s. Brückner EW 199, Preobr. Trudy 1, 139, Gorjajev EW 436.

ярмо́ 'Joch', auch *ярём* (Puškin), ukr. *jarmó, jarém*, aruss., abulg. *jarьmъ* ζυγόν (Supr.), bulg. *jarém*, skr. *járam*, sloven. *jarəm*, čech. *jařmo*, slk. *jarmo*, poln. *jarzmo*, kaschub. *jiřmœ*. ǁ Ursl. wohl *arьmъ, dazu poln. *ko-jarzyć* 'knüpfen, verbinden, vereinigen', urverw. griech. ἀραρίσκω 'füge zusammen', ἄρμενος 'angefügt', ἀρθμός m. 'Verbindung', aind. *arpáyati* 'befestigt, fügt ein', *arás* 'Radspeiche', avest. *araiti* 'figit', lat. *arma* 'Gerätschaften', armen. *aṙnem* 'mache', s. Pedersen KZ 38, 315, Berneker EW 1, 31, Walde-Hofmann 1, 67 ff., Mladenov 703 ff., Brandt RFV 22, 132, Mikkola Balt. u. Slav. 47.

ярник 'niederes Gesträuch', *яра* 'Weidengebüsch', Pečora, s. *ёра* II (oben 1, 400).

яровой 'Sommer-', s. *яра*.

яро́вчатый 'Epitheton der Gusli', oft in der Volksdichtung, wo auch *яво́рчатый*, zu *я́вор* urspr. 'aus Ahornholz', s. Sobolevskij Lekcii 145.

яро́м 'Renntierhirt', Mezeń (Podv.). Dunkel.

ртау́л s. *ертау́л* (oben 1, 404).

яру 'oh wenn doch', nur ksl.; abulg. *jaru εἴϑε*, utinam (Supr.), s.-ksl. *jaru*, r.-ksl. *jaru*, *aru*. Bedenklich ist die Annahme einer Entlehnung aus griech. *ἆρ' οὐ* 'nicht wahr?' (so Berneker EW 1, 446, dagegen Brückner KZ 48, 170).

яру́га 'Schlucht, Hohlweg, Rinnsal', *яро́к* dass. Südl., *яру́е* Tula (D.), ukr. *jarúha*, aruss. *jaruga* 'Schlucht' (Igorlied). Entlehnt aus d. Turkotatar.; osman., dschagat., krimtat., kasantat. *jaryk* 'Spalte, Ritze', dschagat. *jaruk* 'Spalte' (Radloff Wb. 3, 121; 133), s. MiEW 100, TEl 1, 316, Korsch Archiv 9, 506, Melioranskij IORJ 7, 2, 302, Berneker EW 1, 445, Verf. RS 2, 28. Verfehlt ist der Vergleich mit lit. *jū́rės* 'Meer' (Jagić Archiv 2, 396 ff.). Zu trennen ist auch *арык* 'Bewässerungsgraben' (s. oben 1, 29), vgl. Berneker c. l.

я́рус 1. 'Stockwerk, Rang im Theater'. 2. 'Schicht, Lage'. 3. 'Art Sperrfischnetz', Arch. (Podv.), Kolyma (Bogor.). Wird gewöhnlich nicht ohne lautliche Schwierigkeiten als Entlehnung aus anord. *jarðhús* 'Erdhaus, unterirdischer Raum, Keller, Gang' erklärt, s. Mikkola Ber. 20, Thomsen SA 1, 385, Berneker EW 1, 446, Pedersen IF 5, 39, Wanstrat 49. Bed. 3 soll nach Mikkola c. l. aus dem Lapp. stammen (dagegen Kalima s. unten u. *áрестега*), doch wird die Quelle nicht angegeben. Bedenklich sind alle andern Deutungsversuche: aus lat. *arcus* 'Bogen, Wölbung' (gegen MiEW 100, Gorjajev EW 436, Thörnqvist 213, s. Berneker c. l.). Nach Sobolevskij RFV 66, 333 soll *я́рус* zu *яр* 'Schlucht' gehören. Kalima Neuphil. Mitt. 1948 S. 56 denkt an echt-slav. Herkunft und sieht darin ein Präfix *ja-* und **rǫdsъ*, das er zu *орýдие*, *ряд* stellt.

ярчу́к 'junger Hund', nach Potebnja Živ. Star. 1891 Nr. 3 S. 128 gebildet von *яре́ц* 'Maimonat', zu *яра* (s. d.), weil junge Hunde im Frühjahr geworfen werden.

яры́га 'niederer Polizeibeamter; gerissener Mensch, Spitzbube, Trinker', Olon. (Kulik.), ukr. *jarýha, jarýza* 'Bote, Büttel'. Wohl zu *я́рый*, s. MiEW 100, Gorjajev Dop. 1, 61. Die ukr. Form mit *z* ist Neubildung von **jaryžьka* aus.

я́рый 'jähzornig, heftig, mutig, hitzig, eifrig, geschwind', *яр, я́ра, я́ро*; *я́рость* f. 'Grimm, Wut, Raserei', *яри́ться* 'böse werden, in Wut geraten', ukr. *járyj* 'eifrig, feurig', aruss. *jarъ* 'eifrig, zornig, kühn, stark', abg. *jarъ αὐστηρός* 'herb, streng' (Zogr., Mar., Assem.), bulg. *járost* 'Wut', skr. *jȁra* 'Hitze vom Ofen', *járiti se* 'in Hitze geraten', sloven. *járən* 'grimmig, energisch, kräftig', ačech. *jarobujný* 'hitzig, heftig', slk. *jarý* 'frisch', poln. *jarzyć* 'erbittern', osorb. *jara* 'sehr', *jěry* 'bitter', nsorb. *jěry* 'herb, bitter, jähzornig, roh, hart'. Hierher gehört auch *я́рый* 'brennend, blitzend, glänzend', *я́ркий* 'hell, grell', ukr. *járyj* 'grell, bunt', *jarkýj* 'feurig, heiß, hitzig', bulg. *jará* 'Schein, Lichtschein, roter Schein vom Brand', poln. *jarzyć się* 'funkeln, leuchten', *za-jarzyć* 'hell leuchten', auch PN *Яросла́в, Яроме́р* u. a. ‖ Ursl. **jarъ* urverw. mit griech. *ζωρός* 'feurig, stark,

ungemischt (vom Wein)', bei Hesych: ἐνεργής, ταχύς, att. εὔζωρος
'rein (vom Wein)', ἐπιζαρέω 'stürme an, bedränge'; unsicher ist
Zugehörigkeit von lat. *ira* 'Zorn', aind. *irasyáti* 'zürnt' (gegen
J. Schmidt Vok. 2, 358, s. Walde-Hofmann 1, 718, Meillet-
Ernout 576), vgl. Kretschmer KZ 31, 384, Berneker EW 1,
447 ff., Trautmann BSl 108, Solmsen KZ 29, 349, Boisacq 312.

ярык 'Harnisch, Panzer', nur aruss. *jarykъ* dass. (Hypat. Chron. a.
1252, s. Srezn. Wb. 3, 1664). Etwa zu alttürk. *jaryk* 'Bewaffnung'
(wozu Malov Pamjatn. dr.-tjurksk. piśm. 386).

ярь f. I. 'Sommerkorn', s. *яра*.

ярь f. II. 'Grünspan, Kupfergrün, Kupferoxyd' (schon 17. Jhdt.),
Gogol' u. a. Aus mgriech., ngriech. *ἰάρι(ον)* dass. von agriech. *ἰός*
'Gift' gebildet ist, s. MiEW 425, Verf. Grsl. Et. 226, Berneker
EW 1, 448. Nicht aus schwed. *ärg* 'Grünspan' (gegen Matzenauer
184, s. Berneker c. l.).

ярябь, ерябь f. 'Rebhuhn', nur r.-ksl. *jarębь, jerębь πέρδιξ*, ukr.
orábok m., *orábka* f. 'Haselhuhn', mbulg. *jerębь*, bulg. *járebica,
jérebica*, östl. *jъrъbícъ*, skr. *jȁrêb* m. 'Rebhuhn', sloven. *jerêb* m.,
jerebíca f. 'Rebhuhn', čech. *jeřábek* 'Haselhuhn', *jeřáb, řeřáb,
žeřáb* 'Kranich' (durch Kreuzung mit **žeravъ*, s. *журавль*), slk.
jarabica 'Rebhuhn', *jarabý* 'schillernd, bunt, gesprenkelt', poln.
jarząb 'Haselhuhn', *jarząbek*, auch *jarzębaty* 'getupft, gespren-
kelt, grau', osorb. *jerjab, wjerjabka* 'Haselhuhn', nsorb. *jeŕeb*
dass., *jeŕebaty* 'gesprenkelt, bunt'. Dazu gehören Bezeichnungen
für 'Vogelbeerbaum, Eberesche': ukr. *orábyna, orobýná*, sloven.
jerebíka, čech. *jeřáb, řeřáb, jeřabina*, slk. *jarabina*, poln. *jarząb,
jarzębina*, osorb. *wjerjebina*, nsorb. *jeŕebina*. ‖ Urslav. **jaręb-* ist
schwerlich von **rębъ* (s. *рябина, рябóй*) zu trennen. Die erste
Silbe kann eine Ablautstufe oder ein Präfix enthalten (s. oben
я-), vgl. Berneker EW 1, 274 ff., Trautmann BSl 104 ff.,
Meillet-Vaillant RES 13, 101 ff. Schwierig ist die Beurteilung
von lit. *jerubė, jerumbė* 'Haselhuhn', das Berneker c. l. als slav.
Lehnwort betrachtet, anders Fraenkel Lit. Wb. 193 ff., Zeitschr.
13, 231, der kühn eine Grundform mit anlaut. *r-* dafür ansetzt.

ярятина 'Lammfell', dial. *ерéмина* 'beste Sorte Wolle', Tobol'sk
(Živ. Star. 1899 Nr. 4 S. 492). Gebildet von **jarę* G. *-ęte* 'junges
Schaf', bulg. *járe, jére* n. 'Zicklein', skr. *jȁre* n. 'junge Ziege',
sloven. *jarè* G. *jaréta* 'Lamm', weiter zu *ярка, яра*, s. Berneker
EW 1, 446 ff.

ясá 'Speise, Gang einer Mahlzeit'. Wohl aus **ēdsъ* zu *я́ство, едá,
ем*. Vgl. lit. *ėdesis* 'Fraß', *ėskà* 'Aas, Fraß', lat. *ēsca* 'Köder,
Speise', ahd. *âs* (**ētsom*), vgl. zur Sippe Walde-Hofmann 1, 420,
Berneker EW 1, 273 ff., J. Schmidt Pluralb. 379, Trautmann
BSl 66 (alle ohne d. russ. Wort). Zweifelhaft ist der Vergleich
mit *искáть* (gegen Potebnja RFV 17, 20).

ясáк G. *-акá* 1. 'Abgabe in Naturalien (bes. Fellen)', Sibir. (Ryle-
jev). 2. 'Erkennungszeichen, Losungswort, Signal' (Mel'nikov).
3. 'Signalglocke', Adj. *ясáчный* 'zur Abgabe in Naturalien
gehörig', aruss. *jasakъ* 'Parole' (1. Soph. Chron. a. 1471 S. 11),
jasačnyje ljudi (Kotošichin 103). Aus kasantat. *jasak* 'Tribut,

Abgabe', dschagat. *jasak* 'Verordnung, Befehl, Gesetz', osman. *jasak* 'Verbot' (Radloff Wb. 3, 216ff.), s. MiTEl 1, 316, Nachtr. 2, 134, Korsch Archiv 9, 506, Kannisto FUF 17, 96; 18, 65, Räsänen FUF 19, 83ff., Preobr. Trudy 1, 140.

ясáтчик, ясáщик 'Steuereinnehmer'. Aus d. Turkotat.; vgl. osman. *jasakčy* 'Wachtposten, Aufpasser' (Radloff Wb. 3, 217).

ясáть 'anfertigen, zurichten', Orenb. (D.). Entlehnt aus kkirg. kasantat. dschagat. *jasamak* 'machen, bauen, verfertigen' (Radloff Wb. 3, 214ff.).

ясаýл s. *есаýл* (oben 1, 405).

я́сень m. G. *-еня* 'Esche', ukr. *jáseń*, bulg. *jásen*, dial. *ósen, ósъn*, skr. *jȁsên*, sloven. *jásen* G. *jaséna*, *jésen* G. *jeséna*, čech. *jasen, jesen*, slk. *jasen*, poln. *jasień, jasion*, osorb., nsorb. *jaseń*, polab. *josén*. ‖ Ursl. **asenь* urverw. mit lit. *úosis* f. G. *úosies, úosis* m., G. *úosio* 'Esche', lett. *uôsis*, apreuß. *woasis* lat. *ornus* 'Bergesche, Speer' (**osenos*), kymr. *onn-en* 'fraxinus' (urkelt. **osnā*), griech. ἀχερ-ωίς 'Weißpappel', ferner anord. *askr* 'Esche', alb. *ah* 'Buche', griech. ὀξύη 'Buche, Speer', armen. *haci* 'Esche', s. Berneker EW 1, 31, Trautmann BSl 203, Apr. Sprd. 464ff., Solmsen KZ 34, 32 Pedersen Kelt. Gr. 1, 86, IF 5, 44ff., M.-Endz. 4, 421, Hübschmann 465, Meillet-Vaillant 84, Prellwitz BB 24, 106, G. Meyer Alb. Wb. 4, Specht 59.

ясин, pl. *яси* 'alter Name der iranischen Osseten', aruss. *jasi* Ἀλανοί Adj. *jasьskъ* Ἀλανικός (Joseph. Flav. 239, 16, Istrin), *Jasьskъjь tъrgъ* 'Jassy in Rumänien' (s. Verf. RS 4, 163). Geht mit dschagat. *As* 'Name der alten Alanen, die von den Kypčak unterworfen wurden' (s. Radloff Wb. 1, 535) zurück auf altiran., avest. *āsu-* 'schnell', npers. *āhū* 'Gazelle', afghan. *ōsai* 'Antilope', aind. *āçúṣ* 'schnell', griech. ὠκύς dass., s. Tomaschek bei Pauly-Wissowa 1, 1284; zur iran. Sippe s. Bartholomae Air. Wb. 338, Morgenstierne PV 12, Hübschmann Pers. Stud. 11. Aus dem Aruss. stammt magy. *Jász* (s. Gombocz Streitberg-Festgabe 107), rumän. *Iaşi* 'Jassy', s. auch Munkácsi Kel. Sz. 5, 310ff., MiEW 101, Verf. Iranier i. Südrußl. 24, Rasovskij Semin. Kondak. 9, 107. Zweifelhaft ist die Zugehörigkeit von anord. *Jǫsurfjǫllum*, angeblich 'kaukasische Berge' (Hervararsaga), gegen Heinzel bei Jagić Archiv 11, 307; es müßte schon russ. *j-* enthalten. Schwierigkeiten macht auch der Vokal der ersten Silbe.

я́ска I., *я́сочка* 'hell leuchtender Stern', Südl. (D.). Verwandt mit ukr. *jaskrýty śa* 'funkeln', wruss. *jáskorka* 'Fünkchen', poln. *jaskry, jaskrawy* 'funkelnd', čech. slk. *jas* 'Glanz' und weiter mit *я́сный* 'klar', s. Persson 950, Trautmann BSl 4, Berneker EW 1, 276. Siehe auch *и́скра*.

я́ска II., 'Schneewiesel, Mustela nivalis', zu *я́сный* u. zum vor.

я́сли pl. 'Krippe, Raufe', ukr. *jasłá* n. pl., aruss. abulg. *jasli* φάτνη (Cloz., Supr., Ostrom.), bulg. *jásli* (Mladenov 704), skr. *jȁsli, jȁsle* f. pl., sloven. *jȃsla* n. pl., ačech. *jěsli*, čech. *jesli*, slk. *jasle*, poln. *jasła*, osorb. *jasła*, nsorb. *jasła*. ‖ Ursl. *jasli* aus **ēdsli-* zu balt.-sl. **ēd-* 'essen', vgl. lit. *ėdžios* f. pl. 'Futterraufe', got. *uzēta* 'Krippe', lit. *ėdesis* m. 'Fraß, Futter' (s. *яcá*), vgl. Berneker

EW 1, 275, Trautmann BSl 66, Meillet MSL 14, 336, Et. 416, Meillet-Vaillant 83, Brückner EW 200.

ясми́н 'Jasmin' (z. B. Žukovskij), öfter *жасми́н* (s. d.). Über nhd. *Jasmin* (seit 16. Jhdt.). Die Quelle ist arab.-persisch, s. Littmann 86.

я́сный 'klar, deutlich, licht', *я́сен, ясна́, я́сно,* ukr. *jásnyj*, aruss. abulg. *jasnъ* αἴθριος (Supr.), *ujašnjati* 'klären' (Dolobko RES 6, 30), bulg. *jásen, jásna,* skr. *jäsan, jäsna,* sloven. *jásǝn,* f. *jásna,* čech., slk. *jasný,* poln. *jasny,* osorb., nsorb. *jasny.* Dazu *ясна́* 'Lichtung', *я́ска* 'heller Stern'. || Ursl. *(j)ěsnъ urverw. mit lit. *áiškus* 'deutlich, offenbar', *iškùs* dass., *éiškus* dass., *éiškiai* adv., auch *úcкpa,* weiter vergleicht man aind. *yáças* n. 'Herrlichkeit, Glanz', s. Pedersen IF 5, 43, Trautmann BSl 4, Fraenkel Lit. Wb. 3, Berneker EW 1, 276, Endzelin SlBEt 55. Zweifelhaft ist Verwandtschaft mit *яви́ться, я́вный* (gegen Mikkola Ursl. Gr. 165, s. Sobolevskij RFV 71, 433). Gewagte andere Vergleiche bei Loewenthal Archiv 37, 383.

я́спис 'Abart des Quarzes, undurchsichtiger Stein von verschiedenen Farben', öfter dafür *я́шма.* Gelehrte Bezeichnung aus lat. *iaspis* von griech. ἴασπις dass., das als phönikisches Lehnwort angesehen wird, s. Boisacq 364, Littmann 17, Gorjajev EW 437. Daraus mit hyperkorrektem *a-* aruss. *aspidъ* dass. (Stef. Novgor. 54, 14. Jhdt.). Vgl. auch unten 3, 511.

я́стель 'Esser', nur r.-ksl. *jastelь* (Vita d. Andreas Salos, s. Srezn. Wb. 3, 1666). Aus *ěd-tel-*, zu *едá, есть* 'essen'.

я́стреб, -а 'Habicht', ukr. *jástrib, jástrub,* auch *jáster,* aruss., r.-ksl. *jastrjabъ* (Zlatostruj 12. Jhdt., Russk. Pravda a. 1282 u. a., s. Sobolevskij Lekcii 82), skr. *jȁstrijeb* pl. *jȁstrebovi,* Adj. *jastrèbast* 'geierfarben', sloven. *jâstreb, jâstran,* čech. *jestřáb,* ačech. *jastřáb,* slk. *jastrab,* poln. *jastrząb* G. *jastrzębia,* osorb. *jatŕob',* nsorb. *jastśeb'.* || Urslav. *astrębъ-, vgl. auch slk. *jastrit'* 'scharf blicken', *jastrivý* 'scharfsichtig'. Man nahm Herkunft von einem idg. *ōkros 'schnell', zu griech. ὠκύς, aind. āçúṣ 'schnell', avest. āsu-, lat. ōcior, an, mit einer Wortbildung wie in* *golǫbь* sowie lat. *palumbēs, columba,* griech. ἔλαφος (*-mbhos*), s. Meillet MSL 11, 185, Meillet-Vaillant RES 13, 101, Meillet-Ernout 8, Brugmann Grdr. 2, 1, 386, Berneker EW 1, 32ff., Sobolevskij Slavia 5, 439, Specht 172, Petersson IF 34, 247, Brückner PrFil. 7, 164ff., EW 201, Niedermann IFAnz. 18, 74. Zur Bed. vgl. aind. *açupátvan-,* griech. ὠκυπέτης 'schnell fliegend', lat. *accipiter* 'Habicht' (urspr. *acu-peter* mit *cc* von *accipere*). Zu trennen ist das junge lat. *astur* 'Habicht', griech. ἀστραλός 'Star' (gegen Petersson c. l., s. Walde-Hofmann 1, 74, Charpentier IF 35, 253). Zweifelhaft ist die Auffassung von *astrębъ als 'schnell' (*ostrъ*) und 'bunt' (*rębъ*) von Jagić Archiv 20, 535, dagegen wird die späte Herkunft solcher dvandva-Komposita ins Feld geführt (s. Lang LF 51, 24ff., der in diesem Falle *jasorębъ bzw. *rębojastъ erwartet). Sonst wurde von *jastrębъ ausgegangen und 3 s. *jastь* 'frißt, ißt' u. *rębъ* 'Rebhuhn' darin vermutet (Uhlenbeck KZ 40, 556). Hiergegen wurde wiederum eingewendet, daß in diesem Fall eine Imperativform oder e. Verbalstamm an erster Stelle stehen müßte (s. Lang c. l.). In *jastrębъ wollen andere besser ein Nomen agentis (s. я́стель ʽEsserʼ) und rębъ ʽRebhuhnʼ sehen, wie in avest. *kahrkāsa-* m. ʽGeierʼ, das *kahrka-* ʽHuhnʼ u. aind. *aça-* ʽessendʼ, avest. *asa-* enthält, s. Fraenkel Zeitschr. 13, 231, Bulachovskij IANOtdLit. 7, 117. Unwahrscheinlich ist endlich der Vergleich von *jast-* mit griech. οἶστρος ʽStachelʼ unter Annahme eines *-mbhos* (Bulič IORJ 10, 2, 431 ff., Iljinskij RFV 60, 425 ff., dagegen Brückner PrFil. 7, 164 ff.).

ясты́к 1. ʽetwas Ganzes, ein ganzes Stück von etw.ʼ. 2. ʽder ganze Rogen eines Fischesʼ. 3. ʽRogenhäutchen, in dem der Rogen eingeschlossen istʼ, Wolgageb., Astrachań (D.). Aus osman., kuman., krimtat., kasantat. *jastyk* ʽKissen, Kopfkissenʼ (Radloff Wb. 3, 223 ff.).

ясы́рь m. ʽGefangenerʼ, Don-G., auch ясы́р, я́сырь (D.), ukr. *jasýr* dass., älter russ. *jazyrь* (Azovsk. Vz. 17. Jhdt., RFV 56, 146). Aus osman.-arab. *esir* dass., s. MiTEl 1, 293, Nachtr. 1, 36, Gorjajev EW 437, Matzenauer 184, Brückner EW 201, Lokotsch 11, Preobr. Trudy 1, 141 (wo durch Druckfehler sinnlose Vermengung mit dem Artikel я́рус).

я́та s. я́тка.

ятага́н ʽlanges säbelartiges Messerʼ, aus osman. *jataγan* dass., (Radloff Wb. 3, 198), s. MiTEl 1, 316, Gorjajev EW 437, Lokotsch 75.

ятва́ f., я́тво n. ʽZug, Schwarmʼ, Novgor., Vologda (D.), ʽFischschwarmʼ, Beloozero, kslav. *jato* ʽagmenʼ, bulg. *játo* ʽZug, Schwarmʼ, skr. *jȁto* ʽHerde, Zug, Menge, Gedrängeʼ, dial. ʽBrüderschaftʼ, *jȁtomicê* ʽscharenweiseʼ, sloven. *játo* n., *jȁta* f. ʽSchwarm, Scharʼ, *jȁtoma* ʽscharenweiseʼ. ǁ Man vergleicht als urverw. aind. *yātám* ʽGang, Weg, Fahrtʼ, *yā́trā* ʽGang, Fahrt, Reise, Zugʼ, weiter zur Sippe von éхать, éду ʽfahreʼ, lit. *jóti, jóju* ʽfahre, reiteʼ, aind. *yā́ti* ʽgeht, führtʼ, avest. *yāiti* dass., aind. *yā́nas* ʽBahnʼ, *yā́nam* ʽGang, Vehikelʼ, ir. *āth* ʽFurtʼ (*$i̯ātu$-, s. Stokes 222), vgl. Berneker EW 1, 450, Brückner EW 201, Mladenov 704. Siehe ято́вь.

ятвя́г pl. -зи ʽbaltischer Stamm im G. Grodnoʼ, aruss. *jatvjagъ* pl. *jatvjazi* (Hypat. Chron., Slovo o pogib. russk. zemli, s. Sobolevskij Lekcii 212), auch ON *Jatveskъ, Jatvjuzь* (s. Barsov Očerki 41), apoln. *jaćwing*, mlat. *gens Jaczwingorum* (Długosz, s. Brückner FW 64). Wird auf ein balt. *jātvingas, bzw. *jātuvingas zurückgeführt, verw. mit ятва́, я́тво ʽScharʼ (s. d.), lit. *jóti, jóju* ʽfahre, reiteʼ, s. Buga Streitberg-Festgabe 28, RFV 70, 253, v. Grienberger IFAnz. 32, 52, Gerullis Festschrift Bezzenberger 44 ff.

я́терь m. ʽFischnetzʼ, Südl., ukr. *játeŕ, játer* dass. Aus letzterem stammt rumän. *éteră* ʽStellnetzʼ (Tiktin Wb. 2, 599). Weiter zu вя́терь s. oben 1, 245.

я́тка ʽHütte, Bude, Zeltʼ, Südl. (D., Gogolʼ), ukr. *játka* dass., čech. *jata, jatka* ʽHütte, Bude, Schlachtbankʼ, alt ʽGötzentempel, Höhleʼ, slk. *jatka* ʽSchlachthaus, Fleischbankʼ, poln. *jata* ʽHütte,

Bude, Zelt, Schuppen', osorb. *jĕtka*, nsorb. *jatka*. Dazu die Zusammensetzung: kslav. *po-jata* 'Dach, Haus', bulg. *pojáta* 'Schafstall, Schafhürde', skr. *pòjata* 'Stall, Kammer', sloven. *pojáta* 'Wirtschaftsgebäude, Schuppen, Stall', s. Berneker EW 1, 450. ‖ Urslav. **jata* wird für urverw. gehalten mit balt. **aita*, das vorausgesetzt wird durch finn. *aitta* G. *aitan* 'Vorratshäuschen', karel. *aitta*, weps. *ait'*, estn. *ait* G. *aida* 'Klete, Vorratshaus', viell. auch lit. *áitvaras* 'Hüter der Kleten', alit. *áit(i)varas*, s. Lidén MO 5, 198 ff., FUFAnz. 25, 139, Mikkola Festschr. V. Thomsen 175. Der zweite Teil des lit. Wortes wird verglichen mit ahd. *biwarôn* 'bewahren', *wara* 'Aufmerksamkeit, Obhut', griech. ὁράω 'sehe' (Lidén c. l.). Anders über *áitvaras* Fraenkel Lit. Wb. 4, wo auch weitere Versuche. Abzulehnen ist die Verbindung von slav. *jata* mit *ямá* (gegen Brückner KZ 45, 54), auch die Annahme einer Entlehnung aus nhd. *Hütte* (MiEW 101) oder der Vergleich mit *xáma* (Karłowicz 231). Nicht annehmbar auch die Verknüpfung von *jata* und aind. *yámati* 'hält, hebt', lett. *jùmt* 'ein Dach decken' (Fick 1, 292), dagegen s. Berneker c. l.

ятковáть 'hartnäckig dasselbe reden', Olon. (D.). Soll aus karel. *jatkuo* 'fortsetzen, verlängern', finn. *jatkaa* dass. entlehnt sein, s. Leskov Živ. Star. 1892 Nr. 4 S. 103.

ятник 'Gefangener', nur aruss. *jatьnikъ*. Zu **jęti* 'nehmen', in *возьму́*, *взять*, zunächst von *я́тный*, **jętьnъ*, **jętъ* 'genommen'.

ятóвь f. 'Sammelplatz für Fische', Ural. (D.) Zu *ямá*, *я́мво*. Schwerlich entlehnt aus turkotat. *jatau̯* dass. (Korsch Bull. de l'Acad. Sc. de Pbourg 1907 S. 767).

я́тра 'Eingeweide', *ямро* 'Leber', r.-ksl., s.-ksl. *jętro* ἧπαρ, skr. *jȅtra* f. dass., sloven. *jétra* n. pl., čech. *játra* n. pl. 'Leber', *jitrnice*, *jaternice* 'Leberwurst', slk. *jatrá* 'Leber', *jaternica* 'Leberwurst', poln. *jątrznica*, osorb. *jatra* n. pl. 'Leber, Lunge', nsorb. *jětša* n. pl. 'Leber, Lunge', polab. *jǫtra* 'Leber', *jǫtreńeica* 'Leberwurst'. ‖ Ursl. **jętro*, pl. *-a* ist urverw. mit aind. *antrám* 'Eingeweide', ved. *āntrám*, armen. *ənderk'* 'Eingeweide', griech. ἔντερα pl. dass. Gebildet von Präpos. *en-* mit komparativischem *-tero-*, *-tro-*, vgl. lat. *interior* 'der innere', aind. *ántaras* 'innerlich', avest. *antara-*, anord. *iđrar* (**enþera-*) 'Eingeweide', s. Berneker EW 1, 269, Trautmann BSl 69 ff., Meillet Ét. 167, Hübschmann 447, Holthausen Awn. Wb. 141 ff. Vgl. *утрóба*, *нутрó*.

я́тровь f. 'Schwägerin, des Mannesbruders Frau', ukr. *jatrívka*, *jatróva*, wruss. *jatróvka*, r.-ksl. *jatry* G. *jatrъve*, s.-ksl. *jetry*, bulg. *(j)etŭrva*, skr. *jȅtrva*, sloven. *jȇtrva*, ačech. *jatrvenicě*, *jatrušě* 'uxor fratris mariti', apoln. *jątry*, *jątrew* (s. Brückner Jagić-Festschr. 139, Archiv 11, 131, PrFil. 5, 419), poln. *jątrew* G. *jątrwi*. Ablaut in *утрёвка* 'Schwägerin', Kr. Luga, Peterhof (Bulič IORJ 1, 331). ‖ Urslav. *jętry* G. **jętrъve* urverw. mit lit. *jentė* G. *jentẽrs*, *jentės*, ostlit. *intè* (Szyrwid) 'Frau des Mannesbruders', lett. *ietere*, *ìetaļa* dass., aind. *yātā* 'Frau des Bruders des Mannes', griech. ἐνάτηρ, homer. pl. εἰνατέρες, phryg. Acc. ἰανατέρα, lat. *ianitrīcēs* pl. 'Ehefrauen von Brüdern'. Morphologisch ist *jętry* beeinflußt von *svekry* (s. *свекрóвь*), s. Meillet Ét. 268, BSL 24,

160, W. Schulze Qu. ep. 157, Meillet-Ernout 543, Berneker EW 1, 456, Trautmann BSl 107 ff., Specht 88, M.-Endz. 2, 81, Walde-Hofmann 1, 668.

ятры́шник 'Orchis maculata, Kuckucksblume'. Die Wurzel dieser Pflanze wurde nach Sobolevskij RFV 67, 212 ff. zu Liebeszauber und zur Beseitigung von Abneigung benutzt. Daher faßt er den Namen als 'Schwägerinnenblume' auf und stellt ihn zu *jętry (s. das vorige). Anders Iljinskij IORJ 23, 1, 181 ff., der an dial. *ятро* 'Ei', Stavropol', Kaukasus (RFV 68, 406) anknüpft u. auf *ядрúшник* 'Orchis' (D.) hinweist, das zu *ядрó* zu stellen ist (s. dazu auch schon Dal' bei Sobolevskij c. l. 217).

*-ять I. *-ьму 'nehmen', in взять, возьму́ 'nehmen' (s. d.), снять 'herunternehmen', занять, займу́ 'einnehmen, leihen', нанять 'mieten', обнять 'umarmen', отнять 'wegnehmen', поднять 'heben', понять 'verstehen', внять 'Gehör schenken', изъять 'ausmerzen', принять 'annehmen', снять 'herunternehmen' u. a., abulg. *vъzęti, vъzьmǫ* 'nehme'. Weitere Verwandtschaft s. unter взять, е́млю (oben 1, 198, 398). Vgl. lit. *imti, imù, èmiaũ* 'nehmen', lat. *emō, ēmī, ēmptum, -ere* 'nehmen', s. Berneker EW 1, 430, Walde-Hofmann 1, 400 ff., Fraenkel Lit. Wb. 184 ff. Über das Verhältnis zu got. *niman* 'nehme' s. auch Kretschmer Glotta 19, 209, Torp 293.

ять II. 'Benennung für den Buchstaben Ѣ', dessen Lautwert langes *ē* war. Die Bezeichnung kommt aus dem Altbulg., wo die Vertretung des ursl. Lautes *ě* als *ä, a* gesprochen wurde, s. Mladenov 704.

Я́уза Name mehrerer Flüsse: 1. 'Nbfl. d. Lama'. 2. 'Nbfl. d. Gžat'. 3. 'Nbfl. d. Sestra', alle im G. Moskau, s. Sobolevskij IORJ 27, 258. Wohl Präfix *ja-* und **voz-* (у́зел, вязáть) als 'Verbindungsfluß', vgl. *Вя́зьма*, s. Zabelin Istor. Moskvy 1, 18 ff. Nur zufällig ist der Anklang an avest. *yaoz-* 'in unruhige Bewegung geraten', *yaoza-* m. 'Aufregung, Wogen (des Wassers)'.

яу́рт 'Joghurt', entlehnt aus osman., krimtat., uigur. *joγurt* 'saure Milch' (Radloff Wb. 3, 412).

я́хонт 'Hyazinth, Edelstein', ukr. *jáchont*; älter russ. *jachont* (Afan. Nikit. 19, 24; Inv. Boris Godun. 1589, s. Srezn. Wb. 3, 1674, Kotošichin 165). Über ält. poln. *jachant* dass. aus mhd. *jâchant* von mlat. *hyacinthus*, griech. ὑάκινθος, das man für altägäisch hält, s. Hofmann Gr. Wb. 380 ff., Boisacq 996, Suolahti Franz. Einfl. 2, 110, Berneker EW 1, 443, Matzenauer 182. Direkt aus d. Griech. stammt r.-ksl. *akintъ, akuntъ, jakintъ* (s. Srezn. Wb. 1, 12). Ungenau darüber Lokotsch 74.

я́хта 'Jacht, einmastiges schnell segelndes Fahrzeug', seit Mitte d. 17. Jhdts nach Croiset v. d. Kop IORJ 15, 4, 38 ff.; auch Ust. Morsk. 1720, s. Smirnov 353. Wohl aus ndl. *jacht* dass., s. Meulen 84, Preobr. Trudy 1, 142. Möglich wäre auch Entlehnung aus nhd. *Jacht* (Gorjajev EW 437).

яхта́ш *-a* 'Jagdtasche', aus nhd. *Jagdtasche*, s. Gorjajev EW 437.

яхтклу́б 'Jachtklub', Pburg, aus nhd. *Jachtklub*, s. Gorjajev EW 437.

ячáть, я́кнуть 'stöhnen, klagend rufen', Südl., Westl. (auch Gogol'), ukr. *jačáty* 'schreien (vom Schwan)', *jačýty* 'weinerlich reden, beten', r.-ksl. *jačati, jaču* 'stöhnen', bulg. *ékna* 'stöhne' (Mladenov 160), skr. *jéčati, jéčȋm* 'hallen, ächzen', *jȇcati, jȇcȃm* 'schluchzen', *jȇk* m., *jȅka* f. 'Hall, Tönen, Echo', sloven. *jéčati, ječím* 'jammern, ächzen, wimmern', *jêcati* 'stottern, stammeln', čech. *ječeti* 'lärmen, schreien, wehklagen', *jek, jekot* 'Getöse, Wehklagen', slk. *jačat'* 'brausen, schreien', poln. *jęk* 'Seufzer, Klage, Schmerzensschrei', *jęknąć* 'aufstöhnen, aufseufzen', *jąkać się* 'stottern', osorb. *jakać*, nsorb. *ěkaś* 'stottern'. ‖ Urslav. **jękъ*, **jękati* (**enk-*) werden als urverw. verglichen mit griech. ὀγκάομαι 'schreie, brülle', lat. *uncō, -āre* 'brüllen (vom Bären)', alb. *nɛkóń* 'ächze, seufze', geg. *angój* dass. Daneben: ir. *ong* 'Stöhnen, Seufzen, Wehklagen', mhd. *anken* 'stöhnen, seufzen', lit. *iñksti, inkščioti* 'winseln, stöhnen', *ùngti, ùngstu, ùngau* 'wimmern', s. Bezzenberger BB 1, 338, Berneker EW 1, 267 ff., Trautmann BSl 70, G. Meyer Alb. Wb. 304, Matzenauer LF 8, 33 ff., Buga RFV 70, 106, Fraenkel Lit. Wb. 10. Preobr. Trudy 1, 143 denkt an Lautnachahmung. Abzulehnen ist die Annahme einer Entlehnung aus nhd., mnd., ndl. *janken* 'heulen, winseln' (gegen Uhlenbeck Archiv 15, 487).

ячея́ 'Masche beim Netz, Strumpf; Zelle, Bienenzelle', *ячéйка* 'Zelle', dial. *вечея́* 'Loch im Mühlstein', aruss. *jačaja* 'Verbindung, Verkettung' (Čudovo NT 14. Jhdt., s. Sobolevskij Lekcii 82), *jačajica ἐπαρυστρίς*, s.-ksl. *jęčaja ἀφή* (Apost. Šiš., s. Berneker EW 1, 267), mbulg. *ęčaja*. Ursl. wohl **ęčaja*. Es wird Verwandtschaft angenommen mit der Sippe von *укоть* (s. oben 3, 179 ff.). Vgl. griech. ἀγκύλη 'Riemen', anord. *ál, ǫl* f. 'Riemen', lit. *ánka* 'Schlinge; das eigentliche Netztuch', s. Matzenauer LF 8, 16, Berneker c. l. Unsicher.

ячмéнь m., G. *-еня́* 'Gerste; Gerstenkorn (am Auge)', Adj. *ячмéнный, я́чный, я́чневый*, ukr. *jačmíń* dass., r.-ksl. *jačьmy* G. *jačьmene крітhḗ*, *jačьmykъ* dass., abulg. *jęčьněnъ* (Zogr., Assem., aus **ječьmen-*, s. Meillet Ét. 437), *ję́čьnъ* (Mar.) κρίθινος, s.-ksl. *jęčьmykъ*, bulg. *ečmík*, skr. *jèčmên* G. *ječmena*, Adj. *jèčmen* 'Gersten-', čakav. *jȁčmȋk* G. *jȁčmika*, sloven. *ječmen* G. *ječména*, čech. *ječmen*, Adj. *ječný*, mähr. *jačmyk* 'Gerstenkorn (am Auge)', slk. *jačmeń*, poln. *jęczmień* 'Gerste', *jęczmyk* 'Gerstenkorn', osorb. *ječmjeń*, nsorb. *jacmeń*, polab. *jącmén*, Adj. *ją́cne*. ‖ Ursl. **jęčьmy* G. *jęčьmene* viell. urverw. mit der Sippe von *укоть* (s. d.), zu idg. **aṇk-* 'biegen', weil sich die reifen Ähren der Gerste biegen, s. Berneker EW 1, 268, Machek LF 63, 131 ff., Mikkola Ursl. Gr. 3, 44, Holub-Kopečný 150. Sonst wurde das slav. Wort verglichen mit kypr. griech. ἀκοστή 'Gerste', doch gehört dieses eher zu lat. *acus* G. *aceris* 'Granne, Spreu', got. *ahs* 'Ähre', ahd. *ehir* 'Ähre' (s. Zupitza GG 129, Hoffmann Griech. Dial. 1, 278, gegen Bezzenberger BB 27, 173, Mladenov 163). Wenig wahrscheinlich ist Verwandtschaft mit griech. ὄμπνη 'Nahrung, Getreide' (Charpentier KZ 40, 464). Zur Bildung vgl. *жи́тмень* 'Gerste' zu *жи́то*.

яшаку́биться 'sich brüsten, wichtig tun', Smol. (Dobr.). Unklar.

я́шел 'Kreuzdorn, Rhamnus erythroxylon', Adj. *я́шеловый*. Entlehnt aus krimtat., aderb. *jašyl* 'grün', dschagat. *jašil* dass., osman., kasant., kuman., karaim. *jäšil* (s. Radloff Wb. 3, 247, 381), s. MiTEl 1, 316, Matzenauer LF 8, 25.

яшка́ 'Art tschuwass. Suppe', Kazań (D.). Aus tschuwass. *jaška* 'Suppe' zu kasant., osman., baschkir., kirg. *aš* 'Nahrung, Speise', s. Räsänen FUF 29, 201, Wichmann Tschuw. Lehnw. 37 ff.

я́шкаться s. *якши́ться*.

я́шма 'Achat' (Ušakov, Preobr.), *яшма́* dass. (D.). Entlehnt aus d. Turkotat.; vgl. osman. *jäšim* 'Achat' (Radloff Wb. 3, 382), kasantat. *jašym* (Radloff 3, 247). Den Ursprung des Wortes sucht man im Arabischen, s. MiTEl Nachtr. 2, 136, Lokotsch 75, Gorjajev EW 437, Preobr. Trudy 1, 143.

я́щер I. 'Entzündung der Zunge bei Pferden u. Rindern', wruss. *jáščer* 'Bräune', skr. *jäšterica* 'Hitzpustel auf der Zunge'. Wird gewöhnlich zu *я́щерица* 'Eidechse' gestellt, s. Berneker EW 1, 33, Preobr. Trudy 1, 144, bes. Bulat Archiv 37, 477 ff., wo Parallelen zur Bed. Vgl. auch *жа́ба* 'Bräune' von *жа́ба* 'Kröte'.

я́щер II. 'rauhes Leder', wohl zu *я́щерица* 'Eidechse' (s. d.). Anders Iljinskij Archiv 32, 339 ff., der in diesem Wort ein Präfix **ja-* und **sker-*, ablautend zu *скора́* 'Leder', *кора́* 'Rinde' sehen will.

я́щерица 'Eidechse', ukr. *jáščirka*, wruss. *jáščerka*, aruss. *jaščerъ* m., *jaščera* f., abulg. *ašterъ sauʹra* (Supr.), skr. *jäštȇr* 'Eidechse', sloven. *jäščerica*, čech. *ještěr* 'Eidechse, Drache', *ještěrka* 'Eidechse', slk. *jašter* 'Eidechse, Drache', apoln. *jaszczeryca*, *jaszczorka* (Pr. Fil. 5, 419), poln. *jaszczurka*, *jaszczur*, kaschub. *vješčeŕéca*, osorb. *ješćeŕ*, nsorb. *jašćeŕ*, polab. *jostarě* 'Eidechsen-' (in Flurnamen), *vjestaréića* 'Eidechse'. ‖ Ursl. **aščerъ* am ehesten urverw. mit *скорый* 'schnell' sowie lit. *skerỹs* 'Heuschrecke', lett. *šķirgaîlis*, *šķirgata* 'Eidechse', griech. σκαίρω 'springe, hüpfe, tanze' (aus **σκάριω*), σκαρίς 'Springwurm', ἀσκαρίζω 'springe, zapple' (wo *ἀ* aus *n* zu *ἀν-*, *ἀνα-* nach Kretschmer KZ 33, 566), ahd. *scerôn* 'mutwillig sein', mhd. *scheren* 'schnell weglaufen', alb. *hardel'ɛ* 'Eidechse'. Das anlaut. slav. *a-* könnte einem idg. Präfix *ō-* entsprechen (s. *я-*), vgl. Berneker EW 1, 33, M.-Endz. 4, 43 ff. Weniger leuchten die Versuche ein, im ersten Teil ein Wort für 'Höhle' zu sehen: poln. *jaskinia*, čech. *jeskyně*, slk. *jaskyňa* 'Höhle', *jask* 'Tunnel' und Formans *-er-* (so Brückner EW 201, KZ 45, 300, Kořínek LF 67, 285 ff.), wobei teils die Bed. 'Höhlentier' (c. l.), teils 'Höhlengräber' (Mladenov RFV 71, 455 ff., der den zweiten Teil mit ahd. *sceran* 'scheren', griech. *κείρω* vergleicht) angenommen wird, ähnlich Matzenauer LF 8, 25. Zweifelhaft auch der Vergleich von **aščerъ* mit griech. ἐσχαρός 'ein Fisch' (Zubatý KZ 31, 15), mit lat. *stelliō* 'Sterneidechse' (Schrader bei Walde-Hofmann 2, 588, wo Bedenken geäußert), auch die Auffassung als 'Tier mit besonders gearteter Haut' (idg. *ō-* und Wz. von *скора́* nach Iljinskij Archiv 32, 340, RFV 76, 248) oder die Verbindung mit aind. *āçcaryas* 'wunderlich, eigen' (gegen Machek KZ 64, 264, s.

Kořínek LF 67, 284 ff., Mayrhofer Aind. Wb. 83). Verfehlt ist die Annahme einer Entlehnung aus pers. *aždār* 'Drache, Eidechse', avest. *aži*š *dahāka-*, auch die Berufung auf finn. *ajatar* G. *ajattaren* 'Waldgeist' ist mißlungen, da dieses nicht iranisch ist (gegen Kořínek LF 68, 286 ff. u. Korsch FUF 12, 150 ff., s. Toivonen EW 12). Apreuß. *estureyto* 'Eidechse' wird als poln. Lehnwort angesehen, s. Berneker c. l., Trautmann Apr. Sprd. 332.

ящик 'Kiste, Kasten', ukr. *jáščyk* 'Butterbüchse', aruss. *askъ*, *jaskъ* 'Gefäß'. Aus dem Russ. stammt poln. *jaszczyk*, *jaszcz* 'Butterbüchse, Munitionskasten', Es liegt Entlehnung vor aus anord. *askr* 'Holzgefäß' zu *askr* 'Esche' (s. *ясень*), bzw. anord. *eski* 'Korb, Schale', s. MiEW 4, 101, Thomsen Ursprung 135, Berneker EW 1, 32, W. Schulze KZ 61, 136, Wanstrat 32, Thörnqvist 100 ff., Buga Zeitschr. 1, 31. Mit poln. *jaskinia* 'Höhle' hat das russ. Wort nichts zu tun (gegen Brückner EW 201).

ящур 'Haselmaus, Myoxus avellanarius', wird als Umgestaltung von *jaščerъ* nach *ščurъ* III angesehen von Berneker EW 1, 33, Potebnja bei Gorjajev EW 437 ff., Preobr. Trudy 1, 144. Eher mit Präfix *ja-* zu **ščurъ* 'Ratte' als 'rattenähnlich', s. Štrekelj Archiv 28, 514, Matzenauer LF 8, 26, Iljinskij Archiv 32, 338. Die Bedeutungen 'Haselmaus, Salamander, Otter' und 'Eidechse' sucht Bulat Archiv 37, 477 durch mythologische Verwandtschaft einzelner Tiere untereinander zu erklären.

Θ

40. Buchstabe des aruss. kyrillischen Alphabets, benannt *fitá* (ϑῆτα), wurde im Kslav. zur Wiedergabe des griech. ϑ verwendet, das im Mittelgriech. den Lautwert eines stimmlosen Spiranten *þ* wie engl. *th* hatte. In einigen Namen wie Θεοφúλ bis zur bolschewistischen Revolution gebraucht. Verwechslung von ѳ und ф schon seit dem 11. Jhdt., s. Srezn. Wb. 3, 1681 ff. Als Zahlenbezeichnung = 9. Die entsprechenden Wörter s. unter *ф*.

ӱ

Der 41. Buchstabe des aruss. kyrillischen Alphabets (*ižica*) wurde zur Bezeichnung des griech. *υ* übernommen, das etwa bis zum Ausgang des ersten Jahrtausends nach Chr. den Lautwert *ü* hatte und dann zu *i* wurde, s. Schwyzer Griech. Gramm. 183 ff. Näheres über die abulg. Wiedergabe des griech. *v* bei Diels Aksl. Gramm. 27 ff., MiLP 1171, Srezn. Wb. 3, 1681 ff. Die entsprechenden Wörter mit urspr. anlautendem *ü-* siehe unter *i*: *иподьякон*, *ипостась* u. dgl. Der Buchstabe ѵ war bis ins 19. Jhdt. in wenigen kirchlichen Wörtern wie etwa *сунодъ* 'Synode' im Gebrauch.

NACHWORT

Die Zusammenstellung des vorliegenden Wörterbuches hat mich seit Anfang September 1945 voll in Anspruch genommen. Ich habe mich dabei mehr für die Quellen als für die sprachwissenschaftlichen Theorien interessiert. Daher verstehe ich nicht, wie ein Rezensent behaupten konnte, daß ich mein Material 'nicht direkt aus den Quellen habe schöpfen können' (Ling. Posn. 5, 187). Ich kann nur die Leser bitten, durch eigene Lektüre meines Wörterbuches festzustellen, wie weit diese Behauptung den Tatsachen entspricht, und bitte dabei auch mein Abkürzungsverzeichnis zu beachten.

Bis zum Juni 1949 war ich ausschließlich mit der Materialsammlung beschäftigt. Dann begann ich mit der Ausarbeitung des Manuskriptes, die mich bis Ende 1956 beanspruchte. Die seit 1949 erschienene etymologische Literatur hatte einen so großen Umfang, daß ich sie leider nicht mehr voll verwerten konnte. Ihre vollständige Verarbeitung hätte den Abschluß verzögert und bei meinem Alter in Frage gestellt.

Der großen Lücken in meiner Darstellung bin ich mir bewußt. Besonders ungenügend ist unsere Kenntnis des russischen Wortschatzes des 16. u. 17. Jahrh. Ich bitte dabei aber zu berücksichtigen, daß auch ein Werk wie Fr. Kluges Etym. Wörterbuch der deutschen Sprache, das mir seit einem halben Jahrhundert als Vorbild vorschwebte, die eigentliche Wortgeschichte erst allmählich von Auflage zu Auflage vertieft hat. Das erste Auftauchen eines Wortes vermerkte ich mit 'zuerst bei . .' oder 'seit . . .' Wenn es bei mir heißt валторна (Gogol), бурмишский (z. B. Krylov) u. ä., dann bedeutet die letztere Zitierweise nicht, daß ich diese Fälle für die ältesten Belege halte, wie einige meiner Rezensenten merkwürdiger Weise angenommen haben.

Meine ursprüngliche Absicht war, auch die wichtigeren Personen- und Ortsnamen aufzunehmen. Als ich das Material zu einem unheimlichen Umfang anwachsen sah, schränkte ich es ein und nahm mir vor, die Personennamen gesondert zu behandeln. Viele von ihnen sind so wenig untersucht worden, daß eine knappe Deutung wenig überzeugend gewirkt hätte. Die Sorge um den Umfang des Wörterbuches hat mich auch davon abgehalten, der Ausbreitung russischer Lehnwörter in den Nachbarsprachen in vollem Umfange nachzugehen, denn es wären hierbei nicht nur die russischen Lehnwörter im Baltischen und Polnischen, sondern auch in den finnisch-ugrischen Sprachen zu berücksichtigen gewesen. Die sprachhistorisch wichtigsten von ihnen sind immerhin bei mir aufgenommen.

Aus dem modernen Wortschatz war ich bestrebt, die bei den besten Schriftstellern des 19. Jhdts. vorkommenden Wörter zu berücksichtigen, die leider auch in den großen Wörterbüchern lange nicht vollständig verzeichnet sind. Dialektwörter wurden in ziemlich großem Umfange aufgenommen, weil sie regionale Verschiedenheiten widerspiegeln und oft als Restwörter einer verdrängten Bevölkerung geeignet sind, vor- oder frühgeschichtliche Bevölkerungsverhältnisse zu beleuchten. Verschiedene Zusammenhänge lassen sich in einem gedruckten Wörterbuch besser übersehen als im Manuskript, wenn es, wie das vorliegende, einen großen Umfang hat. Hätte ich eine neue Auflage vorzubereiten, dann würden die Verweise auf verschiedene Artikel innerhalb desselben zahlreicher und Hinweise auf das erste Auftreten eines Wortes reichhaltiger sein. Aus dem Altrussischen wurden die sprachwissenschaftlich und kulturhistorisch interessanten Wörter aufgenommen.

In den Nachträgen habe ich die bisher bemerkten wichtigsten Druckfehler berichtigt und zu einigen Bemerkungen meiner Rezensenten Stellung genommen. Ein vollständiges Eingehen auf inzwischen geäußerte andere Ansichten würde zu viel Raum beanspruchen.

Bei der schwierigen Arbeit des Korrekturenlesens hat mir mein Schüler und Freund H. Bräuer große Hilfe geleistet. Für ausdauernden Beistand in technischer Hinsicht bin ich Frau Dr. R. Greve-Siegmann Dank schuldig, für die Zusammenstellung des Wortregisters ihr und Dr. R. Richhardt.

Die vielen Anregungen, die in den Besprechungen meines Wörterbuches niedergelegt sind, werden einem späteren russischen etymologischen Wörterbuch zweifellos gute Dienste leisten, das sich namentlich der vielen, hier als unklar bezeichneten Wörter anzunehmen hätte. Hätte ich die Arbeit von neuem zu beginnen, dann würde ich den Lehnübersetzungen und der semasiologischen Seite größere Beachtung schenken.

Der Wortindex hat einen so großen Umfang angenommen, daß auf die Aufnahme der verglichenen slavischen Wörter und der westlichen Wörter, die jungen Entlehnungen von Kulturwörtern zugrunde liegen, verzichtet werden mußte.

Berlin-Nikolassee

April 1957

M. Vasmer

NACHTRAG ZUM ABKÜRZUNGSVERZEICHNIS

Acta Ling. Hung. = Acta Linguistica Academiae Scientiarum Hungaricae, Budapest 1952 ff.

AGI = Archivio glottologico italiano.

Andriotis = N. *Ἀνδριώτης Ἐτυμολογικὸ λεξικὸ τῆς κοινῆς νεοελληνικῆς*, Athen 1951 (= Collection de l'Institut Français d'Athènes Nr. 24).

Annals = The Annals of the Ukrainian Academy of Arts and Sciences in America, New York 1951 ff.

ASSES = Annales Societatis Scientiarum Estonicae in Svecia, Stockholm 1952 ff.

Bausteine A. Mussafia = Bausteine zur romanischen Philologie, Festgabe für A. Mussafia, Halle a. S. 1905.

Benzing Einführung = Joh. Benzing Einführung in das Studium der altaischen Philologie und der Turkologie, Wiesbaden 1953.

Berg GO = L. S. Berg, Očerki po istorii russkich geografičeskich otkrytij, 2. Auflage, Moskau 1949.

Bodnarskij Slovaŕ = M. Bodnarskij, Slovaŕ geografičeskich nazvanij, Moskau 1954.

Chambers Et. Dict. = Chambers's Etymological Dictionary, London 1947.

Collinder = B. Collinder, Fenno-Ugric Vocabulary, Stockholm 1955.

Časop. mod. fil. = Časopis pro moderní filologii.

Černych Leksikol. = P. Černych, Očerk russkoj istoričeskoj leksikologii, Moskau 1956.

Falk K.O.DF. = Knut Olof Falk, Dneprforsarnas namn i kejsar Konstantin VII Porfyrogennetos' De administrando imperio, Lund 1951 (= Lunds Universitets Årsskrift N.F. Abt. 1 Bd. 46 Nr. 4).

Festschrift Čyževśkyj = Festschrift für D. Čyževśkyj, Berlin 1954 (= Slavistische Veröffentlichungen des Osteuropa-Inst. a. d. Freien Univ. Berlin Nr. 6).

Festschrift Räsänen = Studia Orientalia Bd. 19, Helsinki 1954.

Festschrift Vasmer = Festschrift für Max Vasmer zum 70. Geburtstag, Berlin 1956 (= Slavistische Veröffentlichungen des Osteuropa-Instituts an der Freien Universität Berlin Nr. 9).

Nachtrag zum Abkürzungsverzeichnis

Festschrift Vinogradov = Akademiku V. V. Vinogradovu k jego 60-letiju, Moskau 1956.

Fraenkel Lit. Wb. = Ernst Fraenkel, Litauisches etymologisches Wörterbuch, Heidelberg-Göttingen 1955 ff.

Friedrich Hett. Wb. = Joh. Friedrich, Hettitisches Wörterbuch, Heidelberg 1952—1954.

Frisk EW = Hj. Frisk, Griechisches etymologisches Wörterbuch, Heidelberg 1954 ff.

Gamillscheg Roman. Germ. = E. Gamillscheg, Romania Germanica, 3 Bde, Berlin-Leipzig 1934—1936.

Grønbech Koman. Wb. = K. Grønbech, Komanisches Wörterbuch, Kopenhagen 1942 (= Monumenta Linguarum Asiae Maioris, Subsidia I).

Günther Gaunerspr. = L. Günther, Die deutsche Gaunersprache, Leipzig 1919.

Günther Rotwelsch = L. Günther, Das Rotwelsch des deutschen Gauners, Straßburg 1905.

Heussi Komp. d. Kirchg. = Karl Heussi, Kompendium der Kirchengeschichte, Tübingen 1909 ff.

Izv. Kazansk. Obšč. Istor. = Izvestija Obščestva Istorii, Archeologii i Etnografii pri Kazanskom Universitete.

Kaestner = W. Kaestner, Die deutschen Lehnwörter im Polnischen, Teil 1. Leipzig 1939 (= Veröffentlichungen des Slav. Instituts a. d. Friedrich-Wilhelms-Univ. Berlin Nr. 23).

Kalima Slav. Lehnw. = J. Kalima, Die slavischen Lehnwörter im Ostseefinnischen, Berlin 1955 (= Slavistische Veröffentlichungen des Osteuropa-Inst. a. d. Freien Univ. Nr. 8).

Kienle Fremdwörterlexikon = Kaysers Fremdwörterbuch hgb. von R. von Kienle, Heidelberg 1952.

Lexer = Matthias Lexer, Mittelhochdeutsches Taschenwörterbuch, 11. Auflage, Leipzig 1911.

Liebich Zigeuner = Rich. Liebich, Die Zigeuner, Leipzig 1863.

Littmann = E. Littmann, Morgenländische Wörter im Deutschen, 2. Auflage, Tübingen 1924.

Maksimov Krylat. slova = S. Maksimov, Krylatyje slova, 2. Auflage, Pburg 1899 (neue Ausgabe Moskau 1955).

Malov Pamjatn. dr. tjurksk. piśm. = S. Je. Malov, Pamjatniki drevnetjurkskoj piśmennosti, Moskau 1951.

Mayrhofer = M., Mayrhofer Kurzgefaßtes etymologisches Wörterbuch des Altindischen, Heidelberg 1953 ff.

Miller-Freiman = Vsevolod Miller Ossetisch-russisch-deutsches Wörterbuch, hgb. A. Freiman, 3 Bde, Leningrad 1927—1934.

Obrębska-Jabłońska = Słowo o wyprawie Igora w opracowaniu A. Obrębskiej-Jabłońskiej, Warschau 1954.

Orlov Igorl. = A. S. Orlov, Slovo o polku Igoreve, Moskau 1938.

Petersson Heteroklisie = Herbert Petersson, Studien über die indogermanische Heteroklisie, Lund 1921 (= Skrifter utgivna av Vetenskaps-Societeten i Lund Nr. 1).

Rhein. Museum = Rheinisches Museum für Philologie, Bonn 1833ff.

Sass Sprache d. ndd. Zimmermanns = Joh. Sass, Die Sprache des niederdeutschen Zimmermanns, Hamburg 1927 (= Sprache u. Volkstum Nr. 1).

Scando-Slav. = Scando-Slavica, Kopenhagen 1955ff.

Schwyzer Griech. Grammatik = Ed. Schwyzer, Griechische Grammatik Bd. 1, München 1939, Bd. 2, hgb. A. Debrunner ebda 1950.

Sehwers Sprachl.-kulturh. Unters. = J. Sehwers, Sprachlich-kulturhistorische Untersuchungen, vornehmlich über den deutschen Einfluß im Lettischen, Berlin 1953 (= Slavistische Veröffentlichungen d. Osteuropa-Inst. a. d. Freien Univers. Berlin Nr. 4).

Sl. Occid. = Slavia Occidentalis, Posen.

Sławski = Fr. Sławski, Słownik etymologiczny języka polskiego Krakau 1952ff.

Solovjev Ist. Ross. = S. Solovjev, Istorija Rossii, 8 Bde., Petersburg 1911.

Spuler Goldene Horde = Bert. Spuler, Die Goldene Horde, Leipzig 1943.

Toivonen EW = Y. H. Toivonen, Suomen kielen etymologinen sanakirja, Bd. 1 Helsinki 1955 (= Lexica Societatis Fenno-Ugricae Bd. 12 Nr. 1).

Trebbin = L. Trebbin, Die deutschen Lehnwörter in der russischen Bergmannssprache (= Slavist. Veröffentlichungen des Osteuropa-Inst. an der Freien Universität Berlin Nr. 12).

Varš. Univ. Izv. = Varšavskije Universitetskije Izvestija (bis 1914).

Viltchkovsky = S. Viltchkovsky, Tsarskoje Selo, Berlin-Schöneberg 1912.

Vopr. Jazyk. = Voprosy Jazykoznanija.

Windekens = A. J. van Windekens, Lexique étymologique des dialectes tokhariens, Löwen 1941 (Bibliothèque du Musèon Nr. 11)

Wissmann Buche = W. Wissmann, Der Name der Buche, Berlin 1952 (Vorträge u. Schriften der D. Akad. d. Wiss. Nr. 50).

BERICHTIGUNGEN UND NACHTRÄGE

1,1 ff. *абабо́к* siehe *оба́бок*.

1,3 *авсе́нь* vgl. dial. *о́бвесень* 'Frühlingszeit' bei Dal' s. v. Die Verknüpfung mit *овёс* 'Hafer' (Schneeweis Zeitschr. f. Phonetik 1951 S. 369) läßt sich schwerlich begründen.

1,6 *адря́с* 'halbseidener Stoff', wird von Räsänen Festschrift-Vasmer 420 erklärt aus kasantat. *ädräs* dass.

1,8 *акави́тая* Die Entlehnung ging durch Vermittlung von poln. *okowita* dass. vor sich, s. Sławski JP 34, 134.

1,8 Zeile 10 von unten lies *žylan* 'Schlange'.

1,11 *ала́р* erklärt Räsänen c. l. 420 aus burjat. *alar* dass.

1,12 Zeile 21 von unten lies: 'Ἀλεξάνδρεια.

1,22 *Арба́т* erklärt Pisani AGI 37, 182 aus arab. *rabáḍ* 'Vorstadt'. Vgl. auch Wb. 2, 536 s. v. *попать*.

1,23 *а́рест* 'Verhaftung'. Die ältere Betonung ist *аре́ст* aus nhd. *Arrést*, s. darüber Kiparsky Voprosy Jazyk. 1956, Nr. 5, S. 131, Neuphil. Mitt. 1952 S. 442.

1,27 *аруд*. Am Schluß des Absatzes lies: Karskij RFV 49, 480.

1,29 *арча́к*. Hinzuzufügen ist: vgl. *орча́к*.

1,29 ist unten hinzuzusetzen: *Аско́льдъ* 'Mannsname', aruss. *Askoldъ* (Nestor-Chron. a. 862 u. 882), aus anord. *Hǫskuldr* dass., s. Thomsen Ursprung 147.

1,30 *аспи́д* 2. wird von Pisani AGI 37, 183 auf griech. ἴασπις über nhd. *Jaspis* zurückgeführt. Vgl. auch oben 3,497.

1,37 *бадра́н* gehört zu *бодра́н* (1.100), s. Räsänen Festschr.-Vasmer 421.

1,48 Zeile 24 von unten lies *балко́н* (nicht *лкон*).

1,60 *бастры́к* 'Stange zum Festhalten von Garben auf dem Wagen', ist entlehnt aus kasantat. *bastyryk*, s. Räsänen Festschr.-Vasmer 421.

1,61 *батма́н* s. Räsänen c. l.

1,62 *Баты́й*. Der Name des Enkels des Tschingis Chan erklärt sich aus mong. *batū* 'stark, fest' nach Räsänen Festschr.-Vasmer 421.

1,63 *бахма́т*. Nach Menges Festschr.-Čyževśkyj 187 ff. ist es als 'Tatarenpferd' auf die turkotat. Form des Namens *Mähmäd* 'Muhammed' zurückzuführen. Vgl. aruss. *Bochmitъ* 'Muhammed' (Nestor-Chron. a. 986).

1,64 *бахтарма́*. Dieses und *бухтарма́* 'obere Pilzhaut' will Jakobson Word 7, 189 aus turkotatar. *bastyrma* 'etwas Zusammengedrücktes' erklären.

1,74 ff. *бельчу́г*. Über die protobulgar. Herkunft dieses Wortes s. jetzt Menges Festschr.-Čyževśkyj 179 ff.

1,75 Zeile 9 von unten lies: ahd. mhd. *bort* 'Rand' (nicht *Band*).

1,76 *берегу́*. Ablaut in čech. *brh* ʻHeuschober, Kegelkorbʼ.

1,84 *бешло́т* ʻGrabenʼ ist ndl. *bijsloot* ʻSeitengrabenʼ, s. Thörnqvist Scando-Slav. 1,22.

1,84 *бзде́ть*. Zu streichen sind die german. Wörter.

1,85 *Бийск* ON ist Ableitung vom FlN *Бий*.

1,86 *билефе́жское полотно́* ʻBielefelder Leinwandʼ paßt zu *валендоро́вое, варендо́рское полотно́* ʻLeinwand aus Warendorf in Westfalenʼ.

1,88 *битю́г*. Menges Festschr.-Čyževśkyj 189 sieht darin eine Entlehnung aus turkotat. *bitük* ʻgewachsen, gediehenʼ.

1,90 *благо́й*. Nach Fraenkel Lit. Wb. 45 ff. Zeitschr. 21, 150 ff. ist *blagъ ʻstarrköpfig, eigensinnig, häßlichʼ von der Sippe mit der Bed. ʻgutʼ zu trennen. Er stellt das erstere als urverw. zu alit. *blagnas* ʻschlecht, böse, ungeeignetʼ.

1,90 Zeile 24 lies ahd. *blâsan* (nicht *blâan*).

1,112 Zeile 4 von unten lies: nisl. *patti* (nicht anord.).

1,120 *бред* ʻPhantasierenʼ, *бре́дить* ʻUnsinn redenʼ, nach Holthausen Zeitschr. 22, 146 urverw. mit ags. *breodian* ʻrufen, schreienʼ, mhd. *braten* ʻplaudernʼ.

1,121 Zeile 6 ist mhd. *brîsen* ʻeinfassenʼ zu streichen, s. Holthausen c. l.

1,126 Zeile 12 lies: ahd. *brunnia*.

1,126 Zeile 13—14 von unten lies ags. *brýsan*, ahd. *brosma*.

1,133 *бубре́г*. Über dieses Wort s. jetzt Menges Festschr.-Čyževśkyj 181 ff.

1,139 *бук*. Über die idg. Verwandtschaft handelt jetzt ausführlich Wissmann Buche (1952). Er lehnt S. 37 ein german. *bôkaz ab und erwägt Entlehnung von *бук* aus einem *bôks.

1,414 *бума́га*. Aus kulturhistorischen Gründen halte ich die Herleitung des russ. Wortes direkt aus dem Osten (so Tedesco Language 27, 580) für verfehlt.

1,150 *бурунду́к* I ʻgestreiftes Backen- oder Erdhörnchen, Tamias sciurusʼ wird als Entlehnung aus tscherem. *uromdok* angesehen, s. Räsänen Festschr.-Vasmer 421, Kiparsky Festschr.-Čyževśkyj 143 ff.

1,169 *вар* ʻViehhofʼ. Als urverw. dazu ahd. *wuorī* ʻWehr, Dammʼ, aengl. *waru* ʻUferdamm, Schutzʼ, anord. *vǫr* ʻSteinreihen am Landungsplatzʼ, s. Holthausen Zeitschr. 22, 147.

1,169 *вара́ш* dazu *вораш* (1,227).

1,173 ff. *ватру́шка*. Die neuerliche Herleitung aus *tvarožьka (Machek Slavia 23, 64) überzeugt mich nicht.

1,175 *ва́шка* ʻArt Eichhörnchenʼ will Räsänen Festschr.-Vasmer 421 mit tschuwass. *vakša* ʻEichhörnchenʼ verbinden.

1,186 *вереница* ʻReiheʼ, dazu aengl. *wearn* ʻSchar, Mengeʼ, s. Holthausen Aengl. Wb. 387, Zeitschr. 22, 147.

Berichtigungen und Nachträge

1,188   Zeile 23 von unten lies: ahd. *wurgen* (st. *wurgjan*).

1,200   *вила* I. Schneeweis Ztschr. f. Phonetik 1952 S. 345 ff. sieht in der *víla* einen Luft- und Sturmgeist und verknüpft den Namen mit **vēi-* 'wehen'. Man erwartet dann skr.* *vīla*.

1,207   Zeile 20 lies *вихлять* 'schlendern' st. 'schleudern'.

1,215   *вóзле* ukr. *vizli*, *vizlʹa* ist aus *vъz-dъlě zu *воз-* und *длинá* (*дьlʹa*) zu erklären.

1,217   mordw. E *Rav* 'Wolga' erklärt Toivonen JSFOugr. 56, 22 ff. aus arisch *Sravā, aind. *sravā* 'Strömung' (weiteres s. v. *óстров*).

1,221   *Вóлос*. Über anord. *Vǫlsi* als 'phallus' s. Holthausen Awn. Wb. 350. Die Verwandtschaft von *Volosъ* und *Velesъ* wird verteidigt von Jakobson Word 7, 190 u. Machek Slavia 23, 66. Die lautlichen Schwierigkeiten bleiben m. E. bestehen.

1,226   *вопúть*. Zeile 2 lies skr. *úpiti*.

1,226 ff.   *вор* II. 'Umzäunung'. Vgl. auch s. v. *вар*, *обóра*.

1,235   füge hinzu: *вред* 'Schaden' kslav. Lehnwort, siehe *вéред*.

1,236   *встрéтить* vgl. *обретý*.

1,243 ff.   *вьюк*. Dazu jetzt Menges Festschr.-Čyževśkyj 183 ff.

1,246   *Вя́тка*. Der Name *Вяда* könnte urspr. ein Flußname gewesen sein und auf die finn.-ugr. Flußnamen *Vento* von finn. *vento* 'langsam, ruhig, tief' zurückgehen, über den Mägiste ASSES 2, 79 ff. (ohne den russ. Namen) handelt.

1,252   *гайтáн*. Über die griech. Herkunft vgl. jetzt Jernstedt Festschr. Vinogradov 131 ff.

1,264   *гевáлдигер* ist entlehnt aus ndd. *gewaldiger*, woher auch schwed. *gewaldiger* dass. (s. Hellqvist 279). Direkte Entlehnung des russ. Wortes aus dem schwed. (Kiparsky Vopr. Jazyk. 1956 Nr. 5 S. 133) ist m. E. sehr unwahrscheinlich. Zum *d* vgl. auch Grimm D. Wb. 4, 1, 3, 5179 ff.

1,268   Zeile 9 von unten, s. v. *гиль* II 'Gimpel, Dompfaff', lies mhd. *gel* 'gelb', ndd. *gehl*. Gegen die Verknüpfung des Vogelnamens mit dem Farbennamen mit Recht Christiani Zeitschr. 18, 162, Holthausen Zeitschr. 22, 148. Christiani c. l. denkt an Lautnachahmung. Brehm bezeichnet den Lockruf mit *Jüg* und *Lüi*.

1,274   *глистá*. Holthausen Zeitschr. 22, 148 vergleicht nhd. *Kleist* 'Glattbutt'.

1,279   *гнедóй*. Am Schluß des Absatzes lies nisl. *hnissa* 'Geruch' (zu streichen anord. *hniss*).

1,284   Zeile 6 lies got. *gōþs* 'gut'.

1,296   lies *гормá* statt *горма*.

1,297   Zeile 21 u. 30 lies got. *gards* 'Haus'.

1,298   zur Bed. von *горсть* vgl. auch die Parallele unter *рукá*.

1,300   *госпожи́нки*, vgl. auch *спожи́нки*.

Vasmer, Russ. etymol. Wörterbuch

1,304	unter *грань* lies schwed. *gran* 'Fichte',
1,306	*греме́ть*. Holthausen Zeitschr. 22, 148 vergleicht noch ndl. *grommen*, westfäl. *grummeln* 'leise donnern'.
1,316	*губа́* II zu streichen ist anord. *kumpr* 'Klumpen', s. Holthausen Zeitschr. 22, 149.
1,319	*гули́ть*. Über das von Matzenauer verglichene anord. *gulli* siehe Holthausen Zeitschr. 22, 149.
1,326	*Дави́д*. Daß das *y* durch die griechische Aussprache bedingt ist (so Diels Aksl. Gr. 40), wird durch nichts bewiesen.
1,331	*Двина́*. Über karel. *Viena* 'Nördliche Dvina' handelt jetzt Mägiste ASSES 2, 78 ff. Er will den Namen von russ. *Двина́* etymologisch trennen und leitet ihn ab von finn. *vieno* 'ruhig, sanft'.
1,332	Zeile 9 von unten. Die Form *дéбел* wird angezweifelt von Jakobson Word 8, 391.
1,335	*дёготь*. Für Entlehnung aus dem Balt. tritt jetzt ein Sławski JP 34, 135 u. EW 194.
1,343	*дёрн* lies ukr. *déren* (st. *dérńe*).
1,349	Zeile 20 lies Berolinensis.
1,349	Zeile 6 von unten lies engl. *jute*.
1,351 ff.	*ди́кий*. Vgl. dazu Fraenkel Lit. Wb. 95, der das kymr. Wort trennt.
1,351	unter *ди́во* lies anord. *tivar*.
1,354	*дму, дуть*. Es entfällt der Vergleich mit nhd. *Dampf*, weil hier altes *th*, idg. *t* vorliegt.
1,363	*до́роб*. Das angezweifelte lit. *darbas* 'Laubwerk' entfällt nach den Feststellungen von Fraenkel Lit. Wb. 82 ff.
1,367	*дра́пать*, dazu stellt Holthausen Zeitschr. 22, 149 auch anord. *traf* 'Kopftuch', pl. *trǫf* 'Fransen'.
1,378	*-дуе*. Germanische Verwandte bei Holthausen Zeitschr. 22, 149.
1,383	*дуть*. Zu streichen ist nhd. *Dampf* (s. oben).
1,390	Zeile 3 von unten lies *егоза́*.
1,398	unter *ем* lies got. *itan*, Praet. *ēt*.
1,399	*ендова́*. Entlehnungen daraus im Karel., Finn., E. mordw., Ter-lapp. verzeichnet Toivonen Festschr.-Räsänen 3, 1 ff, Räsänen Festschr.-Vasmer 422. Dadurch wird die Herleitung des russ. Wortes aus mongol. *χundaga* 'Trinkgefäß' (so Rudnev Festschr.-Räsänen 3, 8) widerlegt, die auch lautlich zweifelhaft ist.
1,407	*жа́ба*. Zu streichen asächs. *quappa*, vgl. dän.-norw. *kvabbe, aalekvabbe* u. zur Bed. Falk-Torp 599.
1,414	unter *жезл* lies anord. *geisl* 'Stab'.
1,422	*жесть* I 'Blech' wird von Räsänen Festschr.-Vasmer 422 in erster Linie mit tschuwass. *šoś, šə̂və̂ś* dass. zusammengestellt und von kuman. *jäz* getrennt.

Berichtigungen und Nachträge

1,423   *жи́дкий*. Dazu s. auch Frisk EW 359.

1,426   *жи́хать* 'biegen', vgl. auch anord. *keisa* 'biegen, krümmen' (s. Holthausen Zeitschr. 24, 267).

1,431   *жу́колы* 'Kühe'. Räsänen Festschr.-Vasmer 422 vergleicht tscherem. *škal* 'Kuh', mordw. *skal*, das von Munkácsi aus kaukasischen Sprachen hergeleitet wurde.

1,438   *зад*. Damit urverw. ndd. *gat* 'Steiß', s. Holthausen Zeitschr. 24, 267.

1,440   *заме́тить* s. *ме́тить*.

1,445 ff.   *захолу́стье* will Kalima Neuphil. Mitt. 1951 S. 167 ff. aus *захолостье* von *хо́лост* 'leer, einsam' ableiten. Lautlich schwierig.

1,449   Zeile 6 lies ahd. *swan*.

1,451   *зегзица*. Zweifel an der Zugehörigkeit von anord. *gaukr* 'Kuckuck' bei Holthausen Zeitschr. 24, 451.

1,458   *знать* lies 'wissen, kennen', st. 'wisse, kenne'.

1,459   Zeile 20 von unten lies ags. *ceafl* 'Wange'.

1,463   *зубр*. Die Verwandtschaft mit *zǫbъ* ließe sich vertreten bei Annahme einer älteren Bed. dieses letzteren wie 'spitzer Gegenstand', die die langen Hörner des Tieres meint (gegen Holthausen Zeitschr. 24, 267).

1,463   *зыря́нин*. Der Name wird neuerdings auf den PN *Zyran* für einen Heerführer der permischen Zyrjänen (1472) zurückgeführt, s. Popov bei E. Itkonen FUF 32, 85.

1,472   *Ижо́ра*. Der Name ist doch übernommen aus finn. *Inkeri*, urspr. wohl 'krummer Fluß', s. Mägiste ASSES 2, 71 ff. (mit Liter.).

1,481   *Инги́рь*. Dieser häufige Name im alten Merja-Gebiet kann wegen der geograph. Lage nicht aus finn. *Inkeri* stammen (so zu Mägiste ASSES 2, 75), weil dort keine ostseefinn. Namen vorkommen.

1,482   Zeile 18 von unten lies μονόκερως.

1,488   *и́скра* lies ukr. *skra*.

1,489   *исполи́н*. Die Erklärung des *i*- aus falscher Worttrennung in der Verbindung von *i* 'und' u. *spolinъ* leuchtet mir nicht ein (gegen Kiparsky Vopr. Jazyk. 1956 Nr. 5 S. 134, Vaillant Vieux Slave 134). Im griech. Psalter 18, 4, von dem das *i* ausgegangen sein soll, steht an der entsprechenden Stelle kein καί. Die russ.-ksl. Texte haben *ispolinъ* schon mehrfach im 11. Jhdt.

1,489   unten hinzufügen: *иссяка́ть*, *исся́кнуть* 'versiegen', s. *ся́кнуть*.

1,495   *кабарга́* 'Sprungbock aus dem Brustknochen von Enten und Gänsen', Voron. ist nach Räsänen Festschr.-Vasmer 422 entlehnt aus d. Turkotat., osman. *kabyrya* 'Rippe', turkmen. *kapyrya* dass.

1,497   Zeile 23 von unten lies mnd. *ká* 'Dohle' st. anord. *ká*.

1,504 *кайдал.* Das von Miklosich TEl 1, 322 angenommene kasant. *kajtal* 'Herde' wird von Räsänen Festschr.-Vasmer 422 angezweifelt.

1,510 *калить* 'härten', vergleicht Holthausen Zeitschr. 24, 268 mit ndl. *hal* 'hartgefrorener Grund', westfäl. *hæl, hal* 'trocken'.

1,520 *кап* 'Auswuchs, Maser, Knorren', Vjatka, will Räsänen Festschr.-Vasmer 422 herleiten aus turkotat. **kab,* osman. *kav* 'Zunder'.

1,550 *кергердень* bedeutet 'Rhinozeros' (nicht 'Nilpferd'), s. darüber Unbegaun Festschr.-Vasmer 546ff., BSL 50, 173.

1,570 *клйкать.* Zu trennen ist ags. *hligsa,* vgl. Holthausen Zeitschr. 24, 268.

1,572 *клонить,* dazu Machek Slavia 23, 572.

1,573 Zeile 9 von unten lies engl. *clump* (nicht *clumb*).

1,576 *клямс.* Die Bed. ist 'Balkweger, starker Balkengang an der Innenseite hölzener Schiffe, auf dem die Deckbalken endigen' (Scheller mündlich).

1,577 *кляч.* Über engl. *link* 'Glied' vgl. Holthausen Zeitschr. 24, 268.

1,577 *кляча* gehört zu *клякать* 'niederknien', s. Unbegaun BSL 50, 173.

1,589 Zeile 5 von unten statt 'und *hôken* 'Böckchen' lies mnd. *hôken* 'Böckchen'.

1,594 *кокошить.* Zur Bed. vgl. *петушиться* 'böse werden' (Turgenev u. a.).

1,599 *коли.* Der dort zitierte Vergleich Macheks bezieht sich nur auf das postpositive *koli* nach Pronomina u. Adverbia und nach *ni* (s. Slavia 23, 67), doch mag ich dieses nicht von *koli* 'wieviel, wie sehr' trennen.

1,601 *колодец.* Die Herleitung als echt-slav. von *колода* wird neuerdings von Kiparsky Vopr. Jazyk. 1956 Nr. 5 S. 134 verteidigt. Ich halte sie nicht für überzeugend wegen *-ędzь* und wegen der Häufigkeit von *колодец* als Flußname. Letzteres spricht eher für die urspr. Bed. 'Quelle', als für einen 'eingefaßten Brunnen'.

1,602 *колоколка* 'Flachsknoten, Samenkapsel von Flachs' gehört zu *колокол.* Das weps. Wort ist aus dem Russ. entlehnt, s. Kalima Slav. Lehnw. 70.

1,609 *комната.* Die ältere Betonung ist *комната* (Vas. Majkov), daher Vermittlung durch poln. *komnata* anzunehmen, s. Kiparsky Vopr. Jazyk. 1956, Nr. 5 S. 131 ff., Neuphil. Mitt. 1953, S. 378.

1,610 *компас.* An poln. Vermittlung (so Kiparsky Neuphil. Mitt. 1953, S. 379) möchte ich bei einem Seemannsausdruck nicht denken.

1,612 *конверт.* Die Erklärung des russ. Nasals durch Verlesen eines franz. *couvert* (so Unbegaun BSL 50, 173) befriedigt ebensowenig wie die Annahme eines Einflusses von lat. *convertere*, dessen Bed. 'umwenden, umkehren, umdrehen' nicht paßt (gegen Kiparsky Vopr. Jazyk. 1956, Nr. 5, S. 134).

1,620 lies *κόпоть* G. *κόпоти*.

1,621 Zeile 7 von unten lies anord. *hǫrund* m. 'Fleisch, Leib'.

1,622 Zeile 9 lies: Archiv 38, 282 ff. (nicht 38, 382 ff.)

1,634 Zeile 13 lies Holthausen Awn. Wb. 124 (nicht 135).

1,650 füge hinzu: *кóчка* 'flüchtiger Kasantatare', Orenb. (D.). Entlehnt aus d. Turkotat., osman., aderb., dschagat. *kačak* 'flüchtig', s. Menges Festschr.-Čyževśkyj 183.

1,656 Zeile 13 von unten lies anord. *hrósa* 'sich rühmen', nisl. *hrós* 'Ruhm'.

1,664 Zeile 6 lies griech. *κριγή, κρίγη* 'Nachteule' (nicht 'Ente').

1,665 *крица* 'Roheisen, Luppe' ist doch entlehnt aus nhd. *Kritze*, s. Trebbin 64 ff. (mit Literatur).

1,666 *кромá*. Zu streichen ist asächs. *scramasahs*. s. Holthausen Zeitschr. 24, 269. Ebenso 1, 259 unter *кремéнь*.

1,670 Zeile 6 von unten s. v. *крук* 'Rabe' lies anord. *hrókr* 'Seerabe'.

1,671 Zeile 23 von unten lies ags. *hrindan*.

1,672 *крыжóвник* 'Stachelbeere'. Die deutsche Bed. 'Christdorn, Christdornbeere' konnte im Poln. als 'Kreuzbeere' übersetzt werden. Dieses halte ich für wahrscheinlicher als die Annahme Kiparsky's, daß ein ndd. *krûsbeere* durch eine Ableitung von russ. *крыж* 'katholisches Kreuz' übersetzt worden wäre (Vopr. Jazyk. 1956, Nr. 5 S. 134).

1,673 Zeile 3 von unten lies anord. *hrøysar* pl., *hrøyse*.

1,676 ergänze *кстáми* s. *статъ*.

1,680 *Кудея́р* wird durch turkotatar. Vermittlung erklärt aus pers. *χudāi* 'Gott' u. *yār* 'Freund, Geliebter', s. Poppe bei Kiparsky Neuphil. Mitt. 54 (1953) S. 380, Vopr. Jazyk. 1956 Nr. 5 S. 134. Vgl. nhd. *Gottlieb*, griech. Θεόφιλος.

1,682 einzufügen *кýзька, кýзка, кýска* 'Art Käfer, Anisoplia austriaca Herbst' über poln. *kózka* 'Art Käfer'. eigt. 'kl. Ziege', s. Kiparsky Neuphil. Mitt. 1953 S. 377.

1,683 *кýка* II. Vgl. noch tochar. B. *kauc* 'hoch', anord. *hugr* 'Hügel', s. Windekens 28, Holthausen Zeitschr. 24, 269.

1,686 Zeile 8 lies sloven. *kukorékati*.

1,688 *кулéш* 'Art Brei'. Nach Jakobson Slavic Word 2 (1955) S. 612 gehen die slav. Wörter auf magy. *köles* 'Hirse' zurück.

1,692 *кумúр*. Die Herleitung aus ngr. *κουρμί* 'Baumstumpf', von *κορμός* dass. (Grégoire bei Jakobson Slav. Word 2, 612) halte ich für ganz verfehlt.

2,24 *левиатáн* ist zu verbessern in *левиафáн*.

2,27 Zeile 12 von unten lies ags. *lǽce*.

2,37 Zeile 16 lies Slavia 15, 12 (nicht 13, 2).

2,38 *Либáва* aus nhd. *Libau*, dieses aber nach Kiparsky Vopr. Jazyk. 1956 Nr. 5 S. 134 u. Kurenfrage 219ff. aus dem alten finn.-ugr. Namen *Līva, mlat. *Lyva* 'Libau', finn. *liiva* 'Schlamm', estn. *liiv* 'Sand'.

2,47 Zeile 7 von unten lies ndd. *liv*.

2,50 füge hinzu *лóбзик* 'Laubsäge' aus nhd. *Laubsäge*, s. Kiparsky Zeitschr. 23, 437.

2,53 Zeile 18 von unten: statt anord. *skeiðr* lies schwed. dän. *sked* 'Löffel', Zeile 16 von unten lies anord. *spánn* (nicht *spǫnn*).

2,76 unter *лытáть* lies ags. *lýðre* (st. *lieðre*).

2,76 unter *лýтка* lies anord. *lúta* (st. *luta*).

2,83 *лямка*. Für die finn. Herkunft neuerdings Kalima Neuphil. Mitt. 1952 S. 115 ff. unter Hinweis auf dial. *лемцы* 'Tragbänder eines Sarafans', Vologda.

2,85 *магазúн*. Noch bei Gribojedov heißt es *магазéйн*.

2,87 Zeile 2 von unten lies ahd. *mâsca* 'Masche'.

2,88 Zeile 3 von unten lies *мáймакала*.

2,91 Zeile 19 lies ahd. *mâlkona.

2,100 Zeile 21 von unten lies engl. *martin* (st. *mártin*).

2,122 *мерлýха* 'Lammfell' ist doch wohl eher Ableitung von *мърl 'gefallen, tot', wie auch aruss. *merlica*, woher mnd. *merlitze*, s. Kiparsky Baltend. 167, Vopr. Jazykozn. 1956 Nr. 5 S. 134.

2,127 Zeile 9 von unten lies ahd. *meisa*.

2,133 Zeile 11 lies ahd. *mâsca*.

2,134 Zeile 20 von unten lies ahd. *armaherzî*.

2,149 Zeile 15 von unten lies ahd. *mullen*.

2,156 Zeile 22 von unten lies anord. *mjǫrkvi*.

2,157 *мóрдка* will Räsänen Festschr.-Vasmer 423 zweifelnd mit anord. *mǫrðr* 'Marder', schwed. *mård* in Verbindung bringen. Es müßte in diesem Falle ein Genuswechsel eingetreten sein, etwa nach *грúвна*, *ногáта* u. dgl.

2,165 *мотросúть* 'rieseln' nach Jakobson Slav. Word 2,614 kontaminiert aus *моросúть* u. *мотáть*.

2,173 *мундúр*. Die schwedische Vermittlung (Kiparsky Vopr. Jazyk. 1956 Nr. 5 S. 135) halte ich für wenig wahrscheinlich, Das *d* kommt auch in nhd. *mondiren* vor (17. Jhdt.), s. Schulz-Basler 2,150.

2,196 *нансýк* 'Art Stoff für Wäsche', auch *нáнсук* soll wie franz. *nansouk* aus der Hindisprache stammen nach Kiparsky Vopr. Jazyk. 1956 Nr. 5 S. 135.

Berichtigungen und Nachträge

2,196 Zeile 2 von unten lies *нан* 'Söldner'.

2,204 Zeile 11 lies Želtov Fil. Zap. 1875 Nr. 3 S. 2.

2,207 *нёгла* 'Lärchenbaum' ist eine Entlehnung aus d. ural.**ńulk-*, tscherem. *nulɣo* 'Edeltanne, Weißtanne', syrj. *ńyl*, wotjak. *nil*, wogul. *ńuli*, ostj. *ńѵlуa*, J. samoj. *ńalk* 'Edeltanne', s. Mägiste Festschr.-Räsänen Nr. 9 S. 1 ff., Räsänen Festschr.-Vasmer 423.

2,207 *негодовáть* von aruss. *negodъ* 'Mißfallen', *vъ godъ byti* 'gefallen', ähnlich s. Pisani AGI. 1955.

2,222 Zeile 20 lies mnd. *nügel, nigel*.

2,224 *ногáта*. Für die Herleitung von *ногá* neuerdings unter Berufung auf *мóрдка* (s.d.) auch Kiparsky Vopr. Jazyk. 1956 Nr. 5, S. 135.

2,225 Zeile 22 lies Holthausen Awn. Wb. 91 (*gnaga*).

2,226 *ноль*. Mit der Ansicht, daß diese Form aus dem schwed. *noll* entlehnt sei (so Kiparsky Koleb. udar. 81, Vopr. Jazyk. 1956 Nr. 5 S. 135), kann ich mich nicht befreunden, weil nhd. *noll* im 17. Jhdt. belegt ist (s. Grimm DWb. 7,979 ff.) und die schwed. Form darauf zurückgeführt wird (s. Hellqvist 703).

2,226 *нóмер* und *нýмер*. Entlehnung aus ndl. *nomer* und *numer* nimmt Kiparsky Vopr. Jazyk. 1956 Nr. 5 S. 135 an.

2,240 Zeile 2 lies lat. *vīs* 'du willst'.

2,243 Zeile 9 lies: ὀσφραίνεσθαι st. ὀσφαίνεσθαι.

2,246 Zeile 7 von unten lies griech. ἀπό.

2,250 Zeile 15 von unten lies homer. ῥώξ, ῥωγός.

2,266 *олядь* Zeile 6 von unten lies 'Art Boot' nicht 'Brot'.

2,277 *орéшек*. Gegen Kiparsky Vopr. Jaz. 1956 Nr. 5 S. 135 möchte ich betonen, daß die Formel *орёл или орéшек* 'Adler oder Schrift' mir in Petersburg in den 90er Jahren oft begegnet ist.

2,283 *ослáм* I. Dazu ausführlich Menges Festschr.-Čyževśkyj 187.

2,293 *офицéр* 'Offizier'. Die Erklärung aus schwed. *officer* (Kiparsky Vopr. Jazyk. 1956 Nr. 5 S. 135) kann ich derjenigen aus nhd. *Offizier* nicht vorziehen. Der Wandel von *ir* zu *er* ist im Russ. sehr verbreitet. Das schwed. Wort stammt aus d. Nhd. (s. Hellqvist 725).

2,295 *óчень*. Zur Herleitung aus älterem *очунь*, von *очутúться* usw. s. jetzt Černych Leksikol. 191 ff.

2,299 Zeile 17 lies ahd. *wurgen*.

2,325 *паýл* 'wogulisches Wort' ist wogul. *paul, pịvịl* dass. (Ahlqvist).

2,329 *пáять* 'löten' wird von Kiparsky JSFOugr. 58,7,1 ff., Vopr. Jazyk. 1956 Nr. 5 S. 135 zu *поúть* 'tränken', *пить* 'trinken' gestellt. Zur Bed. vgl. finn. *juottaa* 'tränken' und 'löten', estn. *joota* dass. usw. (s. daselbst).

2,332 пелена́. Die Herleitung aus turkotat. *bēlänä* 'Windel' (Menges Festschr.-Čyževśkyj 190) ist lautlich bedenklich.

2,335 lies *пенька́* (nicht *не́нька*).

2,359 *пиро́г*. Nicht glücklich ist die Herleitung aus griech. *πύργος* (Jakobson Slav. Word 2, 616), sowohl lautlich, begrifflich als auch wortgeographisch. Nichts damit zu tun hat der ON *Pirogošča*, der vom PN *Pirogostъ* stammt und nicht mit griech. *πυργῶτις* verbunden werden kann.

2,361 Zeile 18 von unten lies ukr. *pyśmó*.

2,370 Zeile 15 lies lit. *pleškẽti, plẽška* 'knallen, prasseln'. Daselbst Zeile 23 lies ukr. *płesná*.

2,389 Zeile 14 lies: Vgl. *-da* in *куда́*.

2,397 Zeile 22 lies poln. *płókać*.

2,400 Zeile 17 lies ukr. *połúška*, daselbst Zeile 11 von unten alb. *perpál* 'veröffentliche' und Zeile 5 von unten lit. *at̃palas*.

2,401 Zeile 23 lies *Овидио́поль*.

2,410 Zeile 20 lies aind. *purīṣam*.

2,414 Zeile 20 von unten lies griech. *πέσκος* und Zeile 18 von unten: griech. *πέκος*.

2,420 fehlt *почём, -a* 'Ehre' aus **počьtъ* zu *что*.

2,450 Zeile 22 lies ahd. *springan*.

2,462 Zeile 7 lies nhd. (st. nhh.)

2,470 Zeile 11 von unten lies 'Wasserwirbel'.

2,476 Zeile 13—14 lies aind. *póṣati, puṣṭás*.

2,477 Zeile 26 lies ahd. *fûst*.

2,486 *рай*. Gegen die von Kiparsky Vopr. Jazyk. 1956 Nr. 5 S. 136 befürwortete Deutung als 'Strom' und Verwandtschaft mit *рой, река́* spricht, daß eine Spur von **raj* 'Strom' in keinem russischen Gewässernamen zu finden ist.

2,486 Zeile 26 lies airan. *pairidaēza-*.

2,499 Zeile 13 von unten lies (aruss.) *robъ* 'Diener, Sklave'.

2,514 *penmýx* 'Futtersack' will Kiparsky Zeitschr. 22, 433, Vopr. Jazyk. 1956 Nr. 3 S. 136 aus mnd. *rêpdok* 'Stück Stoff' erklären.

2,542 *рубль*. Über *рубль* als Barren vgl. jetzt Räsänen Central Asiatic Journal 1 (1955), S. 292 ff.

2,555 Zeile 19 lies: Vgl. *рытор*.

2,556 *рым* bedeutet die 'Rojepforten, kl. Pforten an Schiffen, durch welche die Ruderriemen gesteckt wurden', wohl aus ndl. *riempoort* (Scheller mündlich).

2,559 *рыча́г*. Den Pers. N. *Рычаг* erklärt Kiparsky Vopr. Jazyk. 1956 Nr. 5 S. 137 von *рыча́ть* 'brüllen'.

2,567 Zeile 8 lies (arab.) *ṣaḥn*.

2,584 Zeile 25 lies pāli.

Berichtigungen und Nachträge

2,592   *свинка* II 'Barre, Metallstange' ist nach Kiparsky Vopr. Jazyk. 1956 Nr. 5 S. 137 Lehnübersetzung aus engl. *pig of lead* bezw. *iron pig* 'Barren'. In gleicher Bed. wird auch *чушка* 'Barren' und 'Ferkel' gebraucht.

2,595   *свита*. Für den Ansatz *svita* spricht das entlehnte finn. *viitta* 'Mantel', aus *sъvita wäre finn. *suviitta zu erwarten.

2,603   Zeile 20 von unten lies ahd. *sëga* (st. *sega*).

2,608   letzte Zeile lies auslaut. (st. auslat.)

2,616   Zeile 13 lies bulg. *sъrp*.

2,616   Lies *Сéрпухов*.

2,618   *Сестрá*. Den Namen des Flusses *Сестрá* nördlich von Petersburg will Kiparsky Vopr. Jaz. 1956 Nr. 5 S. 137 aus einem alten finnischen *Siestarjoki* 'Johannisbeerfluß' erklären, wobei ich nicht feststellen kann, ob dieser finn. Flußname wirklich existiert oder nur theoretisch erschlossen ist. Mir fällt auf, daß es im finn. Sprachgebiet keinen Flußnamen oder Seenamen gibt, der von *siestar*, *siehtar* u. dgl. gebildet wäre. Auch ON mit diesem Element kenne ich nicht.

2,621   Zeile 10 von unten lies: estn. *siig* dass., G. *siia*.

2,624   *сикýрс* 'Hilfe'. Kiparsky Vopr. Jaz. 1956 Nr. 5 S. 137 will direkte Entlehnung aus franz. *secours* annehmen, müßte dann aber wegen des *s* eine Entlehnung schon im 16. Jhdt. ansetzen. Ich ziehe es vor, Vermittlung durch nhd. *Sukkurs* (häufig seit Grimmelshausen, s. Grimm DWb. 10,4,1042ff.) vorauszusetzen.

2,638   *скипидáр* 'Terpentin' entspricht ukr. *špyhanár*. Dieses geht über poln. *špikanard* auf lat. *spica nardi* zurück.

2,641   *скогóль* 'Ferkel', Vgl auch *скýгорить*.

2,653   *скýгорить*. Vgl. *скогóль*.

2,653   Zeile 9 von unten lies: 'Bruch, Zerbrechen'.

2,691   *сóлод*, Zeile 5 von unten lies bulg. *slad* (nicht *slåd*).

3,1   Zeilenenden 8—9: lies 'Herkunft aus'.

3,2   Zeile 4 u. 5 lies *стáвры точúть, ля́сы точúть*.

3,46   Zeile 19 von unten lies lett. *sûnâkslis*.

3,61   Zeile 5 lies Kazań.

3,64   am Seitenkopf lies *сям —Т-*.

3,66   *тáбор*. Über neuerdings aufgekommene Zweifel an der turkotatar. Herkunft der Sippe und Bestrebungen sie durch čech. Vermittlung aus dem biblischen *Thabor* herzuleiten vgl. E. Itkonen, FUF 32, 82 (mit Literatur).

3,73   *тальмá* 'Oberkleid der Frauen', verbreiteter ist *мáльма*, benannt nach dem Franzosen *F. J. Talma* (1763—1826). Dieser kommt vom ON *Talmas* (Somme), s. Ušakov 4,649, Kiparsky Vopr. Jazyk. 1956 Nr. 5 S. 137.

3,76 *tára* bedeutet 'Verpackung; Gewicht der Verpackung einer Ware'.

3,79 *тарбага́н* lies 'Murmeltier' (nicht 'Moschustier').

3,93 *тент*, doch eher aus ndl. *tent*, worauf die Ableitungen hinweisen, s. Meulen 211 ff.

3,94 Zeile 24 von unten lies Sobolevskij.

3,95 Zeile 12 lies Izv. Obšč. (usw.).

3,105 Zeile 20 von unten lies anord. *þíðr*.

3,123 ff. *торг*. Die Versuche, das Wort von türk., mong. *torga*, *torgu* 'Seide' (Ramstedt Neuphil. Mitt. 50,99 ff.), bezw. von alttürk. *turku*, *turyu* 'Standort' (Räsänen Neuphil. Mitt. 52,193 ff.) herzuleiten, überzeugen mich nicht (s. oben).

3,139 lies *тризь* (statt *тризб*), ebenso am Seitenkopf.

3,140 Zeile 11 lies čech. *trojí*, Zeile 20 lies *Владисла́вович*.

3,156 *туру́сы*. Das lautliche Verhältnis zu *тара́с* ist auch durch die Ausführungen Kiparsky's Vopr. Jaz. 1956 Nr. 5 S. 138 nicht geklärt.

3,163 *тюк*. Menges Festschr.-Čyževśkyj 183 ff. lehnt die ndl. Deutung aus semasiologischen Gründen ab und leitet das russ. Wort von einem turkotat. *tük* 'Bündel, Ballen' her.

3,174 Zeile 5 von unten lies Očerk.

3,193 Zeile 17 von unten lies: (Soborjane)

3,200 *фа́льшборт*. Ein nhd. *Falschbort* läßt sich nicht belegen. Scheller (mündlich) denkt an ein engl. *washbord* (*wɔʃ bɔːd*) 'leichte Planken, die vorübergehend auf dem Dollbord eines Bootes oder in einer Unterdeckpforte angebracht werden, um das Eindringen von Seewasser zu verhindern'. In diesem Falle müßte die erste Silbe durch ein anderes Wort umgestaltet sein.

3,202 Zeile 18 lies: ngriech. (st. griech.).

3,233 unter *ха́ма* lies magy. *ház* (nicht *cház*).

3,360 unter *чуха́рь* I lies syrjän. *tśuktśi* (nicht *tśuktśi*).

3,235 *хвара́па*. Am Ende dieses Abschnittes lies: Vgl. *фира́бье*.

3,273 Zeile 6 lies KSchl.Btr.

3,315 Zeile 6 von unten lies: syrjän. *t'śom* (st. *tśom*).

3,337 *чига́ть*. Dazu vgl. *чи́кать* I.

3,347 Zeile 8 lies: syrjän. *t'śom* (st. *tśom*).

3,354 *чуло́к*. Über die turkotatar. Wortsippe s. jetzt Menges Festschr.-Čyževśkyj 191.

3,355 Zeile 3 von unten lies: syrjän. *t'śom* (st. *tśom*).

3,384 *швыря́ть*. Am Ende des Abschnittes lies: Berneker EW 1,410 (nicht 1,510).

WORTREGISTER

von R. Greve-Siegmann und R. Richhardt

Nicht aufgenommen sind die verglichenen Wörter slavischer Sprachen

I. Baltisch

a. Litauisch

abejì	2, 242	álnis	2, 264	api-	2, 236
abìdvi	2, 237	alpti	2, 57, 59	apiẽ	2, 236
abù	2, 237	alpùs	2, 57	apìvaras	1, 169; 2, 243
aglù	2, 253	alùs	2, 262	apylasus	2, 17
agnùs	2, 252; 3, 480	álvas	2, 264	apývara	2, 243
aguonà	2, 89	ãmalas	2, 267	apkyrė́ti	3, 328
áikštytis	1, 470	am̃palas	1, 212	ãpmaudas	2, 184
Aistmarės	1, 7		2, 395, 400	aprangà	2, 278, 544
áiškus	1, 488; 3, 497	ámžis	2, 170	apreñgti	2, 278
áitvaras	3, 499	anàs, alit.	2, 268	aprė̃pti	2, 513
áiža	3, 484	ãnas	2, 268	aprum̃ba	2, 542
ãkas	2, 259	angìs	3, 171, 175	apsipuršlóti	2, 410
akìs	2, 259	anglìs	3, 171	ãpsiuvas	3, 418
akmuõ	1, 514	anýta	1, 211	ãpstas	2, 273, 444
ãkstinas	2, 286	ánka	3, 179, 501	apstùs	2, 273, 444
akstìs	2, 262	ankstì	2, 193	ãp-tvaras	3, 86
akstyns, ostlit.	2, 288	ankstiẽ žem.	2, 193	ãpušė	2, 282
akštìs	2, 288	ánkštara	3, 172	ãpvalkas	1, 220
ãlavas	2, 264	añkštas	3, 178	apvalùs	1, 211; 2, 241
aldijà	2, 52	añs	2, 268	apvìlti	1, 201
alìksnis	2, 266	ántis	3, 193	ar̃das	2, 509
álkanas	1, 14; 2, 9	añtras	1, 237	ardýti	2, 277, 530
alksna	1, 12; 2, 63	antuka	3, 193	arẽlis	2, 276
alksnis	2, 266	anūkas	1, 211	árklas	2, 489
áĺkti	2, 9	apačià	2, 246	armaĩ	2, 490
alkū́nė	1, 15; 2, 55	àp-autas	2, 246	armė́ti	2, 534
almens	1, 397	apaũti	2, 246	armìderis	2, 534
álnė	2, 13	apgáulė	2, 253	armuõ	2, 510

Wortregister

arškė́tas	2, 281	ausìs	3, 197	bãsas	1, 111
aršùs	2, 540	áusti	3, 191, 194	baugìnti	2, 459
artà	2, 495	áuščioti	3, 192	baugštùs	1, 66, 96
artaugas	1, 27	aušrà	1, 4; 3, 195	baugùs	2, 459
árti	2, 274, 495	aũti	1, 476; 2, 246	baũsti 1, 95,135, 138
artójis	2, 495	avikíena	2, 251	baužė	2, 462
arúodas	1, 27	avilỹs	3, 181	bãžmas	1, 40
aržùs	1, 580	ãvinas	2, 248	be-	1, 67
ãsilas	2, 281	avýnas	3, 178	bè 'ohne'	1, 69
àš	3, 475	avìs	2, 251	bè 'denn'	1, 97
ašajos	2, 288	avižà	2, 248	bẽbras	1, 97
ašakà	2, 285	ãžeras	2, 257	bebrùs	1, 67, 97
ãšatas	2, 285	ažià	3, 484	bebúdams	1, 67
ašerỹs	2, 262, 281	ažù	1, 214, 435	bėdà	1, 67
ašėtras	2, 281	ážuolas	3, 178	bė́gas	1, 67
asìs	2, 288			bė́gti	1, 68
ãšmas	1, 232	bà	1, 34, 97	beñgti	1, 137
aštras	2, 288	bãbras	1, 97	be-párstojo	3, 6
aštrùs	2, 287	badýti	1, 99	bė́ras 1, 80, 97, 125
aštuonì	1, 231	bagótas	1, 99	beršta	1, 77
ãšutas	2, 285	baidýti	1, 81	beřti	1, 81
at-	2, 289	báilė	1, 115	béržas	1, 77
atbóti	1, 66	báimė	1, 115	bėsti	1, 99
atjaũsti	2, 296	baisà	1. 81	betai-ga	1, 413
atjùsti	2, 296	baisùs	1, 81	bezdė́ti	1, 84
atlagaĩ	2, 51	bajùs	1, 115	bijótis	1, 115
ãtlaikas	2, 27, 263	balà	1, 47, 73	bildė́ti	1, 105
ãtlajis	2, 54	balánda 1, 45; 2, 21	bildinti	1, 105
ãtmigas	2, 131	balándis	2, 22	bilóti	1, 105
atmintìs	2, 308	balas	1, 73	bìlti	1, 105, 287
atólas	2, 289; 3, 71	balã́syti	1, 45	bim̃bilas	1, 132
atpént	2, 273	balbatà	1, 105	biřbti	1, 108
atrėžaĩ	2, 505	balbatúoti	1, 105	birdà	1, 121
àtsailė	2, 624	balbė́ti	1, 105	biřginti	1, 76
atsajà	2, 619	bálnas	1, 104	bìrkavas	1, 79
atsikaĺti	1, 572	bálņis	1, 104	bìržis	1, 77
ãtsparas	2, 341, 407	balsas	1, 105, 287	bìtė	2, 471
atstùs	2, 444	báltas	1, 49, 73, 104	bìti	1, 86
at-šankė́	3, 41	bálti	2, 21	bitìs	2, 471
attíenis	1, 445	balžíena	1, 103	blabė́ti	1, 91
atvérti	2, 290; 3, 87	bámba	2, 465	blagnas, alit.	3, 512
atvìpti	1, 204	bam̃balas	1, 133	blaikštýtis	1, 92
ãtviras	2, 290	bambalė	1, 132	blãkė	1, 94
atvyrs	1, 203	bambė́ti	1. 132	blañdas	1, 95
atžúlas	1, 457	bam̃bti	1, 132	blandýtis	1, 95
áugti 2, 250; 3, 467	bangà	1, 134	blebénti	1, 91
auklė́	2, 246	bangùs	1, 66, 133	bleidnas	1, 91
aukšlė́	3, 179	bãras	1, 106, 435	blendžiúos	1, 97
áukštas	2, 250	barnìs	1, 110	bliaũkšti	1, 96
auliñk	3. 168	bárti	1, 110	bliáuti	1, 91
aulỹs	3, 181	barzdà	1, 109	bliaũžyti	1, 96
aumuõ	3, 183	barzdótas	1, 109	blingìnti	1, 94

blísta	1, 97	bruzduliúoti	1, 127	capnóti	3, 282
bliúti	1, 91	bruzgėti	1, 131	càpt	3, 282
blìzgas	1, 92	buburai	1, 132	čiõbras	3, 297
blìzgė	1, 92	budė̃	1, 93	čiukà	3, 360
blizgėti	1, 93	budėlė̃	1, 136		
blýkšti	1, 93	budėti	1, 66	da, alit.	1, 355
blýnas	1, 93	budìs	1, 93	dabà	1, 356
blyškėti	1, 92	budýti	1, 137	dabař	1, 356
blýžoti	1, 92	budrùs	1, 100	dabóti	1, 66
blõgas	1, 90	būgštùs	1, 96	dagà	1, 412
blúkti	1, 91	búgti	1, 157; 2, 459	dãgas	1, 327, 335, 412; 2, 36
blusà	1, 94	bùkas	1, 138, 158		
blùzginti	1, 96	bùkčius	1, 140	daigýti	1, 335
blužnìs	2, 605	būklà	1, 157	dailė̃	1, 338
bóba	1, 34	buklas	1, 157	dailýda	1, 358
bogìnti	1, 69	búklė	1, 157	dailýti	1, 337
bojus	1, 36	bukti	1, 158	dailùs	1, 338
bolúoti	1, 73	bùlbė	1, 143	dalià	1, 361
boti	1, 66	bulìs	1, 142	dalìs	1, 361
božmas	1, 40	bulvõnas	1, 102	dangùs	1, 378; 2, 205
bradà	1, 124	bumbilas	1, 98	dantìs	1, 345
brãdas	1, 124	bum̃bulas	1, 133	darbas	1, 363; 3, 514
bradýti	1, 124	bumbulỹs	1, 133	dárbas	2, 500
brãgas	1, 124	búožė	2, 462	dárga	2, 300; 3, 40
brangsti	1, 132	búožis	2, 462	darýti	2, 418
brankà	1, 132	burbėti	1, 108	darva	1, 342
braũkti	1, 125, 128, 129	burblénti	1, 108	daubà	1, 333, 355, 377
		buřbti	2, 108		
braukýti	1, 125, 128	bùrė	2, 427, 453	dauburỹs	1, 333
brė́kšti	1, 120	burgėti	1, 75, 122	daudýtė	1, 378
breñgsti	1, 132	burgulúoti	1, 75	daũg	1, 331, 379, 386
brę́stu	1, 77	būrỹs	1, 139	daũsos	1, 383
briáukšt	1, 127, 129	burkantai	1, 108	davanà, ostlit.	1, 325
briaunà	1, 119	burklénti	1, 147	davinėti	1, 325
briáutis	1, 129, 446	burkšnóti	1, 108, 147	debesìs	2, 205
briauzgà	1, 131	bùrkšt	1, 108	dėdė	1, 336
brýdoti	1, 120	burkunas	1, 108	dègti	1, 335, 412
bríedis	3, 477	burkúoti	1, 147, 150	degùtas	1, 335
brìnkt	1, 132	buřlas	1, 80	deivė̃	1, 351
brìnkterėti	1, 132	burlõkas	1, 148	deivóti	1, 351
brìnkti	1, 77, 132	burlungis	1, 80	dėklė̃	1, 387
brìsti	1, 120	bùrtas	1, 110	dėl	1, 338
brę́stu	1, 77	bùrti	1, 110	délba	1, 359
brólis	1, 118	burzdėti	1, 107	dėlė̃	1, 353
broterė́lis	1, 118	burzdùs	1, 107	dėliai	1, 338
brùkne	1, 128	busins, alit.	1, 159	délna	2, 5
brūkšmis	1, 126	búsiu	1, 159	deñgti	1, 378
brūkšnis	1, 126	bùsti	1, 66	derėti	1, 342, 364
brùkšt	1, 127, 129	búta	1, 159	dérgti	2, 300; 3, 40
brùkti	1, 125, 129	búti	1, 159	dermė̃	1, 342
bruvìs	1, 124	bùvo	1, 157	dervà	1, 342
bruzdùklis	1, 125	buvóti	1, 157	dẽšimt	1, 346

dešiḿtas	1, 346	drebėzna	1, 368	ẽ „aberˊ	1, 467
dešimtis, alit.	1, 346	drė́bti	1, 370	ė́da	1, 391
dešinai	1, 345	drė́ksti	1, 376	ė́desis	1, 391; 2, 680
dẽšinas	1, 345	dresvė̃, drėsvė̃	1, 370		3, 495, 496
dešinė̃	1, 345	drė̃vė	1, 368	ė́dis	1, 392
dešinỹs	1, 345	drìbti	1, 375		2, 680; 3, 482, 484
dėtas	1, 347	drìkti	1, 373	ė́džia	1, 392
dė́ti	1, 347, 387	drìmelis	1, 342	ė́džios	1, 392; 3, 496
	2, 332	drovė̃, drõvė	1, 368	ė́glė	1, 398
dė́tis	1, 348	dróžti	1, 367	egžlỹs	3, 486
dėvė́ti	1, 333	drugỹs	1, 372	eĩ	3, 458
deviñtas	1, 334	druskà	1, 374	eiškiai	3, 497
devynì	1, 335	drùzgas	1, 374	éiškus	1, 491; 3, 497
dìdis	1, 336	druzgė́ti	1, 374	eĩti	1, 471
díegti	1, 335	dù	1, 330	eĩžti	3, 485
dienà	1, 339	dùbti	1, 333, 355	eldijà	2, 52
diẽvas	1, 351	dùburas	1, 333	elenis, alit.	2, 264
dieverìs	1, 333	duburỹs	1, 333	elksnis	2, 266
diežti	1, 336	dubùs	1, 333, 355	elkū́nė	1, 15; 2, 55
dỹgsnis	1, 335	dūdà	1, 379	elmens	1, 397
dýgti	1, 335	dūdénti	1, 378	élnis	2, 264
dygùs	1, 649	dùja	1, 331, 381	ẽras	2, 408; 3, 494
dỹkas	1, 351	dūkrà	1, 366	erdvas	2, 503
dìlti	3, 194	duktė̃	1, 366	erẽlis	2, 276
dimstis	1, 361	dulė́ti	3, 110	érkė	2, 487
diñgti	1, 378	dùlti	3, 110	erḿas	2, 490
dyrė́ti	3, 97	dúmai	1, 385	erškė́tis	1, 404; 2, 281
dìrginti 1, 341; 2, 300		duḿblas	1, 377, 378	erškė́tras	2, 281
dìrti	1, 344	dùmplės	1, 383	érzdu, érzinu	1, 402
dirvà	1, 341, 386	dùmti	1, 354, 383	erž́ilas	1, 580
dirvónas	1, 342, 386		388	esì	1, 405
diržnas	1, 343	duobė̃	1, 378	ėskà	3, 495
dir̃žti	1, 343	dúok	1, 327, 493	esmì	1, 405
dižti	1, 336	dúoklė	1, 387	ė́sti	1, 398
dýžti	1, 350	dúoti	1, 327, 329, 387	ẽsti	1, 405
donìs	1, 328	durà	1, 386	eš alit.	3, 475
dovanà	1, 325	dùrys	1, 330	ešė̃	3, 486
drãbanas	1, 368	dùrti	1, 386; 3, 175	ešerỹs	2, 262, 281
drabažas	1, 368	dùsas	1, 196	ešketras	2, 281
drabnùs	1, 370, 375	dúsauti	1, 365		
drabùžis	1, 368	dūsė́ti	1, 365, 386	ežė̃	3, 484, 485
dragės, alit.	1, 371	dùsti	1, 365	ežegỹs	3, 486
drākas	1, 373	dūzgė́ti	1, 357	ẽžeras	2, 257
drakùs	1, 373	dvākas	1, 332	ežỹs	1, 392
dramblỹs	1, 375	dvasià, dvāsė	1, 383	gãbalas	1, 291
dránga	1, 374		2, 383	gabanà	3, 224
drángos	1, 374	dvejì, dvẽjos	1, 331	gābužas	1, 291
drąsùs	1, 376	dvesė́ti	1, 332	gagė́ti	1, 249, 283
draũgas	1, 373	dvė́sti	1, 332, 383	gáida	1, 251
dravė́ti	1, 368	dvì	1, 330	gaĩdas	1, 413
dravìs	1, 371	dviẽjų	1, 331	gaidỹs	1, 251, 701
drebė́ti	1, 370	dvìgubas	1, 281; 3, 38	gaidrùs	1, 447

Baltisch

gaĩgalas	1, 283	gė́da	1, 249	gìrsa	1, 270
gáikštė	1, 427	gedáuti	1, 409	gìrti	1, 304, 421, 430
gailùs	1, 452	gedė́ti	1 409, 422	gýsla	1, 424
gaĩsas	1, 447	gegà, gẽgė	1, 451	gýti	1, 423, 426
gajùs	1, 284	gegužė̃	1, 451	gývas	1, 422
gãlas	1, 286, 289	geĩsti	1, 413, 424	gyvatà	1, 422
	290; 2, 19, 253	gėlà	1, 410; 3, 85	gyvóti	1, 423
galė́ti	1, 290; 2, 252	gélda	1, 416	glauda	1, 276
galià	1, 290	geležìs	1, 416	glaudas	1, 276
galvà	1, 286	gẽležuonės	1, 415	gláudoti	1, 276
galvõžis	1, 256	gelmė̃	1, 276, 287	glaudùs	1, 276
gãmalas	1, 291		2, 252	glaũsti	1, 276
gãmulas	1, 291, 611	geĩmenys	2, 257	glė́bti	1, 274; 2, 252
ganà	1, 292	geĩtas	1, 416	gleima	1, 308
gãnas	1, 292	gélti	1, 409, 410, 425	gleĩvės	1, 273
gandìnti	3, 175		2, 257	gleivė́ti	1, 273
ganė́ja	1, 292	gelumà	2, 257	gléivos	1, 273
ganýti	1, 293	gelumbė̃	1, 289	glìnda	1, 280
gánstus alit.	1, 323	geluonìs	1, 410	glitùs	1, 274
gãras	1, 295	gémbė	1, 316	glóbti, globóti	1, 274
gárbana	1, 294	genė́ti	1, 428		2, 252
gárbina	1, 294	genỹs	1, 410, 419	glodùs	1, 271
gar̃das	1, 297		3, 491	glósti	1, 271
gardinỹs	1, 297	geràsis	1, 472	glóstyti	1, 271
gardìs	2, 297	gerbti	1, 305	glúdoti	1, 276
garė́ti	1, 295	gerẽsnis	2, 526	gludùs	1, 276
gargė́ti	1, 259	gerklė̃	1, 420	glùmas	1, 277
gargúoti	1, 259	gérti	1, 430	glùmeris	1, 277
gar̃gždas	1, 263	gérvė	1, 433; 2, 690	glum̃žas	1, 277
garnỹs	1, 297, 434	gesýti	1, 261	glusnùs	1, 277
gar̃sas	1, 287, 297	gèsti	1, 261; 3, 175	gobė́ti	1, 39
gar̃šas	1, 297	giedóti	1, 251, 408	gobùs	1, 39
garšvà	1, 297	giesmė̃	1, 251	gõdas	1, 409
gą́sti	1, 431	gijà	1, 426	godėlė̃	1, 250
gãtavas	1, 301	gìjo	1, 284	godėtis	1, 409
gaũbti	1, 267	gìlė	1, 415, 417	godýti	1, 250
gáudyti	1, 318	gylỹs	1, 425	godóti	1, 250
gaudonė̃	1, 318	gilmė̃	1, 287	godùs	1, 409
gaũgaras	1, 317	gilna	1, 416	gõjus	1, 251
gaujà	1, 248	gìlti	1, 409, 416	gomulỹs	1, 291
gaulióti	2, 253	gilùs	1, 287	gõnyti	1, 258
gaũsti	1, 282, 318, 320	gỹmis	2, 529	góvėda, govėdà	1, 248
gausùs	1, 282	gim̃ti	2, 529	góvėna	1, 248
gauti ʽheulen'	1, 282	giñklas	1, 410	góvija	1, 248
gáuti, gáunu	1, 271	gínsla žem.	1, 424	grãbas	1, 309
	318	gintãras	3, 491	grabasčióti	1, 302
gaužė̃	1, 319	gìnti	1, 279	graistýti	1, 307
gaũžtis	1, 319	giñti	1, 279, 410	graĩžas	1, 307
gavė́ti	1, 282	gyrà	1, 425	gramañtas	1, 310
gėbė́ti	1, 408	girė́, girià	1, 293	grãmatas	1, 310
gėbšnùs	1, 408	girgždė́ti	1, 311	gramė́ti	1, 311
gėbus	1, 408	gìrna	1, 421	gramõzdai	1, 311

gramzdýti	1, 312	grùmdyti	1, 310	iẽžti	3, 484
gramzdùs	1, 312	gruménti	1, 306	įkelas	3, 314
granda	1, 315	gruméti	1, 306, 310	į-kìrti	3, 328
grandai	1, 315	grum̃slas	1, 313	įkyrùs	3, 328
grandìs	1, 312	grum̃stas	1, 310	įklampìnti	1, 577
grandýti	1, 307	grum̃sti	1, 310	ìkrai	1, 477
grasà	1, 310	grum̃tas	1, 313	ìlgas	1, 359
grasùs	1, 310	grùmulas	1, 310	įmakėti	2, 148
graudénti	1, 313	grumuñtas	1, 313	įmatrùs	2, 677
graudùs	1, 312, 313	grumzdà	1, 310, 313	im̃ti, imù	1, 198, 398
graumenys	1, 313	grúodas	1, 302		3, 500
grausmẽ	1, 313		2, 526	im̃tinas	2, 437
gráužti	1, 314	grústi	1, 312, 313	im̃tis	2, 203
gražóti	1, 309	gruzdénti	1, 312	in	1, 161
gražùs	1, 656	grūžtìs	1, 314	ìnas	1, 484
grebẽzdas	1, 302	gubà	1, 281	ìndas 1, 399; 2, 338	
grebezdúoti	1, 302	gùdas	1, 264		3, 39, 173
grebėzdúoti	1, 302	gùdinu	1, 318	indaujà	1, 399
grėblỹs	1, 302	gudrùs	2, 253	iñg, iñ-gi	2, 339
grėbti	1, 302, 305	gugà	1, 317	ìngis	3, 479
	2, 253	gùginti	1, 317	ingzdù 1, 469; 3, 480	
greĩmas	1, 308	gul̃bė	1, 289	ýnis	1, 483
grekšėti	1, 311	gul̃bis	1, 604	ìnkstas 1, 490; 2, 421	
gremẽzdas	1, 311	guldýti	1, 565	iñksti	3, 501
gremezúoti	1, 311	gulėti	1, 320	inkštìras	3, 172
gréndu	1, 307	gùlkščoja	1, 286	int dial.	1, 161
gréndžiu	1, 307	gum̃bas	1, 316	ìntė	3, 499
griáuti	1, 314	gum̃bras	1, 316	inzgiù	3, 480
grỹbas	1, 308	gum̃bulas	1, 316	iñ	1, 467
grìdėti	1, 315	gùmulas	1, 316, 428	įrangùs	2, 279
grìdyti	1, 315	gùmulti, gùmurti		įrankis	2, 245
griebas	1, 308		1, 428	irmliga	2, 490
griẽti	1, 307, 308	gūmúoti	1, 269	ìrti	2, 277
grỹkas	1, 306	gùnga	1, 319	įsekti	2, 604
grikšėti	1, 311	gùngti	1, 323	ìš	1, 473
grim̃sti	1, 315	gungulỹs 1, 319, 323		yščias	1, 491
griñdas	1, 315	gunžỹs	1, 318	išdrikùmas	1, 373
grindìs	1, 315	guõdas	1, 284	išdúoti	1, 239
griñdos	1, 315	gùras	1, 320	iškùs	3, 497
grióti	1, 305	gurgždėti	1, 311	išlaivóti	2, 24
grįsti	1, 315	gurklỹs	1, 296	išmèsti	2, 129
griúti	1, 314	gùsti	2, 253	išnarvótas	2, 404
gróbti	1, 302	gúžis	1, 319	išpur̃ti	2, 474
grõmata	1, 303	gūžtis	1, 319	issekti	2, 604
gróti	1, 305	gùžulas	1, 319	išselpinėti	2, 693
grõžis	1, 656	gūžỹs	1, 268, 318	išsigą̃sti	3, 175
grùbti	1, 312			ištisas	2, 109
grubùs	1, 312	į	1, 161	išvýsti	1, 198
grúdas	1, 312	íerbė	2, 280	ìžti	3, 485
grūdijà	1, 312	ieškóti	1, 488		
grukš, grùkšt	1, 311	iẽšmas	1, 469	jaknos, jėknos 1, 477	
grumañtas	1, 313	ievà	1, 467	jaũ	3, 176, 194

Baltisch

jaudà 3, 468	kagóti 1, 499	kãrias 1, 529, 621
jáudinti 3, 468	káina 3, 289	kárka 2, 261
jáuja 1, 389; 2, 249	kairỹs 1, 663	kar̃kti 1, 533, 633
jaũkas 3, 197	kaĩsti 2, 417	karnà 1, 621
jaukìnti 1, 240; 3, 197	káišti 3, 291	kárpa 1, 535, 632
jaukùs 1, 240; 3, 197	kaĩtinti 2, 417	kar̃stas 1, 634
jáunas 3, 471	kaitulỹs 2, 417	karšė 1, 626
jaunìkis 3, 471	kakarýkū 1, 686	karšìs 3, 327
jáura 3, 473	kakar̃lis 1, 593	kar̃šti 1, 532, 626
jaurùs 3, 473	kakėti 1, 641	632, 638; 3, 261
jaũsti 1, 491	kãklas 1, 593, 598	kar̃tas 1, 657
2, 296	kaksėti 1, 595	kartùs 1, 633
jaũti 3, 196	kàkti 1, 640	karúšis 1, 528
jautrùs 2, 296; 3, 194	kalbà 1, 597, 601	kárvė 1, 630
javaĩ 1, 389; 2, 249	2, 642	kàs 1, 676
javienà 1, 389	kalbėti 1, 601	kasà 1, 639
javìnis 1, 389	kalbinėti 1, 601	kàsgi 1, 502
jėgà 3, 480	káldinti 1, 565	kasýti 1, 544, 639
jė̃gti 3, 480	kãlė, kalẽ 2, 642	640; 3, 329
jei 1, 467	kálnas 1, 572; 3, 312	kàsti 1, 544, 640
jéntė 3, 499	kálpa 3, 300	3, 329
jerubẽ 3, 495	kaĺsti 2, 642	ką́sti 1, 703
jerumbẽ 3, 495	káltas 1, 603	3, 305
jìs, jì 1, 390, 472	kaltẽ 2, 642	kašėti 3, 306, 309
jóti 1, 392, 393	kálti 1, 574, 603	katãryti 1, 646
2, 106; 3, 498	kálvis 1, 605	kãtilas 1, 644
judė́ti 2, 258	kamãnė 1, 607	katràs 1, 646
3, 468, 469	3, 415	kaũbrė 3, 349
judùs 3, 468, 469	kãmanos 1, 618	kaũkas 1, 498, 556
jùngas 2, 469	3, 259	683,708; 2,654; 3,361
jùnkti 1, 240, 469	kamañtai 3, 259	kaũkti 1, 556, 684
3, 474	kamėnas 1, 579, 607	685, 706
juosmuõ 2, 423	kamìnė 1, 607	káulas 2, 654
júosta 2, 423	3, 415	kaũlyti 1, 688; 2, 637
júostas 2, 423	kam̃pas 1, 696, 704	kaũpas 1, 694
júosti 2, 423	2, 655	kauprà 1, 695
júra 3, 473	kamulỹs, kamuolỹs	kaũras 1, 585
jū́rės 3, 494	1, 606, 611	káušas 1, 586, 679
jū̃s 1, 238	kamúoti 1, 608	káuti 1, 584
jùsti 1, 491	kanãpės 1, 615	kautymas 2, 638
2, 258, 296	kankà 2, 654	kedénti 1, 680
jū́šė 3, 195, 196		kedėti 3, 445
jutė́ti 2, 296	kañkalas 1, 520,602	kéikti 3, 299
kabẽ, kãbė 1, 582	685	keĩnis 3, 338
2, 640	kañklys 1, 602	kẽkšė 1, 648
kabė́ti 1, 582, 584	kanóti 1, 612	kẽkštas 3, 334
2, 640; 3, 253	kãpas 1, 618	kekùtis 3, 334
kablỹs 2, 640	kaplỹs 1, 619	kelėnas 1, 598
kadà 1, 236, 587	kapóti 1, 619; 2, 644	kelì 1, 599; 2, 643
kadagỹs 1, 500	karaĩ 1, 638	kẽlias 2, 488
kadángi 1, 587	kar̃bas 1, 629	kelỹs 1, 598
kagenti 1, 499	kargýti 1, 630; 3, 319	3, 314, 345

Vasmer, Russ. etymol. Wörterbuch   34

kélmas	2, 659	kim̃štas	3, 305	klỹpti	1, 574
	3, 311, 346	kim̃šti	1, 611	klìšė	1, 568, 569
kelnas	3, 311		3, 305	kliudýti	1, 574
kélti	3, 312, 313	kìmti	3, 415	kliúti	1, 566, 575
keltis	3, 312	kyrĕti	3, 328	klõdas	1, 565
kemerai	3, 315	kìrinti	1, 528, 621	klókti	1, 572
kemežoti, kemėžúoti		kirklỹs	1, 662	klõnis, klónis	1, 572
	3, 315	kirkšnìs	3, 323	klóti	1, 565, 574
kẽmuras	1, 606	kir̃kti	1, 533, 551	klùbunduoti	1, 574
kenkis	1, 592		662	klūkti	1, 574
keñkti	2, 654; 3, 306	kirmìs	3, 318, 325	klúonas	1, 573
kẽpenos	2, 352	kirmuõ	3, 318, 325	klùpti	1, 574
kèpti	2, 331, 352	kìrna	1, 625; 3, 322	klùsas, klusnùs	
kepùrė	3, 316	kir̃pti	3, 323, 327		1, 277
kẽras	1, 625	kir̃sti	1, 633, 635	knežti	1, 581
	3, 304, 322		657; 2, 432	kója	1, 589
ker̃džius	3, 320		3, 320, 324, 329	kõks	1, 506
kerĕti	1, 625	kir̃stis	3, 328	kõl	1, 599; 2, 643
	3, 304, 328	kiršlỹs	3, 327	kõliai	1, 599
ker̃gti	1, 630	kir̃tis	2, 432; 3, 329	kõpos	1, 618
	2, 319	kirtùkas	3, 328	kõpti	1, 618
kermùšė	3, 321	kir̃vis	3, 317	korỹs	2, 611
kerpù	1, 535	kiùrti	3, 359	kósėti	1, 544
ker̃slas	3, 324	klabĕti	3, 250	kosulỹs	1, 544
kér̃šas	1, 627; 3, 327	klaimas	1, 569	kóšti	1, 543
kér̃šė	3, 327	klampà	1, 577	kóvarnis	1, 499
ker̃šyti	2, 648		3, 250	kóvas	1, 255, 497
ker̃štas	3, 328	klãnas	1, 572		2, 686
kérti	1, 621, 638	klànytis	1, 572	kraikýti	1, 674
kertùkas	3, 328	klàpterėti	1, 568	kraipýti	1, 660
kertùs	1, 668; 3, 329		573	krãkė	1, 658, 666
ketĕti	3, 267	klastýti	3, 246	krakĕti	1, 658
ketìnti	3, 267	klaũptis	1, 574	kralìkas	1, 666
keturì	3, 331	klausà	3, 666	kramai	1, 666
ketvérgis	3, 331	klausýti	2, 667	kramsĕti	3, 276
ketverì	3, 331	klebĕti	3, 250	krañkti	1. 675
ketvir̃tas	3, 331	klegĕti	1, 567	krañtas	1, 671
kéža	1, 504	kleišiúoti	1, 569	krãpinti	1, 667
kežĕti	1, 504; 3, 309	klèkti	1, 567, 571	krãsė	1, 661, 668
kiáunė	1, 693	klénkėti	1, 576	kraũjas	1, 665
kiáuras	1, 699	klẽsti	1, 568; 3, 246	krauklỹs	1, 670
	3, 359	klĕtis	1, 569	kraũkti	1, 670
kibĕti	1, 411	klẽvas	1, 567	kraupùs	1, 671
kibìras	1, 411	kliáuda	1, 574		3, 32
kýblas	1, 553	kliáuti	1, 575	kráuti	1, 665, 673
kìbti	1, 411; 2, 640	kliáutis	1, 575	krebždĕti	3' 272
	3, 286	kliẽpas	3, 245	kregĕti	2, 650
kíetas	1, 404; 3, 343	klýkauti	1, 570	kregždĕ	2, 650
kikùtis	3, 334	klìkti	1, 570	kreĩkti	1, 674
kìlpa	3, 300, 313	klim̃pti	1, 577	kreĩpti	1, 660
kiltìs	3, 312, 314		3, 250	kreĩvas	1, 663
kimìnti	3, 415	kliõkti	1, 575	krekĕti	1, 658

Baltisch

krḗklas	1, 666	kùmetis	1, 578	laigõnas	2, 40
krèkti	1, 674	kum̃pas	2, 655	laĩkas	2, 41
kremsė́ti	2, 276	kum̃pti	1, 696	lainas	2, 31
kremslė̃	3, 276		2, 655	laĩškas	2, 33, 45
krḗpšas	1, 629	kùmstė	2, 477	laĩvas, láivas	2, 7, 54
krė́slas	1, 661	kúnas	1, 579, 694	laižýti	2, 35, 40
kriáušė	1, 314	kuodėlis	1, 680	lakstýti	2, 17, 35
	2, 378	kúoka	1, 708	lakštuoti	2, 60
kriaušýti	1, 671	kuokalis	1, 685	làkti	2, 55
krienas	1, 660	kúokštas	1, 704	lalúoti	2, 10
kriẽvai	1, 663	kuõlas	1, 595	lamãkas	2, 56
krijà	1, 489, 670	kúolinga	1, 688	lamañtas	2, 56
kriksė́ti	1, 664	kupetà	1, 694	lámdyti	2, 56
krỹkšti	1, 663	kūpė́ti	1, 559	lamìnti	2, 56
krỹkti	1, 665	kuprà	1, 695	langóti	2, 65
krim̃sti	1, 666	kùpstas	1, 704	lankà	2, 68
	3, 276	kuř	1, 264, 502	lañkas	2, 68
kriogúoti	2, 650	kurìs, kuřjìs	1, 591	lánkioti	2, 73
krìpšterėti	2, 651	kuřkti	1, 551	lankýti	2, 73
krỹpti	1, 660	kurkulaĩ	1, 674	lankóti	2, 73
kriùkti	1, 670	kurlas	1, 629	lãpas	2, 14, 31
krizdūlė	1, 672	kùrmis	1, 668	lãpė	2, 44
krõgti	2, 650	kùrpė	1, 623, 634	lasà	2, 54
krõkti	1, 653, 654		702	lãskana	2, 60
krósnis	1, 653, 656	kuřpti	1, 634	laskaroti	2, 34
	661	kuřs	1, 502, 591	laskatúoti	2, 60
krùkė	1, 670	kuřsti	1, 629	laskúoti	2, 60
krùpis	1, 671	kuřšas	1, 635	lãšas	2, 15
krūpis	1, 671	kùrti	1, 636, 700	lašaša	2, 61
krùpti	1, 671		3, 265	lãšis	2, 61, 62
krušà	1, 669	kušė́ti	1, 564, 641	lašišà	2, 61
krùšti	1, 669, 671	kùšinti	1, 564	latãkas	2, 61
krutė́ti	1, 668	kùškis	1, 562	laũkan	1, 210, 225
kruvà	1, 673	kùšlas	1, 641	laũkas	1, 225
krùvinas	1, 665	kutė́ti	1, 554; 2, 638		2, 65, 72
kùbilas	1, 582	kutỹs	1, 705	laukė	1, 210
kublỹs	3, 349	kutrùs	2, 638	láukti	2, 73, 433
kuilà	1, 556	kūzãvas	1, 682	laumẽ	2, 19
kújis	1, 556	kùžulas	1, 682	laupýti	2, 70
kùkis	1, 683	kvakė́ti	1, 545	lauskas	2, 71
kùkštera	1, 649	kvãpas	1, 619, 620	láužas	2, 51, 67
kukulỹs	1, 708	kvařsti	2, 449	láužti	2, 51, 67, 71
kukúoti	1, 684	kvepė́ti, kvẽpia		lãvyti	2, 50
kúla	1, 556		1, 619, 620	lavónas	2, 69
kùlis	1, 689	kvḗpti	1, 619	lavùs	2, 50, 51
kūlỹs	3, 435	kvietỹs	3, 284	lazdà	2, 7, 34, 53, 54
kulkšis, kulkšnìs		kvỹkti	1, 547	lazdìnis	2, 7
	1, 600			lazgė́ti	2, 26, 60
kùlšė	1, 690	lãbas	2, 15	-le	1, 395
kùlti	1, 574, 603	láibas	1, 379; 2, 39	ledū́nė	2, 25
	687, 688; 2, 303	laidõkas	2, 8	ledùs	2, 25
kùmė	1, 609	láigyti	2, 27, 41, 80	leĩlas	2, 39

34*

Wortregister

leĩnas	2, 39, 44	liũsti	2, 65	makrai	2, 166
lekĕtas	2, 61	lóga	2, 4	makšnà	2, 167
lĕkštas	2, 37	logóti	2, 4	makštìs	2, 167
lĕkti	2, 35	lokỹs	3, 90	maldà	2, 149
lėlė̃	2, 29	lokšnùs	2, 15	maldýti	2, 149
lė́lis	2, 28	lomà	2, 10, 56	malė	2, 153
leliúoti	2, 28		3, 489	malinỹs	2, 115
lemežis	2, 29	lópa	2, 13, 16	málka	2, 151
lĕnas	2, 31	lõpas	2, 14, 59	maĺkas	2, 151
léngė	2, 65, 80	lopetà	2, 58	málti	2, 116
leñkti	2, 68, 82	lópyti	2, 14	malūnas	2, 116
lentà	2, 71	lóti	2, 21	málžyti	2, 151
lepaĩšis	2, 32	łóva	2, 2	mandrùs	2, 169
lepetà	2, 32, 58	lovỹs	2, 54	manelė	2, 155
leskis	2, 60	lubà	2, 50, 64	maneliai	2, 155
lèsti	2, 17, 54	lúginaię alit.	2, 21	manẽlis	2, 154
lĕtas	2, 31, 36	lūgóti	2, 21	manýti	2, 142
liáudis	2, 78	lukĕti	2, 73	mánkyti	2, 171, 181
liaudžià	2, 78	lùkštas	2, 71, 72	mankštìnti	2, 171
liaupsĕ	2, 77	lùnkas	2, 75	māras	2, 156
liaũsius	2, 80	lúobas	2, 64	mārės	2, 157
liaušỹs	2, 80	lúomas	2, 10	márgas	2, 100, 156
liáutis	2, 69	lúotas	2, 18	marg̃uoti	2, 156
liauzgĕti	2, 666	lùpti	2, 70	marìnti	2, 158
liauzgùs	2, 666	lùskatai	2, 71	mārios	2, 157
lýdinti	2, 54	lùskos	2, 71	markstýti	2, 159
lýdyti	2, 54	lusnà	2, 67	márnaka	2, 98
líebas	2, 38	lùstas	2, 71	márška	2, 119
líepa	2, 44	lúšis	2, 557	marvà	2, 175
liepsnà	2, 44	lutis	2, 79	mastýti	2, 165
líesas	2, 48	lùzgana	2, 67	mãšala	2, 163
lietà	2, 36	lũžis	2, 51, 67	mašalaĩ	2, 163
líeti	2, 47, 54	lúžti	2, 71	mašaluoti	2, 163
lietùs	2, 36			matāras	2, 165
liẽžti	2, 40	magóti	2, 144	mãtas	2, 129
liẽžùvis	3, 485	mãgulas	2, 144	matýti	2, 129, 677
ligà	2, 40	maguonà	2, 89	matrùs	2, 677
lýgus	2, 41	magùs	2, 144	matúoti	2, 129
lìkti	2, 264	mai dial.	2, 132	máudyti	2, 185
lìmti	2, 56	máila	2, 115	máuju	2, 185
linaĩ	2, 30	maĩlius	2, 115	maũkti	2, 141, 182
lýnas	2, 43	maĩnas	2, 116	maulióti	2, 172
lingúoti	2, 65, 80	mainýti	2, 118	maumti	2, 173
liñksmas	2, 482	maĩstas	2, 124	máuras	2, 174
linksmynė	2, 482	maĩšalas	2, 123	maũsti	2, 168, 184
lìpti	2, 32, 77	maĩšas	2, 127	māzgas	2, 87, 145
lipùs	2, 32	maišýti	2, 123		147
lýsia	2, 37	mãkas	2, 167	mazgýti	2, 87
lýti	2, 47	makĕti	2, 147	mazgóti	2, 119, 131
lytùs	2, 36	maknynė	2, 148		146, 162
liũdnas	2, 65	maknoti	2, 147, 148	mãžas	2, 133
liũgas	2, 66	makonė	2, 147, 148	mĕdė	2, 112

Baltisch

mēdis	2, 112	mìnkyti	2, 171, 187	naktikóva	2, 686
medùs	2, 110	mìnkštas	2, 171	naktìs	2, 229
mėgsti	2, 133, 147	mìntas	2, 190	nãmas	1, 361
mėgsti	2, 87	mìnti	1, 321; 2, 143	nãras	2, 214, 226
mėgti	2, 144	miñti	2, 142	nar̃štas	2, 213, 228
méilė	2, 134	mintìs	2, 308	nártas	2, 214
mẽkeris	2, 167	mirgėti	2, 116, 120	nartìnti	2, 227
mẽklinti	2, 114		156, 159	narva	2, 404
mė́lynas	2, 91	mirklỹs	2, 122	narvytis	2, 227
melsti	2, 149	mir̃kti	2, 120	nasraĩ	2, 225
melsvas	2, 91	mir̃ti	2, 120	našà	2, 229
mélžti	2, 151	mirtìs	2, 672	naũjas	2, 223
ménkė	2, 117	mìsti	2, 124	ne	2, 206
meñtalas	2, 189	mìšti	2, 123, 130, 182	nè	2, 204
mentùris	2, 179	mį́šti	2, 131, 133	neĩ	2, 218
mėnuo	2, 125	mỹzgaruoti	2, 133	neivà	2, 219
mérkti	2, 116, 122	mį́žti	2, 113	nekàs	2, 209, 210
	159	mỹžti	2, 133	nekur̃s	2, 209
mer̃kti	2, 120	mólis	2, 91, 114	néndrė	2, 216
mervà	2, 175	mõnyti	2, 96	nepotis alit.	2, 215
mēs	2, 183	mostagúoti	2, 106	neptė alit.	2, 214
mės-ė́dis	2, 110	mosterėti	2, 106	ner̃šti	2, 213
mėstas	2, 129	mosúoti	2, 106	nertėti	2, 227
mèsti	2, 129, 164	mótė	2, 106, 201	nérti	2, 226, 233, 404
	165	móti	2, 106, 109	nė̃s	2, 215
mę́sti	2, 189	mótyna	2, 106	nėsan-ga	1, 413
mẽtas	2, 118	mūkà	2, 171	nèšti	2, 215
mėtyti	2, 125	mūkia	2, 186	nevė̃dęs	2, 206
mė́žti	2, 87, 131	mùkti	2, 141, 182	niẽkas	2, 221
mi alit.	2, 132		678	nìkti	2, 221
miẽgas	2, 132	mùlinas	2, 172	nìrti	2, 226
miegmi	2, 132	mùlkis	2, 153	nýtis	2, 221
miegóti	2, 132	mùlti	2, 172	niùkinti	2, 231
míelas	2, 134	mul̃vas	2, 172	niūkti	2, 231
miẽlas	2, 114	mul̃vyti	2, 172	nìžti	2, 220
mierà	2, 118	mùras	2, 174	nõglas	2, 193
mieras alit.	2, 137	murgai	2, 156	norãgas	2, 199
mieryti	2, 121	murmėti	2, 159	nóras	2, 227
miẽtas	2, 124	mùrti	2, 174	norėti	2, 227
miglà	2, 109	musià	2, 167	notrė̃	2, 201
mìgti	2, 131, 268	mùsos	2, 131, 166	nõvyti	2, 192, 233
mýlas	2, 134		182	nù	2, 226, 232
mylėti	2, 134	mùšti	1, 687	nudìlbti	1, 359
milinỹs	2, 115		2, 147, 184	nu-éngti	3, 480
milšti(s)	2, 152			nugarà	1, 293
milštuvẽ	2, 152	nà	2, 191	nùli	2, 38
mìltai	2, 116	nagà	2, 224	nu-lùzgęs	2, 67
mìlžti	2, 151	nãgas	2, 224	nunaĩ	2, 232
mỹnė	2, 143	nãgutė	2, 224	nuõ	2, 190
minėti	2, 142	nagùtis	2, 224	nuodu	2, 191
minià	2, 143	naivà	2, 219	núogas	2, 193
minìkas	2, 143	náivyti	2, 219	nuogatà	2, 193

núo-gi	2, 339	pasigė̃sti	1, 409	pelū̃s	2, 332, 394
nusigãsti	3, 175		2, 413	penkì	2, 479
nuskurbę̃s	2, 646	pãskui	2, 388	peñktas	2, 479
		paskuĩ	2, 320, 380	pentìnas	2, 478
obelìs	3, 476		388	péntis	2, 273, 477
óbuolas	3, 476	paskutìnis	2, 320		478
obuolỹs	3, 476	paslaugìnti	2, 665	per̃	2, 337
omẽ	3, 183	paspara	2, 341	pẽras	1, 442
omenìs	3, 183	pãstaras	2, 322, 380	perdaũg	2, 427
óras	1, 225, 402, 487		388	perė́ti	1, 241, 442
	2, 483	pastramė̃no ostlit.			2, 316, 318, 411
ovyjè	3, 478		3, 25	pérgas	2, 407
ovytìs	3, 478	pašalpà	3, 257	per-sė́das	2, 602
ožìnis	3, 485	pãšaras	1, 627	pérsti	2, 337
ožỹs	1, 475, 590		3, 264	per̃ti	2, 341, 345, 426
	3, 485, 486	pãtalas	2, 418; 3, 110	per̃vara	2, 243
ožkà	1, 590	pàts	1, 299	pė́sčias	2, 353
		paturoti	3, 155	pėstomis alit.	2, 353
pa-	2, 380	paugžlỹs	2, 462	pėteliškė̃	2, 330
pabangà	1, 137	paũkštas	2, 462	piáuti	2, 356
pãbangas	1, 137	paustìs	2, 470	pielà	2, 356
pabúgti	1, 66	pauškė́ti	2, 475	píepala	2, 340
paburmiaĩ	1, 151	paũtas	2, 458, 461	piestà	2, 348
padaraĩ	2, 418		469	piestelìs	2, 361
pãdas	2, 382	pavaĩsti	2, 206	piešìmas	2, 361
padėlỹs	1, 338	pavarà	2, 243, 596	piẽšti	2, 360
padùrmai	1, 382	pavarė̃	1, 347	piėtū̃s	2, 361
pagàl, pagalei	1, 215	pavélti	1, 180	pìkis	2, 330
pagalỹs	1, 255	pavýdas	1, 198	pìktas	2, 432
pagõnas	2, 381	pavydė́ti	1, 198	pỹlė	2, 357
paisýti	2, 348, 363	pavildė́ti	1, 219	pìlkas	2, 333
paĩšas	2, 347, 348	pavýti	1, 200	pìlnas	2, 394
paĩšos	2, 360	pažastìs	2, 302	pìlti	1, 212
paklùsti	2, 667, 668	pėdà	2, 353, 382		2, 391, 394, 395, 400
pãkulos	2, 303	pėdė̃	2, 353	pynė̃	2, 380
palóda	2, 5	peĩkti	2, 432	pinklas	2, 477
pálšas	2, 333, 370, 397	peĩlis	3, 356	pìnti	2, 272, 380
páltis	2, 398	pėkščias	2, 353	pìntis	2, 478
pal̃vas	2, 395	pelaĩ	2, 331	pyplỹs	2, 360
pamplỹs	2, 465	peldė́ti	2, 396	pỹpti	2, 360
pam̃pti	2, 465	pelė̃ 2, 333, 369, 400		pir̃kšnys	2, 344
pántis	2, 469	pelėja	2, 333	pìrmas	2, 337
pa-nústi	2, 230	pelėkas	2, 333	pirm-dėlė̃ 1, 353, 358	
papártis	2, 313	pelenaĩ	2, 305, 336	pir̃šis, pìršys	2, 344
papū́ręs žem.	2, 474		365	pir̃štas	2, 344
parankà	2, 545	pelėnė̃	2, 365	pir̃šti	2, 443
parstrapinti	3, 30	pelė́ti	2, 333, 369	pirtìs	2, 344
par̃šas	2, 409	pelinos	2, 401	pìsti	2, 355, 362
paršùkas	2, 318	pėlkė 1, 506; 2, 370		pyškė́ti	2, 364
pàs 2, 301, 380, 387		peľnas	2, 396	piúklas	2, 356
pasaĩtas	2, 619	pelnýti	2, 396	plàkti	2, 365
pasibaudýti	1, 135	pelùdė	2, 332	plaskuoti	2, 370

Baltisch

plāsnas	2, 370		priẽdas	2, 387		rãgana	1, 228	
pláštaka	2, 365		priedėlė	1, 338		rãgas	2, 526, 527	
platùs	2, 366, 371		prỹ žem.	2, 421		rãgės	2, 526	
	374		prýblindė	1, 97		rãginti	2, 529	
plaũčiai	2, 378		prõ	2, 423		raguvà	2, 526, 527	
plaujoti	2, 376		próga	2, 337		raĩbas	2, 561	
plaukaĩ	1, 571		própernai	2, 423		raĩbti	2, 561	
plauskà	2, 377		provà	2, 423		raikýti	2, 519	
plaũšas	2, 375		prūdyti	2, 452		raĩstas	2, 524	
plaũtas	2, 376		prúsas	2, 451		raišýti	2, 519	
pláuti	2, 364, 376		prusnà	2, 453		ráiškus	2, 515	
	377		pučiùtė	2, 458		raĩštis	2, 519	
pleĩkė	2, 372		pūgžlỹs	2, 462		raivė	2, 512	
pléiskanos	2, 370		puĩšos	2, 360		ráižyti	2, 521	
plė̃kti	2, 369		pūkas	2, 462, 470		rãkas	2, 532	
plė́nė	2, 332, 369		pūkšlė̃	2, 475		rakinė́ti	2, 487, 532	
plė́nys	2, 369		pulˉkas	2, 394		rãkti	2, 487, 532	
plenšti alit.	2, 379		pùmpa	2, 465		rámdas	2, 511, 542	
plė́sti	2, 371		pum̃puras	2, 465		ram̃tis	2, 511	
pleškė́ti	2, 370		pundùs	2, 460		ramtýti	2, 511	
plė̃šti	2, 367		pūnė, pūnė̃	2, 465		randà	2, 491	
plę́šti	2, 379			473		randù	1, 236	
plė́vė	2, 368		púošti	2, 323		rangštùs	2, 279	
pliaũkšti	2, 378		puotà	2, 362		rankà	2, 545	
pliaũskė	2, 377		pūraĩ	2, 474		rankštùs	2, 487	
pliaũškėti	2, 378		púras	2, 465		rantýti	2, 542, 550	
plìkas	2, 372		pūras	2, 474		rapstyti	2, 535	
plìkė	2, 372		purė	3, 122		rasà	2, 537	
plõkis	2, 365		pūrinti	2, 385, 474		rasmė̃	2, 527	
plókščias	2, 371, 374		pùrkščioti	2, 410		rãsti	2, 244	
plõštė	2, 368		puŕkšti	2, 410		rąšis	2, 535	
plúoštas	2, 366		puŕslas	2, 410		rãtas	2, 244, 541	
plùskos	2, 378		puŕslos	2, 410		raudà	2, 555	
plústi	2, 377		puŕsti	2, 411		raũdas	1, 313; 2, 544	
plutà	2, 375		pùrtyti	2, 426, 474		raudóti	2, 555	
põ	2, 297, 302		puskainiu	3, 289		raumuõ	1, 313	
pódukra	1, 366		pūslė̃	2, 470			2, 547	
	2, 322		pùsti	2, 421, 469		raũpas	3, 32	
pódukrė	2, 322		pū̃sti	2, 470, 473		raupýti	2, 548	
põsmas	2, 320			475		raũsis	2, 553	
pósūnis	2, 323		pùšė	2, 470		raũsti	2, 553, 560	
prãkaitas	2, 417		pūškas	2, 475		raũsvas	2, 551	
prãkartas	1, 634, 638		pūškúoti	2, 475		ráuti	2, 558	
prakūrėjas	2, 427		putà	2, 469, 470, 473		rāvas	2, 525	
pralāvinti	2, 50		pùtė	2, 458		ravė́ti	2, 499, 558	
prãnašas	2, 228		pùtera	2, 469		rãžas	2, 531	
prãstas	2, 444		púti	3, 185		regė́ti	1, 228	
prašýti	2, 442		putýtis	2, 458			2, 484, 529	
pratarknė	2, 419		pùtpela	2, 340		rę̃gsti	2, 519, 527, 531	
praũsti	2, 453		pūtrà	2, 469		réikšti	2, 515	
prė́skas	2, 430, 514		pùžas	2, 461		rėkauti	2, 509	
priẽ	2, 431					rėklės	2, 509	

rė́kstis	2, 519	ropóti	2, 536	sãpnas	2, 694
rė́kti	2, 509	ropu	2, 536	sárgas	3, 12, 20
rémbėti	2, 541, 542	rùdas	2, 504, 520, 544	sargìnti	2, 698
remė̃sas	2, 511	rūdìs	2, 520, 555	sargùs	2, 698
remė̃stas	2, 511	rūdýti	2, 555	sarpãlius	2, 594
reñti	2, 511; 3, 25	rugỹs	2, 529	sar̃tas	2, 697, 698
reñgtis	2, 278	rūgóti	2, 520	saugóti	1, 365; 3, 253
rė́plės	2, 513	rúgti	2, 554	saugùs	3, 253
rė́plinti	1, 403; 2, 513	rujà	2, 502	sáuja	3, 41
réplióti	2, 536	rūkti	2, 555	sáulė	2, 566, 586, 690
rė̃snas	2, 528	rum̃bas	2, 541	saũpti	3, 239
rė̃tas	2, 503	rumbúoti	2, 541, 542	saũsas	2, 704 3, 54
rė̃tėžis	2, 516	rumókas	2, 547	sãvas	2, 596
rė̃tėžus	2, 516	ruõpti	2, 548	sávei	2, 599
rė̃tis	2, 503	ruõšti	2, 552	savę̃s	2, 600
rezgìnės	2, 506	ruošus	2, 552	sė̃bras	2, 599; 3, 62
rė̃zgis	2, 531	ruošutỹs	2, 276	sėdė́ti	2, 622
rėžas	2, 505	rúožas	2, 484	sėdžia	2, 602
rėžis	2, 505	rūpė́ti	2, 548, 549	sègti	3, 63
rėžti	2, 484, 505	rúpinti	2, 549	sejõnas	2, 585
riáugėti	2, 554	rùpūžė	2, 536	seklùs	3, 63
riáumoja	2, 556, 559	rúsas	2, 553	sė̃kmas	1, 232
ribė́ti	2, 561	rusė́ti	2, 539, 550		2, 602
ridìkas	2, 504		551, 552	sėksnis	2, 568
riekė̃	3, 27	rūsỹs	2, 553, 560	sėkti	2, 416; 3, 63
riė́kti	2, 519; 3, 27	rusnóti	2, 550	sėlà	2, 572
riẽsti	2, 541	rùsvas	2, 551	selavà	2, 604
ríešas	2, 276	rušus	2, 552	selė́ti	2, 571
ríešutas	2, 276	rūtìs	2, 558	selúoti	2, 572
ríetas	2, 524			sė́mens	2, 609
ríeti	2, 486	sa-	3, 37	sémti	2, 702
rievà	2, 512	są-	2, 564	septynì	2, 608
rija	2, 507, 521	sagà	2, 413	serbentà	2, 697
rìmti	2, 556		3, 63	sérgėti, sérgmi	3, 12
rindà	2, 561	sãgas	2, 413	seserė́nas	2, 618
rìnga	2, 521	sagýti	2, 413	seserynai	2, 618
riñkti	2, 545	saisti	2, 414, 619	sė́sti	2, 618
rìstas	2, 524	saitas	2, 619	sesuõ	2, 618
rìsti	2, 541	saĩtas	2, 619, 629	sė́ti	2, 620
riščià, risčià	2, 524	sajõnas	2, 585	sežytis	2, 602
rišìmas	2, 522	sakaĩ	2, 688	si	2, 620
rìšti	2, 519	sãkalas	2, 689	siaũras	3, 437
ryšỹs	2, 519	sakýti	2, 688, 705	siaũsti	3, 439, 440
ryšulỹs	2, 519	salà	2, 606	sidãbras	2, 613
rýtas	2, 491	salavà	2, 604	síela	2, 624
ródyti	2, 482	saldùs	2, 692	síena	3, 10
rõgės	2, 526	salpà	2, 693	síetas	2, 629
rojóti	2, 486	sálti	2, 692	siẽtas	2, 619, 629
rõjus	2, 486	samdà	2, 712; 3, 38	siė́ti	2, 619, 624, 629
ronà	2, 490	samdýti	2, 712; 3, 38	sijà	2, 619
rópė	2, 512	sán-	2, 564; 3, 37	sijóti	2, 629
		sañt	3, 54	silkė̃	2, 606, 607

Baltisch

sìlpnas 3, 247, 257	skilándis 1, 417	skvarbýti 2, 589
sìlpti 3, 257	skylė̃ 3, 447	skveřbti 2, 589
siřgti 2, 698	skìlti 2, 631	skvìrbinti 2, 589
siřpti 2, 697	skìltis 3, 447	slãbnas 2, 656
siùsti 3, 439	skìnti 2, 203, 653	slàbti 2, 656
sių̃sti 2, 658	skypata 3, 452	slačiūkas 2, 664
siútas 3, 402	skiřbti 3, 449	slankà 2, 666
siúti 2, 703; 3, 402	skìrti 2, 645	slankė 2, 669
siuvė́jas 3, 384	3, 317, 450	slañkius 2, 666
siuvìkis 3, 383	skirvina 3, 318	slaptà 2, 660
sỹkis 1, 657	skýstas 3, 343	slatyti 2, 664
skabýti 2, 640	skivýtas 3, 307	slaugýti žem. 2, 665
skaidrùs 3, 286, 343	sklañdas 3, 248	slė́gti 2, 668
skáistas 3, 286, 343	sklandýti 2, 665	slėktis 2, 668
skaitýti 3, 349	sklem̃pti 1, 577	sleñksnis 2, 340, 668
skalà 1, 595	sklendžiù 3, 248	sleñkstis 2, 340
2, 283, 631, 643	sklỹpas 1, 570	slė́pti 2, 660
skaláuti 2, 283, 631	sklypúoti 1, 570	slesnà, sleznà,
3, 255	skóbas 3, 224	slesnas, slesnė 1, 273
skaĨbti 2, 642	skóbti 3, 224	slidùs 2, 658
skalìkas 2, 642	skõbti 2, 640	slinkė́ti 2, 669
skãlyti 2, 631, 642	skõmas 2, 283	sliñkti 2, 666, 668
skambė́ti 3, 444, 448	skonė́ti 2, 283;	669
skambùs 3, 448	3, 276	slýsti 2, 658
skanùs 3, 276	skõpti 2, 645	slyvà 2, 660
skarà 2, 633, 645	skõtertė 2, 634	slõbti 2, 656
skardýti 2, 283, 647	skrãbalas 2, 650	slùbnas 2, 665
skárti 2, 633	skrabė́ti 2, 651	smãgens 2, 146
skàsti 2, 641; 3, 379	skrándas 3, 273, 275	smaguriaĩ 2, 674
skaudė́ti 1, 681	skraũbis 3, 274	smailùs 3, 252
2, 448	skraudùs 2, 652	smãkas 2, 674
skaugė 2, 653	skrebė́ti 2, 650	smãkrės 2, 146
skaugùs 2, 653	skrèbti 2, 646	smalà 2, 675
skaũsti 2, 448	skreplénti 3, 270	smalstumaĩ 2, 152
skebérda 3, 444	skrepliaĩ 1, 667	smardas 2, 676
skélti 1, 604	skr(i)audùs 3, 274	smařsas 2, 160, 672
2, 283, 631, 643	skriė́ti 1, 672	smarstvas 2, 672
3, 447	skrynià 2, 651	smáugti 2, 677
skė̃peta 3, 448	skrìsti 1, 673	smaũkti 2, 678
skė̃psnė 3, 448	skriupsė́ti 3, 274	smegens 2, 146
skérdėti 2, 283	skriupsnùs 3, 274	smė́la 2, 675
skérỹs 2, 648	skrósti 1, 654	smėlỹs 2, 114
3, 502	skrudė́ti 3, 274	smėlus 2, 670
skeřsas 1, 636	skùbinti 3, 408	smilkýti 2, 675
2, 651; 3, 320	skubrùs 2, 653	smiĨkti 2, 153, 675
skeřsti 1, 532	skùbti 2, 653	smiltìs 2, 114
2, 283, 647	skudrùs 1, 555	smiřdas 2, 671
sketerà 3, 451	skujà 3, 238, 277	smirdė́ti 2, 671
skiaurė̃ 3, 359	skundà 1, 681	smìrsti 2, 671
skiáutė 3, 280	skurbė 2, 646	smõgis 2, 670
skíesti 3, 286, 343	skuřbti 2, 646	smõgti 2, 670; 3, 417
skiė̃tas 3, 451, 452	skuřsti 2, 647	smòrds ostlit. 2, 676

smùkti	2, 678	sprùgti	2, 452	styřti	3, 27
smulkùs	2, 153	sprústi	2, 453	stodas	3, 2
smùrgas	2, 675, 676	spurdĕti	3, 427	stógas	2, 286; 3, 16
smùrglis	2, 675	spùrgas	2, 337	stomuõ	3, 3
smurkštinti	2, 676		454, 705	stónas	3, 3
snáusti	2, 683	spurzdĕti	2, 413	stóras	3, 5
sniẽgas	2, 680		3, 427	stótas	3, 47
niegìnis	2, 681	sraujà	2, 287; 3, 32	stóti	3, 5, 21
snìgti	2, 680	sravà	2, 287	stovà	3, 1
snústi	2, 683	sravĕti	3, 31	stovĕti	3, 1
sodìnti	2, 567	srovẽ	2, 287	straignis	1, 444
sólymas	2, 693	stãbaras	3, 16	strainùs	3, 29
sopãgas	2, 578	stabýti	3, 7	strãja	3, 29
sóra	2, 443	stãgaras	3, 17	strakùs	3, 24
sótinti	3, 59	stáibiai	3, 14	straumuo	3, 31
sotùs	3, 59	staigà	3, 14	strãzdas	1, 372
spáinė	2, 334	staipýti	3, 11	stregti	3, 23, 28
spãliai	2, 398	stãlas	3, 18	stríegti	3, 26
spándyti	2, 461	stalbúotis	3, 18	strìgti	1, 444
	469, 476	stangùs	3, 147		3, 13, 24
spañgis	2, 711	stapýtis	3, 19	strỹpas	3, 30
spãras	2, 407	stãras	1, 297	stripìnis	3, 30
spařnas	2, 313		3, 260	stropùs	3, 33, 126
	343, 425	starìnti	3, 4	strovẽ	2, 287
spartas	2, 411	stařkus	3, 13	strūjus	3, 29
spástas	2, 461	stegerỹs	3, 8, 17	strungas	3, 31
spáudyti	2, 461	stẽgti	2, 286	strustìs	3, 141
spáusti	2, 461	steigara	3, 8	stúkti	3, 35
spėmẽ	2, 707	steĩgtis	3, 14	stuľbas	3, 18
speñkti	2, 354	steñbti, steñbia		stuľpas	3, 18
spėriai	2, 648		1, 463; 3, 7	stuñbras	1, 463
spėrus	2, 707, 710	stenėti	3, 10	stùmti	1, 463; 3, 151
spėsti	2, 461, 476	sténgti	3, 147	stupérgalis	3, 19
spėtas	2, 707	stẽpas	3, 11	sù- alit.	3, 37
spėti	2, 707	stẽpinti	3, 19, 122	subóti	3, 239
spiáuti	2, 379	steptis	3, 122	sudìrgti	2, 300
spiñdis	2, 476	stibýna	3, 7		3, 40
spìrginti	2, 359	stìbis	3, 7	sudrugti	1, 373
spìrti	2, 341, 407	stíebas	3, 7, 14	sugaubti	1, 281
	426, 475	stiẽpti	3, 11	suitis	3, 60
spragėti, sprãga		stýgoti	3, 8	sùkti	2, 634
	2, 454	stìgti	3, 8	sulà	2, 658
sprãginti	2, 454	stìklas	3, 9		3, 43
sprangùs	2, 450, 454	stìpinas	2, 708	súlyti	3, 43
spráusti	2, 453	stiprùs	2, 708	sumarkýti	2, 120
sprengėti	2, 454	stìlpti	2, 708	suñkti	3, 63
sprėsti	2, 455	styrėti	3, 27	sūnùs	3, 57
spriaũnas	2, 453	stìrna	2, 616	súodžiai	2, 568
sprìndis	2, 455	stýroti	3, 107	súpoti	3, 57
sprìñgti	2, 454	stiřpti	3, 30	sùpti	2, 589; 3, 57
sprógti	2, 337, 408	stýrsti	3, 107	sūras	3, 58
	454	stìrta	2, 638	suřbti	2, 612

Baltisch

surėsti 1, 236; 2, 244	šarmuõ 2, 615	šìs 2, 602
súris 3, 58	šarvai 2, 696	šì-tas 2, 602
surmà 2, 593	šárvas 3, 231, 261	šiurgždùs 2, 615
susiramstýti 2, 511	šarvúotas 3, 261	šiurkštùs 2, 615
susireñti 2, 511	šast 3, 378	3, 58, 393, 394
susirindoti 2, 561	šāšas 2, 702	šiuřpti 2, 594
suskaugėti 2, 653	šaũkti 2, 685; 3, 436	šývas 2, 621, 626
sùsmauga 2, 677	šaũnas 3, 46	škãpas 3, 405
sùsti 2, 704	šáuti 2, 686	šlajai 3, 411
sutis 3, 16	šè 2, 599	šlãjos 3, 663
sutrė 3, 59	šebélka 1, 584	šlajus 2, 663
svaigìmas 3, 236	šeimà 2, 609; 3, 62	šlãkas 2, 659, 669
svaiginėti 2, 592	šeirỹs 2, 628	šlãmas 3, 244
svaĩgti 2, 592; 3, 236	šeivà 3, 286	šlampas 3, 250
sváinė 2, 591	šėla 3, 368	šlamšti 3, 274
sváinis 2, 591	šėlytis 2, 203; 3, 368	šlãpias 2, 663
svajóti 3, 236	šelmenỹs 2, 659	šlapis 2, 663
svãras 2, 280	šelmuõ 2, 659	šlãvė 2, 662
svarùs 2, 594	šeľpti 3, 257	šlãvinti 2, 656, 662
svẽčias 2, 414, 587	šémas 2, 626	šlėkti 2, 669
sveĩkas 2, 587	šerdìs 2, 614	šliaūžti 2, 665
sveřti 2, 280, 594	šerỹs 3, 393	šliėti 2, 663, 664
svẽtis 2, 414, 587	šeřkšnas 2, 614	šlìjęs 1, 572
svidėti 2, 592	šermùkslė 3, 321	šlìtė 1, 569
svidùs 2, 592	šermùksnė 3, 321	šliuõžti 2, 666
svìrna 2, 594	šermuõ 1, 297	šliūžės 2, 74, 665
sviřnas 2, 594	2, 615	šlovẽ 2, 656
svõtas 2, 587	šeřšas 2, 615	šlúoti 1, 574; 2, 665
šaipýtis 2, 628	šérti 1, 627	šókti 2, 641
šaivà 3, 286	2, 647; 3, 264	šoliaĩs 2, 571
šakà 2, 703	šešì 3, 395	šolỹs 2, 571
šakaliaĩ 3, 366	šėškas 3, 395	šónas 2, 577
šakótas 2, 703	šėštas 3, 395	šùkė 3, 451
šáldyti 3, 256	šėšuras 2, 588	šùkos 3, 451
šalìs 2, 442, 606	šėžė 2, 623	šùlas 3, 435
3, 227	šì 2, 602	šùlė 3, 435
šálmas 3, 388	šiáurė 3, 49, 58	šulinỹs 3, 435
šalnà 2, 572, 657, 693	šiaurỹs 2, 600	šuľnas 3, 43
3, 256	šiẽnas 2, 609	šunis 3, 42
šáltas 1, 601	šikšnà 1, 267	šuõ 2, 681; 3, 42
2, 657, 664; 3, 256	šìkti 3, 395	šùsti 3, 51
šálti 2, 572	šiľkas 3, 387	švaitýti 2, 591
šaltìnis 1, 601	šìlti 1, 510	svařkas 2, 700
šaľtis 2, 664	šimtas 3, 15	švařkšti 2, 590
šalvas, šalvìs 2, 691	šimteriópas 3, 20	švarùs 2, 700
šãmas 2, 694	šypauti 2, 628	šveĩsti 2, 591
šãpalas 1, 632	širdaĩ 2, 612	šveñtas 2, 597
2, 578, 696	širdìs 2, 613	šventìkas 2, 597
šãras 3, 422	širkšnas 2, 614	šveplióti 2, 591
šárka 2, 699	šìrmas 2, 615	3, 391
šařkas 2, 700	širšnýti 2, 614	švepsėti 2, 591
šarmà 2, 614	širšuõ 3, 394	šviẽsti 2, 591

švìnas	2, 592	tautà	3, 157, 353	tìš	1, 564
švìrkšti	2, 590	tãvas	3, 86	titinoti	1, 445
švitė́ti	2, 591	tavę̃s	3, 88	tìtis	3, 102
švìtras	2, 591	te-	1, 32	tižùs	3, 88
		tè	3, 87	tobelis	3, 112
tà	3, 128	teĩ-p	3, 103	tokià	3, 70, 71
tabalóti	3, 65	teisùs	3, 109	tõks, tóks	3, 70, 71
tabalùs mùšti	3, 65	teĩ ~ teĩ	3, 103, 128	tolì	1, 327
tad	3, 113	tėkė̃	3, 114	tolùs	1, 327
tadà	3, 113	tekė́ti	3, 89, 129	trãnas	3, 145
taĩ	3, 128	tekmė̃	3, 89	trandìs	3, 144
taisýti	3, 102	tèkti	3, 167	trankýti	3, 145
tãkas	3, 114	tẽlias ostlit.	3, 90	trañksmas	3, 144
talãžyti	3, 73	teĩkti	3, 116	trankùs	3, 144
talkà	3, 116	tėmytis	3, 167	trapinė́ti	3, 136, 141
talõkas	3, 71, 90	teñpti	3, 95, 101	trapùs	1, 371
tamè	3, 118		153	traškà	3, 137
tampýti	3, 95, 101	temptýva	3, 95	traškė́ti	3, 141
	153	témti	3, 93, 162	tráunyti	3, 143
tamsà	3, 158, 162	tèpti	3, 95	traupus	3, 144
tamsùs	3, 157	tetà	3, 102	traušė́ti	3, 145
tánkiai	3, 159	tetervas	3, 101	traũšiai	3, 145
tankumýnas	3, 159	tẽtis	3, 81, 168	traũšti	3, 145
tánkus	3, 159	tėtýtis	3, 81	traušus	3, 145
tapà	3, 117	tė́vas	3, 81	trẽčias	3, 137
tapýti	3, 95	tė́vas	3, 119	treigė̃	3, 139
tapnóti	3, 120	tiesà	3, 102, 109	treigỹs	3, 139
tap(š)nóti	3, 95	tiẽsti	3, 109	trejì	3, 140
tapšt	3, 120	tỹkas	3, 109	treñti	3, 147
tàpšterė́ti	3, 120	týkoti	3, 104	trendė́ti	3, 144
tàpti	3, 112	tìkt	3, 114	trenė́ti	3, 144
tarýti	1, 53	tiktaĩ	3, 114	treñkti	1, 374
	3, 52, 124, 126	tìkti	3, 114, 167		3, 144, 145, 175
tar̃kšti	3, 127	tylà	3, 115	trepti	3, 136
tarmė̃	3, 52	tìldyti	3, 110, 115	trepùmas	3, 136
tar̃p	3, 127	tilė̃s	3, 110	treškė́ti	3, 137
tarpà	2, 494	tylė́ti	3, 110, 115	trèšti	3, 137, 145
	3, 126, 134	tìlkti	3, 117	trìdė	1, 370
tárpas	3, 127	tiĩpti	3, 117	trieda	1, 370
tar̃pti	2, 494	tìltas	3, 110	trigaĩvis	3, 133
	3, 12, 126, 134	tìlti	3, 90, 110, 114	trìgubas	1, 281
tarškė́ti	3, 127	tylùs	3, 90, 110	trìmti	3, 25, 125, 147
tar̃ti	1, 53, 324	tìmpa	3, 101	trìnti	3, 97
	2, 419	tingė́ti	3, 147, 167	trỹs	3, 138
	3, 52, 124, 126	tingùs	3, 147, 167	triūsas	3, 143
tàs	3, 128	tiñklas	3, 93, 101	triū́sti	3, 143
tas-ka-t alit.	1, 493	tìnti	3, 111	trobà	3, 96
tašýti	3, 99	tìntuvai	3, 111	tróškis	3, 137
táukas	3, 149	týras	3, 110	trõtinti	3, 133
taũras	3, 154	tỹrė	3, 110	trúkti	3, 146
taurė̃	3, 154	tir̃pti	3, 98	trunė́ti	3, 143
taũsti	3, 157	tìrti	3, 97	trúotas	3, 133

Baltisch

trupė́ti 1, 371; 3, 144	ùpė 1, 168; 3, 185	var̃das 1, 234; 2, 539
trupùs 1, 371	ur̃kioti 1, 231	var̃gas 1, 228
trùšiai 3, 141	ur̃kti 1, 231	var̃gti 1, 228
tù 3, 159	usnìs 1, 233; 3, 198	varýti 1, 170; 2, 438
túkstantis 3, 161	ùšpalas 1, 212	var̃mas 1, 189
tùkti 3, 149, 160, 161	utė̃ 1, 233	várna 1, 229; 2, 219
túlas 3, 160	už 1, 214	var̃nas 1, 228
tulìs 3, 163	už-marka 2, 159	var̃pas 1, 189
tùlkas 3, 115	užnašai 2, 228	varpýti 1, 189
tùlpinti 3, 117	ùžvalkas 1, 220	varsà 1, 230
tulžìs 1, 417	ùžvažas 1, 197, 214	varsnà 1, 189
tul̃žti 3, 117		var̃stas 1, 189
túnoti 3, 150	và 3, 456	var̃tai 1, 229
tuojaũ 3, 65	vãbalas 1, 176	vartýti 1, 230
tupė́ti 2, 419	vabolė̃ 1, 176	varùs 1, 169
turė́ti 3, 86, 87, 155	vabuolas 1, 176	varvalis 1, 227
tur̃gus 3, 123, 124	vadà 1, 177	váržas 1, 191; 2, 299
turk-terė́ti 3, 124, 155	vadai 2, 206	varžýti 1, 188; 2, 299
tùščias 3, 130	vãdas 1, 213	vasarà 1, 192
tūtlỹs 2, 417	vadìnti 1, 164	vasaraugis 2, 36
tūtúoti 2, 417	vadýti 1, 212	vãškas 1, 231
tūzgénti 3, 149, 159	vãdžios 1, 214	vãtulas 1, 232
tūzgė́ti 3, 149, 159	vãgis 1, 213	vè žem. 3, 456
tvãnas 3, 85	vaĩkas 3, 312	vebždė́ti 1, 176
tvárstyti 3, 87	vaina 1, 201	vė́daras 1, 177
tvártas 3, 86	vainìkas 1, 165, 182	vėdė̃ 1, 177
tvérti 3, 85, 86, 87	vaipýtis 1, 204	vedėjà 2, 206
tvìnti 3, 85	vaisà 2, 206	vèdu 1, 175
tvìrtas 3, 85, 256, 353	vaĩsius 1, 204	véidas 1, 198
tvorà 3, 85	váišinti 1, 193	veidmainỹs 2, 49
	vaitenù 1, 193	veiklùs 1, 179
údra 1, 239	vaiverė̃ 1, 176	veĩkti 1, 179, 196
ūdrúoti 3, 174	vajóti 1, 200, 215	véikus 1, 179
ugnìs 2, 252	2, 240	veĩsti 1, 204
úkauti 3, 179	vãkaras 1, 196	veizdė́ti 1, 198
úkčioti 3, 179	vãkur 3, 456	véizdmi 1, 176
ūmas 3, 183	valaĩ 1, 221	vė́jas 1, 194, 196
unduõ žem. 1, 212	valandà 1, 166	vė́jas aps(i)taũsė
ùngti, ùnkti 2, 252	valdýti 1, 219	3, 158
3, 501	válgyti 1, 219	veldė́ti 1, 219
ungurỹs 3, 171	valià 1, 224	vėlė̃s 1, 180
úodas 1, 163; 2, 249	válkstis 1, 222	vélti 1, 165, 166
uodegà 3, 173	valščius 1, 222	167, 180, 211
úoga 3, 481	váltis 1, 222	veñgras 1, 182
uõglis 3, 480	vančos 1, 168	vénteris 1, 183, 245
uoglus 3, 480	vanduõ 1, 212	vérgas 1, 228
úola, uolà 1, 167, 224	vanga alit. 2, 65	verkšlénti 1, 187
úolektis 1, 15, 55	vanóti 1, 183	verkšnóti 1, 188
úosis 3, 496	vánta 1, 183	ver̃kti 1, 186, 188
uostà 3, 192	vapė́ti 1, 226	231
úosti 1, 225; 3, 482	vapsà 2, 280	ver̃pti 1, 189, 227
ùpas 1, 226, 240	vãras 1, 169, 226	229

versmė̃	1, 169, 235	vyrius	1, 203	žalà		2, 194
veršti	1, 190, 230	viřkščiai	1, 187	žãlias	1, 417, 452
vérti	1, 184, 185	virkšti	1, 188	žalìngas		2, 194
	186, 187, 189, 190	viřsti	1, 190	žam̃bas		1, 462
	437, 444; 2, 243	viršùs	1, 190	žámbėti		1, 466
	3, 86	vìrti	1, 169, 235	žambótas		1, 463
veržỹs	1, 191		2, 451, 640	žam̃bras		1, 463
veřžti	1, 188, 585	virtinė	1, 187	žandù žõdį		3, 64
	2, 299	virvė̃	1, 185	žarà	1, 443, 461
vèsti	1, 177		2, 243	žárdas	1, 461; 2, 258
vėtyti	1, 196	viřžis	1, 188, 585	žar̃dis		2, 258
vėtra	1, 194		2, 299	žarijà		1, 443
vėtušas	1, 194	viržỹs	1, 187	žartas		1, 411
vėverìs	1, 176	viřžti	1, 188	žarúotas		3, 375
vėžti	1, 178	visadà, visadõs		žąsìs		1, 324
vycas	1, 207		1, 236	žaudus		1, 464
viẽkas	1, 179	vìsas	1, 192	žavė́ti		1, 447
vielà	1, 201	viskė́ti	1, 207	žavìnti		1, 431
vielóti	1, 200, 201	visóks, visõks	1, 237	žė̃bti	1, 408, 459
víenas	1, 484	vìsti	1, 204	želtas		1, 460
vienókas	1, 481	vỹtas	1, 206	želti		1, 452
viensė́dis	2, 701	výti	1, 200, 206, 215	želvas		1, 414
vienvišỹs	1, 193		2, 240, 381	želvė		1, 414
víesulas	1, 207	vitinė	1, 205	žemaĩtis		1, 428
viẽškelis	1, 193	vytìnis	1, 205	žė̃mas	1, 418, 428
viẽšpat(i)s	1, 193	vytìs	1, 193, 205, 206			453
	299	výtulas	1, 194	žem̃bti	1, 462, 466
vietà	1, 205	vytuvaĩ	1, 193	žẽmė		1, 453
víevesa	1, 233	vizgà	1, 208	žéntas		1, 466
vỹkis	1, 179	vizgė́ti	1, 207	žėrė́ti	1, 444, 462
vikrùs	1, 179	vyžà	3, 176	žiaũberoti		1, 430
viksvà	1, 208	vyžti	3, 176	žiáunos		1, 413
vìkšris	1, 208	vogõnas	1, 162	žìbė		1, 466
vìldyti	2, 36	vóka	1, 179	žibė́ti		1, 466
vìlgyti	1, 217, 219	vókas	1, 179	žibìkas		1, 459
viliúos	1, 180	volė̃	1, 165, 166	žiẽgzdros		1, 421
výlius	1, 201	võlioti	1, 165	žiemà		1, 455
vilkas	1, 218	volungė̃	1, 469	žiesti		1, 450
vìlkė	1, 223	vorà	1, 186, 347	žiẽzdras		1, 424
vìlkšnas	1, 217	võs	1, 391	žìlas	1, 460; 2, 605
viľkti	1, 221	võsnevõs	1, 391	žilvìtis		1, 194
vilna	1, 218	voverė̃, voverìs		žynỹs		1, 458
vilnià	1, 218		1, 162, 176	žinóti		1, 458
vilnìs	1, 218			žióbris		1, 408
viltìs	1, 180	zopãgas	2, 578	žiobrỹs		1, 408
vylùs	1, 201	zuĩkis	1, 446	žioplà		1, 454
vỹnas	1, 202	zvãnas	1, 449	žiopsóti		1, 453
vìngris	3, 172	žãgaras	1, 414	žióti		1, 456
vìnkšna	1, 208, 244	žaginỹs	1, 414	žióvauti		1, 451
vypsóti	1, 204	žaĩbas	1, 446	žirklės		1, 81
výras	1, 203	žaĩdas	1, 450	žirnis		1, 454
viřbas	1, 184, 227	žáisti	1, 446	žìrti		1, 444

Baltisch

žlaūktas	1, 427	žudýti	1, 431	žvéngti	1, 449
žliaūkti	1, 427	žuvìs	1, 448	žvėrìs	1, 448
žlùgti	2, 659		2, 554	žvygulỹs	1, 447
žlùktas	1, 427	žvaigzdė̃	1, 447	žvìrblis	1, 228
žmogùs	2, 169	žvairḗti	1, 203	žviȓgždas, žviȓzdas	
žmónės	2, 169	žvalùs	1, 457		1, 263
žolė̃	1, 417, 452	žvangḗti	1, 449		

b. Altpreußisch

abbai	2, 237	au-schaudē	3, 361	dessimpts	1, 346
abbaien	2, 242	au-schaudītwei	3, 361	dessīmts	1, 346
abse	2, 282	austo	3, 192	din	1, 325
addle	1, 398	awins	2, 248	dyrsos	1, 343
ayculo	1, 469	awis	3, 178	dīrstlan	1, 343
ainawīdai	1, 198			dragios	1, 371
ains	1, 484	babo	1, 97	draugiwaldūnen	
aysmis	1, 469	balsinis	1, 103		1, 373
aketes	2, 262	be	1, 67, 97	drawine	1, 371
ackis	2, 259	bebrus	1, 97	droanse	1, 375
accodis	1, 500	beggi	1, 97	drogis	1, 372
alkīns	1, 14; 2, 9	bēi	1, 67	duckti	1, 366
alkunis	2, 55	berse	1, 77	dumis	1, 385
alu	2, 262	bhe	1, 69	dumpbis	1, 376
alwis	2, 264	biāsnan	1, 114	dumsle	1, 383
amsis	2, 170	billīt	1, 105	dūrai	1, 382
anga	1, 413	bitte	2, 471	dwai	1, 330
angis	3, 175	bleusky	1, 96	dwigubbus	3, 38
anglis	3, 171	blusne	2, 605		
angurgis	3, 171	bordus	1, 109	eyswo	3, 484
ansonis	3, 178	braydis	3, 477	ēit	1, 471
antars	1, 237	brāti	1, 118	emmens	1, 480
antis	3, 193	bratrīkai	1, 118	en	1, 161
apewitwo	1, 193	brunyos	1, 126	en-graudīsnan	1, 313
arelie	2, 276	budē	1, 66	en-kopts	1, 619
artoys	2, 495	bucca-reisis	2, 276	ensadints	2, 567
arwarbs	1, 227	buttan	1, 159	enterpen	3, 134
arwis	2, 526			enterpo	3, 126
as	3, 475	c — siehe k		eristian	3, 493
asy	3, 484			er-mīrit	2, 121
asilis	2, 281	dagis	2, 36	ersinnat	1, 458
asmai	1, 405	dagoaugis	2, 36	ertreppa	3, 136
asmas	1, 232	dalptan	1, 360	es	3, 475
assanis	2, 281	dangus	1, 378	esketres	2, 281
assaran	2, 257	dantimax	2, 167	essei	1, 405
assis	2, 288	dantis	1, 345	estureyto	3, 503
aswinan	1, 282	debīkan	1, 332	et-	2, 289
at-	2, 289	deinan	1, 339	etbaudints	1, 135
au-birgo	1, 116	deiw(a)s	1, 351	et-nīwings	2, 220
aulis	3, 181	dellieis	1, 361	et-skīsnan	2, 420
aumūsnan	2, 185	dergē	3, 40	etskīuns	2, 420
	3, 168	dessempts	1, 346	etwerreis	1, 184; 2, 290

Wortregister

gabawo	1, 407	jau	3, 176	Curche	1, 636
galdo	1, 416	juse	3, 195	kurpe	1, 634, 702
gallū	1, 286			kurteiti	1, 635
garbis	1, 294	kadegis	1, 500	kurwis	1, 630
garian	1, 293	kaden	1, 587		
gegalis	1, 283	kai	3, 285	ladis	2, 25
geguse	1, 451	kailūstiskun	3, 288	laygnan	2, 2, 41
gēide	1, 413	kalmus 2, 659; 3, 346		lāiskas	2, 45
geits	1, 426	kalopeilis	1, 604	layson	2, 34
gelatynan	1, 416	calte	2, 260	laitian	2, 47
genix	1, 410	camnet	1, 609	lape	2. 44
	2, 491	camus 1, 607; 3, 415		lasasso	2, 61
genno	1, 418	cānxtin	2, 654	laukīt	2, 73, 433
gerwe	1, 434	carya-woytis	1, 195	laustineiti	2, 65
gīdan	1, 249	katils	1, 644	lauxnos	2, 69
gijwans	1, 422	caune	1, 693	laxde	2, 26, 54
gile	1, 417	kāupiskan	1, 696	leip-	2, 44
gīrbin	1, 419	cawx	3, 361	limtwei	2, 56
girnoywis	1, 421	kekulis	3, 333	lindan	2, 81
girtwei	1, 421, 430	-kelan	1, 598	linis	2, 43
gislo	1, 424	kelmis	3, 388	linno	2, 30
giwa	1, 423	kērdan	3, 320	līse	2, 26
giwato	1, 422	kerko	1, 533	lyso	2, 37
glosto	1, 271	kērmens	3, 319	lopto	2, 58
golimban	1, 288	kerpetis	3, 323	lubbo	2, 64
gorme	1, 295, 410	kērscha(n)	3, 320	luckis	2, 72
goro	1, 296	kersle	3, 324	luysis	2, 557
grandico	1, 315	kiosi	3, 306	lunkan	2, 75
grēiwakaulin	1, 307	kirno 1, 625; 3, 322			
grumins	1, 306	kirscha(n)	3, 320	maiggun	2, 132
	310	kirsnan	3, 327	mais	2, 147
gude	1, 264	kīsman	3, 304	maysotan	2, 123
gulbis	1, 289	klantemmai	1, 577	maldai	2, 150
gunnimai	1, 279	klausēmai	2, 667	maldenikis	2, 150
gunsix	1, 318	klausiton	2, 667	malunis	2, 116
guntwei	1, 279	clokis	3, 90	mary	2, 157
gurcle	1, 296	klupstis	1, 574	massais	2, 133
		knaistis	1, 280	mealde	2, 150
iaukint	1, 240; 3,197	knapios	1, 615	meddo	2, 110
īdis	1, 392; 2, 680	coestue	3, 291	median	2, 112
	3, 484	coysnis	3, 291	meicte	2, 132
insuwis	3, 485	kole	1, 255	melcowe	2, 116
inxcze	1, 490	craysi	3, 26	melne	2, 91
ious	1, 238	crausy	3, 314	meltan	2, 116
ir	1, 467	crausios	1, 314	menins	2, 125
irmo	2, 490	krawian	1, 665	mensā	2, 189
is-	1, 473	creslan	1, 661	mes	2, 183
islīuns	2, 47	kugis	1, 556	metis	2, 129
ismigē	2, 131	kumetis	1, 578	mien	2, 187
is-quendau	1, 680	kūnti	1, 705	mijls	2, 134
	2, 291	kuntis	2, 477	mīlinan	2, 91
īst	1, 398	kupsins	1, 559	minisnan	2, 142

Altpreußisch

mynix	2, 143	plauti	2, 378	sebbei	2, 599
moasis	2, 127	pleynis	2, 369	seese	2, 623
moke	2, 89	ploaste	2, 368	seydis	1, 450
muso	2, 167	po	2, 297	seilin	2, 624
mūti	2, 106	po-brendints	1, 77	seimīns	2, 609
muzgeno	2, 146	po-ducre	1, 366	seyr	2, 613
		poieiti	2, 362	semen	2, 609
na	2, 190	pokūnst	1, 705	semme	1, 453
nage	2, 224	pomīrit	2, 121	semo	1, 455
nagutis	2, 224	postānimai	3, 4	sen-	2, 564; 3, 37
naktin	2, 229	postāt	3, 5, 21	sengidaut	1, 413
nauns	2, 223, 231, 232	pra	2, 437	senrists	2, 519
		prābutskas	2, 423	septmas	2, 602
nautei	2, 230	pracartis	1, 638	si	2, 620
neikaut	2, 221	pralieiton	2, 47	sidis	2, 592
nertien	2, 227	prassan	2, 443	sīdons	2, 618
newīnts	1, 334	prawilts	1, 201	sien	3, 61
no	2, 190	prei	2, 431	sylecke	2, 606
noatis	2, 201	preicalis	1, 604	silkas	3, 387
noseproly	2, 225	prūsas	2, 451	sindats	3, 63
nowis	2, 192, 233	prusnan	2, 453	sineco	2, 626
nozy	2, 228	pure	2, 474	sirablan	2, 613
nuson	2, 200			syrne	1, 454
		rancko	2, 545	sirwis	1, 270; 2, 616
pa-	2, 380	rānctwei	2, 543	sywan	2, 621
padaubis	1, 355	raples	2, 513	sixdre	1, 450
palwe	2, 391	rawys	2, 525	scaytan	3, 453
pannean	2, 470	reisan	2, 505	scalenix	2, 642
panto	2, 469	romestue	2, 511	skawra	3, 225
parstian	2, 409	rugis	2, 530	skewre	3, 225
passons	2, 323			skīstan	3, 343
pausto	2, 467	sackis	2, 688	scurdis	1, 242; 2, 283, 647
paustre	2, 467	sadinna	2, 567		
pawte	2, 458	sagis	2, 413	slayan	2, 663
peile	2, 356	-saytan	2, 619	slanke	2, 666
peisāi	2, 360	sal	2, 693	slidenikis	2, 658
peisāton	2, 360	saligan	2, 452	slywaitos	2, 660
peisda	2, 355	sālin	2, 452	smorde	2, 676
pelanne	2, 306, 336	salme	2, 692	snaigis	2, 680
pelanno	2, 365	salowis	2, 690	soanxtis	3, 54
pelwo	2, 331, 394	san-	2, 564; 3, 37	sompisinis	2, 472
penpalo	2, 340	sansy	1, 324	soūns	3, 57
pentis	2, 477	sardis	1, 297, 461; 2, 258	spoayno	2, 334
per	3, 337			stalis	3, 18
perrēist	2, 519	sari	1, 443	stallit	3, 18, 91
picle	2, 355	sarke	2, 699	steege	3, 16
piēncts	2, 479	sarote	3, 375	stibinis	3, 14
pilnan	2, 394	sasins	2, 701	stiklo	3, 9
pintis	2, 469, 478	sasintinklo	3, 93	stīnons	3, 10
pirmas	2, 337	sātuinei	3, 59	strigeno	3, 13
pirsten	2, 344	saule	2, 690	strigli	3, 27
plasmeno	2, 370	sausai	3, 54	stūrnawiskan	3, 4

Vasmer, Russ. etymol. Wörterbuch

546 Baltisch

stwendau	1, 237	tresde	1, 372	wetro	1, 194
	2, 292; 3, 148	trupis	3, 144	weware	1, 176
subs	2, 596	tu	3, 159	widdai	1, 198
suge	2, 687	tūlan	3, 160	widdewū	1, 175
sulis	3, 435	turīt	3, 87	wilna	1, 218
sunis	3, 42	tusnan	3, 128, 158	winna	1, 210, 225
suppis	2, 695; 3, 57		293	winnen	1, 210
suris	3, 58	tussīse	3, 158	wins	1, 210, 225
sutristio	3, 59	twais	3, 86	winsus	1, 245
svāigstan	1, 447			wirbe	1, 185
swais	2, 596	ucka-kuslaisin	1, 641	wīrds	1, 234
swestro	2, 618			wīrst	1, 190
swintian	2, 593	waidimai	1, 176	wisnaytos	1, 208
swints	2, 597	waidleimai	1, 177	wissa-	1, 192
swīrins	1, 448	waix	3, 312	wissambris	1, 463, 476
schis	2, 602	waisei	1, 177	wissene	1, 208
schumeno	3, 402	waispattin	1, 193	witing	1, 206
schutuan	3, 402	waist	1, 177	witwan	1, 193, 205
schuwikis	3, 383, 402	wayte	1, 195	-witwo	1, 194
		waitiāmai	1, 193	woaltis	2, 55
talus	2, 418; 3, 110	waitiāt	1, 193	woapis	1, 168
tārin	3, 126	waldūns	1, 219	woasis	3, 496
tarkue	3, 125	wangus	2, 65	wobalne	3, 477
tatarwis	3, 101	wans	1, 238	woble	3, 476
taukis	3, 149	wanso	3, 189	wobse	2, 280
tauris	3, 154	wargs	1, 228	wogonis	1, 162
tauto	3, 353	warmun	1, 189	wolti	1, 222
tebbei	3, 87	warnay-kopo	2, 644	woltis	2, 55
teisi	3, 109	warne	1, 229	wormyan	1, 189
teisingi	3, 109	warnis	1, 228	wosee	3, 485
teisiskan	3, 109	wartint	1, 190	wosigrabis	1, 301
thetis	3, 81, 168	warto	1, 229	wudro	1, 239
thevis	3, 81	weddē	1, 177	wumbaris	3, 170
tien	3, 166	weders	1, 177	wupyan	1, 168
tīrts	3, 137	weldīsnan	1, 219	wyse	2, 248
tisties	3, 100	weldūns	1, 219	wurs	2, 488
tou	3, 159	welgen	1, 217		
trapt	3, 136, 141	wessis	1, 178	zuit	3, 60

c. Lettisch

abeji	2, 242	aksts	2, 288	ap	2, 236
abi	2, 237	àlksna	1, 12	apaļš	1, 211
acs	2, 259	àlksnis	2, 266	apkala	1, 599
àiz-	1, 435	aîkt	2, 9	apse	2, 282
aîkstîtîês	1, 470	aînis	2, 13, 264	ap-viŕde	1, 186
aîza	3, 484	aluôgs	1, 12	aŕklis	2, 489
àiz-cipt	3, 290	aluots	1, 12	aŕt	2, 274, 495
àiz-migt	2, 132	alus	2, 262	arūods	1, 27
aka	2, 259	aîva	2, 264	asaka	2, 285
aknas	1, 477	amuols, amals	2, 267	asers	2, 262

Lettisch

asmens	1, 514	baũkš	1, 140, 155	bluôdîtiês	1, 95
asnis	1, 285	baule	1, 142	bļaût	1, 91
asns	2, 283	baũŗuôt	1, 151	bradît	1, 124
ass	2, 288	bauze	2, 462	braũna	1, 128
astras	2, 288	baũzis	2, 462	brãlis	1, 118
astuôņi	1, 231	bãba	1, 34	brãtarĩtis	1, 118
at	2, 289	bãls	1, 73	brèkt	1, 122
atãls	2, 289	bā̀rda	1, 109	brĩdêt	1, 123
atkalētiês	1, 599	bãrt	1, 110	brĩdinât, brĩdinêt	
atkan	2, 203	bârzda	1, 109		1, 123
atskalas	2, 642	bâzt	1, 40	brucinât	1, 125
atsvabinât	2, 596	bębrs	1, 97	brukt	1, 125
atvaĩnuôt	1, 201	bedre	1, 68	bruņas	1, 126
atvẽrt	2, 290	beñdzele	1, 74	brûklene	1, 128
aûgt	3, 467	beñzele	1, 74	brùzgalas	1, 129
aũlis	3, 181	berzt	1, 109	brũzgalêt	1, 129
aumanis	3, 168	best	1, 68	brùzgas	1, 129
àuns	2, 248	bez	1, 69	brũzgât	1, 129
aũre	3, 471	bezdêt	1, 84	bubulis	1, 132
aũrêt	3, 471	bęzmẽns	1, 70	buburĩte	1, 132
aurĩbas	3, 471	bę̃	1, 71	buca	1, 114
àuss	3, 197	bę̃da	1, 67	bucêt	1, 158
aûst	3, 191	bêgt, bêgu, bêdzu		budzis	1, 134
àut	2, 246		1, 68	bugurains	1, 134
àuza	2, 248	bẽrt	1, 81	buĩvāns	1, 102
avins	2, 248	bẽrzs	1, 77	bumbulis	1, 98
avs	2, 251	bija	1, 86	burˇkāns	1, 108
avuõts	1, 12; 3, 478	birde	1, 75	burˇkšis, burˇkšnis	
az	1, 435	birka	1, 87		1, 111
âbele	3, 476	birˇkavs	1, 79	burlāks	1, 148
âbuôls	3, 476	birzs	1, 77	buŗas	2, 318
ãlava	3, 489	bite	2, 471	bũkšêt	1, 140
ârā	1, 225	blaiskums	1, 92	buodzinât	1, 69
ãrdît	2, 277	blaîzît	1, 92, 93	buoga	1, 134
ãrs	2, 483	blakstiņi	1, 94		
ãrtava, ãrtavs	1, 27	blakts	1, 94	caûna	1, 693
âvîtiês	3, 478	blañkstît, -îtiês	1, 95	caũrs	3, 359
âzis	3, 485, 486	blàugzna, blàugzne		ceceris	1, 593
			1, 93	cecers	3, 334
ba	2, 34, 97	blãgs	1, 90	cekulis	3, 268
bagâts	1, 99	blãzma	1, 90	celis	3, 314
bala	1, 47	blãzt	1, 90	cęĩms	3, 311
balañda	1, 45	blêt	1, 92	cemeriņš	3, 315
baluoda	1, 45	blìnis	1, 93	cęmurs	1, 606
bàlziens	1, 103	bliêzt	1, 92	ceplis	3, 347
bam̃bals	1, 132	blusa	1, 94	cept	2, 331
barĩba	1, 110	blũgžêt	1, 96	cępure	3, 316
baruôt	1, 110	blũgžǵis	1, 96	cęra	1, 593, 625
bass	1, 111	blũkšǩêt	1, 96	cęri	3, 322
bauga	1, 134	blũšķis	1, 96	cęruoklis	3, 322
bauga	1, 134	blũžǵêt	1, 96	cęruokslis	3, 322
baũgurs	1, 134	blũžǵinât	1, 96	cetri	3, 331

35*

cēberiņš	3, 297	deņkts	1, 387	drūdzêt	1, 374
cẽrmauksis	3, 321	derdzêtiês	2, 300	druõpstala	1, 367
cĕrme	3, 325	derêt	1, 364	dubens	1, 355
ciba 1, 411;	3, 295	derglît	1, 341	dubra	1, 333
ciksta	3, 338	dergtiês	2, 300	dubt	1, 355
cìlvẽks	3, 312	deviņi	1, 335	dudinât	1, 379
cinâtiês	1, 439	devîtais	2, 334	dumbrava	1, 378
cirknis	3, 323	devîts	1, 334	dum̃brs 1, 377,	378
cirmis	3, 318	dēdêt	1, 335	duņavas	1, 381
cir̃pa	3, 327	dējala	2, 338	dupis	1, 382
cìrvis	3, 317	dējele	1, 338	duplis	1, 382
cìrksnis	3, 328	dēļ	1, 338	duris	1, 330
cìrslis	3, 328	dēt 1, 338, 347,	2, 332	dur̃t	3, 175
cìrst	3, 329	dêt	1, 358	dusêt	1, 386
cìsts	3, 343	dibens	1, 355	dust	1, 365
cīrulis	3, 342	dibins	1, 355	dūda	1, 379
cītiês	2, 203	dìlda	1, 385	dūmi	1, 385
ciêsa	3, 344	dim̃t	1, 388	dûņi	1, 331
ciêts	3, 343	dirât	1, 367	dũša	1, 383
cũka	3, 360	dìrva	1, 386	duõma	1, 380
čaka	3, 310	divai	1, 331	duõmât	1, 380
četri	3, 331	divas	1, 330	dvars	1, 331
		divi	1, 330	dvašà	1, 332
da	1, 355	dīks	1, 351	dvesêt	1, 332
daba	1, 356	dìrât, dîrât	1, 344	dvèst	1, 332
dabât	1, 356		367	dzedziede	1, 412
dabļš	1, 332	dìena	1, 339	dzedzīte	1, 412
dàilš	1, 338	diẽveris	1, 333	dzęguze	1, 451
daĩba	1, 359	dìevs	1, 351	dzeika	1, 419
dalbât	1, 359	dracît	1, 373	dzeldêt	2, 257
daĩbs	1, 359	dracîtiês	1, 373	dzeĩme	1, 287
daĩbuôt	1, 359	dradži	1, 371	dzeĩt 1, 409,	410
dalis	1, 361	dragât	1, 341	dzęlts	1, 416
daļa	1, 361	dragulis	1, 372	dzęluonis	1, 410
dam̃bis	1, 328	drapsnas	1, 370	dzeluons	1, 410
dañdzis	1, 378	draska	1, 376	dzèlzs	1, 416
dañga	1, 378	dràugs	1, 373	dzenêt	1, 428
dar̃va	1, 342	drauza	1, 374	dzenis 1, 410,	419
daũba	1, 355	dràuzs	1, 374		3, 491
daũdz	1, 379	drava	1, 371	dzenuols	1, 410
daudzi	1, 379	drāzt	1, 367	dzer̃t	1, 430
dàbls	1, 332	drebêt	1, 370	dzẽrve	1, 433
dãnis	1, 328	dręgns	1, 369	dzija	1, 426
dãņa	1, 328	dreve 1, 368,	371	dzìle 1, 415,	417
dãrgs	1, 364	dręzgas	1, 376	dziĩna	1, 416
dãvât	1, 325	drêgns	1, 369	dziñtars	3, 491
debesis	2, 205	drêgnums	1, 369	dzir̃nus	1, 421
dẽds	1, 335	drêgzns	1, 369	dzirši	1, 270
degt 1, 335,	412	drudzis	1, 372	dzir̃t	1, 430
deguts, deguots 1,	335	druska	1, 374	dzīras	1, 425
deļna	2, 5	druskât	1, 374	dzîsla	1, 424
deñcis	1, 387	druva	2, 342	dzìt	1, 279

Lettisch

dzît	1, 423, 426	gaut	3, 236	grumbuļi	1, 312
dzītars	3, 491	gavêt	1, 282	gŗaût	1, 314
dzîvât	1, 423	gavilêt	1, 282	gubt	1, 267, 281
dzîvs	1, 422	gāga	1, 249	gugôt, guģuôt	1, 431
		gāgars	1, 249	guĺcenêt	1, 286
egle	1, 398	gāgât	1, 249, 283	guldzît	1, 286
eidene	1, 484	gāla	1, 288, 289	guldzîtiês	1, 286
èlksnis	2, 266	gàle	1, 288, 289	gulkstêt	1, 286
èlkuons	2, 55	gànît	1, 258	gum̃bs	1, 316
eñdas	3, 173	gārdzêt	1, 259	gungis	1, 319, 323
er̃restîba	1, 402	gārgt	1, 259	gùrste	1, 298
er̃rîgs	1, 400, 402	gārkt	1, 259	guza	1, 319
erruotiês	1, 400	gārsa	1, 297	guzma	1, 319
	2, 496	gìbt	1, 412	guzums	1, 319
es	3, 425	glauda	1, 276	gūbâtiês	1, 267
esi	1, 405	glaudât	1, 276	gūbuôtiês	1, 267
ę̄zęrs	2, 257	glaûdît	1, 276	gût	3, 236
ezis	1, 392	glāstît	1, 271	gùods	1, 250, 284
eža	3, 484	glendi	1, 278	guosts	1, 323
ę̄da	1, 391	glenst	1, 278	gùovs	1, 283
ḗdesis	1, 391	glîst	1, 274	ģeikste	1, 427
ḗrce	2, 487	glīve	1, 273; 2, 623		
ḗrcis	2, 488	glìzda	1, 273	idra	3, 482
ḗrglis	2, 276	glīze	2, 623	idrs	3, 483
ḗrkšis	1, 404	gluds	1, 276	ikri	1, 477
ḗrkšķis	1, 404	gnîda	1, 280	iĺgs	1, 359
ḗrkuls	2, 488	gnîde	1, 280	indzêt	3, 480
ę̄rmi	2, 490	gram̃ba	1, 312	ir	1, 467
ḗrst	2, 277	graûds	1, 312	ir̃be	2, 280, 560
ḗršķis	1, 404; 2, 488	graûst	1, 312	istaba	1, 474
ḗrzelis	1, 580	graûzt	1, 314	iz	1, 473
êst	1, 398	grâbt	1, 302	îdzinât	3, 479
êža	1, 392	grāmata	1, 303	îgns	3, 479
		greblis	1, 302, 305	îgt	1, 469; 3, 479, 480
gadîgs	1, 283	grebt	1, 305	īksts	1, 490
gadît	1, 283	grèizs	1, 307	īls	1, 478
gadîtiês	1, 283	grèmdêt	1, 315	īsts	1, 491
gads	1, 283	gremt	1, 306	ìe-	1, 161
gaîgala	1, 283	gręzna	1, 310	iẽskât	1, 488
gaîlis	1, 701	gręzns	1, 310	iêt	1, 471
gails	1, 452	gręzuôt	1, 309	ìetere	3, 499
gals	2, 19	grē̦mens	1, 307	iẽva	1, 467
galuôt	2, 195	griba	1, 305		
gaĺva	1, 286	gribêt	1, 305	jandags	1, 399
ganît	1, 293	gribêtiês	1, 305	jàu	3, 176
gans	1, 292	grimt	1, 315	jaũja	2, 249
gar̃me	1, 410	grība	1, 308	jaujš	3, 469, 471
gar̂nis	1, 434	grības	1, 308	jaûns	3, 471
gaŗš	1, 411	grìda	1, 315	jàut	3, 196
gatavs	1, 301	grīva	1, 308	jàutrs	3, 194
gaura	1, 45, 282	grum̃ba	1, 312	jât	1, 392
gaurât	1, 45, 282	grumbt	1, 312	jē̦ga	3, 480

jēgt	3, 480	karinât	1, 528, 621	kluõns	1, 573
jêls	3, 488	kar̂sêt	1, 636	kļaût	1, 575
jùmt	2, 436; 3, 198	karuõgs	3, 266	knēze	1, 581
	474, 499	kas	1, 676	knute	2, 684
jumta	2, 436; 3, 474	kasa	1, 640	krabinât	3, 272
jùmts	2, 436; 3, 198	kasît	1, 639; 3, 329	krails	1, 663
	474	kast	1, 640	kraipît	1, 660
jûgt	1, 469	kasters	1, 642	kraitât	1, 663
jûkt	1, 240	kastruõlis	1, 539	kraķis	1, 666
jūra	3, 473	katls	1, 644	krama	1, 666
jūrmala	3, 472	katrs	1, 646	krams, krems	1, 659
jūrmale	3, 472	kauka	1, 709	kran̂ts	1, 671
jūrmalis	3, 472	kaũkât	1, 685	kraũkât	1, 670
jūs	1, 238	kàukt	1, 556, 684	kraûklis	1, 670
juõle	1, 395	kaurêt	1, 697	kraũpis	1, 671
juõma	3, 489	kaûss	1, 586	kràusêt	1, 671
juôst	2, 423	kaût	1, 584	krava	1, 665
		kavêt	1, 694	kràkt	1, 654
kaba	1, 582	kàlst	1, 510, 599	krâsns	1, 656, 661
kabata	1, 496	kaĩt	1, 603	krât	1, 654
kabinât	1, 582	kāmis	3, 260	krecêt	1, 658
kablis	2, 640	kâre	2, 611	krecinât	1, 658
kacêt	1, 641	kãrkt	1, 533	krèiss	1, 663
kad	1, 587	kārms	3, 263	krępêt	1, 667
kaîls	3, 445	kārpa	1, 632	kreša	1, 661
kaipt	3, 290	kãrpît	1, 634	krèkt	1, 658
kakale	1, 593, 648	kârst	1, 632	krę̂sls	1, 661
kalada	1, 597	kãrta	1, 657	krija	1, 488, 670
kalācis	1, 595	kãst	1, 543	krijât	1, 670; 2, 650
kalbaks	1, 601	kãsus	1, 544	krika	1, 664
kaĩbinât	1, 601	klàips	3, 245	krìmst	1, 666
kalbît	1, 601	klakšķinât	1, 572	kripš(ķ)êt	2, 651
kaĩdît	1, 565	klambars	1, 573	krists	1, 662
kalīte	1, 510	klanît	1, 572	krizduõle	1, 672
kaĩmūks	1, 511	klans	1, 572	kriens	1, 660
kaĩps	3, 257	klapstêt	1, 568, 573	krievs	1, 663
kaĩt	1, 574	klaũdzêt	2, 690	krìevs	1, 658, 663
kaļuôt	1, 512	klât	1, 565	krupt	1, 671
kamane	1, 607	klencêt	1, 576	krusa	1, 669
kamans	1, 579, 607	klentêt	1, 577	krusts	1, 662
kam̃ba	1, 513	klępus	1, 568	kruvesis	1, 498
kamine	3, 415	klest	1, 568	krūtiês	1, 673
kàmpt	1, 477	klêgât	1, 567	krūze	1, 670
kams	1, 606	klēts	1, 569	kruõka	1, 672
kamuõls	1, 606	klìekt	1, 570	kŗaũpa	3, 32
kaņepe	1, 615	kluburs	1, 574	kŗaũt	1, 673
kapāns	1, 621	klūgât	1, 690	kŗava	1, 673
kapât	1, 619	klukšêt	1, 574	kubls	1, 582
kaplis	1, 619	klukucêt	1, 573	kuce	1, 705
kaps	1, 618	klupt	1, 574	kukurs	1, 650, 709
karaûte	1, 638	kluss	1, 277	kukuôt	1, 684
kar̂ba, kãrba	1, 629	kļūt	1, 566	kulainis	1, 688

kulcenis	1, 605	lañka	2, 68	livers	2, 74
kule	1, 689	lapa	2, 31	lizīca	2, 75
kulniêks	1, 689	lapsa	2, 44	līguôt	2, 65, 80
kul̃t	1, 603, 687	lasis	2, 61	līkt	2, 41
kumeļš	1, 610	laûkšķêt	2, 71	l̦àudis	2, 78
kùmpt	1, 696	laūma	2, 19	ļaūns	2, 79
kuprs	1, 695	làupît	2, 70	laūt	2, 69
kuriņs	1, 699	laûska	2, 71	ļêņgât	2, 80
kur̃kt	1, 636	laušķinât	2, 71	ļepata	2, 32
kur̃kuļi	1, 674	lābuôtiês	2, 23	ļęska	2, 34, 60
kur̃ns	1, 629	lāga	2, 4	līnis	2, 43
kur̃pe	1, 634, 702	lāgs	2, 4	lît	2, 47
kur̃t	1, 700	lāma	2, 11, 56	līvans	2, 38
kur̃za	1, 626		3, 489	līvis	2, 74
kurzulis	1, 626	lānis	2, 11, 56	liêgs	2, 25
kust	1, 641	lāpa	2, 13, 16	lìekt	2, 82
kustêt	1, 564	lāpît	2, 14	liêldìena	1, 181
kušķis	1, 562	lāps	2, 14	liêls	2, 39
kušņât	1, 564	lāpsa	2, 15	liêpa	2, 38, 44
kuzuliņš	1, 682	lâpsta	2, 16	liêt	2, 47
kûdinât	1, 555	lāpusta	2, 58	luba	2, 50, 64
kûdît	1, 555	làse	2, 15	ludes	2, 74
kūja	1, 556	lāt	2, 21	luga	2, 66
kûpêt	1, 559	lâva	2, 2	luǵes	2, 74
kûsât	1, 562; 2, 537	-le	1, 395	lupt	2, 70
kūsuls	1, 562; 2, 537	lędus	2, 25	lužas	2, 74
kūzava	1, 682	leīdars	2, 8	lùgt	2, 21
kuodeļš	1, 680	lelĩle	2, 29	lūkât	2, 73
kuõkalis	1, 685	lęļuôt	2, 28	lûks	2, 75
kùoks	1, 683	lemesis	2, 29	lûsis	2, 557
kuôst	1, 703; 3, 305	lepêt	2, 59	lùocît	2, 73
kuõvārnis	1, 499	lesns	2, 37	lùoks	2, 68
kvitêt	3, 284	leste	2, 37	luôms	2, 10
kvitinât	3, 284	lęca	2, 84	luôss	2, 16
kvīkt	1, 547	lêkât	2, 35		
ķeĩna	3, 345	lèkt	2, 35	maîle	2, 115
ķilis	1, 557	lêlis	2, 28	maîna	2, 116
ķivere	1, 554	lēns	2, 31	maīnît	2, 118
ķuôst	3, 304	lêpa	2, 13	màisît	2, 123
		lêsa	2, 34	màiss	2, 127
labdabls	1, 356	lêts	2, 36	maknît	2, 147
lagača	2, 52	lèvenis	2, 2, 74	makņa	2, 147
lagaža	2, 52	lêzens	2, 26	maks	2, 148, 167
lagzda	2, 26, 54	lêzs	2, 6	mala	3, 473
laiksne	2, 45	lēžât	2, 26	male	2, 153
laīpns	2, 32, 33	likt	2, 264	màlks	2, 151
laiska	2, 45	lìmt	2, 56	mal̃t	2, 116
laĩva	2, 54	lini	2, 30	màltît	2, 153
làizît	2, 35, 40	linte	2, 31	maranas	2, 98
lakât	2, 55	lipinât	2, 32	mare	1, 157
lakstît	2, 17	lipt	2, 32	marga	2, 120
lakt	2, 55	lišķis	2, 35	mar̃ga	2, 119, 159, 160

552 Baltisch

marnakas	2, 98	migla	2, 109	na	2, 191
maŗa	2, 157	migt	2, 131	nagas	2, 224
masala	2, 163	mìlna	2, 115, 150	nags	2, 224
mast	2, 677	milzt	2, 152	naigât	2, 207
matara	2, 165	minêt	2, 142	nàiks	2, 221
matît	2, 677	mir̃dzêt	2, 156	nakts	2, 229
maudât	2, 185	mir̃dzinât	2, 160	nams	1, 361
maulêt	2, 172	mirga	2, 156	naša	2, 229
mauragas	2, 174	mir̃gt	2, 120	nàujš	2, 223
	176	mir̃klis	2, 122, 159	nārags	2, 199
maũrs	2, 174	mir̃kšķêt	2, 122	nârsts	2, 213, 228
maût	2, 185	mir̃t	2, 120	nâtre	2, 201
mazgs	2, 87, 133	mir̃te	2, 672	nâve	2, 192, 233
mazs	2, 133	misêt	2, 182	nâvîtiês	2, 233
màkt	2, 147	mist	2, 124, 130	ne	2, 204
mãls	2, 91, 114	mitežām	2, 139	neî	2, 218
mãnît	2, 96	mitêt	2, 139	nele	1, 395
mãrga	2, 156	mits	2, 124, 139	nest	2, 215
mãrks	2, 120	mitus	2, 139	nê	2, 204
mãrksla	2, 161	mituôt	2, 139	nẽrst	2, 213
mãrksna	2, 161	miza	2, 188	nẽsât	2, 215
mârnîtiês	1, 556	mizuôt	2, 188	nikns	2, 221
mãt	2, 109	mĩkns	2, 187	niktiês	2, 221
mãte	2, 106	mîksts	2, 187	nira	2, 227
medus	2, 110	mîkt	2, 187	nìrt	2, 214, 227
megzt	2, 133	mĩļš	2, 134	nĩca	2, 221, 222
meklêt	2, 114	mĩnât	2, 143	Nĩgale	2, 220
melns	2, 91	mĩne	2, 143	nĩts	2, 221
memeris	2, 188	mît	2, 124, 139	niẽks	2, 221
memers	2, 212	mĩt	2, 143	niẽva	2, 219
mẽmulis	2, 188, 212	mĩts	2, 190	nu	2, 223, 226
meñca	2, 117	miêgt	2, 132	nule	1, 395; 2, 38
mer̃ga	2, 119, 156	mièles	2, 114	nùo	2, 190
	159, 160	miêrs	2, 137	nuõdaras	1, 344, 363
merguôt	2, 160	mìesa	2, 189	nuogleňst	1, 278
merkšķis	2, 119	mièts	2, 124	nuôgs	2, 193
meršķis	2, 119	mudas	2, 131	nuôst	2, 444
mest	2, 129	mudêt	2, 131	nùo-talcît	3, 117
mežs	2, 112	muiža	2, 183	nuotars	3. 123
mêgt	2, 144	mukls	2, 178		
mêms	2, 212	mukt 2, 141, 182, 678		pa	2, 380
mẽnesis	2, 125	mùldêt	2, 183	pads	2, 382
mẽrît	2, 121	mulît	2, 172	pa-duse	2, 302
mẽrkt	2, 120	mur̃da	2, 157	padũgt	1, 379
mẽrs	2, 118	mùrdêt	2, 156	pagalms	1, 287
mês	2, 183	mùrgi	2, 156	pagasts	2, 382
mêst	2, 131	murît	2, 174	pagãns	2, 381
mêtât	2, 125	muša	2, 167	paîpala	2, 340
mètelis	2, 189	muôdrs	2, 169	pajume	2, 436
mêzt	2, 87	muõka	2, 171		3, 474
midzêt	2, 132	muosêt	2, 130, 242	pakulas	2, 303
miga	2, 132	muôzêt	2, 87, 130, 242	palce	2, 397

Lettisch

paļi	2, 395	pineklis	2, 469, 477	prieds	2, 431
paľss	2, 333, 370	pirêtiês	2, 341	priêks	2, 436
paľte	2, 397	pìrkstis	2, 344	priekšceplis	3, 347
paľtis	2, 397	pìrksts	2, 344	prūsis	2, 451
paľts	2, 397	pìrmais	2, 337	prūšļuôt	2, 453
paļi	2, 395, 400	pir̂st	2, 337	puds	2, 460
pàmpt	2, 465	pīka	2, 355, 360	pugulis	2, 459, 472
pañga	2, 462	pīkste	2, 360	pukuls	2, 421
papar̂de	2, 313	pīkstêt	2, 360, 364	pùlks, puľks	2, 394
paparkste	2, 313	pīle	2, 357	puns	2, 473
par	2, 337	pīne	2, 380	purinât	2, 385
paskaņi	2, 414	pīpe	2, 358	purkstêt	2, 410
pastala	2, 416	pìrãgs	2, 360	pur̂kšt	2, 410
pastarītis	2, 322	pît	2, 380	pùrskât	2, 410
pastars	2, 322	pìeci	2, 479	pusks	2, 470
pastęnāji	2, 414	pìesta	2, 348	pušķis	2, 470
patape	3, 120	placinât	2, 365	putns	2, 458
pàuga	2, 459, 472	plaiskums	2, 372	putra	2, 469
paũgas	2, 459	plakšêt	2, 370	pūga	2, 459
paũgurs	2, 459	plaskaîns	2, 374	pùlis	2, 464, 465
pauna	2, 464, 465 473	plaskata	2, 370	pūne	2, 465
pauska	2, 467	plašs	2, 371, 709	pūras	2, 474
pàuts	2, 458	plats	2, 366, 709	pūrinât	2, 474
pavietât	1, 205	plaũkas	1, 571	pūrs	2, 465
pazuka	2, 302	plaũksta	2, 377	pūrt	2, 474
pazuse	2, 302	plauskas	2, 378	pûŗi	2, 474
pãrsla	2, 346, 410	plaûst	2, 377	pùst	2, 473, 475
peĩlis	2, 356	plàusta	2, 377	puôds	2, 460
peka	2, 351	plàušas	2, 378	puôga	2, 460
pelane	2, 401	plàuts	2, 376	puokĩtis	2, 462
pęlavas	2, 331, 395	plâva	2, 369	puolis	2, 464
pele	2, 333, 400	plęcs	2, 371	puôļa	2, 464
pęlęvas	2, 331	pleiks	2, 372	puõsms, puõsmis	
pęļêks	2, 333	plęksna	2, 370		2, 320
pelêt	2, 333, 369	plekšêt	2, 370	pùost	2, 323
pęlni	2, 306, 336 365	plęsa	2, 370		
pelus	2, 332, 395	plevinât	2, 377	radît	2, 528
pęlūde	2, 332	plēne	2, 369	rads	2, 527
pèlvas	2, 331	plêst	2, 367	ragavas	2, 526
peļi	2, 331	pliks	2, 372	rags	2, 526
pèmpis	2, 465	pluta	2, 375	ràibs	2, 561
penderis	2, 334	plutas	2, 375	raĩdît	2, 520
pęds	2, 353	pļaũka	2, 378	ràisît	2, 519
pêrkuôns	2, 346	pļaũt	2, 378	raîze	2, 521
pêrslas	2, 410	prakšķêt	2, 425	raks	2, 532
pêrt	2, 341, 345, 426	prasît	2, 442	rakt	2, 487
piga	3, 207	prasts	2, 444	ram̃stît	2, 511, 542
piķis	2, 330	praũslât	2, 453	rapačât	2, 536
pilêt	2, 395	prāva	2, 423	rasa	2, 537
piľns	2, 394	pret	2, 446	rasma	2, 527
		pretī	2, 446	rast	2, 244
		pretība	2, 446	rats	2, 541

rauda	2, 544	rizga	2, 524	saĺna	2, 572, 657
raûda	2, 555	rîdziņa	2, 521		693
raûdât	2, 555	rîts	2, 491	saĺts	2, 657, 664
raũds	2, 544	riẽksts	2, 276	samarags	2, 644
raũdzît	2, 545	riest	2, 541	sams	2, 694
raũgs	2, 545	riests	2, 524	sapals	2, 578, 696
raûgtiês	2, 554	riêt	2, 486	sapnis	2, 694
raũklis	2, 556	riẽta	2, 524	sapuļi	2, 696
raũmins	2, 547	riêva	2, 512	sar̃gât	3, 12
raũnas laiks	2, 548	rubenis	2, 554	sar̃gs	3, 12, 20
raupa	3, 32	ruds	2, 504	sarks	2, 698
ràust	2, 553, 560	rudzis	2, 530	sar̃ma	2, 615
raût	2, 558	rukstêt	2, 560	sars	3, 393
ravêt	2, 499	rusenis	2, 552, 558	saspranga	2, 454
razda	2, 531	rusls	2, 551	saũja	3, 41
razga	2, 531	rusums	2, 553	saũle	2, 690
razvaļa	2, 530	rušinât	2, 553	sàuss	3, 54
raža	2, 527, 529	rutks	2, 504	sàutêt	3, 51
rãpât	2, 536	rutulis	2, 539	savs	2, 596
rãpu	2, 536	ruzga	2, 553	sâkt	2, 641
rãt	2, 486	rūdinât	2, 555	sãls	2, 693
rãte	2, 486, 516	rûgt	2, 554	sãmenis	3, 45
rãtêt	2, 516	rûkt	2, 555	sãms	3, 45
redele	2, 503	rũpêt	2, 548	sãns	2, 577
redzêt	2, 529	rûsa	2, 551	sâpuļi	2, 577
reĩza	2, 505	rũsa	2, 558, 560	sãrņi	2, 697, 711
rekstêt	2, 517	rūte	2, 548	sãrts	2, 698
rekšêt	2, 517	rùobît	2, 541	sãts	3, 59
rekšis	2, 519	rùobs	2, 541	sęgli	2, 601
remenes	2, 562	ruôcis	2, 245	segt	3, 63
remesis	2, 511	rùoka	2, 545	seime	2, 625
remiķis	2, 511	rùoss	2, 552	seja	2, 630
ręmpans	2, 563	ruotît	2, 550	sejs	2, 610
rept	2, 535	ruôza	2, 484	sekšķêt	3, 395
ręsns	2, 528	ruoze	2, 535	septiņi	2, 608
retêt	2, 516	ŗukstêt	2, 560	ser̃de	2, 614
rȩ̃ds	2, 503			ser̃ma	2, 615
rȩ̃dzêt	2, 481, 503	s	2, 620	sesks	3, 395
rèkt	2, 509	sacît	2, 688, 705	sȩstais	3, 395
rȩ̃kuôt	2, 509	saiguôtiês	2, 623	seši	3, 395
rȩ̃ns	2, 503	saiklis	2, 624	sẽ!	2, 599
rija	2, 507, 521	sàime	2, 609	sȩ̃brs	2, 599
riksis	2, 524, 557	saims	2, 625	sêdêt	2, 622
riksnis	2, 557	sàistît	2, 629	sẽrga	2, 698
riñda	2, 561	saĩte	2, 629	sērksnis	2, 614
ripa	2, 513	saitis	2, 619	sȩ̃rmauksis	3, 321
rìpinât	2, 513	saiva	3, 286	sērmelis	2, 700
rise	2, 37	saka	2, 703	sērns	2, 614
risiêns	2, 442	sakaļi	3, 366	sẽt	2, 620
rist	2, 37, 519, 541	saĺds	2, 692	sẽze	2, 623
	561	salmene	2, 659	sidrabs	2, 613
risums	2, 442	saĺms	2, 692	sijât	2, 629

Lettisch

sìlke	2, 606, 607	skuja	3, 238, 277	snāt	2, 680
sìmts	3, 15	skur̂ba	2, 646	snigt	2, 680
sir̂ds	2, 613	skùrbt	2, 646	sniêdze	2, 681
sirgasts	2, 698	slaîds	2, 658	snìegs	2, 680
sìrgt	2, 698	slàugzna	2, 666	sola ostlett.	2, 606
sir̂ms	2, 615	slava	2, 662	spals	2, 393
sirna	2, 615	slave	2, 656	spanis	2, 711
sirpis	2, 616	slãbt	2, 656	spar̂ns	2, 313, 343
sìrps	2, 616	slànît	2, 664		425
sir̂senis	3, 394	slãns	3, 244	spêt	2, 707
sisis	3, 403	slāt	3, 10	spiga	3, 207
sivę̄ns	2, 593	slejas	3, 411	spil̄va	2, 398
šīga	2, 621	slenêt	2, 664	spina	2, 708
sìklis	2, 622	sleñģe	2, 340, 669	spl̦aût	2, 379
sîkt	2, 622; 3, 63	sleñģis	2, 669	sprañgât	2, 454
sîpa	2, 628	slepêt	2, 660	sprauslis	2, 453
sīvs	2, 621	slèpt	2, 660	spraûtiês	2, 453
sìens	2, 609	slidêt	2, 658	sprâgt	2, 454
sìet	2, 619, 624, 629	slids	2, 658	spriêslis	2, 456
siêts	2, 629	slist	2, 658	spriêst	2, 455
siēva	2, 414	slìkt	2, 666	spruga	2, 452
skabar̂da	3, 444	sliêde	2, 658	sprūkt	2, 452
skabar̂ga	2, 630	sliêkas	2, 662	spruogt	2, 454
skabrs	2, 630	slieksnis	2, 668	spurdeklis	3, 427
skaidît	3, 286	sliẽnas	2, 661	spuõsts	2, 461, 476
skàitît	3, 349	slìet	2, 663	stabs	3, 16
skala	2, 631	sludinât	2, 667	stagars	3, 17
skalbs	2, 642	slupstêt	3, 249	stàipît	3, 11
skals	2, 631	sluv	2, 667	stakans	3, 2
skal̦š	2, 642	sluzns	2, 666	stapis	3, 19
skanêt	3, 448	služa	2, 666	stara	2, 445; 3, 20
skaņš	3, 448	služât	2, 74	starīgs	3, 4
skapstêt	1, 620	slūt	2, 667	stars	2, 445
skara	2, 645	sluogsne	2, 340	staũpe	3, 122
skar̂ba	3, 449	slùoka	2, 666	stādît	3, 2
skar̂bs	3, 449	sluõksne	2, 340	stàds	3, 2
skarbs	3, 262	smadzenes	2, 146	stāmenis	3, 3
skàuģis	2, 653	smaidît	2, 673	stât	3, 5
skàust	2, 653	smala	2, 675	stātis	3, 6
skâbs	3, 224	smar̂ds	2, 676	stàvêt	3, 1
skãrdît	2, 647	smaugs	2, 677	stàvs	3, 1
sklañda(s)	3, 248	smel̦i	2, 675	stebere	3, 16
skrabêt	2, 651	smir̂dêt	2, 671	stęga	3, 8
skrabstît	2, 651	smir̂ža	2, 671	stèigt	3, 14
skrabt	2, 650	smîdinât	2, 673	stenêt	3, 10
skrañda	3, 274	smīnêt	2, 673	stepis	3, 11
skràustêt	3, 274	smiêt	2, 673	stêgs	3, 8
skripstêt	2, 651	smur̃ga	2, 675	stēr̂dêt	3, 12
skrìne	2, 651	smur̃gât	2, 675	stiba	3, 14
skrīpât	2, 651	smūdzis	2, 678	stiga	3, 9
skrīpe	2, 651	snaujis	2, 682	stigt	3, 8
skrìet	1, 672	snaũst	2, 683	stikls	3, 9

stilbs	3, 18	suns	3, 42	šķipuôsts	3, 452
stiprs	2, 708	supata	3, 57	šķirba	3, 449
stirinât	2, 444	surbt	2, 612	šķirgaîlis	3, 502
stirka	3, 13	susêt	2, 704	šķirgata	2, 648
stirna	2, 616	sust	2, 704; 3, 51	šķirpta	3, 323
stirpa	2, 638	susuris	3, 50	šķirsts	1, 634
stirta	2, 638	sutra	3, 59	šķirt	2, 645
stîga	3, 8	suvēns	2, 593	šķirzaka	2, 648
stìept	3, 11	sùkt	2, 701	šķist	3, 330, 349
stracis	3, 29	sûna, sûnas	3, 46	šķīpstiņš	3, 452
stragns	3, 28	sûnâkslis	3, 46	šķîsts	3, 343
straigns	3, 13	sūrs	3, 58	šķieta	3, 453
stramenes	3, 25	suo-	2, 564; 3, 37	šķiêts	3, 453
straps	3, 30	svabads	2, 596	šķieva	3, 307
straũga	3, 31	svaigs	2, 587	šļaubums	2, 665
strauja	3, 32	svaîgslis	2, 591	šļužât	2, 74
stràume	3, 31	svaînis	2, 591	šmok	3, 345
strazds	1, 372	svakas	1, 620	šmukt	2, 678
stràva	2, 287	svars	2, 280	šnukstêt	3, 252
strāve	2, 287	svàrks	2, 700	šust	3, 439
strebeņķis	3, 26	svārpsts	2, 589, 597	šuva	3, 418
strēģele, streģele		svāts	2, 587	šūt	3, 402
	3, 23, 28	sveķi	2, 688		
strēla	3, 25	svērt	2, 280	tagad	3, 113
strēlêt	3, 25	svèts	2, 598	taims	3, 69
strigt	3, 13	svinêt	2, 597	tàisît	3, 102
strupulis	3, 30	svins	2, 592	tàisns	3, 102
strūga	3, 30	svira	2, 280	taks	3, 114
strūga	3, 31	sviřkstêt	2, 590	tàlka	3, 116
strūgaîns	3, 28	svīns	2, 593	talpa	3, 117
struõstêt	3, 22, 23	svietas	2, 595	tals	3, 110
struõstît	3, 22, 23	šaūlis	3, 440	tapa	3, 120
stucinât	3, 34	šàurs	3, 437	tapât	3, 120
stukât	3, 34	šàust	3, 439	tas	3, 128
stuknît	3, 34	šaũt	2, 686	taška	3, 84
stulbs	3, 18	šeima	3, 386	taucêt	3, 109
stùlps	3, 18	šis	2, 602	tàuks	3, 149
stumbrs	1, 463	šķedērns	3, 445	taũņât	3, 150
stùmt	1, 463	šķelt	3, 447	tàurs	3, 477
stupas	2, 708	šķerbala	3, 449	tàuta	3, 353
stupe	3, 19	šķestra	3, 451	tã	3, 128
stupērklis	3, 19	šķeteri	3, 451	tãls	1, 327
stups	2, 708	šķēle	3, 447	tām	3, 74
stupurs	2, 708	šķēpele	3, 448	tārlât	3, 126
stūre	3, 432	šķēps	2, 645	tãrpa	3, 126
stūrs	3, 36		3, 443	tecêt	3, 89
sudrabs	2, 613	šķērpele	3, 323	teks	3, 89
suits	3, 60	šķērss	3, 320	teļš	3, 90
suka	3, 451	šķērst	2, 283, 647	tept	3, 95
sukt	2, 634	šķila	3, 447	terbt	3, 96
suķe	3, 451	šķipsna	3, 452	terêt	3, 126
suķis	3, 451	šķipsta	3, 452	terglis	3, 127

Lettisch

tertelêt	3, 126	trusls	3, 145	vabale, vabule	1, 176
teteris	3, 101	truõts	3, 133	vadît	1, 212, 214
tèce	3, 114	tu	3, 159	vads	2, 206
tēls	3, 91	tukstêt	3, 109	vadzis	1, 213
tẽluôt	3, 91	tukšs	3, 130	vaî	1, 161
tēmêt	3, 167	tulcis	3, 116	vaiks	3, 312
tẽrka	3, 125	tul̃ks	3, 115	vaĩna	1, 201
tērpinât	3, 126	tulzis	3, 117	vakars	1, 196
tēta	3, 81, 168	tùlzt	3, 117	vàldît	1, 219
tẽvs	3, 81	tupele	3, 158	val̂gs	1, 219
tib!	3, 295	tupêt	2, 419	valka	1, 220
tikât	3, 104	turêt	3, 87	valks	1, 220
tilinât	3, 115	tūcît	3, 160	vàlsts	1, 222
tìlpt	3, 117	tūkât	3, 160	valuôda	1, 166
til̂t	3, 110	tūkst	3, 162	val̦a	1, 224
til̂ts	3, 110	tūkstuotis	3, 161	vancis	1, 168
tima	3, 162	tûkt	3, 161	vapsene	2, 280
timt	3, 162	tvans	3, 85	varkšêt	1, 188
tina	3, 93	tvar̂stît	3, 87	varza	1, 170; 2, 299
tìrgus	3, 123	tver̂t	3, 87	var̂za	1, 191
tìri, tiru	3, 101	tvir̂ts	3, 85	var̂zât	1, 170
tirinât	3, 101			vasara	1, 192
tìrpt	3, 98	uguns	2, 252	vasks	1, 231
tirza	3, 137	unda	3, 173	vazât	1, 215
tiš	1, 564	upe	1, 168; 3, 185	važa	1, 214
tìkls	3, 93	ur̂kšêt	2, 540	vâks	1, 179
tīrelis	3, 110	usna	1, 233	vāluôdze	1, 469
tītît	1, 445	uz	1, 214	vānags	1, 162
tìesa	3, 102	uzbars	1, 106	vāpe	1, 168
tìešs	3, 102	uzval̃ks	1, 220	vārds	1, 234
tievêt	1, 445	ûdris	1, 239	vârgs	1, 228
tiêvs	3, 119	ûkšêt	3, 179	vārgt	1, 228
tolmêt	3, 116	ūpêt	1, 226	vàrît	1, 169
trans	3, 145	ūpis	1, 226, 240	vārna	1, 229
trapa	3, 140	ūpuôt	1, 226	vārpa	1, 189
traškis	3, 137	Ūsenis	3, 190	vàrsms	1, 230
traûds	3, 143	uodne	3, 173	vārti	1, 229
tràusls	3, 145	uôds	1, 163; 2, 249	vàrtît	1, 230
traušâtiês	3, 144, 145	uôdze, ùodzs	3, 175	vãvere	1, 162, 176
treji	3, 140	uôga	3, 481	veçs	1, 194
treksne	3, 139	ùogle	3, 171	vede	1, 177
trenêt	3, 144	uõla	1, 167	veîds	1, 198
tresêt	3, 137	uolât	1, 165	vèikt	1, 179
trešs	3, 137	uôlekts	2, 55	veîsuôls	1, 207
tripinât	3, 136	uolît	1, 165	veksis	1, 195
trîs	3, 138	uols	1, 167	vel̦gs	1, 219
trīt	3, 97	uôma	3, 183	vel̃t	1, 165, 166, 167
trunêt	3, 143	uôsis	3, 496	veñteris	1, 183
truni	3, 143	uôst	3, 482	ventêt	1, 183
trupêt	3, 144	uotainis	1, 183	veprelis	1, 183
trusêt	3, 145	ùotrs	2, 237	vepris	1, 183
trusis	3, 141	uôzuõls	3, 178	vere	2, 438

558 Indisch

vert	1, 170, 226	viŗt	1, 169, 235	zeme	1, 453
	2, 438	viŕzis	1, 187	zęmgalis	1, 452
vervelêt	1, 234	visad	1, 236	zęms	1, 453
vęsęls	1, 191	viss	1, 192	zẹ̀lts	1, 460
vest	1, 177	vîksna	1, 208, 244	zìlgans	2, 605
veteris	1, 183	vîns	1, 202	zils	1, 460; 2, 605
vęzmę̄ns	1, 70	vìrve	1, 185	zinât	1, 458
vezums	1, 178	vît	1, 206	žiŗnis	1, 454
vẹ̄dars	1, 177	vîts	1, 206	zizlis	1, 414
vẹ̄ders	1, 177	vîtuôls	1, 194	zìema	1, 455
vẹ̄jš	1, 196	viêns	1, 484	ziemišķa	1, 441
vērpejs	1. 229	vìesis	1, 193	zìest	1, 450
vērpt	1, 189, 229	viest	1, 204	zlaukts	1, 427
vērst	1, 190	vìeta	1, 205	znuõts	1, 466
vērt	1, 185, 186	viete	1, 183	zust	1, 431
	189, 437	vietêt	1, 183	zūdît	1, 431
vēteris	1, 183	voluda	1, 166	zùobs	1, 462
vētît	1, 196			zùoss	1, 324
vę̄tra	1, 194	zaigs	1, 450	zvaigaļa	1, 447
vica	1, 207	zaiguôt	1, 450	zvàigzne	1, 447
vidus	2, 48	zaiguôtiês	1, 447	zvañdzinât	1, 228
vilks	1, 224	zaķis	1, 446	zvans	1, 449
vìlks	1, 218	zalba	2, 194	zveĺt	1, 457
vìlkt	1, 221	zaļš	1, 452	zvę̂rs	1, 448
viļna	1, 218, 219	zaraîns	1, 461	zvipuris	1, 228
vilna	1, 218	zavêt	1, 447	zviŕbulis	1, 228
viĺnis	1, 219	zābags	2, 578	zvìrgzdi	1, 263
virags	1, 203, 235	zàbaks	2, 578	zvīgurs	1, 228
virba	1, 184, 227	zāle	1, 452	žaūnas	1, 413
viŕbs	1, 184, 227	zārdi	1, 297	žaunât	1, 413
virksne	1, 187	zārds	1, 461	žākle	1, 457
vìrsis	1, 187		2, 258	žàvât	1, 451, 457
vìrsus	1, 190	zebenieks	1, 459	žuĺts	1, 417

II. Indisch

a. Altindisch

aṁçúṣ	3, 190	áṅghriṣ	2, 224	átas	2, 289
aṁhúṣ	3, 178	á-cakē	3, 310	áti	1, 407; 2, 289
ákṣas	2, 288	ácati	2, 325		3, 88
akṣí	2, 259	ácchā	1, 407	ati-rḗkas	2, 27, 263
agníṣ	2, 252	ajás	1, 590; 3, 485	attā	2, 290
aṅkás	2, 325; 3, 171		486	átti	2, 398
	173, 179	ajā́	1, 475, 590	átharvā	1, 173
áṅgam	3, 171	ajínam	3, 485	a-dás	3, 456
áṅgāras	2, 252; 3, 171	áñcati	2, 325	ádāt	1, 329
aṅgúriṣ	3, 171	áñjas	2, 193	ádmi	1, 398
aṅgúliṣ	3, 171	aṇḍám	2, 169	ádriṣ	3, 483
aṅgulīyam	3, 171	aṇḍás	3, 483	ádhā	1, 391

Altindisch

ádhāt	1, 353	árdhas	2, 530	āníṣ	2, 12
ana-	2, 268	arpáyati	3, 493	āṇḍám ved.	3, 483
anás	1, 225	arbhakás	2, 525	āt	1, 1
ániti	1, 225; 3, 196	árbhagas	2, 525	ātíṣ	3, 193
anu-	1, 211	árbhas	2, 499, 525	ād	3, 476
anu	2, 269	áryas	2, 279	ādas	2, 206
anucí	1, 211	árvā	2, 279	ādīrghas	3, 475
anŭka-	1, 211	alalā́	2, 263	ādíṣ	1, 393; 2, 255
anō	1, 225	alā́tam	1, 397	ā-dr̥tas	1, 364
ántaras	1, 211, 237	álpas	2, 57	ādyás	1, 392
	2, 232; 3, 195, 499	áva	3, 168	ā-driyatē	1, 364
ántas	1, 246	avatás	1, 12; 3, 478	ānīlas	3, 475
ántyas	1, 246	ávati	1, 242	āntrám ved.	3, 195
antrám	1,211; 2,232	avániṣ	1, 12; 3, 478		499
	3, 195, 499	ávas	3, 184	ārā́d	1, 487; 2, 57
anduṣ	3, 173	avasám	2, 249	āré	2, 57
anyás	1, 237, 484	ava-skaras	2, 633	āryati	2, 274
	2, 268	avóṣ	2, 251	ālōhitas	3, 475
anvañc-	1, 211	ávradanta	2, 244	āvíṣ	3, 478
ápa	2, 289, 298, 380	aviká	2, 251	āça-	3, 498
áparas	1, 354	áviṣ	2, 251	āçáyānas	3, 475
apavr̥ṇṓti	1, 184	açániṣ	2, 281, 288	āçupátvan-	3, 497
apaskaras	2, 697	áçmā	1, 514	āçúṣ	3, 496, 497
ápākas	2, 270, 303	açmarás	2, 574	āçcaryas	3, 502
ápāñc-	2, 270	áçriṣ	2, 288	ās-	3, 192
ápi	2, 236	açvatarás	1, 366	āsad-	1, 393; 3, 253
ápivr̥ṇṓti	1, 184	áçvas	1, 244	āsán-	3, 192
ápnas	2, 273	açvāit	2, 591	āsandí	3, 63
apsuṣád- ved.	2, 701	aṣṭamás	1, 232	āha	1, 393
abhí	2, 236	aṣṭā́, aṣṭā́u	1, 231	āhanás	1, 292
abhiṣṭanás	3, 19	ásakras	3, 63		
ábhūt	1, 157	asaçcát-	3, 63	iccháti	1, 488
amá-tyas	1, 361	asáu	1, 388; 2, 280	id	2, 190
ámbu	3, 187		3, 456, 457, 487	idám	1, 390
amblás	2, 267	ási	1, 405	indriyám	3, 484
ambhr̥ṇás	3, 169	asutŕ̥p-	3, 134	íbhas	1, 184
amlás	2, 267	ásti	1, 405	iyám	1, 390
ayám	1, 390; 2, 258	asthāt	3, 5	irasyáti	3, 495
áraṇas	2, 57	ásthi	1, 590, 643	íriṇam	3, 492
áraṇyam	1, 400, 3,488		2, 286	iṣirás	1, 491
áraṇyas	1, 487	asmá-	2, 200	ihá	1, 363, 471
aratníṣ	1, 396; 2, 55	asmākam	3, 113	ī	1, 393
	57	ásmi	1, 405	ī́jati	1, 470
arás	3, 493	ahám	3, 475	īrmás	2, 490
aruṇás	1, 395	áhar-	1, 459	ī́rṣyati	1, 404
aré	2, 263	ahnā́ya	1, 1	īçānás	1, 491
arkás	2, 488, 540	ā	2, 236	īṣā́	1, 213
árṇas	2, 488	ā-kúvatē	3, 361		
artháyati	2, 516	á-kūtam	3, 361	úkṣati	2, 250
ártham	2, 516	á-kūtiṣ	3, 351, 361	ukṣán-	1, 195
árdati	2, 277	ākharás	3, 263	úcyati	1, 240; 3, 197
ardh-	2, 494	(ā)ghnānás	1, 279	u-tá	1, 237

utsad- 3, 253	óṣati 3, 191, 198	kas, ká 1, 676
ud 1, 225, 238; 2,219	óṣṭhas 3, 192	kákas 1, 594, 3, 299
udakám 1, 212	óhatē 1, 239	káṇḍas 3, 345
udáram 1, 177; 2, 212		-kātiṣ 3, 310
udáram 1, 177; 2, 209	kákṣā 1, 640	kāmáyatē 2, 283
udán- 1, 212	kákhati 3, 269	kámas 2, 283
udgrīvas 1, 238	kaṅkaṇas 1, 602, 685	káyamanas 3, 310
ud-yōdhati 3, 468	kacas 1, 648	káyas 3, 340
udrás 1, 239	kacchúṣ 1, 639; 3, 329	kālas 1, 506
udvát 2, 219	káṭas 3, 345	káçatē 1, 498, 503
unátti 1, 212	kaṭúṣ 1, 633	kāṣṭhám 1, 643
upamārayati 2, 98	katarás 1, 646	káṣṭhas 1, 603
ubhá, ubháu 2, 237	kátthatē 3, 235	kásatē 1, 544
ubháyam 2, 242	kadá 1, 236, 587	kāsas 1, 544
ubhḗ 2, 237	kadrúṣ 1, 501	kilásas 1, 528
ubhnáti 2, 280	kaná 2, 203	kíkasā 1, 643
uṣā-kalas 1, 512	kániṣṭhas 2, 203	kīrṇás 1, 629
usrás 3, 195	3, 299, 448	kīrtáyati 1, 535
ūtíṣ ved. 1, 242	kanínas 1, 614; 2, 203	kīrtíṣ 3, 304
údhar- 1, 240; 3, 174	3, 299	kīlas 1, 595
ūrṇavábhiṣ 2, 280	kánīyān 3, 299	kucáti 1, 683
úrṇā 1, 218	kantham 3, 84	kuñcatē 1, 683
ūrdhvás 2, 491, 527	kanthā 2, 574	kuṇitas 1, 690
ūrmíṣ 1, 218	kanyā 2, 203	kutumbukas 1, 562
	kapi- 1, 620	kútra 1, 264
ṛkṣaras 1, 404	káprt 3, 347	kutsáyati 1, 681
ṛkṣálā 1, 15	kaphas 1, 523	2, 440
ṛkṣas 2, 110, 538	kam 1, 493	kuthitas 1, 562
ṛjyati 2, 505, 506	kamalam 3, 315	kúpyati 1, 559
ṛñjáti 2, 505	kárakas 1, 638	kubhanyúṣ 1, 677
ṛṇṓti 1, 487; 2, 277	karaṭas 1, 638	kumārás 1, 610
494	karabhás 1, 525	kumbhás 1, 412, 676
ṛ́tiṣ 2, 496	karōti 1, 636; 2, 449	kúlam 3, 312, 314
ṛtíṣ 2, 516	3, 304	kúlālas 1, 697
ṛtḗ 2, 277, 530	karkaṭas 2, 487	kulíkā 1, 688
ṛdū- 2, 509	karkaras 2,487	kulyam 3, 314
ṛ́dhak 2, 530	kárjati 1, 532	kuṣáti 1, 648
ṛçyas 2, 61	kárṇas 3, 322	kuṣṇáti 1, 648
ṛṣáti 1, 404	karṇás 1, 629	kúha 1, 264
ṛṣabhás 1, 476	kart- 1, 535	kū ved. 1, 264
	kártati 3, 329	kūṭás 1, 690
éjati 3, 480	kartarī 1, 624, 635	kūrcás 1, 571, 636
ét 3, 476	karparas 3, 323	kūrmás 1, 668
éti 1, 471	karpúras 1, 515	kṛṇátti 1, 675; 3, 324
ēdhas 3, 482	kárṣati 1,638; 3, 261	kṛṇáti 1, 628
énī 1, 483	kalakalas 1, 602	kṛṇṓti 1, 636; 3, 304
émas 2, 258	kalaṅkam 1, 506	kṛ́tā 3, 328
	kálpatē 3, 313	kṛtíṣ 1, 635; 3, 329
ṓkas 1, 240; 3, 197	kavíṣ 3, 351, 361	kṛ́ttiṣ 1, 621
ṓjas 3, 467, 481	kaçīká 3, 395	kṛtyá 3, 304
ṓtum 3, 191, 194	káṣati 1, 544, 632	kṛ́tvas 1, 657
ṓdman- 1, 212	640	kṛtsnás 3, 327

Altindisch

kṛntáti	2, 432; 3, 329	kṣítiṣ	3, 234	gálati	1, 254
kṛ́p	1, 656; 3, 319	kṣipáti	2, 627; 3, 396	gávatē	1, 45, 282
kṛpatē	1, 668		400	gavīnī́	1, 132
kṛpāṇas	3, 327	kṣiprás	3, 396	gā-	1, 262
kṛpāṇī́	3, 327	kṣudrás	3, 277	gā́ti	1, 251
kṛ́pītam	1, 660	kṣúdhyati	3, 277	gātúṣ	1, 262
kṛ́miṣ	1, 534; 3, 318	kṣúbhyati	2, 653	gā́thā	1, 261
	325		3, 239	gā́yati	1, 251, 408
kṛ́viṣ	3, 317	kṣumā́	3, 237, 252	gālayati	1, 254
kṛçás	1, 625, 635	kṣurás	3, 440	giráti	1, 430
kṛṣáti	1, 638	kṣēpáyati	3, 627	girisravā	2, 287
kṛṣṇás	3, 327	kṣēpas	3, 396, 400	giríṣ	1, 293
kēkā́	3, 299	kṣṓdati	3, 277	gīr-	1, 421, 430
kḗtas	3, 349	kṣṓdatē	3, 238	gúñjati	1, 317, 431
kētúṣ	3, 284	kṣṓdhukas	3, 277	guptás	1, 432
kḗvalas	3, 286, 445	kṣṓbhatē	3, 239	gurúṣ	1, 270; 2, 254
kṓkas	1, 497, 556	khácati	2, 641	gúlmas	1, 415
	684, 706	kháñjati	3, 364, 385	guváti	1, 282
kōkilás	1, 685	khaṇḍás	3, 248	gūtham	1, 268, 282
kōkūyatē	1, 683	khánati	3, 334	gūthas	1, 268, 282
kṓcati	1, 685, 706	kháras	3, 262, 265	gṛṇā́ti, gṛṇitḗ	1, 304
kōthayati	1, 562		266		421, 430
kṓpas	1, 559	khargálā	2, 650	gṛ́dhyati	1, 287, 315
kōras	1, 628	khárjati	2, 650	gṛbhṇā́ti	1, 302; 2, 253
kōlā́halas	1, 688	khalatíṣ	3, 257	gṛhás	1, 297
kṓṣas	1, 564, 586	-khálu	1, 599	gṛhṇā́ti	1, 302
kṓṣṭhas	1, 564	khādati	1, 703	gōṇī́	1, 322
kā́uti	1, 497, 683	khārás	1, 625	gōdhā́	2, 675
	697; 2, 686	khidáti	3, 402	gōpanam	2, 308
krakaras	1, 654, 658	khudáti	1, 555	gōpāyáti	2, 308
krathanas	1, 668	khōras	3, 237, 243	gōpā́s	2, 308
kramukas	3, 321	khōlakas	3, 435	gōla-	1, 320; 2, 191
kravíṣ	1, 665	khōlas	1, 690	gōṣṭhás	2, 444
krīṇā́ti	1, 660			gā́uṣ	1, 282, 283, 322
krúñcati	1, 637, 672	gácchati	1, 291	gnā́	1, 418
krúñcas	1, 675	gañjanas	1, 317	grābhás	1, 302
krúdhyati	1, 673	gañjas	1, 317	grā́mas	1, 310
krūrás	1, 665	gaṇás	1, 288; 2, 253	grā́van-	1, 421
kliçnā́ti	1, 568	-gadhitas	1, 284	grāháyati	1, 302
klḗças	1, 568	gā́dhyas	1, 284	grīvā́	1, 308
klṓman-	2, 378	gabhás	1, 262, 316	glā́uṣ	1, 276
kváthati	1, 546	gábhastiṣ	3, 224	gha	1, 413
kṣatrám	3, 267	gámati	2, 291	ghā́ṭatē	1, 301
kṣapayati	3, 230	gámbhan-	1, 316	ghaṭanam	1, 262
kṣam-	1, 453	gambhā́ram	1, 316	ghanás	1, 292
kṣā́yati	3, 267	gambhīrás	1, 276	ghargharas	1, 287
kṣā́rati	2, 631; 3, 53	gā́yas	1, 284	gharmás	1, 295
kṣā́lati	2, 283	garás	1, 430	ghā́rṣati	1, 297
kṣā́yati	2, 282	gárgaras	1, 287	ghásati	1, 261, 422
kṣārás	3, 271	gā́rjati	1, 311	ghā	1, 413
kṣālā́yati	3, 255	gárdhas	1, 287	ghurghuras	1, 295
kṣiṇā́ti	3, 234	gárbhas	1, 420	ghulaghulā	1, 296

Vasmer, Russ. etymol. Wörterbuch

ghū́kas	1, 319	cṓdati	1, 555	jyā́	1, 426
ghṛṇás	1, 296	cōdáyati	1, 555	jvárati	1, 286; 3, 237
ghṛṇṓti	1, 295	cyávatē	3, 385, 451	jvarás	3, 237
ghṛṣṭás	1, 297	cháttram	3, 379	jvaryatē	3, 237
ghṛṣṭiṣ	1, 420	chardáyati	2, 633	jválati	1, 286, 460
ghōrás	1, 323, 434	chágas	1, 589	jhaṣás	1, 420
		chāyā́	2, 610, 630		
ca	1, 33, 326, 407		3, 11	ta-	3, 128
	2, 233; 3, 296, 307	chíkkā	3, 343, 361	tákati	3, 89
cakānás	3, 310	chinátti	3, 287, 289	tákti	3, 89, 129
cákōras 1, 697; 3, 334			343, 394	tákṣati	3, 99
cakrás	1, 593, 598	chupáti	3, 454	takṣakás	3, 107
	2, 336	churikā	3, 443	tákṣā	3, 99
cátant-	1, 644	chṛṇátti 1, 668; 2, 633		takṣṇṓti	3, 99
cátasras	2, 618			tatarha	3, 124
caturaṅga-	3, 392	jañj-	1, 413	tatás	3, 81
caturthás	3, 331	jañjanābhavat 1, 413		tanákti	3, 159
catvarám	3, 331	jadas	3, 256	tanayitnúṣ	3, 157
catvā́ras	3, 332	jaṅgāla-	1, 349	tanúṣ	3, 119
candanas	2, 576	jániṣ	1, 418	tanū́ṣ	3, 91
candrás 2, 576; 3, 372		jambālas	1, 47, 104	tanōti 3, 68, 93, 101
capalás	3, 302		463, 466		166
camarás	3, 415	jámbhatē	1, 408, 466	tántuṣ	3, 93, 101
camarikas	3, 315	jámbhas	1, 462	tántram	3, 93,101
camū-	1, 606	járati	1, 462	tányati	3, 19, 157
cáyati	3, 340	járatē	1, 297, 304	tápas	1, 307
cáyatē	1, 545		434	tápati	1, 307; 3, 94
cáyas	3, 340	járā	1, 304		120
cárati	1, 598	jalūkā	1, 417	taptám	3, 94
carúṣ	1, 625, 630	jálpati	3, 257	taptás	3, 94
	638; 3, 303	jáhakā	3, 395	tápyati	3, 94, 120
cárman- 1, 621; 3,263		jānā́ti	1, 458	tamáyati	3, 118
carmamnā-	2, 143	jánu	1, 448	támas	3, 162
cárvati 1,630; 3, 322		jálam	1, 478	tamrás	3, 92
cáṣakas	3, 306	jālmás	3, 257	taráṇi-	3, 77
cáṣṭē	1, 503	jáspatiṣ	1, 300	tarasā	3, 77
cā́pas 1, 641; 3, 302		jihvā́	3, 485	táruṇas	3, 90
cámati	2, 283	jígāti	1, 262	tarkáyati	3, 115
cáyati	3, 307	jíhītē	1, 446	tarkas	3, 115
cáyamānas	3, 310	jīrás	1, 426	tarkúṣ	3, 125
cā́ras	3, 307	jīrṇás	1, 454	tárjati	3, 134
cikitvā́n	3, 349	jíryati	1, 462	tardayati	3, 144
cikhallas	3, 258	jī́vati	1, 423	tárdman-	3, 144
cíttiṣ	3, 330	jīvás	1, 422	tárpati 3, 126, 134
citrás	2, 629	juhṓti	1, 424	talam 2, 418; 3, 110
cid	3, 348	jūrṇíṣ	1, 286	tálpas	3, 117
cinṓti	3, 340	jū́rvati	1, 286	tava	3, 88
cirás	2, 420	juhū́-	3, 485	távas	3, 162
curchas	3, 324	jṛ́mbhatē	1, 276	tavīti	3, 162
cū́das, cūḍā́	1, 681	jṓguvē	1, 248, 282	táskaras	3, 81
cṛtáti 1, 675; 3, 324		jñātíṣ	1, 466	tā	3, 128
cḗtati	3, 330, 349	jñu-bádh-	1, 68	tāt	3, 65

Altindisch

támyati	3, 118	trī	3, 138	dŕ̥tiṣ	1, 344
tāyúṣ	3, 69, 84	tríṇi	3, 138	dr̥bháti	1, 340, 363
tārás	3, 52, 123, 126	tvám	3, 159	dŕ̥hati	1, 343
tālas	2, 289; 3, 71, 73	tvām	3, 166	dr̥hyati	1, 343
tālī	3, 71, 73	tvas	3, 86	dégdhi	1, 336
táṣṭi	3, 99	tvē	3, 86	dēvás	1, 300, 351
tigmás	3, 8			dēvā́, dēvár-	1, 333
tittirás	3, 101	dákṣiṇas	1, 346	dēvī́	1, 300, 333
timitas	3, 105	daghnás	1, 378	déhati	1, 336
tiráti	1, 238	daghnóti	1, 378	dēhí	1, 336
tíṣṭhati	3, 5, 21	dádāti	1, 327, 329	déhmi	1, 450
tisrás	2, 618	dádhāti	1, 347	dógdhi	1, 366
tīvrás	3, 103	dan	1, 345; 3, 295	dōṣ-	1, 384; 2, 302
tu	3, 111	dantaskavam	2, 635	dyu-	1, 357
tucchyás	3, 130	dámas	1, 361	dyumán	1, 357
tuñjáti	3, 149	dámūnas	1, 361	dyáuṣ	1, 357
tudáti	3, 34	daras	1, 363	drávati	1, 368
tupáti	3, 122	darbhás	1, 340, 363	drā́ghatē	1, 366
túbhyam	3, 87	dálati	1, 361	drā́ghiṣṭas	1, 359
túmpati	3, 122	dalam	1, 361	drā́ghīyān	1, 359
turáti	1, 238	dáviṣṭhas	1, 326	dráti	1, 344, 369, 373
tuvám	3, 159	dávīyān	1, 326		375
túṣyati	3, 158	dáça	1, 346	drāpáyati	1, 373
tūṇas	3, 150	daçát-	1, 346	dráyatē	1, 369, 375
tūras	3, 165	daçatíṣ	1, 346	dru-	1, 342, 371
tūṣṇím	3, 109, 158	daçamás	1, 346		2, 256
	293	dáhati	1, 335, 412	drumás	1, 372
tr̥ṇátti	3, 144	dā́tā	1, 329	dvayám	1, 331
tŕ̥ṇam	3, 98	dā́tiṣ	1, 329	dvayás	1, 331
tr̥ṇḗdhi	3, 97, 124	dánam	1, 328	dvā	1, 330
tr̥tiyas	3, 137	dánu	1, 362, 380	dváram	1, 332
tr̥pṇóti	3, 126, 134	dāras	3, 174	dváras	1, 330
tŕ̥pyati	3, 126, 134	dáru	1, 342, 450	dváu	1, 330
tr̥prás	3, 126, 136	dāvánē	1, 325	dvi-	1, 331
tr̥ṣúṣ	3, 96	dáçati	1, 345	dvē	1, 330
tr̥ṣṭás	3, 96	dāçnóti	1, 345	dvēçatē	1, 330
tŕ̥ṣyati	3, 96	dāhas	1, 327	dhattūra-	1, 384
tē	3, 102	dínam	1, 339	dhánuṣ	1, 377
téjatē	1, 449; 3, 8, 130	dihānas	1, 450	dhánvan-	1, 377
téjas	1, 449	dīrghás	1, 327, 359	dhámati	1, 354, 383
tōkám	3, 149	dīrṇás	1, 344	dhamitás	1, 383
tōdás	3, 34	durdinam	1, 357	dháyati	1, 358
tópati	3, 122	durdivasas	1, 357	dhátavē	1, 353
tóyam	3, 84	duvayōṣ	1, 331	dhāráyati	1, 342, 451
tōṣáyati	3, 158	duvā́, duváu	1, 330	dhávati	1, 331
tóhati	3, 149	duvē	1, 330	dhávatē	1, 331
trápatē	3, 126	duṣ-	1, 357	dhāutíṣ	1, 331
tráyas	3, 138	duhitá	1, 366	dhītás	1, 358
trayás	3, 140	dūrás	1, 326, 385	dhíras	1, 351
trásati	3, 147	dū́rvā	1, 342	dhīḥ	1, 351
tripád-	3, 133	dr̥ḍhás	1, 343	dhunóti	1, 381
triṣ	3, 133	dr̥ṇáti	1, 344; 3, 174	dhūnóti	1, 381

36*

Indisch

dhūmás	1, 380, 385	nēd	2, 218	paçcá	2, 380, 387,415
dhūmrás	1, 377	nḗdīyas	1, 355	paçcád	2, 301, 380
dhḗnā	1, 358	nḗnēkti	2, 207, 229	páçyati	2, 323, 347
dhēnúṣ	1, 353, 358	nōdayati	2, 230		644
dhmātás	1, 383	nāu	2, 191, 200	pásas	2, 326, 355
dhráṇati	1,375; 3,135	náuti	2, 207, 231	pāṁsúṣ	2, 347
		náuṣ	2, 207	pājasyám	2, 326
na	2, 204			pāṭalas	2, 374
nák	2, 229	paktás	2, 331	pāṇíṣ	2, 305
nakhám	2, 224	paktíṣ	2, 352	pāt	2, 382
nakháras	2, 224	pákṣas	2, 326	pā́ti	2, 324, 362
nagnátā-	2, 193	pakṣás	2, 326	pādáyati	2, 300
nagnás	2, 193	páṅkas	2, 470	pāyáyati	2, 362
nad-	2, 212	paṅktíṣ	2, 479	pāráyati	2, 316
nanā́	2, 234	pácati	2, 331	pā́rṣṇiṣ	2, 370
nápāt	2, 215	páñca	2, 479	pāças	2, 351
naptíṣ	2, 215	pañcathás	2, 479	pāçī́	2, 351
nábhas	2, 205	paṭas	2, 397	piṁçáti	2, 356, 360
namata-	2, 196	pā́ṇatē	2, 396	piṅktḗ	2, 329, 478
námas-	2, 196	paṇas	2, 396	piṅgas	2, 329, 478
nar-	2, 227	pátati	2, 458	picchōrā	2, 364
narmás	2, 228	pátiṣ	1, 299; 2, 385	picchōlā	2, 364
náva	1, 335	pattiṣ	2, 353	piñjaras	2, 329, 478
návatē	2, 207, 231	páttram	2, 343	pitúṣ	2, 361
návas	2, 223	pátram	2, 343	pítṛvyas	3, 29
návisṭhas	2, 206	padatalḗ	2, 416	pināṣṭi	2, 335, 348
navínas	2, 232	padám	2, 382		363, 472
náçati	2, 215	padmas	1, 37	pínākam	2, 335
nas	2, 200, 232	padyatḗ	2, 300	píparti	2, 316, 341
náhyati	2, 225	pánthās	2, 469	píppakā	2, 355, 364
nāgas	2, 193	pannás	2, 300	pippalī́	2, 341
ná-nā	2, 191	páyatē	2, 358	pippíkā	2, 355
náma	1, 480	paraçúṣ	2, 409	píbati	2, 362
nā́sā	2, 228	parāgas	2, 337	piçáṅgas	2, 346
nāsti	2, 215	parāvṛ́j	1, 228	piçás	2, 346
ni-	2, 219, 220	pári	2, 337	piṣṭám	2, 472
niḥ	2, 222	parí-, parin-	2, 341	piṣṭás	2, 348, 363
niktás	2, 229	parivāsayati	1, 233	pīḍáyati	2, 355
nitarām	2, 220	parḗ	2, 431	pītás	2, 362
nítyas	2, 216	parṇám	2, 313, 343	pītíṣ	2, 362
nivát-	2, 219		425	pīnás	2, 358
níṣṭyas	2, 222	párdatē	2, 337	pī́vas	2, 354
nīcás	2, 222	parparī́	2, 385	puṅkhas	2, 462
nīcāiṣ ved.	2, 222	párçuṣ	2, 344	puṅgas	2, 460
nīḍás	1, 279	paladás	2, 332	púcchas	2, 378, 470
nīpas	2, 222	palávas	2, 331, 395		475
nīvíṣ	2, 222	páliknī	2, 333	puñjas	2, 459, 460
nu	2, 223	palitás	2, 333, 370		472
nudáti	2, 230		395	putrás	2, 458
nū	2, 223	pávatē	2, 465; 3, 185	punā́ti	2, 465, 3, 185
nūnám	2, 232	páçu	2, 347	puppuṭas	2, 470
nējáyati	2, 207	paçukā	3, 42	pupphusas	2, 470

Altindisch

purás	2, 338	pruṣṇóti	2, 453	bódhati	1, 95
purā́	2, 338	pruṣyati	2, 453	bōdháyati	1, 135
púriṣam	2, 410	prōkṣa-	2, 377	bradhnás	1, 121, 125
pustás	2, 476	plávatē	2, 376, 377	brávīti	2, 149
púṣpam	2, 470	plavás	2, 373	bhágas	1, 98, 99, 446
púṣyati	2, 470, 476	plāvayati	2, 364	bháṅgas	1, 134, 137
pūgas	2, 459, 462	plīhán-	2, 605		2, 335
	472	plutás	2, 374	bhájati	1, 98
pūjáyati	2, 459	psáras	2, 443	bhanákti	1, 137
pūjā́	2, 459	phálakam	2, 306, 331	bháyatē	1, 115
pūrṇatā	2, 394		390, 393	bhárati	1, 80
pūrṇás	2, 394	phálati	2, 306, 393	bháras	1, 106
pū́rvas	2, 336		398	bharítram	1, 77
pūlas	2, 473	phálas	2, 493	bhárīman-	1, 77
pr̥cháti	2, 442	phutkarōti	2, 470	bhárgas	1, 103
pŕ̥t-	2, 341, 709	phénas	2, 334	bhárma	1, 77
pŕ̥tanam	2, 341			bhárvati	1, 109, 119
pr̥thukas	1, 241, 442	bábhasti	1, 84; 3, 59	bhallakas	1, 80
pr̥thúṣ	2, 366, 452	babhrúṣ	1, 97, 128	bhallas	1, 80
pŕ̥dākuṣ	2, 315		151	bhávati	1, 159
pŕ̥cniṣ	2, 443	bambharas	1, 132	bhávīyas	1, 139
pr̥ṣatī	2, 410	bárjahas	1, 103	bhasalas	3, 59
pŕ̥ṣan-	2, 410	barjahyám	1, 103	bhástrā	1, 84
pŕ̥ṣant-	2, 346	Barbarā	1, 53	bhāti	1, 73
pr̥ṣṭhám	2, 344	barbaras	1, 53, 108	bhālam	1, 73
péças	2, 348, 360	Barbarī	1, 53	bhāvayati	1, 35
pēṣṭar-	2, 363	barburám	1, 53	bhāvás	1, 35, 36
pṓtas	2, 458	bálam	2, 105	bhāṣā	1, 63, 287
pṓṣati	2, 476	bálīyān	1, 105	bhās	1, 58, 59
pyānás	2, 476	báliṣṭhas	1, 105	bhā́sati	1, 58
pra-	2, 437	balbalākarōti	1, 44	bhāsas	1, 58
pragalbhas	3, 262	bahirdvāram	1, 81	bhītás	1, 115
prájñātiṣ	1, 458	bahir-dhā	1, 69	bhugnás	1, 133, 134
práti	2, 446	bahíṣ	1, 69, 81	bhujáti	1, 66, 96, 157
práthas	2, 370, 374	bā́dhatē	1, 68		281; 2, 238
pra-dā-	1, 239	bālás	1, 49	bhuráti	1, 151
pradánam	2, 439	bāhatē	1, 40	bhuríjāu	1, 103
prapat-	2, 433	bibhárti	1, 80	bhū́riṣ	1, 139
prabhúṣ	2, 424	bíbharti	1, 80	bhūtám	1, 159
praçnas	2, 371	bibhéti	1, 115	bhūtás	1, 159
praçnás	2, 442	bibhrāṇas	1, 81	bhūtíṣ	1, 159
prasabham	2, 197	búkkati	1, 140	bhū́yān	1, 138
pra-sulati	2, 658	búkkāras	1, 140	bhū́yiṣṭhas	1, 138
prastarás	2, 445	buddha-	1, 150	bhūrjas	1, 77
prastha-	2, 444	budbudas	1, 93	bhŕ̥gavas	1, 103
prahlādas	2, 448	budhás	1, 66	bhŕ̥ṅgas	1, 132
prahvás	1, 448	budhnás	1, 135	bhŕ̥ṅgā	1, 132
prā-	2, 423	búdhyatē	1, 66	bhr̥jjáti	1, 116
prātár	2, 423	bubudhima	1, 66	bhr̥tíṣ	1, 81
priyás	2, 436	buliṣ	1, 142	bhr̥ṣṭíṣ	1, 107, 109
priyāyátē	2, 436	br̥hant-	1, 76		111
prīṇāti	2, 436	br̥haspátiṣ	1, 103	bhōgás	1, 133

bhrájatē	1, 120	
bhrā́tā	1, 118	
bhrātryam	1, 118	
bhrīṇā́ti	1, 122	
bhrū́ṣ	1, 124	
bhréṣati	1, 307	
makhás	2, 148	
maṅkúṣ	2, 187	
mácatē	2, 171, 187	
májjati	2, 119, 131 146, 162	
majjā́n-	2, 146	
maṇḍalas	2, 169	
matíṣ	2, 308	
matī-kṛtas	2, 165	
matyā́m	2, 165	
máthati	2, 190	
mádati	1, 381, 2, 145 169	
mádatē	1, 381	
mádhu	2, 110	
madhurás	2, 110	
madhuvád-	2, 110	
mádhuṣ	2, 110	
mádhyam	2, 113	
mádhyas	2, 112	
mánas	2, 142	
mánuṣ	2, 169	
mánthati	2, 190	
manthayati	2, 179	
mand-	2, 169	
mandas	2, 169	
mandhātár-	2, 169	
mányatē	2, 142	
manyā́	2, 154	
máma	2, 118	
máyatē	2, 117	
máyas	2, 134	
máyā	2, 143	
mayúkhas	2, 108	
marakatam	1, 475 2, 100	
marakas	2, 156	
márati	2, 120	
maras	2, 156	
márīciṣ	2, 97	
markás	2, 122, 159	
mártas	2, 122	
márdhati	2, 150	
marmaras	2, 159	
maryā́dā	2, 158	
marṣati	2, 160	
málas	2, 91	
malinás	2, 91	
malūkas	2, 153	
maçákas	2, 163	
mahánt-	2, 144, 147	
máhya(m)	2, 142	
māṁsám	2, 189	
mātā́	2, 106	
mā́ti	2, 118, 126	
mātíṣ	2, 126	
mā́tram	2, 118	
mā́thayati	2, 179	
mā́nam	2, 118	
mā́m	2, 187	
māyā́	2, 96, 109	
mārā́yati	2, 158	
mā́rjati	2, 151	
mā́rṣṭi	2, 151	
mās- „Fleisch"	2, 189	
mās-, mā́sas „Monat"	2, 125	
mitrás	2, 137	
mitháti	2, 139	
mithás	2, 125	
mināti	2, 117	
miçrás	2, 123	
miṣam	2, 130, 182	
mih-	2, 109	
mīḍhám	2, 131	
mīnás	2, 117 ff., 137	
mī́yatē	2, 136	
muktás	2, 141	
mucáti	2, 182	
muñcáti	2, 141, 182	
mū́ñjati	2, 186	
muṇḍas	2, 149	
mudirás	2, 178	
mudgaras	2, 146	
mudgalas	2, 146	
murmuras	2, 159	
muṣati	2, 186	
muṣṇā́ti	2, 186	
muṣṭíṣ	1, 687	
mū́kham	2, 184	
mū́tram	2, 185	
mūrkhás	2, 153	
mū́rcchati	2, 161	
mūrdhán-	2, 156	
mū́ṣ	2, 186	
mū́ṣika	2, 186	
mṛgayā́	2, 119	
mṛgayúṣ	2, 119	
mṛjā́ti	2, 151	
mṛṇā́ti	2, 150	
mṛtás	2, 122	
mṛtiṣ	2, 672	
mṛdúṣ	2, 150	
mṛdháti	2, 150	
mē	2, 132	
mḗkṣaṇam	2, 123	
mḗkṣáyati	2, 123	
mḗghás	2, 109	
mḗthati	2, 139	
mēthíṣ	2, 124	
mēdhā́	2, 169	
mḗniṣ	2, 117	
mēsás	2, 127	
mḗhati	2, 113, 131 133	
mḗhas	2, 131	
mṓjati	2, 186	
mṓna-	2, 155	
mṓṣati	2, 186	
mradīyā́n	2, 150	
mriyátē	2, 120	
mlātás	2, 142	
mlā́ti	2, 142	
mlā́yati	2, 142	
yákṛt	1, 477	
yákṣmas	3, 479	
yájati	1, 470	
yatarás	1, 406	
yadā́	1, 390, 391 2, 255	
yábhati	1, 388	
yámati	3, 499	
yávas	1, 389; 2, 249	
yáviṣṭhas	3, 471	
yávīyā́n	3, 471	
yáças	1, 488; 3, 497	
yas	1, 472	
yātám	3, 498	
yā́tā	3, 499	
yā́ti	1, 392; 2, 393 3, 498	
yā́trā	3, 498	
yā́nam	3, 498	
yā́nas	1, 392; 3, 498	
yugám	1, 244, 469	
yutás	2, 329	
yúdhyati	2, 258	
yúdhyatē	3, 468	

yudhmás	2, 258	
yunákti	1, 469	
yúvan-	3, 471	
yūka-	1, 233	
yūyám	1, 238	
yū́ṣ	3, 195	
yū́ṣam	3, 195	
yŏktram	3, 194	
yŏdhati	2, 258	
yā́uti	2, 329; 3, 196	
raghúṣ	2, 24	
raṅga- „Farbe"	2, 511	
ráṅgas „Schauplatz"	2, 545	
racanam	2, 498, 509	
	532	
racáyati	2, 498, 509	
	532	
rájjus	2, 531	
ráṇas	2, 490	
ráthas	2, 244, 541	
	3, 40	
rathíṣ	3, 40	
rā́dhyati	2, 81	
rápati	2, 536	
rápas	2, 535	
ráyas	2, 507, 532	
rayíṣ	2, 486	
rarā́ṭam	2, 12	
rávati „brüllt"	2, 502, 560	
rávati „zerschmettert"	2, 499, 558	
rávas	2, 500, 502	
raçaná	2, 515, 563	
raçmí-	2, 515	
rasá	2, 537	
rā́jan-	2, 586	
rā́ti	2, 36, 486	
rā́dhas	2, 482	
rā́dhnŏti	2, 482	
rā́dhyati	2, 482	
rāy-	2, 486	
rā́yati	2, 21, 486	
rās	2, 486	
rikháti	2, 442, 519	
riṇā́ti	2, 520, 523	
ríṇvati	2, 523	
ripháti	2, 557	
riçáti	2, 45	
ríṣyati	2, 37, 519	
ríṇas	2, 507	
ríyate	2, 507, 520, 523	
rītíṣ	2, 507, 520	
rugnás	2, 67	
rujáti	2, 53, 67, 71	
rutás	2, 499, 558	
rudáti	2, 555	
rudhirás	2, 504, 520	
rū́pyati	2, 548, 549	
ruváti	2, 502, 560	
rúçan	2, 76	
rū́pyam	2, 543	
rēkhā́	2, 442, 508, 519	
réjate	2, 41, 80	
rétas	2, 507, 520	
rēphati	2, 557	
rēsā́yati	2, 519	
rōkás	2, 72	
rōcás	2, 69, 72	
rōditi	2, 555	
rŏ́dhati	2, 78	
rōpam	2, 548	
rōpayati	2, 548, 549	
rŏ́man-	2, 548	
rōmanthas	2, 547	
rŏ́hitas	2, 544	
rā́uti	2, 498, 502	
laghúṣ	2, 24	
láṅghati	2, 80	
laṅghā́yati	2, 80	
lápati	2, 32	
labas	2, 561	
láyatē	2, 8, 44, 47	
lalallā́	2, 10	
láṣati	2, 15, 17	
lālasas	2, 15	
lālā	2, 10	
lāvas	2, 2	
lināti	2, 8	
líbujā	2, 1, 50	
limpáti	2, 32, 44, 77	
liçáti	2, 45	
líhati	2, 40	
líyatē	2, 8, 47	
līlā	2, 29	
luñcáti	2, 75	
lunáti	2, 2, 70	
lubdhakas	2, 294	
lúbhyati	2, 77	
lḗḍhi	2, 40	
lēpáyati	2, 32	
lēpas	2, 32	
lēlā́yati	2, 28	
lḗṣṭuṣ	2, 45	
lōkás	2, 65	
lŏ́catē	2, 73	
lŏ́tam	2, 51	
lŏ́tram	2, 51	
lōpáyati	2, 70	
lōpā	2, 70	
lōbhas	2, 77	
lŏ́man-	2, 548	
lŏ́lati	2, 78	
lŏ́ṣṭás	2, 71	
vakuças	1, 179	
vákti	1, 245	
vakrás	2, 12	
vakṣayati	2, 250	
vaṅkaras	2, 12	
vácas	1, 245	
váñcati	2, 325	
vatsalás	1, 191	
vatsás	1, 194	
vádati	1, 163	
vadh-, vádhati	1, 163	
	2, 249; 3, 173	
vadhayati	2, 249	
vadhúṣ	1, 177	
vánati	1, 247; 2, 294	
	3, 184	
vánam	1, 210, 225	
vanŏti	3, 184	
vandhúram	3, 173	
vandhyas	1, 245	
vápati	1, 183; 3, 57	
vamrí	2, 174	
váyati	1, 175, 206	
vayám	1, 175; 2, 183	
vayá	1, 195, 196	
	3, 238	
varatrā́	1, 185	
varáyati	1, 218	
váras	1, 180, 224	
variman-	1, 235	
várjati	1, 185	
vartati	1, 230	
vartatē	1, 190, 230	
vártanam	1, 187	
vartanī	1, 187	
vartā́yati	1, 190, 230	
vartulas	1, 187	
vartulā	1, 187	

568 Indisch

vártma	1, 235	vidhávā	1, 175	çáṁsati	3, 64
várdhati	1, 185	vidhúṣ	1, 175	çaṁsáyati	3, 64
várdhatē	1, 230	víndatē	2, 206	çákṛt	3, 395
	2, 491	vínā	1, 210, 225	çakunás	2, 689
várṣati	1, 180	vilināti	2, 44	çakúntas	2, 689
varṣimá̄	1, 190	viç-	1, 193	çaknṓti	2, 537
várṣiṣṭhas	1, 190	víçvas	1, 192	çáṅkatē	1, 709
várṣma	1, 190	viṣ-	1, 214	çaṅkúṣ	3, 41
várṣmá̄	1, 190	viṣṭhā-	1, 214	çatám	3, 15
valagás	1, 228	vihā́yas	1, 457	çátruṣ	1, 646
válati	1, 165	vihāra-	1, 155	çanás	1, 615
valkám	1, 220	vītás	1, 206; 2, 239	çápati	2, 695
valkás	1, 220	vītíṣ	2, 239	çapharas	1, 632
válças	1, 221	vīrás	1, 203		2, 578, 696
vas	1, 238	vṛ́kas	1, 218, 300	çaphás	1, 584, 621
vas- „essen"	1, 233	vṛkí(ṣ)	1, 223, 300	çabalas	1, 582; 2, 685
vásanam	3, 191	vṛjaní	1, 219	çábdas	2, 695
vasantás	1, 192	vṛṇákti	1, 185	çámati	2, 673
vasar-	1, 192	vṛṇā́ti	1, 180	çamayati	3, 259
vásu	1, 191	vṛtíṣ	1, 230	çámyā	3, 259
vasuçravas-	1, 191	vṛttás	1, 189	çárkarā	2, 584
vasnám	1, 183	vṛttíṣ	2, 590	çárdhatē	2, 697, 711
vásman-	3, 191	vṛddhás	2, 527	çárdhas	3, 320
váhati	1, 178	vṛdháti	2, 527	çárman	2, 264, 388
vahanam	1, 214	vṛndám	1, 186		3, 263
vahas	1, 214	vṛçcáti	1, 468	çárvaras	2, 691
vā „sogar"	1, 161	vṛ́ṣan-	1, 180; 2, 515	çalabhás	2, 579
	165	vṛ́ṣas	2, 515	çalás	1, 510
vā- „weben"	1, 194	vḗjatē	1, 331	çalākas	2, 692
vā́jas	1, 196	vētasás	1, 193	çávas	3, 59
vā́tavē	3, 194	vḗti	1, 201, 215	çáviṣṭhas	3, 59
vā́tas	1, 194		2, 240, 381	çávīras	3, 43
vā́ti	1, 194, 196	vētrás	1, 194, 200	çaçás	2, 701
vādáyati	1, 163	vḗda	1, 176, 177	çásati	1, 639
vā́das	1, 163		198	çastrám	1, 639
vāpí	1, 168	vḗdas „Kenntnis"		çákhā	2, 703
vām	1, 161, 175		1, 198	çātáyati	1, 540
váyati	194, 196	vēdás „Büschel"		çā́nas	2, 702
vā́yas	1, 175		1, 200	çārás	2, 611, 617
vāyúṣ	1, 196	vḗpatē	1, 204	çārikā	2, 699
vālayati	1, 165	vḗllati	1, 201	çārí̄	2, 699
vāháyati	1, 215	vḗllitas	1, 201	çālás	3, 227
vi	1, 237	vḗṣkás	1, 195	çíkṣati	2, 537
vijjalas	1, 214	vāi	1, 165	çíkhā	1, 594
vitarám	1, 237	vái̇ram	1, 203	çípram	1, 619, 656
vítaras	1, 237	vyáyati	1, 206	çíphā	3, 289
vittás	2, 206	vraṇám	1, 229	çímī	2, 673
vittíṣ	1, 192	vraṇás	1, 229; 2, 490	çíras	3, 374
vidátham	1, 177	vratám	2, 539	çilas	1, 603; 2, 692
vidá̄	1, 176	vrā́dhant-	2, 527	çivás	2, 414
vídyá̄	1, 177	vrīhíṣ	1, 130; 2, 523	çíçiras	2, 657; 3, 344
vidvá̄n	1, 176	vlēṣkas	2, 34	çiṣṭas	1, 642

Altindisch

çíkatē	2, 623	ṣaṭ	3, 395	suṣṭhú-	2, 444
çīkáras	2, 623	ṣaṣṭhás	3, 395	sūkarás	2, 593
çīghrás	2, 621, 622	ṣṭhívati	2, 379	sútiṣ	3, 57
çílam	2, 624	sa-	3, 37	sútuṣ	3, 57
çúkas	3, 60	saṁkliç-	1, 568	sútē	2, 593; 3, 57
çunám ved.	3, 46	saṁsát	2, 701	sūnáras	2, 227
çulkám	3, 44	sakŕt	1, 657	sūnúṣ	3, 57
çúvā	3, 42	sákthi	3, 8	súpas	2, 701
çúṣkas	2, 704; 3, 54	sájati	3, 63	súyatē	2, 593; 3, 57
çúṣmas	3, 436	sañjayati	3, 63	súras	2, 690
çúṣyati	3, 54	sátas	2, 702	srjáti	2, 605
çūkas	3, 44, 451	san-	2, 575	sḗcatē	3, 55
çū́nam	3, 41	sant-	3, 53	sētár-	2, 619
çūnás	3, 435	sánti	3, 52	sétuṣ	2, 619
çū́ras	3, 43, 59	saptamás	2, 602	sōma-	3, 251
çūlas	3, 43	sabhā́	2, 284, 596	sāuti	2, 593
çŕṅgam	2, 616		599; 3, 363	skándati	2, 632
çṛṅgavḗram	1, 453	sam-	2, 564, 3,37	skabhnā́ti	2, 640
	480	sam-áraṇam	2, 496	skúndatē	1, 555
çrṇṓti	2, 667; 3, 32	samás	2, 573	skhádatē 1, 555; 2,449
çḗphas	3, 289	samgavā́-	3, 194	skhálati 1, 597; 2, 643
çḗvas	2, 414, 609	samdhíṣ	3, 38	stánati	3, 10
çṓkas	1, 684	sambhārá-	1, 16	stabhnā́ti	3, 7, 16
çṓṇas	3, 46	sárati	2, 579, 581	stámbhas	3, 16
çṓṇitam	3, 46		618, 711	stárati	2, 444
çóṣas	3, 54	sárjati	2, 605	staras	2, 445
çyāmás	2, 626	sarbh-	2, 612	stárīman-	2, 444
çyāvás	2, 621	sárvas	3, 43		3, 20
çrathnā́ti	1, 669	salilás	2, 658	stāyáti	3, 84
çrapáyati	2, 261	sávati	3, 57	stāyúṣ	3, 84
çramaṇás	3, 370	savyás	3, 434	stighnṓti	3, 14
çramayati	3, 273	sasra-	2, 618	stíbhiṣ	3, 7
çráyati	1, 572	sādáyati	2, 567	stíyā	3, 105
	2, 663	sādás	2, 567	stīmás	3, 105
çráyatē	2, 664	sādin-	1, 235	stīrṇás	2, 444
çrávas	2, 656, 662	sādī	1, 235	stupás	2, 708
çrānáyati	1, 572	sánu	2, 575	stṛṇā́ti	2, 444; 3, 20
çrāváyati	2, 656	sāráṅgas	2, 582, 698	stṛṇṓti	3, 12
çrutás	2, 667	sáram	2, 582	stṛtás	2, 444
çrudhí	2, 667	sāras	2, 697	stṛháti	3, 97
çrúṣṭíṣ	2, 667, 668	sārthavāha-	2, 582	styā́yatē	3, 10, 105
çrṓṣati	2, 667, 668	sicyátē	3, 55	sthágati	2, 286; 3, 12
çvaghnin-	2, 684	siñcáti	3, 55		16
çváçuras	2, 588	sināti	2, 624	sthagayati	2, 286
	3, 438	sídati	2, 622	sthálati	3, 91
çvaçrū́ṣ	2, 588	sívyati	3, 402	sthálam	3, 18
çvásati	3, 238, 441	su-	1, 446; 2, 450	sthálā	3, 91
çvásiti	3, 50, 51		564, 672; 3, 56	sthā́nam	3, 3
çvā	2, 684	supyatē	2, 706	sthāpayati	3, 11, 19
çvitrás	2, 591	subhágas	1, 446	sthā́ma	3, 3
çvētás	2, 591	s(ú)var ved.	2, 586	sthitás	3, 21
çvētyás	2, 591		690	sthítiṣ	3, 6

570   Iranisch

sthirás	3, 5	syûman	3, 402	hádati	1, 438
sthúṇā	3, 163	sraj-	2, 700	hánti	1, 279, 293
sthūrás	3, 36	srávati	2, 287; 3, 31		410, 428
snåti	2, 679		249	hántvas	1, 411
snåyati	2, 222	srāmás	3, 273	háyas	1, 446
snigdhás	2, 207	srédhati	2, 658	háras	1, 295, 410
sníhyati	2, 207, 680	svájatē	3, 434	hári-	1, 460
snuṣá	2, 682	svadhá	1, 164	háriṣ	1, 452
snēháyati	2, 680	svanás	1, 449	harmyám	3, 263
snēhas	2, 207	svápati	2, 706	háryati	1, 443
snåuti	2, 682	svápiti	2, 706	hárṣatē	1, 420
sprhayati	2, 408	svápnas	2, 694	hávatē	1, 447
sphátati	2, 306, 398	svápnyam	2, 694	hávas	1, 459
sphātáyati	2, 306	svayám	2, 596	hástas	2, 302
spháyatē	2, 707	svar-	2, 690	hi	3, 88
sphirás	2, 710	svárati	2, 593, 3, 49	hitás	1, 347
sphītiṣ	2, 707		234	himás	1, 455
sphuṭáti	2, 306	svarás	2, 593	híraṇyam	1, 452, 460
sphuráti	2, 341, 426	svarāj-	2, 586	huvānas	1, 447
	475	svargás	2, 586	hūtás	1, 447
sphúrjati	2, 337	svás	2, 587, 596	hūtiṣ	1, 465
	454	svásar-	2, 618	hŕd-	2, 613
sphūrjas	2, 454	svāpáyati	2, 706	hŕṣyati	1, 405
smáyatē	2, 674	svārás	3, 234	hěman-	1, 455
smitas	2, 674	sviditas	2, 592	hótā	1, 424
smērás	2, 674	svēdanī	2, 592	hrādúniṣ	1, 302
syáti	2, 619, 624			hládatē	3, 256
syāt	1, 406	ha	1, 413	hvárati	1, 457
syālás	3, 438	haṁsī	1, 324	hvātar-	1, 447
syūtás	3, 402	haṁsás	1, 324	hvātum	1, 447

b. Prakrit- und Neuindisch

dhudhūrā oriya,	1, 384	jåro zigeun.	3, 479	velli prakŕ.	1, 201
džängäl	1, 349				

III. Iranisch

a. Altiranisch (Awestisch unbezeichnet)

abiy apers.	2, 236	ahma-	2, 200	aiwi	2, 236
adam apers.	3, 475	ahmi	1, 405	aiwigərəðmahi	1, 315
adā	1, 391	aχšaēna-	3, 326	ama-	2, 162
adānāh apers.	1, 458	aibigərənte	1, 304	ana	2, 190, 269
aða	1, 391	aibī	2, 236		3, 168, 169
aēiti	1, 471	airya-	2, 279	ana-	2, 268
aēχa-	1, 477	aiti	1, 407; 2, 289	antara-	1, 211
aēšma-	1, 392	aitiy apers.	1, 471		2, 232; 3, 195, 499
ahi	1, 405	aipi	2, 236	anu-	1, 211

Altiranisch

aogah-	3, 467	āvīšya-	3, 478	čiš	3, 348
aojah-	3, 467	ąsu-	3, 190	čit	3, 348
aōδa-	2, 452	ązah-	3, 178		
aoϑra-	2, 246			dadāiti	1, 327, 329
aošta-	3, 192	baga- apers.	1, 98	daδāiti	1, 347
apa-	2, 298	baγa-	1, 98, 99	daēnu-	1, 353, 358
apara-	1, 354	baγapuϑra- apers.		daēva-	1, 350, 351
araiti	3, 493		3, 202	dąm-	1, 361
arda- apers.	2, 530	baχšaiti	1, 98	δανάκη apers.	1, 340
arəδa-	2, 530	baŋgha-	2, 335	dantan-	1, 345
arəma-	2, 490	baŋha-	2, 335	daŋhu-	1, 348
arəša-	2, 538	baoδaitē	1, 95	daōš-	1, 384; 2, 302
arəta-	1, 542; 2, 539	baoδayeiti	1, 135	dar-	1, 344
arəϑna-	1, 396	baoyō	1, 139	darəγa-	1, 359
	2, 55, 57	baraiti	1, 80	darəzayeiti	1, 343
asman-	1, 514	barəman-	1, 77	darga- apers.	1, 359
a-srušti-	2, 668	barəzah-	1, 76	dasa	1, 346
ast-	1, 643	βατιακή apers.	1, 38	dasta- apers.	1, 346
asti	1, 405	bawra-	1, 97	dasəma-	1, 346
a-sūna-	3, 41	bawri-	1, 97	dašina-	1, 346
aša-	2, 288	bayente	1, 115	dauru-	1, 342
ašnaoiti (ava-)	2, 215	bā	1, 34, 97	dav-	1, 326
ašta	1, 231	bərəg-	1, 103	dažaiti	1, 412
aštəma-	1, 232	bərəχδa-	1, 103	dāitiš	1, 329
aţča	1, 407	bərəjayeiti	1, 103	dānəvya-	1, 362
auruša-	2, 539	bərəzaitī	3, 460	dānu-	1, 362, 380
aurva-	2, 279	bərəzant-	1, 76	dāru	1, 450
ava-	2, 251	brātar-	1, 118	dāšta-	1, 345
avádā apers.	2, 249	brāzaiti	1, 120	dāta-	1, 347
aváδa	2, 249	brīnaiti	1, 122	dātar-	1, 329
avaγnāna-	1, 279	brōiϑra	1, 122	dāvōi	1, 325
avah-	3, 184	brvat-	1, 124	dərəz-	1, 343
avapasti-	2, 300	buiδyeiti	1, 67	dərəzra-	1, 343
avōi	3, 170	būšyant-	1, 159	didā apers.	1, 450
ayəm	2, 258	būta-	1, 159	dim	1, 325; 3, 457
azaiti	1, 39	ərəδwa-	2, 144	drājah-	1, 327
azan-	1, 459			drājaŋhe	1, 343
azəm	3, 475	ča	1, 407; 2, 233	draōga-	1, 372
āaţ	1, 1		3, 307	drājištəm	1, 359
āδayōit	1, 393	čakuš-	3, 310	drājyō	1, 359
āfš	2, 248	čaχra-	1, 598	drayah- apers.	1, 363
āγairyāţ	1, 421	čarəman-	1, 621	dražaitē	1, 343
āh-	3, 192	čašāite	1, 503	dru-	1, 342, 371
āhad-	3, 253	čaϑwārō	3, 332	drvaēna-	1, 371
ākasaţ	1, 503	čayeiti	3, 340	dugədar-	1, 366
ā-spərəzatā	2, 408	čā apers.	3, 296	dunman-	3, 152
āsu-	3, 496, 497	čārā	3, 304	duš-	1, 357
ātar-	1, 173	čəvīšī	3, 361	duvarayā-maiy apers.	1, 332
āţ	3, 476	čikayaţ	1, 545	duyē	1, 330
āvahana- apers.		čikiϑwå	3, 349	dva	1, 330
	2, 202	činvaiti	3, 340	dvaidī	1, 326
āvíš	3, 478	čisti-	3, 330		

dvayå	1, 331	hama-	2, 573	iða	1, 363, 471
dvąnman-	3, 152	hamaēstar-	3, 259	isaiti	1, 488
dyav-	1, 357	han-	2, 575	ī	1, 393
		haōma-	3, 251		
ərəδva-	2, 494, 538	haoya-	3, 434	jaidyaṱ	1, 409
ərətiš	2, 496	hapta	2, 608	jaini-	1, 418
ərəši-	1, 404	haraitē	3, 264	jainti	1, 279, 428
ərəzi	1, 580	haraiti	3, 12	jiyā apers.	1, 426
		haurvati	3, 12, 261	jīti-	1, 426
fra-	2, 437		262, 264	jīva- apers.	1, 422
frahanjati apers.		hāu	1, 388; 2, 280	jvaiti	1, 423
	3, 63	hərəzaiti	2, 605	jyā	1, 426
framāna- apers.		hiδaiti	2, 622		
	3, 210	hiχra-	3, 55	ka-	1, 676
framuχti-	2, 141	hinčaiti	3, 55	kaēnā-	1, 545; 3, 289
frapiχšta-	2, 360	hištaiti	3, 5, 21	kainyā	2, 203
frasa-	2, 442	hizū-	3, 485	kaōfa-	2, 542, 694
fraskəmba-	2, 640	hizvā	3, 485	kata-	1, 644
frasparəγa-	2, 705	hu-	2, 564		3, 233
frastərəta-	2, 444	hubaγa-	1, 446	katāra-	1, 646
fraϑah-	2, 370, 374	hunara-	2, 227	kadā	1, 236, 587
frāvarčaiti	1, 221	hunāmi	3, 57	kafa-	1, 523
frāvayeiti	2, 364	huška-	2, 704; 3, 54	kahrka-	3, 498
frīnāiti	2, 436	hū-	2, 593	kahrkāsa	1, 150
frya-	2, 436	hūnu-	3, 57		498, 653; 3, 498
fšaroma-	2, 700	hva-	2, 596	ka-mərəδa-	2, 156
		hvarə	2, 586, 690	kamna- apers.	3, 224
gairi-	1, 293	hvarəz-	3, 265	karana-	1, 654
gaōna-	1, 322			karəna-	1, 629
gar-	1, 304, 421	χara-	1, 22	karəta-	1, 322, 624
	430	χraōsa-	1, 697		635; 3, 329
garəva-	1, 420	χrū-	1, 665	karš-	1, 638
gaunyā-	1, 321	χrūra-	1, 665	kasvīš	1, 639
gaya-	1, 284	χšaob-	3, 239	kaša	1, 640
gātu-	1, 262	χšaϑra-	3, 267	kaϑa-	1, 545
gāϑā	1, 261	χšayō	3, 234	kaufa- apers.	1, 694
gāuš	1, 283	χšōiwra-	3, 396	kayeiti	3, 310
gənā-	1, 418	χštva-	3, 395	kā	1, 493
gərəδō	1, 297	χšvaš	3, 395	kā-f.	1, 676
gərəwnāiti	1, 302	χšviwra-	3, 396	kāra- apers.	1, 529
gouru-	2, 254	χšyō	3, 234		621
granta-	1, 306, 310	χumba-	1, 412, 676	kāy-	1, 545
grīvā	1, 308	χva-	2, 596	kəm	1, 587
gufra-	1, 432	χvaδāta-	1, 164	kərəfš	3, 319
gūϑa-	1, 282	χvaētu-	2, 587	kərəmi-	3, 325
γžāra-	3, 53	χvafna-	2, 694	kərənaoiti	3, 304
		χvafsaiti	2, 706	kərəntaiti	3, 329
ha-	3, 37	χvaŋhar-	2, 618	kąm	1, 493
haētu-	2, 619	χvara-	2, 589	kərəsa-	1, 625, 635
haχti-	3, 8		3, 237	kudā	1, 264
hakərəṱ	1, 657	χvarəna-	3, 264	kusra-	1, 564
ham-	2, 564; 3, 37	χvasura-	2, 588	kušaiti	1, 648

Altiranisch

kutaka-	3, 360	
kū	1, 264	
maδu-	2, 110	
maēγa-	2, 109	
maēni-	2, 117	
maēša-	2, 103, 127	
	139	
maēšī	2, 139	
maēϑana-	2, 124	
maēzaiti	2, 113	
	131	
maγa-	2, 144	
maγna-	2, 193	
maiδya-	2, 112	
maiδyōišad-	2, 701	
mainyete	2, 142	
maiti-	2, 308	
mana	2, 118	
manuš-	2, 169	
mant-	2, 179	
maoiri-	2, 174	
marətāsa-	1, 149	
marəzaiti	2, 151	
martiya- apers.		
	2, 671	
mas-	2, 146	
mazant-	2, 147	
mazga-	2, 146	
māhyā apers.	2, 125	
mām apers. avest.		
	2, 187	
māta-	2, 126	
mātar-	2, 106	
māyā-	2, 96	
må	2, 125	
mąm apers. avest.		
	2, 187	
mązdra-	2, 169	
mē	2, 132	
mərəγaiti	2, 119	
mərəta-	2, 122	
miryeite	2, 120	
mitayaiti	2, 124	
miϑa-	2, 125	
miϑō	2, 139	
miϑwa-	2, 125	
miždəm	2, 131	
mraoiti	2, 149	
mrāta-	2, 142	
mrūitē	2, 149	
mūϑrəm	2, 185	

na	2, 200	
nabah-	2, 205	
naēčit	2, 222	
naēčiš	2, 218, 221	
naēza-	1, 225, 2, 225	
napāt	2, 215	
napta-	2, 217	
naptī-	2, 215	
nar-	2, 227	
nasaiti	2, 215	
nava „durchaus nicht"	2, 204	
náva „neun"	1, 335	
nava- „neu"	2, 223	
nazdyō	1, 355	
nā	2, 191	
nāh-	2, 228	
nāman-	1, 480	
nāv-	2, 207	
nå	2, 232	
nəmah-	2, 196	
ni-	2, 220	
ni-pišta- apers.		
	2, 360	
ni-šāδayeiti	2, 567	
niy apers.	2, 220	
nōit	2, 218	
nūrəm	2, 232	
nyåŋk-	2, 222	
pa-	2, 297	
pačaiti	2, 331	
pada-	2, 382	
paēsa-	2, 346, 348	
	360	
paiδyeiti	2, 300	
pairi	2, 337	
pairi-āδa	2, 393	
pairidaēza-	2, 486	
pairidaēzayeiti		
	1, 336	
paiti-	1, 299; 2, 385	
pančа	2, 479	
pantå	2, 469	
par-	2, 341	
parəna-	2, 313, 343	
	425	
paršta-	2, 344	
paruva- apers.	2, 336	
pasu-	1, 109; 2, 347	
pasuka-	1, 109; 3, 42	
pasu-haurva-	3, 261	

pasušhaurva-	2, 347	
pasča	2, 301, 387	
	415	
pasti	2, 353	
pataiti	2, 458	
paϑi- apers.	2, 469	
paurva-	2, 336	
pazdayeiti	2, 297	
	380	
pārayeiti	2, 316	
pąsnu-	2, 347	
pərəδaiti	2, 337	
pərəsu-	2, 344	
pərət-	2, 709	
pərətantē	2, 341	
pərətu-	2, 316, 446	
	452	
pərəϑu-	2, 452	
pəšana-	2, 341	
pəšu-	2, 446	
pišant-	2, 363	
pitu-	2, 362	
piϑwa-	2, 362	
pīva-	2, 354	
pusa-	2, 470	
puϑra-	2, 458	
raēša-	2, 37	
raēz-	2, 40	
raγu-	2, 24	
raϑa-	2, 244, 541	
ravah-	2, 526	
	3, 261	
ravasčarāt-	2, 526	
raōčah-	2, 69, 72	
raōδah-	2, 550	
raōχšna-	2, 69	
raōχšni-	2, 70	
raoiδita-	2, 544	
raostā	2, 555	
razura-	2, 6, 54	
rāda-	2, 482	
rāδaiti	2, 482	
rādiy apers.	2, 482	
rāna-	2, 490	
rày-	2, 486	
rənjyō	2, 24	
saē-	2, 628	
safa-	2, 621	
sairya-	2, 697, 711	
saka-	1, 538	

574 Iranisch

saŋhaiti	3, 64	ta-	3, 128	uχšyeiti	2, 250
sarah-	3, 374	tačaiti	3, 89, 129	urvāta-	2, 539
sarəδa-	3, 320	taδa	3, 113	urvarō-straya-	3, 29
sarəta-	2, 664	taēra-	3, 92	us-	1, 238
satəm	3, 15	tafta-	3, 94	uši	3, 197
saurva-	1, 180	taχma-	3, 159	uva- „beide" apers.	
sava-	3, 59	taχša-	3, 107		2, 237
sčandayeinti	2, 449	taχti-	3, 89	uva = χva-	2, 596
	653	taibyā	3, 87	uwayam	2, 242
sčindayeiti	3, 443	taka-	3, 114	uyamna-	1, 243
səvišta-	3, 59	tančišta-	3, 159	uz-	1, 238
skənda-	2, 449, 653	taošayeiti	3, 130	uzdaēza-	1, 336
	3, 443	tašaiti	3, 99	ūϑa-	3, 173
snaēžaiti	2, 680	tašan-	3, 99		
snayeitē	2, 679	tava	3, 88	vaδū-	1, 177
spaēta-	2, 591	tāpayeiti	3, 94, 120	vaδrya-	1, 212
spaka-	2, 684; 3, 42	tāya-	3, 69	vaēda	1, 176
σπάκα	2, 684	tāyu-	3, 69, 84	vaēdah-	1, 198
spanah-	2, 597	tē	3, 102	vaēg-	1, 331
sparaiti	2, 341, 426	təm	3, 113	vaēiti-	1, 193, 205
sparəγa-	2, 337, 454	təmah-	3, 162		206
spasyeiti	2, 323, 347	tərəsaiti	3, 147	vaēm	2, 183
spā	2, 684	tiγri-	3, 8, 103	vaēma-	1, 175
	3, 42	tusən	3, 130	vaēϑ-	1, 193
spānah-	2, 575	tušna-	3, 128, 158	vaēϑā-	1, 193
spənta-	2, 597		293	vafra-	1, 168
spərəzan-	2, 605	tuvam apers.	3, 159	vaχšaiti	2, 250
spiϑra- apers.	2, 591	tū	3, 111, 159	vaŋhu-	1, 191
sraōša-	2, 666	tūiri-	3, 85, 165	vaŋri-	1, 192
sraska-	1, 668	tūirya-	3, 29	var- „glauben"	1, 184
sravah-	2, 656, 662	tůras	1, 355	varδaitē	2, 527
srayatē	2, 663, 664		3, 155	varək-	1, 221
srāvayeiti	2, 656	tvəm	3, 159	varəmi-	1, 218
srůti-	2, 667			varəna- „Glaube"	
srvā	2, 616	ϑañjayeiti	3, 148		1, 184
staēra-	3, 92		166	varənā „Wolle"	1, 218
star- „sich beflecken"		ϑanvan-	3, 166	varəsa-	1, 221, 230
	3, 12	dātiy apers.	3, 64	varšna-	2, 515
staōra-	3, 154	ϑrāyō	3, 138	varu-	1, 355
staraiti	2, 444	ϑrikamərəδa-	3, 133	vawžaka-	2, 280
stāiti-	3, 6	ϑritīya apers.	3, 137	vazaiti	1, 178
stāna-	3, 3	ϑritya-	3, 137	vayam apers.	1, 176
stāta-	3, 47	ϑriš	3, 133	vayeiti	1, 200, 215
stəmbana-	3, 7	ϑuvām apers.	3, 166		2, 240
strav- apers.	3, 12	ϑwa-	3, 86	vayōi	3, 170
stūra-	3, 36	ϑwąm	3, 166	vā	1, 175
sūkā	3, 44, 451			vādāya- „stossen"	
sūra-	3, 59	u- apers.	2, 564		2, 249
syāva-	2, 621	ubē	2, 237	vāδayeiti „führt"	
šāman-	1, 492	ud- apers.	1, 238		1, 177, 212
šiyav-, šyav-	3, 385	udra-	1, 239	vāra-	1, 224
šyāta-	2, 389	ufyeimi	1, 226	vāiti	1, 196

Soghdisch, Mittel- und Neupersisch

vārə(n)gan-	1, 469	yaoz-	3, 500	zaōtar-	1, 424
vāta-	1, 194	yava-	1, 389	zara-	1, 443
vəhrka-	1, 87, 218		2, 249	zaranya-	1, 452, 460
vərəδaiti	2, 527	yazaitē	1, 470	zarəta-	1, 462
vərəntē	1, 180	yāiti	1, 392, 3, 498	zaršayamna-	1, 420
viδavā	1, 175	yāh-	2, 423	zarštva-	1, 420, 421
viδvå	1, 176	yākarə	1, 477	zasta-	1, 346; 2, 302
vista-	1, 192, 198	yārə	3, 492	zavaiti	1, 447
visti-	1, 192	yāsta-	2, 423	zavan-	1, 459
višāpa-	2, 589, 696	yəvīn-	1, 389	zāvar-	1, 443
vitara-	1, 237		2, 249	zā	1, 453
viϑ- apers.	1, 193	yugám	1, 244	zbaraiti	1, 457
vīs-	1, 193	yuχta-	3, 474	zbātar-	1, 447
vīspa-	1, 193	yuvan-	3, 471	zəmbayaδvəm,	
vītar-	2, 240	yužəm	1, 238	zəmbayeiti	1, 462
vohu-	2, 191	yūš	1, 238		466
vouru-	1, 355			zərəd-	2, 613
vō	1, 238	zadah-	1, 438	zimō	1, 455
vyāmbura-	3, 187	zaēni-buδra-	1, 100	zī	3, 88
		zafar-	1, 408, 451	zūrah-	1, 457
ya- apers.	1, 472		459	zūti-	1, 465
yadā	1, 390, 391	zairi-	1, 452, 460	zyāna-	1, 476
yaōχəδra-	3, 194	zairita-	1, 419	žgara-	3, 53
yaōšti-	2, 258	zam-	1, 453	žnātar-	1, 458

b. Soghdisch

känd, knd	1, 574	kŕz'kh	1, 627	qpyδ, *kepid	1, 553
	3, 84				

c. Mittel- und Neupersisch (Letzteres unbezeichnet)

āb	2, 247	azg	3, 485	bōr	1, 151
ʿabbāsi	1, 1	aždār	3, 503	būčinā mpers.	1, 22
abrū	1, 124			būräh	1, 145
āgāh	1, 503	babar	1, 35	burrīdan	1, 122
āhū	3, 496	bādye	1, 38		
ālēχtan	2, 41, 80	bādreng	1, 38	čafsīdan	3, 302
āluh	2, 276	barū	1, 124	čafta-	3, 302
āmāž	2, 267	bāften	1, 443	čakuš	3, 300, 309
anbār	1, 16	bālajāme	1, 46		310
angišt	3, 171	bāng	1, 245	čapah	3, 302
angūr mpers.	2, 254	bâz	3, 151	čār	3, 304, 328
ārōγ	2, 554	bāzār	1, 39	čārtāk	3, 328
aris	1, 26	bästäh	1, 83	čarvadar	3, 303
āšām	1, 492	beng	2, 335	čašīdan	3, 306
ā-šuftan	2, 653	berišem	1, 149	čāšītan mpers.	1, 503
	3, 239	†bern	1, 109	čatr	3, 379
ātur- mpers.	1, 173	bìd	1, 193	čem	2, 283
azak mpers.	1, 590	birinǰ	1, 130	čust	1, 555
	3, 485		2, 452		3, 440

Iranisch

dāng mpers.	1, 339	jamādān	3, 315	must	2, 185
daryā	1, 363	jāvīdan	1, 414	mūš	2, 186
	3, 3, 58	jou̯šen	3, 470		
darmān	1, 382	juγ	1, 469	nāχun	2, 224
därvēš	1, 341	juft	3, 474, 475	namāz	2, 196
derbend	1, 340	juhūd	1, 423	nazd	1, 355
dest	1, 346	jumbīnītār	mpers.	neft	2, 217
dēv mpers.	1, 350		1, 267	ni-kūhīdan	1, 681
direχt	1, 373				2, 440
dōš	1, 384, 2, 302	kabā	1, 496	nuhūd	2, 229
draχt mpers.	1, 373	kad	1, 644		
		kaf	1, 523	pādišāh	2, 328
ferz	3, 205	kāfaδ	1, 619	pählâvân	1, 44, 102
		kâkul	3, 268	pāibend	2, 303
gar mpers.	1, 293	kalamkar	1, 598	pālidan	2, 305
γaram, garm	1, 310	kām	2, 283	pang	2, 462
gars	1, 230	kanab	1, 615	panīr	2, 309
gäbr	1, 325	kanāvīz	1, 517	pātaχšā	mpers.
gīr mpers.	1, 293	kanūn	1, 520		2, 328
girān	1, 270	karān	1, 654	pehn	1, 63
gōspanddār	mpers.	kārd	1, 322, 624	peleng	2, 315
	1, 298	kārvān	1, 525	pīč	1, 83, 89
gulāb, gulav	1, 320	kārvānserāi	1, 526	pīčīdan	1, 83
gumbad, gumbaδ		kaval	1, 584	pīrōze	1, 87
mpers.	1, 316	kälā	2, 581	pīškäs	2, 353
gûn	1, 322	kerges	1, 653	pōst	2, 416
gunāh	1, 201	kešti	1, 552	pūlād	1, 142
gung	1, 317	kirm	3, 318, 325		
gūrχāne	1, 698	kōda	3, 360	qabāčä	1, 543
gurjī	1, 313	kōh	1, 694		
		kufter	1, 707	rāī mpers.	2, 482
hamestār	3, 260	kulāh	1, 319	rand mpers.	2, 562
hez	3, 225	kuštan	1, 648	randītan mpers.	
					2, 562
χabāk	1, 494	lēzīdan	2, 661	rāvend	2, 500
χāya	3, 486	lištan	2, 40	reng	2, 511
χāyad, χāyīdan	1, 704			rōi	2, 545
χān	3, 229	mādar	2, 106	ruh	2, 532
χar mpers.	3, 272	magēn mpers.	2, 128	rupie	2, 543
χarbūza	1, 22	māh	2, 125		
χarīdan	1, 660	māhī	3, 371	sag	3, 42
χeberdar	3, 224	mēγ	2, 109	sar, sär	2, 616
χer	1, 22	mēχ	2, 108	sarāi	1, 653; 2, 579
χoros	1, 697	merd, mard	2, 671		3, 26
χrōs mpers.	1, 697	mēš	2, 103, 127, 139	sarāyīdan	2, 656
	3, 265	mitakāli	2, 139	sargīn	2, 711
χūb	3, 278	miž mpers.	2, 132	sāya	2, 610, 630
χudāi	3, 255	morg	2, 676	serāpā	2, 580
χurmā	1, 700	mori	2, 174	serd	2, 664
χurōs	3, 265	mōye	2, 185	siflīden	2, 628
		muri	2, 174	sipidâr	2, 638
yeχ	1, 477	muslimān	1, 60	sirah	3, 387

Afghanisch, Ossetisch

sitādan	3, 84	tabrak mpers.	3, 121	vāng mpers.	1, 245
sitān	3, 3	tācīk mpers.	3, 68	vars mpers.	1, 221
sōg	1, 295	tāftan	3, 94		230
surnāi	1, 464; 3, 48	tāftā	3, 83	varvarah	1, 176
šâh	3, 371, 380	taχš	3, 107	vešak	1, 179
šāhmāhī	3, 371	tāi	3, 69	vināϑ mpers.	1, 201
šāχ	2, 703; 3, 380	tak	3, 114		
šarm	2, 700	tāk	3, 328	zardālū	1, 419
šäftālu	3, 391	tanīδan	3, 93	zelū	1, 417
šelvâr	3, 377	tāšītan	3, 99	zenbîl	1, 456
šetreng	3, 392	teber	3, 121	zer	1, 443
šikāftan	2, 645	teδerv	3, 101	zerbâf	1, 443
šimšâd	2, 575; 3, 372	tîr-i-čärχ	3, 392	ziyān	1, 476
šimšir	3, 372	turuš	3, 99	zōr	1, 443
šubân	3, 297			zūr	1, 457
		vāčār mpers.	1, 39	žāla	2, 257

d. Afghanisch

drabəl	3, 136	pūnda	2, 477	vrižē	2, 523
gung	1, 317	taš	3, 130	žōvul	1, 414
γumba	1, 316	vraža, vrəža	1, 94		

e. Ossetisch

abreg	1, 2	fadyn	2, 326	kʻäbula	1, 582
aburäg	1, 2	fandag	2, 469	kʻäf	1, 495
aburun	1, 2	fars	2, 344	kʻiunugä	1, 579
aik	3, 486	fink	2, 334		
aljgd	2, 53	finkʻä	2, 334	list	2, 45
aljgdjn	2, 53	firtʻon	1, 241		
arm	2, 490	furd	2, 452	māryn	2, 158
avd	1, 542			mieχ	2, 108
äda	2, 290	gumîr	1, 692	mizd	2, 131
ändär	1, 237	gurǰi	1, 313		
äŋgur	3, 180			na	2, 200
ärdäg	2, 530	γalas	1, 287		
ärγom	1, 310	γär	1, 304	rād	2, 482
ättʻiyä	1, 246	γun	1, 322	räin	2, 21
āwzär	1, 457				
		χorz	3, 265		
bärz(ä)	1, 77	χului	3, 258	sald	2, 657
beräγ	1, 87	χuyun	3, 402	san	1, 615
				sau	2, 621
cacan	3, 334	ir	1, 486	sewun	2, 627
cärgäs	1, 538			skʻätt	2, 649
	3, 325	kabak	1, 494	suγdäg	3, 39, 49
		kärc	1, 627		
däyun	1, 358	käsäg	1, 538	tʻayun	3, 84
don	1, 362, 381	kom	1, 513	tʻänäg	3, 119
dumun	1, 383	kui	1, 706	tʻjnjjn	3, 166

urd	1, 495	vēγun	1, 331	zarun	1, 295, 304
urnyn	1, 184	vors	2, 539	zaryn	1, 304
uruχ	1, 355			zäldä	1, 452
		zar	1, 295	zämbyn	1, 466
väräχ	1, 355				

f. Andere iranische Sprachen

bûz kurd.	1, 100, 138	kūčik kurd.	1, 706	purs kurd.	2, 409
gvānk baluč.	1, 245	lapk kurd.	2, 13	rus sarikol.	2, 61
gvarm baluč.	1, 218	pāsi chotansak.		tapar baluč.	3, 121
korêši kurd.	1, 314		2, 409	tefer kurd.	3, 121
kubûn wach.	1, 412	petgāl sarikol.	2, 362	tūr kūrd.	3, 155

IV. Armenisch

aganim	2, 246	barti	1, 78	et	1, 329
aic	1, 488	bazum	1, 40	evtʻn	2, 608
aigi	1, 468	berem	1, 80	ezr	3, 484
airem	1, 173	besekʻ(i)ston	1, 204	ənderkʻ	3, 195, 499
ait	2, 209; 3, 483	bir	1, 88		
aitnum	2, 209	bok	1, 111	galgalium	1, 287
akn	2, 259	bu	1, 155	gan	1, 279
ał	2, 693			garun	1, 192
ałb	1, 397	cer	1, 462	gavak	1, 262
ałbeur, ałbiur		cunr	1, 448	gełj-kʻ	1, 415
	1, 129, 446	çaχ	2, 703	gełmn	1, 218
ałt	1, 397	çelum	2, 283, 631	get	1, 212
amis	2, 125		3, 447	gēj	1, 423
an-	2, 204	čašak	3, 306	gēr	1, 425
anic	1, 280	čorkʻ	3, 332	gin	1, 183
anjuk	3, 178			gini	1, 202
ankiun	3, 171	darbin	1, 356	gitem	1, 176, 198
anun	1, 480	dēz	1, 336	glel	1, 166
apʻχaz	1, 2	diem	1, 358	govem	1, 282
araur	2, 489	dustr	1, 366	gluχ	1, 286
arbi	2, 612			gul	1, 432
arbi	2, 612	ēj miacinn altarmen.		gzir	1, 414
arj	2, 538		3, 465		
arman	2, 490	ełbair	1, 118	haikʻ	1, 252
armukn	2, 490	ełevin	1, 396, 3, 488	haj	1, 252
asełn	2, 281, 288	ełn	2, 13, 264	haka	2, 270, 420
avan	2, 203	em	1, 405	ham	2, 589, 696
azdr	3, 8	erekʻ	3, 138	harç-anem	2, 443
		eri	2, 524	harkanem	2, 408, 426
ba	1, 97	erkan	1, 421		
ban	1, 66	eṙam	2, 431	hasanem	2, 215
barjr	1, 76	es	1, 405, 3, 475	hatanem	2, 326

Armenisch

hatu	2, 326	kov	1, 283	okʻ	3, 296
hełum	2, 400	krak	1, 700	olokʻ	1, 15
henum	2, 272, 380	krcem	1, 314	orb	2, 499
heṙ	2, 385; 3, 122	kṙunk	1, 434	orcam	2, 554
heṙ	2, 709	ku	1, 282	orjikʻ	1, 580
het	2. 382	kʻimkʻ	2, 283	oroj	2, 408; 3, 493
hing	2, 479	kʻoir	2, 618	ortʻ	1, 241
hoylkʻ	2, 464	kʻrtʻmnjel	1, 535	otkʻ	2, 382
hoł	2, 391	kʻuł	3, 300	ozni	1, 392
hordan	2, 341	kʻun	2, 694		
hot	3, 482	kʻurdkʻ	1, 699	panir	2, 309
hun	2, 469	kʻurm	1, 692	pʻartʻam	2, 710
hur	2, 473, 474			pʻelk	2, 396
		lakem	2, 55	pʻoši	2, 347
inǰ	2, 142	lam	2, 21	pʻukʻ	2, 470, 475
ikʻ	3, 296	lapʻel	2, 59	pʻund	2, 711
inn	1, 335	last	2, 54		
isk	1, 491	lizem	2, 40	s	2, 602
iž	1, 392	lois	2, 76	sag	2, 685
		lu	1, 94; 2, 667	sałartʻ	1, 510
yesan	2, 351	luc	1, 469	saṙn	2, 614
yłem	2, 658	lur	2, 667	sirt	2, 613, 614
yogn	1, 292	lusanunkʻ	2, 557	skesur	2, 588
yułarkem	2, 658	lusin	2, 76	skund	3, 448
jag	1, 428			slanam	2, 658
jain	1, 449			soil	3, 436
jaunem	1, 447	macanim	2, 87	šampʻur	3, 371, 420
jet	1, 438	mair	2, 106, 672	šapʻur	3, 371, 420
ji	1, 446	mal	2, 92	šun	3, 42
jmeṙn	1, 456	malem	2, 116		
jukn	2, 554	małtʻem	2, 149	taigr	1, 333
jer	1, 295	mard	2, 122	tam	1, 328
jerm	1, 410	mekʻ	2, 183	tapar	3, 121
jil	1, 424	mełk	2, 150	tasn	1, 346
		meṙanim	2, 120	tełm	3, 110
kał	1, 508, 597	mēg	2, 109	tev	1, 326
kałin	1, 417	mēj	2, 112	tevem	1, 326
karcr	1, 443	mis	2, 189	tit	3, 108
karkut	1, 302	mizem	2, 113, 131	tiz	1, 350
kartʻ	1, 294	mizu	2, 188	tur	1, 328
kaṙapʻn	3, 323	mlukn	1, 572	tvar	3, 112
kaskeni	1, 544		2, 153	tʻalun	3, 90
keam	1, 284	mozi	2, 124	tʻanam	3, 84
keł	1, 410, 415	mṙmṙam	2, 159	tʻanjr	3, 159
kełem	1, 409	mukn	2, 186	tʻatʻavem	3, 120
keri	1, 430	mun	2, 167	tʻekn	3, 8
kin	1, 418	muχ	2, 670, 677	tʻekʻem	3, 129
kiv	1, 414, 422	mχem	2, 184	tʻin	3, 91
knikʻ	1, 579			tʻiv	1, 445
kołr	1, 256, 289	nist	1, 279	tʻmbrim	3, 122
korcanem	1, 532	nor	2, 223	tʻołum	3, 115
kotor	1, 646	nu	2, 682	tʻoyl	3, 150

t'rem	3, 97	vaŕem	1, 169	χil	3, 227
t'rt'ur	3, 161	vaŕim	1, 169	χind	3, 267
t'ux	3, 156	viz	1, 245	χndam	3, 267
				χoyl	3, 435
ułi	3, 182	χał	3, 368	χrčag	1, 637
uranam	2, 274	χand	3, 267	χun	3, 277
uruk	2, 582	χap'anem	3, 230		
usanim	1, 240; 3, 197	χarazan	3, 272	z	1, 435
utem	1, 398	χaχank'	3, 269	z-audem	3, 191
ut'	1, 231	χič	3, 402		

V. Tocharisch (A unbezeichnet)

ak	2, 260	mäśśunt	2, 146	rätre B	2, 504
akmal	3, 314	mely B	2, 116	reki B	2, 509, 518
ant-api	2, 237	meṃ B	2, 125		
açc-	1, 393	meñe B	2, 125	sāle	2, 693
āre AB	2, 274			salyi B	2, 693
	489	nās	2, 232	se	3, 57
		naut B	2, 192	smimāṃ	2, 674
cake B	3, 89	nut	2, 192	soyä B	3, 57
ckācar	1, 366	ñom	1, 480	soma-	2, 573
		ñu	1, 335	somo- B	2, 573
ek B	2, 260		2, 293	ṣamāne	3, 370
eṅk- B	2, 215			ṣar	2, 618
		okadh	1, 231	ṣäk	3, 395
i-	1, 471	om-post-äṃ B	2, 388	ṣkas B	3, 395
		orkäm	2, 280	ṣkäṣt	3, 395
kam	1, 463		560	ṣpäm	2, 694
kanwem	1, 448			ṣpät	2, 608
karyor B	1, 660	pai B	2, 382	ṣpin-	2, 708
känt	3, 15	pänt	2, 479	ṣtām	3, 3
käs- „verlöschen"		papakṣu B	2, 331		
	1, 261	pās-	2, 322	śäk	1, 346
kerciye B	1, 297	pāsk- B	2, 322	śānmaya B	3, 64
klyos-	2, 667	päñ	2, 479	śän	1, 418
knān	1, 458	pärk	2, 443	śtwar	3, 332
ku	3, 42	pärvat	2, 337		
kukäl	1, 598	pärweṣṣe B	2, 337	taṅk- B	3, 147
kulmänts	2, 692	pe	2, 382	tāpärk	3, 94
		piṅkaṃ B	2, 360	tām	3, 128
laks	2, 61	piṅkte B	2, 479	täṅk-	3, 147
lap	2, 50	piś B	2, 479	tärkär	2, 800
lip-	2, 33	plewe B	2, 373	tkācer B	1, 366
lyutār	2, 79	por	2, 474	träm-	3, 125, 147
		postaṃ B	2, 301	tre	3, 138
mācar	2, 106	pracar	1, 118	tremem B	3, 125, 147
malk-	2, 151	prak-	2, 443	trit B	3, 137
malto	2, 156	putk	2, 213, 475	tsatsāpau B	3, 95
malyw	2, 116	rake	2, 509, 518	tu	3, 159
mañ	2, 125	rätraṃ	2, 504	tumane	3, 162

Verschiedenes 581

wac	2, 585	warto B	1, 190	wärto B	1, 229
walke B	1, 181	wäl- „herrschen"			
walo B	1, 181		1, 222	yakwe B	1, 244
	222	wäl „König"	1, 181	yuk	1, 244

VI. Hettitisch

agniš	2, 252	kā-	2, 603	paḫḫši	2, 322
ariia-	2, 274	kard	2, 613	papparš-	2, 410
aruwa(i)-	2, 274	kī-	2, 603	pē	2, 380
atta	2, 290	kui-	3, 348		
				šakkar	2, 697
daluga-	1, 359	lāman	1, 480	šaligai-	2, 691
				šipta	2, 608
ḫaraš	2, 276	mema	2, 188	šum(m)anza	3, 402
ḫaštāi-	2, 286	mugāi-	2, 186		
				tāia-	3, 84
		naš	2, 232	tajezzi	3, 69
iškallāi-	2, 283, 631	nekuz	2, 229	tri-	3, 138
	3, 447	nepiš	2, 205	uk, ug	3, 475
		newa-	2, 223		
jugan	1, 469	ninikzi	2, 215	wēš	3, 183

VII. Venetisch

eχo   3, 475

VIII. Illyrisch

Barbanna   1, 53   βρᾱ   1, 118   tergitio   3, 123

IX. Thrakisch-Phrygisch

βέδυ phryg.	1, 212	δίζα thrak.	2, 521	ζευμάν phryg.	1, 424
βόλινθος thrak.	1, 216	δίζος thrak.	1, 450	ζόμβρος thrak.	
βρίζα thrak.					1, 463
	1, 124; 2, 530	ἕβρος thrak.	1, 388		
βρίλων thrak.	1, 122	ἔξις (ἕζις) phryg.		-zordum phryg.	
			1, 392		1, 461
γέλαρος phryg.					
	1, 460	ζειρά thrak.	2, 521	ιος phryg.	1, 472
		ζέλκια phryg.	1, 452		
δάος phryg.	1, 326	ζεμέλω phryg.	1, 453	πῖνος thrak.	2, 354

X. Lydisch

Κανδαύλης   1, 326

XI. Lykisch

lada   2, 5

XII. Albanisch

áϑεtε	2, 288	δąndεr geg.	1, 467	hal'ε	2, 631, 643
agój	3, 467	δą̊nε geg.	1, 328	harδεl'ε	3, 502
agume	3, 195, 467	δē	1, 458	har̄	2, 645
ah	3, 496	δel'pεrε	1, 452	hē	2, 610, 630
angój geg.	3, 501	δemjε	1, 458	heϑ	2, 686
ar̄ε	2, 276	δεmp tosk.	1, 463	hek̂	1, 221
ašt	2, 286		466	hel'k̂	1, 221
at	2, 290	δεndεr tosk.	1, 467	herdε	1, 580
		δεnε tosk.	1, 328	hir	3, 452
baϑε	1, 97		329	hir̄ε	3, 49, 58
bagεtí	1, 99	δi	1, 352	hu	3, 277
baktí geg.	1, 99	δjes	1, 438	huai	1, 300
balε	1, 73	δjetε	1, 346	huń	3, 241
bal'tε	1, 104	ϑań	3, 54	hurδε	2, 637, 3, 188
barδ	1, 77	ϑep	2, 637	huri tosk.	3, 277
barε	1, 106		3, 449	hül	2, 690
barí	1, 53	ϑεní	1, 280		
bē	1, 68	ϑi	2, 593	iδεním geg.	3, 479
ber̄	1, 53	ϑjer̄ε	2, 647	iδεrím tosk.	3, 479
ber̄ák	1, 53	ϑom	3, 64	íδεtε	3, 479
bie, birni	1, 80, 110	ϑuprε	3, 357	iϑ	1, 473
	2, 485				
bješkε	1, 82	el'p	2, 21	jam	1, 405
bl'egεrón	1, 91	emεn geg.	1, 480	jerm	2, 490
blerón	1, 91	emεr tosk.	1, 480		
breϑ	1, 120	er̄ε	2, 491	kal	1, 603
briñε	2, 344	εmbl'ε	2, 267	kam	1, 614
brisk	1, 122			kamés	1, 619
britmi	1, 122	f-toh	3, 95	kapitem	1, 620
burg	1, 76	fustε	3, 279	karpε	1, 535
				kaštε	1, 642
dąnε geg.	1, 329	gamul'e	2, 144	kem	1, 620
derε	1, 330	garϑ	1, 297	kep	1, 619
der̄	2, 617	gat	1, 301	kε	1, 676
dimεn geg.	1, 456	gatuań	1, 301	kohε	3, 304
dimεr tosk.	1, 456	gogεsíń	1, 249	kolε	1, 544
ditε	1, 339	greh geg.	1, 306	kor̄	1, 640
djaϑtε	1, 346	gur	1, 293	kor̄ε	1, 640
djek	1, 335, 412	ǵā	1, 279	kos	1, 546
djep	1, 464	ǵak	2, 688	krahε	2, 261
djer̄	1, 344	ǵań	1, 279	kranε geg.	1, 304
dorε	1, 298	ǵaštε	3, 395	kreδem	1, 315
drā, drąni geg.	1, 371	ǵeδε	1, 263	kreϑ	1, 315
dru	1, 371; 2, 256	ǵeϑe	1, 263	kref geg.	1, 306
druja	1, 371	ǵeń	1, 250	kreh	1, 306
druri tosk.	1, 371	ǵerp	2, 612	krep	1, 535
drųni geg.	1, 371	ǵεndem	1, 250	krimb	3, 318, 325
dü	1, 330	ǵεń	1, 250	kripε	1, 671
δašε	1, 329	ǵi	3, 396	krüpε geg.	1, 671
δąmp geg.	1, 462	ǵumε	2, 694	ku	1, 264

Albanisch

kuař	1, 640	miš	2, 189	pjek	2, 331
kul'p	1, 596	mizɛ	2, 167	pjerϑ	2, 337
kumptɛr	1, 578	mjéguɫɛ	2, 109	pl'ak	2, 333
kungóń	1, 608	mjel'	2, 151	pl'ep	3, 121
kutš	1, 705	mot	2, 118	pl'ešt	1, 94
k̆as	1, 640	motrɛ	2, 106	pl'ogu	2, 394
k̆eϑ k̆eδi „Zicklein"	1, 589	mua	2, 187	porδa	2, 337
		muai	2, 125	porδɛ	2, 337
k̆eϑ „schere"	3, 329	mund	2, 169	poštɛ	2, 353
k̆em	1, 500	murg(u)	2, 177	punɛ	2, 461
k̆ipí	1, 694	murk	2, 177		
		mušk	2, 123	rē	2, 206, 543
l'abɛ	2, 64			rit	2, 494, 527, 538
l'aiϑí	2, 54	na	2, 200, 232	ritɛ geg.	2, 507
l'akur	2, 18	nanɛ	2, 234	rjep	2, 513
l'andɛ	2, 71	natɛ	2, 229	řah	2, 485
		ndeš	1, 345	řaj geg.	2, 485
l'ap	2, 59	ndɛń	3, 93	řap	2, 513
l'apɛ	2, 14, 31	ndieh	1, 345	řas	2, 485
l'apɛrδí	2, 32	ndjek	3, 89		
l'aps	2, 77	nē	2, 232	sɛmbɛr tosk.	3, 62
l'ąmɛ geg.	2, 56	nɛkóń	3, 501	si	2, 626, 630
l'eδí	2, 26	ngae skutar.	1, 284	si-vjét	2, 603
l'eh	2, 21	ngas	1, 640	sonde	2, 603
l'ɛgatɛ	2, 66	ngē	1, 284	sořɛ	2, 699
l'ɛmɛ tosk.	2, 56	ngrof geg.	1, 307	sul'em	2, 658
l'ɛngór	2, 82	ngrófɛtɛ	1, 307	surtukɛ	3, 61
liδem	2, 40	ngroh	1, 307	sü	2, 630
l'iϑ	2, 40	ngróhɛtɛ	1, 307	šarkɛ	2, 700
l'ini geg.	2, 30	nǵeš	2, 423	šat	2, 604
l'iri tosk.	2, 30	nǵit	1, 274	širi-miri	3, 439
l'isɛ	2, 47	ni	2, 232	ši	3, 396
l'oϑ	2, 31	nuse	2, 682	škabɛ	1, 583
l'ugɛ	2, 53	ńerí	3, 313	škarzóń	2, 633
l'usɛ	2, 47	ńeríϑ	3, 313	škozɛ	1, 682
		ńoh	1, 458	šk̆er	2, 645
maδi	2, 144, 147			šk̆'ipóń	2, 656
maϑ	2, 144, 147	pa	2, 297, 380	šk̆'ipońɛ	2, 644
magul'ɛ	2, 144	pa-	2, 297	špaɫ	2, 391
mal'	3, 473	pal'ɛ	2, 390, 398	štatɛ	2, 608
marδem	2, 121. 159	parɛ	2, 336	šteg, štek	3, 9, 14
marδɛ	2, 159	pas	2, 387	štriń	2, 444
marϑ	2, 121, 159	pašɛ	2, 323	štüń	3, 34
mas	2, 129	pendɛ	2, 469		
mat	2, 118	pɛrɛndí	2, 346	talagan	3, 71
matɛ	2, 118	pesɛ	2, 479	tatɛ	3, 81
mekem	2, 153	pɛndɛ	2, 469	tɛ	3, 128
mekɛ	2, 153	pɛrmjér	2, 97	tɛmbl'ɛ	2, 267
mɛs	1, 610	pɛrpoš	2, 353	ti	3, 159
mi	2, 186	pi	2, 362	tjeř	3, 125
mieɫ	2. 116	piϑ	2, 355	t-jetrɛ	1, 406
mirɛ	2, 137	pjal'mɛ	2, 365	trap	3, 140

584 Griechisch

tre	3, 138	vaϑε	1, 229	vjeϑ	1, 177, 178
treϑ	3, 143	val′ε	1, 160, 210	vjéhēŕε	2, 588
tregε	3, 123		218; 2, 36	vjer	1, 186, 2, 243
trem geg.	3, 125	val′oń	1, 210	vjeȓ	2, 588
	147	vaȓε	1, 229; 2, 490	vjet	1, 194
tretε	3, 137	vatrε tosk.	1, 173	vl′oń	1, 210
trεmp tosk.	3, 125	venε geg.	1, 202	vógεl′ε	2, 587
	147	veń	2, 280	vorbε	1, 169
tul′	3, 160	verε tosk.	1, 202	votrε geg.	1, 173
		veš	1, 204	vras	2, 490
uj	1, 212		3, 197	vrásijε	2, 490
ukroδa	1, 315	vétuɫε	1, 179		
ul′k	1, 218	vεl′oń	1, 210	zā̧ geg.	1, 449
uń	3, 241	viδε	1, 244	zę̄ tosk.	1, 449
ušt	1, 233	viϑ	1, 244	zjarm	1, 295
üɫ	2, 690	vis	1, 193, 205	zog	1, 428

XIII. Griechisch

a. Altgriechisch

ἄατος	3, 59	ἀείρω	1, 184, 186, 189	ἄκαρνα	3, 479
ἀββᾶς	1, 3		437; 2, 243	ἀκεύει	3, 360
ἀβροίξ	1, 306	ἀετός	3, 486	ἄκμων	1, 514
ἀγαθός	1, 284	ἄζα	2, 257	ἀκόνη	2, 281
Ἀγαρηνοί	1, 4	ἄζομαι	1, 470	ἄκορος	1, 7
ἄγγουρα	2, 254	ἄζυμος	1, 7	ἀκοστή	2, 286, 288
ἀγείρω	1, 294, 298	ἄησι	1, 194	ἀκούω	3, 360
	2, 251	ἀήτης	1, 196	ἀκρίς	1, 9
ἁγίασμα	1, 5	Ἀθηναῖος	1, 33	ἄκρον	2, 287, 288
ἄγκιστρον	3, 190		2, 293	ἀκρόπολις	2, 287
ἀγκύλη	3, 501	ἆθλον	3, 173	ἄκρος	2, 288
ἄγκυρα	3, 487	αἰγανέη	3, 485	ἀλισγέω	2, 661
ἀγκών	3, 171	αἰγίλωψ	2, 249	ἀλίφαλος	2, 44
ἄγνος	3, 481	αἴγλη	3, 480	ἀλαλά	2, 263
ἀγορά	2, 251; 3, 124	αἰγοθήλας	1, 591	ἀλαλάζω	2, 263
ἀγορεύω	3, 201	αἰέλουρος	1, 192	ἄλαξ	1, 15; 2, 55
ἄγος	1, 470	αἴκλοι	1, 469	ἀλβανίτης	1. 25
ἀγοστός	1, 298	αἰσθάνομαι	3, 478	ἀλβανός	1, 25
ἄγραυλος	3, 182	Ϝᾶλις	1, 181	ἄλεισον	2, 47
ἄγχι	1, 92	Ϝἁλίσκομαι	1, 219	ἄλευρον	2, 262
ἄγχω	1, 92, 244	ἀΐσσω	1, 204	ἀλέω	2, 262
	3, 177, 178	Ϝάλωτός	1, 219	ἀλθαίνω	2, 5
ἄγω	1, 39	αἰχμή	1, 469	ἄλθομαι	2, 494
ἀδάμας	1, 5, 13		3, 485	ἀλίγκιος	2, 41
ἄδην	3, 59	ἀΐω	3, 478	ἀλῖνω	2, 8, 44, 47
ᾄδης	1, 5	ἄκαινα	2, 285	ἄλκη	2, 61
ἁδρός	3, 483	ἄκανθος	2, 285	ἀλκυών	1, 13
ἁδρύνω	3, 483	ἄκανος	2, 285	ἄλλομαι	2, 571
ἄεθλον	3, 173	ἀκαρής	1, 629	ἄλοχος	3, 44

Altgriechisch

ἄλσος	2, 33	ἀορτή	1, 184, 187	ἀτρεκής	3, 125
ἅλς	2, 693		2, 243	ἄτριον	3, 194
ἀλύδοιμον	2, 262	ἄπαστος	2, 323	ἄττα	2, 290
ἀλυκτοπέδη	2, 71	ἀπελλόν	2, 282; 3, 121	ἄττω	1, 204
ἀλφός	2, 21, 22, 264	ἁπλόος	2, 564	αὖ	3, 176
ἀλωή	2, 657	ἀπό	1, 407; 2, 246	αὐγή	3, 195, 467
ἀλώπηξ	2, 44		289, 298, 380; 3, 168	αὐδάω	1, 163
ἅμα	3, 37	ἀπολαύω	2, 51	αὐδή	1, 163
ἀμαλδύνω	2, 150	ἀποφώλιος	1, 290	αὐλαία	1, 702
ἀμάρα	2, 489	ἀραρίσκω	2, 278, 510	αὖλαξ	1, 221
ἀμαρύσσω	2, 97		561; 3, 493	αὐλή	3, 182
ἀμαυρός	2, 177, 320	ἄργιον	1, 24	αὖλις	3, 182
ἄμβων	1, 16	ἄρδα	2, 509	αὐλός	3, 181, 182
ἀμέλγω	2, 151	ἄρδω	2, 499, 509	αὔξω	2, 250; 3, 467
ἄμη	3, 489	ἀρή	2, 274	αὖος	3, 54
ἄμμε	2, 200	ἀρήγω	1, 116	αὔριον	3, 195
ἀμνός	3, 481	ἀρθμός	2, 278, 562	αὐτοκράτεια	2, 574
ἀμύγδαλος	1, 16		3, 493	αὐχάττειν	3, 168
	2, 135	ἄρκευθος	2, 488	αὔω	1, 242
ἀμύσσω	2, 184	ἄρκτος	2, 110, 538	ἄφαρ	1, 1
ἀμυχή	2, 184	ἄρκυς	2, 488	ἄφενος	1, 292
ἀμφί	2, 236	ἄρμενος	3, 493	ἄφνω(ς)	1, 1
ἀμ(φι)φορεύς	3, 169	ἁρμός	2, 510	ἀχερούσια	2, 257
ἄμφω	2, 237	ἀροτήρ	2, 495	ἀχερ-ωίς	3, 496
ἄμφωτος	3, 198	ἄροτρον	2, 489	ἀχηνία	1, 33
ἄν	2, 269	ἄρουρα	2, 526	ἄχνη	2, 289
ἀνά	2, 190, 269	ἀρόω	2, 274	ἄψ	1, 407
	3, 169	ἁρπάγη	2, 616	ἄωρος	2, 253
ἀναβολή	2, 269	ἁρπάζω	2, 616	ἀϜέξω	3, 467
ἀνάλαβος	1, 17	ἄρπη	2, 616	ἄϜησι	1, 196
ἀναφορά	1, 17	ἀρσενικόν	2, 186 ff.	ἄϜιστος	1, 192
ἄνεμος	1, 225	ἄρσην	1, 180	ἄϜλαξ	1, 216
	3, 196	ἄρτημα	2, 278		
ἄνευ	1, 225	ἄρτος	1, 27	βαβάζω	1, 435
ἀνεψιός	2, 215	ἀρτύω	1, 27	βάζω	1, 40
ἀνήρ	1, 18; 2, 227	ἄρυα	2, 276	βαίνω	1, 262, 291
ἄνησον	1, 18	ἀ-σκηθής	2, 304	βάϊον	1, 165
ἀνθερεών	3, 190	ἀσκητής	2, 638	βακνίδες	1, 63
ἄνοιξι(ς)	1, 487	ἀσπαίρω	2, 426	βάκτρον	1, 101
ἀντηρίς	2, 509; 3, 193	ἄσπαλον	2, 398	βαλανεῖον	1, 52
ἀντίδοτον	2, 447	ἀσπάραγος	2, 337	βάλανος	1, 415, 417
ἀντιμήνσιον	1, 19		454, 705	βάλλω	1, 254, 417
ἀντινομία	1, 19	ἀσπίς	2, 282	βάπτω	1, 168
ἀντίρροπος	1, 229	ἄσπρις	2, 282	βάραθρον	1, 296
ἀντιστάτης	3, 47	ἀστεμφής	3, 35	βάρβαρος	1, 44, 53, 108
ἄνω	1, 435; 2, 190	ἄστηνος	3, 3	βάριον	1, 53
	383	ἀστράγαλος	1, 455	βασιλεύς	1, 631
ἄνωθα	2, 193	ἀστραλός	3, 497	βασιλικόν	1, 171
ἄνωθεν	2, 383	ἀταρτᾶται	3, 133	βαφή	1, 168
ἄξιος	1, 9	ἄτερος	1, 237	βδέω	1, 84
ἄξων	2, 288	ἄτρακτος	3, 125	βέλος	1, 415
ἄορον	1, 437; 2, 243	ἀτραπός	3, 140	βέλτατος	1, 105

βέλτερος	1, 105	βρύκω	1, 129	γλοιός	1, 272, 273
βέλτιστος	1, 105	βρῠχάομαι	1, 131	γλοιώδης	1, 273
βελτίων	1, 105		314	γλουτός	1, 276
βέομαι	1, 284	βρόχω 1, 129, 131, 314		γλυφίς	1, 277
βῆ	1, 71, 160	βρύω	2, 245	γλύφω	1, 276, 277
βήλημα	1, 165	βύᾱς	1, 155	γλῶσσα	1, 275
βίομαι	1, 423	βύζα	1, 155	γλῶττα att.	1, 275
βίος	1, 422	βυκάνη	1, 140	γλῶχες	1, 275
βιός	1, 426	βύκτης	1, 140	γλωχίς	1, 275
βίοτος	1, 422	βύρμᾱξ	2, 175	γνόφος	1, 459; 2, 205
βλαισός	1, 223	βύσσινος	1, 208	γνῶμα	1, 458
βλᾱξ	1, 90; 2, 142	βυσσοδομεύων	2, 441	γνῶσις	1, 458
βληχάομαι	1, 91	βύσσος	1, 160, 208	γνωτός	1, 458, 466
βληχρός	1, 90	βυτίνη	1, 100	γοάω	1, 282
βλίτον	2, 22			γόγγρος	1, 318
βλυστο-	1, 96	γαγγανεύω	1, 317	γογγύζω	1, 317
βλωθρός	2, 156	γαῖα	1, 446	γογγύλος	1, 318, 323
βοή	1, 283	γαιετανόν	1. 252	γόγγων	1, 319
βομβέω	1, 132	γαίω	2, 254	γόμος	1, 290, 291, 428
βόμβος	1, 132	γάλα	1, 275; 2, 63	γόμφος	1, 462
βομβύλη	1, 132	γάλως	1, 460	γομφωτός	1, 463
βόμβυξ	1, 144	γαμφαί	1, 316	γονεῖς	2, 528
βορά	1, 430	γαμφηλαί	1, 316	γόνυ	1, 448, 598
βόρβορος	1, 53	γαργαρίζω	1, 287	γόος	1, 282
βορέας	1, 150, 293	γᾶρυς	1, 295	γοργός	1, 309, 443
	2, 467	γαννάκης	1, 322	Γοργώ	1, 309
βορέης	1, 293	γαυρᾱξ	2, 254	γραφεῖον	1, 305
βορρᾶς	1, 293	γαυριάω	2, 254	γράφω	1, 419
βόστρυχος	1, 310	γαῦρος	2, 254	γρόνθος	1, 312
βότρυς	1, 113, 310	γδοῦπος	1, 431	γρῦπες	1, 644
βουβών	1, 132	-γε	1, 413	γύαλον	1, 285
βουλυτός	3, 194	γελανδρόν	1, 288	γυῖον	1, 285
βοῦς 1, 282, 283; 2, 27		γέλγις	1, 415	γύλιος	1, 320
βράκανα	1, 108	γελεῖν	1, 460	γυνή	1, 418
	2, 158	γέμω	1, 290, 291, 428	γύπη	1, 429, 432
βράκετον	1, 132		2, 144		2, 308
βρατάνᾱ el.	1, 190	γέντο	1, 428	γυρός	1, 700
βράχμανοι	2, 497	γέρανος	1, 434		
βραχύς	1, 107	γέρων	1, 462	-δα	1, 438
βρέμω	1, 306, 310	γεωμέτρης	1, 452	δαήρ	1, 333
βρένθος	1, 312	γηθέω	2, 254	δάκνω	1, 345
βρενθύδομαι	1, 312	γῆρας	1, 462	δάμαρ	1, 361
βρεῦκος	1, 129	γῆρυς	1, 295	δάν	1, 326
βρέφος	1, 420	γιγνώσκω	1, 458	δαόν	1, 326
βρέχω	2, 160	γλάγος	1, 275; 2, 63	δάπεδον	1, 361
βρίζω	1, 306	γλάσσα	1, 275	δαρθάνω	1, 369
βρόμος	1, 306, 310	γλάφυ	1, 274	δᾱρόν	1, 326
βροντή	1, 306, 310	γλάφω	1, 274	δάρσις	1, 344
βροτός	2, 122	γλέπω	1, 274	δέατο homer.	1, 351
βροῦκος	1, 129	γλία	1, 273	δέελος homer.	1, 351
βροχή	2, 160	γλίνη	1, 273	δεῖγμα	1, 503
βρόχος	2, 119	γλιττόν	1, 274	δείρη	1, 308

Altgriechisch

δεῖσα	1, 423, 424	δράκων	1, 367	ἔθηκα	1, 347
δέκα	1, 346	δρᾶναι	1, 344	ἐθνικός	3, 486
δεκάς	1, 346	δράσσομαι	1, 341, 343	ἔθος	1, 164
δέκατος	1, 346		2, 386	ἐθραύσθην	1, 374
δέκομαι	1, 345, 346	δράττομαι att.	1, 343	εἴ	3, 458
δέλεαρ	1, 417	δρέπανον	1, 367	εἰ	1, 467
δέλλιθες	1, 410	δρέπω	1, 367	ϝεἴδομαι	1, 198
δέλτος	2, 6	δρίος	1, 369	εἶδον	1, 198
δελφύς	1, 429	δρόμων	2, 251	ϝεἶδος	1, 198
δέμω	1, 361, 377	δροόν	1, 368	εἰδώς	1, 176
δένδρεον homer.		δρόσος	2, 537	εἴη	1, 406
	1, 377	δρυμά	1, 372	εἴθε	1, 413
δεξιός	1, 346	δρῦς	1, 342, 369, 371	εἰλεῖν	1, 166
δεξιτερός	1, 346	δρῶπαξ	1, 367	εἴλλειν	1, 166
δέρη	1, 308	δρώπτω	1, 367	εἰλύ	1, 478
δέρω	1, 344	δυϝανοι kypr.	1, 325	εἰλύω	1, 166; 3, 469
δεσμός	3, 100	δυνάμεις	2, 167	εἴλω	1, 181
δεσπόζω	1, 299	δύο	1, 330	εἰμί	1, 405; 2, 471
δεσπότης	1, 299	δυσ-	1, 357	εἴνατος	1, 334
δή	1, 325	δυσμενής	2, 48	εἴρω	2, 612, 615
δηθά el.	1, 326	δύστηνος	3, 3		3, 263
δῆλος	1, 351	δύστος	2, 444	εἴρων	1, 234
δήν	1, 326	δύω	1, 330	εἰς	1, 214
-δην	1, 438	δῶμα	1, 361	εἷς	2, 573
δῆρις	3, 174	δῶρον	1, 328, 363	εἰσί	3, 52
δηρόν	1, 326	δῶτις	1, 329	εἶτα	1, 467
δήω	1, 345	δώτωρ	1, 329	ἐκ	1, 473
δι-	1, 331			ἑκατόν	3, 15, 16
δι-αμᾶν	3, 489	ἕ	2, 596	ἐκδοῦναι	1, 239
διδάσκω	1, 373, 344	ἔαρ	1, 183, 192, 487	ἐκεῖ	1, 388; 2, 602
δίδωμι	1, 328, 329	ἑβδομάς	2, 601		3, 457, 487
δίκη	1, 503	ἕβδομον	2, 602, 608	ἐ-κεῖνος	1, 388, 484
δίμιτος	1, 385	ἔβενος	3, 456		2, 280; 3, 456
δῖος	1, 351	ἔβην	1, 262	ἔκηλος	1, 191
δίπαλτος	2, 398	ἐγκάρσιος	3, 320	ἕκτος	3, 395
διπλάσιος	2, 366, 398	ἐγχεσίμωρος	1, 209	ἑκυρά	2, 588
δίσκος	1, 365		2, 118	ἑκυρός	2, 588; 3, 438
διφθέρα	1, 348	ἔγχος	1, 244; 2, 225	ἐκφρήσω	1, 77
δνόφος	2, 205	ἐγώ	3, 475	ἐλάδιον	2, 263
δοϝέναι	1, 325	ἐδάρην	1, 344	ἔλαιον	2, 263
δοιοί	1, 331	ἔδνον	1, 183	ἐλάτη	1, 395, 396
δοκέω	1, 345	ἔδοντες äol.	1, 345		2, 72; 3, 488
δολιχός	1, 327, 359	ἔδραθε	1, 369	ἔλαφος	2, 13, 264
δομή	1, 361	ἔδω	1, 398		266; 3, 497
δόμος	1, 361	ἔδω-κε	1, 329	ἐλαφρός	2, 80
δορά	1, 363, 386	ἑέ homer.	2, 600	ἐλαχύς	2, 24
δορός	1, 363	ἔεδνον	1, 183	ἐλάω	2, 5
δόρυ	1, 342, 372, 450	ἐέλδομαι homer.		ἔλδομαι	1, 180
δόσις	1, 329		1, 180	ἔλδωρ	1, 180
δοτήρ	1, 329	ἕζομαι	2, 622	ϝελεῖν	1, 219
δοτική	1, 329	ἔθεαν	1, 333	ἐλελίζω	1, 396; 2, 80
δοῦναι	1, 325	ἔθει	1, 164; 2, 249		263

ἐλεύθερος	2, 78	ἐρεύγομαι	2, 554	ἔφῦσα	1, 159
ἐλέφας	1, 184	ἐρεύθω	2, 544	ἔχαδον	1, 250
ἕλκω	1, 221	ἐρέφω	2,500; 3,30	Ϝεχέτω pamphyl.	
ἐλλά lakon.	2, 601	Ϝερέω	1, 234		1, 178
ἐλλός	2, 264	ἐρίζω	2, 496, 516	ἐχῖνος	1, 392
ἕλματα	2, 659	ἔριον	2, 278	ἔχις	1, 392
ἐλύω	1, 166	ἔρις	2, 496, 516	Ϝέχος	1, 214
ἔμβρυον	2, 245	ἔριφος	2, 408; 3, 493	ἔχραον	1, 314
ἔμορτεν	2, 120	ἕρκος	2, 700		
ἔμπαιος	2, 422	ἕρμα	2, 615, 616, 617	ζαβός	2, 565
ἔμπλαστρον	2, 366	ἑρμηνεύς	2, 712	ζεά, ζειά	1, 389
ἐν	2, 161, 269	ἔρρω	1, 230	ζειαί	2, 249
ἐνάτηρ	3, 499	ἐρύγμηλος	2, 520	ζέρεθρον arkad.	
ἔνατος	1, 334	ἐρυγόντα	2, 520		1, 296, 420
ἐνδελεχής	1, 327	ἐρυθρός	2, 504, 520	ζεύγνῡμι	1, 469
ἔνδον	2, 193, 338		551	ζεῦγος	1, 469
ἔνη	2, 268	ἐρυσίχθων	2, 499	ζῆν	1, 423
ἔνιοι	2, 286	Ϝερύω	1, 185	ζητῶ	1, 455
ἔννατος	1, 334	ἐρχατάω	1,188;2,529	ζιγγίβερις	1, 453, 480
ἐννέα	1, 335	ἐρῶ	1, 234	ζυγόν	1, 469
ἐννεάς	1, 335	ἐρωή	2, 537	ζύμη	3, 195
ἔννεπε	2, 688, 705	ἔρως	2, 481	ζῶμα	2, 423
ἔννῡμι	3, 191	ἐσθίω	1, 398	ζωμός	3, 195
ἔνοσις	2, 249	ἔσθω	1, 398	ζώνη	2, 423
ἔντερα	1, 211; 2, 232	ἐσκάφην	2, 645	ζωρός	3, 494
	3, 499	ἑσπέρα	1, 196		
ἔντερον	3, 195	ἐσσί homer.	1, 405	ἥβη	3, 480
ἐντεῦθεν	3, 353	ἔστε	1, 407	ἤδη	1, 325
ἐντυπάς	2, 419	ἔστι	1, 405	ἠθμός	2, 629
ἐνύπνιον	2, 694	ἐσχάρα	1, 488	ἤθω	2, 629
ἐνωτίζω	1, 211	ἐσχαρός	3, 502	ἠίθεος	1, 175
ἐξ	1, 473	ἔσχατος	3, 177	ἤλεκτρον	1, 11
ἕξ	3, 395	ἑταιρεία	3, 465	ἡλίκος	1, 396
ἐξ-αμᾶν	3, 489	ἔταρος	2, 414, 587	ἥλιος	2, 690
ἐξάμιτος	1, 9	Ϝέτης homer.	2, 414	ἤνεγκον	2, 215
ἐξαπίνης	1, 210		587	ἧπαρ	1, 477
ἑοῖ	2, 620	ἔτι	1, 407; 2, 289	ἦρ	1, 487
ἔορ	2, 618		3, 88	ἠρέμα	3, 475
ἐπ-άϊστος	3, 478	Ϝέτος	1, 194	ἧρι	1, 487
ἐπειδή	1, 325	εὐδία	1, 357	ἤρως	1, 487
ἐπί	2, 236, 380	εὔδιος	1, 357	ἦτορ	2, 208; 3, 483
ἐπίπλοος	2, 368	εὐθενέω	1, 292	ἤτριον	1, 194; 3, 194
ἔπος	1, 196	εὐλάκα	1, 221		
ἔποψ	3, 174	εὐλή	3, 469		
ἑπτά	2, 608	εὐνή	3, 489	θαιρός	1, 330
ἔραμαι	2, 481	εὑρίσκω	2, 244	θάλαμος	1, 358
ἐρεθίζω	1, 402	εὕω	3, 191, 198	θαλλίον	3, 71
ἐρέθω	2, 516	εὐ-ώδης	3, 482	θάπτω	3, 121
ἐρείδω	2, 509	ἐφημερίς	1, 354	-θε	1, 413
ἐρείκη	1, 187	ἐφόλκιον	3, 205	θέϜειν	1, 331
ἐρείπω	2, 513	ἔφῡ	1, 157	θέειον	1, 383
ἐρέπτομαι	2, 513	ἐφύη	1, 67	θεῖα	1, 335

Altgriechisch

θείνω	1, 279, 410, 428	Ϝιδεῖν	1, 198	κάλχη	1, 601
θεῖος	1, 335	Ϝιδήσω	1, 198	κάλως	3, 300
θέλω	1, 414	ἰδνόομαι	1, 200	κάμαξ	1, 534
θέναρ	2, 6	ἴεμαι	1, 215	καμάρα	1, 607, 610
θεός	1, 332, 383	ἴζω	2, 622	κάμαρος	3, 315
θεπτανός	1, 335, 412	ἰθα-	1, 363	καμασήν	2, 694
θερμός	1, 295, 410	ἰκμάς	3, 55	κάμβη	1, 513, 582
θέρομαι	1, 295	ἴκριον	1, 477	κάμῑλος	1, 184
θέρος	1, 295, 410	ἴκταρ	2, 282	κάμνω	2, 673
θέσσασθαι	1, 409	ἰλύς	1, 478	καμπή	1, 582, 696
θετός	1, 347	ἴμβηρις	3, 171		705; 2, 655
θήκη	3, 39	ἴν kypr.	1, 472	καμψός	1, 641
θηλή	1, 353; 2, 240	ἴξαι	3, 55	κανάζω	1, 520
θῆλυς	1, 333	ἰξός	1, 208, 231	κανθήλιος	3, 405
θήρ	1, 448	ἴονθος	3, 189	κανθός	1, 705
θηριακόν	1, 376; 3	ἰός	3, 495	κάνιστρον	1, 505
	97	ἰρός homer.	1, 491	κάνναβις	1, 615
θήσατο	1, 353, 358	ἴστημι	3, 5, 21	κανοῦν	2, 195
θήσω	1, 347	ἰσχίον	3, 8	κάπετος	1, 619
θιγγάνω	1, 331	ἰτέα	1, 193, 194	καπνός	1, 620
θίς	1, 331	ἴτυς	1, 193, 194, 205	κάπρος	1, 619
θόλος	1, 358	ἰΰ	3, 468	κάπυς	1, 620; 2, 696
θοϜός	1, 331	ἰϋγή	3, 468	κάρα	3, 233
θοῦρος	1, 382	ἰυγμός	3, 468	καράβιον	1, 622
θράσσω	1, 371	ἰύζω	3, 468	κάραβος	1, 528, 529
θρασύς	1, 343	ἰχθῦς	2, 554		622
θράττω att.	3, 127	ἰχώρ	2, 622	κάραγος	2, 698
θραυλός	1, 374			καράμα	1, 600; 3, 263
θραύω	1, 374	-κα	1, 493	καρδία	2, 613
θρῆνος	1, 375; 3, 135	καβάλλης	1, 583	κάρη	3, 374
θριδακίνη	1, 120	κάβηλος	1, 583	καρκίνος	2, 487
θρίδαξ	1, 120	καγκαίνει	3, 306	κάρνη	1, 528, 621
θρομβεῖον	1, 375	κάγκανος	3, 306	καρπός	3, 327
θρόμβος	1, 370, 375	κάδιον	1, 501	κάρσιον	3, 320
θρόνος	1, 344	καί	3, 285	κάρταλος	1, 675
θρύον	3, 141	καινός	1, 614; 2, 203		3, 324
θρώναξ lakon.	1, 375		3, 299, 448	καρύκινος	1, 527
θυγάτηρ	1, 366	καίνυμαι	2, 630	καρυόφυλλον	1, 511
θύελλα lesb.	1, 381	κακκάβη	1, 594	κάρφω	2, 646
θυίω lesb.	1, 381	κακκάω	1, 506	καρχαλέος	1, 626
θύμβρος	3, 297	κάκτος	3, 451		3, 265
θυμός	1, 377, 380	κάλαθος	1, 571	καρχαρέος	3, 265
	385	κάλαμος	2, 692	κάρχαρος	3, 262, 265
θύννος	3, 153	καλάνδαι	1, 606		266
θύνω lesb.	1, 381	καλέω	1, 512, 597	κασσύω	3, 402
θυο-σκόος	3, 253, 361		602	καστέλλιον	1, 641
θύρα	1, 330, 386	κάλη att.	1, 556	καστόριον	1, 539
θύω lesb.	1, 381	καλιά	1, 571	κατά	1, 710; 2, 564
θῶκος	1, 333	κᾶλον	1, 595	καυάξ	1, 497
		καλοπόδιον	1, 512	καυκίον	1, 586
ἴα	1, 484	καλύβη	3, 227, 228	καῦκος	1, 586
ἴασπις	3, 497, 511	καλυμμάτιον	1, 600	καυνάκης	1, 322, 693

590 Griechisch

καυχᾶσθαι 1, 447	κιβωτός 3, 286	κόλος 1, 595, 597
καχάζω 3, 269	κίδαρις 1, 554	κολουμβάριον 1, 285
κεάζω 1, 640	κίδαρος 2, 601	κόλπος 3, 313
κέδρος 1, 500	κίκκος 3, 452	κολωνός 3, 312
κεῖμαι 1, 562; 2, 26	κιλίκιον 1, 557; 3, 32	κόμαρος 3, 321
κεῖνος 1, 388; 3, 456	κίνδαφος 2, 601	κόμβος 1, 677; 2, 640
κείρω 1, 534, 628, 636	κίρκος 1, 533; 3, 342	κομήτης 1, 578
638, 639; 3, 304, 317	κλαδαρός 1, 565	κομίζω 2, 673
κείω 1, 640	κλάδος 1, 601	κόνδυ 1, 518
κεκαφηώς 3, 224	κλάζω 1, 567	κονίς 1, 280
κεκῆνας acc. pl. 2, 641	κλαμυστῆσαι 1, 573	κοντάριον 1, 613
κέκυφε 1, 267	κλείω 1, 576	κοντός 1, 613, 705, 710
κέλαδος 1, 597, 602	κλέος 2, 656, 662	κόοι 3, 41
κελαινός 1, 567	κλέω 2, 667	κοπάς 2, 645
κελεΐς 1, 604	κληΐς 1, 575, 576	κοπίς 1 619, 621
κέλευθος 2, 488	κλητική 1, 447	3, 317
κελλόν 1, 508	κλίνω 1, 572; 2, 663	κόπος 1, 618
κέλλω 3, 300	664	κόπρος 3, 395
κέλυφος 3, 389	κλισία 1, 569	κόπτω 1, 522, 619
κέλωρ 3, 313	κλόνος 1, 577	2, 645
-κεν 1, 493	κλύδων 2, 665	κορακῖνος 1, 528
κένταυρος 1, 563	κλύζω 1, 574; 2, 657	κόραξ 2, 699
κεντέω 1, 705	665	κορβανᾶς 1, 534, 623
κεντηνάριον 1, 519	κλῦθι 2, 667	κόρδαξ 1, 613
616	κλώζω 1, 567	κορέννῡμι 2, 647
κέραμαι 2, 261	κλώθω 2, 340	κορέσκω 1, 627
κεραός 1, 630	κλώσσω 1, 572	κορέω 2, 697
κέρασος 3, 324	κνήμη 1, 477	κορθίλαι 1, 297
κεράτιον 1, 528	κνῖσα 1, 279, 580	κορικός 1, 699
κεραυνός 2, 345	κνίσσα 1, 279	κόρις 1, 638, 639
κέρδος 3, 320	κνώδαλον 1, 703	κορμός 1, 628
κέρθιος 1, 535	κνώδων 1, 703	κόρος 1, 625, 627, 638
κέρκαξ 1, 662	κοάξ 1, 545	κορυφή 1, 294
κερκίς 1, 561	κοδομεύω 1, 501	κορώνη 2, 699
κέρκνος 1, 662	κοδομή 1, 501	κορωνίς 1, 534
κέρκος 1, 533	κοδράντης 1, 589	κορωνός 1, 630
κέρνος 3, 303, 322	κοέω 3, 361	κόσκινον 1, 544
κεσκέον 1, 639; 3, 329	κοῖλυ 3, 288	κόσσυφος 1, 639
κεφάλαιον 1, 271	κοιμητήριον 3, 285	κότερος jon. 1, 646
κέφαλος 1, 286, 553	κοινά 2, 609	κότος 1, 646
κέωρος 3, 329	κοίρανος 1, 529, 621	κόττα 1, 644
κηλὰς ἡμέρα 1, 506	κοκκάκι(ον) 1, 593	κοῦφος 3, 277
κηλέω 3, 368	κόκκινος 1, 593, 651	κόφινος 2, 640; 3, 286
κήλη 1, 556	κόκκος 1, 707	κόψιχος 1, 639
κημός 1, 618; 3, 259	κόκκυξ 1, 684	κράζω 1, 653
κῆνσος 1, 558	κολεός 1, 689	κραιπνός 1, 661
κῆρ 2, 613, 614	κόλλα 1, 566	κρᾶνᾱ dor. 3, 421
κηρός 1, 552; 2, 611	κόλλαβος 1, 600	κρᾱνίον 2, 648
κηρύλος 2, 617	κόλλιξ 1, 689	κράνος 3, 322
κήρῡξ 3, 304	κόλλυβον 1, 599	κρασογυάλιον 1, 657
κῆτος 1, 562; 2, 26	κολοβός 1, 600	κράτος 1, 668; 3, 328
κηφήν 3, 301	κολοιός 1, 691	κρατύς 1, 633; 3, 328

κραυγή	1, 670	κύμῑνον	3, 110	λαύρα	2, 3
κρέας	1, 665	κυπάρισσος	1, 656	λάχανον	2, 19
κρέκω	1, 661, 668	κυπρῖνος	1, 632	λάχεια	2, 6
κρεμαστήρ	1, 631	κύπτω	1, 267, 553	λαχή	2, 6
κρέμνον	3, 321	κυρικόν	3, 290	λάχνη	1, 220, 221
κρέξ	1, 658	κύριος	1, 560; 3, 59	λάχνος	1, 220, 223
κρημνός	1, 667		358	λαχύς	2, 27
κρήνη	1, 664; 3, 421	κῦρος	3, 43, 59	λεία att.	2, 51
κρηπίς	1, 634, 702	κυρτία	1, 675	λείβω	2, 47; 3, 245
κρησφύγετον	3, 26	κυρτός	1, 663, 636	λείμᾱξ	2, 661
κρίγη	1, 664; 3, 517		3, 324	λεῖος	2, 47
κρίζω	1, 664	κύστις	1, 564	λείπω	2, 48, 264
κρίκε	1, 664, 665	κύτισος	1, 562	λειρός	2, 39
κρίνω	1, 670	κύτος	1, 705	λειχήν	2, 49
κροιός	1, 663	κῦφος	1, 267	λείχω	2, 40, 49
κρόκη	1, 668	κύων	1, 518; 2, 681	λείψανον	2, 48
κρόμνον	3, 321		684; 3, 42, 46	λειψόθριξ	2, 48
κρόσσαι	1, 666	κωκύω	1, 683; 3, 436	λεκάνη	2, 4, 24, 62
κρόταφος	1, 668	κῶλον	1, 598; 3, 345	λέκος	2, 57
κροτέω	1, 668	κώμη	2, 609	λέκτο homer.	2, 81
κρότος	1, 535	κωμήτης	1, 578	λέπος	2, 59
κρουνός	3, 421	κώμῡς	1, 606	λέπω	2, 14, 31
κρούω	1. 669, 671	κῶνος	2, 702	λεύκη	2, 702
κρύβδην	1, 673	κώπη	3, 302	λευκός	2, 67, 72
κρύος	1, 669	κωφός	3, 224, 301	λεύσσω	2, 73
κρύπτω	1, 673			λεύτων arkad.	2, 76
κρώζω	1, 654	λάβυζος	2, 1	λέχεται	2, 81
κρώπιον	3, 327	λαγαρός	2, 4, 54, 340	λέχος	2, 26, 53, 81
κρωσσός	1, 670	λαγγεύω	2, 80	λέχριος	2, 57
κτάομαι	3, 267	λάγῡνος	2, 4	λέων	2, 23
κτέρας	3, 264	λαγχάνω	2, 73	λήγω	2, 4, 340
κτῆσις	3, 267	λαγών	2, 51	ληδεῖν	2, 31, 36
κύανος	2, 592	λάθυρος	2, 84	ληίς	2, 51
κυβικός	3, 294	λᾱία dor.	2, 51	ληκέω	2, 27
κυβιστάω	1, 677, 679	λαίειν	2, 21	λήκυθος jon.-att.	2, 9
κύβος	1, 678; 3, 294	λαιός	2, 24	λῆνος	1, 218
κυδάζω	1, 681; 2, 440	λακάνη dor.	2, 62	λιβανίτης	2, 23
κῦδος	3, 351	λᾱκέω dor.	2, 27	λίβανος	2, 39
κυδρός	3, 351	λάκη	2, 20	λιγαίνω	2, 41
κυδώνιον (μῆλον)		λακίς	2, 18, 20	λίγδην	2, 661
	1, 380, 385, 547	λάκκος	2, 55	λίθος	2, 25
κύκλος	1, 593, 598	λάλος	2, 10	λίκνον	2, 68
	2, 336	λαμπάς	3, 481	λιλαίομαι	2, 15, 17
κύκνος	1, 556; 2, 689	λᾶνος dor.	1, 218	λιμβεύω	2, 39
κύκνον	3, 160	λάξ	2, 35	λιμήν	2, 42
κύλινδρος	1, 573	λᾱός	2, 657	λινεύς	2, 43
κύλιξ	1, 689	λάπτω	2, 55, 59	λίνον	2. 30
κυλίχνη	1, 692	λάσανον	2, 7	λίπος	2, 32, 77
κυλλός	1, 690	λάσιος	1, 222	λίσγος	2, 26, 75
κῦμα	3, 354	λάσκω	2, 60	λιτή	2, 46
κύμβη	1, 412, 676	λάταξ	2, 62, 664	λῑτός	2, 44, 47
κύμβος	1, 676	λάτρον	2, 36	λοιβᾶται	2, 245

Griechisch

λοιβή	3, 245	μάστιξ	2, 107	μολύνω	2, 91
λοιγωντίαν	2, 40	μαστίχη	2, 102	μονάστρια	2, 154
λοιπός	2, 27, 263	ματεί	2, 143	μοναχός	1, 483, 484
λοξός	2, 37, 57, 64	ματεύω	2, 105, 677		2, 143
λοπός	2, 14, 59	μᾰτηρ dor.	2, 106	μονιός	1, 483; 2, 255
λόφος	2, 50	μάτις	2, 381	μόννος	2, 154
λόχος	2, 51, 52, 53	μάτος	2, 677	μονοκέρως	1, 482
λυγαῖος	2, 66	μαυρός	2, 177, 320	μόνον	2, 255
λύγξ	2, 53, 557	μᾰχανά dor.	2, 144	μορμύρω	2, 159
λυγρός	2, 67	μάχλος	2, 148	μόδδια	1, 174
λύζω	2, 53	μάχομαι	2, 107	μορύσσω	2, 97, 158
λύκος	1, 218	μέγαρον	2, 144		676
λύπη	2, 70	μέγας	2, 144, 147	μόρυχος	1, 158
λύρα	2, 556	μέδομαι	2, 114	μόσχος	2, 124, 163
λύσσα	2, 79	μέθυ	2, 110	μοτός, μοτή	2, 164
λύχνος	2, 69	μειδιάω, μειδάω		μουσεῖος	2, 177
λύω	2, 70		2, 674	μῦ	2, 186
λωγάς	2, 4	μείλιον	2, 134, 674	μυγμός	2, 186
λῶμα	2, 17	μείς jon.	2, 125	μυδάω	2, 178
λώπη	2, 14, 59	μείων	2, 117	μύδος	2, 131, 178
		μέλαν	3, 326	μύζω	2, 178, 186
μαγεύς	2, 87	μέλᾱς	2, 91	μυθέομαι	2, 184
μαδάω	2, 145, 169	μέλκιον	2, 151	μῦθος	2, 184
μᾶζα	2, 87	μέλλω	2, 111	μυῖα	2, 167
μάζακις	2, 107	μέμονα	2, 142	μυκάομαι	2, 186
μαίνη	2, 117	μέσπιλον	2, 182	μύκων	2, 166
μαίνομαι	2, 142	μέσσος	2, 112	μυλάσασθαι kypr.	
μαίομαι	2, 105, 107	μεταμόρφωσις	2, 429		2, 185
	673	μετάνοια	2, 125	μύλλω	2, 116
μαῖον	2, 106	μετοχή	2, 435	μύξα	1, 178
μαῖρα	2, 97	μήδεα homer.	2, 169	μύξων	2, 171
μακαρία	2, 187	μήκων	2, 89	μύραινα	2, 138
μακρός	2, 146	μῆλον	1, 216; 2, 91	μύρμηξ	2, 175
μάκτρα	2, 90, 171		92, 153	μῦς	2, 186
μᾶκων dor.	2, 89	μήν	2, 125	μύσκος	2, 131
μάλαγμα	2, 92	μῆνις	2, 673	μύσος	2, 131, 179
μαλακός	2, 153	μῆρα pl.	2, 187	μυχθίζω	2, 186
μάλθων	2, 150	μήτηρ	2, 106	μυχός	2, 184, 677
μάλκη	2, 153	μῆτις	2, 118, 126	μυών	2, 186
μαμωνᾶς	2, 93	μηχανή	2, 144	μῶλος	2, 108
μανθάνω	2, 169	μίγνῡμι	2, 123	μῶλυς	2, 92
μανία	2, 97	μιλλός	2, 111	μώλωψ	2, 86, 146
μανιάκης, μάννον		μῖμος	2, 96, 109	μωρός	2, 676
	2, 154	μίνθη	2, 189	μῶσθαι	2, 105, 109
μάραθρον	2, 98	μινύθω	1, 136; 2, 117		673
μαργαρίτης	2, 99	μισθός	2, 131		
μαρμαίρω	2, 158	μνᾶ	2, 142	ναί	2, 191; 3, 1
μαρμάρεος	2, 97	μόθος	2, 164, 179	νάννη	2, 234
μάρμαρος	2, 167	μοί	2, 132	νάννος	2, 234
μάσκη	2, 165	μοῖτος	2, 125, 139	νάρδος	2, 198
μάσσω	2, 87, 171, 181	μοιχός	2, 131	ναῦλον	2, 196
	187	μόλυβδος	2, 264	ναῦς	2, 207

νάφθα	2, 217	ξένϝος korinth.		ὁλκός	1, 220; 3, 257
νάω	2, 679		1, 300	ὁλόγινον	2, 54
νεικέω	2, 221	ξέω	3, 329	ὁλολύζω	1, 397
νεῖκος	2, 221	ξηρός	2, 282; 3, 271	ὅλος	3, 43
νειόθι	2, 219	ξίφος	3, 400	ὁμαλός	2, 573
νειός	2, 219	ξύλον	3, 435	ὁμείχειν	2, 113, 131
νείφει	2, 680	ξυρόν	3, 440	ὁμιχεῖν	2, 170
νέμος	2, 212	ξύω	3, 440	ὁμίχλη	2, 109
νέμω	1, 198, 361			ὄμμα	2, 260
	2, 212	ὅα	1, 467; 3, 170	ὁμός	2, 564, 573
νέννα	2, 234	ὀβολός	1, 619	ὁμοῦ	2, 573; 3, 37
νέννος	2, 234	ὄγδοος	1, 232	ὄμπνη	3, 501
νέος	2, 223	ὀγκάομαι	3, 501	ὀμφή	3, 64
νέποδες	1, 299	ὄγκος	2, 325; 3, 173	ὄναγρος	2, 269
νεύω	2, 207, 231		180	ὄννα lesb.	1, 183
νεφέλη	2, 205	ὄγχνη	1, 244	ὄνομα	1, 480
νέφος	2, 205	ὀδεύω	3, 253	ὄνος	2, 281
νέω	2, 682	ὁδίτης	3, 253	ὄνυξ, -χος	2, 224, 225
νή	2, 191	ὁδός	2, 255; 3, 253	ὄξος	3, 180
νηγάτεος	1, 301	ὀδούς	1, 345; 3, 295	ὀξύη	3, 496
νηδύς	1, 280; 2, 209	ὀδύνη	1, 313	ὀξύς	2, 262
νήιστα	2, 280	ὄζω	1, 225; 3, 482	ὀπίσ(σ)ω	·2, 236
νῆμα	2, 222	ὀθόνιον	2, 293	ὀπός	2, 688
νῆν	2, 222	οἵ	2, 620	ὄπυι kret.	1, 264
νῆσσα	3, 193	οἴαξ	1, 213	ὀπώρᾱ	2, 281
νῆτρον	2, 216	οἴγνυμι	1, 331	ὁράω	3, 499
νήχω	2, 679	ϝοῖδα	1, 176, 177, 198	ὄργανον	1, 170; 2, 275
νίζω	2, 207, 229	οἶδος	2, 209; 3, 482	ὀρέγω	2, 505, 506
νῑκάω	2, 221		483	ὀρθὴ πτῶσις	2, 456
νίκη	2, 221	οἰήιον	1, 213	ὀρθογραφία	2, 424
νιννίον	2, 235	οἰκόνδε	1, 355	ὀρθόγωνος	2, 456
νίπτω	2, 229	οἰκονομία	1, 362	ὀρθόδοξος	2, 424
νίφα	2, 680	οἰκονομική	1, 362	ὀρθός	2, 527
νιφάς	3, 481	ϝοῖκος	1, 193	ὄρθρος	2, 491
νίψω	2, 207	οἷμα	1, 392	ὀρίννω lesb.	2, 523
νόα lakon.	2, 682	οἷμος	2, 258	ὀρίνω	2, 523
νομή	2, 212	οἰνός, οἰνή	1, 483, 484	ὄρμενος	2, 490, 494
νομός	1, 361	ϝοῖνος	1, 202	ὅρμος	3, 263
νύ	2, 223, 232	οἰνή	1, 483; 2, 255	ὄρνῑς	2, 276
νυκτόπτερος	2, 216	ὅις	1, 589; 2, 251	ὄρνῡμι	1, 487; 2, 277
νύκτωρ	2, 229	οἶσθα	1, 159		494, 516
νύμφη	2, 683	οἶσθας	1, 159	ὀρόβινος	2, 278
νῦν, νύν	2, 223, 232	οἶσος	1, 193	ὀρούω	2, 279
νῡνί	2, 90	οἶστρος	3, 498	ὀροφή	2, 500; 3, 30
νυός	2, 682	οἰσύᾱ	1, 193	ὄρυζα	2, 523
νυρεῖ	2, 231	οἰφάω, οἰφέω	1, 388	ὀρυχή	2, 250
νύσσω	2, 225	οἴφω	1, 388	ὀρφανός	2, 499
νώ	2, 191, 200, 232	ὄκρις	2, 288	ὀρφνός 2, 280, 491, 560
νωρεῖ	2, 227	ὀκτώ	1, 231	ὀροφόβοται	2, 499
		ὀλέκω	2, 9	ὀρχάς	2, 529
ξεῖνος jon.	1, 300	ὀλισθάνω	2, 658	ὄρχατος	1, 188; 2, 299
ξένος	1, 300		3, 246		529

Vasmer, Russ. etymol. Wörterbuch

ὄρχις	1, 580	πέδον	2, 382	πηλός	1, 506; 2, 370
ὅς	1, 472	πείθω	1, 68	πῆμος	1, 515
ὄσσε du.	2, 259	πείκω	2, 356	πῆνος	2, 272, 405
ὀστέον	1, 590, 643	πείρω	2, 341, 410	πήττα	2, 361
	2, 286	πέκος	2, 347, 414	πῖαρ	2, 354
ὄστρεον	3, 192		3, 520	πίγγαλος	2, 329
ὄστριμον	2, 256	πέλανος	2, 305	πιέζω	2, 355
οὐά	3, 170	πέλας	2, 332	πίειρα	2, 354
οὖθαρ 1, 240;	3, 174	πελεκᾶν	1, 43	πίθηκος	1, 81
οὖλος 1, 218,	221	πέλεκυς	2, 409	πικρός	2, 356, 432
οὐρά	3, 455	πελιδνός jon.	2, 333	πῖλος	2, 399
οὐρός	2, 525	πελιός	2, 333, 395	πίμπλημι	2, 369, 394
οὖς	3, 197	πελιτνός	2, 333, 395	πίναξ	2, 335
οὐσία	1, 405	πέλμα	2, 332, 369	πίνω	2, 362
οὑτοσί 1, 393;	2, 190	πέμπε aeol.	2, 479	πιπίζω, πιππίζω	
	218	πέμπτος	2, 479		2. 355, 364
ὀφείλω	1, 415	πέμφιξ	1, 133	πῖπος, πίπος	2, 355
ὀφρῦς	1, 124	πένθος	3, 351		364
ὀχέομαι	1, 215	πένομαι	2, 272, 380	πίπτω	2, 433, 458
ὀχέω	1, 215	πέντε	2, 479	πίσσα	2, 330
ὄχθη	3, 177	πέος	2, 326, 355	πιστάκιον	3, 210
Ϝόχος	1, 214	πέπερι	2, 341	πιτεύω boeot.	2, 362
ὄψομαι	2, 260	πέποιθα	1, 68	πίων	2, 354
		πέπρωται	2, 407	πλάξ	2, 371, 374
πάγος	2, 301	πεπτός	2, 331	πλαταγή	2, 370, 379
πάθος	3, 351	πέπυσμαι	1, 67	πλάτος	2, 370
παιάν	2, 422	πέπων	2, 254	πλατύς	2, 307, 366
παιωνία	2, 358	περάω	2, 341, 409		371, 374, 709
παλάμη	2, 6, 305	πέρδιξ	2, 315	πλέκος	2, 374
πάλη	2, 336	πέρδομαι	2, 315	πλεκτή	2, 371, 374
παλίνορσος	2, 478		337	πλέκω	2, 371
παλκός	1, 506	πέρι	2, 337	πλεύμων	2, 25, 378
παλλάκιον	3, 313	περικαλλής	2, 427	πλεφίς	2, 391
πάλλαξ	3, 313	περιρρηδής	2, 244	πλέω 2, 373, 376, 377	
πάμβαξ	1, 144	περιφέρεια	2, 247	πλῆθος	2, 369, 394
πανήγυρις	3, 124	περκνός	2, 443	πλήθω	1, 392
παπαδιά	2, 406	πέσκος 2, 414; 3, 520		πλήξω	2, 365
παπᾶς	2, 406	πεσσόν	2, 351	πλήρης	2, 394
παράδεισος	2, 408	πέσσω	2, 331	πλήσσω jon.	2, 365
	486	πέτομαι	2, 343, 458	πλίνθος	2, 372, 373
παραί	2, 431	πετροσέλινον	2, 350	πλοϊκός	2, 373
πάρδος	2, 315	πεύθομαι 1, 96; 2, 135		πλοῖον	2, 373
πάρος	2, 338	πεῦκος	2, 329	πλόκαμος	2, 374
πάσσαλος	2, 301	πεφήσεται	1, 73	πλοκή	2, 371
πάσσω	1, 540	πέψις	2, 352	πλῦνω	2, 377
πάσχα	2, 323	πήγανον	2, 354	πλυτός	2, 374
πατέομαι	2, 322	πῆγμα	2, 301	πλώω	2, 364
πάτος	2, 469	πήγνῡμι	2, 301	πνεύμων	2, 378
πάτρως	3, 29	πηγός	2, 354	πόα	2, 299
πάτταλος att.	2, 301	πηδάλιον	1, 628	πόθεν	1, 676
παχύς	2, 352	πηλίκος	1, 396, 506	πόθος	1, 409
παύω	2, 467, 468		599; 2, 643	ποιέω	3, 340

Altgriechisch

ποικίλος	2, 347, 348, 360	πρῷρα	1, 628; 2, 437	ῥόδον	2, 499, 529
ποινή	2, 335; 3, 289	πρωπέρυσι att.	2, 423	ῥοδωνιά	2, 483
πολέω	1, 598	πτέλας	3, 90	ῥοή	2, 287
πόλις	3, 107	πτελέα	3, 121	ῥόθος	3, 23
-πόλις	2, 401	πτερίς	2, 313	ῥόμβος	1, 244; 2, 527
πολιός	2, 333, 370, 395	πτερόν	2, 313, 343	ῥόμος	1, 189
πόλος	1, 598; 2, 402	πτίσσω	2, 363	ῥομφαία	2, 554
πολύγονον	2, 710	πτύσσω	1, 96, 281	ῥόος	2, 287
πολφός	2, 391	πτυχή	1, 281	ῥόπαλον	1, 229
πομφόλυξ	1, 133	πτύω	2, 379	ῥουγός	2, 545
πομφός	1, 133	πτῶσις	2, 299	ῥούσιος	2, 551
πόνος	2, 272, 380	πυγή	1, 319; 2, 459, 462, 472	ῥοφέω	2, 612
ποντικόν	3, 221	πυθμήν	1, 135	ῥυκάνη	2, 487
πόντος	2, 469	πυξίς	2, 471	ῥύπος	3, 32
πορεῖν	2, 407	πῦρ	2, 473, 474	Ϝρυτήρ	1, 185
πορθμός	2, 341, 409	πύργος	2, 359	ῥώξ homer.	2, 250, 484; 3, 519
πόρις	1, 241, 442	πυρήν dor.	2, 474		
πόρκος	2, 409	πυρός	2, 474	σαβάζω	2, 224
πόρος	2, 341, 408, 410	πωλέω	2, 396	σαβακός	3, 224
πόρταξ	1, 241	πώς dor.	2, 300	σάββατα	3, 37
πόρτις	1, 241			σάγμα	3, 45
πορφύρα	2, 425	ῥᾶ	2, 500	σάκκος	2, 569
πορφύρω	1, 147	ῥάβδος	1, 184	σάκχαρον	2, 584
πόσθη	2, 326	ῥαίνω	2, 535	σαλάκων	2, 202
πόσις	1, 299; 2, 362, 385	ῥαίω	2, 519	σάλπη	2, 572
ποταμός	2, 433	ῥακά	2, 488	σαμάρδακος	2, 644
πότερος	1, 646	ῥάμνος	2, 489, 510	σανίς	2, 577
πουνιάζειν lakon.	2, 473	ῥανίς	2, 535	σάνταλον	2, 576
πούς att.	2, 300, 382	ῥάπυς	2, 513	σαράβαλλα	3, 377
πράμος	2, 455	ῥάσσω	2, 484	σαράβαρα	3, 377
πραπίς	3, 319	ῥατάνη	1, 190	σαργός	2, 698
πράσον	2, 443	ῥάττω	2, 484	σαρδόνιον	2, 580
πράσσω	2, 426	ῥάφανος	2, 513	σάρισσα	3, 392
πράτωρ	2, 425	ῥάφυς	2, 513	σάρμα	3, 232
πραΰς	2, 436	ῥᾱχός, ῥᾱχος	2, 531	σατανᾶς	1, 563
πρέμνον	1, 628	ῥέμβω	2, 527	σάττω	3, 45
πρέσβυς	2, 169	ῥέπω	1, 229	σαῦλος	3, 43
πρήθω	2, 431	ῥεῦμα	2, 510, 3, 31, 213	σάψ	2, 578
πρίασθαι	1, 660	ῥήγνυμι	1, 228, 2, 250, 484, 505	σβέννῡμι	1, 261; 3, 175
πρίν	2, 434	ῥῆμα	1, 271; 2, 539	σβέσσαι homer.	1, 261
πρό	2, 302, 437	ῥῆξις	2, 484	σβῶσαι	1, 261
πρόκα	2, 439	ῥήξω	2, 505	σειρήν	2, 628
πρόμος	2, 455	ῥῆον	2, 500	σέλαχος	2, 604
πρόσθεν att.	2, 193	ῥητίνη	2, 506	σέλμα	2, 659
προτί	2, 446	ῥήτρᾱ	2, 539	σεῦκλον	2, 588; 3, 284
πρύμνᾱ	1, 628	ῥήτωρ	1, 234	σηνίκη	2, 577
πρυμνός	1, 628	ῥηχίη jon.	2, 484	σήψ att.	2, 578
πρῷ att.	2, 423	ῥιπίς	2, 523	σιγμός	2, 594
πρωΐ homer.	2, 423	ῥόβιλλος	1, 228	σίδηρος	2, 613
				σίζω	2, 594
				σίκερα	2, 623

38*

596   Griechisch

σίκυς	3, 160	σκῶλος	1, 595	στιφρός	3, 7
σίνᾱπι	2, 626	σκῶμμα	2, 644	στίχος	3, 9
σινδών	1, 453	σκῶρ	2, 633, 635, 697	στοά	3, 1
σῖτος	2, 629	σκώψ	2, 644; 3, 278	στοιχεῖον	3, 15
σκάζω	3, 385	σμῆν	2, 670	στοῖχος	1, 315
σκαίρω	2, 641, 648	σμίλη	2, 111		3, 14
	3, 502	σμορδοῦν	2, 671	στόμαχος	3, 19
σκαλίς	2, 283; 3, 404	σμύχω	2, 669, 677	στόνος	3, 19
σκάλλω	2, 283, 631	σμῶ	2, 86, 670	στόρνῡμι	2, 444; 3, 10
	643; 3, 447	σμῶδιξ	2, 86		20
σκαλμός	2, 659; 3, 311	σοβέω	3, 253	στορχάζω	2, 287
σκάνδυξ	1, 518	σόβη	3, 253	στρατηγός	1, 213
σκαπέρδα	2, 645	σοί	3, 86	στρατηλάτης	1, 213
	3, 332	σορός	3, 86	στρεύγομαι	3, 28
σκᾶπος	1, 522	σός	3, 86	στρηνής	3, 4, 22
σκάπτω	1, 619, 645	σπάθη	3, 422	στρίγξ	3, 24, 28
	3, 448	σπαίρω	2, 475	στρουθίων	3, 32
σκαρίς	2, 648; 3, 502	σπαργάω	2, 408	στρουθοκάμηλος	3, 23
σκαρφᾶσθαι	3, 449	σπέρχω	2, 408	στρουθός 1, 372; 3, 23
σκάφος	2, 635	σπεύδω	2, 461	στρῡφνός	3, 30, 32
σκεδάννῡμι	3, 445	σπίγγος	2, 334, 354	στρωτός	2, 444
σκεθρός	3, 445	σπίζω	2, 354	στυγέω	3, 35
σκεῖρος	3, 341	σπλήν	2, 605	στῦλος	3, 18, 163
σκέλος	3, 345	σπόγγος	1, 316	στύξ	3, 35
σκεπάζω	3, 316	σπουδή	2, 461	στύπος	2, 708 3, 19
σκέπαρνος	3, 448	σπυρίς, σφυρίς	2, 407		122
σκέπας	3, 316	σταίς	3, 100	στύφω	3, 33
σκέπτομαι	2, 323, 644	στάμνος	3, 3	στῦω	3, 1, 34, 351
σκεῦος	1, 706	στάσις	3, 6	σύ	3, 159
σκηνή	2, 610, 638	στατός	3, 21	σύζυγος	3, 47
	3, 10	σταυρός	3, 2	σύν	2, 564
σκιά	2, 610, 630	στέγος	2, 286	συνδοχεῖον	3, 46
	3, 11, 455	στέγω	2, 286; 3, 16	σύνθημα	3, 39
σκίουρος	3, 455	στείχω	1, 315; 3, 14	σῦριγξ	2, 628
σκίπων	2, 636; 3, 289	στέλλω	3, 10	συρικόν	3, 48
	449	στεμβάζειν	3, 35	σφαραγέομαι	2, 454
σκίρον	3, 452	στέμβω	3, 35	σφέλας	2, 393
σκίρρος	3, 341	στένει	3, 10	σφίγγω	3, 55
σκνίψ	2, 640	στέργω	3, 12	σφί(ν)	2, 599
σκοιός	2, 610, 630	στερέμνιος	3, 25	σφόγγος	1, 316
σκοῖπος	2, 636; 3, 449	στερεός	3, 12, 14	σφυρίς	2, 407
σκόλοψ	3, 257	στέρνον	3, 20	σχίδη	3, 287
σκομβρίσαι	2, 643	στέρφος	3, 12	σχίζω	3, 287, 289
σκόμβρος	2, 654	στῆ homer.	3, 5		305, 343, 394
σκοπός	2, 323	στήμεναι	3, 3	σχῖνος	2, 610
σκορπίος	2, 648	στία	3, 10, 91	σχιστός	3, 394
σκυθική	1, 516	στίβμα	3, 14	σχοῖνος	2, 610
σκύλαξ	2, 631, 637	στίγμα	3, 8, 130	σχολή	3, 407
	3, 278	στιγμή	1, 450	σώρακος	3, 85
σκύλλω	2, 654; 3, 435	στίζω	3, 130		
σκύμνος	2, 637	στίλβω	1, 93	τάγηνον	1, 500
σκῦτος	2, 655; 3, 408	στῖφος	3, 91	τάγιστρον	1, 505

Altgriechisch

ταλάσσαι	3, 90	τετίημαι	3, 307	τραπέω	3, 136, 141
τᾶλις	2, 289; 3, 73	τετιηώς	3, 307	τράπηξ	3, 30
τᾶμος dor.	3, 74	τετορήσω	3, 126	τραῦμα	3, 130, 137
τανύς	3, 119	τετράζω	3, 101	τρεῖς	3, 138
ταράσσω	1, 371	τέτραξ	3, 101	τρέμω	3, 125, 134, 146
ταράττω att.	3, 127	τετράων	3, 101	τρέπω	3, 125, 136
ταραχή	1, 371	τέττα	3, 81, 100, 102	τρέσσαι	3, 147
ταρβέω	3, 134		168	τρέφω	1, 370; 3, 90
τάρβος	3, 134	τεύξομαι	1, 379	τρέω	3, 147
ταρσός	3, 96	τέφρᾱ	1, 412	τρῆς	3, 138
τάρταρος	3, 80	τήγανον	3, 67, 103	τρίβω	3, 96
ταρχάνιον	3, 96	τήθη	1, 335	τρίζω	3, 24
ταρχύω	3, 96	τηθίς	1, 335	τρικυμία	3, 134
τατᾶ	3, 102	τήκω	3, 84	τρίπους	3, 133
ταῦς	3, 162	τηλίᾱ	3, 110	τρίς	3, 133
ταύτασος, ταυτέας		τηλίκος	3, 117	τριστάτης	3, 139
	2, 417	τῆλις 2, 289; 3, 71, 73		τρίτος	3, 137
τάφος 1, 333; 3, 121		τῆμος	1, 515; 3, 74	τρίφυλλον	3, 138
τάφρος	1, 333	τήν	3, 128	τρόμος	3, 146
ταώς	3, 83	τηρέω	3, 307	τροπολόγιον	3, 138
τε 1, 33, 326, 407		τητάω	3, 69, 82	τρόπος	3, 140
2, 233; 3, 296, 307		τηΰσιος	3, 69	τρόφις	1, 370
τείνω 3. 68, 93, 101		τί	3, 348	τρύπανον	3, 136
	166	τίγρις	3, 103	τρυπάω	3, 144
τείρω	3, 97	τιθέασι	1, 333	τρύπη	3, 144
τεῖχος	1, 336, 450	τίθημι	1, 347	τρύχω	3, 137
τέκμαρ	1, 503	τῖλος	3, 105, 110	τρῳα	3, 130, 131
τέκτων	3, 89, 99	τῑμή	3, 289	τρώω	3, 130, 131
τέλθος	1, 415	τίνω	1, 545; 3, 289	τύ dor.	3, 159
τέλμα	3, 110	τίς	3, 348	τυγχάνω	1, 379
τελμίς	3, 110	τίτθη	3, 108	τυκίζω	3, 109
τέλος	1, 415, 598	τιτθός	3, 108	τύκος	1, 491; 3, 109
	3, 312, 314	τιτρώσκω	3, 131	τύλη	3, 160
τέμνω 3, 92, 111, 153		τλῆναι	3, 90	τύλος	3, 160
τένδω 1, 704 3, 305		τό	3, 128	τύμβος	3, 152
τέννει aeol.	3, 157	τοί	3, 86, 102	τύμπανον	3, 105, 122
τένος	3, 93	τοιθορύσσειν	1, 372	τύπος	3, 122
τέο homer.	2, 676	τοῖχος	1, 336	τύπτω	3, 122
τεός dor.	3, 86	τοκῆες	2, 528	τῡρός	3, 85, 165
τέρεμνον	3, 96, 97	τόμος	3, 111	τυτώ	2, 417
τερηδών	3, 144	τόν	3, 128	τυφλός	1, 377
τέρην	3, 90	τόνος	3, 93, 101	τῶ homer.	3, 65
τέρθρον	3, 82	τόξον	3, 107		
τέρπω	3, 126, 134	τόπος	3, 112	ὑγιής	2, 564
τέρσομαι	3, 96	τόρμος	3, 124	ὑγρός	3, 467
τέρυς	3, 90	τορός 3, 52, 123, 126		ὕδρᾱ	1, 239
τέρχνος	1, 343	τορύνη	3, 85	ὑδρία	1, 177
(τε)σσαράκοντα		τοῦ	1, 676	ὕδρος	1, 239
	2, 698	τοῦτις	2, 417	ὕδρωψ	1, 482
τέσσαρες homer.		τραγῳδία	1, 590	ὕδωρ	1, 177, 212
	3, 332	τρᾱνής	2, 435		239
τέταρτος	3, 331	τράπεζα	3, 132	ὕει	2, 687

Griechisch

ὔινος	2, 593	
υἱύς, υἱός	3, 57	
ὕλη	3, 43	
ὑμᾶς	1, 238	
ὔμμε lesb.	1, 238	
ὕπνος	2, 694	
ὑπό	2, 246	
ὑποκείμενον	2, 384	
ὕπτιος	2, 246	
ὕραξ	3, 49	
ὕρον	2, 593	
ὕς	1, 268; 2, 593	
ὑσμίνη	2, 258	
ὕστριξ	1, 238	
ὑφή	2, 280	
ὑψηλός	1, 242	
ὕψι	1, 242	
ὕψος	1, 242	
φαγεῖν	1, 38, 98	
φᾱγός dor.	1, 100, 138	
φαίνω	1, 73	
φακός	1, 97	
φάλαγξ	1, 103
	2, 304	
φαλιός	1, 73	
φαλός	1, 73	
φᾶμᾱ dor.	1, 66	
φᾱμί dor.	1, 66	
φᾱνός	3, 214	
φάντασμα	3, 201	
φάρος	1, 436; 2, 318	
φᾶρος	2, 318, 454	
φαρόω	1, 109	
φαρύνει	1, 125	
φάρω	1, 109	
φάσηλος	3, 203	
φασιανός	1, 38	
φέβομαι	1, 68	
φερέοικος	3, 182	
φέρμα	1, 77	
φέρω	1, 80, 117	
φεῦ	3, 220	
φεύγω	1, 157	
φή	1, 34, 97	
φηγός	1, 100, 138, 139	
φηλός	1, 45, 101	
φημί	1, 66	
φηνός	1, 37	
φθείρ	1, 676	
φθινύθω	1, 136	
φθίνω	3, 234	

φθορά	3, 220	
φιάλη	3, 206	
φιτρός	1, 88	
φλέγω	1, 103	
φλέω	1, 91	
φλήναφος	1, 90	
φλύω	1, 91	
φόβος	1, 68	
φοῖβος	1, 447	
φοίνῑξ, φοῖνιξ	1, 467	
	3, 209	
φολίς	1, 104; 3, 214	
φόλλις	2, 400	
φόνος	1, 279, 292, 428	
φορκόν	1, 81	
φόρος	1, 106	
φορύνω	1, 80	
φορυτός	1, 80	
φρᾱ́τηρ	1, 118	
φρᾱτρία	1, 118	
φρᾱ́τωρ	1, 118	
φρέᾱρ	1, 129, 446	
φρείατα homer.	1, 129	
φρίκη	1. 77, 121	
φρίξ	1, 121	
φρίσσειν	1, 420	
φρυγίλος	1, 75	
φρῡ́γω	1, 116	
φρῡ́νη	1, 97, 128	
φῦ	3, 162, 220	
φῡλή	1, 158	
φῦλον	1, 158	
φύομαι	1, 159	
φυρμός	1, 147	
φύρω	1, 147	
φῦσα	2, 470, 473, 475	
φυσάριον	2, 462	
φῡσιάω	2, 473	
φυσίζοος	1, 389	
	2, 249	
φύτλᾱ	1, 157	
φυτόν	1, 112; 2, 159	
φύω	1, 136	
φώγω	1, 36, 37, 38	
φώκη	3, 214	
φωνή	1, 66	
φωνήεντα	1, 272	
χαίνω	1, 457	
χαιρέφυλλον	1, 550	
χαίρω	1, 443	
χάλαζα	1, 302; 2, 257	

χαλάω	2, 438; 3, 255	
χάλβανον	3, 226	
χαλδαῖος	1, 597	
χάλις	3, 368	
χαλκός homer.	1, 416	
χαμαί	1, 453	
χανδάνω	1, 250, 409	
χάος	1, 319	
χάρις	1, 260, 443	
χάρισμα	3, 231	
χαροπός	1, 444	
χάρτωμα	1, 635	
χάτις	3, 267	
χέζω	1, 438; 3, 238	
χειή	1, 434	
χεῖμα	1, 456	
χείρ	1, 298	
χειρουργός	3, 296	
χειρόω	2, 420	
χείσομαι	1, 250, 409	
χελάνδιον	2, 266	
χέλῡς	1, 414	
χελώνη	1, 414	
χεράς	1, 421	
χέρνιψ	2, 229	
χέω	1, 424	
χήν	1, 324	
χηραμός	3, 263	
χῆρος	2, 629	
χῆτις	3, 267	
χθών	1, 453	
-χι	3, 88	
χλευάζω	1, 276	
χλεύη	1, 276, 566	
χλωρός	1, 457	
χναύω	1, 281	
χνίει	1, 280	
χνόος	1, 281	
χνοῦς	1, 281	
χόδανος	1, 438	
χοιράς	1, 592	
χοῖρος	1, 425; 2, 592	
	617	
χολάδες	1, 417	
χολή	1, 460	
χόλος	1, 416, 452, 457	
χορδή	1, 623	
χορός	1, 630	
χόρτος	1, 297	
χρεμετάω	1, 306	
χρεμετίζω	1, 306	
	3, 275	

Mittel- und Neugriechisch 599

χρεμίζω	1, 306	ψήν	3, 59	ὠκύς	3, 496, 497
χρέμπτομαι	3, 275	ψυδρός	3, 277	ὠλένη	1, 396
χρήματα pl.	1, 307	ψύλλα	1, 94		2, 12, 55
χρῖσμα	1, 663	ψυχή	1, 384	ὠλλόν	2, 55
χριστιανός	1, 662	ψώρα	2, 458	ὠμοπλάτη	2, 371
Χριστός	1, 662			ὤν	3, 53
χρίω	1, 307	ὦ	2, 236	ὦνος	1, 183
χροιά	1, 307	ᾦα	1, 589	ᾠόν	3, 486
χρόμαδος	1, 310	ὠδίς	3, 485	ὦρᾱ	3, 492
χρόμος	1, 310	Ϝὢθέω	1, 163, 164	ὠρύομαι	2, 555, 556
χωλός	3, 241		2, 249; 3, 173		560; 3, 475
		ὠ-κεανός	3, 475	ὤχρα	1, 233
ψεῦδος	3, 277	ὠκυπέτης	3, 497	ὤψ homer.	1, 64

b. Mittel- und Neugriechisch (Letzteres unbezeichnet)

ἀγγούρι(ον)	2, 253	γουρούνι(ο)ν mgr.		κεντηνάριον mgr.	
ἀγουρίδα	2, 254		3, 225		1, 550
ἄγουρος mgr.	2, 253			κιβώριον mgr.	1, 554
ἁλιάδι(ον) mgr.	2, 267	δροῦγγος mgr.	1, 373	κομμάτι(ον)	3, 408
ἁλιάς mgr.	2, 266			κουβάρι(ον)	1, 677
ἄνδρας	1, 18	ἔμβολος mgr.	3, 169	κουκκί(ον) mgr.	
ἀρβανίτης	1, 25				1, 707
ἄρκα mgr.	2, 488	ζαγάριον mgr.	2, 251	κοῦκλα mgr.	1, 684
ἅς	2, 217	ζάκανον mgr.	1, 439	κουκλίον mgr.	1, 708
ἄσπρον mgr.	1, 71	ζαρταλοῦν mgr.	1, 419	κουκούλα mgr.	1, 685
αὐγό	1, 499	ζιπούνι	1, 456	κουκούλλι(ον) mgr.	
αὔγουστος mgr.	1, 3	ζολότα	1, 460		1, 602; 3, 413
αὐθέντης mgr.	2, 293			κουκουρίζω	1, 686
ἀφέντης	2, 293	ἰάρι(ον)	3, 495	κουλλός	1, 690
ἄφες mgr.	2, 217			κουρμί	3, 517
ἀχρειᾶνος	2, 294	καβάδιον mgr.	1, 495	κουτσός	1, 708
		καλαφατῶ	1, 614	κραββάτι(ο)ν mgr.	
βαγένι	1, 162	καλίκια pl. mgr.			1, 665
βάδα	1, 163		1, 509	κρεββάτι	1, 665
βάραγγος mgr.	1, 171	καμάκι	1, 534		
βοηλᾶς, βοελᾶς, βοι-		καμηλαύκιον mgr.		λακέρδα	2, 9
λᾶς mgr.	1, 114, 158		1, 507	λατούνι	2, 18
βολιάδες pl. mgr.		καμπάνα mgr.	1, 696	λέντιον mgr.	2, 31
	1, 114, 158	κανάτι	1, 516	λιμένι(ον)	2, 42
βοριᾶς	2, 467	κανοῦν mgr.	1, 519	λισγάρι(ον) mgr.	2, 75
βουττίον mgr.	1, 114	καπίκι	1, 619	λουφάρι	2, 37
βοῦττις mgr.	1, 114	κάστρον mgr.	1, 642		
βράκα	1, 119	καταπάνος mgr.	1, 646	μαϊνάρω	2, 89
βύσσινον	1, 208	κάτεργον mgr.	1, 541	μάϊος mgr.	2, 88
		κάτζα	1, 543	μαΐστρος	2, 89
γενουάρι(ο)ς mgr.		κάτζι(ο)ν mgr.	1, 543	μανηχός	2, 143
	3, 491	κάττα mgr.	1, 643	μαντίον mgr.	2, 94
γλέπω mgr.	1, 274	καψάκιον mgr.	1, 586	μάσκαρα mgr.	2, 162
γουδί	1, 470	κέλλα mgr.	1, 557	μελάνι	3, 326
γούνα mgr.	1, 322	κελλίον mgr.	1, 557	μελάνιον mgr.	3, 326

600 Makedonisch, Italisch

μόρτης	2, 161	σαβούρα	2, 583	ταυρέα mgr.	2, 45
μόσκος	2, 163	σάγιον	2, 585	τέντα mgr.	3, 93
μπάνειο	1, 52	σάγος mgr.	2, 566	τηγάνι(ον)	3, 67
μπαρμπούνι	1, 55	σάκκος mgr.	2, 569	τήγανον mgr.	1, 500
μπόρα	1, 107	σαλάκιον mgr.	2, 571	τρούλλος mgr.	3, 143
μυξινάρι	2, 171	σαλγαμάτον mgr.		τσίπουρο	1, 413
			2, 571		3, 302
ξέστης mgr.	3, 395	σάλπα	2, 572	τσοπορός	3, 347
		σαμάρι(ον) mgr.			
όρνα mgr.	2, 278		2, 573	φανάρι	3, 214
ούρμάνι	2, 489	σάνταλος mgr.	2, 576	φαρίον mgr.	3, 203
		σαράκοντα mgr.		φαρμασόνος	3, 202
παγανός	2, 381		2, 698	φεβρουάρι(ο)ς mgr.	
πάγουρος	2, 299	σαρακοστή mgr.			3, 204
παλαβωμένος mgr.			2, 699	φλαμβουράρις mgr.	
	2, 398	σαράντα	2, 698		3, 211
παλάτιον mgr.	2, 391	σαργάνι(ον) mgr.		φλασκί(ον) mgr.	
παούνι	2, 325		2, 580		2, 374
πάπλωμα	2, 312	σελάχι	2, 604	φόλα mgr.	3, 214
παράδη mgr.	2, 408	σέμπρος	3, 62	φόλλις mgr.	2, 463
παστίλος mgr.	2, 321	σκάλα	2, 631	φορεσιά mgr.	3, 205
παστό	2, 321	σκαμνί(ον) mgr.		φουρτοῦνα mgr.	3, 222
πάτσος	2, 328		2, 632	φουστάνι	3, 279
πεῖρος	2, 342	σκάμνον mgr.	2, 632	φράγκος mgr.	3, 219
πέρπυρον mgr.	2, 340	σκαραμάγγιον mgr.		φτορά	3, 220
πονέντες	2, 404		2, 615	φύρτης mgr.	3, 205
ποῦγγα	2, 460	σκλάβος	2, 635, 657		
πουγγίον mgr.	2, 460	σκνίπα mgr.	2, 640	χαβιάριν mgr.	1, 499
		σκρινίον mgr.	2, 651	χαγάνος mgr.	1, 499
ῥαπάτιον mgr.	2, 535	σκυλί(ον)	2, 637	χαλβᾶς	3, 226
ῥάσον mgr.	2, 492, 563	σοῦδα mgr.	3, 39	χαρζάνιον mgr.	3, 272
ῥέμα mgr.	2. 510	σουλιμᾶς	3, 43	χαρτίον mgr.	3, 231
ῥήγας mgr.	2, 521	σουρτούκο	3, 61	χαψί	1, 515
ῥῆξ mgr.	2, 521	στάμνα mgr.	3, 3		3, 229
ῥιπίζω mgr.	2, 523	συκώτι	2, 352	χελάνδιον spätgr.	
ῥοκάνι	2, 487				3, 367
ῥουμάνι	2, 489	τάβλα mgr.	3, 66	χυμευτόν mgr.	3, 209
ῥουσάλια mgr.	2, 549	ταβλί(ον) mgr.	3, 66		
ῥωμαϊκος mgr.	2, 559	τάγιστρον mgr.	3, 70	ψεῖρα	1, 676
ῥωμιός	2, 547	ταλέρι	3, 79	ψυχάρι	1, 35, 384
ῥωσιστί mgr.	2, 551	ταλιάνι	3, 74	ψυχή	1, 35, 383

XIV. Makedonisch

ἀβροῦτες	1, 124	γράβιον	1, 301	κλινότροχον	1, 567
ἄλιζα	2, 266				

XV. Italisch

a. Lateinisch

ab	1, 407; 2, 289	abacus	1, 1	abracadabra mlat.	
	3, 168	abbas	1, 1		1, 2

Lateinisch

abs	1, 407	
accipiter	3, 497	
ācer	1, 355; 2, 288	
	295; 3, 479	
acētum	2, 295	
achatēs	1, 4	
acidum	2, 295	
acuere	2, 285	
aculeus	2, 281	
acus	2, 285, 286, 288	
	289	
adamascus mlat.	1, 5	
adventus	1, 633	
aeger	1, 469; 3, 479	
aequilibrium	1, 480	
aestimō	3, 111	
agger	1, 421	
agnellus	2, 122	
agō	1, 39	
agrimēnsor	1, 452	
alanus vlat.	2, 684	
alausa gall.-lat.	1, 395
	396	
alba vlat.	2, 702	
alburnus	2, 599	
albus	1, 395; 2, 21	
	22, 264, 599	
alcēs	2, 61	
alere	1, 9; 2, 15, 494	
alga	2, 266	
alica	2, 262	
alius	2, 57	
alnus	2, 266	
altare	1, 11	
alūmen	2, 262	
alūta	2, 262	
alveus	2, 2, 52	
	3, 181	
alvus	3, 181	
amārus	2, 267	
ambi-	2, 236	
ambitiō	2, 246	
ambō	2, 237	
ambūrō	1, 160	
amendola vlat.	2, 135	
amita	2, 235	
ammi	1, 16	
amphora	3, 169	
amputāre	2, 475	
amygdalus	2, 135	
anas	3, 193	
anatīnus	3, 193	

ancus	2, 325; 3, 171	
	180	
angelica	1, 387	
angere	1, 244; 3, 177	
anglicus	1, 5	
angor	3, 178	
anguilla	3, 172	
anguis	3, 172, 175	
angulus	3, 171	
angustus	3, 178	
anhēlāre	2, 269	
	3, 169	
anima	1, 225	
animal	1, 225	
animus	1, 225; 3, 196	
ānser	1, 324	
antae	3, 259	
antidotum	2, 447	
antinomia	1, 19	
antīquus	2, 222	
antistes	3, 47	
anus	1, 211	
aper	1, 183	
aperiō	1, 184, 188	
	437; 2, 290; 3, 87	
aquilla mlat.	1, 9	
arāre	2, 274	
arātor	2, 495	
arātrum	2, 489	
arca	2, 487, 488	
arceō	2, 487	
arcus	2, 488	
arduus	2, 494, 538	
arēna	2, 249	
arēre	2, 257	
āridus	2, 257	
arma	2, 278, 510	
armentum	2, 510	
armus	2, 490	
arrenda mlat.	1, 23	
arvum	2, 526	
asellus	2, 281	
asinus	2, 280	
asparagus	2, 705	
astur	3, 497	
atque	1, 407	
ātrāmentum	3, 326	
atta	2, 290	
audēre	3, 173	
audīre	3, 478	
au-ferō	3, 168	
augēre	3, 467	

augmentum	1, 240	
augustus	1, 3; 3, 467	
aureus	2, 250	
auris	3, 197	
aurōra	1, 4; 3, 190	
auscultāre	1, 572	
ausculum	3, 192	
aut	3, 176	
authepsa	2, 574	
autocratīa	2, 574	
auxilium	2, 250	
avēna	2, 249	
avēre	1, 242	
avis paradisea	2, 487	
avus	3, 178	
axis	2, 288	
baccīnum	1, 163	
bacle mlat.	1, 63	
baculum	1, 43, 101	
badius	1, 41, 160, 542	
balascius mlat.	1, 46	
balbus	1, 44, 105	
balbūtiō	1, 44	
balneum	1, 51, 52	
balteus	1, 49	
barba	1, 109	
barbātus	1, 109	
barbus	1, 55	
Bascardia mlat.	1, 65	
basilicum mlat.	1, 171	
bassus	1, 112	
battuere	1, 61, 112	
bēbāre	1, 71	
bee	1, 160	
benevolentia	2, 381	
bēstia	1, 81, 332	
bi-	1, 331	
bibō	2, 362	
bīcārium	1, 71; 2, 327	
bīmus	1, 456	
birrus	1, 87	
bisamum mlat.	2, 355	
blattea	1, 128	
bombacium	1, 144	
boracum mlat.	1, 145	
borāgo mlat.	1, 107	
	146	
borax mlat.	1, 145	
bordonus mlat.	1, 75	
bōs	1, 283	
botulus	1, 112, 113	

Italisch

brāca 1, 118, 131
bracium mlat. 1, 116
brassica 1, 78
brattea vlat. 1, 128
brevis 1, 107
būbalus 1, 139
būbō 1, 155
bucca 1, 140
bucia vlat. 1, 156
buda 1, 93
būfō 1, 407; 2, 675
bulbus 1, 142, 143
bulla 1, 142, 143
-bundus 1, 136
burrus 1, 151
buticula mlat. 1, 155
butina vlat. 1, 100
butis, buttis 1, 114
155
buxis vlat. 2, 471
buza vlat. 1, 156

caballus 1, 583
cabō 1, 583
cacāre 1, 506
cachinnāre 3, 269
cacillāre 1, 594
cacula 2, 641
cadūcus 1, 508
caelebs 3, 286, 445
caementum 3, 285
caerifolium 1, 550
Caesar 3, 283
calamancum mlat.
1, 507
calamārium 1, 507
calāre 1, 512, 597
602
calātiōnem vlat.
1, 633
calcāre 1, 652
calcea, calcia 1, 604
3, 259
calceus 1, 509
calcidonius mlat.
3, 605
caldūna mlat. 1, 597
calendae 1, 606
calēre 1, 510
cālidus 1, 506
caliga 1, 509; 3, 228
cālīgō 1, 506

calix 1, 510, 549
callum 1, 510
calumnia 3, 235
calva 1, 286; 3, 312
calvus 1, 286, 289
calx 1, 600
camēlaucium mlat.
1, 602
camera 1, 610
camīnāta 1, 609
camīnus 1, 608
campāna 1, 521, 696
campus 1, 696
canābula vlat. 1, 516
cancer 2, 487
candēla mlat. 1, 517
* candes mlat. 1, 518
canīcula vlat. 1, 518
2, 626
canis 1, 520; 2, 626
3, 42
canistrum 1, 505
3, 70
cannabis 1, 615
canna ferula 1, 512
canō, -ere 1, 520
697
canthērius 1, 293
3, 405
cānus 2, 702
capella mlat. 1, 521
caper 1, 619
capere 1, 614; 3, 230
302
capitālis 3, 171
cāpō 2, 645
cappa 1, 496; 3, 316
373
caprimulgus 1, 591
caprōnae 1, 619
capulāre 2, 645
capus 1, 582, 618
caputium 1, 524
cara mlat. 3, 233
carabus vlat. 1, 622
carbasus vlat. 1, 529
carduus 1, 530
carēre 1, 629
carināre 1, 528, 621
carmen 3, 304
carmula mlat. 1, 655
carpa 1, 632

carpere 1, 634; 3, 327
378
carpisculum 1, 634
702
carrere 1, 544, 632
carrus 1, 532
cārus 3, 310
caseāria 1, 651
cāseus 1, 546
cassis 1, 645
castellum 1, 641
castīgāre 1, 642
castorēum 1, 539
castrāre 1, 639
castrum 1, 642
castus 1, 642
casula vlat. 1, 652
cāsus 2, 299
cāsūs obliquī 1, 640
cāsus rēctus 2, 456
catellus 1, 645
caterva 1, 646; 3, 330
catillus 1, 644
catīnus 1, 644
cattia 1, 543
cattus vlat. 1, 643
catulus 1, 645
caupō 1, 696
caurīre 1, 697
caurus 2, 600; 3, 49
causa 1, 338
cavaneus vlat. 1, 162
cavea 1, 592
cavercinus mlat.
1, 498
cavēre 3, 361
cavus 1, 162; 3, 41
-ce 2, 599
cēdere 3, 309
cedula mlat. 3, 287
celāre 3, 263
celsus 3, 312, 313
cēna 3, 329
cēnsēre 3, 64
cēnsus 1, 558; 3, 340
centēnārius 1, 519
550, 616
centeniōnālis 3, 284
centum 3, 15
centuria 3, 20
centus vlat. 3, 284
cēpa 3, 294

Lateinisch

cēpulla vlat. 3, 294	collāre 1, 585, 613	coxa 1, 640, 643
cēra 2, 611; 3, 48	collibertus vlat. 1, 566	crābrō 3, 394
cerasus 3, 324		crassus 3, 327
cerdō 3, 320	collis 1, 572; 3, 312	crātis 1, 675; 3, 327
ceresia vlat. 3, 324	313	creāre 1, 236
cernō 670	collocāre 1, 709	creātiōnem 1, 633
cerrus 2, 295; 3, 290	collum 1, 603	cremasclum vlat. 1, 631
cervus 1, 630; 2, 616	colō 1, 598	cremor 1, 627; 2, 647
cēterī 1, 406	columba 1, 289; 3, 497	crēna 1, 661
cēvēre 1, 553; 3, 385	columbārium 1, 285	crepāre 1, 568, 667
chacanus mlat. 1, 499	comes 1, 578	668
chartularium mlat. 3, 227	cometia vlat. 1, 578	crōcīre 1, 654
	cōmis 1, 648	crucem vlat. 1, 672
chelandium mlat. 3, 367	commāter vlat. 1, 578, 691	2, 522
chirurgus 3, 296	commoinis alat. 2, 116	crucibulum mlat. 1, 657
chrisma 1, 663	commūnis 2, 116	crucifixus mlat. 1, 661
christiānus 1, 662	compāgēs 2, 301	crumēna 1, 534
Chrīstus 1, 662	compater vlat. 1, 578	cruor 1, 665
ciccum 3, 452	(con)-ditus 1, 347	crusta 1, 669
cicōnia 1, 520; 2, 689	cōnfūtō 1, 61	cubāre 1, 678
cicūta 1, 562	congeriēs 1, 421	cuculla 1, 684, 685
cippus 2, 637; 3, 449	coniux 3, 47	cucūlus 1, 684
circumferentia 2, 247	conquinīscō 1, 491	cucumis 3, 160
cis 2, 602	(cōn-)sobrīnus 2, 618	cūcūrrīre 1, 686
cisterna 1, 664	constāre 3, 21	cūdō 1, 584
citrā 2, 602	consternāre 3, 4	cuius 3, 309
cīvis 2, 414, 609	contundere 1, 617	culcita 1, 571
clādēs 1, 565	cōnūbium 2, 683	culcitra vlat. 1, 605
clāmor 2, 639	conucla mlat. 1, 682	culex 1, 572
clangō 1, 567	cōpa mlat. 1, 707	culīna 3, 353
claudō 1, 392, 576	coquīna 1, 708	culleus 1, 689
clausula 1, 577	coquō 2, 331	culmus 2, 692
clāvis 1, 564, 575, 576	cor 2, 613	cūlus 1, 556
clāvus 1, 576	coracīnus 1, 528	cum 1, 493, 587
clīnāre 1, 572; 2, 663	corbis 1, 629	2, 564
664	corda 1, 623	cumba 1, 412
clingere 1, 577	corium 1, 621	cumbere 1, 678
clītellae 1, 569	cornīx 2, 699	cumīnum 3, 110
cloāca 2, 665	cornu 2, 616	cunctārī 1, 709
cloppus 1, 690	cornu copiae 2, 526	cuneus 1, 614
cluere 2, 657, 665	cornus 3, 322	cunīculus 1, 666
cluēre 2, 667	corōna 1, 632	cunnus 1, 693
clûsa vlat. 1, 441	corōnis 1, 534	cupellum mlat. 1, 582
coāgulum 1, 278	corpus 1, 656; 3, 319	cupiō 1, 559
coaxāre 1, 545	cortex 1, 636	cuppa 1, 676, 707
coccinus vlat. 1, 651	cortīna 1, 702	cursārius mlat. 3, 279
cochlea 1, 708	corvus 2, 699	curtus 1, 633, 702
coco, coco 1, 594	costa 1, 643	3, 328
cōgnōmen 1, 458	cotōneum 1, 547	curvus 1, 630, 636
cohors 1, 702	cotta mlat. 1, 647	663
cōleus 2, 435	cotuca mlat. 1, 647	

cybicus 3, 294
cydōnea 1, 380, 385
cydōneus 1, 324
cyma 3, 354

dator 1, 329
dē-bilis 1, 105
decem 1, 346
decet 1, 345, 346
decimus 1, 346
defendō 1, 410, 428
dēnique 1, 325
dēns 1, 345; 3, 295
deus 1, 351
dexter 1, 346
diēs 1, 339
diligentia 2, 381
discus 1, 365
diurnāle vlat. 1, 354
dīves 1, 99
dīvus 1, 351
dō 1, 328
dōga vlat. 1, 378
dolāre 1, 337, 361
dōlium 1, 337
domus 1, 361
dōnec 1, 325
dōnum 1, 328
dormīre 1, 369
dōs 1, 329
dōva vlat. 1, 378
dracō 1, 367
drappus mlat. 1, 367
drēnsō 1, 375
drungus 1, 373
duae 1, 330
dūdum 1, 326
dulcēdō 1, 368
duo 1, 330
duodecim 1, 386
duōs vlat. 3, 148

ē 1, 473
ea 1, 390
ebenus 3, 456
ebulus 1, 398
ebur 1, 184
ecce 1, 388, 391
 2, 255, 599
ecquīs 1, 391; 2, 255
edō 1, 398
ego 3, 475

egula 2, 252; 3, 480
ēlaborāre 1, 69
ēlegāns 1, 476
emere 1, 198, 398
emplastrum 2, 366
en, in 1, 161
e-quidem 1, 388, 484
 3, 456
equus 1, 244
errō 1, 400
error 1, 402
ērūgō 2, 554
est 1, 405
et 1, 407; 2, 289
eum 2, 258
ēvolūtiō 2, 484
ex 1, 473
examitum mlat. 1, 9
excetra 1, 282
expenda, spenda
 vlat. 2, 711
expēnsa 3, 424
exsistere 1, 491
extūfāre vlat. 1, 473
exuere 1, 476; 2, 246

faba 1, 97
faber 1, 356
fābula 1, 66; 2, 532
faciō 1, 347
factīcius vlat. 3, 206
factiō 3, 200
fāgus 1, 37, 100, 138
 139
fallō 1, 45
falsus 3, 200
far 1, 110
fārī 1, 66; 2, 532
farīna 1, 110
farnus 1, 77
fastīgium 1, 111
fātum 2, 532
faux 1, 39
favēre 1, 282
favilla 1, 412
febris 1, 412
februārius 3, 204
fēcī 1, 347
fel 1, 416
fēlāre 1, 353, 358
fēlis 1, 72
fēlīx 2, 240

femen 1, 68
fēmina 1, 333, 353
 358; 2, 240
femur 1, 68
fēnum 2, 609
feria vlat. 2, 208, 404
feria secunda vlat.
 2, 404
ferīre 1, 109, 110, 435
ferō 1, 80, 117
ferula 1, 79
ferus 1, 448
fiber 1, 97
fīcus 2, 353; 3, 207
fīdō 1, 68
fīgō 1, 331
figulus 1, 336
figūra 3, 207
filix 3, 208
fīlum 1, 424
fingere 1, 336, 450
 3, 207
fīō 1, 86
firmitās mlat. 1, 660
 3, 86
firmus 1, 342, 451
fīs 1, 86
flaccus 1, 90, 91
flāgitium 1, 90
flagrāre 1, 90, 103
flamma 1, 90
flammula mlat. 3, 211
flāre 1, 90
flāvus 1, 414
flēmina 1, 90
flēre 1, 92
flīgere 1, 92, 93
focacia vlat. 1, 113
 155
focus 1, 113
fodiō 1, 68, 99
foedus 1, 81
folia mlat. 3, 214
forāre 1, 109, 110
 146
forctis alat. 1, 107
 343
forda 1, 76
forēs 1, 330
formaticum vlat. 3, 85
formīca 1, 175
formus 1, 295, 410

fornus	1, 296	
fors	1, 81	
fortis	1, 107, 343	
fortunātus	1, 99	
forum	1, 332	
forus	1, 332, 435	
fovea	1, 434	
foveō	1, 335	
fraceō	1, 121	
fracēs	1, 121	
francus mlat.	3, 219	
frāter	1, 118	
frēnum	1, 125	
frigō	1, 75	
frīgō	1, 116	
frigulō	1, 75	
friguttīre	1, 75	
fringilla	1, 75	
fritillum	1, 370	
frons	1, 127, 344	
frutex	1, 127	
fū	3, 162, 220	
fūcus	2, 471	
fuī	1, 136, 159	
fuit	1, 157	
fulgor	1, 103	
fullō	1, 105	
fulvus	1, 414	
fūmus	1, 377, 385	
fundō	1, 424	
fundus	1, 135	
fūr	3, 55	
furca	1, 81, 119	
furō	1, 151	
furvus	3, 40	
fustanum mlat.	3, 279	
futūrus	1, 159	
gaitanum	1, 252	
gaius	1, 251	
galla	1, 255	
gallēta mlat.	1, 416	
gallus	1, 287, 697	
gaudeō	2, 254	
gāvia	1, 248	
gelidus	2, 257; 3, 256	
gelū	1, 288; 2, 257	
gemma	1, 466	
genū	1, 448, 598	
genus	1, 598	
gerundium	1, 404	

gibbus	1, 412, 429	
gingīva	1, 414	
glaber	1, 271	
glāns	1, 415, 417	
glēba	1, 277	
glēsum mlat.	1, 271	
glīs	1, 274	
glōciō	1, 572	
glōs	1, 460	
glūbō	1, 276, 277	
glūs	1, 274	
gluttiō, -īre	1, 275	
	298	
glūtus	1, 275	
gnaevus	1, 279	
gracillō	1, 303	
grāculus	1, 303, 311	
gradior	1, 315	
grāmiae	1, 315	
grandis	1, 312	
grandō	1, 302	
grānum	1, 454	
grātēs	1, 304, 430	
grātus	1, 304, 421	
gremium	1, 310	
grūmus	1, 310	
grunda	1, 315	
grūs	1, 434	
gula	1, 417	
gunna	1, 322	
gurdus	1, 294	
habēre	1, 282; 3, 224	
haedus	1, 446	
hasta	1, 263, 419	
helus	1, 452	
helvus	1, 452	
hērēs	2, 629	
hiāre	1, 457	
hīc	1, 502; 2, 599	
hiems	1, 456	
hinc	1, 680	
hircus	1, 487	
hīscō	1, 456	
hoc	1, 502	
horior	1, 443	
horrēre	1, 405, 420	
hortus	1, 297	
hospes	1, 299	
hostis	1, 300, 422	
humulus mlat.	3, 251	
humus	1, 453	

iaspis	3, 497	
ibī	1, 363	
id	1, 390	
identitās	3, 113	
iecur	1, 477	
ignis	2, 252	
ignōtus	1, 458	
illinc	3, 148	
impetus	2, 433	
in	1, 161; 2, 269	
inclutus	2, 667	
indicus	1, 482	
induere	2, 246	
indulgeō	1, 359	
industria	2, 441	
īnfāns	2, 292	
infantem vlat.	3, 218	
ingruō	1, 314	
inguen	2, 421	
in-seque	2, 688, 705	
īnstīgāre	3, 8, 130	
interior	3, 195	
interus	1, 211, 232	
invidēre	1, 437	
	2, 239	
invidia	1, 437; 2, 239	
iocus	1, 349; 3, 467	
īre	1, 471	
ir-rītō	2, 523	
is	1, 390, 472	
is-tam	3, 128	
istinc	3, 148	
is-tud	3, 128	
is-tum	3, 128	
iubēre	2, 258, 3, 468	
iūbilāre	3, 468	
iudaeus	1, 423	
iūdex iūrātus	2, 434	
iūgerum	1, 469; 2, 239	
iugum	1, 469; 3, 194	
iungō	1, 469	
iūnior	3, 471	
iūs	3, 195	
iuvencus	3, 471	
iuvenis	3, 471	
labāre	2, 2, 23, 74	
lābī	2, 656	
labium	2, 50	
lac	1, 275; 2, 63	
lacer	2, 18, 20	
lacerta	2, 9	

lacertus	2, 80	līra	2, 37	mātertera	1, 366
lacinia	2, 20	līvēre	2, 291, 660		2, 215
lactūca	2, 52, 63	līvēscere	2, 660	mattea	2, 107
lacus	2, 55	līvidus	2, 660	mātūrus	2, 104
laevus	2, 24	līvor	2, 291, 660	maxilla	2, 167
lagēna	2, 4	locusta	2, 35	meāre	2, 135, 136
lagoena	2, 4	longus	1, 359; 2, 383	meditor, -tārī	2, 114
lambere	2, 50	loquor	2, 27, 60; 3,115	medius	2, 112
lāmentum	2, 21	lubet	2, 77	meiō	2, 113, 131
lāmina	2, 12	lubīdō	2, 77	melca	2, 152
lāna	1, 218	lūbricus	2, 74	membrum	2, 187
lancea	2, 72	lūceō	2, 72	meminī	2, 142
langueō	2, 4, 340	lūcidus	2, 599	mendāx	2, 169
laniō	2, 56	lucrum	2, 51	mēns	2, 142, 308
lāridum	2, 54	lūcus	2, 65	mēnsa	2, 138
larix	1, 342; 2, 33, 54	lūgēre	2, 67	mēnsis	2, 125
lasanum	2, 7	lumbus	2, 81	mentha	2, 189
lascīvus	2, 15, 17	lunter	2, 72	mentum	1, 316
lassus	2, 31	luō	2, 70	merda	2, 671
latex	2, 61	lupus	1, 218	mergere	2, 119, 131
latīnus	2, 18	luscus	2, 37		146, 162
lātrāre	2, 21	lūx	2, 72, 599	merīdiōnālis mlat.	
lātus	3, 10	lyra	2, 556		3, 176
laxus	2, 4, 54, 340			merlucius mlat.	2, 122
lectus	2, 26	macer	2, 146	mēsa vlat.	2, 138
lēnis	2, 31	mācerō	2, 148	mēta	2, 124
lēns	2, 84	mactāre	2, 128	metere	2, 129
lentus	2, 71	macula	2, 671	mētīrī	2, 118, 126
leō	2, 23	madēre	2, 145, 169		129
lepidus	2, 31	magnus	2, 144, 147	metus	2, 164
lēvir	1, 333	Maius	2, 88	meus	2, 147
levis	2, 24	malevolentia	2, 381	mī	2, 132
lībāre	2, 39, 47; 3, 245	malleus	2, 150, 152	micāre	2, 129
līber	2, 78		153	mihī	2, 142
liber	2, 64	malus	2, 92	mingere	2, 170
libet	2, 77	mālus	2, 163	minor	2, 117
lībum	3, 245	mamphur	2, 179	mīrus	2, 674
licēre	2, 41	maniacus mlat.	2, 97	misceō	2, 123
licet	2, 41	manica mlat.	2, 546	mītis	2, 134
liēn	2, 605	mannus	2, 610	molere	2, 116
ligāre	2, 40	mantellum	2, 189	mōlēs	2, 108
ligō	2, 26	mantīle	2, 117	molīnum vlat.	2, 142
ligula	2, 53	mantum	2, 94	mollis	2, 150
līmāx	2, 661	marcēre	2, 120	molluscus	2, 154
linere	2, 44, 47, 662	marcidus	2, 120	moneō	2, 142
lingere	2, 40	marcus	2, 152	monicus vlat.	2, 143
linquō	2, 264	mare	2, 158	monīle	2, 154
lintea	2, 31	margō	2, 99	morbus	2, 156
linter	2, 72	marmor	2, 167	mordāx	2, 157
līnum	2, 30	mateola	2, 163, 165	morī	2, 120
lippus	2, 33	māter	2, 106	mors	2, 672
līquis	2, 41	māteria	2, 104	mortārium	2, 161

mortuus	2, 122, 161	nōdus	2, 242	optāre	1, 210
mōrus	2, 160	nōmen	1, 480	optiō	1, 210
mōs	2, 673	nonna	2, 235	ōrāre	2, 274
mōtor	2, 165	nonnus	2, 235	orbus	2, 499
mū	2, 186	nōs	2, 200, 232	organum	1, 170
mucrō	2, 147, 184	nōscō	1, 458	orīrī	1, 487; 2, 277
mūcus	2, 178	nōtiō	1, 458		494
mūgīre	2, 186	novem	1, 335	ornāre	2, 278
mulcēre	2, 151, 153	noverca	2, 206	oryza vlat.	2, 523
mulgeō	2, 151	novus	2, 223	ōs	1, 643, 3, 192
mulleus	2, 91, 172	nūbere	2, 683	ōstium	3, 192
mulsa vlat.	2, 160	nūdus	2, 193	ostreum	3, 192
mūnus	2, 116	nuere	2, 207, 231	ovis	2, 251
murmur	2, 159	nūgae	2, 207	oxygenium	1, 561
murra	2, 174	num	2, 223		
mūs	2, 186	nunc	2, 232	pābulum	2, 322, 324
musca	2, 167	nūndinae	1, 339	pacīscō	2, 301
muscātus mlat.		nurus	2, 682	paeninsula	2, 400
	2, 162	nūtāre	2, 231	paeōnia	2, 358
mūscerda	2, 633, 697	nūtus	2, 231	pāgānus	2, 381
mūsculus	2, 181, 186			pāgus	2, 381
muscus	2, 131, 166	ob	2, 236	pāla	2, 326
mūsīvus	2, 177	obiectum	2, 427	palam	2, 391
mūta vlat.	2, 186	oboediō	3, 478	palanca vlat.	2, 304
mūtāre	2, 125, 139	obscūrus	3, 454	palātium	2, 391
	186	occidēns	1, 441	palea	2, 329, 331
mūtuus	2, 125	ochra	1, 233		369, 395
		ōcior	3, 497	palleō	2, 333, 395
nae	2, 191	ocrea	1, 477	pallidus	2, 333, 395
nancīscor	2, 215	ocris	2, 288	palma	2, 6, 305
naphtha	2, 217	octāvus	1, 232	palpāre	2, 305
napurae	2, 682	octō	1, 231	palumbēs	1, 289
nāre	2, 679	oculus	2, 260		2, 333; 3, 497
nāris	2, 228	offendō	1, 410	pālus	2, 306, 307, 395
nāvis	2, 207	offerumentum		pampinus	2, 465
nē	2, 191	alat.	1, 77	pangō	2, 301
nebula	2, 205	oh	2, 236	panna vlat.	2, 310
nectere	2, 225	oinos alat.	1, 484	pannus	2, 272, 405
nei alat.	2, 218		2, 255	pānus	2, 462
nēmen	2, 222	olca gall.-lat.	2, 397	pāpa	2, 312
nemus	2, 212	oleum	2, 263	pāpex vlat.	2, 312
nepōs	1, 299; 2, 215	ollī alat.	2, 57	pāpiliō	2, 340
neptis	2, 214	ollus alat.	2, 57	pappa	2, 311
nēre	2, 222	ōmen	3, 183	pappāre	2, 311
nē-ve	2, 204	ōmentum	3, 173	papulus mlat.	3, 121
nī	2, 218	opācus	2, 270	parentēs	2, 528
nīdor	1, 279	operiō	1, 444; 2, 236	parere	1, 241, 442
nīdus	1, 279		290; 3, 87		2, 411
ninguit	2, 680	opīniō	1, 210	paries	3, 85
ninnium	2, 235	opīnor	1, 210	parma	2, 648
nīvit	2, 680	oppidum	2, 382	partēs pl. mlat.	2, 318
nix	2, 680	ops	2, 273	pāscere	2, 322

Italisch

paschālis mlat.	2, 323	
pastinum	2, 326	
pāstōrem vlat.	2, 322	
patina	2, 310	
patruus	3, 29	
peccantia vlat.	2, 493	
pecus	2, 347	
pēdō	1, 84	
pellere	2, 399	
pellis	2, 332, 396	
pendere	2, 476	
pendēre	2, 272	
pēnis	2, 326, 355	
per	2, 337	
percellō	1, 603	
peregrīnus	2, 357	
pergula	2, 407	
per-magnus	2, 427	
perpes	2, 433	
pervicāx	1, 179	
pervinca vlat.	1, 55	
pēs	2, 300, 353, 382	
pessum	2, 300	
petere	2, 433, 458	
petroselinum	2, 350	
phalanx	2, 304	
phasanus mlat.	1, 38	
phaseolus	3, 203	
phāsiānus mlat.	1, 38	
pila	2, 377	
pilleus	2, 399	
pilus	2, 372	
pingere	2, 329, 360, 478	
pīnguis	2, 352	
pīnsere	1, 297; 2, 335, 348, 363, 443, 472	
pīpāre	2, 355, 364	
piper	2, 341	
pīpilāre	2, 355, 364	
pīpīre	2, 355	
piscis	2, 347, 361	
pistillum	2, 348	
pistor	2, 322, 363	
pisum	1, 297	
pītuīta	3, 106	
pix	2, 330	
placenta	2, 367	
placidus	2, 371	
plangō	2, 365	
planta	2, 370	
platessa	2, 307, 374	
plēbēs	2, 369, 394	
plectere	2, 371	
plēnipotentia	2, 394	
plēnus	2, 394	
plēre	2, 369, 394	
plicāre	2, 373	
plinthus	2, 372	
pluit	2, 377	
plūma	1, 571	
plumbum	2, 264	
pluteus	2, 376	
po-	2, 380	
pōdex	1, 84	
poena	2, 335	
pollen	2, 336, 391	
pollenta	2, 391	
pollex	2, 305	
pollis	2, 336	
polus	2, 402	
pondus	2, 336, 460	
pōnō	2, 297, 380, 404	
pons	2, 469, 479	
pontifex	2, 312	
pōpulus	3, 121	
porca	3, 455	
pōrceō	2, 380	
porcus	2, 409	
porrum	2, 443	
porta	2, 341, 446	
portāre	2, 426	
portus	2, 316, 341, 446	
poscere	2, 442	
positus	2, 421	
post	2, 301, 380, 387	
posterula	2, 418	
posterus	2, 322	
postis	2, 344	
potis	1, 299; 2, 385	
pōtus	2, 362	
prae	2, 431	
praecincta	1, 121	
praeda	1, 250	
praedica mlat.	2, 441	
praedicāre	2, 441	
praegrandis	2, 427	
praepes	2, 433	
praepositus	2, 448	
prae-sēns	3, 53	
praeses	2, 701	
praestātus	3, 47	
prāvus	2, 424	
precārī	2, 442	
prehendō	1, 250, 409	
premō	2, 443, 454	
pressus	1, 92	
pretium	2, 446	
pri alat.	2, 431	
prīmus	2, 431	
prior	2, 434	
prīscus	2, 434	
prīvus	2, 272	
prō	2, 423, 437	
probus	2, 424	
procerēs	2, 439	
procūrātor	2, 270	
procus	2, 442	
prōd	2, 302	
proelium	1, 215	
prōnuba	2, 683	
prōpositus	2, 437	
prosper	2, 710	
psōra	2, 458	
pūlēgium	1, 94; 2, 392	
pūlex	1, 94	
pullus	2, 333, 370	
pulsāre	1, 141	
pultāre	2, 391	
pulvis	2, 336	
pūmex	2, 333, 334	
pūnctus	3, 24	
punga mlat.	2, 460	
pūrus	2, 474	
pustula	2, 470, 475	
putāre	2, 213, 475	
putillus	2, 458	
putus	2, 458	
quadrāns	1, 589	
quadrum	1, 537	
quadrupēs	1, 699	
quae	1, 676	
quālis	1, 506, 543, 599; 2, 643	
quālitās	1, 543	
quālum	1, 651	
quandō	1, 680	
quārtus	3, 331	
quatiō	1, 540, 546; 2, 492	
quattuor	3, 332	
que	1, 33, 326, 407; 2, 233; 3, 296, 307	

Lateinisch

quercus 2, 346; 3, 323	rētae pl. 2, 509	sāl 2, 693
querī 2, 595; 3, 238	rēte 2, 503	sale alat. 2, 693
441	rēx 2, 521, 586	salīre 2, 571, 658
quernus 3, 323	rīca 2, 519	salīva 2, 691
querquēdula 1, 533	ricinus 1, 569	salix 2, 693; 3, 390
quī 1, 676; 3, 314	ridica 2, 509	salmō 2, 608, 694
quid 3, 348	rīma 2, 442	salvē 2, 572
quidem 1, 388; 3, 456	ringor 2, 505, 543	salvus 3, 43
quiēs 1, 591; 2, 389	rīpa 2, 513	sanguisūga 2, 701
420	rīvālis 2, 501	sapa 2, 577, 589, 696
quiētus 1, 547	rīvus 2, 507, 520	702
quīnque 2, 479	523, 660	saraballa mlat. 3, 377
quīntus 2, 479; 3, 284	rōbor 2, 528	sarcīre 2, 700
quis 3, 348	rōbur 1, 451	sargus 2, 698
quisquiliae 2, 635	rōbustus 1, 450	sarica mlat. 2, 700
quod 1, 676	rōmāna mlat. 2, 534	satelles 2, 414
quoios alat. 3, 309	rōmānia mlat. 2, 534	satis 3, 59
quom 1, 587	rōmānus 2, 547	satur 3, 59
	rōs 2, 537	sauma vlat. 3, 45
raccāre 2, 509	rosa 2, 499, 529	saxum 2, 704
rādere 2, 498	rosālia pl. 2, 549	scabere 2, 632, 640
rādīx 2, 489, 503, 504	rosomacus vlat. 2, 537	scāla 2, 631
rāmus 2, 489	rota 2, 244, 541	Scamarī mlat. 2, 644
rapere 2, 513	rotundus 2, 633	scamnum 2, 632, 640
raptus 2, 492	ruber 2, 504, 520	scandere 2, 632
rāpum 2, 513	544, 551	scandula 2, 653
rārus 2, 277, 486	rubēre 2, 499	scapula 1, 619
rāstrum 2, 498	rubēta 2, 554	scāpus 1, 522
rāsum 2, 493, 563	ructō 2, 554	scaramangum vlat.
ravus 2, 486, 502	rudere 2, 555	2, 615
re- 2, 530	ruere 2, 499, 552	scatere 2, 641
recēns 1, 439; 2, 203	rūfus 2, 544	scatula mlat. 3, 405
3, 299, 448	rūgīre 2, 520	scelus 3, 345
reciprocus 2, 439	rūma 2, 547	scheda 3, 287
rēctangulāris 2, 456	rūmāre 2, 547	schedula mlat. 3, 287
red- 2, 530	rūmor 2, 502, 556	schola 3, 407
reddere 1, 23	rumpere 2, 548	scholāris vlat. 3, 407
re-fūtō 1, 61	ruō 2, 552	scindere 3, 287, 289
regere 2, 505, 586	rupta vlat. 2, 540	305, 343, 394
3, 48	rūs 2, 526	scindula 2, 653
rēgula 2, 510; 3, 48	russeus 2, 551	scīpiō 2, 637; 3, 289
rēgulus 1, 631	russus 2, 551	449
relinquō 2, 48	rūta 2, 552	scloppus vlat. 3, 247
rēnō gall.-lat. 2, 548	rutrum 2, 499, 555	410
repēns 1, 229		scobis 3, 444
rēpere 2, 536	sabbatum mlat. 3, 37	scortum 2, 645; 3, 408
replēre 2, 513	saburra 2, 583	scrīnium 1, 664
replum 2, 513	saccus 2, 569	2, 651
rēs 2, 486	sacēna 2, 604	scrobis 2, 650
rēsīna 2, 506	saeta 2, 619	scrōfa 2, 592; 3, 455
restaurāre 3, 2	sagum 2, 566, 584	scrōfula 2, 592
restis 2, 519, 531	585	scutica vlat. 1, 516

Vasmer, Russ. etymol. Wörterbuch

Italisch

scūtum	3, 453	solidus	1, 14	strepere	3, 26
sē	2, 588; 3, 61	solum	2, 606	strepitus	3, 26
secāre	2, 285, 604	sōlus	3, 257	stria	3, 29
secīvum	2, 619	somnium	2, 694	strīdere	3, 24
secundum	2, 383	somnus	2, 694	stringere	3, 27, 135
secundus	1, 417	sōns	3, 53	strīx	3, 28
secūris	2, 603	sonus	1, 449	struere	3, 12, 31
sēd alat.	2, 588	sōpīre	2, 706	strūthiō	3, 32
sedēre	2, 622	sorbēre	2, 612	stultus	3, 90
selāgō	3, 227	sorbus	2, 697; 3, 262	subaerārius	2, 386
sella	2. 601, 606		269	subcamerārius mlat.	
semel	2, 573; 3, 37	sordēre	2, 697		2, 383
sēmen	2, 609	sordēs	2, 697	subditus	2, 383
sempiternus	2, 608	sōrex	3, 49	subiectum	2, 384
sentīre	2, 619; 3, 267	soror	2, 618	sublimātum mlat.	
septem	2, 608	sovos alat.	2, 596		3, 43
septimānavlat.	2, 601	sparganum	3, 424	subsilvānus	2, 384
septimus	2, 602	spatha mlat.	3, 422	subūcula	2, 246
serere	2, 612; 3, 263	spatium	2, 707	sūbula	3, 398
sērica	3, 700	speciō 2, 323, 347,644		sucula	2, 634
sēricus	3, 387	speculum	1, 454	sūcus	2, 688, 701
seriēs	2, 615, 616, 617	specus	2, 352, 353	sudis	3, 39
sermō	2, 586, 712	spērāre	2, 707	suere	3, 402
serō	2, 615, 620	spernere	2, 341, 426	sūgere	2, 687, 701
serum	2, 711	spēs	2, 707	suī	2, 600
servāre	3, 12, 262	spēsa mlat.	3, 424	suīnus	2, 593
	264	spīna	2, 708; 3, 424	sulcāre	1, 221
sēta mlat.	3, 397	spolium	2, 398	sulcus	1, 220, 221
sex	3, 395	sporta	2, 407		3, 257
sextārius	3, 394	spuere	2, 379	sulfur	1, 433
sextus	3, 395	spūma	2, 334	sūmen	1, 240
siat	3, 55	spurius	2, 711	sunt	3, 52
sibī	2, 599; 3, 61	squarrōsus	2, 635	supāre	3, 57
sībilāre	2, 591, 594	stāmen	3, 3	sūra	1, 477
	628	stāre	3, 5, 21	surus	1, 477
sībilus	2, 591, 628	statim	3, 6	sūs	2, 593
siccus	2, 282	statiō	3, 4, 6	susurrus	2, 593
sicera	2, 622	stercus	3, 12	syringa	2, 628
sīdō	2, 622	sternāx	3, 4		
sīdus	2, 592	sternere	2, 444; 3, 10	tābēre	3, 84
siēt alat.	1, 406		12, 20	tābēs	3, 84
similis	2, 564, 573	stīpāre	3, 7	tabula	3, 112
sināpis	2, 626	stīpes	3, 708	tābum	3, 84
sinus	3, 396	stipula	3, 7	tālea	2, 289; 3, 71, 73
sistō	3, 21	stipulus	2, 708	taliāre	3, 79
sitis	2, 282	stīria	3, 107	tālis	3, 70, 117
socer	2, 588	stlatta alat.	3, 10	tarantula mlat.	3, 77
socrus	2, 588	stloppus	3, 247, 410	tarcon mlat.	3, 464
sodālis	1, 164	stolidus	3, 90	tata	3, 81
sōl	2, 566, 586, 690	strāgēs	3, 23	taurus	3, 154
sōlārī	3, 43	strātus	2, 444	taxus	3, 107
solea	2, 606	strēnuus	3, 4, 22	tēctum	3, 16

Lateinisch

tegere	2, 286; 3, 16	trabs	3, 96, 97	urcāre	1, 231
tēgula	3, 281	tractōria	3, 131	urgeō, -ēre	1, 228
tellūs	2, 418; 3, 110	trādūcere	2, 338	ūrō	3, 191, 198
tēlum	3, 100	trāgula	3, 135	ursus	2, 110, 538
temere	3, 162	trahere	3, 97, 140	urtīca	1, 187
tēmētum	3, 118	tranquillus	2, 420	ūsque	1, 407
temnō	3, 111	trecentī, tre-centum		uter	1, 237
tēmō	3, 166		3, 137	ūvidus	3, 467
tempus	3, 101, 153	tremere	3, 125, 134	uxor	3, 197
tēmulentus	3, 118		147		
tenācula	3, 92	trepanum	3, 136	vacca	1, 158
tendere	1, 392; 3, 68	trepidus	3, 136	vae	1, 161
	93, 101, 166	trepit	3, 125, 136	valēre	1, 181, 219
tenebrae	3, 162	trēs	3, 138		222; 2, 255
tenēre	3, 68, 93	trībulāre	3, 96	valeriana	1, 151
tenuis	3, 119, 153	trībulum	3, 96		2, 255
tenus	3, 93	tripēs	3, 133	vāh	3, 170
tepēre	3, 94	trīstis	1, 376	vapor	1, 620
tepidus	3, 94	trīticum	2, 443, 472	varangus mlat.	1, 171
ter	3, 133	tropus	3, 140	vāscellum	2, 261
terebra	3, 97	trucīdāre	3, 146		3, 40
terere	3, 97	trūdere	3, 143	vatius	3, 173
tergēre	3, 140	trulla	3, 143	vegeo, -ēre	1, 196, 239
terra	3, 26, 282	trumba mlat.	3, 141	vehō, -ere	1, 178
tertius	3, 137	truncus	1, 374	velle, volō	1, 180
tesqua	3, 130	tū	3, 159	vellus	1, 218
testa	1, 286	tūfus	3, 157	vēna	1, 424
tetrinniō	3, 101	tum	3, 113	vēnāri	1, 215; 2, 294
texere	3, 99, 129	tumba vlat.	3, 152		381
thēriacum	1, 376	tumēre	3, 162	vendō	1, 183
	3, 97	tunna mlat.	1, 385	venia	3, 184
thunnus vlat.	3, 153	turdus	1, 372	veniō	1, 262, 291
tibī	3, 87	turrim	3, 164	vēnor	2, 381
tībia	3, 7	turtur	3, 155	ventilāre	1, 193
tīgnum	3, 8	tuus	3, 86	ventus	1, 194
tigris	3, 103			vēnum	1, 183
tinea	3, 110	ūber	1, 240; 3, 174	venus	3, 184
tinnīre	3, 157	ubī	1, 237, 264	veprēs	1, 183
tintinnāre	3, 157	ulcīscor	2, 9	vēr	1, 183, 192
toga	2, 286; 3, 16	ulmus	1, 478	verbēna	1, 184
tolerantia	2, 417	ulna	1, 396; 2, 12, 55	verbera	1, 184, 227
tollere	3, 90	ulter	2, 57	verbum	1, 234, 271
tonāre	3, 19, 157	ulula	3, 183		2, 539
tondēre	3, 305	uncāre	2, 252	vergere	1, 185
tonsurātus	3, 28	uncus	2, 325; 3, 171	vermiculus vlat.	3,317
torpēre	3, 98, 634		173, 180	vermis	1, 189
torpidus	3, 98	unda	1, 212	verpus	2, 595
torquēre	3, 125, 141	unde	1, 237	verrere	1, 230
torrēre	3, 26, 96	unguis	2, 224, 225	verrēs	1, 180
tortiare mlat.	3, 141	ūnicus	1, 484	verrūca	1, 190
torus	2, 445	ūnus	1, 483, 484	vertere	1, 190, 230
tovos alat.	3, 86	upupa	3, 174	vērus	1, 184

vervēx	2, 278	vigil	1, 196, 239	vītex	1, 193
vēsīca	1, 84	vigilāre	1, 197	vithasii mlat.	1, 206
vespa	2, 280	vigiliae	3, 207	vītis	1, 193, 205, 206
vespera	1, 196	vincere	1, 179, 247	vitrum	2, 591
vespertīliō	2, 216	vindex	1, 201	vīverra	1, 176
vester	1, 175	vīnum	1, 202	vīvō, -ere	1, 423
vestis	3, 191	viola	3, 207	vīvus	1, 422
vetus	1, 194	vir	1, 203	vocātīvus	1, 447
vetustus	1, 194	virga	1, 195, 199	vocātus 1, 216; 3, 213	
vibrāre	1, 204		414	volō	1, 180
vīcus	1, 193	vīs „willst"	2, 240	volpēs	2, 44
vidēre	1, 198	vīs „Kraft"	2, 240	volvendus	1, 417
vīdī	1, 176	viscum	1, 208, 231	volvō	1, 166
vidua	1, 175	visiō „Gestank"		vorāre	1, 430
vidulus	1, 200		1, 463	vorsus	1, 189
viduus	1, 175	vīta	1, 422	vōs	1, 175, 238
viēre	1, 206	vītea	1, 207	vōx 1, 196, 245, 272	

b. Oskisch-Umbrisch und Verwandtes

alfu umbr.	2, 21	ī umbr.	1, 393	purdouitu umbr.	
					1, 325
bum umbr.	1, 283	katel umbr.	1, 645	putres-pe umbr. 1, 646	
casnar osk.	2, 702	kerssnais osk.	3, 329	pútúrús píd osk.	
cringatro umbr.		krenkatrum umbr.			1, 646
	1, 670		1, 670		
				sent umbr.	3, 52
e-co- osk.	1, 388	loufir osk.	2, 77	set osk.	3, 52
ekkum osk.	1, 391			sífeí osk.	2, 599
e-kú osk.	1, 388	nei osk.	2, 218	stahu umbr.	3, 21
eŕek umbr.	2, 255			staít osk.	3, 21
erse umbr.	2, 255	pai osk.	1, 676	sverruneí osk.	2, 586
e-tanto osk.	1, 388	pid osk.	3, 348		712
2, 280; 3, 456		pir umbr.	2, 474		
e-tantu umbr.	1, 388	pis osk.	3, 348	tefe umbr.	3, 87
	3, 456	pisi osk.	2, 218	tfei osk.	3, 87
etru umbr.	1, 406	po-ei umbr.	1, 393	touto osk.	3, 353
			2, 190	trstus osk.	2, 444
feíhúss osk.	1, 336	poi umbr.	1, 676		
	450	prever umbr.	2, 272	úlleis osk.	2, 57
fiiet osk.	1, 86	promom osk.	2, 455		
foner umbr.	1, 282	pud osk.	1, 676	verehia- osk.	1, 188
fust osk.	1, 159	puf osk.	1, 264	veru osk. 1, 227, 437	
		pufe umbr.	1, 264	vorsus osk.-umbr.	
herest osk.	1, 443	pui osk.	1, 676		1, 189
heriest umbr.	1, 443				

XVI. Romanische Sprachen

a. Französisch

abaque	1, 1	alambic	1, 12	anchois	1, 515
affaire	2, 387	alan afr.	2, 684	à part	2, 318

Französisch 613

arack	1, 21	chapel afrz.	3, 373	ébène	3, 456
asperge	2, 705	charpie	1, 634	estamet	3, 3
aubergine	1, 43	charpir afrz.	1, 634	estragon	3, 464
		chaufoire afrz.	1, 515	estran afrz.	3, 26
bache	1, 65	chenapan	2, 576	étuve	1, 473
baie	1, 41, 160		3, 369	s'éventer	2, 107
	542	chenille	2, 626		
bain	1, 51, 52	chère	3, 233	fat	3, 235
balais	1, 46	choc	3, 346	felouque	3, 205
balle	1, 48	choisir	1, 704	feutre	3, 206
barbacane	1, 44	choque	3, 346	fi	3, 162, 220
	2, 317	choquer	3, 346	folie	3, 201
batche	1, 65	chose	1, 338	franc-maçon	3, 202
bec	1, 71	cidre	2, 622	frepoi lothring.	3, 232
bézoard	1, 70	cire	3, 48	fromage	3, 85
bisse afrz.	2, 347	cloche	1, 569	fusil	3, 220
bombasin	1, 144	cochenille	1, 651		
bordon afrz.	1, 75	cocó	1, 592	genette	1, 399
boule	1, 142	cocotte	1, 698	grand père	1, 336
	2, 464	collier	1, 585		
bouracan	1, 53	compteur	1, 519, 616	héros	1, 487
bournous	1, 149	comte	1, 608	hétairie	3, 465
bouteille	1, 155	contrepoison	2, 447	hétaïriste	3, 464
break	1, 124	coq	1, 594, 698	hoquet	1, 476
brinde	1, 117, 130	coquéricot	1, 686	houblon	3, 251
buce afrz.	1, 156	corassin	1, 528		
busse afrz.	1, 156	corde	1, 623	insecte	2, 200
		corinthe	1, 627		
cabale	1, 495	coton	1, 706	jambe de force	1, 477
cabaret	1, 494	couche	1, 709	jambon	2, 261
cachet	3, 48	coucou	1, 684, 686	jaquette	3, 480
cale	1, 508	co(u)ltre afrz.	1, 605	jargon	1, 401
calebasse	1, 596	coupelle	1, 695	joël afrz.	3, 467
calcédoine	1, 605	cour	1, 332	journal	1, 354
calèche	1, 606	courrier	1, 703	jupe	1, 433, 3, 466
calencar	1, 598	courtine	1, 702	jus	3, 451
calicot	1, 598	courtois	1, 332		
caravelle	1, 622	couvert	3, 516	lame	2, 83
carrière	1, 537	crapoussin	1, 528	leviathan	2, 24
cassette	1, 561	cruchon	1, 674		3, 518
cauchemar	1, 652			levin	2, 62
cendal afrz.	1, 453	daus südfrz.	3, 148	lorette	2, 59
centime	3, 284	demeurer	2, 130		
cerise	3, 28	despotisme	2, 574	madapolame	2, 86
chaland	3, 367	deux	3, 148	mandrin	2, 179
chamarre afrz.	2, 573	développement	2, 484	maniaque	2, 97
chambre	1, 610	dindon	1, 482	martelet	2, 100
chamois	1, 441	distance	2, 494	masse	2, 87
chandelier	3, 372	distrait	2, 493	massicot	2, 101
chanteclair	1, 697	doliman	1, 360	merlus	2, 122
chaorsin afrz.	1, 498	douzaine	1, 386	merlut	2, 122
chape afrz.	3, 373	dozeine afrz.	3, 148	métis	2, 126

miauler	2, 190	ramas	2, 490	targe	3, 80
mitaine	2, 139	raout	2, 496	targon	3, 464
moire	2, 180	rascaille afrz.	2, 488	tarlatane	3, 79
montagnard	2, 155	ravelin	2, 480	tartine	3, 80
mordache	2, 157	rectangulaire	2, 456	tas	3, 81
morse	2, 158	reculer	2, 478	tasse	3, 68
mortier	2, 161	reille afrz.	2, 510	tasser	2, 417; 3, 81
moscouade	2, 162	résine	2, 506	tenaille	3, 92
mouche	2, 181	riban afrz.	2, 554	terrasse	3, 78
		rîs afrz.	2, 523	tête	1, 286
nansouk	3, 518	riz	2, 523	tic	3, 104
		ruban afrz.	2, 554	tigre	3, 103
orange	2, 198			tilbury	3, 105
				toc	3, 34
paillasse	2, 329	sable afrz.	2, 685	tombac	3, 118
pastille	2, 321	sabot	2, 578	top afrz.	3, 153
peluche	2, 372	sacre	2, 686	toque	3, 114
pertuisane	2, 445	saie afrz.	2, 584	touchant	3, 139
peson	1, 70	samedi	3, 37	touche	3, 159
phiale	3, 206	sape	2, 578	toujours	3, 148
pisser	2, 360	sap(p)e	2, 577	toupet	3, 153
pissier afrz.	2, 360	satin turc	2, 627	tourner	3, 155
pistache	3, 210	saur	2, 566	traduction	2, 338
plâtre	2, 366	savade	3, 346	traille	3, 135
plein pouvoir	2, 394	sayon	2, 584	trèfle	3, 138
plier	2, 372	scaramouche	2, 644	trésept	3, 136
ployer	2, 373	secours	3, 521	trille	3, 135
poterne	2, 418	simarre	2, 573	tripe	3, 139
poule	1, 698, 2, 463	snapane	2, 576	triton	3, 139
prame	2, 409	solde afrz.	2, 429	trope	3, 140
préjugé	2, 427	sou	1, 14	trousse	3, 141
près	1, 92	soutane	3, 429	turc	3, 164
presqu'île	2, 400	surtout	3, 61		
prévost afrz.	2, 448			vaisseau	1, 611
prévôt	2, 448	tabis	3, 66		2, 261; 3, 40
		tabour afrz.	3, 74	vaisselle	2, 261
queue	1, 556	Talma	3, 521	vasistas	1, 172
quite	1, 547	tambour	3, 74		
		tanner	3, 75		
racaille	2, 488	tarabuster	3, 77	zigzag	1, 438
radis	2, 503				

b. Provençalisch

chausir	1, 704	tüko languedoc.	3, 160

c. Italienisch

abaco	1, 1	arciere	1, 260	bambagio	1, 144
abbate	1, 1			bar nordital.	1, 54
agresto	1, 5	bagno	1, 51; 2, 52	barbone	1, 55
alano	2, 684	balaustro	1, 50	barracano	1, 53
(am)mainare	2, 89	bambagino	1, 144	Bascart	1, 65

Italienisch

bastia	1, 66	damasco	1, 5	pagliaccio	2, 329
batacchio	1, 62	doccia	1, 383	palanca	2, 304
battere	1, 112	doccio	1, 383	palta nordital. lomb.	
batto	1, 61	dozzina	1, 386		1, 104
baúle	1, 63			pantofola	3, 157
bera mail.	1, 54	fanfaluca	3, 210	partigiana	2, 445
biroccio	1, 124	fante	3, 218	pasta	2, 321
birro	1, 87	finta	3, 210	pastello	2, 321
bora	1, 107	focaccia	2, 382	pastiglia	2, 321
borraccia	1, 146	fofio venez.	3, 222	pauta piemont.	
borragine	1, 146	formaggio	3, 85		1, 104
bulla	1, 142	fortuna	3, 222	pavone	2, 325
buttare, bottare		frammassone	3, 202	pellegrino	2, 357
	1, 153	frappa	3, 232	pestello	2, 348
		frasca	3, 218	piano	3, 109
cábala	1, 494	frasche	3, 218	pincione	2, 334
calafatare	1, 614	fustagno	3, 279	pioppo	3, 121
calesse	1, 606			pisciare	2, 360
canapo	1, 516, 615	gaglioffo	1, 254	pistacchio	3, 210
canfora	1, 515	gallare	1, 254	ponente	2, 404
cantiere	3, 405	gavagno	1, 162	posta	2, 421
capparo	1, 521, 524	ginestra	1, 355	presso	1, 92
cappelluccio	1, 571	giubba	1, 433; 3, 433	prora	2, 437
capperone	1, 620	giubbone	1, 456	prova venez.	2, 437
caramogio	1, 528	giudeo	1, 423		
caranto venez.	3, 266	giunco	1, 431	raso	2, 492
caravella	1, 622	giuppa aital.	1, 433	rastro	2, 498
carpia	1, 634		3, 466	resina	2, 506
carretta	1, 532	giuppone	1, 433	riso	2, 523
castello	1, 641	grumada venez.	1, 310	rivellino	2, 480
cazza	1, 543				
cendale	1, 453	impiastro	2, 366	sacco	2, 569
ceppo	3, 347	intrecciato	1, 19	sagro	2, 689
ciabatta	3, 346			saione	2, 584
cimarra	3, 314	latta	2, 14, 18	sapa	2, 578
ciocciare	2, 701			sar(a)go	2, 698
ciocco	3, 346	malfrancese	2, 424	savorra	2, 583
cocciniglia	1, 651	maistro	2, 89	scaramuccia	3, 393
cocco	1, 592	manata	2, 94	scaramuccio	2, 644
coccoli di Levante		manica	2, 96, 97	scarpa	3, 405
	1, 685	margine	2, 99	scarpetta	3, 405
coltello	1, 635	maschera	2, 108	scatola	3, 405
composta	1, 524	mazza	2, 107	schietto	3, 406
coracino	1, 528	melega venez.	2, 93	soldato	1, 415
cordovano	1, 624	melica	2, 93	soldo	1, 14
cornice	1, 534	molo	2, 172	sommaco	3, 45
corsia venez.	1, 703	muso venez.	2, 124	sottana	3, 429
cortello dial.	1, 635	müsa lomb.	2, 124	spada	3, 422
cotone	1, 706			spadiglia	3, 423
cubébe	1, 678	ńańa	2, 235	spáragio	2, 705
cuccio altital.	1, 706			speditore	3, 407
cuccurucú	1, 686	osteria	1, 4	sperone	3, 426

spíone	3, 425	tarantola	3, 78	trattoria	3, 131
stamétto	3, 3	tavolino	3, 67	trillo	3, 135
stanza	3, 4	tazza	3, 68	trípolo	3, 136
stoppino	3, 19	tazzetta	3, 83	trippa	3, 134
stufa	1, 473	ticchio	3, 104	tromba	3, 142
stufato	3, 432	tirare	3, 96	trombone	3, 140
		tiratore	3, 96	tufo	3, 157
taffetà	3, 83	tocco	3, 34	tura	3, 156
tagliare	3, 79	tonno	3, 153	tuzia	3, 158
tagliere	3, 79	tórnare	3, 155		
tanaglia	3, 92	torso	3, 126, 127	zappa	2, 578
tara	3, 76	traforetto	3, 133	zibellino	2, 685
taranto	3, 77	traforo	3, 133	zimarra	2, 573

d. Rätoromanisch

bagàn friaul.	1, 163	grumada friaul.		mus friaul.	2, 124
bàge friaul.	1, 163	grumare friaul.	1, 310	vagàn friaul.	1, 163
carmun	1, 297		1, 310	zuorpel	1, 433

e. Rumänisch

aluát	2, 263	cucurúz	1, 686	kl'ag aromun.	1, 278
		cúmetră	1, 578		
bălălăí	1, 45	curmezíş	1, 631	măgură	2, 144
bănănăí	1, 45	Cúrtu	1, 702	măláiu	2, 91
bărbós	1, 55			mămăligă	2, 93
beşică	1, 84	darabáná	1, 53	miél	2, 122
biserică	3, 291	daradáică	3, 78	mielușă	2, 122
bobîlcă	1, 98	drac-ul	1, 367	mînz	1, 610
bobîlnic	1, 98	droágă	1, 371	mlácă	2, 151
brînză	1, 130			múnte	2, 174
Bugéc, Bugég	1, 135	éteră	3, 498	munteán	2, 174
burlác	1, 148			murg	2, 177
		fústă	3, 279	múrsă	2, 160
căciugă	3, 334			muşcóiu	2, 123
cârlig	1, 266	gaga	1, 249		
căşare mazed.-rumän.		gînj	1, 318	nadrági	2, 386
	1, 651	gîrlă	1, 270		
cătún	1, 646	gutúiŭ	1, 324	om	3, 313
caţavéică	1, 542			omuşór	3, 313
chiág	1, 278	habăúc	1, 248	păiánjen	2, 326
chilie	1, 557	hamşíu	1, 515	papúşa	2, 307
cimbru	3, 297	hospodár	1, 299	papuşóiu	2, 307
ciumă	3, 354	hríncă	1, 307	plăcíntă	2, 367
cînepă	1, 615	hurmúz	1, 149	plăpómă	2, 313
cîrgeali	1, 560			plop	3, 121
covór	1, 585	işlíc	3, 412		
covríg	1, 585			retéz	2, 516
craciún	1, 633	joc	1, 349	rîză	2, 521

Spanisch, Portugiesisch, Altkeltisch, Gallisch

ruptáş	2, 549	sucmán	3, 42	ţarină	3, 282
rus	2, 552	sută	3, 15		
		şarán	3, 375	úrdă	3, 188
sápă	2, 578	şireág	3, 392	vătaş	1, 173
sâmbătă	3, 37	şleaŭ	3, 413	vatră	1, 173
sîmbră	3, 62	şúler	3, 434	viteáz	1, 206
smîntînă	2, 672			viţă	1, 207
spiţă	2, 708	tîrlă	3, 161	vrespere	3, 392
stînjen	2, 568	ţap	3, 281		
subáşă	3, 433	ţărán	3, 282	zof	1, 464

f. Spanisch

anchoa	1, 515	espadilla	3, 423	guerillas	1, 560
buzque	2, 347	faluca	3, 205	maravedi	1, 14
		farpado	3, 235	margen	2, 99
cabálla	1, 513	fofo	3, 222		
carabela	1, 622	ginetta	1, 399	puerca	3, 455

g. Portugiesisch

buz	2, 347	leves	2, 25	porca	3, 455
				puxar	1, 141
caravela	1, 622				
		mascabado	2, 162	segunda feira	2, 404
feitiço	3, 206				

XVII. Keltisch

a. Altkeltisch

ambactus	3, 476	baccus	1, 42	cambos	3, 266
ana	2, 470	boukkô-	1, 158		
arduo-	2, 538			vindos	1, 247

b. Gallisch

beccus	1, 37	ἔμβρεκτον	2, 120	pempe	2, 479
Bibracte	1, 97	ex	1, 473		
brīva	1, 119			ritu-	2, 341
		κοῦρμι	1, 627		
catu-	1, 646				
cintos, cintu-	2, 203	logan	2, 51	-sedlon	2, 601
	3, 299				
com-	1, 493	μανάκης	2, 154	uxello-	1, 242; 2, 250
		medio-	2, 112		
dervo-	1, 342				
-dūnom	3, 161	odocos	1, 398	vesu-	1, 191

c. Irisch

ā „Mund"	3, 192	boingim	1, 137	clīt	2, 628
ā Vokativpartikel		bolach	1, 141	cin	3, 289
	2, 236	both	1, 159	cinim	1, 439, 614
aball air.	3, 476	braga	1, 119		2, 203
ad „zu, bei" air.		braich „Malz"	1, 116	cír „Kamm" mir.	
	1, 407	braig	1, 119		1, 639; 3, 329
ag air.	3, 485	brāthir	1, 118	cirrim mir.	3, 327
āge mir.	2, 301	bressim	1, 122	claideb	1, 565
aid-, aith-, „wieder,		brī	1, 76	claidim mir.	1, 565
bei"	2, 289	brith	1, 81	cland	3, 312, 314
ainm air.	1, 480	brō	1, 421	clíath	1, 569
aire air.	1, 115	brū air.	1, 131	cló	1, 576
air-ema	1, 398	brūad	1, 124	clóin	1, 572, 2, 663
airim mir.	2, 274	brūim	1, 129	cloor	2, 667
aiss	2, 288	bruinne air.	1, 131	clú air.	2, 656, 662
aite	2, 290	búal	1, 36, 37	clunim	2, 667
aith- „wieder, bei"		buide air.	1, 67	cob air.	1, 584
	2, 289	buith	1, 159	co-crích air.	3, 300
aith „Ofen"	1, 173	búrach	1, 151	cóic air.	2, 479
aithech	2, 290	búriud air.	1, 151	cóiced	2, 479
aithrech	1, 406			coire air.	3, 303, 324
anāl mir.	1, 225	caccaim mir.	1, 506	coirm	1, 627
arathar	2, 489	cāch	1, 506	coit	1, 644
arbar	2, 526	caill	1, 601	com- air.	1, 493
arco mir.	2, 442	cáin	1, 630	con	2, 564
ard air.	2, 494, 538	caire air.	1, 529	con-ōigim	1, 469
art air.	2, 538		621	corb	1, 629
atgleinn	1, 278	calath air.	1, 510	coss	1, 640
āth	1, 392; 3, 498	cano	3, 448	crann	3, 322
athech	2, 290	carn air.	3, 266	crem	3, 321
aue air.	3, 178	carrach	2, 615	crenim	1, 660
			3, 393, 394	cret	1, 675
bac	1, 101	casad	1, 544	creth	1, 636
bacc air.	1, 101	cass	1, 642	criathar air.	1, 670
bāg air.	1, 39	cath	1, 646	cride air.	2, 613
bāigul air.	1, 115	cé	2, 603	criss	3, 323
balbān	1, 102	cél air.	3, 288	crō	3, 30
barr	1, 109, 111	celim air.	3, 263	crocenn air.	1, 627
basc mir.	1, 58	cellach	1, 603		637
bech	2, 471	cerc	1, 533	crod	3, 320
ben	1, 418	cerd air.	3, 320	croiceann	1, 627
benim	1, 88, 428	cern	1, 625, 3, 322	crú	1, 665
biail	1, 88	cert „klein"	1, 633	crúach	1, 673
biathaim	1, 426	cét „mit" air.	1, 710	cruim	3, 318, 325
biru	1, 81		2, 564	cúach	1, 684
biu „lebendig"	1, 422	cét „hundert" air.		cuad	1, 584
bīu „bin" air.	1, 86		3, 15	cúan	1, 694
bligim	2, 151	cethern	3, 330	cúar	1, 683
bō air.	1, 115, 283	cethir air.	3, 332	cuaran mir.	3, 319
bō-aire air.	1, 115	cīar	2, 617	cúil	3, 454

Irisch

cuire	1, 529, 621	
curach	1, 623	
dā	1, 330	
daig mir.	1, 412	
daingen	1, 378	
dāu, dau	1, 330	
dedaig	1, 331	
dega	1, 350	
deich	1, 346	
delb	1, 337	
denus	1, 339	
derucc	1, 342	
dess	1, 346	
dét	1, 345	
dī „zwei"	1, 330	
dingim	1, 378	
dínim	1, 353	
dīr	1, 364	
dīre	1, 364	
dligid	1, 359	
dligim	1, 359	
dluge	1, 360	
dluigim	1, 360	
dōe	2, 302	
do-moiniur	2, 142	
do-uccim air.	1, 240	
drabh	1, 370	
draigen	1, 343	
drēsacht mir.	1, 375	
dringim	1, 374	
driss air.	1, 369	
droch	1, 371	
drochat	1, 369	
drochta	1, 369	
drong air.	1, 373	
dúal	1, 379	
dub	1, 377	
dún	3, 161	
ēcath	3, 180	
elit	2, 264	
eo	1, 467	
eorna	1, 389	
ēr air.	2, 288	
esc-ung air. mir.	3, 172, 175	
ésgid	2, 604	
ess „ex"	1, 473	
fáe mir.	1, 161	
fé „Rute"	1, 196	
fedim	1, 177, 212	
féig	2, 587	
féith	1, 206	
ferb air.	2, 278	
ferr	1, 191	
fés air.	3, 189	
fescor	1, 196	
feth „Luft"	1, 194	
fiad „coram"	1, 198	
fiad „Wild"	1, 215	
fichim	1, 179	
find air.	3, 189	
fír air.	1, 184	
fíu	1, 191	
flaith air.	1, 219 222	
flesc	2, 34	
(fo-)domain	1, 333	
foirem	1, 186	
fo-lad	2, 51	
folc „celer" gäl.	1, 222	
folc „Wasserflut"	1, 219	
folcaim	1, 217, 219	
folt air.	1, 222	
froech	1, 187	
gabhal	1, 262	
gaibim	1, 282	
gāir air.	1, 295	
gal	1, 290	
gall „berühmt"	1, 287	
gall „Schwan" mir.	1, 286	
gall „Stein" air.	1, 421	
garg air.	1, 309, 443	
gargg	1, 309	
gat	1, 263	
gead	1, 438	
géiss	1, 324	
gelim air.	1, 417	
gellaim	1, 415	
gemel	1, 428	
gerbach	1, 294, 308	
glenaid	1, 273	
glend, glenn	1, 278	
gnāth	1, 458	
gó „Lüge"	1, 318	
goirt	1, 298	
gonim	1, 279, 293	
gop air.	1, 408, 459	
gorim air.	1, 295	
grāc	1, 303	
grāin mir.	1, 309	
grán air.	I, 454	
grend	1, 304	
gūal	1, 286	
gūas mir.	1, 431	
guidim	1, 409	
guirim air.	1, 295	
gúre	1, 434	
guth	1, 283, 324 447	
(h)uaim mir.	3, 489	
huam air.	3, 489	
īasc air.	2, 347 361	
ibim air.	2, 362	
imb „um" air.	2, 236	
imm-rādim	2, 482	
in- „in"	1. 161	
in-athar	2, 208	
ingen air.	2, 224	
inglennat air.	1, 278	
in-greinn air.	1, 315	
in-nocht air.	2, 229	
ís „unten" air.	2, 353	
it	3, 52	
ithim air.	2, 362	
iuchair	1, 477	
laaim	2, 5	
lacc air.	2, 4, 340	
ladg	2, 25	
laige	2, 6	
laigiu air.	2, 24	
laime	2, 56	
laithe	2, 36	
land, lann	2, 81	
lasc	2, 31	
lasgaire gael.	2, 34	
láth mir.	2, 36	
lathach air.	2, 19 61	
leaca	2, 41	
lecco	2, 41	
leithe „Schulterblatt"	2, 371

Keltisch

lēn mir. 2, 365	mide 2, 112	óg 3, 467
lenim 2, 47	midiur 2, 114	ói 2, 251
less „Hüfte" 2, 57	míl „Kleinvieh" air.	óin 1, 484, 255
lī air. 2, 291, 660	1, 216; 2, 92, 153	olc 2, 9
liach 2, 53	mír 2, 187	omna 1, 377
liag air. 2, 53	mis- 2, 125, 139	ond 3, 483
liaig air. 2, 27	mith- 2, 139	ong 3, 501
liath „grau" air.	mlāith air. 2, 142	orbe 2, 499
2, 395	mlas 2, 153	orc „junges Schwein"
lige 2, 26	mocht 2, 178	mir. 2, 409
ligim air. 2, 40	móin „Kostbarkeit"	orca 1, 477
līim 2, 21	2, 117	ós „oben, über"
līn 2, 30	mōin „Sumpf" 2, 148	1, 242
lingid 2, 80	moirb 2, 174	oul 2, 388
líth 2, 36	mōith air. 2, 134	
loch „lacus" air.	molt 2, 149	raith 2, 313
2, 55	mōr air. 1, 209	rann 2, 561
lóche 2, 72	2, 118	réimm air. 2, 509
lontā 2, 366	morrīgain 1, 556	rethim air. 2, 244
losc 2, 64	mosach air. 2, 131	riabach 2, 561
loth 2, 369, 373	179	rían mir. 2, 507, 523
lúag 2, 51	mrecht-rad 2, 122	riathor air. 2, 507
lúaide 2, 66	muad mir. 2, 178	2, 523
luchtar 2, 64	múch air. 2, 670	ro- air. 2, 437
lue 2, 58	677	robói air. 1, 157
lug mir. 2, 557	muinēl 2, 154	róe 2, 526
lúi 2, 58	muintorc 2, 154	roen air. 2, 512
	muir 2, 158	ro-fetar 1, 198
machtaim 2, 128	mūn 2, 185	ro-gád 1, 409
madog gael. 2, 165		rón 2, 548
maide 2, 163	nau 2, 207	ross 2, 444
máin 2, 117	naue air. 2, 223	rúad 2, 544
maistre 2, 103	ne 2, 204	ruam 2, 499, 558
maith air. 1, 381	nech 2, 204, 210	rucht „Gebrüll" mir.
malcaim mir. 2, 153	necht air. 2, 215	2, 520, 555, 560
már 1, 209; 2, 118	nertaim 2, 227	
māthir air. 2, 106	ness 2, 225	sáethar air. 2, 619
meacan 2, 89	net 1, 279	sáidim 2, 567
meccun air. 2, 89	nī „nicht" 2, 204	sail „Weide" mir.
mein(n) 2, 111	nigid 2, 229	2, 693
meldach air. 2, 150	nocht air. 2, 193	sāim air. 2, 573
melim air. 2, 116	nūna air. 2, 192	sáith „Leid" air.
memb air. 2, 117	233	2, 619
men 2, 143		sáithar air. 2, 619
menicc air. 2, 143	ó „Ohr" air. 3, 197	saithe mir. 2, 620
mescaim 2, 123	ó „ab" air. 3, 168	salach 2, 691
mess „Eichel" mir.	obann 1, 1	salann air. 2, 693
2, 169	ochar mir. 2, 288	sathach 3, 59
methel 2, 129	ocht 1, 231	scáilim 2, 631
methos 2, 124	od- 1, 239	scathaim 2, 304
mī air. 2, 125	óen 2, 255	scé 3, 238
mid „Met" 2, 110	óenach 1, 481	sceirdim 2, 633

Irisch, Britannische Sprachen 621

scén air.	2, 641	srúaim air.	3, 31	ten „Feuer"	3, 94
scendim mir.	2, 632	srub mir.	2, 612	tēt	3, 93
sciath „Schild"		sruith air.	3, 29	tethra	3, 101
	3, 453	su- air.	2, 564	tíagaim	3, 14
scuchim air.	2, 641	súan	2, 694	tó mir.	3, 158
sé air,	3, 395	suanem	2, 413	tóeb, tóib air.	3, 8
sechtmad air.	2, 602		3, 63	toisc air.	3, 109
secht-n- air.	2, 608	suide	2, 568	tóis-renn air.	3, 100
selg air.	2, 605	suidim	2, 567	toll air.	3, 109
serg	2, 698	súth „Geburt"	3, 57	tón	3, 149
sernim air.	2, 444	suth „Saft" air.	3, 59	tonach	2, 229
sesc	3, 63			torann	3, 126
sescaind mir.	2, 632	tāid air.	3, 82	torc	3, 125
sessed air.	3, 395	táis air.	3, 100	totluch	3, 115
sét „Weg" air.	3, 379	tāl	3, 99	trét	3, 144
siur air.	2, 618	talam air.	2, 418	tri	3, 138
slat	2, 62		3, 110	troscim	3, 143
sleg	2, 26	tallaim	3, 117	trot	3, 143
slemun	2, 661	tām air.	3, 84, 118	truid mir.	1, 372
slige	2, 26	tamaim air.	3, 118	tú air.	3, 159
sligim air.	2, 661	tamnaim	3, 111	tuath	3, 353
sluag	2, 657, 665	tamun	3, 3	tuilim air.	3, 115
smuainim mir.		tarb air.	3, 154		
	2, 168, 185	táu	3, 5, 21	úa air.	3, 168
snaidim	2, 680	té	3, 95	uaimh	3, 489
snass	2, 680	tech air.	2, 286	uan	3, 481
snáthe air.	2, 680	techim	3, 89	uas	1, 242
snigid air.	2, 680	técht	3, 159	uasal air.	1, 242
sóeth air.	2, 619	teg air.	2, 286		2, 250
som air.	2, 573	teg-lach	2, 665	ud-	1, 239
son	3, 19	temel air.	3, 162	uilen air.	2, 55
srath mir.	2, 444	temen	3, 92	úr	2, 474

d. Britannische Sprachen (Kymrisch unbezeichnet)

(Hierher gehören: Kymrisch, Kornisch und Bretonisch)

anadl	3, 196	buan breton. kymr.		cawr	3, 43
asey, aswy	3, 434		1, 159	cenaw	3, 448
		bugad	1, 140, 158	cern „Schüssel"	
bal	1, 73	buit akorn.	1, 426	kymr.	3, 322
bathu	1, 61	bwyd	1, 426	cethr	1, 705
bedd	1, 99	byw	1, 422	chwant	3, 267
befer korn.	1, 97	bywyd	1, 422	chwech	3, 395
bele	2, 400			chwýf	3, 236
béra breton.	1, 53	cae	1, 651	chwyrnu	2, 593
brag	1, 116	caer	1, 619	claddu	1, 565
bragod	1, 116	cainc	3, 41	cleddyf	1, 565
bre	1, 76	cant „mit" akymr.		coil	3, 288
breuan „Hand-			2, 564	cordd	3, 320
mühle"	1, 421	carn „Griff"	3, 322	couann abreton.	
brith akymr.	2, 122	carw	1, 630		2, 685

craf	3, 321	gwydd „Anwesen-		ocoluin akymr.	
craff	1, 660	heit"	1, 198		2, 281
crau	1, 665	gwywer	1, 176	oen	3, 481
crech	1, 654, 658			onnen	3, 496
cwrwg	1, 623	haul	2, 690	oy nkorn.	3, 486
crych	1, 664	helw	2, 657		
crys	3, 323	hepp	2, 688	pair	3, 303
cuan	2, 685	hy-	2, 564	parfa	2, 648
curan	3, 319	hysp	3, 63	pas	1, 544
cw, cwt	1, 264			pawb	1, 506
		iaith	1, 476	peri	1, 636; 3, 304
dant	1, 345	iou akymr.	1, 469	pibi breton.	2, 331
darn	1, 344			poeth	2, 417
dawn	1, 328	kant „mit" akymr.		prenn	3, 322
devi bret.	1, 412		1, 710	prydydd	1, 636
dig	1, 351	kaouen breton.	2, 685	pryf	3, 325
dor	1, 330	kelin akorn.	1, 567	prynu	1, 660
drain akorn.	1, 343	kelyn	1, 567		
dringo	1, 374	lad korn.	2, 61	sarn	3, 20
dryll	1, 374	le korn.	2, 24	strutiu „antiquam"	
dwfn	1, 355	llawdr	2, 18	akymr.	3, 29
dyweddïo	1, 212	llêf	2, 32		
		lliant	2, 47		
elain	2, 13, 264	llid	2, 79	talch	3, 116
elin	2, 55	lliw	2, 291, 660	tanow korn.	3, 119
er korn.	2, 276	llwyf	2, 44	teneu mkymr.	3, 119
		lo akymr.	2, 51	toddi	3, 84
ffrwst	2, 453	loder korn.	2, 18	torch	3, 125
		louzr breton.	2, 18	treb akymr.	3, 97
gafl	1, 262			trin	3, 4
galw	1, 286, 287	mant	1, 316	trŵch	1, 374
garan	1, 434	mathr	2, 143	trydydd	3, 137
gau	1, 318	matog	2, 165	tu	3, 8
gi „nervus"	1, 426	mawr	1, 209	twl	3, 160
glynu	1, 273	meddwl	2, 114	tyfu	3, 162
gro	1, 312	mêllt	2, 150		
gualart akymr.		minow korn.	2, 117	uy akorn.	3, 486
	1, 219	mynet mkymr.			
guell	1, 180, 224		2, 136	wy	3, 486
gun korn.	1, 322				
gwden	1, 205				
gwerthyd	1, 187	nain	2, 235	yd	1, 471
gwn	1, 322	nep	2, 210	ysgwyd	3, 453
gwnïo	1, 469	nerth	2, 227	ywen	1, 467

XVIII. Germanisch

a. *Gotisch* (mit Krimgotisch)

abrs	2, 244	af-ƕapnan	1, 620	afskiuban	2, 653
ada krimgot.	3, 486	aflifnan	2, 33		3, 243
afdauiþs	1, 326	aflinnan	2, 43	af-swaírban	2, 589
af-hlaþan	1, 565	afmauiþs	2, 108	aggwus	3, 178

Gotisch

ahana	2, 288	bai	2, 237	daupjan	1, 333
ahs	2, 286, 288	baidjan	1, 68	daúr	1, 330
	3, 501	baira	1, 81	dauþs	1, 326
ahtau	1, 231	baírgahei	1, 76	dauþus	1, 326
aƕa	1, 11	baírgan	1, 76	deigan	1, 336, 450
aigin	1, 491	baírhts	1, 77, 78	distaíran	1, 344
ainaha	1, 481, 484	baitrs	1, 123	diups	1, 333, 355
ainfalþs	2, 366, 398	balþs	3, 483	dius	1, 383
ains	1, 483, 484	balwawesei	1, 101	diwan	1, 326
	2, 255		105	dōmjan	1, 380
airzeis	1, 402	balwjan	1, 101, 105	dōms	1, 380
aistan	3, 464	barizeins	1, 110	draú(h)snos	1, 374
aiza-smiþa	2, 111	bauan	1, 159	dreiban	3, 131
akeit	2, 295	baúrd	1, 75	driugan	1, 373
akran	3, 481	baúrþei	1, 81	drōbjan	1, 370
aleina	2, 12, 55	bigat	1, 413	drunjus	1, 375; 3, 135
ana	2, 190, 269	bigitan	1, 250, 413	dulgs	1, 359
	3, 169	bilaibjan	2, 33	dumbs	1, 377
anabiudan	1, 96, 135	bilaigōn	2, 40		
anaks	2, 193	bileiban	2, 77	ei	1, 467
andbahti	3, 476	binah	2, 215		
andeis	1, 246	bi-niuhsjan	2, 234	fagrs	1, 37
andi	1, 225	bi-sauljan	3, 43, 277	**faian**	**2, 422**
anþar	1, 237	bismeitan	2, 671	faíflōkun	2, 365
apel krimgot.	3, 476	biudan	1, 95	faíhu	2, 347
aqizi	2, 262	biugan	1, 66, 96, 134	faír-	2, 337
ara	2, 276	biūhts	1, 240; 3, 197	faírguni	2, 338, 346
arbaiþs	2, 480	biuþs	1, 95	faírzna	2, 370
arbi	2, 499	biwindan	3, 173	falþan	2, 366
arƕazna	2, 488	blandan	1, 95	fana	2, 272, 405
arjan	2, 274	blinds	1, 97	fani	2, 470; 3, 210
arka	2, 487, 488	blôtan	2, 366	faran	2, 316, 410
arms	2, 490	bōka	1, 138, 139, 140	farjan	2, 341
asans	2, 281, 284		3, 512	fastan	2, 416
asiluqaírnus	1, 421	bōkareis	1, 140	faúhô	2, 470, 475
asilus	2, 280	bōkōs	1, 140	fidurdōgs	3, 332
asneis	2, 284	brōþar	1, 118	fidwôr	3, 332
at	1, 407	brunjô	1, 126	fill	2, 369, 396
atta	2, 290	brusts	1, 131	filu-faihs	2, 360
augo	1, 239; 2, 260			fimfta	2, 479
auk	3, 176	Christus	1, 662	finþan	2, 461, 469
aukan	3, 467				3, 209
aurahi	2, 250	daddjan	1, 358	fisks	2, 347, 361
aúrtigards	1, 190	dags	1, 327, 412	flahta	2, 374
auso	3, 197		2, 36	flautjan	2, 376
auþeis	3, 168	daigs	1, 336	flauts	2, 376
awistr	2, 251	dailjan	1, 337	fōdjan	2, 322, 324
awô	3, 178	dails	1, 337	fōtus	2, 300, 353
azgo	2, 257	dal	1, 358		382
		daug	1, 379	fra-	2, 437
ba	1, 34, 97; 2, 237	daúhtar	1, 366	fra-gildan	1, 415
badi	1, 99	dauns	1, 331, 381	fraíhnan	2, 442

Germanisch

fram	2, 455	giutan	1, 424	hleibjan	2, 660
frawardjan	1, 230	glaggwô	1, 276	hleiþra	1, 569
frawisan	1, 233	glaggwuba	1, 276	hlija	3, 246
frijôn	2, 436	gōljan	1, 253, 254	hlūtrs	1, 574; 2, 665
frijônds	2, 436	gōþs	1, 284; 3, 513	hnuþô	1, 581; 2, 684
fruma	2, 455	graba	1, 309	hōha	2, 703
		graban	1, 306	hôlôn	3, 235, 278
ga-	1, 435	gras	1, 310	hōrs	1, 698
gabaúr	3, 62	grid	1, 315	hraiw	3, 274
gabei	1, 282	groba	1, 309	hrōpjan	3, 274
gabeigs	1, 281	gulþ	1, 460	hrōps	3, 274
gabigs	1, 281	guta	1, 301, 324	hrōt	1, 653; 2, 579
gadaban	1, 356				3, 26
gadars	1, 343	hafjan	3, 302	hrōþeigs	1, 656
gadēþs	1, 348	hailjan	3, 288	hrugga	3, 266
gadiliggs	1, 284	hails	3, 288	hrukjan	1, 670
gadōfs	1, 356	haims	2, 609; 3, 62	hulistr	2, 265; 3, 258
gadraban	1, 370	haírda	3, 320	huljan	3, 258
gadraúhts	1, 373	haírtô	2, 613, 614	hulþs	1, 572
gahaban sik	2, 293	haírþra	3, 319, 324	hund	3, 15
gahamôn	3, 229	hakuls	1, 589; 3, 333	hunds	3, 42
gahōbains	2, 293	halbs	3, 257, 258	hunsl	2, 598
gailjan	1, 452	haliþ- altgerm.	1, 578	hûs	3, 240
gaírns	1, 443	halks	3, 256		
gaits	1, 446	hallus	1, 255; 3, 312	ƕaírban	1, 185, 227
ga-mains	2, 117	hals	1, 598, 603	ƕaírnei	1, 625
ga-malteins	2, 150	halts	1, 508, 597		2, 648; 3, 303, 322
gamaudjan	2, 184	hamfs	2, 655	ƕaiteis	3, 284
gamunds	2, 308	hana	1, 520, 697	ƕar	1, 501
ganagljan	2, 225	handus	1, 346; 3, 276	ƕarjis	1, 502, 591
ganah	2, 215	hansa	3, 279	ƕas	1, 676
ganasjan	1, 292	hardus	1, 633; 3, 328	ƕaþar	1, 646
	293, 301	harjis	1, 529, 621	ƕaþō	1, 546
ganisan	1, 292	hauhs	1, 498, 683	ƕeila	2, 389, 420
	3, 240		708	ƕileiks	3, 348
gards	1, 297; 3, 513	hauns	3, 277	ƕô	1, 676
garēdan	2, 482	haúrds	1, 675; 3, 327	ƕōpan	3, 242
garēhsns	2, 509	haúri	1, 700	ƕota	1, 555
garunjô	1, 298	haúrn	2, 616		
gaslawan	2, 657	hausjan	3, 360	id-	2, 289
gasts	1, 300	hawi	1, 587	iddja	1, 471
gataujan	1, 301	hēþjô	1, 644	ik	3, 475
gataúrþs	1, 344	hilms	3, 388	im	1, 405
gatwô	3, 254	hilpan	3, 257	in	1, 161
gaþrafstjan	3, 262	himma	2, 602	insailjan	2, 624
ga-þrask	3, 137	hina	2, 602	inu	1, 225
gaurs	1, 434	hiufan	2, 628; 3, 278	is	1, 390, 472
gaweihan	1, 282	hlahjan	1, 567	ist	1, 405
gawi	1, 432	hlaifs	3, 245	ita	1, 390
gawigan	1, 179	hlaíns	1, 572	itan, Praeter. ētun
gazds	1, 263, 419	hlaiw	3, 245, 246		1, 398; 3, 514
giban	1, 282	hlaupan	1, 574	iþ	1, 407

Gotisch

jēr	3, 492	liuts	2, 65	naus	2, 192, 233
ju	3, 176	lōfa	2, 13	nauþjan	2, 230
juggs	3, 471	lubains	2, 77	nauþs	2, 192, 230
juk	1, 469; 3, 467	lûs altgerman.	1, 233		232
jūs	1, 238			nawis	2, 233
		mag	2, 144	nē	2, 204
kaisar	3, 283	mahts	2, 167	nei	2, 218
kalds	1, 601; 2, 257	maidjan	2, 139	nēþla	2, 222
	3, 256	maihstus	2, 113	ni	2, 204
kann	1, 458	maitan	2, 126	niman	3, 500
kara	1, 295, 533	maiþms	2, 139	niþan	2, 212
kaupōn	1, 696	malan	2, 116	niþjis	2, 216
kaúrn	1, 454	malô	2, 153	niujis	2, 223
kausjan	1, 208, 489	man	2, 142	niun	1, 335
	704	manags	2, 143	niunda	1, 334
kilþei	1, 417	mana-sēþs	2, 620	nu	2, 223
kintus	3, 283	manna	2, 169		
kniu	1, 448	marei	2, 157	plat	2, 366
kriustan	1, 314	marzjan	2, 97, 121	plinsjan	2, 379
		maudjan	2, 168	puggs	2, 460
laggs	1, 359	maúrgins	2, 122, 159	pund	2, 460
lagjan	2, 53	maúrþr	2, 120, 122		
laikan	2, 40, 80		672	qaírnus	3, 322
laiks	2, 40, 80	meins	2, 147	qēns	1, 418, 547
laílōun	2, 21	mēkeis	2, 128	qiman	1, 291
lais	2, 35, 37	mēla	2, 118	qinô	1, 418
laisjan	2, 35	mēna	2, 125	qiþus	1, 113, 262
laistjan	2, 37	mēnōþs	2, 125	qius	1, 422
laists	2, 37	-mērs	1, 209	qrammiþa	1, 315
land	2, 81	mēs	2, 138		
lasiws	2, 64	midjis	2, 112	ragin	2, 509, 532
lats	2, 31	mik	1, 413	rahnjan	2, 498, 509
laufs	2, 70	mikils	2, 147		532
laugnjan	2, 21	mildeis	2, 150	raþs	2, 516
laun	2, 51	milhma	2, 152	raus	2, 527, 559
leihts	2, 25	miluks	2, 152	rauþs	2, 504, 520
leiƕan	2, 48, 264	mimz	2, 189		544
leik	2, 41	minniza	2, 117	razda	1, 294; 2, 485
lēkeis	2, 27	mins	2, 117	rimis	3, 475
lein	2, 30	missô	2, 125, 139	rinnan	2, 535
leiþu	2, 47	mitan	2, 118	rōdjan	2, 482
lētan	2, 5, 31	mitôn	2, 114		
leudis burgund.	2, 78	mizdō	2, 131	sada krimgot.	3, 16
lēwjan	2, 69	môta	2, 185	saian	2, 620
ligan	2, 26	môtareis	2, 185	saíhs	3, 395
ligrs	2, 26	mōþs	2, 673	saíhsta	3, 395
lisan	2, 17	munan	2, 142	saíƕan	2, 705
lists	2, 35	munþs	1, 316	sair	2, 619
liudan	2, 78			saiws	2, 600
liufs	2, 77	nahts	2, 229	sakan	2, 688
liugan	2, 21	namō	1, 480	sakkus	2, 569
liuhaþ	2, 72	naqaþs	2, 193	saliþwōs	2, 606

Vasmer, Russ. etymol. Wörterbuch 40

Germanisch

saljan	2, 426, 658	smarna	2, 676; 3, 414	twaddjē	1, 331
	3, 43	snaiws	2, 680	twai	1, 330
salt	2, 693	sneiþan	2, 681	twaim	1, 330
sama	2, 573	sniumjan	2, 682	twōs	1, 330
sandjan	2, 658	sniwan	2, 682		
satana	2, 583	snôrjô	2, 683	þaírkō	3, 97, 140
satjan	2, 567	sōþ	3, 59	þana	3, 128
saþs	3, 59	speiwan	2, 379	þata	3, 128
sauil	2, 690	spinnan	2, 380	þauh	3, 111
sauls	3, 435	sprautô	2, 453	þaurban	3, 134
saúrga	2, 698	stafs	3, 16	þaúrnus	3, 98
seiþu	2, 619	staiga	3, 9	þaúrp	3, 96, 97
sēls	3, 43	stains	3, 10, 91	þaúrstei	3, 96
*sēmbura-		stakins	3, 8	þei	3, 103
ostgerman.	3, 62	staþs	3, 6	þeihan	3, 167
sētun	2, 622	staua	3, 1	þeihvô	3, 159
sibja	2, 284, 596	stautan	3, 34	þiuda	3, 352, 353
	599; 3, 363	steigan	3, 14	þiufs	3, 103
sibun	2, 608	stikls	3, 9	þius	3, 89
siggwan	3, 64	stiks	3, 130	*þrabōn	3, 136
si-k	3, 61	stiur	3, 154	þramstei	3, 275
silba	2, 657, 662	stōjan	3, 1	þreihan	3, 145
silubr	2, 613	stōls	3, 18	þridja	3, 137
sind	3, 52	stōma	3, 3	þriskan	3, 137, 141
sinteins	1, 339	straujan	3, 12	þrōþian	3, 133
sinþs	3, 379	striks	3, 27	þu	3, 159
sipōneis	1, 433	sunja	3, 53	þulan	3, 90
sitan	2, 622	sunnô	2, 690	þūsundi	3, 161
sitls	2, 601, 606	sunus	3, 57		
siujan	3, 402	supôn	3, 47	ufbauljan	1, 93, 141
skaban	2, 640	swaran	2, 586, 712		142
skalja	2, 643	swarts	2, 697	ufblēsan	1, 90
skatts	2, 649	swein	2, 593	uf-þanjan	3, 93
skaþjan	2, 304	swērs	2, 280, 594	ūhtwō	2, 193
skaut(s)	2, 655	swēs	2, 587, 596		3, 195
skeinan	2, 610, 630	swibls	1, 433	ulbandus	1, 184
skeirs	3, 401, 452	swikns	2, 587	unhulþa	2, 213
skēwjan	1, 553	*Swinþa-fulks	2, 598	unlēds	2, 36
	2, 686; 3, 385	swistar	2, 618	uns	2, 200, 232
skildus	3, 62, 453			un-wāhs	2, 325
skilja	2, 283, 631	taíhswa	1, 346	unwērjan	1, 184
skilliggs	3, 453	taíhun	1, 346	unwiss	1, 192
skip	3, 289, 365	taíhunda	1, 346	urrannjan	2, 535
skuft	3, 349	timrjan	1, 361, 377	urreisan	2, 517, 524
skūra	2, 600	triggws	1, 368	usfilma	2, 399
slaúhts	2, 26	triu	1, 368, 371, 450	usgaisjan	3, 175
slawan	2, 657		2, 256	usgeisnan	3, 175
slēpan	2, 656	tuggô	3, 485	usþriutan	3, 143
sliupan	2, 74	tunþus	1, 345	ūt	1, 238
smaírþr	3, 414	tuz-	1, 357	uz-anan	1, 225
smakka	2, 674	tuzwērjan	1, 184		3, 196
smals	2, 92; 3, 252	twa	1, 330	uzēta	3, 496

waddjus	1, 206	warei	2, 438	wigs	1, 214
waggs	2, 65	wargs	1, 226	windan	1, 245
wagjan	1, 215	warjan	1, 171, 184	winds	1, 194
wāhs	2, 325		227, 437	wingart krimgot.	
wahsjan	2, 250	watō	1, 212; 3, 56		1, 202
wai	1, 161; 3, 170	waúrd	1, 234; 2, 539	wit	1, 175
waian	1, 196	waúrms	1, 189	witan	1, 176, 198
waíhts	1, 196	weihan	1, 179	wōpjan	1, 161, 226
waír	1, 203	weihnan	1, 192	wraks	1, 228
waírpan	1, 185, 229	weihs	1, 192, 193	wratôn	2, 244
waírþan	1, 190, 230		204	wrikan	1, 228
wait	1, 176, 177, 198	wein	1, 202	wrōhjan	2, 509
waldan	1, 219	weinagards	1, 202	wrōhs	2, 509
waljan	1, 218	weis	1, 176; 2, 183	wulfs	1, 218
walus	1, 166	weitan	1, 198	wulla	1, 218
wamba	1, 316	widuwō	1, 175		

b. Altnordisch

akkeri	3, 487	berja	1, 110	búð	1, 159
ál, ǫl	3, 501	berjask	1, 110	buðkr	1, 146
ala, „zeugen, nähren"		berkja	1, 75	búkr	1, 114
	2, 15	berr	1, 111	bulr	1, 101
almr	1, 478	bikarr	1, 70	búr	1, 151
alr	2, 266	bismari	1, 70	bursti	1, 111
altaristeinn	1, 11	bjalki	1, 103	bussa	1, 152
ambǼtti	3, 476	bjǫrk	1, 77	bûza	1, 152
api	2, 271	bjúga	1, 281	bylja	1, 105
arðr	2, 489	bleikr	1, 92	byrr	1, 151
askr	3, 496, 503	blíkja	1, 93	bysja	1, 159
at „zu, nach"		boð	1, 67		
	1, 407	Bófastr	1, 155	dalidun	1, 338
át	1, 391; 3, 482	bók	1, 100, 138,	dalr	1, 358
áta	1, 391		139, 140	danir pl.	1, 363
austr	1, 4	*bokka	1, 140	danskr	1, 328
Ǽtr	1, 392	bóli	1, 97	dapr	1, 332, 356
		bolr	1, 101	darraðr	1, 372
bál	1, 73	bǫl	1, 105	dǼll	1, 338
ball	1, 105	bón-	1, 66	deyja	1, 326
barða	1, 116	borðstóll	3, 18	dorg	1, 364
barmr	1, 57	bǫrgr	1, 108	dǫgg	1, 331
barr	1, 107, 110	bǫrr	1, 106	draga	1, 364, 371
báss	1, 39	bringa	1, 132	drangr	1, 374
bátr	1, 37, 61	brjósk	1, 131	drasinn	1, 376
baugr	1, 133, 308	brjóta	1, 126, 127	draugr	1, 372, 373
bauta	2, 195	broddr	1, 109, 125	dregg	1, 371
beit	1, 37	brú	1, 119	drengr	1, 374
beita	1, 83	brún	1, 124	dríta	1, 370
bekkr	1, 36, 133	bryggja	1, 119	drótt	2, 551
belja	1, 105	brýna	1, 128	dúsa	1, 386
bella	1, 105	brýni	1, 128	dust	1, 357
belti	1, 49	bú	1, 97, 139	dvína	1, 331

40*

Germanisch

dýja	1, 381	galask	1, 254	hampr	1, 615
dyrr	1, 330	galli	2, 195	hamr	3, 229
		gaman	1, 291	happ	1, 584
egg	3, 486	gandr	1, 279	hár	3, 41
eið	3, 464	gáta	1, 250, 261	harðr	3, 324
eikinn	1, 470	gata	3, 254	harfr	1, 634
eista	1, 490	gaukr	1, 451; 3, 515	hark	2, 698
eitr	3, 482	gaul	1, 319	harkask	2, 698
ekki	3, 479	gaula	1, 319	harmr	2, 700
elgr	2, 61	geipa	1, 454	hárr	2, 617
elska	2, 15	geisl	1, 414; 3, 514	haugr	1, 683
embætti	3, 476	gerði	1, 297	haukr	1, 582
erendi, erinde	2, 278	gerstr	1, 420	haull	1, 556; 3, 436
eski	3, 503	geta	1, 250	heið	3, 284
ey	3, 457	géyja	1, 248	héla	2, 657
Eysýsla	3, 457	gilkér	1, 452	herðr	1, 636, 3, 324
		gína	1, 456	herfi, herfe	1, 634
falr	2, 396	gjalda	1, 415	herstr	3, 328
fantr	3, 218	gjalp	1, 604	hildr	1, 603
farmr	2, 409	glata	1, 275	hjalmr	3, 388
fat	3, 203	glaumr	1, 276	hjarn	2, 614
fær	2, 426	gleiðr	1, 272	hjǫrtr	1, 630
féikn	2, 329	gleyma	1, 276	hlamm	1, 573
fetill	2, 349	glópr	1, 277	hlé	3, 246
féykja	2, 459	glǫggr	1, 276	hlèifr	3, 245
fífl	2, 465	gnúa	1, 281; 2, 233	hlǫm	1, 573
fimbul-	2, 465	gnýja	1, 281	hlør	2, 666
fimt	2, 479	golf	1, 285, 429	hlunnr	3, 248
finnar	3, 209	gopi	1, 429	hlymja	1, 577
fjǫl	2, 390, 393	gotar	1, 301	hlynr	1, 567
fjúka	2, 459	góla	1, 254	hlýr	2, 666
flá	2, 371	grautr	1, 312	*hniss	1, 273; 3, 513
fley	2, 373	grèf	1, 302	hnuðr	2, 684
fleyðr	2, 376	grið	1, 308	hófr	1, 584, 621
flóa	2, 364; 3, 249	griði	1, 308	hól	3, 235
flórfili	2, 390	griðmaðr	1, 308	holmr	2, 223; 3, 255
flúð	2, 65	grimmr	1, 306	holt	1, 601
fok	2, 459	grind	1, 315	hoppa	1, 677
fól	3, 201	grjót	1, 312	hóra	1, 698
forkr	2, 407	guðr	1, 279	horfa	1, 634
fors	2, 344, 346, 410	gulli	1, 319; 3, 514	hosa	2, 254
fóstr	2, 322	gumpr	1, 429	hǫð	1, 646
fǫnn	2, 327, 348	gunnr	1, 279	hǫkull	1, 589
framr	2, 424, 455			hǫndugr	3, 276
friðill	2, 436	haddr	1, 639; 3, 329	hǫrund	1, 621; 3, 319
frýsa	2, 452, 453	haðna	1, 645		517
		haf	1, 695	Hǫskuldr	3, 511
gá	1, 282	hafr	1, 619	hǫss	2, 702
gáða	1, 282	hagi	1, 651	høyia	1, 706
gaga	1, 249	hákall	1, 9	hrappr	1, 202
gagl	1, 283	hallr	1, 572; 3, 312	hrár	1, 665
gala	1, 287	hamarr	1, 514	hraukr	1, 670, 673

Altnordisch

hraun	1, 665	hvítr	2, 595	kúla	1, 320
hraustr	1, 668	hyrna	1, 654	kumpr 1, 316;	3, 514
hrǽ	3, 274	hyrr	1, 700	kvekva	1, 413
hrǽfa	1, 660	hýrr	3, 240, 357	kvísl	1, 424
hrǽll	1, 668			kvistr	1, 263
hreiðr	1, 663	iðrar	3, 195, 499	kylfa	1, 549, 596
Hreiðgotum	1, 663			kylfingr	1, 596
hreifi	1, 660	jaðarr	2, 256; 3, 483	kylna	3, 353
hrekja	1, 532	jarpi	2, 280	kyrtill	1, 635
hrífa	2, 651	jarpr	2, 280, 560		
hrikja	1, 664	jǫlstr	2, 266	lag	2, 53
hrinda	1, 671	jǫrmunr	2, 490	lágr	2, 6, 26
hringr	1, 670, 674			lami	2, 56
	2, 523	ká	3, 515	laug	2, 7
hrip	1, 629	kaðall	1, 588	laukr	2, 67
hrís	3, 26	kalla	1, 286, 287	laun	2, 291
hrjúfr	1, 671; 3, 32	karl	1, 462	laupr	2, 64
hróðr	1, 656; 2, 551	kasta	1, 641	lax	2, 61
	559	kaun	1, 464	lǽgja	2, 26
hróf	3, 30	kǽra	1, 533	leggja	2, 53
hrogn	1, 674	kefsir	3, 332	leggr	1, 15; 2, 57
hrókr	3, 517	keisa	3, 515		80
hrósa	1, 656; 3, 517	kelda	1, 601	leiðarsteinn	1, 11
hrót	1, 653	kengr	1, 318	leikr	2, 41
hrøkkva	1, 637, 675	kenning	1, 579	lend	2, 81
hrøysar	1, 673; 3, 517	keptr	1, 451	lengja	2, 82
hrøyse	1, 673; 3, 517	kerf	1, 550; 2, 638	leyna	2, 291
hrufa	3, 32	kjarf	1, 550; 2, 638	lík	2, 40
hrúga	1, 623	kjarni	1, 454	lind	2, 71
hrukka	1, 637	kjǫptr	1, 408, 451	ljósta	2, 71
hruma	3, 196	kjúka	1, 317, 319	ló	2, 65
hrútr	3, 261	klakkr	1, 271, 273	loði	2, 66
hryggr	1, 637	klappa	3, 247	lófi	2, 2, 13
hrymjask	3, 196	kleima	1, 567	log	2, 72
hugr	2, 654	klína	1, 273	lóga	2, 3
humli	3, 251	kljúfa	1, 276, 277	lost	2, 71
hvarf	1, 185	kné-beð	1, 68	lǫgr	2, 56
hvarmr	2, 647	knefill	1, 292	lundr	2, 81
hvatr	3, 235	knútr	1, 581	lúta	2, 76; 3, 518
hvǽsa	3, 238	kofi	1, 432	lyng	2, 65
hvel	1, 598	kolfr	1, 600		
hvelfa	3, 313	kollr	1, 286	maðr	2, 169
hvellr	3, 278	kot	1, 644	mala	2, 153
hvelpr	2, 642	kǫgurr	1, 585	maurr	2, 174
hverfi	1, 185	kǫkkr	1, 318	mǽkir	2, 128
hverna	3, 303, 322	kǫngull	1, 682	meiðr	2, 124
hverr	1, 625, 638;	kǫngurváfa	2, 280	mein	2, 96
	3, 303	kǫs	1, 421	meiss	2, 127
hvika	1, 491	kǫstr	1, 641	melr	2, 115
hvirfill	2, 589	kraki	1, 666	mérd	2, 119
hvísla	2, 594	kristna	1, 662	merr	2, 121
hvítingr	1, 207	krókr	1, 674	meyrr	2, 320, 678

míga	2, 113, 131	rámr	2, 486	sigla		3, 419
mjór	2, 115	rauf	2, 548	síkr		2, 621
mjǫrkvi	2, 156	raup	2, 557	sild	2, 606, 607
	3, 518	rauta	2, 555	silki		3, 387
móðir	2, 106	rǽfr	2, 513	sími	2, 625; 3, 386
mǫlr	2, 153	refr	2, 561	sindr		3, 63
mǫndull	2, 179, 190	reim(a)	2, 511	sitja		2, 622
mǫrðr	3, 518	rein	2, 512	skafa		2, 640
mǫskvi	2, 87, 133	rékendi	2, 516	skaga		2, 641
munda	2, 169	rékendr	2, 516	skagi		3, 446
myln	2, 150	*rekk	2, 516	skaka		1, 592
myrkr	2, 156	remja	2, 486	skakkr		3, 385
mýrr	2, 170	reykr	2, 543	skál		2, 631
		reyrr	2, 560	skalm		3, 659
náð	2, 212	rif	2, 500	skammr		3, 224
nafarr	2, 197	rífa	2, 513	skarfr	1, 488; 3, 323
náhvalr	1, 227	rimma	2, 542	skári		2, 648
nár	2, 192	rísta	2, 37	skarn	2, 633, 697
nauð(r)	2, 230	rjúpa	2, 554	skarpr	2, 646, 648
naut	2, 232	róða	2, 495			3, 262
nes	2, 228	roðra	2, 504	skattr		2, 649
nifl-	2, 205	róm	2, 510	skaut		2, 57
njól	2, 205	rómr	2, 486, 510	skauti		2, 655
nór	2, 227	ropa	2, 557	skǽva		3, 385
nót	2, 232, 242	rosmhvalr	2, 538	skegg		3, 446
nǫkkvi	2, 229	rót	2, 489	skeggøx		1, 116
núa	2, 233	røkja	2, 498	skėlpa		2, 639
		røtask	2, 481	skėmma		3, 316
oddr	3, 177	rǫdd	1, 294	sker	3, 267, 449
óss	3, 192	rǫnd	2, 542, 556	skífa		2, 637
otr	1, 239	rugr	2, 530	skilja	2, 631; 3, 447
ótta	2, 193	rúm	2, 559	skinn		2, 653
ǫfugr	2, 270	rúst	2, 553, 558	skip		3, 458
ǫl	2, 262	rygr	2, 530	skipa		3, 458
ǫlptr	2, 22	rýja	2, 558	skírr		3, 452
ǫlr	2, 266	rymja	2, 556	skíta	3, 287, 343
ǫlþr	2, 262	rymr	2, 556	skjá		2, 637
ǫr	2, 488	ryskja	2, 553	skjalfa		1, 597
ǫrdugr	2, 494			skjalla		2, 642
ǫrr	2, 279	saðr	3, 53	skjóta	1, 555; 2, 686
øx	2, 262	safali	2, 685	skjǫlf		3, 453
		safi	2, 589, 696	skola		3, 447
pallr	2, 390, 396	sam-	2, 564	skor		3, 357
*patti	1, 112; 3, 512	sangr	3, 54	skora		3, 409
plógr	2, 376	sannr	3, 53	skorpna		2, 646
pund	2, 460	saurr	3, 49	skorpr		2, 646
pungr	2, 460	seiðr	2, 568, 619	skǫll		2, 642
		sėilask	2, 624	skǫlm		2, 659
rá	2, 498, 532	selja	2, 658	skráma		1, 666
ráfr	2, 513	serkr	2, 699, 700	skrapa	2, 650, 651
rakkr	2, 553	sétt	3, 395	skrǽkr		2, 650
ram(m)r	2, 490, 542	síða	2, 619	skríða		1, 673

Altnordisch

skríkja	1, 664	stafr	3, 16	torf	1, 340
skrjóðr	3, 274	staki	3, 16	torg	3, 123
skúfa	2, 653	stakkr	3, 16	tǫng	1, 378
skúfr	1, 562; 3, 356	stappa	3, 35	traf	3, 514
skunda	2, 638	starf	3, 126	tulkr	3, 115
skurðr	2, 638	steinn	3, 10	tún	3, 161
skvala	2, 631, 3, 234	stoð	3, 17	tygill	1, 588
	278	stóð	3, 2, 6		
skvaldra	2, 631	stofa	1, 473	þak	3, 16
skváli	3, 234	stóll	3, 34	þambr	3, 153
skýdir	2, 638	stolpi	3, 18	þarfr	3, 134
skylja	3, 447	storkr	3, 13	þel	3, 110
skynda	1, 555; 2, 638	stórr	3, 5	þengill	3, 167
slakr	2, 4, 54	stǫng	3, 36	þettr	3, 159
slápr	2, 656	stǫpull	3, 16	þexla	3, 100
slíkr	2, 661	strangi	3, 31	þíðr	3, 105
slím	2, 661, 662	straumr	2, 287; 3, 31	þiðurr	3, 101
slóð	2, 659	stríð	3, 138	þing	3, 167
smeygja	2, 677	strit	3, 22	þísl	3, 148, 166
sméykinn	2, 678	strjúka	3, 28	þjarfr	3, 98, 99
smiðr	2, 111	stubbr	3, 33	þjó	3, 149
smjǫr	2, 672	stúfr	2, 708	þjónn	3, 108
smjúga	2, 677, 679	stynja	3, 10	þoka	3, 157
smoga	2, 677	stýri	3, 36	þollr	3, 163
smokkr	2, 167	súga	2, 701	þopta	1, 366
smuga	2, 677, 679	sundr	3, 39	þórir	3, 155
snekkja	3, 417	súpa	2, 701	þórr	3, 155
snoðra	3, 417	súrr	3, 49, 58	þorskr	3, 137
snǫgr	2, 682	svala	2, 691	þorsti	3, 96
snøri	2, 683	svara	2, 586, 712	þorvarðr	3, 143
snúa	2, 682		3, 49	þǫmb	3, 101, 152
snúðr	2, 682	svarf	2, 589, 597	þraut	3, 143
snuðra	3, 417	svárr	2, 594	þreka	3, 139
sofa	2, 706	svarra	2, 593	þrír	3, 138
solar-glaðan	1, 271	svefn	2, 694	þrǫngr	3, 144
sorta	2, 697	svefnhús	2, 690	þrǫstr	1, 372
sót	2, 568	sveipa	3, 396	þruvarðr	3, 143
sófa	2, 706	sverð	2, 589	þulr	3, 115
søfnhús	2, 690	svími	3, 236	þungr	3, 147, 167
sómr	2, 573	svinn ord	2, 593	þunjan	3, 157
sǫlr	2, 691	sykn	2, 587	þunnr	3, 119
spánn	2, 53; 3, 518	sýra	3, 58	þvara	3, 85
sparr	2, 710	sýsla	3, 457		
spjald	2, 393			úfr	1, 226, 240
spjalk	2, 331	tapar-øx	3, 122	usli	3, 191
spjalla	1, 489	telgja	1, 360	út	1, 238
sporna	2, 341, 426	tengja	1, 387	útiseta	1, 81
spǫlr	2, 423	tengsl	1, 387	útlægr	1, 474
spretta, spratt		timbr	1, 361, 377		
	2, 450, 452, 455	tívar	1, 351; 3, 514	vaðr	2, 207
springa	2, 450	toppr	1, 384; 3, 153	vagn	1, 214
spyrna	2, 475	topt	1, 361	vágr	2, 290

vakr	1, 196	væringr	1, 171, 191	vǫðvi	3, 173
val	1, 224	vé	1, 204	vǫlr	1, 166
valr	1, 165, 167	veiðr	1, 200, 215	Vǫlsi	1, 221; 3, 513
	2, 241	veig	1, 179	vǫlva	1, 223
vangr	2, 65, 325	verga	1, 164, 214	vǫr	3, 512
vár „Eid, Gelübde"		verr	1, 203	vǫttr	1, 233
	1, 171, 184	víg	1, 179	vrá	2, 545
vár „Frühling"	1,183	víkingr	1, 206	vrangr	2, 545
vara	2, 438	vindauga	2, 259	vrata	2, 244
vargr	1, 228	vindr	1, 246	vrisi	2, 515
varp	1, 227, 229	vinr	3, 184		
varta	1, 186	virgill	1, 188, 585	ylgr	1, 223
vasa-sk	2, 383	visk	1, 195	ylr	2, 36
vátr	1, 177	visundr	1, 463	ýr	1, 467

c. *Schwedisch* (auch aschwed.)

abborre, aborre	1, 81	bulta	1, 105	gunga	1, 317
aghborre aschwed.		bulvan	1, 102	gute	1, 301, 316
	2, 262	burk	1, 146		
ala	1, 397	busa	1, 159	harkla	2, 698
and	1, 225			harpa ihop	1, 629
ankari aschwed.		día aschwed.	1, 358	harr	1, 639; 3, 231
	3, 487	dorj, dörj	1, 364		327
artogh aschwed.		drág	1, 364	harskla	2, 698
	1, 27			hicka	3, 338
ålla	2, 52	ékorne aschwed.		hjul	3, 469
ängskallra	1, 572		1, 176	hofman	2, 551
				hölster	2, 265
backe	1, 101	fala	2, 391	hundari aschwed.	
bår	1, 151	Falun	2, 391		3, 280
båtsman	2, 551	får	2, 426	huta	1, 681; 2, 440
bälte	1, 49	filt	2, 399		
bêta aschwed.	1, 83	finn	3, 209	jälster	2, 266
Biærkö aschwed.		finne	3, 209		
	1, 79	fjäll	2, 391	kadhal aschwed.	
björk	1, 79	frusa	2, 452		1, 588
bó aschwed.	1, 139			kappe	1, 525
boaböle aschwed.		gal(l)ra hampa		kar	1, 525
	1, 98		2, 414	karm	1, 631
bobbe	1, 98	gång	1, 330	karse	1, 626
borr	1, 145	gärs	1, 404, 420	kaum gotl.	1, 282
bragebägare	1, 116	gevaldiger	3, 513	kaus	1, 679
bräm	1, 57	glinta	1, 417	kåda	1, 612
brodd	1, 109	glippa	1, 274	källa	1, 601
brodder aschwed.		gnet	1, 280	kängor	1, 550
	1, 109	golf	1, 285	kesa	1, 426
brûþtugha aschwed.		gran	1, 304; 3, 514	kippa	1, 558
	1, 130	gräshoppa	2, 450	kisa	1, 426
budhker aschwed.		græva aschwed.		klabb	1, 600
	1, 146		1, 306	klack	1, 271, 602

Schwedisch, Norwegisch

klakker aschwed.
1, 602
klåpa 1, 634
kläpp 1, 549
klena 1, 273
klöver 1, 566
knabb 1, 292
knúter aschwed.
1, 581
kofta 1, 647
kolder aschwed.
1, 417
kont 1, 79
korf 1, 636
korg 1, 626
köra 1, 322
krase 1, 310
kråka 2, 699
kurtil aschwed. 1, 635
kyrka 1, 561

lárr aschwed. 2, 15
laþigs altgutn. 2, 36
låding 2, 36
lår 2, 15
läge 2, 53
läkare 2, 27
linda 2, 25, 81
lingon 2, 65
ljung aschwed. 2, 65
lodja 2, 52
lulla 2, 78
lya 3, 246
lycka 2, 667

man 3, 209
markatta 2, 100
matlag 1, 148
mård 3, 518
mimra 2, 212
mjärde 2, 119
modd 2, 109
mýr aschwed. 2, 174

narhval aschwed.
1, 227
narval 1, 227; 2, 198

navare 2, 197
nämligen 1, 480
näs 2, 25
noll 3, 519
nôs aschwed. 2, 228

oyri altgutn. 2, 250
ökt 3, 194
öre aschwed. 2, 250
örtugh aschwed. 1, 27

palta 2, 398
patt 1, 112
pion 2, 358
pissa 2, 360
puta 1, 93

regn-dusk 1, 357
ren 2, 512
revel 2, 500
rī altgutn. 2, 521
ria 2, 521
ringa 2, 556
rocken 2, 532
rotabagge 2, 552
rubank 2, 542
rusa 2, 552, 558
ryssja 2, 559

sarv 2, 697
saula 3, 43
sik 2, 621
sild aschwed. 2, 607
sill 2, 607
skadda 3, 407
skallra 1, 572
skata 2, 634
skåd 3, 407
skål 3, 404
skär 3, 442, 449
sked 2, 53; 3, 518
skeppund 1, 79
skörd 2, 638
skrocka 1, 623
slada 2, 659
slunt 3, 410
smacka 2, 670

små 3, 414
småtting 3, 414
snäcka 3, 417
søfnhús aschwed.
3, 418
sømnhûs aschwed.
3, 346, 418
spjälk 2, 331
sporre 3, 427
stang aschwed. 3, 36
staver 3, 16
stick 3, 432
stint 2, 681
stol aschwed. 3, 34
streke 3, 13, 24
sur ved 3, 58
susa 3, 59

tagel 1, 297
thökn aschwed.
3, 157
tjäder 3, 101
toffel 3, 158
tomt 1, 361
torg 3, 123
tölp 3, 164
trampa 3, 140
trast 1, 372
träda 2, 313
träde 2, 313; 3, 116
tulubb 3, 150, 151
tung 3, 167

ul 1, 397

vad 2, 207
vallmo 2, 89
vante 1, 233
verpa aschwed.
1, 227
vese 1, 195
vrida 2, 559
vridstång 2, 559
værple aschwed.
1, 227
yda, yta 1, 242
yte 1, 242

d. Norwegisch

aat 3, 482
aul 3, 181

barder 1, 55
baus 1, 156

bekra 1, 160
biarkey anorw. 1, 79

bøysa	1, 159	kjōre	1, 433	rŷsa	1, 191
brisk	1, 121	kjúka	1, 317, 319	rŷse	1, 191
brisken	1, 121	klabb	1, 600	seid	2, 568
brûse	1, 129	kleina	1, 273	sige	3, 55
buldre	1, 105	kli	1, 273	sîka	3, 55
bura	1, 151	klyse	1, 276	sil	2, 607
buse	1, 159	knabbe	1, 292	skata	2, 634
but	1, 154	korp	1, 308	skaut	2, 655
		korpa	1, 308	skjaa	2, 637
dorg	1, 364	køyr	1, 433	skolp	3, 250
drag	1, 371	kropp	1, 667	skramp	3, 275
dragen	1, 369	kufta	1, 647	skrukke	1, 623
dreng	1, 374	kukle	1, 319	skrumpa	3, 275
duskregn	1, 357	kumla	1, 428	slad(e)	2, 659
dust	1, 357	kunt	1, 79	slatr	2, 664
dysja	1, 357	kûra	1, 700	sletta	2, 664
		kvabbe	3, 514	sludd	2, 665
f(j)usa	2, 475	kvarv	1, 185	slutr	2, 665
flus	2, 378			smokla	3, 416
flustr	2, 378	ladd	2, 18	smolla	3, 196
föyrast	2, 474	lakka	2, 35	smulla	3, 196
føysa	2, 470, 475	las	2, 20	smusla	3, 196
		liga	2, 41	søyla	3, 43
gand, gann	1, 410	losta	2, 71	spraka	2, 454
geipa	1, 454	lund	2, 81	sterra	3, 22
gjørs	1, 420			sterren	3, 22
gletta	1, 278	meis	2, 127	stinta	2, 681
glindra	1, 278	meisk	2, 123	stor, storna	3, 12
glîpa	1, 274	mussel	2, 181	strak	3, 28
glōsa	1, 271	mute	2, 185		
gløsa	1, 271	myte	2, 185	tam	3, 173
gnit	1, 280			tîta	3, 103
		narhval	2, 198	titta	3, 108
hagr	1, 648	navnlig	1, 480	toffel	3, 158
harr	3, 231	norve	2, 198		
hasp	1, 641			ul	1, 397
hempa	2, 640	olda	2, 52	ulka	2, 266
heppen	1, 584	olle	2, 52		
hork	1, 623; 2, 698	øykt	3, 194	vama	1, 291
hurkl	1, 623			vamra	1, 291
hurpe	1, 629	pram	2, 52	veis	1, 195, 208
hylster	2, 265			veisa	2, 208
		rein	2, 512	verma	1, 601
kams	1, 291	revle	2, 500	vîs	1, 208
kavring	1, 586	rossmål	2, 538	vise	1, 204
keis	1, 426	rotskær	2, 541	vîse	1, 195, 208
keiv	1, 412	rûsa	2, 559	vottar	1, 233

e. Dänisch

aalde	2, 52	barder	1, 55	bold	1, 142
Ær	3, 479	birk	1, 87	budk adän.	1, 146

Dänisch, Isländisch, Althochdeutsch

but	1, 112	kofte	1, 647	røs, røse	1, 673
		kurv	1, 636	rubänk	2, 542
enke	1, 484			rynke	1, 675
		lab	2, 13		
faar	2, 426	lung	2, 65	sig adän.	2, 621
filt	2, 399			skurv	2, 179
		mur	2, 179	sky	3, 451
galle	2, 195			slud	2, 665
gimmerlam	1, 456	olde	2, 52	spand	2, 711
glippe	1, 274			staver	3, 16
		pisse	2, 360	stint	2, 681
hane	1, 701	pude	1, 93		
				toffel	3, 158
kaus	1, 679	rappe	2, 536	torv	3, 123
kilde	1, 601	rende	2, 556	tung	3, 167
kirke	1, 561	revel adän.	2, 500		
klaffe	1, 568	rinde	2, 556	yde	1, 243
klene	1, 273	ros	2, 560		

f. Isländisch

baukr	1, 138	herpast	1, 629	korpa	1, 294
beit	1, 83	hnissa	1, 279		
beyki	1, 100, 138		3, 513	lóða	2, 36
beykir	1, 138	hrygla	1, 670		
		hvóma	2, 283	patti	1, 112; 3, 512
gnit	1, 280				
		klakkr	1, 602	sludda	2, 665
harpa	1, 629	kopa	1, 267		

g. Althochdeutsch

abuh	2, 270	āno „ohne"	1, 225	bâbes	2, 312
âdara	2, 208	anut	3, 193	bad	1, 52
affo	2, 271	apful	3, 476	bâga	1, 39
ahil	2, 281	ar(a)beit	2, 480	bah	1, 36, 101, 133
ahorn	3, 478	ar(a)m	2, 490	bahhan	1, 36, 37, 38
ahsa	2, 288	aran	2, 281	bâhen	1, 52
albiȝ	2, 22	armaherzî	2, 134	balo	1, 105
alwâri	1, 69		3, 518	bar	1, 111
ambahti	3, 476	arn	2, 281	bara	1, 332, 435
ambar	3, 169	aro	2, 276	bâra	2, 101
ampfaro	2, 267	art	2, 274	barbo	1, 55
amprî	3, 169	ārunti	2, 278, 279	barh	1, 108
ana „Großmutter"		aruzi	1, 27	baro	1, 57
	1, 211	âs	3, 495	bart	1, 109
anabôȝ	2, 195	asca	1, 488; 2, 257	barta	1, 116
angar	3, 172	asni	2, 284	barug	1, 108
ango	3, 180	aspa	2, 282	bëhhâri	1, 71, 155
angul	3, 180	ā-wahst	3, 475		2, 327
ano „Ahne"	1, 211	aȝ	1, 407	beitten	1, 68

636 Germanisch

beraht	1, 78	bumiʒ	2, 333	enenchelī	1, 211
berg	1, 76	buoh	1, 140	ëner obcrd.	2, 268
bergan	1, 76	buohha	1, 138, 139	erila	2, 266
berjan	1, 110	burolang	1, 139	ernust	2, 496
bëro	1, 97	burst	1, 109, 111	erpf	2, 560
bersich	1, 81	bûtil	2, 330	etar	2, 256
betti	1, 99	butin	1, 100	ewist	2, 444
bîa	2, 471			eʒʒan	2, 398
bibar	1, 67, 97	c, ch siehe unter k		fagar	1, 37
bibên	1, 115			fah	2, 301
bîhal	1, 88	dah	2, 286	fâhan	2, 301
bîl	1, 88	dehsala	3, 99, 100	fâli	2, 396
bilidi	1, 92	deisk	3, 105	falo	2, 395
bilih	1, 72	deismo	3, 100	falzan	2, 399
bilisa	1, 72	demar	3, 92, 162	fana	2, 272
bini	2, 471	denen	3, 68	fandôn	2, 469
birihha	1, 77	dewen	3, 84	fangan	2, 301
bisamo	2, 355	dîhsala	3, 148, 166	fantôn	2, 461
bitelban	1, 359	dili	3, 110	far	1, 241, 442
biutta	1, 95	dilla	2, 418; 3, 110	far(a)h	2, 409
biwarôn	3, 499	dinstar	3, 162	faran	2, 409
blaha	2, 367	diuten	2, 296	farm	2, 409
blantan	1, 95	dofta	1, 366	farn	2, 313, 343
blâsa	1, 90	doh	3, 111	farro	1, 241, 442
blâsan	1, 90; 3, 512	dola	3, 150	farwâʒan	1, 163
bleh	1, 92	dolên	3, 90	fasa	2, 320
bleih	1, 92	donar	3, 157	fasel	2, 326
bleiʒa	1, 91	dorf	3, 96, 97	faso	2, 320, 414
blentan	1, 95	douwen	3, 84	fastên	2, 416
blint	1, 97	drâhsil	3, 125	fasto	2, 415
blôʒen	2, 366	drât	3, 367	faturëo	3, 29
bodam	1, 135	drawa	3, 131	faʒʒôn	2, 405
borgên	1, 76	drôa	3, 131	fëdara	2, 343
borôn	1, 109, 110	dûhen	3, 109, 160	fêh	2, 347, 348, 360
	145, 146	dunni	3, 119	feihhan	2, 329
borto	1, 75; 3, 511	dweran	3, 85	feim	2, 334
bôsi	1, 156			fel „Fell"	2, 332
botaha	1, 114	ebur	1, 183	fëld	2, 391
bôʒʒan	2, 195	egida	2, 262	fëlga	2, 396
bräwa	1, 124	ei	3, 486	fenna	2, 470; 3, 210
brittil	1, 123	eigan	1, 491	fërala	1, 79
brort	1, 125	einag	1, 483	Fergunna	2, 338
brosma	1, 126	eiscôn	1, 488	ferzan	2, 337
	3, 512	eitar	2, 209; 3, 482	festi	2, 416
brucka	1, 119	eiʒ	2, 209; 3, 482, 483	feʒʒil	2, 349
brûn	1, 97, 125, 128	ëlaho	2, 61	fîfaltra	2, 340
brunia	1, 126; 3, 512	elina	1, 396; 2, 12, 55	fîga	2, 354; 3, 207
bruoh	1, 131	elira	2, 266	fihu	2, 347
bûan	1, 159	elmboum	1, 478	fîla	2, 356
bûh	1, 114	elo, elawêr	1, 395	filz	2, 399
buhsa	2, 471		397; 2, 61, 264	fimf	2, 479
bûlla	1, 142		266		

fimfto	2, 479	gatuling	1, 284	hahhul	3, 333
fincho	2, 334, 354	gawîhan	1, 282	hako	1, 588
fiordo	3, 331	geil	1, 452	hal(a)m	2, 692
fîratac	2, 359	geinôn	1, 456	halftra	3, 300
first	2, 344	gëllan	1, 253	halôn	1, 512, 597
fiur, fuir	2, 473, 474	gëlo	1, 414	hamal	1, 609
flado	2, 709	geltan	1, 415	hamar	1, 514
flah	2, 366, 367, 374	gern	1, 443	hamf	2, 655
	375	gers	1, 297	hamustro	3, 260
flaska, flasca	2, 374	gerta	1, 419	hanaf	1, 615
	375	geswîo	2, 591	hangên	1, 709
flawen	2, 377	gi-feʒʒan	2, 300	hansa	3, 279
flëc	2, 377	gigat	1, 284	hantag	1, 703
flëccho	2, 377	gikewen	1, 282	har(a)m	2, 700
flêch	2, 367	gilingan	2, 25	harmo	1, 297; 2, 615
flëhtan	2, 371	gimunt	2, 308	hasan	2, 702
flewen	2, 377	ginên	1, 456	haso	2, 701
flins	2, 373	gisig	2, 622	hechit	1, 588
floccho	1, 571	giscëhan	2, 641	heffan	3, 302
fluohhôn	2, 365	gismac	2, 670	hegga	1, 651
fogat	3, 213	gi-swerc	2, 586	heigir	3, 299
fochenza	1, 113	gi-swîo	2, 587	heil	3, 287, 288
folk	2, 394	gît	1, 413	heilên	3, 287
folma	2, 305	giwên	1, 451	heim	2, 609
forhana	2, 443	gizengi	1, 378	hecka, hegga	1, 651
fowen	2, 465	glas	1, 271	hëlan	3, 258, 263
frâga	2, 442	glat	1, 271	helid	3, 313
frâgên	2, 442	glau	1, 276	hellan	1, 602
frisc	2, 430	glîtan	1, 272, 274	hëlm	1, 397; 3, 388
friudil	2, 436	gliʒʒan	1, 278	hemera	3, 315
friunt	2, 436	gneista	1, 280	heppa	1, 621
frosk	2, 452	gnîtan	1, 280	hêr	2, 617
fruma	2, 455	gōrag	1, 434	herbist	3, 327
fruo „früh"	2, 423	gotawebbi	1, 284	hërd	1, 654; 3, 322
fuhs	2, 470	goufana	1, 281	hërdar	3, 324
fullida	2, 394	gouh	1, 451	hërdo	3, 319
fuoga	2, 301	grab	1, 309	heri	1, 621
fuolen	2, 305	gram	1, 310	herizogo	1, 213
fuotar	2, 322, 324	grana	1, 304	herti	1, 636
furt	2, 316	gras	1, 310	hewi	1, 587
fûst	2, 477	grim	1, 306	hinkan	3, 364, 385
		grimmi	1, 306	hirni-rëba	2, 500
gabala	2, 252	grindil, grintil	1, 315	hiruʒ	1, 630
gahabēn	2, 294	grioʒ	1, 312	hiufan	2, 628
gâhi	1, 250	grob	1, 312	hiufo	3, 400
galan	1, 254	gruoba	1, 309	hiuru	2, 602
galla	1, 416	gruʒʒi	1, 312	hiutu	2, 602
galwei	1, 285	guot	1, 284	hiuwilôn	2, 685
ganeheista	1, 280			hîwo	2, 414, 609
gans	1, 324	habuh	1, 582, 618	hladan	1, 565
gart „Stachel"	1, 419	hadu-	1, 646	hlahhan	
gaskeiti	1, 82	hahsa	1, 640	hlamôn	

Germanisch

(h)lanca	1, 577	hûs	3, 240	kërno	1, 454
hleinan	1, 572	hûso	1, 199	kërran	1, 434
hliuning	1, 566	hût	1, 705	kien, chien	2, 702
hlosên	2, 667, 668	hûwo	2, 685	kind	3, 299
hlôʒ	1, 574	hwaʒ „was"	1, 676	kirihha, chirihha	
hlût	1, 667	hwaʒ „scharf"	3, 235		3, 290
(h)napf	1, 614	hwëdar	1, 646	kirkô	3, 290
hnël	1, 581	hwerban	1, 227	kiuwan	1, 413
(h)niʒ	1, 280	hwërfan	2, 589	klâftra 1, 274; 2, 252	
hovar	1, 695	hwîla	3, 236	klënan	1, 273
hol	3, 314	(h)wispalôn	2, 591	kleta, kletta	1, 274
hôla	1, 556	hwîʒ	2, 591	klioban 1, 276, 277	
holuntar	1, 509			chlobolouch	3, 330
holz	1, 601	igil	1, 392	klūbôn	1, 276, 277
hôna	1, 258	ilgi	2, 9	kluft	1, 276, 277
hornaʒ	3, 394	in-grûên	3, 172	knappo, chnappo	
hornung	2, 614	ir „er"	1, 472		2, 197
hornuʒ	3, 394	irah	1, 487	knebil	1, 292
horo	2, 697	ir-grûwisôn	3, 172	knetan	1, 280
horst	3, 237	irknâan	1, 458	kniu	1, 448
hosa	3, 254	irrotên	2, 499	kochôn	1, 707
hosc	2, 440	it- „wieder"	2, 289	kocko, kohho	1, 648
houf	1, 694	ita-ruchjan	2, 554	kolo, kol 1, 255, 286	
houuespranca,		îwa	1, 467		460
howepranca	2, 450			korb, korba	1, 629
houwan	1, 584	jëhan	1, 476	kozzo, chozzo	1, 542
(h)rama 1, 666, 667		juh	1, 469		647, 648
	2, 652			chragil	1, 303
hrëf	3, 319	kā „cornix"	1, 248	kragilôn 1, 303, 311	
hregil	1, 668		3, 299	krahhôn	1, 311
hretten	1, 669	kaha	1, 497	krâjan	1, 305
hring	1, 670	kalo	1, 289	krampf, krampfo	
(h)rô	1, 665	calua	1, 286		1, 312
(h)rosa	1, 669	kamb	1, 463	kranuh	1, 434
(h)roso	1, 498	kapuʒ, chapuʒ 1, 524		chriehboum	1, 314
hross	2, 279	kara	1, 533	krimfan	1, 312
hruoh	1, 654	karal	1, 533	krimman	1, 310
hruom	1, 656	karda	1, 530	chrismo	1, 663
(h)rusten	1, 668	karling	1, 627	krist, christ	1, 661
hûfo	1, 694	karmala abair. 1, 655		christjâni	1, 662
humbal 1, 607; 3, 415		karpfo, karpo 1, 535		chriuz, krûzi	1, 662
huntari	3, 20, 280		632		672
huntespere	2, 457	kastël	1, 641	chrota	1, 668
huof 1, 584, 621		kawâti, gawâti 1, 496		chrûzi	1, 672
huolian	3, 278	kebis(a)	3, 332	kuhhina, kuchīna	
huon	1, 520	kegil	1, 414		1, 708
huora 1, 698; 3, 310		chëch	1, 422	kûma	1, 282
huosto, hwuosto		këla	1, 417	kumîn	3, 110
	1, 544	kelih, chelih	1, 510	kuni	1, 581
			549	kuning	1, 581
		cheminâta	1, 609	kuningilîn	1, 631
		kërfan	1, 419	chuo	1, 283

Althochdeutsch

kuofa	1, 676, 707, 708	
kurn, curn	1, 421	
kursina	1, 626	
kutina	1, 321, 547	
quâla	1, 409, 410	
quec	1, 422	
quëlan	1, 409, 410	
kverna, querna	1, 421	
qvësta	1, 263; 3, 238	
quiti	1, 262	
laffa	1, 32, 58	
laffan	2, 50	
lâga	2, 4	
lahha	2, 56	
lahs	2, 61	
lam	2, 10, 56	
last	1, 565	
latta	2, 62	
lebên	2, 77	
lecchôn	2, 40	
lefs	2, 50	
leggan	2, 53	
leih	2, 41	
leimo	2, 8	
leist	2, 37	
leitara	1, 569	
lentî	2, 81	
letto	2, 19, 61	
lëwo	2, 23	
liehsen	2, 69	
ligg(i)u	2, 26	
lîhan	2, 48, 264	
lihhazari	2, 49	
lîm	2, 8	
linsî	2, 84	
linta	2, 71	
liob	2, 77	
liogan „lügen"	2, 21	
liohhan	2, 67	
lîra	2, 556	
list	2, 35	
liut	2, 78	
lô „Gerberlohe"	2, 75	
lob	2, 77	
lodo	2, 66	
lôh „Lichtung"	2, 65	
lôn	2, 51	
lota „Schößling"	2, 52	
loub	2, 70	
louba	2, 64	

louft „Rinde"	2, 64	
	70	
lougenen	2, 291	
lougna	2, 291	
louh	2, 67	
ludo	2, 66	
lugî	2, 21, 38	
luhs	2, 557	
lungar	2, 25, 80	
luof	2, 50	
luog	2, 3	
luomi	2, 10	
magar	2, 146	
mago	2, 167	
mâgo	2, 89	
mahal	2, 91	
mâho	2, 89	
mahhôn	2, 87, 129	
maht	2, 167	
mâl	2, 86, 91	
mâlkona	2, 91	
	3, 518	
mâlwîp	2, 91	
mana	2, 154	
manag	2, 143	
mara	1, 556, 652	
marag	2, 146	
mâri	1, 209; 2, 118	
mâsa	2, 146	
masar	2, 146	
mâsca	2, 87, 133	
	3, 518	
mast	2, 163	
mâʒa	2, 118	
medela	2, 165	
mein „falsch"	2, 96	
	117	
meinen	2, 143	
meisa „Tragkorb"	2, 127	
meiʒan	2, 126	
meldôn	2, 149	
melo	2, 114	
mendan, mendiu		
	2, 169	
mendī	2, 169	
mengen	2, 171, 187	
menni	2, 154	
meri	2, 158	
mëtu	2, 110	
mëʒʒan	2, 118	

mëʒʒôn	2, 114	
mîdan	2, 136	
mieta	2, 131	
milchu, mëlchan		
	2, 151	
mios	2, 166, 170	
miscan	2, 123	
misse-	2, 125	
mitti	2, 112	
molawên	2, 153	
mor(a)ha	2, 158	
morgan	2, 122, 159	
mos	2, 166	
mucka	2, 167	
mulîn	2, 142	
muljan	2, 149, 172	
mullen	2, 149, 172	
	3, 518	
munih	2, 143	
munistûri	2, 154	
muniwa	2, 117, 173	
muntar	2, 169	
muodi	2, 108	
muoen	2, 108	
muohî	2, 108	
muor	2, 158	
muot	2, 673	
muoter	2, 106	
Murga	2, 146, 170	
murg-fari	2, 159	
murmulôn	2, 159	
murmurôn	2, 159	
mûs	2, 186	
muscula	2, 181	
mûta	2, 185	
mûtâri	2, 185	
mûʒʒôn	2, 186	
nabagêr	2, 197	
nagal	2, 224, 225	
nahho	2, 229	
nâjan	2, 222	
narwa	2, 214	
nasa	2, 228	
nëbul	2, 205	
nëvo	2, 215	
neiman	2, 212	
nëst	1, 279	
nestila	2, 242	
nî	2, 218	
nidar	2, 219, 220, 222	
niet	2, 230	

Germanisch

nift	2, 215	rëf	1, 629	samo	2, 573
niosan	2, 234	rëhhanôn	1, 116	sâmo	2, 609
niot	2, 230	rein „Rain"	2, 512	sant	3, 39
niun	1, 335	reisa	2, 517	sarf	2, 616
niusen	2, 234	rennan	2, 535	satal, satul	2, 601
niuwi	2, 223	rëpahuon	2, 561	sëga	2, 285, 603, 604
nôt	2, 192	retih	2, 504	sëgansa	2, 604
nôʒ	2, 232	ribbi	2, 500	sëh	2, 604
nu	2, 223, 232	rîdan	2, 541, 559	sëhstâri	3, 394
nuosk	2, 229	rîga	2, 505, 508	seichen	3, 55
		rîhan	2, 519	seid	2, 619, 624
obaʒ	2, 250	rîhhi	2, 518	seifa	2, 569
ô-heim	3, 178	rîna	2, 557	seil	2, 624
olei	2, 263	rinnan	2, 535	sellen	3, 43
organa	1, 170	rioʒan	2, 555	sêo	2, 600
ost(a)ra	3, 195	rippi	2, 500	sêr	2, 619
ottar	1, 239	rîsan	2, 563	seʒʒal	2, 601
ou	2, 251	riso	1, 188	sîd „seit"	2, 619
ô-wê	2, 236	riumo	2, 510	sîda	3, 397
		rîʒʒan	2, 524	sîgan	2, 622; 3, 55
pâpes	2, 312	rofazzen	2, 557	sîhan	3, 55
papilboum	3, 121	rogo	1, 674	silabar	2, 613
pëh	2, 330	rohôn	2, 560	silecho	3, 387
pëhhâri	1, 155; 2, 327	römisk	2, 522	silo	3, 411
pfaffo	2, 405	rôr	2, 527	sinnan „reisen"	3, 379
pfâl	2, 306, 307	rosamo	2, 538	sintar	3, 63
pfanna	2, 310	rôsc	2, 552	sipp(e)a	2, 284, 599
pfëffar	2, 341	rost	2, 520	siula	3, 398
pfenning	2, 336	rôt	2, 504	siuwan	3, 402
pfîfa	2, 358	roub	2, 548	scado	3, 407
pfistūr	2, 322	ruhen	2, 555	skaft	1, 522; 3, 448
pflâster	2, 366	rûm	2, 526	scala	2, 631, 643
pfluog	2, 376	ruoba „Rübe"	2, 512	scalm	3, 311
pfuol	1, 47, 104	ruohha	2, 498	scaltan	1, 603
piligrîm	2, 357	ruota	2, 495	scamal	2, 632
pilih	2, 400	rûp(p)a	2, 554	scarbôn	2, 633
pîna	2, 336	rûsa, rûssa	1, 191	scarf	2, 648
plôʒan	2, 366		2, 559	scartî	2, 283
praht	1, 122			scart-îsan	2, 640
proʒ	1, 127	sâen	2, 620	scaz	2, 649
pumiʒ	2, 333	saf	2, 589, 702	sceidôn	2, 53
		saga	2, 285, 603, 604	scellan	2, 642
qu- siehe unter kw-		sagên	2, 688, 705	scëltan	1, 603
		sahs	2, 704	scëran	2, 645; 3, 304
râba „Rübe"	2, 513	sahso	2, 582		317, 450, 502
rad	2, 244	sal	2, 606	scerf	2, 633
rado	2, 516	sala	2, 426	scërm	3, 263
râvo	2, 513	sal(a)ha	2, 693	scîba	2, 637
rahhinza	2, 516	salawêr	2, 691	scif	1, 412; 3, 365
ramft	2, 542	sâlig	3, 43	scivaro	2, 637
rant(t)	2, 542	salo	2, 691	sciluf	1, 597
rarta	1, 294	sambaʒtag	3, 37	scindula	2, 653

Althochdeutsch

scintan	2, 653	sparro	2, 341	stûri	3, 36
scioban	2, 653	spëhôn	2, 323	sturio	2, 282
scioʒan	1, 555; 2, 686	speihha	2, 708	sû	2, 593
scirbi	2, 646; 3, 323 449	spinnan	2, 272	sûfan	2, 701
		spinula	2, 708	sûgan	2, 687, 701
scirm	3, 263	spottôn	2, 711	sûl	3, 435
scirmen	1, 627	springa	2, 450, 454	sunna	2, 690
sciuhen	3, 361, 453	springan	2, 408, 450 3, 520	sunu	3, 57
scoub	1, 562; 3, 349 356			suohha	2, 704
		spuon	2, 707	suohhan	3, 434
scouwôn	3, 253, 361	spuot	2, 707	sûr	1, 433; 3, 58
screi	2, 651	spurnan	2, 474	sûsan, sûsôn	3, 50, 51 59
screnkan	2, 652	stadal	3, 17		
scrîan	2, 651; 3, 272	stahhula	3, 8	swâgur	2, 597
scrîni	2, 651	stam	3, 3	swalawa	2, 691
scrintan	3, 275	stampf	3, 35	swamb	1, 316
scrôtan	2, 652; 3, 274	stampfôn	3, 35	swan(a)	1, 449
scrunta	3, 275	stân	3, 4, 5, 21	swâr	2, 280
skultarra	3, 345	stantar spätahd. 3, 405		swarm	2, 593
scûr	2, 600			swëbal	1, 433
scûra	2, 637	stapfo	3, 11	swëfal	1, 433
scurt	2, 638	starên	3, 5	swëhur	2, 588
scutten	2, 638	stat	3, 6	sweifan	2, 396
slaf	2, 656	stëg	3, 9	swëllan	3, 235
slah	2, 4, 54, 340	stëchal	3, 9	swëran	2, 589; 3, 237
slango	2, 666, 669	stechen	3, 8	swërban	2, 589
slêha	2, 660	steiga	3, 9	swerian	2, 586
slîhhan	2, 660, 661	stërban	3, 12	swëro	2, 589
slingan	2, 666, 669	sterbo	3, 12	swërt	2, 589
slîo	2, 43	stih	3, 8	swigur	2, 588
sliofan	2, 74	stilli	3, 90, 115	swîhhôn	2, 592
slioʒan	1, 576	stioban	1, 473	swintan	1, 245
slito	2, 658	stir	3, 452	swîo	2, 596
sluʒʒil	1, 576	stirna	3, 20		
smal	1, 216; 2, 92	storah	3, 13	tâen	1, 358
smëro	2, 672; 3, 414	strach	3, 127	tal	1, 358
smërza	2, 671	stracken	3, 23	tanna	1, 377
smid	2, 111	strâla	3, 25	tapfar	1, 332, 356
smîda	2, 111	strëdan	3, 23	tasca	3, 84
smîʒan	2, 671	strîhhan	3, 24, 27	tât	1, 348
snîwit	2, 680	strît	3, 27	tebelus	2, 685
snuaba	2, 682	strôm, stroum	2, 416 3, 31	teil	1, 337
snur „Schwiegertochter"	2, 682			teilen	1, 337
		strûbên	3, 30, 32	tënar	2, 6
sorga	2, 698	strûʒ	3, 32	theisk	3, 105
soum „Last"	3, 44	stuba	1, 473	theismo	3, 100
spaltan	2, 306, 393 398	stûda	3, 34	thurst	3, 96
		stumbal	3, 153	thwëran	3, 85
spân	2, 53	stumpf	3, 153	thwesben	3, 130
spanna	2, 476	stuof(f)a	3, 11	thwiril	3, 85
spannan	2, 272, 461	stuot	3, 2	tior	1, 383
sparo	3, 423	stur	3, 452	tirnpauma	1, 342

Vasmer, Russ. etymol. Wörterbuch

tisc	1, 365	wackar	1, 196	wintbrâwa	3, 190
tou	1, 331	wala „Wahl"	1, 224	wîr, wir „wir"	1, 176
toum	1, 385	walah	1, 222		2, 183
touwen	1, 326	wald	1, 222	wisa	1, 208
trebir	1, 370	walh	1, 222	wisk	1, 195, 199
trestir	1, 371	walchan	1, 220	wîso	1, 239
trîban	3, 131	wallan	1, 165	wisula	1, 192
triogan	1, 372	walm	1, 218	wisunt	1, 463
troc	1, 369	wanga	2, 12	witu-fîna	2, 335
truha	3, 143	wâr	1, 184	wituwa	1, 175
truht, trucht	1, 373	wara „Aufmerksam-		wiʒʒan	1, 176
truhtîn	1, 373	keit"	3, 499	wiʒʒôd	1, 236
trumba	3, 142	wâra „Treue"	1, 184	wolchan, wolkan	
truoban	1, 370	warf „Anfang"	1, 227		1, 217, 219
truosana	1, 376	warôn	1, 171	wulpa	1, 223
tûhhan	1, 384	warza	1, 186	wuolên	1, 165
tulli	3, 151	waʒ	3, 235	wuorî	3, 512
tunst	1, 381	waʒʒar	1, 212	wurgen	1, 188, 585
tuolla	1, 358	wê „Wehe, Schmerz"			2, 299; 3, 513, 519
tuôn	1, 347		1, 161		
turi	1, 330	wëban	1, 176; 2, 280	za „zu"	1, 355
		weggen	1, 215	zala	2, 6
ua-wahst	3, 475	weibôn	1, 204	zarga, zarge	2, 386
ûf	1, 214, 242	weida	1, 215; 2, 381		3, 80
ûfo, ûvo	1, 226, 240	wëlc	1, 217	zëhan	1, 346
umbi	2, 236	wëlla	1, 218	zëhanto	1, 346
unholdo	2, 213	wëllan	1, 218	zeihhur	1, 333
unc „Schlange"		wërban	2, 589	zëlt	2, 6
	3, 172, 175	wërran	1, 230	zëran	1, 344
uo-qëmo	3, 475	wëtar	1, 177	zëso	1, 346
ur-knât	1, 458	wibil	1, 176	ziga	1, 352, 590
ûtar	1, 240	wîda	1, 193, 194	zimbar	1, 377
	3, 174		205	Ziu	1, 351
ûwila	1, 242	widamo, widemo,		zobel	2, 685
ûʒ	1, 225, 238	widomo	1, 183	zopf	1, 384
ûʒana	1, 225	wîgan	1, 179	zubar	3, 286
		wîhhan	1, 331	zûn	3, 57, 161
wado	3, 173	wihôn	1, 199	zunga	3, 485
wafsa	2, 280	wîhsila	1, 208	zuo	1, 355, 680
wâga	1, 162	wiht	1, 196	zur-	1, 357
wagan-leisa	2, 37	wîch	1, 206	zurba	1, 340
wahs	1, 231	wîn	1, 202	zwangan	1, 331
wahsan	2, 250	wîngart(o)	1, 202	zwibar	3, 286

h. Langobardisch

lagi   2, 80

i. Mittelhochdeutsch

abelouf	2, 240	bähen	1, 52	ban	1, 51
anken	3, 501	balla	1, 48	bar	1, 436

Mittelhochdeutsch

barchât	1, 57	dîhsel	1, 386	habich	1, 582
bars	1, 420	diuten	2, 296	hac	1, 651
beneimen	2, 212	drât	1, 367, 372	hader	1, 646
be-nuomen	1, 480	drôʒ	3, 143	hagen	1, 648
bern „schlagen"		dûs	3, 148	hake	1, 252
	1, 110	dwâs	1, 332	hare	2, 611
beʒʒerunge	1, 59			häre	3, 262
bicke	1, 37	ebich	2, 270	harewer	2, 611
bilch	2, 400	ei	3, 457	harm, harme	2, 615
bîse	1, 84	erbe	1, 266	harsch	1, 260
biuchen	1, 139	erende	2, 278	harst	1, 260
biule	1, 141, 142	ërnest	2, 496	hart	1, 636
biutel	2, 330	erwürgen	1, 188	härwer	3, 262
blas „schwach"		ëtter	2, 256	harz	1, 260
	2, 375			hatele	1, 645
blæjen	1, 92	f — siehe v		hâʒ	3, 379
bluost	1, 96			hæʒe	3, 379
bole	1, 101	gâgen	1, 249, 283	hehse	1, 640
bort	1, 74	gâgern	1, 249	heiger	3, 299
	3, 511	galle	1, 255	hel „matt"	1, 599
botech, boteche		galm	1, 255	heppe	1, 621
„Bottich"	1, 114	galmen	1, 255	heswe	2, 702
	146	galvei	1, 285	hiefe	3, 400
braht	1, 122	garst	1, 298	hirʒ	1, 487
braten	3, 512	gat	1, 539	hiulen	2, 685
brëhen	1, 120	(ge)gate	1, 284	hiuweln	2, 685
brëm	1, 57	gehiure	3, 357	hiuʒe	1, 681; 2, 440
	2, 244	gël	1, 268; 3, 513	holuntër	1, 509
brëmen	2, 244	geleise	2, 37	hopfen	1, 559
briustern	1, 131	gël(p)fen	1, 604	hövesch	1, 332
brosem	1, 127	gelte	1, 416	hûchen	3, 280
broʒ	1, 127	gelücke	2, 667	hûfe	3, 195
brüeje	1, 116	gerte	1, 419	hulst	3, 258
brûnât	1, 148	geschëhen	2, 641	hummen	1, 607
brûsche	1, 131	geschirre	3, 422	huofnagel	3, 280
bruʒʒi	2, 451	gesmac(h)	2, 670	huore	1, 698
bûchen	1, 156	gewæte	1, 496	hupfen	1, 559
buldern	1, 105	gît	1, 413	hûr	3, 240
bunge	1, 467	glanz	1, 278	hurm	1, 322
buntschuoch	2, 311	glâr	1, 271	hurt	1, 322
buobe	1, 34	glarrouge	1, 271	hûste	1, 704
buode	1, 136	glîfen	1, 274		
burdûn	1, 75	glinzen	1, 278	iezuo	2, 389
bûs	1, 156	glipfen	1, 274	ilme	1, 478
bûsen	1, 152, 156	grabære	1, 302	ingewër, imbër	1, 479
bütenære	1, 106	grât	1, 311	irch	1, 487
bûze	1, 156	griusen	3, 172		
		grüen	3, 172	jân	1, 392
dampf	1, 354, 383	gruose	1, 310	jiuch	1, 470, 2, 239
	3, 514	grûsen	3, 172	joppe	3, 466
dank	1, 387	grûwen	3, 172	jû, jûch	3, 468
dëhsen	3, 99	gugele	1, 680	juppe	3, 466

41*

Germanisch

kaldûne	1, 597	
kalzen	1, 286	
kanne	1, 614	
kappûʒ	1, 524	
karaʒ	1, 528	
Karl	1, 533	
kawërzîn	1, 498	
kegel	1, 653; 2, 650	
kelich	1, 510	
kelzen	1, 286	
kem(e)nâte	1, 609	
kërben	1, 529	
kerlinge	1, 627	
kës	1, 421	
kirmësse	1, 561	
kiuwen	1, 413, 414	
klac	1, 576	
klam	1, 429, 576	
klieben	3, 330	
klimmen	1, 576	
klôʒ	1, 276, 569	
knote	1, 281, 580	
knoufel	1, 578	
kobel	1, 495	
kocke	1, 648	
koller	1, 585	
kolter	1, 605	
koppel	1, 582	
korduwân	1, 624	
kotze	1, 647, 648	
krâm	1, 655	
krâmer	1, 655	
kringel	1, 659	
crisme	1, 663	
kristen, kristenen	1, 662	
krûka fränk.	1, 674	
krûse	1, 670	
kübel	1, 582, 678	
kugel	2, 191	
kûle	1, 690, 2, 262	
kumpost	1, 524	
küniklîn	1, 666	
kuofe	1, 707	
kuofelîn	1, 678	
kürsenære	1, 710	
kurzwîle, kurze wîle	1, 669	
kutel	1, 707	
lade	2, 18, 62	
lachen „Laken"	2, 20	
læge „flach"	2, 6, 26	
lanze	2, 72	
lasche	2, 20, 60	
latte	2, 62	
lecken	2, 35, 80	
liewe „Laube"	3, 246	
lîm	2, 83	
lîre	2, 556	
liute	2, 78	
lulch	2, 29	
luot	1, 565	
mâge	2, 89	
mantel	2, 189	
meisch	2, 113, 123	
metze „Scheffel"	2, 107	
mocke	2, 166	
moder	2, 174	
mugen	2, 186	
mûhen	2, 186	
mûre	2, 177	
mûʒe	2, 186	
müen	2. 108	
müllen	2, 172	
negelkîn	1, 263	
nël	1, 581	
nëst	1, 279	
nun	2, 232	
nuosch	2, 229	
ô	2, 236	
obeʒ	2, 250	
organa	2, 275	
pap	2, 311	
papel	3, 121	
parkân	2, 317	
petersilje	2, 350	
pfanne	2, 310	
pfëffer	2, 341	
pfîfe	2, 358	
pflaster	2, 366	
pfûchen	1, 140	
pilgerîm	2, 357	
probest	2, 437	
quappe	1, 407	
quast	1, 263	
quât	1, 249	
queste	1, 263; 3, 238	
ragen	1, 666	
râm, râme „Ziel"	2, 489	
ram(e) „Stütze"	1, 666, 667	
ranft	2, 542	
rât	2, 481	
râthûs	2, 496	
râʒ	1, 653	
rêb	2, 514	
reif	2, 514	
reiger	1, 664	
reitwagen	2, 555	
retten	2, 495	
rieme	2, 510	
riemer	2, 522	
rîge	2, 505	
rîhe	2, 505, 508	
rinc	2, 557	
rîne	2, 557	
rinne	2, 556	
rîs	2, 523	
risch, risk	2, 524, 557	
rîsen, rîsan	2, 517, 524, 563	
riuten	2, 552	
rîʒen	2, 524	
rohen	2, 555	
rôse	2, 529	
rost	2, 520	
rot „Rost"	2, 520	
rôt	2, 558	
rotte	2, 539	
rude	3, 265	
rüde	3, 265	
rumpf	2, 542	
runge	3, 266	
ruppe	2, 554	
rûsch „Angriff"	2, 552	
rûte	2, 552	
rütten	2, 552	
sage	2, 285	
sal „trübe"	2, 573	
santrocke	3, 373	
sappen	3, 230	
sarph	2, 616	
schaf „Schaff"	3, 405	
schalc	3, 367	
schalcbære	3, 367	
schale	2, 643	

Mittelhochdeutsch

schallbar	3, 367	slac	3, 413	stapfe	3, 19
schalten	1, 603	slag	3, 413	stecken	3, 8
schapël	3, 373	slahte	3, 413	stërben	3, 12
schar	3, 392, 441	slamp	3, 250	stich	3, 432
scharben	3, 378	slappe	3, 412	stîf	2, 708
scharte	2, 640	slich	2, 659	stiure	3, 14
scharwërc	3, 375	sliefen	3, 412	stolle	3, 430
schelfe	3, 389	slîfen	3, 411	störe	2, 282
schenke	3, 399	slingen	2, 666	strac	3, 23, 128
schërbe	2, 646; 3, 449	slîten	2, 658; 3, 246	straf	3, 30
schërmen	3, 438	slôʒ „Schloß"	1, 441	stranc	2, 417
schërz	3, 411	slôʒ, slôʒe „Hagel-		strëben	3, 33
scherze	1, 242; 2, 647	korn"	2, 665	streich	3, 27
schërzel	1, 242	sloʒʒer	2, 660	strîchen	3, 24
schëter	2, 634	slûch	2, 53, 666	strieme	3, 31
schîbe	3, 396	slucken	2, 53	strîtackes	3, 28
schiech	3, 454	smacken	2, 670	strobelëht	3, 32
schiel	2, 654	smalz	2, 670	strûben	3, 32
schillinc	3, 390	smaschîn	2, 678	strûch	3, 31
schîr	3, 452	smasse	2, 678	strunc	3, 31
schirmen	3, 438	smeln	2, 92	strûp	3, 32
schiuhen	3, 361, 454	smiegen	2, 677, 679	stubbe	3, 33
schiun(e)	3, 437	smielen	3, 196, 252	stuofe	3, 11
schiuwen	3, 361	smir(w)en	3, 414	suochen	3, 434
scholder	3, 434	smollen	3, 196	supfen	2, 701
scholderer	3, 434	smouch	2, 677	sûr	1, 433
scholler	3, 434	smougen, sich	2, 677	sürpfeln	2, 612
schollerer	3, 434	snate	3, 414	swenden	1, 245
schopf	3, 349, 420	snuor	3, 417	swër	3, 237
schoube	3, 433	snurren	3, 417	swinden	1, 245
schoup	3, 356	soldenære	1, 415, 429		
schram	1, 659, 666	soum	3, 44	talier	3, 79
schranc	3, 458	spale	3, 423	talken	3, 116
schranz	3, 275	spân	3, 427	tampf	1, 354
schrîen	3, 272	spât	3, 424	tanz	3, 75
schrimpfen	3, 275	spatz	3, 423	tapfer	1, 332
schrinden	3, 275	spëch	3, 425	tarant	3, 77
schrolle	2, 652	spëc(k)	3, 425	tarsche	3, 80
schrûbe	3, 455	spille	3, 426	tartsche	3, 80
schrunde	3, 275	spilman	3, 426	tasche	3, 84
schûbe	3, 433	spîse	3, 424	tattelkorn	3, 81
schûm	3, 436	spor	3, 427	tavele	3, 112
schûren	3, 377	spranz	2, 150	teilen	1, 337
schüren	3, 437	sprengen	2, 451	tiuten	2, 296
seiger	1, 451	sprenzen	2, 450, 455, 456	tobel	1, 382
seite	2, 619			tolmetsche	3, 116
sengen	3, 54	sprieʒen	2, 453	totzen	3, 148
sîde	3, 397	sprinke	2, 450, 454	tou	1, 331
sîhte	3, 63	sprinzen	2, 450	trager	1, 375
silber	2, 613	spunt	3, 407	trap „Trappe"	1, 373
sile	3, 411	spuole	3, 427	trappe, treppe	
sinter	3, 63	stân	3, 21	„Treppe"	1, 375

trëffen	3, 133	vestenunge	3, 86	wihen	1, 199
truhe	3, 143	vewen „sieben"	2, 465	wîhsel	1, 208
tûchen	1, 384	vîge	3, 207	wiht, wicht „Ding"	1, 196
tucken	1, 384	vigilje	3, 207		
tücken	1, 384	filtir fränk.	3, 206	wimmen	1, 291
tüele	1, 358	vîol	3, 207	wirtel	1, 187
tülle	3, 151	vischbein	3, 207	wîsel „Weisel"	1, 239
tuoch	2, 514	visel	2, 326	witewal	1, 469
turm	3, 164	vîst	1, 84; 3, 512	witseze	1, 206
tûs	3, 148	vochen	2, 459		
twâs	1, 332	fochenz, vochenze	1, 113, 155	zëlge	1, 360
ûʒ	1, 238			zendâl	1, 453
		voget	1, 216	zergen	1, 341
val „fahl"	2, 395	vortuoch	3, 202	zibolle	3, 294
valgen	2, 397	vorwërk	3, 214	ziegel	3, 281
valsch	3, 200	vriedel	2, 436	zige	1, 590
valte	2, 397, 398	vrum	2, 455	zil	3, 288
vârîs	3, 203	vuoter	3, 280	zins	3, 340
varm	2, 409			zippeltrit	3, 296
varwe	1, 55	wabelen	1, 176	zîse	3, 337
fasant	1, 38	walch	1, 222	zisemûs	3, 51
vase	2, 320	wate	2, 207	zitze	3, 108
vaser	2, 320	wëlben	3, 313	zol	1, 361
fasôl	3, 203	wër „Wehr"	1, 437	zolle	1, 361
ver-râten	1, 462	wërgëlt	1, 203	zwibolle	3, 294

k. Neuhochdeutsch

Aar	2, 276	Bahre	2, 101	Bauch	2, 462
abhauen	1, 344	Bajazzo	2, 329	bauchen	1, 156
Ablauf	2, 240	Balbahn dial.	1, 102	Baumhauer	1, 388
Abrakadabra	1, 2	Baldrian	1, 151	Bausch	1, 156
Alant	1, 395	Balg	3, 408	bedibbern	2, 485
albern	1, 69	Balken	1, 101	Behemoth	1, 67
allein	2, 255	Ball	1, 48	behend	2, 214
Anbeiß	3, 234	Balleisen	1, 50	Bekesche	1, 71
Angel	3, 190	Band	1, 499; 2, 310	belemmern	2, 11
anschirren	3, 422	Bande	1, 499	Berkan	1, 53
apart	2, 318	Banse	1, 39	berkofski balt.-d.	1, 79
Äsche	3, 486	Bär	1, 80, 111	Bernstein	2, 450
Augenkraut	2, 295	Baracke	1, 494	Beruf	2, 432
Augentrost	2, 295	Barch	2, 408	Beule	1, 93, 141, 143
(aus)kehlen	1, 508	Barchent	1, 57	Beute	1, 95
auswischen	3, 95	Bärenloch	1, 80	Beutel	1, 154
		Barme	1, 56	Bezoar	1, 70
babbeln	1, 44, 435	Bärme	1, 56, 80	biegen	1, 66, 133, 134, 157, 281
Bach	1, 36, 99, 133	Barre	1, 332		2, 239
Bacher	1, 64	Barsch	1, 420	Bielefeld	1, 86; 3, 512
Bagger	1, 37	Barte	1, 76, 116	Bier	2, 354
baggern	1, 36	Bastrock	1, 111	Biese	1, 84
bäh	1, 71, 160	Batzen	1, 65		

Neuhochdeutsch

bieten	1, 135	Dachs	3, 99	Feldmesser	1, 452
Bilme	1, 72	damisch bair.	3, 118	Festung	1, 660
Bims	2, 333	dämlich	3, 118	Fichte	2, 363
Bindseil	1, 74	Dampf 1, 354;	3, 514	finden	2, 469
Bindwagen	1, 74	Darge	1, 364	Finte	3, 210
Birutsche	1, 124	Decke	1, 336	fisten	1, 84; 3, 512
bitter	1, 123	dehnen	3, 93	flau	2, 376
Blahe	2, 367	Diele	1, 385	Fleck	3, 213
Blässe	2, 372	doll tirol.	3, 160	fließen	2, 374
blöken	1, 91	dollfuß bair.	3, 160	Flocke	1, 571
Blust	1, 96	Dolman	1, 360	Floß	2, 374
Bö	1, 139	Dolmetsch	3, 116	Fluß	3, 213
Bock	1, 590	Dorsch	3, 137	Folie	3, 214
Boden	1, 136	Döschen	1, 365	frank	3, 218
Bohle	1, 101	Dose	1, 365	Franzbrot	2, 424
Boi „Stoff"	1, 41, 542	Draht	1, 372	freien	2, 436
Bolle	1, 143	dreschen	3, 137, 141	Fries	1, 129
Bombasin	1, 144	Drohne	1, 375	Frieseln pl.	2, 443
Borch	1, 108; 2, 408	dröhnen	1, 375; 3, 135	fromm	2, 455
Boretsch	1, 107, 111	Drossel	1, 372	Frosch	2, 452
Borkan ostpr.	1, 108	Ducht	1, 366	Fuchs	2, 475; 3, 220
Borste	1, 111, 420	ducken	1, 384	fürwitzig	3, 206
Brägel	1, 116	Duft	1, 366		
Braie westfäl.	1, 116	dulden	3, 90	gackern	1, 249, 594
Bratpfanne	2, 446	dürfen	3, 134	Gänseklein	2, 419
braun	1, 148	Dusel bair.	1, 357	Gant	1, 293
Brausche	1, 131			Ganter	1, 293
Breis(e)	1, 129	Eiter	2, 209	garstig	1, 298
Brise	1, 121	Elle	1, 396	Gast	1, 300
Brosamen	1, 127	Ellenbogen	1, 396	gätlich	1, 284
Brühe	1, 116	Else	1, 396	Gatte	1, 539
Bucht	1, 141	Engerling	3, 172	geben	3, 482
Buckel	2, 463	Enkel	1, 211	gebieten	1, 135
bücki schweiz.-d.		er	1, 390	Geburt	1, 81
	1, 114	Erle	2, 266	Gehege	1, 251
Bude	1, 136	Erz	1, 27	geheime Kunst	3, 241
büffeln	1, 463	Essig	2, 295	Geheimrat	3, 241
Bühne	1, 106	etlich	1, 391	gehl, gel	1, 268
Bulle	1, 216	etwas	1, 391	Gehrholz	1, 404
Bund	1, 144			Gehrung	1, 404
Bunge	1, 467	Fach	2, 301	geifen	1, 454
bunt	3, 24	Fahne	2, 272	Ge-lenk	1, 577
Bürde	1, 81	Fähnrich	2, 425	gellen	1, 253, 254
Burkan ostpr., balt.-d.	1, 108	falg bair.	2, 397		2, 192
Büse	1, 156	falten	2, 377	Gelte	1, 416
butt	1, 112	Farbe	1, 55	gemein	2, 422
Bütte	1, 100, 106	Farfelen	3, 202	Genettkatze	1, 399
Buttel	1, 155	Farre	1, 442; 2, 408	Geniste	1, 280
		Färse	1, 442	geruhen	2, 498
		faseln	1, 82	Geschlinge	3, 411
Carpie	1, 634	Faser	2, 414	Geschwür	3, 237
Cerosin	1, 552	fassen	1, 59; 2, 349	G(e)stalt	1, 710

Gewissen	2, 687	hehlen	2, 265	Kadâksch ostpr.	1, 680
Giersch	1, 297	Heil	3, 287	Kaffa	1, 648
gießen	1, 301, 424	heischen	1, 488	Kaft	1, 647
Gift	3, 482	Heister	1, 7	Kaiser	1, 591
glatt	1, 271	Hemern dial.	3, 315	Kalamank	1, 507, 602
Gleichgewicht	2, 480	hemmen	1, 618	Kalbfell	1, 248
Glück	2, 667	herab	1, 22	Kalesche	1, 606
glucken	1, 575	Herd	3, 394	kalt	1, 288
Gluckhenne	1, 572	Hetze	1, 260	Kamm	1, 466
Gnade	2, 212	hetzen	1, 270	Kante	1, 518
Gneis	1, 280	hichezen schweiz.	3, 338	kanten	1, 550
Gram	3, 172	hick schweiz.	3, 338	Käpfer	1, 619
gram	1, 310	hitzel schles.	1, 270	Kappe	1, 525
Granne	1, 304	hocken	3, 332	kaput	2, 632
Grat	1, 311	Höcker	3, 269, 332	Karausche	1, 528
Gräte	1, 311	Hof	1, 332	Karde	1, 530
grauen	3, 172	höfisch	1, 332	karg	2, 652
grausen	3, 172	Holster	2, 266	Karnies	1, 534
grebel schweiz.	1, 302	Holunder	1, 509	Karrete	1, 532
Greuel	3, 172	hopp	1, 293	Käse	1, 504
Gries	1, 312	Hose	3, 254	Kastoröl balt. d.	1, 539
Grindel	1, 315	hummeln	3, 251	Kat(e) bair.	1, 539
grintl kärnt.	1, 315	Humpen	1, 412	Kattun	1, 706
grübel schweiz.	1, 302	Hundstage	1, 518	Katzanker	1, 644
grummeln	3, 514	Hüne	1, 489	Katzboi	1, 542
Grütze	1, 312	hüpfen	1, 677	Kauder	1, 520
Gugelhopf	1, 680	hurtig	3, 265	Kaulbarsch	2, 262
Güster	1, 323	Hütte	3, 499	Kebse	3, 332
		hutzen	1, 555	keck	1, 422
Habicht	1, 583			Kegel	1, 414
Hafen „Topf"	1, 614	Igel	1, 392	Keil	1, 505
Haff	1, 695	in	1, 161	Kerbe	1, 529
Haftel	1, 20	ingrimmig	3, 173	Kerbel	1, 550
hager	3, 306, 309	Ingwer, Imber	1, 479	kerben	1, 419
Hahn	1, 701	ist	1, 405	Kiebitz	2, 354; 3, 335
Haken	1, 252			Kiefer	1, 408
Haksch	1, 648	Jackett	3, 480	Kien	2, 702
Hamen	3, 259	jäh	1, 250	Kirche	1, 561
Hammel	1, 609	janken	3, 501	kitten	3, 243
Hamster	3, 260	Jaspis	3, 511	Klamm	1, 429
Hanse	1, 323	Joch	2, 239	klappen	1, 568
happen	3, 230	Juchten	3, 474	Klapper	1, 572
happig	3, 230	Jüd	1, 423	Klecks	1, 576
harsch	1, 632, 2, 615	Jungfer	3, 470	Klei	1, 567
häss schweiz.	3, 379	Jütte	3, 474	Kleie	3, 258
hasten	3, 304			Kleinod	1, 567
Hatz	1, 260	Kabale	1, 495	Kleist	3, 513
Haufen	1, 558	Kabel	1, 497	Kleschen dial.	1, 568
Hauste	1, 704	Kabine	1, 494	klocken	1, 575
Hecht	1, 588	kacken	1, 506	Kloß	1, 569
Heftel	1, 20	Kackerlack	3, 77		
Hegel	1, 648				

Neuhochdeutsch

Klumpen	1, 573	Kuffel	1, 708	Makler	2, 90
knapp	1, 292	Kuft balt.-d.	1, 647	Mal	2, 86
Knappe	2, 197	Kumme	1, 611, 693	mâlen schles.	2, 114
Knitsch	1, 580	Kunkel	1, 682	Marke	2, 98
Knote	1, 281	Kunster	1, 704	Marsch	2, 158
Knust	1, 580	Künstler	1, 704	Martinsvogel	2, 100
Kobel	1, 678	kurisch	1, 635	Maser	2, 147
Koben	1, 432, 678; 2, 308	Kürschner	1, 626	mästen	2, 103
		Kurzweile	1, 669	Maul	2, 242
Kober	1, 495	Küten	1, 321	Mauser	2, 88
Kochemer	1, 707	Kütt bair.	1, 588	Mehl	2, 172
Köcher	1, 593	Kütte dial.	1, 324	Melde	2, 22
Kockelefang bair.	1, 685	Kutteln	1, 707	melden	2, 149
		Kutze	1, 542	menz tirol.	1, 610
Kohlblatt	1, 289			miauen	2, 190
Kohlgebäck	1, 688	Lab	1, 709	mogeln	2, 180
Kokodâk (Krain)	1, 680	Lache	2, 56	mondiren	3, 518
		Lade	2, 5	Montierung	2, 173
Kolben	2, 361	laden	1, 565	Mucker	2, 171
kolken	1, 286	Lagen bair.	2, 4	Müll	2, 172
Koller dial.	1, 613	lahm	2, 10	Mumme	2, 173
Kolter	1, 605	Laich	1, 567	mummeln	2, 212
Königshase	1, 666	lallen	2, 10	mummen	2, 173
Kontusion	1, 617	landern	2, 8	murmeln	1, 108; 2, 176
Kopf	1, 676	Lappsack	2, 83		
Korinthe	1, 627	Latte	2, 14	musiv	2, 177
Korn	1, 454	Latûn	2, 18	Muskat(e)	2, 162
koscher	1, 651	Laus	1, 233		
kosten	3, 21	lauschen	2, 668	Naber	2, 197
Kot	1, 249	lauter	1, 574; 2, 665	Nachtigall	1, 253, 254
Kotschaufel	1, 650	Lefze	2, 50	nackt	2, 193
Kott schwäb.	1, 644	legen	1, 565	Näglein	1, 263
Kotze	1, 542, 648	Leite	1, 572	namentlich	1, 480
Kranzbeere	1, 433	liederlich	2, 76	nämlich	1, 480
Krapfe	1, 655	lind	2, 71	Naper dial.	2, 197
Krapp	1, 655	lins bair.	2, 45	Närb bair.	2, 198
kraus	1, 670	Linse	2, 84	Närw bair.	2, 198
Krausbeere	1, 672	Linte dial.	2, 31	Nase	2, 228, 234
krengen	1, 71	List	2, 35	Nelke	1, 263
Krieche dial.	1, 314	löcken	2, 35	neppen	2, 213
Kringel	1, 659	Lodje balt.-d.	2, 52	Nepper	2, 197
Krinsel	1, 659	losen	2, 668	Niet hess.	2, 230
Krisdore balt.-d.	1, 672	Lotter	2, 76	Noll	3, 519
Kritze	1, 665; 3, 517	lullen	2, 78	nuseln bair.	2, 234
Krösel	1, 659	lumm	2, 10	Nüster	2, 234
Krug	1, 494, 637, 670	Lunge	2, 25		
Krüppel	1, 699			Ober-	2, 238, 243
Kubebe	1, 678	Macheier	2, 180	Ochs	1, 195
Kuckuck	1, 684	machen	2, 87	ochsen	1, 463
Küfel	1, 708	Macher	2, 107	Ofen	2, 249, 352
Küfer	1, 696	Mähre	2, 121	oh	2, 236
		mähren	1, 278	ohne	1, 225

649

pai balten-d.	2, 302	
pandl dial.	2, 310	
Pappe	2, 311	
Pard, Pardel, Parder		
	2, 315	
partes	2, 318	
Partisane	2, 445	
patschen	2, 328	
Pein	2, 336	
Pfeife	3, 199, 206	
Pflaster	3, 213	
pflegen	2, 376	
Pflock	2, 376	
pfui	3, 162, 220	
Pfundleder	2, 464	
pille „Lockruf"		
ostpreuß.	2, 357	
Pips	3, 106	
pissen	2, 355, 360	
Platteise	2, 307	
Plinse	1, 93	
Plisch	2, 372	
poltern	1, 105	
Prahm	2, 52, 409	
Pritsche	1, 124	
probieren	2, 437	
Profoss	2, 448	
Pudel	2, 460	
pudeln	2, 460	
Puhu dial.	2, 459	
pünktlich	3, 129	
Pute	2, 458, 469	
putpurlút preuß.-d.		
	2, 340	
Putthahn	2, 469	
quaken	1, 545	
Quakreiher	1, 545	
Quaste	1, 263, 3, 238	
Quecksilber	1, 422	
quieken	1, 547	
Quitte	1, 324	
Rad	2, 541	
Radies	2, 503	
ragen	2, 507, 526	
Ramsch	2, 490	
Ramsen oberd.	3, 321	
Rasch	2, 563	
Ratte	1, 668	
Raubank	2, 542	
Raum	2, 559	
Raupe	2, 563
rauschen	2, 557
Ravelin	2, 480
Rein bair.	2, 557
Reindel bair.	2, 557
Reis	2, 523
Reuse	1, 191; 2, 559
Riedmeise	2, 510
Riege balt.-d.	2, 521
Riegel	2, 509
Riemen	2, 522
Riese	1, 188
rieseln	2, 563
Römer	2, 559
Ronde	2, 556
Roof	2, 542
Rosen	2, 530
rotzen bair.	2, 555
rügen	2, 509
Rundung	2, 548
ruscheln dial.	2, 553
Rutebage dial.	2, 552
Säbel	2, 565
Sackerfalke	2, 689
Sahlweide, Salweide	
	2, 693, 3, 390
Saite	2, 619
Sand	3, 39
Sandart	3, 39
Sander	3, 39
Sappe	2, 577
saufen	2, 701
Saukraut	2, 320
Saum	3, 45
Schabatte schweiz.	
	3, 346
Schabe	2, 635
Schaber	3, 373
Schabracke	3, 302
Schaden	2, 304
Schäferhund	3, 364
Schaff oberd.	3, 405
schalen	3, 368
Schalholz	3, 435
Schalk	3, 257
schallen	2, 642
scharf	3, 282
Scharmützel	3, 392
scharren	3, 376
Schatz	2, 649
Schaub	3, 356
Schaube	3, 433
Schaute	3, 440
scheiden	3, 92
Schelfen bair.	3, 389
Schelle	2, 642
schenken	3, 399
Scherbe	2, 646
Scherbel	3, 391
scheren	1, 621; 2, 650
	3, 357
scheren, sich	2, 648
schergen bair.	2, 633
Scher(p)f	2, 633
Schetter dial.	2, 634
Scheuer	2, 637
Scheune	3, 437
Schibboleth	2, 685
schieben	3, 243
Schiefer	2, 637
Schiene	1, 477
schier	3, 452
schießen	2, 686
schinden	3, 399
schirmen	1, 627
Schlag	3, 413
schlagen	3, 389
Schlamm	3, 244, 250
schlampen	3, 250
schlank	2, 669
schlapp	2, 664
Schlappe „Hut"	
bair.	3, 412
Schlappe	3, 247
schleichen	2, 660
Schleichweg	3, 413
schlendern	3, 410
schlenzen	3, 410
Schlich	3, 411, 413
Schlichte	3, 411
schlickern	2, 659
Schlier	3, 411
Schlosser	2, 660
Schlott	2, 665
Schlüffel	3, 369
Schlupe	3, 412
schlüpfen	3, 248
schmal	2, 92; 3, 252
Schmant	2, 673
Schmarren	2, 672
Schmasche	2, 678
schmauchen	2, 670
schmecken	2, 674

Neuhochdeutsch

schmieren	2, 672, 676	
Schmirgel	2, 676	
schmollen bair.	3, 196	
schmuggeln	3, 416	
Schmutz	2, 178	
Schnapphahn	2, 576	
	3, 369	
Schnappsack	2, 679	
Schnaps	3, 417	
Schnat	3, 414	
schnell	3, 483	
Schnitt	2, 681	
schnucken	3, 252	
schnurren	3, 417	
Schoff alemann.	3, 420	
schölen	3, 447	
Schôlholz dial.	3, 435	
Schörl	3, 392	
Schoß	2, 57	
Schraff(e)	3, 431	
Schramme	1, 666	
Schrape	3, 408	
Schraubenzwinge	3, 30	
schreiten	1, 673	
Schriftkasten	3, 411	
schröpfen	3, 282	
schrumpfen	3, 275	
Schüler	3, 434	
Schuppen	3, 420	
schüren	3, 376, 409	
	438	
Schurrmurr	3, 438	
schütter, schitter	3, 445	
Schwager	2, 597	
Schwall	3, 235	
Schwäre	3, 237	
schwellen	1, 216	
schwer	2, 594	
schwimmen	3, 39	
schwinden	1, 245	
schwingen	3, 364, 434	
schwirren	2, 593	
Schwur	2, 586	
Sech	2, 704	
Seelenwärmer	2, 384	
seiden-	1, 453	
seit	2, 619	
selken	2, 605	
Senf	2, 626	
sengen	3, 54	
Séppik balt.-d.	2, 611	
sind	3, 52	
singen	3, 64	
Sirene dial.	2, 628	
slûche	2, 666	
smiechen bair.	2, 670	
Späher	3, 425	
Spale	3, 423	
spalten	2, 398	
Span	3, 424, 427	
spanisch	3, 424	
spannen	2, 380, 461	
	476, 649	
Spargel	2, 705	
Sparren	3, 424	
Spars dial.	2, 705	
Spat „Gestein"	3, 424	
Spat „Krankheit" bair.	3, 425	
Spatz	3, 423	
Specht	3, 425	
Speditor	3, 406	
Speise	3, 424	
sperren	3, 424	
Sperruten	3, 424	
spicken	3, 425	
Spieß	2, 708	
Spindel	3, 424	
spinnen	2, 380, 469	
Spint	3, 425	
Spitze	3, 708	
Spore	3, 427	
spornen	2, 341, 426	
spotten	3, 425	
Sprengel	2, 450	
Sprenkel	2, 450, 454	
springen	2, 451	
spronzel rheinfränk.	2, 452	
Spur	2, 478	
sputen, sich	2, 707	
Stadt	3, 6	
Stamet	3, 3	
Stamm	3, 429	
Standpunkt	3, 129	
Stange	3, 444	
Star	3, 79	
starr	3, 5	
starren	3, 79	
Statt	3, 6	
stauen	3, 1, 351	
Stecken	3, 309
Stemmeisen	3, 3
Stempel	3, 420
Stengel	3, 444
Steppe	3, 11
steppen	3, 7
Sterz	1, 429
Stieglitz	3, 445
Stierl österr.-d.	3, 13
Stift	3, 7, 109
still	3, 9
Stint	2, 681; 3, 35
Stirn	3, 92
Stock	3, 149
Stollen	3, 430
Stoppine	3, 19
Störling	3, 13
straff	3, 30
streben	3, 27
strecken	3, 23
Streitaxt	3, 28
Strewel	3, 431
Strick	3, 135
Strudel	3, 23
Strunk	3, 31
Struse balt.-d.	3, 30
Stube	3, 153
Stunde	3, 432
Stuss	3, 361
Stute	3, 2
suk	3, 360
Sumach	3, 45
surren	2, 593
Syringe	2, 628
Tabin	3, 66
Talken kärnt.	3, 116
Taller bair.	3, 79
Tand	3, 75
Tandelmarkt	3, 75
Tannin	3, 75
tapfer	1, 356
Tara	3, 76, 522
Tarantel	3, 78
Tarlatan	3, 79
Tasse	3, 68
Tatterkorn	3, 81
Tatze	2, 13
taugen	1, 379
Tazette	3, 83
Teig	1, 336
Terrasse	3, 78

Theriak	3, 97	voraussetzen	2, 427	winden	1, 168, 183
tief	1, 355	Vortuch	3, 202		2, 375
Tiger	3, 103			Windische	1, 246
tirilieren	3, 163	Wachs	1, 231	Wingert	1, 202
Tischler	3, 19	Wade	3, 191	Wirbel	2, 589
Tolpatsch	1, 380	Wage	1, 162, 164	wirken	1, 185, 585
Tölpel	3, 164		3, 170	wispeln	2, 591
Tonne	1, 385	Wahl	1, 224	Wittum	1, 183
Torf	1, 340	Waidmann	2, 381	wollen	1, 224
trampeln	3, 132	Wald	1, 222	Wunde	1, 175
Trappe	3, 26	wallen	1, 210, 218	wünschen	1, 247
Treber	1, 370	Walrahm	1, 227		
Treckschute	3, 138	Wand	2, 375	Zagel	1, 297
Trense	3, 135	Want	1, 168	Zander	3, 39
trensen	1, 375	Warendorf	1, 166	Zange	1, 378, 387
Trester	1, 371		3, 512	Zapfe	3, 347
Tripel	3, 136	warm	1, 169, 410	Zeisig	3, 337
Truthahn	3, 156	Warze	1, 186	zergen	1, 341
Tscheike österr.-d.		Wasser	1, 177	zerren	1, 341
	3, 365	Webes bair.	2, 280	zerstreut	2, 493
Tugend	1, 379	weder	1, 646	Zib bair.	3, 295
Tumbe	3, 152	weh	1, 161	Zieche	3, 103
türkisch	3, 164	Weide	2, 381	Ziegenmelker	1, 591
Tusche	3, 159	weihen	1, 192, 204	Zieselmaus	3, 51
tuten	2, 417	Wemgalle balt.-d.		Zinke	3, 106
			1, 240	Zinne	3, 106
Umfang	2, 247	wenden	1, 168	zippeln	3, 296
		Wenden pl.	1, 246	zippern	3, 296
		Wergeld	1, 203	zirbeln schweiz. dial.	
Vampir	3, 186	Werk	1, 169, 185, 585		1, 363
Venner schweiz.	2, 425	Westfalen	2, 391	zirben	1, 363
ver-	2, 437	Wetter	1, 177	zischen	3, 60
vergessen	1, 250	wiehern	1, 199	Zitz	2, 629
verhunzen	2, 458	Wille	1, 224	Zope	2, 578
verwepfen	1, 620	wilwalch schweiz.		Zopf	3, 153
Vetter	3, 29		1, 469	Zügel	1, 588
Vollmacht	2, 394	Wimme balt.-d.	1, 240	zuzeln	2, 701

l. Altsächsisch

antswôr	2, 586	falu	2, 395	harpa	1, 629
ārundi	2, 279	farwâtan	1, 163	hlinôn	2, 664
aspa	2, 282	ferkal	2, 407	hlust	2, 667, 668
		fîla	2, 356	holm	3, 255
bôk	1, 139	fôrian	2, 316	hrôst	1, 653
bôka	1, 139				
bruggia	1, 119	galpôn	1, 604	irri	1, 400, 402, 405
buk	1, 139	ginâđa	2, 212		
bursta	1, 109	godowebbi	1, 284	karm	1, 655
				kind	3, 299
dôn	1, 347	hamustra	3, 260	kirika	3, 290

Altsächsisch, Mittelniederdeutsch 653

kneo-beda	1, 68	*quappa	1, 407	stilli	3, 115
kot(t)	1, 648		3, 514	strûf	3, 32
lappo	2, 57	râdan	2, 482	thiustri	3, 156
liggian	2, 26	ribb(i)	2, 500	thrabôn	3, 141
lôk	2, 67	roggo	2, 530	thrimman	3, 147
		rôkian	2, 498	thringan	3, 144, 145
mâki	2, 128	skatt	2, 649	wang	2, 65
malt	2, 150	scramasahs	1, 659	watho	3, 173
mengian	2, 171, 181		666; 3, 517	wîk	1, 206
muggia	2, 167	scuddian	2, 638	williu	1, 180
		slutil	1, 576	wrisil	2, 515
naro	2, 227, 404	sôkian	3, 434	wurgil	1, 188

m. Mittelniederdeutsch

beker	1, 71	glippe	1, 274	kerstenen	1, 662
beschêt	1, 82	glûpen	3, 248	kip	1, 558
besemer	1, 70	gouwe	1, 318	kîpe	1, 558
besloten	1, 84	grendel, grindel	1, 315	kīwit	2, 354
billen	1, 72	grof	1, 312	klappen	1, 568;
bisemer	1, 70	grôs	1, 314		3, 247
bodene	1, 100	grûs	1, 314	klave	1, 274
bodik	1, 146			klei	1, 273, 567
borelôs	1, 151	haf	1, 695	kleimen	1, 567
breidel	1, 123	ham	1, 606	klêm	1, 567
bûken	1, 139, 156	haren	1, 401	klôt	1, 276
bulderen	1, 105	harst	1, 632, 654	klûs	1, 276
bûrlach	1, 148	helen	1, 566	kneden	1, 280
bûrschap	1, 148	hellich	1, 599	kogge	1, 648
bûse	1, 152, 156	hôken	1, 589; 3, 518	kôje	1, 592
bûsen	1, 152	holm	2, 659; 3, 255	kopken, koppeken	
butse	1, 156		311		1, 619
		holt-schere	2, 648	korde	1, 624
disel, dissel	1, 386	homele	3, 251	kordewan	1, 624
draf	1, 370			korf	1, 636
dûken	1, 384	ilke	1, 479	kot	1, 644
dûsen	1, 386	illike	1, 479	kouwese	1, 586, 679
dust	1, 357	îsen	1, 72	kum(m)e	1, 693
				kûper	1, 696
erre	1, 402	juften	3, 474	kût	1, 707
errich	1, 402				
etik	2, 295	kalite	1, 510	lâge	2, 4
		kâp	1, 525	lake	2, 56
f- siehe v		carentken	1, 627	lappe	2, 57, 59
		kartûse	1, 536	las	2, 20, 60, 64
gaden	1, 284	kavel	1, 497; 2, 260	laskifell	2, 16
gâgelen	1, 594	kemenade	1, 609	lasteken	2, 16
gauwe	1, 318	kepere	1, 619	laton	2, 18
glaren	1, 271	kermisse	1, 561	li(h)en	1, 570
glepe	1, 274	kerne	1, 626	lîk	2, 40

lippe	2, 50	rîs	2, 523	spîle	2, 708, 3, 426
lodder	2, 52	risch	2, 531	spore	3, 427
loddie, loddige	2, 52	roche	2, 540	spranke	2, 450
loden	2, 66	rôf	2, 542	sprenger	2, 450
lôfbecken	2, 62	ropen	2, 557	sprenkel	2, 450
louwen	2, 62	rüjen	2, 502	sprêt	1, 134
lunink	1, 566	rusch	2, 557	sprinke	2, 450
				stampe	3, 35
mating	1, 148	sabben, sabbelen		stint	2, 681
matlach	1, 148		2, 696	stork	3, 13
meren	1, 278	sabel	2, 685	stouwen	3, 1
merkatte	2, 100	sagen	2, 584	strak, strack	3, 28
merlitze	3, 518	salûn	3, 369	strêk	3, 27
micken	2, 131	sandât(e)	3, 39	strûf	3, 32
mîgen	2, 131	sasse	2, 582	stûr „widerspenstig"
missen	2, 182	schalbort	3, 435		3, 36
more	2, 158	schalûn	3, 369	stûre „Steuer"
möne	2, 117	schap(p)	3, 405		3, 36, 432
mucken	2, 186	scharf	3, 323	swâien	3, 236
mussel(e)	2, 181	scharn	2, 633	swevel	1, 433
mût	2, 185	schêge	1, 589		
mûten	2, 185, 186	scheren	2, 648	tallige	3, 73
		schölen	3, 447	temenitze	3, 92
narve	2, 198	schore	3, 359	terwe	1, 342
negelken	1, 263	schramm(e)	1, 659	tîke	3, 103
nîgel	2, 222		666	titte	3, 108
noster	2, 225	schrapen	2, 651	tol	1, 361
nûgel	2, 222	schrêken	2, 650	tolk	3, 115
ore	2, 250	schûlen	3, 454	tolle	1, 361
ôsering	3, 190	sêmesch	1, 441	trâme	3, 132
ovet	2, 250	sinder	3, 63	trampen	3, 132, 140
		slap	2, 656	trosse	3, 141
pant	3, 157	slenge	2, 340, 669	tuffele	3, 157
pantuffel	3, 157	slik	2, 659	tywit	3, 335
pelegrîme	2, 357	slîk	2, 661		
piône	2, 358	slîken	2, 26, 660	falge	2, 397
pîpe	2, 358	slîm	2, 661	vant	3, 218
pissen	2, 360	slôt	1, 84	fein lundisch	3, 214
prâm	2, 409	slôten pl.	2, 665	ferken	2, 408
praten	1, 120	smant	2, 673	*vîlîsen	1, 72
provest, prôst	2, 438	smelt	3, 460	voget	3, 213
prūsten	1, 129	smeren	3, 414	vorst	2, 344
pûle	1, 142	smuk	2, 677	vullinge	3, 208
quabbe	1, 407	smûken	2, 678	fustein	3, 279
quît	1, 547	snicke	3, 417		
quobbe	1, 407	snôr	2, 683	wade	2, 207
		somerlate	2, 36	wâdmâl	1, 232
rapp	2, 202	sôr	3, 54	wale	1, 222
redik	2, 504	spân	2, 710	wât	1, 232
rême	2, 511	spare	3, 424	wâtsak	1, 174
rên	2, 512	sparre	2, 341	wimmen	1, 291
ridder	2, 555, 557	spêlman	3, 426	wîn	1, 202
rîn	2, 508			wrange	2, 545

Niederdeutsch, Niederländisch 655

n. Niederdeutsch

agel, achel	2, 281	kabacke	1, 494	reddîs	2, 503
aul westfäl.	3, 182	kagge	1, 494	rêpdok	3, 520
		kastroll	1, 539	rûbank	2, 542
baie	1, 542	kate	3, 233	rûse	1, 673
beete	1, 112	katt	1, 643, 644		
bensel	1, 74	kausse	1, 586, 679	scharn	2, 697
Blankenese	2, 228	kauw	1, 248	schave	2, 635
bloodwilgen	2, 592	keper	1, 559	schirken westfäl.	
boot	1, 61	kerke	1, 561		3, 342, 401
bord	1, 75	kervel	1, 550	schlick	3, 411
brôk	1, 131	kiepe	1, 558	schrîk westf.	1, 632
brûsen	1, 129	kirke	1, 561	Schrûwzwinge	3, 30
buhn	1, 106	kiwitt	3, 335	Schurrmurr	3, 439
butt	1, 154	klewer	1, 566	slank	2, 669
		klucks	1, 573	slichthubel	3, 411
dölben	1, 359	kluk	1, 573		413
drabbe	1, 370		575	sluntern	3, 248
driət westfäl.	1, 370	klump	1, 573	slûpe	3, 412
drȫnen	1, 375	knap	1, 292	smelen	2, 675
drunsen	1, 375	korv	1, 636	smelt, schmelt	3, 460
ducht	1, 366	kuft	1, 647	smȫlen	3, 252
		kûn	1, 516	snappsack	2, 679
flahte westfäl.	2, 374	kyver	1, 554	snip	3, 417
Füllung	2, 208			sôl	2, 691
		laken	2, 20	spind	2, 711
gat	3, 515	lêv	2, 47	spôn	3, 427
gehl 1, 268;	3, 513	lîv	2, 47	stemmîzn̩	3, 3
gewaldiger	3, 513	lüning	1, 566	stert	1, 429
				stram(m)	3, 25
hal westf.	3, 516	mussig	2, 131, 179	strîdackes	3, 28
ham westfäl.	3, 259			strippe	3, 431
hamme	1, 606	nysseln	2, 234	stuhl	3, 34
harken	2, 698				
hicken westfäl.	2, 621	ôl westfäl.	3, 182	tagel	1, 297
holster	1, 264			taptô	3, 76
holt	1, 288	pal	1, 105	torf	1, 340
hûs	3, 469	pall	1, 105	trekken	3, 135
hüsing	3, 469	prûsten	1, 129	tuffel	3, 157
		pûle	1, 143		
ilk	1, 479			ûster	3, 192
		radîs	2, 503		
juffer	3, 470	reddel	1, 503	wrûke	1, 131

o. Niederländisch

avegaar 1, 3;	2, 197	baggaert	1, 37	berse mndl.	1, 81
		bagger	1, 36	beun	1, 106
baai 1,	41, 542	barkaan	1, 53	bijsloot	3, 512
baarden	1, 55	barm	1, 80	bocht	1, 141
baeysch mndl.	1, 160	benzel	1, 74	boek	1, 141

boezeroen	1, 138	keer	1, 330	plooien	2, 373
bombazijn	1, 144	keper	1, 559	pluis	2, 372
boom	1, 105	kervel	1, 550	praam	2, 409
borstrok	1, 111	kits	1, 270	presenning	1, 121
bot	1, 112	kleed	1, 568	prop	2, 437
briesje	1, 121	kleven	1, 571	provoost	2, 448
bui	1, 139	klit	1, 274	puimsteen	2, 333
buidel	1, 154	klos	1, 593	pums mndl.	2, 333
		kog	1, 648	puyl	1, 143
delf vläm.	1, 359	koker	1, 593		
disc mndl.	1, 365	komfoor	1, 515	rak	2, 489
doek	1, 121	komme mndl.	1, 611	ree	1, 654
dreet	1, 370	kommeken	1, 611	riempoort	3, 520
drenzen	1, 375	kooi	1, 592	rietmeese	2, 510
dundoek	3, 153	korente	1, 627	rijs	2, 523
		krappe mndl.	1, 655	rob	2, 537
elft	1, 395	kudde	1, 588	rochelen	1, 670
		kuiper	1, 696	roef	2, 542
factie	3, 200	kuit	1, 477	roest	1, 653
flauw	2, 376	kurhoen	1, 701	rog	2, 540
frans	2, 424; 3, 270	kwaad	1, 249	romp	2, 542
				rooster	2, 498
gagelen	1, 283	laars	2, 494	rul	2, 558
genet(ta)	1, 399	leger(bijl)	2, 3		
gieter	2, 46	lijf	2, 47	samaar	2, 573
gijlen	1, 452	lompe	1, 573	schaats	1, 540
grommen	3, 514			schijf	3, 406
		maesche mndl.		schorremorie	3, 439
haam	3, 259		2, 133	schrijnen	3, 271
hal	2, 657, 3, 256, 516	magerman	2, 86	schrok	2, 652
hâme mndl.	3, 259	makelaar	2, 90	sits	2, 629
happen	3, 260	masche mndl.	2, 133	sjouwerij	1, 174
hespe	1, 641	meun	2, 117	slapp	3, 410
hollen	2, 658	micken mndl.	2, 132	slemp	3, 250
holster	2, 266	miggelen	2, 109, 131	slenteren	3, 410
horzel	3, 394	mom	2, 173	Sleutelburgt,	
		mooi	2, 185	Sleutelburcht	3, 411
jool	3, 469	mortier	2, 161	sloep	3, 412
juchtleer	3, 474	moskuil	2, 181	sloot	1, 84
juffer	3, 470	mot	2, 178	sluiken	2, 74, 666
		muskaat	2, 162	smeulen	3, 252
kaffa	1, 648			smokkelen	2, 678
kal(a)mink	1, 602	navegaar	2, 197		3, 416
kal(e)faten	1, 614	oester	3, 192	smœl fläm.	2, 670
kallemink	1, 507	oonen dial.	3, 481	smuilen, smuylen	
kaper	1, 521	oven	2, 249	ält. ndl. 3, 196, 252	
karbas	1, 529	overal	1, 3	spalk	3, 423
kardoes	1, 536			spar	3, 424
karpie	1, 634	pap	2, 311	spargie	2, 705
karsaai	1, 526	peel	1, 104	specht	3, 423
katoen	1, 706	plad(d)ijs mndl.		spinde	2, 711
kavel	1, 497		2, 307	spriet	1, 134

Niederländisch, Angelsächsisch

staken	3, 6	tarwe	1, 342	vrijbuitare	1, 135
staking	3, 6	tijk	3, 103		
stamet	3, 3	tolk	3, 115	wacht	1, 174
stamper	3, 420	trap	1, 375	want	1, 168, 233
stap	3, 11	trekken	3, 135	wichelen	3, 207
stoep	3, 11	trekschuit	3, 138	wîgelen mndl.	3, 207
stram	3, 25	uil	3, 208		
stront	3, 145			zondek	1, 461
		varken	2, 408	zwaaien	3, 236
taptoe	3, 76	verdwijnen	1, 331	zwerk	2, 586

p. Angelsächsisch (Altenglisch)

acan	3, 480	cíegan	1, 282	ealdođ	2, 52
ác-weorna	1, 176	cild	1, 417	ealu	2, 262
áfiġen	2, 331	clǽg	1, 273	éanian	3, 481
â-lûcan	2, 68	clám	1, 567	earu	2, 279
andswaru	2, 586, 712	cniht	1, 347	egle	2, 281
áscian	1, 488	cofa	1, 429, 432	eodor	2, 256
æt-clíđan	1, 274	cohhettan	1, 268	eolh	2, 61
		cópenǽre	1, 436	cormcn	2, 490
balc	1, 47	cot	1, 644	eorsian	1, 405
basu	1, 58	crammian	1, 310	Estmere	1, 7
bát	1, 37, 61	cwëlan	1, 409		
bæc	1, 101	cycgel	2, 191	fandian	2, 461
bealu	1, 105	cíepan, cýpan	1, 696	fatian	2, 405
bearu	1, 106			fealg	2, 396, 397
becca	1, 37	dærste	1, 371	fell	2, 369
belene	1, 72	dǽsma	3, 100	felt	2, 399
be-mûtian	2, 186	delfan	1, 359	feortan	2, 337
beofor	1, 97	deorc	3, 40	fetan	2, 300
beolone	1, 72	disc	1, 365	fic	2, 330
beorcan	1, 75, 122	dragan	1, 371	fîfealde	2, 340
bere	1, 110	dráef	1, 370	fíl	2, 356
blât	1, 91	dreccan	1, 366	filmen	2, 332, 369
bóc	1, 139	dréogan	1, 373	finc	2, 334
breodian	3, 512	drítan	1, 370	flint	2, 373
bréotan	1, 127	drós	1, 376	flôwan	2, 364
brú	1, 124	drúsian	1, 375	folc	2, 394
brûn	1, 128	dwínan	1, 331	forwost	2, 337
brýsan 1, 126;	3, 512	đéoh	3, 149	fram	2, 424
búc	1, 114, 139	điestre	3, 156	frogga	2, 452
byden	1, 100	đínan	3, 105	fyrs	2, 443, 474
		đracu	3, 139	fýst	2, 477
cancettan	1, 317	đrafian	3, 141		
ceafl 1, 408, 451, 459		đrǽstan	3, 141	géap 1, 267, 281, 432	
	3, 515	đréa	3, 131	géopan	1, 267
cearm	1, 655	đunian	3, 19	getingan	1, 378
ceorfan	1, 419	dûtan	2, 417	gietan	1, 431
cépan, cǿpan	1, 436	đuxian	3, 157	glendr(i)an	1, 417
cíđ	1, 426	đýn	3, 109	glëntrian	1, 417

Germanisch

glídan	1, 272	hunta	3, 39	ofett	2, 250
gnídan	1, 280	hwéol	1, 598	onðrecan	3, 23
gorst	1, 420	hwí	3, 314	ortgeard	1, 190
granu	1, 304	hwístlian	2, 594		
grindel	1, 315	hwópan	3, 242	peorð	3, 205
		hymele	3, 251	plóg	2, 376
hacele	1, 589	hym-lic	2, 267	pund	2, 460
hǽcen	1, 589	hýr	3, 240		
hacod	1, 588	hýre	3, 240	racente	2, 516
hæf	1, 695	hyrst	3, 237	ranc	2, 553
hǽle	1, 578	hyse	3, 360	rémian	2, 511
hǽnep	1, 615			réofan	2, 548, 549
hár	2, 617	inca	3, 479	reord	1, 294
háwian	3, 361			réotan	2, 555
hǽwe	2, 621	k siehe c		resce	2, 531
hégan	1, 706			ríd	2, 507
helma	2, 659, 3, 311			risce	2, 531
hemman	1, 608	lǽce	2, 27; 3, 518	rocettan	2, 554
hentan	3, 39	lagu	2, 55	ród	2, 495
héopa	3, 400	lǽl	2, 29	rót	2, 481
heord	1, 654	lǽppa	2, 57	rǿtu	2, 481
hiere	3, 357	lapian	2, 50	rûm	2, 526
hígian	2, 621, 622	lǽs	2, 33	rýan	2, 502
hlanc	1, 577	léac	2, 67	ryðða	3, 265
hléor	2, 666	léap	2, 64	rýn	2, 502, 555
hléotan	1, 574	lêf	2, 39		
hlíet	1, 574	liccian	2, 40	sadol	2, 601
hlígan	1, 570	lógian	2, 3	sagu	2, 285
hligsa	3, 516	lunger	2, 80	same	2, 573
hlimman	1, 577	lýdre	2, 76; 3, 518	sápe	2, 569
hlód	1, 565			scearu	2, 645
hóc	1, 588	macian	2, 129	sceorfan	2, 646
hól	3, 235	maga	2, 167	scielf	3, 453
holm	3, 255	mara	1, 556	scielfan	1, 597
hop	1, 678	mǽsc-	2, 113	scort	1, 242; 2, 647
hoppian	1, 559	mǽst, mast	2, 163	screncan	2, 652
horh	2, 697	mattoc	2, 165	scríc	1, 664
hors	2, 279	máx-wyrt	2, 113	scrúd	2, 652
Hrǽdas	1, 663	méce	2, 128	sealma	2, 659
hrægel	1, 668	meltan	2, 150	séar	3, 54
hrágra	1, 664	mentel	2, 189	secg	2, 285
hramse	3, 321	méos	2, 166, 170	selma	2, 659
hreddan	1, 668	mierran	2, 97	sierce	2, 700
hremman	1, 667	mist	2, 109	sîhte	3, 63
hréof	1, 671	molda	2, 156	sinder	3, 63
hrêr	2, 261	mór	2, 158	sioloc	3, 387
hrídder	1, 670	myll	2, 172	sláw	2, 657
hrindan	1, 671; 3, 517	myne	1, 117	slǽw	2, 657
hring	1, 670			slicc	2, 26
hringan	1, 675			slídan	2, 658; 3, 246
hróf	3, 30	nihol	2, 222	slíw	2, 43
hróst	1, 653	niosan	2, 234	smácian	2, 670
		niowol	2, 222	sméocan	2, 677

smeortan	2, 671	sulh	3, 257	úle	1, 242
smoca	2, 670, 677	swealwe	2, 691	upp	1, 214
smocian	2, 670	swefan	2, 706		
smúgan	2, 679	swefl	1, 433	waru	3, 512
snód	2, 680	sweorc	2, 586	wǽt	1, 177
snoru	2, 682	swîcan	2, 592	wearn	1, 186; 3, 512
sód	3, 53	swíma	3, 236	weonodas	1, 246
sót	2, 568	swiotol	2, 592	weorđ	1, 190, 229
spannan	2, 272			weotuma	1, 183
spír	2, 708	taperæx	3, 122	wibba	1, 176
spón	2, 53	tengan	1, 378	wielm	1, 218
spreawlian	2, 453	tergan	1, 341	wíking	1, 206
sprindel	2, 455, 456	teru	1, 342	wíl, wíle	1, 201
stampe	3, 35	timber	1, 377	wituma	1, 183
stenan	3, 10	titt	3, 108	wlóh	1, 220
stierne	3, 4	tó	1, 355	wóh	2, 12
stód	3, 2	topp	1, 384	word	1, 190, 229
stów	3, 1	tún	3, 161	worn	1, 186
stówian	3, 1	twiccian	1, 330	wrídan	2, 519, 541
strícan	3, 27			wríon	2, 519
sû	2, 593	úder	1, 240	yrsian	1, 405

q. Mittelenglisch

blundren	1, 97	kersey	1, 526	smilen	2, 674
cangle	1, 318	leswe	2, 33	smolder	2, 675
glenten	1, 278	róde	1, 654	spale	3, 423

r. Englisch

ache	3, 480	cant	1, 550	cover	1, 585
ail	2, 281	carlock	1, 533	crook	1, 674
allure	1, 15	cent	3, 284		
answer	2, 712	chew	1, 414	dark	3, 40
arrow	2, 488	chintz	2, 629	dirt	1, 370
		churring	1, 701	dogcheap	1, 348
baby	1, 98	clash	1, 568	dogdays	1, 518
baccy	1, 43	clay	1, 273	draff	1, 370
back	1, 101	cleave	1, 571	drowse	1, 375
baize	1, 160	cloom dial.	1, 567	duck	1, 384
barbican	1, 44	clover	1, 566		
bark	1, 122	clump	1, 573	elm	1, 478
berm	2, 343		3, 516		
bob	1, 98	coachman	1, 709	fallow	2, 397
break	1, 124	cock	1, 701	finch	2, 334
breeze	1, 121	cockle	1, 685	fine	3, 193
bridle	1, 123	cooper	1, 696	flew	2, 376
brim	2, 244, 343	cot	1, 644	freebooter	1, 135
buck	1, 114, 139	cough	1, 268	game	1, 291
bucket	1, 114, 139	cove	1, 432	glad	1, 271

Germanisch

grab	1, 302	mum	2, 173	slap	2, 664; 3, 247
grasshopper	2, 450	mumble	2, 212		410
gunny	1, 322			sleet	2, 665
		narrow	2, 227	slow	2, 657
hap	1, 584			slump	3, 250
hemlock	2, 267	orchard	1, 190	smack	2, 670; 3, 417
hick-wall	1, 469	owl	1, 242	smash	3, 417
hirple	1, 629			smile	2, 674
hitch	2, 621			smoke	2, 670, 677
hooligan	3, 278	pap	2, 311	smoulder	3, 252
hoot	1, 681	pewit	3, 335	smuckle	3, 416
hugger-mugger		piss	2, 360	soot	2, 568
hug-mug, hugger-		pointer	2, 404	spall	3, 423
mugger	1, 283	pool	1, 104; 2, 463	spell	1, 489
		prate	1, 120	sprawl	2, 453
jute	1, 349; 3, 514			sprint	2, 455
		rails	2, 510	squall	3, 406
keep	1, 436	reel	2, 509	step	3, 11
ketch	1, 270	rib(b)and	2, 554	strand	3, 26
knee	1, 580	ribbon	2, 554	sway	3, 236
knight	1, 347	rithe dial.	2, 508		
		roaster	2, 498	tangle	1, 387
lank	1, 577	roof	2, 542; 3, 30	taptoo	3, 76
lap	2, 57	rout	2, 496	tare	1, 342
lights	2, 25, 378			tent	3, 93
link	1, 577; 3, 516	sallow	2, 691	tic	3, 104
lint	2, 31	saw	2, 285	tilbury	3, 105
lump	1, 573	scaramouch	2, 644	top	3, 153
		score	3, 357	twitch	1, 330
make	2, 129	scrape	2, 650		
mar	2, 97	sedge	2, 285	utter	3, 193
marsh	2, 158	shark	3, 376		
martin	2, 100	sheave	3, 406		
mash	2, 113	shelf	3, 453	whistle	2, 594
mattock	2, 165	short	2, 647	whit-wall	1, 469
mew	2, 190	shriek	2, 650	window	2, 259
minnow	2, 117	shrink	2, 652	write	2, 524
morse	2, 158	silk	2, 592		
mud	2, 109	skate	1, 540	yean	3, 481

s. Friesisch

bûsen ostfries.	1, 159	gŭst hemp ostfries.		mâr afries.	2, 158
bŭsterig ostfries.			2, 414	sket(t) afries.	2, 649
	1, 159			slât afries.	2, 665
		hreka afries.	1, 532	strôk ostfries.	3, 28
cona afries.	1, 693				
		lappe afries.	2, 58	thiūstere afries.	
gada, gadia					3, 156
afries.	1, 284				
gŭst ostfries.	2, 414	lôm ostfries.	2, 10	witsing	1, 206

t. Jiddisch-deutsch

balagole	1, 44	kabora	3, 239	šameš	3, 371
bejse chalejmes	1, 70	kabzen	1, 524	Schabbes	3, 362
benjochid	1, 74	kugel	1, 680	schejne berje	3, 371
berje	3, 201, 390	leimed, leimaden	2, 29	Schloma	3, 409
blat	1, 91			Schmu	3, 415
dibbern	2, 485	macher	2, 107	Schmuckler	3, 416
döbern	2, 485	meschores	2, 141	Schmul	3, 416
		meschuggener	2, 141	schön	3, 390
faine berje	3, 201	moheln	2, 180	štuss	3, 361
farfelen	3, 202	pejes	2, 330	treife	3, 138

XIX. Finnisch-ugrisch

a. Ostseefinnisch (Finnisch unbezeichnet)

aalto	2, 5	arta	1, 23	haahka	1, 249
aavo	1, 13	artti	2, 496	habuk weps., lüd.	1, 248
aavu	1, 13			haikottaa	3, 225
ahdin, G. ahtimen	2, 290	briuza karel.	1, 130	haikottele- karel.	3, 225
ahka estn.	1, 249	bul'a weps.	2, 463	haju karel.	3, 225
ahtońe karel.	2, 290	buraita weps.	1, 146	hall estn.	1, 252
ahven	1, 11; 2, 262	čänǯeä karel.	3, 301	halla- karel.	1, 252
Ahvenanmaa	1, 11	čibautta- karel.	3, 334	halle	1, 253
ais estn.	1, 213	čiči karel.	3, 344	haluta	1, 256
aisa	1, 213	čihmer weps.	3, 291	hame	3, 229
aiš weps.	1, 213		337, 339	hame, hameh estn.	3, 229
ait estn.	3, 499	čikko karel.	3, 338	hangas	1, 17
ait' weps.	3, 499	čiliśśä karel.	3, 338	hanka	3, 41
aitta	3, 499	čil'l'i karel.	3, 338	harakka karel.	2, 699
aitta karel.	3, 499	čorppa karel.	3, 421	hard' jukad lüd.	1, 298
ajatar	3, 503	čust'akko karel.	3, 359	hard'uz weps.	3, 231
aken estn.	2, 259	čuuru karel.	3, 358	harjaiset	1, 261
akkuna	2, 259			harjakaiset	1, 261
alanko	2, 265	d'uraidab weps.	3, 472	harjakat karel.	3, 233
alanne	3, 488			harjakka karel.	1, 261
alauš karel.	1, 10	edempi	1, 392	harju	1, 261; 3, 231
alho	2, 266	ema estn.	2, 268	harju karel.	1, 261
allas	2, 52	en minä tiijä karel.	1, 398	harjuš karel.	3, 231
alli	1, 12	eno	2, 269	harva	1, 258, 3, 231
alode	2, 5			harva karel.	3, 231
Alodejoki	2, 5	guikk lüd.	1, 683	haukka	1, 248
aloo	1, 13	ǵuraidab weps.	1, 322, 3, 472	haukottoa	3, 225
alue	1, 13				
ankerias	3, 171				
ardo karel.	1, 23				
aro	1, 21				
arpoja	1, 22				

Finnisch-ugrisch

havukka 1, 248	jamata 3, 490	kaizel estn. 1, 532
heinä 2, 609	jame karel. 3, 490	kajava 1, 545
hepo 1, 584	jamuo karel. 3, 490	kakara 1, 505
hevonen 1, 584	jatkaa 3, 499	kakkara 1, 594
hihna 1, 267	jatkuo karel. 3, 499	3, 269
hiimat 3, 241	jõgi estn. 2, 148	kakko 1, 593
hiiri 3, 400	3, 467	kala 1, 511, 688
hiisi 3, 240	joki 1, 172, 2, 148	3, 469
hiiź estn. 3, 240	259, 356; 3, 467	kala karel. 2, 88
hirś estn. 1, 419	jolu 1, 397	kalai̯dab
hirsi 1, 419	juhata, juhkaan	weps. 1, 507
hirvas 1, 270	3, 469	kalats estn. 1, 595
hirvi 2, 616	jukko 1, 470, 478	kal'eg weps. 1, 508
hoahka karel. 1, 249	juko 3, 467	kaleva 1, 596
hobu, hobune	junda, junta	kalhu 1, 508
estn. 1, 584	karel. 3, 470	kaλiińe weps. 1, 511
hõlst estn. 3, 258	juohde G. juohteen	kalja 1, 574
honga-puu	3, 474	kalkku karel. 1, 510
estn. 3, 260	juom liv. 3, 489	kal'l'i weps. 1, 512
honka 1, 592, 612	jürize- karel. 3, 472	kallio 1, 512
3, 260	jürkkä- karel. 3, 472	kal'l'ivo karel. 1, 512
horhottoa	juurikka	Kalmakari 3, 256
karel. 1, 294	karel. 3, 472	kalmisto 1, 602
hosua 3, 254	juurikko 3, 472	kalso 1, 498
houmeh weps. 1, 321	jyristä 3, 472	kaltio 1, 511, 601
houru 3, 253	jyrkkä 3, 472	kalto 1, 511
huisk estn. 3, 198	jägälä karel. 3, 479	kalts estn. 1, 511
humala 3, 251	jäkälä 3, 479	kalu 3, 258
huńgei̯ weps. 1, 321	jänkä 3, 491	kalu estn. 3, 258
huovi 2, 551		kampala, kampela
hursti 3, 258	kaali 1, 509	1, 513
huršti karel. 3, 258	kaalik estn. 1, 509	kana 1, 516
huude 1, 318	kaalo 1, 511	kanerva 1, 516
huuveh karel. 1, 318	kaara 1, 525	kanta 1, 517
hyyttää 3, 468	kaarkema 1, 530	kapalo 1, 495
hähk weps. 3, 395	kaarnas 1, 534	kapu 1, 494, 497
hähn estn. 3, 386	kaatio 1, 262	kar weps. 1, 525
hähnä 3, 386	kaats estn. 1, 262	kara 1, 526
hälistä 1, 254	kaatsas estn. 1, 262	karanko 1, 531
Häme, Hämäläinen	kabia karel. 1, 497	kare 1, 531, 622
3, 490ff.	kabu lüd. 1, 497	kargai̯dan weps.
hämärä 1, 264; 3, 250	kačkera karel. 1, 543	1, 630
härmä 1, 296	kadakas estn. 1, 500	kargan estn. 1, 630
	kagra- karel. 1, 268	karhu 1, 530
ies G. ikeen 1, 470	497	kari 3, 256, 267
Inkeri 1, 472, 481	kahatšu karel. 1, 500	kari estn. 3, 267
3, 515	kahle 1, 588	karista 1, 535
i̯uohe olon. 3, 474	kaikki 1, 505	karja 1, 624
	kaikkoa 1, 505	kaŕp estn. 1, 632
jama 3, 490	kainulainen 1, 547	karsi 1, 532
ama estn. 3, 490	kaisila 1, 532	karsina 1, 532
Jamama estn. 3, 490	kaisla 1, 532	karsu 1, 532

karśut karel.	1, 537	kiivas	1, 554	korbiainen	
karši karel.	1, 532	kiiver, küvar		olon.	1, 622
kartu	1, 531	estn.	1, 554	koŕeh weps.	1, 625
karvas	1, 529; 3, 262	kilistä	1, 557		639
karźin weps.	1, 532	kilo	1, 557	korento	1, 631, 699
karžina karel.	1, 532	kilu estn.	1, 557	korgo karel.	1, 623
kask weps.	1, 537	kimalainen	3, 415	korilo	1, 699
kaski	1, 537	kimara	3, 415	korja	1, 624
kasvaa	2, 529	king estn.	1, 550	korja- karel.	1, 624
kasvot	2, 529	kinnata	1, 550	kormu	1, 638
kataja	1, 500	kinža karel.	1, 558	korpi	1, 622
katkaịta weps.	1, 712	kipru	1, 553	korpits estn.	1, 701
katkata	1, 712	kirjava	1, 561	korpu	1, 623
katkera	1, 543	kirsi	1, 560	korrata	1, 622
katkoa- karel.	1, 712	kirstu	1, 552	korsu	1, 626
kauha	1, 586	kirzi olon.	1, 560	korsua	1, 638
kau̯kal weps.	1, 602	kiur estn.	1, 564	korsukenkä	1, 626
	3, 516	kiura	1, 564	korte'	1, 635
kauppa	1, 696	kives	1, 554	korteh karel.	1, 635
kauŕ estn.	1, 499	kives olon.	1, 554	korv estn.	1, 636
kaura	1, 497, 586	kivi-ručču olon.		koski	1, 651
kavahtaa	1, 498		1, 554	koṭa	1, 588, 3, 225
kavama, kavatsema		kivistää	1, 554		233
estn.	1, 498	kobra karel.	1, 583	kott' estn.	1, 645
kavi weps.	1, 494	koda weps. karel.		kotta	1, 647
kavio	1, 497		1, 588	kotti	1, 647
kažl'u olon.	1, 532	kodańe karel.	1, 588	kouhlo	1, 685
kehdata	1, 553	kohma	1, 588	koura	1, 583
keksi	1, 595	kohva karel.	1, 588	kovertaa	1, 587
kempo	1, 513	koibi karel.	1, 592	kubạịdab	
kenkä	1, 550	koipi	1, 592	weps.	1, 581
kentä	1, 549	koirio	1, 703	kubạideịtab	
keppi	1, 559	koivu	1, 149	weps.	1, 677
kepponen	3, 167	kokka	1, 592	kubaš karel.	1, 677
kerda karel.	1, 550	kokko	1, 595	kubo karel.	1, 678
kero karel.	1, 551	kokoi olon.	1, 593	kučụtta-	
kerta	1, 550, 3, 320	kol'k estn.	1, 687	karel.	1, 709
keso(i)	1, 552	kolkata	1, 600	kuhilas	1, 557
keto	1, 548	kollos	1, 600	kuhmu	1, 680
ketškerä		kolpitsa	1, 604	kuhti estn.	1, 647
karel.	1, 553	kolu	3, 258	kuik estn.	1, 683
keyši karel.	1, 554	kombū weps.	1, 607	kuikka	
kibištan weps.	1, 554	kompia	1, 607	karel. finn.	1, 683
ḳibŕik weps.	1, 553	kõntala wot.	1, 680	kuitti karel.	1, 683
kiekerö		kontti	1, 79, 645	kuiva pohja	1, 683
finn. karel.	1, 548	koolma estn.	1, 599	kukjin-karandjš	
kieles	1, 549	koonal estn.	1, 680	weps.	1, 684
kierre	1, 551	koppala karel.	1, 618	kukkel'i	
kierrenuotta	1, 551	koppelo	1, 618	karel.	1, 684, 685
kiides	1, 563	kõŕb estn.	1, 622	kukko	1, 592
kiipakka		korbi		kukko karel.	1, 684
karel.	1, 559	olon., karel.	1, 622	kukkua	1, 685

664 Finnisch-ugrisch

kukoi̯ weps.	1, 684	kuvas	1, 677	lansi	2, 11, 56, 66
kukoi̯ olon.	1, 684	kyhkö olon.	1, 680	lapa	2, 58
kukru estn.	1, 685	kyhläs	1, 557	lapikas	2, 2
kulak estn.	1, 687	kylpeä	1, 690	lapio	2, 58
kulo	1, 687	kylä	1, 688	lasta	2, 16
kumartaa	1, 692	Kymi, kymi	1, 512	laštimo karel.	2, 17
kumpunen	1, 607	kynsi	1, 558		290
kumsi	1, 692	kyrsä	1, 625, 711	latikas estn.	2, 18
kuningas	1, 581	kyteä	3, 165	latukka	2, 18
kuntus	1, 617, 694	kytö	1, 562	laudus	2, 51
kuokka	1, 593, 595	käämi	3, 286	lauma	2, 54
kuolla	1, 599	kääv estn.	3, 286	lehmä	2, 27
kuontalo	1, 680	käb'äl' weps.	3, 166	leipä	3, 245
kuore	1, 625, 639	käbälä karel.	3, 166	lell estn.	2, 82
kuoreh olon., karel.		käbäli estn.	3, 166	lemboi olon.	2, 29
	1, 625, 639	käbrü karel.	1, 548	lemi	2, 29
kupauttoa	1, 677	käpälä	3, 166	lempo	2, 29
kupo	1, 678	käpäli estn.	3, 166	leng estn.	2, 669
kuppi	1, 697	käpp estn.	1, 711	lepp estn.	2, 32
kupsu	1, 686	käppä	1, 711	leppä	2, 32
kuràli liv.	1, 635	käprü	1, 548	lest estn.	2, 37
kurento	1, 699	kärai̯dan weps.	1, 712	lidma karel.	2, 49
kurikka	1, 699	käräjää	1, 712	liemi	2, 30
kurista	1, 697	kärpi karel.	1, 711	liippo	2, 44
kurm estn.	1, 700	kärsä	1, 712	liipoi olon.	2, 44
kurnikku karel.	1, 700	kärväs	1, 623, 711	liiv estn.	3, 518
kuroa	1, 698	kärzä- karel.	1, 712	liiva	2, 74; 3, 518
kurp liv.	1, 702	käsäs	1, 552	linda karel.	2, 43
kurppa	3, 279	käsi	1, 549	linna	2, 25
kurppa wotisch		kasipuu estn.	1, 549	lińt estn.	2, 31
	3, 279	kävellä	1, 587	linta	2, 43
kurpunen	1, 623	köiź estn.	1, 554	livviköt weps.	2, 40
	702	köysi	1, 554	loama karel.	2, 56
kürs estn.	1, 711			lohi	2, 62
kuru	1, 703	laaho finn., karel.		lõhi estn.	2, 62
kuruo karel.	1, 698		2, 21	lohkoi lüd.	2, 55
kurvi	1, 698	laari	2, 15	loim estn.	2, 56
kürz weps.	1, 711	laaź estn.	2, 11, 56	loimi	2, 54
kütis estn.	3, 165	labia karel.	2, 58	lood estn.	2, 65
kutistama		labid weps.	2, 58	lõõv estn.	3, 246
estn.	1, 707	labidas estn.	2, 58	lopperi	2, 58
kutittaa	1, 707	laev estn.	2, 54	loppu	2, 59
kütma estn.	3, 165	lahti	1, 517; 2, 20	lopsima estn.	2, 70
kutšutada		λai̯d weps.	2, 8	λovai̯dan weps.	2, 50
weps.	1, 709	lainata	2, 12	λovai̯ta weps.	2, 50
küttut weps.	1, 711	laipie karel.	2, 8	luda karel.	2, 66
kütüt karel.	1, 711	laita	2, 3	luht estn.	2, 72
kuukso	1, 695, 2, 463	laito	2, 8	λuht weps.	2, 72
kuukšo karel.	1, 686	laiva	2, 7, 54	luhta	2, 72
	2, 463	lambi karel.	2, 11	luodo karel.	2, 65
kuurma	1, 700	lampi	2, 11	luoto	2, 60, 65
kuva karel.	1, 677	lampus	2, 11	lusikka	2, 67

luta	2, 66	
luzikka karel.	2, 67	
lägädäk karel.	2, 28	
l'äip weps.	2, 82	
läkättää	2, 28	
läll' estn.	2, 82	
lämsä	2, 83	
länki	2, 83	
lännik estn.	2, 83	
lännikko wotisch	2, 83	
lävzöttäi karel.	2, 80	
läyse	2, 80	
maa	1, 392, 3, 129	
maamuurain	2, 94	
maaselkä	2, 101	
maim estn.	2, 89	
maim weps.	2, 89	
maima	2, 147	
maima karel.	2, 88	89
maimakala karel.	2, 88	
maina wotisch	2, 89	
mainas	2, 89	
maito	2, 88	
maittaa	2, 89	
maiva	2, 89, 112	147
maks estn.	2, 90	
maksa	2, 90	
malavus	2, 91	
malka	1, 478	
malkkia	2, 92	
malttaa	2, 92	
malttoa karel.	2, 92	
mamoi weps.	2, 93	
manner	2, 95	
mansikka	2, 101	
mantere-mardus estn.	2, 95 2, 98	
marjas	2, 99	
matara	2, 106	
mela	2, 183	
mela karel.	2, 183	
meri	2, 123	
merta	2, 119	
mesi	2, 110	
mesto	2, 131	
meštu karel.	2, 131	
miekka	2, 128	
mogl estn.	2, 184	
moisio	2, 183	
mõiz estn.	2, 183	
moiz(ə) liv.	2, 183	
mõiza, meiza wotisch	2, 183	
mõla estn.	2, 183	
mõrd estn.	2, 119	157
mørda liv.	2, 119	
muamūroi lüd.	2, 94	
muda karel.	2, 168	
mudeg weps.	2, 168	
mugl estn.	2, 184	
muhju	2, 168	
muju	2, 169	
murda- karel.	2, 175	
mŭrda liv.	2, 157	
murju	2, 177	
murtaa	2, 175	
must estn.	2, 168	
musta	2, 162, 168	
muštada lüd.	2, 182	
muštan weps.	2, 182	
muštta weps.	2, 182	
muta	2, 168	
mutiainen	2, 179	
mutti	2, 179	
muurain	2, 160	
muuran	2, 160	
muźu estn.	2, 171	
myristä	2, 187	
määhnä	2, 182	
m̀älaida weps.	2, 188	
mäńd estn.	2, 188	
mändü karel.	2, 188	
mänty	2, 188	
mölytä	2, 188	
möristä	2, 188	
mörätä karel.	2, 188	
napakaira	2, 197	
narvaine weps.	2, 198	
ńauguo karel.	2, 234	
nauka	2, 234	
naukua	2, 234	
neula	2, 207	
neuvo(t)	2, 207	
neva	2, 205	
ńiegla karel.	2, 207	
niemi	2, 211	
ńieŕieš karel.	2, 213	
nieriäinen	2, 213	
niva	2, 219	
ńorppa- olon.	2, 214	
nühistä karel.	2, 233	
nuodivo karel.	2, 225	
nuotio	2, 225	
nuotta	2, 232	
nuŕm estn.	2, 232	
nurmi	2, 232	
nyhistä	2, 233	
närte	2, 235	
nätsä	2, 235	
näugima estn.	2, 234	
ohakas estn.	2, 294	
ohja	1, 214	
ohtahańe karel.	2, 294	
ohtajaisheinä	2, 294	
oja	1, 238	
ong weps.	3, 184	
ońgi karel.	3, 184	
onk estn.	3, 184	
onki	3, 184	
opas	2, 270	
ora estn.	3, 471	
ora weps.	3, 471	
orańi karel.	3, 471	
orava	3, 188	
org estn.	1, 227	2, 275
orgo karel.	1, 227	2, 275
orko	1, 227; 2, 275	
paarma	1, 56, 2, 317	
paasko	1, 59	
paasku	1, 59	
pahna	2, 299	
pahna karel.	2, 299	
pahta	2, 327	
pahtaa	2, 328	
pai finn., estn.	2, 302	
painaa	2, 329	
painoš karel.	2, 335	
pajoittaa	2, 329	
paju	2, 303	
paju karel.	2, 303	
paju estn.	2, 303	
pakkula	2, 304	
pakkul'i karel.	2, 304	
pal' weps.	2, 307	
palas	2, 477	

palkku	2, 307	piirtää	2, 359	purku	2, 466
pallas	2, 306	piisku	2, 361	purlakka	1, 148
panija	2, 310	piiśku karel.	2, 361	pursi	2, 472
panka	2, 309	pikku karel., finn.		putina	1, 100
panki	1, 106		2, 356	putista	2, 461
paŋg lüd., weps.		pinda karel.	2, 357	put'k estn.	2, 471
	2, 309	pinta	2, 357	putki	1, 136; 2, 468
parandama		pirdan weps.	2, 359		471
estn.	2, 314	pirkka	1, 87	putki karel.	2, 468
parandan weps.		pirtti	2, 345	putro	2, 469
	2, 314	pirz weps.	2, 359	pütśk estn.	2, 471
parantaa	2, 314	pirzottai karel.		puuro	2, 469
parh lüd.	2, 410		2, 359	puvaš karel.	2, 460
parm estn.	2, 317	ṕist'äińe weps.	2, 361	pužaja- olon.	2, 461
parm weps.	2, 317	poaska karel.	1, 59	püöhitä karel.	2, 351
parma 1, 56,	2, 317	poeg estn.	2, 388	püöhtä- olon.	
parsi	2, 316	poiga karel.	2, 388		2, 328, 351
parsi wotisch	2, 316	poika	2, 388	pyöhtää	2, 327
paŕv estn.	2, 315	polo	2, 463	päläs	2, 331
parvi	2, 315	põnder estn.	2, 334	päläš karel.	2, 331
parzilla wotisch		põõn estn.	2, 335	päristä	2, 477
	2, 316	pore	2, 407	pöly	2, 473
paska	2, 328	põrkapund estn.		pötkö	2, 330
paskaharakka	2, 319		1, 79	pöytä	1, 95
paskarääkkä	2, 319	porkkana	1, 108		
paskatš weps.	2, 320	poro „Lauge"		raaka	2, 498
paskraag estn.			2, 410	raamat estn.	1, 303
	2, 319	poro „Lauge"		raamattu	1, 303
pasku	2, 300	karel.	2, 410	raasu 1, 29;	2, 564
pastal estn.	2, 416	poro „Renntier"		raba estn.	1, 217
paun estn.	2, 298		2, 472	raha	2, 481, 527
pauna	2, 298	potskaus	2, 421	rahuo karel.	2, 481
paža weps.	2, 300	pudas	2, 460	raid estn.	2, 487
pehuli	2, 350	pugri karel.	1, 134	raida karel.	2, 487
peippo	3, 352	pulk estn.	2, 463	raina karel.	2, 487
peni	2, 358	pulkka 1, 103;	2, 463	raipaitta lüd.	2, 487
perä	2, 342	pullo	2, 463	raita	2, 487
petkel	2, 362	pullo karel.	2, 463	raito karel., finn.	
piena	2, 335	pulu	1, 320		2, 487
piena karel.	2, 335	punańe karel.	2, 464	rajakko olon.	2, 483
pieni	2, 358	punta	2, 464	rapa	1, 217
piettie karel.	2, 349	puosu	2, 551	rapa-	2, 480
piettiö	2, 349	purakas	1, 146	rapakas estn.	2, 536
pihka karel., finn.		purakka, purakko		rasi	2, 484
	2, 363		1, 146	ratšu karel.	2, 540
pihku wotisch	2, 363	pūraz liv.	2, 318	rauha	2, 480
piip estn.	2, 358	puŕeh weps., karel.		raun estn.	2, 526
piirag estn.	2, 360		2, 453	raunio	2, 526
piiras	2, 360	purgu karel.	2, 466	raunivo karel.	2, 526
piirdä- karel.	2, 359	purje 2, 427,	453	rauska	2, 481
piiroa karel., olon.		puŕje estn.	2, 427	rauška karel.	2, 481
	2, 360	purjeh karel.	2, 427	ravu olon. 2, 479,	480

razi olon.	2, 484	
raźi karel.	2, 484	
redel estn.	2, 503	
rei estn.	2, 507	
reikä	2, 487	
reisi	2, 524	
rentiä	2, 556	
repsata	2, 514	
ŕeuk weps.	2, 517	
reädä karel.	2, 562	
ribiśśä karel.	2, 520	
ŕibu karel.	2, 520	
rieme karel.	2, 562	
riemu	2, 562	
riepakka	2, 513	
rieska	2, 514	
rieška karel.	2, 514	
rihi estn.	2, 507	
rihma	2, 521, 522	
rihma karel.	2, 521	
riibi- karel.	2, 520	
riihi	2, 507, 521	
riihi karel.	2, 521	
riipiä	2, 520	
rinda karel.	2, 522	
rinta	2, 522	
ripettäi karel.	2, 520	
ripo	2, 521	
rippakko karel.	2, 523	
riskain	2, 522	
riskamo	2, 522	
riśt estn.	1, 662	
risti	1, 662	
riäpüs lüd.	2, 523	
roaša karel.	2, 564	
robeh- karel.	2, 543	
robeh lüd.	2, 543	
rohko	2, 540	
rokk estn.	2, 532	
rokka	2, 532	
roog estn.	2, 527	
ropak weps.	2, 535	
rouda karel.	2, 526	
rougu olon.	2, 525	
rouhata karel., finn.	2, 526	
rouhie karel.	2, 526	
rõuk estn.	2, 517	
roukka	2, 525	
roukko	2, 526	
routa	2, 526	
rove	2, 543	
rudsuma estn.	2, 553	
rūh weps.	2, 544	
rumen weps.	2, 546	
runovaadin	2, 548	
ruoga karel.	2, 527	
ruohk lüd.	2, 540	
ruohka- olon.	2, 540	
ruoju	2, 532	
ruoka	2, 527	
ruopas	2, 536, 549	
ruǫpaz lüd.	2, 536	
ruošme karel.	2, 531	
ruozme olon.	2, 531	
ruǫzme lüd.	2, 531	
ruožme karel.	2, 531	
ruppa karel.	2, 548	
rusahtaa	2, 544	
rusu	2, 560	
ruta	2, 544	
rutista	2, 553	
rutsuma estn.	2, 553	
ruuh estn.	2, 532, 544	
ruuhi	2, 532, 544	
ruumen	2, 546	
rüza estn.	2, 559	
ružu weps.	2, 544	
ruzuma estn.	2, 553	
rüžä karel.	2, 559	
rysä	2, 559	
räbik estn.	2, 560	
räbistä karel.	2, 561	
räiččäjdä weps.	2, 507	
räiskätä	2, 507	
räisy	2, 563	
räme	2, 562	
rämpiä	2, 556	
ränd estn.	2, 563	
rändä karel.	2, 563	
räns estn.	2, 563	
räntä	2, 563	
räpistä	2, 561	
ŕäpus weps.	2, 563	
rätistä	2, 562	
rätškeä karel.	2, 562, 564	
räžähüttä- olon.	2, 562	
rääbis estn.	2, 563	
rääpiö	2, 561	
rääpys	2, 523, 563
rääsy	2, 562
räätä	2, 562
röhkan weps.	2, 517
röhkädä lüd.	2, 517
rötšä karel.	2, 518
röykkö finn.	2, 517
saabas estn.	2, 578
saapas	2, 578
saara	3, 375
saija	2, 569
saima	2, 688
saimu olon.	2, 688
saippua	2, 569
saita „Dorsch"	2, 568
saitta	3, 419
saivo	2, 600
sala	2, 691
salag weps.	2, 571
salakas estn.	2, 571
salakka	2, 571
salkku	3, 368
salko	3, 367, 418
sal'm estn.	2, 572, 692
salmi	2, 572, 692; 3, 346
sanoa	2, 575
saps estn.	2, 696
saps liv.	2, 696
sapsa	2, 696
sard' lüd.	2, 580
śäregata weps.	3, 64
sarg weps.	2, 580
sarja	2, 580
sarka	2, 580
sata	3, 16
sauna	2, 7
śebr weps.	2, 599
seimi	3, 386
selgü olon.	2, 606
selko	3, 368
selkä	2, 606; 3, 368, 389
sepik estn.	2, 611
sepä	2, 600
seura	2, 599
śestrikaińe weps.	2, 618
siehtarlainen	2, 618
siemen	2, 609

Finnisch-ugrisch

Siestarjoki	3, 521	suurustaa	3, 50	tanu	3, 75
sīg weps.	2, 621	suurustama	3, 50	tanu estn.	3, 75
siga estn.	2, 623	syrjä	1, 465	tap- finn.	3, 120
	3, 336	sysmä	3, 41	tapa	1, 356
siibi- karel.	3, 396	syvä	2, 594	tappa- finn.	3, 95
siide	3, 343	säinakas estn.	2, 627	tappara	3, 122
siig estn.	2, 621	sämis(k) estn.	1, 441	tarbo- karel.	3, 123
siiga- olon.	2, 621	sängi olon.	2, 610	tarboin karel.	3, 123
siika	2, 621	sänki	2, 610	tari estn.	3, 80
siima	2, 625	śraịdan weps.	3, 64	tarja karel.	3, 80
siima- olon.	2, 625	śárg weps.	2, 697	tarpoa	3, 123
siipi	3, 396	särg estn.	2, 614	tatoị weps.	3, 82
sika	1, 424; 3, 336	särki	2, 601, 605	tehdä	1, 338
silakka	2, 606		614, 697	tela	3, 89
silava	3, 386	särkinen	2, 614	teljo	3, 89
singottaa	3, 399	säynäs	2, 627	tel'l'o karel.	3, 89
sini	2, 626	šagista karel.	3, 364	tere	3, 168
sintti	2, 681	šalgo karel.	3, 367	terä	3, 168
sipsu	3, 400	šalkku karel.	3, 368	t'ihi karel.	1, 554
sisilisko	1, 423	šarga karel.	2, 580		3, 103
	3, 398	šebä lüd., karel.		t'ih'i weps.	3, 103
siśś estn.	3, 403		2, 600	tikas	3, 9
sissi	3, 403	šeimi karel.	3, 386	tikk estn.	3, 104
sivakka	3, 335	šelgońe karel.	3, 368	t'ikk weps.	3, 104
sizalik estn.	3, 398	šelgä karel.	3, 368	tikka wot., finn.	
sob'egandeb weps.			389		3, 104
	3, 345	šiga karel.	1, 424	t'ikku karel.	3, 104
sõber estn.	2, 599		2, 623; 3, 336	tinttu	3, 106
sohja, sohjo	3, 433	šiima karel.	2, 625	tirččµ olon.	1, 561
soịm weps.	2, 688	šingottaa karel.	3, 399	toatto karel.	3, 82
soima	2, 688	šinguo karel.	3, 399	tohtuturk weps.	
soinen	3, 365	šižlik weps.	3, 398		3, 156
solista	3, 420	šoappoa karel.	2, 578	tonka	2, 607
solki	3, 61, 376	šoara karel.	3, 375	tork(k)o	1, 364
solukka	3, 347	šoińe karel.	3, 365	torppu	3, 127
sompa	3, 64	šoleuduo karel.	3, 420	tõuk estn.	3, 113
sompo	3, 420	šorańe karel.	3, 375	toukka	3, 113
sopista	3, 362	šugista karel.	3, 433	tšakšu karel.	3, 366
sora	2, 697; 3, 358	šuuńa karel.	3, 437	tšap weps.	3, 302
	375, 421	šäbäịta weps.	3, 362	tšauriŋg lüd.	3, 298
sorppa	3, 422			tšihkoa karel.	3, 344
sorsa	2, 581	taatto	3, 82	tšihva karel.	3, 291
sõster estn.	2, 618	taibale- karel.	3, 69		336, 337
sujoma olon.	3, 41	taim estn.	3, 69	tšihvu olon.	3, 291
suo	3, 45, 365	taimen	3, 69	tšiite olon.	3, 343
suoli	2, 537	taipale	3, 69	tšīm weps.	3, 339
supikas	3, 356	tala	3, 73	tšipšu karel.	3, 344
supp estn.	3, 437	tala estn.	3, 73		400
suppu	3, 437	talas estn.	3, 73	tširize- karel.	3, 341
surma	3, 438	talkkuna	3, 116	tšolata karel	3, 354
suurus	2, 443; 3, 50	taltta karel., finn.		tšonžud weps.	3, 356
suurus olon.	3, 50		1, 360	tšoriśśa karel.	3, 348

tšuppu karel. 3, 356	uoma 3, 489	vigl estn. 1, 200
357	upokas 3, 185	vikli karel. 1, 200
tšur weps. 3, 358	uraja- karel. 3, 187	vilata karel., finn.
tuhkelo 3, 147	urakka 3, 187	1, 200
tuhkiainen 3, 147	urb estn. 3, 187	vimb estn. 1, 240
tuhma karel. 3, 147	urba karel. 3, 187	vīmba liv. 1, 240
tuhu weps., finn.	urista 3, 187	vimma-kala estn.
3, 158	urpa 3, 187	1, 240
tuk lüd. 3, 149	uudin olon., finn.	vimpa finn., wot.
tukk weps. 3, 149	3, 174	1, 240
tukku 3, 149	uuŕ südestn. 3, 471	vingua karel. 1, 183
tulk estn. 3, 115	uure estn. 3, 188	vinguma estn. 1, 203
tulukšet karel. 3, 151	uurre 3, 188	viŋguo karel. 1, 203
tulus 3, 151	uurre karel. 3, 188	vinkua 1, 183, 203
tunturi 3, 152	uurtaa 3, 188	virga olon. 1, 185
tuoro olon. 3, 154	uurto 3, 188	virsu 1, 188
tupa 3, 153	vaagen estn. 1, 162	vitlʹik weps. 1, 200
turb estn. 3, 154	vaaja 1, 213	vits estn. 1, 207
turba karel. 3, 154	vaara 1, 169	vits weps. 3, 339
turbas estn. 3, 154	vai estn. 1, 213	viuhka 1, 243
turkaita karel. 3, 124	vakka 1, 162	voara karel. 1, 169
turku 3, 123	valge estn. 1, 217	võlu estn. 1, 223
turo 3, 154	219, 220	voṅka olonetz. 1, 106
turpa 3, 154	valkea 1, 217, 219	vonkka 1, 106
turvas 3, 154	220	vora, voro 1, 226
tuturk weps. 3, 156	valma(s) 1, 167	vuitti 1, 243
tuustakko 3, 359	vana 1, 168	vädźistä karel. 1, 247
tuuštakko karel.	vara 1, 171	Väin, Väinajõgi
3, 359	varas 1, 226	estn. 1, 331
tykkä 3, 163	vares 1, 228	väive 1, 233
tähden 1, 338	varis 1, 228	vänkyä 1, 183
täristä karel. 3, 77	varpu 1, 228	vänätä karel. 1, 245
törmä 1, 342	varsa 1, 170	värttänä 1, 187
uhku 1, 156; 3, 196	varža karel. 1, 170	vätkyttää 1, 247
uhku karel. 3, 196	vaŕźiŋg weps. 1, 170	vätystää 1, 247
uig weps. 3, 179	vatel estn. 1, 232	
uikama 3, 179	våuged weps. 1, 73	wisko ält. finn.
uilo 3, 181	219	3, 198, 408
uilokas 3, 181	veikko 1, 179	äimistää 1, 8
uitti 3, 179	velho 1, 223	äkä 3, 479
uitto wotisch 3, 179	venäjä 1, 246	äristä 1, 22
ukki 3, 193	Vento, vento 3, 513	ärize- karel. 1, 22
ulaįdab weps. 3, 181	verand lüd. 1, 203, 241	ääni 2, 269
ule, ulo 3, 469	verha 1, 185	ääninen 2, 269
ulista 3, 181	verkanen 1, 185	
und estn. 3, 173	vičerdiä karel. 1, 243	öölakko wotisch
ūnda liv. 3, 173	vieno 3, 514	1, 394

b. *Lappisch*

agne 2, 269	alddo N. 1, 216	ārešm Kild. 1, 24
aḳkli Patsj. 1, 9	αλλὸəkε T. 1, 12	

balges	2, 477	kieðem Kild.	1, 548	pagge Patsj.	2, 309
boacco N,	2, 472	kieraχ Kild.	1, 561	pāldes K.	2, 307
boagan N.	2, 303	kierres Patsj.	1, 551	paŋgke Kild.	2, 309
buðaš N.	2, 460	k̑iertše Patsj.	1, 552	pāska Patsj.	1, 59
bulke N.	1, 103	k̑iəλas T.	1, 600	pātska Kild.	1, 59
bulkke N.	1, 103	kīndta Kild.	1, 550	paχte K.	2, 327
		kiəhpel Kild.	1, 559	perdtai̯ Kild.	2, 344
čarva N.	3, 304	kirt K.	1, 552	pietśka Ter.	2, 476
čærreg N.	3, 341	koandzai Ter.	1, 614	piňdte Kild.	2, 477
čievrra N.	3, 298	kõlɐs Patsj.	1, 603	pinnagara Ter.	2, 358
čiktet N.	3, 338	kolpɐχ Kild.	1, 512	pinnɐγarra Kild.	
čioinne K.	3, 356	kõndas Kild.	1, 617		2, 358
čiχte- K.	3, 338	kõndtīrvε Ter.	1, 694	poackas K.	2, 421
čoalbme N.	2, 692	korso Schwed.-lapp.		porgketūl'l'e Kild.	
čutte K.	3, 352		1, 626		2, 407
čuχč K.	3, 360	košk̑e Ter.	1, 651	pork K.	2, 466
		kõvas Patsj.	1, 679	poroko L.	2, 466
dǣvok N.	3, 88	(vuaddže-) kro'ppa		puəide Patsj.	2, 388
dullja N.	3, 163	Patsj.	1, 667	puīdte Kild.	2, 388
duoddâr N.	3, 152	kuəpel Kild.	1, 618	pulhke K.	1, 103
duoska	2, 468	kuńńa K.	1, 693	puoγγań K.	2, 303
		kuūdža Patsj.	1, 692	purgka Kild.	2, 466
gārastak N.	1, 24			puu̯re K.	1, 134
gaskas N.	1, 501	ladne	2, 25		
gievvot N.	1, 548	lamča K.	2, 83	raida K.	2, 487
gorsa N.	1, 626	lāttišk̑e	2, 18	rāuka L.	2, 496
guowsak N.	1, 686	lavčče N.	2, 83	reaktsa Ter.	2, 502
		lien͞ge Patsj.	2, 83	rēmi	2, 562
jawre N.	3, 482	lieppe Patsj.	2, 83	rieu̯dta Notoz.	2, 500
jegge	2, 269	lı́mma K.	2, 30	riəbpag Ter.	2, 535
jem mon die(ðe)	1, 398	lo̜ttâd N.	2, 20	roavggo N.	2, 526
jiegel Ter.	3, 479	λuəppe Notoz.	2, 58	rovva Patsj.	2, 525
jiegge Patsj.	3, 491			ruəbpeχ Kild.	2, 535
jorbme	3, 473	maiv K.	2, 112	ruχša Patsj.	2, 533
juksa- L.	3, 469	mielgas N.	2, 114		
		morša Ter.	2, 158	sajte K.	2, 568
kāðer Kild.	1, 540	morššâ N.	2, 158	sālves Patsj.	2, 571
kadte Notoz.	1, 518			sārnad Ter.	2, 581
kālk K.	1, 508			sarnɐð Kild.	2, 581
kāllak	1, 511	nāβe͞rgk Kild.	2, 197	særgge N.	2, 697
kāmɐs Patsj.	1, 513	nāvag Ter.	2, 191	sieima	3, 386
kāmbel Kild.	1, 513	ńeu̯kke Patsj.	2, 234	sījtekāles Ter.	2, 623
kamgijt K.	1, 520	njæšše Norw.	2, 235	sildte Ter.	2, 607
kanjt Norw.	1, 518	ńiešše Ter.	2, 235	sivn K.	2, 627
kāptsa Ter.	1, 525	njuorra Norw.	2, 234	skoaddo Norw.	3, 407
karasstoh J.	1, 24	njuörjo Norw.	2, 234	suβes Kild.	3, 357
karasted Patsj.	1, 528	njäblot S.	2, 205	suəpts Kild.	2, 696
kargo	1, 530	noarve Norw.	2, 198	sùvəs Patsj.	3, 357
karjele L.	1, 624	nɯrje'k̑ Patsj.	2, 234	šalmàōt Ter.	3, 367
karstikk K.	1, 24, 532			šāmšar Patsj.	3, 372
keassɐs Ter.	1, 552	oadai̯ Ter.	2, 236		
k'eu̯γal	1, 549	oŕda Patsj.	3, 188	teχša Patsj.	3, 104

teälla Patsj.	3, 89	tʼšīdtev Kild.	3, 343	vādž Kild.	1, 164
tidda Patsj.	3, 103	tšoalme Patsj.	3, 346		175
tierrɐd Notoz.	3, 97	tšuarabieḷḷe Patsj.		vāldžeg Ter.	1, 167
tindta Ter.	3, 106		3, 359	valme L.	1, 167
toarak Not.	3, 125	tšuəbpar̄gk Kild.		vaŋgkɛ Kild.	1, 168
toŋgke Kild.	3, 119		3, 347	vārre Patsj.	1, 169
tōras Notoz.	3, 126	tšuənne Kild.	3, 356	vaʼtts Patsj.	1, 174
tsaŋke Kild.	3, 281	tulʼlʼa östl.	3, 163	viədted Ter.	2, 236
tšäβar Kild.	3, 297	tundar K.	3, 152	vūβer̄s Kild.	3, 169
tšavastak	1, 553			vuocce	1, 243
tšàvastɐk Patsj.	3, 336	udām Patsj.	3, 173	vuojja Patsj.	1, 234

c. Mordwinisch

aževa E.	1, 213	ḿerata M.	2, 119	śeń M.	2, 626
ažia M.	1, 213	ḿeš M.	2, 130	śeńi M.	2, 627
		ḿišara E.	2, 141	sirmaga E.	2, 615
banskoj E.	2, 308			skal	3, 515
		nurda M.	2, 199	skʼirda E.	2, 638
elʼdʼɛ M.	1, 216	nurdo E.	2, 199	śora E.	2, 443
eŕźa E.	3, 462			śukoro E.	3, 61
eŕźań E.	3, 462	paŋgo E.	2, 309	śulgamo E. 3, 61, 376
		pavas M.	1, 98	sura M.	2, 443
χelendž	1, 149	paz E.	1, 98	surk̂a E.	3, 49
		p̕etkʼelʼ E.	2, 351	suro E.	2, 443
			362	sustuka	3, 51
kańf M.	1, 615	pondă M.	2, 460	šejər M.	3, 400
kańχʼ E.	1, 615	pondo E.	2, 460	šekšej E.	3, 386
karda M.	1, 530	pulă M.	2, 463	šɛkši M.	3, 386
kardas E.	1, 530	pulo E.	2, 463	štatol E.	3, 429
k̂elu M.	1, 149	puŕe E.	2, 466	śviśka E.	1, 204
kərtśɛ M.	1, 631				
k̂ertš E.	1, 551	Rav E. 1, 217; 3, 513			
k̂ilej, kileń E.	1, 149	riz M.	2, 486	tap̕a-	3, 95
końov	1, 579	roź	2, 530	tor E.	3, 123
kukeŕams E.	1, 686	rutʼśa E., rutʼśɛ M.		tšejər̄ E.	3, 400
kukʼu M.	1, 686		2, 545		
kuŕtśa E.	1, 631			uŕama E.	3, 188
		salams	2, 691	uŕva E.	3, 187
		salitśa E.	2, 691		
lʼalʼa E.	2, 82	śarda M.	3, 376	vak̂an E.	1, 162
lʼelʼa E.	2, 82	śardo E.	3, 376	var̄ga, variga E.	
lʼɛḿ M.	2, 30	sär̄gä M.	2, 697		1, 170
luv E.	2, 54	sär̄ge E.	2, 697 ff.	v̄ešems E.	1, 239

d. Tscheremissisch

aka	2, 259	βuj	1, 22	jogyn vüd	1, 390
ar	1, 22	βülö	1, 216	jòγə	3, 467
ava	2, 162				
äŋgər	1, 481; 3, 515	ərža	2, 530	kap	1, 522
				karandas	3, 78
βalγəδə	1, 219	imńi	1, 480	karman	2, 220

672   Finnisch-ugrisch

karša	1, 537	ńamok bergtscher.		šel	3, 386
kəńe	1, 615		2, 234	šəlkama	3, 376
kəršüŋgəš berg-		našmak KB.	2, 204	šereŋe	2, 698
tscherem.	1, 638	ńáńä bergtscherem.		šinžiš	2, 626
kok	1, 595		2, 234	šište	2, 386
kuβo bergtscherem.				škal	3, 515
	1, 677	òðə	1, 233	šòβər	3, 363
kündźəla	1, 711			šolo	2, 691
kondzalä berg-				šor	3, 437
tscherem.	1, 682	pört	2, 345	šorðə U.	3, 375
		pùjɛr	2, 466	šurno	2, 443
lakan	2, 28	purγəž osttscherem.			
läškä bergtscherem.			2, 466	taβar	3, 121
	2, 85	půrə	2, 466	tujəs	3, 159
lem	2, 30	puš	2, 472	tumak	3, 151
l'eŋeš	2, 83	puše B.	2, 472	tüś	3, 159
		putšə B.	2, 472		
marə KB.	2, 123			u	2, 220
moská	2, 162	skamńa berg-		Uγarman	2, 219
murɛm	2, 176	tscherem.	2, 632	ur KBU. 1, 595; 3, 188
murə	2, 176	suas	3, 350	uromdok	3, 512
mužan berg-		süas U.	3, 350	urža	2, 530
tscherem.	2, 181	šarðə KB.	3, 375		
ńamaš bergtscherem.		šarpan	3, 377	vakša	3, 512
	2, 234	šaškə	3, 395	volik	1, 216

e. Permisch

al'abiš syrjän.	2, 260	buka syrjän.	1, 41	gimga syrjän.	1, 269
amed'ź wotjak.	2, 267	burtśin wotjak. 1, 149		gitś syrjän.	1, 711
ameś syrjän.	2, 267	bus syrjän.	1, 152	gul'u syrjän.	1, 320
amet'ś syrjän.	2, 267	busturgan wotjak.		in' syrjän.	1, 483
amid'ź syrjän.	2, 267		1, 152	ińka syrjän.	1, 183
arai̯ syrjän.	1, 21	butkędni̯ syrjän.		iśerga syrjän.	2, 617
argi̯š syrjän.	1, 23		1, 154	iz syrjän.	3, 187
artalni̯ syrjän.	1, 26	bygalni̯ syrjän. 1, 157			
at'ni̯ syrjän.	1, 32	di̯n syrjän.	3, 319	jaran syrjän.	3, 472
		dor syrjän.	2, 237		492
baka syrjän.	1, 41	dor wotjak.	2, 237	jęgra syrjän.	3, 467
bakilę syrjän.	1, 63	dul'epa syrjän. 1, 379		jęra syrjän.	3, 400
bakula syrjän. 1, 304		dur wotjak.	2, 237	jiöś syrjän.	3, 244
bal'a syrjän.	1, 50	dźel' syrjän.	1, 452	jör syrjän.	1, 400
baljalny syrjän. 1, 50		d'źut'š' wotjak.		jörpu syrjän.	1, 400
bas syrjän.	1, 58		2, 552	ju syrjän. 3, 467, 469
bekar syrjän.	1, 70			jurnoi̯ syrjän. 3, 473
berdni̯ syrjän.	1, 158	ęst'ak syrjän.	2, 288		
bördny syrjän.	1, 158	ež syrjän.	1, 243	kaga syrjän.	1, 499
buk „Gefäss"				kai̯ syrjän.	1, 545
syrjän.	1, 140	gal'a syrjän.	1, 257	kami̯s syrjän.	1, 513
-buk „Schnauze"		gigjalny syrjän.		kar syrjän.	2, 113
syrjän.	2, 466		1, 267		3, 59

kariś syrjän.	1, 552	
katš' syrjän.	1, 543	
kęl'i wotjak.	1, 257	
kęlui syrjän.	3, 258	
keres syrjän.	1, 200	
	552	
kęriš, köryś syrjän.		
	1, 625	
kęrtni, körtny		
syrjän.	1, 635	
kęrtęm, körtöm		
syrjän.	1, 635	
kertś syrjän.	1, 552	
kis syrjän.	1, 561	
kitśan syrjän.	1, 711	
kitśi syrjän.	1, 711	
kola syrjän.	3, 160	
kom syrjän.	1, 512	
komi syrjän.	1, 513	
	608	
konda syrjän.	1, 612	
koros wotjak.	1, 528	
koś syrjän.	1, 651	
kot syrjän.	1, 646	
kukša syrjän.	1, 686	
kul' syrjän.	1, 212	
	691	
kulem syrjän.	1, 688	
kum syrjän.	1, 691	
kum wotjak.	1, 513	
kuręŋga syrjän.	1, 699	
kurja syrjän.	1, 703	
kuštan syrjän.	1, 710	
kut'a wotjak.	1, 706	
kut'u syrjän.	1, 706	
l'ampa syrjän.	2, 10	
l'anges wotjak.	2, 83	
latša syrjän.	2, 20	
l'az syrjän.	2, 82	
letś syrjän.	2, 83	
lia syrjän.	2, 74	
lipti syrjän.	2, 44	
liva syrjan.	2, 74	
lud syrjän.	2, 11	
lud wotjak.	2, 66	
luo wotjak	2, 74	
l'ut syrjän.	2, 66	
luz syrjän.	2, 67	
luzan syrjän.	2, 67	
malitśa syrjän.	2, 91	
meg syrjän.	2, 110	

męgil' syrjän.	2, 86	
mekan wotjak.	2, 114	
mes wotjak.	2, 103	
męśer syrjän.	2, 186	
mež syrjän.	2, 103	
	139	
mir syrjän.	2, 160	
mög syrjän.	2, 110	
morda syrjän.	2, 157	
morda wotjak.	2, 157	
mort syrjän.	2, 157	
möser syrjän.	2, 186	
mösk syrjän.	2, 162	
mu syrjän.	3, 128	
murt wotjak.	2, 157	
ńań syrjän.	2, 333	
ńańa syrjän.	2, 235	
ńar syrjän.	3, 235	
nart syrjän.	2, 199	
ńartala syrjän.	2, 235	
ńaša syrjän.	2, 235	
ńatša syrjän.	2, 235	
ńel'ma syrjän.	2, 211	
nęrpa syrjän.	2, 214	
nil wotjak.	3, 519	
nodja syrjän.	2, 225	
nort syrjän.	2, 199	
ńur syrjän.	2, 234	
nurt wotjak.	2, 199	
ńyl syrjän.	3, 519	
ob syrjän.	2, 237	
	248	
odžo wotjak.	1, 243	
orda syrjän.	2, 275	
ort syrjän.	2, 275	
oš syrjän.	2, 297	
ožo wotjak.	1, 243	
paiva syrjän.	2, 303	
pakula syrjän.	2, 304	
pan syrjän.	2, 308	
parga syrjän.	2, 315	
parka syrjän.	2, 317	
parma syrjän.	2, 317	
	342	
pel' syrjän.	2, 333	
pel'ad' syrjän.	2, 332	
pel'äs wotjak.	2, 333	
pel'ńań wotjak.		
	2, 333	

pešt'er syrjän.	2, 348	
petšęr syrjän.	2, 352	
pež syrjän.	2, 472	
pim syrjän.	2, 357	
piš syrjän.	1, 615	
piž syrjän.	2, 472	
puińa syrjän.	2, 462	
puji wotjak.	2, 303	
punei syrjän.	2, 464	
pur syrjän.	2, 466	
purga syrjän.	2, 466	
purni syrjän.	2, 466	
pužej wotjak	2, 472	
pužej wotjak.	2, 472	
raina syrjän.	2, 487	
rok syrjän.	2, 532	
rot'śɛ syrjän.	2, 552	
rud'źeg syrjän.		
	2, 530	
ruń syrjän.	2, 546	
ruž syrjän.	2, 545	
sa syrjän.	2, 712	
saksón syrjän.	2, 570	
śammini syrjän.		
	3, 64	
sargi syrjän.	2, 580	
s'el'gi syrjän.	2, 606	
sępetś syrjän.	2, 696	
sęt'śeń syrjän.	2, 704	
sevik syrjän.	2, 686	
śik(t) syrjän.	2, 624	
sil syrjän.	3, 359	
	386	
śon syrjän.	2, 692	
śorəm syrjän.	3, 421	
sot'śon syrjän.	2, 704	
söz, sęz syrjän.		
	2, 687	
śu syrjän.	3, 440	
sudźni syrjän.	3, 40	
śum wotjak.	3, 365	
śura-rok syrjän.	3, 61	
śutęm syrjän.	3, 440	
šabur syrjän.	3, 363	
šait syrjän.	3, 379	
šakta syrjän.	3, 366	
	378, 381	
šaktar syrjän.	3, 378	
	381	
šalka syrjän.	3, 368	

Vasmer, Russ. etymol. Wörterbuch

šańga syrján. 3, 373
šar syrján. 3, 374
šat' syrján. 3, 379
šid syrján. 3, 397
šińgavnis syrján.
3, 399
šir syrján. 3, 400
šiš syrján. 3, 403
šišimer syrján. 3, 404
šľat'śa syrján. 3, 413
šoi syrján. 3, 419
šoidan syrján. 3, 419
šöľ syrján. 3, 447
šor syrján. 1, 461
3, 374
šorom syrján. 3, 421
šugla syrján. 3, 418
šurkjedlini syrján.
3, 438
šut'om syrján. 3, 440

takja wotjak. 3, 71
t'apes syrján. 3, 167
tasma syrján. 3, 81
tebek syrján. 3, 111
ti syrján. 3, 160
tikola syrján. 3, 160
tiska syrján. 3, 108
tod syrján. 3, 128

t'śer syrján. 3, 319
tśibl'eg syrján.
3, 350
t'śir syrján. 3, 341
tśirak syrján. 3, 341
t'śirni syrján. 3, 341
t'śom syrján. 3, 315
347, 354, 355, 522
t'śomkos syrján.
3, 315, 354
t'śud' syrján. 3, 352
tśuktśi syrján. 3, 360
522
tšum wotjak. 3, 354
tšuman syrján.
3, 355
tśuńi wotjak. 3, 400
tśuśi syrján. 3, 359
tšak syrján. 3, 298
tšamja syrján. 3, 316
tšap syrján. 3, 302
tšetšei wotjak. 3, 306
tširak syrján. 3, 341
tujes syrján. 3, 148
tujis wotjak. 3, 148
tuno wotjak. 3, 152
tupeś syrján. 3, 154
turtödny syrján.
3, 156

udmurt wotjak.
1, 233
udžōni syrján. 3, 40
uit syrján. 3, 179
ur syrján. 3, 188

va syrján. 1, 212
243; 2, 162, 237
vad syrján. 1, 164
vadja syrján. 1, 164
vakuľ syrján. 1, 212
val wotjak. 1, 216
variš syrján. 1, 169
227
variš wotjak. 1, 169
veń syrján. 1, 240
verga syrján. 1, 227
vilis syrján. 1, 200
vis syrján., wotjak.
1, 204
vodž syrján. 1, 213
völ, vel syrján. 1, 216
voń, veń syrján.
1, 240
vožia syrján. 1, 214
zenden syrján. 1, 453
zyľa syrján. 1, 465
Zyran 3, 515
žižek wotjak. 2, 530

f. Ugrische Sprachen

αβlaχ wogul. 1, 32
αβlʋχ wogul. 1, 32
aχt wogul. 1, 33
alak ostjak. 1, 14
antalag magy. 1, 19
ár magy. 3, 374
asmakum wogul.
2, 288
as-χo ostjak. 2, 288

bársony magy. 1, 119
bátor magy. 1, 99
bátya magy. 1, 62
bekes magy. 1, 71
bendő magy. 2, 335
bér magy. 1, 86
besenyő magy.
2, 351
böndő magy. 2, 335

borsó magy 1, 150
boszorkány magy.
1, 153
bútor magy. 1, 153
· 154

cimbora magy. 3, 62
csiripelni magy.
3, 342

dolmány magy.
1, 360

garázda magy. 1, 294
gatya magy. 1, 262
gaz magy. 1, 261
guba magy. 1, 585
gyantár magy. 3, 491
gyöngy magy. 1, 418

hajdú magy. 1, 251
hal magy. 3, 469
határ magy. 3, 280
ház magy. 3, 225
233

ialmak' ostjak.
2, 538
jaran ostjak. 3, 493

iaran ostjak. 3, 472
iarən ostjak. 3, 472
iarγan ostjak. 3, 472
iənDə ostjak. 1, 399
jó magy. 2, 148
ioγan ostjak. 1, 172
joran wogul. 1, 401
3, 492
jorin wogul. 3, 472

Ugrische Sprachen

kamgá wogul.	1, 269	
kard magy.	1, 624	
karvas magy.	1, 530	
k'àt' ostjak.	3, 233	
kāu̯ər ostjak.	1, 541	
kecsege magy.	3, 334	
kép magy.	1, 522	
khum wogul.	1, 513	
kīles ostjak.	1, 563	
kocsány magy.	1, 649	
kocsi magy.	1, 709	
ködmen magy.	1, 588	
kol ostjak.	1, 689	
koldulni magy.	1, 597	
köles magy.	3, 517	
komló magy.	3, 251	
könyv magy.	1, 579	
koporsó magy.	1, 586	
kötél magy.	1, 588	
kucsma magy.	1, 709	
kumliχ wogul.	3, 251	
kus ostjak.	1, 324	

χaleu̯ ostjak.	3, 226
χaŋχ wogul.	3, 230
χot ostjak.	3, 233
χum wogul.	1, 608

labda magy.	2, 14
lalmaχ ostjak.	2, 538
łar ostjak. S.	2, 697
lé magy.	2, 31
lengyel magy.	2, 84
lus ostjak.	2, 82
lääm wogul.	2, 30

magyar magy.	2, 145
mańə ostjak.	2, 95
māńś wogul.	1, 212
mańśi wogul.	2, 96
meγdəŋ ostjak.	2, 110
mente magy.	2, 117
mérő magy.	2, 699
moksəŋ ostjak. J.	2, 171
moraχ wogul.	2, 160
morəŋk' ostjak.	2, 160
mortəməχ ostjak.	1, 487

mortimaa wogul.	1, 487
mūrəχ ostjak.	2, 160
mušli wogul.	2, 179

ńɐlγa ostj.	3, 519
ńara ostjak.	2, 235
ńārā wogul.	2, 235
nɐri̯ ostjak.	2, 227
norɛ' ostjak.	2, 227
ńōrəm ostjak	2, 200
ńuk ostjak.	2, 233
ńuli wogul.	3, 519
nur ostjak.	2, 231
ńūrəm ostjak.	2, 200

ȯpi ostjak.	2, 271
or magy.	1, 226
orcza magy.	3, 314
orr magy.	3, 314
oru amagy.	1, 226

paiba wogul.	2, 303
paip wogul.	2, 303
pallos magy.	2, 305
pārq wogul.	2, 466
pāši wogul.	2, 472
paul, pi̯vi̯l wogul.	3, 519
pēš ostjak.	2, 353
piśjan ostjak.	2, 473
porkì ostjak. Ju.	2, 466
pūγəl' ostjak.	2, 325
purke ostjak. S.	3, 519
	2, 466

rakás magy.	2, 533
Rákos magy.	2, 533
ruś wogul.	2, 552
ruś-χo ostjak.	2, 552

saran wogul.	1, 465
sāraχ ostjak. J.	2, 698
sărəχ ostjak.	3, 58
sarú magy.	2, 582
sāχət ostjak.	2, 584
sereg magy.	3, 392
siŋk ostjak.	3, 57

sirp wogul.	3, 58
sisak magy.	3, 404
sȯi̯əp ostjak.	2, 568
sojim wogul.	3, 365
sojim ostjak.	3, 365
śokor ostjak.	3, 419
söprő magy.	3, 302
soreχ wogul.	2, 698
śorkan ostjak.	3, 325
sūns wogul.	3, 436
suŕti wogul.	3, 376
sùrtì ostjak.	3, 376
szablya magy.	2, 565
šabur ostjak.	3, 363
šagi̯rak wogul.	3, 281
šokər ostjak.	3, 419
šonš wogul.	3, 436
šumeχ wogul.	3, 301
šun wogul.	2, 577

tábor magy.	3, 66
talp magy.	1, 380
talpas magy.	1, 380
tamàr ostjak.	3, 118
tap- magy.	3, 95
t'argan ostjak.	3, 325
tarni-ār ostjak.	3, 80
tó magy.	3, 119
tolmács magy.	3, 116
tolmaχ wogul.	2, 537, 691
tolvaj magy.	2, 691
topəs ostjak. K.	1, 377
tōr ostjak. J.	2, 697
totmaχ ostjak.	2, 538, 691
touam wogul.	3, 65
touantam wogul.	3, 65
t'uges ostjak.	3, 351
tükör magy.	3, 104
tunra wogul.	3, 152
tšūmôt ostjak.	3, 346

u̯oγal' ostjak.	1, 212
ur-ala wogul.	3, 187
ūšym ostjak. N.,	1 164

43*

vanča ostjak. 1, 243
vānsiŋ wogul. 1, 243
vanǯi ostjak. 1, 243
važan ostjak. 1, 164
világ magy. 1, 219

vizsgál magy. 1, 239
vizsla, visla magy. 1, 239
vočem ostjak. J. 1, 164

vŏšym ostjak. N. 1, 164
vŏžem ostjak. J. 1, 164

XX. Samojedisch

bare kamass. 1, 53
bene T. 2, 462
bine Jen. 2, 462

čoŋa O. 1, 430

ennet'e Jen. 3, 461

faému T. 2, 357

haan J. 1, 257
habarta Jur. 3, 230
hâpt Jur. 3, 230
hōra J. 3, 261, 263
hōti J. 1, 647

ja Jur. 3, 489
jaβ Jur. 3, 489
jandy Jur. 3, 491
jeŋɐ Jur. 1, 481
juorka Jur. 1, 403
juorkalŋadm Jur. 1, 403

kalǯ, kālǯ 1, 511
kaŋmāžə 1, 513

kor O. 3, 261
kuru T. 3, 261
labea Jur. 2, 58
labt J. 2, 15
lamba Jur. 2, 10
lamdo J. 2, 3, 11
  15, 56, 66
libt' Jur. 2, 44
lūca J. 2, 552

mâl Jur. 3, 489
mālit'e Jur. 2, 91
mar' J. 2, 123
maraŋa Jur. 2, 160
minä K. 2, 462
mura'ka T. 2, 160

ńalk J. 3, 519
ńārt' Jur. 2, 235
neblu J. 2, 205
nienet'e Jur. 2, 212
nénetś Jur. 2, 212

panda Jur. 2, 309
pany Jur. 2, 310
parka Jur. 2, 317
pimie Jur. 2, 357

pīwa Jur. 2, 357
pui̯ Jur. 2, 462

śadej J. 3, 63
savik Jur. 2, 686
śavo 3, 61
sela Jur. 3, 386
selagā Jur. 3, 386
sīle O. 3, 386
sira J. 3, 304
sojot 2, 688
sok O. 2, 686
soku'ote Jen. 2, 686
somu 3, 61

tab Jur. 3, 66
tadebä Jur. 3, 68
tadebteŋggo(ś) Jur. 3, 68
tāma O. 3, 119
tapa- Jur. 3, 95
tawgy Jur. 3, 66
to samoj. J. 3, 119
tōbak Jur. 3, 111

warŋa, warne Jur. 1, 228

XXI. Turkotatarisch (ohne tschuwassisch)

aba osman. 1, 1
abaza osman. 1, 1
abdal osman. 1, 1
ābdār türk.-pers. 2, 247
abχâz arab.-osm. 1, 2
abuz osttürk. 2, 247
abuzine osman. 2, 238
abys koib., alt. 1, 2
  2, 247

abyz kasantat. 1, 2
  2, 247
adai tel. 1, 31
adžäm osman. 1, 7
aγa osman. 1, 4
aγač osman. 1, 4
aγyl osman. 1, 32
aġir osman. 1, 7
aχun aderb. 1, 10
  33
aida kasantat. 1, 8
aidar kirg. 2, 8

aiγir dschagat. 2, 279
aiγyr kasantat. 2, 279
airan kirg. 1, 8
  3, 188
airy osman. 2, 276
airyly osman. 2, 276
ajda kasantat. 3, 225
ajran dschagat. 1, 8, 29

Turkotatarisch

aju krimtat. 1, 6, 34
ajva osman. 1, 7
ajy osman. 1, 6
ak 1, 8, 9, 513
2, 248; 3, 147
aksakal aderb.,
kasantat. 1, 9
akšar kasantat. 1,10
aktaz 1, 9
akun tob., barab.
1, 33
akyn kirgis. 1, 10
33
al 1, 14
ala 1, 11
ala buγa 1, 394
alača kasantat. 1,10
alačuγ dschagat.
2, 21
alačyk kasantat.
2, 21
aladža osman. 1, 10
alafa osman. 2, 19
alam „Schmuck"
osman. 1, 10
alam „Fahne"
kuman. 1, 397
alaman 1, 10
alaš kirgis. 1, 11
alaša 2, 64
aläm 1, 10, 397
albaγyt dschagat.
1, 13
alban schor. 1, 11
albasti dschagat.
1, 11
albasty kasantat.
1, 11
alčy kasantat. 1, 15
alγyr tel., dschagat.
1, 15
almaz 1, 13
alpaγyt tob. 1, 13
alpaut kasantat.
1, 13
alšy kirg. 1, 15
altun, altyn 1, 14
altynbäz osman.
1, 13
aluča aderb. 1, 15
aluk dschagat.
2, 265

alyγ dschagat. 1, 14
alym osman. 1, 14
alyp kasant. 1, 263
alyp äri 1, 69
alyr 1, 15
aman 1, 15
amanat kasantat.
1, 16
ambar, anbar 1, 16
anγut dschagat. 1,1
anγyt osman. 1, 1
anteri, antery
osman. 1, 18
apai kasantat. 1, 20
apar 2, 244
apara osman. 2, 270
apsak 2, 282
ar kasantat. 1, 29
233
araba 1, 22
araky kasantat.
1, 21
aralaš dschag.
1, 401
arasan kirg. 1, 29
arašan alt. 1, 29
arča 1, 28
arčak kasantat.
1, 29
arčūl alt. 1, 29
arčūr tel. 1, 29
arčyn alt. 1, 29
arduč dschagat.
1, 23
ardydž krimtat.,
osman. 1, 23
ardžan leb. 1, 29
ardžyn leb. 1, 29
arg osman. 1, 29
arγamak dschagat.
1, 22
arγan balyk
kasantat. 1, 23
arγumak uigur.
1, 22
argymak alt. 1, 22
arγyš tel., uigur.
1, 23
arχalyχ aderb. 1, 24
arγar dschagat. 1,24
ark osman. 1, 29
arka 1, 24, 27

arkalyk osman.
1, 24, 27
arkan 1, 24
arkar 1, 24
arlaš schor., tel.
1, 401
armud osman. 1, 25
arnaut, arnavyt
osman. 1, 25
arqan balkar. 1, 24
arqar alttürk. 1, 24
arslan 2, 550, 663
aršun dschag. 1, 29
aršyn 1, 29
artuč uig. 1, 27
artyš kasantat.
1, 27
ary kasantat. 1, 29
aryγ, aryk 1, 29
3, 492
aryslan kirg. 2, 550
asfiradž pers.-türk.
2, 705
aslam kasantat.
2, 283
aslan 2, 663
asmak kirg. 1, 33
astlan kuman. 2, 663
asyrγa osman. 2, 617
aš osman. 3, 502
ašik dschagat. 1, 33
ašmak osman. 1, 33
ašyk krimtat. 1, 33
at 1, 63
ata 1, 31, 32
atäkä kirgis. 1, 32
aul kasantat. 1, 32
avara 1, 3
avyn kasantat. 2, 249
awsak toboltat.
2, 282
ädik osman. 1, 492
äflak osman. 1, 166
ägri krimtat. 1, 391
ägrilik krimtat.
1, 391
äidä kasantat. 1, 8
äirän kasant. 1, 487
3, 188
äiri 2, 276
äl arab.-osman.
2, 547

ämanät osman. 1, 16
ämin 1, 16
ämir osman. 3, 460
än osman. 1, 481
äŋgül osman. 1, 481
är 1, 233; 2, 263
  279, 502; 3, 389
är batyr kirg. 1, 1
ärämä kasantat.
  3, 188
ärgän osman. 1, 486
ärik osman. 2, 279
ärkinä dschag. 1, 401
ärmäk kasantat.
  1, 25
äsaul 1, 405
äšmäk 1, 306
ätik kirg. 1, 492

baba 1, 34
babak 1, 40
babr 1, 35
badana kkirg. 1, 37
badem 1, 37
badia, badiä
  kasant. 1, 38
badijan kasant. 1, 38
baḍman uigur. 1, 61
badrändž osman.
  1, 68
badžanak osman.
  2, 351
badžinak dschagat.
  2, 351
badžkyr dschag.
  1, 65
baγ 1, 83, 652; 2, 204
baγčä osman. 1, 43
baχšyš 1, 44
baχta dschag. 1, 64
bahadyr 1, 1, 62
bai 1, 40, 115
bai böjük 1, 40
baibaχ, baidbaχ
  karaim. 1, 40
baiγuš 1, 40
baikuš dschag. 1, 40
bairam osman. 1, 41
  698; 3, 182
bajar kasantat.
  1, 115
Bajavut 2, 145, 147

bajindir 1, 78
bajrak 1, 38
bajyr osman. 1, 38
  137
bak „Band" 1, 83
bak „Sehnsucht"
  uig. 1, 38
bakam, bakkam 1, 42
bakarmak uig. 1, 38
bakla 1, 43
bakmak 1, 64
bal osman. 1, 50
balaban 1, 44, 53
  102
balaχanä osman.-
  pers. 1, 44
balapan kirg. 1, 44
balbal atürk. 1, 102
bal-batman
  balkar. 1, 61
balčyk 1, 50
baldak 1, 46
balkaš kirgis. 1, 47
balqar karačaisch.
  1, 48
balta osman. 1, 46
  49
baltu uigur. 1, 49
baltyrγan kasantat.
  1, 100
balvan kirg. 1, 102
balyk 1, 50, 399
Balykly 1, 50
bamia osman. 1, 51
bana osman. 2, 575
baranta dschag.
  1, 54
barbunja osman.
  1, 55
barča kkirg. 2, 319
bardak osman.
  1, 55, 147
barχan kirgis. 1, 57
barrakan arab.-
  osman. 1, 53, 57
bars 1, 57, 158
barsyk kasant. 1, 57
barynta kirgis. 1, 54
baryš 1, 58
bas- 1, 82
basar 1, 82
baskak dschag. 1, 59

basma 1, 59; 2, 320
basmak 1, 59, 153
bastyrγan
  kasant. 1, 153
bastyrma 1, 64
  3, 511
bastyryk 1, 60
  3, 511
baš 1, 65, 70; 2, 204
bašak osman. 1, 58
bašakly osman.
  1, 58
bašbaγ dschag.
  2, 204
baškərt mischär.
  1, 65
baškurt kasantat.
  1, 65
bašlyk osman. 1, 65
bašmak osman. 1, 65
bašybozuk osman.
  1, 65
batak osman. 1, 58
  61
batakly osman. 1, 58
batkak dschag. 1, 61
batmak osman.
  1, 61, 62
batman kasant. 1, 61
batrak kasant. 1, 62
batuk uigur. 1, 62
batur osman. 1, 99
baul 1, 63
baursak kuman.,
  kirg. 1, 63
baz kasant. 1, 39
bazar 1, 39
bäčäk dschag. 1, 83
bäg 1, 67
bägäul dschag. 1, 67
bäi osman. 1, 67
bäk aderb. 1, 67
bäkmäz osman. 1, 71
bäkar osman.-pers.
  1, 89
bälämäk 1, 72
bälgü uig. 1, 72
bäräk dschag. 1, 40
bärän kasant. 1, 54
bästä 1, 83
bäšbarmak kasant.
  1, 83

Turkotatarisch

bäšli osman. 1, 84
bäšlik 1, 84
bäšparmak 1, 83
bäz aderb. 1, 160
bäzz osman. 1, 160
bedbaht osman.-pers. 1, 40
bek 1, 83
bekri osman. 1, 71
belänä
beläzek kasantat. 3, 520
1, 39, 74, 97
beng dschagat. 2, 335
bičara kasant. 1, 89
bičäk krimtat. 1, 83
bičene 2, 352
bij kasantat. 1, 67
biläzik osman. 1, 39
74, 85, 97
bilbes kirg. 1, 46
bilgə kasantat. 1, 72
bilgü osman., dschag. 1, 72, 92
bilgüči dschag. 1, 92
bilič dschagat. 2, 357
bilig dschag. 1, 92
bilikči dschag. 1, 92
bilmäk 1, 85
bilmäs, bilmäz 1, 46
72, 73
bir 1, 87
bireš kasant. 1, 58
birkut kasantat. 1, 79
bister pers.-türk. 2, 348
bišmät kasantat. 1, 84
bitäü sart. 1, 88
bitü dschag. 1, 88
bitük 3, 512
boγa dschag. 1, 134
boγdai osman. 2, 474
boila atürk. 1, 114
158
bolat kuman. 1, 142
bolqar balkar. 1, 47
bora osman. 1, 107
boraγan osman. 1, 146

boran osttürk. 1, 146
borlat kirg. 1, 148
borluk osman. 1, 148
borsuk osman. 1, 57
bory osman. 2. 177
bos 1, 112
bostan osman.-pers. 1, 66
botak kasant. 1, 62
botaka, botka dschag. 1, 134
boz „Eis" osman., krimtat. 1, 40, 138
boz „grau" osman. 1, 112, 137, 153
boza 1, 116, 137
bozaγ kuman. 1,153
bozdoγan osman. 1, 137
bozuk osman. 1, 65
böbrek osman. 1, 133; 3, 512
bögri 1, 71, 134
bögrü 1, 71
bögü 2, 145
böiräk aderb. 1, 133
böjörōwčy kasant. 1, 87
bökä uigur. 2, 502
böräk osman. 2, 360
böri dschag., atürk. 1, 87
börküt dschag. 1, 79
börü kuman. 1, 87
bučχak karaim. 1, 135
bučkak dschag. 1, 135
bud osman. 1, 136
budak osman. 1, 62
budžaχ aderb. 1, 135
budžak osman. 1, 135
buγa osman. 1, 134
buγdai uigur. 2, 474
bugra dschag. 1, 145
bugu 2, 459
buila atürk. 1, 158
bujumak 1, 157
bujur- osman. 1, 87
bujurudžu osman. 1, 87

buka alttürk. 1, 134
158
bulak 1, 47, 141
bulamak 1, 49
bulan nordtürk. 1, 141
bulanmak 1, 143
bulat nordtürk. 1, 142
bulγaγ, bulγak dschag., atürk. 1, 142
bulγamak 1, 45
102, 142
bulγar atürk. 1, 102
bulγur osman. 1, 142
bunčuk 1, 145
bundžuk osman. 1, 145
bur „braun" osman. 1, 151
bur- „bohren" 1, 145
bura- „bohren" 1, 145
būra „Kamel" kkirg. 1, 145
buraγy- 1, 145
burak „Borax" osman. 1, 145
burak „Korb" kasantat. 1, 146
buran osman. 1, 146
buraṷ kasantat. 1, 145
burčak osman. 1, 150, 151; 2, 413
burda kasantat. 1, 146
burduk aderb. 1, 147
burγu kirg. 1, 145
burγuł osman. 1, 142
burχan uig. 1, 150
burk kirg. 1, 150
burlat kasantat. 1, 148
burnus, burnuz osman. 1, 149
bursyk kasant. 1, 57
buršak kirg. 1, 150
burú karač. 1, 145
burun osman. 1, 150; 2, 176
burunduk 1, 150

Turkotatarisch

bury osman. 2, 177
bus osttürk. 1, 152
busurman 1, 60, 82
153
but kasantat. 1, 150
butak dschag. 1, 62
butχana turkmen.
1, 154
butka kasantat.
1, 154
butluk, butlyk
nordtürk. 1, 154
butur dschag. 1, 154
buz „grau" 1, 137
153
buza 1, 137
buzaγu dschag.
1, 138
buzaγy osman.
1, 138
buzak osttürk.
1, 138
buzaṷ kuman.
1, 138
buzdurγan, buzrugan
dschag. 1, 137
buzuk osman. 1, 65
büγä 2, 502
bükä osman. 2, 502
bükelik osman.
2, 472
bülbül osman.
2, 463
büri kasantat. 1, 87
bürküt osttürk.
1, 79

čabak 3, 307, 308
čabata kasantat.
3, 346
čačak kasantat.
3, 333
čadyr osman.
3, 299, 379
čadyra aderb. 3, 299
čaγa osman. 3, 298
Čaγatāi 1, 348
3, 296
čaγīr „Ente"
dschagat. 3, 298
čaγyr „Wein"
dschagat. 3, 344

čai „Thee"
osman. 3, 299
čai „Fluss" osman.
1, 691
čajyk schor. sag.
3, 486
čajyr osman. 3, 298
čakan 3, 310
čakanak dschagat.
3, 336
čakmak osman.
3, 310
čakšyr osman.
3, 300, 338
čakyr osman. 3, 344
čal „grau" osman.
3, 301
čalaṇ schor. 1, 394
čaldar osman. 3, 297
čalma osman. 3, 300
čalmak osman.
3, 300
čamadan kasantat.
3, 315
čambar kasantat.
3, 315
čamča 3, 301
čamyr osman. 3, 301
čan kasantat. 3, 301
čana kasantat.
2, 577; 3, 46, 356
čanak 3, 301, 340
čapan dschagat.
3, 302, 348
čapaul dschagat.
3, 307
čaprak osman.
3, 302
čara kasant. 3, 303
čardak osman.
3, 319
čark osman. 3, 303
čarla- osman. 3, 342
čaruk dschagat.
3, 303
čaryk osman. 3, 303
324
čarym tel. 3, 304
čavdar osman.
3, 297
čäbär dschagat.
3, 308

čäčän osman. 3, 334
čäkič osman. 3, 310
311
čäkmän osman.
3, 310
čäläbi osman. 3, 389
čäläk osman. 3, 338
čälbäk dschagat.
3, 335
čältik osman. 3, 300
čämbär osman.
3, 315
čäpän dschagat.
3, 348
čäpkän osman.
3, 348
čärgä dschagat.
3, 319
čäri osman. 3, 392
čärig dschagat.
3, 392
čärik uigur. 3, 392
čärk aderb. 3, 303
čärkäs osman. 3, 325
čäškä kasantat.
3, 395
čävirmäk osman.
3, 62
čegär dschagat.
3, 298
čekič osman. 3, 310
311
čekmen dschag.
3, 42
čeküš dschagat.
3, 311
čelek dschagat.
3, 311, 338
čeri kuman. 3, 392
čibär kasantat.
3, 308
čidik osman. 3, 308
čift 3, 475
čikmän kasantat.
3, 42, 310
čiläk kasantat.
3, 338
čilik osman. 3, 339
čilim kasantat.
3, 339
čini osman. 3, 202
289, 340

Turkotatarisch

čir kasantat. 3, 341	čum 3, 355	däfä osman. 1, 348
čiri kkirg. 3, 341	čuma osman. 3, 354	däftär osman. 1, 348
čirik osman. 3, 341	čumakdar osman.	3, 95
čirkit- krimtat.	3, 355	däli osman. 1, 337
3, 342	čumča dschagat.	3, 104
čirmiš kasantat.	3, 354	därviš osman.
3, 321	čumuš dschagat.	1, 341
čirt- dschagat.	3, 354	dästä osman. 1, 346
3, 342	čumyč kasantat.	dävä 1, 334; 3, 161
čitik kasantat.	3, 354	166
3, 308	čuraγai kasantat.	deli osman. 1, 337
čivil- osman. 3, 336	3, 359	3, 104
čivildä- osman.	čuval 3, 350	delibaš osman. 1,337
3, 336	čüjün dschagat.	derbendži osman.-
čoban osman. 3, 297	3, 351	pers. 1, 340
čobra uigur. 3, 449	čüprä kasant.	derman osman.
čobrak krimtat.	1, 413; 3, 302	1, 382
1, 529	čybyk „Rute"	destä kasant. 1, 346
čoḫa osman. 3, 351	osman. 3, 336	dilmač osman.
360, 433	čybyk „Pfeife"	3, 115
čoka osman. 3, 351	kasantat. 3, 350	dimi osman. 1, 385
čokmar 3, 114, 310	čyč- tel., alt. 3, 344	divan osman. 1, 350
čolga- kasantat.	čygyr dschagat.	378
3, 354	3, 337	dojum osman. 1, 378
čolgåu kasantat.	čyγγyt karaim. T.	dola- osman. 1, 360
3, 354	3, 337	dolama osman.
čoltar osman. 3, 300	čykryk osman.	1, 360; 3, 73
čomak 3, 355	3, 300	dolaman osman.
čorba osman. 3, 449	čylbur tel. 3, 315	1, 360
čögä uigur. 3, 351	389	dolma osman. 1, 327
čökäri osman. 3, 419	čylbyr alt. 3, 315	dombra kirgis. 1, 362
čöküč osman. 3, 311	389	domuz osman. 1, 363
čölån kasantat.	čymbar kasantat.	donuz aderb. 1, 363
3, 353	3, 315	dönön kkirg. 1, 381
čömič kuman.	čynar osman. 3, 340	duadak kirg. 1, 379
3, 354	čyraγ osman. 3, 341	duan kirg. 1, 378
čöprä kirg. 1, 413		dukan, duḵan 1, 383
3, 302	daγ osman. 1, 34	duman osman.
čöräk 3, 358	2, 579; 3, 69	3, 152
čubar 3, 349	daγar osman. 3, 68	dumbra kasant.
čubuk osman.	dajak osman. 3, 130	1, 362
3, 350	dalaγai kirg. 3, 71	duŋgyz kasant.
čufut 1, 423	dalak osman. 1, 327	1, 363
čujεn kasantat.	dambura krimtat.	düdük dschag. 1, 379
3, 351	1, 362	düḵan osman. 1, 383
čuka krimtat. 3, 351	damγa 1, 340; 3, 74	düḵandžy osman.
čukmar kasantat.	daraban 1, 53	1, 383
3, 310	3, 76	dürük osman. 3, 165
čulan 3, 353	darai dschag. 1,328	düšäk osman. 3, 165
čulgau kuman.	364	džeb osman. 1, 454
3, 354, 522	datula osman. 1,384	džilit 1, 349
čulgu alt. 3, 354, 522	dädä 1, 335	džirim tar. 1, 349

682   Turkotatarisch

džurab osman. 1, 349
džüdže osman.
    3, 361
džuvaš karakirg.
    3, 350
džyrym kirg. 1, 349
džyvaš kasantat.
    3, 350

elik tar. 1, 14
elmaz osman. 1, 13
elou̯ tatar. 1, 397
emgen- kuman.
    3, 479
er kirg. 2, 263
esir osman.-arab.
    3, 498
eš osman. 3, 112

fayfur, farfur 3, 202
färz osman. 3, 205
feredže osman.
    3, 205
fermân osman.-pers.
    3, 210
fistan osman. 3, 279
fitil osman. 3, 211
fortuna osman.
    3, 222
fota osman. 3, 203
funduk krimtat.
    3, 221
futa osman. 3, 203
fyndyk osman.
    3, 221
fyrtyna osman.
    3, 222
fystyk osman.-arab.
    3, 210

garīb osman. 1, 259
gävräk osman.
    1, 585
giaur osman. 1, 325
gir kasantat. 1, 270
gizmäk osman.
    1, 560
göl osman. 1, 481
    3, 104
götürmä osman.
    1, 706
gulap tar. 1, 320

gunan dschag. 1, 321
guran alt. 1, 322
gurdži 1, 313
guz osman. 1, 319
gülabi aderb. 1, 320
χabär osman. 3, 223
χabärdži osman.
    3, 224
χadžy osman. 3, 229

haidä osman. 1, 8
    3, 196
hajdamak osman.
    1, 251
hajdud osman.
    1, 251
χalχ osman. 1, 509
χalva osman. 3, 226
χam osman. 3, 228
χamsy osman. 1, 515
χan osman. 3, 229
χandžär osman.
    1, 558, 618
χane osman. 3, 353
χarar osman. 3, 231
haräm osman. 3, 263
χarbuz kuman. 1, 22
χardal osman. 1, 258
χardž osman. 3, 232
χavjar osman. 1, 499
havuz, χavz arab.-
  osman. 1, 541
    3, 233
χazna osman. 1, 504
χaznadžy osman.
    1, 504
hazz arab.-osman.
    3, 225
χilat osman. 3, 226
χob osman. 3, 278
χodža 3, 254
χurda osman. 3, 278
χurma osman.
   1, 700; 3, 279
χym-χym osman.
    1, 317

ibrišim osman.
    1, 149
ič osman. 1, 492
ičkur dschagat.
    3, 197

iki 1, 87
imam osman. 1, 479
in „breit"
  kasant. 1, 481
in „Höhle" 1, 481
indži osman. 1, 418
inǯir 1, 483
ir kasantat. 2, 263
irkän nordtürk.
    1, 486
istäk kirg. 1, 65
    2, 288
iš „Genosse" 3, 112
išan 1, 492
ištan dschagat.
    3, 429
išton alttürk. 3, 429
itǯäk kasant. 1, 492

jabaš uigur. 3, 350
jaγa 1, 390; 3, 479
    487
jaglyk osman. 3, 44
jagma osman. 3, 481
jaγmur osman.
   1, 399, 403
jaγmurluk osman.
1, 397, 399, 403; 3, 420
jaila osman. 3, 486
jaizan tel., leb., alt.
    1, 439
jaj osman. 3, 486
jajyk osman. 3, 486
jaka 3, 479, 487
jakšy 3, 488, 490
jala 3, 488
jalaγ dschag. 1, 394
jalak osman. 1, 394
jalan 1, 394
jalaŋ 1, 394
jalman 1, 397
jalpuk osman.
    3, 489
jalym kaja 2, 265
jam osman. 3, 489
jaman 3, 490
jamči dschagat.
    3, 490
jamčy osman. 3, 490
jan „Seite, Quelle"
    3, 491
jaηy alt. 1, 400

Turkotatarisch

japaγy osman. 3, 476
japak 3, 476
japandža osman. 1, 400; 3, 492
japunča nordtürk. 3, 492
jar osman. 3, 492
jarγak kasant. 1, 401
jarlyk 3, 493
jaruγ, jaruk dschag. 1, 402; 3, 494
jaryk 1, 402; 3, 494 495
jasak 3, 495, 496
jasakčy osman. 3, 496
jasamak 3, 496
jasaul, jasoul 1, 405
jastyk osman. 3, 498
jašyl 3, 502
jašym kasantat. 3, 502
jataγan osman. 3, 498
jataṵ 3, 499
jaušan 1, 390
javaš osman. 3, 350
jälman osman. 1, 397
jälym 1, 478
jäni osman. 1, 399 400
jäničäri osman. 3, 491
jänčü atürk. 1, 418
jäṇi dschag. 1, 400
järän alt. 1, 349, 454
järlik 1, 454
jäs osman. 1, 422
jäsir 1, 406
jäšil osman. 3, 502
jäšim osman. 3, 502
jelγa baschkir. 1, 217
jesir kkirg. 1, 406
jəmran tel. 1, 399
jigit uigur. 1, 349
jigrän leb. 1, 349
jinžü uigur. 1, 418
jiŋnä tar. 3, 24
jiŋnäčük tar. 3, 24

joγi̱ uigur. 3, 60
jond osman. 1, 399
jont atürk. 1, 399
jort kasantat. 3, 473
jortaγul dschag. 1, 404
jømrωn kasant. 3, 399
jözök kasantat. 2, 617
jumran 1, 349, 389 399; 3, 470
jurt 1, 322; 3, 473
jūš kasantat. 3, 475
jušan baschkir. 1, 390
jūšly kasantat. 3, 475
juvaš karakirg. 3, 350
jük osman. 1, 243
jüleme kirg. 1, 397
jümren dschag. 1, 399
jürük 3, 468, 471
jüzük osman. 2, 617
jybyran leb. 1, 399
jylan 1, 8; 3, 172
jylym alt. 2, 265
jymran tel. 1, 389

kab 1, 521
kabak 1, 494, 678
kabal osman. 1, 494
kaban 1, 495
kabartma 1, 495
kabluk 1, 496
kabyrγa 3, 517
kačak 1, 543; 3, 517
kadaš uigur. 1, 588
kādī osman.-arab. 1, 500
kadyk kasant. 1, 501
kadyn osman. 1, 541, 589
kadyrγa osman. 1, 541
Kafa 1, 542
kafa arab.-osman. 1, 542
kaftan 1, 542, 647

kaftančy 1, 542
kaγan atürk. 1, 499
kaiγy kasant. 1, 505
kaik osman. 1, 504
kaimak 1, 505
kaja 1, 545
kajan osman. 1, 545
kajd osman. 1, 505 517
kajma osman. 1, 505
kajtal kasant. 1, 504 3, 516
kajyk kasant. 1, 504, 545
kala osman. 1, 507
kalabalyk osman. 1, 506
kalafat osman. 1, 614
kalak osman.-pers. 1, 508
kalauz kasant. 1, 507
kalä osman. 1, 399
kalba schor. leb. 1, 507
kalja osman. 1, 512
kaljan osman. 1, 512
kalkan 1, 510, 605
kalmuk osman. 1, 511
kalmyk kasant. 1, 511
kalpak 1, 571, 604
kalta 1, 510
kaltak 1, 690
kalyk kasantat. 1, 509; 3, 228
kalym 2, 75; 3, 255
kalyn „fett" 1, 509 512
kalyn „Brautpreis" kasant. 1, 512
kalyŋ „fett" kuman. 1, 509
kalyp osman. 1, 512
kalžan kirg. 1, 558
kam uig. 1, 512
kamčy osman. 1, 515
kami̱t kirg. 3, 259
kamka 2, 514
kamlamak dschagat. 1, 514

Turkotatarisch

kamyš 1, 516
kandyk 1, 518
kandžar kasant. 1, 618
kantar arab.-osman. 1, 519, 550, 616
kap osman. 1, 525
kap kara osman. 1, 522
kapan dschagat. 1, 521
kapčuk, kapčyk 1, 525, 586
kapka kasantat. 3, 230
kapkan 1, 522
kaptur nordtürk. 1, 524
kapturγai dschag. 1, 524
kapu osman. 2, 260
kapyrγa 3, 515
kar osman. 1, 533
kar- „eindringen" 1, 534
kara 1, 526, 527 528, 529, 532; 3, 77
kara aγač osman. 1, 526
kara bäg osman. 3, 77
kara kalpak 1, 526
karaču uigur. 1, 529
karaγ dschag. 1, 527
karaγan 1, 526
karakula 1, 527
karakuš 1, 526
karakül 1, 527
karakyrγyz kirg. 1, 527
karaluk dschagat. 3, 231
karanfil osman. 1, 511
karataš 1, 527
karatau 1, 528
karaul dschag. 1, 529
karbyš 1, 530
karγa 1, 530
karmak 1, 534
karmakaryś osman. 1, 533

karman nordtürk. 1, 534
karpuz osman. 1, 22
karsak kirg. 1, 634
karšyγa krimtat. 1, 537
kasa kasantat. 1, 643
kaš osman. 1, 652
kaškaldaγ dschag. 1, 544
kašyk 1, 544
kat dschag. 1, 646
kata 1, 647
katran arab.-osman. 1, 541
katyk, katyχ 1, 541
katyr 1, 540
kaun 1, 499
kavurdak osman. 1, 498
kavyrmač osman. 1, 700
kaz osman. 1, 503 504
kazak 1, 502
kazan 1, 502
kazar 1, 590
kazmak 1, 590
kazyk, kažyk 1, 590
käbab osman. 1, 494
käbän kuman. 1, 495
käči 1, 553
kädim uigur. 1, 588
käkä osman. 1, 549
käläpä osman. 1, 549
kämχa osman. 1, 514
kämi dschag. 1, 607
känäs krimtat. 1, 550
kändir osman. 1, 549
känt uigur. 3, 84
kär- „ausdehnen" osman. 1, 560
käräγä 1, 560
käräki osman. 1, 560
käräwät osman. 1, 665
kärkädän dschag. 1, 550; 3, 516
kärmän kuman. 1, 551, 659
käsä osman. 1, 561

käsi osman. 1, 560
kätän 1, 552
kätši 1, 590
käväl mtürk. 1, 584
kejf osman. 1, 549
kenäp kirg. 1, 615
kent kuman. 3, 84
kepänäk osman. 1, 548
keremit osman. 1, 550
kermäk kirg. 1, 551
kibit 1, 553
kičim osman. 1, 563
kigiz osttürk. 1, 584
kilänči kasantat. 1, 577
kilim 1, 557
kinžuga osman. 1, 558
kir „Schmutz" 1, 560
kir- „spannen" baschkir. 1, 560
kiräm baschkir. 1, 560
kirämät kasantat. 1, 551
kirpiž, kirpič 1, 561
kirtä kasantat. 1, 530
kistän 1, 562
kišmiš 1, 564
kišniš osman. 1, 564
kiviz mtürk. 1, 584
kobur dschag. 1, 586
koburčak dschag. 1, 586
koč 1, 708
kočan 1, 648
kočkar 1, 650
koγa 1, 680
koitu osman. 1, 592
kojan dschag. 1, 682
kokoros osman. 1, 686
kokuγda- osman. 1, 680
kol „Arm" osman. 1, 687
kolčak 1, 637
kolčan kasantat. 1, 605

Turkotatarisch

kolɣan 1, 508
konak 1, 612, 693
kontoš osman. 1, 694
koŋur kirg. 1, 541
kopuz osman. 1, 583
kor'ān arab.-osm. 1, 622
korčak 1, 637
koroč kasantat. 1, 636
korum alt. 3, 264
koš „Zelt" 1, 650, 652
koš „Last" tel. 1, 651
košči 1, 652
košmak dschag. 1, 652
koštan kasantat. 1, 652, 653
kotan kirg. 3, 268
koz osman. 1, 589, 591
köč 1, 649
kök turkmen. 1, 538
kök-uz 1, 249
köŋläk dschag. 1, 558
köpäk 1, 619
kör kasantat. 1, 638
köšk osman. 1, 558
kötäk 1, 705
közör 1, 591
kraža uigur. 1, 627
kub 1, 677
kubur 1, 583
kuduk dschag. 1, 681
kufter pers.-türk. 1, 647
kuimak 1, 683
kuin uigur. 1, 579
kujak dschag. 1, 710
kujan kasantat. 1, 682
kujruk 1, 699; 3, 266
kukla osman. 1, 684

kuku osman. 1, 684, 686
kul „Hand" 1, 527
kul „Sklave" osman. 1, 687
kulak 1, 687
kulan 1, 687
kulaš kasantat. 1, 687
kulaǯ 1, 687
kultuk 1, 689
kum osman. 1, 691
kuma 1, 691
kuman 1, 692
kumandy 1, 691
kumaš 1, 692
kumɣan 1, 692
kumuk karač. 1, 693
kumys, kumyz 1, 693
kupšin kasantat. 1, 586, 679
kurai kirg. 1, 697
kurägä kumück. 1, 699
kurban 1, 698
kurč osttürk. 1, 636
kurd osman. 1, 699
kurɣamak 1, 698
kurɣan osm.,alttürk. 1, 698
kurluk kasantat. 1, 700
kurmač dschag. 1, 700
kurtäk osman. 1, 702
kuru osman. 1, 702
kurum osman. 3, 264
kurut 1, 702
kuš 1, 169, 334, 526
kušak osman. 1, 709
kutas osman. 1, 705
kutnu osman. 1, 706
kutu osman. 1, 705
kü atürk. 1, 554
küčər- kasantat. 1, 649
küi 1, 554
kül osman. 3, 353

külbasty osman. 1, 596
külχan osman.-pers. 3, 353
kültö kirg. 1, 604
külüngü atürk. 1, 600
kün uigur. 1, 692
kündeli osman. 1, 517
künǯit uigur. 1, 694
küräk osman. 1, 560
küran dschag. 1, 699
kürtä osman. 1, 703
kütärmä kasantat. 1, 706
küz turkmen. 1, 538
kyna osman. 3, 252
kyr 1, 559, 560; 3, 81
kyrbač osman. 1, 529
kyrǯa osman. 1, 560
kyrǯaly osman. 1, 560
kyrgavul osman. 1, 530
kyrɣyj kasantat. 1, 653
kyrɣyz 1, 560
kyrkav osman. 1, 653
kyrlanɣyč osman. 1, 527, 700
kyrlyk kasantat. 1, 711
kyšla osman. 1, 564
kyšlamak 1, 538
kyštym 1, 592
kyvryk osman. 1, 585
kyz 3, 242
kyz- 3, 271
kyzau̯ kasantat. 1, 682
kyzɣan 3, 271
kyzyl 1, 555
kyzylbaš dschagat. 1, 555
kyzylǯyk osman. 1, 555

lafz osman. 2, 80
laɣun kasantat. 2, 4

686 Turkotatarisch

laχan kasantat. 2, 62
lahana osman. 2, 20
lakča, lakša 2, 15, 85
lal 2, 10
lava 2, 3
lavaš 2, 23
lägläk krimtat. 2, 28
läh krimtat. 2, 84
läiläk osman. 2, 28
lävänd osman. 2, 24
lebiza kasantat. 2, 22
lejen oṣman. 2, 62
leken osman. 2, 4
24, 62
lesker kirg. 2, 75
liman osman. 2, 42
lüfer osman. 2, 37
lülä 2, 78

madijan kasantat. 1, 38
madžar krimtatar. 2, 87
maγu uigur. 2, 147
maχrama osman. 1, 64
maima kasantat. 2, 89
maimun osman. 2, 93
maina osman. 2, 89
makara osman. 2, 90
mal 2, 92
malaχai kasantat. 2, 91
malqar balkar. 1, 48
ma'mur osman. 2, 94
maŋa alttürk. 2,575
maŋgal krimtatar. 2, 94
marja baschkir. 2, 98
marža kasantatar. 2, 98
masad osman. 2, 177
masχara osman. 2, 102, 644

maslak osman. 2, 163
mašal osman. 2, 108
mata kirg. 2, 103
matrabaz osman. 2, 105
matur kasantat. 2, 104
maw- osman. 2, 190
mazar osttürk. 2, 87
mäč osman. 2, 128
mäčit kasantat. 2, 128
Mähmäd 3, 511
mäidan osman. 2, 88
mälhäm osman. 2, 92
märžan osman. 2, 98
mäsdžid arab.-osman. 2, 128
mest osman. 2, 185
mešin osman. 2, 129
mijav- osman. 2, 190
mindänä aderb. 2, 117
mindär 2, 135
minnät osman. 2, 137
mintan osman. 2, 117
mišär kasantat. 2, 140
mišura kasantat. 2, 141
moγol osman. 2, 154
mörküt tel. 1, 79
muäzzin arab.-osman. 2, 182
muḥajjar osman. 2, 180
muksun jakut. 2, 171
murun „Nase" 2, 176, 177
murunduk kirg. 2, 177
murza kirg. 2, 175
muslak osman. 2, 163

muslim arab.-osman. 2, 179
musulman 1, 60
mušmula osman. 2, 181
mutkal dschagat. 2, 139
mūsülmän osman. 1, 60
müsürman osman. 1, 82, 153
müzevvir osman. 2, 170
myr osman. 2, 176
myrla- osman. 2, 176
myrmylda- osman. 1, 108
myrza kasantat. 2, 175

nadžak osman. 2, 194
naγara osman. 2, 192
naγyš kasantat. 2, 203
naχt krimtat. 2, 224
naib osman. 2, 195
najan kasantat. 2, 204
nakara osman. 2, 195
nakaračy kasantat. 2, 195
nakt osman. 2, 224
namaz osman. 2, 196
nar 2, 197
nardäŋk osman. 2, 198
naurus kasantat. 2, 202
neft osman. 2, 217
nišan osman. 2, 140
222
noγai 2, 192, 224
noχud osman. 2, 229
nögör kirg. 2, 231
nökär dschagat. 2, 231
nyšadyr osman. 2, 203

Turkotatarisch

očaγ dschagat. 2, 295
očak 2, 295
oda osman. 1, 31
 172
odak osman. 1, 172
odaman 1, 31
oγlan osman. 3, 170, 181
oγru osman. 1, 226
oγry uig. 1, 226
oγuz 1, 249; 2, 258
oilyk 1, 215
okka osman. 2, 260
ok-uz 1, 249
orak 3, 187
orda 2, 275
ordu osman. 2, 275
orγan osman. 1, 24
orman osman. 2, 489; 3, 188
orunduk 2, 547
orus kirg. 2, 552
ot 2, 289
otaγ atürk. 1, 172
otar kirg. 2, 289
ova 2, 250
ožak 2, 295
öjör kasantat. 3, 471
ör- „weben" 1, 25
örmäk dschagat. 1, 25
örmök kirg. 1, 25
örtmä 2, 278
ösön kirg. 3, 192
öz 2, 250
özbäk 3, 177
özden kuman. 3, 177
özen, özön 3, 178
özök 3, 178

pačïnak turkmen. 2, 351
paγattyr schor. 1, 99
paχn at 1, 63
paχta osttürk. 2, 327
pai 2, 302
paibend osman. 2, 303

paíram alt. 1, 41
pala osman. 2, 305
palkaš alt. 1, 47
palvan 1, 102
palyk alt. 1, 50
papaχ aderb. 2, 311
papuč, papuš 2, 308
 313
parča 2, 318
pars osman. 1, 57
pasma alt. 1, 59
paša 2, 328
pašalyk osman. 2, 328
patingän osttürk. 1, 43
patlydžan osman. 1, 43
pählivan osman. 1, 102
päinir, pänir 2, 309
päkmäz osman. 1,71
pänd aderb. 2, 310
pänir 2, 309
päškäs osman. 1,89
 2, 353
pilav osman. 2, 356
pili krimtat. 2, 357
pilič osman. 2, 357
pirindž osman. 2, 452
piruzä osman. 1, 87
polat aderb. 1, 142
polot alt. 1, 142
porän koib., sag. 1, 146
porjaz osman. 2, 467
post osman. 2, 416
postal osman. 2, 416
potur osman. 1, 154
pöri uig. 1, 87
pörü alt. 1, 87
pu osman. 3, 162
pul osman. 2, 400
 463
purγū tel. 1, 145
puzau̯ bar. 1, 138
pyrty osman. 2, 411

qaq kirg. 3, 226
qunaq schor. 1, 321
rah osman. 2, 250

rahat lokum
 osman. 2, 496
rahman osman. 2, 497
raχmat 2, 497
raky osman. 2, 488
ramazan osman. 2, 489
räχmät kasantat. 2, 497
räṇg osman. 2, 511
räšmä osman. 2, 519
rävänd osman. 2, 500
rumi 2, 522

saba 2, 565
saban 2, 565
saban-aγac balkar. 2, 565
sabur osman. 2, 565
sabura osman. 2, 583
sabyr kuman. 2, 565
sadaγ, sadak 2, 565
sadyk uigur. 2, 583
safra osman. 2, 583
saγa jakut. 3, 487
saγa kirg. 2, 566
saγdak 2, 565, 566
 569
säγidak tar. 2, 566
saγry 2, 566
saγyr schor. 2, 567
saγyskan uig. 2, 570
saχa jakut. 3, 487
sahan 2, 567
saiγak dschagat. 2, 568
saja osman. 2, 585
sakči, sakčy 2, 567
sakma nordtürk. 2, 570
saksaγan osman. 2, 570
saksar nordtürk. 2, 570
sal osman. 2, 573
salā 2, 570
salalyk kasantat. 2, 571
salamat tel. 2, 571
salaš osman. 3, 367
saleb osman. 2, 571

688 Turkotatarisch

salma	2, 572
salmak osman.	2, 572
saltyk	2, 572
saman	2, 573
samar	2, 573, 574
samaur kasantat.	2, 574
samavar osman.	2, 574
samur osman.	2, 575, 685
san osman.	1, 589
	2, 575
sana osman.	2, 575
sanabar	2, 574
sanamak nordtürk.	2, 575
sandal	2, 576
sandyk osman.	3, 46
sandžak osman.	2, 577
sandžakbäji osman.	2, 577
saŋa alttürk.	2, 575
sapan aderb.	2, 565
sapmak	2, 620
sapsary	2, 566
sar dschagat.	2, 582
sarana kasantat.	2, 579
sarlyk alt., sag.	2, 581
sarpai kirg.	3, 377
sart dschagat.	2, 582
sary	2, 566, 579 581, 582
saryča nordtürk.	2, 582
sarydža osman.	2, 582
saryγ	3, 374
sarynča	2, 579
sarynčqa kuman.	2, 579
sāskan koíbal.	2, 570
satū kasantat	2, 583
satuγ dschagat.	2, 583
sauŋγat osman.	2, 568

sausar kuman.	3, 51
sauskan kasantat.	2, 570
sazan	2, 568; 3, 375
säbz osman.	2, 565
säkmäk osman.	2, 622
sämiz osman.	1, 441
säpät	2, 578
särapa(i)	2, 580
särhad osman.	2, 612
särpänäk osman.	2, 616
sävinč, sävinǯ	2, 619
sävmäk osman.	2, 292
sävünč dschagat.	2, 619
semek osman.	2, 608
serasker osman.	2, 611
sirkä	2, 628
sokmak	2, 570, 688
sokpa kirg.	2, 570
soksur kirg.	2, 689
solomat nordtürk.	2, 571
soro nordtürk.	2, 566
söirök kasantat.	2, 600
sørγøč kasantat.	3, 48
sørkω kasantat.	3, 49
subaši, subašy	3, 433
sučuk	3, 60
sudžug osman.	3, 60
suhak karaim.	2, 568
suchari	3, 53
śujmäk kasantat.	2, 292
sukmar baschkir.	3, 310
sula kasantat.	3, 43
sultan	2, 572; 3, 44
sumak osman.	3, 45
sunduq kuman.	3, 46
surgač mtürk.	3, 48
surna	3, 48, 49

surnačy	3, 49
sus- tel.	3, 51
suur kirg.	3, 49
suzug kuman.	3, 60
sülimen osman.	3, 43
süm alt.	2, 292
süprä baschkir.	1, 413
sürmä	3, 50
sürtük osman.	2, 613
sürük tara.	2, 601
sybar baschkir.	3, 349
syγun uigur.	3, 56
syγyn	3, 56
sȳn „Reh" schor.	3, 56
syn „Denkmal" alttürk.	3, 57
syrγa	2, 617
syrt	3, 59
syzma osman.	3, 61
šabak kirg.	3, 308
šabyr tob.	3, 363
šadra kasantat.	3, 365
šadyr schor.	3, 379
šaγa kkirg.	3, 298
šaγər „grau" kirg.	3, 298
šaγyr „Pflanze" kirg.	3, 298
šaχ osman.	3, 380
šaika osman.	3, 299 365
šaikamak kirg.	3, 365
šaitan	3, 366
šalaγai kirg.	3, 367
šalaš aderb.	3, 367
šalbak kasantat.	3, 369
šalbar kirg.	3, 377
šalbyr leb.	3, 367
šalpan özbek.	3, 369
šalvar osman.	3, 315
šamdan osman.	3, 372
šana kirg.	2, 577
šandal kasantat.	3, 372

Turkotatarisch

šapka osman. 3, 373
šaraɣan schor. 3, 375
šart arab.-türk.
   3, 393
šatyr kirg. 3, 379
šäbär kirg. 3, 308
šäftaly osman.
   3, 391
šäftäli krimtat.
   3, 391
šäitan osman.
   3, 366
šälvar osman.
   3, 377
šärbät osman. 3, 391
šeremet osman.
   3, 391
šert alt. 3, 393
šeške kirg. 3, 395
šilik kirg. 3, 339
širdaɣ dschagat.
   3, 401
šiš 3, 403
šišä dolan. 3, 442
šišlik krimtat. 3, 382
šišmäk 3, 403
šokur alt. 3, 298
šor, schor., alt.
   3, 422
šoraɣatai kirg.
   3, 359
šorba 3, 421, 450
šubar kirg. 3, 349
šuga osman. 3, 433
šulgau kirg. 3, 354
šurmur osman.
   3, 439
šurpa kasantat.
   3, 449
šübhä arab.-türk.
   3, 437
šylbyr kirg. 3, 389
šyšlyk 3, 382

taban osman. 3, 65
tabin dschag. 3, 66
tabum osman. 3, 66
tabun dschag. 3, 66
tabur 3, 66, 112
taby alt. 1, 325
tabylɣy 3, 67
tabyrɣa 1, 495; 3, 65

tadžik osman. 3, 68
tagan „Feuerbock"
   kasantat. 3, 67
taɣan „Taube"
   kirg. 3, 68
taɣar dschagat. 3, 68
tai osman. 3, 69
taiɣa 1, 327; 3, 69
taiɣan dschag. 3, 69
taj „Füllen" dschag.
   1, 528
tajak 3, 130
taka tuka 3, 34
takja 3, 71, 83
taktuk dschag. 3, 83
tal 3, 71
talamak kasantat.
   3, 73
talan 3, 72
talika osman. 3, 89
taljan osman. 3, 74
tamak 3, 74
tamam osman.
   2, 434
taman alttürk.
   3, 74, 111
tamantarkan 3, 111
tamaša kasantat.
   3, 118, 152
tambura osman.
   1, 362
tamɣa 1, 340; 3, 75
tamyr 3, 75
tanuk, tanyk 3, 76
taŋut alttürk. 3, 75
tapan osttürk. 3, 65
tapkur dschag. 3,66
taptamak 3, 120
tarakan 3, 77
taram, taramɣu 3, 77
taramyš kasantat.
   3, 77
tarān alt. 3, 78
taranči dschag. 3,78
tarbaɣan tel. 3, 79
targun osman.
   3, 464
tarχan osman. 3, 77
tarkan alttürk. 3, 80
tarpan kirg. 3, 80
tart- „mahlen" 3, 80

tartmak kasantat.
   3, 79
tartnak 3, 127
tartnakči dschagat.
   3, 127
tary 3, 79
taryntas kasantat.
   3, 77
tas „Stein" kirg.
   3, 81
tas „Schale" osman.
   3, 68
taskyl schor. 3, 81
tasma osman. 3, 81
   100
taš 3, 84
tašlyk 3, 84
tat alttürk. 3, 81
tatar 3, 81
tau 2, 579; 3, 69
   490
taus krimtat. 3, 83
taušan osman.
   3, 159
tauškan dschag.
   3, 159
tavar 3, 112
tawus osman. 3, 83
tazy 1, 9
täbär 3, 121
täftär osman. 3, 95
tägäl osman. 3, 88
täɣäräk 3, 90
tägärämäk kasantat.
   3, 90
täkä 3, 122, 160
täkär osman. 3, 90
täli kuman. 3, 104
tämlik kasantat.
   3, 91
täŋkä 1, 339; 3, 94
täptär kasantat.
   3, 95
tärazy osman. 3, 96
tärlik osman. 3, 98
tärmä kuman. 3, 97
tästä osman. 1, 346
tävä alttürk. 3, 161
   166
täz- „fliehen" 3, 77
täzäk 3, 88
tebäŋgi kirg. 3, 88

Turkotatarisch

tekä kirg. 3, 160	tudun alttürk. 3, 143	türk atürk. 3, 124
tekämät kirg. 3, 89	tuγra osman. 3, 67	156
teŋgä kirg. 1, 339	tuj 3, 149	türkmän osman.
terk balkar. 3, 96	tulai tel. 3, 117	3, 155
tezäk kirg. 3, 88	tulb dschag. 3, 150	türmä alttürk.
tikän dschagat.	tulu kasantat. 3, 150	3, 164
3, 104	tuluk aderb. 3, 151	türmö kkirg. 3, 165
tili kasantat. 3, 104	tulum osman. 3, 151	türük 3, 165
tilki osman. 3, 163	tulumbaz osman.	türükpön kirg. 3, 155
tilla tar 3, 105	3, 151	tüšäk kasantat.
tilmäš kirg. 3, 115	tulup 3, 151	3, 165
tiskin, tizgin 3, 337	tuman 1, 31; 3, 118	tütün 3, 165
tō kkirg. 2, 579	152, 162	tüzlük kirg. 3, 149
tobyčak uigur.	tun osman. 3, 153	tygan 3, 67
3, 122	tura 1, 11	tylmač kuman.
tōdag 1, 379	turadž osman.	3, 115
toγan 3, 68	3, 154	tyriak osman. 3, 97
toγdak 1, 373, 379	turak dschag. 3, 85	tyrlaṳ kasant. 3, 161
toγrul 3, 67	turgu, turku, alttürk.	tyrtyl osman. 3, 161
toklu osman. 3, 129	3, 522	tyva sojot. 3, 147
tokmak 3, 114	turla 1, 355	
toktu kirg. 3, 129	turlu 1, 355	ubyr kasantat. 3, 186
tolai 3, 114, 117	turman kasantat.	učak kasantat.
tombai osman.	1, 382	2, 295
3, 118	tursuk nordtürk.	učan 3, 197
tombaz osman.	3, 149	učkur 3, 197
1, 377	tursyk kasantat.	učuγ 3, 198
toŋguz, toηuz 1, 363	3, 156	uglab kasantat.
3, 152	tut 3, 157	2, 294
toṇys alt. 1, 363	tutmadž osman.	uiγur uigur. 3, 179
top osman. 2, 273	3, 150	uklaj nordtürk. 1, 9
topčak 3, 122	tuturγan kuman.	ukruk mtürk. 3, 180
topčy 3, 122	3, 157	ukurγa osman.
torak dschag. 3, 123	tuz 3, 149	3, 180
torba 3, 123	tuzlak dschag.	ulag 1, 216
torluk osman. 3, 155	3, 149	ulu 3, 182
torsuk 3, 156	tuzlu osman. 3, 149	'ulufe türk.-arab.
tostakan dschag.	tuzluk 3, 149	1, 11
3, 2	tübätäi kasantat.	ulus 3, 183
tögäräk krimtat.	3, 163	umar 2, 248
3, 104	tüfäk osman. 3, 165	urman kasantat.
tönön alt. 1, 381	tüfäkči osman.	3, 188
törmä kasantat.	3, 165	urundyk kasantat.
3, 165	tüfenk osman. 3, 165	2, 547
törpü osman. 3, 99	tüfenkdži osman.	urus 2, 552; 3, 189
töš- „sinken"	3, 165	utar 2, 289
kasantat. 1, 348	tüjä dschagat. 3, 166	'utarid, utaryd
tošäk dschagat.	tüjö kirg. 3, 166	arab.-osm.
3, 165	tŭk 3, 522	1, 206; 2, 541
töšök kirg. 3, 165	tülkü 3, 163	üfti 3, 474
tśikän kasantat.	tümbäki osman.	üjür dschagat.
3, 299	3, 164	3, 471

Turkotatarisch, Tschuwassisch 691

ülüskär krimtatar. 2, 75	vyr-vyr osman. 1, 108	ǯaɣatai dschagat. 1, 348, 3, 296
ūr kirg. 3, 471	yrlak schor. 3, 260	ǯek kirg. 1, 349
üzän kasantat. 1, 476; 3, 178	zan 1, 441	ǯigit kasantat. 1, 349
üzüm osman. 1, 476	zäitin osman. 1, 455	ǯigitai kasantat. 1, 349
	zämbil osman. 1, 456	ǯijran kirg. 1, 349
vaχf krimtat. 1, 165	zärbaf 1. 443	ǯirän kasantat. 1, 470
vak-vak osman. 1, 545	zendžefil osman. 1, 453, 456	žirän kirg. 2, 712
vakf osman. 1, 165	zolota osman. 1, 460	ǯurab osman. 1, 349
vataga nordtürk. 1, 172	zor osman. 1, 443	ǯusɐn, žūsan kirg. 1, 390
vattas osman. 1, 173	zurna osman. 1, 464	ǯük kirg. 1, 243
vär- osman. 1, 86	zümrüd osman. 1, 475	ǯylan kasantat. 1, 8, 455; 3, 511
väzir osman. 1, 199	zybun osman. 1, 456	ǯylym kasantat. 1, 478
väznä arab.-türk. 1, 70	zyjan kasant. 1, 476	ǯylɣa kasantat. 1, 217
-veriš osman. 1, 58	ǯabaɣa kirg. 1, 348 3, 476	

XXII. Tschuwassisch

àrəm 3, 130	jaška 3, 502	pôri 2, 474
arəslan 2, 550	jə̂mran 1, 349	pojan 1, 114
avdan 1, 3		poldran 1, 100
	kaβan 1, 495	porźə̂n 1, 149
bäri, bärü alttschuwass. 1, 86	karDa 1, 530	potran 1, 100
	kəgan 1, 500	purak 1, 146
čuman 3, 355	kəndźala 1, 711	purźyń 1, 119
	kil 2, 581	pus 1, 152
əvəs, ëvës 2, 282	kirɛmɛt 1, 551	puškərt 1, 65
		pürək 2, 360
χalǝχ 3, 228	laša 2, 64	pürt 2, 345
χapχa 3, 230, 260	läškä 2, 15	
χə̂da 3, 267		särä, sôr 3, 374
χə̂mla 3, 251	majra 2, 98	särla 3, 374
χǝr 3, 242	masmak 2, 204	səkman 3, 42
χǝr- „glühend werden" 3, 271	modor 2, 104	səla 3, 51
	muŕja 2, 177	sərt 3, 59
χǝrɛn 3, 271		sik- 2, 622
χǝtkukar 3, 281	oslam 2, 283; 3, 519	sum 2, 575
χolym, χuləm 3, 255	ośla 2, 283	syra, sôra 1, 3
χomət, χǝmət 3, 259	ośłam 2, 283	śar 3, 392
χošpu 1, 652		śarlan 3, 62, 64
χoźa, χuźa 3, 254	parga 2, 315	śarmîs, śarmîš 3, 321
χǝmla 3, 251	päk 1, 522	śavǝr-, śavyr- 3, 62, 64
χubaχ 1, 494	pǝl 1, 102, 142	
χyt- „geizig sein" 3, 281	pǝldǝr 1, 102, 142	śavə̂rlan 3, 62
	pǝra 1, 145	śəbaDa 3, 346
	pǝraGa 1, 116	śəbala 3, 362
		śəDar 1, 365

44*

Mongolisch

śâgŝr	3, 61	šurə	2, 581	tšaruzor	3, 358
śŝkkŝr	3, 61	šürbɛ	3, 449	tšŝbar	3, 349
śəprə	1, 413			tšâgŝt	3, 337
śərə	2, 617	taraj	1, 328	tšŝlga	3, 354
śâva	3, 60	taraqan	3, 77	tšâm	3, 354
śiDar	1, 365	tavra	3, 112	tšorəs	3, 342
śir	3, 492	täŋgə, tɛŋgə	1, 339	tšâvaš	3, 350
śøkkør	3, 419	təgər	3, 104	tšugun	3, 351
śörän	2, 712	təmaža	3, 152	tšulga, tšŝlχa	3, 354
śørə	2, 617	tôraχ	1, 373	turdźâga	1, 649
śubaχ	3, 308	todar, tu̯dar	3, 81		
śulək	3, 44	toχja, tu̯χja	3, 83	ujran	3, 188
śuna	3, 46, 356		129	ulap	2, 263
šaškə	3, 395	toj, tuj	3, 130		
šəbala, śŝbala	3, 362	toj-àrəm	3, 130	var	2, 250
šəlbər	3, 389	tögör	3, 104	varak	2, 250
šŝrttan	3, 402	tšagan	3, 299	viś-	1, 70
šòbər, šu̯bər	3, 363	tšagŝr	3, 298	vyliχ, vil'ŝχ	1, 216
šur	3, 437	tšar	3, 358	vyrys, virŝs	2, 552

XXIII. Mongolisch

alban	1, 11	balxʙn kalmück.		burχan kalmück.	
alčigur	1, 29		1, 57		1, 150
altn̥ kalmück.	3, 460	barγʙ kalmück.		burijad	1, 151
alwn̥ kalmück.	1, 11		3, 224	būrʙ kalmück.	1, 145
arčigul	1, 29	barimta	1, 54	burqan	1, 150
argal	1, 22	bas kalmück.	1, 39	bügereg	1, 137
argali	1, 22	bātr kalmück.	1, 99	būrɛd kalmück.	
argamag	1, 22	bälgä	1, 72		1, 151
argasun	1, 23	bärm̥tə kalmück.		bürgüd	1, 79
arγʙli kalmück.	1, 22		1, 54		
arγʙmʙg kalmück.		biltsəg kalmück.		čana	2, 577
	1, 23		1, 39, 74	čaŋkir	3, 301
arγʙsn̥ kalm.	1, 23	borān kalmück.		čara	3, 303
arχi	1, 22		1, 146	čelbeg	3, 335
arsijan	1, 29	borugan	1, 146	čiketei	3, 338
aršān kalmück.	1, 29	bökö kalmück.	1, 140	čoqur	3, 351
artšūl kalmück.	1,29	börög kalmück.			
			1, 137	dagagan	1, 326
badman	1, 61	bös	1, 160	dagur, daγur	1, 329
badm̥, badmʙ		budagan	1, 134	dāγʙn kalmück.	
kalmück.	1, 37	budān kalmück.			1, 326, 357
bagatur	1, 99		1, 134	daχa burjat.	1, 329
bajan	1, 114	bugura	1, 145	daχʙ kalmück.	
balamut	1, 45	bul kalmück.	1, 143		1, 329, 365
baldr̥ kalmück.		bulag	1, 141	daqu	1, 329
	1, 102	bul^ug kalmück.		darγʙ kalmück.	
balγasun	1, 399		1, 141		1, 328, 364
balγʙsn̥ kalmück.		burγū kalmück.		daruga	1, 328, 364
2, 579; 3, 187			1, 146	datsan	1, 329

Mongolisch

datsṇ kalmück.
1, 329
dāwū 1, 325
degel 1, 384
dewl kalmück. 1, 384
dombr̥ kalmück.
1, 362
dombura 1, 362
dönṇ kalmück. 1, 381
dünen, dönen 1, 381
džirm̥ kalmück.
1, 349

emneg 1, 480
ergə kalmück. 1, 401
ergənə kalmück.
1, 401
ergi 1, 401
ergine 1, 401
eriŋge 1, 402
ermüge 1, 25
esigen 1, 492

goi- 1, 592
γuna 1, 321
gunan 1, 321
gunṇ kalmück. 1, 321
gura 1, 322
guru kalmück.
1, 322
gutal 3, 280

χag kalmück. 3, 226
χaltr̥ kalmück.
3, 227
χandžal kalm. 1, 558
χašrɐg ükr̥ kalmück.
3, 234
χomûd 3, 259
χonūr kalmück.
1, 520
χōrḷ kalmück. 3, 261
χotṇ kalmück. 3, 268
χuduk kalmück.
3, 277
χulu kalmück. 3, 228
χundaga 3, 514
χurγṇ kalmück.
3, 278
χurul kalmück.
1, 703

ilwitši kalmück.
1, 396
iman 1, 479
iragai 3, 187
iraŋga 1, 402
irbis 1, 486
irge 1, 486
irŋgə kalmück.
1, 402
iškə kalmück. 1, 492
ištɐg kalmück. 1, 65

jaχad burjat. 3, 487
jamân kalmück.
3, 490
jarṇdɐg kalmück.
1, 401
jeŋgə kalmück.
3, 491

kabturga 1, 524
kebiz 1, 584
kerem 1, 659
kimur 1, 693
kuča 1, 708
kümün 1, 692
kyrčyt 1, 662
ḳyrym kalmück.
1, 673

maχlā kalmück. 1,91
maχɐn kalmück.
2, 106
-mal 1, 592
malagai 2, 91
maŋgirsun 2, 94
maŋgɐd kalmück.
2, 94
maŋgud 2, 94
maral 2, 97
maštɐg kalmück.
2, 108
mergen 2, 118
mergṇ kalmück.
2, 118
miqan 2, 106
mogai 2, 168
moγā kalmück.
2, 168
moŋgul 2, 154
mȫg kalmück. 2, 143

möŋgṇ kalmück.
2, 85
möŋgün 2, 85
mörin 2, 121
mörṇ kalmück.
1, 121
muškāri kalmück.
2, 181
muškū kalmück.
2, 181
muškūr kalmück.
2, 181

narin 2, 200
närṇ kalmück. 2, 200
noγā kalmück. 2, 224
noqai 2, 224
nöker 2, 231
nökr̥ kalmück. 2, 231
numü 1, 592
nūr kalmück. 3, 460

ojiran, pl. orijad
2, 258
ordɐ kalmück. 2, 275
ordu 2, 275
orŋgɐ kalmück.
3, 266
oruŋgo 3, 266
otɐg kalmück. 1, 172
örmög kalmück. 1, 25
örmüge 1, 25

qaltar 3, 227
qudug 3, 277
qumagan 1, 692
qurgan 3, 278
qurigan 3, 278
quril 1, 703

sab ostmongol. 2, 578
sagadag 2, 566
sagsag 2, 570
saksɐg kalmück.
2, 570
salā kalmück. 2, 570
samāwr̥ kalmück.
2, 574
sana burj. 2, 577
sar 2, 582
sarana 2, 579

sarleg kalmück.	2, 581	talχan	3, 116	tšistšū kalmück.	3, 334
sarlug	2, 581	tarag	3, 123		
sazān kalmück.	2, 568	tarbaži	3, 79	uχuk, ukuk	3, 170
		tarwadži kalmück.	3, 79	ukurga	3, 180
seksr̥gə kalmück.	2, 570	tarwaγan kalmück.	3, 79	ulā kalmück.	3, 181
silbegür	3, 389	tatagur	3, 82	ulātši kalmück.	3, 181
sirideg	3, 401	tatari	3, 81	ulus kalmück.	3, 183
sirkek	3, 387	tatr̥ kalmück.	3, 81	ur̆ān burj.	3, 189
solŋge kalmück.	2, 692	tatūr kalmück.	3, 82	ur̆āŋχā kalmück.	3, 189
soloŋgo	1, 603	taulai	3, 114, 117	urχā kalmück.	
soluŋga	2, 692	tādži kalmück.	3, 70		3, 187
sundala-	3, 46	tälγen kalmück.	3, 69	urijaŋqai	3, 189
süldže kalmück.	3, 60	temegen	3, 161	urqai	3, 187
sülǯige	3, 60	temēn kalmück.	3, 161		
šalγä kalmück.	3, 367	teŋge	1, 339		
šar kalmück.	3, 374	tēŋgn̥ kalmück.	1, 339	zāsn̥ kalmück.	1, 439
šare kalmück.	2, 579	terme	3, 97	zerlig kalmück.	1, 454
šigedzei	2, 133	tōdeg kalmück.	1, 379	zērn̥ kalmück.	1, 349
šilwūr kalmück.	3, 389	togadak	1, 373, 379		454
širdəg kalmük.	3, 401	toγos kalmück.	3, 83	zol'γen kalmück.	3, 311
šiwr̥ kalmück.	2, 621	togus	3, 83	zuln̥ kalmück.	1, 390
šor	3, 421	tōlai	3, 117	zutr̥χe kalmück.	1, 464
šowγer kalmück.	3, 385	torga, torgu	3, 522	ǯajisaŋ	1, 439
šowr̥leg kalmück.	3, 385	tsanə kalmück.	2, 577	ǯegeren	1, 349
šūrγen kalmück.	3, 437	tsaŋkr̥ kalmück.	3, 301	ǯes	1, 422
tagar	3, 68	tselwəg kalmück.	3, 335	ǯirim	1, 349
tajigan	3, 69	tsōχər kalmück.	3, 351	ǯoγdar	1, 365
tajilgan	3, 69	tšikitε	3, 338	ǯoligan	3, 311
taji̯i	3, 70			ǯudar	1, 464
				ǯumran	1, 389
				ǯuulan̥	1, 390

XXIV. Tungusisch

daχō mandsch.	1, 329	ə́wən lamut.	3, 457	sabu mandsch.	2, 578
dundra westtungus.	3, 152	ə́wənki nordtungus.	3, 457	soloŋgo	2, 692
dungga(n) mandschur.	1, 386	χoloŋgo tungus.	1, 602	šaman	3, 370
dunr̥e lamut.	3, 152	lāmu lamut.	3, 457	turky lamut.	3, 155
				unta lamut.	3, 185

XXV. Chinesisch

bur chines.	1, 150	čhā nordchines.	3, 299	dabu	1, 325

Verschiedenes 695

grwa-tsaŋ tibet.	1, 329	kuan	1, 500	ta-hu	1, 329
		k'üen	1, 579	tē südchines.	3, 299
kẹ	1, 500			Ts'in	2, 83
king	1, 579	liang	2, 83	tšoudzy chines.	
kò-leung-kéung					3, 334
	1, 508	nansouk	3, 518		

XXVI. Semitisch

a. Assyrisch-babylonisch

kunukku assyr.	1, 579	pilaqqu	2, 409

b. Westsemitisch

al arab.	1, 13	fāris arab.	3, 203	karaī, pl. karaïm	
al'anbîq arab.	1, 12	farraš arab.	1, 54	hebr.	1, 526
al-birqûq arab.	1, 2	fatīl arab.	3, 211	ka's arab.	1, 643
al'tabl arab.	2, 45	fulûka arab.	3, 205	kasa hebr.	1, 538
amîr arab.	3, 460	fūta arab.	3, 203	kašak arab.	1, 538
'anqā arab.	1, 483			kāšēr hebr.	1, 651
'araq arab.	2, 488	gōfrīt hebr.	1, 656	ḳazz arab.	1, 250
aṭ-ṭarḫûn arab.	3, 464	Gomer hebr.	1, 427	kīs arab.	1, 561
'awâr arab.	1, 3			kŏlbāśār hebr.	1, 596
		hā bâl hebr.	3, 223	kōr hebr.	1, 625
bāchūr, bāḫūr		haǧǧ(i) arab.	3, 229	košer jüd.	1, 651
hebr.	1, 64	haχām hebr.	1, 707	kubâba arab.	1, 678
bādinjān arab.	1, 43	ḥalanǧan arab.	1, 507	kumrā syrisch	1, 692
bait arab.	3, 4	halbân aram.	3, 226	ḳuṭr arab.	3, 280
bakḳâl arab.	1, 42	ḫalva arab.	3, 226		
balḫaš arab.-pers.		ḥarām arab.	3, 263	lakan arab.	2, 62
	1, 46	ḥardal arab.	1, 258	landzaaneh arab.	
barrakân arab.	1,119	ḫel'bnāh hebr.	3, 226		2, 84
Baškart arab.	1, 65	ḥil'at arab.	3, 226	lāšōn hebr.	1, 707
bâzahr arab.-pers.		ḥinnâ' arab.	3, 252	liwjāthān hebr.	2, 24
	1, 70			lubān-jāvī arab.	1,74
bedāwī arab.	1, 68	jəhūdī hebr.	1, 423	lutu chald.	2, 5
Bedżyard arab.	1, 65	jajin hebr.	1, 202		
Behēmôth hebr.	1, 67	jarnaiṭ arab.	1, 399	mâhal hebr.	2, 80
bûraq arab.	1, 145	jubba arab.	3, 433	maḫārij arab.	2, 144
burnus arab.	1, 149		466	mahrama arab.	1, 64
busra arab.	1, 88			makhzulat arab.	2, 88
		k'ab arab.	1, 496	masḫara arab.	2, 108
dāβār hebr.	2, 485	kabbālāh hebr.	1, 495	matraḥ arab.	3, 111
	3, 65	kad hebr.	1, 501	mešâreth hebr.	2, 141
dibber hebr.	2, 485	kāfir arab.	1, 325	mešuggâh hebr.	2, 141
	3, 65	kāfūr arab.	1, 515	muhassal arab.	2, 130
emîrzadä arab-pers.		kāhāl hebr.	1, 499	muslim arab.	1, 60
	2, 175	ḳal'a arab.	1, 507	muzevvere arab.	
erevan arab.	3, 462				2, 141

nā'ib arab.	1, 195	
naḳd arab.	2, 224	
naḳḳāra arab.	2, 192	
nāranǰ arab.	2, 198	
nauba arab.	2, 191	
nušādir arab.	2, 203	
pâzahr ar.-pers.	1, 70	
qajdāni arab.	1, 505 517	
qalafa arab.	1, 614	
qārib arab.	1, 622	
qirmiz, qermazī, arab.	1, 534	
qīrāṭ arab.	1, 528	
quṭn arab.	1, 706	
rāḥat-ḫulḳûm arab.	2, 496	
raḥmān arab.	2, 497	
ramaḍân arab.	2, 489	
ribāṭ arab.	2, 536 3, 511	
ridā' arab.	2, 521	
rub'ijje arab.	2, 543	
sabanijjat arab.	2, 566	
ṣabr arab.	2, 566	
saiyid arab.	2, 602	
śaq hebr.	2, 569	
śaḳr arab.	2, 689	
sammûr arab.	2, 573; 3, 314	
ṣandal arab.	2, 576	
śebākā hebr.	2, 574	
serāfīm hebr.	2, 611	
Ṣīn arab.	2, 83	
ṣûf arab.	1, 464	
sulṭân arab.	2, 572	
summâq arab.	3, 45	
ṣundûḳ arab.	3, 46	
šabbāth hebr.	3, 37 362	
šaiṭân arab.	3, 366	
šāmī arab.	3, 371	
šâmîr hebr.	3, 371	
šappūðā syr.	3, 371	
šarqī arab.	2, 700	
šemū'ā hebr.	3, 415	
šemû'ēl hebr.	3, 416	
šeṭûth hebr.	3, 361	
šibbôleth hebr.	2, 685	
šuma hebr.-talmud.	3, 355	
ṭāḳija arab.	3, 83	
ṭarḥ arab.	3, 76	
tāūs arab.	3, 83	
ṭerêfâ althebr.	3, 138	
tūtijā' arab.	3, 158	
'utarid arab.	2, 541	
warank arab.	1, 171	
*waṭṭâs arab.	1, 173	
waynun arab.	1, 202	
zajtûn arab.	1, 455	
zarbarǯat pers.-arab.	1, 435	
zumurrud	1, 476	

XXVII. Hamitisch (Ägyptisch)

ābu- ägypt.	1, 184	elu	2, 184	hbnj ägypt.	3, 456

XXVIII. Kaukasisch

a. Nordkaukasisch

aaphsua abchas.	1, 2	maχ lesg.	2, 128	saχl ingusch.	2, 570
abrek tscherk.	1, 2	meχ udisch	2, 128	sešχo kabard.	3, 381
čuake tscherkess.	3, 308	myše tscherkess.	2, 141	šešen kabard.	3, 334
hager tscherkess.	2, 251	myz tscherkess.	2, 141	tladi avar.	2, 5
				zy tscherkess.	2, 251

b. Südkaukasisch

abragi imer.	1, 2	gurz georg.	1, 313	saχli georg.	2, 570
abrak'i georg.	1, 2	γvino georg.	1, 202	šamfuri georg.	3, 371
gmiri georg.	1, 427	máχva georg.	2, 128	t'pili georg.	3, 109

XXIX. Indonesisch

ančar malaiisch. 1, 19

XXX. Dravidisch

kindan tamil. 1, 558

XXXI. Sumerisch

kunibu sumer. 1, 615

XXXII. Arktisch

kilä Amur-giljak.
1, 269